DICCIONARIO JURÍDICO

Laura Valletta

DICCIONARIO JURÍDICO

VALLETTA EDICIONES
2015

Valletta, María Laura
Diccionario jurídico. - 8a ed. - Florida : Valletta Ediciones, 2014.
v. 1, 396 p. ; 21x15 cm.

ISBN 978-950-743-365-8

1. Diccionarios Jurídicos. I. Título
CDD 340.03

Diagramación y armado: *Sergio Garófalo*

1ra edición, 1999
2da edición, 2001
3ra edición, 2004
4ta edición, 2006
5ta edición, 2007
6ta edición, 2009
7ma edición, 2011
8va edición, 2014
9na edición, 2015

Laprida 1780 (1602) Florida
Prov. de Buenos Aires - Rep. Argentina
Tel./Fax: 005411-4796-5244 / 4718-1172
E-mail: hector@vallettaediciones.com
www.vallettaediciones.com

A

A BENEFICIO DE BANDERA: el hecho de navegar un buque de nación beligerante con la bandera de un Estado neutral.

A BENEFICIO DE INVENTARIO: cuando el heredero que acepta la herencia está obligado por las deudas y cargas de la sucesión sólo hasta la concurrencia del valor de los bienes que ha recibido de la herencia. Su patrimonio no se confunde con el del difunto y puede reclamar como cualquier otro acreedor los créditos que tuviese contra la sucesión.

A CARGO DE: persona, cosa o función que queda al cuidado de alguien obligado a velar por ella o a un desempeño celoso del puesto o misión.

A CONTRARIO SENSU: locución latina que significa "en sentido contrario".

A COSTE Y COSTAS: por el precio que insume una cosa; sin ganancia alguna.

A CUENTA: se aplica como sinónimo de pago parcial o pago de una parte de un todo.◆ Pago parcial de una deuda o compra, etcétera, que debe imputarse al pago definitivo.

A CUENTA DE PRECIO: cantidades de dinero abonadas en prueba de ratificación del contrato y que en el Derecho Comercial invalida el arrepentimiento.

A DESTAJO: trabajo que se realiza a cambio de una retribución calculada sobre la producción efectivamente efectuada por el operario.◆ Remuneración que se calcula sobre la base de las unidades de trabajo producidas durante el día por el trabajador *(A. Schurk)*.

A DÍA DETERMINADO: ver **A día fijo.**

A DÍA FIJO: fecha contenida en un documento, la cual vence el día que figura en éste.◆ A día determinado.

A DÍAS O MESES FECHA: expresión habitual en las letras de cambio para señalar que el pago se debe cumplir a los tantos días o meses, de acuerdo con lo establecido, contados desde la fecha en que el documento ha sido librado. El plazo se cuenta a partir de las veinticuatro horas del día de libramiento y finaliza a las veinticuatro horas de la noche del vencimiento.◆ Ver **Letra de cambio**.

A DÍAS O MESES VISTA: término usual en las letras de cambio, por el cual el tenedor o beneficiario, al aceptar la letra, fija a partir de la fecha de aceptación la fecha de vencimiento de ésta. Cuando el beneficiario fija el vencimiento, el plazo comienza a cumplirse a partir del día siguiente al de la aceptación.◆ Ver **Letra de cambio; Pagaré.**

A GRANEL: cosas menudas, como trigo, centeno, etcétera, sin orden, número ni medida. Tratándose de géneros, sin envase, sin empaquetar.◆ De montón, en abundancia.

A LA ORDEN: cláusula comercial utilizada para significar que un título o documento se encuentra emitido a favor de una persona determinada, quien podrá a su vez transmitirlo mediante endoso. En algunas legislaciones, existe cierta restricción en cuanto a la transmisión.

A LA ORDEN CONJUNTA: ver **Depósito a la orden conjunta.**

A LA ORDEN INDIVIDUAL: ver **Depósito a la orden individual.**

A LA ORDEN RECÍPROCA O INDISTINTA: ver **Depósito a la orden recíproca o indistinta.**

A LA PAR: expresión que se aplica cuando el valor efectivo o de cotización de un título, documento o moneda coincide con el valor nominal. ◆ Cuando un título o acción se coloca en el mercado a su valor nominal.

A LA VISTA: documento comercial de crédito que puede ser exigido en cualquier momento con su sola presentación, sin depender de plazo alguno. ◆ Ver **Letra de cambio**; **Depósito a la vista; Documento a la vista.**

"A LIMINE": relativo al rechazo automático de una demanda, sin posibilidad de discusión alguna.

A MÁS SEÑORES: locución utilizada para indicar que un asunto pasa a consulta de más personas de las que venían conociendo el caso.

A NOMBRE DE UNA PERSONA Y A LA ORDEN DE OTRA: ver **Depósito a nombre de una persona y a la orden de otra.**

"A NOVO": otra vez. Nuevamente.

A PERPETUIDAD: expresión utilizada cuando no existe caducidad; por tiempo indefinido.

A PLAZO FIJO: ver **Depósito a plazo fijo.**

"A POSTERIORI": demostración que consiste en ascender del efecto a la causa o de las propiedades de una cosa a su esencia.

"A PRIORI": demostración que consiste en descender de la causa al efecto o de la esencia de una cosa a sus propiedades. De esta especie son todas las demostraciones directas en las matemáticas. ◆ Se aplica cuando un argumento se basa en la teoría, antes de disponer de evidencia empírica.

APRIORISMO: método en que se emplea sistemáticamente el razonamiento *a priori.*

A PRORRATA: repartición de una cantidad, obligación o carga entre varios, proporcionada a lo que debe tocar a cada uno.◆ Proporcional.◆ Cuota o porción que toca a uno de lo que se reparte entre varios, hecha la cuenta proporcionada a lo más o menos que cada uno debe pagar o percibir.

A PRUEBA: se aplica cuando se permite al comprador probar o experimentar aquello que se le vende antes de efectuar la compra.

"A QUO": se refiere a la resolución de un juez inferior a cuya sentencia se le interpone recurso ante un superior.◆ Día a partir del cual comienza a contarse un término judicial.◆ Locución latina que significa "del cual". Se la utiliza para indicar el momento a partir del cual pueden producirse consecuencias jurídicas.

A REVISAR: expresión que figura impresa o en un sello que se coloca en la documentación de una empresa y que significa que falta la revisión correspondiente. Se utiliza generalmente cuando se recibe mercaderías que por su magnitud no pueden ser verificadas o controladas en el acto.

A RIESGO DEL COMPRADOR: se aplica cuando el comprador asume la consecuencia de la contingencia en una compra.◆ Que no existe garantía y que el comprador se hace cargo de los posibles o eventuales defectos del producto.

A RIESGO DEL VENDEDOR: se aplica cuando la responsabilidad es asumida por el vendedor en una transacción por algún defecto o deficiencia del producto enajenado.

A SOLA FIRMA: expresión mediante la cual, en las operaciones de crédito, se requiere solamente la firma del deudor sin necesidad de garantía, aval o fianza.

A TÍTULO SINGULAR: ver **Donación a título singular.**

A TÍTULO UNIVERSAL: ver **Donación a título universal.**

A TODA COSTA: sin limitación en el gasto o en el trabajo.

"AB INTESTATO": que no existe testamento. Se refiere a los que mueren sin testar y a quienes heredan bajo esas circunstancias.◆ Relativo a la sucesión intestada.◆ Procedimiento judicial sobre herencia y adjudicación de bienes del que muere sin testar.

ABALIZAMIENTO: balizamiento.

ABALIZAR: señalar con balizas algún paraje en aguas navegables.◆ Señalar con balizas las pistas de los aeropuertos y aeródromos o las desviaciones en las carreteras.

ABANDERAR: matricular o registrar bajo bandera de un Estado un buque de nacionalidad extranjera.◆ Proveer a un buque de los documentos que acreditan su bandera.

ABANDONAR: dejar el asegurado por cuenta del asegurador, a consecuencia determinados accidentes del comercio marítimo, las cosas aseguradas, a fin de obtener el pago del seguro.◆ Ver **Abandono**.

ABANDONO: renuncia (abdicativa o propiamente dicha) del derecho de propiedad o de otro derecho real hecha voluntariamente por su titular *(R. Castán)*. ◆ Dejar o desamparar a personas o cosas, así como también derechos y obligaciones. ◆ Renuncia a la propiedad de un bien y a su utilización en forma voluntaria.◆ Acto por el cual se renuncia a una pretensión jurídica.◆ Derecho del asegurado para exigir el pago del asegurador, dejando por cuenta de éste las cosas aseguradas, a consecuencia de determinados accidentes del comercio marítimo.◆ Renuncia sin beneficiario determinado, con pérdida del dominio o posesión sobre cosas que recobran su condición de bienes *nullius* o adquieren la de bienes mostrencos.◆ En Derecho de Familia, se entiende por tal la supresión de la vida en común, sea mediante el alejamiento de un cónyuge, la expulsión del otro del hogar o el hecho de no permitirle la entrada con sustracción a los deberes y cargas resultantes del matrimonio, en especial, el deber de cohabitar *(A. Belluscio)*. En la Argentina, el abandono voluntario y malicioso es causal de separación personal.

ABANDONO DE BIENES: renunciar a los bienes.◆ Ver **Abandono; Abandono de cosas.**

ABANDONO DE COSAS: aquellas de cuya posesión el dueño se desprende materialmente con la mira de no continuar en el dominio de ellas.

ABANDONO DE COSAS ASEGURADAS: acción mediante la cual el asegurado, en cierta circunstancia que la ley o las condiciones que una póliza prevé, hace abandono del bien siniestrado y cede al asegurador la posesión y propiedad de éste exigiendo la suma establecida en el contrato como monto total pactado *(De Vila Bacarreza)*.

ABANDONO DE DEBERES FAMILIARES: ver **Abandono de familia.**

ABANDONO DE DOMICILIO: aquel que se produce cuando por propia voluntad, por influencias de la voluntad de un tercero o por imperio de la ley, el domicilio es dejado, sustituido o perdido *(C. Obal)*.

ABANDONO DE FAMILIA: incumplimiento voluntario y malicioso del deber impuesto al jefe de familia de hacer las prestaciones necesarias para el sostenimiento del hogar. Consiste en una inejecución fraudulenta y dolosa de la obligación de asistencia, de alimentos, de socorro, de educación, impuesta por la ley al jefe del hogar *(H. Charny)*.

ABANDONO DE HIJOS: ver **Abandono de familia.**

ABANDONO DE LA ACCIÓN: en el desenvolvimiento del proceso, las partes privadas tienen la facultad de provocar o no la jurisdicción en defensa de sus derechos materiales. Por lo tanto, pueden abandonar el ejercicio de esa facultad y al mismo tiempo la pretensión jurídica por la cual se manifiesta la cuestión de fondo.
La figura del abandono de la acción se presenta así en nuestro ordenamiento jurídico en la materia, llamada desistimiento *(C. Obal)*. ◆ Ver **Desistimiento.**

ABANDONO DE PERSONAS: el cometido por aquel que pusiere en peligro la vida o salud de otro, abandonando a su suerte sea a una persona incapaz de valerse y a la que deba mantener o cuidar o a la que el mismo autor haya incapacitado *(A. García).*

ABANDONO DEL PROCEDIMIENTO: extinción o pérdida total del procedimiento, que se produce cuando todas las partes que figuran en un juicio han cesado en su prosecución durante un determinado espacio de tiempo.

ABANDONO DEL TRABAJO: acto de incumplimiento del trabajador por falta de concurrencia a desempeñar sus tareas sin causa justificada, la que se configurará previa constitución en mora mediante intimación hecha en forma fehaciente a que se reintegre al trabajo en el plazo que impongan las modalidades que resulten en cada caso.◆ Abandono del empleo.

ABANDONO VOLUNTARIO Y MALICIOSO: aquel en el que quien incurre no demuestra haber tenido motivos suficientes para justificar su actitud.

ABDICACIÓN DE LA TUTELA: renuncia a la tutela por simple declaración no justificada *(C. Obal).*

ABDUCCIÓN: rapto.

ABERRACIÓN: acto depravado, perverso o que se aparta de lo aceptado como lícito.

"ABERRATIO DELICTI": ver **Error en el delito.**

"ABERRATIO ICTUS": se da cuando el sujeto dirige su acción contra el objeto que se proponía, pero ésta recae sobre un objeto distinto *(Sainz Cantero).*

ABERTURA: apertura. Usualmente referida a la apertura de un testamento.

ABIGEATO: delito causado por el hurto de ganado o bestias.◆ Cuatrerismo.

ABIGEO: el que hurta ganado o bestias.

ABOGACÍA: profesión y ejercicio del abogado.◆ Ver **Abogado.**

ABOGADO: del latín *advocatus*, "el que asiste al llamado de la Justicia". Persona que tiene finalizada la carrera de Derecho.◆ En su exacta acepción, significa perito en Derecho que se dedica a defender en juicio, por escrito o de palabra, los derechos o intereses de los litigantes y también a dar dictamen sobre las cuestiones o puntos legales que se le consulten. Cuando el abogado ejerce su profesión en el pleito, no está ejerciendo simplemente su derecho a trabajar –como otro profesional– sino que ejerce una función pública como auxiliar de la Justicia, asegurando, además, a su cliente el principio cardinal de la defensa en juicio, derecho fundamental y básico. ◆ Persona autorizada legalmente a ejercer la abogacía.

ABOGADO DE OFICIO: el que asigna la ley a los litigantes sin recursos económicos para que se encargue de su defensa o representación.◆ Abogado de pobres.

ABOGADO DE POBRES: ver **Abogado de oficio**.

ABOGADO DE SECANO: el que se pone a hablar en materias en que es lego.

ABOGADO DEL DIABLO: funcionario nombrado por el Vaticano para que actúe ante la Sagrada Congregación de Ritos en los procesos de beatificación o de canonización. Su función es la defensa jurídica de la fe, de la institución de la Iglesia y del honor de Dios en esas causas.

ABOGADO DEL ESTADO: letrado que tiene por principales cometidos la defensa del Estado en juicio, el asesoramiento administrativo y la liquidación del impuesto de derechos reales *(Diccionario de la Real Academia).*

ABOGADO QUE CONSTA: en el mundo anglosajón, abogado que consta en el sumario en calidad de representante legal de una parte en un litigio o proceso.

ABOGAR: defender en juicio, por escrito o de palabra.◆ Interceder, hablar en favor de alguno.

ABOLENGO: ascendencia de abuelos o antepasados.◆ Patrimonio o herencia que viene de los abuelos o antepasados.

ABOLICIÓN: acción y efecto de abolir.◆ Ver **Abolicionismo; Abolir.**

ABOLICIONISMO: corriente de pensamiento orientada a la abolición de las penas y los sistemas penales. El grupo de pensadores que puede ser adscripto a esa orientación no se interesa por una política criminal alternativa, sino por una alternativa a la política criminal. Comparten los análisis de la criminología de la reacción social en lo que se refiere a la selectividad, tanto en los procesos de criminalización primaria como secundaria, con independencia del daño social y la gravedad de los hechos, los efectos del encierro y la incapacidad del sistema penal de resolver los conflictos de los que se hace cargo, sin que las personas involucradas lo vivan como un delito o aunque las propias víctimas estén en contra de que se los considere delitos, todo en nombre de una idea abstracta, llamada "bien jurídico tutelado".
Dicen los abolicionistas que en los procesos penales, se deja de lado la víctima, mientras que se legitima la intervención total del Estado como preservador de los bienes jurídicos "indispensables" y la idea del consentimiento en la teoría del delito. Sostienen también que la intervención del sistema penal agrava los conflictos, porque impide llegar a cualquier respuesta que no sea punitiva. En algunos casos, la propia existencia del sistema penal agrega riesgos y daños para los afectados, en que los potenciales imputados deben ocultarse y realizar sus actividades prohibidas en mayor situación de riesgo y proceder a ocultar bienes y llevar una doble vida por temor a condenas, etcétera *(M. Elbert).*

ABOLIR: derogar, dejar sin vigencia o suprimir una ley, costumbre, etcétera.

ABONADO: persona que a suscripto o adquirido un abono para un servicio o espectáculo.◆ Persona inscripta para recibir algún servicio periódicamente o determinado número de veces.◆ Pagado.

ABONADOR: que abona.◆ Persona que abona al fiador y, en su defecto, se obliga a responder por él.

ABONAR: pagar.◆ Pagar un importe.◆ Acreditar una cuenta.◆ Descargar.◆ Asentar en las cuentas corrientes las partidas que corresponden al haber.◆ Pagar la cantidad correspondiente a cada uno de los vencimientos de una venta o un préstamo a plazos.◆ Registrar una cantidad en el haber de una cuenta.

ABONERO: en México, comerciante callejero y ambulante que vende por abonos o pagos a plazos, principalmente entre las clases populares.

ABONO: descargo.◆ Crédito.◆ Derecho que adquiere el que se abona.◆ Tener validez para que se compute a favor de una persona.◆ Cada uno de los pagos parciales de un préstamo o compra a plazos.

ABORDAJE: planteo de un negocio o actividad mercantil.◆ Choque entre dos buques o choque de un buque contra un muelle.

ABORDAJE CULPABLE: el producido por negligencia o impericia del capitán abordador.

ABORTAR: interrumpir de forma natural o provocada el desarrollo del feto durante el embarazo.

ABORTISTA: dícese del partidario de la despenalización del aborto voluntario.

ABORTIVO: nacido antes de tiempo.◆ Que tiene virtud para hacer abortar.

ABORTO: acción y efecto de abortar.

ABORTO CULPOSO: el producido por quien con violencia causare un aborto sin haber tenido el propósito de hacerlo, cuando el estado de embarazo de la mujer fuere notorio o le constare.

ABORTO DESPENALIZADO: en algunas legislaciones, aquel que queda expresamente excluido como hecho punible.

ABORTO EUGENÉSICO: el llevado a cabo en el caso de embarazo producido como consecuencia de una violación o de un atentado al pudor cometido sobre una mujer demente o débil mental.

ABORTO "HONORIS CAUSA": el aborto realizado para ocultar la deshonra; éste plantea el interrogante acerca de si dicha honra puede ser salvada aun contra la voluntad de la mujer embarazada. El honor cobra un carácter específicamente familiar que posee todas las características de un convencionalismo que debe ser superado.

ABORTO TERAPÉUTICO: aborto practicado con el fin de evitar un peligro para la vida o la salud de la madre cuando no se puede evitar por otros medios.

ABREVIATURA: representación gráfica de una palabra, en forma más breve, mediante el uso de una o varias letras del vocablo original.

ABRIDOR: primer asegurador que firma y se obliga a una póliza de seguro.

ABRIR UN CRÉDITO: otorgamiento del derecho a utilizar un crédito o cuenta corriente, a nombre propio o ajeno, con la finalidad de obtener una suma de dinero o la posibilidad de adquirir cosas o recibir la prestación de un servicio.◆ Autorizar por medio de un documento para que pueda recibir de otro la cantidad que necesite o hasta cierto monto.

ABRIR UNA CUENTA: tratándose de cuentas corrientes o de créditos, depositar en un banco la suma de dinero requerida o aprontar la garantía concertada.◆ Apertura de cuenta.

ABROGACIÓN: anulación, abolición o revocación de una ley, decreto, uso, costumbre. ◆ Acción y efecto de abolir; revocar.

ABROGAR: abolir, revocar.◆ Dejar la vigencia de una ley, código.◆ Revocar un contrato o parte de él.◆ Derogar una ley.

ABSENTISMO: abstención deliberada de concurrir al trabajo.◆ Hábito mediante el cual el propietario se encuentra radicado fuera de la localidad en la cual se encuentran sus bienes.

ABSENTISTA: que practica el absentismo.◆ Perteneciente o relativo al absentismo.◆ Terrateniente que no reside en sus tierras, que las descuida y que deja su administración y explotación a cargo de personas subordinadas a él.

ABSOLUCIÓN: finalización de un pleito favorable al demandado.◆ Liberación de algún cargo, obligación, deuda o pena.

ABSOLUCIÓN DE LA DEMANDA: terminación del pleito enteramente favorable al demandado.

ABSOLUCIÓN DE POSICIONES: medio que tienen las partes para obtener la confesión de su contraria en un proceso determinado, bajo juramento o promesa de decir la verdad *(R. Arazi)*.◆ Acto de responder a ellas el litigante, bajo juramento.◆ Pliego de posiciones.

ABSOLUCIÓN SACRAMENTAL: acto de absolver el confesor al penitente.

ABSOLUTISMO: expresión política monárquica caracterizada por el poder omnímodo del rey *(L. Verdú)*.◆ Forma de monarquía estamental en la cual las diferencias sociales no se han derogado y tampoco se consulta a sus representantes *(E. Lousse)*.

ABSOLUTORIO: relativo al fallo, sentencia, declaración, actitud, etcétera, que absuelve.

ABSOLVER: declarar libre de culpa al acusado de un delito.

ABSORBER: asumir, incorporar.◆ Fusionar o refundir en una partida mediante una registración contable una parte o grupo de cuentas.◆ En la registración contable, cuando una o más cuentas reciben el saldo de otra u otras o de anotaciones parciales.

ABSORCIÓN DE EMPRESAS: adquisición o incorporación de una empresa, generalmente de parte de una más poderosa a otra de menor potencialidad. En realidad, es una anexión que se realiza a través de la compra parcial o total del paquete accionario.◆ Ver **Fusión.**

ABSTENCIÓN: todas las formas lícitas, no fraudulentas, de evasión fiscal. El contribuyente se sustrae al pago de un impuesto.◆ Conducta que implica un “dejar de hacer”.

ABSTENCIÓN ACTIVA DEL VOTO: mediante esta abstención nos referimos al voto en blanco y al voto nulo.

ABSTENCIONISMO: no participación de los ciudadanos en los diferentes eventos de la vida política de un país, comunidad, distrito, provincia, etcétera.

ABSTRACCIÓN CAMBIARIA: en un título de crédito, importa la imposibilidad de discutir o traer a colación.◆ En los juicios ejecutivos, los efectos de la abstracción son prácticamente absolutos, pues los vicios que afectan la ca usa del documento no se encuentran normalmente entre las excepciones oponibles a la ejecución *(M. Ossorio).*

ABSUELTO: aquel que luego de haber sido sometido a juicio, es dado por libre.◆ Ver **Absolución.**

ABUSO: acción y efecto de usar mal, excesiva, injusta, impropia o indebidamente algo o a alguien.

ABUSO DE ARMAS: actitud del que disparare un arma de fuego contra una persona sin herirla *(A. García).*◆ Se configura como consecuencia del accionar de una persona que dispara un arma de fuego contra otra sin llegar a herirla.

ABUSO DE AUTORIDAD: ejercicio excesivo de la autoridad confiada al personal de nivel jerárquico dentro de una organización.

ABUSO DE AUTORIDAD Y VIOLACIÓN DE LOS DEBERES DE FUNCIONARIOS PÚBLICOS: actitud de todo funcionario público que dictare resoluciones u órdenes contrarias a las constitucionales o leyes nacionales o provinciales, o ejecute las órdenes o resoluciones de esta clase existentes, o no ejecutare las leyes cuyo cumplimiento le incumba *(A. Garela).*

ABUSO DE CONFIANZA: infidelidad que significa perjudicar o burlar, por bondad excesiva, descuido o negligencia, a otro que le ha brindado su crédito.

ABUSO DE DERECHO: posibilidad de que un sujeto de derecho, al hacer uso del poder jurídico que conlleva el derecho subjetivo del que es titular, ejercite dicho poder en forma antisocial.

ABUSO DE FUERZA: circunstancia agravante del delito que consiste en abusar de la superioridad del sexo, de las fuerzas o de las armas, en condiciones que el ofendido no pueda defenderse con probabilidades de repeler la ofensa.

ABUSO DE LA PERSONALIDAD JURÍDICA: el que se produce en los supuestos en los cuales la actuación de la sociedad encubre la consecución de fines extrasocietarios o constituye un mero recurso para violar la ley, el orden público o la buena fe, o para frustrar derechos de terceros. En estos casos, la ley procederá a la imputación de estos actos en cabeza a los socios o de las controlantes que posibilitaron esta conducta.◆ Llamado también "teoría de la penetración" o "teoría del velo societario".

ABUSO DE PODER: ver **Abuso de autoridad.**

ABUSO DE POSICIÓN DOMINANTE: en algunos países, se utiliza esta expresión para referirse a una actuación empresarial prohibida por restringir el juego de la libre competencia; no se admite la posibilidad de exención, como en el caso de las ententes. También a veces se usa como sinónimo "posición dominante", "prácticas abusivas" y "explotación abusiva".

ABUSO DE SUPERIORIDAD: ejercicio agravante de apreciación potestativa, determinada por aprovechar en la comisión del delito la notable desproporción de fuerza o número entre delincuentes y víctimas.

ABUSO DEL CRÉDITO: cuando se excede el monto o cantidad de crédito otorgado.

ABUSO DEL DERECHO: acto por el cual una persona ocasiona un perjuicio a otra excediéndose de los límites materiales de un derecho que indiscutiblemente le pertenece y que sólo en apariencia reviste un carácter absoluto.◆ Es el hecho de una persona de ejercitar, con el fin de perjudicar a otra y, por lo tanto, sin ningún interés para sí misma, un derecho de que es titular.

ABUSO DESHONESTO: actos deshonestos sin acceso carnal. Actos de malicia, los torpes desahogos, mientras no importen unión sexual, conjunción, penetración o ab norme *(S. Soler).*

ABUSO SEXUAL: actividad sexual entre dos o más personas sin consentimiento de una de ellas.

ABUSO SEXUAL INFANTIL: relación sexual entre un adulto y un menor. Este contacto entre un niño y un adulto que utiliza al niño para estimularse sexualmente o bien a otra persona.

ACAPARAMIENTO: conducta consistente en adquirir la mayor cantidad posible de ofertas de bienes con el fin de imponer un precio elevado con respecto al promedio existente en un mercado más atomizado en la etapa de venta. Este tipo de maniobra, si bien en la actualidad no es de práctica habitual, está contemplada en variadas legislaciones comerciales con el fin de impedirla.

ACAPARAR: adquirir cosas propias del comercio en cantidad superior a la normal, previniendo su escasez o encarecimiento.

ACARREADOR: fletero. Que acarrea.◆ Empresa de transportes.◆ Encargado de transportar mercaderías mediante un precio convenido.◆ Porteador.◆ Agente auxiliar de comercio.◆ Ver **Transportador**.

ACARREAR: transportar de cualquier manera.

ACARREO: lo que se trae de otra parte por tierra o no es del lugar donde está sino que ha venido a él desde otro.◆ También se dice de lo que un arriero trae por cuenta ajena, sólo por el porte. ◆ Transporte de mercaderías, generalmente referido al precio o flete convenido.

ACATAMIENTO: obediencia, respeto.

ACCESIÓN: modo de adquirir el dominio, según el cual el propietario de una cosa hace suyo, no solamente lo que ella produce, sino también lo que se le une o incorpora por obra de la naturaleza o por mano del hombre, o por ambos medios a la vez, siguiendo lo accesorio a lo principal. ◆ Se adquiere el dominio por accesión cuando alguna cosa mueble o inmueble acreciera a otra cosa por adherencia natural o artificial *(M. Mariani de Vidal).*

ACCESIÓN INVERTIDA: se da en el supuesto en el que un tercero invada el terreno colindante, ya sea mediante siembras, plantaciones o construcciones.

ACCESO: derecho para ingresar a un inmueble.◆ Posibilidad de acceder a los libros de una empresa.

ACCESO CARNAL: penetración sexual. Se produce cuando el órgano genital entra en el cuerpo, ya sea por vía normal o anormal *(S. Soler).*

ACCESORIO: que depende de lo principal.◆ Lo que se une a lo principal o de ello depende.

ACCESORIOS: utilízase para referirse a los intereses cuando se trata de sumas de dinero.

ACCIDENTAL: cargo que se ejerce con carácter provisional.◆ Ver **Sociedad accidental o en participación; Error accidental.**

ACCIDENTE: acción o suceso de carácter eventual que en forma involuntaria daña a personas o cosas.◆ Suceso eventual que altera el orden regular de las cosas.◆ Hecho o acontecimiento súbito, violento, de orden externo, que provoca daño en las personas o en las cosas.◆ Acontecimiento inesperado repentino e involuntario que puede ser causa de daños a las personas o a las cosas independientemente de su voluntad.

ACCIDENTE DE TRABAJO: toda lesión o afectación física o psíquica producida al trabajador dependiente durante el transcurso de sus tareas laborales como consecuencia del trabajo o por caso fortuito o fuerza mayor inherente al trabajador.◆ Cuando se produce un hecho anormal, imprevisible, violento y súbito, de origen laboral, que ocasiona un daño en la salud del trabajador. Se encuentra incluido el accidente de trabajo *in itinere.*◆ Accidente laboral.◆ Es un suceso imprevisto que altera una actividad de trabajo ocasionando lesiones al trabajador y/o alteraciones en la maquinaria, equipo, materiales y productividad *(Ley General del Trabajo de Bolivia).*

ACCIDENTE DE TRABAJO "IN ITINERE": accidente producido durante el trayecto desde el domicilio al lugar de trabajo o viceversa; éste puede darse en algún medio de transporte o a pie.◆ Accidente en el trayecto.

ACCIDENTE DE TRÁNSITO: todo hecho que produzca daño en personas o cosas como consecuencia de la circulación.

ACCIDENTE EN EL TRAYECTO: ver **Accidente de trabajo "in itinere".**

ACCIDENTE LABORAL: ver **Accidente de trabajo.**

ACCIÓN: derecho autónomo consistente en la facultad que corresponde a una persona para requerir la intervención del Estado a efectos de tutelar una situación jurídica *(H. Alsina).*◆ Derecho que se tiene a pedir alguna cosa en juicio.◆ Modo legal de ejercitar el mismo derecho, pidiendo en justicia lo que es de uno o se le debe.◆ Capital que aportan los socios no colectivos a algunas sociedades en comandita, las cuales se llaman en comandita por acciones. Simultáneamente, se denomina así el título que acredita y representa el valor de cada una de aquellas partes, aunque un mismo título puede comprender una cantidad mayor a una acción.◆ Unidad de capital social en moneda legal.◆ Comprende tanto la conducta humana como el resultado que produce, tanto la comisión como la omisión *(S. Soler).*◆ Ver **Acciones**.

ACCIÓN ADMINISTRATIVA: decisión adoptada por la dirección o la gerencia sobre un asunto de política empresarial emanada ordinariamente del consejo de administración o directorio. La acción administrativa comprende todo el ámbito de la administración, incluyendo las decisiones rutinarias, con el fin de posibilitar un desarrollo de las operaciones en forma eficiente y sencilla.◆ Derecho que pueden ejercer los particulares como tales frente a la administración pública.

ACCIÓN ANTIGUA: ver **Acciones antiguas.**

ACCIÓN AQUILIANA: esta acción, que tiene su origen en la Ley Aquilia del Derecho Romano, autorizaba a reprimir como delitos *–damnum injuria datum–* ciertos hechos establecidos de antemano y que lesionaban derechos ajenos. Se aplicó en una primera época, únicamente en relación con los daños causados a las cosas corporales, extendiéndose después a todo daño producido injustamente (...).
La culpa consecuente de los hechos comprendidos en la Ley Aquilia se ha llamado aquiliana o extracontractual, porque se define a través de una ausencia de obligaciones contractuales entre el deudor y la víctima. Los hechos se clasifican entre los cuasidelitos, que traen consigo la obligación de reparar el daño o perjuicio causado. Los hechos y actos ilícitos, en la concepción moderna de la responsabilidad, han cubierto los casos enumerados por la Ley Aquilia (...) extendiendo notablemente el campo de aplicación de la responsabilidad extracontractual. Se legisla así acerca de la responsabilidad de las personas por los hechos y actos ilícitos (responsabilidad de los padres por sus hijos menores, de los patrones o comitentes, de los tutores y curadores, de los maestros artesanos y directores de colegio, responsabilidad de los funcionarios públicos, etc.); como asimismo, acerca de la responsabilidad con relación a las cosas (daños causados por animales, daños causados por cosas inanimadas con la distinción de aquellas que se mueven accionadas por el hombre, etc.) *(C. Obal).*

ACCIÓN CAMBIARIA: acción por la cual el portador de un documento puede demandar su pago al librador o a cualesquiera de los endosantes, en virtud de la responsabilidad solidaria entre éstos.

ACCIÓN CARTULAR: acción que tiene una representación física en una cartulina.

ACCIÓN CIVIL: acción ejercitada con el fin de obtener la restitución de la cosa obtenida a través de un delito y la pretensión resarcitoria civil; podrá ser ejercida por las personas legitimadas al efecto contra los partícipes del delito y, en su caso, contra el civilmente responsable, ante el mismo tribunal en que se promovió la acción penal.

ACCIÓN COERCITIVA: acción que desarrolla el Consejo de Seguridad de las Naciones Unidas para sancionar a un Estado en casos de amenazas a la paz, quebrantamientos de la paz o actos de agresión.

ACCIÓN CONFESORIA: la derivada de actos que de cualquier modo impidan la plenitud de los derechos reales o las servidumbres activas, con el fin de que los derechos y las servidumbres se restablezcan.

ACCIÓN CONJUNTA: acuerdo que toman diversas empresas para coordinar sus políticas empresariales.

ACCIÓN CONSTITUTIVA: acciones por medio de las cuales se solicita de la jurisdicción y de su órgano de creación, la modificación o extinción de un derecho o situación jurídica *(C. Obal).*

ACCIÓN CONTRARIA: derecho que tiene el gestor de negocios sin mandato para exigir el reembolso de los gastos que hubiere tenido que hacer en el desempeño de las funciones asumidas *(Ribó Durán).*

ACCIÓN CORPORATIVA: decisión sobre políticas resuelta por la asamblea de accionistas o por el directorio de una empresa.

ACCIÓN CRIMINAL: ver **Acción penal.**

ACCIÓN DE AMPARO: aquella admisible contra todo acto u omisión de autoridad pública que, en forma actual o inminente, lesione, restrinja, altere o amenace, con arbitrariedad o ilegalidad manifiesta, los derechos o garantías explícita o implícitamente reconocidos por la Constitución, con excepción de la libertad individual tutelada por el hábeas corpus.

ACCIÓN DE COMPLEMENTO: en Derecho Sucesorio, acción de la que dispone el heredero forzoso a quien el testador ha dejado menos de la legítima para reclamar su complemento.

ACCIÓN DE CUOTA: aquella cuyo valor no es expresado numéricamente en dinero, sino en forma decimal por referencia a una cuotaparte del capital social. Así, mediante una simple operación aritmética, puede determinarse el valor nominal si éste no figurase en el mismo título.

ACCIÓN DE DAÑO TEMIDO: tiende a hacer saber al Juez la existencia de un peligro proveniente de un edificio o de cualquier otra cosa a fin de que se adopten las medidas necesarias para conjurarlo *(M. Mariani de Vidal).*

ACCIÓN DE DEFENSA: aquella ejecutada con el propósito de defenderse de una agresión *(H. Welzel).*

ACCIÓN DE ENRIQUECIMIENTO INJUSTO: acción personal dirigida a la recuperación de un valor que se ha desplazado de un patrimonio a otro sin una causa válida y definitiva de atribución. Se dirige a recuperar un valor o un provecho que se retiene sin causa. Tiene por finalidad restituir al patrimonio del reclamante un valor que ha quedado integrado en el patrimonio del demandado, sin razón que lo justifique.◆ Ver **Enriquecimiento injusto.**

ACCIÓN DE GOCE: título entregado a un accionista, el cual recibe al propio tiempo el valor nominal de su acción *(G. Ripert).*◆ Ver **Acciones de goce**.

ACCIÓN DE INCONSTITUCIONALIDAD: acción que somete a prueba la concordancia con relación a la Constitución, las leyes, decretos, ordenanzas y reglamentos dictados por la autoridad pública.

ACCIÓN DE JACTANCIA: la que se utiliza demandando a la persona que se jacta de un derecho negado por el actor, para que sea condenada a ponerlo *sub judice* en el territorio que se le señale.

ACCIÓN DE NULIDAD: acción que persigue el reconocimiento y la declaración judicial de nulidad de un acto jurídico.

ACCIÓN DE OBRA NUEVA: toda obra que se comenzará a hacer en las condiciones que tipifica la ley y da origen a esta defensa que tiene por finalidad que la obra se suspenda durante el juicio y, concluido éste, se mande deshacer lo hecho. Si la obra se hubiere terminado o estuviere avanzada, ya no sería procedente la acción de obra nueva *(M. Mariani de Vidal).*

ACCIÓN DE PETICIÓN DE HERENCIA: acción real concedida al heredero contra una persona que posee total o parcialmente la sucesión, pretendiendo tener derecho a ella.

ACCIÓN DE PRESCRIPCIÓN: acción que caduca por el transcurso del tiempo.◆ Ver **Prescribir**.

ACCIÓN DE REDUCCIÓN: en materia de sucesiones, consiste en la acción conferida a los herederos forzosos, para obtener una reducción en las disposiciones testamentarias que mengüen su legítima.

ACCIÓN DE REGRESO: ver **Acción regresiva**.

ACCIÓN DE REIVINDICACIÓN: acción real que se confiere al propietario de un bien que ha perdido su posesión por medio de la cual la puede reclamar de aquel que se encuentra en posesión de él.◆ Acción reivindicatoria.

ACCIÓN DE SIMULACIÓN: aquella en la que la ley acude en auxilio de quienes resultan perjudicados por la maniobra, para que demanden a las partes en el acto simulado, acreditando el carácter no real de la operación, que en definitiva resultará anulada con el efecto de reintegrar los bienes al patrimonio del deudor, para mantener su integridad y satisfacer el reclamo de los acreedores *(O. Cancela).*

ACCIÓN DECLARATIVA DE PROPIEDAD: derecho que tiene el propietario de la casa o bien para que le sea reconocida su titularidad frente a quien se la discute o pretende arrogársela.

ACCIÓN DEPENDIENTE DE INSTANCIA PRIVADA: la que nace de aquellos casos en los cuales sólo se procede a formar causa por acusación o denuncia del agraviado o de su tutor, guardador o representantes legales. Sin embargo, se procederá de oficio cuando el delito fuese cometido contra un menor que no tenga padres, tutor ni guardador, o que lo fuere por uno de sus ascendientes, tutor o guardador. ◆ Acción penal que no podrá ejercitarse de no mediar denuncia ante el juez competente por parte de las personas autorizadas al efecto por la ley penal.

ACCIÓN DIRECTA: empleo de la violencia preconizado por algunos grupos sociales, bien con fines políticos, bien para conseguir ventajas económicas. Suele manifestarse en forma de huelgas, sabotajes, atentados terroristas, etcétera.◆ Es la que compete al acreedor para percibir de un tercero lo que éste adeuda a su deudor: A, acreedor de D, tiene derecho a percibir de T lo que éste le debe a D *(A. Alterini).*

ACCIÓN DOLOSA: toda aserción de lo que es falso o disimulación de lo verdadero; cualquier artificio, astucia o maquinación que se emplee con ese fin para conseguir la ejecución de un acto.

ACCIÓN EJECUTIVA: aquella originada en un título ejecutivo y que se hace valer mediante trámite sumario; tiene como fin la realización de un crédito.

ACCIÓN ESCRITURAL: ver **Acciones escriturales**.

ACCIÓN IMPRESCRIPTIBLE: aquella que no caduca por el mero transcurso del tiempo.

ACCIÓN "IN PERSONAM": acción personal.

ACCIÓN "IN REM": acción real.

ACCIÓN "IN REM VERSO": supone que el acreedor de una pretendida obligación de restitución no puede fundar ésta contra su presunto deudor en ningún texto de Derecho Positivo, y tampoco en ningún acto o hechos jurídicos expresamente considerados y definidos por la ley.

ACCIÓN INDIRECTA: acción oblicua.

ACCIÓN INDIVIDUAL DE RESPONSABILIDAD: la que persigue el mal desempeño de los directores de sociedades por acciones. Es individual cuando es promovida por los accionistas o terceros.◆ Los accionistas y los terceros conservan siempre sus acciones individuales contra los directores.

ACCIÓN INTEGRADA: aquella que ha sido pagada totalmente por su suscriptor. Puede existir integración parcial.

ACCIÓN JUDICIAL: forma legal de ejercitar el derecho que se tiene a pedir alguna cosa en juicio.

ACCIÓN LIBERADA: ver **Acciones liberadas**.

ACCIÓN MERAMENTE DECLARATIVA: la que tiende a obtener una sentencia meramente declarativa para hacer cesar un estado de incertidumbre sobre la existencia, el alcance o las modalidades de una relación jurídica, siempre que esa falta de certeza pudiera producir un perjuicio o lesión actual al actor y éste no dispusiere de otro medio legal para ponerle término inmediatamente.

ACCIÓN NEGATORIA: la que compete a los poseedores de inmuebles y a los acreedores hipotecarios contra los que les impidiesen la libertad del ejercicio de los derechos reales a fin de que esa libertad sea restablecida.

ACCIÓN NUEVA: ver **Acciones nuevas**.

ACCIÓN OBLICUA: ver **Acción subrrogatoria.**

ACCIÓN ORDINARIA: acción o medio por el cual el acreedor, sustituyéndose a su deudor y obrando en nombre de éste, hace entrar en su patrimonio bienes que están por perderse debido a que el deudor no los reclama *(J. Bonnecase)*.◆ Acción que debe hacerse valer en juicio ordinario. ◆ Llamada también acción subrogatoria. ◆ Acción indirecta.◆ Ver **Acciones comunes**.

ACCIÓN PAULIANA: denominación clásica de la acción rescisoria por fraude a los acreedores; consiste en el derecho que la ley otorga a éstos para que puedan impugnar los actos que haya efectuado su deudor en fraude de sus derechos de crédito y siempre que dichos acreedores no tengan otro medio para satisfacer sus créditos.◆ Acción revocatoria.

ACCIÓN PENAL: poder jurídico de promover la actuación jurisdiccional a fin de que el juzgador se pronuncie acerca la punibilidad de hechos que el titular de la acción reputa constitutivo de delitos *(N. Alcalá - Zamora).*◆ En sentido amplio, la acción puede definirse como el poder jurídico de activar el proceso a fin de obtener sobre la *res deducta* un pronunciamiento jurisdiccional *(A. Massari).*

ACCIÓN PERSONAL: la que se ejerce contra una persona.

ACCIÓN PIGNORATARIA: ver **Prenda.**

ACCIÓN POPULAR: acción penal.

ACCIÓN POSESORIA: acción tendiente a recuperar la posesión del bien o a proteger la posesión del que la tiene.◆ Ver **Posesión**.

ACCIÓN PRENDARIA: ver **Prenda.**

ACCIÓN PRESCRIPTIBLE: aquella que está sujeta a la prescripción.◆ Ver **Prescripción.**

ACCIÓN PRIVADA: aquella que puede ser instada por el sujeto pasivo de la ofensa, sobre un caso de muerte, en el cual puede ser ejercida por sus herederos forzosos.◆ Acción penal ejercida por medio de querella.

ACCIÓN PÚBLICA: acción penal ejercida por el Ministerio Fiscal, el que deberá iniciarla de oficio, siempre que no dependa de instancia privada. Su ejercicio no podrá suspenderse, interrumpirse ni hacerse cesar, salvo los casos excepcionales especialmente contemplados por la legislación vigente.

ACCIÓN REAL: la que se refiere a una cosa, no a la persona.

ACCIÓN REGRESIVA: acción procesal que se realiza porque se vuelve o se regresa hacia quienes están obligados con anterioridad.◆ Acción de regreso.

ACCIÓN REIVINDICATORIA: ver **Acción de reivindicación**.

ACCIÓN REVOCATORIA: todo acreedor quirografario puede demandar la revocación de los actos celebrados por el deudor en perjuicio o en fraude de sus derechos. Tiene por objeto salvar el obstáculo que se opone a las pretensiones del acreedor sobre los bienes enajenados. Es siempre una acción meramente personal. También llamada acción pauliana por los romanos. Para ejercer esta acción es preciso:
a) Que el deudor se halle en estado de insolvencia; este estado se presume desde que se encuentra fallido;
b) Que el perjuicio de los acreedores resulte del acto mismo del deudor o que antes ya se hallase insolvente;
c) Que el crédito en virtud del cual se intenta acción sea de una fecha anterior al acto del deudor.◆ Es la acción consistente en el poder atribuido al acreedor de hacer declarar ineficaces con relación a él ciertos actos de disposición sobre el patrimonio del deudor que irroguen perjuicio a sus derechos y hasta la concurrencia de esos mismos derechos *(D. Barbero).*

ACCIÓN SACRAMENTAL: era una acción de procedimiento general, que se utilizaba siempre que por la ley una cuestión no tuviera establecida una acción especial *(N. Louzán de Solimano).*

ACCIÓN SIN VALOR NOMINAL: ver **Acciones sin valor nominal.**

ACCIÓN SINDICADA: se trata de aquellas acciones que han sido objeto de convenios celebrados entre los accionistas, con el propósito de conformar mayorías estables que garanticen una política social determinada o la transmisión de los títulos entre los titulares asociados, dependiendo según se trate de sindicatos de mando o de bloqueo.

ACCIÓN SINTÉTICA: opciones y otros instrumentos financieros que en su conjunto producen un rendimiento similar al de una acción *(G. Gotlib).*

ACCIÓN SOCIAL DE RESPONSABILIDAD: la que se emprende contra los directores; corresponde a la sociedad anónima, previa resolución de la asamblea de accionistas. Puede ser adoptada aunque no conste en el orden del día, si es consecuencia directa de la resolución de asunto incluido en éste. La resolución producirá la remoción del director o los directores afectados y obligará a su reemplazo. En caso de quiebra de la sociedad, la acción de responsabilidad puede ser ejercida por el representante del concurso y, en su defecto, será ejercida por los acreedores individualmente.

ACCIÓN SUBROGATORIA: consiste en la acción reservada al acreedor insatisfecho con la finalidad de brindar a éste la posibilidad de tomar a su cargo derechos de su deudor, frente al abandono o inactividad de éste último, a efectos de satisfacer su acreencia, también llamada "acción oblicua".

ACCIÓN SUBYACENTE: en el mercado de opciones, título tomado como base al momento de la celebración del contrato que tendrá por objeto la negociación de una opción a futuro.◆ Título subyacente.

ACCIÓN VIEJA: ver **Acción antigua.**

ACCIONAR: iniciar o proseguir una acción.◆ Poner en funcionamiento un mecanismo o parte de él.◆ Entablar una acción judicial o administrativa.

ACCIONARIADO: totalidad de los accionistas de una sociedad por acciones.

ACCIONES: la división del capital en acciones es una característica definitoria e inherente a la sociedad anónima. Es un elemento trascendental y tipificante. Las acciones siempre deben ser de igual valor nominal. El estatuto puede prever diversas clases con derechos diferentes; dentro de cada clase, conferirán los mismos derechos. Es nula toda disposición en contrario. Los títulos pueden representar una o más acciones y ser al portador o nominativos; en este último caso, endosables o no. Por la clase de derechos que otorgan, pueden ser: a) diferidas, b) ordinarias, c) preferidas, etcétera.◆ Ver **Acción.**

ACCIONES A VALOR PAR: acciones de una sociedad que tienen asignado un valor nominal por contrato social. Se las negocia a idéntico valor que el valor nominal o valor de contrato.

ACCIONES AL PORTADOR: acciones cuya titularidad no se encuentra expresada en el título. No requieren formalidad alguna para su transferencia, la que se puede concretar con la simple entrega del título.

ACCIONES AMORTIZABLES: aquellas que la sociedad puede retirar de circulación comprándolas.◆ Acciones redimibles.

ACCIONES AMORTIZADAS: acciones retiradas de circulación cuando se resuelve amortizar el capital accionario correspondiente. Se permite la amortización parcial o total de acciones integradas, con ganancias líquidas y realizadas, con ciertos recaudos.

ACCIONES ANTIGUAS: aquellas que se encontraban emitidas y/o cotizando en Bolsa, previo a decidirse un aumento de capital, a raíz del cual se emiten acciones nuevas, con distintos derechos económicos a los de aquéllas. Dicha diferenciación entre acciones nuevas y acciones antiguas (o acciones viejas) será mantenida hasta tanto persista la desigualdad de los derechos que brindan a sus respectivos titulares.

ACCIONES BENEFICIARIAS: ver **Acciones de goce**.

ACCIONES CADUCAS: acciones que se declaran caducas ante el incumplimiento del pago por integración por parte de los suscriptores. Estas acciones pueden ser ofrecidas en suscripción nuevamente.

ACCIONES CAMBIARIAS: conforman un mecanismo de remedios y acciones que tienen la finalidad de reparar las consecuencias del impago *(J. Muguillo)*.

ACCIONES COMUNES: aquellas que no gozan de ninguna ventaja especial sobre las ganancias ni sobre la devolución del capital en el supuesto de disolución y liquidación de la sociedad emisora.◆ Atribuyen a sus titulares el régimen normal de derechos patrimoniales (dividendos y cuota de liquidación) correspondientes a la condición de socio generalmente en exacta relación con la parte que dicha acción ordinaria representa dentro del capital social *(J. M. Farina)*.◆ Aquellas que, otorgando derecho a voto, poseen derechos económicos en igual proporción a su participación en el capital social. No lo son las que establezcan una participación diferenciada en el capital social, aun cuando se les otorgue derecho de suscripción preferente.◆ Acciones ordinarias.

ACCIONES CON COTIZACIÓN: representa la inversión efectuada en acciones de una sociedad que cotiza en Bolsa.

ACCIONES CONVERTIBLES: ver **Acciones de conversión**.

ACCIONES DE CAPITAL INFLADO: acciones de una sociedad que representan un capital social aumentado nominalmente por sobre su valor real.

ACCIONES DE CAPITAL NO EMITIDAS: corresponden a las acciones en que se haya autorizado su emisión, sea por decisión de asamblea de accionistas o por contrato social, y que no se han emitido. Actualmente en desuso.

ACCIONES DE CAPITAL NO GRAVABLES: acciones totalmente abonadas, no sujetas a responsabilidad suplementaria por parte de los accionistas.

ACCIONES DE CONVERSIÓN: acciones que se entregan en canje de las anteriores por modificaciones de las características en las acciones, por ejemplo en los privilegios, votos, preferencias, etcétera, integrantes del capital y de acuerdo con las disposiciones del estatuto social. Esta clase de canje no representa ninguna variación en los valores del capital.

ACCIONES DE DIVIDENDO: acciones entregadas en pago de dividendo por utilidades. Representan directamente una capitalización de utilidades.

ACCIONES DE ESTADO: aquellas que se dirigen a obtener la declaración de que corresponde cierto estado a un sujeto determinado *(Puig Brutau).*

ACCIONES DE ESTADO DE FAMILIA: las que se dirigen a obtener un pronunciamiento judicial sobre el estado de familia correspondiente a una persona *(A. Belluscio).*

ACCIONES DE FILIACIÓN: acciones que tienen por objeto reclamar o impugnar un estado de filiación matrimonial o no matrimonial *(Puig Brutau).*

ACCIONES DE FUNDADOR: las entregadas a los que promovieron la fundación, constitución y organización de una sociedad anónima por compensación a los trabajos efectuados por los citados motivos. ◆ Partes de fundador.◆ Ver **Bonos de participación**.

ACCIONES DE GOCE: las que otorgaban, tras el reembolso de acciones operado en virtud de la amortización del capital, los títulos de las acciones amortizables; gozaban de casi los mismos derechos que las acciones comunes. La legislación argentina no se refiere a este tipo de acciones; se encuentran actualmente en desuso.

ACCIONES DE LLAVE: en algunos países, aquellas que se entregan en compensación por la llave de un negocio que una sociedad anónima adquiere.

ACCIONES DE PARTICIPACIÓN: aquellas representativas de una participación en el capital social, pero carentes de derecho a voto.

ACCIONES DE REVALÚO: en algunos países, las que se entregan en compensación del incremento del capital por aumento del valor de los bienes del activo, usualmente los bienes de uso o activos fijos.◆ Acciones por revalúo.

ACCIONES DE TRABAJO: acciones que se entregan al personal de una empresa en concepto de participación en las utilidades. La legislación vigente en la Argentina no permite esta clase de acciones sino sólo bonos de participación.◆ Ver **Bonos de participación para el personal**.

ACCIONES DE VOTO PLURAL: acciones que otorgan derecho a más de un voto en las reuniones de asamblea, el que se encuentra especificado en el título. El estatuto puede crear clases que reconozcan hasta cinco votos por acción ordinaria. El privilegio en el voto es incompatible con preferencias patrimoniales.

ACCIONES DE VOTO SIMPLE: las que permiten un solo voto en las reuniones de asamblea.

ACCIONES - DERECHO A VOTO: en las acciones ordinarias, la ley otorga, como carácter general, el derecho a un voto, aunque por estatutos puede crearse una clase que reconozca el voto múltiple hasta cinco votos por acción ordinaria, no permitiendo el voto plural conjuntamente a preferencias patrimoniales. En las preferidas, se confiere la posibilidad de que se les reconozca, como máximo, derecho a un voto. Si bien pueden carecer de derecho a voto, les asiste el derecho de asistencia con voz a las asambleas y el derecho a voto para cuando se tratare de la transformación, la prórroga o la reconducción, excepto en las sociedades que hacen oferta pública o cotización de sus acciones; de la disolución anticipada de la sociedad, de la transferencia del domicilio al extranjero, del cambio fundamental del objeto y de la reintegración total o parcial del capital; tanto en primera cuanto en segunda convocatorias, las resoluciones se adoptarán por el voto favorable de la mayoría de acciones con derecho a voto y no se aplica la pluralidad de voto. Esta disposición se aplicará para decidir la fusión y la escisión, salvo respecto de la sociedad incorporante, que se regirá por las normas sobre aumento de capital.

ACCIONES EN CAUCIÓN: las que deben depositar los miembros del directorio de una empresa durante su gestión. El número y tipo de acciones a depositar están determinados por el Estatuto Social y sirven para cubrir posibles pasivos atribuibles al Directorio. Se utilizan en algunas legislaciones.

ACCIONES ESCRITURALES: aquellas que no se encuentran representadas por títulos y que sí están inscriptas en cuentas llevadas a nombre de sus titulares por la sociedad emisora en un registro de acciones escriturales o por bancos comerciales, de inversión o cajas de valores autorizadas. Los estatutos pueden autorizar que todas las acciones o algunas de sus clases sean acciones escriturales. La calidad de accionista se presume por las constancias de las cuentas abiertas en el registro de acciones escriturales. La sociedad, entidad bancaria o caja de valores debe otorgar al accionista el comprobante de la apertura de su cuenta y de todo movimiento que inscriba en ella.

ACCIONES ESPECULATIVAS: las susceptibles de un manejo de especulación.

ACCIONES GRATUITAS: término que se utiliza en algunos países como acciones liberadas.

ACCIONES LIBERADAS: acciones entregadas con motivo de las capitalizaciones.

ACCIONES MELLIZAS: papeles de dos empresas legalmente independientes pero cuyos accionistas son los mismos. Dichas acciones se unen en casos de fusión de ambas empresas.

ACCIONES NO RESCATABLES: aquellas que únicamente pueden ser rescatadas como consecuencia de una reducción de capital dispuesta por la asamblea de accionistas, sin que el plazo de dicho rescate esté fijado al tiempo de la emisión o quede librado conforme a las condiciones de ésta, a opción del accionista.

ACCIONES NOMINATIVAS: acciones emitidas a nombre de una determinada persona, accionista, y a su orden por lo que en el título figura el nombre del titular de la acción. Pueden ser: endosables, cuando existe la posibilidad de transferencia por medio de endoso, o no endosables, cuando la transferencia no es realizable mediante endoso.

ACCIONES NUEVAS: las que se entregan a los accionistas en canje de las antiguas en caso de reducción de capital o por otros motivos.

ACCIONES ORDINARIAS: acciones comunes.

ACCIONES PREFERENTES PARTICIPANTES O CON PARTICIPACIÓN: aquellas que participan en igualdad de condiciones con las ordinarias a partir de un exceso de los beneficios previamente estipulados.

ACCIONES PREFERIDAS: clases de acciones que a sus poseedores les otorgan una preferencia tanto en el pago del dividendo como en la devolución del capital en caso de liquidación de la sociedad. Normalmente, esta clase de acción recibe un dividendo anual fijo sobre el valor nominal que guarda relación con una prudente tasa de interés. Pueden devengar, en virtud de sus cláusulas de emisión, un dividendo, que en caso de no haber utilidades en un ejercicio, se acumulará mientras no sea posible su pago hasta el ejercicio en que resulte con utilidades y se lo abone. Algunas empresas utilizan el sistema de emisión de acciones preferidas a modo de obtener fondos del mercado, con la ventaja de que, en el caso de tener un mal ejercicio económico, pueden posponer el pago del dividendo hasta un momento propicio. ◆ Aquellas que conceden particulares ventajas patrimoniales en relación con los derechos otorgados por las acciones ordinarias *(J. M. Farina)*.◆ Aquellas que otorgan una preferencia económica o dividendos de cobro preferente, con respecto a las acciones ordinarias. ◆ Acciones de capital preferentes.◆ Acciones privilegiadas.

ACCIONES PREFERIDAS CONVERTIBLES: aquellas que tienen entre sus cláusulas de emisión la posibilidad de optar por la conversión en acciones ordinarias sobre la base de una relación determinada.

ACCIONES PREFERIDAS RESCATABLES: aquellas que la sociedad o entidad emisora puede rescatar a un precio determinado.

ACCIONES PRENDADAS: en virtud de formar parte del patrimonio del deudor, estas acciones también son susceptibles de ser prendadas. Su titular conserva los derechos societarios pero pierde la libre disponibilidad de los títulos, afectados al gravamen prendario.

ACCIONES PROPIAS EN CARTERA: concepto mediante el cual se expresa el valor nominal de las acciones propias compradas por la empresa. La sociedad puede adquirir acciones que emitió sólo en determinadas condiciones.◆ Acciones de tesorería. ◆ Acciones en tesorería.◆ Acciones rescatadas.◆ Acciones en cartera.

ACCIONES REALES: medios de hacer declarar la existencia, la plenitud y la libertad de los derechos reales, con el accesorio, cuando hubiere lugar, de indemnización del daño causado.

ACCIONES RESCATABLES: aquellas: a) cuyo rescate o compra total o parcial por la sociedad o por terceros esté fijada en el tiempo o librada a opción del accionista, según las condiciones de la emisión; y b) cuyo rescate o compra total o parcial por la emisora o terceros esté comprometida de cualquier otra forma, con exclusión de la expuesta en a).

ACCIONES SIN VALOR NOMINAL: aquellas que hallan su origen en los Estados Unidos. Tienen como característica principal el hecho de no expresar la suma efectivamente aportada, limitándose a establecer simplemente la parte proporcional que ésta representa en el capital social.

ACCIONES SIN VOTO: aquellas que carecen del derecho a voto en las asambleas, aunque puedan otorgar el derecho de asistencia y de voz, tanto para efectuar mociones como para emitir opinión.

ACCIONES SINDICADAS: ver **Acción sindicada.**

ACCIONES VIEJAS: ver **Acciones antiguas**.

ACCIONISTA: titular de una o varias acciones de una o varias sociedades cuyo capital está constituido por acciones.

ACCIONISTA CON INTERÉS CONTRARIO AL SOCIAL: accionista o su representante que en una operación determinada tenga por cuenta propia o ajena un interés contrario al de la sociedad; tiene obligación de abstenerse de votar los acuerdos relativos a aquélla. Si contraviniese esta disposición, será responsable de los daños y perjuicios cuando sin su voto no se hubiera logrado la mayoría necesaria para una decisión válida.

ACCIONISTA CONTROLANTE: aquel que cuenta con los votos necesarios para ejercer el control societario.

ACCIONISTA REGISTRADO: aquel que se encuentra inscripto como tal en los libros pertinentes de la empresa.

ACCIONISTAS DISIDENTES: accionistas disconformes con determinadas modificaciones; pueden separarse de la sociedad con reembolso del valor de sus acciones.

ACCIONISTAS MAYORITARIOS: socios de una sociedad por acciones en la cual tienen el poder de decisión por poseer un porcentaje de los votos que les otorga la mayoría.

ACCIONISTAS MINORITARIOS: socios de una sociedad por acciones en la cual no tienen poder de decisión por poseer un pequeño porcentaje de los votos.

ACECHANZA: acecho, espionaje, persecución cautelosa.

ACECHAR: observar, aguardar con cautela.

ACENSUAR: imponer censo.

ACEPCIÓN DE PERSONAS: acción de favorecer o inclinarse a unas personas más que a otras por algún motivo o afecto particular, sin atender al mérito o a la razón.

ACEPTACIÓN: en materia cambiaria, conformidad que se otorga para el pago de una letra de cambio que hace el girado de ésta y que se realiza con la inscripción en la cara posterior del documento de la palabra "acepto", "aceptamos", "vista" u otra equivalente; debe ser firmada por el girado. La aceptación ha de ser pura y simple; y el girado puede limitarla a una parte de la cantidad. Cualquier otra modificación hecha en la aceptación al contenido de la letra de cambio equivale a negativa de aceptación. Sin embargo, el aceptante queda obligado en los términos de su aceptación. Con la aceptación, el girado queda obligado a pagar la letra de cambio a su vencimiento. ◆ En materia contractual, declaración unilateral de voluntad, recepticia, destinada al oferente y dirigida a la celebración del contrato.

ACEPTACIÓN BANCARIA: convenio comercial crediticio por el cual un importador instruye a un banco local para que otorgue un "crédito comercial de aceptación" por intermedio de un banco en el exterior a favor de un determinado exportador en el exterior. Mediante este convenio, el banco del exterior emite un crédito de aceptación, el cual se encuentra garantizado por el banco local a favor del exportador de manera tal que le permiten extender una letra a la vista o a plazo. Cumplimentando las pruebas del embarque, la letra es aceptada por el banco del exterior (quien pagará la letra a su vencimiento) por medio de un endoso en la parte posterior del documento. El documento, en las letras a plazo, puede ser mantenido en cartera por el exportador o bien puede ser descontado.

ACEPTACIÓN COMERCIAL: letra de cambio que no devenga intereses y que cubre la venta de mercancías, expedida por el vendedor y aceptada por el comprador. El objeto es otorgarle un carácter negociable a una cuenta corriente mercantil con vencimiento a corto plazo.

ACEPTACIÓN DE CARGO: acto por el cual una persona acepta desempeñar una función específica para la cual se la ha nombrado.

ACEPTACIÓN DE DONACIÓN: acto mediante el cual un donatario acepta la cosa donada por el donante.

ACEPTACIÓN DE HERENCIA: es el acto entre vivos, unilateral, mediante el cual la persona llamada a la herencia manifiesta su decisión de convertirse en heredero y asumir los derechos y obligaciones inherentes a esa condición *(O. Maffía).*

ACEPTACIÓN EXPRESA: expresión de conformidad oral o escrita respecto de un determinado acto jurídico.◆ Ver **Declaración expresa de voluntad.**

ACEPTACIÓN PURA Y SIMPLE: promesa incondicionada de pagar una suma de dinero determinada.

ACEPTACIÓN TÁCITA: aquella realizada no a través de una manifestación expresa sino por medio de conductas o actos inequívocos.◆ Ver **Declaración tácita de voluntad.**

ACEPTACIONES: cuenta en donde se registran las letras cuyo pago ha sido aceptado.◆ Son operaciones en las cuales una entidad financiera respalda un documento negociable por el tomador de los fondos con un agente económico dispuesto a ofrecérselos.

ACEPTANTE: persona que mediante su firma se obliga a pagar a su vencimiento una letra de cambio o pagaré.◆ Ver **Letra de cambio.**

ACEPTO: ver **Aceptación.**

ACERVO: masa total de bienes de una sucesión.◆ Haber que pertenece en común a un conjunto de personas.

ACLARACIÓN DE SENTENCIA: ver **Aclaratoria**.

ACLARATORIA: acto por el cual el juez o tribunal que dictó una resolución subsana las deficiencias materiales que ésta contiene, corrige errores de redacción o la integra, de conformidad con las peticiones oportunamente formuladas. Puede, a pedido de parte u oficio, aclarar conceptos oscuros o suplir cualquier omisión, siempre que la enmienda, aclaración o agregado no altere lo sustancial de la decisión.◆ Aclaración de sustancia.

ACNUR: Oficina del Alto Comisionado de las Naciones Unidas para los Refugiados.

ACOGER: invocar para sí los beneficios y derechos que conceden una disposición legal, un reglamento, una costumbre, etcétera.

ACOMODAR: lograr una mejor posición laboral mediante la influencia de personajes importantes.

ACOPIO DE ARMAS: proceder de quien, con el fin de contribuir a la comisión de delitos contra la seguridad común o causar daños en las máquinas o elaboración de productos, sustrajese o tuviese en su poder bombas, materias o aparatos capaces de liberar energía nuclear, materias explosivas, inflamables, asfixiantes o tóxicas, o sustancias o materiales destinados a su preparación.

ACORDADA: orden expedida por un tribunal superior.◆ Documento de comprobación de certificaciones entre dos oficinas públicas.◆ Cuerpo policial establecido en México en el siglo XVIII para aprehender y juzgar a los salteadores.◆ Cárcel en la que se custodiaba a los reos.◆ En Perú, tribunal establecido en Lima para conocer de delitos comunes.

ACORDADO: hecho con acuerdo y madurez.◆ Fórmula de resolución que, sin decidir sobre el fondo de la pretensión deducida, recuerda y confirma otro fallo o providencia anterior.

ACORDAR: determinar o resolver de común acuerdo o por mayoría de votos.

ACOSO: persecución o apremio de una persona hacia otra, mediante molestias o requerimientos.

ACOSO ELECTRÓNICO: ver **Ciberacoso.**

ACOSO ESCOLAR: ver **Bullying.**

ACOSO LABORAL: ver **"Mobbing".**

ACOSO SEXUAL: el que tiene por objeto obtener los favores sexuales de una persona cuando quien lo realiza se halla en posición de superioridad respecto de quien lo sufre.◆ Acto sexual que se realiza entre dos o más personas sin consentimiento de la abusada. Puede concretarse entre adultos, de un adulto con un menor o incluso entre menores.

ACRECENCIA: todos aquellos bienes adquiridos por tal derecho.

ACRECENTAMIENTO: ver **Acrecer, derecho de; Acrecimiento en herencias y legados.**

ACRECER, DERECHO DE: ver **Derecho de acrecer.**

ACRECIMIENTO EN HERENCIAS Y LEGADOS: tiene lugar cuando diferentes herederos o legatarios son llamados conjuntamente a una misma herencia en el todo de ella.

ACREDITANTE: en México, sujeto que realiza la apertura de un crédito, es decir, a quien otorga un préstamo.

ACREEDOR: que tiene acción o derecho a pedir el cumplimiento de alguna obligación. ◆ Que tiene derecho a que se le satisfaga una deuda.◆ Que se le debe.

ACREEDOR COMÚN: acreedor quirografario.

ACREEDOR DE DOMINIO: que tiene acción para pedir una cosa por gozar o conservar sobre ella el derecho de dominio.

ACREEDOR DE LA SUCESIÓN: acreedor del causante. Su crédito puede encontrar su origen tanto en las obligaciones del causante como en las deudas derivadas de la apertura de la sucesión.

ACREEDOR DEL CONCURSO: ver **Acreedores concursales.**

ACREEDOR GARANTIZADO: aquel cuyos derechos sobre el cobro de un crédito se encuentran garantizados. Si la garantía es amplia, se los considera totalmente garantizados; mientras que, si no es completa, se dice que los derechos están parcialmente garantizados.

ACREEDOR HIPOTECARIO: aquel cuyo crédito está garantizado con un derecho real de hipoteca sobre un bien inmueble.◆ Quien dio crédito garantizándolo sobre uno o más inmuebles del deudor.

ACREEDOR PIGNORATICIO: aquel cuyo crédito se encuentra garantizado con una prenda sobre un bien mueble de propiedad del deudor.◆ Quien dio crédito garantizándolo sobre un bien mueble.◆ Acreedor prendario.

ACREEDOR PREFERENTE: ver **Acreedor privilegiado.**

ACREEDOR PRENDARIO: ver **Acreedor pignoraticio.**

ACREEDOR PRIVILEGIADO: aquel que tiene el derecho al cobro de un crédito con preferencia a otro acreedor, aunque sea anterior.◆ Acreedor preferente.

ACREEDOR QUIROGRAFARIO: de manera general, es aquel acreedor que puede justificar su crédito por medio de un documento manuscrito. Es como un acreedor simple, común, que no tiene ningún tipo de privilegio.◆ Acreedor común.◆ Acreedor simple.

ACREEDOR REFACCIONARIO: acreedor privilegiado cuyo crédito tiene su origen en el préstamo de dinero o suministro de materiales o trabajo, a fin de llevar a cabo una construcción o refacción.

ACREEDOR SIMPLE: aquel que no tiene privilegios.◆ Acreedor común.◆ Acreedor quirografario.

ACREEDOR SOLIDARIO: aquel que, con otro acreedor, tiene a su favor un mismo crédito, de forma tal que cada uno de ellos puede exigir el pago total de la deuda. El pago hecho a un acreedor solidario extingue la obligación para el deudor.

ACREEDORES A CORTO PLAZO: obligaciones en cuenta corriente ciertas, determinadas o determinables, cuyo vencimiento se produce dentro del año o ejercicio venidero.

ACREEDORES A LARGO PLAZO: obligaciones en cuenta corriente ciertas, determinadas o determinables, cuyo vencimiento se produce después del año o ejercicio.

ACREEDORES BANCARIOS: obligaciones ciertas, determinadas o determinables, que una persona tiene con entidades bancarias.

ACREEDORES COMUNES: ver **Acreedor quirografario.**

ACREEDORES CONCURSALES: aquellos cuyos créditos provienen de gastos necesarios para la seguridad, conservación y administración de los bienes afectados al concurso y para diligencias judiciales o extrajudiciales de beneficio común.

ACREEDORES DEL FALLIDO: ver **Acreedores del quebrado.**

ACREEDORES DEL QUEBRADO: aquellos que poseen cualquier tipo de crédito con respecto al deudor que se encuentra en estado de quiebra.◆ Acreedores del fallido.

ACREEDORES DESCONOCIDOS: aquellos acreedores de existencia ignorada; se da en los juicios universales.

ACREEDORES INCAPACES: los que están impedidos de ejercer sus derechos como tales, excepto que lo hagan por medio de sus representantes legales.

ACREEDORES PERSONALES: los que tienen acción solamente contra el deudor a nivel personal.

ACREEDORES PRENDARIOS: refleja a los acreedores de un ente cuyos créditos se encuentran garantizados mediante una prenda sobre un bien (no inmueble) de propiedad del deudor.◆ Ver **Acreedor pignoraticio.**

ACREEDORES QUIROGRAFARIOS: ver **Acreedor quirografario.**

ACREENCIA: crédito, deuda que uno tiene a su favor.◆ Acrecentamiento.

ACREER: dar prestado sobre prenda o sin ella.

ACRIMINACIÓN: acusación que se efectúa contra alguien al imputársele algún tipo de delito.◆ Incriminar.

ACRÓNIMO: palabra formada por las iniciales y, a veces, por más letras de otras palabras.

ACTA: relato en forma escrita de actos, acuerdos, audiencias, reuniones o asambleas de cuerpos colegiados de diversa índole, tribunales, comisiones, etcétera.◆ Constancia otorgada por autoridad competente o administrativa.

ACTA CONSTITUTIVA: aquella referida a la constitución de algunas sociedades, la cual puede formalizarse por instrumento público o escritura o por instrumento privado con certificación notarial de las firmas de los constituyentes y está referida a la constitución de determinadas sociedades. Básicamente, debe contener la siguiente información: datos de cada socio, razón social o denominación, objeto social, capital social, plazo de duración, organización de la administración, distribución de utilidades, normas sobre el funcionamiento, disolución y liquidación social, etcétera. ◆ Ver **Acta de constitución.**

ACTA DE ASAMBLEA: aquella confeccionada por una sociedad, en la cual deben resumirse las manifestaciones efectuadas durante las deliberaciones, las formas de las votaciones y sus resultados con expresión completa de sus decisiones. Deberá labrarse un libro especial, con las formalidades de los libros de comercio, en el cual las actas serán transcriptas.

ACTA DE CONSTITUCIÓN: documento mediante el cual los fundadores declaran constituida una sociedad y aprueban los estatutos.◆ Ver **Acta constitutiva.**

ACTA DE DIRECTORIO: acta realizada en la reunión del directorio de las sociedades anónimas firmada por todos los asistentes. El directorio debe reunirse como mínimo una vez cada tres meses.◆ Ver **Libros de actas.**

ACTA DE INSPECCIÓN: en materia tributaria, instrumento relativo a la situación jurídica del sujeto objeto de una inspección, el cual es suscripto en forma conjunta tanto por este último como por el funcionario a cargo de la inspección.

ACTA DE NAVEGACIÓN: institución reconocida en el Derecho Marítimo desde la época de los fenicios.◆ Consiste en una medida preventiva proteccionista en el comercio del mar, que otorga al buque mercante de pabellón nacional determinadas franquicias.

ACTA DE TRANSFERENCIA: documento mediante el cual el intermediario bursátil informa a la sociedad emisora de acciones sobre los datos propios del adquiriente de títulos de dicha sociedad a los efectos de realizar en el libro de registro correspondiente la inscripción de aquel titular legítimo.

ACTA JUDICIAL: instrumento público levantado en los respectivos expedientes con intervención del actuario y cuyo contenido lo constituyen los hechos, las declaraciones o los acuerdos que se relacionan con las partes, a los efectos de la prueba *(A. Silva).*

ACTA NOTARIAL: instrumento público que contiene la exacta narración de un hecho capaz de influir en el derecho de los particulares y levantada por el requerimiento de una persona *(Fernández Casado).*

"ACTIO": acción; el derecho de perseguir en juicio lo que le deben a uno.

"ACTIO COMMUNI DIVIDUNDO": derecho que le asiste a todo copropietario para solicitar judicialmente el cese del estado de indivisión mediante la partición, en proporción al coeficiente que cada copropietario acredite o mediante la venta pública en subasta.

ACTIVIDAD CLANDESTINA: ver **Actividad oculta.**

ACTIVIDAD ECONÓMICA: la que comprende la producción, venta y distribución de bienes y servicios.◆ Toda actividad humana que modifica el conjunto de medios útiles y escasos a disposición de un sujeto (individuo o grupo social) para los fines de la vida *(F. Valsecchi).*◆ Sucesión ordenada de actos humanos, individuales o colectivos que utiliza los recursos a su alcance para satisfacer sus objetivos vitales.

ACTIVIDAD ECONÓMICA PRIMARIA: la que se halla directamente relacionada con la producción, reproducción y explotación de bienes de la naturaleza. Comprende los grandes sectores económicos de agricultura, ganadería, minería, caza, pesca y explotación forestal.

ACTIVIDAD ECONÓMICA SECUNDARIA: la vinculada con la transformación de las materias primas. Sus sectores componentes son las industrias de elaboración y la construcción. Es la realizada por las industrias manufactureras.

ACTIVIDAD ECONÓMICA TERCIARIA: la vinculada con la prestación de servicios, ya sea en forma colectiva o personal. Incluye gran cantidad de sectores económicos, entre otros: agua corriente, gas, electricidad, servicios sanitarios, comercio, banca, seguros, educación, seguridad, correos, comunicaciones, profesiones liberales y otros servicios particulares.

ACTIVIDAD LUCRATIVA: aquella ejecutada o desarrollada con el objeto de obtener ganancia, lucro o provecho.

ACTIVIDAD OCULTA: la desarrollada en forma encubierta con el objeto de evadir impuestos o evitar el pago a los proveedores. ◆ Actividad clandestina.

ACTIVIDAD PROFESIONAL: aquella desarrollada por individuos que desempeñan el ejercicio autónomo e independiente de su profesión.

ACTIVISMO POLÍTICO: conjunto de acciones que, de un modo dinámico, amplio y entusiasta, un grupo de individuos implementa a fin de lograr imponer sus principios ideológicos y el programa común de la o las organizaciones de las que forman parte.

ACTIVISTA: agitador político, miembro que en un grupo o partido interviene activamente en la propaganda o practica la acción directa.

ACTIVO: recursos económicos del ente.◆ Conjunto de bienes y derechos de una persona o empresa.◆ Representa los bienes y derechos de propiedad del ente y las partidas imputables contra ingresos atribuibles a períodos futuros.

ACTIVO CONSTITUTIVO: acto jurídico que tiene por objeto hacer nacer un derecho real en favor de una persona.

ACTIVO FINANCIERO: en algunos países, se utiliza para referirse a una parte del activo constituido por papeles públicos o privados. Implica una forma de mantener riqueza caracterizada por representar una deuda; es decir, es una financiación concedida por quien lo posee a quien lo emitió.

ACTIVO INTANGIBLE: conjunto de rubros del activo no susceptibles de exteriorización corpórea.

ACTIVO TANGIBLE: aquellos rubros del activo susceptibles de exteriorización corpórea.

ACTO: hecho humano.◆ Desde el punto de vista jurídico es el hecho voluntario que crea, modifica o extingue relaciones de derecho y conforme a éste.◆ Hecho público o solemne.◆ Conducta dirigida a la consecución de un fin *(L. Enneccerus)*.◆ Manifestación de la voluntad que mediante acción produce un cambio en el mundo exterior, o que por no hacer lo que se espera deja inerte ese mundo externo cuya mutación se aguarda *(Jiménez de Asúa).*

ACTO ADMINISTRATIVO: toda declaración de un órgano estatal, en ejercicio de la función materialmente administrativa y caracterizada por un régimen exorbitante, que produce efectos jurídicos individuales en forma directa, con relación a los administrados o terceros destinatarios del acto *(J. C. Cassagne).*

ACTO ANULABLE: aquel que procede cuando sus agentes obraren con una incapacidad accidental, como si por cualquier causa se hallasen privados de su razón, cuando no fuere conocida su incapacidad impuesta por la ley al tiempo de firmarse el acto, cuando la prohibición del objeto del acto no fuese conocida por la necesidad de alguna investigación de hecho o cuando tuviesen el vicio de error, violencia, fraude o simulación; y si dependiesen para su validez de la forma instrumental y fuesen anulables los respectivos instrumentos.

ACTO COMERCIAL: todo hecho económico que impulsa a un intercambio comercial entre compradores y vendedores que, supuestamente, se favorecen. ◆ Ver **Acto de comercio.**

ACTO COMPLEJO: se da cuando dos o más declaraciones de voluntad que tienen el mismo fin y contenido se funden en una voluntad unitaria, de manera que ya no es posible discernir entre ellas. A diferencia del acto colectivo, donde puede bastar la mayoría de las voluntades, el acto complejo no se forma sino con el concurso de todas las declaraciones de voluntad que son necesarias, en cada caso, para que éste sea productor de efectos *(F. Messineo).*

ACTO CONSERVATORIO: acto jurídico que tiene por finalidad conservar un bien o un derecho en el patrimonio de una persona.

ACTO CONSTITUTIVO: acto jurídico que tiene por objeto hacer nacer un derecho en favor de una persona.

ACTO CONSTITUYENTE: acto primordial y originario de soberanía, superior y previo a los actos de soberanía ordinaria, cuya futura regulación él mismo habrá de establecer *(U. Romero).*

ACTO CONSUMATIVO: el que se produce para finalizar la ejecución del hecho típico.

ACTO COOPERATIVO: el realizado entre las empresas cooperativas y sus asociadas y por aquéllas entre sí, en cumplimiento del objeto social y la consecución de los fines institucionales. También lo son, respecto de las cooperativas, los actos jurídicos que con idéntica finalidad realicen con otras personas físicas o jurídicas.

ACTO DE ADMINISTRACIÓN: acto jurídico, relativo a un bien individualizado o a un patrimonio familiar considerado en sus elementos concretos, y que tiende a la producción del elemento capital de ese patrimonio –que por definición es esencialmente estable– y a la apropiación o al aprovechamiento de las utilidades de esa producción, sin que en nada se comprometan la existencia, la individualidad o el valor de dicho elemento capital en el seno del mismo patrimonio.◆ El que tiende, por procedimientos normales, a la conservación y a la explotación del patrimonio.

ACTO DE CAMBIO: acto mediante el cual los individuos intercambian bienes y servicios producidos con el propósito de satisfacer sus diversas necesidades, sean de tipo de subsistencia (alimento, vestimenta, medicamentos), de tipo cultural (educación, arte, bienes para la cultura), productivas (herramientas, conocimientos) o de cualquier otra índole.◆ Trueque.

ACTO DE COMERCIO: acto jurídico que da lugar a la aplicación de las leyes comerciales, ya sea respecto de todas las personas que son partes en él, ya respecto de algunos de ellos solamente. ◆ Los actos de los comerciantes siempre se presumen actos de comercio, salvo prueba en contrario. Al igual que los que realizan accidentalmente algún acto de comercio no son considerados comerciantes. ◆ Acto mercantil.

ACTO DE COMERCIO ACCIDENTAL: aquel realizado en forma casual, contingente u ocasional.◆ Acto mercantil.

ACTO DE COMISIÓN: consiste en provocar un resultado.

ACTO DE CONCILIACIÓN: comparecencia de las partes desavenidas ante el juez de paz o municipal para intentar avenirse y excusar el litigio.

ACTO DE CONSERVACIÓN: el ejecutado con la finalidad de proteger la integridad del patrimonio.

ACTO DE DISPOSICIÓN: aquel cuya ejecución implica la introducción de una modificación sustancial en el patrimonio o compromete su porvenir por largo tiempo.

ACTO DE EMULACIÓN: antiguamente, consistía en el acto realizado con el único fin de provocar un perjuicio, daño, detrimento o menoscabo en los derechos de otro, careciendo en sí mismo de cualquier tipo de utilidad.

ACTO DE JURISDICCIÓN: ver **Actos de jurisdicción; Acto judicial.**

ACTO DE MALA FE: aquel acto que se realiza de mala fe con conocimiento de su ilegitimidad.

ACTO DE OMISIÓN: consiste en no impedir, voluntariamente, el resultado. El resultado producido hubiera sido evitado por el acto, que, a pesar de ser posible para el autor y esperado por nosotros, fue omitido por éste.

ACTO DE SERVICIO: todo acto que se refiere o tiene relación con las funciones específicas que a cada militar corresponde por el hecho de pertenecer a las Fuerzas Armadas.

ACTO DIPLOMÁTICO: manifestación de voluntad formulada por un Estado a otro Estado. En sí, proviene únicamente del órgano que posee carácter representativo en el ámbito internacional. Es unilateral cuando manifiesta la voluntad de un solo Estado. Por ejemplo, las ciertas credenciales. Es plurilateral cuando se refiere a dos o más Estados, es decir, un acuerdo de voluntades que normalmente es un tratado.

ACTO ECONÓMICO: acto que realiza el hombre con el fin de satisfacer sus necesidades y deseos económicos, tales como obtener medios de subsistencia, construir su vivienda, producir para cambiar por otros bienes.◆ Aquella manifestación de voluntad humana destinada a incidir en el orden económico, o sea, de la subsistencia y bienestar del hombre, en el orden material de la vida *(W. Beveraggi Allende).*

ACTO FORMAL: aquel cuya eficacia depende de la observancia de las formas ordenadas por las leyes.

ACTO GRATUITO: aquel en el que la obligación está a cargo de una sola de las partes y responde a un precio de liberalidad. Ejs.: testamento, donación, etc.

ACTO ILÍCITO: adopción de todo comportamiento que se encuentre reprimido en la ley, ya sea por haber ejecutado una conducta prohibida o por no haber actuado como aquélla pretendía, ante determinadas circunstancias.◆ Conducta que, siendo condición de la sanción en una norma, haya sido realizada por la persona a quien la sanción se aplica.

ACTO INSEGURO: todo aquel que consista en la acción y/o exposición innecesaria del trabajador al riesgo, susceptible de causar accidente laboral.

ACTO INSTITUCIONAL: es producto de la llamada "función gubernamental o política" y engloba la actividad de los órganos superiores del Estado respecto de aquellas relaciones que hacen a la subsistencia de las instituciones esenciales que organiza la Constitución, tanto en el plano del Derecho Público interno como en el concerniente al Derecho Internacional Público *(J. C. Cassagne).*

ACTO JUDICIAL: manifestación de voluntad expresada en las formas exigidas por la ley, con el objeto de provocar la solución de un litigio planteado ante los tribunales judiciales o para cumplir una formalidad con el concurso de un juez del orden judicial o de un auxiliar de la justicia *(H. Capitant).*

ACTO JURÍDICO: acto voluntario lícito que tiene por fin inmediato establecer entre las personas relaciones jurídicas; crear, modificar, transferir, conservar o aniquilar derechos. Son positivos o negativos, según sea necesaria la realización u omisión de un acto para que un derecho comience o acabe. Su objeto deberá recaer sobre cosas que estén en el comercio –salvo que por un motivo especial no se hubiese prohibido que sean objeto de algún acto jurídico–, hechos que no sean imposibles, ilícitos, contrarios a las buenas costumbres o prohibidos por las leyes, que se opongan a la libertad de las acciones o de la conciencia, o que perjudiquen los derechos de un tercero. Los actos jurídicos que no sean conformes en general a dichas pautas se consideran nulos como si no tuviesen objeto.

ACTO JURÍDICO BILATERAL: aquel que requiere el consentimiento unánime de las dos partes intervinientes en él.

ACTO JURÍDICO UNILATERAL: aquel en el que alcanza para formarlo la voluntad de una sola persona, como el testamento.

ACTO LEGAL: aquel ejecutado en observancia de la ley.

ACTO LÍCITO: aquel objetivamente conforme al ordenamiento positivo.

ACTO MERCANTIL: acto de comercio.◆ Acto comercial.

ACTO MOTIVADO: acto administrativo que expresa en su resolución las causas que lo determinan; es decir, demuestra que el criterio seguido era el mejor de los que podía adoptar la Administración.

ACTO NEGATIVO: la conducta jurídica consiste en una omisión o abstención. Es el caso de las obligaciones de no hacer.

ACTO NO FORMAL: aquel cuyo cumplimiento no depende de formalidad alguna.

ACTO NULO: ineficacia de un acto jurídico, proveniente de la ausencia de una de las condiciones de fondo o de forma requeridas para su validez *(H. Capitant).*

ACTO OCULTO: acto jurídico en el cual las partes lo mantienen en secreto y presentan un acto aparente no reflejando la realidad.

ACTO ONEROSO: existen obligaciones recíprocas y cada contratante las contraen en vista de que la otra parte se obliga a su vez. Ejs.: permuta, compraventa, etc.

ACTO PARA MEJOR PROVEER: el dictado por el juez en ejercicio de su facultades y sin petición de parte, ordenando alguna diligencia a fin de mejor esclarecimiento de los hechos (O. Nedel).

ACTO POSITIVO: depende de la realización de un acto, como por ejemplo, la firma de un cheque.

ACTO SEGUIDO: expresión con la que se alude a lo que ha sucedido o debe suceder "inmediatamente después".

ACTO SEXUAL: coito.◆ Relación sexual.◆ Ver **Débito conyugal; Deber conyugal de cohabitación.**

ACTOR: en un proceso, es la parte que acude a la justicia a fin de solicitar la protección jurisdiccional de un derecho, interponiendo una demanda a esos efectos.

ACTORA: parte actora. Parte demandante.◆ Ver **Demandante**.

ACTOS: hechos ejecutados por el hombre. ◆ En derecho, la abstención se considera a veces como equivalente a un acto.

ACTOS A TÍTULO GRATUITO: acto jurídico entre vivos o de última voluntad, unilateral o convencional, que procura o podrá procurar a una persona una ventaja resultante de un enriquecimiento o de un servicio prestado, sin que el beneficiario deba proporcionar su equivalente.◆ No deben existir contraprestaciones entre las partes. Por ejemplo: donación.

ACTOS A TÍTULO ONEROSO: acto jurídico entre vivos o de última voluntad, unilateral o convencional, que sólo procura o procurará una ventaja a determinada persona siempre que ésta proporcione un equivalente de ella.◆ Deben existir contraprestaciones económicas entre las partes del negocio jurídico.

ACTOS ABSTRACTOS: aquellos cuya virtualidad es independiente de la causa-fin *(A. Alterini).*

ACTOS DE ADMINISTRACIÓN: ver **Acto de administración.**

ACTOS DE CONSERVACIÓN: ver **Acto de conservación.**

ACTOS DE DISPOSICIÓN: ver **Acto de disposición.**

ACTOS DE GESTIÓN: todos aquellos que realiza el directorio en el diario cumplimiento del objeto social. Pueden ser también denominados actos de ejecución u operativos y se relacionan directamente con la gestión empresaria habitual *(C. Mascheroni – R. Muguillo).*

ACTOS DE JURISDICCIÓN: aquellos actos ejecutivos por medio de los cuales se dice o se declara el derecho en un caso individual entre partes contendientes *(H. Alsina).*

ACTOS DE LIBERALIDAD: aquellos en que una persona dispone de sus bienes, en uso, dominio o cualquier otra forma y aun de sus actividades, a favor de otra y sin retribución alguna *(M. Goldstein).*

ACTOS ENTRE VIVOS: actos jurídicos cuya eficacia no depende del fallecimiento de aquellos de cuya voluntad emanan, como son los contratos.

ACTOS JURÍDICOS: actos voluntarioss, lícitos, que tengan por fin inmediato, establecer entre las personas, relaciones jurídicas, crear, modificar, transferir, conservar, o aniquilar derechos. ◆ Ver **Acto jurídico.**

ACTOS JURÍDICOS FAMILIARES: actos voluntarios lícitos que tienen por fin inmediato crear, modificar, ejercer, conservar o extinguir relaciones jurídicas de familia *(E. Guastavino).*

ACTOS "MORTIS CAUSA": actos jurídicos que no tienen efectos por causa de muerte.

ACTOS NO SOLEMNES: aquellos actos formales a cuyo respecto la omisión de la forma legal establecida determina la nulidad del acto en cuanto tal, pero no le impide producir otros efectos diferentes *(J. Llambías).*

ACTOS PREPARATORIOS: los que tienden a realizar el propósito criminal, aunque objetivamente pueden servir para conseguir resultados inocuos, por ello se los llama equívocos (A. Reyes Echandía).

ACTOS PROCESALES: aquellos actos voluntarios que tienen por efecto directo e inmediato la iniciación, el desarrollo o la extinción del proceso *(L. Palacio - Alvarado Velloso).*

ACTOS SOLEMNES: aquellos en los cuales la omisión de la forma legal establecida no sólo provoca la nulidad del acto como tal sino que lo destituye de cualquier otro efecto civil *(J. Llambías).*

ACTUACIONES: actos o diligencias de un proceso judicial.◆ Conjunto de actos que conforman un pleito, un expediente o un proceso.◆ Expediente.◆ Autos.

ACTUALIZACIÓN: proceso mediante el cual las cosas se ponen al día por medio de correcciones, adición de nuevos datos, etcétera.◆ Desplazamiento de la disponibilidad futura de una inversión hacia el presente.

ACTUALIZACIÓN MONETARIA: indexación.

ACTUAR: formar autos, proceder judicialmente.

ACTUARIAL: referido a las matemáticas y estadísticas aplicadas a la actividad del seguro.

ACTUARIO: funcionario judicial ante quien pasan los autos y que da fe de lo actuado *(A. Silva)*.◆ Profesional experto en cálculos estadísticos y matemáticos.

ACUEDUCTO: servidumbre que consiste en el derecho real de hacer entrar las aguas en un inmueble propio, viniendo por heredades ajenas.◆ Conducto artificial a través del cual el agua va a un lugar determinado.◆ Ver **Servidumbre de acueducto.**

ACUERDO: coincidencia o conformidad de una pluralidad de voluntades sobre un asunto determinado. ◆ En materia constitucional, se alude a la confirmación de un nombramiento hecho por el Senado. ◆ Convenio, resolución.◆ Es una convención no revestida de caracter legal u oficial como el contrato pero reconocida por todos. ◆ Convenios expresos o tácitos concretados por empresas generalmente competidoras. Estos tipos de convenios generalmente están referidos a la producción, precios, clientela y mercados.

ACUERDO DE MEDIACIÓN: resultado positivo obtenido al término de un proceso de mediación. Dicho acuerdo debe provenir de la libre voluntad de las partes y no es obligatorio para éstas; puede cerrarse el procedimiento con la correspondiente indicación en el acta de audiencia respecto de la inexistencia de acuerdo.

ACUERDO DE PROYECTO: acuerdo entre una autoridad pública y la entidad o las entidades seleccionadas para realizar el proyecto, en el que se enuncian las condiciones para la construcción o modernización, y para la explotación y mantenimiento de la infraestructura.

ACUERDO ENTRE CABALLEROS: expresión con la cual se hace referencia a la forma tácita o privada de actuar de los oligopolistas, que les permite eludir la normativa legal prohibitiva de las prácticas colusivas.

ACUERDO INTERNACIONAL: ver **Tratado.**

ACUERDO MARCO: convención de carácter global que acuerdan los empresarios y las asociaciones de trabajadores referida a las condiciones laborales.

ACUERDO MULTILATERAL: acuerdo entre varias partes, sean países, personas, empresas, etcétera.

ACUERDO NORMATIVO: aquel que versa sobre el contenido de un contrato a concluir por las partes; tiene como consecuencia la obligación asumida por éstas –a la época de concluirse aquél– de ajustarse a las disposiciones convenidas en él, las que pasarán a integrar el contrato definitivo.

ACUERDO OCULTO: aquel que se lleva a cabo cuando dos o más empresas que actúan en un mercado acuerdan o pactan determinadas pautas con el fin de beneficiarse entre ellas o bien tratar de perjudicar a otra u otras.

ACUERDO PARA MEJOR PROVEER: el dictado por el juez en ejercicio de sus facultades y sin petición de parte, ordenando alguna diligencia a fin de mejor esclarecimiento de los hechos *(O. Nedel).*

ACUERDO PLENARIO: aquel al que arriban los distintos tribunales de una Sala respecto de la respuesta.

ACUERDO PRECONCURSAL: aquel que puede celebrar el deudor que se encontrare en cesación de pagos o tuviere dificultades económicas o financieras de carácter general; puede hacerlo con todos o parte de sus acreedores y someterlo a homologación judicial. Los acreedores que no suscriban el acuerdo conservan sus acciones individuales y no están sometidos a los efectos del acuerdo, excepto que se haya producido la homologación.

ACUERDO PREVENTIVO: propuesta de acuerdo que el deudor efectúa con sus acreedores. Puede consistir en quita, espera o ambas; entrega de bienes; constitución de sociedad con los acreedores quirografarios, en la que éstos tengan calidad de socios; reorganización de la sociedad deudora; administración de todos o parte de los bienes en interés de los acreedores; emisión de obligaciones negociables o debentures; cesión de acciones de otras sociedades; capitalización de créditos; etcétera. El deudor goza de un período de exclusividad para formular propuestas por categorías a sus acreedores y obtener de éstos la conformidad.

ACUERDO PREVENTIVO EXTRAJUDICIAL: el celebrado entre el deudor, quien se encuentra en estado de cesación de pagos o en serias dificultades económicas o financieras, y todos o algunos de sus acreedores. Puede instrumentarse en documento privado suscripto por las partes o sus representantes. El compromiso es vinculante para las partes aunque no hubiera sido homologado por la autoridad judicial, a no ser que se hubiere convenido lo contrario. Los acreedores que no acepten el arreglo alcanzado no son alcanzados por sus efectos y conservan sus respectivas acciones individuales. Por otra parte, éstos podrán oponerse a la homologación del acuerdo en aquellos supuestos en los cuales se evidencie una clara omisión o exageración tanto del activo como del pasivo o cuando no se hubieren alcanzado las mayorías previstas por la ley con miras a la solicitud de homologación.

ACUERDO SECTORIAL: el celebrado entre empleadores y trabajadores de una rama o sector productivo.

ACUERDO SOCIAL: el surgido como consecuencia de las deliberaciones o reuniones de los órganos de Gobierno con los sectores representativos de la sociedad.

ACUMULACIÓN DE ACCIONES: tiene lugar cuando el demandante o reconviniente ejerce en forma simultánea dos o más acciones para que todas se sustancien en un mismo proceso y con una misma sentencia *(F. Migliardi).*

ACUMULACIÓN DE AUTOS: la que tiene por objeto obtener que se tramiten en un solo juicio dos o más procesos y que se fallen por una sola sentencia, a fin de mantener la continencia o unidad de la causa.◆ Acumulación de procesos.

ACUMULACIÓN DE PROCESOS: procede cuando hubiere sido admisible la acumulación subjetiva de acciones y, en general, siempre que la sentencia que haya de dictarse en uno de ellos pudiere producir efectos de cosa juzgada en otro u otros.

ACUMULACIÓN FINANCIERA: aquella en la que el empresario aumenta sus bienes absorbiendo ganancias productivas de otros empresarios en el mercado de capitales.◆ La interrelación de los aspectos productivos y dinerarios en la unidad de producción, distribución, circulación y consumo manifiesta el proceso de acumulación real, que tiene por origen la producción pero que se extiende a todo el sistema productivo y financiero *(M. Burkún* y *A. Spagnolo).*

ACUMULACIÓN JURÍDICA: criterio que sigue la ley penal de proceder a la punición en el supuesto de concurso real de delitos. ◆ Sistema de penas mediante el cual, en caso de concurso real en los delitos se suman las penas, pero se puede admitir cierta reducción, al establecerse máximos de los cuales no se podrán exceder, pero a su vez también existen mínimos.

ACUMULACIÓN OBJETIVA DE ACCIONES: reunión de dos o más acciones en un mismo proceso *(F. Migliardi).*

ACUMULACIÓN SUBJETIVA DE ACCIONES: pluralidad de actores y demandados vinculados por una relación jurídica común *(F. Migliardi).*

ACUMULAR: agregar o juntar unos autos a otros o llevar adelante varias acciones unidas; que para sobre todos se dicte una sola sentencia.

ACUÑACIÓN: acción y efecto de imprimir y sellar una pieza de metal por medio de cuña o troquel. Normalmente, se utiliza refiriéndose a las monedas o medallas.◆ Acción y efecto de marcar una moneda metálica con un signo que identifique su peso ley y la autoridad que la realiza.◆ Dar forma a conceptos o expresiones básicamente cuando alcanzan difusión o permanencia.

ACUSACIÓN: escrito o discurso en que se acusa.◆ Persona o personas encargadas de demostrar en un pleito la culpabilidad del procesado mediante pruebas acusatorias.

ACUSACIÓN DE REBELDÍA: ver **Rebeldía.**

ACUSADOR: quien acusa.

ACUSADOR PÚBLICO: quien ejercita la acción en nombre de la ley.

ACUSAR: imputar a alguien algún delito, culpa, vicio o cualquier cosa vituperable. ◆ Exponer definitivamente en juicio los cargos contra el acusado y las pruebas de éstos.

ACUSE DE RECIBO: comprobante que se entrega ante la firma de un documento, envío de una carta o notificación, etcétera.◆ Es una constancia de presentación.

"AD CAUTELAM": expresión latina referida al recurso, escrito o acto que se formaliza sin creerlo necesario, previendo operación distinta del juzgador.

"AD CORPUS": expresión latina: lo que resulta de los hechos.◆ Venta de un inmueble determinado por un solo precio, sin previo examen.

"AD HOC": expresión latina: a esto, para el caso.◆ Es lo que sirve a un fin determinado. ◆ Se usa como adecuado, oportuno, a propósito.◆ Específicamente significa "para esto". Es decir, adecuado especialmente para un fin.

"AD HONOREM": expresión latina que significa "honorífico", cargo que se desempeña sin obtener una ganancia económica.◆ Señala que alguien ejerce una función sin percibir retribución.

"AD INSTANTIAM PARTIS": a instancia de parte.

"AD INTERIN": en el ínterin. En el transcurso.

"AD LIBITUM": locución latina que significa "a gusto, a voluntad".

"AD LITEM": expresión latina que significa "a los efectos del proceso". ◆ Ver **"Curador ad litem"; "Domicilio ad litem".**

"AD NUTUM": de acuerdo con la voluntad del sujeto.

"AD PERPETUAM": a perpetuidad.

"AD PROBATIONEM": expresión que resulta aplicable a la finalidad probatoria tenida en cuenta con la exigencia de una formalidad; es decir, que ésta ha sido impuesta a los meros efectos probatorios.◆ Hace a la prueba de los actos jurídicos.

"AD QUEM": ver **"Juez ad quem".**

"AD REFERENDUM": expresión latina utilizada para significar que la decisión de un acto está subordinada al pronunciamiento de un poder superior.◆ Implica la condición de someter un acto o resolución a consideración o aprobación de la autoridad correspondiente.

"AD SOLEMNITATEM": alude a aquellas formalidades cuya observancia es condición *sine qua non* para la existencia de un acto jurídico.

"AD VALOREM": expresión latina que significa "sobre el valor".◆ Forma de aplicar un tributo, considerando a este efecto el valor del bien. Este sistema es de uso frecuente y generalizado para la determinación de derechos aduaneros sobre las mercaderías importadas o exportadas. Ejemplo: gravar con el 10 % un bien y aplicarlo sobre su valor de compra o de factura.

ADAGIO: enunciación de una regla de derecho, consuetudinario legal, en una fórmula breve y comprensiva.◆ Refrán, dicho.◆ Máxima.

ADELANTO EN CUENTA CORRIENTE: cuenta que comprende los importes adelantados por el banco en una cuenta corriente con la forma de un crédito en descubierto.◆ Es una autorización otorgada a un cliente para girar sobre su cuenta sin tener fondos suficientes. ◆ Anticipo en cuenta corriente. ◆ Giro en descubierto.

ADELANTOS IRREVOCABLES A CUENTA DE FUTURAS EMISIONES DE ACCIONES: ver **Aportes irrevocables.**

ADELANTOS IRREVOCABLES A CUENTA DE FUTUROS AUMENTOS DE CAPITAL: ver **Aportes irrevocables.**

ADENDA: apéndice, anexo de un pacto, contrato, documento, libro, etcétera.◆ Cosa que se añade como complemento. ◆ Las cosas que se han de añadir.◆ Apéndice de un libro.

ADEUDAR: deber, contraer una deuda. Hacer deudor a alguien, obligarlo por deuda, favor, etcétera.◆ Cargar, anotar una partida en el debe de una cuenta.◆ Importe en dinero o en especie que una persona debe a otra.

ADHERIR: utilizar, quien no lo había interpuesto, el recurso entablado por la parte contraria.

ADHESIÓN: acción y efecto de adherir. Modo mediante el cual un Estado que inicialmente no era parte de un tratado se somete a éste con posterioridad. ◆ Ver **Contrato de adhesión.**

ADICCIÓN: hábito de quienes se dejan dominar por el uso de diversas sustancias consideradas perjudiciales, como drogas tóxicas, alcohol, tabaco, etcétera.◆ Hábito de consumir drogas tóxicas.

ADICCIÓN "A DIE": pacto en virtud del cual recibe el comprador la cosa con la condición de que la venta quede rescindida si en el plazo señalado encuentra el vendedor quien le dé más.

ADICIÓN: aumento o incremento.◆ Cláusula no incluida en una póliza.◆ Operación de sumar.◆ Añadidura que se realiza a un escrito.

ADICIÓN DE LA HERENCIA: ver **Adir.**

ADICIONAL: lo que se suma o añade a algo.

ADIR: admitir una herencia, ya sea expresamente o mediante actos inequívocos. ◆ Aceptar una herencia o sucesión. ◆Ver **Aceptación de herencia.**

ADITIVIDAD DEL VALOR: postulado mediante el cual se sostiene que el valor del todo es igual a la suma de los valores de las partes.

ADJUDICACIÓN: declaración de que una cosa corresponde a una persona o de que hay que conferírsela en satisfacción de algún derecho.◆ Acto a través del cual se pone en libre competencia tanto personas que desean adquirir un bien mueble o inmueble como empresarios que se ofrecen a tomar a su cargo trabajos o suministros y que, por ello, son denominados adjudicatarios. Puede ser voluntaria o judicial (o forzada). Es voluntaria cuando resulta de la libre voluntad del vendedor. Es judicial cuando es ordenada por el tribunal o la autoridad competente.

ADJUDICACIÓN EN PAGO: ver **Dación en pago.**

ADJUDICACIÓN FORZADA: adjudicación judicial.

ADJUDICACIÓN JUDICIAL: ver **Adjudicación.**

ADJUDICACIÓN VOLUNTARIA: ver **Adjudicación.**

ADJUDICAR UN CONTRATO: declarar que un contrato corresponde a una persona o conferírselo en satisfacción de algún derecho.

ADJUDICATARIO: persona a quien se le adjudica un derecho o cosa.

ADJUNCIÓN: cuando dos cosas muebles, pertenecientes a distintos dueños, se unen de tal manera que vienen a formar una sola, el propietario de la principal adquiere la accesoria, aun en el caso de la reparación, pagando al dueño de la cosa accesoria lo que ella valiere.◆ Figura jurídica que corresponde a una variante de la accesión producida entre bienes muebles.

ADJUNTO: agregado.◆ Documento o anexo que acompaña al escrito principal.

ADMINISTRACIÓN: actividad encaminada hacia la dirección de una organización, en lo concerniente al cuidado de los bienes y el patrimonio, a las operaciones vinculadas a la producción, comercialización, control y manejo de las actividades que se encuentran relacionadas con las dos últimas, tales como financieras (obtención de créditos, relaciones con las instituciones bancarias, etc.), abastecimientos (compra de bienes y servicios), manejo de personal (selección, liquidación de sueldos y jornales, relaciones laborales, etc.), estudio y análisis de mercado y condiciones de venta, cobranzas, análisis de métodos de organización interna y coordinación de las diferentes partes de la empresa.

ADMINISTRACIÓN ACTIVA: administración que ejecuta, decide y obra *(G. Bidart Campos).*

ADMINISTRACIÓN CONSULTIVA: la que asesora preparando generalmente el contenido del acto de la administración activa *(G. Bidart Campos).*

ADMINISTRACIÓN CONTENCIOSA: acción del fuero judicial competente para resolver acerca de agravios causados en derechos preexistentes por actos de orden administrativo.

ADMINISTRACIÓN DE JUSTICIA: acción de los tribunales a quienes pertenece exclusivamente la potestad, las leyes en los juicios civiles y criminales, y cuyas funciones son juzgar y hacer que se ejecute lo juzgado.

ADMINISTRACIÓN DE PERSONAL: área de autoridad referida al desarrollo y administración de políticas y programas que provean una estructura organizativa eficiente, empleados calificados, tratamiento equitativo, oportunidades de progreso, satisfacción en el trabajo y adecuada seguridad de empleo.

ADMINISTRACIÓN FEDERAL DE INGRESOS PÚBLICOS: AFIP.◆ En la Argentina ente encargado de ejecutar las políticas impulsadas por el Poder Ejecutivo Nacional en materia tributaria, aduanera y de recaudación de los recursos de la seguridad social. Este organismo, creado en el año 1997, actúa como entidad autárquica en el orden administrativo y financiero. El administrador federal de ingresos públicos es la máxima autoridad dentro de la AFIP y su designación está a cargo del Poder Ejecutivo y avalada por el Congreso. La AFIP está formada por tres direcciones generales: la Dirección General Impositiva (DGI), a cargo de la aplicación, la percepción, la recaudación y la fiscalización de impuestos nacionales; la Dirección General de Aduanas (DGA), a cargo de la aplicación de la legislación relativa a la importación y exportación de mercaderías, así como también el control del tráfico de los bienes que ingresan o egresan del territorio aduanero; y la Dirección General de Recursos de la Seguridad Social (DGRSS), a cargo de la recaudación y la fiscalización de los recursos que financian las prestaciones de la Seguridad Social.

ADMINISTRACIÓN FINANCIERA: conjunto de sistemas, órganos, normas y procedimientos administrativos que hacen posible la obtención de los recursos públicos y su aplicación para el cumplimiento de los objetivos.

ADMINISTRACIÓN FINANCIERA Y DE LOS SISTEMAS DE CONTROL DEL SECTOR PÚBLICO NACIONAL, LEY DE: en la Argentina, norma legal que regula la administración financiera y patrimonial, y los sistemas de control del sector público nacional mediante un sistema de informaciones que permite efectuar un adecuado seguimiento de la actividad pública. La Sindicatura General de la Nación y la Auditoría General de la Nación son los órganos rectores de los sistemas de control interno y externo, respectivamente.

ADMINISTRACIÓN FORZOSA: una de las modalidades de realización forzosa de los bienes embargados, junto con la adjudicación y la enajenación forzosas.

ADMINISTRACIÓN FRAUDULENTA DE BIENES: aquella que tiene lugar cuando quien tuviera a su cargo el manejo, la administración o el cuidado de bienes o intereses pecuniarios ajenos, y con el fin de procurar para sí o para un tercero un lucro indebido o para causar un daño, violando sus deberes, perjudicase los intereses confiados u obligare abusivamente al titular de éstos.

ADMINISTRACIÓN INTERNA: la que despliega su actividad sin entrar en relación con terceros *(G. Bidart Campos).*

ADMINISTRACIÓN JURISDICCIONAL: la que decide cuestiones en forma similar a como los jueces ejercen la administración de justicia, pudiendo distinguirse, como lo hace *Marienhoff,* entre mero acto administrativo con contenido jurisdiccional y los tribunales u organismos que ejercen función jurisdiccional *(G. Bidart Campos).*

ADMINISTRACIÓN MILITAR: la que cuida las atenciones materiales del ejército.

ADMINISTRACIÓN NACIONAL DE ADUANAS: organismo administrativo encargado de la aplicación de la legislación relativa a la importación y exportación de mercadería.◆ En la Argentina, se trató de un organismo administrativo encargado de la aplicación de la legislación y control relativo a la importación y exportación de mercadería. En la actualidad, ha sido reemplazado por la Administración Federal de Ingresos Públicos.

ADMINISTRACIÓN NACIONAL DE LA SEGURIDAD SOCIAL: ANSES.◆ Organismo estatal, creado en 1991, que tiene a su cargo la administración del Sistema Único de la Seguridad Social en la Argentina.

ADMINISTRACIÓN NACIONAL DEL SEGURO DE SALUD: ANSSAL.◆ En la Argentina, organismo dependiente de la Secretaria de Salud y Acción Social que funciona como entidad estatal de derecho público con personalidad jurídica y autarquía individual, que actúa en todo lo relacionado a la organización administrativa, financiera y de control del sistema de salud.

ADMINISTRACIÓN PROVINCIAL: la que está a cargo del gobernador de cada provincia y cuida sus intereses.

ADMINISTRACIÓN PÚBLICA: acción del Gobierno al dictar y aplicar las disposiciones necesarias para el cumplimiento de las leyes y para la conservación y fomento de los intereses públicos, y al resolver las reclamaciones a que dé lugar lo mandado.◆ Conjunto de organismos encargados de cumplir esta función. ◆ Es la actividad permanente, concreta y práctica del Estado que tiende a la satisfacción inmediata de las necesidades del grupo social y de los individuos que la integran *(M. Marienhoff).*

ADMINISTRACIÓN REGLADA: la que se cumple de acuerdo con normas preestablecidas, que señalan cuándo y cómo debe actuar la administración *(G. Bidart Campos).*

ADMINISTRACIÓN TRIBUTARIA: consiste en la formulación y aplicación de la política fiscal tributaria.

ADMINISTRADO: cada una de las personas sometidas a la jurisdicción de una autoridad administrativa.

ADMINISTRADOR: persona –tanto física como jurídica– a quien se encomienda la administración de un bien o patrimonio cuya propiedad pertenece a otro o pertenece en forma indivisa al administrador y a terceros. Es decir, persona que administra bienes ajenos.

ADMINISTRADOR APOSTÓLICO: funcionario de la Iglesia Católica nombrado por el Sumo Pontífice para administrar y gobernar, en su caso, una diócesis erigida canónicamente. Puede ser designado en forma perpetua o por tiempo determinado.

ADMINISTRADOR DE CARTERA: quien maneja las inversiones y/o los negocios por cuenta de los inversores.◆ Administrador de portafolio.

ADMINISTRADOR DE PORTAFOLIO: administrador de cartera.

ADMINISTRADORAS DE FONDOS DE JUBILACIONES Y PENSIONES: AFJP.◆ Son entidades autorizadas que tienen por objeto único y exclusivo administrar los aportes de los afiliados y otorgar las prestaciones correspondientes al régimen de capitalización individual. En Argentina, dicho sistema de capitalización tuvo vigencia hasta el año 2008, momento a partir del cual el Sistema Integrado de Jubilaciones y Pensiones pasó a manos del Estado.◆ Ver **Sistema Integrado de Jubilaciones y Pensiones.**

ADMINISTRADORAS DE RIESGOS DE TRABAJO: ART.◆ Ver **Aseguradora de Riesgos del Trabajo.**

ADMINISTRADORES DE CASAS DE DEPÓSITO: encargados de depósitos de mercaderías, responsables frente a los interesados de la pronta y fiel entrega de los efectos que hubieren recibido, so pena de prisión, siempre que no la efectuaren dentro de las veinticuatro horas después de haber sido judicialmente requeridos con el recibo respectivo.

ADMINISTRATIVO: persona empleada en las actividades administrativas de una organización o empresa.◆ Que pertenece a la administración o referido a ella.

ADMISIÓN: consiste en el trámite previo en que se decide, apreciando aspectos de forma o motivos de evidencia, si ha lugar o no a seguir sustancialmente ciertos recursos o reclamaciones.◆ Acto jurídico cuyo contenido es una decisión de la voluntad sobre la existencia y alcance de una relación jurídica o que permite delimitar una posible controversia sobre los hechos en que se funda determinada pretensión.

ADMISIÓN EXPRESA: aceptación expresa.

ADMISIÓN TÁCITA: aceptación tácita.

ADMISIÓN TEMPORAL: término vinculado con el comercio exterior, por el cual se entiende la importación de bienes en forma transitoria o temporal, por un término de tiempo, para luego ser exportados, bajo el mismo Estado en que han sido admitidos o como elemento integrante o no de otro principal sujeto a un proceso productivo de índole diversa. Este mecanismo implica un tratamiento preferencial en la aplicación de gravámenes de importación sobre el bien a importar, por cuanto es usual su eximición por encontrarse destinados a su posterior exportación.

ADOLESCENCIA: período que transcurre en una persona desde la pubertad hasta el desarrollo completo del cuerpo.◆ Pubertad.

ADOPCIÓN: acto solemne en virtud del cual el adoptado adquiere, respecto del adoptante, la posición de hijo biológico. ◆ Negocio jurídico de Derecho de Familia que deja establecido entre adoptante y adoptado una relación semejante a la paterno-filial.

ADOPCIÓN PLENA: la que confiere al adoptado una filiación que sustituye a la de origen. El adoptado deja de pertenecer a su familia de sangre y se extingue el parentesco con los integrantes de ésta, así como todos sus efectos jurídicos, con la sola excepción de que subsisten los impedimentos matrimoniales. El adoptado tiene, en la familia del adoptante, los mismos derechos y obligaciones del hijo biológico. Es irrevocable.

ADOPCIÓN SIMPLE: la que confiere al adoptado la posición del hijo biológico, pero no crea vínculo de parentesco entre aquél y la familia de sangre del adoptante.

ADOPTADO: ver **Adopción.**

ADOPTANTE: ver **Adopción.**

ADQUIRENTE: relativo al sujeto que compra determinado bien u obtiene un derecho.

ADQUIRIR: obtener el derecho de propiedad de un bien o derecho cuya pertenencia le correspondía a otro.◆ Comprar.◆ Hacer propio un derecho o cosa que a nadie pertenece; se transmite a título lucrativo u oneroso, o por prescripción.

ADQUISICIÓN: término que alude tanto a la acción de adquirir como a la cosa objeto de la compra.◆ Ver **Adquirir.**

ADQUISICIÓN A TÍTULO GRATUITO: ver **Actos a título gratuito.**

ADQUISICIÓN A TÍTULO ONEROSO: ver **Actos a título oneroso.**

ADQUISICIÓN DE LA HERENCIA: se produce por medio de los actos de aceptación, que pueden ser expresos o tácitos o, en determinadas circunstancias, impuestos por la ley por vía de sanción *(O. Maffía)*.◆ Ver **Adir; Aceptación de herencia.**

ADQUISICIÓN DE MINAS: las minas se adquieren en virtud de la concesión legal otorgada por autoridad competente. Son objeto de concesión: los descubrimientos, las minas nuevas en criaderos conocidos y las minas caducadas.

ADQUISICIÓN DE UN DERECHO: unión de un derecho con una determinada persona; pérdida del derecho a su separación de la persona del hasta entonces titular. Con frecuencia, coinciden la adquisición del derecho con el nacimiento y la pérdida del derecho con su extinción *(L. Enneccerus)*.

ADQUISICIÓN ORIGINARIA DE DERECHOS: aquella que no reconoce estrictamente la sucesión en los derechos de un titular anterior.

ADR: *American Depositary Receipts*. Creados en los EE.UU. en la década del '20, los certificados americanos en depósito fueron establecidos con un doble propósito: facilitar las inversiones norteamericanas en el exterior y permitir el ingreso de las compañías extranjeras a los Estados Unidos. A través de los ADR's, los inversores que por sus estatutos están restringidos exclusivamente a los títulos valores norteamericanos pueden ampliar su cartera, dado que estos certificados son equivalentes a papeles de ese país. Las acciones encuadradas en un programa de ADR's cotizan en dólares, pagan dividendos en esa moneda y tienen mucha liquidez. Los emisores, en tanto obtienen presencia en el mercado más valuado del mundo, expanden, incrementan y diversifican su base de accionistas y pueden aumentar, resultado de una demanda mundial, el precio de sus papeles.◆ Consisten en certificados –emitidos por un Banco estadounidense– representativos de un determinado número de acciones pertenecientes a una empresa extranjera, las cuales son depositadas en la sucursal que posea dicha entidad en el país de radicación de la entidad emisora.

"ADROGATIO": consistía en el acto por el cual una familia era absorbida por una segunda, en virtud del cual, ésta adquiría la patria potestad sobre aquélla.

ADSCRIBIR: inscribir, contar entre lo que corresponde a una persona o cosa, atribuir.

ADSCRIPCIÓN: situación del agente que es desafectado de las tareas inherentes al cargo en que revista presupuestariamente, para pasar a desempeñar con carácter transitorio en el ámbito nacional, provincial o municipal y a requerimiento de otro organismo, repartición o dependencia, funciones tendientes a satisfacer necesidades excepcionales propias del área solicitante.

ADUANA: organismo estatal donde se tramitan las operaciones de importación y exportación que se realizan en el país, a fin de verificar tales operaciones en lo correspondiente a procedencia entre lo documentado y los bienes operados, llevar tales registros a efectos estadísticos, actuar de ente recaudador de tarifas aduaneras, que serían los derechos que se aplican a la importación y exportación de bienes y servicios.

ADUANA DE PASO DE FRONTERA: oficina aduanera fronteriza que, no siendo ni la de partida ni la de destino, interviene en el control de una operación de tránsito aduanero internacional.

ADUANA DOMICILIARIA: régimen que habilita a las empresas a proceder al desaduanamiento, en sus establecimientos o depósitos, de las mercaderías que egresen o ingresen, mediante tránsitos o traslados, y siempre que éstas sean consignadas a tales empresas o por ellas destinadas aduaneramente. AFIP.

ADUANA PRINCIPAL: la que tiene jurisdicción en una circunscripción determinada y centraliza las funciones fiscales y administrativas de las aduanas subalternas adscritas a ella.

ADUANA SUBALTERNA: la adscrita a una Aduana principal habilitada para realizar determinadas operaciones aduaneras dentro de la respectiva jurisdicción.

ADULTERACIÓN: acción y efecto de adulterar.◆ Modificación o cambio doloso del contenido de un documento, escrito, etcétera.

ADULTERAR: alterar en forma dolosa, sea tanto en su forma como en su contenido, un documento, comprobante o registros contables.◆ Viciar o falsificar alguna cosa.◆ Se aplica particularmente a asientos y estados contables que no se ajustan a la realidad.

ADULTERINO: relativo o derivado del adulterio.◆ Ver **Hijo adulterino**.

ADULTERIO: violación de la fe conyugal cometida corporalmente y a sabiendas *(A. Tejedor)*.◆ Ayuntamiento carnal voluntario entre persona casada y otra de distinto sexo que no sea su cónyuge.

ADÚLTERO: persona que, encontrándose unida en matrimonio con otra, mantiene relaciones sexuales con una tercera.◆ Ver **Adulterio**.

ADULTO: sujeto que traspasa los límites de la adolescencia.

AEE: ver **Área Económica Europea**.

AELC: ver **Asociación Europea de Libre Comercio**.

"AEQUITAS": adecuación del derecho positivo a los hábitos, costumbres, sentimientos e instintos arraigados en la sociedad. Hay cuestiones que la ley deja sin contestar y, si ello ocurre, interviene la *aequitas* restableciendo la justa proporción, el exacto equilibrio entre derecho y vida *(N. Louzán de Solimano)*.

AERÓDROMO: en general, todo lugar habilitado por autoridad competente para la partida y llegada de aviones y destinado a servir con un fin de interés público o privado a la navegación aérea *(J. Lena Paz)*.◆ Lugar destinado al despegue y aterrizaje de aviones.

AERÓDROMOS DE ALTERNATIVA: son similares a los llamados "de emergencia", pero, por tener una infraestructura más completa, aparecen indicados en las rutas de vuelo para el caso en que, por determinados motivos, no sea conveniente aterrizar en los aeródromos de uso ordinario *(A. Torres Neuquén)*.

AERÓDROMOS DE EMERGENCIA: se trata de aquellos terrenos que resultan aptos para la actividad aérea pero carecen de las condiciones técnicas necesarias para ser habilitados como aeródromos.

AERÓDROMOS PRIVADOS: aquellos no abiertos al uso público.

AERÓDROMOS PÚBLICOS: aquellos abiertos al uso público.

AERONÁUTICA: conjunto de medios (aeronaves, instalaciones, servicios, personal, etc.) destinados al transporte aéreo.◆ Navegación aérea.

AERONÁUTICA CIVIL: conjunto de actividades vinculadas con el empleo de aeronaves privadas y públicas, excluidas las militares.

AERONÁUTICA COMERCIAL: comprende los servicios de transporte aéreo y los de trabajo aéreo *(A. Torres Neuquén).*◆ La que se destina al transporte de mercancías.

AERONAVES: aparatos o mecanismos que pueden circular en el espacio aéreo y que son aptos para transportar personas o cosas.

AERONAVES INTERNACIONALES: las que se encuentran subordinadas por servicios a organismos internacionales *(A. Llanés Torres).*

AERONAVES PIRATAS: aquellas destinadas por las personas bajo cuyo mando efectivo se encuentran a cometer cualquier acto de piratería.◆ Ver **Piratería.**

AEROPUERTO: terreno llano provisto de un conjunto de pistas, instalaciones y servicios destinados al tráfico regular de aviones.◆ Aeródromo apto para el tráfico regular de aviones.

AEROPUERTO INTERNACIONAL: aeródromo de uso internacional que posee servicios de sanidad, Aduana, migraciones, etcétera.

AEROTAXI: avión de pequeña dimensión que se arrienda para cubrir cortas distancias.

AFECTAR: imposición de un gravamen u obligación sobre alguna cosa, sujetándola el dueño a la efectividad de ajeno derecho.◆ Destinar una suma a un gasto específico.

"AFFECTIO MARITALIS": voluntad de dos personas de unirse en matrimonio y de llevar una vida en común.

"AFFECTIO SOCIETATIS": elemento indispensable del contrato social que consiste en la voluntad de los socios de constituir un sociedad.◆ Expresa la voluntad sincera de constituir una sociedad y cooperar en la medida de la capacidad y de las fuerzas propias con los co-asociados, actuando con lealtad, en el que priva un trato igualitario dentro de las condiciones económicas correspondientes. Persiguen un objeto común y existe disposición a compartir los beneficios y a soportar las pérdidas.◆ Es la voluntad o el depósito de cooperación en los negocios sociales, aceptando deliberadamente la participación en las utilidades y las pérdidas.

"AFFIDAVIT": término de origen latino que significa "dio fe".◆ Expresión latina utilizada para designar un documento legal que sirve como declaración jurada o testamento ante un tribunal.◆ También se utiliza como aval o garantía.

AFIANZADOR: que afianza.

AFIANZAMIENTO: acción y efecto de afianzar.◆ Fianza.◆ Garantía.

AFIANZAR: dar fianza por alguno para seguridad o resguardo de intereses o caudales, o del cumplimiento de alguna obligación.

AFICIONADO: quien practica o cultiva un oficio, artes, ciencia, etcétera, sin ser profesional.◆ Ver **Profesional.**

AFILIACIÓN: control de, por o bajo relación común con otra compañía. Existe afiliación entre dos compañías cuando una de ellas (*holding*) es poseedora de las acciones de la otra.◆ Se entiende por tal, además, el hecho de ingresar en una sociedad, agrupación o asociación.◆ Estado de relación legal, formal o cooperativa entre dos o más grupos sociales organizados.◆ Proceso mediante el cual se establece dicha relación.◆ Ingreso o inscripción en el sistema de seguridad social con carácter obligatorio.◆ En el Derecho Italiano, consiste en una institución de efectos más limitados que la adopción de la cual puede ser objeto el menor confiado por un lapso determinado a una persona por el instituto de hacienda pública aun cuando no se den los requisitos legales que hacen posible la adopción. Se atribuye al afiliado el apellido del afiliante –que se agrega al propio, si lo tiene– y a éste, la patria potestad sobre aquél *(A. Belluscio).*

AFILIADO: empresa o cualquier otra organización vinculada con otra en capital, sea total o parcialmente, pero careciendo de la voluntad social.◆ Todo trabajador en relación de dependencia o autónomo que se incorpora al Sistema Integrado de Jubilaciones y Pensiones.

AFILIAR: juntar, unir, asociar una persona a otros que forman una corporación o sociedad.

AFINIDAD: vínculo del parentesco derivado del matrimonio.◆ Vínculo familiar entre un cónyuge y los parientes del otro (los parientes de un cónyuge no son afines con los parientes del otro). Sin embargo, no se limita al tiempo de duración del matrimonio sino que sobrevive a la disolución de éste, aunque sea por muerte o divorcio.

AFINIDAD COLATERAL: la relación de parentesco que se establece entre los parientes de un cónyuge y los parientes del otro.

AFINIDAD DIRECTA: la relación de parentesco que se establece entre un sujeto y los parientes consanguíneos de su cónyuge.

AFINIDAD SECUNDARIA: relación de parentesco que se establece entre un sujeto y los parientes por afinidad de su cónyuge.

AFIP: ver **Administración Federal de Ingresos Públicos.**

AFJP: ver **Administradoras de Fondos de Jubilaciones y Pensiones.**

AFLORAMIENTO DE ACTIVOS: comúnmente llamado blanqueo, se refiere a activos ocultados o no declarados que, por alguna norma legal, su poseedor expone o reconoce como tales.

AFORAR: reconocer y valuar los bienes para el pago de derechos aduaneros.◆ Valuar mercaderías para el pago de derechos o documentos para el pago de sellados.

AFORO: valorización que se le asigna a un bien con el fin de determinar el monto de un gravamen fiscal. Ejemplo: el Ministerio de Economía determina que la importación de azúcar pagará de derecho de importación un 10 % sobre el valor de aforo de U$S 200. El establecimiento del valor de aforo es para impedir que los importadores paguen menos derecho de importación al valuar, a estos efectos, el bien que importan por debajo del valor que efectivamente pagan. Por lo tanto, se establece un valor de aforo y sobre él se abonará el impuesto, prescindiendo del monto que declare haber pagado el importador.◆ Valorización que una empresa de depósitos realiza respecto de mercaderías warranteadas, conforme a lo cual más tarde el depositante puede gestionar un crédito ante una institución bancaria.

AGENCIA: empresa destinada a gestionar asuntos ajenos o a prestar determinado servicio (agencia de publicidad, agencia de seguros, etc.).◆ Vinculación entre la empresa y un agente.◆ Oficina del agente.◆ Oficina dependiente de la casa central para prestar determinados servicios.◆ Ver **Contrato de agencia.**

AGENCIA ARTÍSTICA: aquella que tiene la función de promover en forma estable y duradera la celebración de contratos de representación artística, a su costa y en interés común de las partes, que consiste, para el proponente, en la obtención de clientela y, de esta manera, la posibilidad de mercado para sus servicios y, para el agente, la retribución que le corresponde por los resultados ventajosos logrados para aquélla *(A. M. Molas).*

AGENCIA BURSÁTIL: aquella que opera en el Mercado de Valores.

AGENCIA DE CAMBIO: empresa que se ocupa de realizar operaciones con valores o monedas extranjeras.

AGENCIA DE COBRANZA: empresa destinada a gestionar o a prestar el servicio de cobranzas normalmente a aquellas que presentan dificultades financieras.

AGENCIA DE EMPLEO: empresa encargada, por su intermediación, de gestionar o procurar empleos.◆ Empresa privada que contribuye a la coincidencia entre solicitantes de trabajo y oportunidades de empleo.

AGENCIA DE INFORMACIÓN COMERCIAL: aquella cuyo objeto es brindar información de carácter mercantil a sus clientes.◆ Ver **Agencia de informes.**

AGENCIA DE INFORMES: empresa cuyo objeto es prestar un servicio de información acerca de personas, empresas, etcétera. Generalmente, brindan informes sobre los antecedentes y conducta de potenciales clientes, empleados, etcétera.◆ Ver **Agencia de información comercial.**

AGENCIA DE NEGOCIOS: empresa privada que tiene por objeto la concertación o ejecución de operaciones comerciales.

AGENCIA DE PUBLICIDAD: empresa que se especializa en brindar servicios publicitarios a los anunciantes.◆ Son empresas intermediarias que disponen de ciertos medios (organización profesional adecuada, espacios en los órganos de publicidad: diarios, revistas, televisión, subtes, cines, etc.) para garantizar la publicidad que les encargan sus clientes, con el fin de promover productos o servicios determinados *(A. M. Molas).*

AGENCIA DE SEGUROS: aquella referida al productor de seguros cuya función de intermediario consiste en favorecer la concertación de contratos de seguros, asesorando a aseguradores y asegurables.

AGENCIA DE SERVICIO EVENTUAL: empresa que pone a disposición de otras empresas determinados trabajadores, contratados bajo la modalidad de contrato de trabajo eventual.

AGENCIA DE VIAJES Y TURISMO: empresa intermediaria entre los pasajeros y las entidades prestatarias de los servicios turísticos.

AGENCIA FINANCIERA: empresa que actúa en nombre y en interés de sus clientes, colocando capitales de éstos u obteniendo capitales de terceros para ellos, realizando una típica actividad de intermediación.

AGENTE: comerciante encargado de promover y distribuir bienes y servicios de un tercero en un espacio determinado. ◆ Persona o empresa que representa a otra persona o empresa.◆ En un sentido lato, mandatario o dependiente.

AGENTE BURSÁTIL: persona física o jurídica que, previa autorización e inscripción en el registro correspondiente, opera en la compraventa de títulos valores en el mercado de valores. Dedícase a ejercer la actividad bursátil. En la Argentina, se debe acreditar idoneidad profesional, solvencia moral y material y ser propietario de una acción del Mercado de Valores en el cual van a actuar.◆ Persona que actúa como verdadero comisionista frente a sus eventuales comitentes, respecto de los cuales no tiene un vínculo permanente.◆ En Bolivia, persona jurídica o natural autorizada por la Comisión Nacional de Valores para actuar como intermediario en el Mercado de Valores.◆ Intermediario en títulos-valores que se dedica habitualmente al corretaje de éstos; puede ser persona natural o jurídica. ◆ Agente de Bolsa.◆ Corredor de Bolsa.◆ Corredor bursátil.

AGENTE COMERCIAL: persona encargada de vincular a dos partes contratantes. También llamada mediador, no participa ni actúa por cuenta de dichas partes. Es factible que en algunas oportunidades actúe en interés de uno de los contratantes, que le encarga la venta de sus productos; no actúa como vendedor representante puesto que no contrata dichas ventas. Si el mediador está encargado de un modo permanente, se llama agente comercial. En caso de actuar en nombre y por cuenta ajena, ya no sólo es mediador sino que actúa como un verdadero representante. ◆ Cumplimiento de una tarea estable, continuada y duradera. Se encarga permanentemente de finiquitar negocios de un comerciante o de servirle de mediador con aplicación de las normas relativas al mandato; su función económica es incrementar la clientela existente o no discriminarla y directamente crearla.◆ Agente de venta.◆ Representante comercial.◆ Agente de comercio.

AGENTE DE ADUANA: ver **Despachante de Aduana**.

AGENTE DE BOLSA: corredor bursátil, corredor de Bolsa.◆ Ver **Agente bursátil.**

AGENTE DE CAMBIOS: agente de Bolsa.

AGENTE DE COMERCIO: representante comercial.◆ Ver **Agente comercial**.

AGENTE DE COMPRA: persona que se encarga de efectuar adquisiciones de determinados productos para otra de un modo permanente.

AGENTE DE EXPORTACIÓN: quien actúa en carácter de intermediario entre los productores o fabricantes de un país e importadores del extranjero.

AGENTE DE FISCALIZACIÓN: entidad que interviene en una emisión de obligaciones negociables con el objeto de controlar el cumplimiento de los compromisos (*covenants*) que a través de las condiciones de emisión hubiera contraído el emisor *(M. Kenny).*

AGENTE DE INFORMACIÓN: se considera como tal a aquel a quien las normas legales disponen que debe cumplir con la obligación de suministrar al Fisco la información que éste requiera.

AGENTE DE LA ADMINISTRACIÓN PÚBLICA: empleado público.

AGENTE DE LA NAVEGACIÓN: agente marítimo.

AGENTE DE PERCEPCIÓN: aquel que cuando cobra recibe a su vez la porción correspondiente al impuesto para su ingreso ulterior al Fisco. Es decir, el precio de su prestación o producto contiene un importe que debe depositar por su cliente al organismo fiscal pertinente. ◆ Quien cobra por cuenta del Fisco un determinado tributo, es decir, quien está obligado por una norma a percibir el mismo, con la obligación posterior de ingresarlo al Estado.

AGENTE DE PUBLICIDAD: persona cuya actividad consiste básicamente en hacer conocer al público los productos o servicios que comercializa el empresario pero que no promueve ni celebra negocios.

AGENTE DE RETENCIÓN: persona jurídica o física que está obligada a retener, por imposición legal y con fines impositivos, previsionales, sindicales o sociales, una parte del pago que le efectúa a otra.◆ Quien por ser deudor o por ejercer una función pública, una actividad, un oficio o una profesión se encuentra en contacto con una suma de dinero que, en principio, correspondería al contribuyente y, consecuentemente, puede computar la parte de la misma que corresponde al Fisco en concepto de tributo, ingresándola a la orden de ese acreedor.◆ Es aquel que, cuando paga y dispone de los fondos del sujeto pasible de la retención, retiene del monto pagado la parte que corresponde al impuesto aplicable para su ingreso posterior al Fisco. Es un pago anticipado del impuesto definitivo que deberá ulteriormente ingresar el sujeto pasible de la retención.◆ Agente retenedor.◆ Ver **Agentes de retención.**

AGENTE DE SEGUROS: persona que se dedica a gestionar solicitudes y a colocar seguros para un asegurador con el que tiene relación contractual. Es un intermediario entre asegurador y asegurado.

AGENTE DE TRANSFERENCIA: adquiere tal carácter, usualmente, un banco o una compañía financiera designada por una sociedad anónima para que se encargue de las transferencias legales de las acciones en circulación. En este caso, el agente puede llevar los registros de las transferencias de acciones de accionistas, la emisión de los certificados de acciones y otras actividades vinculadas con este aspecto de la sociedad.

AGENTE DIPLOMÁTICO: representante permanente de un Estado, designado para desempeñar sus funciones ante otro Estado; sus principales fines son asegurar la paz y el entendimiento entre ambos Estados, por el respeto de sus derechos, el cumplimiento de sus deberes y la conducción de las negociaciones que sean necesarias (*C. Díaz Cisneros).*

AGENTE EXTRABURSÁTIL: persona física o jurídica que interviene como intermediario en las operaciones de compraventa de títulos-valores en el mercado abierto con la previa autorización de la Comisión Nacional de Valores.

AGENTE FINANCIERO: quien realiza su actividad fuera del recinto bursátil negociando títulos, valores, etcétera.

AGENTE FISCAL: funcionario que representa los intereses de la sociedad y del Estado ante los tribunales de justicia.◆ Ver **Ministerio Público.**

AGENTE INSTITORIO: representante comercial a quien el asegurador faculta expresamente para realizar uno o varios actos jurídicos en su nombre y representación, debiéndose instrumentar el acto institorio por el cual se designa al agente y se mencionan taxativamente las facultades que su mandante le otorga en el mismo contrato de agencia o por acto separado.

AGENTE MARÍTIMO: persona individual o colectiva que tiene a su cargo las gestiones en tierra, necesarias o convenientes, relacionadas con la llegada, permanencia o salida de puerto de los buques mercantiles *(J. M. Farina).*◆ Agente designado para realizar ante la Aduana las gestiones relacionadas con la atención a un buque en un puerto.

AGENTE MARÍTIMO ADUANERO: ver **Agente marítimo**.

AGENTE NAVIERO: agente marítimo.

AGENTE PROVOCADOR: persona (generalmente autoridad) que provoca las condiciones para que otra cometa un delito y pueda ser sorprendida en el momento en que lo consuma (A. Reyes Echandía).

AGENTE RETENEDOR: ver **Agente de retención**.

AGENTE SECRETO: aquel que tiene una misión no ostensible, por razones políticas, y que está encargado de tratar cuestiones de importancia *(Rodríguez Anaya)*

AGENTES AUXILIARES DEL COMERCIO: son considerados agentes auxiliares del comercio y, como tales, sujetos a las leyes comerciales con respecto a las operaciones que ejercen en esa calidad:
1) Los corredores.
2) Los rematadores o martilleros.
3) Los barranqueros y administradores de casas de depósito.
4) Los factores o encargados y los dependientes de comercio.
5) Los acarreadores, porteadores o empresarios de transporte.◆
Los que tienen en común la nota económica de colaborar directamente en

la actividad jurídica o contractual del empresario *(R. Fontanarrosa).*

AGENTES CENTRALIZADOS: en Costa Rica, agente de Bolsa. Corredores centralizados.

AGENTES DE RETENCIÓN: conforman una categoría de responsables por deuda ajena a quienes la ley obliga a retener parte de los pagos que efectúan, sea en nombre propio o de terceros, a los contribuyentes, e ingresarlos al Fisco *(J. M. Martín).*◆ Ver **Agente de retención.**

AGENTES DE TRANSPORTE ADUANERO: personas de existencia visible o ideal que, en representación de los transportistas, tienen a su cargo las gestiones relacionadas con la presentación del medio transportador y de sus cargas ante el servicio aduanero. Además de auxiliares del comercio, son auxiliares del servicio aduanero.

AGENTES ECONÓMICOS: ver **Sujetos económicos.**

AGENTES FEDATARIOS: en la Argentina, se trata de agentes de la Administración Federal de Ingresos Públicos que actúan como compradores de bienes y locatarios de obras o servicios para constatar el cumplimiento por parte de los vendedores o locadores de la obligación de emitir y entregar facturas y comprobantes equivalentes con los que documenten las respectivas operaciones.

AGIO: beneficio que se obtiene de descontar documentos comerciales o del cambio de la moneda.◆ Aumento por sobre el precio corriente que obtiene el comerciante en el cambio o compra de mercaderías.◆ Premio o prima sobre la par; indica que una acción o título tiene un valor de mercado superior al valor nominal.

AGIOTAJE: especulación abusiva.◆ Ver **Agio.**

AGIOTISTA: persona que especula en forma abusiva.

AGN: ver **Auditoría General de la Nación**.

AGNACIÓN: parentesco por consanguinidad entre los varones descendientes de un mismo padre y sujetos a la potestad del *pater familias.*

AGNADO: en su género tanto masculino como femenino, se refiere al pariente por consanguinidad respecto de otro, toda vez que ambos descienden de un tronco común de varón en varón.

AGOTAMIENTO: consumo de un recurso natural no renovable, como las canteras, los bosques madereros, los pozos petrolíferos, etcétera. Técnicamente, este consumo es sometido a un proceso de medición y valuación, y se le da un tratamiento contable similar al de la depreciación o amortización de otros activos.

AGRARISMO: sistema sociológico cuyo eje central es el reparto de las tierras entre los que las cultivan.◆ Conjunto de intereses referentes a la explotación agraria.◆ Corriente política que los defiende.

AGRAVAMIENTO DEL RIESGO: modificación o alteración posterior a la celebración del contrato que, aumentando la posibilidad de un evento, afecta a un determinado riesgo. El tomador del seguro o asegurado deberá, durante el uso del contrato, comunicar al asegurador todas las circunstancias que agraven el riesgo.

AGRAVANTE: circunstancia que concurre en el perpetrador del delito, o en el delito mismo, y que aumenta su responsabilidad penal.

AGRAVIADO: sujeto pasivo de la ofensa.

AGRAVIO: dicho o hecho que ofende en la forma u honra a una persona afectando sus intereses o derechos.◆ Mal, daño o perjuicio que el apelante expone ante el juez superior habérsele irrogado por la sentencia del inferior.◆ Ver **Expresión de agravios.**

AGRAVIO MATERIAL: todo daño producido a los intereses materiales de un sujeto de derecho, por el ataque a sus legítimos intereses jurídicos de índole patrimonial, familiar, contractual, etcétera *(A. Silva).*

AGRAVIO MORAL: la preferencia de la denominación "agravio moral" con respecto a "daño moral" radica en que el daño provee una noción material, económica y patrimonial, y el agravio, en cambio, no es propio de las cosas materiales *(E. Galli).*◆ Ver **Daño moral.**

AGRAVIOS: ver **Expresión de agravios.**

AGREDIR: atacar, insultar.

AGREGADO: persona que ocupa una casa o propiedad ajena, generalmente rural, a cambio de pequeños trabajos, pagando un arrendamiento o gratuitamente. ◆ Agregación, añadidura o anejo. ◆ Saldo de una cuenta de la economía.

AGREMIAR: reunir o agrupar a distintas personas que tienen en común la misma profesión u oficio o similares intereses para conformar una entidad gremial.

AGRESIÓN: uso de la fuerza armada por un Estado contra la soberanía, la integridad territorial o la independencia política de otro Estado, o en cualquier otra forma incompatible con la Carta de las Naciones Unidas.◆ Acto de acometer a alguno para matarlo, herirlo o hacerle daño, especialmente sin justificación. ◆ Acto contrario al derecho de otro.

AGRESIÓN CON ARMAS: disparo de un arma de fuego contra otra persona, le cause o no heridas.

AGRESIÓN ECONÓMICA: aquella que se manifiesta bajo la forma de presiones económicas que un Estado ejerce sobre otro a fin de imponerle su voluntad *(B. Halaczuk y R. Moya Domínguez).*

AGRESIÓN IDEOLÓGICA: propaganda belicista en contra de un Estado *(B. Halaczuk y R. Moya Domínguez).*

AGRESIÓN ILEGÍTIMA: ver **Legítima defensa.**

AGRESIÓN PROVOCADA: ver **Legítima defensa.**

AGRESIVO: violento, pendenciero, provocador.

AGRICULTOR: persona que labra o cultiva la tierra.

AGRICULTURA: actividad desarrollada con el fin de obtener productos de la tierra o suelo. Ejemplo: siembra y cosecha de cereales utilizados para la alimentación humana y animal; siembra y cosecha de plantas para uso textil, algodón, lino.◆ Sector de la actividad económica que comprende la producción de cereales y oleaginosas, cultivos industriales, frutas, hortalizas, legumbres y flores.

AGRO: el campo, como fuente de producción.

AGROINDUSTRIA: conjunto de empresas dedicadas a la producción y la comercialización de los productos agrarios.

AGROPECUARIO: que tiene relación con la agricultura y la ganadería.

AGRUPACIÓN DE COLABORACIÓN: aquella forma asociativa entre empresas que no implica para éstas la pérdida de la personalidad jurídica y únicamente pueden tener ciertas restricciones en el plano de su libertad económica. ◆ Ver **Contrato de colaboración empresaria**.

AGUA: físicamente, el agua es un "cuerpo" que, por lo habitual, se presenta en estado líquido, aunque también la hay en estado sólido y de vapor. Todo esto repercute en el orden legal. Para el Derecho, el agua es una "cosa", que puede ser mueble o inmueble, exigiendo en cada caso el correlativo tratamiento. Prescindiendo de la condición legal que las diversas legislaciones le atribuyan, como "cosa" el agua –cualquiera sea su especie– es susceptible de un derecho exclusivo de propiedad, incluso los mares *(M. Marienhoff).*

AGUAS DORMIDAS: masas de agua más o menos grandes, dulces o saladas, que ocupan una concavidad de la corteza terrestre, con o sin comunicación con el mar *(I. Allende).*

AGUAS FLUVIALES: aguas de río.

AGUAS INTERIORES: aquellas situadas en el interior de la línea de base del mar territorial.

AGUAS JURISDICCIONALES: ver **Mar territorial.**

AGUAS MARÍTIMAS: aguas saladas que circundan los distintos continentes.

AGUAS MINERALES: aguas subterráneas que afloran a la superficie y contienen en disolución mayor cantidad de minerales que las aguas comunes *(M. Mariani de Vidal).*

AGUAS MUERTAS: aguas dormidas.

AGUAS PLUVIALES: las que proceden inmediatamente de las lluvias.

AGUAS POTABLES: aquellas aptas para el consumo humano.

AGUAS SUBTERRÁNEAS: las que se encuentran debajo de la tierra *(I. Allende).*

AGUAS TERMALES: aguas subterráneas profundas que salen a la superficie a una temperatura más elevada que la normal *(M. Mariani de Vidal).*

AGUINALDO: SAC. ◆ Ver **Sueldo Anual Complementario**.

AHIJADO: cualquier persona, respecto de sus padrinos.

AHORCADO: colgado, condenado.

AHORCAR: quitar a alguien la vida por estrangulación colgándolo de una cuerda pasada alrededor del cuello.

AHORRO: parte del ingreso que percibe una persona u organismo social que no se haya destinado al consumo.◆ Es la diferencia entre el ingreso y el consumo. Todo lo que no se consume se ahorra. Este ahorro puede ser destinado al simple atesoramiento o a una inversión que produzca renta.

AHORRO FORZOSO: situación que se produce cuando los consumidores no pueden gastar una parte de su ingreso en bienes de consumo.◆ Impuesto o contribución obligatoria fijada por el Estado.◆ Generalmente, este ahorro de carácter compulsivo genera una transferencia de recursos de un sector de la sociedad a otro.

AHORRO OBLIGATORIO: ahorro inducido por la acción estatal de acuerdo con su sistema económico que mediante la dirección financiera impone un cierto nivel de ahorro, es decir, obtención de superávit presupuestario.

AHORRO PRIVADO: el que está constituido por la diferencia entre la renta percibida y la renta consumida en un lapso determinado.

AHORRO VOLUNTARIO: volumen de dinero que los componentes de una comunidad o sociedad deciden en forma libre usar para efectuar depósitos en las entidades financieras.

AJUSTE DE CONTRATO: contrato marítimo que se celebra individualmente entre el armador, por una parte, y el capitán, oficiales o demás individuos de la tripulación, por la otra, y consiste, por parte de éstos, en prestar servicios por uno o más viajes, por un tiempo determinado o indeterminado, mediante un salario y bonificaciones. Las partes podrán convenir libremente condiciones complementarias. El armador adquiere la obligación de hacerles gozar de todo lo que les corresponde en virtud de lo estipulado y de la ley. Las condiciones del ajuste se prueban por el contrato de ajuste; a falta del mismo, servirán de prueba el libro de rol y la libreta de embarco. El pago podrá ser convenido por una suma global, ya sea por mes o por viaje; además, la retribución podrá ser por una suma fija o por una participación en el flete, el producido o la ganancia, o por combinación de las diferentes formas.

AJUSTE DE PARIDAD: el que se realiza con el objeto de medir y cuantificar un patrimonio medido en dólares estadounidenses, con la actualización inflacionaria correspondiente a dicho país.

AJUSTE ESTACIONAL: los datos para medir el Producto Nacional Bruto para el año calendario se recopilan cada trimestre y se multiplican para expresarlos sobre una base anual. Las estimaciones trimestrales deben reajustarse estacionalmente; es el único ajuste que se hace al PNB. Para tener en cuenta los cambios estacionales habituales, las cifras ajustadas se eliminan. Sólo si el PNB se incrementa en medida superior al nivel estacionalmente normal, basado en promedios obtenidos a lo largo de un gran número de años, se dice que el PNB estacionalmente se ha elevado.

AJUSTICIADO: reo en quien se ha ejecutado la pena de muerte *(Diccionario de la Real Academia).*

AL CONTADO: aplicable a aquellas operaciones en las que el precio se paga en el momento de recibir la mercadería o la prestación de un servicio.

AL DÍA: normalmente, expresión que se utiliza cuando se emite un cheque y éste lleva el día de su libramiento.

AL POR MAYOR: expresión que se utiliza cuando la venta se realiza en cantidad grande.◆ Mayorista que compra al fabricante o importador en grandes cantidades.

AL POR MENOR: expresión que se utiliza cuando las cosas se venden menudamente y no en grueso. ◆ Venta al consumidor final en unidades.

AL PORTADOR: expresión que se utiliza para significar que un título o documento no se ha extendido nominativamente, es decir, que el único requisito para su válida transmisión consiste en la simple tradición del documento o título.

ALADI: ver **Asociación Latinoamericana de Integración**.

ALALC: ver **Asociación Latinoamericana de Libre Comercio**.

ALARDE: relación de las causas de competencia del jurado que en cada audiencia y cuatrimestre se han de someter a dicho examen.

ALARMA: ver **Estado de alarma.**

ALBACEA: persona designada en un testamento para administrar los bienes que deja aquel que lo hace. Sus facultades serán las que designe el testador con arreglo a las leyes; y si no las hubiere designado, el ejecutor testamentario, quien tendrá todos los poderes que, según las circunstancias, sean necesarios para la ejecución de la voluntad del testador.

ALBACEAZGO: cargo de albacea. Es una institución jurídica con perfil normativo propio; es un cargo voluntario, renunciable, personalísimo, normalmente gratuito y temporal. Esta institución aún tiene vigencia en unos pocos países.

ALBARÁN: remito.◆ Carta de remisión. ◆ Carta de entrega.◆ Nota de envío.

ALCA: ver **Área de Libre Comercio de las Américas**.

ALCABALA: tributo del tanto por ciento del precio que pagaba al Fisco el vendedor en el contrato de compraventa y ambos contratantes en el de permuta.

ALCAIDE: funcionario al cual se le encargaba la seguridad y custodia de los presos.

ALCAIDÍA: función desempeñada por el alcaide.◆ Ámbito territorial de su competencia.

ALCALDE: juez ordinario que administraba justicia en algún pueblo y presidía al mismo tiempo el concejo.

ALCALOIDES: compuestos orgánicos nitrogenados de reacción alcalina, que se unen a los ácidos formando sales. Su acción sobre el organismo humano es muy enérgica. En pequeñas cantidades, algunos alcaloides tienen acción excitante, otros obran como narcóticos. En dosis mayores, aunque su cantidad sea muy reducida, obran como venenos enérgicos.

ALCISTA: tendencia hacia el aumento que demuestran los valores comercializados en mercados abiertos, tales como Bolsas de comercio, mercados de valores, mercados de divisas, mercados de metales.

ALCOHOLISMO: adicción consistente en la ingesta desmedida de alcohol.◆ Ver **Embriaguez; Ebrio habitual.**

ALCOHOLISTA: quien por la costumbre de ingerir alcohol, sin llegar a la embriaguez, hubiera ejecutado una conducta prohibida en tal estado de perturbación mental que no fuere capaz, o sólo lo fuere parcialmente, de apreciar el carácter ilícito de la misma.

ALEATORIO: dependiente de algún suceso fortuito.◆ Ver **Contrato aleatorio.**

ALEGACIÓN: alegato extraordinario impreso, con el cual, a veces, en apelación civil de mayor cuantía, se sustituyen los informes orales de las partes litigantes.

ALEGAR: citar, traer uno a favor de su propósito, como prueba, disculpa, o defensa, algún hecho, dicho, ejemplo, etcétera.◆ Exponer en forma ordenada con fundamentos de hecho o de derecho ante un juez o tribunal.

ALEGATO: escrito en el cual expone el abogado las razones que sirven de fundamento al derecho de su cliente o impugna las del adversario.◆ Defensa oral que los abogados hacen ante los tribunales de justicia.

ALEGATO DE BIEN PROBADO: escrito en el cual, una vez analizadas las pruebas ofrecidas, sostenían los litigantes sus pretensiones al concluir la instancia.◆ Alegato de conclusiones.

ALEGATO DE CONCLUSIONES: ver **Alegato de bien probado**.

ALEVOSÍA: circunstancia agravante de la responsabilidad penal que tiene lugar cuando la víctima se halla en condiciones inadecuadas, de cualquier naturaleza que fueren, para prevenir el ataque o defenderse de la agresión. ◆ Cuando el culpable comete cualquiera de los delitos contra las personas, empleando en la ejecución medios, modos o formas que tiendan directa o especialmente a asegurarla sin riesgo para su persona que proceda de la defensa que pudiera hacer el ofendido.

ALGUACIL: oficial de justicia encargado de hacer cumplir las órdenes del tribunal al cual pertenece.◆ Funcionario elegido directamente por el pueblo o comunidad.

ALIANZA DEL PACÍFICO: bloque formado por México, Colombia, Perú y Chile. Lanzada oficialmente en el 2012, se consolidó como un bloque económico con enorme potencial. El acuerdo incluye comercio de servicios, inversiones y compras gubernamentales y, obviamente, las relaciones de libre comercio. Los países componentes suman más de 200 millones de personas, representan el 35% del producto bruto interno de Latinoamérica y el 50% de las importaciones de las importaciones de la región.

ALIAS: apodo o sobrenombre.

ALÍCUOTA: proporcional. Una cantidad es parte alícuota de otra cuando es submúltiplo, o sea, cuando está contenida en ella un número de veces determinado.◆ Ver **Alícuota del impuesto.**

ALÍCUOTA DEL IMPUESTO: porcentaje de un gravamen que se aplica a determinadas bases imponibles.

ALIENABLE: enajenable.

ALIJO: conjunto de productos que compone la carga objeto de contrabando.

ALIMENTAR: suministro, por parte de una persona a otra –el alimentado–, de todo lo necesario para la manutención y subsistencia de este último, conforme al estado civil, a la condición social y a las necesidades y recursos del alimentista y del pagador.

ALIMENTOS: asistencias que se den para el sustento adecuado de alguna persona a quien se deben por ley, disposición testamentaria, fundación de mayorazgo o contrato.◆ Sustancias nutritivas de origen animal, vegetal o mineral que, tomadas por los seres vivos, contribuyen a su mantenimiento, crecimiento y desarrollo.◆ Ver **Deuda de alimentos.**

ALLANAMIENTO: ingreso, con poder escrito de la autoridad judicial, en un domicilio o local privado para realizar en él ciertas diligencias, como registros, detenciones, etcétera.◆ Acto procesal que expresa la voluntad del demandado de someterse o aceptar, sin debate judicial, la pretensión deducida por el demandante, reconociendo la legitimidad de ésta.

ALLANAMIENTO DE DOMICILIO: se trata de un delito contra la libertad y seguridad personal, en el cual incurre quien se introdujere en una vivienda ajena o quien, sin residir en ésta, se mantuviere dentro de la misma contra la voluntad de su habitante. La represión de esta conducta tiene por finalidad la protección de la intimidad de la cual debe gozar todo individuo.

ALMACÉN FISCAL: en Derecho Aduanero, local destinado al depósito, producción, embotellado, guarda y custodia de alcohol y especies alcohólicas embotelladas o no, con respecto a las cuales no se haya satisfecho el impuesto, así como de cualquier otra materia alcohólica que requiera control fiscal.

ALMACÉN LIBRE DE IMPUESTO: régimen mediante el cual se autoriza a los establecimientos ubicados en las zonas primarias de las aduanas localizadas en los puertos o aeropuertos internacionales, a depositar determinadas mercancías nacionales y extranjeras, exclusivamente para ser expedidas a aquellas personas que están en tránsito en el país o que vayan a entrar o salir, en calidad de pasajeros.

ALMACENES GENERALES: aquellos que tienen por objeto la guarda y la conservación de toda clase de productos y la expedición de certificados de depósito y bonos de prenda. En Venezuela, régimen aduanero especial para recibir exclusivamente artículos con diferimiento de derechos, es decir, por los que no se hayan satisfecho los derechos de importación que los graven.

ALOIDAL: ver **Bienes aloidales.**

ALQUILER: locación.◆ Arrendamiento. ◆ Precio que se paga por el uso de una cosa mueble o inmueble durante un período.

ALTA: comunicación por parte del contribuyente a la autoridad tributaria, respecto del inicio en el ejercicio de actividades empresariales, industriales o profesionales, sujetas a gravámenes.

ALTA MAR: mar libre.

ALTERACIÓN DOLOSA DE REGISTROS: delito fiscal consistente en la sustracción, supresión, ocultación, adulteración, modificación o inutilización de los registros o soportes documentales o informativos del Fisco Nacional, relativos a las obligaciones tributarias o de recursos de la seguridad social, con el propósito de disimular la real situación fiscal de un obligado.

ALTERACIÓN EN LOS LIBROS: cambios o modificaciones en la esencia o en la forma que se realizan en las registraciones, generalmente con ánimo fraudulento.

ALTERNATIVA: opción entre dos o más cosas.◆ Ver **Obligación alternativa.**

ALUVIÓN: accesión paulatina, perceptible con el tiempo, que en beneficio de un predio ribereño va causando el lento arrastre de la corriente.

ALZA: incremento de valor que toma alguna cosa, como los precios, títulos, moneda, etcétera.◆ Aumento de venta de determinados productos.

ALZADA: recurso de apelación.◆ Recurso de Alzada.◆ Ver **Recurso de aclaratoria.**

ALZAMIENTO CONTRA EL ORDEN CONSTITUCIONAL: acto ilícito llevado a cabo por quienes se alzaren en armas para cambiar la Constitución de un Estado, deponer alguno de los poderes públicos del Gobierno Nacional, arrancarle alguna medida o concesión o impedir el libre ejercicio de sus facultades.

ALZAR: apelar.

"AMALGAMATION": término que se utiliza en Gran Bretaña por "fusión". En los EE.UU. se usa la expresión *merger*. ◆ Es la combinación o fusión de dos o más empresas separadas en una sola.◆ Ver **Fusión**.

AMANCEBAMIENTO: comercio carnal que realiza el marido con personas de otro sexo que no sea su cónyuge *(Escriche)*.◆ En el Derecho Penal, se reputaba tal el adulterio del esposo.

AMBIGÜEDAD MANIFIESTA: expresión vertida en el texto de un documento que no goza de claridad suficiente, presenta contradicciones y se presta a diversas interpretaciones.

ÁMBITO: espacio ideal configurado por las cuestiones y los problemas de una o de varias actividades o disciplinas relacionadas entre sí.

AMENAZAS: anuncio de un mal futuro, por lo que, atendiendo a la finalidad que persiguen, deben tener una entidad tal que el anuncio pueda tener un efectivo poder intimidatorio.

AMENAZAS DEL MEDIO: variables exógenas relevantes del medio externo que pueden incidir en forma negativa en un proyecto determinado.

AMERICAN DEPOSITARY RECEIPTS: ver **ADR.**

AMIGABLES COMPONEDORES: árbitros de equidad; no están sometidos a la ley. Pueden no ser letrados y dirimen amistosamente los conflictos que se sometan a su jurisdicción en materia civil o comercial.

AMNISTÍA: disposición general con que el Estado renuncia a aplicar la pena correspondiente a determinados delitos que se darían por extinguidos.

AMNISTÍA FISCAL: medida legislativa de carácter excepcional que suprime los efectos normales de una ley fiscal. Normalmente se denomina regularización fiscal.

AMOJONAMIENTO: demarcación de un terreno mediante la colocación de mojones.

AMONESTACIÓN: llamado de atención, verbal o escrito, que el empleador realiza a un dependiente, ya sea por razones de conducta o por falta de cumplimiento de la política laboral de la empresa.◆ Advertencia o apercibimiento.

AMORTIZACIÓN: acción y efecto de amortizar.◆ Cantidad de dinero que se entrega para cancelar una deuda, préstamo u obligación, sea en forma periódica o no.◆ Recuperar o compensar los fondos invertidos en alguna empresa. ◆ Proceso de cancelación de una obligación mediante el pago de cuotas, que en general contienen, cada una de ellas, una parte de capital y una de interés.◆ Es un proceso contable por el cual el valor del bien utilizado en la explotación es imputado como gasto entre los distintos períodos contables que abarca su vida útil probable.

AMORTIZACIÓN DE DEUDA: cancelación periódica de una deuda.◆ Ver **Amortización.**

AMORTIZACIÓN DE EMPRÉSTITOS: aquella que efectúa, ya sea en forma total o parcial, el Gobierno emisor de títulos públicos.

AMORTIZACIÓN FINANCIERA: pago parcial de una obligación.◆ Procedimiento para extinguir una deuda.

AMPARO: ver **Acción de amparo; Recurso de amparo.**

AMPLIACIÓN A LA PAR: aumento de capital en el cual las nuevas acciones son emitidas a su valor nominal

AMPLIACIÓN DE CAPITAL: aumento de capital.

AMPLIACIÓN DE COBERTURA: adicional agregado a una póliza de seguros. ◆ Es la técnica de investigación operativa cuyo objeto es reducir al mínimo el capital inmovilizado en los *stocks* y efectuar cálculos del ahorro que se intenta obtener.

AMPLIACIÓN DE LA DEMANDA: dentro de la acumulación de pretensiones que tiene lugar cuando el proceso ya se ha iniciado, se singulariza la acumulación sucesiva por inserción de pretensiones o con nuevas acciones.

AMPLIACIÓN LIBERADA: aumento de capital en el cual las nuevas acciones tienen el carácter de liberadas, ya sea en forma total o parcial. Dicha emisión no tiene costo alguno para el accionista o bien su precio resulta inferior a su valor nominal.

AMPLIAR UNA PERTENENCIA: agregar a una pertenencia otra en igual forma y dimensiones.

AMPO: Aporte Medio Previsional Obligatorio.◆ Se determina dividiendo el promedio mensual del total de aportes de los trabajadores, sin el Sueldo Anual Complementario, ingresados en cada semestre por el número total promedio mensual de afiliados que aporten en ese período.◆ Unidad de medida del SIJP (Sistema Integrado de Jubilaciones y Pensiones) empleada en la Argentina y reemplazada por el MOPRE (Módulo Previsional).◆ Ver **MOPRE.**

ANÁLISIS: distinción y separación de las partes de un todo hasta llegar a conocer sus principios o elementos.◆ Descomposición de algo en partes o elementos que lo integran.

ANALOGÍA: procedimiento por el cual un caso no previsto por la legislación es analizado o resuelto en atención a normas aplicadas en situaciones semejantes o análogas.◆ Relación de correspondencia que ofrecen entre sí partes que diversos organismos tienen en una misma posición relativa.◆ Método por el que en una regla de ley o de derecho se extiende por semejanza a casos no comprendidos en ello. La interpretación análoga requiere que el caso no esté expresamente previsto en la ley, que entre éste y el que prevé la ley análoga haya afinidad de hecho y una relación precisa, y que medie identidad de razones para resolver el conflicto en la misma forma. Este método encuentra, sin embargo, la limitación consistente en la imposibilidad de extender el campo de aplicación de una disposición legal que tenga carácter excepcional, pretendiendo salvar una supuesta omisión del legislador. No es admisible la analogía en materia penal.

ANALOGÍA IURIS: procedimiento en el cual a partir de varias disposiciones del ordenamiento, se extraen los principios generales que las informan, por una suerte de inducción, y se aplican a casos o situaciones no previstas de modo expreso en una norma determinada.

ANALOGÍA LEGIS: procedimiento comparativo que opera una norma jurídica a otra, después de haber obtenido mediante comparación algo que se aplica a otra norma concreta.

ANARQUÍA: ausencia de gobierno organizado. Estado y situación de las interacciones y relaciones humanas en franca oposición a una autoridad fundamental nacionalmente aceptada o prescindiendo de ella.◆ Estado de caos o desorden.◆ Falta de todo gobierno en un Estado.

ANARQUISMO: en las postrimerías del siglo XVIII, especialmente en el siglo XIX y en las primeras décadas del siglo XX, aparece una doctrina basada en la abolición de toda forma de Estado o de gobierno y en la exaltación de la libertad del individuo.◆ Movimiento político inspirado por esta doctrina. Tiene en *J. Proudhon* a su principal representante. Es libertario y sus doctrinas, más que referentes a la economía política son filosóficas, y son pesimistas con respecto a la actualidad y optimistas en cuanto al porvenir. *Proudhon* está de acuerdo con los colectivistas para criticar la apropiación individual de los medios de producción; pero no tiene ninguna confianza en el Estado y desea suprimirlo, y cuando éste haya desaparecido, lo mismo que el capitalismo privado y la coacción pública, espera que en la sociedad libre las relaciones económicas actuarán en forma armónica.

ANATA: ganancia percibida anualmente.

ANATOCISMO: el interés del interés.◆ Capitalización de los intereses vencidos de una deuda de dinero, de suerte que la suma capitalizada produzca a su vez intereses.

ANCLAJE: derechos fiscales que pagan los buques por fondear en un puerto.

ANEJO: unido o agregado a otra persona o cosa con dependencia, proximidad y estrecha relación respecto a ella.◆ Propio, inherente, concerniente. ◆ Anexo.

ANEXIDAD: derechos y cosas anexas a otra principal.

ANEXIÓN: agregado.

ANEXO: anejo, unido o agregado a otra cosa de la cual depende.◆ Cada una de las partes agregadas a la documentación que integran un todo.

ANIMAL AMANSADO: aquel animal que, mediante el esfuerzo del hombre, ha cambiado su condición natural indómita; si la recobra, puede ser objeto de apropiación.

ANIMAL DOMÉSTICO: aquel que vive en dependencia o compañía del hombre y no es susceptible de apropiación.

ÁNIMO DE LUCRO: ver **Lucro.**

"ANIMUS": término latino que consiste en la intención de realizar determinado acto.

"ANIMUS ABUTENDI": expresión latina que consiste en la intención y el propósito que tuvo en miras el sujeto al proceder en forma abusiva.

"ANIMUS CONTRAHENDI": expresión latina; se trata del propósito de celebrar cualquier tipo de contrato.

"ANIMUS DOMINI": expresión latina que consiste en la voluntad de disponer de hecho de una cosa para sí, conservándola con un fin especial, como lo haría el propietario y sin reconocer el derecho de dominio en otro. *(M. Russomano).*

"ANIMUS DONANDI": expresión latina que consiste en la intención de deshacerse de la cosa en vistas a entregarla en donación a otra persona.◆ Es la intención de beneficiar al donante.

"ANIMUS TENENDI": expresión latina que trata de la intención de un sujeto de ostentar la simple tenencia de la cosa.

ANOTACIÓN: cualquier tipo de registración.

ANOTACIÓN DE LA DEMANDA: ver **Anotación de litis.**

ANOTACIÓN DE LITIS: medida cautelar que permite alertar sobre la existencia de un juicio, evitando que terceros que contratan sobre bienes registrables respecto a los cuales ha recaído la anotación puedan invocar buena fe frente a quien la obtuvo. Cumple con una función esencial de publicidad, sin restringir las facultades de disposición del dueño de la cosa a la cual se refiere la medida. Es procedente en toda acción que pudiere tener como consecuencia la modificación de una inscripción en el Registro correspondiente, se trate de acción real o personal *(L. Álvarez Juliá).* Procede cuando se dedujere una pretensión que pudiere tener como consecuencia la modificación de una inscripción en el Registro correspondiente y el derecho fuere verosímil.◆ Anotación de la demanda.

ANOTACIÓN PREVENTIVA: asiento temporal y provisional de un título en el registro de la propiedad, como garantía precautoria de un derecho o de una futura inscripción.

ANOTACIÓN PREVENTIVA DE EMBARGO: asiento registral que tiene por finalidad mantener las condiciones de efectividad de ciertos tipos, derechos o situaciones jurídicas inmobiliarias, existentes cuando se practica la anotación *(Puig Brutau).*

ANSEA: ver **Asociación de Naciones del Sudeste Asiático**.

ANSES: ver **Administración Nacional de la Seguridad Social**.

ANSSAL: ver **Administración Nacional del Seguro de Salud**.

"ANTE DIEM": expresión latina que significa "un día antes" o "antes de un día determinado".◆ Avisos para convocar a las personas a una asamblea o junta.◆ Citación.

ANTE MÍ: fórmula que generalmente utilizan los escribanos actuarios, que indica que el acto se ha realizado en su presencia.

ANTEDATA: fecha falsa anterior a la verdadera que se coloca en un documento.

ANTEDATAR: fijar una fecha anterior a la vigente, escrita o ejecutada. Por ejemplo: el caso de una póliza de seguros cuya cobertura comienza en fecha anterior al día de su emisión.

ANTEJUICIO: trámite previo establecido como garantía en favor de los jueces y magistrados y en el que se decide si ha lugar o no a proceder criminalmente contra ellos por razón de su cargo.

ANTICIPO: pago adelantado que se entrega a cuenta del importe total de una obligación, bien o servicio.◆ Dinero anticipado.◆ Avance.

ANTICIPO BANCARIO: empréstito en dinero garantizado por una prenda sobre títulos o mercaderías más que una subespecie de la apertura de crédito, es una relación contractual autónoma, que tiene por principal finalidad financiar operaciones sobre mercaderías *(C. Montiel).*

ANTICIPO DE FONDOS: adelanto de dinero que se otorga en el caso de un contrato de comisión. El comisionista que se comprometiera a anticipar los fondos necesarios para el desempeño de la comisión puesta a su cuidado, bajo una forma determinada de reembolso, está obligado a observarla y a llenar la comisión sin poder alegar falta de provisión de fondos salvo si sobreviniera el descrédito notorio del comitente.

ANTICIPO DE LA AUTORIDAD MONETARIA: mediante la emisión de moneda, la autoridad monetaria adelanta al Estado Nacional, a pedido del Poder Ejecutivo, una suma de dinero para satisfacer sus requerimientos, con la obligación de reintegrarlo al cabo de cierto tiempo. En la Argentina, es el Banco Central de la República el que realiza tal anticipo.

ANTICIPO DE LA HERENCIA: se da cuando algunos herederos forzosos reciben en vida del donante, y a cuenta de futura herencia legítima, bienes muebles o inmuebles o ambos la vez.

ANTICIPO EN CUENTA CORRIENTE: giro en descubierto.◆ Adelanto en cuenta corriente.

ANTICIPOS A CUENTA DE APORTES IRREVOCABLES PARA FUTUROS AUMENTOS DE CAPITAL: ver **Aportes irrevocables.**

ANTICIPOS DE TESORERÍA: fondos que la Tesorería (de la Nación) entrega a las empresas estatales con la finalidad de cubrir necesidades financieras, pero en carácter de adelantos reintegrables.

ANTICIPOS DEL BANCO CENTRAL: anticipo de la autoridad monetaria.

ANTICONSTITUCIONAL: opuesto a la constitución o ley fundamental de un Estado.◆ Inconstitucional.

ANTICRESIS: derecho real concedido al acreedor por el deudor, o un tercero por él, poniéndolo en posesión de un inmueble y autorizándolo a percibir los frutos para imputarlos anualmente sobre los intereses del crédito, si son debidos; y, en caso de exceder, sobre el capital o sobre el capital solamente si no se deben intereses. Se perfecciona con la entrega real del inmueble y no se halla sujeto a ninguna formalidad. La anticresis sólo puede ser constituida por el propietario que tenga capacidad para disponer del inmueble o por el que tenga derecho a los frutos.◆ Consiste en un contrato de carácter unilateral, real y oneroso.

"ANTIDUMPING": se aplica cuando se trata de evitar el ingreso a un país de mercadería de otro país con precios menores a los que tiene en este último.◆ Acción tendiente a proteger los mercados internos de la competencia del exterior.◆ Ver **"Dumping".**

ANTIGÜEDAD: período que cubre desde el ingreso del trabajador hasta un momento determinado; se lo computa como beneficio para el dependiente a los efectos de las prestaciones laborales y de la regularidad social.◆ Permanencia a lo largo de un tiempo dado.

ANTIIMPERIALISMO: doctrina, opinión o movimiento político que condena o se opone a la sujeción política y económica de un país por otro.

ANTIJURIDICIDAD: es el carácter que tiene un acto en cuanto infringe o viola en derecho objetivo, considerado éste es su totalidad. *(A. Orgaz).* ◆ Se trata de una abstracta relación de contradicción entre el hecho y el ordenamiento jurídico general de una sociedad *(S. Soler).*

ANTILOGÍA: contradicción entre dos textos *(J. Chiappini).*

ANTIPOCAR: acción de efectuar mediante escritura pública el reconocimiento de un censo, comprometiéndose al pago de sus réditos.

ANTÍTESIS: oposición o contrariedad de dos juicios o afirmaciones.

"ANTITRUST": término utilizado fundamentalmente en los EE.UU. Es una rama de la política económica y del derecho económico cuyo objeto fundamental de estudio son los monopolios y sus prácticas.

ANTOR: aplícase al vendedor de quien se ha comprado de buena fe la cosa hurtada.

ANTORÍA: el derecho de reclamar contra el antor.

ANTROPOFAGIA: costumbre de comer el hombre carne humana.

ANTROPOLOGÍA: ciencia que se ocupa de los aspectos biológicos del ser humano y de su comportamiento como componente de una sociedad. ◆ Ciencia que estudia al hombre desde los puntos de vista biológico y cultural, tanto en el presente como en el futuro.

ANTROPOMETRÍA: disciplina que se ocupa de aspectos de conformación física a los efectos de encontrar vinculación médico biológicas de la conducta delictiva.

ANUAL: que sucede o se repite cada año.◆ Que dura un año.

ANUALIDAD: serie de pagos anuales a intervalos fijos durante toda una vida o un período de años determinados a cambio de un pago inmediato en dinero.

ANUALIDAD CONTINGENTE: pago periódico que depende de alguna contingencia. Ejemplo: pensión por fallecimiento.

ANUALIDAD DE AMORTIZACIÓN: la que se destina a amortizar una deuda.

ANUALIDAD DE CAPITALIZACIÓN: la que se destina a formar un capital.

ANUALIDAD DE PAGO ANTICIPADO: se aplica cuando el pago se hace al comienzo de cada uno de los períodos.

ANUALIDAD DE TIEMPO FIJO: aquella pagadera durante un número determinado de períodos.

ANUALIDAD ORDINARIA: se aplica cuando es abonada al finalizar cada período.

ANUALIDAD VARIABLE: aquella que se estipula entre las partes, por la cual los pagos periódicos difieren a medida que se concretan cambios en las condiciones que determinan la anualidad.

ANUALIDAD VITALICIA: la abonada de por vida y cuya cesación se produce al fallecer el beneficiario.

ANUALIZAR: hallar el equivalente anual de un valor.

ANULABLE: que puede ser revocado o cancelado.

ANULACIÓN: decisión de una autoridad judicial o administrativa por la que se aniquila un acto tachado de nulidad o por considerarlo simplemente como hecho fuera de tiempo.

AÑO: período iniciado el 1 de enero y que se prolonga por los doce meses siguientes.◆ Período de doce meses.

AÑO BASE: año a partir del cual se realizan mediciones en términos absolutos o porcentuales.

AÑO CALENDARIO: el que comienza el 1 de enero y finaliza el 31 de diciembre.

AÑO DE LUTO: plazo durante el cual la viuda no puede contraer nuevo matrimonio, bajo penalidad o sanciones de carácter económico. El instituto tiene su tradición jurídica y ha sido establecido con sus perfiles actuales en el Derecho Romano *(A. Silva)*.◆ Año de viudedad.

AÑO DE VIUDEDAD: año de luto.

AÑO ECONÓMICO: espacio de doce meses durante el cual rigen los presupuestos de gastos e ingresos públicos.

AÑO FATAL: el que se señalaba como término perentorio para interponer y mejorar las apelaciones en ciertas causas.

AÑO FISCAL: el que fijan las normas legales de contabilidad para el cierre del ejercicio financiero del Estado.◆ El que fijan las normas tributarias para el cierre del ejercicio fiscal. En el caso de contribuyentes que sean personas físicas, es coincidente con el año calendario. En cambio, para las personas jurídicas, por lo general, es coincidente con el año comercial de la empresa en cuestión.

APARCAMIENTO DE ACCIONES: compra de títulos a través de un tercero con el objetivo de ocultarlos por diversos motivos.

APARCERÍA: contrato por el cual una de las partes se obliga a entregar a otra animales o un predio rural con o sin plantaciones, sembrados, enseres o elementos de trabajo para la explotación agropecuaria en cualesquiera de sus especialidades con el objeto de repartirse los frutos.◆ Es una variedad de locación de cosas que tiene la apariencia de una sociedad en la cual el propietario aporta el campo y el colono, el trabajo *(G. Ripert).* ◆ Contrato mediante el cual el propietario de un terreno agrícola o de una instalación ganadera cede su explotación a una o más personas a cambio de una compensación.

APARTAMIENTO: acto judicial con que alguno desiste y se aparta formalmente de la acción o recurso que tiene deducido.

APARTAR: consiste en la acción de desistir de una acción o un recurso. ◆ Relevar.◆ Despedir. Renunciar.

APARTIDISMO: ausencia de partidos políticos legalmente reconocidos como tales *(S. Linares Quintana).*

APÁTRIDA: persona que, en virtud de haber perdido la nacionalidad, ya sea por decisión propia o ajena, carece de ella.

APATRIDIA: carencia de nacionalidad.

"APE LEGIS": locución latina que significa "en virtud de las leyes".

APEC: ver **Asociación de Cooperación Económica Asia-Pacífico.**

APELACIÓN: en el antiguo procedimiento, exponer el apelante agravios ante el juez superior; en el moderno, suele aplicarse a la petición incidental previa en que el apelante o el apelado solicitan del tribunal superior que extienda o no al efecto suspensivo la apelación admitida en primera instancia. ◆ Este recurso es el que permite que un tribunal superior al que dictó la providencia recurrida la revise, pudiendo confirmarla, modificarla o revocarla en todo o en parte.◆ Ver **Recurso de apelación.**

APELACIÓN CONTRA EL ABUSO: ver **Recurso de fuerza.**

APELADO: litigante que ha obtenido sentencia favorable contra la cual se apela.

APELANTE: quien interpone una apelación.

APELAR: recurrir al juez o tribunal superior para que revoque, enmiende o anule la sentencia que se supone injustamente dada por el inferior.

APELLIDO: nombre de familia con que se distinguen las personas *(Diccionario* *de la Real Academia).*◆ Causa o proceso en que, por la conveniencia de su publicidad, pueden intervenir como testigos o declarantes todos cuantos quieran.◆ Primer pedimento o escrito que se presenta al juez en cualquiera de los cuatro procesos forales.

APELLIDO DE LA MUJER CASADA: será optativo para ella añadir a su apellido el del marido, precedido por la preposición "de".

APELLIDO DE LA MUJER DIVORCIADA: en principio, una vez declarado el divorcio vincular, la mujer pierde el derecho de llevar el apellido marital, salvo acuerdo de partes en contrario o cuando sea conocida con ese nombre en el ejercicio de su profesión o comercio y solicitare su conservación.

APELLIDO DE LA MUJER SEPARADA: es opcional el uso del apellido del marido, salvo que le sea vedada su utilización en virtud de una sanción.

APELLIDO DE LA MUJER VIUDA: ésta está autorizada para requerir ante el Registro del Estado Civil la supresión del apellido marital. Si contrajere nuevas nupcias, deberá abandonar el apellido de su anterior cónyuge.

APELLIDO DE LOS HIJOS ADOPTIVOS: éstos llevarán el apellido del adoptante; puede, a pedido de éstos, agregarse el de origen.

APELLIDO DE LOS HIJOS EXTRAMATRIMONIALES: el hijo extramatrimonial reconocido por uno solo de sus progenitores adquiere su apellido. Si es reconocido por ambos, adquiere el apellido del padre. Sin embargo, si el reconocimiento de éste fuese posterior al de la madre podrá, con autorización judicial, mantenerse el apellido materno cuando el hijo fuese públicamente conocido por éste.

APELLIDO DE LOS HIJOS MATRIMONIALES: llevarán el primer apellido del padre; puede a pedido de los progenitores, inscribirse el apellido compuesto del padre o agregar el de la madre.

APENSIONAR: pensionar, imponer algún gravamen o pensión.

APERCIBIMIENTO: se trata de una de las correcciones disciplinarias.◆ Acción y efecto de hacer saber a la persona citada, emplazada o requerida las consecuencias que se seguirán de determinados actos u omisiones suyas.

APERSONAMIENTO: comparecencia.

APERTURA: inicio de transacciones en un mercado.◆ Acto de abrir o iniciar una reunión, un documento, una contabilidad, etcétera.

APERTURA DE CRÉDITO: concesión de crédito a una persona física o jurídica.◆ Acuerdo en virtud del cual un establecimiento bancario se obliga a tener a disposición de una persona sumas de dinero, dentro del límite pactado y por un tiempo fijo o indeterminado.

APERTURA DE CRÉDITO BANCARIO: contrato caracterizado por la obligación que asume el banco de tener a disposición del cliente, por un período de tiempo determinado o indeterminado, una suma de dinero, que el acreedor puede utilizar en una o más veces, según las formas usuales, y de la cual puede reintegrar, mediante sucesivos depósitos de disponibilidad. Su función económica consiste en la atribución inmediata al cliente del derecho de disponer de la suma, según sus necesidades *(C. Montiel).*

APERTURA DE CUENTA: acto de abrir una cuenta.

APERTURA DE CUENTA BANCARIA: solicitud que se presenta ante una entidad bancaria con el objeto de lograr abrir una cuenta corriente en dicho banco. Para ello, deben cumplimentarse los requisitos exigidos por el respectivo banco.

APERTURA DE JUICIOS DE CONVOCATORIA: acto del juez del concurso preventivo mediante el cual se declaran conformados los aspectos legales y se da inicio a los trámites inherentes del concurso.

APERTURA DE LA SUCESIÓN: acto que tiene lugar en el momento de la muerte del causante.◆ Ver **Sucesión.**

APERTURA DE TESTAMENTO: acto de abrir el sobre que contiene determinados testamentos, como por ejemplo el cerrado.

APLAZAMIENTO: en la actividad bursátil, porcentaje con que se multa al vendedor de valores por el uso del derecho a aplazar su entrega.◆ Diferir un vencimiento o acto.

APLAZAMIENTO DE PAGO: prórroga del plazo para la cancelación de una deuda líquida, afrontando su pago en forma diferida respecto del vencimiento original.

APLICACIÓN ANÁLOGA: ver **Analogía.**

APLICAR: adjudicar bienes o efectos.

APÓCRIFO: documento o hecho al que se le niega autenticidad.

APODERADO: persona que, mediante autorización otorgada por ante escribano público, actúa en nombre de otra dentro de las facultades establecidas en el poder, que es el documento habilitante.◆ Mandatario.

APODERAMIENTO: acto en el cual se enviste a otra persona de los poderes necesarios para representar al poderdante.◆ Acción y efecto de apoderarse o apoderar, y apoderar es hacerse dueño uno de una cosa. Aquí nacen dos actos: un proceder material y un propósito. De modo que, por un lado, el apoderamiento constituiría el acto material de tomar la máquina para sí y, por otro lado, someterla a su acción, disponer de ella, sea para uso, goce, usarla y luego restituirla. El delincuente cumple estos aspectos. Desvía el avión, se apodera de él y priva a la víctima de la aeronave por procederes que implican un acto ilícito. Hay entonces delito. Por cuyo motivo es redundante incluir el vocable "ilícito" al término "apoderamiento". Siempre el proceder es ilícito para que sea delictual. Si es lícito no hay violación de la ley. De estos planteos tenemos una situación jurídica singular. Una acción positiva de un sujeto positivamente delincuente sin una calificación legal adecuada (L. Sanchez).

APODERAMIENTO ILEGÍTIMO DE AERONAVES: usurpación de la autoridad de una aeronave (o un buque), mediante violencia, intimidación o engaño, con el fin de apoderarse de ella o de disponer de las personas o cosas que lleva.

APODERAMIENTO ILEGÍTIMO DE BUQUES: ver **Apoderamiento ilegítimo de aeronaves.**

APODERAMIENTO ILEGÍTIMO DE CADÁVER: la sustracción de un cadáver para hacerse pagar su devolución.

APODERAMIENTO ILEGÍTIMO DE COSA MUEBLE: ver **Hurto.**

APODERAMIENTO ILEGÍTIMO DE COSA MUEBLE CON FUERZA O VIOLENCIA: ver **Robo.**

APODERAR: dar poder una persona a otra para que la represente en juicio o fuera de él.

APOLOGÍA DEL DELITO: arenga en favor de una persona que ha cometido un delito o justificación de dicha conducta.◆ Es considerada delictuosa cuando se la dirige consciente y libremente a un hecho punible o a quien, por cometerlo, es objeto de sanción *(L. C. de Miranda Lima).*

APORTAR: contribuir, añadir, dar.◆ Llevar cada cual la parte que le corresponde a la sociedad de que es miembro y, más comúnmente, llevar bienes o valores el marido a la mujer o a la sociedad conyugal.◆ Entregar a una sociedad por parte de un socio bienes, derechos o dinero, como para formar parte integrante del capital social.◆ El acto de concurrir con algunos bienes a formar el capital de una sociedad.

APORTE: acción y efecto de aportar.◆ Contribución en dinero o en valores de otra índole con un fin determinado. Los aportes pueden consistir en obligaciones de dar o de hacer, salvo para los tipos de sociedades en los que se exige que consistan en obligaciones de dar. El cumplimiento del aporte deberá ajustarse a los requisitos dispuestos por las leyes de acuerdo con la distinta naturaleza de los bienes. Cuando para la transferencia del mismo se requiera la inscripción en un registro, ésta se hará preventivamente a nombre de la sociedad en formación. Los derechos pueden aportarse cuando, debidamente instrumentados, se refieran a bienes susceptibles de ser aportados y no sean litigiosos.

APORTE CONSTITUTIVO: es aquel que se efectúa al constituirse la sociedad.

APORTE DE CAPITAL: incorporación de un valor personal a una empresa para que ésta desarrolle sus actividades; el valor aportado es una parte del patrimonio de la persona y pasará a formar parte del patrimonio, considerándose ambos (persona aportante y empresa) como dos entes distintos *(A. García).*

APORTE INCREMENTAL: el efectuado por los socios o por terceros en ocasión de decidirse un aumento en el capital de la sociedad anónima.

APORTE INICIAL: aporte constitutivo.

APORTE INTELECTUAL PURO: según algunos tratadistas, uno de los factores de producción. Es la contribución del pensamiento y del ingenio humano al proceso de producción, susceptible de aprovechamiento permanente, y que es independiente de cualquier sacrificio industrial o esfuerzo concreto tendiente a una producción determinada *(W. Beveraggi Allende).*◆ Ideación.

APORTE MEDIO PREVISIONAL OBLIGATORIO: ver **AMPO**.

APORTE PATRONAL LEYES SOCIALES: ver **Contribución Única de la Seguridad Social; Cargas sociales**.

APORTE PERSONAL: porcentaje del salario (trabajador dependiente) o de la renta (trabajador autónomo) que se debe depositar al SIJP (Sistema Integrado de Jubilaciones y Pensiones). También existen aportes voluntarios como trabajadores autónomos.

APORTE TOTAL: se aplica cuando el socio o accionista efectúa los aportes comprometidos o suscriptos en una sola entrega o en una forma total.

APORTES DINERARIOS: aportes mediante efectivo.

APORTES EN DINERO: aportes dinerarios.

APORTES EN ESPECIE: aportes mediante bienes o derechos.

APORTES IRREVOCABLES: entrega de una prestación a favor de la sociedad por parte de un socio a un tercero –que desea obtener o incrementar su participación en la sociedad, según el caso– a fin de afectar dicho aporte al giro comercial de la misma. Como contrapartida, el órgano social de administración se compromete a efectuar el órgano de gobierno la convocatoria pertinente, a fin de proceder al tratamiento de un posible aumento de capital (asumiendo tan sólo una obligación de medios, no de resultados).

APORTES JUBILATORIOS: ver **Cargas sociales.**

APRECIACIÓN: estimación o fijación del valor de una cosa o derecho.◆ Aumento del valor o cotización de una moneda en el mercado de divisas.

APREHENDER: asir, prender a una persona o alguna cosa, especialmente si es contrabando.

APREHENSIÓN: acto que, cuando no sea un contacto personal, pone a la persona en presencia de la cosa con la posibilidad física de tomarla.

APREMIAR: imponer apremio o recargo.◆ Presentar instancia un litigante para que su contrario actúe en el procedimiento. ◆ Oprimir, apretar.

APREMIO: juicio de ejecución final.◆ Recargo de impuestos por demora en el pago.◆ Mandamiento de autoridad judicial para compeler al pago de alguna cantidad o al cumplimiento de otro acto obligatorio.◆ Procedimiento ejecutivo que siguen las autoridades administrativas y agentes de la hacienda para el cobro de impuestos o descubiertos a favor de ésta o de entidades a que se extiende su privilegio.◆ Procedimiento ejecutivo que siguen las autoridades administrativas para el cobro de impuestos y/o contribuciones.

APREMIO ILEGAL: obligación impuesta a una persona de ejecutar una conducta o un acto determinado por parte de un funcionario, el cual carece de atribuciones para emitir dicho mandato.◆ Tormentos de distinta intensidad con la finalidad de obtener una confesión.

APREMIO TRIBUTARIO: ver **Apremio**.

APRENDIZ: persona que aprende un arte u oficio que tiene como finalidad su propia capacitación y progreso económico resultante *(H. Charny).*

APROBACIÓN: aceptación, visto bueno, confirmación.◆ Consentimiento prestado por una autoridad superior a un acto jurídico celebrado por otra inferior y al cual se halla subordinada la validez de dicho acto.

APROBACIÓN DE CRÉDITOS: conformidad o aceptación que se da al solicitante de una apertura de crédito o cuenta corriente.

APROPIACIÓN: aprehensión de las cosas muebles sin dueño o abandonadas por el dueño, hecha por persona capaz de adquirir con el ánimo de apropiárselas. Es un título para adquirir el dominio de ellas.

APTITUD: capacidad o disposición para el buen desempeño o ejercicio de un negocio, industria, arte, etcétera.◆ Suficiencia o idoneidad para obtener y ejercer un empleo o cargo.

APUNTAMIENTO: resumen o extracto ordenado de los autos que realiza el secretario de un tribunal superior al cual se remiten aquéllos por el juez *a quo* que admitió recurso de apelación en juicio de mayor cuantía.

ARANCEL: precio al que debe venderse una cosa o cobrarse por un servicio, y también por la entrada o salida de mercaderías, dispuesto por reglamento de organismo público.◆ Es el reglamento hecho por autoridad pública, donde se señala el precio al que deben venderse las cosas o los derechos que deben pagarse por ciertos servicios o trabajos, ya por la entrada, salida o pasaje de mercaderías *(Escriche).*

ARANCEL ADUANERO: precio o porcentaje sobre el valor de los bienes que deben abonar a la Aduana los importadores y exportadores por servicios prestados por ésta o por la aplicación de gravámenes a la importación y exportación.◆ Valoración o tasa.

ARANCEL PREFERENCIAL: tasa que ofrece ventajas a uno o varios países sobre otros.

ARANCEL PROTECCIONISTA: impuesto cargado sobre las importaciones que las hace menos atractivas a los compradores que los bienes nacionales.

ARBITRACIÓN: sentencia arbitral.◆ Acto de dirimir en un conflicto mediante arbitraje.

ARBITRAJE: operación simultánea de compra y venta de una misma mercadería en dos plazas diferentes o en la misma plaza pero de distintas mercaderías, o también de la misma plaza pero en momentos diferentes, como cuando se opera en mercado al contado contra mercado a término.◆ Generar ganancias de las discrepancias de precios en diferentes mercados (tanto desde el punto de vista geográfico como de productos) mediante la compra y venta simultánea o casi simultánea de activos *(G. Gotlib).*◆ Consiste en aprovechar la diferencia de precio que puede existir al mismo tiempo en dos o más mercados. Tiende a unificar los precios, aumenta la demanda en el mercado donde el precio es más bajo e incrementa la oferta donde el precio es más alto.◆ Sistema mediante el cual, en aquellas pólizas en las que existe disparidad de la valorización de un siniestro, se acude a peritos imparciales para determinar el valor de los daños, y cuya decisión suele ser vinculante con las partes. ◆ En el derecho internacional, significa la resolución de una diferencia entre estados a través de una decisión jurídica de uno o más árbitros o de un tribunal, aparte del Tribunal Internacional de Justicia, elegidos por las partes.

ARBITRAJE BURSÁTIL: ver **Arbitraje.**

ARBITRAJE DE DERECHO: proceso arbitral en el cual el árbitro dirime el conflicto en cuestión basándose en los preceptos jurídicos correspondientes.

ARBITRAJE DE EQUIDAD: proceso arbitral en el cual el árbitro dirime el conflicto según su leal saber y entender.

ARBITRAJE DE SEGUROS: ver **Arbitraje.**

ARBITRAJE FISCAL: describe transacciones que implican ventajas fiscales, pero que no traen consecuencias no fiscales para el contribuyente. No requiere una compra o venta *(G. Gotlib).*

ARBITRAJE INTERNACIONAL: ver **Arbitraje.**

ARBITRAJE LABORAL: ver **Arbitraje.**

ARBITRAJE OBLIGATORIO: facultad que posee el Ministerio de Trabajo y de la Seguridad Social para intervenir directamente ante la existencia de un conflicto colectivo laboral, de derecho o de intereses, en todo el país.

ARBITRAJE VOLUNTARIO: el que se da cuando las partes en conflicto aceptan someter la cuestión a un árbitro designado al efecto.

ARBITRARIEDAD: procede cuando se resuelve contra o con prescindencia de lo expresamente dispuesto por ley respecto del caso, se prescinde de pruebas fehacientes regularmente traídas al juicio o se hace remisión a las que no constan en él *(M. de Ruiz).*

ARBITRIO: derechos, tributos con que se arbitran fondos para gastos públicos. ◆ Diversos impuestos indirectos sobre los bienes destinados al consumo local, establecidos en favor de las comunidades.◆ Son impuestos de consumo; es un error considerarlos como aduanas interiores *(A. Allix).*

ÁRBITRO: juez designado por las partes, sea por propia determinación o por imposición legal, con el objeto de determinar o resolver una situación conforme a derecho.

ARCHIPIÉLAGO: comprende un grupo de islas, incluidas partes de islas, las aguas que las conectan y otros elementos naturales que estén tan estrechamente relacionados entre sí que tales islas, aguas y elementos naturales formen una entidad geográfica, económica y política intrínseca o que históricamente hayan sido considerados como tal.

ARCHIVO DIPLOMÁTICO: ordenamiento de todos los documentos, antiguos y contemporáneos, que se conservan a través del tiempo.

ARCHIVOS CONSULARES: todos los papeles, documentos, correspondencia, libros, películas, cintas magnetofónicas y registros de la oficina consular, así como las cifras y claves, los ficheros y los muebles destinados a protegerlos y conservarlos. ◆ Designación que comprende todos los papeles, documentos, correspondencia, libros, películas, cintas magnetofónicas y registros de la oficina consular, así como las cifras y claves, los ficheros y los muebles destinados a protegerlos y conservarlos.

ÁREA: superficie o extensión de tierras o territorios.

ÁREA ADUANERA ESPECIAL: ver **Territorio aduanero especial**.

ÁREA DE DESARROLLO: zona que recibe ayuda económica, desgravaciones o exenciones impositivas, incentivos, etcétera; es decir, ventajas que faciliten la baja del nivel de desempleo incrementar, mejorar o emprender la actividad industrial o agropecuaria. Normalmente se logra a través de la asistencia estatal.

ÁREA DE LIBRE COMERCIO DE LAS AMÉRICAS: ALCA.◆ Proyecto de constitución de un área de libre comercio en América que se extendería desde Alaska hasta Tierra del Fuego.

ÁREA DE LIBRECAMBIO: ver **Zona de libre comercio.**

ÁREA DE PREFERENCIA ARANCELARIA: en el Mercosur, reducciones arancelarias recíprocas entre los países que conforman el área.

ÁREA ECONÓMICA EUROPEA: AEE.◆ Unión de la Asociación Europea de Libre Comercio y la Unión Europea (Comunidad Europea). Es una profundización de viejos vínculos comerciales que permiten ampliar los beneficios económicos. Su objetivo es extender a todos los países miembros la libre circulación de bienes, personas, servicios y capitales.

ARISTOCRACIA: ejercicio del poder político por una clase privilegiada, generalmente hereditaria.

ARISTODEMOCRACIA: gobierno compuesto por elementos aristocráticos y democráticos, en el cual el poder se encuentra dividido entre una clase noble, por un lado, y el resto del pueblo, por el otro.

ARMA: todo objeto destinado a atacar a las personas o utilizado para aumentar el poder agresivo de quien lo emplea *(Laplaza).*

ARMA BLANCA: la ofensiva de hoja de acero, como la espada.

ARMA DE FUEGO: aquella en la cual el disparo se verifica con auxilio de la pólvora.

ARMA NUCLEAR: la que produce sus efectos mediante una explosión nuclear.

ARMADOR: el que por su cuenta arma o avía una embarcación.◆ Quien utiliza un buque, del cual tiene la responsabilidad, en uno o más viajes o expediciones, bajo la dirección y gobierno de un capitán por él designado en forma expresa o tácita.◆ Aquel que emplee el buque para uno o más viajes o expediciones proveyéndolo de los objetos necesarios al efecto y confiándolo a la dirección de un capitán o patrón, sea el propietario del buque o no.

ARMAS IMPROPIAS: todos los instrumentos aptos para dañar cuando se lleven en forma de infundir terror.

ARMAS PROPIAS: son aquellas construidas específicamente para el ataque o la defensa de la persona, incluyendo las substancias explosivas o corrosivas y los gases asfixiantes o corrosivos.

ARMISTICIO: acuerdo entre las fuerzas beligerantes para un cese temporal de las hostilidades. No se puede comparar de ninguna manera con la paz y no puede llamarse paz temporal porque continúa la situación de guerra entre los beligerantes mismos, y entre los beligerantes y neutrales, en todas las cuestiones más allá del simple cese de hostilidades.◆ Tregua.

ARQUEO: en Derecho Marítimo medición del desplazamiento de un buque.

ARQUEO DE FONDOS: inventario físico de dinero y caudales en arcas o caja.

ARRAIGAR: afianzar la responsabilidad a las resultas del juicio. Se denomina así porque esta fianza suele hacerse con bienes raíces; pero también se puede hacer por medio de depósito en metálico o presentando fiador abonado.

ARRAS: sumas entregadas por el comprador al vendedor en el momento de la conclusión de un contrato oral o escrito de compraventa. A su vez, constituyen una prueba material de la existencia del contrato y una deuda eventual.◆ Si se hubiere dado una señal para asegurar el contrato o su cumplimiento, quien la dio puede arrepentirse del contrato o puede dejar de cumplirlo perdiendo la señal con otro tanto de su valor. Si el contrato se cumpliere, la señal debe devolverse en el estado en que se encuentre. Si ella fuere de la misma especie que lo que por el contrario debía darse, la señal se tendrá como parte de la prestación, pero no si ella fuere de diferente especie o si la obligación fuese de hacer o de no hacer.◆ Señal.

ARREBATO: furor, enajenamiento causado por la vehemencia de alguna pasión y, especialmente, por la ira.

ARREGLO EXTRAJUDICIAL: ver **Arreglo privado.**

ARREGLO INTERNACIONAL: ver **Tratado.**

ARREGLO PACÍFICO DE CONTROVERSIAS: según la Carta de las Naciones Unidas las partes en una controversias cuya continuación sea susceptible de poner en peligro el mantenimiento de la paz y la seguridad internacionales tratarán de buscarle solución, ante todo, madiante la negociación, la investigación, la mediación, la conciliación, el arbitraje, el arreglo judicial, el recurso a organismos o acuerdos regionales u otros medios pacíficos de su elección. El Consejo de Seguridad, si lo estima necesario, insta a las Partes a que arreglen sus controversias por dichos medios.

ARREGLO PRIVADO: acuerdo extrajudicial convenido entre algunos o todos los acreedores y una empresa en cesación de pagos. Normalmente, se trata de una reducción o quita, facilidades de pago o ambas a la vez. Dicho acuerdo no involucra ni tiene efectos para aquellos acreedores que no lo firmaron.◆ Arreglo extrajudicial.

ARREMETER: acometer con ímpetu y furia.

ARRENDADOR: persona que entrega en arrendamiento cosas propias o cuya administración ejerce legalmente.◆ Propietario o titular de un activo alquilado. ◆ Persona que da o toma en arrendamiento alguna cosa.◆ Ver **Locador**.

ARRENDAMIENTO: cesión de un terreno o del uso de un edificio, en forma total o parcial, del arrendador al arrendatario durante un término de tiempo especificado recibiendo el primero una renta u otra compensación. En la Argentina se emplea más comúnmente para referirse a campos o grandes extensiones de terrenos.◆ Relación jurídica entre el propietario de un predio y el arrendatario.◆ Ver **Locación; Alquiler.**

ARRENDAMIENTO DE GANADO: contrato por el cual cada una de las partes da a la otra un rebaño para que lo guarde y mantenga con esmero, bajo las condiciones que se hayan convenido.

ARRENDAMIENTO DE OBRAS: locación de obras.◆ Ver **Contrato de locación de obra.**

ARRENDAMIENTO DE SERVICIOS: locación de servicios.◆ Ver **Contrato de locación de servicios.**

ARRENDAMIENTO RURAL: contrato en el que una de las partes se obliga a conceder el uso y goce de un predio, ubicado fuera de la planta urbana de las ciudades y pueblos, con destino a la explotación agropecuaria en cualesquiera de sus especializaciones; y la otra, a pagar por ese uso y goce un precio en dinero. La duración mínima es de tres años o bien por cosechas.

ARRENDAR: ceder o adquirir por un precio el goce o aprovechamiento temporal de cosas, obras o servicios.◆ Locar.

ARRENDATARIO: el que toma en arrendamiento alguna cosa.◆ Locatario.◆ Inquilino.◆ Que toma algo en arrendamiento.

ARREPENTIDO: aquella persona a la que se le imputa un delito y que brinda a la autoridad judicial información significativa sobre la identidad de los autores, coautores, partícipes o encubridores, para beneficiarse en la reducción o en la eximición de la pena *(R. Moscato).*

ARREPENTIMIENTO: sentimiento de pesar por haber realizado u omitido un acto determinado.

ARREPENTIMIENTO ACTIVO: el que manifiesta el reo en actos encaminados a disminuir o reparar el daño ocasionado por la comisión de un un delito. Es circunstancia atenuante.

ARRESTO: acto de autoridad competente de aprehender a una persona, de someterla a prisión o en casa de custodia, por breve tiempo, por causas correccionales o penales y con motivo de haberse comprobado una infracción o de tener sospechas fundadas de que se ha cometido una trasgresión al orden jurídico *(A. Silva).*◆ Ver **Privación de la libertad.**

ARRESTO ILEGAL: ver **Derecho a la protección contra la detención arbitraria.**

ARRIBADA: acción de dirigirse o llegar la nave por algún motivo a puerto que no es el de su destino.

ARRIBADA FORZOSA: accidente del comercio marítimo, cuyas formalidades y consecuencias jurídicas determina la ley.◆ Llegada de un buque a un puerto distinto del de su destino.

ARRIENDO: arrendamiento.

ARROGACIÓN: en el Derecho Romano se trataba de una forma de adopción que consistía en que un hombre tomase como hijo a una persona que hasta entonces no estaba sujeta a la patria potestad *(L. Enneccerus).*

ARROGAR: adoptar, recibir como hijo al huérfano o al emancipado.

ARROGARSE: atribuirse, apropiarse. Se usa referido a cosas inmateriales, como jurisdicción, facultad, etcétera.

ARROYO: curso de agua con caudal menos considerable que el río y más o menos perenne *(M. Mariani de Vidal).*

ARRUMAJE: distribución o colocación de la carga de una embarcación. Extensible también a la distribución o colocación de las mercancías en almacenes, depósitos, patios, etcétera.

ARSENAL: establecimiento militar o particular en que se construyen, reparan y conservan las embarcaciones y se guardan los pertrechos y géneros necesarios para equiparlas.

ART: ver **Aseguradora de Riesgos del Trabajo.**

ARTE DE LA LITIGACIÓN: conjunto de conocimientos, reglas, métodos y experiencias para conducir con acierto y seguridad el desarrollo de un juicio oral (P. Duarte Canaán).

ARTEFACTO ESPACIAL: todo aparato destinado a moverse en el espacio y sostenerse en él por medios distintos de la reacción del aire, así como el material utilizado para su lanzamiento y propulsión.

ARTEFACTO NAVAL: cualquier tipo de construcción flotante auxiliar de la navegación pero no destinada a ello, aunque pueda desplazarse sobre el agua en cortos trechos para el cumplimiento de sus fines específicos.

ARTEL: denominación asignada en el antiguo régimen ruso a las cooperativas de producción industriales o agrícolas.

ARTESANADO: trabajo, actividad u ocupación del artesano.◆ Conjunto de productores que constituye una clase social.

ARTESANO: el que fabrica y vende objetos o repara los inmuebles o muebles de sus clientes, con plena independencia. Trabaja personalmente en la fabricación o en la reparación y este trabajo manual lo asimila, en cierto modo, al operario.◆ Obrero en el sentido de dedicación a la labor manual o mecánica.

ARTICULADO: conjunto o serie de artículos de una ley o reglamento.

ARTICULAR: proponer medios de prueba o preguntas para los litigantes o testigos.◆ Enumerar disposiciones en base a artículos.

ARTÍCULO: cada una de las disposiciones numeradas de un tratado, ley, reglamento, etcétera.◆ Mercancía, cosa que se comercia.◆ Cuestión incidental en un juicio.◆ Cualquiera de las probanzas o párrafo indistinto de un interrogatorio.

ARTÍCULO DE NUEVO PRONUNCIAMIENTO: incidente que, mientras decide, paraliza la tramitación del asunto principal.

ARTÍCULO "MORTIS IN": referido a determinados actos ejecutados por una persona en la proximidad de su muerte.

ARTÍCULOS DE PREVIO PRONUNCIAMIENTO: ciertas cuestiones de carácter incidental que deben ser resueltas en forma prioritaria respecto del análisis de la cuestión de fondo.

AS HEREDITARIO: haber universal dejado por el causante en la sucesión testada o intestada.

ASALARIADO: también llamado salariado. ◆ Es el trabajador que presta servicios bajo relación de dependencia y percibe una retribución o salario como una contraprestación de la dación de su aporte a las tareas asignadas como consecuencia del contrato de trabajo o relación laboral.

ASALARIAR: estipular un salario a una persona como retribución por una tarea.

ASALTANTE: persona que asalta en forma habitual.

ASALTO: acción y efecto de acometer por sorpresa a una persona.

ASAMBLEA: reunión llevada a cabo entre las personas interesadas en debatir un asunto.◆ Reunión de accionistas o asociados o socios que pertenecen a personas jurídicas con el fin de tratar temas que hacen a la actividad de la citada persona jurídica y de acuerdo con las normas legales y el estatuto. La asamblea expresa o manifiesta la voluntad social.◆ Junta.

ASAMBLEA CONSTITUTIVA: primera reunión en la cual forman parte los accionistas que deciden constituir una sociedad.◆ En la sociedad anónima se celebra con la presencia del banco interviniente y será presidida por un funcionario de la autoridad de contralor; quedará constituida con la mitad más uno de las acciones suscritas. La asamblea resuelve si se constituye la sociedad; en caso afirmativo, se deben tratar los temas de la orden del día.

ASAMBLEA CONSTITUYENTE: se trata de una asamblea nacional, conformada por los representantes del pueblo, con poder de decisión, cuya misión principal es la redacción o modificación de una nueva constitución nacional.

ASAMBLEA DE ACCIONISTAS: órgano máximo en una sociedad por acciones; surge de la voluntad de los integrantes. Debe reunirse en la sede o en el lugar que corresponda a la jurisdicción del domicilio social. Puede ser convocada por el directorio o el síndico en los casos previstos en la norma legal o cuando cualquiera de ellos lo juzgue necesario o cuando sean requeridas por accionistas que representan por lo menos el 5 % del capital social si los estatutos no fijaran una representación menor.◆ Asamblea de la S.A. es la reunión de accionistas convocada conforme a la ley y al estatuto por el órgano facultado a ese efecto para resolver sobre asuntos de interés social indicados en el orden del día. La asamblea es un órgano no permanente pues ha de reunirse en los casos en que es convocada. No puede convocarse a sí misma sino por el directorio; en su defecto, por la sindicatura y, excepcionalmente, por el juez a través de un interventor *ad-hoc*. Es un órgano con autonomía limitada pues, salvo el caso de las asambleas unánimes, sus resoluciones no pueden salirse de lo fijado en el orden del día. Es un órgano que actúa con efectos en lo interno de la sociedad; no puede actuar frente a terceros *(J. Farina)*.

ASAMBLEA DE ACREEDORES: acreedores de un mismo deudor, convocados para decidir colectivamente sobre la situación de éste en caso de quiebra o liquidación judicial *(H. Capitant)*.

ASAMBLEA EXTRAORDINARIA: convocatoria a todos los accionistas para tratar los asuntos que no sean de competencia de la asamblea ordinaria, la modificación del estatuto y en especial:

a) Aumento del capital, salvo excepción establecida en la norma legal; sólo podrá delegar en el directorio la época de la emisión, forma y condiciones de pago.
b) Reducción y reintegro del capital.
c) Rescate, reembolso y amortización de acciones.
d) Fusión, transformación y disolución de la sociedad; nombramientos, remoción y retribución de los liquidadores.
e) Escisión, consideración de las cuentas y de los demás asuntos relacionados con la gestión de éstos en la liquidación social que deban ser objeto de resolución aprobatoria de carácter definitivo.
f) Limitación o suspensión del derecho de preferencia en la suscripción de nuevas acciones.
g) Emisión de debentures y su conversión en acciones.
h) Emisión de bonos.
i) Aprobación de los revalúos técnicos.

ASAMBLEA ORDINARIA: convocatoria a todos los accionistas; se constituye en las sociedades por acciones en el órgano social que se reúne en forma anual para considerar los siguientes asuntos:
a) Balance general, estado de resultados, distribución de ganancias, memoria e informe del síndico y toda otra medida relativa a la gestión de sociedad que le competa resolver conforme a la ley y el estatuto o que sometan a su decisión el directorio, el consejo de vigilancia o los síndicos.
b) Designación y remoción de directores, síndicos y miembros del consejo de vigilancia y fijación de su retribución.
c) Responsabilidad de los directores, síndicos y miembros del consejo de vigilancia.
d) Aumento de capital social hasta su quíntuple.
Con el objeto de tratar los puntos a) y b) Será convocada dentro de los cuatro meses del cierre del ejercicio.

ASAMBLEA UNÁNIME: la asamblea podrá celebrarse sin publicación de la convocatoria cuando se reúnan accionistas que representen la totalidad del capital social y las decisiones se adopten por unanimidad de las acciones con derecho a voto. En las asambleas unánimes se pueden tratar indistintamente los temas que correspondan a las asambleas ordinarias y extraordinarias.

ASAMBLEAS ESPECIALES: no son asambleas convocadas para casos especiales sino asambleas de categorías especiales de accionistas. Las categorías de acciones son todas aquellas provistas de derechos diversos creados por el acto constitutivo o bien por una resolución asamblearia posterior.◆ No es un órgano decisorio de la sociedad sino que expresa la voluntad de una clase de accionistas frente a la sociedad. Cuando la asamblea deba adoptar resoluciones que afecten los derechos de una clase de acciones, se requiere el consentimiento o ratificación de esta clase, que se prestará en asamblea especial regida por las normas de la asamblea ordinaria.

ASAMBLEAS GENERALES: convocan a todos los accionistas de la sociedad. Pueden ser ordinarias o extraordinarias. La diferenciación se debe a los temas que trata cada tipo de asamblea. ◆ Ver **Asamblea Ordinaria; Asamblea Extraordinaria.**

ASCENDENCIA: serie de ascendientes o antecesores de una persona; por extensión, “origen, procedencia”.

ASCENDIENTE: persona que representa un grado (una generación) en la línea perpendicular recta que se eleva del tronco hacia los grados precedentes *(A. Silva).*

ASCENSO: promoción a un empleo de mayor responsabilidad o jerarquía. ◆ Cada uno de los grados señalados para el adelanto en una carrera o jerarquía.◆ Movimiento hacia arriba en una organización para ocupar un puesto con mayor remuneración, responsabilidad y autoridad.

ASEAN: Asociación de Naciones del Sudeste Asiático.◆ ANSEA.

ASECHANZA: engaño o artificio para hacer daño a otro.

ASEGURABLE: persona de bien que reúne las características predeterminadas para poder ser objeto de la cobertura del seguro.

ASEGURADO: aquella parte que adquiere el derecho a una indemnización por daños y perjuicios sufridos en virtud de un siniestro sobre las cosas o las personas; objeto del contrato de seguro.◆ Persona con relación a la cual, el asegurador asume determinados riesgos. ◆ Es la persona, titular del interés sobre cuyo riesgo se toma el seguro. Persona sobre la cual recae la cobertura del seguro. ◆ Afiliado que haya cumplido con los requisitos para obtener la jubilación ordinaria o el retiro por invalidez o beneficiario de pensión de sobrevivencia de un afiliado fallecido que haya contratado una póliza de renta previsional.

ASEGURADOR: persona jurídica que asume responsabilidad sobre determinados riesgos mediante una contraprestación denominada “prima” que se estipula en el respectivo contrato de seguro.

ASEGURADORA DE RIESGOS DEL TRABAJO: ART.◆ En la Argentina, son entidades de derecho privado, previamente autorizadas por los organismos competentes, que reúnen los requisitos de solvencia financiera, capacidad de gestión y cumplen con los recaudos previstos en la Ley de Seguros y sus respectivas reglamentaciones. Su objeto es asegurar los riesgos o accidentes laborales.

ASEGURAR: contratar con una empresa de seguros para que ésta asuma la pérdida financiera u obligación contingente de un riesgo.

ASENSUAR: imposición mediante un acto "inter vivos" o "mortis causa" censo o gravamen sobre bienes inmuebles.

ASENTAMIENTO: instalación provisional por la autoridad gubernativa de colonos o cultivadores en tierras destinadas a expropiarse.◆ Establecimiento, lugar donde se ejerce una profesión. ◆ Alojamiento de un ejército.◆ Instalación provisional de ocupantes en un terreno.◆ Consiste también en la instalación de colonos o cultivadores en tierras destinadas a expropiarse.

ASENTAR: poner al demandante en posesión de algunos bienes del demandado por la rebeldía de éste en no comparecer o no responder a la demanda.

ASENTIMIENTO: declaración unilateral recepticia; si se refiere a una declaración a su vez unilateral y recepticia, puede ser declarada tanto a una como a otra parte. No es una parte del negocio jurídico, sino un requisito de su eficacia.

ASERTORIO: ver **Juramento asertorio.**

ASESINAR: matar a una persona con premeditación, alevosía, etcétera.

ASESINATO: forma particular del homicidio; más concretamente, al homicidio calificado por la concurrencia de ciertas circunstancias de agravación *(B. Varela)*.◆ Acción y efecto de matar a una persona con premeditación, alevosía, etcétera.◆ Forma particularmente grave de homicidio doloso *(E. Mezger)*.

ASESINO: calificativo que recibe el autor de un asesinato.

ASESINO SERIAL: asesino en serie. ◆ Es una clase de asesino múltiple. En la década de 1970, Robert Ressler en los EE.UU.; acuñó el término. Son generalmente psicópatas, casi siempre varones. ◆ Criminal que mata a más de tres personas, en episodios aislados, sin móvil evidente. o empujados por instintos sexuales desviados, y que cometen sus atrocidades durante meses y hasta años (Breglia Arias).

ASESOR: persona que da consejo o dictamen.◆ Letrado a quien por razón de oficio incumbe aconsejar a su consultante.

ASESORAMIENTO: orientación, sugerencias o consejos que brinda un profesional o experto en determinadas actividades a un cliente.

ASESORES TÉCNICOS: peritos y consultores técnicos.

ASESORÍA: empleo de asesor.◆ Oficina del asesor.◆ Oficina especializada en sugerir o aconsejar a los clientes reales o potenciales sobre aspectos de su competencia.

ASIENTO: obligación o contrato que se realiza para proveer de dinero, géneros o víveres a un asilo, ejército, etcétera. ◆ Anotación o apuntamiento de una cosa para no olvidarse.◆ Tratado o ajuste de pases.◆ Anotación o apuntamiento de una cosa para que no se olvide.◆ Registro o anotación de una operación en el Libro Diario.

ASIGNACIÓN: cantidad señalada por sueldo o por otro concepto.◆ Contrato que no necesita aceptación y cuyo objeto es por dinero o mercaderías.

ASIGNACIÓN ANUAL COMPLEMENTARIA DE VACACIONES: beneficio de carácter anual que consiste en la duplicación de los montos que el trabajador tuviera derecho a percibir durante el mes de enero de cada año en concepto de asignaciones familiares de pago mensual, con excepción de los siguientes: por matrimonio, nacimiento de hijo, adopción y ayuda escolar.

ASIGNACIÓN DE RECURSOS: cantidad a distribuir de acuerdo con los recursos disponibles entre los distintos sectores o unidades económicas.◆ Conjunto de normas que regula cómo los bienes económicos son distribuidos entre los agentes, como por ejemplo, individuos, empresas, gobierno, etcétera. El mercado y la empresa son dos mecanismos alternativos de asignación.

ASIGNACIÓN FAMILIAR: subsidio que se abona al dependiente y cuyo monto se encuentra relacionado a las cargas de familia.

ASIGNACIÓN POR ADOPCIÓN: aquella que se abona al trabajador una vez que ésta se acredite; se requiere una antigüedad mínima y continuada de seis meses; se paga a uno de los cónyuges.

ASIGNACIÓN POR AYUDA ESCOLAR PRIMARIA: pago anual que se hace efectivo al trabajador en el mes o cuando se produzca el inicio de las clases; es accesoria de la escolar primaria.

ASIGNACIÓN POR CÓNYUGE: pago mensual que se abona al esposo en relación de dependencia bajo los siguientes requisitos: esposa legítima, a su cargo y residente en el país. En el caso de la esposa en relación de dependencia, bajo los siguientes requisitos: por esposo legítimo, a su cargo, residente en el país e inválido total. Se paga por matrimonios celebrados tanto en el país como en el exterior.

ASIGNACIÓN POR ESCOLARIDAD MEDIA Y SUPERIOR: plus que se paga mensualmente al trabajador cuyos hijos asistan a establecimientos donde se imparta enseñanza media y superior. Se cuadruplica en caso de hijos discapacitados *(A. Schurck).*

ASIGNACIÓN POR ESCOLARIDAD PRIMARIA: se abona mensualmente al trabajador cuyos hijos concurran regularmente a establecimientos donde se imparta enseñanza primaria. Se cuadruplica en caso de hijos discapacitados *(A. Schurk).*

ASIGNACIÓN POR FAMILIA NUMEROSA: pago mensual de una suma determinada que percibe todo trabajador en relación de dependencia cuando tenga, por lo menos, tres hijos menores de veintiún años o incapacitados.

ASIGNACIÓN POR HIJO: se abona mensualmente al trabajador por cada hijo a cargo en los siguientes casos: a) por hijos menores de quince años, b) por hijos menores de veintiún años si concurren en forma regular a establecimiento de enseñanza, c) por hijos incapacitados sin límite de edad. En este último caso su monto se cuadruplica.

ASIGNACIÓN POR MATERNIDAD: pago de un monto equivalente a los sueldos o salarios que la beneficiaria hubiera debido percibir durante el período legal de licencia en el empleo con motivo del parto.

ASIGNACIÓN POR MATRIMONIO: para percibir esta asignación se debe acreditar dicho acto y tener una actividad mínima y continuada en el empleo de seis meses. Esta asignación puede ser percibida por ambos cónyuges si están en relación de dependencia.

ASIGNACIÓN POR NACIMIENTO DE HIJO: se hace efectiva al trabajador en el mes en que se acredita dicho hecho. Se paga a uno solo de los cónyuges y se requiere una antigüedad mínima y continuada de seis meses.

ASIGNACIÓN POR PREESCOLARIDAD: asignación mensual que se abona al trabajador con hijos que concurran regularmente a establecimientos donde se imparta enseñanza preescolar. Se cuadruplica en caso de hijos discapacitados *(A. Schurck).*

ASIGNACIÓN PRENATAL: pago al trabajador de una suma equivalente a la de la asignación por hijo, a partir del día en que se verifique el estado de embarazo y por el lapso que precede a la fecha calculada del parto.

ASIGNACIONES ACORDADAS A LOS SOCIOS: en los contratos, puede establecerse a favor de los socios una determinada remuneración por el trabajo que realicen, así como también la asignación de una partida para gastos. Puede ocurrir que ello no conste en el contrato social y que lo decidan los socios. Los gastos o retiros de los socios se debitan en su cuenta particular.

ASIGNACIONES FAMILIARES: representan el total recibido en concepto de asignaciones por cada dependiente. El objetivo es brindar una cobertura económica a los dependientes con mayores obligaciones familiares.◆ Prestaciones de la Seguridad Social que se caracterizan por ser inembargables y por no encontrarse sujetas a aportes ni a descuentos jubilatorios. No pueden equipararse a sueldos ni a salarios. Son pagadas a los beneficiarios en forma mensual, para aquellos que revisten ese carácter, juntamente con su salario *(A. Schurk)*.◆ Salario familiar.

ASIGNADO: sueldo, haber de un funcionario.

ASIGNATARIO: persona a quien se asigna la herencia o el legado.

ASILO: amparo concedido al individuo de las diligencias de la justicia o de cualquier otra autoridad que los quiera capturar o apresar *(A. Llanés Torres)*.

ASILO DIPLOMÁTICO: tiene lugar cuando el alojamiento del asilado se efectúa en oficinas de una representación diplomática extranjera.

ASILO EXTERNO: asilo territorial.

ASILO INTERNACIONAL: asilo externo. Asilo territorial.

ASILO MARÍTIMO: asilo concedido por un Estado dentro de su territorio a uno o varios individuos.

ASILO POLÍTICO: refugio procurado por el individuo en territorio de otro Estado cuando, procesado en su Estado de procedencia como autor de delito político, no se permita la extradición por motivos de naturaleza política *(A. Llanés Torres)*.

ASILO TERRITORIAL: asilo político.

ASISTENCIA: prestar auxilio.◆ Atención profesional.◆ Ver **Alimentos; Abandono de familia.**

ASISTENCIA FAMILIAR: ver **Abandono de familia.**

ASISTENCIA Y CONSEJO DESLEAL: práctica en la que incurre el abogado o procurador faltando a sus deberes profesionales en perjuicio de los intereses de la parte que defiende o representa judicial o administrativamente.

ASOCIACIÓN: conjunto de personas reunidas con un fin común y en forma permanente, aportando sus actividades, conocimientos, bienes y recursos a fin de cumplir los objetivos previstos.

ASOCIACIÓN AMERICANA DE ARBITRAJE: AAA.◆ *American Arbitration Association*.◆ Fundada en 1926 tiene por propósito resolver una amplia gama de controversias a través de la mediación, el arbitraje u otras formas de solución extrajudiciales. Es una organización de servicio público sin ánimo de lucro que cuenta con treinta y ocho sucursales en los EE.UU. La Asociación Americana de Arbitraje administra los procedimientos de arbitraje, mediación, etcétera. Alrededor de ocho mil litigios son administrados cada año a nivel nacional. A nivel internacional, administra su Reglamento de Arbitraje Internacional. La Asociación ofrece asistencia para la concepción y puesta en práctica de alternativas de solución de conflictos a solicitud de las sociedades, de organismos gubernamentales, de oficinas de abogados y de tribunales con la intención de solucionar conflictos relacionados con el trabajo, el consumo, la tecnología, la salud pública, el comercio internacional, etcétera.

ASOCIACIÓN CIVIL: persona jurídica privada, constituida por un conjunto de personas llamadas asociadas, que no persigue un fin pecuniario y tiene como finalidad principal el bien común; posee patrimonio propio y por sus estatutos puede adquirir bienes y no debe subsistir exclusivamente por asignaciones del Estado *(O. Taleva Salvat).*

ASOCIACIÓN COMERCIAL: la que se constituye, con fines lucrativos, para distribuir las utilidades entre sus socios.◆ Asociación de negocios.◆ Asociación mercantil.

ASOCIACIÓN DE CONSUMIDORES: conjunto de personas que, de acuerdo con un marco legal determinado, protegen y defienden sus derechos frente a los proveedores.

ASOCIACIÓN DE COOPERACIÓN ECONÓMICA ASIA-PACÍFICO: responsable de la mitad de la producción mundial. Discute propuestas para convertirse en una zona de libre comercio. Está conformada por: Australia, Brunei, Canadá, Corea del Sur, China, EE.UU, Filipinas, Hong-Kong, Indonesia, Japón, Malasia, México, Nueva Zelanda, Papúa-Nueva Guinea, Singapur, Tailandia, Taiwán y Chile, incorporado en 1984.

ASOCIACIÓN DE EMPRESAS: agrupación de colaboración y unión transitoria de empresas.◆ Ver **Contrato de colaboración empresaria; Agrupación de colaboración; Unión Transitoria de Empresas**.

ASOCIACIÓN DE NACIONES DEL SUDESTE ASIÁTICO: organización creada en 1967; constituyó la primera experiencia de integración en el área de influencia de los Tigres Asiáticos. Está conformada por: Brunéi, Filipinas, Indonesia, Malasia, Singapur, Tailandia, Vietnam, Camboya, Laos y Mianmar (ex-Birmania). ◆ ANSEA.◆ ASEAN.

ASOCIACIÓN DE NEGOCIOS: ver **Asociación comercial.**

ASOCIACIÓN DE TRABAJADORES: aquella que tiene por objeto la defensa de los intereses de los trabajadores en cuanto se relacione con sus condiciones de vida y de trabajo.

ASOCIACIÓN DELICTIVA: asociación ilícita.

ASOCIACIÓN EUROPEA DE LIBRE COMERCIO: AELC.◆ Conformada en el año 1959 por los siguientes países: Austria, Dinamarca, Gran Bretaña, Noruega, Portugal, Suecia y Suiza; su finalidad fue eliminar los derechos de aduana y las restricciones comerciales mutuas. Algunos países dejaron este grupo incorporándose a la Unión Europea.

ASOCIACIÓN GREMIAL: grupo social organizado de base asociativa sin fines de lucro.

ASOCIACIÓN ILÍCITA: asociación surgida sobre la base del acuerdo de tres o más personas con el fin de llevar adelante el plan y la ejecución de delitos indeterminados; se caracteriza por poseer un cierto grado de permanencia y perdurabilidad, es decir, por su carácter no ocasional.

ASOCIACIÓN INTERNACIONAL DE FOMENTO: AIF.◆ Filial del Banco Internacional de Reconstrucción y Desarrollo (BIRD), fue creada en 1960 con el objeto de financiar el progreso económico de los países subdesarrollados. Considera los proyectos cuya financiación no interesa al capital privado y que tampoco pueden realizarse mediante préstamos del BIRD.◆ Es una institución que compone el Banco Mundial. La mayor parte de los recursos proviene de tres fuentes: las transferencias de ingresos netos del Banco, el capital suscrito en monedas convertibles por los países miembros y las contribuciones de los países miembros más ricos. El Banco Mundial es responsable de la administración, y la Junta de Gobernadores, la Junta de Directores Ejecutivos y el Presidente del Banco actúan de oficio.

ASOCIACIÓN LATINOAMERICANA DE INTEGRACIÓN: ALADI.◆ Organismo constituido en Montevideo, Uruguay, en el año 1980, con el objetivo de crear mecanismos de interacción económico-comercial. Está formada por: la Argentina, Bolivia, Brasil, Chile, Colombia, Ecuador, Perú, Paraguay, México, Venezuela y Uruguay. Posteriormente se incorporaron Cuba y Panamá. Mientras que Nicaragua solicitó la adhesión al organismo.

ASOCIACIÓN LATINOAMERICANA DE LIBRE COMERCIO: ALALC.◆ Organismo reemplazado en 1980 por la ALADI.◆ Ver **Asociación Latinoamericana de Integración.**

ASOCIACIÓN MERCANTIL: asociación de negocios.◆ Asociación comercial.

ASOCIACIÓN MUTUAL: ver **Mutuales.**

ASOCIACIÓN PROFESIONAL: la constituida por los trabajadores de todas las clases, de una misma profesión, para la defensa de sus derechos, de sus intereses y de sus reivindicaciones; puede encontrarse compuesta por obreros, patrones o ambos indistintamente. ◆ Sindicato.◆ Ver **Asociaciones profesionales de trabajadores.**

ASOCIACIÓN SINDICAL: sindicato.

ASOCIACIONES PROFESIONALES DE TRABAJADORES: organizaciones permanentes de los que se desempeñan en un mismo oficio, profesión, empresa, industria, comercio u otras actividades similares o conexas, constituidas para la defensa de los intereses de los trabajadores y el mejoramiento de sus condiciones de trabajo y de vida.

ASOCIACIONES PROFESIONALES ILÍCITAS: aquellas que actúan de hecho, en contraposición a las exigencias y fines previstos por la ley.

ASOCIACIONES PROFESIONALES LÍCITAS: aquellas debidamente reconocidas por la ley o en virtud de autoridad competente.

ASOCIADO: persona que forma parte de una asociación o compañía o de cualquier ente.◆ Sociedad participante de un grupo económico determinado. ◆ Socio.◆ Sociedades vinculadas.

ASTREINTES: multa procesal que aplica un juez ante el incumplimiento de una de las partes en juicio, la cual se halla obligada a pagar una suma estipulada o a entregar una cosa determinada y no lo hace.◆ Una forma especial de compulsión, consistente en ordenar a una persona el pago de una prestación periódica, y a veces progresiva, en tanto mantenga incumplida la obligación que se le ha impuesto *(M. Ossorio).*

ASUETO: tarde, mañana u horas que se otorga al personal como feriado para que los dependientes se abstengan de trabajar o estudiar. A veces, es por día completo.

ASUMIR: tomar posesión de un cargo, empleo, puesto o función.◆ Comenzar el ejercicio de la función pública para la cual una persona fue nombrada.

ASUNTOS INTERNACIONALES: relaciones entre grupos, entre grupos e individuos y entre individuos que afectan de modo esencial a la sociedad internacional como tal *(G. Schwarzenberger).*

ATENTADO Y RESISTENCIA CONTRA LA AUTORIDAD: empleo de intimidación o fuerza contra un funcionario público o contra la persona que le prestare asistencia a requerimiento de aquél o en virtud de un deber legal, para exigirle la ejecución u omisión de un acto propio de sus funciones *(A. García).*

ATENUANTES: circunstancias modificativas de la responsabilidad penal que, si bien no la suprimen totalmente, la reducen.

ATESORAMIENTO: expresión de uso económico por la cual se quiere significar todo ahorro de dinero sin aplicación a una inversión productiva.◆ Propensión de la gente a mantener riqueza en forma de caja.◆ Retención de dinero o riquezas, sin incidencia en la actividad económica.◆ Inmovilización de dinero, oro, joyas u otro tipo de metal precioso para ubicarlo en lugares secretos y seguros.

ATESTACIÓN: escrito que certifica la validez de un documento.◆ Declaración, deposición de testigo. Atestiguación (O. Nedel).

ATESTADO: instrumento oficial en que una autoridad o sus delegados hacen constar como cierta alguna cosa. Aplícase especialmente a las diligencias de averiguación de un delito, instruidas por la autoridad gubernativa o policía judicial como preliminares de un sumario *(Diccionario de la Real Academia).* ◆ Testimoniales.

ATESTAR: testificar, atestiguar.◆ Afirmar como testigo.

ATIPICIDAD: falta de encuadramiento dentro de los tipos legales.◆ Es nula la constitución de una sociedad de los tipos no autorizados por la ley. La omisión de cualquier requisito esencial no tipificante hace anulable el contrato, pero podrá subsanarse hasta su impugnación judicial.

ATRACAR: asaltar con la finalidad de robar.◆ Saquear, desvalijar.

ATRACCIÓN: preferencia de los autos a los cuales son acumulados otros.

ATRASO CAMBIARIO: ver **Retraso cambiario.**

ATROPELLAR: pasar precipitadamente por encima de alguna persona.◆ Derribar o empujar violentamente a alguien para abrirse paso.◆ Alcanzar violentamente un vehículo a personas o animales, chocando con ellos y ocasionándoles, por lo general, daños.

AUDIENCIA: acto de escuchar a un juez o tribunal en las causas judiciales.◆ Recibir una autoridad a una persona o grupo de personas.◆ Acto de recibir la declaración de una de las partes de las dos o de un testigo.◆ En el Derecho Español, se designa de este modo al superior tribunal provincial encargado de impartir Justicia en representación del monarca.◆ Ver **Audiencias.**

AUDIENCIAS: actos procesales mediante los cuales, en los casos previstos por las leyes, el juez escucha a las partes o recibe informaciones o elementos de prueba propuestos por aquéllos o dispuestos de oficio *(O. Smith)*.◆ Ver **Audiencia.**

AUDITAR: revisar y verificar con detalle la contabilidad de una empresa u organización.◆ Examinar la gestión económica de una entidad a fin de comprobar si se ajusta a lo establecido por ley o costumbre.

AUDITOR: persona que, diplomada de contador público, presta servicio de auditoría y se encuentra inscripta en el Consejo Profesional de Ciencias Económicas.◆ Censor de cuenta.◆ Revisor contable.

AUDITORÍA: en un sentido más amplio, es un proceso sistematizado de control, verificación y evaluación de los libros contables, registros, documentos y procedimientos operativos con el fin de comprobar la corrección de los registros y las operaciones pertinentes, verificar la documentación y su correspondencia con las operaciones y registros, y evaluar el cumplimiento de los distintos procedimientos del ente, haciendo conocer finalmente un informe del citado proceso.

AUDITORÍA GENERAL DE LA NACIÓN: AGN.◆ En la Argentina, organismo que tiene a su cargo el control de la legalidad, gestión y auditoría de toda la actividad de la administración pública centralizada y descentralizada, cualquiera fuera su modalidad de organización y funciones otorgadas por las normas legales.

AUMENTO DE CAPITAL: las sociedades mercantiles pueden efectuar el incremento de su capital de acuerdo con las pautas establecidas en cada caso por las normas legales y con las estipulaciones fijadas en el contrato social. ◆ Ampliación del capital.

AUMENTO NOMINAL DEL CAPITAL: se aplica cuando la elevación de la cifra de capital se produce sin un cambio efectivo en la situación patrimonial de la sociedad, pues no ingresan nuevos bienes ni se cancelan obligaciones. El caso más frecuente de aumento nominal ocurre cuando se efectúan revalúos de activos *(J. Farina)*.

AUMENTO REAL DEL CAPITAL: se llama real (o efectivo) cuando paralelamente a la elevación de la cifra de capital ingresan nuevos bienes al patrimonio de la sociedad, lo cual implica un efectivo aumento del patrimonio social *(J. Farina).*

AUSENCIA: condición legal de la persona cuyo paradero se ignora y que no ha dejado apoderado.◆ Tiempo en que alguno está ausente.◆ Ver **Declaración de ausencia.**

AUSENCIA CON PRESUNCIÓN DE FALLECIMIENTO: ver **Declaración de ausencia con presunción de fallecimiento.**

AUSENTE: persona respecto de quien se desconoce si se halla con vida y dónde se encuentra.

AUSENTISMO: condición de ausencia referida a las personas que por haber fijado su residencia en país extranjero desplazan sus rentas hacia éste sustrayendo el fruto de los capitales a la actividad económica nacional.

AUSENTISMO LABORAL: ausencias del trabajador; pueden ser justificadas o no.

AUSTRAL: unidad monetaria de la Argentina desde el 15 de mayo de 1985 hasta el 31 de marzo de 1991. Excluyó tres ceros del peso argentino.

AUTARQUÍA: política caracterizada por llevar a la práctica conductas de autosuficiencia en la actividad económica reduciendo a una mínima expresión las transacciones comerciales con otras partes.◆ Situación de un país que económicamente se basta a sí mismo; se trata de una situación que no resulta de una necesidad sino que ha sido voluntariamente creada *(L. Landry).*◆ Postura que considera que un país debe bastarse a sí mismo y privarse de intercambios económicos con los demás. No obstante, ni los más fuertes adeptos a esta posición creen en este aislamiento.◆ Conjunto de reglas económicas cuyo objetivo tiende a lograr la independencia de un país con respecto a otro u otros. Es decir, se requiere una autosuficiencia económica.

AUTARQUÍA FUNCIONAL: aquella que se configura cuando la persona jurídica, a pesar de haber sido creada dentro de una esfera territorial delimitada, cumpliera un fin específico o un servicio público *(J. C. Cassagne).*

AUTARQUÍA TERRITORIAL: cuando la actuación de la entidad autárquica se limita a una circunscripción geográfica delimitada y la entidad dispone de una competencia general de carácter local *(J. C. Cassagne).*

AUTÉNTICA: certificación con que se testifica la identidad y la verdad de alguna cosa.◆ Copia autorizada de un documento, carta, etcétera.

AUTENTICACIÓN DE FIRMAS: certificación de firmas.◆ Legalización de firmas.

AUTENTICAR: autorizar o legalizar alguna cosa.◆ Acreditar.◆ Dar fe de la verdad del contenido de un hecho o documento con autoridad legal. Asignarle a un documento formas, requisitos o solemnidades exigidas por ley para imputarle presunción de validez.

AUTÉNTICO: legalizado, autorizado.◆ Acreditado de cierto y positivo por los caracteres, requisitos o circunstancias que en ello concurren.

AUTO: forma de resolución judicial que decide cuestiones para las que no se requiere sentencia.◆ Rodado.◆ Automóvil.

AUTO ACORDADO: determinación que tomaba por punto general algún consejo o tribunal supremo con asistencia de todas las salas.

AUTO DE DETENCIÓN: orden escrita en nombre de la ley y firmada por un juez, dirigida a un agente judicial para que efectúe un arresto.

AUTO DE EMBARGO: documento por el cual se autoriza a un oficial del juzgado a embargar la propiedad del demandado entregándose al demandante.

AUTO DE FE: castigo público de los penitenciados por el Tribunal de la Inquisición.

AUTO DE LEGOS: providencia o despacho que un tribunal superior expedía para que algún juez eclesiástico se inhibiera del conocimiento de una causa puramente civil y entre personas de legos, remitiéndola a juez competente.

AUTO DE OFICIO: aquel que provee el juez sin pedimiento de parte.

AUTO DE PROCESAMIENTO: resolución del juez. Resolución judicial por la cual se declara a una persona como presunto actor de uno o varios delitos a efectos de iniciar un proceso penal en su contra.

AUTO DE PROVIDENCIA: aquel que da el juez mandando lo que debe ejecutarse en algún caso, sin perjuicio del derecho de las partes. Disposición que sólo dura hasta la definitiva.

AUTO DE TUNDA: en los juzgados ordinarios de la Corte, el que proveía el juez mandando de una vez diferentes cosas. Por ejemplo: que alguno reconociera el vale y, reconocido, se le notificara que pagase y que, no haciéndolo, se le exigiera fianza de saneamiento y que, no dándola, se lo pusiera preso.

AUTO DEFINITIVO: el que impide la continuación del pleito o deja resuelta alguna de las cuestiones litigiosas, aunque sea dictado incidentalmente.

AUTO FORMAL DE PRISIÓN: en Venezuela y en otros países, resolución judicial emanada del órgano jurisdiccional competente durante el proceso penal, en cuya virtud se fija la calificación legal de un hecho consignado por la acusación del Ministerio Público y se atribuye a una persona la responsabilidad penal en grado de probabilidad.

AUTO INTERLOCUTORIO: aquel que decide asunto incidental durante el curso del juicio.◆ Sentencia interlocutoria.

AUTOASEGURAMIENTO: asunción del riesgo de cierto tipo de siniestros o accidentes sin efectuar la contratación de un seguro.

AUTOCONTRATO: término equivalente a la expresión "contrato consigo mismo". Si bien el contrato es un convenio entre partes, bilateral, por lo cual se requieren dos voluntades, puede ocurrir que una persona represente dos patrimonios distintos o que actúe a la vez por sí y en nombre de otro.

AUTOCRACIA: sistema político en el cual un hombre ejerce por sí solo una autoridad sin límites.

AUTODESPIDO: extinción del contrato laboral por voluntad del trabajador.

AUTODETERMINACIÓN: decisión de los pobladores de una unidad territorial acerca de su futuro estatuto político.

AUTOGESTIÓN: sistema de organización de una empresa según el cual los trabajadores participan activamente en todas las decisiones sobre su desarrollo, economía, funcionamiento, etcétera.

AUTÓGRAFO: ver **Hológrafo; Testamento ológrafo.**

AUTOMATIZACIÓN: proceso de mecanización de las actividades industriales por medio de máquinas con el consiguiente reemplazo de trabajadores por ellas.◆ Reemplazo por maquinaria de la labor que se ha estado llevando manualmente por un largo período. ◆ Control de un proceso de producción por medio de agentes mecánicos, hidráulicos, neumáticos, químicos, eléctricos o electrónicos operando por sí mismos.◆ Proceso de producción en el que existe una intervención humana mínima. El término fue acuñado en 1947, para designar "el manejo automático de las piezas en procesos de producción progresivos". Por ejemplo: el empleo de máquinas transportadoras, que enlazan en una misma serie una larga fila de máquinas herramientas que fabrican piezas de motor.

AUTONOMÍA: facultad de un Estado o comunidad humana de gobernarse por sí misma, mediante sus leyes propias y autoridades elegidas de su seno.◆ La que rige en un Estado que goza de entera independencia política.◆ Potestad de la cual, dentro del Estado, pueden gozar municipios, provincias, regiones u otras entidades de él para regir intereses peculiares de su vida interior mediante normas y órganos de gobierno propios.◆ Darse leyes a sí mismo. Característica de la persona jurídica pública política. Facultad inherente a algunos entes públicos de organizarse jurídicamente, de darse derecho propio, el cual no sólo es reconocido como tal por el Estado sino que, además, es adoptado por éste para integrar su propio sistema jurídico y es declarado obligatorio como sus propios reglamentos y leyes *(C. Zanobini).*

AUTONOMÍA DE LA PERSONA: libre realización de cualquier conducta que no perjudique a terceros *(G. Carrió).*◆ Libre albedrío.

AUTOPSIA: examen anatómico de un cadáver.

AUTOPSIA JUDICIAL: examen anatómico que se realiza a un cadáver con el objeto de indagar las causales de la muerte.

AUTOR: aquel cuyo nombre o seudónimo conocido esté indicado en una obra.◆ El titular de una creación intelectual.

AUTOR DEL DELITO: el que ejecuta los actos consumativos del delito y el que determina a personas no imputables o no punibles a cometerlo.

AUTOR INTELECTUAL: persona que induce a otra a cometer un delito. Puede producirse a través de sugerencias, órdenes o mandatos.

AUTOR MATERIAL: persona que material y directamente ejecuta para sí o para otro la conducta típica (A. Reyes Echandía).

AUTORIDAD: potestad, facultad.◆ Poder de una persona que está sobre otra que le es subordinada.◆ Se dice de lo que está ejecutoriado.◆ Potestad que tiene un ente para dictar y aplicar leyes a los demás.◆ Derecho que un jefe tiene para requerir que un subordinado realice una tarea con el fin de lograr los objetivos de la organización. ◆ Derecho a hacer algo.◆ Es de origen legal e implica generalmente la existencia de una sanción.

AUTORIDAD COMPETENTE: toda autoridad pública revestida de poderes para dictar reglamentos, órdenes, decretos u otras instrucciones que tengan fuerza de ley.

AUTORIDAD DE COSA JUZGADA: disposición judicial que queda firme por haberla dictado un juez o tribunal y contra la cual no es posible apelar.

AUTORITARISMO: sistema basado en la total sumisión a la autoridad.

AUTORIZACIÓN: acción y efecto de autorizar.◆ Otorgamiento de la facultad de poder realizar alguna cosa.◆ Permiso otorgado por una autoridad calificada a una persona jurídica de derecho público para que cumpla un acto que excede su competencia. ◆ Permiso que brinda un juez para que una persona pueda llevar a cabo un acto jurídico.

AUTORIZACIÓN JUDICIAL: venia que los jueces otorgan a efectos de habilitar a personas o representantes para la validez de determinados actos jurídicos.

AUTORIZACIÓN MARITAL: aprobación que necesita obtener la mujer de su marido para efectuar determinados actos.

AUTORIZACIÓN PARA CUMPLIR UN ACTO JURÍDICO: permiso otorgado por una autoridad calificada a una persona jurídica de derecho público, o a un establecimiento de utilidad pública, para que cumplan un acto que excede su competencia.

AUTORIZACIÓN PARA GIRAR EN DESCUBIERTO: ver **Adelanto en cuenta corriente**; **Giro en descubierto**.

AUTORIZACIÓN PATERNA: la que necesitan obtener de sus padres los hijos menores o incapacitados para la realización de determinados actos.

AUTORIZADO POR: expresión colocada en determinados comprobantes comerciales, sea en forma impresa o mediante un sello, lo cual se cumplimenta con la firma, la inicial o el nombre de quien lo ha aprobado.

AUTORREGULACIÓN: acción y efecto de ajustar el funcionamiento de un sistema a determinados fines.◆ Un mercado que no posea ninguna limitación tiene una tendencia a un natural equilibrio, de acuerdo con la corriente liberal o neoliberal.

AUXILIARES DEL COMERCIANTE: ver **Agentes auxiliares del comercio**.

AVAL: compromiso que asume una persona de pagar un papel de comercio en caso de incumplimiento del deudor principal, obligándose por ello como garantía solidaria de uno de los firmantes del documento. El que asume ese compromiso se llama avalista.◆ Garantía otorgada en forma escrita por un tercero de pagar, total o parcialmente, una letra de cambio o pagaré.

AVALADO: persona responsable de una obligación cuyo pago está garantizado mediante el aval de un tercero, avalista.

AVALAR: garantizar mediante aval un documento cambiario.◆ Otorgar aval.

AVALCO: estimación, justiprecio.

AVALISTA: persona que da el aval a favor de otra garantizando el pago de una obligación.

AVALÚO: valuación, estimación, tasación, justiprecio.◆ Revalúo.

AVALÚO FISCAL: valuación de inmuebles con fines impositivos.

AVANCE: anticipo de dinero.◆ Pago anticipado o préstamo.◆ Póliza de crédito de un banco comercial.

AVENENCIA: acuerdo al que arriban las partes de un litigio. Convenio.

AVENIMIENTO: modo de conclusión de la quiebra de forma concertada entre el fallido y todos los acreedores individualmente. Es una suma de acuerdos individuales.

AVERÍA: siniestro o daño ocurrido en las mercaderías durante el transporte entre el lugar de origen hasta el sitio de destino.◆ Daño que por cualquier causa sufre la embarcación o su carga.◆ Término que comprende todo gasto hecho para la conservación de la nave, de las mercancías o de ambas; y todo daño que sufra la nave desde su salida hasta su arribo o de las mercancías desde su embarque hasta su descarga en el puerto de su consignación.

AVERÍA COMÚN: avería gruesa.

AVERÍA GRUESA: daño o gasto causado deliberadamente en el buque o cargamento para salvarlo o para preservar otros buques; es pagadero por cuantos tienen interés en el salvamento que se ha procurado.◆ Avería común.

AVERÍA PARTICULAR: todos los bienes y menoscabos que no se hicieren deliberadamente, en bien común de la nave y del cargamento; y todos los gastos hechos en beneficio de la nave o del cargamento.◆ Todo daño o gasto que no afecta a todos los interesados en el riesgo o cargamento.◆ Avería simple.

AVERÍA SIMPLE: ver **Avería particular**.

AVERIGUAR: procurar poner en claro algo oculto.◆ Inquirir la verdad hasta descubrirla.

AVIACIÓN CIVIL: ver **Aeronáutica civil.**

AVIACIÓN COMERCIAL: ver **Aeronáutica comercial.**

AVIACIÓN DE TRANSPORTE: aquella destinada al transporte de viajeros y mercancías.

AVIAMENTO: ver **Fondo de comercio**.

AVICULTURA: explotación de aves.◆ Consiste en la producción de pollos, huevos, cría de patos, gansos y pavos; y en la cría de codornices para la producción de huevos.

AVÍO: contrato por el cual una persona se obliga a suministrar lo necesario para la explotación de una mina.

AVISO: anoticiamiento de una situación o hecho determinado.◆ Advertencia.◆ Prudencia, discreción.

AVISO DE CONFORMIDAD: notificación que devuelve firmada un cliente a su banco dando su conformidad por un estado de cuenta.

AVISO DE EMBARQUE: documentación que necesariamente debe presentar el despachante de Aduana para informar a los efectos de la verificación aduanera correspondiente el día y la hora de la carga.

AVISO DE ENFERMEDAD: aquel enviado por un trabajador a su empleador –en virtud de una exigencia legal– ante el acaecimiento de situaciones tales como enfermedades, accidentes, etcétera.

AVISO DE INCUMPLIMIENTO: notificación por escrito a un deudor de que ha incurrido en situación de incumplimiento.

AVISO DE PAGO: aviso mediante el cual se procede a comunicar la cancelación de una deuda.

AVISO DE RECEPCIÓN: en los envíos postales, notificación mediante la cual el remitente se asegura de la recepción de lo enviado.

AVISO DE RECHAZO: notificación que remite un banco a un cliente informándole sobre la falta de acreditación de uno o más cheques depositados por él, oportunamente, por un motivo formal o por carencia de fondos suficientes.

AVISO DE VENCIMIENTO: notificación previa a un vencimiento remitida a los efectos de recordarle a su destinatario la proximidad de éste, monto, día y lugar de pago.

AVOCACIÓN: técnica que consiste en la asunción, por parte del órgano superior, de la competencia para conocer y decidir en un acto o asunto que correspondía a las facultades atribuidas al órgano inferior *(J. C. Cassagne).*◆ Ver **"Per saltum".**

AVOCAR: atraer o llamar a sí un juez o tribunal superior, sin que medie apelación, la causa que se estaba litigando o debía litigarse ante otro inferior. Hoy está absolutamente prohibido.

AVULSIÓN: una de las formas de adquirir el dominio. Tiene lugar cuando un río o un arroyo lleva por una fuerza súbita alguna cosa susceptible de adherencia natural –como tierra, arena o plantas– y la une, sea por adjunción o por superposición, a un cuerpo inferior o a un fundo situado en la ribera opuesta, y el dueño de ella conserva su dominio al solo efecto de llevársela.◆ Extirpación.

AYUDA EXTERNA: prestación económica o financiera, tecnológica, comercial, alimentaria que un país recibe del exterior. Ésta puede provenir de otro país y/o de un organismo internacional. La implementación de la ayuda normalmente es condicionada.◆ Ver **Plan Marshall**.

AYUNTAMIENTO: junta, reunión de personas para tratar algún asunto.◆

Corporación compuesta de un alcalde y varios concejales para la administración de los intereses de un municipio.◆ Coito.

AZAR: ver **Contrato aleatorio**.

AZOTE: instrumento de suplicio formado con cuerdas anudadas y, a veces, erizadas de puntas con que se castigaba a los delincuentes.

B

BADOR: banda o costado izquierdo de un buque.

BAHÍA: toda escotadura bien determinada cuya penetración tierra adentro, en relación con la anchura de su boca, es tal que contiene aguas cercadas por la costa y constituye algo más que una simple inflexión de ésta. Sin embargo, la escotadura no se considerará una bahía si su superficie no es igual –o superior– a la de un semicírculo que tenga por diámetro la boca de dicha escotadura.

BAJA: merma, reducción.◆ Solicitud por la cual se comunica la cesación de actividades en una industria, profesión, etcétera, ante los organismos recaudadores de impuestos y, por lo tanto, el cese de la inscripción pertinente.◆ Documento que acredita la baja laboral.◆ Dejar de pertenecer a una sociedad.◆ Ver **Jugar a la baja; Dar de baja.**

BAJA COTIZACIÓN: aquella en la que el valor real de un bien es inferior a su valor nominal o a su valor de mercado.

BAJA DEFINITIVA: extinción de la relación laboral en forma definitiva.◆ Extinción de una suscripción ante los organismos competentes.

BAJISTA: comportamiento de los precios de cotización de los valores mobiliarios, divisas, metales o todo otro bien que cotice en mercados abiertos, tendientes a una disminución.◆ Especialista que adelanta o pronostica una baja en los precios de valores mobiliarios.◆ Ver **"Bears"**.

BAJO LA PAR: cuando el valor efectivo o de mercado de un título o acción se encuentra por debajo del valor nominal. ◆ Cotización de una especie a un valor inferior al valor par.◆ Bajo par.◆ Ver **Emisión bajo la par.**

BAJO PAR: cuando, por las pérdidas de un ente, el pasivo supera al activo.◆ Ver **Bajo la par.**

BALANCE: confrontación del activo y el pasivo para verificar el estado de los negocios o del caudal.◆ Conjunto de documentos que exponen la situación económica, patrimonial y financiera de una empresa.◆ Documento contable en el que se registran los elementos patrimoniales de un ente y que en un momento determinado expresa o manifiesta su riqueza o capital.◆ Tareas que se realizan a los efectos de expresar la razonabilidad o exactitud de las operaciones o para determinar el resultado de una empresa o de una persona.◆ Estado de Situación Patrimonial.

BALANCE ALTERADO: ver **Balance falso.**

BALANCE FALSO: delito de carácter pluriofensivo porque ataca la fe pública y pone en peligro intereses de terceros. Se puede decir que la forma de fraude asume características de delito formal; pero el dolo eventual del autor debe probarse en orden a ese peligro, consumándose entonces la figura de falsedad ideológica. Simultáneamente, es una falsedad documental, un fraude, un delito de daño y un delito de peligro. Además, es un delito instantáneo, pues se consuma al realizarse o concretarse uno de los verbos típicos: publicar, certificar o entregar *(R. Rusenas)*.◆ Balance alterado.◆ Balance incompleto.

BALANCE GENERAL: el que expresa la situación desde el punto de vista patrimonial, económico y financiero, en forma global, de una empresa. Generalmente, es confeccionado al cierre del ejercicio contable y es presentado una vez cumplimentadas distintas formalidades. ◆ Estado de situación patrimonial. ◆ Informe patrimonial.◆ Estado de activo, pasivo y patrimonio neto.

BALANCE IMPOSITIVO: aquel confeccionado exclusivamente a los efectos de determinar el monto sujeto a imposición. El balance impositivo comprende la determinación de los ingresos y egresos computables para el cálculo de la utilidad gravable, mientras que, para la determinación de un impuesto sobre los capitales o patrimonio, el balance impositivo será la consecuencia de determinar los activos y pasivos computables para concluir en el capital computable sujeto a gravamen. Es decir, es un balance o liquidación particular para cada impuesto.

BALANCE INCOMPLETO: ver **Balance falso.**

BALANCEADOR: persona encargada de la confección de balances e inventarios de una empresa dada.

BALANZA COMERCIAL: aquella que refleja los movimientos de importación y exportación de bienes con otros países. El saldo es favorable o positivo cuando las exportaciones superan a las importaciones, mientras que el saldo es negativo o desfavorable cuando las importaciones superan a las exportaciones.◆ Diferencia entre el total de exportaciones y el de importaciones de un país en un período determinado.◆ Estado comparativo de la importación y la exportación de artículos mercantiles de un país.◆ Balanza de comercio.

BALANZA DE COMERCIO: ver **Balanza comercial.**

BALANZA DE PAGOS: estado comparativo de los cobros y pagos exteriores de una economía nacional por todos los conceptos, como intereses de empréstitos o de valores particulares, fletes, derechos de patentes, turismo, etcétera. Comprende la balanza comercial y también los movimientos por ingresos y egresos de divisas y oro. Entre los primeros existen los cobros por intereses por préstamos, cobro de seguros, ingresos por turismo, fletes efectuados por transportes de bandera nacional y entrada de capitales. Con respecto a los egresos, comprende los mismos conceptos pero en dirección inversa. El saldo negativo de esta balanza, usualmente, debe ser cancelado mediante la entrega de metálico, acuñado o en lingotes, o en divisas fuertes (dólar, yen, libra esterlina, lira italiana, franco francés, franco suizo, marco alemán). En forma excepcional se ha aceptado a algunos países el pago mediante bienes de su producción. También es de uso corriente el endeudamiento externo para cancelar tales déficits.◆ La contabilidad sistemática de todas las transacciones económicas que han tenido lugar durante un período entre los sujetos económicos del país y sujetos económicos del exterior *(F.M.I.)*.◆ Registro de transacciones económicas internacionales de una economía, de los bienes y servicios que ésta ha recibido y suministrado al resto del mundo, y de las variaciones de sus activos y pasivos frente al mismo *(C. Cupitó)*.◆ Cómputo que confronta el haber y el debe de un país con motivo de sus transacciones internacionales de todo género *(W. Beveraggi Allende)*.

BALDÍOS: grandes extensiones de terreno que han sido objeto de abandono.

BALEAR: disparar balas.

BALÍSTICA: disciplina auxiliar de la criminalística y criminología.

BALIZAMIENTO: señalización llevada a cabo mediante la colocación de balizas en los cursos de agua aptos para la navegación.

"BALLOTTAGE": escrutinio, recuento de votos.◆ Técnica utilizada en materia electoral que consiste en la necesidad impuesta a todo candidato a un cargo electivo de obtener en el escrutinio la mayoría absoluta de los sufragios válidos para hacerse acreedor al cargo en cuestión. Para el caso en que ninguno de los contendientes hubiese alcanzado dicho porcentaje en esta primera "vuelta" electoral, deberá celebrarse una segunda votación entre los dos candidatos que han obtenido la mayor cantidad de sufragios *(D. Sabsay)*.◆ Balotaje.

BANCA: conjunto del comercio de bancos.◆ Conjunto de entidades que tienen por objeto básico facilitar la financiación de las distintas actividades económicas.◆ Forma que puede revestir la actividad de los banqueros.◆ Puesto o asiento en el Parlamento obtenido en elecciones.

BANCA ESPECIALIZADA: entidad financiera que se ocupa de un tipo de operación específica. ◆ Formas que puede revestir la actividad de los banqueros.◆ Por ejemplo: banco de crédito.

BANCA HIPOTECARIA: entidad que utiliza sus propios fondos a fin de hacer y/o dar servicio a préstamos de hipoteca.

BANCA MÚLTIPLE: organización o entidades bancarias que realizan todas las operaciones pertinentes a la banca especializada. El desarrollo de las distintas actividades conforma una gran concentración del capital.

BANCARIOS: concepto que comprende a empleados de los bancos, que pueden ser jerárquicos o no. No debe incluirse en este concepto a quienes tienen el poder decisorio.◆ Pertenecientes o relativos a la banca comercial.

BANCARROTA: quiebra comercial.◆ Descrédito de un sistema o doctrina. ◆ Desastre económico, ruina, hundimiento de un país, persona o empresa. ◆ Ver **Estado de cesación de pagos**.

BANCARROTA FRAUDULENTA: aquella que se produce como consecuencia del dolo o fraude cometido.

BANCARROTA SIMPLE: aquella que se produce como consecuencia de la culpa o falta grave cometida por el quebrado.

BANCO: establecimiento público de créditos, constituido en sociedad por acciones.◆ Ver **Bancos.**

BANCO ÁRABE LATINOAMERICANO: creado en 1977, con sede en Lima, conforma una entidad multinacional con participaciones financieras árabes y latinoamericanas.

BANCO CENTRAL: institución bancaria que regula y controla el sistema bancario. Este organismo, si bien suele ser estatal, en algunos países tiene independencia con respecto al Poder Ejecutivo en lo que concierne a la emisión de dinero y a las políticas de crédito y redescuentos, mientras que, en otros países, actúa de acuerdo con las políticas definidas por las autoridades económicas. Es un banco de bancos.

BANCO CENTROAMERICANO DE INTEGRACIÓN ECONÓMICA: fue constituido en 1961, tiene su sede en Tegucigalpa y está compuesto por: Costa Rica, Guatemala, El Salvador, Nicaragua y Honduras; tiene como finalidad principal la cooperación y el desarrollo de la región centroamericana.

BANCO CORRESPONSAL: aquel ubicado en un país que pone a disposición de otro banco, ubicado en el mismo país o en otro, una línea de crédito para su utilización en operaciones futuras que se concreten entre ellos.◆ Depositario de otro banco.

BANCO DE BASILEA: ver **Banco Internacional de Pagos**.

BANCO DE DATOS: conjunto de datos almacenados en fichas, cintas o discos magnéticos, del cual se puede extraer, en cualquier momento, generalmente mediante un computador electrónico, una determinada información.

BANCO DE RESERVA FEDERAL: ver **Reserva federal.**

BANCO HIPOTECARIO: ver **Banca hipotecaria.**

BANCO INTERAMERICANO DE DESARROLLO: más conocido por la sigla BID, es un organismo internacional creado el 30 de diciembre de 1959 con el objeto de incentivar y acelerar el desarrollo económico de los países de América Latina. Actualmente, cuenta con la adhesión de cuarenta y cuatro países. Posee dos fuentes de recursos propios: 1) los recursos ordinarios de capital y 2) un fondo para operaciones especiales.

BANCO INTERNACIONAL: entidad bancaria poderosa que actúa en varios países.

BANCO INTERNACIONAL DE PAGOS: *Bank for International Settlements.*◆ Entidad financiera decana de los organismos multilaterales fundada en 1930. Es una especie de Banco Central de Bancos Centrales. Aunque, entre otras cosas, presta dinero y toma depósitos, lo hace normalmente entre bancos centrales. Está ubicado en Basilea, Suiza. Unos ochenta y cinco bancos centrales de todo el mundo operan hoy con depósitos. Tienen en conjunto algo más de 100 millones de dólares colocados. Desde su fundación se incorporaron los bancos centrales de Alemania, Bélgica, Francia, Gran Bretaña, Italia y Japón. Luego se agregaron los de Holanda, Suecia y Suiza, así como tres accionistas privados: JP Morgan, el Citibank y el *First National Bank of Chicago*. Los franceses y los belgas distribuyeron también parte de su cuota entre algunos inversores privados de sus respectivos países. ◆ Banco de Ajustes Internacionales.◆ BIS.◆ Banco de Basilea.

BANCO INTERNACIONAL DE RECONSTRUCCIÓN Y FOMENTO: conocido por la sigla BIRF, fue creado juntamente con el Fondo Monetario Internacional (FMI) en la conferencia financiera y monetaria de las Naciones Unidas celebrada en Bretton Woods; comenzó a operar en el año 1946. Son países miembros del BIRF todos aquellos que forman parte del FMI. Llamado también Banco Mundial, su objeto es promover las inversiones privadas en el extranjero por medio de garantías o de participación en préstamos y otras inversiones realizadas por particulares; cuando no se disponga de capitales privados en condiciones razonables, complementar la inversión privada, facilitando recursos financieros con destino a fines productivos. Los aportes de capital de los socios son similares a las cuotas del FMI.◆ Banco Mundial.

BANCO LOCAL: aquel cuyo ámbito de influencia es muy reducido y se limita a su jurisdicción.

BANCO MUNDIAL: Banco Internacional de Reconstrucción y Fomento.◆ BIRF.

BANCO NACIONAL DE DATOS GENÉTICOS: organismo creado a fin de obtener y almacenar información genética que facilite la determinación y el esclarecimiento de conflictos relativos a la filiación.

BANCOCRACIA: influencia desmedida de la organización bancaria en relación con la vida política y económica de un Estado.◆ Influjo abusivo de la banca en la administración de un Estado.

BANCOS: entidades privadas o públicas, oficiales o mixtas de la Nación, de las provincias o municipalidades, que realicen intermediación habitual entre la oferta y la demanda de recursos financieros y se encuentren debidamente autorizadas.◆ Establecimiento público de crédito constituido en sociedad por acciones.

BANCOS DE INVERSIÓN: aquellas entidades que pueden recibir depósitos a plazo, emitir bonos, obligaciones y certificados de participación en los préstamos que otorguen, conceder crédito a mediano y largo plazo, otorgar garantías, realizar inversiones, actuar como fideicomisarios y depositarios de fondos comunes de inversión, obtener créditos del exterior, realizar operaciones en moneda extranjera, dar en locación bienes de capital adquiridos con tal objeto y cumplir mandatos y comisiones conexos con sus operaciones.

BANCOS HIPOTECARIOS: instituciones especializadas en la financiación hipotecaria en otorgar créditos hipotecarios. Normalmente, están íntimamente vinculadas con la actividad inmobiliaria. Se dedican a otorgar préstamos con garantías hipotecarias para construcciones, refacciones o ampliaciones de inmuebles.

BANDA: grupo de gente armada.◆ Se considera que existe cuando se da una asociación de tres o más personas destinadas a cometer delitos indeterminados y con cierto sentido de permanencia.

BANDERA: insignia compuesta generalmente de un pedazo rectangular de tela que está asegurada por uno de sus lados a un palo o asta. Simbólicamente, se habla de bandera de paz en el sentido de convenio o ajuste después de alguna discusión; de dar la bandera, en el de cederle a uno la primacía o reconocerle ventaja en alguna materia; de levantar la bandera, en el de hacerse la cabeza del bando o parcialidad y también de convocar gente de guerra; de militar bajo bandera, en el de ser de su opinión, bando o partido; de a o con banderas desplegadas, en el de hacer una cosa abierta o descubiertamente, con toda libertad; de hacer bandera, en el de jugar con el peligro o cometer imprudencias; de salir con banderas desplegadas, en el de salir con todo aplauso y lucimiento.

BANDIDO: fugitivo de la justicia llamado por bando. ◆ Persona perversa y desenfrenada.

BANDIR: publicar bando contra un reo ausente, con sentencia de muerte en su rebelión.

BANDO: edicto o mandato solemnemente publicado de orden superior.◆ Facción, partido, parcialidad.

BANDOLERISMO: robo o pillaje cometido con violencia, a mano armada y por lo común, en banda *(H. Capitant).*

BANDOLERO: ladrón.◆ Bandido. ◆ Asaltante de caminos, ladrón.

"BANK FOR INTERNATIONAL SETTLEMENTS": BIS.◆ Banco Internacional de Pagos.

BARATERÍA: delito cometido con fraude. ◆ Fraude o engaño en el comercio. ◆ Admisión por parte de un juez de aceptar regalo o dinero para dar una sentencia justa.◆ Acto de negligencia de la tripulación de un buque o cualquier otro en perjuicio del armador o de la carga.

BAREMO: conjunto de normas establecidas convencionalmente para evaluar los méritos personales, la solvencia de empresas, etcétera.◆ Cuaderno o tablas de cuentas ajustadas.◆ Lista de tarifas.

BARRACAS: especie singular de casas de depósitos en las que se quedaron los frutos de un país *(A. Siburu).*

BARRAQUERO: dueño o administrador de la barraca.◆ Agente auxiliar del comercio que tiene depósito, almacenes o barracas en donde recibe en depósito mercaderías y productos de otros comerciantes y obtiene como retribución el pago de una comisión llamada "almacenaje".

BARRERAS ADUANERAS: políticas comerciales de un Gobierno sobre aranceles de importación y exportación con el fin de establecer un nivel de protección que impida a la competencia externa perjudicar la producción nacional. ◆ Barreras arancelarias.

BARRERAS ARANCELARIAS: ver **Barreras aduaneras**.

BARRERAS NO ARANCELARIAS: ciertos instrumentos de los que se sirven los gobiernos, además de los aranceles, para restringir el comercio internacional. Esos instrumentos son las cuotas de importación, los embargos y la legislación de compras nacionales.

BARTOLISTAS: hacia la mitad del siglo XIII, el estudio del Derecho Romano ha vuelto a caer en plena decadencia. Se apegan servilmente a la glosa, que acaba por tener mayor autoridad que el texto. Este exceso origina una reacción. Al principio del siglo XIV, Bartolo de Saxoferrato, que enseña el Derecho en Pisa y en Perusa, hace prevalecer un nuevo método. Contrariamente al genio de los jurisconsultos romanos, que no son generalizadores, procura construir teorías. Pero en sus tratados abusa de las formas escolásticas, de las divisiones y de las distinciones sutiles. Sus discípulos siguen la misma senda, pero exagerando aún los defectos del maestro, y durante casi dos siglos esta escuela, que no supo sacar ningún provecho de los trabajos de la época sobre antigüedades romanas, ejerció sobre el Derecho una influencia funesta *(E. Petit)*.

BASE DE OPERACIONES: lugar donde se concentra y prepara un ejército.

BASE IMPONIBLE: suma de todos los rendimientos netos, positivos y negativos, más el exceso de los incrementos de patrimonio sobre las disminuciones de patrimonio.◆ Monto sobre el cual se aplica la tasa o alícuota para determinar el impuesto base sujeto a tributación. ◆ Base impositiva.

BASE LIQUIDABLE: en materia de Derecho Tributario, consiste en el resultado de deducir de la base imponible las reducciones fijadas por la normativa impositiva correspondiente.

BASE REGULADORA: cifra que, con base en la retribución y en el tiempo de cotización, determina la cuantía y la duración de las prestaciones de los beneficiarios de la seguridad social.

BASTANTEAR: afirmar un abogado, por escrito y bajo su responsabilidad, que un instrumento público en donde consta un estado de mandato es suficiente para dar valor legal a una o más actuaciones del mandatario.

BASTARDO: hijo ilegítimo.

BASURA: desecho, residuos.◆ Valores reducidos prácticamente a nada por la inflación.◆ Son residuos sólidos urbanos. Materiales provenientes de la actividad, que el hombre en su vida cotidiana desecha diariamente y que, además, no reúnen características infecciosas, radiactivas, explosivas y/o corrosivas. Estos residuos se originan en los hogares, ámbitos laborales, restaurantes, edificios administrativos, hoteles, industrias, etcétera, y son restos de comida, papel y cartón, botellas, embalajes de diversos tipos, etcétera.

BCIE: Banco Centroamericano de Integración Económica.

BELIGERANCIA: calidad de beligerante.

BELIGERANTE: aplícase a la potencia, nación, etcétera que se encuentra en guerra.

BELIGERANTES ACCESORIOS: aquellos estados que confieren ayuda y socorro solamente de forma limitada al beligerante principal.

BELIGERANTES PRINCIPALES: aquellas partes en una guerra que la emprenden sobre la base de un tratado de alianza, sea concluido antes o durante la guerra, o en virtud de haber llegado a ser parte en la guerra independientemente de este tratado de alianza.

BENDICIÓN NUPCIAL: ver **Matrimonio canónico.**

BENEFICENCIA: término que alude al conjunto de donaciones o contribuciones que realiza una empresa a instituciones o entidades sin fines de lucro.◆ Es el deber moral que tiene el hombre de hacer bien a sus semejantes en proporción a los medios de que disponga, en cuyo sentido atañe a la virtud de la caridad *(Cortés Giménez).*

BENEFICENCIA SOCIAL: conjunto de servicios públicos o privados que tienen por finalidad la mejora de las condiciones o situaciones de miseria y pobreza en una comunidad.

BENEFICIARIO: persona a favor de la cual se constituye un derecho determinado. ◆ Persona a cuyo nombre se extiende un documento comercial, como cheque, pagaré, letra de cambio.◆ Quien cobra un documento.◆ Persona que cumple con los requisitos para obtener las prestaciones que le otorgan las leyes previsionales.◆ Toda persona que recibe una prestación directa, por ejemplo jubilación, o indirecta, por ejemplo retiro por invalidez, del Sistema Integrado de Jubilaciones y Pensiones (SIJP).

BENEFICIARIO DEL EXTERIOR: quien percibe sus ganancias en el extranjero, directamente o a través de apoderados, agentes, representantes o cualquier otro mandatario en el país y a quien, percibiéndolas en el país, no acredita residencia estable en éste.

BENEFICIO: ganancia. Utilidad.◆ Renta. ◆ Rendimiento.◆ Provecho.◆ Lucro.◆ Derecho que compete a alguien por ley o privilegio.

BENEFICIO ADUANERO: se aplica a los efectos que, admitidos como equipaje, superan el monto de las franquicias y por los que se debe abonar derechos de importación. No deben dichos efectos generar presunción de fines de comercio por su cantidad y especie. Tienen límites máximos en su valor, fijados conforme pautas económicas y sociales *(E. Erramuspe).*

BENEFICIO DE ABDICACIÓN: derecho o facultad que tiene la viuda a renunciar a cualquier participación en los bienes patrimoniales, pudiendo de esta forma liberarse de las responsabilidades que pudieran presentarse con posterioridad. Este beneficio se admite en algunas legislaciones.

BENEFICIO DE BANDERA: disminución de los derechos arancelarios que pagan las mercancías transportadas en buques de la propia nación o en los de nación extranjera a quien por tratado se ha concedido esta ventaja.

BENEFICIO DE CESIÓN DE ACCIONES: derecho que le acuerda la ley al cofiador que paga la deuda afianzada, para subrogar en todos los derechos, acciones, privilegios y garantías del acreedor, contra los otros cofiadores, para cobrar a cada uno de éstos la parte que le correspondiese *(Cortés Giménez).*

BENEFICIO DE COMPETENCIA: beneficios que tienen determinados deudores por razones de parentesco, grado o liberalidad para no pagar u obligarse a más de lo que puedan pagar o realizar luego de alcanzar lo necesario para su subsistencia.

BENEFICIO DE DELIBERAR: el concedido por la ley al heredero para diferir la adición o repudiación de la herencia hasta que se haya hecho el inventario.

BENEFICIO DE DIVISIÓN: beneficio en virtud del cual, en el caso de existir dos o más fiadores de una misma deuda que no se hubiesen obligado solidariamente al pago, se entenderá dividida la deuda entre ellos por partes iguales y no podrá el acreedor exigir a ninguno de ellos sino la cuota que le corresponda.

BENEFICIO DE EXCUSIÓN: el que se concede al fiador para que no pueda ser compelido al pago de la obligación que afianzó hasta tanto se haya reclamado el pago al deudor principal.◆ Beneficio de orden.

BENEFICIO DE INVENTARIO: derecho que la ley concede al heredero de aceptar la herencia con la condición de no quedar obligado a pagar a los acreedores del difunto más de lo que importe la herencia misma, por lo cual se compromete a hacer inventario formal de los bienes.◆ Beneficio en virtud del cual el heredero que acepta la herencia se obliga por las deudas y cargas de la sucesión sólo hasta la concurrencia del valor de los bienes que ha recibido de la herencia. Su patrimonio no se confunde con el del difunto y puede reclamar como cualquier otro acreedor los créditos que tuviese contra la sucesión.

BENEFICIO DE LA MASA: expresión con la que comúnmente se hace referencia a todo aquello que queda en provecho de la masa de acreedores en los juicios de quiebra.

BENEFICIO DE LITIGAR SIN GASTOS: franquicia otorgada a determinados litigantes (a su pedido), quienes, por carecer de medios, en virtud de ésta se verían beneficiados con la eximición de los gastos causídicos.

BENEFICIO DE ORDEN: ver **Beneficio de excusión.**

BENEFICIO DE POBREZA: ver **Beneficio de litigar sin gastos.**

BENEFICIO DE SEPARACIÓN: consistía en la ventaja que se otorgaba en el Derecho Romano al esclavo instituido heredero de no tener que pagar las deudas del causante sino hasta donde alcanzasen los bienes dejados por éste, teniendo en cuenta que esa clase de herederos lo eran forzosamente en el sentido de que no podían rechazar la herencia *(Cortés Giménez).*

BENEFICIOS: todas las compensaciones que otorga el empleador y que no sean remuneraciones. Por ejemplo: automóviles de la empresa, seguro médico, casa, viajes, colegio, etcétera.

BENEFICIOS DISFRAZADOS: ocultamiento de ganancias. Usualmente, se trata de una práctica ejercitada a fin de lograr una disminución de las cargas tributarias, por ejemplo.

BENEFICIOS EXTRAORDINARIOS: mejoramiento de las condiciones patrimoniales de carácter circunstancial y que por su magnitud excede de la ecuación lógica: aporte de riqueza o esfuerzo y provecho o premio.

BENEFICIOS FISCALES: aquellos consistentes en desgravaciones, deducciones o exenciones impositivas que se otorgan a empresas, generalmente dedicadas a la producción industrial, con la finalidad de estimular zonas geográficas o determinadas ramas de la actividad económica.

BENEFICIOS SOCIALES: aquellos otorgados por el sistema de seguridad social de un país; como por ejemplo pensiones, jubilaciones, seguro de desempleo, etcétera.

"BENEFICIUM ABSTINENDI": beneficio de abstención.

"BENEFICIUM COMPETENTIAE": beneficio de competencia.

"BENEFICIUM DIVISIONIS": beneficio de división.

"BENEFICIUM EXCUSSIONIS": beneficio de excusión.

BENÉFICO: alude a todo acto de aporte gratuito que se presta a los necesitados. ◆ Ver **Beneficencia.**

BENELUX: sigla de la unión aduanera entre Bélgica, Holanda y Luxemburgo, establecida por el Convenio de Londres en 1944 y completada por una unión económica promovida por el Tratado de La Haya en 1958.

BIANUAL: relativo al acontecimiento o al hecho que ocurre dos veces por año.

BICAMERAL: relativo al Poder Legislativo, compuesto por dos Cámaras.

BID: ver **Banco Interamericano de Desarrollo**.

BIEN: cualquier objeto, como artículo de comercio, mercancía, mercadería, materia prima, insumo, producto en elaboración o producto elaborado o terminado, elemento del activo fijo (maquinaria, inmueble, etc.).◆ Cosa reconocida como apta para la satisfacción de una necesidad humana y disponible para esta función *(C. Merger).*◆ Ver **Bienes**.

BIEN COMÚN: conjunto de condiciones de la vida social que hacen posible a las asociaciones y a cada uno de los miembros de la sociedad el logro más pleno y más fácil de la propia perfección.

BIEN DE FAMILIA: bien de carácter inembargable. El propietario puede constituir en bien de familia un inmueble urbano o rural de su propiedad cuyo valor no exceda las necesidades de sustento y vivienda familiar.◆ El bien de familia es una institución jurídica del Derecho de Familia patrimonial y, por lo tanto, del Derecho Civil, concerniente a un inmueble urbano o rural ocupado o explotado por los beneficiarios directamente, limitado en su valor, que por destinarse al servicio de la familia goza de inejecutabilidad, es de restringida disponibilidad, se encuentra gravado impositivamente y subsiste en su afectación después del fallecimiento del titular del dominio *(O. Greco)*.

BIEN FISCAL: el que corresponde al Estado en su carácter de propietario de un capital.

BIEN INDIVISO: el que pertenece a dos o más personas, sin individualización de las partes correspondientes a cada una de ellas.◆ Ver **Condominio**.

BIEN JURÍDICO PENAL: relación de disponibilidad de un individuo con un objeto, protegida por el Estado, que revela su interés mediante la tipificación penal de conductas que le afectan (E. Zaffaroni).

BIEN JURÍDICO PROTEGIDO: el normal, ordenado y legal desenvolvimiento de las funciones de los órganos del Estado en todas las ramas de sus tres poderes.◆ El patrimonio privado ajeno cuando es atacado por medios insidiosos o fraudulentos.

BIEN RAÍZ: ver **Bienes inmuebles**.

BIENAL: lo que sucede cada dos años.◆ Que dura un bienio.

BIENES: cosas materiales susceptibles de apropiación y todo derecho que forme parte integrante del patrimonio.

BIENES A NOMBRE DE OTRO: bienes cuyo dominio pertenece a una persona pero que aparecen registrados a nombre de otra.

BIENES ABANDONADOS: ver **Abandono de bienes.**

BIENES ACCESORIOS: aquellos cuya existencia y naturaleza son determinadas por otro del cual dependen o al cual están adheridos.

BIENES ACENSUADOS: bienes raíces gravados con algún censo.

BIENES ACTUALES: aquellos que existen y están listos para el consumo; también se los llama bienes de disfrute.

BIENES ADVENTICIOS: los que el hijo de familia que está bajo la patria potestad adquiere por su trabajo en algún oficio, arte o industria o por fortuna; y los que hereda de propios o extraños.

BIENES ALOIDALES: los que estaban libres de toda carga y derecho señorial.

BIENES ANTIFERNALES: los que el marido donaba a la mujer en compensación y seguridad de la dote.

BIENES ASEGURADOS: norma elemental de previsión por la cual se aseguran bienes expuestos a ciertos riesgos.

BIENES CASTRENSES: los que adquiere el hijo de la familia por la milicia o con ocasión del servicio militar.

BIENES COLECTIVOS: su característica básica es que no hay ninguna razón por la que se debe utilizar el precio para racionalizar el uso o consumo del bien. Nunca puede haber un problema de escasez en estos tipos de bienes. Para evitar escaseces e ineficiencias en el consumo, cualquiera que sea la cantidad producida, no es necesario cobrar un precio por la cantidad utilizada con el objeto de inducir a los consumidores a consumir una cantidad menor del bien o hacerlo con una frecuencia menor. Por ejemplo: medida de prevención contra el sida, transmisión de televisión, los conocimientos, seguridad, etcétera.◆ Bienes públicos.

BIENES COMPETITIVOS: aquellos que pueden ser sustituidos por otros; en virtud de ello, su demanda está sometida a la competencia de bienes distintos que satisfacen una misma necesidad. Por ejemplo: la madera y el hierro para hacer una ventana.

BIENES COMPLEMENTARIOS: aquellos bienes económicos que integran un proceso de producción o que son partes que conforman un bien final distinto. Por ejemplo: una puerta está constituida por madera, cerradura, cola, etcétera; el bien final es la puerta y la madera, la cerradura y la cola son complementarios. Un aumento de la cantidad demandada de un bien complementario normalmente produce un incremento similar en los restantes *(A. Digier).*

BIENES COMUNALES: los que pertenecen al común o concejo de algún pueblo.

BIENES COMUNES: aquellos que pueden ser utilizados por cualquier persona y que no son propiedad exclusiva de un individuo determinado.

BIENES CONCURSADOS: aquellos que componen el patrimonio de una persona física o jurídica y se encuentran afectados a la responsabilidad de las obligaciones que los gravan. ◆ Bienes cedidos a los acreedores de una persona, por decisión propia o por un juicio de concurso civil o comercial..

BIENES CONSUMIBLES: aquellos cuya existencia termina con el primer uso y los que terminan para quien deja de poseerlos por no distinguirse su individualidad. ◆ Ver **Bienes de consumo.**

BIENES CONTRADOTALES: bienes antifernales.

BIENES CORPORALES: cosas corporales.

BIENES CUASI CASTRENSES: aquellos adquiridos por el hijo de familia en virtud del ejercicio de un cargo público, profesión o arte liberal.

BIENES DE ABADENGO: antiguamente se conocían como tales aquellos bienes que estaban situados en el territorio judicial de alguna autoridad eclesiástica y que por ello se hallaban exentos de ciertas contribuciones.

BIENES DE ABOLENGO: bienes heredados de los abuelos.

BIENES DE APROVECHAMIENTO COMÚN: bienes comunales.

BIENES DE CAMBIO: aquellos destinados a la venta en el curso habitual de la actividad del ente, que se encuentran en proceso de producción para dicha venta o que resultan generalmente consumidos en la producción de los bienes o servicios que se destinan a la venta, así como los anticipos a proveedores por las compras de estos bienes.

BIENES DE CAPELLANÍA: ver **Cosas eclesiásticas**.

BIENES DE CAPITAL: los bienes considerados de activo fijo y que son utilizados para la elaboración de otros bienes en forma directa o indirecta. Son medios de producción producidos *(A. Digier)*.◆ Bienes de producción.

BIENES DE CONSUMO: bienes que sirven para satisfacer necesidades humanas en forma directa. Son las mercaderías y servicios de utilización final (o sea que no sirven para producir otros bienes sino solamente para ser consumidos) y de uso inmediato para satisfacer las necesidades económicas de las personas y de la comunidad *(A. Digier)*.

BIENES DE CONSUMO DURABLES: aquellos que no se consumen con el primer uso. Aquellos que tienen una vida útil más o menos prolongada, que se van deteriorando o consumiendo a lo largo de sucesivos usos *(A. Digier)*. Por ejemplo: televisor, traje, etcétera.◆ Bienes de consumo duraderos.

BIENES DE CONSUMO DURADEROS: ver **Bienes de consumo durables.**

BIENES DE CONSUMO NO DURABLES: aquellos que se consumen, extinguen o desaparecen al satisfacer en forma directa una necesidad. Por ejemplo: alimentos, cigarrillos, etcétera. ◆ Bienes de consumo no duraderos *(A. Digier)*.

BIENES DE CONSUMO NO DURADEROS: ver **Bienes de consumo no durables.**

BIENES DE DIFUNTOS: en las antiguas colonias hispanas, aquellos de los españoles y extranjeros que allí morían y cuyos herederos se hallaban ausentes.

BIENES DE DISFRUTE: bienes actuales.

BIENES DE DISPONIBILIDAD RESTRINGIDA: aquellos activos que en las entidades o empresas no pueden ser enajenados hasta tanto no se cancelen determinados pasivos, indicándose su valor contable y el de los pasivos relacionados, y otros cuya disponibilidad está limitada por razones legales, contractuales o situaciones de hecho, con indicación de su valor y de las causas que motivan su indisponibilidad.

BIENES DE DOMINIO PRIVADO: ver **Bienes del Estado**; **Bienes privados del Estado.**

BIENES DE DOMINIO PÚBLICO: ver **Bienes del Estado**; **Bienes públicos del Estado.**

BIENES DE EQUIPO: insumos.

BIENES DE INGRESO ENTORPECIDO: bienes ignorados.

BIENES DE LA HERENCIA: ver **Bienes hereditarios.**

BIENES DE LA MASA: conjunto de todos aquellos bienes pertenecientes al deudor fallido que, en virtud de la declaración de quiebra, conforman el activo a distribuir entre todos los acreedores verificados, atendiendo a las circunstancias de cada crédito.

BIENES DE PRODUCCIÓN: ver **Bienes de capital.**

BIENES DE REALENGO: en la Antigüedad, eran conocidos con este nombre los bienes que estaban afectados a los tributos y derechos reales.

BIENES DE TERCEROS: aquellos cuya titularidad recae sobre una persona distinta de las partes intervinientes, ya sea en un contrato, un negocio, etcétera.

BIENES DE USO EN TRÁNSITO: bienes que, habiendo sido adquiridos en el exterior, aún no han arribado al lugar de destino.

BIENES DEL ESTADO: aquellos que le pertenecen al Estado. Pueden ser bienes públicos o privados.◆ Ver **Bienes privados del Estado; Bienes públicos del Estado.**

BIENES DIVISIBLES: aquellos susceptibles de ser distribuidos –o divididos en porciones reales– sin que ello implique su destrucción. Cada una de las partes forma un todo homogéneo y análogo, tanto a las otras partes como a la cosa misma.

BIENES DOMINIALES: conjunto de bienes que componen el patrimonio público indispensable del Estado. ◆ Bienes dominicales.

BIENES DOMINICALES: conjunto de todas aquellas cosas o bienes integrantes del patrimonio privado del Estado.◆ Cosas que componen el patrimonio privado del Estado. ◆ Bienes dominiales.

BIENES DONADOS: los transmitidos por donación. Cuando una persona, mediante un acto entre vivos, transfiere de su libre voluntad a otra, en forma gratuita, la propiedad de una cosa.

BIENES DOTALES: los que constituyen la dote de la mujer en el matrimonio.

BIENES DURADEROS: productos que tienen un uso y una utilidad prolongados en el transcurso del tiempo. Incluyen los bienes de consumo duraderos y los bienes de capital o de producción.

BIENES ECLESIÁSTICOS: ver **Cosas eclesiásticas**.

BIENES ECONÓMICOS: aquellos producidos o extraídos por la actividad del hombre con fines económicos, como aquellos otros que, estando en la naturaleza, son recursos no renovables y de carácter escaso. En rigor, todos los bienes económicos revisten tal carácter, por cuanto la limitación de tales bienes está dada por el carácter limitado de la Tierra.◆ Bienes escasos.

BIENES EN DESUSO: ver **Bienes fuera de uso**.

BIENES ENAJENABLES: todos aquellos pasibles de transmisión, ya por actos entre vivos o de última voluntad, ya a título oneroso o gratuito.

BIENES ESCASOS: ver **Bienes económicos.**

BIENES FINALES: aquellos que no sufren ningún proceso posterior de transformación y son usados en el estado en que se encuentran, ya sea para consumo, ya para inversión.

BIENES FISCALES: ver **Bienes del Estado.**

BIENES FÍSICOS: cosas materiales y tangibles.

BIENES FORALES: los que concede el dueño a otra persona, reservándose el dominio directo por algún tiempo, mediante el pago de un reconocimiento o pensión anual.

BIENES FUERA DE USO: aquellos que han dejado de tener utilidad para ser empleados conforme al destino para el cual fueron adquiridos.

BIENES FUNGIBLES: los que no pueden ser usados sin consumirlos. Son cosas fungibles cuando todo individuo de la especie equivale a otro individuo de la misma especie y pueden sustituirse las unas por las otras de la misma calidad y en igual cantidad.◆ Todos aquellos que tienen una cotización de mercado libre, abierto y transparente, y no requieren un gran esfuerzo para comercializarlos. Por ejemplo: títulos y acciones, moneda extranjera, cereales, etcétera.

BIENES GANANCIALES: aquellos que adquieren los cónyuges durante la sociedad conyugal por cualquier título que no sea herencia, legado o donación.◆ También son considerados como gananciales los frutos de bienes propios y comunes, obtenidos durante el matrimonio.

BIENES GRATUITOS: aquellos que, por contraposición a los escasos, son obtenidos sin mayor esfuerzo debido a que se presentan en abundancia en la naturaleza. Los que existen en abundancia y/o se obtienen sin mayor esfuerzo. Por ejemplo: el aire.

BIENES GRAVADOS: aquellos bienes afectados a alguna garantía real o al pago de tributos. Por ejemplo, bienes hipotecarios, prendados, etcétera.

BIENES HEREDITARIOS: conjunto de bienes que integran el acervo hereditario.

BIENES IGNORADOS: aquellos que de hecho no se adquirieron hasta después de ser disuelta la sociedad conyugal por no haberse tenido noticia de ellos o por haberse obstaculizado injustamente su adquisición o goce. Son también bienes ignorados aquellos que nos pertenecen pero de los cuales no tenemos conocimiento *(Cortés Giménez)*.

BIENES INALIENABLES: aquellos sobre los cuales, en virtud de una convención entre partes, un mandato legal o una disposición de última voluntad, pesa una prohibición respecto de su enajenabilidad; puede ser aquélla absoluta o de carácter relativo, caso en el cual ésta cede ante la existencia de autorización previa.

BIENES INCORPORALES: bienes intangibles.

BIENES INDEPENDIENTES: aquellos cuyo consumo no tiene ningún grado de incidencia en el consumo de otros. Por ejemplo: lapiceras y fósforos.

BIENES INDIVISIBLES: se reputan tales cuando su división convierta en antieconómico su uso y aprovechamiento. ◆ Todos aquellos bienes que no son susceptibles de fraccionamiento sin detrimento, destrucción o inutilización de los mismos.

BIENES INEMBARGABLES: aquellos que, por estar exentos de toda forma de ejecución y, por ende, no pudiendo ser objeto de medidas cautelares, quedan sustraídos a la acción de los acreedores. Como bien apunta *Borga*, al tratarse de una excepción a la regla de la embargabilidad de todos los bienes, tiene sentido prohibitivo expreso, es de carácter restrictivo y debe estar dispuesta la exclusión por ley.

BIENES INFERIORES: aquellos comprados a niveles bajos de ingreso.

BIENES INMATERIALES: bienes intangibles.

BIENES INMUEBLES: son aquellos no susceptibles de traslado, sin que ello les acarree algún tipo de deterioro.♦ Ver **Bienes inmuebles por su naturaleza; Bienes inmuebles por accesión; Bienes inmuebles por su carácter representativo; Inmueble.**

BIENES INMUEBLES POR ACCESIÓN: ver **Inmuebles por accesión física; Inmuebles por accesión moral.**

BIENES INMUEBLES POR SU CARÁCTER REPRESENTATIVO: ver **Inmuebles por su carácter representativo.**

BIENES INMUEBLES POR SU NATURALEZA: ver **Inmuebles por su naturaleza.**

BIENES INTANGIBLES: bienes de carácter no físico o corpóreo, susceptibles de generar futuros ingresos, tales como privilegios o franquicias u otros similares. ♦ Bienes incorporales.

BIENES LIBRES: aquellos que no están vinculados.♦ Bienes sobre los cuales no pesa ninguna carga real.

BIENES LITIGIOSOS: aquellos cuya propiedad o posesión se disputa ante un tribunal o que dan lugar a pleito o litigio.

BIENES MOSTRENCOS: bienes vacantes, sin dueño conocido. Legalmente son del dominio privado del Estado.♦ En un sentido lato, es todo mueble o semoviente que carece de dueño conocido y puede ser objeto de apropiación por cualquier persona.

BIENES MUEBLES: aquellos que pueden trasladarse de un lugar a otro sin sufrir ningún tipo de menoscabo.

BIENES MUNICIPALES: aquellos que el Estado o los estados han puesto bajo el dominio de las municipalidades. Son enajenables en el modo y en la forma que las leyes especiales prescriban.

BIENES NACIONALES: ver **Bienes públicos del Estado; Bienes del Estado.**

BIENES NO CONSUMIBLES: los que no dejan de existir por el primer uso que de ellos se hace, aunque sean susceptibles de consumirse o de deteriorarse después de algún tiempo.

BIENES NO FUNGIBLES: aquellos que no pueden ser sustituidos por otros de la misma especie.

BIENES "NULLIUS": aquellos bienes que no tienen dueño conocido.♦ Cosas *nullius*.

BIENES PARAFERNALES: conjunto de bienes que lleva la mujer al matrimonio fuera de la dote y los que adquiere durante él por título lucrativo.

BIENES PARTICULARES: cosas que no pertenecen al Estado ni a las provincias ni a las municipalidades ni a las iglesias.

BIENES PRINCIPALES: los que existen por y para sí mismos.

BIENES PRIVADOS DEL ESTADO: aquellos que pertenecen al Estado general o a los Estados particulares (provinciales o municipales). Son bienes privados del Estado general o de los estados particulares.

BIENES PROFECTICIOS: los que adquiere el hijo que vive bajo la patria potestad con los de su padre, o le vienen por respecto de éste.

BIENES PROPIOS: aquellos que los cónyuges llevan al matrimonio o bien los recibidos mediante herencia, legado o donación durante el matrimonio. ◆ Bienes no gananciales.

BIENES PÚBLICOS: bienes colectivos.

BIENES PÚBLICOS DEL ESTADO: aquellos que fija la ley como pertenecientes al Estado general, provincias o comunas, de acuerdo con la legislación de cada país. Quedan comprendidos entre los bienes públicos.

BIENES RAÍCES: ver **Bienes inmuebles.**

BIENES RELICTOS: conjunto de bienes dejados por alguien o que quedaron de él a su fallecimiento.

BIENES RESERVABLES: los heredados bajo precepto legal de que pasen después a otra persona en casos determinados. ◆ Aquellos bienes que la viuda o el viudo reciben, con anterioridad o posterioridad a la celebración de un nuevo matrimonio, en virtud de haberlos heredado de un hijo fruto de la primera unión; no pueden enajenarlos ni gravarlos de modo que los mismos sean, a su muerte, recibidos por los restantes hijos de aquel matrimonio, hermanos del difunto o sus descendientes.

BIENES RESERVADOS: ver **Bienes reservables.**

BIENES SECULARIZADOS: los que fueron eclesiásticos y se han desamortizado.

BIENES SEDIENTES: bienes raíces.

BIENES SEMOVIENTES: concepto mediante el cual se designa genéricamente el ganado de cualquier especie.

BIENES SITOS: bienes sedientes.

BIENES SOCIALES: conjunto de todos aquellos bienes que se encuentran afectados al funcionamiento o giro habitual de una sociedad.

BIENES TANGIBLES: bienes físicos o corpóreos susceptibles de apropiación física.◆ Bienes materiales.

BIENES TRONCALES: los patrimoniales que, muerto el poseedor sin posteridad, en vez de pasar al heredero regular, vuelven, por ministerio de la ley, a la línea, tronco o raíz de donde vinieron.

BIENES VACANTES: aquellos sin dueño conocido. En el caso de tratarse de bienes muebles o semovientes, se denominan bienes mostrencos.

BIENES VINCULADOS: aquellos de enajenabilidad prohibida y sobre los cuales recae la condición de ser conservados perpetuamente dentro de una misma familia.

BIENESTAR: satisfacción del mayor número posible de necesidades, objetivo que sólo puede ser alcanzado con un elevado nivel de ingreso. Uno de los índices que se utiliza para medir el nivel de bienestar de los habitantes de un país es el ingreso per cápita. No obstante no es una medida muy certera.

BIENESTAR PÚBLICO: conjunto de las actividades de una sociedad referidas a las necesidades sociales de personas o familias, que incluye la planificación social y programas del gobierno.

BIENIO: período de dos años de duración.

BIGAMIA: delito cometido por aquel que, estando unido por matrimonio válido con una persona, contrajere segundo matrimonio válido.◆ Estado de un hombre casado con dos mujeres a un mismo tiempo o de la mujer casada con dos hombres.

BIGAMIA SIMILITUDINARIA: entre los canonistas, aquella en que incurre un religioso profeso o un clérigo casándose de hecho, aunque de derecho sea nulo su matrimonio.

BÍGAMO: aquel que, estando válidamente unido en matrimonio con una persona, contrae nuevas nupcias con otra en violación del impedimento de ligamen.

BILATERAL: acto jurídico que, para su válida celebración, requiere la manifestación de la voluntad de las dos partes interesadas.◆ Ver **Acto jurídico bilateral.**

BILATERALIDAD: coordinación objetiva de las acciones posibles entre varios sujetos, según un principio ético que la determina, excluyendo todo impedimento *(G. Del Vecchio).*

BILATERALIDAD DEL PROCESO: constituye una garantía del debido proceso, la cual exige que todos los sujetos que pudieran llegar a verse afectados como resultado del dictado de una resolución (de cualquier tipo) tengan o hayan gozado de una defensa adecuada y de la facultad de ser escuchados.

BILATERALISMO: acuerdos terminados entre dos países o grupos económicos. Indudablemente, se produce una restricción importante con respecto a la división internacional del trabajo.

"BILL" DE INDEMNIDAD: institución originada en Inglaterra que importa, según sostiene *Sorini*, la existencia de una organización política amparada por el principio de división de poderes y una limitación jurídica impuesta a la administración.

"BILL OF RIGHTS": denominación que alude a la "Declaración de derechos y garantías emergentes de la ley fundamental".

BILLETE: cédula impresa que representa cantidades de numerario.◆ Cédula impresa o manuscrito que acredita participación en una rifa o lotería.

BILLETE DE BANCO: documento al portador que ordinariamente emite el Banco Nacional de un país y circula como medio legal de pago.

BILLETES FALSOS: aquellos no emitidos por el organismo administrativo facultado al efecto. Generalmente, la emisión de monedas y billetes es una atribución del Banco Central de cada país.

BILLETES Y MONEDAS DE PARTICULARES EN PODER DEL PÚBLICO: suma de las cantidades de monedas y billetes de que dispone cada individuo en un país.

BIMENSUAL: que se hace o sucede dos veces al mes.

BIMESTRAL: que sucede o se repite cada bimestre.◆ Que dura un bimestre.

BIMESTRE: tiempo de dos meses.

BIMETALISMO: sistema monetario basado en el patrón de dos tipos de metales: oro y plata. Este sistema no está vigente en ningún lugar del mundo en la actualidad.

BÍNUBO: persona casada en segundas nupcias.

BIOLOGÍA CRIMINAL: disciplina que se ocupa del delito como un hecho o suceso en la vida de un individuo y analiza, estudia, la inclinación al crimen dentro de las condiciones socioculturales en las cuales de desarrolla.

BIPARTIDISMO: sistema político con predominio de dos partidos que compiten por el poder o se turnan en él.

BIRF: Banco Internacional de Reconstrucción y Fomento.◆ Banco Mundial.◆ *International Bank for Reconstruction and Development.*

BISABUELO: padre o madre del abuelo (o abuela) de un individuo. Sobre ambos pesa el deber de prestarse recíprocamente alimentos.

BISIESTO: se refiere al año que excede al año común en un día, que se añade al mes de febrero. Se repite cada cuatro años, con excepción del último de cada siglo, cuyo número de centenas no sea múltiplo de cuatro.

BISNIETO: hijo del nieto de uno.

BLANQUEO: ver **Afloramiento de activos.**

BLANQUEO DE DINERO: accionar avieso, consciente y directamente dirigido a ocultar su proveniencia delictiva y darle apariencia de legitimidad. El paso de la conversión o transformación del activo es la esencia del blanqueo.◆ Se refiere a aquella conducta que tiene como finalidad ocultar el origen, el destino o la titularidad de estos activos. Este dinero negro no deriva únicamente del narcotráfico, como se entiende habitualmente, sino que proviene también de otros actos ilícitos, como juego ilegal, terrorismo, corrupción estatal, tráfico de órganos, contrabando, compraventa de menores, secuestros extorsivos, etcétera.

BLASFEMIA: todo insulto a Dios, los santos o las cosas sagradas, sea de pensamiento, sea de palabra oral, por escrito o con gestos *(A. Gardella).*

BLOQUE: nombre con que se alude a la agrupación ocasional de partidos políticos.◆ En conjunto, sin distinción, referido a partidas contables.

BLOQUE ECONÓMICO: integración económica de un conjunto de países con intereses y objetivos similares y en algunos casos, por ejemplo, el de la Unión Europea, hasta una moneda común.

BLOQUE MONETARIO: conjunto de países o estados cuyas monedas están íntimamente vinculadas o ligadas a una moneda común no convertible en oro.

BLOQUEO: se aplica cuando, en virtud de una disposición emanada de autoridad competente, se procede a la inmovilización de una suma o crédito privando a su dueño de disponer de ella total o parcialmente por cierto tiempo.

BLOQUEO COMERCIAL: bloqueo pacífico.

BLOQUEO DE FONDOS: medida en una guerra de carácter económico que implica la prohibición de movilizar fondos y cuentas bancarias de los nacionales enemigos.

BLOQUEO DE LIBRE NEGOCIABILIDAD DE LAS ACCIONES: ver **Sindicación de acciones.**

BLOQUEO ECONÓMICO: bloqueo que efectúa un país con la finalidad de perjudicar a otro obstaculizando o impidiendo tener acceso al comercio exterior. Este procedimiento se puede llevar a cabo a través de medidas militares.

BLOQUEO FISCAL: limitación al último período anual o últimos doce meses para impuestos que no se liquiden anualmente y por el cual se hubieran presentado declaraciones juradas o practicado liquidaciones, a la facultad de fiscalización de ciertos contribuyentes por la DGI *(J. A. Martin)*.◆ Tapón fiscal.

BLOQUEO MARÍTIMO: congelamiento contra los buques de un país enemigo en los puertos, rutas de acceso y salidas de puertos.◆ Ruptura de toda comunicación entre las costas o los puertos de un Estado y alta mar, operada y mantenida por las Fuerzas Armadas de otro Estado.◆ El bloqueo requiere para su configuración la característica de efectividad, es decir, que para que aquél exista y sea cumplido es necesario que imposibilite en forma absoluta el ingreso y egreso de la zona bloqueada.

BLOQUEO PACÍFICO: el que consiste en impedir por medio de la fuerza armada las comunicaciones con un puerto o las costas de un país al cual no se declaró la guerra, pero que se pretende obligar a proceder de cierto modo *(A. Llanés Torres)*.◆ También se denomina usualmente "Bloqueo comercial".

BLOQUEO REGISTRAL: anotación preventiva realizada por un lapso limitado, la cual posee la finalidad de garantizar el ingreso de un futuro título a los Registros durante dicho plazo, no aceptándose otro durante el mismo.

BODA: término comprensivo del casamiento y fiesta con que se solemniza.

BOICOT: intento de impedir la actividad económica mediante la prohibición de comerciar con determinada empresa o país con el propósito de hacerle ceder en una cuestión objeto de litigio.◆ Negación colectiva de clientes, obreros o empresas, vendedoras o compradoras, a negociar con otros individuos o empresas. Tal denominación proviene del nombre de un administrador inglés, *C. C. Boycott*, con quien los irlandeses no quisieron tratar en los disturbios campesinos entre 1879 y 1891. Sanción económica que se emplea por distintas razones.◆ Especie de huelga de clientes contra un determinado servicio o producto.

BOLCHEVIQUE: dícese del miembro de la facción mayoritaria y más radical del partido socialdemócrata ruso a partir de 1903.

BOLCHEVIQUISMO: doctrina profesada por el ala izquierda del partido socialdemócrata ruso, bajo la dirección de Lenin desde 1903 y en el poder desde 1917. Representaba una ampliación de la interpretación marxista del capitalismo, sus antinomias fundamentales y su inevitable derrumbamiento, adaptándolo a las formas del capitalismo en el Estado monopolista.

BOLCHEVISMO: bolcheviquismo.

BOLETA DE DEUDA: constituye un título suficiente para iniciar el procedimiento de ejecución fiscal previsto en la normativa tributaria. Sólo se pueden generar boletas de deuda cuando las deudas reclamadas (cobro de impuestos, intereses o multas) hayan sido consentidas por los contribuyentes o confirmadas luego de interpuestos los recursos pertinentes (AFIP).

BOLETÍN DE SUSCRIPCIÓN: documento mediante el cual una persona suscribe una determinada cantidad de acciones de una sociedad anónima. Es impreso por duplicado; corresponde el original firmado por el suscriptor de los títulos a la sociedad emisora y el duplicado, a este último. Este boletín constituye la prueba del compromiso de integración.

BOLETÍN OFICIAL: diario en el cual se publican todos los documentos o actos judiciales que requieran publicidad. ◆ Diario en el cual se publican leyes, decretos, resoluciones, etcétera, que, a veces, se acompañan con otros aspectos de interés público.

BOLETO DE COMPRAVENTA: documento utilizado en las operaciones de compraventa de propiedades inmuebles en el que se mencionan las condiciones y los datos de la operación, así como también el plazo para formalizar la escritura traslativa de dominio.◆ Contrato bilateral y consensual de compraventa acompañado por el compromiso de reducirlo a instrumento público cuando se trata de enajenación de inmuebles.

BOLSA: caudal o dinero de una persona. ◆ Establecimiento público en el que se reúnen los comerciantes, banqueros, agentes y especuladores, a fin de concertar o cumplir diversas operaciones. ◆ Reducto físico donde se realizan transacciones en función de operaciones de títulos-valores, sean privados o públicos.◆ Mercado de comercio, reunión periódica de los comerciantes y agentes de comercio llevada a cabo a fin de facilitar y realizar operaciones mercantiles brindando la seguridad y la legalidad correspondientes.

BOLSA DE CEREALES: mercado abierto al público donde se realizan operaciones de compraventa de cereales al contado o a término.

BOLSA DE COMERCIO: entidad gremial, empresaria, de carácter civil, con funciones específicas. Entre las más importantes podemos mencionar la autorización, la suspensión y la cancelación de la cotización de valores. Es un organismo distinto del Mercado de Valores.◆ Mercado abierto dedicado a la negociación de títulos, valores públicos y privados obligado al cumplimiento de normas legales para operar.◆ Establecimiento dentro del cual se realiza la intermediación bursátil a través de un agente, miembro de Bolsa. El reglamento interno de las bolsas debe contener garantías suficientes para asegurar la veracidad de las cotizaciones y la transparencia de las negociaciones efectuadas en su recinto, así como la operación con títulos lícitos, autorizados y emitidos conforme a las disposiciones que dicta la ley. En los EE.UU., el organismo que regula el cumplimiento de estas disposiciones es la Comisión Nacional de Valores y Bolsas. En México, en Bolivia y en la Argentina, es la Comisión Nacional de Valores *(V. Camargo Martín).*

BOLSA DE POBREZA: zona habitada por familias de escasos recursos. Sectores marginados por condiciones económicas precarias en los que los bajos ingresos y la desocupación provocan carencias.◆ Villa miseria.◆ Bolzón de pobreza.

BOLSA DE TRABAJO: registro u organismo encargado de recibir ofertas y requerimientos laborales y ponerlos en conocimiento de potenciales o reales demandantes.

BOLSA DE VALORES: ver **Bolsa de comercio**.

"BONA FIDES": locución de origen latino que significa "buena fe".

"BONA VACENTIA": expresión latina que significa "propiedad que no tiene dueño ni es reclamada por nadie".

BONIFICACIÓN TRIBUTARIA: toda exención, deducción o desgravación otorgada a un sujeto pasivo de una obligación impositiva.

BONISTA: persona que tiene bonos; tenedor de bonos.

BONO: certificado que produce interés.◆ Certificado o documento que otorga a su titular un derecho creditorio a participar en las utilidades de una sociedad anónima sin poseer los derechos políticos y patrimoniales inherentes a la generalidad de las acciones. El titular del bono no adquiere la calidad de socio sino que su derecho se limita exclusivamente a una participación en las utilidades. Es un simple documento de crédito.

BONO DE PRENDA: título de crédito expedido por un almacén general de depósito que acredita la constitución de un crédito prendario sobre las mercancías indicadas en el certificado de depósito correspondiente *(A. de la Cruz).*

BONO INTERNACIONAL: aquel que se vende inicialmente fuera del país del prestatario y que, a menudo, es distribuido en varios países.

"BONORUM DISTRACTIO": se trataba de un modo de ejecutar, en Roma, al deudor en estado de insolvencia mediante la venta individualizada de determinados bienes integrantes de su patrimonio. El producido de ésta era distribuido equitativamente entre los distintos titulares de los créditos que hubiesen sido verificados; se contemplaba, además, aquellas acreencias que gozasen de algún tipo de privilegio.

"BONORUM POSSESSIO": aparece en el Derecho Romano con el fin de modificar las sucesiones; amplía el concepto de herencia mediante un reparto más equitativo del acervo y a través de la inclusión de nuevos individuos con derecho a ella. Indicaba la vía para la posesión de los bienes hereditarios por personas que, de acuerdo con el Derecho vigente en la Antigüedad, carecían de vocación. De acuerdo con lo preceptuado por la postura mayormente admitida, su finalidad sería la de designar en forma inmediata a la persona a la cual le correspondería la posesión de la herencia durante la tramitación del pleito *(A. Silva).*

"BONORUM VENDITIO": forma de ejecución en la Antigua Roma que importaba la realización en bloque de los bienes del deudor a fin de posibilitar la distribución del producido mediante prorrateo entre los acreedores.

BONOS BASURA: papeles de deuda privada estadounidense que no están respaldados por ningún activo físico.

BONOS DE FUNDADOR: en algunos países, acciones de fundador.

BONOS DE GOCE: los que se entregan a los titulares de acciones totalmente amortizadas. Otorgan derecho a participar en las ganancias de los ejercicios siguientes y, en caso de disolución, en el producto de la liquidación, después de reembolsado el valor nominal de las acciones no amortizadas. Además, gozarán de los derechos que el estatuto les reconozca expresamente.

BONOS DE PARTICIPACIÓN: los que se entregan por prestaciones que no sean aportes de capital. Sólo dan derecho a participar en las ganancias de ejercicio. Otorgan a su poseedor el derecho a recibir no sólo intereses a tasa fija sino una participación en las utilidades netas de la empresa.

BONOS DE PARTICIPACIÓN PARA EL PERSONAL: esta clase de bonos puede ser adjudicada al personal de la sociedad en relación de dependencia. La ganancia que le sea asignada será computada como gasto. Son intransferibles y caducan con la extinción de la relación laboral, cualquiera que sea la causa.

BONOS HIPOTECARIOS: ver **Cédulas hipotecarias.**

BOSQUE: toda formación leñosa, natural o artificial.

BOTÍN: conjunto de las armas, provisiones y demás efectos de una plaza o de un ejército vencido y de los cuales se apodera el vencedor.

BOYAS: ver **Balizamiento.**

"BOYCOTT": ver **Boicot.**

BRACERO: peón, jornalero no especializado. ◆ En México, trabajador que emigra temporalmente a otro país.◆ Trabajador no calificado que desarrolla actividades temporales en el sector agrícola de acuerdo con las necesidades que se producen en localidades o zonas cercanas para cubrir puestos de trabajo.

BRECHA CAMBIARIA: diferencia porcentual o cuantitativa entre el valor de la divisa en el mercado oficial y su valor en el mercado libre.

BRECHA COMERCIAL: diferencia existente entre el total de importaciones y exportaciones. Los países periféricos exportan materias primas y/o productos con poco valor agregado. En cambio, los países centrales exportan bienes con alto valor agregado. Si a ello le unimos el deterioro de los términos de intercambio, veremos que cada vez resulta más difícil la reducción de la brecha.

BREVES: documentos o papeles redactados con menos formalismo que las bulas. Suele llamárselos "bulas breves".

"BREVET" DE INVENCIÓN: ver **Patente de invención.**

"BREVI MANU TRADITIO": más que una tradición propiamente dicha es un recurso técnico–jurídico para prescindir en ciertos casos de la tradición efectiva o para tenerla como existente, aunque de hecho no se verifique *(A. Gardella).*

BREVIARIO DE ANIANO: ver **Código de Alarico.**

BRIGADIER: oficial general de categoría inmediatamente superior a la de coronel en el ejército y a la de contraalmirante en la marina.

"BROKER": operador financiero internacional. ◆ Comercialmente, intermediario que se dedica a la compra y venta de espacios publicitarios por cuenta propia o por cuenta y orden de terceros. ◆ Operador de cambios.◆ Agente, cambista, intermediario. ◆ Agente inmobiliario que comenzó a definir su actitud de esta forma.

BUENA FE: lealtad, respeto a la palabra dada.◆ Estado del espíritu consistente en creer por error que se obra conforme a derecho y que la ley tiene en cuenta para proteger al interesado contra las consecuencias de la irregularidad del acto *(H. Capitant).*

BUENA FE – CREENCIA: conciencia de haberse adquirido el dominio de la cosa por medios legítimos, exentos de fraudes y de todo otro vicio. ◆ Es la ilesa conciencia del que piensa que la cosa es suya.◆ En ella el sujeto tiene plena certeza de haber actuado con arreglo a la ley *(J. Voet).*

BUENA FE EN EL MATRIMONIO: ignorancia de los cónyuges –en el día de la celebración del matrimonio– del impedimento que origina la nulidad *(O. Freitas).*◆ La creencia en que están los esposos o uno de ellos de que contraen un matrimonio válido *(O. Bendant).*

BUENA FE – LEALTAD: en este caso, se valora la voluntad interna del sujeto, la conducta leal o desleal que tuvo en mira en el momento de ejecutar el acto.

BUENA FE, PRINCIPIO DE: deber de actuar con fidelidad, lealtad y diligentemente. ◆ Rectitud, honradez.◆ Convicción que tiene una persona de que hace o posee alguna cosa con derecho legítimo.◆ Ver **Buena fe – creencia; Buena fe – lealtad.**

BUENA FE SIMPLE: en el derecho colombiano, aquella requerida habitualmente en los negocios.

BUENAS COSTUMBRES: consiste en un concepto que exige necesariamente una valoración subjetiva del juzgador; se trata de una cuestión de hecho. Se entiende que actúan a modo de marco dentro del cual se encuentra el conjunto de las valoraciones y sentimientos imperantes en una sociedad determinada en un momento dado; toda conducta que exceda dicho marco no puede reputarse como admisible. Este conjunto de valores generales de la comunidad, que conforma una suerte de "modo de vida tipo", posee la característica de mutar su contenido a la par de la evolución experimentada dentro del cuerpo social; de hecho, muchas conductas antiguamente mal vistas (como por ejemplo, la de los concubinos, la de las madres solteras, etc.) hoy en día han dejado de serlo.

BUENOS OFICIOS: se aplica cuando se procura un arreglo en una controversia mediante varias clases de acciones que tienden a abrir negociaciones en las partes en conflicto.◆ Ver **Mediación**.

BUFETE: desígnase de esta forma, principalmente en México, el estudio o despacho de un abogado. ◆ También se alude con esta denominación a la clientela de un abogado.

BULA: documento papal abierto, de forma solemne, empleado para asuntos de importancia, escrito en pergamino fuerte (antes en papiro), con estilo formal, y que lleva atado con hilo de seda o de cáñamo un sello de plomo en cuyo anverso está el nombre del papa reinante y en el reverso, las efigies de San Pedro y San Pablo, separadas por una cruz *(A. Gardella).*

"BULLYING": término inglés que significa, comportamiento a través del cual se maltrata, desprecia, humilla y agrede física o psíquicamente a un compañero. ◆ Conducta de hostigamiento o persecución física o psicológica que realiza un alumno contra otro, a quien elige como blanco de repetidos ataques (Bullying Cero Argentina). ◆ Hostigamiento escolar. ◆ Matonaje escolar. ◆ Violencia escolar. ◆ Acoso escolar.

BUQUE: toda construcción apta para mantenerse en el agua y dotada de medios de propulsión y dirección, constituida por una estructura principal y diversos accesorios unidos a ella en forma artificial pero conexa, que forman un todo destinado a una finalidad común: la navegación, vale decir, el transporte de cosas o de personas a través de los mares y de los ríos y lagos navegables.◆ Barco con cubierta que, por su tamaño, solidez y fuerza, es adecuado para navegaciones o empresas marítimas de importancia.◆ Toda clase de embarcaciones, incluidas aquellas sin desplazamiento y los hidroaviones, utilizados o que puedan ser utilizados como medio de transporte sobre el agua.

BUQUE A CABOTAJE: el que se dedica a esta especie de navegación.

BUQUE A LA CARGA: el que está en el puerto esperando cargamento.

BUQUE DE GUERRA: todo buque perteneciente a las fuerzas armadas de un Estado que lleve los signos exteriores distintivos de los buques de guerra de su nacionalidad, que se encuentre bajo el mando de un oficial debidamente designado por el gobierno de ese Estado (cuyo nombre aparezca en el correspondiente escalafón de oficiales o su equivalente) y cuya dotación esté sometida a la disciplina de las fuerzas armadas regulares.

BUQUE DE HÉLICE: aquel que se vale de una hélice para desplazarse.

BUQUE DE TRANSPORTE: el del Estado empleado en la condición de hombres o efectos de guerra.

BUQUE EN LASTRE: el que navega sin carga útil.

BUQUE MERCANTE: el de persona o empresa particular que se emplea en la conducción de pasajeros y mercaderías.

BUQUE PRIVADO: ver **Buques privados.**

BUQUE PÚBLICO: ver **Buques públicos.**

BUQUE SUBMARINO: el de guerra que puede cerrarse herméticamente, sumergirse a voluntad con su tripulación y, por medio de una máquina eléctrica, navegar dentro del agua para hacer un reconocimiento de buques enemigos y lanzarles torpedos, o para exploraciones submarinas.

BUQUES PIRATAS: aquellos destinados por las personas bajo cuyo mando efectivo se encuentran a cometer cualquier acto de piratería.

BUQUES PRIVADOS: la Ley de Navegación argentina los define por exclusión diciendo que se trata de todos aquellos que no se encuentren afectados al servicio del poder público, aunque pertenezcan al Estado Nacional, provincial o municipal. ◆ Ver **Buques públicos.**

BUQUES PÚBLICOS: a los efectos de la ley argentina, aquellos que se encuentran afectados al servicio del poder público aunque pertenezcan al Estado. Su clasificación en públicos y privados no está dada sobre la base del carácter de su propietario. ◆ Ver **Buques privados.**

BURDEL: mancebía, casa de mujeres públicas.

BURGUÉS: relativo a aquel natural o habitante de un burgo.◆ Miembro de la burguesía.◆ Persona de posición económica desahogada. Se utiliza en contraposición a proletario.

BURGUESÍA: constituyó una clase intermedia entre los siervos y la nobleza y apareció como fuerza política definida en Francia por efecto de la Revolución de 1789. Durante la Revolución Francesa este término adquirió significación moral, política y económica, puesto que fue el nombre de la clase intermedia entre la nobleza y la clase trabajadora. Con el desarrollo del capitalismo moderno y la rápida desaparición de la aristocracia hereditaria, ha adquirido una importancia mayor. En la actualidad, se designa así en forma colectiva a todos los que, por sus intereses, están vinculados a los de los propietarios de los medios de producción.

BURÓ: forma castellanizada del francés *bureau* con valor de oficina o despacho.

BUROCRACIA: se utiliza este término para denominar aquellos sistemas de gobierno o administración cuyas decisiones parten de funcionarios que pretenden una excesiva intervención en las actividades privadas, sin atender a los deseos y necesidades de los mercados, ya sea porque los suplen sobre la base de modelos teóricos o porque simplemente no los tienen en cuenta.◆ Clase social que forman los empleados públicos.◆ Gobierno o administración de funcionarios.

BURÓCRATA: empleado de dedicación exclusiva o alto funcionario de un buró con presupuesto separado e identificable *(W. Niskanen)*.◆ Persona que pertenece a la burocracia, clase social de los empleados públicos.

BURSÁTIL: alude a todo aquello concerniente a la Bolsa, a las operaciones que en ella se hacen y a los valores cotizables.

BÚSQUEDA: conjunto de operaciones tendientes a investigar la situación y las condiciones en que se encuentra una aeronave cuando se ha perdido el contacto con ella *(A. Torres Neuquén).*

"BUSSE": suma de dinero que el agraviado por un delito está autorizado a reclamar a su autor en ciertos casos. Su otorgamiento sólo procede a instancias de parte legitimada al efecto y en los casos que medie condena penal del culpable *(R. Núñez).*

C

CABEZA: superior, jefe de gobierno; preside o acaudilla una comunidad, corporación o muchedumbre.◆ Jefe de una familia que vive reunida.

CABLEGRAMA: telegrama transmitido por cable submarino.

CABOTAJE: navegación aérea o marítima efectuada entre puertos o aeropuertos de la misma Nación.◆ Navegación o tráfico que hacen los buques entre los puertos de su Nación sin perder de vista la costa, o sea, siguiendo derrota de cabo a cabo.

CADÁVER: cuerpo muerto.

CADENA: conjunto de establecimientos organizados y pertenecientes a una sola empresa o sometida a una misma dirección.◆ Pena aflictiva, de gravedad variable según los códigos y llamada así porque antiguamente los condenados a ella llevaban sujeta al cuerpo una cadena. Le sigue en gravedad solamente la pena de muerte.

CADENA DE OBLIGACIONES: compromisos recíprocos y sucesivos que se suscriben entre varias empresas relacionadas entre sí, con el objeto de hacerse de dinero a través de un incremento ficticio de papeles de crédito.

CADENA PERPETUA: pena aflictiva que duraba como la vida del condenado. ◆ Esta pena aflictiva resulta menor que la pena de muerte. ◆ Pena privativa de libertad por término indeterminado. En la actualidad la condena de por vida es excepcional. ◆ Prisión perpetua. ◆ Reclusión perpetua.

CADETE: muchacho aprendiz.

CADUCAR: expirar o encontrarse fuera de plazo.◆ Extinguirse un derecho, una facultad, una instancia o un recurso.◆ Perder su fuerza o valor algún derecho, título o beneficio.

CADUCIDAD: extinción legal de un derecho, una facultad o un recurso por haber transcurrido el tiempo para ejecutarlo.◆ Extinguirse, perder su efecto por cualquier motivo.

CADUCIDAD CAMBIARIA: extinción de los derechos emergentes de un título de crédito por no haber sido ejercidos dentro de los plazos estipulados.

CADUCIDAD DE INSTANCIA: ver **Caducidad de la instancia.**

CADUCIDAD DE LA INSCRIPCIÓN DE LA HIPOTECA: la que opera una vez vencido el plazo de inscripción de una hipoteca; ésta pierde su validez de pleno derecho sin afectar el contrato entre las partes, pero sí con respecto a terceros que hayan adquirido el inmueble de buena fe.

CADUCIDAD DE LA INSTANCIA: extinción de una relación procesal por la inactividad de las partes durante determinado período.◆ Presunción legal de que los litigantes han abandonado sus pretensiones cuando, por determinados plazos, se abstienen de gestionar en los autos.◆ Modo de terminar el proceso debido a motivos de interés público o a una presunción de renuncia por la inactividad de las partes.

CAER EN OBSOLESCENCIA: cuando un bien cae en desuso.

CAF: Corporación Andina de Fomento.

CAÍDA: fracaso comercial experimentado por una empresa.

CAJA: efectivo.◆ Oficina de un ente que se encarga de realizar pagos y cobranzas. ◆ Libro de contabilidad en el cual se registran los movimientos de caja.

CAJA DE AHORRO: cuenta abierta en una entidad bancaria en la cual se efectúan depósitos que devengan intereses y permite una cantidad limitada de extracciones. Puede fijarse o no un plazo mínimo para gozar de aquéllos.

CAJA DE CRÉDITO: entidad que puede recibir depósitos a plazo, conceder créditos a corto y mediano plazo a pequeños comerciantes, empresarios, productores y a profesionales, artesanos, empleados, obreros, particulares y entidades de bien público; otorgar garantías; efectuar inversiones transitorias en colocaciones fácilmente liquidables y cumplir mandatos y comisiones conexos con sus operaciones.

CAJA DE SEGURIDAD: caja de alquiler. ◆ Casillero pequeño que los bancos alquilan por un determinado período para el resguardo de documentos y valores en forma confidencial, con protección especial.

CAJA DE VALORES: institución cuya función es recibir depósitos colectivos de valores mobiliarios autorizados a la oferta pública. Conserva y custodia los títulos-valores, registra las transacciones y posibilita el retiro de los depositantes. ◆ Ente cuya función es recibir depósitos colectivos de títulos-valores públicos o privados.

CALADO DE BARCO: longitud que tiene la parte sumergida de un barco en el agua.

CALIFICACIÓN: determinación previa de la naturaleza jurídica de una relación de derecho con el fin de clasificarla en una de las categorías jurídicas existentes y resolver en consecuencia los conflictos de leyes.

CALIFICACIÓN DE RIESGO: evaluación respecto de la emisora de su real capacidad de atender, regularmente y en los tiempos previamente fijados, el plazo de los servicios de un empréstito determinado, o bien determinar si los activos que constituyen el único respaldo de la emisión podrán generar un flujo de recursos suficiente para obtener el pago de los servicios. Esa calificación y su divulgación pueden ser un factor determinante a considerar por parte de los proveedores de los fondos acerca de su mayor o menor disponibilidad para suministrarlos y en qué condiciones de costo y plazo *(M. Kenny).*

CALIFICACIÓN LABORAL: apreciación y determinación de las calidades y circunstancias de un trabajador.◆ Procedimiento consistente en asignar o calificar periódicamente a los empleados u obreros de una empresa con respecto a su conducta técnica y habilidad para desarrollar sus tareas.

CALIFICACIÓN URBANÍSTICA: clasificación realizada por los órganos administrativos acerca del destino específico que les será asignado a las diversas zonas de su jurisdicción.

CALIFICADORA DE RIESGO: empresa que se dedica a la evaluación de riesgos.◆ Sociedades especializadas en evaluar el desempeño, la validez y el riesgo crediticio de las pequeñas, medianas y grandes empresas con la finalidad de brindar al sistema financiero una mayor transparencia y seguridad en sus transacciones. Su función principal consiste en hacerle conocer al inversor si las promesas que figuran en los folletos o anuncios de los títulos que emiten las empresas, sobre todo el pago de intereses y capital, son factibles.

"CALL": en el mercado de capitales, se utiliza este término como una abreviatura de *call option.* Es el derecho a comprar acciones dentro de un período especificado a un precio fijo.◆ Ver **"Call option".**

"CALL LOANS": créditos comúnmente facilitados a los *brokers* o agentes, o a los bancos de inversión. La característica de estos créditos es que su repago puede ser exigido por el prestamista o reintegrado por el prestatario sin aviso previo y en cualquier momento.

"CALL MONEY": tasa que se abona por préstamos intercambiarios. Las entidades financieras solicitan y ofrecen dinero dentro del circuito bancario.

"CALL OPTION": contrato mediante el cual una persona adquiere el derecho a comprar un activo a un determinado precio durante un tiempo fijado.

"CALUMNIATOR": término latino que significa falso acusador. El que hace un uso abusivo de la ley.

CALUMNIA: falsa imputación de un delito.◆ Consiste en un delito perseguible sólo a instancia de parte, consistente en la imputación falsa de un delito perseguible de oficio.◆ Consiste en deshonrar o desacreditar mediante la imputación de ciertos hechos particularmente graves e idóneos para dañar o poner en peligro el honor de las personas. Cuanto se trata de menospreciar, ofender, desacreditar, es manifiesto que ello puede llevarse a cabo de distintas formas (S. Soler).

CALUMNIAR: imputar falsamente la comisión de un delito perseguible de oficio, fuera del proceso en que se persiga ese delito.

CÁMARA: cada uno de los cuerpos colegiados en los gobiernos representativos. Generalmente se los denomina Cámara alta y Cámara baja. ◆ Casa de labranza, local destinado a recoger y guardar los granos.

CÁMARA ALTA: Cámara de senadores.

CÁMARA BAJA: Cámara de diputados.

CÁMARA COMPENSADORA: ver **Cámara de compensación.**

CÁMARA COMPENSATORIA: ver **Cámara de compensación**.

CÁMARA DE COMERCIO: conjunto de comerciantes que constituyen, en una ciudad, región, provincia, distrito, municipio o país, una asociación con el objeto de defender los intereses de su sector y promocionar la actividad comercial en el mercado externo o interno, en forma directa o indirecta.

CÁMARA DE COMPENSACIÓN: mecanismo bancario utilizado para compensar entre bancos de una plaza determinada cheques, giros y documentos mediante las diferencias entre créditos y débitos.◆ Cámara compensatoria.◆ Cámara compensadora.

CÁMARA DE GAS: recinto hermético destinado a producir, por medio de gases tóxicos, la muerte de los condenados a esta pena.◆ Recinto cerrado en el que se inyectaban gases tóxicos para dar muerte colectiva a prisioneros o detenidos en los campos de concentración.

CÁMARA DE ORIGEN: forma en la que se designa la Cámara legislativa en la cual el proyecto de ley es presentado.

CÁMARA FEDERAL DE APELACIÓN: tribunal que actúa en grado de apelación de las sentencias dictadas por los juzgados federales o de primera instancia *(A. García).*

CÁMARA REVISORA: aquella en la cual se recibe el proyecto de ley proveniente de la Cámara de origen.

CÁMARAS DE APELACIONES: tribunales de segundo grado que conocen de las causas por apelaciones de primera instancia; ninguna ley puede darles competencia originaria, en primera y única instancia, por ser ello violatorio de claras disposiciones constitucionales.

CÁMARAS EMPRESARIAS: corporaciones de Derecho Privado o Público que agrupan a comerciantes e industriales para promover el desarrollo de sus actividades o influencia social y representar sus intereses sectoriales.◆ Organismos que nuclean a empresarios que se dedican a una misma actividad. Por ejemplo: Cámara Empresaria del Calzado.

CAMBIO: permuta de un bien por otro.◆ Término y método utilizado en las operaciones de moneda extranjera.◆ Vuelta del dinero entregado de sobra al hacer un pago.◆ Devolución de un artículo que se efectúa en un comercio en sustitución de otro.◆ Precio de cotización de los valores mercantiles.◆ Valor relativo de las monedas de países diferentes o de distinta especie de un mismo país.◆ Trueque.◆ Operación consistente en procurarse, en un lugar determinado, el modo de pagar una deuda o de transferir fondos a otro lugar.

CAMBIO FIJO: tipo de cambio oficialmente implantado cuya cotización oscila dentro de una banda de fluctuaciones en los mercados con la intervención, en caso de necesidad, de la autoridad monetaria.◆ Régimen de fijación de las cotizaciones de las monedas en el que las autoridades se comprometen a mantener constante el tipo de cambio de su unidad monetaria.

CAMBIO FLEXIBLE: aquel en el que no hay paridad para ninguna moneda; el tipo de cambio de cualquier país disminuye siempre que el total de pagos al exterior exceda el monto de sus entradas y se eleva cuando sus entradas son menores. Deterioro del tipo de cambio cuando registra un déficit en su Balance Comercial (o en su Cuenta Corriente), fortalecimiento de su tipo de cambio cuando registra un superávit en su Balance de Operaciones Corrientes *(A. Digier).*

CAMBIO FLOTANTE: el que es fijado en un mercado con intervención de la autoridad competente y que oscila de acuerdo con un límite inferior y otro superior; pero dentro de esas bandas o limitaciones se mueve la ley de oferta y demanda.

CAMBIO LIBRE: relación variable entre el valor de una unidad de moneda de un país y el valor de las monedas extranjeras de acuerdo con el libre juego de la oferta y la demanda en el mercado cambiario.◆ Sistema económico que favorece, fundamentalmente, el comercio internacional.◆ Régimen aduanero fundado en esa doctrina.◆ Libre cambio.

CAMBIO OFICIAL: se da cuando existe una regulación o intervención de los gobiernos dentro de una plaza referida a la compraventa de monedas extranjeras.

CAMICACE: es admitida por la RAE. No obstante es preferida "kamikaze".◆ Ver **kamikaze**.

CAMINO: vía apta para transitar.

CAMINO DE SIRGA: camino situado a orilla de los ríos y canales que sirve para llevar las embarcaciones tirando de ellas desde tierra.

CAMINO REAL: aquel construido a expensas del Estado, más ancho que los otros, apto para la circulación de carruajes y que ponía en comunicación entre sí poblaciones de cierta importancia.

CAMINO VECINAL: el construido y conservado por el municipio, cuyas necesidades sirve; suele ser más estrecho que las carreteras.

CAMPOS COMUNEROS: esta designación incluye las explotaciones que derivan de formas de tenencia originarias de la Época Colonial. Estas tierras fueron generalmente otorgadas en concesión por la Corona Española, con una delimitación muy poco precisa. La imprecisión de origen se acentuó con el tiempo por los cambios en las medidas de superficie (legua castellana, legua riojana, legua tucumana), por la falta de trámites de sucesión o complicaciones en éstos, la existencia de títulos de propiedad imperfectos, las cesiones de derechos hereditarios, etcétera. Dentro de la unidad mayor coexisten diversas explotaciones de superficie sin límites definidos y es frecuente observar la existencia de un sector que es utilizado en forma común por los productores (generalmente para pastoreo).

CANAL: vía de navegación, riego o desagüe realizada por el hombre.◆ Medio utilizado por el emisor en la transmisión del mensaje.

CANASTA FAMILIAR: conjunto de bienes y servicios representativos del consumo de los hogares.

CANCELACIÓN: instituto que tiene por objeto producir la ineficacia de los títulos perdidos, robados o destruidos, posibilitando que el portador afectado por el evento readquiera los derechos cartulares mediante un procedimiento judicial *(Escutti, h).*◆ Liquidación y pago total de una deuda.◆ Eliminación del saldo deudor o acreedor de una cuenta contable mediante un asiento en el cual se invierte el movimiento para cancelar el saldo. Es decir, una cuenta a cancelar con saldo deudor es acreditada; o viceversa, una con saldo acreedor es debitada.◆ Finalización de una póliza de seguro antes de expirar el plazo.

CANCELACIÓN ANTICIPADA: rescisión de un contrato de seguro, en la que se suspenden desde dicho momento sus efectos y se abona la parte proporcional de la prima.

CANCELACIÓN DE DEUDA: pago total de una deuda.◆ Ver **Cancelación.**

CANCELAR: anular, hacer ineficaz un instrumento público, una inscripción en registro, una nota u obligación que tenía autoridad o fuerza.◆ Liquidar y abonar.

CANCILLER: empleado auxiliar de las embajadas, legaciones, consulados y agencias diplomáticas y consulares.◆ Magistrado supremo en algunos países.◆ En muchos países, se denomina de esta forma al Ministro de asuntos exteriores.

CANCILLERÍA: oficina especial de las embajadas, legaciones, consulados y agencias diplomáticas y consulares.◆ Alto centro diplomático en el cual se dirige la política exterior.

CANCILLERÍA APOSTÓLICA: oficina romana que registra y expide las disposiciones pontificias y, principalmente, las bulas.

CANJE: trueque o sustitución.◆ Cambiar una cosa por otra, es decir, recibir algo entregando también algo en compensación. ◆ Permuta.◆ Cambio.

CANON: pago periódico que efectuaban quienes usufructuaban del uso de inmuebles rurales al Estado durante la vigencia de la Ley de Enfiteusis.◆ Regla, precepto.◆ Percepción pecuniaria convenida para cada unidad métrica que se extraiga de un yacimiento o que sea objeto de otra operación comercial. ◆ Impuesto que grava la actividad minera.◆ Lo que paga periódicamente el censatario o censualista.◆ Precio del arrendatario rústico.

CANÓNICO: con arreglo a los sagrados cánones y demás disposiciones eclesiásticas.

CAPACIDAD: aptitud legal para ser sujeto de derechos y obligaciones o facultad más o menos amplia de realizar actos válidos y eficaces en derecho.

CAPACIDAD ADQUISITIVA: posibilidad de que los consumidores paguen los precios de los bienes y servicios. ◆ Relación entre ingresos y precios de los bienes y servicios.◆ Capacidad de compra.◆ Nivel adquisitivo.

CAPACIDAD CONTRIBUTIVA: nivel de vida o bienestar económico de cada persona; esta medida está básicamente aceptada por todos como la más equitativa para establecer el monto de la contribución particular para el logro del bienestar general.◆ Ver **Criterio de la capacidad contributiva**.

CAPACIDAD DE COMPRA DE LA SOCIEDAD: aquella que tiene una comunidad de acceder a bienes y servicios de acuerdo con la oferta monetaria.

CAPACIDAD DE COMPRA DEL CONSUMIDOR: aquella dada, normalmente, por la relación entre el ingreso monetario del consumidor y el precio de las mercancías y servicios.◆ Nivel de posibilidad de gasto.

CAPACIDAD DE DERECHO: aptitud de una persona para ser titular de cualquier derecho –de familia o patrimonial– u obligación.

CAPACIDAD DE FINANCIACIÓN: diferencia positiva entre los recursos de capital (ahorro más transferencias de capital) y la inversión de un sujeto o sector económico.

CAPACIDAD DE HECHO: aptitud de la persona para adquirir y para ejercer derechos por sí misma.◆ Capacidad de obrar.

CAPACIDAD DE OBRAR: aptitud o idoneidad para realizar eficazmente actos jurídicos o, en otros términos, capacidad para adquirir y ejercitar derechos y asumir obligaciones. Esta capacidad no corresponde por igual a todos los que poseen la capacidad jurídica. Depende del estado civil, de ciertas cualidades que el ordenamiento jurídico toma en consideración (mayor o menor de edad, soltero o casado, etc.), por cuanto determinan un diferente modo de ser o estar en la comunidad.◆ Capacidad de hecho.

CAPACIDAD DE PAGO: principio de tributación según el cual los gravámenes o impuestos deben ser aplicados en relación con la renta o el patrimonio de los contribuyentes. A mayor ganancia o fortuna, corresponde la aplicación de mayores impuestos. Esta relación puede ser de carácter progresiva, regresiva o proporcional. En el primer caso, la tasa impositiva aumenta a medida que aumentan los importes gravados. En el segundo, la tasa impositiva disminuye con el aumento de los montos sujetos a impuesto. Y finalmente, en la tercera opción, se aplica siempre una misma tasa porcentual sobre los montos imponibles.

CAPACIDAD DE TRABAJO: cualidad inherente a una persona consistente en el desarrollo de determinadas tareas, en cuanto a su extensión y/o su capacitación, por medio de la atención, la inteligencia y la laboriosidad para alcanzar los objetivos propuestos.

CAPACIDAD ECONÓMICA: capacidad contributiva.

CAPACIDAD JURÍDICA: aptitud o idoneidad para ser titular de derechos y obligaciones.◆ Capacidad de derecho.

CAPACIDAD JURÍDICA ESPECIAL: la que se da en aquellos casos en los cuales, para la adquisición de ciertas deudas concretas o para asumir determinadas obligaciones, el ordenamiento jurídico no considera suficiente la capacidad jurídica general sino que establece, además, ciertos requisitos especiales tocantes al sujeto de derecho. Esta capacidad especial se ha de juzgar por el derecho al que está sujeta la relación jurídica en cuestión, pues constituye requisito para el nacimiento de esta obligación jurídica.

CAPACIDAD JURÍDICA GENERAL: capacidad de la persona sujeta en sí al derecho nacional, o sea, al ordenamiento jurídico que, supuesta la capacidad jurídica, sería el estatuto personal.

CAPACIDAD LEGAL: cualidad específica otorgada a los individuos por las normas legales vigentes a fin de posibilitar el ejercicio de los derechos civiles, sociales y políticos que les han sido reconocidos.

CAPACIDAD PARA DELINQUIR: aquella de la cual goza todo aquel que en el momento de un hecho delictuoso haya podido comprender la criminalidad de sus actos y dirigirlas.

CAPACIDAD PARA HEREDAR: capacidad de ser heredero o de adquirir por otro modo atribuciones patrimoniales *mortis causa*. Es una consecuencia de la capacidad jurídica general.

CAPATAZ: quien gobierna o vigila a cierto número de trabajadores.◆ Persona a cuyo cargo está la administración de las haciendas de campo.

CAPAZ DE HEREDAR: lo es toda persona humana.

CAPITACIÓN: repartimiento de tributos y contribuciones por cabeza.◆ En caso de no existir una capacidad contributiva similar, su aplicación resulta regresiva.◆ Ver **Impuesto per cápita**.

CAPITAL: cifra que representa el monto neto aportado por el o los titulares de una empresa, aplicado a su actividad.◆ Representa el saldo entre el activo y el pasivo, sin tener en consideración las reservas y las utilidades no distribuidas.◆ Monto de dinero aplicado en una inversión financiera que devenga intereses. ◆ Hacienda, caudal, patrimonio. ◆ Elemento o factor de la producción constituido por inmuebles, maquinarias o instalaciones de cualquier género que, en colaboración con otros factores, se destina con carácter permanente a la obtención de un producto.◆ Cualquier tipo de riqueza susceptible de uso repetido.◆ Cualquier factor de producción capaz de generar servicios productivos.◆ Es todo aquello que tiene valor económico y que, habiendo sido previamente producido, sirve para la satisfacción directa de una necesidad o para la producción de futuros bienes. Es un factor de producción derivado, es decir, que es el resultado de una combinación previa de otros factores de producción y, en última instancia, de los factores llamados originarios, naturaleza y trabajo *(W. Beveraggi Allende)*.

CAPITAL A CARGO DEL RÉGIMEN PREVISIONAL PÚBLICO: proporción del capital a integrar por el Estado a aquellos afiliados que, en razón de su edad, no tuvieren la posibilidad de acumular capital en su fondo.

CAPITAL ACCIONARIO: capital de las sociedades por acciones representativo del valor nominal del total de las acciones suscritas por los accionistas.

CAPITAL APORTADO: conjunto de pagos en efectivo o en otros bienes que hacen a una compañía sus accionistas por medio de la suscripción e integración de acciones, por la cancelación de un gravamen sobre las acciones o en carácter de donativo.◆ El que fija una sociedad para iniciar sus operaciones.

CAPITAL ASEGURADO: importe máximo a que alcanza la responsabilidad del asegurador en caso de un siniestro cubierto por una póliza a la cual se le ha asignado dicho valor.◆ Monto pagadero en caso de siniestro previamente estipulado en las condiciones de la póliza.

CAPITAL ASIGNADO: cantidad con la cual contribuyen a una sociedad anónima los adquirentes de sus acciones.

CAPITAL AUTORIZADO: expresión que actualmente se encuentra en desuso. Monto máximo de capital fijado por el estatuto de una S.A.◆ Capital social autorizado.◆ Capital de una empresa que fue aprobado por la asamblea general y registrado oficialmente como meta futura de la sociedad.

CAPITAL COMANDITADO: ver **Sociedad en comandita**.

CAPITAL COMANDITARIO: ver **Sociedad en comandita**.

CAPITAL COMPLEMENTARIO: diferencia entre el capital técnico necesario y el capital acumulado en la cuenta de capitalización individual del afiliado a la fecha en que se ejecute el dictamen definitivo por invalidez o a la fecha de fallecimiento, según la prestación que corresponda.

CAPITAL DE RECOMPOSICIÓN: monto representativo de los aportes efectuados con destino al Régimen de Capitalización, que el afiliado con derecho a retiro transitorio por invalidez hubiera acumulado en su cuenta durante el período de percepción de la prestación en forma transitoria.

CAPITAL DE UNA PERSONA: conjunto de bienes que posee una persona en un momento dado, previa deducción de sus deudas y demás obligaciones contraídas.

CAPITAL DECLARADO: el que se expone en los contratos societarios o en las declaraciones juradas correspondientes a organismos públicos o entidades financieras.

CAPITAL DILUIDO: colocación de una emisión de capital a valor nominal pero cuya integración total se realiza por un valor inferior que aquél. La finalidad de esta operación radica en aparentar un capital mayor que el que realmente se tiene.

CAPITAL DINERARIO: capital financiero.

CAPITAL EN ACCIONES: el correspondiente a las sociedades por acciones.

CAPITAL EN EFECTIVO: el que se comprometen a aportar los socios en los contratos societarios, consistentes en dinero o valores similares.

CAPITAL ESTATAL: aporte del Estado a una sociedad de economía mixta.

CAPITAL FINANCIERO: capital invertido por los socios o accionistas, medido en moneda constante.◆ Está dado por la suma de dinero y bienes con que opera.◆ Medida de un bien económico referido a la época en que es disponible. Por lo tanto, todo capital financiero viene determinado por el importe del capital y el momento de su disponibilidad o vencimiento.

CAPITAL FÍSICO: el que define determinada capacidad productiva u operativa.

CAPITAL GOLONDRINA: el que opera espontáneamente, especulativo, que no se conforma con una renta anual normal y actúa en distintas partes del mundo.◆ Operaciones que tienen por objeto captar y ubicar recursos financieros a un plazo reducido.◆ Dinero caliente.◆ Dinero errante.

CAPITAL HUMANO: totalidad de dependientes que constituyen e integran una empresa o ente.◆ Capacidad del hombre para producir, derivada de sus dotes naturales y, sobre todo, de su educación, inversiones en salud, capacitación profesional, etcétera. Se contrapone al capital físico, que es el no incorporado en hombres, sea material (máquinas, muebles, útiles, etc.) o inmaterial (marcas, patentes, fondo de comercio, etc.).

CAPITAL LEGAL: capital de sociedad comercial o mercantil que por ley, convenio o resolución de los directores, representa el valor a la par o declarado del capital social.

CAPITAL LIBRE: aporte del capital de un ente que no se requiere para el cumplimiento de su objetivo social.

CAPITAL MÍNIMO: el exigido por la ley para la válida constitución de una sociedad.

CAPITAL MONETARIO: diferencia excedente de los activos monetarios por sobre los pasivos monetarios. En épocas de inflación, el citado excedente originará para la empresa una pérdida por el deterioro ocasionado en virtud de su exposición a la inflación. Esta pérdida significará un resultado monetario negativo. En sentido inverso, un pasivo monetario en exceso de un activo de igual carácter motivará un resultado monetario positivo en razón de una ganancia por inflación.

CAPITAL NACIONAL: suma de los activos netos de todos los individuos y de todas las instituciones que componen un país. Es la diferencia entre el conjunto de los activos y el conjunto de los pasivos *(J. R. Hicks).*

CAPITAL NOMINAL: capital social en acciones.◆ Capital que muestra una empresa. Generalmente se lo utiliza en el sentido de falsear la realidad, en oposición al "capital real".

CAPITAL REAL: capital líquido.◆ Capital al que se llega luego de realizar los ajustes y las depuraciones pertinentes en un balance.

CAPITAL REALIZADO: total del valor a la par o declarado de las acciones totalmente pagadas.◆ Capital integrado. ◆ Capital exhibido.

CAPITAL SOCIAL: cuenta que representa el capital compuesto por la integración de los socios en las sociedades civiles o comerciales. Se acredita por la integración de los aportes de los socios o por la capitalización de reservas o utilidades. Se debita por la reducción del capital.◆ Capital de una sociedad por acciones dividido y representado por éstas.◆ Capital suscripto.◆ En algunos países, "patrimonio social".

CAPITAL TÉCNICO NECESARIO: valor actual esperado de los beneficios generados por un afiliado causante para él y para sus beneficiarios.

CAPITAL TÉCNICO NECESARIO UNITARIO: capital técnico necesario para financiar una unidad de pensión.

CAPITALISMO: término aplicado cuando el capital o la riqueza suele ser propiedad particular de alguien, que es el capitalista *(P. Samuelson)*.

CAPITALISTA: inherente o propio del capital o capitalismo.◆ Persona que aporta un capital a un negocio o empresa para obtener un rendimiento o beneficio.◆ Propietario de un capital que vive de su renta.◆ Arrendador de fondos.

CAPITALIZACIÓN: conversión o transformación de algo en capital.◆ Fijación del capital que corresponde a determinado interés, según el tipo que se adopte para el cálculo.◆ Adición al capital de los intereses devengados para el cómputo de los réditos posteriores. ◆ En términos contables, transformación de determinados elementos en capital; puede ser la capitalización de cuentas particulares, capitalización de ganancias, etcétera.◆ Ver **Efectos económicos de los impuestos**.

CAPITÁN: en la navegación, representante legal del propietario y del armador del buque no domiciliados en el lugar, en todo lo referente al buque y a la expedición, sin perjuicio del mandato especial que pueda conferírsele.

CAPITULACIÓN: convenio entre las Fuerzas Armadas de los beligerantes que estipula los términos de la rendición de fortalezas y otras plazas defendidas, o de buques de guerra o tropas *(L. Openheim)*.◆ Escritura en que consta dicho concierto.

CAPITULACIONES MATRIMONIALES: conciertos que se hacen entre los futuros esposos y se autorizan por escritura pública, al tenor de los cuales se ajusta el régimen económico de la sociedad conyugal.◆ Convenciones matrimoniales.

CAPITULAR: pactar.◆ Entregarse una plaza de guerra o un cuerpo de tropas bajo determinadas condiciones.

CAPÍTULO: cargo que se hace a quien ejerció un empleo.◆ Determinación, resolución.

"CAPS": techos, representan modalidades de transacciones *hedging,* es decir, perfeccionadas con la finalidad de calzar obligaciones reduciendo riesgos.

CAPTACIÓN: obtención de recursos financieros para canalizarlos hacia el crédito a corto, mediano y largo plazo.

CAPTOR: el que hace una presa marítima.

CAPTURAR: acción consistente en detener a quien ha cometido un delito y no se entrega voluntariamente.

CÁRCEL: lugar destinado a la reclusión de presos.

CAREAR: poner a una o varias personas en presencia de otra u otras con el objeto de apurar la verdad de dichos o hechos.

CARENCIA: período durante el cual el asegurado abona primas pero no recibe la cobertura prevista en la póliza. Se extiende desde la fecha de inicio del contrato hasta una fecha posterior determinada. Se aplica en los seguros de vida y enfermedades, para evitar posibles fraudes.

CAREO: dentro de la investigación criminal y por orden del juez o autoridad competente, confrontación que se produce entre los testigos o acusados que se contradicen en sus manifestaciones con el objeto de alcanzar la verdad mediante las discusiones y/o debates.

CARGA: obligación impuesta por ley.◆ Gravamen que pesa sobre un bien mueble o inmueble, como la hipoteca o la prenda.◆ Gasto, erogación o pérdida.◆ Cosa transportada a hombros o en cualquier vehículo.◆ Acción y efecto de embarcar o poner en un vehículo mercaderías para transportarlas. ◆ Consiste en la imposición de un comportamiento como premisa para obtener la satisfacción de un interés del propio sujeto gravado y eventual beneficiario. Si bien es impuesta por la ley o por disposiciones negociables, en principio no tiene alteridad. Es una opción que implica el sacrificio de un interés para conseguir otro por parte de la misma persona, y en la etapa deliberativa permanece en la esfera de intereses del propio sujeto, es subjetivo.

CARGA A CARGA: acuerdo mediante el cual el cliente abona la última carga cuando recibe la siguiente.

CARGA DE COMPARECER: carga que consiste en presentarse en un proceso a los efectos de continuar su tramitación. Tiene la facultad de abstenerse sin ser pasible de una sanción.

CARGA DE JUSTICIA: obligación contraída por el Estado de indemnizar a los sucesores de los antiguos dueños de oficios o derechos enajenados de la corona o poseedores de donaciones y privilegios reales, o bien a los que deben percibir ciertas cantidades por causa onerosa.

CARGA DE LA PRUEBA: básicamente, obligación de probar lo alegado. El actor es el responsable de la carga de la prueba y el demandado sólo se ocupa de la prueba de las excepciones por él opuestas.

CARGA PÚBLICA: servicio irrenunciable y gratuito que debe prestarse a la Nación y que es exigible únicamente por ley.

CARGADOR: el que embarca las mercaderías para ser transportadas de un punto a otro a cambio del pago del flete.

CARGAR: debitar.◆ Es registrar o anotar en las cuentas las diferentes partidas que comprenden al debe. Se produce el cargo a una cuenta cuando aumenta el activo, cuando disminuye el pasivo o cuando disminuye el capital.

CARGAS REALES: en primer lugar, son derechos a prestaciones reiteradas que pueden obtenerse de la finca en virtud de ejecución forzosa. A este derecho que recae inmediatamente sobre la finca y que, por tanto, es un derecho real, van unidos generalmente ciertos créditos contra el que en cada momento sea propietario, ya que –de no haberse determinado otra cosa– responde también personalmente de las prestaciones vencidas mientras dura su propiedad *(Enneccerus, Kipp y Wolff)*.

CARGAS SOCIALES: erogaciones originadas por el cumplimiento de la legislación laboral, previsional y social. Representan los costos, a cargo de la empresa, por contratar personal en relación de dependencia y que deben aportar adicionalmente a las remuneraciones de sus empleados. Dentro de estos conceptos se encuentran las contribuciones al sistema de previsión para la jubilación, al sistema de atención sanitaria o médica y a otras atenciones de carácter social. ◆ Refleja los aportes que la empresa debe depositar a los organismos correspondientes.

CARGO: débito.◆ Carga o peso.◆ Obligación de hacer o cumplir alguna cosa.◆ Empleo o función pública o privada.◆ Cargamento de un buque marítimo o fluvial.◆ Disposición onerosa por medio de la cual el que quiere mejorar a otro limita su promesa exigiendo de él y obligándolo a una prestación en cambio de lo que percibe.◆ Es el acto en cuya virtud el funcionario o empleado que la ley designa al efecto deja constancia, al pie de todo escrito presentado o comunicación dirigida al juzgado o tribunal, del día, año y hora en que se verificó la presentación o recepción *(Palacio – Alvarado Velloso)*.◆ En todos los escritos debe registrarse el cargo de prestación autorizado por el Secretario con indicación de día y hora.

CARGO POR PREPAGO: ver **Penalidad por precancelación.**

CARGOS DE REGISTRO: aquellos importes a abonar por el registro de un instrumento en los archivos públicos.

CARICOM: ver **Comunidad del Caribe.**

CAROLINA, LA: un Código Penal, de Procedimiento Penal, y una ley de organización de tribunales. No está constituido con un verdadero método, tiene largas reglamentaciones sobre pruebas legales, sobre indicios y las cuestiones (torturas); admite la interpretación analógica, prodiga la pena de muerte cuya agravación en diversas formas admite, mostrando claramente que el objeto principal de la pena es la intimidación; prevé detenidamente diversas formas de legítima defensa, especialmente para el homicidio; la *aberratio ictus* tiene también su norma correspondiente. La importancia de este Código consiste en que por él se logra una efectiva afirmación del carácter estatal de la actividad punitiva, de dar fijeza al derecho, lo cual es uno de los objetos más claramente expresados por el Emperador *(S. Soler)*.

CARTA: constitución escrita o código fundamental de un estado.◆ Documento público. Se conserva su uso en muy pocos lugares.◆ Despacho o provisión expedido por titulares superiores.◆ Papel escrito y, ordinariamente, cerrado que una persona envía a otra para comunicarse con ella.

CARTA ACORDADA: la que contiene reprensión o advertencia reservada a un tribunal superior o a un cuerpo o persona pública.

CARTA BLANCA: nombramiento para un empleo, sin el nombre del agraciado, para poder ponerlo después a favor de quien parezca.◆ La que se da a una autoridad para que obre discrecionalmente.

CARTA DE AMPARO: la que daba el rey a alguien estatuyendo las diversas penas con que podría ser castigado quien lo ofendiese.

CARTA DE CIUDADANÍA: documentación mediante la cual un extranjero acredita la nacionalidad del país en el que reside. ◆ Carta de naturalización. ◆ Carta de naturaleza.

CARTA DE CRÉDITO: instrumento comercial mediante el cual una persona solicita a un banco local que por medio de otro ubicado en el extranjero le abone –bajo el cumplimiento de ciertas condiciones– un importe determinado a otra persona ubicada en el extranjero. La carta de crédito puede tener ciertos aditamentos, tales como: a) plazo: emitida a la vista, a tantos días vista (plazo: 30, 60 días, etc.) o a tantos días fecha; b) confirmada: el banco del exterior se compromete a pagar; c) irrevocable: cuando el abridor de la carta de crédito no puede revocarla mientras esté en vigencia.◆ Ver **Letra de cambio**.

CARTA DE DERECHOS Y DEBERES ECONÓMICOS DE LOS ESTADOS: resolución de la Asamblea de las Naciones Unidas que data del mes de junio de 1974. Surge a raíz de la necesidad de establecer normas obligatorias que rijan en forma sistemática y universal las relaciones económicas entre los estados. Está destinada a promover la seguridad económica colectiva para el desarrollo, en particular de los países subdesarrollados, con estricto respeto de la igualdad soberana de cada Estado y mediante la cooperación de toda la comunidad internacional. Esta carta subraya, además, la importancia de asegurar condiciones apropiadas para el ejercicio de relaciones económicas normales entre todos los estados, independientemente de las diferencias de sistemas sociales y económicos, así como para el pleno respeto de los derechos de todos los pueblos.

CARTA DE DOTE: escritura pública que expresa la aportación de bienes que hace la esposa.

CARTA DE EMPLAZAMIENTO: antiguamente, era un despacho que se expedía para citar o emplazar a una persona.

CARTA DE ESPERA: moratoria concedida al deudor por parte del acreedor por un tiempo determinado.

CARTA DE GRACIA: pacto de retroventa.

CARTA DE LA ORGANIZACIÓN DE ESTADOS AMERICANOS (OEA): surgida de la Novena Conferencia Internacional Americana, fue llevada a cabo en Bogotá (Colombia) el 30 de abril de 1948 y su entrada en vigencia fue el 13 de diciembre de 1951. En ella, los Estados americanos consagran la organización internacional desarrollada para lograr un orden de paz y de justicia, fomentar su solidaridad, robustecer su colaboración y defender su soberanía, su integridad territorial y su independencia.

CARTA DE LA ORGANIZACIÓN DE LAS NACIONES UNIDAS (ONU): fue firmada en la ciudad de San Francisco (EE.UU.) el 26 de junio de 1945. Mediante ésta, los estados signatarios se comprometen, básicamente, a preservar a las generaciones venideras del flagelo de la guerra. Asimismo, deciden aunar sus esfuerzos para reafirmar la fe en los derechos fundamentales del hombre, creando las condiciones bajo las cuales pueda mantenerse la justicia, promoverse el progreso social y elevarse el nivel de vida de los individuos, dentro de un concepto más amplio de libertad.

CARTA DE LEGOS: auto de legos.

CARTA DE LIBRE: aprobación o finiquito que los menores dan al tutor una vez concluida la tutela.

CARTA DE MANCEBÍA: la que se hacía para seguridad del contrato de mancebía.

CARTA DE NATURALEZA: concesión a un extranjero de la gracia de ser tenido por natural en el país.

CARTA DE NATURALIZACIÓN: ver **Carta de naturaleza.**

CARTA DE PAGO: documento público o privado en el que el acreedor reconoce haber recibido del deudor el importe de su crédito.

CARTA DE PAGO Y LASTO: documento emitido por quien percibe el pago de una deuda –el cual es efectuado por una persona distinta del deudor principal– y cede al pagador la acción para que repita contra el deudor, pidiendo reembolso.

CARTA DE PERSONERÍA: poder otorgado por la persona legitimada para la acción a otra, que actúa en el pleito en calidad de representante.

CARTA DE PORTE: documento que expide el acarreador, mediante el cual se deja constancia de la recepción de los bienes a transportar y se indica su destino.◆ Título legal del contrato celebrado entre el cargador y el acarreador. En virtud de su contenido, se decidirán todas las cuestiones que surjan con motivo del transporte de los efectos, sin admitirse más excepción en contrario que la relativa a su falsedad o error involuntario de redacción. Si no hubiere carta de porte, o fuere ella atacada, se estará al resultado de las pruebas que presente cada parte en apoyo de sus respectivas pretensiones; pero el cargador, ante todo, tendrá que probar la entrega de los efectos al porteador en caso que éste lo negare. Sólo podrá probarse el valor según la apariencia exterior de los efectos.

CARTA DE PORTE FERROVIARIA: documento de transporte de carga que emiten como constancia las empresas ferroviarias y que acredita la recepción de la mercadería para su traslado a un determinado lugar.

CARTA DE RECOMENDACIÓN: carta de presentación en la cual se manifiesta la honestidad, capacidad y/o solvencia de quien requiere crédito, empleo, etcétera.

CARTA DE SEGURO: carta de amparo.

CARTA DE TRABAJO: documento personal expedido por autoridad sindical o gubernativa que permite ejercer o encontrar ocupación en las profesiones corporativamente monopolizadas.

CARTA DE VENTA: escritura pública en la que se vende alguna cosa.

CARTA DESAFORADA: despacho denegatorio de una exención, franqueza o privilegio.

CARTA MAGNA: conjunto de prerrogativas otorgada por el rey a los nobles.◆ Constitución.

CARTA MISIVA: comunicación escrita entre dos o más personas *(J. Llambías).*

CARTA ORDEN: comunicación dirigida por autoridad judicial a sus inferiores.

CARTA PODER: poder simple que autoriza a una persona a representar a otra en un negocio jurídico determinado.

CARTA ROGATORIA: comunicación mediante la cual entre las autoridades superiores del poder judicial o enviados a jueces extranjeros, a los efectos de solicitar la colaboración de determinados actos. ◆ Exhorto.

CARTAS CREDENCIALES: documento diplomático que acredita a un embajador como representante oficial de su país ante el jefe de otro Estado.◆ Las que se dan al embajador o ministro para que se lo admita y reconozca como tal.

CARTAS RECREDENCIALES: las que se dan al embajador o ministro para que se despida, al cesar en su destino, del jefe del Estado donde se hallaba acreditado.

CÁRTEL: acuerdo convenido entre empresas con el fin de controlar el mercado de un producto, por el cual se establecen precios mínimos, condiciones de venta o un reparto de mercados. Bajo esta forma, las empresas mantienen su individualidad; la monopolización afecta sólo a la parte comercial. ◆ Organización federativa que permite la subsistencia de empresas individuales que solamente renuncian al incorporarse a ésta a una parte de su autonomía industrial o comercial *(J. Seoane).*◆ Asociación entre empresas en la cual cada una conserva su autonomía e individualidad en forma efectiva; la fusión no es tan marcada. Generalmente, agrupa empresas de idéntica producción y su principal objetivo es eliminar a la competencia y realizar la comercialización de sus productos en las mejores condiciones posibles, fijando un precio uniforme de venta y repartiéndose entre ellos las zonas comerciales.◆ Forma específica con que se denomina un mercado oligopolístico cuando existe acuerdo colusivo entre todos los oligopolistas, que puede adoptar diversas maneras y abarcar distintos aspectos del mercado.◆ Es empleado para acuerdos entre los distintos *trusts* y, sobre todo, refiere a productos determinados en un alcance internacional. En este tipo de acuerdos, las distintas corporaciones mantienen una relativa independencia, subordinando a una autoridad común aspectos tales como la fijación de cuotas de producción, reparto de mercados, fijación de precios y cantidades, etcétera.

CARTERISTA: ladrón de carteras de bolsillo.

CASA ABIERTA: se alude con este término al domicilio y estudio o despacho del que ejerce una profesión.

CASA CENTRAL: sede principal y asiento principal de una empresa que posee sucursales.◆ Entidad principal, generadora de otras.◆ Casa matriz.

CASA CIVIL: conjunto de personas que tienen a su cargo los servicios no militares del palacio o de la residencia del jefe de Estado.

CASA DE BOLSA: son sociedades anónimas encargadas de la intermediación en el Mercado de Valores, es decir, tienen capacidad legal para recibir fondos por concepto de operaciones con los valores que se les encomienden, así como para prestar asesoría en materia de comercialización de dichos valores.

CASA DE CITAS: también denominada burdel, prostíbulo, etcétera, se trata de aquella en que se facilita, clandestinamente y por precio, habitación para el mantenimiento de relaciones sexuales.◆ Ver **Casa de tolerancia.**

CASA DE LA MONEDA: local o establecimiento de carácter oficial destinado a la emisión de billetes y acuñación de monedas. También se pueden imprimir títulos y valores públicos, estampillas fiscales y de correo postal.

CASA DE TOLERANCIA: todo local en que se ejerce activamente la prostitución con carácter habitual y en que es libre el acceso público.◆ Ver **Casa de citas.**

CASA - HABITACIÓN: inmueble destinado a vivienda u ocupado con ese fin por una o más familias u hogares provista, de ordinario, de cocina, baño y servicio sanitario.

CASA PATERNA: domicilio de los padres.

CASACIÓN: acción de casar o anular un acto o documento dejándolo sin efecto. ◆ Ver **Recurso de casación.**

CASACIÓN DE OFICIO: facultad que tiene el Tribunal para invalidar, de propia iniciativa, una resolución judicial que conoce, por vía de apelación, consulta, casación o cualquier otra incidencia, cuando aparecen de manifiesto en ella vicios que autoricen la interposición de un recurso de casación en la forma *(D. Benavente).*

CASADOR: profesional, funcionario o tribunal que anula, borra o inutiliza una escritura, una resolución, etcétera.

CASAMIENTO: acción de contraer matrimonio.◆ Celebración nupcial.◆ Ver **Matrimonio.**

CASAMIENTO A SOBRE BIENES: sociedad familiar que se contrae pactando comunidad de bienes un matrimonio con otro que no tiene hijos y haciendo implícitamente herederos a los nuevos cónyuges de los cuales al menos uno es pariente.

CASAMIENTO EN CASA: aquel autorizado por el cónyuge que muere antes al que lo sobrevive, ya sea por manifestación directa, ya mediante fideicomisarios para que, una vez contraído un nuevo matrimonio, la casa y los bienes del premuerto queden en poder del supérstite y en ellos tengan iguales derechos los hijos de ambos enlaces.

CASAR: anular, abrogar, derogar.◆ Contraer matrimonio.◆ Autorizar un ministro de la Iglesia el sacramento del matrimonio o, tratándose del matrimonio civil, autorizar este el juez o la autoridad competente.◆ Disponer un padre o un superior el casamiento de persona que está bajo su autoridad.

CASCOS AZULES: tropas que por encargo de las Naciones Unidas intervienen como fuerzas neutrales en regiones conflictivas.

"CASH": término utilizado para las operaciones efectuadas al contado y con entrega inmediata. ◆ Dinero contante; es utilizado para significar el cobro o el pago de una equis cantidad en efectivo.◆ Dinero en efectivo.

"CASH AGAINST DOCUMENTS": expresión inglesa que significa "pago contado para recibir los documentos", utilizado en comercio internacional y por el cual el importador de un bien debe abonar primero la totalidad del importe para recibir los documentos correspondientes a la operación (factura comercial, conocimiento de embarque y cualquier otro documento necesario) para permitirle acreditar su pertenencia y realizar los trámites correspondientes para su despacho a plaza o nacionalización.

"CASH AND CARRY": expresión inglesa que significa "pague y lléveselo". Técnica de comercialización que se utiliza en algunas empresas de autoservicios. ◆ Pagar y llevarse la mercadería.

CASO DE CORTE: causa civil o criminal que por su gravedad, su cuantía o la calidad de las personas, se podía litigar desde la primera instancia en el Consejo, sala de alcaldes de corte, cancillerías y audiencias; estaban excluidas de su conocimiento las justicias ordinarias.

CASO FORTUITO: hecho no imputable a la voluntad del obligado, que impide y excusa el cumplimiento de obligaciones.

CASO NULO: aquel sin fuerza vinculante.

CASO - PRESTAR EL: responder alguien de las contingencias fortuitas.

CASO RESERVADO: culpa grave de la que solo puede absolver el superior o quien tenga licencia suya.

CASTA: grupo social de carácter cerrado cuya composición está dada por componentes homogéneos con privilegios determinados. ◆ Generación o linaje.

CASTIDAD: virtud de aquel que se abstiene de todo placer sexual.

CASTIDAD CONYUGAL: la que guardan mutuamente los casados.

CASTIGO: pena que se impone a la persona que ha contravenido las normas.

CASTRACIÓN: xtirpación de los órganos reproductores en sujetos de ambos sexos.

CASTRENSE: relativo a cosas o personas pertenecientes al ejército y al estado o profesión militar.

CASUAL: relativo a las firmas o decretos judiciales concebidos para impedir atentados.

CATASTRO: registro público en el cual se encuentra la descripción y la ubicación exacta de los inmuebles.

CATEGORÍA: cada una de las jerarquías establecidas en el ámbito de una profesión, empleo o carrera.

CATEGORÍAS: desde el punto de vista fiscal, clasificación de los ingresos que puede obtener una persona o sucesión indivisa, de acuerdo con el impuesto a las ganancias.

CAUCIÓN: garantía otorgada para asegurar el cumplimiento de una obligación. ◆ Contrato de préstamo cuya garantía son acciones o bonos.◆ Venta de acciones al contado con la simultánea operación de compra a futuro o viceversa.◆ Seguridad personal de que se cumplirá lo pactado, prometido o mandado.

CAUCIÓN BURSÁTIL: operación que permite a quien desea colocar dinero por un corto plazo a un interés fijo hacer una suerte de préstamo con garantía de títulos públicos o acciones cotizables en Bolsa y, a la vez, a quien posee estos valores, obtener dinero por un corto plazo pagando un interés en lugar de desprenderse de su inversión de modo definitivo. La operación se instrumenta mediante una compra al contado y una venta simultánea a plazo por un precio mayor; la diferencia equivale al interés. Los títulos o acciones objeto de la operación permanecen depositados en garantía en el Mercado de Valores. Además, el precio de venta al contado (del tomador al dador del dinero) resulta de un aforo, que es inferior a los precios de cotización habituales de cada título, por lo cual estas operaciones son fácilmente liquidables mediante la venta de los títulos a un tercero y la imputación del precio recibido al restituir el capital en caso de incumplimiento por parte del tomador del dinero, que está obligado como un comprador a plazo. Conocida también como "caución de valores mobiliarios".

CAUCIÓN DE CONDUCTA: pena que obliga al reo a presentar un fiador abonado que se haga responsable de que no se ejecutará el mal que se trata de precaver, obligándose a entregar, si se causare, la cantidad fijada en la sentencia; si no la diere, el penado incurrirá en la pena de destierro.

CAUCIÓN DE INDEMNIDAD: la que se otorga para dejar a otro exento de alguna obligación.

CAUCIÓN DE VALORES MOBILIARIOS: ver **Caución bursátil**.

CAUCIÓN JURATORIA: la que se abona con juramento.◆ Obligación que hacía el pobre que no tenía fiador, para salir de la cárcel, jurando volver a ella cuando se le mandase.

CAUCIONAR: dar en caución.◆ Precaver cualquier daño o perjuicio.

CAUCUS: sesión privada entre cada una de las partes y el mediador durante el proceso de mediación.

CAUDAL: dinero, moneda.◆ Capital o fondo.◆ Hacienda, bienes de cualquier especie y, generalmente, dinero.

CAUDAL HEREDITARIO: acervo hereditario. Masa hereditaria.

CAUDILLAJE: ver **Caudillismo.**

CAUDILLISMO: sistema de caudillaje o gobierno de un caudillo.◆ Caudillaje.

CAUSA: pleito judicial.◆ Motivo o razón para obrar.◆ Empresa o doctrina en que se toma interés o partido.◆ Origen de una acción, juicio o proceso civil o criminal.◆ Es un problema de cantidad. No tiene nada que ver con la voluntad. ◆ Ver **Consideration.**

CAUSA - ACRIMINAR LA: agravar o hacer mayor el delito o la culpa.

CAUSA - ARRASTRAR LA: avocar un tribunal el conocimiento de alguna causa.

CAUSA - CONOCER DE UNA: ser juez de una causa.◆ Entender en una causa, ser competente para ello.

CAUSA - CONTINENCIA DE LA: ver **Continencia de la causa.**

CAUSA - DAR POR CONCLUSA UNA: declarar terminada una causa y a punto de sentenciarla.

CAUSA EFICIENTE: primer principio productivo del efecto o la que hace o por quien se hace alguna cosa.

CAUSA - FIN: consiste en la razón determinante del acto *(A. Alterini).*

CAUSA ILÍCITA: la que se opone a las leyes o a la moral.

CAUSA LÍCITA: aquella que no se opone a la ley.

CAUSA LUCRATIVA: título dimanado de la liberalidad, por oposición al conmutativo u oneroso.

CAUSA PÚBLICA: aquella que implica utilidad y bien del común.

CAUSACIÓN DE MALES INNECESARIOS: circunstancia agravante de la responsabilidad consistente en aumentar deliberadamente el perjuicio ocasionado por el delito causando a otros males innecesarios.

CAUSAHABIENTE: ver **Derechohabientes.**

CAUSAL DE INIMPUTABILIDAD: circunstancia eximente de responsabilidad que opera cuando el autor del delito carece de capacidad para comprender la ilicitud de un hecho punible o por actuar conforme a dicha comprensión.

CAUSANTE: persona de quien deriva un negocio o derecho que uno tiene.

CAUSAS DE JUSTIFICACIÓN: las que excluyen la antijuridicidad de una conducta aparentemente ilícita, por ser ésta conforme a derecho y no contraria a él *(C. Ghersi).*

CAUSAS MIXTAS: aquellas que pueden ser definidas tanto en el fuero eclesiástico como en el secular, habiendo lugar a la prevención *(Moreno Hernández).*

CAUSÍDICO: aquello relativo o perteneciente a causas o pleitos.◆ Ver **Gastos causídicos.**

CAUTELAR: preventivo, precautorio.◆ Dícese de las medidas o reglas para prevenir la consecución de un determinado fin.◆ Ver **Medidas precautorias.**

CAUTIVERIO: estado de privación de la libertad en el que se halla una persona en virtud de la voluntad de otra.◆ Encarcelamiento.

CCG: ver **Consejo de Cooperación del Golfo.**

CEAO: ver **Comunidad Económica de África Occidental.**

CECA: ver **Comunidad Europea del Carbón y el Acero.**

CEDEAR: Certificados de Depósito Argentinos.

CEDENTE: sujeto que en virtud de un contrato transmite a otro un crédito, derecho o valor.

CÉDULA: bono.◆ Documento en que se reconoce una deuda u otra obligación.◆ Documento oficial que tiene por objeto la identificación personal.◆ Notificación mediante la cual un funcionario judicial comunica a las partes interesadas una resolución judicial.◆ Ver **Notificación por cédula.**

CÉDULA "ANTE DIEM": papel firmado, regularmente por el secretario de alguna comunidad, por el que se cita a sus individuos para juntarse al día siguiente y donde se expresa el asunto que se ha de tratar.

CÉDULA DE DILIGENCIAS: antiguamente, despacho que se expedía por el Consejo de la Cámara dando comisión a un juez para hacer alguna averiguación.

CÉDULA DE IDENTIDAD: título habilitante para justificar la identidad de una persona.

CÉDULA DE NOTIFICACIÓN: ver **Notificación por cédula.**

CÉDULA TESTAMENTARIA: memoria, escrito simple considerado como parte integrante de un testamento.

CEDULAJE: antiguamente, derecho que se pagaba por el despacho de las cédulas reales.

CÉDULAS HIPOTECARIAS: títulos de crédito emitidos por instituciones bancarias hipotecarias con el fin de obtener financiación para sus operaciones de crédito. Los títulos son entregados al prestatario en lugar de dinero. Devengan un interés y son amortizables periódicamente.

CEE: Comunidad Económica Europea.◆ Ver **Unión Europea**.

CEI: ver **Comunidad de Estados Independientes**.

CELDA: aposento pequeño.◆ Espacio reducido donde se aloja a los presos.

CELIBATO: hombre célibe.◆ Soltería.

CÉLIBE: aquella persona que no ha tomado estado de matrimonio.

CELULAR: establecimiento carcelario donde los reclusos están sistemáticamente incomunicados.

CENSAL: censual. Relativo al censo.

CENSO: contrato por el cual se sujeta un inmueble al pago de una pensión anual como interés de un capital recibido en dinero y reconocimiento de un dominio que no se transmite con el inmueble.◆ Verificación numérica periódica sobre todo un país con respecto a la cantidad de habitantes, sexo, edades, estado civil, educación, etcétera, como de un sector productivo o una región.◆ También se puede realizar por actividades.◆ Término que proviene del latín *census, censere*; significa "aplicar impuestos".

CENSO CONSIGNATIVO: censo en el cual el censatario grava un inmueble de su propiedad con un canon que se compromete a abonar al censualista por el capital que recibe de este último.

CENSO ECONÓMICO: relevamiento de toda la actividad productiva y comercial de bienes y servicios de una región o de un país.

CENSO ELECTORAL: registro general de ciudadanos.

CENSO ENFITÉUTICO: enfiteusis.

CENSO FRUCTUARIO: el que se paga en frutos.

CENSO IRREDIMIBLE: censo perpetuo que por pacto no podía redimirse nunca. En la actualidad todos son redimibles. ◆ Censo muerto.

CENSO MIXTO: el que se impone sobre una finca quedando, además, obligada la persona; de modo que, aun cuando la finca perezca, pueda reclamarse la pensión.

CENSO MUERTO: censo irredimible.

CENSO RESERVATIVO: aquel en que se da un edificio o heredad con pacto de pagar el adquirente al enajenante cierta pensión cada año.

CENSOR: persona que censura.◆ En ciertos gobiernos, funcionario encargado de revisar todo tipo de publicaciones, películas, mensajes publicitarios, etcétera, y de proponer, en su caso, que se modifiquen o prohíban. ◆ Persona que ejecuta tareas consistentes en el relevamiento de los datos necesarios a los efectos de la elaboración del censo.

CENSUAL: relativo al censo.

CENSURA POSTERIOR: limitación o restricción sobre cualquier tipo de expresión, una vez que hubiere llegado a conocimiento público.

CENSURA PREVIA: examen y aprobación que anticipadamente hace el censor gubernativo de ciertos escritos antes de darse a la imprenta.◆ Es aquella que impide la expresión de ideas o cualquier otra manifestación antes que éstas se produzcan *(M. Goldstein).*

CENSURA SUBREPTICIA: suele ser indirecta y utilizada a instancia de factores de poder, como los económicos, principalmente, cuando tienen el dominio de los medios de comunicación más importantes, a los que manejan discrecionalmente, como ocurre con los diarios, la radiodifusión y la televisión *(M. Goldstein).*

CENTRALISMO: sistema de organización del Estado cuyas decisiones de gobierno son únicas y dimanan de un mismo centro sin tener en cuenta las diferentes culturas o pueblos que conviven en él.

CENTRALIZACIÓN: agrupamiento de funciones y tareas en operaciones homogéneas en una unidad laboral.◆ Reunir en un centro las distintas administraciones. ◆ Asumir el poder público facultades atribuidas a organismos locales. Se produce cuando se concentran las potestades públicas en uno o más órganos.◆ Implica la concentración de las facultades de decisión en los órganos jerárquicos superiores de la Administración Pública *(J. Siseles).*

CENTRO INTERAMERICANO DE ADMINISTRADORES TRIBUTARIOS: organismo internacional de carácter público creado en 1967 para promover el perfeccionamiento de las administraciones tributarias mediante el intercambio de ideas y experiencias, de la asistencia técnica y el adiestramiento, de la recopilación y la distribución de la información, y de la promoción de la investigación técnica. Está constituido por los directores de las oficinas de administración tributaria de los países americanos, de España, Francia, Holanda, Italia y Portugal. El Ministerio de Hacienda o Finanzas de cada país señala los cargos de la administración tributaria, cuyos titulares serán miembros. La calidad de tal se pierde cuando el funcionario deja de ser titular del cargo.

CEPAL: ver **Comisión Económica para América Latina y el Caribe**.

CER: Ver **Coeficiente de Estabilización de Referencia.**

CERTIFICACIÓN: acto por el cual una persona, funcionario público o no, da fe de un hecho del que tiene conocimiento. ◆ Tarea profesional en donde la manifestación del profesional consiste sólo en informar sobre determinados hechos constatados con registros contables u otra documentación respaldatoria sin emitir un juicio de valor.

CERTIFICACIÓN DE DEPÓSITO: documento en que consta la constitución de un depósito a plazo fijo en una institución financiera. Por ello, de dicho documento emana un derecho de crédito a favor de su titular por el monto del capital más sus intereses pactados, todo lo cual surge del propio certificado *(E. Holz).*◆ *Warrant.*

CERTIFICACIÓN DE FIRMA: acto mediante el cual una persona da fe acerca de la verosimilitud de una firma.◆ Firma certificada.

CERTIFICACIÓN INDIVIDUAL DE SEGURO: documento por el cual se prueba la existencia de una póliza de seguro colectivo y en el que deben figurar los elementos que lo identifican, por ejemplo: suma asegurada, vigencia, etcétera.

CERTIFICADO: documento en el cual consta la certificación. También es el documento en que se certifica.

CERTIFICADO DE EMPLEO: constancia escrita que recibe el personal de un ente al dejar de pertenecer a su plantilla. Acredita el tiempo trabajado, el sueldo, la antigüedad, etcétera.◆ Constancia laboral para ser presentada ante otros entes, como por ejemplo instituciones bancarias, para solicitar un préstamo.◆ Certificado de trabajo.

CERTIFICADO DE IDONEIDAD: documento que acredita la capacidad de una persona para ejercer una determinada actividad aeronáutica y se lo suele denotar de distintas formas, como por ejemplo: breves, licencias, certificados, etcétera *(A. Torres Neuquén).*

CERTIFICADO DE LIBRE DEUDA: constancia emitida por organismos públicos, nacionales o municipales, consorcios, etcétera, a pedido de los interesados, escribanos, titulares, etcétera, antes de efectuarse una escritura traslativa de dominio.

CERTIFICADO DE OBRAS PÚBLICAS: acto administrativo que reviste forma de instrumento público y prueba la existencia de un crédito, parcial o definitivo, en favor de un contratista de obra pública *(R. Dromi).*

CERTIFICADO DE ORIGEN: el que acredita que los bienes provienen de determinado país.◆ Documento por medio del cual un organismo autorizado certifica que las mercaderías que se embarcan son de origen nacional, del país donde se despachan *(A. Digier).*

CERTIFICADO DE PARTICIPACIÓN: papel que incorpora el derecho a participar en la propiedad de la empresa, pero sin algunos de los derechos de los accionistas.

CERTIFICADO DE REGISTRO DE LA PROPIEDAD: certificado de dominio que expide el Registro de la Propiedad; se lo debe solicitar antes de otorgar la escritura.

CERTIFICADO DE TRABAJO: ver **Certificado de empleo**.

CERTIFICADO DIGITAL: documento electrónico generado y firmado digitalmente por una entidad de certificación, la cual vincula un par de claves con una persona determinada confirmando su identidad. Estos certificados son emitidos por las entidades de certificación y deben contener datos que identifiquen indubitablemente al suscriptor, datos que identifiquen a la Entidad de Certificación, una clave pública, la metodología para verificar la firma digital del suscriptor impuesta a un mensaje de datos, el número de serie del certificado y su vigencia, y la firma digital de la Entidad de Certificación.◆ Se entiende por tal el documento firmado digitalmente por un certificador, que vincula los datos de verificación de firma con su titular.◆ Ver **Políticas de certificación.**

CERTIFICADO DIGITAL – HOMOLOGACIÓN: aquel certificado digital que hubiese sido emitido por certificador extranjero a ciudadano de un país sólo será considerado jurídicamente válido si fuere reconocido por un certificador autorizado dentro del régimen establecido en ese país.

CERTIFICADOR AUTORIZADO: toda persona de existencia ideal u organismo público que cuenta con una licencia otorgada por la autoridad de aplicación correspondiente para emitir y revocar certificados digitales.

CERTIFICADOR LICENCIADO: toda persona de existencia ideal, registro público de contratos u organismo público que expide certificados, presta otros servicios en relación con la firma digital y cuenta con una licencia para ello, otorgada por el ente licenciante. La actividad de los certificadores licenciados no pertenecientes al sector público se presta en régimen de competencia.

CERTIFICADOS AMERICANOS DE DEPÓSITO: *American Depositary Receipts.*◆ Ver **ADR.**

CERTIFICADOS DE APORTACIÓN PATRIMONIAL: títulos de crédito colectivos que representan derechos de sus tenedores a ciertos bienes o derechos específicos incorporados en ellos. La emisión de estos títulos la hará una institución fiduciaria (debe ser un Banco). Los certificados de aportación han sido creados para dar una forma legal a necesidades del mundo económico puesto que mediante éstos se obtiene la captación de recursos que pueden emplearse en operaciones de mayor importancia, y así estos certificados de aportación permiten a esos inversionistas percibir una parte proporcional que corresponda a las sumas invertidas por cada uno de ellos *(L. Pedroza Reyes)*.

CERTIFICADOS DE DEPÓSITO EN CUSTODIA: aquellos susceptibles de negociación; son representativos de títulos-valores correspondientes a sociedades extranjeras, cuya emisión es llevada a cabo por el *depositary* o depositario y, por tratarse de la moneda mayormente utilizada en el comercio internacional, son nominados en dólares americanos (pero no obsta a la validez de éstos su nominación en otras divisas).

CERTIFICADOS GLOBALES: certificados representativos de acciones integradas, emitidos por sociedades que realizan oferta pública de acciones para su inscripción en regímenes de depósito colectivo. Pueden documentar la totalidad o una parte de las acciones en circulación de una sociedad o sólo una clase de ellas.

CERTIFICAR: dar un funcionario fe de un hecho determinado.

CESACIÓN DE PAGOS: ver **Estado de cesación de pagos.**

CESANTÍA: paga que disfruta el empleado cesante, de acuerdo con las normas legales, en quien concurren determinadas circunstancias.◆ Cesación por orden de un superior competente de un empleo, cargo o destino. ◆ Correctivo por el que se priva al empleado de su destino, sin que le incapacite para volver a desempeñarlo.

CESE: acción y efecto de cesar en un empleo o cargo.◆ Nota o documento en el que se consigna el cese de un empleo o cargo.◆ Destitución de alguien de su empleo o cargo.

CESIÓN: transferencia de bienes, derechos o títulos crediticios. En virtud de que los actos comerciales se suponen a título oneroso, la cesión debe ser contabilizada mediante similar tratamiento que el de la compraventa.

CESIÓN DE ARRENDAMIENTO: acto mediante el cual el locatario transfiere a otro la cosa arrendada, en caso de no estar prohibido por las leyes o por normas contractuales.

CESIÓN DE BIENES: dejación que los deudores hacen de sus bienes cuando no pueden afrontar las obligaciones que tienen con sus acreedores para que éstos cobren sus créditos.

CESIÓN DE CONTROL: contrato por el cual una parte (cedente) se obliga a transferir a otra (cesionario) la titularidad de un paquete de acciones suficientes para conferir el control de una sociedad, mediante el pago de cierto precio y, a veces, el otorgamiento de ciertas ventajas sociales *(A. Petitpierre–Sauvain)*.

CESIÓN DE CRÉDITOS: la que se produce cuando una de las partes (cedente) se obliga a transferir a la otra (cesionario) el derecho que le compete contra su deudor entregándole el título del crédito si existiese.

CESIÓN DE DERECHOS: contrato por el cual una de las partes (cedente) se obliga a transferir a la otra (cesionario) un derecho del que es titular para que este último lo ejerza a nombre propio *(M. Roitbarg)*

CESIONARIO: persona a cuyo favor se cede un derecho.

"SESSIO DE IURE": expresión latina que significa cesión de derecho.

CFI: ver **Corporación Financiera Internacional**.

CH: abreviatura de cheque.◆ Ver **Cheque**.

CHANTAJE: amenaza de pública difamación o daño similar que se hace contra alguien con la finalidad de obtener de él algún tipo de beneficio o dinero.◆ Delito correccional consistente en obtener, por medio de amenazas escritas o verbales de revelaciones o imputaciones difamatorias, la entrega de fondos o valores o la firma o entrega de documentos que contienen o importan obligación, disposición o descargo *(H. Capitant).*

CHEQUE: orden de pago pura y simple librada contra un Banco en el cual el librador tiene fondos depositados a su orden en cuenta bancaria o autorización para girar en descubierto. El domicilio del Banco contra el cual se libra el cheque (girado) determina la ley aplicable. El domicilio que el titular de la cuenta tenga registrado en el Banco podrá ser considerado domicilio especial a todos los efectos legales derivados de la emisión del cheque.◆ Ver **Cheque común.**

CHEQUE A LA ORDEN: el emitido a la orden de una determinada persona. Puede ser transferido por simple endoso. En el supuesto de que el endoso sea en blanco, el cheque se transforma en uno al portador mientras que si figura el nombre del endosatario, ha de ser reendosado por éste para su posterior transferencia.

CHEQUE ABIERTO: aquel común, en oposición al cheque cruzado.

CHEQUE ADULTERADO: aquel que ha sido alterado o modificado en cualquiera de sus partes.◆ Cheque falsificado.

CHEQUE AL PORTADOR: el que ha sido emitido sin indicación de beneficiario. Se transfiere mediante simple entrega. Algunas legislaciones limitaron la circulación de este tipo de cheques (por ejemplo: la argentina) eliminando recientemente dichas restricciones.

CHEQUE ANTEDATADO: aquel librado en el pasado con fecha de emisión presente.◆ Ver **Cheque posdatado**.

CHEQUE ANULADO: aquel que anula el titular de la cuenta. Es inutilizado por motivo de errores cometidos al extenderlo.

CHEQUE BLOQUEADO: aquel que, librado, no puede concretarse efectivamente por haber dado el librador una contraorden para el respectivo pago.

CHEQUE CANCELADO: se utiliza en algunos países; es el cheque abonado por el banco que se devuelve al librador.

CHEQUE CANCELATORIO: título-valor respaldado por la entidad que lo emite, vigente en la Argentina para cancelar determinadas operaciones y cuyos pagadores no cuenten con algún tipo de servicio bancario, como lo puede ser una cuenta corriente, tarjeta de crédito, etcétera.◆ En la Argentina, cheque librado en pesos nacionales o en dólares estadounidenses que se utiliza en operaciones de compraventa de inmuebles. Éste debe solicitarse en el banco en el cual el interesado tenga una cuenta y su firma registrada. Es de carácter gratuito y puede ser utilizado por personas físicas o jurídicas.

CHEQUE CERTIFICADO: aquel conformado por el Banco sobre el cual es girado, previa verificación de la existencia de fondos suficientes en la cuenta del librador, reservando, al mismo tiempo, la suma necesaria para su pago. Con este procedimiento queda asegurado el pago dentro del plazo de cinco días hábiles, el que, vencido, no hubiese sido cobrado, el Banco acreditará en la cuenta del librador la suma que hubiese reservado.◆ También llamado visado o conformado.

CHEQUE CIRCULAR: cheque pagado en todas las sucursales de un Banco o en todos los Bancos que sean corresponsales del Banco sobre el cual se ha girado el cheque. Este pago, como debe ser inmediato, exige una certificación del cheque *(G. Ripert).*

CHEQUE COMÚN: clase de cheque que debe contener:

1) La denominación cheque inserta en su texto, en el idioma empleado para su redacción.
2) Un número de orden impreso en el cuerpo del cheque.
3) La indicación del lugar y de la fecha de creación.
4) El nombre de la entidad financiera girada y el domicilio girado.
5) La orden pura y simple de pagar una suma determinada de dinero, expresada en letras y en números, especificando la clase de moneda; cuando la cantidad escrita en letras difiriese de la expresada en números, se estará por la primera.
6) La firma del librador.
7) Número de CUIT. ◆ Ver **Cheque**.

CHEQUE CONFORMADO: cheque visado.◆ Ver **Cheque certificado**.

CHEQUE CRUZADO: el librador o el portador de un cheque puede cruzarlo mediante dos barras paralelas colocadas en el anverso. Este tipo de cheque se cobra únicamente mediante su depósito en un banco.

CHEQUE CRUZADO EN ESPECIAL: ver **Cheque cruzado en general o en especial**.

CHEQUE CRUZADO EN GENERAL O EN ESPECIAL: el cruzamiento puede ser general o especial. Es general si no contiene entre las barras mención alguna o si contiene la mención "banquero", "no negociable" u otra equivalente. Es especial si entre las barras se escribe el nombre de un banquero. El cruzamiento general puede transformarse en cruzamiento especial, pero el cruzamiento especial no puede transformarse en cruzamiento general. Un cheque con cruzamiento general sólo puede ser pagado por el girado a un Banco. Un cheque con cruzamiento especial sólo puede ser pagado por el girado al Banco designado en el cruzamiento o a otro

Banco que éste indique. Un cheque con varios cruzamientos especiales sólo puede ser pagado por el girado en el caso de que se trate de dos cruzamientos de los cuales uno sea para el pago por una cámara compensadora. El girado o el Banco que no observe las disposiciones precedentes responderá por el perjuicio causado hasta la concurrencia del importe del cheque.

CHEQUE DE CAJA: aquel que emiten las entidades bancarias a cargo de sus propios establecimientos. Es generalmente nominativo y no negociable.

CHEQUE DE CANJE: aquel que se entrega a cambio de dinero en efectivo o de otro cheque.

CHEQUE DE MOSTRADOR: el que emite el Banco de una chequera común a favor de un cliente de dicho Banco y sobre su cuenta corriente.

CHEQUE DE PAGO DIFERIDO: una clase de cheque.◆ Orden de pago librada a días vista, a contar desde su presentación para registro en una entidad autorizada, contra la misma u otra en la cual el librador, a la fecha de vencimiento, debe tener fondos suficientes depositados a su orden en cuenta corriente o autorización para girar en descubierto, dentro de los límites de registro que autorice el girado. Sin perjuicio de las responsabilidades en que incurra por el Derecho Común, bajo ninguna circunstancia el girado será responsable si el cheque no es pagado a su vencimiento. Ni el registro del cheque ni la determinación de límites de registro generan responsabilidad.

CHEQUE DE PLAZA: el emitido sobre una plaza distinta a la de su libramiento.

CHEQUE DE VIAJERO: el emitido por un Banco a su propio cargo y pagadero en el establecimiento principal o en las sucursales, agencias o corresponsalías que tenga en el país de origen o en el extranjero. Es un cheque librado por un Banco sobre el mismo; es pagadero al portador en cualquier ciudad donde el Banco tenga una sucursal o un establecimiento que le sirva de corresponsal *(J. Guyenot)*.◆ Los anglosajones hacen gran uso de esos cheques conocidos con el nombre de *traveller's checks*.◆ También se lo llama cheque circular porque es pagadero en todas las sucursales de un Banco o en todos los Bancos que acepten desempeñar el papel de corresponsal del Banco sobre el cual es librado el cheque. Características:

a) La denominación "Cheque de viajero" inserta en su texto o la denominación equivalente si el título fuese redactado en otro idioma distinto del castellano;
b) El número de cheque;
c) El nombre del Banco emisor;
d) La indicación del lugar y la fecha de emisión;
e) La orden pura y simple de pagar una suma de dinero, expresada en letras y en números, con especificación de la especie de la moneda;
f) La indicación de los Bancos, agencias o corresponsalías donde puede cobrarse el cheque;
g) El nombre y la firma del tomador o beneficiario;
h) La firma del emisor.

Además, el título debe contener un espacio destinado a la fecha y a la firma de control del beneficiario.

CHEQUE DEVUELTO: aquel no pagado por el Banco girado por alguna causa legal.◆ También es utilizado el término "cheque rechazado".

CHEQUE DIFERIDO: cheque posfechado. ◆ Ver **Cheque posdatado.**

CHEQUE EN BLANCO: aquel firmado sin haberse rellenado.

CHEQUE ENDOSADO: el endoso debe ser puro y simple. Toda condición a la cual esté subordinado se tendrá por no escrita. El endoso parcial es nulo. Es igualmente nulo el endoso del girado. El endoso al portador vale como endoso en blanco. El endoso a favor del girado vale sólo como recibo, salvo el caso de que el girado tuviese varios establecimientos o de que el endoso se hiciese a favor de un establecimiento distinto de aquel sobre el cual se giró el cheque. El endoso debe escribirse al dorso del cheque o sobre una hoja unida a éste (añadido) y debe ser firmado por el endosante. El endoso puede no designar al beneficiario o consistir simplemente en la firma del endosante (endoso en blanco).

CHEQUE EXTRAVIADO O ROBADO: pérdida o sustracción de un cheque; debe comunicarse inmediatamente al Banco pagador y hacerse la denuncia policial correspondiente.

CHEQUE FALSIFICADO: aquel que se ha adulterado. El Banco no se responsabiliza cuando la firma del emisor no sea visible o evidente.

CHEQUE IMPUTADO: el librador, así como el portador de un cheque, pueden imputar un cheque al pago de una deuda determinada, insertando al dorso o en el añadido bajo su firma la indicación concreta y precisa de la deuda que se quiere extinguir.

CHEQUE JUDICIAL: el emitido en los juzgados como resultado de determinadas liquidaciones.

CHEQUE LAVADO: cheque adulterado mediante un procedimiento basado en sustancias químicas que hacen desaparecer lo escrito; por lo tanto, se permite sustituir total o parcialmente cantidades o nombres.

CHEQUE NO A LA ORDEN: el emitido a favor de una persona determinada, con el aditamento "no a la orden". Se contempla en algunas legislaciones y no admite endoso, excepto para su depósito.

CHEQUE NO NEGOCIABLE: aquel que mediante una cláusula inserta no puede ser negociable. Quien recibe el cheque no tiene ni puede transmitir más derechos sobre éste que los que tenía quien lo entregó.

CHEQUE NOMINATIVO: aquel que se extiende a nombre de una persona determinada.

CHEQUE PARA ACREDITAR EN CUENTA: el librador, así como el portador de un cheque, pueden prohibir que se lo pague en dinero, insertando en el anverso la mención trasversal "para acreditar en cuenta, para ser depositado en la cuenta de" u otra mención equivalente. En este caso, el girado sólo puede liquidar el cheque mediante un asiento de libros (crédito en cuenta, transferencia o compensación). La liquidación así efectuada equivale al pago. El girado que no observe las disposiciones precedentes responderá por los perjuicios hasta la concurrencia del importe del cheque.

CHEQUE PERSONAL: aquel que libra una persona contra su propia cuenta.

CHEQUE POSDATADO: aquel en el que la fecha que figura como emisión es posterior a la fecha de extensión. Se utiliza con el propósito de dar plazo al librador, ya sea para constituir la provisión de fondos o para convertirse en la práctica como instrumento de crédito.◆ Cheque diferido.◆ Cheque posfechado.

CHEQUE POSTAL: título emitido por el titular de una cuenta de cheque postal en un formulario desprendido de una libreta talonario suministrada por la Administración de Correos y Telecomunicaciones. ◆ Similar al giro postal.◆ También, en algunos países, se utiliza como sinónimo de cheque nominativo.

CHEQUE RECHAZADO: ver **Cheque devuelto**.

CHEQUE VISADO: cheque conformado. ◆ Ver **Cheque certificado**.

CHEQUEAR: rellenar un cheque.◆ Examinar, verificar, controlar.

CHEQUEO: examen, verificación, revisión.

CHEQUERA: libreta o talonario de cheques. Los Bancos entregarán a sus clientes, bajo recibo, cuadernos impresos de cheques con la numeración correspondiente. El recibo consignará el número del cuaderno y la numeración sucesiva de los cheques. Cuando el pedido de los cuadernos no se hiciese personalmente por el titular de la cuenta o no se efectuase utilizando la fórmula especial que acompañará a los cuadernos de cheques, el Banco no dará curso a los que se le presentasen hasta después de obtener la conformidad del titular con la recepción del cuaderno solicitado. En caso de extravío o robo del cuaderno de cheques y de la fórmula especial para pedirlos, el tenedor deberá avisar inmediatamente al Banco.

CHOSNO: hijo del tataranieto, es decir el cuarto nieto en la línea sucesoria.

CHOVINISMO: exaltación desmesurada de lo nacional con relación a lo extranjero.

CIAT: ver **Centro Interamericano de Administradores Tributarios.**

CIBERACOSO: utilización de información electrónica y distintos medios de comunicación, como ser: correo electrónico, mensajería telefónica, redes sociales, etc. Puede referirse a amenazas, ataques peyorativos, demostraciones y tantísimas acusaciones similares. ◆ Acoso electrónico. ◆ Acoso móvil. ◆ Acoso por internet. ◆ Acoso digital. ◆ Network mobbing.

CIBERHOSTIGAMIENTO: ver **Grooming.**

CIBEROCUPACIÓN: registro abusivo, deliberado y de mala fe de un nombre de dominio en violación de los derechos de marcas de producto y de servicio.

CICLO: serie de fases por la que pasa un fenómeno periódico hasta que se reproduce una fase anterior.◆ Conjunto de una serie de fenómenos u operaciones que se repiten ordenadamente.

CICLO PRESUPUESTARIO: consiste en la serie de fases que se suceden en el desarrollo de un presupuesto. Si bien existen varios criterios doctrinarios respecto de la clasificación de dichas etapas, la mayoría coincide en la existencia de cuatro de ellas, a saber: la de preparación del presupuesto, su posterior aprobación, su ejecución y, por último, la fase de control.

CIENCIA DE LA ADMINISTRACIÓN: ciencia que se dedica al estudio de los problemas vinculados con la administración de los negocios, desde el nivel directriz o gerencial.

CIENCIA ECONÓMICA: ciencia que se dedica al estudio y análisis de los fenómenos económicos.◆ Aquella que examina parte de la acción social e individual que está más estrechamente ligada al logro y empleo de los requisitos materiales del bienestar *(A. Marshall)*.◆ Ciencia que estudia el comportamiento como una relación entre fines y medios escasos que poseen unos usos alternativos *(Lord Robbins)*.◆ Disciplina intelectual que estudia la economía y que tiene por objeto sistematizar la observación, la clasificación y el análisis de los fenómenos económicos, procurando detectar y explicar las relaciones de causalidad existentes entre ellos. Parte de la observación de los hechos y los actos económicos, procede a su clasificación según sus características y periodicidad, y luego, mediante el análisis económico, interpreta y valora los hechos y los actos que constituyen su materia y extrae conclusiones en cuanto a las relaciones de causalidad que puedan existir entre ellos *(W. Beveraggi Allende)*.

CIERRE DE CUENTA BANCARIA: la cancelación de una cuenta corriente bancaria puede ocurrir por decisión del cliente o bien por una decisión de la autoridad bancaria competente. En el primer caso, se debe normalmente al cese de la actividad comercial; en el segundo, por el incumplimiento o incorrecciones inherentes al mantenimiento adecuado de una cuenta corriente.

CIERRE DEL CRÉDITO: cuando por negligencia o por imposibilidad de pagar en tiempo y en forma los compromisos asumidos se procede a cancelar el crédito otorgado o la cuenta corriente.

CIERRE PATRONAL: cesación temporal, total o parcial, del trabajo, ordenada por uno o varios empleadores con el fin de ejercer presión sobre los trabajadores y en defensa de sus intereses profesionales *(R. Ruprecht)*.◆ *Lock out*.

CIERVO: en la jerga bursátil, especulador que trata de asegurarse una ganancia en una rápida operación de compra y venta de acciones. Compra con la intención de vender inmediatamente. ◆ Especulador en nuevas emisiones de acciones. Compra exclusivamente con la intención de vender. La diferencia entre el precio de inicio en la Bolsa y el precio de la nueva emisión es el beneficio que obtiene el especulador.

CIF: sigla de la expresión inglesa *Cost, Insurance and Freight*, que traducida significa "costo, seguro y flete". Esta expresión es utilizada en el comercio internacional y significa que el precio de la mercadería comprende su precio, el seguro por el transporte y el flete entre el lugar de origen y el de destino.

CIFRA: cantidad de dinero.

CIFRAR: valorar cuantitativamente, en especial, pérdidas y ganancias.

CIRCUITO MONETARIO: recorrido que cumple la moneda fiduciaria desde el momento de su emisión hasta el de su cancelación.

CIRCULACIÓN: etapa del proceso económico correspondiente a la distribución de los bienes producidos a los sitios de consumo, para así comenzar la tercera etapa, que es el consumo.◆ Transmisión de valores, dinero o mercaderías.◆ Paso de mercancías del vendedor al comprador. Todo lo que se produce es para el mercado. Todos viven para el intercambio de excedentes. Nadie consume exclusivamente lo que produce ni produce exclusiva o totalmente lo que consume.

CIRCULACIÓN FIDUCIARIA: conjunto de títulos crediticios circulantes en un sistema de moneda metálica.

CIRCULACIÓN MONETARIA: cantidad de dinero circulante en un país en un momento dado. Sumatoria de billetes y monedas más depósitos a la vista en el sistema bancario. Es conocida también como oferta monetaria.◆ Numerario.

CIRCULANTE: ver **Circulación monetaria.**

CIRCULAR: escrito mediante el cual las cúpulas de los distintos órganos de la Administración Pública imparten instrucciones estableciendo las pautas rectoras de la actuación de los funcionarios subalternos.

CIRCUNSCRIPCIÓN: división administrativa, militar, electoral o eclesiástica de un territorio.

CIRCUNSCRIPCIÓN CONSULAR: territorio atribuido a una oficina consular para el ejercicio de las funciones consulares.

CIRCUNSTANCIA: accidente de tiempo, lugar, modo, etcétera, que está unido a la sustancia de algún hecho o dicho.

CIRCUNSTANCIA AGRAVANTE: motivo legal que tiene por consecuencia hacer más gravosa la pena que le correspondería al autor del hecho.

CIRCUNSTANCIA ATENUANTE: motivo motivo legal que goza de aptitud para aliviar la pena del reo.

CIRCUNSTANCIA EXIMENTE: aquella que libra de responsabilidad criminal al autor del hecho delictuoso.

CITA: nota de ley, doctrina, autoridad o cualquier otro texto que se alega para prueba de lo que se dice o refiere.

CITACIÓN: aviso por el que se cita a alguien para una determinada diligencia o finalidad.

CITACIÓN DE EVICCIÓN: emplazamiento efectuado al vendedor en caso de haberse configurado un supuesto de evicción.

CITACIÓN DE REMATE: aquella que en juicio ejecutivo se hace al deudor emplazándolo para que pueda oponerse a la ejecución.

CITAR: notificar, hacer saber a una persona el emplazamiento o llamamiento del juez.

CITATORIO: relativo al mandamiento o despacho con que se cita o emplaza a alguien para que comparezca ante el juez

CIUDADANÍA: condición de ciudadano. ◆ Vínculo jurídico-político que une al Estado con el individuo que reune las condiciones fijadas por la ley de la materia ◆ Condición jurídica en cuya virtud los individuos intervienen en el ejercicio de la potestad política de una sociedad determinada. ◆ Aquella condición jurídica en cuya virtud los individuos intervienen en el ejercicio de la potestad política de una sociedad determinada. ◆ No significa nacionalidad. ◆ Ver **Nacionalidad.**

CIUDADANO: todo habitante de una ciudad que posea aptitud para el ejercicio de sus derechos políticos, tanto activos como pasivos.◆ En forma genérica, se utiliza vulgarmente para designar al natural o vecino de una ciudad.

CIVIL: aplicable al conjunto de relaciones y acciones privadas, patrimoniales, que no son ni militares ni eclesiásticas. ◆ Disposiciones, normas que emanan de las autoridades laicas, a diferencia de las eclesiásticas.◆ Persona, organismo, etcétera, que no es militar ni eclesiástico. ◆ Perteneciente a las relaciones e intereses privados en orden al estado de las personas, régimen de la familia, condiciones de los bienes y los contratos.

CIVILISTA: dícese del Gobierno que defiende asuntos civiles.

CIVILMENTE: relativo a aquello efectuado conforme al Derecho Civil.

CLANDESTINO: con respecto a las publicaciones, se trata de todo aquello impreso sin el pie de imprenta, o que lo lleva imaginario o falso, o que se publica sin la observancia de los requisitos legales.◆ Se trata de todo aquello hecho o dicho en forma secreta a fin de burlar las leyes.◆ Generalmente, lo que se hace o se dice secretamente por temor a la ley o para eludirla.

CLASE: orden en que, con arreglo a determinadas condiciones o calidades, se consideran comprendidas diferentes personas o cosas *(Diccionario de la Real Academia).*

CLASE PASIVA: conjunto de personas que obtienen sus ingresos sin prestar servicio o actividad alguna y a consecuencia de estar incorporados a sistemas previsionales. Dentro de este conjunto están los pensionados, los jubilados y las personas mayores de una cierta edad.

CLASE SOCIAL: conjunto de personas que pertenecen al mismo nivel social y que presentan cierta afinidad de costumbres, medios económicos, intereses, etcétera. Es un estado de la sociedad compuesto por un grupo de familias que ocupan una posición similar.

CLASE TRABAJADORA: grupo de trabajadores que ocupa el rango más bajo entre las diversas clases en cuanto a ingresos, potencial económico y estatus.

CLÁSICO: que no se aparta de lo tradicional, de las reglas establecidas por la costumbre y el uso.

CLÁUSULA: cada una de las disposiciones de un contrato, tratado, testamento o cualquier otro documento análogo, público o particular *(Diccionario de la Real Academia).*

CLÁUSULA A LA ORDEN: ver **A la orden**.

CLÁUSULA ACCESORIA: lo que se agrega para aclarar o modificar alguna disposición.◆ La que se establece para asegurar el cumplimiento de otra cláusula u obligación principal.

CLÁUSULA "AD CAUTELAM": la que, para favorecer la libertad de revocar un testamento, exige que en otro posterior se empleen determinados vocablos, frases o signos.

CLÁUSULA ADICIONAL: la que se agrega para aclarar o modificar alguna disposición.

CLÁUSULA C&F: C&F.◆ Cláusula utilizada en el comercio internacional; es interpretada como que el exportador cobra el costo de la mercadería, los gastos de embarque y el flete al puerto de destino, excluyendo el seguro de la mercadería.◆ Ver **CIF.**

CLÁUSULA CIF: ver **CIF**.

CLÁUSULA COMPROMISORIA: la que se ofrece con el objeto de obligar a los contratantes al arbitraje de los puntos que susciten distintas interpretaciones.

CLÁUSULA COMPUESTA: la que consta de dos o más proposiciones.

CLÁUSULA CONSTITUCIONAL OPERATIVA: aquella disposición constitucional que da la posibilidad al titular de un derecho subjetivo reconocido por la ley fundamental de recurrir a la Justicia para exigir su cumplimiento.

CLÁUSULA CONSTITUCIONAL PROGRAMÁTICA: aquella no autooperativa o no autoaplicativa. Para actuar requiere el dictado de otra norma (infraconstitucional) que la desarrolle, instrumente o reglamente.◆ Cláusula de efecto diferido *(N. Sagüés)*.◆ Aquella disposición constitucional que no permite a su beneficiario exigir la protección jurisdiccional contra quienes pretendan desconocerla *(M. A. Ekmedjián)*.

CLÁUSULA DE CONVERSIÓN: provisión adicional en algunas tasas de hipotecas ajustables, en virtud de la cual se le permite al obligado la conversión de la hipoteca ajustable a tasa fija. Puede convenirse el cobro de cargo nominal al momento de la conversión.

CLÁUSULA DE EFECTO DIFERIDO: ver **Cláusula constitucional programática.**

CLÁUSULA DE MEDIACIÓN: previsión que se toma en un contrato respecto de la solución de los eventuales conflictos que pudieran generarse durante su ejecución y vigencia. Así, las partes convienen en someter cualquier divergencia a un procedimiento de mediación, pudiendo estipularse el mediador o la institución que habrá de intervenir o, incluso, la forma en la que habrá de designarse el mismo.

CLÁUSULA DE NACIÓN MÁS FAVORECIDA: en el Derecho Internacional Público, se utiliza esta cláusula para conceder a otro país beneficiario las mismas ventajas que podrían disfrutar otros países beneficiarios. Se trata de uno de los principios fundamentales del *GATT*. Las naciones que gocen de ella contarán con igualdad de trato respecto de sus operaciones de comercio internacional.◆ Ver **Nación más favorecida.**

CLÁUSULA DE NO COMPETENCIA: compromiso asumido por el vendedor de un negocio con el comprador por el cual se compromete a no desarrollar actividades de igual característica o dentro de una zona o por un período de tiempo determinado.

CLÁUSULA DE NO NEGOCIABILIDAD: medida adoptada como prevención o impedimento para que un cheque hurtado o extraviado no sea cobrado por una persona a quien no estaba destinado.

CLÁUSULA DE "PODER FORT": obligación que contrae una persona de obtener la adhesión de otra; por ejemplo, la firma de cierto acto.

CLÁUSULA DE RESERVA: estipulaciones incorporadas en los conocimientos de embarque por las cuales se resta validez o simplemente se desconocen algunas de las referencias suministradas por el cargador respecto del peso, calidad, contenido, número, etcétera, de las mercaderías embarcadas *(L. Montiel).*

CLÁUSULA DE "VALOR EN CUENTA" Y "VALOR ENTENDIDO": las que, en las letras de cambio, hacen responsable al tomador de la letra del importe de ella en favor del librador para compensarlo en la forma y tiempo que hayan convenido.

CLÁUSULA DENEGATORIA: la que fija las pautas que generarán la nulidad del contrato o documento.

CLÁUSULA DEROGATORIA: cláusula "ad cautelam".

CLÁUSULA FRANCO FÁBRICA: aquella por la que en un contrato de compraventa de embarque se fija que el comprador se hace cargo de la mercadería a partir de ser embarcada en el transporte desde la fábrica.

CLÁUSULA LEONINA: aquella que determina condiciones irracionales y desproporcionadas a favor de una de las partes contratantes y notoriamente desventajosas para la otra.

CLÁUSULA "LIBRE DE AVERÍA": cláusula que exonera al asegurador de las averías particulares.

CLÁUSULA "LIBRE DE TODA AVERÍA": aquella que exonera al asegurador tanto de las averías particulares como de las comunes.

CLÁUSULA "NO A LA ORDEN": frase impresa en un documento o cheque que excluye la posibilidad de transferir ese papel por medio del endoso.

CLÁUSULA OPERATIVA: ver **Cláusula constitucional operativa.**

CLÁUSULA PENAL: aquella en que una persona, para asegurar el cumplimiento de una obligación, se sujeta a una pena o multa en caso de retardar o de no ejecutar la obligación. Sólo puede tener por objeto el pago de una suma de dinero o cualquier otra prestación que pueda ser objeto de las obligaciones, bien sea en beneficio del acreedor, bien de un tercero.

CLÁUSULA PROGRAMÁTICA: ver **Cláusula constitucional programática.**

CLÁUSULA RESOLUTORIA: la que previene la ineficacia de un título o acto en que va contenida.

CLÁUSULA SIMPLE: la que consta de una sola proposición.

CLÁUSULAS ABUSIVAS: aquellas que entrañan una ventaja exclusiva para el empresario, ventaja que fractura el sinalagma *(J. Bricks).*

CLÁUSULAS DE LIMITACIÓN O EXONERACIÓN DE RESPONSABILIDAD: convenciones por las cuales se estipula que una de las partes no será responsable de los perjuicios causados a la otra por incumplimiento, o por cumplimiento tardío o defectuoso, de las obligaciones a su cargo, y de los cuales debería responder en ausencia de dicha cláusula *(R. Juanes – J. Cerutti).*

CLÁUSULAS PÉTREAS: prohibiciones o límites expresos para el poder reformador dispuestos en el texto constitucional *(C. Collautti).*

CLÁUSULAS PROHIBITIVAS: aquellas que imponen al poder un recorte de su espacio, un límite, un valladar a su expansión

CLAUSURA: consiste en la inhabilitación temporal o permanente de un local o establecimiento en virtud de una sanción dispuesta por el organismo competente.

CLAVE ÚNICA DE IDENTIFICACIÓN TRIBUTARIA: en la Argentina, CUIT. ◆ Número que identifica a un contribuyente ante todos los gravámenes nacionales de los que fuera responsable.

"CLEARING": liquidación, compensación, canje.◆ Ver **Cámara de compensación.**

"CLEARING" DE TÍTULOS: medida de racionalización que permite el procesamiento de operaciones con papeles mediante una unidad central bancaria.

"CLEARING" INTERNACIONAL: sistema compensador entre países, de intercambios comerciales y liquidación de deudas sin la necesidad de movilizar en forma directa divisas. Dentro de este sistema se encuentra lo que se denomina sistema compensador del ALADI o dólar convenio.

CLEPTOMANÍA: propensión morbosa al hurto. Es una especie de robo compulsivo.

CLON: reproducción de un individuo mediante la cual todos sus descendientes tienen una similar estructura genética que el originario.

"CLOSE CORPORATION": tipo social vigente en el Derecho Norteamericano. ◆ Aquella *corporation* que está compuesta por un número pequeño de socios, que no cuenta con un mercado para sus acciones y en la que hay una sustancial participación de los socios en la administración y dirección de los negocios sociales *(E. Guadarrama López).*

CNUDMI: Comisión de las Naciones Unidas para el Derecho Mercantil Internacional.

COACCIÓN: poder legítimo del Derecho para imponer su cumplimiento o prevalecer sobre su infracción.◆ Fuerza o violencia que se ejercita contra alguien para obligarlo a hacer o decir algo.◆ Es la fuerza al servicio del Derecho. Por tratarse de un elemento de carácter material, no se diferencia en sí misma de los medios empleados para violar la norma. Es un evento inherente al Derecho, como facultad de empleo de la fuerza para obtener la inviolabilidad del ordenamiento. Es material o física y está técnicamente organizada en el Estado moderno de manera que quede asegurada la objetividad, imparcialidad y eficacia de quienes la manejan *(Montejano – Noacco).*

COACREEDOR: acreedor con otro u otros.

COACUSADO: acusado en juicio con otro u otros.

COADQUISICIÓN: adquisición en común entre dos o más personas.

COADYUVANTE: en lo contencioso administrativo, parte que, juntamente con el fiscal, sostiene la resolución de la administración demandada.

COALICIÓN: confederación, liga, unión. ◆ Derecho de agremiación entre patrones o asalariados. La finalidad es la defensa mutua de intereses. ◆ Coligación.

COARTADA: argumento de inculpabilidad de un reo por hallarse en el momento del crimen en otro lugar.

COASEGURO: participación de varios aseguradores en la garantía que solicita el asegurado.

COAUTOR: persona que ejecuta con otro u otros la conducta típica.

COBARDE: falto de ánimo y valor.

COBRANZA: actividad destinada a la recaudación de fondos mediante el cobro por ventas efectuadas al contado o por créditos de diversas clases a cobrar.

COBRANZA INTERNACIONAL: operación mediante la cual un Banco cedente, actuando por cuenta y orden de su cliente, tramita la cobranza de una serie de documentos ante un deudor, utilizando los servicios de un Banco corresponsal radicado en la plaza del importador (AFIP).

COBRANZA JUDICIAL: la que se realiza mediante juicio ejecutivo contra un deudor moroso.

COBRO: acción de cobrar.

COBRO DE LO INDEBIDO: cuasicontrato que obliga a la devolución de pagos hechos por error o sin causa.

CODELINCUENCIA: término que alude a la persona que delinque en compañía de otra u otras.

CODEUDOR: persona que con otra u otras participa en una deuda.

CODICILO: antiguamente y hoy vigente en Cataluña, toda disposición de última voluntad que no contiene la institución del heredero y puede otorgarse en ausencia de testamento o como complemento suyo.◆ Documento que contiene tales disposiciones.

CODIFICACIÓN: acción de codificar.

CODIFICAR: hacer o formar un cuerpo de leyes metódico y sistemático.

CÓDIGO: cuerpo de leyes dispuestas según un plan metódico y sistemático. ◆ Recopilación de leyes de un país.

CÓDIGO CIVIL: compilación de normas que contiene estatuido el régimen jurídico aplicable a personas, bienes, modos de adquirir la propiedad, obligaciones y contratos.

CÓDIGO DE ALARICO: código cuyo origen es de la época visigótica. Señala como promulgador a Alarico II, hermano de Eurico, autor de otra importante colección de leyes; a la vez, como intervinientes y autores principales en una comisión de juristas, integrada a la manera romana, el canciller del Trono Aniano y los condes Timoteo y Goyarico. La época de promulgación se sabe que fue en Tolosa, el 2 de febrero del año 506. Las causas del origen se encuentran expuestas en uno de los códices, donde ha quedado conservado parte de este código: en el *commonitorium.* Surgió por la necesidad de dar al pueblo hispanorromano de la época una legislación congruente y clara, frente al régimen de tipo personal que imperaba para los conquistadores germanos. Asimismo, obedeció a la necesidad general de aclarar la caótica legislación vigente y dar seguridad en el reclamo de los derechos en litigio *(A. Silva).*◆ También conocido como Breviario de Aniano.

CÓDIGO DE COMERCIO: cuerpo de normas que reúne todo cuanto jurídicamente concierne a los comerciantes y sus contratos, el comercio marítimo, la suspensión de pagos, la quiebra y la prescripción.

CÓDIGO DE HAMMURABI: colección de leyes babilónicas promulgadas durante el reinado de Hammurabi (1792 a 1750 a.de C.). Estas 282 leyes incluyen economía (precios, tarifas, intercambio, comercio), familia (matrimonio, divorcio), así como delitos criminales (asalto, robo) y leyes civiles (deudas, esclavitud).

CÓDIGO DE NAPOLEÓN: es el origen de la codificación moderna. Contenía 2281 artículos y fue promulgado por la ley del 30 de Ventoso del año XII (21 de marzo de 1804). El Código de Napoleón acabó con la dispersión legislativa y fue la primera gran codificación que ejerció enorme influjo en las posteriores codificaciones *(Monroy Cabra).* Afirma *Hémard* que a la época de su promulgación, el Código consolidaba los puntos de vista políticos, económicos y jurídicos. Fortificó la concentración política de Francia; era una transacción entre el antiguo Derecho y el Derecho intermediario: no era reaccionario ni revolucionario. Si seguía a los jurisconsultos del siglo XVIII, sobre todo a *Pothier,* hacía también predominar las ideas esenciales de la Revolución en cuanto a las personas y a las cosas, acomodándolas a la organización social del Imperio. Estaba basado en el individualismo económico: aseguraba el respeto a la libertad, a la propiedad y a la voluntad individuales. Combinaba las ideas de los fisiócratas con las de la Escuela del Derecho Natural. Unificó el Derecho poniéndolo al alcance de todos y vulgarizándolo. Por su claridad y precisión, simplificó el Derecho Privado y, absteniéndose de toda concepción doctrinal, daba soluciones prácticas.

CÓDIGO DE SAMURAI: inicialmente, samurai se refería a un reducido grupo de guerreros aristocráticos provinciales. A partir del siglo XII, aparece la clase de guerrero dentro del sistema feudal japonés, conformando los samurai una fuerza política con una cultura de lealtad poderosamente disciplinada, fundamentada en un código de conducta no escrito. El verdadero samurai valoraba el honor más que su vida y la devoción familiar jugaba un papel preponderante. Los samurai se empobrecieron con la aparición y el posterior crecimiento de los comerciantes. El sistema feudal quedó abolido en 1868.

CÓDIGO DE SEÑALES: el que contiene un vocabulario convencional consistente en una combinación de banderas, faroles o destellos luminosos que se usan en los buques para comunicarse entre sí o con los semáforos. En desuso.

CÓDIGO DRACONIANO: en un sentido lato, significa una regla o código muy severo. Dracón era un legislador ateniense del siglo VII a.de C. que desarrolló un código de leyes en el que prácticamente cualquier violación era una ofensa capital. Incluso muchos sostenían que el código está escrito con sangre.

CÓDIGO FUNDAMENTAL: una de las formas utilizadas para aludir a la Constitución de un país.

CÓDIGO GREGORIANO: publicado bajo el reinado de Diocleciano, contiene una serie de constituciones desde Septimio Severo hasta Diocleciano. La más antigua que nos ha llegado es del año 196; la más reciente, del año 295. Está dividida en libros y títulos.

CÓDIGO HERMOGENIANO: parece ser el complemento del Gregoriano, al cual sigue. Sólo está dividido en títulos y reúne Constituciones desde Diocleciano hasta Valentiniano I, desde 291 hasta 365.

CÓDIGO NAPOLEÓNICO: ver **Código de Napoleón**.

CÓDIGO PENAL: el que reúne lo estatuido sobre faltas y delitos, personas responsables de ellos y penas en que respectivamente incurren.

CÓDIGO PROCESAL CIVIL Y COMERCIAL: el que determina los trámites a que deben sujetarse toda clase de litigios o causas ante los tribunales de los fueros civil y comercial.

CÓDIGO PROCESAL PENAL: el que determina los trámites a que deben sujetarse toda clase de litigios o de causas ante los tribunales del fuero penal.

CÓDIGO TEODOSIANO: a principios del siglo IV, Teodosio II ordenó una compilación oficial de las Constituciones imperiales que estaban archivadas en palacio y los senados. Dicho Código fue promulgado en el año 438 por Valentiniano III en Occidente. Teodosio II había ordenado suprimir de las constituciones todo lo superfluo, corregir las incongruencias y añadir lo que fuera necesario. Consta de dieciséis libros divididos en títulos, contiene Constituciones desde Constantino, en el 313, hasta el año 437 *(N. Louzán de Solimano).*

CÓDIGO ÚNICO DE IDENTIFICACIÓN LABORAL: en la Argentina, CUIL.◆ Número que identifica a un trabajador en relación de dependencia ante los organismos de seguridad social.

COEFICIENTE DE ESTABILIZACIÓN DE REFERENCIA: en la Argentina, coeficiente compuesto por la tasa de variación diaria obtenida de la evolución mensual del Índice de Precios al Consumidor, aplicable a todas las obligaciones de dar sumas de dinero, de cualquier causa u origen -judiciales o extrajudiciales- expresadas en dólares estadounidenses, u otras monedas extranjeras, existentes al 6 de enero de 2002.

COERCIÓN: acción de contener, refrenar, sujetar, restringir.◆ Influencia ejercida por el ordenamiento sobre el libre albedrío del sujeto, que lo impulsa al cumplimiento espontáneo de sus deberes jurídicos. Es previa, ya que funciona preventivamente; es psicológica, ya que actúa sobre la voluntad basándose en motivaciones influyentes del orden personal o social; no es propiamente jurídica, supuesto que se basa en distintos tipos de motivaciones *(B. Montejano h).*

COERCIÓN PENAL: acción de contener o reprimir que el Derecho Penal ejerce sobre los individuos que han cometido delitos *(E. Zaffaroni).*

COFIADOR: fiador con otro o compañero en la fianza. Quien responde en forma solidaria por la deuda del principal obligado.

COGESTIÓN: participación de los trabajadores en la dirección de una empresa. En el plano doctrinal y en el legislativo, se acrecientan los avances hacia una socialización de las empresas privadas, más allá de lo que pueda ocurrir. Para algunos, los fundamentos de este instituto son de orden moral y político, pues hace desaparecer el estado de subordinación y dependencia de los trabajadores, elevándolos a la condición de colaboradores libres, responsables y permanentes del empresario, llevándole sus incentivos y aspiraciones, experiencias y opiniones, lo que redunda en beneficio de toda la empresa.

COGNACIÓN: parentesco de consanguinidad por la línea femenina entre los descendientes de un tronco común.

COGNADO: pariente por cognación.

COHABITAR: vivir en forma conjunta.◆ Se utiliza también para aludir al hecho de mantener relaciones sexuales.

COHECHO: acción y efecto de sobornar a un funcionario público.◆ En él incurre el funcionario público que por sí o por medio de tercera persona recibe una suma de dinero para hacer o dejar de hacer algo relativo a sus funciones *(A. García).*

COHECHO CALIFICADO: delito cometido por el funcionario que, por retardar u omitir un acto relativo a su cargo o por ejecutar un acto contrario a los deberes del mismo, recibe por sí o por otro dinero u otro provecho o acepta su promesa.

COHECHO SIMPLE: delito contra la Administración Pública cometido por aquel funcionario que por ejecutar un acto inherente a sus funciones, recibe para sí mismo o para un tercero, una retribución que no le fuera debida o aceptare la promesa de ella.

COHEREDERO: heredero juntamente con otro u otros.

COIMA: cohecho, soborno.◆ Ver **Corrupción; Cohecho.**

COLABORACIÓN: trabajo realizado en común sin que ninguno de los dos colaboradores entienda contraer obligaciones jurídicas. Puede también ser un verdadero contrato cuya inejecución tenga sanción jurídica; tiene por objeto la ejecución de un trabajo material o de una obra intelectual. La obra creada en colaboración, es la copropiedad de los autores, pero está sujeta a un régimen de indivisión forzosa *(G. Ripert).*

COLABORACIÓN EMPRESARIA: ver **Contrato de colaboración empresaria.**

COLACIÓN: tiene por objeto mantener la igualdad entre los herederos forzosos y requiere, necesariamente, que se trate de varios herederos de tal carácter, que el heredero a quien se obligue a colacionar haya aceptado la herencia, que se trate de una donación y que no exista dispensa.◆ Ver **Colación hereditaria.**

COLACIÓN HEREDITARIA: obligación que incumbe al heredero forzoso que concurre con otros coherederos, de computar en la masa partible el valor de las donaciones que el causante hubiese hecho en vida e imputarlo en su propia posición *(O. Maffía).*◆ Es el hecho jurídico en virtud del cual el heredero que junto con otros reciba la sucesión debe comenzar reconstituyendo la masa hereditaria, devolviendo a ésta, en diversas formas según los casos, los bienes que haya recibido del difunto por un título determinado.

COLATERAL: título que se deja como cobertura por un crédito recibido; generalmente, es un instrumento fácilmente convertible en dinero.◆ Aquel pariente que no lo es por línea recta.◆ Ver **Parentesco en línea colateral.**

COLECTIVISMO: doctrina que defiende la propiedad pública y tiende a suprimir la propiedad privada, transferirla a la colectividad y confiar al Estado la distribución de la riqueza.◆ Sistema económico en el cual los medios de producción constituyen una propiedad pública eliminando la propiedad privada. Como teoría fue difundida a nivel mundial.

COLECTIVO: cualquier grupo unido por lazos profesionales, laborales.◆ Relativo a cualquier agrupación de individuos.

COLEGATARIO: aquel a quien se le ha legado una cosa juntamente con otro u otros.

COLEGIACIÓN: reunión o agrupación de individuos de una misma profesión o actividad.

COLIGACIÓN: ver **Coalición.**

COLIGARSE: aliarse.

COLINDANTE: relativo a las heredades o terrenos contiguos entre sí.◆ Alude también a sus propietarios.◆ Suele aplicarse también al caso de países, provincias y municipios limítrofes.

COLISIÓN: pugna de ideas o intereses.

COLITIGANTE: personas que litigan en forma conjunta.

COLLAR: en el ámbito de las finanzas, se trata de una combinación de *caps* (techos) y *floors* (pisos). Acuerdo por el que una de las partes se obliga a pagar cuando la tasa flotante exceda un cierto techo y la otra se obliga a pagar si la tasa flotante cae por debajo de un mínimo. Modalidad de transacciones *hedging (G. Gotlib).*

COLOCACIÓN: todo lo que se atribuye por el padre o la madre a un hijo o hija en atención a su casamiento o a la obtención de una posición independiente en la vida para constituir o para conservar la economía o la posición en la vida.

COLONATO: antiguo régimen de explotación del suelo según el cual el propietario terrateniente instalaba en una tierra a un colono que se encargaba de la explotación de ésta bajo su vigilancia. En la mayoría de los casos, el colono no podía percibir más que una parte de la cosecha o de ciertas cosechas o productos de la aparcería. ◆ Explotación de las tierras por los colonos.

COLONIZACIÓN: fenómeno de carácter social, económico y político, que se produce cuando grupos de personas se dirigen a tierras conquistadas o descubiertas con el objeto de poblar o comercializar, manteniendo una relación de dependencia legal a nivel gubernamental.

COLONO: persona que reside y se desempeña laboralmente en una colonia. ◆ Labrador que cultiva una heredad por arrendamiento.

"COLPORTAGE": consiste en vender valores mobiliarios ofreciéndolos a los eventuales compradores en los domicilios privados de éstos *(G. Ripert).*

COLUDIR: acción fraudulenta consistente en pactar en daño de un tercero.

COLUSIÓN: acuerdo entre dos o más personas a fin de engañar a terceros.

COMANDANTE: miembro de la tripulación a quien le corresponde la dirección de la máquina *(A. Torres Neuquén).*

COMANDITADO: ver **Socio comanditado**.

COMANDITARIO: ver **Socio comanditario.**

COMECON: institución designada mediante esta sigla en reemplazo de *Council for Mutual Economic Assistance.* Para algunos también denominada CAEM (Consejo de Asistencia Económica Mutua o Ayuda Económica Mutua). Un comunicado de la PRAVDA del 25 de enero de 1949 anunció su creación sin que ninguna otra indicación permitiese establecer si se firmó verdaderamente un acuerdo. A los seis Estados fundadores –la ex URSS, Polonia, Hungría, la ex Checoslovaquia, Bulgaria y Rumania– se añadieron en febrero de 1949, Albania y en 1950, la ex República Democrática Alemana. Observadores de países no miembros participaban irregularmente en los trabajos del Consejo o de sus órganos de trabajo, entre los que se destacaron la ex Yugoslavia, Corea, Vietnam del Norte, China y Cuba, para incorporarse posteriormente la mayoría como Estados Miembros.
La asamblea estaba formada por representantes de cada Estado Miembro que se reunía dos veces por año en una de las capitales y que era, en principio, el órgano superior del Consejo y fija su programa y presupuesto.
El objetivo de este organismo, con sede en Moscú, era la cooperación económica y, específicamente, brindar:
1) Asistencia técnica e intercambio tecnológico.
2) Organización multilateral de los resursos y de las necesidades.
3) Facilidades en los pagos multilaterales.
4) La creación de vías de comunicación entre los países miembros.
Este antiguo mercado común de los países comunistas de Europa del Este fue disuelto el 28 de junio de 1991.

COMERCIALISTA: abogado especializado en el fuero comercial.

COMERCIALIZACIÓN: proceso social que permite anticipar o ampliar y satisfacer la estructura de la demanda de artículos y servicios económicos mediante su concepción, promoción, intercambio y distribución física.◆ Es la actividad empresaria que dirige el flujo de mercaderías y servicios desde el productor hasta el consumidor o usuario con la finalidad de satisfacer a los clientes y cumplir los objetivos de la empresa.◆ Área de actividad referida a la dirección y al estímulo de la corriente de mercaderías del productor al consumidor o usuario.◆ Mercadotecnia. ◆ *Marketing.*

COMERCIANTE: según la ley argentina, todo individuo que, teniendo capacidad legal para contratar, ejerce por cuenta propia actos de comercio y hace de ello su profesión habitual.◆ El que compra y hace fabricar mercaderías para vender por mayor o menor.◆ Negociante.◆ Toda persona que hace profesión de la compra o venta de mercaderías. Son también comerciantes los libreros, merceros y tenderos de toda clase que venden mercaderías que no han fabricado.

Por su parte, la legislación mexicana considera como tales las sociedades constituidas con arreglo a las leyes mercantiles y las sociedades extranjeras o las agencias o sucursales de éstas que dentro del territorio nacional ejerzan actos de comercio. El Código de Comercio mexicano reconoce capacidad legal para ejercer el comercio a toda persona que, de acuerdo con las leyes, sea hábil para contratar y obligarse y a quien éstas no prohíban expresamente la profesión del comercio. La legislación argentina, en tanto, reconoce aquella capacidad a todo individuo mayor de edad (o mayor de dieciocho años si estuviere emancipado o autorizado legalmente) que tenga la libre administración de sus bienes.

COMERCIO: término comprensivo de todas las operaciones de compraventa a título oneroso de bienes, derechos y servicios.◆ Aquella parte del sistema económico que pone en relación a vendedores y compradores con vistas a realizar un beneficio. Las mercancías circulan hasta que llega un momento en que son adquiridas por los consumidores y estos movimientos en su conjunto constituyen la distribución.

COMERCIO A BENEFICIO DE BANDERA: beneficio otorgado a ciertos bancos consistente en la reducción de derechos arancelarios sobre las mercaderías que transportan.◆ El que se realiza entre países que están en guerra utilizando una embarcación con bandera de una nación neutral.

COMERCIO AÉREO: la actividad comercial recibe esta calificación cuando el transporte de las mercaderías se realiza por avión o helicóptero.

COMERCIO AL POR MAYOR: compra de mercaderías a un productor o fabricante y venta a detallista.◆ Suele aplicarse a los mayoristas que operan con comerciantes o detallistas, en grandes cantidades y con cierta regularidad.◆ Ver **Al por mayor.**

COMERCIO AL POR MENOR: venta de productos directamente a los consumidores. Se realiza en cantidades pequeñas.

COMERCIO BILATERAL: intercambio comercial realizado entre dos países, generalmente originado por acuerdos bilaterales, que compromete a los países firmantes a darse preferencias mutuas en el comercio de exportación e importación. Esta clase de acuerdo impide el desarrollo competitivo del comercio internacional y motiva adquisiciones a costos comparativamente altos.

COMERCIO DE CABOTAJE: aquel en el que el transporte de las mercancías se realiza entre puertos de un mismo país.

COMERCIO ELECTRÓNICO: toda forma de transacción comercial o intercambio de información relativa a una transacción comercial que se inicia y perfecciona utilizando tecnología telemática. Se diferencia el comercio electrónico directo (que, por referirse a bienes o servicios digitales, se concierta y ejecuta completamente por vía informática) del indirecto (referido a bienes o servicios físicos que aun cuando permitan una celebración por medios tecnológicos, requieren el medio físico tradicional para su cumplimiento).

COMERCIO EXTERIOR: operaciones a las que puede acceder un Banco, cumplimentando los requisitos exigidos por el Banco Central y con la autorización de éste.◆ El que un país tiene con otro. ◆ Esta actividad bancaria operativa comprende exportación, importación y cambios. Además, se ocupa de promoción comercial, la cual puede ser externa o interna. La externa es a través de exposiciones, ferias, seminarios, publicaciones, etcétera; la interna busca atraer clientes para brindar los servicios que se pueden prestar.◆ Ver **Comercio internacional.**

COMERCIO EXTERNO: ver **Comercio internacional**.

COMERCIO FLUVIAL: aquel en el que el transporte de las mercaderías se realiza mediante ríos y canales.

COMERCIO INTERIOR: comercio nacional.◆ Ver **Comercio interno**.

COMERCIO INTERNACIONAL: el que se realiza entre distintos países; puede ser de exportación o de importación. ◆ Comercio externo.◆ El que se establece entre varias naciones. Sin embargo, no se hace por los Estados entre sí sino que, salvo ciertas excepciones de Estados autárquicos y totalitarios, la mayor parte se hace por personas particulares que habitan en Estados diferentes.◆ Ver **Comercio exterior.**

COMERCIO INTERNACIONAL DE EXPORTACIÓN: salida de productos de un país con destino a otro; es decir, lo que una Nación vende al extranjero.

COMERCIO INTERNACIONAL DE IMPORTACIÓN: entrada de mercaderías a un país proveniente de otro; es decir, lo que una Nación compra en el extranjero.

COMERCIO INTERNO: el que se realiza dentro de las fronteras o límites de un país.◆ El que tiene lugar en un espacio económico homogéneo, regulado por unas mismas leyes.◆ Comercio interior.◆ Comercio nacional.

COMERCIO LACUSTRE: la actividad comercial es así denominada cuando para el transporte de las mercaderías resulta necesaria la navegación a través de lagos.

COMERCIO MARÍTIMO: aquel en el que el transporte de las mercaderías se realiza por mares u océanos.

COMERCIO MULTILATERAL: comercio desarrollado entre varios países sin restricciones de ningún tipo. Este sistema beneficia al comercio internacional al desarrollar la especialización en las actividades en las que los países tienen ventajas comparativas respecto de otros. Permite la reducción de costos y propende a una mayor eficiencia.

COMERCIO NACIONAL: comercio interior.◆ Ver **Comercio interno**.

COMERCIO TERRESTRE: aquel en el que el transporte de las mercaderías se realiza por ferrocarril, por vehículos automotores o por animales.

COMETER: otorgar alguien la representación a otro poniendo a su cargo una negociación.

COMISARIO: se utiliza en México. Es el funcionario de una sociedad por acciones designado por los accionistas para regular sus operaciones. La vigilancia de la sociedad podrá estar a cargo de uno o varios de ellos, quienes serán temporarios y revocables y podrán ser socios o no.◆ En la Argentina, este funcionario encargado de las tareas de control se denomina síndico.

COMISIÓN: operación jurídica por la cual una persona, llamada comisionista, debe efectuar una o más operaciones comerciales por cuenta de otra, designada con el nombre de comitente.◆ Remuneración que cobra un comisionista por un servicio prestado, vinculado a las ventas, compras, cobranzas o intervenciones bancarias, generalmente basado en un porcentaje sobre las cantidades relacionadas con la operación.◆ Cuando la persona se desempeña por otros negocios, individualmente determinados, obra a nombre propio o bajo la razón social que representa.

COMISIÓN DE APERTURA: suma abonada al formalizar un préstamo como contraprestación por los gastos administrativos, informáticos y de gestión que implica la apertura. Este importe es abonado por única vez y, por lo general, se trata de un porcentaje sobre el monto prestado.

COMISIÓN DE COMPRA: contrato por el cual el comitente encomienda a un comisionista la compra de bienes asumiendo el compromiso de abonarle una comisión en retribución por sus servicios. El comisionista adquiere por cuenta y orden del comitente pero actuando a nombre propio y queda obligado ante las personas con quienes contrata la compra del bien o vendedores, sin tener éstas acción alguna contra el comitente.◆ La que abona el comprador de un bien raíz o de una mercadería al comisionista intermediario, a quien encomendó la búsqueda y la concertación del negocio.

COMISIÓN DE DESPACHO: suma que perciben los despachantes de Aduana en concepto de honorarios por su intervención.

COMISIÓN DE GARANTÍA: la acordada con el consignatario al comprometerse a hacerse cargo de la cobranza por la venta del bien y abonarle al comitente en los mismos plazos y condiciones que los asumidos por el comprador.

COMISIÓN DE LAS NACIONES UNIDAS PARA EL DERECHO MERCANTIL INTERNACIONAL: CNUDMI.◆ En 1996, la Asamblea General de las Naciones Unidas, ante la necesidad de reducir los obstáculos jurídicos que afectaban el comercio internacional, creó esta Comisión con el objeto de fomentar la armonización y la unificación progresivas del Derecho Mercantil Internacional. La Comisión, compuesta por treinta y seis Estados, presenta un informe anual a la Asamblea General y también un informe a la UNCTAD (Conferencia de las Naciones Unidas sobre Comercio y Desarrollo).
Las funciones más importantes son: la coordinación de los trabajos de las organizaciones vinculadas con el Derecho Mercantil Internacional, la promoción de una participación más amplia en las convenciones internacionales y la preparación de nuevas convenciones y otros instrumentos relacionados con el Derecho Mercantil Internacional.

COMISIÓN DE VENTA: la que se paga al vendedor, comisionista o corredor por una operación de venta.◆ Ver **Consignación; Comisión.**

COMISIÓN ECONÓMICA PARA AMÉRICA LATINA Y EL CARIBE: organismo de las Naciones Unidas fundado en 1948 con sede en Santiago de Chile. Su función básica es asesorar a los gobiernos en planes de desarrollo agrario e industrial.

COMISIÓN FISCALIZADORA: es así denominada la sindicatura de una sociedad por acciones o SRL cuando fuere plural; actúa como un cuerpo colegiado. El estatuto reglamentará su constitución y funcionamiento, y Llevará un libro de actas. El síndico disidente tendrá los derechos, atribuciones y deberes emanados de la ley.

COMISIÓN HIPOTECARIA: suma que un intermediario o agente de propiedad raíz recibe como retribución por la negociación de un crédito o transacción de un bien raíz.

COMISIÓN MERCANTIL: en la legislación mexicana se alude con esta expresión al mandato aplicado a actos concretos de comercio. Es comitente el que confiere comisión mercantil y comisionista, el que la desempeña.

COMISIÓN NACIONAL DE VALORES: CNV.◆ Es una entidad oficial nacional argentina, autárquica, que autoriza la oferta pública de títulos-valores, fiscaliza las Bolsas, mercados, etcétera. Tiene facultades de policía; por lo tanto, puede aplicar sanciones. Organismo que se ocupa del control del Mercado de Valores. Está encargado de seguir de cerca la operatoria de las Bolsas de Comercio de todo el país del Mercado de Valores y del Mercado Abierto Electrónico.

COMISIONES MIXTAS: forma primitiva de arbitraje para las soluciones de controversias internacionales. Su esfera de acción abarca ciertas cuestiones de fronteras y, principalmente, reclamaciones de particulares por daños a su persona o bienes *(A. Llanés Torres).*

COMISIONISTA: persona o entidad que acepta intermediar en la compra, venta o cobranza, mediante el pago de una determinada comisión.◆ Quien desempeña la comisión y es un representante del comitente en los actos expresados en el contrato. ◆ Ver **Comisión**.

COMISIONISTA DE BOLSA: agente de Bolsa.◆ Agente bursátil.

COMISO: confiscación.◆ Castigo o pena que significa la pérdida de las mercaderías objeto de comercio por sus malas condiciones de conservación o por intento de evadir el pago de impuestos. ◆ Ver **Decomiso**.

COMISORIO: aquello que es obligatorio y válido por un período determinado o lo diferido para un día fijado.

COMITÉ JURÍDICO INTERAMERICANO (OEA): organismo que tiene como finalidad servir de cuerpo consultivo de la organización en asuntos jurídicos, promover el desarrollo progresivo y la codificación del Derecho Internacional y estudiar los problemas jurídicos referentes a la integración de los países en desarrollo del continente y la posibilidad de uniformar sus legislaciones en cuanto parezca conveniente.

COMITENTE: persona o entidad que encomienda a otra la compra o la venta de mercaderías o bienes por su cuenta y orden pagando por tal servicio una comisión. Los principales derechos que posee son: 1) exigir el cumplimiento de la consignación aceptada por el consignatario y 2) exigir la rendición de cuentas de las operaciones y el pago del producto líquido. Con respecto a sus principales obligaciones, entre éstas se encuentran las que siguen: 1) abonar la comisión pactada que le corresponde al consignatario y 2) aceptar la rendición de cuentas si ésta se ajusta a las instrucciones del comitente.

"COMMERCIAL PAPER": documento o aceptación con fecha de vencimiento, recibido por una empresa en pago por bienes o servicios prestados. Se puede "vender" a un banco descontando la tasa de interés que media entre la fecha del descuento y la fecha de vencimiento del documento.◆ Papel comercial.

"COMMODITIES": término referido a materias primas que se negocian internacionalmente, ya sean agrícolas o minerales. Estos pueden ser granos, metales, animales, alimentos, petróleo, etc. ◆ Bienes económicos tipificados o estandarizados que cumplen con los requisitos de la competencia perfecta, específicamente: atomicidad, homogeneidad y transparencia del mercado. Cotizan en el mundo y en forma pública.

"COMMON LAW": cuerpo legal formado por la costumbre local inglesa en los siglos IX y X y perfeccionado después por la interpretación judicial. Su característica más importante es que su origen reside en la costumbre más que en la ley escrita.◆ La costumbre general e inmemorial declarada de tiempo en tiempo en las decisiones de las cortes judiciales.

COMODANTE: ver **Comodato**.

COMODATARIO: ver **Comodato**.

COMODATO: contrato en el que una de las partes, denominada el "comodante", entrega a la otra, llamada el "comodatario", un bien mueble o inmueble gratuitamente para que haga uso de él y lo restituya a su legítimo dueño después de terminado el uso. Este contrato se perfecciona con la entrega del bien mueble o inmueble según sea el caso.◆ Préstamo de uso.◆ Habrá comodato o préstamo de uso cuando una de las partes entrega a otra gratuitamente alguna cosa no fungible, mueble o raíz, con facultad de usarla. El comodante conserva la propiedad y la posesión civil de la cosa. El comodatario sólo adquiere un derecho personal de uso y no puede apropiarse de los frutos ni aumentos sobrevenidos de la cosa prestada. Se trata de contrato real, ya que se perfecciona con la entrega de la cosa; no es formal porque ninguna formalidad es requerida para su perfeccionamiento y se admite toda clase de prueba; y tan es así que puede existir el comodato verbal. No obstante, al comodato inmobiliario es conveniente formalizarlo por escrito.

COMODATO PRECARIO: se aplica cuando la persona que ha facilitado el bien en un contrato de comodato se reserva el derecho de pedir su restitución en cualquier momento o cuando no hay plazo para la restitución ni se fija la finalidad u objeto para lo cual se aplica el bien.

COMODATO VITALICIO: contrato de comodato estipulado por toda la vida del comodatario y que produce efectos aún después de la muerte del comodante. En caso de existir contrato escrito de comodato por toda la vida del comodatario, no puede hacérsele cesar por la nueva voluntad del o de los herederos del comodante.

COMODIDAD – REGLA DE: en materia tributaria, ésta se conoce como la regla en virtud de la cual todo impuesto debe cobrarse en el tiempo y de la manera que sean más cómodos para los contribuyentes. Un impuesto sobre las ventas de las tierras o de las casas pagadero en el momento mismo en que el dueño las cobra se percibe con la mayor comodidad para el contribuyente pues se supone que en esa época se halla en mejores condiciones de satisfacerlo.

COMPAÑÍA: término que usualmente se utiliza como sinónimo de sociedad comercial.

COMPAÑÍAS DE EXPLORACIÓN: aquellas constituidas por el hecho de ponerse de acuerdo dos o más personas para realizar una expedición con el objeto de descubrir criaderos minerales.◆ Empresas de exploración.

COMPAÑÍAS FINANCIERAS: se reputan tales todas aquellas entidades que pueden:
a) Recibir depósitos a plazo.
b) Emitir letras y pagarés.
c) Conceder créditos para la compra o venta de bienes pagaderos en cuotas o a término y otros préstamos personales amortizables.
d) Otorgar anticipos sobre créditos provenientes de ventas, adquirirlos, asumir sus riesgos, gestionar su cobro y prestar asistencia técnica y administrativa.
e) Otorgar avales, fianzas u otras garantías, aceptar y colocar letras y pagarés de terceros.
f) Realizar inversiones en valores mobiliarios a efectos de prefinanciar sus emisiones y colocarlos.
g) Efectuar inversiones de carácter transitivo en colocaciones fácilmente liquidables.
h) Gestionar por cuenta ajena la compra y venta de valores mobiliarios y actuar como agentes pagadores de dividendos, amortizaciones e intereses.
i) Actuar como fideicomisarios y depositarios de fondos comunes de inversión.
j) Obtener créditos del exterior previa autorización del Banco Central.
k) Dar en locación bienes de capital adquiridos con tal objeto.

l) Cumplir mandatos y comisiones conexos con sus operaciones.

COMPARECENCIA: acto de comparecer personalmente, por medio de representante o por escrito, ante el juez o un superior.

COMPARECER: presentarse alguien en algún lugar, llamado o convocado por otra persona o de acuerdo con ella.

COMPARENDO: acto de procedimiento dirigido por el demandante al demandado por intermedio de un ujier de justicia, para invitarlo a comparecer ante una jurisdicción de orden judicial y que equivale, ante el Tribunal de última instancia, al debate para el demandante (R. Guillien y J. Vincent).◆ Convocatoria que realiza una autoridad judicial a los efectos de requerir la presencia de un individuo.

COMPARICIÓN: comparecencia.

COMPETENCIA: medida como se distribuye la jurisdicción entre las diferentes autoridades judiciales *(Mattirolo)*.◆ Aptitud de una autoridad pública para realizar actos jurídicos. ◆ Se aplica cuando en un mercado existe un gran número de oferentes y de demandantes y en el que ninguna empresa puede alterar el precio de mercado. ◆ Concurso de precios y ofertas. ◆ Esfuerzo de una o más partes que actúan independientemente para obtener la preferencia de una tercera en los términos más favorables. La libertad de acción y el afán de beneficio personal son dos aspectos básicos en cuanto una persona o una empresa obtienen ganancias superiores a lo normal otros individuos o empresas ingresan al mercado de tal manera que abaratan el producto y redistribuyen las ganancias. ◆ Forma de mercado, de una actividad o de un proceso social.◆ Poder perteneciente al oficio o al oficial considerados en singular. La competencia es la extensión de poder que pertenece a cada oficio o a cada componente del oficio, en comparación con los demás; el concepto de competencia, incluso según el significado de la palabra, implica el concurso de varios sujetos respecto de un objeto que, por tanto, se distribuye entre ellos. Se explica así la diferencia entre competencia y jurisdicción: ésta es el poder perteneciente no a cada oficio, sino a todos los oficios en conjunto, o, en otras palabras, a cada oficio considerado como *genus* y no como *species*.

COMPETENCIA DE UN TRIBUNAL: el conjunto de las causas en que puede ejercer, según la ley, su jurisdicción. ◆ Facultad del Tribunal considerada en los límites que le es atribuida.

COMPETENCIA DESLEAL: empleo de prácticas comerciales destinadas a obtener una mayor participación en el mercado mediante publicidad falsa, fijación discriminatoria de precios, establecimiento de precios por debajo del costo, compra preferente de materias primas o la adopción de cualquier otro medio que aproveche injustamente y de mala fe la situación de una empresa competidora.

COMPETENCIA EN RAZÓN DE LA MATERIA: rige en esta cuestión el principio de la especialidad, que permite a los órganos y sujetos estatales realizar todos aquellos actos que se encuentren vinculados a los fines que motivaron su creación, es decir, a sus cometidos específicos *(J. C. Cassagne)*.

COMPETENCIA EN RAZÓN DEL GRADO: aquella vinculada a la jerarquía. El grado es la posición que cada órgano tiene en la estructura jerárquica *(J. C. Cassagne).*◆ Competencia vertical.

COMPETENCIA EN RAZÓN DEL TERRITORIO: se refiere a la determinación de la competencia sobre la base de circunscripciones territoriales, que limitan geográficamente el campo de acción de los órganos y sujetos *(J. C. Cassagne).*

COMPETENCIA EN RAZÓN DEL TIEMPO: se relaciona con el período de duración de la competencia o el plazo o situación a partir del cual ella corresponda *(J. C. Cassagne).*

COMPETENCIA IMPERFECTA: en una industria o grupo de industrias, existe competencia imperfecta siempre que cada vendedor se enfrenta con una curva de demanda que no es horizontal y ejerce, en consecuencia, el grado de control sobre el precio *(P. Samuelson).* ◆ Teoría que se basa en tres supuestos básicos: 1) se diferencian los productos de los diferentes oferentes; 2) el número de oferentes es lo suficientemente grande como para que cada uno actúe independientemente de las otras empresas; 3) la entrada de nuevas empresas es relativamente fácil. Por lo tanto, al contrario que en la competencia perfecta, los oferentes individuales creen que pueden influir sobre el precio de mercado en vez de considerarlo como un parámetro. Las diferentes empresas reconocen la existencia de competidores como individuos cuyas políticas estarán influidas por sus propias acciones.◆ Competencia monopolística.

COMPETENCIA PERFECTA: tipo de mercado en el que: 1) hay muchos demandantes y muchos oferentes de productos físicamente idénticos, 2) los demandantes y los oferentes están perfectamente informados sobre los precios a los cuales están teniendo lugar las transacciones del período, 3) ningún demandante ni oferente individual se cree capaz de influir en el precio variando sus compras o ventas *(R. Clower - J. Due).*

COMPETENCIA VERTICAL: ver **Competencia en razón del grado**.

CÓMPLICES: aquellos que cooperan moral o materialmente al delito por hechos anteriores o simultáneos a la ejecución, pero extraños y previos a la consumación.

COMPLICIDAD PRIMARIA: se aplica cuando la cooperación prestada por el cómplice al autor es de tal importancia causal que, sin ese aporte, el delito no habría podido cometerse en la forma en que ocurrió.

COMPLICIDAD SECUNDARIA: cuando la colaboración prestada por el cómplice no es indispensable, es decir, que el delito se hubiera cometido igualmente. Es una complicidad no necesaria.

COMPLOT: acuerdo delictuoso que se realiza entre varias personas. ◆ Conspiración.

COMPONEDOR: aquella persona que trata de conciliar los desacuerdos. ◆ Arbitrador.

COMPRA: acción y efecto de adquirir algo con dinero o valores.

COMPRA A PLAZO: ver **Compras a plazo.**

COMPRA AL CONTADO: transacción efectuada con dinero contante; con pago inmediato en moneda efectiva o equivalente.

COMPRAS A PLAZO: sistema de compras de bienes de consumo o de capital o contratación de servicios por el cual el precio del bien o del servicio se paga en sucesivas cuotas, manteniendo el vendedor la propiedad del bien hasta cobrar la última cuota. En esta clase de operaciones, el vendedor, por lo general, se asegura la cobranza mediante alguna clase de garantía que realiza sobre el bien, como por ejemplo la prenda.

COMPRAVENTA: desde el punto de vista civil, existe compra y venta cuando una de las partes se obliga a transferir a la otra la propiedad de una cosa y ésta se obliga a recibirla y a pagar por ella un precio cierto en dinero.◆ Ver **Compraventa mercantil.**

COMPRAVENTA MERCANTIL: contrato por el cual una persona, sea o no propietaria o poseedora de la cosa objeto de la convención, se obliga a entregarla o a hacerla adquirir en propiedad a otra persona que se obliga, por su parte, a pagar un precio convenido y la compra para revenderla o alquilar su uso. Sólo se considera mercantil la compraventa de cosas muebles para revenderlas al por mayor o menor, bien sea en la misma forma que se compraron o en otra diferente, o para alquilar su uso, comprendiéndose la moneda metálica, títulos de fondos públicos, acciones de compañías, papeles de crédito comerciales y bienes de cambio. Si no existiese estipulación en contrario, los gastos ocasionados hasta poner la mercadería pesada y medida a disposición del comprador son a cargo del vendedor; en cambio, los de su recibo o transporte son a cuenta del comprador.

COMPROBAR: verificar, confirmar la veracidad o la exactitud de algo con otra cosa o repitiendo las demostraciones que lo prueban y acreditan como cierto.

COMPROMISO: obligación o deuda de variada naturaleza jurídica contraída a favor de un tercero por causas diversas.

COMPROMISO DE COMPRA: convenio o contrato de compra otorgado a favor de un tercero. Esta clase de compromisos no son registrados en los libros de contabilidad, a excepción de una nota al pie del balance cuando significa un aumento de consideración en los bienes de capital o cuando el monto de servicios o mercaderías contratados excede el normal de un período de sesenta a noventa días.

COMPROMISOS FUTUROS ASUMIDOS: compromisos significativos asumidos por el ente que, a la fecha de cierre de los estados contables, no fueran pasivos en firme.

COMPROMISOS IRREVOCABLES DE APORTES DE CAPITAL: figuran en el patrimonio neto y son aportes efectuados por los propietarios o accionistas antes de realizar la suscripción de acciones.◆ Adelantos irrevocables de futuras suscripciones.

COMPULSA: cotejo de documentos, registros en las cuentas, en los libros y en los estados contables.◆ Concentración. ◆ Adquisición por parte de una empresa de las acciones o del activo de otra u otras a fin de dominarla por motivos económicos. ◆ Labor profesional de investigación que se cumple por mandato judicial.

COMUNALISMO: sistema de propiedad de la tierra, abastecimientos u otros objetos que se opone al de la propiedad privada o individual.◆ Teoría de Gobierno basada en un máximo de autonomía para todos los grupos minoritarios locales.

COMUNICACIÓN: trato, correspondencia entre dos o más personas.◆ Papel escrito en donde se comunica alguna cosa oficialmente.◆ En un mensaje, poner en contacto al emisor con el receptor.◆ Mensaje, carta, aviso.

COMUNIDAD CONTINUADA: antigua institución del Derecho Francés consistente en la persistencia de la comunidad a pesar de la muerte de uno de los cónyuges, entre el sobreviviente y los herederos del otro *(A. Belluscio).*

COMUNIDAD DE BIENES Y DERECHOS: aquella que existe cuando un derecho corresponde en común a varios sujetos. Se rige, en principio, por los preceptos legales que se refieren a casos particulares de cada comunidad y, en un segundo término, por las reglas generales que cada legislación disponga al respecto. Puede tratarse de comunidad singular o universal según recaiga sobre derechos determinados o sobre un patrimonio.

COMUNIDAD DE ESTADOS INDEPENDIENTES: CEI.◆ Bloque que estudia la creación de un mercado común, proyecto difícil debido al caos de la transición del comunismo a la economía libre, pero posible por la interdependencia histórica y el uso del rublo como moneda. Sus componentes son: Armenia, Azerbaiján, Bielorrusia, Georgia, Kazajstán, Kirguistán, Moldavia, Rusia, Tadjikistán, Turkmenistán, Ucrania y Uzbekistán.

COMUNIDAD DEL CARIBE: CARICOM. ◆ Tratado firmado en Chaguaramas en julio de 1973, originariamente por Barbados, Guyana, Jamaica, Trinidad y Tobago, denominados los "países grandes". En la actualidad, son Estados Miembros: Antigua y Barbuda, Bahamas, Barbados, Belice, Dominica, Granada, Guyana, Haití, Jamaica, Monserrat, Santa Lucía, San Cristóbal y Nieves, San Vicente y las Granadinas, Surinam, Trinidad y Tobago. Asimismo, tienen el estatus de Estados asociados: Anguila, Bermuda, Islas Caimán, Islas Turcas y Caicos y las Islas Vírgenes Británicas. La finalidad del grupo fue establecer en forma progresiva un mercado común mediante las siguientes pautas: a) programa de liberación comercial, b) fijación de un arancel externo común, c) establecimiento armónico de políticas y d) compatibilización de los incentivos tributarios a la industria.

COMUNIDAD ECONÓMICA DE ÁFRICA OCCIDENTAL: CEAO.◆ Bloque fundado en 1974 que se creó con el objeto de enfrentar dificultades debido al subdesarrollo económico y a los conflictos políticos y tribales de la región. Está compuesta por: Benin, Burkina Faso, Costa de Marfil, Cabo Verde, Gambia, Ghana, Guinea, Guinea-Bissau, Liberia, Mali, Mauritania, Níger, Nigeria, Senegal, Sierra Leona y Togo.

COMUNIDAD ECONÓMICA EUROPEA: CEE.◆ Ver **Unión europea**.

COMUNIDAD EUROPEA DE LA ENERGÍA ATÓMICA: ente constituido mediante el tratado de Roma en 1957. Su objetivo fundamental radicaba en la utilización coordinada de las técnicas y los descubrimientos nucleares y la producción de energía atómica en gran escala.

COMUNIDAD EUROPEA DEL CARBÓN Y EL ACERO: CECA.◆ Se trató de un organismo internacional, creado en el ámbito europeo, que agrupando a países tales como Francia, Alemania, Bélgica, Luxemburgo, Italia y Holanda, perseguía la finalidad de brindar un marco regulatorio a los sectores del carbón y del acero de los Estados Miembros. El objetivo de esta asociación consistía en contribuir en armonía con la economía de los Estados Miembros y merced al establecimiento de un mercado común, a la expansión económica, al desarrollo del empleo y a la elevación del nivel de vida de los mencionados Estados.
Dicho organismo fue concebido desde sus comienzos con una duración estipulada de cincuenta años, motivo por el cual ha caducado el 23 de julio del año 2002, tal y como estaba previsto.

COMUNIDAD INDÍGENA: expresión por la cual se alude a un conjunto de familias descendientes de los pobladores originarios de la época de la conquista o de la colonización. Ello equivale a decir que los miembros de esa comunidad son indígenas o familiares de éstos.

COMUNISMO: doctrina económico-social opuesta al individualismo y a sus manifestaciones en el respeto de la propiedad privada, la religión y la familia. Sustenta la colectivización de los medios de producción y la subordinación de los bienes y derechos de las necesidades del Estado, representante del interés general. Proviene de los conceptos de riqueza enunciados en las teorías económicas de los filósofos griegos, como Licurgo, Platón, Pitágoras y Epicuro, y avanza hacia diversas teorías utópicas de las que se destacan las de Tomás Moro y Tomás Campanella. Posteriormente en el siglo XVIII, con los principios de Marx y de Engels, se intenta trasladarlo a la práctica.

CONATO: delito que tuvo comienzo pero que no llegó a consumarse.

CONCEDENTE: ver **Contrato de concesión**.

CONCEJALÍA: en algunos países, oficio a cargo del concejal.◆ Cada uno de los departamentos asignados a un concejal.

CONCEJO: en algunos países, corporación municipal.◆ Municipio.

CONCENTRACIÓN: se aplica cuando los poderes de decisión se encuentran reunidos en los órganos superiores de la Administración Pública o bien cuando la agrupación de las facultades decisorias se opera en los órganos directivos de las entidades estatales descentralizadas *(J. C. Cassagne).*

CONCENTRACIÓN DE DERECHO: aquella en la que la "configuración del grupo societario tiene basamento contractual, reconocido legislativamente y sujeto a publicidad registral a los fines de su oponibilidad a terceros" *(E. Barreira Delfino).*

CONCENTRACIÓN DE HECHO: aquella en la cual "las sociedades involucradas se aglutinan operativamente bajo una dirección unificada, conforme a una gestión verbal, no formal, dado que no se instrumenta ni se registra para su publicidad o terceros" *(E. Barreira Delfino).*

CONCENTRACIÓN DE PODERES: se aplica cuando todas las funciones del Estado –legislativa, ejecutiva y judicial– son ejercidas por el mismo órgano o bien cuando un solo órgano tiene el poder efectivo de decisión en todos los asuntos y los demás órganos se encuentran estrechamente subordinados a éste y no pueden actuar más que en su nombre en la medida en que no interviene *(S. Linares Quintana).*◆ Confusión de poderes.

CONCENTRACIÓN HORIZONTAL: agrupación de dos o más sociedades o empresas, basada en la colaboración y en la coordinación de sus esfuerzos en vistas al logro de sus respectivos objetos sociales. Esta agrupación no importa la influencia de una de sus integrantes sobre el resto sino que se encuentran todas en pie de igualdad.

CONCENTRACIÓN VERTICAL: agrupación de dos o más sociedades o empresas unidas por un vínculo de subordinación que supone la existencia de una sociedad madre o cabeza del grupo.

CONCESIÓN: privilegio que una parte facilita a una empresa para lograr una mayor participación.◆ Derecho otorgado a una empresa para que comercialice mercancías o servicios de otra; por ejemplo: una concesionaria de automotores. ◆ Reducción o rebaja sobre el precio inicial o sobre el valor.◆ Ver **Contrato de concesión**.

CONCESIONARIO: ver **Contrato de concesión**.

CONCILIACIÓN: procedimiento de resolución de una controversia mediante su sumisión a una comisión de personas cuya tarea es dilucidar los hechos y (generalmente después de oír a las partes y de esforzarse en llevarlas a un acuerdo) redactar un informe que contenga propuestas de arreglo, pero que no tiene el carácter obligatorio de una decisión judicial o de una sentencia *(L. Oppenheim).*

CONCLUSIÓN DE LA MEDIACIÓN: la mediación concluye en virtud de las distintas situaciones que pueden acontecer, a saber: por acuerdo de partes –y la consiguiente celebración de un convenio–, por la falta o la imposibilidad de acuerdo y la decisión de las partes en tal sentido y, por último, cuando una de las partes manifiesta su decisión de no querer proseguir con el proceso.
Asimismo, el mediador podrá dar por concluida la instancia si considerase que no se hallan reunidas las condiciones básicas para que la mediación cumpla con su objetivo.

CONCORDATO: contrato solemne que se encuentra sometido a determinadas formas esenciales y cuyo incumplimiento hace nulo el acto *(C. García Martínez).*

CONCUASAR: anular un acto o resolución.

CONCUBINA: mujer que desempeña el rol y asume el estado de esposa en virtud de una unión de hecho, es decir, sin haberse casado legalmente.

CONCUBINARIO: el que tiene concubina.

CONCUBINATO: estado adoptado por dos personas con la intención de llevar una vida en común, pero sin observar las formalidades impuestas por la ley a través de la celebración del matrimonio.◆ Pareja que convive y lleva un proyecto de vida en común sin encontrarse legalmente unidos en matrimonio.

CONCULCAR: infringir una norma o principio.

CONCUÑADO: hermano o hermana de una de dos personas unidas en matrimonio respecto de las hermanas o hermanos de la otra.

CONCUPISCENCIA: deseo de bienes terrenales y, en especial, apetito desordenado de placeres deshonestos.

CONCURSADO: deudor declarado legalmente en concurso de acreedores.

CONCURSO: cesión forzosa de bienes del deudor a sus acreedores en pago de lo que se debe.

CONCURSO DE ACREEDORES: ver **Concurso preventivo**.

CONCURSO IDEAL: el que tiene lugar cuando un hecho recae en más de una sanción penal. Es el que se asienta en la unidad de hecho que encuadra en diversas figuras penales compatibles entre sí (heterogéneo) o varias veces en la misma figura (homogéneo).

CONCURSO PREVENTIVO: acuerdo de carácter jurídico por medio del cual las personas de existencia visible y las de existencia ideal de carácter privado que se encuentran en estado de cesación de pagos solicitan al juez competente la concreción de un encuentro con los acreedores a fin de informales sobre su situación, de proponerles y convenir un acuerdo sobre cantidad, montos y plazos de pago por las deudas contraídas.

CONCURSO REAL: en materia de Derecho Penal, se da cuando hay una pluralidad de conductas que concurren en una misma sentencia judicial *(E. Zaffaroni)*.◆ Queda configurado cuando concurren varios hechos independientes reprimidos con una misma especie de pena.

CONCUSIÓN: delito que realiza un funcionario al exigir en su provecho una contribución no autorizada.

CONDENA: testimonio expedido por el secretario judicial haciendo constar el destino que lleva el reo sentenciado.◆ Extensión y grado de la pena.

CONDENA CONDICIONAL: beneficio concedido al imputado en los casos de primera condena a una pena leve de prisión. Los jueces podrán disponer en el mismo pronunciamiento que se deje en suspenso sul cumplimiento. Esta decisión deberá ser fundada en la personalidad moral del condenado, su actitud posterior al delito, los motivos que lo impulsaron a delinquir, la naturaleza del hecho y las demás circunstancias que demuestren la inconveniencia de aplicar efectivamente la privación de libertad.

CONDENADOR: que condena o censura.

CONDENAR: pronunciar el juez sentencia imponiendo al reo la pena correspondiente o dictando en juicio civil fallo que no se limita a absolver de la demanda.◆ Pronunciamiento judicial que castiga al reo o que manda al litigante a entregar cosa o cumplir obligaciones.

CONDICIÓN: acontecimiento incierto o ignorado que influye en la perfección o resolución de ciertos actos jurídicos o de sus consecuencias.◆ Circunstancia indispensable para la existencia de otra.◆ Es la cláusula por la cual se subordina la adquisición o la extinción de un derecho a la realización de un hecho incierto y futuro *(J. Llambías).*◆ Un acontecimiento futuro e incierto al cual se subordina la existencia o resolución de un derecho. Tiene semejanza con el término en que es un acontecimiento futuro; en cambio, se distingue de él en que se trata de un acontecimiento incierto *(J. Bonnecase).*

CONDICIÓN CASUAL: aquella en la que el hecho previsto no depende de la voluntad de las partes *(J. Llambías).*

CONDICIÓN CONVENIBLE: la que conviene al acto que se celebra y sobre que se propone.

CONDICIÓN DE DERECHO: presupuesto objetivo que condiciona la eficacia y la validez de un contrato.

CONDICIÓN DESCONVENIBLE: aquella que se opone a la naturaleza del contrato o a sus fines.

CONDICIÓN INACTIVA: estado yacente o inerte de cuya presencia o ausencia depende la capacidad operativa de la causa y la medida de su eficacia; pero ella por sí sola no produce cambio alguno.

CONDICIÓN INSEGURA: toda condición física o ausencia de norma susceptible de provocar un accidente laboral.

CONDICIÓN MIXTA: aquella en la que el hecho previsto depende en parte de la voluntad del obligado y en parte no *(J. Llambías).*

CONDICIÓN NECESARIA: la que es preciso que intervenga para la validación de un contrato, acto o derecho.

CONDICIÓN POTESTATIVA: aquella en la que el hecho previsto depende de la voluntad del interesado *(J. Llambías).*

CONDICIÓN RESOLUTORIA: se trata de un hecho futuro e incierto del que depende la resolución de un derecho adquirido, de modo tal que, no cumplida la condición –o siendo cierto que no se cumplirá–, el derecho subordinado a ella se adquiere irrevocablemente como si nunca hubiera existido condición.

CONDICIÓN "SINE QUA NON": aquella sin la cual no se producirá determinado efecto, no se hará una cosa o se tendrá por no hecha.

CONDICIÓN SUPERFLUA: aquella que carece de trascendencia.

CONDICIÓN SUSPENSIVA: aquella cuyo cumplimiento es necesario para la eficacia del acto o derecho a que afecta.

CONDICIÓN TORPE: aquella que, aunque expresamente no se ponga, virtualmente se entiende puesta.

CONDICIONAMIENTO: acción de hacer depender un efecto jurídico de un acontecimiento futuro e incierto.

CONDICIONAR: hacer depender un efecto jurídico de un acontecimiento futuro e incierto.

CONDICIONES DE INDEFENSIÓN: circunstancias que no posibilitan la capacidad de reacción o defensa de una persona.

CONDOMINIO: derecho real de propiedad que pertenece a varias personas por una parte indivisa sobre una cosa mueble o inmueble. Se constituye por contrato, por actos de última voluntad o en los casos que la ley designa.◆ Edificio poseído en régimen de propiedad horizontal.◆ Dominio o propiedad de una cosa por dos o más personas.◆ Propiedad conjunta.

CONDOMINIO CON INDIVISIÓN FORZOSA: el que existe cuando la facultad de los condóminos de pedir la división en cualquier tiempo se encuentra coartada, ya sea por una causa derivada de la ley, de la convención o de una disposición testamentaria *(M. Mariani de Vidal).*

CONDOMINIO SIN INDIVISIÓN FORZOSA: aquel en el cual cualquiera de los condóminos, en cualquier tiempo y sin depender de la conformidad de los demás condóminos, puede poner fin a la copropiedad solicitando la partición de la cosa común *(M. Mariani de Vidal).*

CONDÓMINO: persona que ejerce el derecho real de propiedad perteneciente a varias personas por una parte indivisa sobre una cosa mueble o inmueble. Cada condómino goza, respecto de su parte indivisa, de los derechos inherentes a la propiedad, compatibles con la naturaleza de ella y puede ejercerlos sin el consentimiento de los demás copropietarios.

CONDONACIÓN: cancelación de una deuda que hace el acreedor al deudor. Por ejemplo: condonación de impuestos y/o multas.

CONDONACIÓN DE LA DEUDA: remisión de la deuda.

CONDONAR: exonerar o perdonar obligaciones por parte de otro a favor de uno.

CONDUCTA SOCIAL: aquella que tiene un significado en cuanto los individuos actuantes le otorgan un sentido al interpretarla.

CONDUCTICIO: relativo al canon o precio del arrendamiento rústico.

CONEXIDAD: estrecha relación que existe entre dos o más procesos, por lo que la resolución que se dicte en uno de ellos influye en las demás. Generalmente deriva en la acumulación de procesos.

CONEXO: enlazado, relacionado.◆ Delitos que por su relación deben ser objeto de un mismo proceso.

CONFABULAR: acuerdo entre dos o más personas para emprender algún plan, generalmente ilícito.

CONFEDERACIÓN DE ESTADOS: asociación de Estados soberanos que conservan integralmente su autonomía y su personalidad internacional y para ciertos fines especiales que son, generalmente, los siguientes: la manutención de la paz entre los Estados confederados, la defensa de éstos y la protección de los intereses comunes *(A. Llanés Torres).*

CONFERENCIA DE LAS NACIONES UNIDAS SOBRE COMERCIO Y DESARROLLO: UNCTAD.◆ Órgano principal de la Asamblea General en la esfera del comercio y el desarrollo. Tiene 193 estados miembros y su secretaría está asentada en Ginebra. El mandato de este organismo consiste en promover el comercio internacional, en particular el de los países en desarrollo, con miras a acelerar su crecimiento económico.

CONFERENCIAS ESPECIALIZADAS: aquellas que se reúnen para tratar asuntos técnicos especiales o para desarrollar determinados aspectos de cooperación internacional.

CONFESANTE: que confiesa en juicio.

CONFESIÓN: reconocimiento expreso o tácito que una persona legalmente capaz hace por sí o por mandatario debidamente autorizado de la verdad de un hecho o circunstancia que lo afecta y que se le atribuye por un tercero.◆ Como prueba, es el acto procesal de parte por el que reconoce, en su perjuicio, la verdad de los hechos afirmados por el contrario *(R. Areal -Finocchieto).* ◆ Declaración judicial o extrajudicial (espontánea o provocada por un interrogatorio de la parte contraria o por el juez directamente) mediante la cual una parte, capaz de obligarse y con ánimo de suministrar una prueba al contrario en perjuicio propio, reconoce total o parcialmente la verdad de una obligación o de un hecho que se refiere a ella y es susceptible de efectos jurídicos.◆ Medio de prueba judicial que consiste en una declaración de ciencia o conocimiento, expresa, terminante y seria, hecha conscientemente, sin coerciones que destruyen la voluntariedad del acto, por quien es parte en el proceso en que ocurre o es aducida, sobre hechos personales o sobre el conocimiento de otros hechos perjudiciales a quien la hace o a su representado, según el caso, o simplemente favorables a su contraparte en ese proceso.

CONFESIÓN ACTUADA: aquella registrada mediante la fotografía o la filmación.◆ Reconstrucción del hecho.

CONFESIÓN CALIFICADA: se produce cuando la parte reconoce el hecho declarado por la contraria, pero agrega ciertas modalidades o circunstancias que alteran su esencia o naturaleza jurídica y lo transforman en un hecho diverso desde el punto de vista legal.◆ Puede entenderse como la confesión en la que el acusado acepta uno de los elementos de cargo y niega otros.

CONFESIÓN COMPLEJA: se aplica cuando, reconociéndose el hecho, se añade otro distinto o separable, el enunciado normativo cubre todas aquellas adiciones de datos fácticos que pueden considerarse independientes del hecho confesado y que, por lo tanto, no conforman con éste una unidad jurídica; por ejemplo, la confesión de quien reconoce la recepción de una suma de dinero pero agrega que la restituyó.

CONFESIÓN ESPONTÁNEA: aquella que hacen las partes durante el juicio.◆ Confesión voluntaria.

CONFESIÓN EXPRESA: la que se efectúa con palabras que manifiestan claramente lo que se reconoce o admite *(Reimundin)*.

CONFESIÓN EXTRAJUDICIAL: aquella que se hace fuera del proceso. Puede ser hecha por escrito (instrumento público o privado) o verbalmente. Se la considera una prueba incompleta, ora indicio, ora base de la prueba compuesta.

CONFESIÓN JUDICIAL: aquella que se hace dentro del proceso en la oportunidad y con observancia de todas las formalidades que el Código Procesal establece.

CONFESIÓN PARCIAL: consiste en no admitir la comisión o cualquier forma de participación criminal en un accionar tipificado como delito sino en reconocer haber actuado de determinada manera *(A. Cafetzóglus)*.

CONFESIÓN PROVOCADA: aquella que se produce en el juicio a iniciativa de una de las partes contendientes mediante el mecanismo de la absolución de posiciones.

CONFESIÓN PURA Y SIMPLE: reconocimiento del hecho litigioso tal como ha sido alegado por la parte contraria, sin modificaciones, restricciones ni adiciones de ninguna especie.

CONFESIÓN TÁCITA: la que se infiere de algún hecho o se supone por la ley *(Reimundín)*.

CONFESIÓN TOTAL: admisión por el imputado de haber cometido o haber desarrollado alguna forma de participación criminal en orden a un hecho tipificado como delito *(A. Cafetzóglus)*.

CONFESIÓN VIOLENTA: aquella en la cual existe un vicio de la voluntad por haber mediado como factor determinante de la misma intimidación o violencia sobre la persona del que la realiza.

CONFESIÓN VOLUNTARIA: confesión espontánea.

CONFESO: quien ha confesado su delito o culpa.

CONFIESO: antiguamente, se designaba de este modo a aquella persona que había confesado sus culpas.

CONFIRMACIÓN: acto jurídico por el cual una persona hace desaparecer los vicios de otro acto que se halla sujeto a una acción de nulidad. Puede ser expresa o tácita. La confirmación expresa es aquella que consta en un instrumento con mención de la sustancia del acto que se quiere confirmar, el vicio del que adolecía y la manifestación de la intención de repararlo. La confirmación tácita es la que resulta de la ejecución voluntaria, total o parcial, del acto sujeto a una acción de nulidad.

CONFIRMACIÓN EXPRESA: ver **Confirmación.**

CONFIRMACIÓN TÁCITA: ver **Confirmación.**

CONFISCACIÓN: acción de incautar el Estado los bienes de una persona.

CONFLICTO: embate, pelea.◆ Enfrentamiento armado.◆ Problema, materia de discusión.

CONFLICTO COLECTIVO: en el orden laboral, el que enfrenta a trabajadores y empresarios.

CONFLICTO SOCIETARIO: aquel que existe toda vez que entre la persona jurídica de la sociedad y otra u otras sujetas a su pormenorizado orden jurídico se da un estado de litigio originado por la promoción en sede judicial de una acción social que, previo trámite sumario, se resolverá con aplicación prioritaria de dicho orden jurídico y, en caso de ser acogida, motivará una decisión extra social que lo modifica y, por lo tanto, con efectos directos e inmediatos respecto de todos quienes se encuentran sujetos al mismo, hayan o no participado en el litigio *(C. Suárez Anchorena).*

CONFLICTOS COLECTIVOS DE DERECHO: desavenencia colectiva cuyo objeto se circunscribe a la interpretación o cumplimiento de una norma *(J. Izquierdo).*

CONFLICTOS COLECTIVOS DE INTERESES: aquellos que versan sobre la modificación de una norma preexistente o sobre la creación de una norma contractual colectiva respecto de una cuestión carente de norma que la regulara *(J. Izquierdo).*

CONFUSIÓN: modo de extinguirse las obligaciones por reunirse en un mismo sujeto el crédito y la deuda, el deudor y el acreedor.

CONFUSIÓN DE PODERES: ver **Concentración de poderes**.

CONGELACIÓN: concepto que suele emplearse para aludir a la inmovilización o bloqueo de cuentas, fondos, mercaderías, etcétera.

CONGELAMIENTO DE PRECIOS: política gubernamental consistente en fijar un nivel de precios para una gran cantidad de artículos y bienes, generalmente aquellos de mayor participación en la economía, con el fin de impedir una suba generalizada de precios.

CONGESTIÓN: fenómeno de saturación que se produce a medida que aumenta la utilización de una infraestructura.

CONGLOMERADO: resultado de la fusión de organizaciones que producen distintos bienes y servicios con el objeto de obtener una administración más eficiente, un mayor beneficio económico y una base económico-financiera sólida.◆ Empresa o grupo de empresas que ejercen actividades económicas en diferentes sectores que no presentan un vínculo entre ellos. Un conglomerado puede constituirse por vía de fusión y de adquisición y/o de inversiones en diversos sectores de actividad, en particular para reducir los riesgos, movilizar con mayor facilidad capitales y recursos humanos y obtener una mejor asignación de los medios de producción.

CONGRESO: consiste en una institución cuya misión radica principalmente en la elaboración de las leyes. Este órgano, de acuerdo a las diferentes constituciones, puede recibir la denominación de “Parlamento”; “Asamblea”; “Estado General”; “Legislatura” o “Consejo”.◆ En el Derecho Político y en algunos países, conjunto de órganos integrantes del Poder Legislativo, por lo general, Cámara de Senadores y Cámara de Diputados o de Representantes. ◆ Reunión en la que participa un gran número de personas, generalmente profesionales.

CONGRUENCIA: conformidad de extensión, concepto y alcance entre el fallo y las pretensiones de las partes formuladas en el juicio.

CONJUNTO ECONÓMICO: unión de empresas que, a pesar de ser jurídicamente independientes, conforman una misma unidad ya sea en su patrimonio o en la explotación de actividades.

CONMOCIÓN INTERIOR: cualquier desorden o emergencia interna que traiga aparejado un daño real o un peligro cierto o inminente para el sistema institucional *(M. Ekmedjián).*

CONMORIENCIA: deceso simultáneo de una pluralidad de individuos.

CONMUTACIÓN DE PENA: indulto parcial que altera la naturaleza del castigo en favor del reo.

CONNIVENCIA: confabulación, complicidad.

CONOCIMIENTO DE EMBARQUE: documento escrito que expiden las empresas de transporte marítimo o fluvial mediante el cual dejan constancia de la recepción de los bienes a transportar y de su obligación de transporte a destino. El título de propiedad de los bienes puede cederse endosando el conocimiento de embarque.

CONQUISTA: en el Derecho Internacional, la toma de posesión del territorio enemigo por las fuerzas militares; se completa tan pronto como el territorio es ocupado efectivamente.

CONSANGUINIDAD: unión, por parentesco natural, de varias personas que descienden de una misma raíz o tronco.

CONSEJO DE ADMINISTRACIÓN: conjunto de personas elegidas por los accionistas a quienes se confía la responsabilidad de dirigir la actividad de una sociedad anónima.◆ En algunos países, autoridad suprema de una sociedad anónima elegida por los accionistas.

CONSEJO DE COOPERACIÓN DEL GOLFO: bloque creado en 1981 para garantizar la seguridad de las monarquías árabes de los países petroleros. Está constituido por Arabia Saudita, Emiratos Árabes Unidos, Kuwait, Catar, Bahrein y Omán.

CONSEJO DE LA MAGISTRATURA: en la Argentina, órgano que tiene a su cargo la selección de los magistrados y la administración del Poder Judicial. Se trata de un órgnao que posee una composición compleja, por cuanto dispone que estará integrado por representantes de los órganos que desempeñan las tres funciones típicas del poder y de los abogados de la matrícula federal. Se encuentra, además, integrado por personas del ámbito académico y del científico.

CONSEJO DE SEGURIDAD: órgano de las Naciones Unidas que tiene la responsabilidad primordial del mantenimiento de la paz y la seguridad. La Carta de las Naciones Unidas, que es un tratado internacional, obliga a los Estados a resolver por medios pacíficos las controversias internacionales. Está integrado por quince miembros, de los cuales cinco –China, los EE.UU., Rusia, Francia y el Reino Unido– son miembros permanentes.

CONSEJO DE VIGILANCIA: órgano societario de carácter optativo o permanente (según el caso) y colegiado de la sociedad anónima que tiene funciones de fiscalización y de elección de los administrativos de la sociedad.◆ Órgano de control facultativo de una sociedad por acciones que debe estar previsto en el contrato social. En caso de organizarse, podrá prescindirse de la sindicatura; pero en dicho caso, anualmente, deberá llevarse a cabo una auditoría externa que dictamine sobre los estados contables para su tratamiento en la asamblea ordinaria *(F. Mascheroni).*

CONSEJO ECONÓMICO Y SOCIAL: órgano de la Organización de las Naciones Unidas que coordina la labor económica y social del organismo y de las instituciones vinculadas al mismo. Está integrado por sesenta y un miembros y suele celebrar dos períodos de sesiones de organización y un período de sesiones sustantivo cada uno. El período de sesiones sustantivo incluye una reunión especial de alto nivel en la cual se examinan importantes cuestiones económicas y sociales. El Consejo recomienda y dirige las actividades encaminadas a fomentar el crecimiento económico de los países subdesarrollados, administrar los proyectos de desarrollo de dichos países, promover el respeto de los derechos humanos, poner fin a la discriminación contra las minorías, difundir los beneficios de la ciencia y la tecnología y promover la cooperación mundial en esferas concretas.

CONSEJO FEDERAL DE SEGURIDAD VIAL: órgano integrado por todas las provincias, el Gobierno Federal y la ciudad de Buenos Aires, cuya misión es propender a la armonización de intereses y acciones de todas las jurisdicciones.

CONSEJO INTERAMERICANO ECONÓMICO Y SOCIAL: organismo perteneciente a la OEA, compuesto de un representante titular, de la más alta jerarquía, por cada Estado Miembro y que tiene como finalidad promover la cooperación entre los países americanos con el objeto de lograr su desarrollo económico y social acelerado.

CONSEJO NACIONAL DE PREVISIÓN SOCIAL: en la República Argentina, se trata de un organismo que tiene como misión asegurar la participación de los trabajadores, empresarios y beneficiarios del Sistema Integrado de Jubilaciones y Pensiones en el desarrollo, la supervisión y el perfeccionamiento de dicho sistema.

CONSEJO NACIONAL DE SALARIO VITAL, MÍNIMO Y MÓVIL: en algunos países, entidad que opera en el ámbito del Ministerio de Trabajo y Seguridad Social cuya función consiste en determinar periódicamente el salario vital mínimo.

CONSEJO NACIONAL DEL MENOR Y LA FAMILIA: en la Argentina, organismo creado en jurisdicción del Ministerio de Salud y Acción Social que tiene a su cargo las funciones que incumben al Estado Nacional en materia de promoción y protección integral de la minoridad y la familia.

CONSENSUAL: relativo a la ejecución de actos de común acuerdo.◆ Relativo al consentimiento.◆ Consentimiento.

CONSENTIMIENTO: la resultante negocial unitaria de manifestaciones de dos o más partes *(F. Messineo).*

CONSENTIMIENTO EXPRESO: aquel que se manifiesta verbalmente, por escrito o por signos inequívocos.

CONSENTIMIENTO MATRIMONIAL: voluntad de cada uno de los contrayentes de unirse al otro con sujeción a las reglas legales a que está sometido el régimen conyugal *(A. Belluscio).*

CONSENTIMIENTO NEGOCIAL: en el sentido de elemento esencial constitutivo del negocio jurídico, es el que presta el adoptante o los adoptantes.

CONSENTIMIENTO TÁCITO: aquel que se presume por entregar una de las partes la cosa ofrecida o pedida y recibirla la otra.

CONSERVATISMO: procedimiento mediante el cual, al efectuar las valuaciones o mediciones contables, se aplican las menores para los activos y las más elevadas para los pasivos y los ingresos se reconocen lo más tarde posible y los gastos, lo antes posible.

CONSIDERANDO: cada una de las razones esenciales que preceden y sirven de apoyo a un fallo o dictamen y empiezan con dicha palabra *(Diccionario de la Real Academia).*

"CONSIDERATION": uno de los requisitos fundamentales para la formación de los contratos no formales en el "common law". En el "common law" en los contratos sinalagmáticos son promesas mutuas hechas entre las partes (las que revisten estos casos el doble carácter de promitente y prometido), en forma tal que cada una de ellas promete un acto o una abstención, que resultará o probablemente resultará un perjuicio para el prometido o un beneficio para el promitente, y siempre que esas promesas no sean nulas. Se dice entonces que ambas promesas constituyen suficiente y recíproco "consideration". Se sostiene que el "common law" que el "consideration" puede ser definido en los contratos no sinalagmáticos, como el perjuicio que sufre el prometido o el beneficio que experimente el promitente (J. C. López).◆ Ver **Causa.**

CONSIGNACIÓN: operación por la cual una persona denominada comitente encarga a otra, el consignatario, la realización de una determinada operación de comercio mediante el pago de una comisión por retribución de servicios.

CONSIGNAR: depositar a disposición de la autoridad judicial la cosa debida.

CONSIGNATARIO: el que recibe en depósito dinero o un bien de otro.◆ Aquel que recibe mercaderías de otro para efectuar su venta por cuenta y orden del comitente. Los principales derechos de los que goza son: 1) aceptar o rehusar la consignación, 2) cobrar la comisión convenida y 3) acordar plazos de pago de no mediar orden en contrario del comitente. Con respecto a las principales obligaciones a su cargo, éstas pueden resumirse en las siguientes: 1) rendir cuenta en forma documentada de las operaciones que ha realizado y enviar al comitente el líquido producto de la consignación, 2) conservar en forma cuidadosa los efectos consignados, 3) cumplir las instrucciones del comitente y 4) no adquirir los efectos recibidos sin autorización del comitente.

CONSOLIDACIÓN: adquisición por el usufructuario de la propiedad de la cosa sometida al usufructo.

CONSOLIDACIÓN DE LEYES: presentación sistemática y metódica de las leyes imperantes con eliminación de las que han sido derogadas *(J. Llambías).*

CONSOLIDAR: convertir las obligaciones de vencimiento actual en un préstamo a largo plazo.◆ Proveer lo necesario para el pago final de una obligación mediante la acumulación sistemática de efectivo o de otras partidas de activo en una cuenta o fideicomiso separados.

CONSORCIO: agrupación de entidades para negocios importantes.◆ Unión o compañía de los que viven juntos.◆ Asociación.◆ Grupo de personas que se combinan para llevar a cabo un proyecto financiero o industrial.◆ Acuerdos por los cuales las empresas participantes otorgaban a una empresa única la decisión de las compras o las ventas y sus relaciones con los clientes.◆ Contrato entre dos o más personas físicas o jurídicas mediante el cual ellas se vinculan temporariamente para la realización de una obra, la prestación de determinados servicios o el suministro de ciertos bienes; sólo está destinado a regular las actividades de cada uno de los partícipes y no tiene el propósito de obtener o distribuir ganancias entre ellos. No tiene personalidad jurídica, por lo cual cada integrante deberá desarrollar la actividad en las condiciones que se prevean en el contrato, respondiendo personalmente al tercero por las obligaciones que contraiga en relación con la otra parte de la obra, servicios o suministros a su cargo, sin solidaridad, excepto que exista un pacto en contrario. Se encuentra tipificado en algunas legislaciones.◆ En el Uruguay, se trata de una de las dos agrupaciones de empresas vigentes. *A. de Aguinis* sostiene su semejanza, en cuanto a su función económica, a las Uniones Transitorias de Empresas de la Argentina y a los consorcios de Brasil. Su objeto consiste en la realización de una obra, la prestación de un servicio determinado o el suministro de bienes. No se distribuyen las ganancias obtenidas entre los integrantes, los que pueden ser personas físicas o jurídicas. En el Brasil, se trata de una forma de agrupación interempresaria. Como explica *A. de Aguinis*, éstas pueden ser integradas también por sociedades extranjeras.

CONSORCIO DE PROPIEDAD HORIZONTAL: agrupación de personas que debe realizar todos aquellos actos necesarios para mantener o mejorar el inmueble a fin de garantizar las condiciones de seguridad, comodidad y decoro. Los integrantes deben ser exclusivamente propietarios de una unidad del inmueble.

CONSORCIO OBLIGATORIO: aquel impuesto por el Estado. Este tipo de consorcios se dieron en Alemania, ex-URSS, Rumania, España, etcétera, pero en Italia han tenido notable desarrollo, sobre todo antes del advenimiento del corporativismo. La actitud individualista del empresariado italiano ha incidido en forma determinante ya que hasta entonces era reacio a renunciar a su propia independencia.

CONSORCIO VOLUNTARIO: ver **Consorcio.**

CONSPIRACIÓN: delito en el cual se sostiene en una resolución de obrar concertadamente entre varias personas a los efectos de cometer el delito de rebelión, sedición o revuelta.

CONSTATAR: comprobar un hecho, establecer su veracidad, dar constancia de él.

CONSTITUCIÓN: cuerpo de normas fundamentales que rigen la organización de un Estado y las relaciones entre los poderes que lo constituyen y las de los particulares con el Estado.◆ Ley suprema de un Estado.◆ La norma o el conjunto de normas que determinan quiénes y mediante qué procedimientos se encuentran autorizados para dictar normas obligatorias y qué tipo de normas *(E. Aftalión - J. Vilanova).*◆ Aristóteles la define como la organización, el orden establecido entre los habitantes de la ciudad.◆ Ley Fundamental.

CONSTITUCIONALISMO: régimen que tuvo por objetivo establecer en cada Estado un documento legal (la Constitución) que fuera la columna vertebral del sistema de Gobierno y que, como Ley Suprema o Fundamental, ocupara el primer lugar en la jerarquía institucional, declarando determinados derechos personales y organizando el Gobierno sobre la base del principio de separación de poderes *(M. de Ruiz).*◆ Se trata del proceso de institucionalización del poder "mediante una Constitución escrita, cuya supremacía significa la subordinación a sus disposiciones de todos los actos emanados de los poderes constituidos que forman el Gobierno ordinario" *(C. Sánchez Viamonte).*

"CONSTITUTO": en el Derecho Romano, pacto por el cual una persona conviene con otra que le pagará a día fijo una deuda preexistente *(E. Petit).*

CONSTITUYENTE: ver **Convencional constituyente.**

CONSUETUDINARIO: ver **Derecho consuetudinario.**

CÓNSULES: órganos permanentes del Estado para sus relaciones económicas, comerciales, mas no políticas, ante otros Estados *(C. Díaz Cisneros).*

CONSULTA POPULAR: tiene por objeto que el pueblo se pronuncie acerca de ciertas normas o medidas de política. La consulta puede ser vinculante o no vinculante *(C. Collautti).*

CONSULTOR: todo profesional universitario altamente calificado que a título individual presta servicio de asesoramiento o consulta sobre algún asunto o tema.

CONSULTOR TÉCNICO patrocinante técnico que, provisto de conocimientos especiales en alguna ciencia, arte, industria o actividad técnica especializada, asesora a una de las partes en la realización de los actos propios de la prueba pericial, como la proposición de puntos de pericia y el debido control sobre la actividad desarrollada por el perito; además, puede llegar a proporcionar al Juez una mejor información técnica de la cuestión que se examina *(R. Arazi).*

CONSULTORA: empresa o sociedad permanente legalmente constituida, civil o comercial, cuyo objeto exclusivo es la prestación de servicios de asesoramiento o consulta sobre algún asunto o tema.

CONSULTORÍA: actividad del consultor. ◆ Despacho u oficina donde trabaja el consultor.

CONSUMACIÓN: consiste en que el acto haya alcanzado la objetividad jurídica que constituye el título especial de un delito dado.

CONSUMAR: dar cumplimiento a un contrato o a otro acto jurídico que ya era perfecto.

CONSUMIDOR: término con el cual se designa a la persona física o jurídica que contrata a título oneroso para su consumo final o beneficio propio o de su grupo familiar o social la adquisición o locación de cosas muebles o la adquisición de inmuebles nuevos destinados a vivienda, incluso los lotes de terreno adquiridos con el mismo fin, cuando la oferta sea pública y dirigida a persona indeterminada.

CONSUNCIÓN DE LA IMPUGNACIÓN: principio según el cual la impugnación propuesta, si por cualquier motivo el procedimiento no llega a su definición, esto es, a la decisión sobre la rescisión o sobre la reforma de la sentencia impugnada, no puede ser nuevamente propuesta *(F. Carnelutti).*

CONTABILIDAD: sistema técnico-administrativo de registración mediante el cual se llevan las cuentas y los registros de las diversas actividades y operaciones que realiza una persona jurídica, pública o privada, o física.

CONTABILIDAD GUBERNAMENTAL: ver **Contabilidad pública.**

CONTABILIDAD MERCANTIL: aquella que el comerciante está obligado a llevar. Este sistema de contabilidad podrá llevarse mediante los instrumentos, recursos y sistemas de registro y procesamiento que mejor se acomoden a las características particulares del negocio; pero, en todo caso, deberá satisfacer ciertos requisitos mínimos que establezcan las distintas legislaciones.

CONTABILIDAD NACIONAL: contabilidad pública. Actividad económica de un país en un período.◆ Describe el proceso de producción, distribución y uso de los bienes y servicios dentro de una sociedad determinada. Mediante ella se pretende reflejar lo más fielmente posible la actividad económica realizada en un período *(R. Ferrucci).*

CONTABILIDAD PÚBLICA: disciplina que se ocupa de la economía de la hacienda pública cuyas operaciones estudia a los efectos de formar y perfeccionar, por vía racional y experimental y con miras al mejor cumplimiento de su fin, la doctrina administrativa de la hacienda pública *(J. Bayetto).* También es considerada la parte de la contabilidad que se ocupa de dar el ordenamiento que permita medir el alcance, cumplimiento y resultado de la gestión y demás hechos previstos y acaecidos en la hacienda pública.◆ Contabilidad gubernamental.◆ Contabilidad nacional.

CONTADO: término utilizado para referirse al pago inmediato.◆ El pago inmediato puede referirse al pago contra entrega, sea a algunos días, como por ejemplo: contado siete días, o como en el caso de operaciones bursátiles: a 24, 48 o 72 horas de haberse efectuado la operación.◆ En forma restringida, pago simultáneo contra la entrega del producto en efectivo o con cheque.

CONTADOR: persona que es experta en contabilidad.◆ Quien está a cargo de la contabilidad de una empresa.◆ Persona nombrada por las partes interesadas o por el juez para liquidar una cuenta.

CONTADOR PÚBLICO: título profesional que capacita para el ejercicio profesional.◆ Profesional reconocido como tal.

CONTADURÍA GENERAL DE LA NACIÓN: en la República Argentina, el órgano rector del sistema de contabilidad gubernamental y, como tal, responsable de prescribir, poner en funcionamiento y mantener dicho sistema en todo el ámbito del sector público nacional.

"CONTAINER": contenedor.

CONTAMINACIÓN: deterioro del medio ambiente por efecto de los subproductos de la actividad humana.◆ Inclusión en el medio ambiente o en los animales de microorganismos o sustancias nocivas que alteran el equilibrio ecológico provocando trastornos en el medio físico y en los organismos vivos o el hombre.◆ Es la adición de elementos ajenos al aire normal o la sustracción de elementos constitutivos del mismo que alteran sus propiedades físicas y/o químicas en suficiente grado como para producir efectos medibles en el hombre, los animales, los vegetales o materiales inertes *(Ley General de Trabajo de Bolivia).*

CONTAMINACIÓN DE AGUAS, ALIMENTOS O MEDICINAS: delito en el que incurre el que envenenare, contaminare o adulterare, de un modo peligroso para la salud, aguas potables o sustancias alimenticias o medicinales, destinadas al uso público o al consumo de una colectividad de personas.

CONTENCIOSO: relativo a las materias sobre las que se contiende en juicio o a la forma en que se litiga.◆ Se dice de los asuntos sometidos al fallo de los tribunales en forma de litigio, en contraposición a los actos gubernativos y a los de jurisdicción voluntaria.

CONTENCIOSO ADMINISTRATIVO: conjunto de las reclamaciones fundadas sobre un derecho o sobre la ley y que tienen por objeto sea un acto de poder público emanado de la autoridad administrativa, sea un acto de gestión de los servicios públicos diferidos a la jurisdicción administrativa por las disposiciones de leyes generales o especiales (Laferriere).

CONTENEDOR: recipiente de grandes dimensiones diseñado especialmente para facilitar el almacenamiento y el traslado de mercadería en uno o varios medios de transporte, construido de forma tal que, por su resistencia y fortaleza, pudiere soportar una utilización repetida y ser llenado o vaciado con facilidad y seguridad, provisto de accesorios que permitan su manejo rápido y seguro en la carga, descarga o trasbordo y que fuera identificable por medio de marcas y números grabados en forma indeleble y pintados de tal manera que sean fácilmente visibles.◆ *Container.*

CONTENIDO DE LA LEY: proposición jurídica o complejo de proposiciones jurídicas. Éstas son, en la mayoría de los casos, reglas abstractas, es decir, establecen para un hecho determinado con carácter general una consecuencia jurídica también determinada generalmente; así pues, no regulan relaciones jurídicas concretas sino categorías totales de relaciones jurídicas *(Enneccerus - Kipp - Wolff).*

CONTESTACIÓN A LA DEMANDA: primer acto procesal en que se manifiesta la contradicción entre actor y demandado. La contestación es puramente formal, y es, simplemente, toda respuesta dada por el demandado a las peticiones formuladas por el actor en su demanda.

CONTIENDA JUDICIAL: disputa entre distintas partes, con intereses diversos y hasta opuestos, que conforma la forma habitual.

CONTINENCIA DE LA CAUSA: unidad que debe haber en todo juicio; esto es, que sea una la acción principal, uno el juez y unas las personas que los sigan hasta la sentencia.

CONTRABANDO: deriva del italiano *contrabbando* y significa "en desafío de una orden".◆ Ingreso o egreso de bienes al o del país por los que, en virtud de su significancia y clase de operación, debiera darse intervención a la Aduana pero que, con el fin de evitar el pago de gravámenes aduaneros, se omite tal requerimiento.◆ Es el delito aduanero de mayor significación, caracterizado por hechos u omisiones que transgreden la potestad del Estado para controlar, en ejercicio de su poder de policía de las leyes y reglamentaciones, las importaciones y las exportaciones, impidiendo o dificultando la acción del organismo encargado de ese control, que es la Aduana *(C. Fernández Lalanne).*

CONTRABANDO DE GUERRA: designación de aquellos bienes que está prohibido transportar por uno y otro beligerante al enemigo a causa de que los hace capaces de continuar la guerra con mayor rigor.

CONTRACAUTELA: garantía que deben aportar aquellos que solicitan alguna medida cautelar para asegurar la reparación de los eventuales daños y perjuicios que se pudieran generar por la traba de ellos, en el supuesto de haber sido decretadas indebidamente.

CONTRACCIÓN MONETARIA: disminución en la oferta monetaria que puede ser causada por una disminución en la base monetaria o dinero, o una variación en el multiplicador monetario.

CONTRADEMANDA: ver **Reconvención**.

CONTRADOCUMENTO: documento escrito y de carácter privado por el cual las partes declaran la verdadera naturaleza de un acto que celebraron en forma simulada.◆ Documento que no tiene efecto contra los sucesores a título singular ni lo tendrá la contra escritura pública si su contenido no está anotado en la escritura matriz y en la copia por la cual hubiese obrado el tercero.

CONTRAINTERROGATORIO: preguntas cuya finalidad están dirigidas a provocar el principio de contradicción entre los interrogados y preferentemente en términos concretos.

CONTRAPARTE: parte contraria.◆ Litigante contrario.

CONTRAPRESTACIÓN: pretensión que se refiere al mismo conflicto de intereses sobre el que se mantiene una pretensión opuesta; hay así dos pretensiones en una misma litis *(F. Carnelutti).*

CONTRAQUERELLA: acción penal que desarrolla el querellado contra el querellante, ante el mismo juez o tribunal que conoce de la querella al haberse formulado.

CONTRARRECURSO: acto mediante el cual propone la demanda ante la Corte de Casación la parte respecto de la cual ha sido propuesta la impugnación para casación, principal o incidental.

CONTRASELLAR: colocar sello menor junto al mayor.◆ Marcar un documento con un contrasello.

CONTRATACIÓN: acción y efecto de contratar.◆ Comercio y trato de cosas vendibles.

CONTRATACIÓN ELECTRÓNICA: ver **Contratos electrónicos.**

CONTRATANTE: que contrata.

CONTRATISTA: empresario que, disponiendo de un establecimiento fijo o de elementos estables de trabajo propio, ejecuta obras por encargo de terceros.◆ Persona que por contrato ejecuta una obra material o está encargada de un servicio para el Estado, para una empresa o para un particular.

CONTRATISTA DE VIÑAS Y FRUTALES: persona que, en forma individual o en su núcleo familiar, trabaja personalmente en el cuidado y el cultivo de estas especies, percibiendo como contraprestación una retribución.

CONTRATO: pacto o convenio entre partes que se obligan sobre una materia o cosa determinada y a cuyo cumplimiento pueden ser compelidas.◆ Existe cuando varias personas se ponen de acuerdo sobre una declaración de voluntad común destinada a reglar sus derechos. El consentimiento debe manifestarse por ofertas o propuestas de una de las partes o aceptarse por la otra. Puede ser expreso o tácito. Es expreso cuando se manifiesta verbalmente, por escrito o por signos inequívocos. Es tácito cuando resulta de hechos o de actos que lo presuponen o que autorizan a presumirlo.◆ Es un documento suscrito entre dos o más partes que se comprometen legalmente sobre materia o cosa determinada.

CONTRATO A COMISIÓN: aquel en el que se pacta la retribución en un porcentaje de las ventas o cobros por cuenta del empleador.

CONTRATO A CORTO PLAZO: aquel que abarca el ejercicio en curso.

CONTRATO A DESTAJO: aquel en que se establece la remuneración tomando como base una unidad de obra.

CONTRATO A DÍAS: operación de compraventa de valores pactada para ser liquidada a muy breve plazo de haber sido concertada, generalmente unos pocos días *(E. Holz)*.◆ También llamados "operaciones para mañana".

CONTRATO A JORNAL: ver **Contrato a sueldo**.

CONTRATO A LA GRUESA: ver **Préstamo a la gruesa**.

CONTRATO A LARGO PLAZO: aquel que abarca más de un ejercicio.

CONTRATO A SUELDO: aquel en que se pacta la remuneración tomando como base una unidad de tiempo.

CONTRATO A TÉRMINO: contrato legal entre dos partes que compran y venden una cantidad específica de un producto, título público, moneda extranjera u otro instrumento financiero a un precio especificado en determinado momento, con entrega y liquidación convenida para una fecha futura.

CONTRATO A TÍTULO GRATUITO: aquel en el que no hay contraprestación a cargo de quien recibe la ventaja. Por ejemplo: comodato, fianza.

CONTRATO A TÍTULO ONEROSO: aquel en el que las ventajas que se procura a una u otra de las partes no les son concedidas sino por una prestación equivalente ya hecha o que se obliga a hacer.

CONTRATO ABIERTO: aquel que permite el ingreso de un tercero en una relación contractual ya constituida, como ocurre con los círculos de ahorro previo abiertos y con figuras semejantes *(J. M. Farina).*

CONTRATO ACCESORIO: el que solamente puede existir dependiendo de otro llamado contrato principal.◆ Aquel que depende jurídicamente de otro que es la razón de su existencia.

CONTRATO ADMINISTRATIVO: el realizado por la Administración Pública con los particulares y que, por la índole de las prestaciones, se rige por el Derecho Administrativo.

CONTRATO ALEATORIO: aquel en el que las ventajas o pérdidas para ambas partes contratantes, o solamente para una de ellas, dependen de un acontecimiento incierto.

CONTRATO ASOCIATIVO: contrato plurilateral en el cual se crea una organización operativa, perdurable en el tiempo, con un fin común entre las partes y con un fondo de colaboración.

CONTRATO ATÍPICO: contrato creado libremente entre las partes, no encuadrado dentro de la regularización legal.◆ Contrato innominado.

CONTRATO BILATERAL: aquel en el que se obligan las partes recíprocamente la una hacia la otra.◆ Aquel con prestaciones recíprocas, que al momento de su perfeccionamiento engendran obligaciones para ambas partes intervinientes. Por ejemplo: permuta, locación de cosas.

CONTRATO CIVIL: el que se rige por las normas del Código Civil y sus leyes complementarias.

CONTRATO COLECTIVO DE TRABAJO: todo acuerdo escrito relativo a las condiciones de trabajo celebrado entre un empleador, un grupo de empleadores, por una parte, y, por la otra, una o varias organizaciones representativas de trabajadores o, en ausencia de tales organizaciones, representantes de los trabajadores interesados, debidamente elegidos y autorizados por estos últimos, con el objeto de establecer condiciones de trabajo.◆ Negociación colectiva.◆ Convenio Colectivo de Trabajo.

CONTRATO COMERCIAL: el que se rige por las normas del Código de Comercio y sus leyes complementarias.

CONTRATO COMPLETO: relación de intercambio que se desarrolla a través del mercado. Se caracteriza por su contenido detallado de las obligaciones y derechos de las partes.

CONTRATO CONMUTATIVO: aquel por el cual cada una de las partes contratantes da y recibe ordinariamente el equivalente de lo dado.

CONTRATO CONSENSUAL: aquel que, sin perjuicio de lo que se dispusiere sobre las formas de los contratos, queda concluido para producir sus efectos propios desde que las partes hubieren recíprocamente manifestado su consentimiento.

CONTRATO CONSTITUTIVO: el que crea situaciones jurídicas nuevas que, por ende, producen sus efectos desde que se realizan y para el futuro. Por ejemplo: compraventa, permuta.

CONTRATO DE ADHESIÓN: aquel cuyas cláusulas principales se hallan establecidas de antemano por una de las partes sin que la otra tenga la posibilidad de discutirlas. Por ejemplo: el contrato de seguro.

CONTRATO DE ADMINISTRACIÓN: aquel que tiene por finalidad hacer producir a los bienes los beneficios que normalmente pueden obtenerse de ellos respetando su naturaleza y destino.

CONTRATO DE "AFFITTO": locación de cosa productiva destinada a la producción de bienes o servicios, en la que el locatario o *affitto* es el administrador y corre la suerte del locador.

CONTRATO DE AGENCIA: aquel en el cual, una parte asume establemente el encargo de promover, por cuenta de otra, mediante retribución, la conclusión de contratos en una zona determinada.◆ Relación contractual caracterizada por la intervención de un agente que actúa como mandatario de un empresario efectuando operaciones por cuenta y orden de los mandantes.◆ Ver **Agente comercial**.

CONTRATO DE AJUSTE: es una relación que tiene por sujetos actuantes al armador y al tripulante. El capitán, al ajustar a miembros de la tripulación, de "su" tripulación, actúa en representación del armador. El carácter de armador lo da una única y exclusiva circunstancia: la realización de viajes. El ajuste adquiere vigencia en función de la empresa de armamentos.

CONTRATO DE ANTICRESIS: ver **Anticresis.**

CONTRATO DE APRENDIZAJE: figura contractual especial, no laboral, que establece un vínculo entre una empresa y un joven sin empleo para desarrollar una experiencia de trabajo y formación supervisada por el organismo de control pertinente. De acuerdo con la legislación argentina, pueden ser contratados como aprendices los jóvenes desempleados de catorce a veinticinco años que no hayan tenido previamente una relación laboral con la empresa. El período oscila entre tres y veinticuatro meses.

CONTRATO DE BOLSA AL CONTADO SOBRE TÍTULOS: medio jurídico adoptado generalmente por quien, disponiendo de dinero, quiere darle un empleo durable, mediante su inversión en títulos de crédito, y tener al mismo tiempo la inmediata disponibilidad, o sea, adquirir efectivamente los mismos títulos; o bien de quien, teniendo necesidad urgente de hacer pagos en países extranjeros, no quiera enviar dinero contante y quiera procurarse cheques o cambiales sobre el extranjero *(F. Messineo).*

CONTRATO DE CAMBIO: operación en divisa a término.◆ Su rasgo principal es la existencia de obligaciones recíprocas de las partes, de tal manera que si una de ellas no cumple las prestaciones debidas, se produce la resolución del contrato o la indemnización resarcitoria, porque el elemento privativo son los intereses particulares de los sujetos intervinientes. Por ejemplo: el de compraventa.

CONTRATO DE CANJE: ver **"Swap".**

CONTRATO DE COBERTURA DE RIESGOS: aquel que complementa las actividades económicas fundamentales cubriendo posibles pérdidas mediante, por ejemplo el seguro.

CONTRATO DE COLABORACIÓN EMPRESARIA: comprende las distintas formas contractuales de colaboración empresaria, que permiten propender a la satisfacción de una amplia gama de finalidades económicas. Abarcan las Agrupaciones de Colaboración y la Unión Transitoria de Empresas.◆ Ver **Agrupación de colaboración**; **Unión Transitoria de Empresas.**

CONTRATO DE CONCESIÓN: convención por la cual un comerciante, llamado concesionario, pone su empresa de distribución al servicio de un comerciante o industrial, llamado concedente, para asegurar exclusivamente sobre un territorio determinado durante un período limitado y bajo la vigilancia del concedente la distribución de sus productos cuyo monopolio de reventa le es concedido.◆ Contrato por el cual una parte se obliga a otorgar autorización a otra para la explotación de un servicio que le compete y desea prestar a terceros, obligándose esta otra a realizar tal explotación en su propio nombre, por su cuenta y a su riesgo por tiempo limitado y bajo el control de aquélla *(J. M. Gastaldi).*

CONTRATO DE CONSTRUCCIÓN: aquel en el cual una parte llamada "constructor" o "empresario", se obliga a ejecutar cualquier obra de arquitectura o ingeniería por encargo de la otra parte, llamada "comitente", "cliente" o "propietario", quien a su vez se obliga a pagar un precio determinado o determinable en dinero.◆ Convenio en el cual el empresario se obliga mediante un precio en dinero, a la construcción o refacción de un edificio *(J. Sánchez Fontans).*

CONTRATO DE CORRETAJE: aquel en el que una persona –llamada "corredor"– se obliga a poner en relación a dos o más partes para que concluyan un negocio, sin tener relación de dependencia o representación con ninguna de ellas.

CONTRATO DE CREACIÓN PUBLICITARIA: aquel en el cual una persona –tanto física como jurídica– se obliga en favor de un denunciante o agencia a idear o elaborar un proyecto de campaña publicitaria o una parte, a cambio de una contraprestación a cargo de la otra parte.

CONTRATO DE CRÉDITO REFACCIONARIO: según la Ley General de Títulos y Operaciones de Crédito mexicana, consiste en un contrato en virtud del cual el otorgante del crédito queda obligado a invertir el importe del crédito precisamente en la adquisición de aperos, instrumentos, útiles de labranza, abonos, ganado o animales de cría; en la realización de plantaciones o cultivos cíclicos o permanentes, en la apertura de tierras para el cultivo, en la compra o instalación de maquinarias y en la construcción o realización de obras materiales necesarias para el fomento de la empresa del acreditado.

CONTRATO DE DEPÓSITO: desde el punto de vista de los contratos civiles, hay depósito cuando una de las partes se obliga a guardar una cosa mueble o inmueble que la otra le confía, y a restituir la misma e idéntica cosa cuando le sea reclamada. Es, en principio, gratuito; sólo se considera comercial el depósito que se hace con un comerciante o por cuenta de un comerciante y que nace de un acto de comercio. El depositario puede exigir una comisión estipulada en el contrato o determinada por el uso de la plaza por la guarda de la cosa depositada.◆ Ver **Depósito civil; Depósito comercial.**

CONTRATO DE DEPÓSITO DE TÍTULOS-VALORES: aquel celebrado entre la caja de valores y un depositante, según el cual la recepción de los títulos-valores por parte de aquélla sólo genera obligación de entregar el depositante o a quien éste indique en los plazos y condiciones fijados en la ley igual cantidad de títulos-valores de la misma especie, clase y emisor.

CONTRATO DE DEPÓSITO MERCANTIL: depósito comercial.

CONTRATO DE DIFUSIÓN PUBLICITARIA: contrato en virtud del cual una de las partes se compromete en favor de un anunciante o agencia a permitir la utilización publicitaria de unidades de espacio o tiempo disponibles y a desarrollar la actividad técnica necesaria para lograr el resultado publicitario a cambio de una prestación a cargo de la otra.

CONTRATO DE DISPOSICIÓN: aquel que disminuye o modifica sustancialmente los elementos que forman el capital del patrimonio o, al menos, compromete su porvenir por largo tiempo. Por ejemplo: la donación.

CONTRATO DE DISTRIBUCIÓN: contrato comercial de compraventa por el cual un fabricante se compromete a entregar un determinado cupo de producción a un distribuidor en forma periódica y le concede la exclusividad de una determinada zona donde comercializar los bienes. El distribuidor, por su parte, vende los productos por su cuenta y a su nombre y les fija el precio.◆ En materia de propiedad intelectual, consiste en un tipo de contrato muy utilizado en el Derecho Español en virtud del cual el productor se obliga –a cambio de un precio– a entregar la obra al distribuidor concediéndole el derecho de su proyección en exclusiva en un determinado territorio y por el plazo que se determine.

CONTRATO DE DURACIÓN: negocio jurídico continuado en el tiempo o de tracto sucesivo en el que existe una ejecución periódica o fluyente *(A. M. Molas).*

CONTRATO DE EDICIÓN: aquel mediante el cual el titular del derecho de propiedad intelectual de una obra se obliga a entregarla a un editor con el objeto de que éste la edite y difunda a su costa, percibiendo el autor una retribución en forma de porcentaje sobre el precio de venta al consumidor final.

CONTRATO DE EJECUCIÓN DIFERIDA: aquel en que las obligaciones a cargo de las partes comienzan a cumplirse después de transcurrido un cierto plazo *(M. Roitbarg).*

CONTRATO DE EJECUCIÓN INMEDIATA: aquel que empieza a producir efectos desde el momento mismo de su celebración *(M. Roitbarg).*

CONTRATO DE EJECUCIÓN INSTANTÁNEA: aquel en el cual la prestación se efectúa de una sola vez en determinado momento o en el de su conclusión.

CONTRATO DE EJECUCIÓN SUCESIVA: contrato de tracto sucesivo.

CONTRATO DE ENGANCHE: contrato laboral que tiene por objeto la contratación de trabajadores, por persona distinta del patrono, para faenas que generalmente deben cumplirse lejos de su residencia habitual. Sólo el Estado puede actuar como intermediario entre patrones y trabajadores organizando servicios gratuitos de enganche. Este tipo de contrato se realiza en algunos países, por ejemplo en Bolivia.

CONTRATO DE EQUIPO: relación que se establece entre el empleador y un grupo de trabajadores, quienes se obligan a ejecutar una misma obra recibiendo por su trabajo conjunto un salario global.

CONTRATO DE ESPECTÁCULO: aquel celebrado entre el espectador, que es quien paga un precio para gozar de un resultado, y el promotor o empresario del espectáculo, que se compromete a brindarlo de conformidad con los anuncios, las carteleras, los avisos, etcétera *(J. Mosset Iturraspe).*

CONTRATO DE EXHIBICIÓN: el que obliga al distribuidor, a cambio de un precio, a ceder al empresario el uso o goce de una obra audiovisual para la exhibición y proyección.

CONTRATO DE EXPOSICIÓN: aquel por el que, mediante una suma de dinero, se tiene derecho a colocar de manifiesto al público, dentro de un espacio concedido exclusivamente, determinadas cosas muebles y, asimismo, a utilizar los servicios generales de la exposición.

CONTRATO DE FACTORAJE FINANCIERO: la Ley General de Organizaciones y Actividades Auxiliares de Crédito (México) lo define como el contrato en virtud del cual la empresa de factoraje financiero conviene con sus clientes, personas morales o penales físicas que realicen actividades empresariales, en adquirir derechos relacionados a proveeduría de bienes, de servicios o de ambos, con recursos provenientes de operaciones pasivas.

CONTRATO DE "FORWARD": Ver **"Forward contract".**

CONTRATO DE FUTUROS: contrato legal negociado en un mercado para comprar o vender una cantidad y calidad estándar de un producto, instrumento financiero o índice en una fecha futura y a un precio determinado. Son muy similares a los *forwards*; la diferencia estriba en que los futuros son operaciones estandarizadas que se negocian en mercados institucionalizados y las operaciones se registran diariamente.

CONTRATO DE GARAJE: el celebrado entre el garajista y el propietario de un vehículo o quien tenga derecho a usarlo a los fines de su guarda o custodia, en lugar determinado o no, contra el pago de un precio en dinero.

CONTRATO DE GARANTÍAS: aquel que complementa las actividades económica fundamentales asegurando su cumplimiento. Por ejemplo: la prenda.

CONTRATO DE HOSPEDAJE: explotación de un inmueble o parte de él destinado a dar ocupación temporaria, de una o más habitaciones, con o sin baño, con o sin cocina, constituya o no una unidad funcional de vivienda, siempre que dicha actividad reúna los siguientes requisitos: 1) estar debidamente habilitada o tener el correspondiente permiso de la respectiva autoridad administrativa, 2) dar a los ocupantes o huéspedes, además del uso y goce de la o las habitaciones predeterminadas, determinados servicios, como luz, teléfono, mucama, etcétera. ◆ Contrato de hotelería.

CONTRATO DE HOSPEDAJE WEB: ver **Hospedaje web.**

CONTRATO DE HOTELERÍA: ver **Contrato de hospedaje**.

CONTRATO DE INTERCAMBIO: ver **"Swap".**

CONTRATO DE JUEGO: aquel en el que dos o más personas, entregándose al juego, se obligan a pagar a la que ganare una suma de dinero u otro objeto determinado.

CONTRATO DE LICENCIA: aquel que tiene por objeto la autorización de la explotación, por una de las partes (la licenciataria), de la invención patentada por la otra (el licenciante) *(G. Cabanellas).*

CONTRATO DE LOCACIÓN: ver **Locación**.

CONTRATO DE LOCACIÓN DE OBRA: aquel por el cual el arrendador se obliga a la realización de la obra prometida y el arrendatario, a la satisfacción de la remuneración pactada.

CONTRATO DE LOCACIÓN DE SERVICIOS: contrato consensual, aunque el servicio hubiese de ser hecho en cosas que una de las partes debe entregar. Tiene lugar cuando una de las partes se obliga a prestar un servicio y la otra, a pagarle por éste un precio en dinero. Los efectos de este contrato son similares a los de las obligaciones de hacer.

CONTRATO DE MATRIMONIO: acto jurídico contractual en virtud del cual los esposos organizan el régimen jurídico de sus bienes, ya sea que adopten pura y simplemente uno de los tipos de regímenes matrimoniales reglamentados por el Código Civil o que elaboren íntegramente, dentro de los límites legales, un régimen matrimonial.

CONTRATO DE OBRA: aquel por el cual el artífice se obliga a la realización de la obra prometida y el comitente, a la satisfacción de la remuneración pactada. Puede ser objeto del contrato de obra tanto la realización o modificación de una cosa como cualquier otro resultado a producir por trabajo o prestación de servicios *(L. Enneccerus).*

CONTRATO DE OPCIÓN: acuerdo celebrado entre un sujeto A –comprador o titular– que adquiere un derecho a comprar (*call*) o vender (*put*) en un futuro a un precio determinado (*strike price*) una cierta cantidad de activos financieros a un sujeto B –lanzador o vendedor–, quien está obligado a vendérselos o comprárselos, según el caso, recibiendo una contraprestación en dinero, denominada prima o *premium*.◆ Es un instrumento financiero por el cual se otorga el derecho, aunque no existe la obligación, de comprar (o vender) una cierta cantidad de títulos valores (*securities*) o mercaderías (*commodities*) a un precio preestablecido (*strike price* o precio de ejercicio) *(G. Gotlib)*.◆ Se trata de un contrato por el cual, mediante el pago de un precio (prima o *premium*), se adquiere el derecho –no la obligación– a comprar o vender un activo específico en una fecha futura y a un precio determinado al momento de celebrarse el contrato (*strike price*). El derecho adquirido puede referirse tanto a activos reales (*commodities*) como a activos financieros (*securities*) *(C. Rodríguez Simón)*.

CONTRATO DE PASAJE: aquel mediante el cual una de las partes –transportador– se obliga a trasladar, mediante el empleo de un buque, a una o más personas –pasajeros– de un lugar a otro. ◆ Aquel por el cual una de las partes (empresa de transporte) asume la obligación de conducir o hacer conducir a una persona (viajero o pasajero) de un lugar a otro, mediante el empleo de un medio adecuado (automotor, ferrocarril, buque, avión) y a cambio de una remuneración (precio del transporte) a cargo de la otra parte *(H. Charny)*.

CONTRATO DE PASTOREO: aquel en virtud del cual una de las partes cede el uso y disfrute del predio con destino a pastoreo mediante el pago de un precio cierto en dinero. Pero, a la vez, se emplea este término para designar el contrato por medio del cual una de las partes cede a otra el derecho de hacer pastar a sus haciendas en un predio mediante el pago de un precio estipulado por cabeza y por día, mes o año *(A. Vivanco)*.

CONTRATO DE PATROCINIO PUBLICITARIO: contrato en virtud del cual una de las partes "patrocinado", se compromete a colaborar en la publicidad del "patrocinador", a cambio de una ayuda económica para la realización de su actividad deportiva, cultural, científica o de otra índole.

CONTRATO DE PERMUTA: ver **Permuta.**

CONTRATO DE PILOTAJE: aquel por medio del cual el piloto práctico entra a formar parte temporalmente de la tripulación *(A. Scialoja)*.

CONTRATO DE PRÁCTICA LABORAL PARA JÓVENES: en la República Argentina, es el celebrado entre empleadores y jóvenes de hasta veinticuatro años de edad, con formación previa en busca de su primer empleo, para aplicar y perfeccionar sus conocimientos. Duración: un año.

CONTRATO DE PRENDA COMERCIAL: aquel por el cual el deudor o un tercero a su nombre entrega al acreedor una cosa mueble, en seguridad y garantía de una operación comercial. La falta de documento escrito en la constitución de la prenda no puede oponerse por el deudor cuando ha mediado entrega de cosa, pero sí por sus acreedores. Pueden darse en prenda bienes muebles, mercancías u otros efectos, títulos de la deuda pública, acciones y, en general, cualesquiera papeles de crédito negociables en el comercio.

CONTRATO DE PRENDA CON REGISTRO: contrato con características propias. Deroga toda prescripción legal que se le oponga. Es consensual, queda concluido por el simple consentimiento de las partes; es formal, debe ser documento público o privado extendido en formularios especiales con anotación en el Registro de Créditos Prendarios para cobrar contra terceros; es unilateral, porque únicamente genera obligaciones para el prendador; es accesorio, ya que tiende a garantizar una obligación principal; y es oneroso, porque las ventajas que procura a una de las partes le son concedidas en virtud de alguna contraprestación.◆ Ver **Prenda con registro**.

CONTRATO DE PRENDA SIN REGISTRO: aquel por el cual el deudor de una determinada obligación o un tercero en su nombre entrega al acreedor una cosa mueble, en seguridad del cumplimiento de una obligación comercia *(M. Roitbarg).*

CONTRATO DE PRODUCCIÓN: en materia de propiedad intelectual, aquel en virtud del cual se presumirán cedidos en exclusiva al productor los derechos de reproducción, distribución y comunicación, así como los de doblaje y subtitulado de la obra.

CONTRATO DE REMOLQUE - TRANSPORTE: cuando el gobierno del convoy esté a cargo del buque remolcador se rige, en general, por las normas relativas al transporte de cosas vigentes en la Ley de Navegación.

CONTRATO DE RENTA VITALICIA: aquel en el que alguien, por una suma de dinero o por una cosa apreciable en dinero, mueble o inmueble que otro le da, se obliga hacia una o muchas personas a pagar una renta anual durante la vida de uno o muchos individuos designados en el contrato.

CONTRATO DE REPORTO: ver **Reporto**.

CONTRATO DE REPRESENTACIÓN: aquel en el que el autor o sus derechohabientes entregan a un tercero o empresario y éste acepta una obra teatral para su representación pública.

CONTRATO DE SEGURO: aquel mediante el cual una parte, el asegurador, se compromete a abonar una indemnización o a restituir un bien, en caso de siniestro, a otra parte, el asegurado, en virtud de las cláusulas estipuladas previamente en el mismo. Por el contrato convenido el asegurado debe abonar una prima. Es un contrato consensual. Se establece una relación de aseguramiento de una persona o cosa y se crean derechos y obligaciones para las partes.◆ Hay contrato de seguro cuando el asegurador se obliga mediante una prima o cotización a resarcir un daño o cumplir la prestación convenida si ocurre el evento previsto. Puede tener por objeto toda clase de riesgos si existe interés asegurable, salvo que exista alguna prohibición expresa.

CONTRATO DE SERVICIOS: contrato en el cual, aquel que promete los servicios se obliga a la prestación de éstos y la otra parte, a procurar la remuneración pactada. Servicios de cualquier clase pueden ser objeto del contrato de servicios *(L. Enneccerus).*

CONTRATO DE SOCIEDAD: contrato social.◆ Pacto de sociedad.◆ Ver **Sociedad**.

CONTRATO DE SUMINISTRO: aquel mediante el cual una parte se obliga a entregar cosas a la otra en forma periódica o continuada y ésta, a pagar un precio por ellas.

CONTRATO DE SUSCRIPCIÓN: boletín de suscripción preparado por el banco interviniente en el caso de la constitución de una sociedad anónima por suscripción.

CONTRATO DE "SWAP": ver **"Swap"**.

CONTRATO DE TRABAJO: aquel que tiene por objeto la prestación de una actividad personal e infungible, indeterminada o determinada. En este último caso, es conforme a la categoría profesional del trabajador si se la hubiese tenido en consideración al tiempo de celebrar el contrato o en el curso de la relación, de acuerdo con lo que prevean los estatutos profesionales y las Convenciones Colectivas de Trabajo.◆ Habrá contrato de trabajo, cualquiera sea su forma o denominación, siempre que una persona física se obligue a realizar actos, ejecutar obras o prestar servicios en favor de la otra y bajo la dependencia de ésta durante un período determinado o indeterminado de tiempo y mediante el pago de una remuneración. Sus cláusulas, en cuanto a la forma y las condiciones de la prestación, quedan sometidas a las disposiciones de orden público, los estatutos, las convenciones colectivas o los laudos con fuerza de tales y los usos y costumbres.◆ Aquel en virtud del cual una o más personas se obligan a prestar sus servicios manuales o intelectuales a otra u otros.◆ Es el convenio en virtud del cual un trabajador se obliga a ejecutar una obra o a prestar un servicio a un empleador, bajo la dirección y dependencia de éste, mediante el pago de una remuneración, sea cual fuere la clase de ella.

CONTRATO DE TRABAJO A PLAZO FIJO: el celebrado entre un empleador y un trabajador cuya duración se haya fijado en forma expresa y por escrito. No puede celebrarse por más de cinco años.◆ Contrato de trabajo en el cual se ha pactado en forma expresa su duración. Es un requisito básico la determinación de la duración del plazo que debe estar justificado por las modalidades de las tareas o de la actividad.◆ Contrato de trabajo por tiempo determinado.

CONTRATO DE TRABAJO A TIEMPO PARCIAL: el celebrado entre el empleador y el trabajador, por el cual éste se obliga a prestar servicios durante un determinado número de horas al día, la semana o el mes, inferiores a las dos terceras partes de la jornada habitual de la actividad. La remuneración no podrá ser inferior a la proporcional que le corresponda a un trabajador en tiempo completo.

CONTRATO DE TRABAJO AGRARIO: aquel en el cual una persona física realiza, fuera del ámbito urbano, en relación de dependencia de otra persona, persiga o no ésta fines de lucro, tareas vinculadas principal o accesoriamente con la actividad agraria, en cualesquiera de sus especializaciones, tales como la agrícola, pecuaria, forestal, avícola o apícola.

CONTRATO DE TRABAJO DE TIEMPO DETERMINADO COMO FOMENTO DE EMPLEO: el celebrado por un empleador y un trabajador inscripto como desempleado o que haya dejado de prestar servicios en el sector público por medidas de racionalización administrativa. La duración mínima de este contrato es de seis meses y puede alcanzar una duración máxima de dieciocho.

CONTRATO DE TRABAJO DE TIEMPO DETERMINADO POR LANZAMIENTO DE UNA NUEVA ACTIVIDAD: el celebrado entre un empleador y un trabajador para la prestación de servicios en un nuevo establecimiento o en una nueva línea de producción de un establecimiento preexistente. Duración: seis meses como mínimo y veinticuatro meses como máximo.

CONTRATO DE TRABAJO EQUIPO: ver **Contrato de trabajo por grupo.**

CONTRATO DE TRABAJO EVENTUAL: cualquiera sea su denominación, se considerará que media contrato de trabajo eventual cuando la actividad del trabajador se ejerce bajo la dependencia de un empleador para la satisfacción de resultados concretos, tenidos en vista por éste, en relación a servicios extraordinarios determinados de antemano o exigencias extraordinarias y transitorias de la empresa, explotación o establecimiento, toda vez que no pueda preverse un plazo cierto para la finalización del contrato.

CONTRATO DE TRABAJO - FORMACIÓN: el celebrado entre empleadores y jóvenes de hasta veinticuatro años de edad, sin formación previa, en busca de su primer empleo con el fin de adquirir una formación teórico-práctica para desempeñarse en un puesto de trabajo. La duración mínima es de cuatro meses y la máxima, de dos años.

CONTRATO DE TRABAJO POR GRUPO: aquel celebrado por un empleador con un grupo de trabajadores que, actuando por intermedio de un delegado o representante, se obligue a la prestación de servicios propios de la actividad de aquél. Los trabajadores incluidos en este tipo de contrato no cuentan con límites en las jornadas nocturna y diurna.

CONTRATO DE TRABAJO POR TEMPORADA: aquel en el que la relación laboral entre las partes, originada por actividades propias del giro normal de la empresa o explotación, se cumple en determinadas épocas del año solamente y está sujeta a repetirse en cada ciclo en razón de la naturaleza de la actividad. Por ejemplo: heladerías y artículos navideños.

CONTRATO DE TRABAJO POR TIEMPO DETERMINADO: ver **Contrato de trabajo a plazo fijo**.

CONTRATO DE TRABAJO POR TIEMPO INDETERMINADO: forma básica de contratación laboral mediante la cual todo contrato de trabajo se presume realizado bajo esta modalidad, excepto que se acredite que corresponde a un estatuto especial o sujeto a un límite de duración temporal. Esta modalidad no tiene un término previsto para la conclusión del contrato.

CONTRATO DE TRABAJO POR TURNOS ROTATIVOS: ver **Contrato de trabajo por grupo**.

CONTRATO DE TRACTO SUCESIVO: aquel en el cual las partes –o una de ellas– se obligan a prestaciones periódicas.◆ Contrato de ejecución sucesiva

CONTRATO DE TRANSPORTE: aquel mediante el cual una de las partes se obliga con la otra, a cambio de una suma de dinero, a trasladar a personas o cosas de un lugar a otro, por determinado medio y en un plazo fijado. Es mercantil cuando los servicios son prestados por empresas dedicadas a dicha actividad *(Código de Comercio Boliviano).*

CONTRATO DE TURISMO: contrato entre una parte que desea realizar un viaje y excursiones y una organización generalmente llamada "agencia de turismo" o "agencia de viajes", cuya actividad está reglamentada por la autoridad estatal. Las agencias de viajes o turismo pueden prestar directamente el servicio o actuar en forma intermediaria. La empresa de turismo es responsable frente al usuario.◆ Contrato de viaje.

CONTRATO DE VIAJE: contrato de turismo.

CONTRATO DECLARATIVO: el que presupone la existencia de una situación o relación jurídica anterior, que las partes de algún modo reconocen o definen, no sólo en adelante sino también hacia atrás; sus efectos se producen retroactivamente entre las partes.

CONTRATO DIRECTO: aquel en el que el resultado práctico que se busca, la finalidad económica, se obtiene inmediatamente. Por ejemplo: compraventa.

CONTRATO ENTRE AUSENTES: el celebrado entre personas que se encuentran en distintos lugares, sea mediante correspondencia postal, comunicación telefónica, fax, etcétera.

CONTRATO ESCRITO: el que consta, ya sea en documento público o privado.

CONTRATO ESTIMATORIO: aquel mediante el cual una parte entrega una o varias cosas muebles a la otra y ésta se obliga a pagar el precio, salvo que restituya las cosas dentro del término establecido.

CONTRATO EXPLÍCITO: aquel cuyas condiciones son indicadas en forma oral o escrita.

CONTRATO FORMAL NO SOLEMNE: aquel en el que las formas sólo aparecen como condición de su existencia o para probar su existencia.

CONTRATO FORMAL SOLEMNE: aquel que debe realizarse de acuerdo con lo establecido por la ley.

CONTRATO GRATUITO: ver **Contrato a título gratuito**.

CONTRATO ILEGAL: contrato ilícito. Contrato prohibido.

CONTRATO ILÍCITO: ver **Contrato prohibido.**

CONTRATO IMPERFECTO: el configurado en razón de la inexistencia de uno de sus elementos constitutivos o del vicio que recayese sobre alguno de éstos, obstando a su plena validez.

CONTRATO IMPLÍCITO: aquel cuyas condiciones son indicadas por los actos y la conducta de las partes.

CONTRATO INCOMPLETO: aquel propio de la relación que vincula a los miembros de las organizaciones. Su característica básica es la existencia de la figura de la autoridad. El contrato señala los límites en el ejercicio de la misma, sin concretar las obligaciones.

CONTRATO INDIRECTO: aquel en el que para la obtención del resultado se elige una vía transversal u oblicua en lugar de lo que sería natural, produciéndose una disonancia entre el medio empleado y el fin práctico perseguido. Por ejemplo: donación indirecta.

CONTRATO INDIVIDUAL: el que establece una relación laboral entre un trabajador y su empleador.

CONTRATO INFORMÁTICO DE MANTENIMIENTO: acuerdo bilateral por el cual el proveedor se obliga a mantener en buenas condiciones de funcionamiento el equipo físico o soporte lógico señalado por el usuario, quien se obliga por su parte a pagar por ello un precio en dinero y a cooperar con aquél. El contrato de mantenimiento es de naturaleza bilateral, oneroso, aleatorio y de tracto sucesivo *(R. Altmark*).

CONTRATO INMORAL: el que tiene una causa contraria a la moral imperante en una sociedad dada.

CONTRATO INNOMINADO: contrato atípico. Se trata de aquel que no halla regulación en la normativa vigente.

CONTRATO JUDICIAL: acuerdo de partes, tácito o expreso; tiene iguales características que las demás convenciones y su validez depende de la aprobación judicial.

CONTRATO LEONINO: ver **Leonino; Contrato usurario.**

CONTRATO - LEY: en México, convenio celebrado entre uno o varios sindicatos de trabajadores y varios patrones, o uno o varios sindicatos de patrones, con el objeto de establecer las condiciones según las cuales debe prestarse el trabajo en una rama determinada de la industria, y declarado obligatorio en una o varias Entidades Federativas, en una o varias zonas económicas que abarque una o más de dichas entidades o en todo el territorio nacional.

CONTRATO MARÍTIMO: aquel celebrado entre el capitán y los oficiales y gente de la tripulación de un buque, que consiste, de parte de éstos, en prestar sus servicios para hacer uno o más viajes de mar, mediante un salario convenido, y de parte del capitán, en la obligación de hacerles gozar de todo lo que les sea debido en virtud de la estipulación o de la ley.

CONTRATO MERCANTIL: aquel que se halla regulado por la legislación comercial y sometido a la jurisdicción mercantil.

CONTRATO MERCANTIL DE TRANSPORTE TERRESTRE: aquel que tiene por objeto mercaderías o cualesquiera efectos del comercio y, siendo cualquiera su objeto, sea comerciante el porteador o se dedique habitualmente a verificar transportes para el público.

CONTRATO NO FORMAL: aquel en el que las partes pueden elegir cualquier medio para expresar su voluntad.

CONTRATO NOMINADO: aquel que encuentra regulación en la normativa vigente en la materia.◆ Contrato típico.

CONTRATO NORMATIVO: aquel destinado a dar origen a futuros contratos tipo sobre la base de una reglamentación de carácter imperativo por estar de por medio el orden público, de lo cual las partes no pueden separarse bajo pena de nulidad.

CONTRATO ONEROSO: ver **Contrato a título oneroso**.

CONTRATO ONEROSO DE RENTA VITALICIA: aquel en el que alguien, por una suma de dinero o por una cosa apreciable en dinero, mueble o inmueble que otro le da, se obliga hacia una o muchas personas a pagarles una renta anual durante la vida de uno o varios individuos designados en el contrato.

CONTRATO PARASOCIAL: aquel que tiene como elementos típicos su extraneidad respecto del contrato de sociedad al cual se vincula y su disciplina específica que es, en parte, derogatoria del sistema societario. Por ejemplo: pacto de sindicación de acciones.

CONTRATO PARCIARIO: subespecie del negocio oneroso que importa un enriquecimiento contra compensación *(F. Messineo).*

CONTRATO PLURILATERAL: subespecie del contrato bilateral. Su característica fundamental consiste en la manifestación de la voluntad negocial de más de dos partes.◆ Aquel en el cual intervienen más de dos partes.

CONTRATO POR CORRESPONDENCIA: los contratos mercantiles que se celebren por este medio quedarán perfeccionados desde que se conteste aceptando la propuesta o las condiciones con las que éste fuese modificado. La correspondencia telegráfica sólo producirá obligación entre los contratantes que hayan admitido este medio previamente y en contrato escrito, y siempre que los telegramas reúnan las condiciones o signos convencionales que previamente hayan establecido los contratantes, si así lo hubiesen pactado.

CONTRATO PRELIMINAR: aquel en el que una de las partes o ambas se obligan a concluir en el futuro, entre ellas mismas o con un tercero, otro contrato denominado principal.◆ Contrato preparatorio. ◆ Precontrato.

CONTRATO PREPARATORIO: subcategoría contractual que incluye las tratativas previas a la celebración de un contrato. Se refiere a: a) contrato preliminar, b) contrato normativo, c) contrato de coordinación, d) acuerdo normativo.◆ Contrato perfecto y obligatorio que tiene por fin asegurar la celebración de un determinado contrato futuro. Tiene por objetivo brindar una mayor seguridad acerca de la concreción del contrato futuro, aplazando las partes para un tiempo más remoto –y quizás más oportuno– la conclusión del contrato definitivo y disminuyendo la posibilidad de fraudes y engaños. Es consensual y atípico; su objeto es la formación de un contrato obligatorio, el cual es extinguido con la conclusión del definitivo, naciendo una nueva obligación.◆ Contrato preliminar. ◆ Precontrato.

CONTRATO PRINCIPAL: aquel que no depende jurídicamente de otro sino que existe y se basta a sí mismo.

CONTRATO PRIVADO: el que consta por documento privado y se rige por normas del Derecho Privado.

CONTRATO PROHIBIDO: aquel que, en virtud de perseguir una finalidad contraria el interés común tutelado por la organización estatal, es calificado como ilícito.

CONTRATO PÚBLICO: el que se rige por las normas de orden público.

CONTRATO REAL: aquel que, para producir sus efectos propios, queda concluido desde que una de las partes haya hecho a la otra tradición de la cosa objeto del contrato. Son contratos reales el mutuo, el comodato, el contrato de depósito y la constitución de prenda y de anticresis.

CONTRATO REMOLQUE - MANIOBRA: aquel en virtud del cual la dirección de la operación está a cargo del buque remolcado; se rige por las disposiciones de la locación de servicios de Derecho Común que sean aplicables con determinadas limitaciones impuestas por la naturaleza de la operación o por alguna norma legal.

CONTRATO SIMULADO: aquel en el que se encubre el carácter jurídico de un acto bajo la apariencia de otro o que contiene cláusulas o datos no verdaderos para perjudicar los derechos o los intereses de un tercero.

CONTRATO SOCIAL: contrato de sociedad. ◆ Pacto o contrato de sociedad.◆ Ver **Sociedad**.

CONTRATO TÍPICO: aquel que tiene su regulación en la ley, que lo precisa y le otorga una disciplina en cuanto a su contenido, sus efectos y sus requisitos formales.◆ Contrato nominado.

CONTRATO UNILATERAL: aquel contrato en que una sola de las partes se obliga hacia la otra sin que ésta quede obligada.◆ Aquel que en el momento de la celebración hace nacer obligaciones para una sola de las partes intervinientes. Por ejemplo: la donación, el depósito y la fianza.◆ Obligación a cargo de una persona.

CONTRATO USURARIO: aquel en el que la prestación a la que se obliga una de las partes no guarda proporción con la que recibe de la otra.◆ Contrato leonino.

CONTRATO VERBAL: aquel que no consta en ningún tipo de documento sino que es convenido de palabra.

CONTRATOS ELECTRÓNICOS: aquellos celebrados a distancia o sin la presencia física simultánea de los contratantes, realizados por vía telefónica, electrónica o telemática.

CONTRAVENCIÓN: infracción de una disposición legal primitivamente sancionable en el orden administrativo, sea policial o municipal, o en el orden judicial.◆ Transgresión de escasa significación. Por ejemplo: cruzar un semáforo en rojo, causar ruidos molestos. Están tipificadas en el Código de Faltas o Contravencional.

CONTRIBUCIÓN ESPECIAL: tributo cuya obligación tiene como hecho generador beneficios derivados de la realización de determinadas obras públicas o de actividades estatales y cuyo producto no debe tener un destino ajeno a la financiación de dichas obras o a las actividades que constituyen el presupuesto de la obligación.

CONTRIBUCIÓN UNIFICADA DE LA SEGURIDAD SOCIAL: CUSS.◆ En la Argentina, está a cargo del Sistema Único de la Seguridad Social, comprende los siguientes aportes y contribuciones: 1) Aportes y Contribuciones al Régimen Nacional de Jubilaciones y Pensiones. 2) Aportes y contribuciones a la ANSSAL, 3) Aportes y contribuciones al INSSJP, 4) Contribuciones al Fondo Nacional de Empleo, 5) Aportes y contribuciones a Obras Sociales.

CONTRIBUCIONES: exacciones destinadas a solventar obras públicas u otras actividades que no se hallan incluidas dentro de los llamados servicios públicos. Son contribuciones de carácter excepcional o extraordinario. En la práctica, son ordinarias o normales. Tal el caso de contribuciones por mejoras para realizar obras públicas que elevarían el valor de los inmuebles cercanos, tales como pavimentos, redes cloacales, etcétera; contribuciones para fines previsionales, etcétera.◆ Ver **Cargas sociales; Contribución especial.**

CONTRIBUCIONES SOCIALES: ver **Cargas sociales**.

CONTRIBUYENTE: persona ideal o física que se encuentra obligada por imperio de la ley a abonar gravámenes fiscales, impuestos o tributos.◆ Es la persona a la cual se le asigna la producción del hecho imponible, es decir, en quien se constata en forma directa la situación prevista en la norma legal para dar origen a la obligación tributaria. ◆ Persona en la que se verifica el hecho generador de la obligación tributaria.◆ Ver **Sujeto pasivo de la obligación tributaria**.

CONTRIBUYENTE DE DERECHO: el que está llamado por ley a dar cumplimiento de la obligación. Es quien paga el tributo.◆ También llamado contribuyente percutido. Es el contribuyente por deuda propia.

CONTRIBUYENTE "DE FACTO": contribuyente de hecho.

CONTRIBUYENTE DE HECHO: quien soporta, en definitiva, el peso de la carga por medio del fenómeno de traslación: el consumidor.◆ Contribuyente incidido.

CONTRIBUYENTE "DE JURE": contribuyente de derecho.

CONTRIBUYENTE INCIDIDO: ver **Contribuyente de hecho**.

CONTRIBUYENTE PERCUTIDO: ver **Contribuyente de derecho**.

CONTROL DE CAMBIOS: política cambiaria instrumentada por la autoridad monetaria de un país con el fin de controlar, en una situación de escasez, el uso de divisas extranjeras. Esta instrumentación comprende la apropiación, por parte del Banco Central, de las divisas provenientes de la exportación y la entrega, mediante restricciones rigurosas, de divisas para las importaciones. A consecuencia de esto, se establece un tipo de cambio oficial y la libertad de compra y venta de divisas queda revocada, pudiéndose efectuar sólo mediante el Banco Central.

CONTROL OBRERO: limitación que padecen los empresarios a su libertad empresaria impuesta por sus subordinados al exigir su participación en la dirección de la industria o en la sanción de los actos de autoridad relativos a la misma.

CONTROL SOCIETARIO: en términos generales, en la mayor parte de los países se considera que existe cuando una persona o grupo de personas poseen más del 50 % de las acciones ordinarias que otorgan derecho a voto. No obstante, existen otros métodos que permiten este tipo de control.

CONTROLADA: ver **Sociedad controlada.**

CONTROLANTE: ver **Sociedad controlante.**

CONTROVERSIA CONSTITUCIONAL: en España, las de carácter jurídico que pueden surgir entre los integrantes de la Unión cuando son planteadas directamente por las entidades afectadas ante la Suprema Corte.

CONTROVERSIAS INTERNACIONALES JURÍDICAS: aquellas en las cuales las partes basan sus respectivas pretensiones y puntos de vista en motivos reconocidos por el Derecho Internacional. Todas las demás controversias se designan generalmente como políticas o como conflictos de intereses.

CONTROVERSIAS INTERNACIONALES POLÍTICAS: aquellas en las que las partes basan su reclamación o alegato en diferencias relativas a conflictos de intereses y, como tales, políticas y no justiciables.◆ Ver **Controversias internacionales jurídicas**.

CONTUMACIA: la no constitución en juicio de una parte que había notificado a la otra la citación o que había recibido la notificación de ella *(P. Calamandrei).*

CONTUMAZ: parte que no se ha constituido en juicio *(P. Calamandrei).*

CONVALIDACIÓN: término utilizado en el derecho canónico para designar la adquisición de validez para un matrimonio nulo.

CONVALIDAR: dotar de eficacia a un negocio jurídico que, en algún modo, presenta alguna anomalía que lo hace ineficaz.

CONVENCIÓN COLECTIVA DE TRABAJO: convención escrita entre dos o más asociaciones gremiales, representantes, por un lado, de la parte patronal o empleadora y, por el otro, de la parte obrera o sindical, con el fin de establecer condiciones de trabajo y salariales que obligarán a los firmantes a cumplir. Estas convenciones se concretan entre asociaciones empresariales y gremiales que comprenden una actividad específica.◆ Manifestación más significativa del pluralismo jurídico, en virtud del cual el Estado acepta a su lado para la creación del derecho a los grupos sociales interesados en la salvaguardia y representación de los intereses de sus miembros singulares *(Borrajo Dacruz).* Lo que el Estado acepta a su lado es la representación gremial y la representación patronal. El Estado homologa.◆ Negociación colectiva.◆ Convenio colectivo de trabajo.◆ Contrato colectivo de trabajo.

CONVENCIÓN DE VIENA SOBRE EL DERECHO DE LOS TRATADOS: firmada en Viena el 23 de marzo de 1969, consta de cincuenta artículos más un anexo y contiene las normas atinentes a la regulación internacional en materia de tratados entre los Estados.

CONVENCIÓN DE VIENA SOBRE LAS MISIONES ESPECIALES: firmada en Nueva York el 16 de diciembre de 1969, tiene como antecedentes las

Convenciones de Viena sobre Relaciones Diplomáticas y sobre Relaciones Consulares; la intención de ésta fue servir de complemento y contribuir al desarrollo de las relaciones amistosas entre las naciones, sean cuales fueren sus regímenes constitucionales y sociales. Su texto contiene ciertos privilegios e inmunidades concedidos a los miembros de las misiones especiales con fundamento en la necesidad de garantizar el desempeño eficaz de sus funciones en cuanto misiones que tienen carácter representativo del Estado.

CONVENCIÓN DE VIENA SOBRE RELACIONES CONSULARES: firmada el 24 de abril de 1963, se apoya, básicamente, en similares propósitos a los de la Convención de Viena sobre Relaciones Diplomáticas; reconoce privilegios e inmunidades a fin de garantizar a las oficinas consulares el eficaz desempeño de sus funciones en nombre de sus Estados respectivos.

CONVENCIÓN DE VIENA SOBRE RELACIONES DIPLOMÁTICAS: del 18 de diciembre de 1961. En su redacción han sido tenidos en cuenta los propósitos y principios de la Carta de las Naciones Unidas, relativa a la igualdad soberana de los Estados, al mantenimiento de la paz y de la seguridad internacional y al fomento de las relaciones de amistad entre las naciones. Versa sobre las relaciones, privilegios e inmunidades diplomáticas, estimando una contribución al desarrollo de las relaciones amistosas entre las naciones y prescindiendo de sus diferencias de regímenes constitucionales y sociales.

CONVENCIÓN SOBRE LOS DERECHOS DEL NIÑO: aprobada el 20 de noviembre de 1989 por la Asamblea General de las Naciones Unidas, constituye el tratado más amplio y profundo celebrado hasta el presente. En él se reconocen principalmente los derechos del niño a ser protegido contra la explotación económica y detenciones arbitrarias y a recibir una alimentación y educación adecuadas. En la misma también se establece el derecho de protección contra los malos tratos, abusos sexuales y separación arbitraria; y considera los casos particulares de niños minusválidos, drogados, refugiados y adoptados.

CONVENCIONAL: relativo a los actos o contratos celebrados en virtud del acuerdo de las partes.◆ Aquello que resulta o se establece en virtud de costumbre o de precedentes.◆ Suele utilizarse en contraposición a aquello realizado en forma forzosa u obligatoria.

CONVENCIONAL CONSTITUYENTE: persona elegida como miembro de una asamblea constituyente.

CONVENIO: convención, pacto.

CONVENIO COLECTIVO DE TRABAJO: Convención Colectiva de Trabajo. ◆ Contrato Colectivo de Trabajo.◆ Negociación colectiva.

CONVENIO DE BERNA PARA LA PROTECCIÓN DE LAS OBRAS LITERARIAS Y ARTÍSTICAS: firmado el 9 de setiembre de 1886, completado en París el 4 de mayo de 1896, revisado en Berlín el 13 de noviembre de 1908, completado en Berna el 20 de marzo de 1914, y revisado en Roma el 2 de junio de 1928, en Bruselas el 26 de junio de 1948, en Estocolmo el

14 de julio de 1967 y en París el 24 de julio de 1971, y enmendado el 28 de septiembre de 1979. Surge con la finalidad de proteger del modo más eficaz y uniforme posible el derecho de los autores sobre sus obras literarias y artísticas. Se entienden por tales todas las producciones en el campo literario, científico y artístico, cualquiera sea el modo o la forma de expresión. También protege como obras originales, sin perjuicio de los derechos del autor de la obra original, las traducciones, adaptaciones, arreglos musicales y demás transformaciones de una obra literaria o artística.

CONVERSIÓN: instituto que permite en el Derecho Concursal la transformación del proceso de prueba en un proceso de concurso preventivo. Es decir que, sin cuestionar la concurrencia de los factores que llevaron a la declaración de falencia, ésta se deja sin efecto y, a cambio, el deudor puede tramitar su concurso preventivo.◆ Reemplazo de una información monetaria por otra expresada en una moneda distinta de la original.◆ Transformación de un bien o conjunto de bienes en dinero.◆ Mutación de una cosa por otra.◆ Reemplazo de una emisión de bonos por nuevos títulos de la misma empresa con diferentes plazos y condiciones.

CONVERSIÓN DE CRÉDITOS: procedimiento que tiene por objeto reducir las deudas públicas y que consiste en el cambio de los títulos en circulación por otros menos gravosos.

CONVERSIÓN DE LA DEUDA: emisión de títulos que reemplazan a otros valores o bien a una deuda próxima a cancelar.

CONVERSIÓN DE LA PENA: sustitución de una clase de pena por otra. Esta conversión es necesaria cuando la aplicación de la pena de que se trata es imposible por razones de hecho o de derecho.

CONVERSIÓN DE TÍTULOS: canje de títulos de renta que se realiza para reemplazar los valores en circulación por otros de condiciones diferentes.

CONVERTIBILIDAD: cambio libre de moneda de un país por moneda de otro u otros países. A estos efectos, en los países de libre convertibilidad, es el mercado el que regula el valor o tipo de cambio de una moneda respecto de la otra; o bien puede haber cierta intervención estatal para garantizar ciertos límites a la cotización. Este término era también utilizado para significar la posibilidad de cambiar la moneda circulante por el metal que respaldaba su emisión que, en general, era el oro. Con respecto a la libre convertibilidad de la moneda por oro, este sistema ha sido abandonado por la totalidad de los países, al igual que el sistema de patrón oro.◆ En la Argentina, a partir del 1 de abril de 1991, se declaró la convertibilidad del austral con el dólar de los EE.UU. de América a una relación de diez mil australes por cada dólar para la venta.

CONVICTO: ver **Delincuente convicto.**

CONVIVIENTES: relativo a las personas que cohabitan.

CONVOCATORIA A ASAMBLEA: citación o llamado a asamblea que se hace a los socios de una sociedad o asociación con especificación de día, hora y lugar de reunión y de los asuntos a considerar.

CONVOCATORIA DE ACREEDORES: ver **Concurso preventivo**.

CONVOY: reunión de buques que se organizan para navegar en conjunto bajo un mando único.

CÓNYUGE: consorte.◆ Mujer respecto del marido y marido respecto de la mujer.

CONYUGICIDIO: homicidio cometido por alguien contra su cónyuge.

COOPERACIÓN: trabajo común de los hombres durante el proceso de producción.

COOPERACIÓN ECONÓMICA INTERNACIONAL: serie de generalidades abstractas que se predican continuamente desde hace mucho tiempo, sin resultados concretos apreciables y cuyas perspectivas futuras de materialización no son, particularmente, halagüeñas *(W. Beveraggi Allende).*

COOPERATIVA: entidad fundada en el esfuerzo propio y la ayuda mutua para organizar y prestar servicios, que reúne los siguientes caracteres:
a) Tiene capital variable y duración ilimitada.
b) No pone límite estatutario al número de asociados ni al capital.
c) Concede un solo voto a cada asociado cualquiera sea el número de sus cuotas sociales y no otorga ventaja ni privilegio alguno a los iniciadores, fundadores y consejeros, ni preferencias a parte alguna del capital.
d) Reconoce un interés limitado a las cuotas sociales, si el estatuto autoriza aplicar excedentes a alguna retribución al capital.
e) Cuenta con un número mínimo de diez asociados, salvo las excepciones que expresamente admitiera la autoridad de aplicación y lo previsto para las cooperativas de grado superior.
f) Distribuye los excedentes en proporción al uso de los servicios sociales, de conformidad con las disposiciones de esta ley, sin perjuicio de lo establecido en la misma para las cooperativas o secciones de crédito.
g) No tiene como fin principal ni accesorio la propaganda de ideas políticas, religiosas, de nacionalidad, región o raza, ni imponen condiciones de admisión vinculadas con ellas.
h) Fomenta la educación cooperativa.
i) Prevé la integración cooperativa.
j) Presta servicios a sus asociados y a no asociados en las condiciones que para este último caso establezca la autoridad de aplicación y con sujeción en la ley.
k) Limita la responsabilidad de los asociados al monto de las cuotas sociales suscritas.
l) Establece la irrepartibilidad de las reservas sociales y el destino desinteresado del sobrante patrimonial en casos de liquidación.
La denominación social debe incluir los términos "cooperativa" y "limitada" o sus abreviaturas. ◆ Ver **Sociedad cooperativa**.

COOPERATIVISMO: tendencia o doctrina favorable a la cooperación en el orden económico y social.◆ Teoría y régimen de las sociedades cooperativas. ◆ Ver **Sociedad cooperativa**.

COPARTICIPACIÓN: ver **Régimen de coparticipación**.

COPARTICIPACIÓN VIAL: fondos condicionados para la construcción de caminos y carreteras *(H. Masnata).*

COPILOTO: persona que asiste al comandante durante el vuelo en todas las funciones referentes a la conducción de la aeronave *(A. Torres Neuquén).*

COPROPIEDAD: participación obrera en la propiedad, el control y los beneficios de una empresa.◆ Es un derecho real perteneciente colectivamente a varias personas sobre una misma cosa individualizada.◆ Ver **Condominio.**

COPROPIEDAD NAVAL: aquella que existe cuando un buque pertenece a una pluralidad de personas.

COPROPIETARIO: persona que tiene la propiedad de una cosa juntamente con otra u otras.

"COPYRIGHT": derecho de copia.◆ Es el derecho concedido a otro por el propietario –sea el autor o no– de una obra literaria, teatral, musical o escritos, a su reproducción total o parcial, a su representación en privado o en público, a su publicación, transmisión, etcétera. ◆ Término inglés que indica que se han registrado legalmente los derechos exclusivos de una publicación, reproducción o venta de una obra literaria. ◆ Propiedad literaria.◆ Ver **Derecho de autor.**

CORPORACIÓN: cuerpo, comunidad, generalmente de interés público y, a veces, reconocida por la autoridad.◆ Incorrectamente, a veces se designa de esta forma la sociedad anónima.◆ Agrupación económica de derecho cuasi público (o semipúblico) que somete a sus miembros a una disciplina colectiva en el ejercicio de su profesión *(C. Cornaert).*◆ Desde el siglo XIII hasta el XVIII, asociación de Derecho Público que agrupaba a los artesanos en cuerpos de oficios y aseguraba la gestión del bien común de cada ramo económico, especialmente por la eliminación de la concurrencia exterior e interior. ◆ Asociación de Derecho Público que agrupa en cuerpos de oficios a los miembros de un mismo ramo económico y dicta, bajo la protección y fiscalización del Estado, reglas diversas destinadas a asegurar la prosperidad, la seguridad y la lealtad del oficio.◆ Reunión de personas que da lugar a un ente colectivo, cuya personalidad y existencia es distinta de la de los individuos que la componen, mientras que la fundación es un complejo de bienes destinados con un acto irrevocable de voluntad a un cierto fin, con carácter de perpetuidad o de duración indeterminada *(G. Del Vecchio).*

CORPORACIÓN ANDINA DE FOMENTO: su convenio constitutivo fue firmado en Bogotá el 7 de febrero de 1968 por los Gobiernos de Venezuela, Bolivia, Colombia, Chile, Ecuador y Perú. Se trata de un acuerdo único que contiene tanto las previsiones habituales de un tratado como las propias de un estatuto societario. Su sede se estableció en Caracas, Venezuela, y hasta la actualidad continúa radicada en esa ciudad y allí está la administración efectiva de la Corporación. Su objeto es impulsar el proceso de integración subregional andina mediante acciones que pueden, en general, ser calificadas en dos tipos básicos de operaciones: financieras y de asistencia técnica.

CORPORACIÓN FINANCIERA INTERNACIONAL: institución vinculada con el Banco Mundial, creada el 20 de julio de 1956; es una entidad jurídica separada y sus recursos son distintos de los del Banco. Sus objetivos son: colaborar con la financiación de empresas privadas que contribuyan al desarrollo, relacionar las oportunidades de inversión y estimular las inversiones productivas en los países miembros. El presidente del Banco Mundial actúa de oficio como Presidente de la Junta de Directores. La Asamblea de Gobernadores se compone de los gobernadores y suplentes del Banco Mundial que representan a los países miembros. Sus órganos directivos están compuestos por las mismas personas que los del Banco. Su capital también lo percibe de los aportes que realizan los Estados y puede adquirir participaciones en empresas privadas.◆ CFI.

"CORPORATION": tipo social vigente en el Derecho Norteamericano equivalente a nuestra sociedad de capital.

"CORPORATION–CLOSE": ver **"Close corporation".**

CORPORATIVISMO: doctrina económica y social que preconiza la organización corporativa.◆ Conjunto de las instituciones que agrupan bajo la ley mayoritaria y la fiscalización del Estado las empresas de una misma industria o de una misma rama económica.

CORPUS: consiste en la "posibilidad física" de disponer materialmente de la cosa, con exclusión de cualquier extraño, que demuestra la voluntad de comportarse como dueño *(M. Russomano).*

CORRECCIÓN DISCIPLINARIA: sanción que puede imponer el juez a las partes o a subalternos en caso que falten al orden y al respeto procesales. Si la trasgresión fuere delito, no rige el principio *non bis in idem (J. Chiappini).*

CORREDOR: agente auxiliar del comercio, intermediario entre dos partes, cuya labor consiste en acercarlas para que concierten entre ellas un acto o negocio jurídico. Es aquella persona que se obliga a poner en relación a dos o más partes para que concluyan un negocio o prestación sin tener relación con ninguna de ellas. El corredor no asume representación ni mandato, ni gestión de las partes que intervienen en el negocio, pues ello afectaría la neutralidad que hace útil la intermediación. Debe llevar una contabilidad especial, un asiento exacto y metódico de todas las operaciones en que intervenga, tomando nota de cada una, inmediatamente después de concluidas, en un cuaderno manual foliado. Expresará los nombres y los domicilios de los contratantes, las calidades, cantidad y precio de los efectos que fuesen objeto de la negociación, los plazos y las condiciones del pago y todas las circunstancias ocurrentes que pueden contribuir al mayor esclarecimiento del negocio. El corredor que diere certificación contra lo que constare en sus libros será destituido e incurrirá en la pena del delito de falsedad.

CORREDOR BURSÁTIL: agente de Bolsa, corredor de Bolsa.◆ Ver **Agente bursátil.**

CORREDOR DE BOLSA: corredor bursátil.◆ Agente de Bolsa.◆ Ver **Agente bursátil.**

CORREDOR HIPOTECARIO: individuo o entidad que conviene el financiamiento entre el prestador y el prestatario.

CORREDORES CENTRALIZADOS: modo en el cual se designa en Costa Rica a los agentes de Bolsa. También denominados "Agentes Centralizados".

CORREDORES DE CAMBIO Y BOLSA: en Puerto Rico, agentes de Bolsa.

CORREDORES MARÍTIMOS: agentes o intermediarios que se dedican sobre todo al tráfico de los *tramps* y de los veleros, y desempeñan una función de utilidad en la formalización y distribución de fletes *(V. Scialoja).*

CORRER TRASLADO: notificar una resolución, proveído, informe pericial, impugnación, aclaración, etc.

CORRETAJE: acto de comercio o mercantil ejercido por un corredor.◆ Ver **Corredor**; **Contrato de corretaje.**

CORRETAJE MATRIMONIAL: actividad desarrollada por aquellas personas que se dedican al acercamiento de quienes desean contraer matrimonio. Tal es el caso de las agencias matrimoniales *(A. Belluscio).*

CORROMPER: sobornar a alguien con dádivas o de otra manera.

CORRUPCIÓN: alteración o vicio en un libro o escrito.◆ Soborno que se hace al juez o a cualquier otra persona mediante dádivas con propósito de cohecho.◆ Perversión o seducción de una persona por otra.

CORRUPCIÓN DE MENORES: delito ejecutado por quien, con ánimo de lucro o para satisfacer deseos propios o ajenos, promoviese o facilitase la prostitución de menores de edad, sin distinción de sexo, aunque mediare el consentimiento de la víctima.

CORRUPCIÓN Y ULTRAJES AL PUDOR: delito en el que incurre aquel que, con fin de obtener alguna ganancia, fomentare la prostitución de menores de edad.

CORTE INTERNACIONAL DE JUSTICIA: organismo judicial principal de las Naciones Unidas. Todos los miembros de las Naciones Unidas son, automáticamente, partes en el Estatuto de la Corte Internacional. Las decisiones de la Corte son jurídicamente obligatorias en tres casos: si las partes reconocen la jurisdicción forzosa de la Corte, si han acordado dirimir su litigio ante la Corte y si son partes en un tratado que las obliga a arreglar sus conflictos sometiéndolos a la Corte.

CORTE PENAL INTERNACIONAL: a partir de 1948, comenzó a generarse la idea de constituir una Corte Penal Internacional dentro de las Naciones Unidas. Desde entonces, y hasta la aprobación del Estatuto de Roma de la Corte Penal Internacional, muchos fueron los intentos realizados pero escasos los resultados obtenidos hasta 1992. En dicho año, la Asamblea General solicitó a la Comisión de Derecho Internacional la preparación de un proyecto de Estatuto de la Corte. Éste fue aprobado en una conferencia de plenipotenciarios llevada a cabo en 1998. El resultado de la votación fue ampliamente favorable, pues ciento veinte países votaron a favor, siete en contra y veintiuno se abstuvieron. Debió ser ratificado, por lo menos, por ciento veinte países. El Estatuto previó el establecimiento de una Corte

Penal Internacional (CPI), que tiene competencia para indagar, investigar y procesar a todas aquellas personas que, directa o indirectamente, se encuentren vinculadas con los crímenes más crueles y graves de trascendencia internacional. Es decir que quedan involucrados los crímenes de guerra, los de lesa humanidad y el genocidio.

CORTE SUPREMA DE JUSTICIA: órgano máximo y supremo del Poder Judicial. Según su propia jurisprudencia, "Suprema" significa que sus decisiones son finales, lo que significa que es el tribunal de última instancia en el país, por lo que ningún otro puede revocarlas; es el intérprete final de la Constitución y el de garantías constitucionales *(M. de Ruiz).*

CORTO PLAZO: lapso reducido; normalmente, menos de un año.

COSA: objeto material susceptible de tener un valor.

COSA JUZGADA: se dice de la que está ejecutoriada.

COSA JUZGADA ADMINISTRATIVA: implica que la administración no puede extinguir por sí misma en sede administrativa ciertos actos emitidos por ella *(G. Bidart Campos).*

COSA JUZGADA FORMAL: sentencia que no puede ser objeto de recurso alguno pero que admite la posibilidad de modificación en un proceso posterior *(R. Arazi).*

COSA JUZGADA MATERIAL: sentencia que además de ser inimpugnable mediante recurso, es inmodificable en cualquier otro proceso.

COSA JUZGADA PROVISIONAL: la que se configura cuando el juez o tribunal está facultado para modificar en el mismo juicio lo decidido al obtener mayores elementos de convicción *(Rivas).*

COSA JUZGADA SUSTANCIAL: ver **Cosa juzgada material**.

COSAS: objetos materiales susceptibles de tener un valor.◆ Elementos u objetos materiales fuera de toda idea de apropiación.

COSAS ACCESORIAS: aquellas cuya existencia y naturaleza son determinadas por otra cosa de la cual dependen o a la cual están adheridas.

COSAS CORPORALES: aquellas que percibimos a través de nuestros sentidos. Los romanos las llamaban cosas tangibles, aludiendo a la percepción sensorial.

COSAS ECLESIÁSTICAS: para la consecución de sus fines, la Iglesia Católica se sirve de los medios diversos: los sacramentos, la predicción sagrada, los templos, los oficios eclesiásticos, los beneficios y demás. Pues bien, denomínanse cosas en Derecho Canónico, todos y cualquiera de dichos medios *(L. Gardella).*

COSAS EN EL COMERCIO: todas aquellas cuya enajenación no fuese expresamente prohibida o dependiente de una autorización pública.

COSAS FUERA DE COMERCIO: aquellas cuya venta o enajenación estuviese prohibida por ley, por actos entre vivos o por disposiciones de última voluntad y las que necesitan una autorización previa.

COSAS INDIVISIBLES: aquellas que sin ser destruidas enteramente pueden ser divididas en porciones reales, cada una de las cuales forma un todo homogéneo y análogo tanto a las otras partes como a la cosa misma.

"COST, INSURANCE AND FREIGHT": CIF.◆ Costo, seguro y flete.◆ Ver **CIF**.

COSTAS: gastos judiciales.

COSTO DE VIDA: suma de los valores de los bienes y servicios necesarios para mantener un nivel de vida básico. Se suele significar con este término al costo de los bienes y servicios cuyo consumo es necesario para mantener un nivel de vida cubriendo las necesidades mínimas de alimentación, vestimenta, salud, educación.◆ Ver **Índice de costo de vida**.

COSTUMBRE: conducta repetida.◆ En términos jurídicos, es la repetición de la conducta en interferencias intersubjetivas *(J. J. Prado)*.◆ Es una de las fuentes del Derecho; representa una norma jurídica, no escrita, que ha sido impuesta por el uso mediante la repetición de actos uniformes a lo largo del tiempo.◆ Norma deducida del uso o repetición de actos, que la opinión predominante de una determinada colectividad acata como obligatoria, a pesar de no estar impuesta por la ley *(D. de Buen)*.

COSTUMBRE "CONTRA LEGEM": aquella que se opone abiertamente a las normas legales. En la Antigüedad, y en especial en el Derecho Canónico, se le dio valor a la costumbre *contra legem* o práctica abrogatoria pero siempre que reuniera los elementos de verdadera costumbre y que contara con la anuencia tácita de la autoridad *(Monroy Cabra)*.

COSTUMBRE CONTRARIA A LA LEY: ver **Costumbre "contra legem"**.

COSTUMBRE INTERPRETATIVA: ver **Costumbre "secundum legem"**.

COSTUMBRE "PRAETER LEGEM": norma consuetudinaria que rige una situación no prevista por la ley, consistente en la observancia constante y uniforme de un cierto comportamiento por los miembros de una comunidad social, con la convicción de que responde a una necesidad jurídica *(F. Trigo Represas)*.◆ Costumbre supletoria.

COSTUMBRE "SECUNDUM LEGEM": aquella que se forma de acuerdo con la ley y se ajusta a sus previsiones. Es el mismo Derecho escrito que se ha adaptado a las prácticas sociales *(Monroy Cabra)*.

COSTUMBRE SUPLETORIA: ver **Costumbre "praeter legem"**.

COTIZACIÓN: precio de las mercaderías, productos terminados, divisas monetarias, metales, valores mobiliarios, títulos y otros bienes en general, originados como consecuencia de la oferta y la demanda en los mercados. ◆ Precio de venta obligatorio, normal o medio, según los casos, vigente para un título, producto, artículo o mercancía. Cuando se refiere a un producto o mercancía para la que sólo puede tratarse de una medida, es indicativo y corresponde generalmente a una norma admitida por la profesión.

COTIZACIÓN BURSÁTIL: valor que se asigna a los títulos públicos o privados como consecuencia de la oferta y la demanda en una Bolsa de comercio.

COTIZACIÓN DE DIVISAS: fijación o valor que se asigna a las divisas en un mercado.

COTIZAR: publicar en la Bolsa el precio de los efectos públicos o privados allí negociados.◆ Pagar una cuota.◆ Estimar, particularmente de forma pública, a una persona o cosa en relación con un fin determinado.◆ Fijar un precio a una cosa o servicio.◆ Hacerse valer un ejecutivo, directivo o especialista en determinada actividad para que se remunere mejor.

"COUPON STRIPPING": proceso de separar la propiedad de alguno o todos los pagos de intereses de un instrumento financiero de la del título principal a la que el interés está referido *(G. Gotlib).*

COYUNTURA: combinación de factores y circunstancias que se presentan en un momento dado.◆ Momento o fase de un proceso.

"CRASH": palabra inglesa usada para significar el derrumbe abrupto de la situación económica y financiera de un país.◆ Bancarrota.

CRÉDITO: movimiento que se registra en el haber de las cuentas.◆ Importes acumulados en el haber de una cuenta.◆ Derecho que uno tiene a recibir de otro una suma de dinero u otro bien.◆ Opinión de que goza una persona que cumplió puntualmente los compromisos que contrajo.◆ Préstamo. ◆ Reconocimiento de valor a una promesa de pago.◆ Operación que implica una prestación presente contra una futura.◆ Derecho a exigir la cosa que es objeto de la obligación.

CRÉDITO A CORTO PLAZO: se consideran así las cuentas a cobrar cuyo vencimiento opera dentro de los trescientos sesenta días.

CRÉDITO A LARGO PLAZO: en general, se consideran a largo plazo las cuentas a cobrar que superan el año.

CRÉDITO A SOLA FIRMA: aquel otorgado de acuerdo con la solvencia moral y material del beneficiario sin garantía de ninguna clase.◆ Crédito personal.

CRÉDITO ACORDADO: conformidad que da el prestamista o vendedor al otorgamiento de las facilidades por una suma determinada de acuerdo a lo solicitado previamente.

CRÉDITO ASOCIADO: el otorgado conjuntamente por dos o más bancos. Uno de ellos se constituye en gerente del préstamo.◆ Crédito sindicado.

CRÉDITO ATADO: el que otorga un país a otro con la condición de aplicarlo, por un monto equivalente, a la compra de productos fabricados en el país del prestamista.

CRÉDITO BANCARIO: aquel otorgado por entidades bancarias a su solicitante. Puede ser documentado o no, con o sin garantía.◆ Préstamo que los bancos otorgan a sus clientes.

CRÉDITO BLANDO: crédito a largo plazo, con tasa de interés muy baja.

CRÉDITO COMERCIAL: aquel otorgado por las empresas a sus clientes por las transacciones comerciales efectuadas. ◆ Ventajas que brindan a sus compradores de bienes y servicios las empresas mediante una adecuada financiación. ◆ Crédito otorgado al adquirente por el vendedor de un bien; forma de financiamiento de corto plazo interpretada como una cuenta por pagar. ◆ Crédito mercantil.

CRÉDITO DE HABILITACIÓN O AVÍO: en México, según la Ley General de Títulos y Operaciones de Crédito, se trata del contrato en virtud del cual el acreditado queda obligado a invertir el importe del crédito precisamente en la adquisición de materias primas y materiales, y en el pago de jornales, salarios y gastos directos de explotación indispensables para los fines de su empresa. Los créditos de habilitación o avío estarán garantizados con las materias primas y materiales adquiridos, y con los frutos, productos o artefactos que se obtengan con el crédito, aunque éstos sean futuros o pendientes.

CRÉDITO DOCUMENTARIO: operación bancaria que permite al importador asegurar el cobro al exportador extranjero mediante la apertura de un crédito documentario otorgado por un Banco del país del importador.

CRÉDITO HIPOTECARIO: aquel constituido con una garantía sobre un bien inmueble, el cual continúa en poder de su propietario. En caso de que el deudor no pague el préstamo a su vencimiento, el acreedor podrá ejecutar judicialmente la hipoteca con el fin de cobrar el importe del crédito a su favor.◆ Ver **Hipoteca**.

CRÉDITO PRENDARIO: aquel que se haya garantizado mediante la prenda comercial sobre un determinado bien mueble. En este caso, si el deudor no paga, el acreedor recibe el bien prendado. En el caso de la prenda sin desplazamiento, prenda agraria y prenda con registro, el deudor no se desprende del bien mueble dado en garantía y lo puede utilizar en sus actividades. Otra forma es la prenda flotante, que puede constituirse sobre materias primas, mercaderías o productos. Esta clase de prenda no afecta la disponibilidad individualizada de los efectos prendados sino una cantidad de éstos.◆ Ver **Prenda**.

CRÉDITO PÚBLICO: capacidad que tiene el Estado de endeudarse con el objeto de captar medios de financiamiento para realizar inversiones productivas, para atender casos de evidente necesidad nacional, para reestructurar su organización o para refinanciar sus pasivos, incluyendo los intereses respectivos.

CRÉDITO SINDICADO: ver **Crédito asociado.**

CRÉDITO "SUBPRIME": préstamo hipotecario de alto riesgo ofrecido a los estadounidenses con baja calificación de crédito.

CRÉDITOS A LA IMPORTACIÓN Y A LA EXPORTACIÓN: se trata de líneas específicas de crédito que las entidades financieras ponen a disposición de sus empresas clientes para financiar actividades de importación y exportación.

CRIMEN: hecho que condiciona la aplicación de la ley penal, considerado en grado de mayor gravedad *(R. Goldstein)*. ◆ En numerosas oportunidades, la jurisprudencia nacional ha determinado que este término debe ser considerado como sinónimo de "delito". En este mismo sentido, suele ser interpretado en el Derecho Norteamericano. ◆ Infracción castigada por las leyes con pena aflictiva o infamante.

CRIMEN "MAIESTATIS": se trata del precedente histórico, tal como señala *A. Arganarás (h)*, de los que en la actualidad conocemos como "delitos contra la Nación". Es un crimen que ofende la majestad. Existen dos clases de delitos que la ofenden: unos afectaban la seguridad del pueblo romano y los otros, por su parte, lesionaban su grandeza.

"CRIMEN SODALICIORUM": expresión latina que significa delito de organizar asociaciones para fines ilícitos.

CRÍMENES CONTRA LA HUMANIDAD: todos aquellos actos que provoquen muertes, exterminios, esclavitud, deportaciones y otros actos inhumanos cometidos contra la población civil, antes o después de la guerra; también incluye la persecución por motivos raciales, políticos y religiosos.

CRÍMENES DE GUERRA: delitos de guerra.

CRIMINALISTA: abogado que preferentemente ejerce su profesión en asuntos vinculados con el Derecho Penal.

CRIMINALÍSTICA: disciplina que comprende el estudio de los procedimientos científicos de investigación de los delitos y que, en consecuencia, se integra con muy variados aportes (pericias gráficas y químicas, interpretación de documentos secretos, estudio macro y microscópico de rastros, dactiloscopia, etc.) *(J. Soler).*

CRIMINALÍSTICAS: técnicas usadas en investigaciones criminales.

CRIMINOLOGÍA: disciplina científica que tiene por objeto el estudio de los factores del delito, de las conductas desviadas relacionadas con él, del delincuente y de su víctima *(J. Sainz Cantero).* ◆ Ciencia que se ocupa para el estudio de las causas, condiciones y remedios para la conducta delictiva, y su método era el empírico-inductivo (E. Ferri).

CRIMINOLOGÍA CLÍNICA: consiste fundamentalmente en el enfoque multidisciplinario del caso individual, con ayuda de los principios y métodos de las diversas disciplinas criminológicas con el objeto de apreciar la personalidad del delincuente, de formular un juicio probable de su comportamiento futuro y elaborar el programa de medidas susceptibles de apartarlas de una reincidencia eventual (J. Pinatel).

CRIMINOLOGÍA GENERAL: tiene por objeto coordinar, comparar, confrontar los resultados obtenidos por las diversas ciencias criminológicas o criminologías especializadas (J. Pinatel).

CRIPTOANÁLISIS: ciencia que estudia los pasos y las operaciones orientadas a transformar un criptograma en el texto claro original, pero sin conocer inicialmente el sistema de cifrado utilizado y/o la clave *(F. Ramos Suárez).*

CRIPTOGRAFÍA: arte de escribir con clave secreta o de un modo enigmático.

CRIPTOLOGÍA: ciencia que estudia la ocultación, la disimulación o el cifrado de la información, así como el diseño de sistemas que realicen dichas funciones. Abarca, por tanto, la criptografía (datos, texto e imágenes), la criptofonía (voz) y su criptoanálisis *(F. Ramos Suárez).*

CRISIS DEL PROCEDIMIENTO: modo de ser anormal del procedimiento en virtud del cual se detiene su curso, temporal o definitivamente *(F. Carnelutti).*

CRITERIO DE LA CAPACIDAD CONTRIBUTIVA: criterio según el cual se reparte la carga pública, conforme a la apreciación de la riqueza de los contribuyentes *(P. Torres).*

"CROSS RATES": tasas cruzadas.◆ Estas paridades son, en general, las que se tienen en consideración en el mercado local para la alineación de las divisas de acuerdo a cómo se ajuste el dólar en pesos.

CUARTO INTERMEDIO: recreo o postergación otorgada por la autoridad correspondiente durante la celebración de una reunión, audiencia o juicio oral.◆ Receso.

CUASI CONTRATO: hecho voluntario del que resulta una obligación cualquiera respecto de un tercero y, a veces, una obligación recíproca de ambas partes *(H. Capitant).*◆ Hecho lícito que nos obliga en virtud de un consentimiento tácito o presumido.◆ Hecho de una persona, permitido por la ley, que la obliga para con otra u obliga a otra persona para con ella, sin que entre ambos intervenga convención alguna *(R. Pothier).*

CUASI CONTRATOS: ver **Cuasi contrato.**

CUASI DELITO: hecho por el cual una persona, sin malicia pero por una imprudencia que no es excusable, causa algún daño a otro.

CUASI DINERO: ver **Cuasi moneda.**

CUASI MONEDA: literalmente "casi moneda". Se da en llamar así a los depósitos en cuenta corriente bancaria, las letras que el tesoro de un país emite y otros títulos de la deuda pública que actúan como sucedáneos de moneda. ◆ Cuasi dinero.

CUASI USUFRUCTO: se aplica cuando se transfiere al usufructuario la propiedad de las cosas sujetas a este usufructo, quien puede consumirlas, venderlas o disponer de ellas como mejor le parezca.◆ Usufructo imperfecto.

CUASIDELICTUAL: según la teoría clásica, es una fuente de obligaciones, en tanto que la culpa contractual aparece en el momento del cumplimiento de obligaciones preexistentes. Los sostenedores de la teoría de la unidad replican afirmando que no hay diferencia: la verdadera fuente de la obligación es siempre anterior.

CUATRIMESTRAL: relativo a aquello que se repite o sucede cada cuatrimestre. ◆ Que dura un cuatrimestre.

CUATRIMESTRE: lapso que dura cuatro meses.◆ Espacio de cuatro meses.

CUBRIR: entregar dinero para cancelar una cuenta con saldo acreedor o en descubierto. ◆ En la terminología comercial y bancaria, disponer de los fondos necesarios para hacer frente a un compromiso bancario de cuenta corriente.

CUENCA DEL PACÍFICO: grupo compuesto por Japón, Taiwán y Corea.

El patrón general de crecimiento está basado en las exportaciones. Este modelo genera niveles de gran competencia.

CUENTA BLOQUEADA: cuenta bancaria cuyo acceso se halla restringido como consecuencia de una decisión judicial o gubernamental.◆ Cuenta congelada.

CUENTA CONGELADA: ver **Cuenta bloqueada**.

CUENTA CORRIENTE: en virtud del contrato de cuenta, los créditos derivados de las remesas recíprocas de las partes se anotan como partidas de abono o de cargo en una cuenta y sólo el saldo que resulte a la clausura de la cuenta constituye un crédito exigible y disponible.◆ Cuenta en un Banco que requiere la utilización de una chequera. ◆ De acuerdo con la Balanza de Pagos, se denomina así las importaciones y exportaciones de mercancías, así como los ingresos y pagos por conceptos de servicios prestados al exterior o recibidos de éste.◆ Cuenta comercial.

CUENTA CORRIENTE BANCARIA: en ella, una parte tiene fondos en una institución bancaria sobre los cuales puede girar y ésta debe abonarlos contra presentación de cheque. También puede existir la provisión de fondos por parte de la institución bancaria a la presentación de cheque sin tener fondos en la cuenta, lo que se conoce con el nombre de pago en descubierto, teniendo la característica de un crédito y devengando intereses.

CUENTA CORRIENTE CONJUNTA: cuenta mancomunada que requiere la firma de dos o más titulares.◆ Cuenta abierta a nombre de una o más personas.

CUENTA CORRIENTE MERCANTIL: contrato bilateral y conmutativo por el cual una de las partes remite a la otra, o recibe de ella en propiedad, cantidades de dinero u otros valores, sin aplicación a empleo determinado ni obligación de tener a la orden una cantidad o un valor equivalente, pero a cargo de acreditar al remitente por sus remesas, liquidarlas en las épocas convenidas, compensarlas de una sola vez hasta la concurrencia del débito y crédito, y pagar el saldo.◆ No es lo mismo que la cuenta corriente simple o de gestión.

CUENTA DE CAPITAL: en algunos países, cuenta de propiedad o bienes permanentes o de activo fijo.◆ Comprende en el balance de pagos todas las transacciones en el sentido de traspaso de propiedad, incluidas la creación y liquidación de títulos de crédito, de activos y pasivos sobre le exterior.

CUENTA DE RESACA: documento que acompaña la letra de cambio o resaca y que gira el portador de una letra de cambio protestada por falta de pago contra el librador o alguno de sus endosantes o sus respectivos avalistas para procurar el reembolso de su importe *(L. Orione).*

CUENTA DE VENTA Y LÍQUIDO PRODUCTO: documento mediante el cual el consignatario expone ante el comitente la liquidación de las operaciones realizadas por su cuenta y orden.◆ Ver **Consignación**.

CUENTA MANTENIDA POR EL PRESTADOR: cuenta de plica.

CUENTA NUMERADA: aquella en la cual el nombre del titular, o cliente habiente, es conocido por muy pocas personas dentro de un Banco. Las operaciones se procesan mediante una cifra.◆ Se la denomina también cuenta cifrada.

CUENTA NUMERADA EN CUSTODIA: aquella cifrada para la custodia de títulos.

CUENTACORRENTISTA: persona que tiene cuenta corriente en un Banco.◆ Titular de una cuenta corriente.

CUENTAS DE LA TUTELA: el tutor obligado a llevar cuenta fiel documentada de las rentas y gastos que la administración y la persona del menor hubieren hecho necesarios, aunque el testador lo hubiera exonerado de rendir cuenta alguna.

CUENTAS MENSUALES: en el comercio minorista se utiliza la modalidad de venta en cuenta corriente con la condición de que el total de la deuda se pague a fin del mes o dentro de los primeros días del mes siguiente.

CUENTAS MOROSAS: aquellas que se encuentran en estado de mora.

CUENTAS NACIONALES: sistema de contabilidad nacional compuesto por seis cuentas que el Banco Central de la República Argentina elabora anualmente: 1) producto Interno, 2) ingreso nacional, 3) familias e instituciones privadas sin fines de lucro, 4) transacciones con el exterior, 5) ahorro e Inversión, 6) gobierno general.

CUENTAS PATRIMONIALES: aquellas representativas de los distintos componentes del patrimonio.

CUERPO CONSULAR: comprende a todos los funcionarios consulares de un país.

CUERPO DE ABOGADOS DEL ESTADO: órgano que tiene a su cargo el asesoramiento jurídico y la defensa ante los tribunales del Poder Ejecutivo y de todos los organismos que integran la Administración.

CUERPO DEL DELITO: cosa en la que o con la que se ha cometido un delito, o en la cual existen las señales de él.

CUERPO DIPLOMÁTICO: conjunto de agentes diplomáticos de un país en el extranjero *(C. Díaz Cisneros)*.◆ Concepto que designa al conjunto de agentes diplomáticos de un país.

CUERPO ELECTORAL: nombre colectivo con el que se designa al conjunto de personas que componen el electorado activo *(G. Bidart Campos)*.

CUERPO LEGAL: cualquier compilación de leyes que ofrezca cierta extensión.

CUESTIÓN: duda acerca de una razón *(F. Carnelutti)*.◆ Asunto, tema.

CUESTIÓN DE COMPETENCIA: desacuerdo y contienda entre jueces y otras autoridades acerca de la facultad para entender en un asunto.

CUESTIÓN DE PREVIO PRONUNCIAMIENTO: artículos de previo pronunciamiento.

CUESTIÓN DE TORMENTO: averiguación, inquisición o pesquisa de la verdad, que se practicaba dando tormento al presunto culpable inconfeso.◆ Cuestión feudal.

CUESTIÓN INSTITUCIONAL SERIA: ver **Gravedad institucional.**

CUESTIÓN PREJUDICIAL: dícese de la que, siendo supuesto de un fallo, corresponde a jurisdicción distinta de la que ha de dictarlo.

CUESTIÓN PREVIA: la que corresponde a competencia administrativa y debe influir necesariamente en un fallo penal.

CUESTIONES INCIDENTES: todas aquellas que caen entre la demanda y la decisión, en el sentido de que deben ser resueltas antes de que se decida la litis *(F. Carnelutti).*

CUIL: ver **Código Único de Identificación Laboral.**

CUIT: ver **Clave Única de Identificación Tributaria.**

CULPA: falta más o menos grave cometida a sabiendas y voluntariamente. ◆ Responsabilidad, causa involuntaria de un suceso o acción imputable a una persona.◆ En materia penal, incurre en ella quien, por imprudencia o negligencia, impericia en su arte o profesión, o por inobservancia de los reglamentos, ordenanzas ejecutare un acto ilícito.

CULPA CIVIL: aquello que puede comprometer la responsabilidad civil de su autor; se opone a la penal.

CULPA CONCURRENTE: existe cuando el daño ha sido causado a la vez por culpa del autor y de la víctima.

CULPA CONTRACTUAL: esta culpa se presume. Sólo da lugar a la reparación de las consecuencias directas en tanto que la culpa cuasidelictual origina una responsabilidad integral. ◆ Ver **Culpa cuasidelictual.**

CULPA CUASIDELICTUAL: según la teoría clásica es una fuente de obligaciones, en tanto que la culpa contractual aparece en el momento del cumplimiento de las obligaciones preexistentes. Esta culpa se presume la extracontractual debe probarse. ◆ Ver **Culpa contractual.**

CULPA DEL DEUDOR EN EL CUMPLIMIENTO DE UNA OBLIGACIÓN: omisión de aquellas diligencias que exigiere la naturaleza de la obligación y que correspondiesen a las circunstancias de las personas, del tiempo y del lugar.

CULPA GRAVE: aquella que supone en su autor una negligencia imperdonable o una incalificable ineptitud.◆ Culpa lata.

CULPA LATA: culpa grave.

CULPA LEVE: aquella que no comete un buen administrador, la que corresponde a una diligencia mediana.◆ *Culpa levis.*

"CULPA LEVIS": culpa leve.

"CULPA LEVIS IN ABSTRACTO": aquella que se calculaba en atención a lo que debió haber sido su autor. Era aquella que no habría cometido "un bien padre de familia".

"CULPA LEVIS IN CONCRETO": se trataba de una forma de calcular la culpa leve, según la cual se tomaba en consideración para apreciarla el carácter y las costumbres de quien la había cometido en la gestión de sus propios intereses.

CULPA LEVÍSIMA: la que no comete un administrador de una diligencia excepcional.

CULPABILIDAD: reproche que se hace a quien le es imputable una actuación contraria a derecho, de manera deliberada o por negligencia, a efectos de la exigencia de responsabilidad (R.A.E.).◆ En el más amplio sentido, es la responsabilidad del autor por el acto ilícito que ha realizado. Expresa la consecuencia ilícita que trae consigo el hecho cometido, y se le atribuye a la persona del infractor (F. von Liszt).

CULTIVOS INDUSTRIALES: aquellos a partir de los cuales pueden obtenerse diversos subproductos mediante la aplicación de procesos industriales.

CUOTA: parte o porción fija y proporcional. ◆ Cantidad de dinero asignada a cada contribuyente en el repartimiento o lista cobratoria.◆ Cada una de las partes en que se divide el capital de las sociedades de responsabilidad limitada.

CUOTA DE CAPITAL: parte unitaria en que está conformado el capital de una Sociedad de Responsabilidad Limitada. ◆ Cuotas sociales.

CUOTA DE LIBRE DISPOSICIÓN: parte de la sucesión *ab intestato* de que puede disponer una persona como quiera.◆ Porción disponible.

CUOTA DE MERCADO: participación de una empresa en un mercado, susceptible de ser cuantificada de acuerdo con la actividad, producción, volumen de negocios, etcétera. Es indudable que una cuota amplia de la empresa en un mercado determinado le otorga un poder decisorio invalorable.

CUOTAS: restricciones al volumen que se puede importar.◆ Limitaciones establecidas por las autoridades sobre la cantidad que se puede producir o vender en un mercado.◆ Contribución periódica que efectúan los afiliados a una organización.◆ Contingentes.

CUOTAS DE IMPORTACIÓN: límites sobre la cantidad de ciertos bienes que pueden ser importados. El propósito de la imposición de cuotas es limitar las importaciones a la cantidad óptima de un producto determinado.

CUOTAS SOCIALES: ver **Cuota de capital.**

CUPO: cifra límite en volumen o peso a alcanzarse en un orden determinado. Por ejemplo: cupo de exportación, cupo de importación.

CUPÓN: cada una de las partes de un documento, título, acción, etcétera, que periódicamente se van cortando para presentarlas al cobro de los intereses, dividendos, etcétera.◆ Parte que se corta de un anuncio, invitación, etcétera, y que otorga el derecho a tomar parte en concursos o sorteos y a obtener una rebaja en las compras.

CURADOR: persona indicada para administrar los negocios y los bienes del incapaz o cuidar de su persona. Persona elegida o nombrada para cuidar los bienes o negocios del menor o del que no estaba en estado de administrarlos por sí.

CURADOR A LOS BIENES: persona designada para la administración de los bienes del difunto cuya herencia no hubiese sido aceptada, si no hubiese albacea nombrado para su adminio tración.

CURADOR "AD BONA": persona que se nombraba para cuidar y administrar los bienes de un incapacitado.

CURADOR "AD LITEM": persona nombrada por el juez para seguir los pleitos y defender los derechos de un menor, representándolo.

"CURRICULUM VITAE": relación de los títulos, honores, cargos, trabajos realizados, datos biográficos, etcétera, que califican a una persona.

CURSO FORZOSO: característica de un sistema monetario por el cual la moneda emitida por la autoridad monetaria es de circulación obligatoria e inconvertible por el metal que respalda la emisión total de moneda.

CURSO LEGAL: circulación de papel moneda amparado por norma legal y de aceptación obligatoria por parte del Estado y los particulares, pero de carácter convertible por el metal respaldante de la emisión.

CURSOS DE AGUA NAVEGABLES: aquellos en los que " físicamente puede navegarse y de hecho se navega, independientemente de resolución administrativa alguna" *(M. Mariani de Vidal).*

CUSTODIA: medidas de protección que un intermediario bursátil debe utilizar para proteger los valores de un cliente. Dichas medidas incluyen la separación y la correcta identificación de los valores de cada cliente.

CUSTODIA DE TÍTULOS: servicio prestado a los inversores para la guarda de títulos y el ejercicio de los derechos.

CUSTODIO: institución que guarda los valores para el cliente. En México, la guarda de valores la realiza el Instituto para el depósito de valores.

D

DACIÓN: entrega.◆ Acción y efecto de dar.

DACIÓN EN PAGO: uno de los modos a través de los cuales se considera extinguida una relación obligacional. Opera en base a la transmisión de uno o más bienes –distintos a la prestación debida– a manos del acreedor, quien verá satisfecho su crédito.

DACTILAR: digital.

DACTILOSCOPÍA: estudio de las impresiones digitales necesarias para la identificación de los individuos.

DÁDIVA: cosa que se da graciosamente.

DADOR: aquel que da.◆ Recibe este nombre también quien libra una letra de cambio.

DAMA CORTESANA: expresión utilizada como sinónimo de ramera.

DAMNAR: condenar.

DAMNIFICACIÓN: término con que se designa genéricamente toda acción que causa verdadero daño o perjuicio, es decir, mengua en los bienes propios de alguna persona.

DAMNIFICADO: el sujeto víctima de un daño.

DAMNIFICADO DIRECTO: aquel sobre quien incide personalmente el hecho dañoso.

DAMNIFICADO INDIRECTO: aquel sujeto sobre el que repercute el daño sufrido en forma directa por un tercero.

DAMNIFICADOR: victimario.

DAÑADO: malo, perverso.◆ Relativo a aquel o aquello que ha sido víctima de un daño.

DAÑAR: antiguamente, importaba el dictado de sentencia condenatoria contra una persona.◆ Actualmente, se entiende por tal la acción de ocasionar un perjuicio, detrimento, turbación o privación de un derecho subjetivo. Comprende toda afección a un interés legítimo o a los sentimientos.

DAÑINO: aplicable a aquello que, reuniendo las características necesarias, es susceptible de producir un daño.

DAÑO: en el ámbito de la responsabilidad civil, consiste en el resultado del acaecimiento de un hecho en virtud del cual se genera una lesión, detrimento o menoscabo en un derecho subjetivo o interés legítimo de una persona. Puede ser consecuencia tanto de la falta o defecto en el cumplimiento de una obligación (esfera contractual) como de la violación del deber general de no dañar (esfera extracontractual).
El daño puede tener proyección sobre el ámbito patrimonial o sobre el extrapatrimonial, dependiendo de cuál sea el derecho subjetivo o bien jurídico objeto del daño.

DAÑO AL INTERÉS NEGATIVO: versa sobre lo que el acreedor no habría sufrido si la obligación se hubiese constituido *(A. Alterini).*

DAÑO AL INTERÉS POSITIVO: involucra aquello con que contaba el acreedor para el caso de que el deudor cumpliera *(A. Alterini).*

DAÑO AMBIENTAL: perjuicio, lesión o perturbación que afecta o puede afectar, en el corto o en el largo plazo al medioambiente.

DAÑO CIERTO: aquel daño efectivamente causado.◆ Se trata del daño objetivamente probable.

DAÑO CIERTO ACTUAL: el que ya ha ocurrido al tiempo que se dicta la sentencia *(A. Orgaz).*◆ Daño presente.

DAÑO CIERTO FUTURO: se entiende por tal el supuesto en el que, si bien la causa generadora del daño ya ha tenido lugar, el perjuicio no ha sido todavía efectivamente sufrido (aunque indefectiblemente acaecerá).

DAÑO COMÚN: aquel susceptible de ser sufrido por cualquier persona que se hubiese encontrado en similares circunstancias.

DAÑO DIRECTO: aquel que el juez debe tomar en consideración para el cálculo de la reparación a causa del vínculo estrecho de causalidad que lo une con el hecho dañoso.

DAÑO EMERGENTE: pérdida o perjuicio en detrimento de un acreedor por la falta de cumplimiento de la obligación en que incurre el respectivo deudor.

DAÑO EN EL CUERPO: toda vez que se destruya la integridad del cuerpo o la arquitectura y correlación de los órganos y tejidos, ya sea ello aparente, externo o interno (S. Soler).

DAÑO EN LA SALUD: éste comprende la salud del cuerpo y la salud mental (perturbación de la mente). La alteración del psiquismo constituye también delito de lesiones; siempre que pueda afirmarse que se trata de una alteración patológica, sea ésta durable o relativamente pasajera, como el desmayo. Queda excluido también los que es pura impresión, sensación o percepción. No se excluye, en consecuencia, la intoxicación alcohólica (S. Soler).

DAÑO ESTÉTICO: comprende todo menoscabo, disminución o pérdida de la belleza física de una persona. Es una alteración que se traduce en una mengua o deterioro de la armonía del cuerpo, que lo hace agradable a los ojos de los demás.

DAÑO EXTRAPATRIMONIAL: daño moral.

DAÑO EXTRÍNSECO: el que repercute indirectamente sobre bienes del deudor.

DAÑO FUTURO: el que todavía no ha sucedido aunque su causa generadora ya existe. El daño futuro es resarcible cuando reviste la calidad de cierto porque se presenta como indudable o con un alto margen de probabilidad *(A. Alterini).*

DAÑO IMPREVISIBLE: aquel que no admite ningún margen de previsibilidad.

DAÑO INDIRECTO: el producido tanto cuando la acción dañosa recae sobre cosas pero se refleja sobre la persona de la víctima como cuando esa acción rebota en terceros que se convierten por ello en legitimados activos para reclamar la indemnización *(A. Alterini).*

DAÑO INMEDIATO: aquel resultante en forma directa e inmediata del hecho dañoso.

DAÑO INTRÍNSECO: el que afecta directamente al objeto de la prestación.

DAÑO IRREPARABLE: consiste en aquel daño de insuficiente o imposible reparación.

DAÑO MATERIAL: ver **Daño patrimonial.**

DAÑO MEDIATO: consecuencia de la conexión de un hecho con un acontecimiento distinto.

DAÑO MORAL: aquella especie de agravio implicado por la violación de alguno de los derechos inherentes a la personalidad, o sea, de esos derechos subjetivos que protegen como bien jurídico las facultades o presupuestos de la personalidad: la paz, la tranquilidad de espíritu, la libertad individual, la integridad física, etcétera, todo lo cual se resume en el concepto de "seguridad personal", y el honor, sagrados afectos, etcétera, o sea, en una palabra, las "afecciones legítimas".

DAÑO MORATORIO: el generado como consecuencia del estado de mora.

DAÑO PATRIMONIAL: aquel que recae sobre las cosas o bienes de una persona. Es el opuesto al daño moral o extrapatrimonial.

DAÑO PERSONAL: ver **Daño propio.**

DAÑO PRESENTE: ver **Daño cierto actual.**

DAÑO PREVISIBLE: aquel que, de haber empleado la debida atención y conocimiento de la cosa, el autor hubiese podido prever.

DAÑO PROPIO: aquel sufrido por la misma persona que reclama su separación o damnificado directo. También se designa de esa manera el daño sufrido por una persona en particular.

DAÑO SUBSISTENTE: aquel que pusiste hasta el momento de la efectiva reparación del perjuicio por parte del obligado.

DAÑOS CAUSADOS POR ANIMALES: tratándose de esta clase de daños, rige como principio general la responsabilidad del propietario del animal, ya sea doméstico o feroz. Ésta pesa sobre aquél, aun cuando el animal, en el momento de producido el daño, hubiese estado bajo la guarda de sus dependientes. No es, sin embargo, imputable al dueño el daño causado cuando el semoviente se hubiera soltado o extraviado sin culpa de la persona encargada de guardarlo. Igual consecuencia deriva en el caso en que el daño causado por aquél hubiere provenido de fuerza mayor o hubiese sido provocado por la víctima. Con respecto a los daños causados por parte de un animal a otro, pesa el deber de indemnizar sobre el dueño del agresor sólo si este último provocó al animal ofendido. *H. y L. Mazeaud* consideran "guardián" no a quien se aprovecha del animal ni al que conoce sus defectos ni el tenedor *lato sensu* sino al que de hecho tiene un poder de mando sobre él. Todo animal que no sea *res nullius* es susceptible de comprometer la responsabilidad de su guardián.

DAÑOS CAUSADOS POR COSAS INANIMADAS: aquellos daños que originan la responsabilidad de quien hubiese tenido la "cosa" generadora del daño bajo su guarda, la usa o goza de ella. *H. y L. Mazeaud* consideran como elemento decisivo de la atribución de la guarda, el poder de dirección y control de la cosa. El "guardián de la cosa" es quien, por tener el poder sobre ella, habría debido proceder de modo que ésta no causara el daño. Respecto de los casos de responsabilidad sin culpa (objetiva), sostienen la obligación de garantía que recae sobre el guardián en el caso de daños causados por los vicios de la cosa; ya que éste bien podría ignorar, sin la menor negligencia, el vicio del cual estaba afectada la misma. De acuerdo con la ley argentina, se encuentra eximido de responsabilidad el dueño que demuestre haber actuado con la diligencia necesaria de acuerdo a las circunstancias del caso. Si el daño hubiera sido causado por el riesgo o vicio de la cosa, sólo logrará eximirse de la responsabilidad –total o parcialmente– acreditando la culpa de la víctima o de un tercero por quien no deba responder.

DAÑOS E INTERESES: suma de dinero debida al acreedor como reparación del daño causado por el incumplimiento, mal cumplimiento o cumplimiento tardío de la obligación.◆ Fórmula que equivale al valor de la pérdida que haya sufrido y el de la utilidad que haya dejado de percibir el acreedor de la obligación, por la inejecución de ésta a debido tiempo.

DAÑOS Y PERJUICIOS: indemnización que debe pagar el que origina un daño, provenga o no del incumplimiento de un contrato o de la comisión de un delito. Los daños se resarcen y los perjuicios se indemnizan. ◆ Indemnización debida como reparación del daño causado por un delito o cuasidelito.

DAR: entregar, otorgar, conferir.

DAR DE BAJA: excluir del activo y enviar a pérdida.◆ Excluir, despedir.

DAR EN PRENDA: prendar.

DAR ENTRADA: registrar un asiento.

DAR FE: ejercitar la fe pública: extrajudicial, los notarios; judicial, los escribanos.

DAR FIANZA: afianzar.◆ Presentar ante el juez persona o bienes que queden obligados a la paga en caso de faltar el principal a su obligación.

DAR LA FIRMA: confiarle la representación y la dirección de su casa o de una dependencia a otro.

DAR PODER: otorgar un poder o mandato.

DASOCRACIA: una parte de la dasonomía, que trata de la ordenación de los montes, a fin de obtener la mayor renta anual y constante, dentro de la especie, método y turno de beneficio que se hayan adoptado.

DASONOMÍA: ciencia que trata de la cría, conservación, cultivo y aprovechamiento de los montes.

DATA: fecha.◆ Partida o partidas que en una cuenta componen el descargo de lo recibido.◆ Nota o identificación del lugar y tiempo en que se hace o sucede una cosa.

DATAR: fechar.◆ Poner en la cuenta lo correspondiente a la data.◆ Determinar la data de un documento.

DATIVA: ver **Tutela dativa.**

DATOS DE CREACIÓN DE FIRMA DIGITAL: se trata de aquellos datos únicos, tales como códigos o claves criptográficas privadas, que el firmante utiliza para crear su firma digital.

DATOS DE VERIFICACIÓN DE FIRMA: los datos, como códigos o claves criptográficas públicas, que se utilizan para verificar la firma electrónica.

DATOS DE VERIFICACIÓN DE FIRMA DIGITAL: aquellos datos únicos, tales como códigos o claves criptográficas públicas, que se utilizan para verificar la firma digital, la integridad del documento digital y la identidad del firmante.

DE CUJUS: voz con la cual se alude al causante, en una sucesión. De quien procede el bien o el derecho.

DE DERECHO: "de jure".◆ Legítimamente. ◆ De acuerdo con la ley o en virtud de ella.◆ Con arreglo a derecho.

"DE FACTO": ver **De hecho; Gobierno de facto.**

DE HECHO: de facto.◆ Efectiva, realmente; objetivamente, conforme a las circunstancias y pruebas.◆ Por la fuerza, sin títulos, arbitraria, inconstitucionalmente. ◆ Cuando en una causa se procede arbitrariamente por vía de fuerza y contra lo prescrito en el derecho.

DE HECHO Y DE DERECHO: que además de existir y proceder, existe y procede legítimamente.

"DE IURE": "de jure".

"DE JURE": ver **De derecho.**

DE OFICIO: diligencias que se practican judicialmente sin instancia de parte.◆ Oficialmente, con carácter oficial.

"DEAL": golpe de Bolsa.◆ Operación de compra o fusión amistosa o agresiva.

"DEALMAKERS": individuos que hacen "deals", que fusionan empresas.

DEBACLE: catástrofe, ruina, desastre económico o financiero de una empresa, país o grupos económicos.◆ Término de origen francés, cuya acepción es revolución, cambio brusco e inesperado que con desorden y confusión se produce en los negocios públicos o en los de un particular cualquiera.◆ Desastre.

DEBATE PÚBLICO ABIERTO: aquel en el que los ciudadanos determinan y definen los temas a debatir y su secuencia prioritaria, sin excluir a sus representantes *(S. Lerer).*

DEBATE PÚBLICO CERRADO: aquel que ocurre cuando el ciudadano no es más que un espectador en la discusión de las cuestiones públicas entre políticos *(S. Lerer).*

DEBE: sector o columna izquierda de una cuenta contable, de acuerdo con el método de la partida doble, en donde se registran: a) aumentos de cuentas del activo, b) importes de las cuentas de pérdida, c) disminuciones de cuentas de pasivo, d) disminuciones de cuentas de capital, reservas y ganancias.

DEBENTURE: palabra inglesa que significa obligación.◆ Las sociedades anónimas y en comandita por acciones pueden, si sus estatutos lo autorizan, contraer empréstitos en forma pública o privada mediante emisión de debentures u obligaciones negociables. Es una operación de crédito de importancia para las sociedades por acciones a la que se recurre cuando se necesitan fondos con la finalidad de financiar el crecimiento de la empresa o bien para lograr el saneamiento de la situación financiera de la entidad emisora. Los títulos de los debentures deben ser de igual valor y pueden representar más de una obligación. Se emiten al portador o a nombre de una persona determinada, es decir, son nominativos. En este caso, pueden ser endosables o no. La transmisión de los títulos nominativos debe notificarse a la sociedad por escrito para su inscripción en un libro de registro que llevará la sociedad deudora; éstos también pueden ser escriturales. En el caso de los títulos negociables, se notificará el último endoso. Los debenturistas son acreedores y sólo intervienen en la administración en caso de mora; los títulos pueden emitirse con garantía flotante, con garantía común o con garantía especial. ◆ Obligación negociable.

DEBENTURES CON GARANTÍA COMBINADA: aquellos cuya amortización y sus intereses están garantizados con una garantía especial y otra flotante.

DEBENTURES CON GARANTÍA COMÚN: aquellos que se encuentran, en cuanto al cobro de la renta, en igualdad de situaciones que los acreedores quirografarios. Su emisión no implica la afectación de ningún bien social en particular.

DEBENTURES CON GARANTÍA ESPECIAL: aquellos en los que la amortización y los intereses están garantizados con uno o varios inmuebles y que deben ser inscriptos en el registro de la propiedad correspondiente a la jurisdicción del inmueble. Su tratamiento es similar al de las hipotecas.

DEBENTURES CON GARANTÍA FLOTANTE: la emisión de debentures con garantía flotante afecta a su pago a todos los derechos, bienes muebles o inmuebles, presentes o futuros, que pertenezcan a la sociedad emisora y otorga los privilegios de la prenda, de la hipoteca o de la anticresis. La garantía flotante es exigible si la sociedad:

a) No paga los intereses y la amortizaciones del préstamo en los plazos convenidos.

b) Pierde la cuarta parte o más del activo existente al día del contrato de emisión de los debentures.
c) Incurre en disolución voluntaria, forzosa o quiebra.
d) Cesa el giro en sus negocios.

DEBENTURES CONVERTIBLES EN ACCIONES: aquellos que, además de representar el empréstito contraído por la sociedad emisora, otorgan al debenturista la opción de obtener la conversión de los mismos por su equivalente en acciones de la misma sociedad, sustituyéndose la relación de crédito por la relación de sociedad, es decir, transformándose de acreedor en socio. Esta conversión produce un aumento nominal de capital, ya que la cancelación de los debentures se efectúa mediante la entrega de acciones; es decir que no existe movimiento de dinero.

DEBENTURES INCINERADOS: los títulos retomados por rescate o por vencimiento son incinerados ante la presencia de un escribano público, de los directores y del fideicomisario.

DEBENTURES RESCATADOS: cancelación anticipada que puede realizar la sociedad emisora de acuerdo con el contrato, por el valor total o parcial adeudado de los debentures en circulación. ◆ Cuenta que se debita por el valor nominal de los valores a rescatar y se acredita por el rescate.

DEBENTURES RESCATADOS POR LICITACIÓN: la sociedad emisora, cuando los debentures se cotizan bajo la par, efectúa un llamado en forma pública a los debenturistas con el objeto de cancelar anticipadamente los debentures que éstos tienen en su poder y el precio que requieren por los debentures que poseen. De dichas ofertas, se aceptan las más ventajosas, es decir, la sociedad rescata los títulos a los precios más bajos.

DEBENTURES SIN GARANTÍA: aquellos emitidos sin ningún tipo de afectación particular en concepto de garantía.

DEBENTURISTA: nombre con el que se designa al propietario de debentures.

DEBER: obligación resultante de la concertación de un compromiso.◆ Deuda. ◆ Tener obligación de pagar.◆ Es la contratacara del derecho.

DEBER CONYUGAL DE COHABITACIÓN: obligación que pesa sobre los esposos a raíz de la unión matrimonial. La legislación argentina sostiene al respecto que aquéllos deben convivir en una misma casa, a menos que por circunstancias excepcionales se vean obligados a mantener transitoriamente residencias separadas. Podrán ser relevados judicialmente del deber de convivencia cuando ésta ponga en peligro cierto la vida o la integridad física, psíquica o espiritual de uno de ellos, de ambos o de los hijos. ◆ Ver **Débito conyugal.**

DEBER DE ASISTENCIA: uno de los deberes fundamentales del matrimonio. Con respecto a éste, *A. Belluscio* distingue dos aspectos, uno moral y espiritual y otro material. En el primero, señala como su contenido concreto: 1) la solidaridad personal, representada tanto por un trato considerado y decoroso como por la prestación de los estímulos necesarios, 2) el auxilio moral en caso de enfermedad. ◆ Ver **Deberes para con los hijos y los padres; Asistencia familiar.**

DEBER DE FIDELIDAD: ver **Fidelidad.**

DEBER DE OBEDECER LA LEY: deber del individuo que consiste en la observancia de las leyes y demás mandamientos legítimos de las autoridades de su país y de aquel en el que se encuentre.

DEBER DE PAGAR IMPUESTOS: el que recae sobre todo ciudadano, consistente en el cumplimiento con el pago de los tributos establecidos por la ley para el sostenimiento de los gastos públicos.

DEBER DE SUFRAGIO: el que recae sobre los individuos de votar en las elecciones populares del país del que sean nacional cuando estén legalmente capacitados para ello.

DEBER JURÍDICO: consiste en la restricción de la libertad exterior de una persona derivada de la facultad, concedida a otra u otras personas, de exigir de la primera cierta conducta, positiva o negativa *(E. García Mainez).*

DEBERES ANTE LA SOCIEDAD: aquellos cuyo cumplimiento y observancia posibilitan la convivencia con las demás personas de manera que todas y cada una puedan formar y desenvolver integralmente su personalidad.

DEBERES FORMALES FISCALES: obligaciones que la ley o las disposiciones reglamentarias y, aun las autoridades de aplicación de las normas fiscales, por delegación de la ley impongan a los administrados en el desempeño de sus cometidos *(D. Jarach).*

DEBERES PARA CON LOS HIJOS Y LOS PADRES: toda persona tiene el deber de asistir, alimentar, educar y amparar a sus hijos menores de edad, y los hijos tienen el deber de honrar siempre a sus padres y el de asistirlos, alimentarlos y ampararlos cuando éstos lo necesiten.

DEBIDO PROCESO LEGAL: ver **Derecho a un proceso regular.**

DEBILIDAD MENTAL: ver **Deficiencia mental.**

DEBITAR: cargar un importe en el "debe" de una cuenta.◆ Cargar.◆ Ver **Debe**.

DÉBITO CARNAL: débito conyugal.

DÉBITO CONYUGAL: en el matrimonio canónico, obligación asumida por los cónyuges de relacionarse sexualmente como consecuencia del amor que los une y con el fin de procrear, con miras a la formación de una familia.◆ Se trata de un deber vinculado al deber conyugal de cohabitación en virtud del cual ambos esposos deben prestarse al acto sexual considerado como una de las finalidades primordiales del matrimonio. ◆ Ver **Débito carnal; Deber conyugal de cohabitación; Cohabitar.**

DÉCADA: período de diez años.◆ Período de diez días.◆ Serie de diez.

DECÁLOGO: conjunto de lineamientos básicos e indispensables para el desarrollo de cualquier actividad es indiferente el hecho de que el número de postulados que lo integran coincidan o no con la cantidad de diez.

DECALVACIÓN: castigo consistente en rasurarle la cabellera a una persona.

DECANO: persona más antigua de una colectividad.◆ Constituye la más alta autoridad dentro de una universidad, facultad o academia.

DECAPITACIÓN: pena consistente en cortarle la cabeza al condenado, sea mediante una guillotina o por otro medio apto para tal fin.

DECENCIA: honestidad, recato. Alude a la dignidad de una persona, exteriorizada a través de sus actos y sus palabras.

DECENIO: período de diez años.

DECENVIRATO: concepto que alude a la función desempeñada por un decenviro y a su duración.

DECENVIRO: en el antiguo Derecho Romano, era la forma por la cual se designaba a cada uno de los diez magistrados superiores encargados de la confección de las Leyes de las Doce Tablas y responsables también –en modo temporario– del gobierno de la República en lugar de los cónsules.

DECESO: fallecimiento.◆ También se denomina de este modo a la muerte civil.

DECIDIR: adoptar cierta determinación, formar un juicio definitivo acerca de un asunto.

DECISIÓN: selección de una alternativa entre varias posibles, que puede comprender declaraciones e intenciones, seguida de una acción correspondiente. ◆ Resolución adoptada por una persona respecto de un asunto sometido su consideración.

DECISORIO: aquello que tiene virtud para decidir.

DECLARACIÓN: acción y efecto de declarar o declararse. Manifestación que bajo juramento hace el testigo o perito en causas criminales o pleitos civiles, y lo que hace el reo sin llenar aquel requisito.◆ Bienes y/o derechos declarados ante organismos competentes.◆ Ver **Declaraciones.**

DECLARACIÓN ADUANERA: formalidad obligatoria que permite determinar la aplicación o no de derechos de Aduana a cualquier mercadería tarifada.

DECLARACIÓN DE AUSENCIA: la resuelta por el juez competente cuando una persona hubiese desaparecido sin que de ella se tuviesen noticias, no habiendo designado apoderado y no compareciendo a pesar de las citaciones efectuadas mediante edictos durante un período determinado.

DECLARACIÓN DE AUSENCIA CON PRESUNCIÓN DE FALLECIMIENTO: la motivada por la ausencia de una persona del lugar de su domicilio o residencia, haya o no dejado apoderado, por el lapso que la legislación establezca. Este plazo comienza a partir de la última noticia que se hubiera tenido acerca de la existencia del ausente.

DECLARACIÓN DE BIENES: ver **Declaración fiscal.**

DECLARACIÓN DE EMBARQUE: documento extendido por escrito –por parte del cargador– al transportador en el cual consta el detalle de la naturaleza y calidad de la mercadería objeto del transporte, con indicación del número de bultos o piezas, cantidad o peso, según el caso.

DECLARACIÓN DE GUERRA: acto por el cual un Estado comunica a otro su determinación de dar por terminadas sus relaciones pacíficas y de iniciar la lucha armada *(G. Romero).*

DECLARACIÓN DE HEREDEROS: ver **Declaratoria de herederos**.

DECLARACIÓN DE IMPUESTOS: declaración fiscal.

DECLARACIÓN DE INCAPACIDAD: aquella decretada judicialmente a instancia de parte legitimada, una vez verificados los extremos previstos en la legislación.

DECLARACIÓN DE LA VOLUNTAD DE NEGOCIO: la exteriorización, el acto de la declaración, no es sólo una manifestación sobre la voluntad interna del declarante, es decir, un medio de suyo indiferente de comunicar una voluntad, sino que es al mismo tiempo ejecución de la voluntad.

DECLARACIÓN DE MATRIMONIO: manifestación de los contrayentes de querer tomarse respectivamente por marido y mujer.

DECLARACIÓN DE OFICIO: ver **De oficio.**

DECLARACIÓN DE PRODIGALIDAD: aquella decretada judicialmente a quien pone en riesgo la estabilidad de la situación patrimonial familiar, inhabilitando al pródigo en consecuencia para el ejercicio de determinadas facultades previstas en la legislación.

DECLARACIÓN DE QUIEBRA: sentencia judicial que convierte al deudor insolvente en fallido.◆ Sentencia mediante la cual un tribunal de comercio, luego de haber comprobado la cesación de pagos de un deudor, pronuncia la quiebra de éste; sea a pedido, –del propio deudor o sus acreedores– o en virtud del incumplimiento del acuerdo preventivo.◆ Sentencia de quiebra.

DECLARACIÓN DE REBELDÍA: aquella que recae sobre el litigante rebelde, es decir, el litigante que deliberadamente no ha comparecido al proceso en tiempo y forma.

DECLARACIÓN DE UTILIDAD PÚBLICA: acto inicial del procedimiento de expropiación mediante el cual se afirma la utilidad de la transferencia forzada al patrimonio administrativo de propiedades inmuebles privadas para la buena marcha de la administración y el sostenimiento de la vida pública *(H. Capitant).*

DECLARACIÓN DE VOLUNTAD: aquella que contiene la manifestación de la voluntad del agente; es un elemento fundamental del acto jurídico sin el cual el acto carece del carácter de voluntario. ◆ Exteriorización de la voluntad privada dirigida a provocar una consecuencia jurídica.

DECLARACIÓN EXPRESA DE VOLUNTAD: aquella manifestada verbalmente, por escrito o por otros signos inequívocos con referencia a determinados objetos.◆ Ver **Declaración de voluntad.**

DECLARACIÓN FISCAL: ver **Declaración jurada fiscal**.

DECLARACIÓN FORMAL DE VOLUNTAD: aquella que es eficaz independientemente de la observancia o no de ciertas formalidades.

DECLARACIÓN INDAGATORIA: aquella que, ante el juez instructor de un sumario, presta la persona a quien se imputa ser autora, cómplice o encubridora de un delito. Como norma general, el indagado tiene derecho a que esa actuación se verifique en presencia de su abogado. El detenido o procesado no está obligado a someterse a la indagatoria, ya que es un principio general de Derecho que nadie puede ser obligado a declarar contra sí mismo. Pero tal silencio no es buen indicio para el sospechoso *(M. Ossorio).*

DECLARACIÓN JUDICIAL: determinación adoptada por el juez respecto de una cuestión exteriorizada a través de una sentencia.

DECLARACIÓN JUDICIAL DE DEMENCIA: aquella dictada a solicitud de parte y luego de un examen hecho por facultativos del cual resulte la comprobación efectiva de la demencia.

DECLARACIÓN JUDICIAL DE SORDOMUDEZ: aquella dictada a instancia de parte, previo examen de facultativos, con el fin de verificar la imposibilidad de la persona de darse a entender por escrito. En caso de comprobarse dicha imposibilidad, los médicos examinarán, además, si se relaciona con algún tipo de enfermedad mental que impida al individuo dirigir su persona o administrar. De producirse un resultado positivo, corresponderá seguir el trámite de incapacidad por denuncia.

DECLARACIÓN JURADA: manifestación escrita bajo juramento.◆ Deposición que, bajo juramento, hace el testigo o perito en causas comunales o en pleitos civiles y la que hace el reo sin llenar aquel requisito.

DECLARACIÓN JURADA FISCAL: denominación que se da a las declaraciones impositivas concernientes a la determinación del monto imponible y del gravamen a pagar. Esta declaración se halla sujeta a verificación por parte de la autoridad respectiva, responsabilizando al contribuyente de su veracidad y exactitud.◆ Declaración fiscal.

DECLARACIÓN JURADA RECTIFICATIVA: declaración jurada impositiva que modifica alguna o algunas presentadas con anterioridad.

DECLARACIÓN TÁCITA DE VOLUNTAD: aquella que resulta de actos por los cuales se puede conocer con certidumbre la existencia de la voluntad, en los casos en que no se exija una expresión positiva o cuando no haya una protesta o una declaración expresa contraria.

DECLARACIÓN TRIBUTARIA: ver **Declaración jurada fiscal**.

DECLARACIÓN UNIVERSAL DE DERECHOS HUMANOS: París, 1948. Persigue la protección de los derechos humanos por un régimen de derecho; ideal común por el que todos los pueblos y naciones deben esforzarse a fin de que tanto los individuos como las instituciones, inspirándose constantemente en ella, promuevan, mediante la enseñanza y la educación, el respeto a los derechos y libertades, y aseguren su reconocimiento y aplicación universales y efectivos.

DECLARACIONES: son afirmaciones expresas incluidas en la Constitución que implican la adopción de determinada postura en relación con cuestiones políticas fundamentales *(M.A. Ekmedjián).*

DECLARACIONES, DERECHOS Y GARANTÍAS: parte primera o parte dogmática de la Constitución Nacional; es la que establece la situación en la que se encuentra el individuo respecto del Estado, sus relaciones con éste y las originadas respecto de las personas entre sí.

DECLARANTE: nombre con el cual se designa a la persona que manifiesta ante el juez lo que sabe respecto de los hechos objeto de la contienda.◆ Quien declara.

DECLARAR: manifestar lo que está oculto o no se entiende o aquello a lo que se está obligado.◆ Determinar, decidir los juzgadores.

DECLARATORIA DE HEREDEROS: reconocimiento judicial de la persona o personas que, en virtud de un testamento o de la ley, suceden a otra fallecida.◆ En las sucesiones *ab intestato*, consiste en la declaración y determinación de personas que deben heredar al causante.

DECLARATORIO: pronunciamiento que define una cualidad o un derecho sin contener un mandamiento ejecutivo.

DECLINATORIA: pedido hecho por una parte al juez para que declare su incompetencia y remita la causa a quien corresponda *(F. Migliardi).*

DECOMISO: pena que recae sobre aquel que comercia en géneros prohibidos por la ley; consiste en la incautación de la mercadería o los bienes objeto del negocio ilícito.

DECORO: recato, honestidad.◆ Deber que pesa sobre ciertos funcionarios consistente en guardar el comportamiento debido con arreglo a sus funciones.

DECREPITUD: disminución acentuada en las facultades de una persona, derivadas de circunstancias relativas a la vejez.

DECRETAR: ordenar por decreto.◆ Decidir.

DECRETAR DÍAS: ordenar el juez que en ellos pueden hacerse o recibirse actuaciones.

DECRETO: acto de los órganos ejecutivos que determina los modos de aplicación de las leyes y las particularizan en concreto *(G. Del Vecchio).*◆ Resolución o mandato de autoridad competente.

DECRETO DELEGADO: ver **Decretos delegados.**

DECRETO LEY: disposición de carácter legislativo que se promulga por el Poder Ejecutivo y que no es sometida al órgano adecuado en virtud de alguna excepción originada en gobiernos *de facto.*

DECRETO REGLAMENTARIO: interpretación del Poder Ejecutivo Nacional correspondiendo a una ley. Dicha interpretación no puede modificar la ley ni ir más allá de lo que ésta puede decir.

DECRETOS DE EJECUCIÓN: reglamentos de ejecución.

DECRETOS DE POLICÍA: decretos de las autoridades de policía, que mandan o prohíben ciertos actos bajo sanción *(Enneccerus - Kipp - Wolff).*

DECRETOS DELEGADOS: aquellas normas generales dictadas por el Poder Ejecutivo en virtud de una delegación expresa de atribuciones que realiza el Poder Legislativo. A tales fines, éste debe establecer, a través de una ley, las bases sobre las cuales deberá asentarse la norma, así como el plazo dentro del cual deberá efectuarse su dictado.

DECRIMINALIZACIÓN: reducción del sistema penal y propuesta de eliminar figuras delictivas superfluas, obsoletas o tipificaciones de conductas que podrían ser controladas por medios administrativos o del derecho privado (C. A. Elbert).

DECÚBITO: posición adoptada por una persona o animal al echarse al suelo, sobre una cama, etcétera.

DECÚBITO LATERAL: aquel en que el cuerpo está echado de costado.

DECÚBITO PRONO: aquel en que el cuerpo yace sobre el pecho y el vientre.

DECÚBITO SUPINO: aquel en que el cuerpo yace de espaldas.

DECURIA: escuadra formada por diez soldados en la Antigua Roma. Cada una de las diez partes en las cuales se dividía la antigua milicia romana.

DECURIÓN: individuo que gobernaba las colonias o municipios romanos.

DECURSAS: réditos caídos de los censos.

DEDUCCIÓN DE SERVICIO DOMÉSTICO: posibilidad de deducir del pago del impuesto a las ganancias las contraprestaciones por los servicios prestados por el personal doméstico, así como también los pagos de las respectivas contribuciones patronales.

DEDUCCIONES: erogaciones que la ley tributaria admite descontar de los montos imponibles por haberse incurrido en gastos para la obtención de ingresos imponibles o por tratarse de sumas necesarias para el mantenimiento y la obtención de los montos gravados, como del titular de las rentas y sus familiares, y de las fuentes que generan los beneficios alcanzados por el tributo.

DEDUCCIONES AUTORIZADAS: deducciones admitidas por las normas impositivas vigentes sobre los ingresos, las ventas o las utilidades.

DEDUCCIONES IMPOSITIVAS: importes correspondientes a conceptos cuya deducción, a los efectos de la determinación del impuesto a pagar, es pertinente en virtud de normas tributarias.◆ Ver **Deducciones autorizadas**.

DEDUCCIONES NO ADMITIDAS: aquellas disminuciones aceptadas en el ámbito fiscal de acuerdo con las normas impositivas.

DEDUCCIONES POR CARGAS DE FAMILIA: aquellas que se admiten en algunas legislaciones sobre el impuesto a las ganancias o rentas. El sistema consiste en permitir que se deduzca por personas que sean residentes en el país, estén a cargo del contribuyente y no tengan entradas superiores a determinados montos.

DEDUCIR: presentar las partes sus defensas o excepciones.◆ Descontar.

"DEFAULT": incumplimiento, falta, ausencia. ◆ Se aplica cuando un país no cumple con sus acreedores externos. ◆ Término inglés que significa incumplimiento.

DEFECTO: carencia de las cualidades propias y naturales.◆ Vicio oculto o aparente de un objeto mueble o inmueble que puede tornarlo impropio para el uso al que está destinado o disminuir su valor.

DEFECTO LEGAL: omisión de los requisitos establecidos por la ley en vistas a la válida celebración de un acto jurídico.

DEFECTO OCULTO: ver **Defecto.**

DEFENDER: abogar en favor de alguien. ◆ Amparar.

DEFENDIDO: persona a quien defiende un abogado.

DEFENSA: derecho del que goza todo individuo que le permite repeler una acción ejecutada en su contra para demostrar su falta de fundamento.◆ Razón o motivo que se alega en juicio para desvirtuar la acción del demandante. ◆ Alude también al abogado defensor del imputado.◆ Contestación de la pretensión, que se funda en la negación del elemento de hecho o de derecho del fundamento de la pretensión *(F. Carnelutti).*

DEFENSA DEL CONSUMIDOR: movimiento social que busca aumentar los derechos y prerrogativas de los compradores en relación con los vendedores.

DEFENSA EN JUICIO: ver **Derecho a un proceso regular.**

DEFENSA LEGÍTIMA: ver **Legítima defensa**.

DEFENSA NACIONAL: conjunto de servicios destinados a asegurar la integridad material del territorio del Estado contra los actos de fuerza del extranjero.

DEFENSA PUTATIVA: cuando el agente obrando bajo la influencia de un error de hecho reacciona, con medios que serían para repeler un peligro que, equivocadamente, pensó que existía (L. Sisco). ◆ Cuando alguien imagina, racionalmente, que le amenaza un mal grave e inminente, y reacciona con medios adecuados para evitar el perjuicio que se seguiría de esa amenaza; pero tal peligro no existe en realidad, sino que el sujeto creyó en su existencia por una equivocada estimación de los hechos (M. Chichizola).

DEFENSABLE: aquello o aquel susceptible de ser defendido.

DEFENSAS PREVIAS: excepciones previas.

DEFENSIÓN: excusa, disculpa, respuesta.

DEFENSOR: persona encargada de defender en la audiencia los intereses de una de las partes.◆ También se lo designa usualmente con el nombre genérico de "defensa".

DEFENSOR DEL IMPUTADO: consiste en la defensa en una asistencia jurídica (asesoría jurídica, asistencia letrada, constitutiva de un verdadero mandato) y es un derecho que asume el carácter de servicio de necesidad pública. La defensa del imputado no constituye tan sólo un derecho subjetivo individual. Es una actividad esencial del proceso.

DEFENSOR DEL PUEBLO: ver "**Ombudsman**"; **Defensoría del pueblo.**

DEFENSOR JUDICIAL: órgano eventual e interviniente de representación y amparo de los menores, incapacitados o declarados pródigos *(S. Rebullida).*

DEFENSORÍA: ejercicio de las funciones inherentes al defensor.

DEFENSORÍA DEL PUEBLO: órgano independiente, instituido en el ámbito del Congreso de la Nación, que actúa con plena autonomía funcional sin recibir instrucciones de ninguna autoridad. Su misión es la defensa y la protección de los derechos humanos y demás derechos, garantías e intereses tutelados en la Constitución y las leyes, ante hechos, actos u omisiones de la Administración, y el control del ejercicio de las funciones administrativas públicas. El Defensor del Pueblo tiene legitimación procesal. Es designado y removido por el Congreso con el voto de las dos terceras partes de los miembros presentes de cada una de las Cámaras. ◆ *Ombudsman*.

DEFERIDO: comunicado.

DEFERIR: adherir a un dictamen ajeno debido a razones de cortesía o respeto. ◆ Dar parte de la jurisdicción o del poder.

DEFERIRSE LA SUCESIÓN: efectuarse de derecho la transmisión sucesoria.

DEFICIENCIA MENTAL: insuficiencia de las facultades de carácter patológico.

DÉFICIT: brecha que se genera cuando los egresos superan los ingresos.◆ Resultado negativo, pérdida de estados contables correspondiente a un ente sin fines de lucro.

DÉFICIT CUASI FISCAL: el proveniente de la pérdida originada cuando el Banco Central abona una tasa de interés por fondos que recibe, superior a la que cobra por los fondos que presta. Es el costo de la deuda interna.

DÉFICIT DE BALANZA DE PAGOS: aquel producido cuando los egresos de divisas superan sus ingresos en la balanza de pagos, lo que deriva en la utilización de reservas o la obtención de préstamos para compensar tal diferencia.◆ Ver **Balanza de pagos**.

DÉFICIT DE CUENTA CORRIENTE: aquel que tiene lugar cuando las exportaciones son inferiores a las importaciones, más intereses, más utilidades transferidas al exterior.

DÉFICIT FISCAL: existe cuando los egresos superan los ingresos de la Tesorería General de la Nación.◆ Exceso de gastos sobre los ingresos.◆ Déficit público.

DÉFICIT PRESUPUESTARIO: el originado cuando en un ejercicio fiscal los ingresos de dinero para atender a los egresos presupuestados son menores. Ante esta situación, se suele recurrir a fondos de terceros para cubrir tal déficit.

DÉFICIT PÚBLICO: ver **Déficit fiscal.**

DEFINIR: resolver una cosa dudosa.◆ Deslindar.◆ Delimitar.

DEFINITIVO: concepto que alude a aquello que concluye o decide una cuestión.

DEFLACIÓN: situación económica por la cual el nivel general de precios tiende a la disminución. Esto se presenta en forma coyuntural y excepcional.

DEFRAUDACIÓN: acción de privar a alguien, con abuso de su confianza o con infidelidad a las obligaciones propias, de lo que le toca de derecho.◆ Cuando el autor del delito entra legítimamente en la posesión de una cosa y se queda dolosamente con ella *(A. García).*

DEFRAUDACIÓN DE INCAPACES: proceder abusivo de aquel que, con el fin de procurarse la firma de un documento por parte de un incapaz o un menor, se vale de sus necesidades, pasiones o inexperiencia causándole un daño a éste o a un tercero.

DEFRAUDACIÓN DE LOS AGENTES DE RETENCIÓN O PERCEPCIÓN: delito cometido por el agente de retención o percepción que no depositare o contuviere en su poder, total o parcialmente, el tributo retenido o percibido, o los aportes y contribuciones retenidos a los organismos nacionales de seguridad social después de vencidos los plazos en que debió ingresarlos.

DEFRAUDACIÓN DE SERVICIOS O ALIMENTOS: delito tipificado en la legislación penal que reprime la conducta de aquel sujeto que, sabiendo que no dispone de medios suficientes para pagar, se hace servir en restaurantes, posadas u otros lugares destinados para comer, así como también del que en igual situación económica se aloja en hoteles, hosterías o pensiones o utiliza cualquier medio de transporte y no paga la consumición efectuada o el servicio prestado. El sujeto activo del delito, llamado petardista, aprovecha la circunstancia de tratarse de servicios que, aunque de pago al contado, no se cobran por adelantado, sino después de los servicios prestados.

DEFRAUDACIÓN FISCAL: ver **Delito de estafa; Defraudación fiscal.**

DEFRAUDACIÓN IMPOSITIVA: práctica consistente en eludir o burlar el pago de los impuestos o contribuciones.

DEFRAUDACIÓN POR ALTERACIÓN DE CUENTAS, PRECIOS O CONTRATOS: delito de quien, habiendo llegado a ser gestor fiduciario de una operación administrativa en interés de otros y, de tal modo, consignatario de las cosas de pertenencia ajena para aquel uso determinado, abusa de la confianza que se le otorgó convirtiendo indebidamente en su provecho las mismas cosas que le fueron entregadas para que las administrase o las ganancias obtenidas de su administración *(H. Cámara).*

DEFRAUDACIÓN POR INCENDIO O DESTRUCCIÓN DE COSAS ASEGURADAS: defraudación consumada por el que, con el fin de procurarse a sí mismo o procurar a otro un provecho ilegal en perjuicio de un asegurador, incendiase o destruyese una cosa o una nave asegurada o cuya carga o flete estén asegurados.

DEFRAUDACIÓN POR SUSCRIPCIÓN DE DOCUMENTOS: accionar del que, valiéndose de ciertos medios tales como la intimidación, obligue a otro a firmar o destruir documentos de obligación o de crédito.

DEFUNCIÓN: muerte, fallecimiento.

DEFUNCIÓN EN AERONAVE: aquella producida en una aeronave. Si ella tuviere lugar sobre territorio argentino, será registrada por el comandante o por quien desempeñe sus funciones y el acta será extendida en el libro de a bordo correspondiente.

DEGRADACIÓN ACTUAL: degradación real.

DEGRADACIÓN CÍVICA: pena criminal que actúa en ciertos casos como pena principal; importa la privación, a perpetuidad y en bloque, de los derechos cívicos y políticos.

DEGRADACIÓN DE LA MONEDA: disminución del valor de la moneda originado, por ejemplo, en la emisión de moneda por debajo del peso prescripto o mediante extracción de metal por medio de diversos artilugios. En síntesis, es entregar menor valor metálico que el declarado.

DEGRADACIÓN REAL: la que se ejecuta con las solemnidades prevenidas por derecho o por ceremonia introducida.

DEGRADACIÓN VERBAL: la que se declara por el juez competente pero que no llega a ejecutarse.

DEGRADAR: privar a una persona de las dignidades, honores, empleos y privilegios que tiene.

DEJACIÓN: cesión, desistimiento.

DEJE DE CUENTA: abandono de la mercadería.

DELACIÓN: acusación, denuncia.

DELACIÓN DE LA HERENCIA: atribución de la herencia que se opera mediante el derecho de opción concedido al sucesible, derecho que se desdobla en la facultad de aceptar el llamado o de repudiarlo *(O. Maffía).*

DELADO: bandido, forajido.

DELEBLE: que puede borrarse fácilmente.

DELEGACIÓN: acto de delegar el poder y la autoridad a un subordinado. Implica el siguiente proceso: determinación de los resultados esperados, asignación de tareas, transferencia de autoridad para llevar a cabo las tareas y asignación de responsabilidad derivada de la ejecución de la tarea.◆ Operación por la cual una persona hace o se obliga a hacer una prestación a otra, que la acepta por cuenta de un tercero. ◆ Mandato.◆ Misión.

DELEGADO: persona en quien se delega una facultad o jurisdicción.◆ Representante.

DELEGAR: dar una persona a otra la jurisdicción que tiene por su dignidad u oficio para que haga sus veces o conferirle sus representaciones.◆ Comisionar, encargar.

DELIBERACIÓN: acción mediante la cual se considera atenta y detenidamente el pro y el contra de los motivos de una decisión antes de adoptarla y la razón o sinrazón de los votos antes de emitirlos.◆ Ver **Derecho a deliberar.**

DELIBERACIONES EXTRAORDINARIAS: aquellas que modifican los derechos de los accionistas. El quórum es, en la mayor parte de las legislaciones, de las tres cuartas partes de las obligaciones susceptibles de estar representadas en la asamblea *(G. Ripert)*

DELIBERACIONES ORDINARIAS: las que se refieren a la defensa de los intereses de los obligacionistas. El quórum es, en la mayor parte de las legislaciones, de la tercera parte de las obligaciones susceptibles de estar representadas en la asamblea. La mayoría es la mayoría absoluta de los miembros presentes o representados *(G. Ripert).*

DELIBERAR: considerar el pro y el contra de una resolución o toma de decisión en una empresa.◆ Examinar o consultar en grupo.

DELIMITAR: fijar con precisión los límites de un predio.

DELINCUENCIA: conjunto de delitos, ya sea en general, ya referidos a un país, época o especialidad en ellos.

DELINCUENTE: persona que ha cometido un delito, un hecho reprimido por la ley.

DELINCUENTE CONSUMADO: el acto mismo contrario al derecho, culpable, definido en la ley (F. Von Liszt).

DELINCUENTE CONVICTO: reo al que se le constató su delito, aunque no lo haya reconocido o confesado.

DELINQUIR: acción de cometer un delito.

DELITO: acción de un imputado que está en pugna con el ordenamiento jurídico de la sociedad, por encuadrar dentro de las condiciones objetivas de una norma penal. Para que se repute como tal, es necesario que sea el resultado de la libre determinación del autor.◆ Acción u omisión voluntaria castigada por la ley. Toda persona que por cualquier omisión hubiese ocasionado un perjuicio a otro será responsable solamente cuando una disposición de la ley impusiere la obligación de cumplir el hecho omitido.◆ Violación a los bienes jurídicos fundamentales: la vida, la identidad, la libertad de expresión, la propiedad; son transgresiones a las normas básicas de la convivencia comunitaria, como matar, robar, estafar y otras acciones que la sociedad no tolera. Está sancionado por el Código Penal, por leyes y disposiciones penales especiales.

DELITO CALIFICADO: delito simple agravado por la adición de una circunstancia específicamente prevista, que tiene por efecto alterar la escala penal con relación al delito simple *(S. Soler).*

DELITO CIVIL: acto ilícito efectuado a sabiendas y con la intención de dañar a la persona o los derechos de otro.

DELITO COMPLEJO: producto de la fusión de dos hechos en sí mismos delictivos *(S. Soler).*

DELITO CONSUMADO: el acto mismo contrario al derecho, culpable, definido en la ley (F. von Liszt).

DELITO CONTINUADO: aquel en el cual son varios los hechos, pero a mérito de la homogeneidad material y jurídica de la unidad de designio criminoso precedente, esa pluralidad se fusiona en una unidad delictiva. No obsta a la calificación de un delito de continuado el prolongado transcurso del tiempo operado entre el primero y el último hecho, si esto es sólo un aspecto accidental que no modifica la sustancia del caso.◆ Cuando una serie de acciones idénticamente violatorias del derecho son ejecutadas con unidad de resolución, sí puede afirmarse que el derecho no acuerda relevancia a esa repetición *(S. Soler).*

DELITO CULPOSO: aquel ejecutado como consecuencia del accionar negligente o imprudente del autor o por impericia en su arte o profesión.

DELITO DE AUDIENCIA: infracción cometida en la audiencia.

DELITO DE COACCIÓN: uso de amenazas con el fin de alarmar o amedrentar a otro o con el propósito de obligar a otra persona a hacer, no hacer o tolerar algo contra su voluntad.

DELITO DE COMISIÓN: es aquel en el cual el objeto de la prohibición es un hecho positivo, de modo que el evento que lo consuma es el resultado del modo de obrar *(S. Soler).*

DELITO DE DAÑO: aquel en el cual el elemento objetivo de la acción se concreta en la lesión total o parcial del bien jurídico que la norma tutela *(S. Soler).*◆ Ver **Delito de daños.**

DELITO DE DAÑOS: acto ilícito llevado a cabo por quien destruyese, inutilizase, hiciere desaparecer o de cualquier modo dañase una cosa mueble o inmueble, o incluso un animal, total o parcialmente ajeno, siempre que dicho acto no constituya un delito más severamente penado. Aquel en el cual el elemento objetivo de la acción se concreta en la lesión total o parcial del bien jurídico que la norma tutela *(S. Soler).*

DELITO DE ESTAFA O DEFRAUDACIÓN FISCAL: aquel en el que incurre el responsable por deuda propia o ajena que, mediante doble contabilidad o declaraciones, liquidaciones, registrables contables o balances engañosos o falsos, o mediante la no emisión de facturas o documentos equivalentes cuando hubiere obligación de hacerlo, o efectuando facturaciones o valuaciones en exceso o en defecto, o valiéndose de cualquier otro ardid o engaño, ocultare, modificare, disimulare o no revelare la real situación económica o patrimonial con el objeto de dificultar o impedir la fiscalización o la percepción de tributos, siempre que pueda importar un perjuicio patrimonial al Fisco, cuando el hecho no importe un delito más severamente penado.

DELITO DE GENOCIDIO: atentado al honor o a la inviolabilidad corporal de un grupo de personas o de un individuo, a causa de su nacionalidad, religión o raza.

DELITO DE INFIDELIDAD DIPLOMÁTICA: el que se configura como consecuencia de la conducta adoptada por el funcionario que, encargado por el Gobierno de una negociación con un Estado extranjero, la condujere de un modo perjudicial a la Nación apartándose de sus instrucciones.

DELITO DE INSOLVENCIA PATRIMONIAL PROVOCADA: aquel en el que incurre quien, habiendo tomado conocimiento de la iniciación de un procedimiento administrativo o judicial, provocare la insolvencia patrimonial propia o ajena en los casos de mandato o representación, para imposibilitar el cobro de tributos u obligaciones previsionales, con los organismos nacionales de seguridad social.

DELITO DE NO INSCRIPCIÓN O NO PRESENTACIÓN DE DECLARACIONES JURADAS: aquel en el que incurre quien, estando obligado por las disposiciones de las respectivas leyes tributarias y sus decretos reglamentarios, no se inscribiere u omitiere presentar sus declaraciones juradas.

DELITO DE OMISIÓN: aquel en el cual el objeto prohibido es una omisión, una abstención *(S. Soler).*◆ Delitos de simple omisión.

DELITO DE OMISIÓN DE ACTUAR COMO AGENTE DE RETENCIÓN: aquel en el que incurre el empleador que, estando obligado a ello, no se inscribiere como responsable del pago de los aportes y contribuciones a los organismos nacionales de seguridad social u omitiere actuar como agente de retención o percepción aun en los convenios de corresponsabilidad gremial.

DELITO DE OMISIÓN DE AUXILIO: el llevado a cabo por quien, habiendo encontrado perdido o desamparado a un menor o a una persona herida, inválida o amenazada por un peligro cualquiera, no le hubiese prestado el auxilio necesario pudiendo haberlo hecho sin riesgo personal o no hubiese dado aviso inmediatamente a la autoridad.

DELITO DE PELIGRO: aquel que se concreta y perfecciona con la mera posibilidad de la lesión *(S. Soler).*

DELITO DE PROVOCACIÓN DE HOSTILIDADES: el conformado por aquel que, a través de actos hostiles no aprobados por el Gobierno Nacional, diere motivo al peligro de una declaración de guerra contra la Nación, expusiere a sus habitantes a experimentar vejaciones o represalias en sus personas o en sus bienes, o alterarse las relaciones amistosas del Gobierno con otro extranjero.

DELITO DE SOBREFACTURACIÓN O SUBFACTURACIÓN: aquel en el que incurre el que efectúa facturaciones o valuaciones en exceso o en defecto en materia de importación o exportación con el fin de percibir beneficio o exenciones impositivas.

DELITO DE SUSTRACCIÓN DE AGUAS: el cometido por quien, ilícitamente y con el propósito de causar perjuicio a otro, sacare agua de represas, estanques u otros depósitos, ríos, arroyos, fuentes, canales o acueductos o la sacare en mayor cantidad que aquella a que tenga derecho.

DELITO DEPORTIVO: el ejecutado por quien, por sí o por tercero, ofreciese o entregase una dádiva o efectuase una promesa remunerativa a fin de facilitar o asegurar el resultado irregular de una competencia deportiva o el desempeño anormal de un participante en ella. Este delito comprende, además, la acción de suministrar a un participante (con su consentimiento o sin él) o a animales que intervengan en competencias sustancias estimulantes o depresivos tendientes a aumentar o disminuir anormalmente su rendimiento.

DELITO ESPECIAL: el que requiere determinada calidad en el sujeto activo, como en el caso de un militar, sacerdote, etcétera. También se incluyen bajo esta designación aquellos delitos que constan en leyes penales no incorporadas al Código Penal *(S. Soler).*

DELITO FISCAL: aquel cometido contra el erario público.

DELITO FLAGRANTE: ver **Flagrante; "In fraganti".**

DELITO FORMAL: infracción que se reputa consumada por el solo hecho de haber sido puesto en acción determinado medio incriminado por la ley, abstracción hecha del resultado.

DELITO FRUSTRADO: infracción que no se ha consumado en virtud de una causa independiente de la voluntad del agente, aunque éste haya cumplido todos los actos materiales constitutivos de una infracción *(H. Capitant).*

DELITO IMPERFECTO: cuando la violación del derecho no ha tenido lugar, aunque el culpable haya ejecutado, con voluntad dirigida hasta ese fin, actos externos capaces de producirla.

DELITO IMPOSIBLE: aquel en el que los medios seleccionados para su comisión son notoriamente inidóneos para la consecución del resultado esperado.

DELITO INSTANTÁNEO: aquel en el cual la acción que la consuma se perfecciona en un solo momento *(S. Soler).*

DELITO INTENTADO: delito tentado.◆ Tentativa.

DELITO MILITAR: toda violación de los deberes militares que tenga pena señalada en el Código de Justicia Militar y en las demás leyes militares que no se encuentre comprendida entre las faltas de disciplina; además, todo hecho penado por los bandos que las autoridades militares facultadas al efecto dicten en tiempo de guerra.

DELITO PERFECTO: cuando la violación del derecho protegido por la ley penal se ha consumado.

DELITO PERMANENTE: aquel que se configura cuando la acción delictiva misma permite, por sus características, que se la pueda prolongar voluntariamente en el tiempo, de modo que sea idénticamente violatoria del derecho en cada uno de sus momentos *(H. Manzini).* ◆ Cuando todos los momentos de su duración pueden imputarse como consumación *(C. Alimena).*

DELITO PLURISUBSISTENTE: aquel resultado de la unificación de varios hechos naturalmente separados bajo una sola figura. Es una fusión de hechos *(S. Soler).*

DELITO POLÍTICO: todo acto ilícito cometido contra el Estado o sus instituciones.

DELITO POR IMPRUDENCIA: ver **Delito culposo.**

DELITO PRETERINTENCIONAL: infracción cuyo resultado excede la intención del agente *(H. Capitant).*

DELITO PRIVILEGIADO: aquel en el cual el tipo básico, por mediación de una circunstancia favorable, se atenúa y forma una escala penal menor *(S. Soler).*

DELITO PUTATIVO delito aparente; no es un delito. El autor cree haber incurrido en un obrar antijurídico, sin haberlo hecho efectivamente.

DELITO TENTADO: ver **Tentativa.**

DELITO UNISUBSISTENTE: el que consta de un solo hecho *(S. Soler).*

DELITOS ADUANEROS: actos y omisiones que transgreden disposiciones del Código Aduanero.

DELITOS CIVILES: ver **Delito civil.**

DELITOS COMPLEJOS: los que, mediante un solo hecho, lesionan varios bienes jurídicos o personas *(A. García).*

DELITOS CONTRA LA LIBERTAD DE PRENSA: aquellos que tienen por objeto la obstaculización en la circulación de un periódico, libro, revista, etcétera.

DELITOS CONTRA LA LIBERTAD DE REUNIÓN: los que comete quien impidiere materialmente o turbare una reunión lícita, con insultos o amenazas al orador o a la institución organizadora del acto *(A. García).*

DELITOS CONTRA LA LIBERTAD INDIVIDUAL: los que se configuran cuando se redujese a una persona a servidumbre o a otra condición análoga o se la recibiere en tal condición para mantenerla en ella o se privare a otro de su libertad personal *(A. García).*

DELITOS CONTRA LA VIDA: categoría de delitos comprensiva de algunas figuras tales como el homicidio, la instigación al suicidio, las prácticas abortivas, etcétera.

DELITOS DE ACCIÓN: aquellos en los cuales se incurre en virtud de la ejecución de una conducta positiva.

DELITOS DE ACCIÓN PRIVADA: aquellos en los cuales sólo podrá denunciar quien tenga derecho a instar.

DELITOS DE GUERRA: los cometidos por los Estados en virtud de la inobservancia de la regulación vigente en materia de Derecho de Guerra en el Derecho Internacional.

DELITOS DE OMISIÓN: aquellos en los cuales incurre el agente en virtud de no haber ejecutado una conducta que le era requerida por la ley en esas circunstancias.

DELITOS DE PELIGRO COMÚN: en Colombia, se denominan así los delitos "que se refieren a situaciones en que se pone en riesgo la vida, salud o propiedad de un número indeterminado de personas o cosas; ejemplo, delitos contra la seguridad de medios de transportes y comunicación" *(P. Canales Nettle).*

DELITOS DE PELIGRO GENERAL: delitos de peligro común.

DELITOS DE PELIGRO INDIVIDUAL: en Colombia, "son aquellos que se tipifican para proteger contra el riesgo la vida o la salud de una persona; ejemplo, el abandono de niños" *(P. Canales Nettle).*

DELITOS ELECTORALES: todos aquellos actos realizados en infracción a las leyes electorales. Entre ellos cabría destacar el hecho de impedir a otro ejercer un cargo electoral o el derecho al sufragio, compeler a un elector a votar de determinada forma, suplantar a un sufragante o votar más de una vez, sustraer o destruir urnas, boletas o actas de escrutinio, etcétera.

DELITOS FORMALES: aquellos que se reputan como tales por el solo hecho de pretender violar las normas penales aun cuando no hubiesen producido daños *(A. García).*◆ Aquellos en los cuales, para la consumación, no se requiere la producción de ningún evento extraño o externo a la acción del sujeto *(S. Soler).*

DELITOS INTERNACIONALES: aquellos cometidos en contra de las normas vigentes en el Derecho Internacional.

DELITOS MATERIALES: aquellos que para su consumación requieren la producción de un resultado externo, que si bien se vincula causalmente con la acción del sujeto A, constituye un evento distinto y posterior a la acción misma; y representa violación de un derecho concreto *(S. Soler).*◆ Aquellos en los cuales, para ser considerados delitos, no sólo debe existir la intención de delinquir sino haber producido el daño real y efectivo *(A. García).*

DELITOS PENALES: hechos ilícitos tipificados y penados en el Código Penal.

DELITOS QUE COMPROMETEN LA PAZ Y LA SEGURIDAD DE LA NACIÓN: aquellos que se configuran cuando, por actos materiales hostiles no aprobados por el Gobierno Nacional, se diere motivos al peligro de una declaración de guerra contra la Nación, se expusiere a sus habitantes a experimentar vejaciones o represalias en sus personas o en sus bienes o alterare las relaciones amistosas de un Gobierno con un gobierno extranjero *(A. García).*

DELITOS SIMPLES: los que atacan sólo un bien jurídico *(A. García).*◆ Aquellos que producen una única lesión jurídica.

"DELIVERED AT FRONTIER": cláusula en virtud de la cual el vendedor debe colocar la mercadería en la frontera, pero antes del límite aduanero del país designado en el contrato.

"DELIVERED DUTY PAID": cláusula en virtud de la cual el vendedor se obliga a poner la mercadería a disposición del comprador en el lugar por él señalado, *"libre de derechos".*

"DELIVERED DUTY UNPAID": cláusula en virtud de la cual el vendedor debe poner la mercadería en el lugar convenido del país de importación a disposición del comprador y son a cargo de éste los derechos de Aduana, otras cargas fiscales y los trámites aduaneros.

"DELIVERED ORDER": conocimiento de embarque.◆ Orden de entrega.◆ Título a la orden emitido con el propósito de fraccionar el conocimiento y que da derecho a que el capitán entregue determinada cantidad de las mercaderías embarcadas en el buque.

DEMANDA: toda petición formulada ante el Poder Judicial.◆ Es el acto procesal que, sujeto a requisitos específicos, concreta el acceso del justiciable en la jurisdicción, promoviendo un proceso y requiriendo una resolución judicial respecto de las pretensiones que en ella se formulan.◆ Presentación formal que el actor hace al tribunal para que se pronuncie sobre la acción y las pretensiones que está ejercitando.◆ Acto inicial por el que se reclama a un Juez para obtener judicialmente la actuación de la ley en un caso concreto o, si se quiere, para que se decida sobre una pretensión que a él se expone o para conseguir los derechos que se pretenden.

DEMANDA ACCESORIA: demanda secundaria interpuesta como consecuencia de otra principal cuya suerte sigue, por lo general.

DEMANDA ADICIONAL: aquella que se agrega a la original con el objeto de modificar o ampliar su dimensión.

DEMANDA CONEXA: aquella que se presenta con otra sometida a un tribunal diferente, se trata de una vinculación tal que la solución de una debe influir por su naturaleza en la de la otra *(H. Capitant).*

DEMANDA PRINCIPAL: aquella que se refiere al objeto principal del litigio.

DEMANDADO: persona a quien se pide una cosa en juicio.

DEMANDANTE: parte actora.◆ Persona que demanda o pide una cosa en juicio.

DEMARCACIÓN: delimitación. Terreno demarcado.

DEMASÍA: en Derecho Minero, terreno sobrante entre dos o más minas demarcadas en el cual no puede formarse una pertenencia.

DEMENTES: personas que, por causa de enfermedades mentales, no tengan aptitud para dirigir su persona o administrar sus bienes.

DEMOCRACIA: sistema de Gobierno en el que la soberanía pertenece al pueblo, que ejerce el poder bien directamente, bien por medio de representantes.

DEMOCRACIA DELEGATIVA: aquella que se caracteriza por la delegación de un excesivo poder al Poder Ejecutivo, con instituciones políticas debilitadas y con un frágil control cotidiano de la validez y la legalidad de las acciones al Poder Ejecutivo por parte de los otros organismos públicos, que no siempre son razonablemente autónomos y que, a veces, son decididamente dependientes *(S. Lerer).*

DEMOCRACIA REPRESENTATIVA: aquella en la cual el Gobierno actúa en representación del pueblo soberano; el pueblo debe delegar el poder en ciudadanos elegidos democráticamente para que lo represente en el ejercicio de las funciones de gobierno *(M. de Ruiz).*

DEMOCRACIA SINDICAL: forma de Gobierno que garantiza la decisión última al órgano representativo de la asociación profesional y en la que la acción sindical descansa en el derecho de opción de cada individuo (obrero o patrón) a afiliarse o no y a entrar o salir del sindicato sin óbice para su libertad de trabajo.

DEMORA: retardo en el cumplimiento de una obligación.◆ Símbolo que representa toda detención transitoria del proceso en espera de un acontecimiento determinado.◆ Obligación de abonar el fletador al titular de una embarcación cuando el buque se encuentra en el puerto, más allá de cuando puede zarpar y no lo hace.

DENEGACIÓN DE AUXILIO: omisión de los actos cooperatorios a la administración de la justicia u otro servicio público *(Bernaldo de Quirós).*

DENEGACIÓN DE JUSTICIA: ver **Denegación y retardo de justicia.**

DENEGACIÓN Y RETARDO DE JUSTICIA: situación que queda configurada cuando: a) el tribunal se niega a fallar, b) el tribunal demora irrazonable o indefinidamente su sentencia, c) el justiciable no encuentra tribunal competente para que le resuelva su pretensión, d) los tribunales no se hallan en condiciones de dictar sentencias "eficaces" que rindan utilidad *(G. Bidart Campos).*◆ Originada cuando el juez se negare a juzgar so pretexto de oscuridad, insuficiencia o silencio de la ley.

DENEGAR: no conceder lo peticionado.

DENOMINACIÓN: nombre o título con el cual se distinguen las personas y las cosas.

DENOMINACIÓN SOCIAL: nombre o designación de una empresa comercial, industrial, etcétera, que permite distinguirla de otras.

DENUNCIA: facultad que le asiste a toda aquella persona que hubiese sido testigo o tenido conocimiento de cualquier modo acerca de la comisión de un delito de acción pública. Consiste en anoticiar de ello a las autoridades competentes.

DENUNCIA ADMINISTRATIVA: acto por cuyo mérito un particular pone en conocimiento del órgano administrativo la comisión de un hecho ilícito o la irregularidad de un acto administrativo o reglamento, sin que exista obligación de tramitarla ni de decidirla por parte de la administración pública *(J. C. Cassagne).*

DENUNCIA FALSA: ver **Falsa denuncia**.

DENUNCIAR: noticiar.◆ Participar o declarar oficial el estado ilegal, irregular o inconveniente de una cosa.◆ Delatar.◆ Dar a la autoridad parte o noticia de un daño hecho con designación del culpable o sin ella.

DEPARTIR: disolver el vínculo matrimonial.

DEPENDENCIA: subordinación a un poder mayor.◆ Oficina pública o privada dependiente de otra superior.◆ Ver **Trabajador en relación de dependencia.**

DEPENDIENTES: empleados a sueldo que no tienen la facultad de contratar y obligarse por sus principales, a excepción de una autorización expresamente concedida.◆ Subordinado, subalterno. Inferior jerárquico. ◆ Empleados.

DEPONENTE: quien se va de un empleo.◆ Que depone.

DEPONER: privar a una persona de su empleo o degradarla en los honores que tenía.◆ Declarar ante una autoridad judicial.

DEPORTAR: desterrar a alguien a un lugar, por lo general extranjero, y confinarlo allí por razones políticas o como castigo.

DEPORTO: operación de pase que se concerta cuando es el reportador quien tiene en posesión los títulos y, por tanto, el reportante presta dichos títulos al reportador a cambio de lo cual obtiene un precio que se calcula en función del tiempo por el cual se concerta el "deporto", el cual es abonado por el reportador *(E. Holz).*

DEPOSICIÓN: declaración formulada bajo fe de juramento por una persona llamada a suministrar su testimonio ante la justicia.◆ Sanción eclesiástica cuyo objetivo es castigar y no corregir al culpable, privándolo de su oficio, sus dignidades, etcétera.

DEPOSITANTE: persona que deposita dinero, valores o bienes.◆ Persona que confía a otra la custodia de una cosa con cargo de devolución.◆ Quien realiza un depósito.

DEPOSITAR: poner bienes o cosas de valor bajo custodia o entidad que queda obligada a responder por ellas.◆ Colocar dinero en efectivo o cheques en un Banco, sea en cuenta corriente o en caja de ahorro.◆ Poner una cosa bajo la guarda de alguien.◆ Colocar en sitio determinado.

DEPOSITARIO: institución o persona que acepta depósitos en efectivo de sus clientes o recibe a cuidado un bien propiedad de otro.◆ Sitio donde se hacen los depósitos.◆ El que recibe una cosa en depósito; a quien se le confía la custodia de la cosa con cargo de devolución.◆ Ver **Contrato de depósito**.

DEPÓSITO: dinero, cheques u otros valores que presenta al Banco un cliente u otra persona por éste para que sus valores sean acreditados en su cuenta.◆ Cosa depositada.◆ Lugar o recipiente donde se deposita.◆ Almacén.◆ Barraca.◆ Ver **Contrato de depósito**.

DEPÓSITO A LA ORDEN CONJUNTA: aquel efectuado en el Banco en una cuenta bancaria abierta a nombre y a la orden de dos o más personas. Para extraer fondos o girar sobre ella, es necesario la firma de todos ellos conjuntamente.

DEPÓSITO A LA ORDEN INDIVIDUAL: aquel realizado en una cuenta bancaria abierta a nombre de una sola persona, única se halla autorizada a operar sobre ella.

DEPÓSITO A LA ORDEN RECÍPROCA O INDISTINTA: aquel efectuado en una cuenta bancaria a nombre y a la orden de dos o más personas; cualquiera de ellas puede, indistintamente, operar sobre la cuenta siempre que no medie una orden judicial en contrario.

DEPÓSITO A LA VISTA: el que debe ser restituido mediante el solo requerimiento del depositante.

DEPÓSITO A NOMBRE DE UNA PERSONA Y A LA ORDEN DE OTRA: aquel que se realiza en una cuenta bancaria abierta a nombre de una persona y a la orden de otra, siendo ésta la única autorizada a operar sobre la cuenta.

DEPÓSITO A PLAZO FIJO: inversión efectuada en dinero por un plazo determinado al cabo del cual produce un interés. Los importes colocados no pueden ser retirados antes de su vencimiento. Estos certificados pueden ser transferibles mediante endoso o pueden ser intransferibles. En relación con la tasa de interés, pueden ser a tasa libre o a tasa regulada. El primer caso se da cuando es libremente pactada entre las partes, mientras que en el segundo se encuentra establecida por el Banco Central, el cual se hace garante de los mismos. En períodos inflacionarios, el capital colocado suele ser ajustado mediante índice de precios, de acuerdo con el tipo de cambio del dólar o por un índice combinado compuesto por varios índices de precios.◆ Estrictamente, desde el punto de vista contable, refleja las inversiones realizadas en Bancos o financieras.

DEPÓSITO A PLAZO FIJO EN DÓLARES: depósito en dólares, a un plazo determinado, cubierto de una posible devaluación pero con una tasa de interés generalmente inferior a la tasa de depósito a plazo fijo en pesos.

DEPÓSITO A PLAZO FIJO EN PESOS: ahorro en pesos, en moneda nacional, a un plazo determinado. La alternativa más segura de que disponen generalmente los ahorristas y los que anticipan un negativo clima en el mercado es invertir lo máximo en esta opción.

DEPÓSITO A PLAZO FIJO INTRANSFERIBLE: aquel plazo fijo no transferible o no endosable.

DEPÓSITO A PLAZO FIJO TASA LIBRE: aquel que se efectúa a una tasa no regulada o impuesta por la autoridad monetaria.

DEPÓSITO A PLAZO FIJO TASA REGULADA: aquel que se realiza a una tasa de interés prefijada por la autoridad monetaria de un país o estado.

DEPÓSITO A PLAZO FIJO TRANSFERIBLE: aquel plazo fijo que puede ser endosado.

DEPÓSITO ADUANERO: régimen de las mercaderías que se hallan en poder de la Aduana y que no han sido despachadas; entraña principalmente el derecho de venderlas en su beneficio.

DEPÓSITO BANCARIO: depósito de dinero; en un sentido amplio, títulos, cheques, en una institución bancaria, con fines de atesoramiento, inversión o para girar cheques contra ellos.

DEPÓSITO BANCARIO A LA VISTA: aquel efectuado en un Banco que está obligado a reintegrarlo o a pagarlo contra la presentación de uno o varios cheques hasta cubrir el importe total.

DEPÓSITO BANCARIO A PLAZO: aquel que un Banco se encuentra obligado a reintegrar una vez transcurrido el plazo por el que fue depositado.◆ Depósito a plazo fijo.

DEPÓSITO CIVIL: aquel que se da cuando una de las partes se obliga a guardar gratuitamente una cosa mueble o inmueble que la otra le confía y a restituir la misma e idéntica cosa.

DEPÓSITO BANCARIO DE TÍTULOS: de acuerdo con la legislación mexicana, el depósito bancario de títulos en administración obliga al depositario a efectuar el cobro de los títulos y a practicar todos los actos necesarios para la conservación de los derechos que aquéllos confieran al depositante. El depósito bancario de títulos no transfiere la propiedad al depositario, a menos que, por convenio escrito, el depositante lo autorice a disponer de ellos con obligación de restituir otros tantos títulos de la misma especie. Si no se transfiere la propiedad al depositario, éste queda obligado a la simple conservación material de los títulos, a menos que, por convenio expreso, se haya constituido el depósito en administración.

DEPÓSITO COMERCIAL: sólo se considera comercial el depósito que se hace con un comerciante o por cuenta de un comerciante y que tiene por objeto o que nace de un acto de comercio. El depositario puede exigir por la guarda de la cosa depositada una comisión estipulada en el contrato o determinada por el uso de la plaza. Si ninguna comisión se hubiese estipulado ni se hallase establecida por el uso de la plaza, será determinada por arbitradores. El depósito gratuito no se considera contrato de comercio. El depósito se confiere y se acepta en los mismos términos que el mandato o comisión y las obligaciones recíprocas del depositante y depositario son las mimas que se prescriben para los mandantes, mandatarios y comisionistas. El depositario de una cantidad de dinero no puede usar de ella; si lo hiciere, son a su cargo todos los perjuicios que ocurran en la cantidad depositada, aunque provengan de caso fortuito, y debe abonar al depositante los intereses corrientes. Si el depósito se constituyere con expresión de la clase de moneda que se entrega al depositario, serán de cuenta del depositante los aumentos o bajas que sobrevengan en su valor nominal. Si el depósito consistiere en documentos de crédito que devengan intereses, estará a cargo del depositario su cobranza y todas las demás diligencias necesarias para la conservación de su valor y efectos legales, so pena de daños y perjuicios. El depositario a quien se ha arrebatado la cosa por fuerza, dándole en su lugar dinero o algo equivalente, está obligado a entregar al depositante lo que ha recibido en cambio.◆ Depósito mercantil.

DEPÓSITO CONVENCIONAL: depósito voluntario.

DEPÓSITO DE ACCIONES: para asistir a las asambleas, los accionistas deben depositar en la sociedad sus acciones o un certificado de depósito o constancia de las cuentas de acciones escriturales, librado al efecto por un Banco, caja de valores y otra institución autorizada, para su registro en el libro de asistencia a las asambleas, con no menos de tres días hábiles de anticipación al de la fecha fijada. Este plazo se computa retroactivamente a partir de la cero hora del día fijado para la asamblea, excluyéndose los días domingo y feriados nacionales. La sociedad les entregará los comprobantes necesarios de recibo, que servirán para la admisión a la asamblea.

DEPÓSITO DE ALMACENES GENERALES: acuerdo por el cual la entidad depositaria se compromete al almacenamiento, guarda y conservación de mercaderías o productos mediante el pago de una remuneración por el depositante. Se utiliza esta terminología en algunos países, por ejemplo en Bolivia.

DEPÓSITO DE CADÁVERES: sitio en el cual son depositados aquellos cadáveres objeto de investigación judicial previo a su entierro.◆ Depósito judicial.

DEPÓSITO DE MENORES E INCAPACES: remedio creado por la ley a fin de solucionar en forma rápida y provisoria la situación de desamparo en la cual aquéllos pudieren encontrarse, responsabilizando a un guardador de su protección hasta tanto se resuelva el conflicto de fondo.

DEPÓSITO DE MUJER CASADA: ver **Depósito de personas.**

DEPÓSITO DE MUJER SOLTERA: acto que tiene por objeto separar del domicilio a la mujer menor de edad que hubiere de contraer matrimonio contra la voluntad de sus padres, tutores o curadores.

DEPÓSITO DE PERSONAS: definido por la *Nueva Enciclopedia Jurídica* como aquel acto de jurisdicción voluntaria, referente al Derecho de Familia, que tiene por objeto sustraer del domicilio legal a las mujeres, casadas o solteras, y a los hijos que, encontrándose en determinados casos, pueden ver afectada su libertad de continuar viviendo en el domicilio de sus padres o tutores.

DEPÓSITO EN CAJA DE AHORRO: aquel que devenga intereses, realizado en dinero y/o cheques en Bancos y que se puede extraer mediante un formulario.

DEPÓSITO FRANCO: conjunto de mercancías importadas, que pueden permanecer libres de derechos de Aduana en puerto habilitado al efecto para su reexportación o ser introducidas en el país previo abono de esos derechos.

DEPÓSITO INDISTINTO: el constituido a favor de dos o más personas físicas o jurídicas.

DEPÓSITO IRREGULAR: aquel en que se autoriza al depositario para utilizar la cosa depositada.

DEPÓSITO JUDICIAL: aquel ordenado por la Justicia.◆ Depósito legal.◆ Ver **Depósito de cadáveres.**

DEPÓSITO LEGAL: depósito necesario. ◆ Ver **Depósito judicial**.

DEPÓSITO MERCANTIL: contrato por el cual una persona, en calidad de depositaria, recibe de otra –depositante– bienes muebles para su guarda o custodia, y debe proceder a su devolución al tiempo que le sea exigido por el depositante; por este servicio cobra una comisión.◆ Depósito comercial.

DEPÓSITO MISERABLE: depósito necesario.

DEPÓSITO NECESARIO: aquel que se hace por ocasión de algún desastre, como incendio, ruina, saqueo, naufragio u otros semejantes, o de los efectos introducidos en las casas destinadas a recibir viajeros. Depósito legal.◆ El hecho por obligación legal o a causa de apuro o desgracia.

DEPÓSITO OFICIAL: aquel que se realiza a la orden de un Gobierno Nacional, provincial, municipal o de reparticiones autárquicas.

DEPÓSITO VOLUNTARIO: aquel en el que la elección del depositario depende meramente de la voluntad del depositante.◆ Depósito convencional.

DEPÓSITOS PREVIOS: porcentajes relacionados con el monto de importación que el importador debe depositar en el Banco Central, en moneda nacional o en divisas.

DEPRAVAR: pervertir a una persona.

DEPRECIACIÓN: disminución del precio o pérdida de valor que ocurre en los bienes de uso y asimilables producido por las siguientes causas: a) obsolescencia, b) desgaste por el uso, c) deficiente construcción, uso y/o mantenimiento, d) roturas diversas, e) deterioro por la acción del tiempo y f) agotamiento (recursos naturales).

DEPRECIACIÓN MONETARIA: pérdida del poder adquisitivo de la moneda.◆ Disminución del valor de una moneda en comparación con otras de su clase. Es un hecho económico con repercusiones políticas y sociales, por el cual la moneda pierde parte de su valor adquisitivo. La indexación se incorpora a toda actividad económica cuando la desvalorización de la moneda es relevante.

DEPREDACIÓN: habitualmente, daños causados a la propiedad ajena y también sustracciones y malversaciones cometidas en la administración de la fortuna ajena.

DERECHO: conjunto de normas de conducta humana, establecidas por el Estado, con carácter obligatorio y conforme a la Justicia *(G. Borda)*.◆ Conjunto de reglas establecidas para regir las relaciones de los hombres en sociedad, teniendo como objetivo el logro de la Justicia o bien para el cumplimiento de fines comunes.◆ Conjunto de principios, preceptos y reglas a que están sometidas las relaciones humanas en toda sociedad civil y a cuya observancia pueden ser compelidos los individuos por la fuerza.◆ Ciencia que estudia estos principios y preceptos. ◆ Acción que se tiene sobre una persona o cosa.◆ Orden social justo *(J. Llambías)*. ◆ Es una ciencia que abarca un conjunto amplio de comportamientos sociales, conformada por la sistematización y la coherencia de conocimientos que giran alrededor de los conceptos de justicia y moral, obtenidos gracias al empleo de los métodos apropiados para las ciencias sociales *(J. J. Prado)*. ◆ Facultad de hacer o exigir todo aquello que la ley o la autoridad establece en nuestro favor o que el dueño de una cosa nos permite.◆ Conjunto de normas que tienen el tipo de unidad a que nos referimos cuando hablamos de un sistema *(H. Kelsen)*. Norma coercible de la conducta humana.

DERECHO A DELIBERAR: uno de los derechos inherentes al estatus del accionista, que consiste en la posibilidad de obtener información, exponer sus opiniones y participar del debate previo a la toma de una decisión dentro del ámbito de una asamblea. Es un derecho del que gozan todos los socios, y es indiferente que posean o no derecho a voto.

DERECHO A LA DIGNIDAD: ver **Dignidad de la persona.**

DERECHO A LA INFORMACIÓN: conjunto de derechos y libertades relacionados con la comunicación de ideas y noticias *(M. A. Ekmedjián)*.

DERECHO A LA INTIMIDAD: facultad o atribución del titular de sustraer ciertos hechos de su vida del conocimiento público, cuando no existe un interés legítimo en su difusión, por cualquier medio que sea *(O. Cancela)*.◆ Derecho a la privacidad.

DERECHO A LA JURISDICCIÓN: derecho de acudir a un órgano judicial para que administre justicia *(G. Bidart Campos)*.◆ Es el derecho de contar con la posibilidad de ocurrir ante los tribunales de Justicia y obtener de ellos una sentencia útil *(M. de Ruiz)*.◆ Derecho de Justicia.

DERECHO A LA LIBERTAD: la libertad es la facultad de hacer, previa elección. Una persona es libre cuando no tiene trabas que le impidan hacer lo que corresponda a su naturaleza humana, en la medida en que no se menoscabe a otros.◆ Ver **Libertad.**

DERECHO A LA LIBERTAD RELIGIOSA: derecho de todo individuo a profesar libremente una creencia religiosa y manifestarla y practicarla tanto en público como en privado.

DERECHO A LA LIBRE DETERMINACIÓN DE LOS PUEBLOS: aquel en virtud del cual los pueblos establecen su condición política y proveen, asimismo, a su desarrollo económico, social y cultural.

DERECHO A LA PRESERVACIÓN DE LA SALUD: toda persona tiene derecho a que su salud sea preservada por medidas sanitarias y sociales, relativas a la alimentación, el vestido, la vivienda y la asistencia médica, correspondiente al nivel que permitan los recursos públicos y los de la comunidad.◆ Derecho al bienestar.

DERECHO A LA PRIVACIDAD: facultad o atribución del titular de éste de sustraer ciertos hechos de su vida del conocimiento público cuando no exista un interés legítimo en su difusión, por cualquier medio que sea *(O. Cancela).* Comprende no sólo la esfera doméstica y el círculo familiar de amistad sino, además, otros aspectos de la personalidad espiritual y física de las personas tales como la integridad corporal o la imagen; nadie puede inmiscuirse en la vida privada de una persona ni violar áreas de su actividad no destinadas a ser difundidas sin su consentimiento o el de sus familiares autorizados para ello, y sólo por ley podrá justificarse la intromisión, siempre que medie un interés superior en resguardo de la libertad de los otros, la defensa de la sociedad, las buenas costumbres o la persecución del crimen.◆ Derecho a la intimidad.

DERECHO A LA PROTECCIÓN CONTRA LA DETENCIÓN ARBITRARIA: nadie puede ser privado de su libertad sino en los casos y según las formas establecidas por las leyes existentes ni ser detenido por el incumplimiento de obligaciones de carácter netamente civil. Todo individuo que haya sido privado de su libertad tiene derecho a que el juez verifique sin demora la legalidad de la medida y a ser juzgado sin dilación injustificada o, de lo contrario, a ser puesto en libertad. Tiene derecho también a un tratamiento humano durante su detención.

DERECHO A LA PROTECCIÓN DE LA HONRA: aquel que asiste a toda persona de ser protegida contra los ataques abusivos a su honra, a su reputación y a su vida privada y familiar.

DERECHO A LA SEGURIDAD SOCIAL: toda persona tiene derecho a la seguridad social para que la proteja contra las consecuencias de la desocupación, de la vejez y de la incapacidad que, proveniente de cualquier otra causa ajena a su voluntad, la imposibilite física o mentalmente para obtener los medios de subsistencia.

DERECHO A LA VIDA: aquel que tiene toda persona a que se respete su vida. Éste estará protegido por la ley, en general, a partir del momento de la concepción. Nadie puede ser privado de ella arbitrariamente.

DERECHO A SER OÍDO: garantía judicial reconocida a toda persona, consistente en el derecho a ser oída públicamente y con justicia por un tribunal independiente e imparcial para la determinación de sus derechos y obligaciones o para el examen de cualquier acusación contra ella en materia penal.

DERECHO A TRABAJAR: aquel reconocido a toda persona de tener la posibilidad de ganarse la vida mediante un trabajo libremente escogido o aceptado.

DERECHO A UN DEBIDO PROCESO: ver **Derecho a un proceso regular.**

DERECHO A UN PROCESO REGULAR: toda persona acusada de comisión de un delito tiene derecho a ser oída en forma imparcial y pública, a ser juzgada por tribunales anteriormente establecidos de acuerdo con leyes preexistentes y a que no se le impongan penas crueles, infamantes o inusitadas. Este derecho no es ilimitado sino que debe estar sujeto a control judicial para que pueda así imperar el orden y la seguridad en todos los actos procesales.

DERECHO A UNA JUSTA RETRIBUCIÓN: el que posee toda persona que trabaja a recibir una remuneración que, en relación con su capacidad y destreza, le asegure un nivel de vida conveniente para sí misma y su familia.

DERECHO ACCESORIO: aquel que se deriva de otro, que es principal.

DERECHO ADJETIVO: se lo conoce igualmente con la denominación de derecho de forma y está constituido por el conjunto de normas y principios que tienden especialmente a regular las relaciones jurídicas, poniendo en ejercicio la actividad judicial del Estado. Comprende dos aspectos: leyes orgánicas del Poder Judicial y Códigos de Procedimientos y leyes de enjuiciamiento.

DERECHO ADMINISTRATIVO: el que regula la organización de la Administración Pública y sus relaciones, derechos y obligaciones con los particulares y viceversa.◆ Fracción del orden jurídico que ha de ser aplicada por órganos administrativos, es decir, órganos ejecutivos con derecho a dar instrucciones u obligados a obedecerlas; por tanto, sistema de normas jurídicas que regulan aquellas funciones jurídicas determinables mediante las instrucciones *(A. Merkl).*

DERECHO ADQUIRIDO: el creado al amparo de una legislación y que merece respeto de las posteriores.◆ Ver **Derechos adquiridos.**

DERECHO AERONÁUTICO: conjunto de normas jurídicas que regulan la circulación y, en general, la actividad aérea.◆ Parte del Derecho que regula las aeronaves y los aeropuertos, el personal de servicio en ambos y los contratos que se realizan con ellos, como objeto propio o como instrumento o elemento de la navegación aérea.◆ Es el conjunto de principios y normas de Derecho Público y Privado, de orden interno e internacional, que rigen las instituciones y relaciones jurídicas nacidas de la actividad aeronáutica o modificadas por ella *(A. Videla Escalada).*

DERECHO AGRARIO: rama del Derecho Privado que se ocupa de las cuestiones jurídicas vinculadas con la explotación del agro, rigiendo así las relaciones jurídicas que –en consecuencia– se generan.

DERECHO AL BIENESTAR: ver **Derecho a la preservación de la salud.**

DERECHO AL DESCANSO Y A SU APROVECHAMIENTO: derecho del que goza toda persona a honesta recreación y a la oportunidad de emplear útilmente el tiempo libre en beneficio de su mejoramiento espiritual, cultural y físico.

DERECHO AL HONOR: ver **Derecho de protección a la honra.**

DERECHO AL NOMBRE: derecho y deber que posee toda persona natural, consistente en utilizar el nombre y apellido que le corresponde de acuerdo con las leyes.

DERECHO AL PATALEO: última y vana actitud de protesta que adopta o puede adoptar el que se siente defraudado en sus derechos.

DERECHO AL TRABAJO: facultad que tiene toda persona de ampliar su fuerza de trabajo en una ocupación lícita, por medio de la cual puede adquirir los medios necesarios para vivir ella y su familia decorosamente.

DERECHO AMBIENTAL: disciplina jurídica surgida en 1920. Existen tres principios centrales: la prevención, la cooperación y el contaminador-pagador. El principio de la prevención es el referido a la limitación del margen del peligro, es decir que el riesgo residual para la población en total y en el ambiente debe limitarse a su mínimo. El principio de cooperación es un principio de procedimiento jurídico que se refiere a la realización de decisiones estatales con respecto a medidas para la protección del medio ambiente. Por último, el principio contaminador-pagador concierne a la repartición material para medidas de protección o reestablecimiento del medio ambiente. ◆ Ver **Ecología.**

DERECHO ARANCELARIO: ver **Arancel; Derechos de importación y exportación**.

DERECHO CANÓNICO: conjunto de normas doctrinales y de disposiciones estatuidas por las autoridades de la Iglesia que atañen al orden jerárquico de estas autoridades y a sus relaciones con los fieles católicos en cuanto corresponde al fuero externo.◆ Ver **Derecho Eclesiástico.**

DERECHO CIVIL: conjunto de leyes o normas que tratan sobre materia civil.

DERECHO COMERCIAL: parte del Derecho Privado que regula las operaciones jurídicas hechas por los comerciantes, ya sea entre ellos, ya sea con sus clientes. Estas operaciones se refieren al ejercicio del comercio y por ello se denominan actos de comercio. Pero, teniendo en cuenta que accidentalmente uno de esos actos puede ser ejecutado por una persona que no sea comerciante, el Derecho Comercial regula también estos actos sin consideración de la persona de su autor.◆ Conjunto del principio que rigen las operaciones sometidas al mismo por razones de interés general y establecen los derechos y las obligaciones de las personas que a ellas se dedican *(R. Castillo).* ◆ Conjunto de hechos y estados jurídicos que por razones de interés general se hallan sometidos a las leyes mercantiles *(J. J. Prado).* ◆ Derecho Mercantil.◆ Parte del Derecho Privado que regula las operaciones jurídicas hechas por los comerciantes, ya sea entre ellos, ya sea con sus clientes. Estas operaciones se refieren al ejercicio del comercio y por ello se denominan actos de comercio *(G. Ripert).*

DERECHO COMPARADO: parte de la ciencia del Derecho que tiene por finalidad la comparación sistemática de las instituciones jurídicas de distintos países *(H. Capitant).*

DERECHO COMUNAL: Derecho de Gentes.

DERECHO COMUNITARIO: conjunto de las normas y principios adoptados en el marco de la Comunidad Europea. La jurisprudencia del Tribunal de Justicia también forma parte de las fuentes del Derecho Comunitario.

DERECHO CONCURSAL: conjunto de normas sustanciales y formales, de Derecho Público y Privado, que ante el estado de insolvencia del deudor regula sus relaciones con los acreedores mediante un procedimiento especial de ejecución colectiva, que excluye los procesos de ejecución individuales ordinarios, teniendo en miras la protección del interés particular o privado de los acreedores y del interés público de la comunidad *(Borghi - Tale).*

DERECHO CONSTITUCIONAL: el derivado de la Constitución.◆ Consiste en una rama del Derecho Público que se ocupa del tratamiento y el análisis del conjunto de derechos y garantías reconocidos por la Constitución Nacional, así como de la estructura y organización del Estado fijada en su texto.

DERECHO CONSTITUCIONAL TRIBUTARIO: parte del Derecho Constitucional que sólo se considera como tal por el objeto al cual se refiere.◆ Delimita el ejercicio del poder estatal y distribuye las facultades que de él emanan, entre los diferentes niveles y organismos de la organización estatal *(D. Jarach).*

DERECHO CONSUETUDINARIO: normas legales no escritas que se han desarrollado a partir de decisiones judiciales más que de la aprobación explícita de las autoridades pertinentes.◆ El que nace de la costumbre.◆ El derecho no estatutario, producido por la voluntad jurídica general de una colectividad manifestada normalmente mediante el uso *(Enneccerus - Kipp - Wolff).*

DERECHO CRIMINAL: Derecho Penal.

DERECHO DE ACCIÓN: derecho subjetivo público del ciudadano con el Estado, y sólo con el Estado, que tiene por contenido sustancial el interés secundario y abstracto a la intervención del Estado para la eliminación de los obstáculos, que la incertidumbre o la inobservancia de la norma válida en en el caso concreto pueden oponer a la realización de los intereses tutelados (Roca).

DERECHO DE ACRECER: en Derecho Sucesorio, derecho que pertenece, en virtud de la voluntad presunta del difunto a un legatario o heredero, de aprovechar la parte de su colegatario o coheredero cuando éste no la recoge.◆ Percibir un partícipe el aumento que le corresponde cuando otro partícipe pierde su cuota o renuncia a ella.◆ Desde la óptica del Derecho Societario, se trata de un derecho complementario al derecho de suscripción preferente, que consiste en la posibilidad que posee un accionista que ya ha ejercido esta facultad de adquirir las acciones a cuya suscripción hubiesen renunciado los socios restantes.

DERECHO DE ADUANA: ver **Derecho de exportación; Derecho de importación; Derechos de importación y exportación.**

DERECHO DE ANGARIA: derecho ordinario según el cual los beligerantes que no tenían navíos suficientes exigían y practicaban a menudo, en tiempos antiguos, el derecho a decretar la captura y a ocupar los mercantes neutrales situados en sus puertos y a obligarlos, y a sus tripulaciones, a transportar tropas, municiones y provisiones a ciertos lugares mediante el pago del flete por anticipado.◆ El concepto moderno de éste, es un derecho de los beligerantes a destruir o usar en caso de necesidad, para fines de ataque y defensa, la propiedad neutral situada en su territorio, en territorio enemigo o en el alta mar.

DERECHO DE ASILO: privilegio de asilo.◆ Ver **Asilo**.

DERECHO DE AUTOR: derecho exclusivo para hacer publicar, reproducir y vender una producción literaria o un trabajo de arte *(M. Biondi)*.◆ Derecho temporario que posee el autor o artista para evitar que otras personas comercialicen copias de su expresión creativa *(J. Sherwood)*.◆ Propiedad literaria.

DERECHO DE AVERÍA: en el comercio de varios países ultramarinos, cierto repartimiento o gabela impuesto sobre los mercaderes o mercaderías y el ramo de renta compuesto de este repartimiento y derecho.

DERECHO DE BALANZA: antiguamente, impuesto (creado en 1824) que consistía en el uno por ciento (1 %) del importe total de los derechos a que estaban sujetos los géneros que entraban y salían por las aduanas.

DERECHO DE BANDERA: impuesto que pagan las mercaderías por ser transportadas en los buques.

DERECHO DE BRACEAJE: consistía en el exceso del valor nominal de la moneda sobre el valor intrínseco, con que se beneficiaba el Estado para indemnizarse de los gastos de acuñación.

DERECHO DE DELIBERAR: ver **Beneficio de deliberar.**

DERECHO DE EDICIÓN: el que surge de los contratos firmados entre los editores y los autores, por los cuales los primeros tienen el derecho a editar las obras con exclusividad.

DERECHO DE EJECUCIÓN: derecho de autor que corresponde a los ejecutantes o intérpretes de obras musicales o literarias.

DERECHO DE ENTRADA: aquel que se paga por ciertos géneros cuando se introducen en un puerto o Aduana.

DERECHO DE EXPORTACIÓN: gravamen que se aplica a los productos que se exportan del país, cuyo órgano de aplicación y percepción es la Aduana por delegación del Estado Nacional. Es una fuente de ingreso del Estado.

DERECHO DE EXPROPIACIÓN: poder de la autoridad pública para enajenar en su favor bienes de los ciudadanos por causas de utilidad pública.

DERECHO DE FÁBRICA: cantidad que se satisface al erario o fábrica de una parroquia, colegiata, catedral, etcétera.

DERECHO DE FAMILIA: conjunto de reglas de Derecho de orden personal y de orden patrimonial cuyo objeto exclusivo, principal, accesorio o indirecto es presidir la organización, la vida y la disolución de la familia.

DERECHO DE FORMA: normativa vigente en materia de relaciones jurídicas. ◆ Derecho adjetivo.

DERECHO DE GENTES: derecho natural que los romanos admitían entre todos los hombres, a diferencia del que era peculiar de sus ciudadanos.◆ Derecho Internacional.

DERECHO DE HABITACIÓN: ver **Uso; Habitación.**

DERECHO DE HUELGA: normalmente, una de las formas de lucha de la cual se sirven los trabajadores para la solución de conflictos que surgen entre ellos y los empresarios para la formación o modificación de las condiciones de la relación de trabajo *(E. Battaglini).*

DERECHO DE IMPORTACIÓN: gravamen que percibe el Estado aplicado sobre los bienes que se importan al país; la Aduana es el órgano de aplicación.

DERECHO DE INTERNACIÓN: el que se pagaba por introducir tierra adentro las mercancías.

DERECHO DE JUSTICIA: aquel que le asiste a toda persona de concurrir a los tribunales para hacer valer sus derechos. Asimismo, debe disponer de un procedimiento sencillo y breve por el cual la justicia lo ampare contra actos de la autoridad que violen, en perjuicio suyo, alguno de los derechos fundamentales consagrados constitucionalmente. ◆ Derecho a la jurisdicción.

DERECHO DE LA HACIENDA PÚBLICA: ver **Derecho Financiero.**

DERECHO DE LA SEGURIDAD SOCIAL: conjunto de normas, principios y técnicas que tienen por objeto satisfacer necesidades individuales derivadas de la producción de determinadas contingencias valoradas como socialmente protegibles *(R. Grego).*◆ Ver **Derecho a la seguridad social; Seguridad social.**

DERECHO DE LEGACIÓN: derecho que posee el Estado de enviar y recibir agentes diplomáticos *(C. Díaz Cisneros).*

DERECHO DE LEGÍTIMA DEFENSA: ver **Legítima defensa.**

DERECHO DE LOCOMOCIÓN: aquel del cual goza todo individuo, habitante de un país, para entrar, permanecer, transitar y salir libremente del territorio del mismo.

DERECHO DE LOS TORTS: conjunto de normas jurídicas que regulan la sanción e indemnización de los actos ilícitos. Dentro de esta concepción no están aquellos que adquieren el carácter, por su gravedad, de delitos de Derecho Criminal ni algunos hechos o actos declarados ilícitos por ley especial ni los que resultan del incumplimiento de los contratos *(L. Alvarado Uriburu).*

DERECHO DE NACIONALIDAD: derecho de las personas de gozar de la nacionalidad que legalmente les corresponda y derecho de cambiarla, si así lo desean, por la de cualquier otro país que esté dispuesto a otorgársela.

DERECHO DE NAVEGACIÓN: conjunto de las normas jurídicas referentes a la navegación *(A. Scialoja).*◆ Ver **Derecho Marítimo.**

DERECHO DE NECESIDAD: conjunto de normas y principios que regulan la situación de necesidad *(M. de Ruiz).*◆ Ver **Doctrina del estado de necesidad.**

DERECHO DE OPCIÓN: en la legislación española, derecho de preferencia o de suscripción preferente.

DERECHO DE PASO: derecho de servidumbre, temporal o permanente, que permite la construcción de un trayecto de ferrocarril, camino, línea de energía eléctrica o tubería, sobre tierras pertenecientes a otros. Este costo es un activo fijo sujeto a amortización o depreciación.◆ Servidumbre de paso.

DERECHO DE PATENTE: ver **Regalía**.

DERECHO DE PATRONATO: privilegios y facultades del patrono según el estatuto de la fundación y, principalmente, poder o facultad de presentar personas hábiles para los beneficios y capellanías vacantes.

DERECHO DE PETICIÓN: el que tiene toda persona de presentar peticiones respetuosas a cualquier autoridad competente –ya sea por motivo de interés general, ya de interés particular– y el de obtener pronta resolución.

DERECHO DE PREFERENCIA: aquel que tienen los accionistas de una sociedad anónima para suscribir nuevas acciones emitidas, con prioridad sobre los terceros. Este derecho es aplicable durante un plazo cierto. Se lo conoce también como derecho de suscripción preferente.◆ Derecho de prioridad. ◆ En la legislación española, se conoce también como "derecho de opción".

DERECHO DE PRENSA: ver **Derecho a la información.**

DERECHO DE PRIORIDAD: derecho de suscripción preferente.◆ Ver **Derecho de preferencia**.

DERECHO DE PROPIEDAD: derecho real tipo en virtud del cual, en un medio social dado y en el seno de una organización jurídica determinada, una persona tiene la prerrogativa legal de apropiarse, por medio de actos materiales o jurídicos, toda la utilidad inherente a una cosa mueble o inmueble.◆ Normas vinculadas con la posesión, el uso y la venta de propiedades. ◆ Derecho de gozar y disponer de las cosas del modo más absoluto, con tal de que no se haga de ellas un uso prohibido por las leyes y el reglamento.

DERECHO DE PROTECCIÓN A LA MATERNIDAD Y A LA INFANCIA: aquel que le asiste a toda mujer que se halle en estado de gravidez o en época de lactancia, consistente en recibir la protección y el cuidado correspondientes y necesarios en dichas circunstancias.◆ Derecho de separación.

DERECHO DE RECESO: el derecho que por la ley o los estatutos posee el accionista de retirarse de la sociedad, obteniendo el reembolso de sus acciones, es decir, de las que poseía en el momento de adoptarse la resolución que motivó su retiro y no las que hubiese adquirido con posterioridad *(R. Fernández)*.◆ Atribución que la ley acuerda a los accionistas disconformes con determinadas resoluciones asamblearias *(E. Zaldívar)*.◆ Ver **Accionistas disidentes**.

DERECHO DE RECONOCIMIENTO DE LA PERSONALIDAD JURÍDICA Y DE LOS DERECHOS CIVILES: derecho que tiene toda persona a que se la reconozca como sujeto de derechos y obligaciones y a gozar de los derechos civiles fundamentales.

DERECHO DE RECTIFICACIÓN: ver **Derecho de respuesta**.

DERECHO DE REGISTRO PRENDARIO: prenda que se establece sin que se produzca transferencia del bien o el título del bien prendado al baneficiario. Esta transferencia es reemplazada por la inscripción de la prenda en un registro.

DERECHO DE RÉPLICA: ver **Derecho de respuesta**.

DERECHO DE REPRESENTACIÓN: en materia de Derecho Sucesorio, se trata del derecho por el cual los hijos de un grado ulterior son colocados en el grado que ocupaba su padre o madre en la familia del difunto a fin de suceder juntos en su lugar a la misma parte de la herencia a la cual el padre o la madre habrían sucedido.

DERECHO DE RESIDENCIA Y TRÁNSITO: aquel que asiste a toda persona de fijar su residencia en el territorio del Estado del que es nacional, de transitar por él libremente y no abandonarlo sino por su voluntad.

DERECHO DE RESISTENCIA A LA OPRESIÓN: aquel que tiene toda la sociedad de hombres dignos y libres para defenderse contra el despotismo e, incluso, destruirlo *(C. Sánchez Viamonte)*.

DERECHO DE RESPUESTA: aquel reconocido por la ley a toda persona afectada por informaciones inexactas o agraviantes emitidas en su perjuicio a través de medios de difusión legalmente reglamentados y que se dirijan al público en general, a efectuar por el mismo órgano de difusión su rectificación o respuesta en las condiciones que las normas establezcan.◆ Derecho de rectificación.◆ Derecho de réplica.

DERECHO DE RETENCIÓN: especie de derecho pignoraticio establecido por disposición legal en determinadas ocasiones para posibilitar al tenedor de la cosa ajena a conservarla hasta el pago de lo debido por ella o por alguna causa relacionada con ella.◆ Facultad otorgada por la ley a un acreedor permitiéndole continuar en la detentación de una cosa más allá del tiempo en que debió entregarla a un deudor, para garantizarse del cumplimiento por parte de éste de una obligación. Faculta a su titular únicamente para suspender la restitución y prolongar la tenencia.

DERECHO DE REUNIÓN: facultad que posee el individuo de reunirse pacíficamente con otros, en manifestación pública o en asamblea transitoria, en relación con sus intereses comunes de cualquier índole.

DERECHO DE SEGURIDAD SOCIAL: conjunto de normas, principios y técnicas que tienen por objeto satisfacer necesidades individuales derivadas de la producción de determinadas contingencias valoradas como socialmente protegibles *(R. Grego).*

DERECHO DE SEPARACIÓN: derecho de receso.◆ Ver **Accionistas disidentes.**

DERECHO DE SUFRAGIO Y DE PARTICIPACIÓN EN EL GOBIERNO: toda persona, legalmente capacitada, tiene el derecho de tomar parte en el Gobierno de su país, directamente o por medio de sus representantes, y de participar en las elecciones populares, que serán de voto secreto, genuinas, periódicas y libres.

DERECHO DE SUPERFICIE: deuda real enajenable y hereditaria que autoriza a tener una edificación encima o debajo del suelo del fundo.

DERECHO DE SUSCRIPCIÓN PREFERENTE: derecho de preferencia.◆ Derecho de prioridad.

DERECHO DE TIMBRE: impuesto que grava la emisión de títulos financieros; a modo de identificación del pago del impuesto correspondiente se le imprime un timbre al documento.

DERECHO DE USO: derecho real que consiste en la facultad de servirse de la cosa de otro, independiente de la posesión de heredad alguna, con el cargo de conservar la sustancia de ella, o de tomar sobre los frutos de un fundo ajeno lo que sea preciso para las necesidades del usuario y de su familia.

DERECHO DE USUFRUCTO: ver **Usufructo.**

DERECHO DE VISITA: en el ámbito del Derecho de Familia, derecho del cual goza el cónyuge a quien no le ha sido asignada la tenencia de los hijos, que consiste en la posibilidad de conservar el contacto y una fluida comunicación con éstos.◆ Derecho que tienen los beligerantes a visitar y, si es necesario, investigar los buques neutrales con el objeto de averiguar si éstos pertenecen realmente a la marina mercante de los neutrales y, si comprueba que éste es el caso, si intentan violar el bloqueo o transportan contrabando o prestan asistencia hostil al enemigo *(L. Oppenheim).* ◆ Facultad que tiene el servicio aduanero de abordar los buques con el fin de interrogar al capitán, de examinar los documentos del buque y de registrarlos. Es una institución de tiempo de guerra y que sólo pueden tener los buques de guerra beligerantes.

DERECHO DE VOTO: el que posee un accionista con el objeto de participar en las decisiones sociales.

DERECHO DEL TRABAJO: ordenamiento jurídico específico que regula las relaciones de los trabajadores con los empleadores, en el plano tanto individual como colectivo, mediante instituciones que le son propias y con las características de la subordinación y el régimen salarial *(S. Rubinstein).*◆ Derecho Laboral.

DERECHO DISCIPLINARIO: conjunto de normas jurídicas que regulan una relación de subordinación particular.

Esta relación puede ser permanente o transitoria, jerárquica o no.

DERECHO DIVINO: orden emanado directamente de Dios, ya sea a través de la ley natural o por medio de la revelación.

DERECHO DOTAL: conjunto de normas y principios jurídicos que regulan el patrimonio de los cónyuges *(C. Ambrosini).*

DERECHO ECLESIÁSTICO: rama del Derecho formada a partir de normas constitucionales para regular con distintas relaciones jurídicas entre la Iglesia Católica y el Estado Nacional.◆ Derecho Canónico.◆ Parte del Derecho Público que representa el conjunto de normas jurídicas sobre las relaciones de las sociedades religiosas cristianas.

DERECHO ECONÓMICO: reglas determinantes de las relaciones jurídicas originadas por la producción, circulación, distribución y consumo de la riqueza.◆ Derecho de la organización y desenvolvimiento económico vinculado con el Estado, con la economía privada o con ambos a la vez *(J. J. Prado).*

DERECHO ELECTORAL: en un sentido objetivo, el que regula la actividad electoral en cuanto a sus sujetos, a su objeto, a los sistemas, etcétera. Subjetivamente, designa la potencia de determinados sujetos para votar o para ser testigos *(G. Bidart Campos).*

DERECHO ESCRITO: ley escrita y promulgada.

DERECHO ESPACIAL: conjunto de normas que regulan la circulación por el espacio exterior y las actividades vinculadas con ella *(A. Torres Neuquén).*

DERECHO ESPECIAL: aquel que contiene normas sólo sobre una institución o una serie de relaciones determinadas, o sea, cuyo fin es una regulación parcial *(Castro).* Por ejemplo derecho cinematográfico.

DERECHO ESTATAL: parte del Derecho Público que regula las relaciones del Estado y de otros entes políticos con sus miembros y, por tanto, en el interior. Al Derecho Estatal pertenecen: a) el Derecho Administrativo, b) el Derecho Penal y el Derecho Procesal Penal, c) el Derecho Procesal Civil y d) el Derecho Estatal en sentido estricto (Constitución del Estado y los principios generales) *(Enneccerus - Kipp - Wolff).*

DERECHO ESTATUTARIO: derecho legislado.

DERECHO FINANCIERO: conjunto de normas jurídicas que regulan la actividad financiera del Estado.◆ Conjunto de normas que regulan la recaudación, la gestión y la distribución de los medios económicos precisos para la vida de los entes públicos.◆ Derecho de la hacienda pública.

DERECHO FISCAL: rama del Derecho Financiero que regula las relaciones entre el erario público y los contribuyentes mediante impuestos de toda índole, su aplicación y efectos.

DERECHO FORMAL: derecho de forma.

DERECHO GENERAL: aquel que contiene normas de aplicación para toda clase de personas, cosas o relaciones sin distinción alguna y que sirve para suplir deficiencias del derecho especial.

DERECHO HELENÍSTICO: realización, utlización y adaptación del conjunto de principios e instituciones originarios del mundo griego en un contexto espacial mucho más amplio. ◆ Ordenación jurídica vigente en las monarquías, entendidas como punto de referencia espacial más que temporal, que tiene en cuenta no sólo la tradición local y las intevenciones normativas de los diversos monarcas.

DERECHO HEREDITARIO: ver **Derecho sucesorio**.

DERECHO INFORMÁTICO: conjunto de principios y normas que regulan la informática en múltiples aspectos *(E. Guastavino)*.◆ Es el estudio de las normas jurídicas que regulan el uso de sistemas electrónicos en la sociedad y sus consecuencias, con carácter interdisciplinario puesto que toca simultáneamente numerosos dominios del Derecho *(P. Bardi)*.

DERECHO INTELECTUAL: conjunto de normas que regulan las prerrogativas y beneficios que las leyes reconocen y establecen en favor de los autores y de sus causahabientes por la creación de obras artísticas, científicas, industriales y comerciales.

DERECHO INTERNACIONAL: conjunto de normas que rigen las relaciones entre varios Estados o entre individuos de varios Estados.◆ Conjunto de normas jurídicas que regulan las relaciones entre los sujetos de la comunidad internacional *(R. Vinuesa)*.◆ Derecho de Gentes.

DERECHO INTERNACIONAL DE EXTRANJERÍA: el que rige la condición de aquel extranjero que, a pesar de seguir siendo considerado como nacional de su Estado de origen, haya establecido su residencia en forma permanente en otro Estado.

DERECHO INTERNACIONAL PRIVADO: conjunto de normas jurídicas que regulan las interrelaciones entre sujetos del Derecho Privado, en las que existen uno o varios elementos extraños al Derecho Interno de un Estado *(R. Vinuesa)*.◆ Se ocupa de las relaciones o de situaciones jurídicas vinculadas con particulares, en que existe algún elemento esencial (domicilio, nacionalidad, etc.) que las conecta con la aplicación de normas jurídicas extranjeras.

DERECHO INTERNACIONAL PÚBLICO: rama del Derecho que se encarga del estudio de las relaciones entre los Estados soberanos, sea entre el Estado Nacional y los Estados extranjeros o de éstos entre sí.

DERECHO INTERNACIONAL TRIBUTARIO: rama del Derecho Tributario que tiene por objeto el estudio de las normas de carácter internacional que corresponde aplicar en los casos en que diversas soberanías entran en contacto, ya sea para evitar problemas de doble imposición, coordinar métodos que combatan la evasión y organizar, mediante la tributación, formas de cooperación entre los países *(H. Villegas)*.

DERECHO INTERNO: derecho vigente dentro del ámbito de un Estado determinado.

DERECHO LABORAL: rama del Derecho que se ocupa fundamentalmente de regular las relaciones entre empresarios y trabajadores, y de cada uno de ellos con el Estado, en todo aquello inherente al trabajo en relación de dependencia y sus efectos.◆ Derecho del trabajo.

DERECHO LEGISLADO: derecho creado en forma distinta de la consuetudinaria, por actos legislativos, administrativos o judiciales, o por transacciones jurídicas, especialmente contratos y tratados.◆ Derecho estatutario.

DERECHO MARÍTIMO: conjunto de reglas jurídicas referentes a los diversos derechos y obligaciones que surgen de la navegación y, en especial, del transporte de pasajeros y mercaderías en buques.◆ Derecho de navegación.

DERECHO MÉDICO: disposiciones que regulan el ejercicio profesional del médico.

DERECHO MERCANTIL: ver **Derecho comercial**.

DERECHO MINERO: rama del Derecho que regula la actividad minera.

DERECHO MUNICIPAL: aquel que regula el régimen de los concejos o municipios, como corporaciones, y en relación con los vecindarios respectivos.

DERECHO NATURAL: aquel que se halla dominado por el sentimiento de justicia natural en el hombre. Dicho sentimiento y el derecho que de él deriva son variables de acuerdo con el país, sus costumbres y la época. Opuesto al Derecho Positivo.◆ Es el que tiene por objeto la exposición de los primeros principios del derecho, concebidos por la razón y fundados en la naturaleza del hombre, considerada en sí misma y en sus relaciones con el orden universal de las cosas *(Cuello Calón).*

DERECHO NO ESCRITO: ver **Derecho consuetudinario; Costumbre.**

DERECHO NOTARIAL: conjunto de preceptos y conceptos que regulan y versan sobre la forma instrumental específica, la organización de la función y la actividad del notario y en relación con aquéllas *(C. N. Gattari).*

DERECHO OBJETIVO: se aplica cuando el fenómeno derecho, en tanto objeto de estudio de la ciencia del hombre, se identifica con el conjunto de las normas vigentes.◆ Derecho de Forma.◆ Conjunto de todos los preceptos y de todas las sanciones *(F. Carnelutti).*

DERECHO PARLAMENTARIO: conjunto de normas que crean, establecen, impulsan, garantizan y rigen las acciones de los parlamentos, las interrelaciones sociopolíticas que mantienen con los otros poderes del Estado, los partidos políticos, las instancias de la sociedad civil y los individuos, así como con los valores y principios que animan su existencia institucional y lo motivan a procurar su realización, por haber sido instituidos por el pueblo como expresión de su querer ser político *(F. Berlín Valenzuela).*

DERECHO PENAL: rama del Derecho que tipifica y reprime ciertas conductas consideradas como disvaliosas para el común de los habitantes de una determinada sociedad, asignándole una sanción represiva (o pena) a la violación de la conducta exigida.◆ Sistema de normas abstractas que, sin necesidad de la ocurrencia de un caso delictivo, puede ser interpretado pero que no tiene en sí mismo la posibilidad de realizarse prácticamente.◆ Aquellas normas jurídicas que asocian al delito como presupuesto consecuencias jurídicas de orden diverso que la pena y que tienen por objeto la prevención de los delitos.◆ En sentido subjetivo, facultad que tiene el Estado de establecer, imponer y ejecutar las penas y las medidas de seguridad *(C. Camargo Hernández).*◆ Rama del ordenamiento jurídico público de carácter autónomo, personal e imperativo que tiene por objeto la tutela de determinados intereses sociales fundamentales mediante la imposición de sus sanciones –penas y medidas de seguridad– con un carácter aflictivo o preventivo *(C. Camargo Hernández).*

DERECHO PENAL DEL TRABAJO: conjunto de normas jurídico-laborales que regulan el ejercicio del poder punitivo del Estado conectado con el delito laboral como presupuesto y la pena laboral como consecuencia jurídica *(Pérez Leñero).*

DERECHO PENAL ECONÓMICO: conjunto de normas jurídicas establecidas con el objeto de sancionar la transgresión del ordenamiento jurídico del Derecho Económico. ◆ Conjunto de normas jurídicas establecidas con el objeto de sancionar la transgresión del ordenamiento jurídico del Derecho económico.◆ Conjunto de normas legales que sancionan las infracciones contra la política económica del Estado.

DERECHO PENAL LABORAL: conjunto de normas jurídico-laborales que regulan el ejercicio del poder punitivo del Estado conectado con el delito laboral como presupuesto y la pena laboral como consecuencia jurídica *(A. Pérez Llenero).* ◆ Conjunto de ilícitos que, con causa en el trabajo, recogen conductas antijurídicas de empresarios o trabajadores que tanto afectan a las normas reguladoras de trabajo mismo como a las referidas al estatus laboral de los elementos de la producción *(E. Krotoschin).*

DERECHO PENAL OBJETIVO: conjunto de normas que integran el sistema penal de un Estado, es decir, la totalidad de las leyes que definen delitos, formas de responsabilidad criminal y penas *(S. Soler).*

DERECHO PENAL SUBJETIVO: facultad del Estado que surge de la existencia de la norma penal *(S. Soler).*

DERECHO PERSONAL: aquel en el que una persona es individualmente sujeto pasivo del derecho. La facultad de obligar individualmente a una persona a una prestación cualquiera, a dar, a suministrar, a hacer o no hacer alguna cosa *(M. Ortolán).*

DERECHO POLÍTICO: el que contiene las normas de la organización del Estado, estableciendo la forma de Gobierno, los poderes que lo componen y sus relaciones.◆ Todo aquel perpetrado contra el orden político estatal; lo fundamental en ese delito es que el bien jurídico ofendido tenga fondo político *(E. Llanés Torres).*◆ Ver **Derechos políticos.**

DERECHO POSITIVO: conjunto de normas jurídicas impuestas a los individuos bajo la sanción de la fuerza pública.◆ Conjunto de leyes que existen realmente como tales y que dependen de la voluntad del legislador

(M. Goldstein).◆ *Salvat* lo define como el Derecho vigente en un Estado, es decir, conjunto de reglas jurídicas establecidas por la Constitución, las leyes o las costumbres de un país.

DERECHO PREFERENTE DE SUSCRIPCIÓN: ver **Derecho de preferencia**.

DERECHO PREMIAL: normas jurídicas que, en lugar de penas, distribuyen recompensas. Generalmente, es el conjunto de aquellas normas jurídicas que relacionan directamente un comportamiento o una consecuencia positiva. El demoninador común es la predisposición de una recompensa para aquellos que se han adecuado (premio) o se adecuaran (incentivo) *(M. del Carmen Piña)*.

DERECHO PRETORIO: el establecido por los pretores que, atendiendo más a la equidad natural que al rigor de la letra, explicaba o modificaba las leyes civiles.

DERECHO PRIVADO: rama del ordenamiento jurídico que se ocupa básicamente de la regulación de las relaciones entre particulares y de los actos por ellos celebrados.

DERECHO PROCESAL: aquella rama del Derecho encargada de diagramar la estructura, organización, competencia y demás cuestiones técnicas vinculadas con el poder judicial como órgano independiente; así como también fija el procedimiento a seguir para la válida tramitación de los pleitos.

DERECHO PROCESAL CANÓNICO: conjunto de normas referentes a la sustancia, requisitos y efectos de la institución procesal canónica *(Moreno Hernández)*.

DERECHO PROCESAL CIVIL: conjunto de normas que regulan las relaciones entre el Estado y los ciudadanos, provenientes del ejercicio de la función jurisdiccional civil.

DERECHO PROCESAL CIVIL INTERNACIONAL: es parte del derecho interno de un determinado Estado y no una parte del derecho internacional verdadero y propio. El apelativo de internacional utilizado en la expresión sirve únicamente para designar el objeto característico de dichas normas, por el que se distinguen de las otras normas de derecho procesal civil (G. Morelli).

DERECHO PROCESAL CIVIL Y COMERCIAL: conjunto de normas, técnicas y doctrinas que tratan de la presentación, desarrollo y solución de las reclamaciones planteadas ante los tribunales fundadas en la aplicación de normas de Derecho Privado (civiles y comerciales).

DERECHO PROCESAL LABORAL: aquel que estudia los procedimientos judiciales de reclamaciones fundadas en la normativa del Derecho del Trabajo.

DERECHO PROCESAL PENAL: conjunto de facultades de que están dotados determinados órganos del Poder Judicial del Estado para conocer y decidir las causas en las que se aplican las leyes penales.

DERECHO PÚBLICO: conjunto de normas reguladoras del orden jurídico relativo al Estado en sí y en sus relaciones con los particulares y con otros Estados.

DERECHO RADIOELÉCTRICO: comprende todo lo referente a radiotelegrafía, radiotelefonía y televisión *(Usinger).*

DERECHO REAL: aquel en que ninguna persona es individualmente sujeto pasivo del derecho. Da la facultad de sacar de una cosa cualquiera un beneficio mayor o menor *(M. Ortolán).*◆ Es el que crea entre las personas y las cosas una relación directa e inmediata, de tal manera que no se encuentran en ella sino dos elementos: la persona, que es el sujeto activo del derecho, y la cosa, que es el objeto *(O. Demolombe).*

DERECHO ROMANO: aquel vigente en las épocas y sobre los territorios de la soberanía política romana *(L. Ambrosini).*

DERECHO RURAL: disposiciones especiales relativas al régimen de la propiedad rural y que se refieren especialmente a la protección de la agricultura.

DERECHO SINDICAL: el complejo de normas que regulan la organización y las atribuciones del sindicato y los deberes y derechos de éste para con los productores, para con los asociados y para con el Estado *(J. Sermonti).*◆ Complejo de normas jurídicas que regulan la formación, las funciones y la actividad de las asociaciones profesionales, en el sentido de la tutela de los intereses de las diferentes categorías profesionales, en provecho de sus elementos componentes y en armonía con los superiores intereses de la producción *(Cavalcanti de Carvalho).*

DERECHO SOCIAL: Derecho del Trabajo.

DERECHO SUBJETIVO: el que se entiende como una prerrogativa, un poder que tiene un sujeto (o varios) para exigir de otro u otros (inclusive de todos los demás o del Estado mismo) una determinada conducta.

DERECHO SUCESORIO: rama del Derecho Civil que entiende acerca de todo lo vinculado con las sucesiones y los derechos de los herederos.

DERECHO TRIBUTARIO: conjunto de normas y principios jurídicos que se refieren a los tributos *(D. Jarach).*◆ Rama del Derecho Financiero que se propone estudiar el aspecto jurídico de la tributación en sus diversas manifestaciones como actividad del Estado, en la relación de éste con los particulares y las que se suscriben entre estos últimos *(C. Giuliani Fonrouge).*

DERECHO TRIBUTARIO ADMINISTRATIVO: el que regula una serie de facultades concedidas al organismo administrativo encargado de la recaudación, así como los distintos y correlativos deberes de los administrados *(J. M. Martín).*

DERECHO TRIBUTARIO CONSTITUCIONAL: el que tiene por objeto principal determinar los límites directos e indirectos que encuadran el ejercicio del poder tributario del Estado *(J. M. Martín).*

DERECHO TRIBUTARIO FORMAL: reglas jurídicas pertinentes para determinar si corresponde que el Fisco perciba de determinado sujeto una suma en concepto de tributo y la forma en que la acreencia se transformará en un importe tributario líquido, que será el que ingresará al Tesoro Público. Contiene, asimismo, las normas que otorgarán al Estado poderes de verificación y fiscalización que complementan al derecho tributario material o sustantivo *(C. García Vizcaíno).*◆ Conjunto de normas que solucionan o resuelven los problemas de relación entre el Fisco y el contribuyente, particularmente en términos de presentación de declaraciones juradas, vencimientos, formas de pago, liquidación de intereses, etc.

DERECHO TRIBUTARIO MATERIAL: conjunto de normas que disciplinan el tributo y las relaciones jurídicas accesorias, es decir, que lógicamente se vinculan con el tributo; en tanto que el Derecho tributario formal es el conjunto de normas que disciplinan la actividad administrativa y las relaciones que teleológicamente se vinculan con el tributo *(D. Jarach).*◆ Ver **Derecho tributario sustantivo.**

DERECHO TRIBUTARIO PENAL: conjunto de normas que describen las contravenciones, violaciones o infracciones a las obligaciones, deberes y responsabilidades que tiene su origen en las disposiciones del derecho tributario sustantivo y del derecho tributario administrativo, y que estipulan o establecen las correspondientes sanciones *(J. Martín* y *G. Rodríguez Usé).*

DERECHO TRIBUTARIO PROCESAL: conjunto de disposiciones que regulan la actividad jurisdiccional del Estado para la aplicación del Derecho tributario (de fondo); su estudio abarca la organización, composición, competencia y funcionamiento interno de los órganos que ejercen tal actividad, así como el régimen jurídico y la actuación de los sujetos procesales *(C. Garcia Vizcaíno).*

DERECHO TRIBUTARIO SUSTANTIVO: aquel que se refiere propiamente a las normas sobre la obligación tributaria, su fuente, nacimiento, estructura, extinción, etcétera.◆ Rama del Derecho conformada por el conjunto de leyes que integran el sistema tributario.◆ Derecho tributario material. ◆ Derecho obligacional tributario

DERECHOHABIENTES: concepto con el cual aluden las distintas legislaciones a los herederos y parientes de la persona fallecida.

DERECHOS: facultades o prerrogativas que la Constitución reconoce a sus titulares, ya sean éstos individuos o grupos sociales *(M. A. Ekmedjián).*

DERECHOS ABSOLUTOS: aquellos cuyas correspondientes obligaciones afectan a toda la masa de las personalidades con las cuales el objeto de derecho puede estar en contacto. Son los que pueden hacerse valer *erga omnes*, es decir, frente a todos los integrantes de la comunidad *(M. Mariani de Vidal).*

DERECHOS ADQUIRIDOS: aquellos que son consecuencia de un hecho que se realizó y que han entrado inmediatamente a formar parte del patrimonio de la persona, aunque la ocasión de hacerlos valer se ha presentado bajo el imperio de una nueva ley. Su protección se aplica no sólo a los titulares sino también a quienes posteriormente sean sus herederos.◆ Ver **Derecho adquirido.**

DERECHOS ADUANALES: ver **Derechos de aduana**.

DERECHOS ADUANEROS: ver **Derechos de Aduana; Derechos arancelarios; Arancel; Derechos de importación y exportación.**

DERECHOS "ANTIDUMPING": cargos que se imponen a los productos importados cuando ingresan a un país a un precio inferior al que se vende en el país de origen. El objetivo es evitar la competencia desleal.

DERECHOS ARANCELARIOS: ver **Arancel; Derechos de importación; exportación.**

DERECHOS COLECTIVOS: aquellos que pertenecen a un sector de la sociedad o grupo que conforma una organización de carácter permanente (no ocasional).

DERECHOS COMPENSATORIOS: cargos que se imponen a los productos importados que fueron subsidiados en su país de origen.

DERECHOS CREDITORIOS: ver **Derechos personales.**

DERECHOS DE ADUANA: gravámenes impuestos por un país a los productos que ingresen o egresen del mismo.◆ Ver **Derecho de exportación; Derecho de importación.**

DERECHOS DE CRÉDITO: es el derecho de una persona, el acreedor, contra otra persona, es decir, dirigido a una prestación, más exactamente a la satisfacción de un interés digno de protección. No es menester que este interés sea estimable en dinero *(Enneccerus - Kipp - Wolff).*

DERECHOS DE FUNDADOR: ver **Fundador.**

DERECHOS DE GARANTÍA: aquellos que conceden la facultad de intentar sobre una cosa (mediante la realización de su valor) la satisfacción de una cierta cantidad de dinero. Sirven o bien únicamente para asegurar un crédito de suerte que lo presuponen y se extinguen con él (derechos accesorios de garantía) o bien son independientes, esto es que al titular le es lícito, tenga o no un crédito, intentar su satisfacción sobre la cosa hasta un determinado importe en metálico *(Enneccerus - Kipp - Wolff).*

DERECHOS DE IMPORTACIÓN Y EXPORTACIÓN: aquellos que gravan el tránsito de las mercaderías y productos a través de las fronteras políticas del Estado; así, la importación consiste en el ingreso de dichos bienes al país y la exportación, en cambio, en el egreso de aquéllos hacia el extranjero. ◆ Ver **Derecho de exportación; Derecho de importación.**

DERECHOS DE LA PERSONALIDAD: todos aquellos derechos subjetivos y facultades reconocidas por el ordenamiento jurídico al individuo en su carácter de tal y como inherentes al mismo. Por ejemplo derecho a la vida, a la intimidad, al honor, etcétera.

DERECHOS DEL CONSUMIDOR: obligaciones del fabricante o prestadores de servicios frente a los consumidores o usuarios de los productos o servicios.

DERECHOS DEL NIÑO: ver **Convención sobre los Derechos del Niño.**

DERECHOS DIFERENCIALES: aranceles aduaneros reducidos que se establecen para productos determinados o de acuerdo con el país de origen de los mismos.

DERECHOS ENUMERADOS: aquellos que gozan de un reconocimiento explícito en la ley fundamental.

DERECHOS ESPECIALES DE GIRO: especie nueva de reservas internacionales instituida en 1968 por el FMI. El propósito al que responden no es sustituir las reservas tradicionales, integradas por oro y monedas convertibles en oro, sino complementar tales reservas de modo que la liquidez internacional resulte suficiente, en vista de la continua expansión del tráfico. Éstos serán emitidos por el FMI toda vez que el conjunto de países que disponga como mínimo del 85 % de los votos de ese organismo, juzgue que existe una necesidad suplementaria de liquidez.

DERECHOS EXTRAPATRIMONIALES: aquellos no susceptibles de apreciación pecuniaria.

DERECHOS HUMANOS: los hombres nacen y permanecen libres e iguales en derechos; por tanto, las distinciones sociales no tienen más fundamento que la utilidad común. El objeto de toda sociedad es la conservación de los derechos naturales e imprescindibles del hombre, a saber: la libertad, la seguridad, la propiedad y la resistencia a la opresión.◆ Ver **Derechos de la personalidad.**

DERECHOS IMPLÍCITOS: aquellos que, sin estar explícitamente enumerados en la Constitución, surgen tácitamente de su texto.

DERECHOS INDIVIDUALES: ver **Derechos de la personalidad.**

DERECHOS INTELECTUALES: aquellos derechos económicos o pecuniarios que tiene el que realiza una obra científica, literaria o artística para disponer de ella y explotarla económicamente por cualquier medio *(O. Cancela).*

DERECHOS NO ENUMERADOS: aquellos que, a pesar de no estar expresamente incluidos, surgen implícitamente de una interpretación armónica de la Ley Fundamental.

DERECHOS PATRIMONIALES: aquellos pasibles de una valoración pecuniaria *(O. Cancela).*◆ Aquellos objetos materiales e inmateriales susceptibles de valor.

DERECHOS PERSONALES: aquellos que establecen relaciones entre personas determinadas, en razón de las cuales el respectivo titular puede exigir de alguien la prestación debida *(J. Llambías).* ◆ Derechos creditorios.

DERECHOS PERSONALÍSIMOS: ver **Derechos de la personalidad.**

DERECHOS POLÍTICOS: aquellos conferidos a los ciudadanos de participar en la dirección de los asuntos públicos, de votar y ser elegidos en elecciones periódicas auténticas y de tener acceso, en condiciones generales de igualdad, a las funciones públicas de su país.

DERECHOS PÚBLICOS SUBJETIVOS: ver **Derechos de la personalidad.**

DERECHOS REALES DE ADQUISICIÓN PREFERENTE: los que permiten hacer la adquisición derivativa de una cosa excluyendo o desplazando a cualquier otro posible adquirente.

DERECHOS SECTORIALES: ver **Derechos colectivos.**

DERECHOSOS: Ver **Campos comuneros.**

DERELICCIÓN: se aplica cuando el propietario de una cosa la vende a otro, renuncia o abandona el derecho de propiedad para cederlo; es una renuncia traslativa. ◆ Abandono del dominio.

DERELINQUIR: desamparar. Abandonar.

DERIVATIVO DE CAPITAL: bono o contrato privado cuyo valor depende de lo que sucede con el valor de una o más acciones o índices de mercado *(G. Gotlib).*

DERIVATIVOS: ver **Instrumentos derivativos.**

DEROGACIÓN DE LA LEY: acto legislativo consistente en quitar la fuerza obligatoria de la ley reemplazándola por otra.◆ Abrogación de una ley.

DEROGACIÓN DIRECTA: derogación expresa.

DEROGACIÓN EXPRESA: la que tiene lugar cuando resulta de los términos de la ley misma.

DEROGACIÓN INDIRECTA: derogación tácita.

DEROGACIÓN TÁCITA: aquella que se configura cuando la abrogación no está expresamente establecida en el texto de la ley, siendo consecuencia de su incompatibilidad con otra ley posterior.

DEROGAR: anular, abolir alguna cosa establecida como ley o costumbre.

DEROGATORIO: que deroga.

DERRAMA: repartimiento de un gasto eventual y, más señaladamente, de una contribución.◆ Contribución temporal o extraordinaria.

DERRIBAR: abatir.◆ Demoler una constitución.

DERROCAR: derribar a un gobernante del poder.

DERROCHAR: emplear algo en forma excesiva e inútil malgastándolo.

DESACATO: ofensa o injuria dirigida a un funcionario público a causa del ejercicio de sus funciones *(A. García).* ◆ Delito que se comete calumniando, injuriando, insultando o amenazando a una autoridad en el ejercicio de sus funciones o con ocasión de ellas, ya de hecho o de palabra, o ya en el escrito que se le dirija.◆ Carencia de respeto hacia los superiores.

DESACREDITAR: desvirtuar.◆ Hacer caer la reputación de un sujeto.◆ Comercialmente, constituye motivo de descrédito el perder el crédito por incumplimientos en los compromisos.◆ Tratar de restar crédito y reputación.

DESADEUDAR: acción consistente en librarse de una obligación.

DESAFECTAR: acción de sustraer un bien público de su destino al uso público, o sea, sacarlo de funcionamiento como tal *(M. Mariani de Vidal).*

DESAFIAR: provocar, retar.◆ Afrontar uno las dificultades.

DESAFORAR: quitar a alguien sus fueros.

DESAFUERO: acto que priva de fuero al que lo tenía.◆ Acto contra la ley.◆ Consiste en la acción irregular y violenta contra la ley, la costumbre o la razón *(Escriche).*

DESAGIO: descuento sobre el valor nominal de un instrumento financiero o depreciación del tipo de cambio de moneda extranjera.

DESAGRAVIAR: ejecutar el ofensor un hecho o una conducta susceptible de producir la reparación del agravio injustamente sufrido por el ofendido.

DESAHORRO: magnitud equivalente a la reducción o disminución de la tasa de riqueza neta, generada como consecuencia de haberse operado un egreso que excedía notablemente el importe de los ingresos.

DESAHUCIO: sinónimo de desalojo.◆ Ver **Desalojo.**

DESALOJAR: sacar o hacer salir de un lugar a una persona o cosa.◆ Desplazar.◆ Dejar un lugar voluntariamente.

DESALOJO: acción encarada contra locatarios, sublocatarios, arrendatarios, tenedores precarios, intrusos y cualesquiera otros ocupantes en forma ilegal de un inmueble, ante un deber exigible de restitución, a fin de que lo desocupen o se proceda a su lanzamiento. ◆ Expulsión de un inquilino en virtud de un pedido efectuado por parte del propietario de un inmueble.

DESALQUILAR: dejar o hacer dejar un inmueble alquilado que uno poseía por un plazo determinado y a un precio convenido.

DESAMORTIZAR: dejar libres los bienes amortizados.◆ Poner en estado de venta los bienes de manos muertas mediante disposiciones legales.

DESAMPARAR: abandonar a un menor desentendiéndose en el futuro de todas las vicisitudes concernientes a él.◆ Dejar o abandonar una cosa con renuncia de todo derecho sobre ella.

DESAPARICIÓN: se dice respecto de una persona acerca de la cual se hubiere dejado de tener noticias repentina e imprevisiblemente sin motivos presumibles.◆ Con este término también suele aludirse al fallecimiento de un individuo.◆ Muerte.◆ Ver **Desaparición forzada de personas.**

DESAPARICIÓN FORZADA DE PERSONAS: se configura cuando se hubiere privado a alguien de su libertad personal y el hecho fuese seguido por la desaparición de la víctima o si ésta hubiera sido alojada en lugares clandestinos de detención o privada, bajo cualquier otra forma, del derecho a la jurisdicción.

DESAPODERAMIENTO: efecto característico derivado de la declaración de quiebra, en virtud del cual el fallido queda desapoderado de pleno derecho de sus bienes existentes a la fecha de la sentencia y de los que adquiera hasta su rehabilitación. Impide la ejercitación de los derechos de disposición y administración.◆ Institución del Derecho Comercial que significa la imposibilidad del comerciante concursado de realizar actos de disposición sin la autorización del síndico.

DESAPOSESIÓN: desposesión.

DESAPROBACIÓN: falta de aprobación. ◆ Reprobar, no asentir a una cosa.

DESARME: limitación y reducción de los armamentos *(B. Halaczuk - Moya Domínguez).*

DESARRAIGAR: expulsar a una persona del lugar o del país en el que vive.

DESARRAIGO: pena consistente en el hecho de desterrar o desarraigar a una persona.

DESARROLLO: término con el que se hace alusión al mayor o menor grado de evolución, crecimiento o superación, tanto presente como futuro, que experimenta una persona (tanto física como jurídica), ya sea considerado desde el punto de vista de un aspecto particular o interpretado globalmente en su integridad.

DESASISTIR: desamparar.

DESASTRE: desgracia de considerable magnitud.

DESATESORAMIENTO: intención por parte de los agentes económicos de mantener menores saldos inactivos de dinero y, por consiguiente, de destinar mayores montos al consumo de bienes y servicios o a la inversión de capital.

DESAUTORIZAR: quitar a un agente o funcionario autoridad, poder o crédito.

DESAVENENCIA: desacuerdo. Discordia.

DESBLOQUEO: levantamiento del bloqueo impuesto.

DESCABEZAR: desfenestrar.◆ Decapitar.

DESCANSO: interrupción o cese temporal durante el desempeño de una tarea.

DESCANSO LABORAL: lapso de inactividad laboral durante el horario de comida o refrigerio, en los días no laborables, en descansos compensatorios o feriados, o bien después de finalizar sus tareas.◆ Interrupción de un trabajo.

DESCANSO SEMANAL: período de inactividad laboral semanal otorgado a los trabajadores de acuerdo con las leyes laborales.

DESCAPITALIZACIÓN: acción mediante la cual se deja a una entidad, empresa, etcétera, total o parcialmente, sin los recursos que poseía.

DESCARGA: en Derecho Aduanero, operación por la cual la mercadería arribada a un puerto o aeropuerto determinado es retirada del medio de transporte en el que hubiere sido conducida.

DESCARGO: todas aquellas declaraciones o pruebas producidas a efectos de desvirtuar una acusación.◆ Eximición de una persona de sus obligaciones.◆ Quitar la carga a un arma de fuego.

DESCASAMIENTO: divorcio. Nulidad de un matrimonio.

DESCASAR: declarar la nulidad de un matrimonio.

DESCENDENCIA: denominación comprensiva del conjunto de hijos, nietos y demás generaciones sucesivas por línea recta descendente.

DESCENDIENTE: hijo, nieto o cualquier persona que desciende de otra.◆ Persona nacida de otra.

DESCENTRALIZACIÓN: atribución de competencia a entidades separadas de la Administración Central, dotadas de personalidad jurídica propia y constituidas por órganos propios que expresan la voluntad de tales entes *(A. Siseles).*

DESCENTRALIZACIÓN BUROCRÁTICA: ver **Desconcentración**.

DESCONCENTRACIÓN: cuando las atribuciones decisorias se transfieren a los órganos inferiores de la Administración Pública Central o de cualquier sujeto de Derecho Público estatal *(J. C. Cassagne).* ◆ Cuando los poderes de decisión se trasladan limitadamente a órganos inferiores, pero siempre dentro de la misma organización o del mismo ente estatal, manteniéndose un fuerte control del ejercicio de los poderes transferidos *(A. Siseles).*

DESCONTAR: deducir una cantidad de otra.◆ Dar por acontecido.◆ Ver **Descuento.**

DESCUBIERTO: sobregiro.◆ Ver **Giro en descubierto**.

DESCUBRIMIENTO: hallazgo de algo que se encontraba oculto o que era desconocido.

DESCUENTO: promesa de descontar.◆ Deducción que se otorga en el precio de un bien o servicio, originada por un pago anticipado contado o por cualquier otra situación que establezca el vendedor de antemano.◆ Ver **Descuento comercial.**

DESCUENTO COMERCIAL: descuento en el precio o en la factura que se otorga a los clientes en razón de determinadas circunstancias, como cantidad de compra, ofertas especiales, etcétera, sin considerar las condiciones del crédito del cliente en particular.◆ Ver **Tasa de descuento**.

DESCUENTO DE EMISIÓN: suscripción de títulos y/o acciones realizada a un valor inferior al nominal.

DESCUENTO FINANCIERO: aquel concedido a un cliente en virtud del aspecto financiero de la operación, como por ejemplo la consideración del término de tiempo para efectuar el pago.

DESCUIDERO: uno de los modos con que se alude a una persona que aprovecha la distracción o el descuido de los demás a fin de apoderarse de sus pertenencias.

DESCUIDO: falta de cuidado. Negligencia.

DESEMBARGO: levantamiento del embargo. ◆ Consiste en la resolución que deja sin efecto la medida precautoria trabada sobre un bien o derecho.

DESEMBOLSO: erogación o egreso de dinero, en efectivo o por medio de la emisión de cheques, por diversos conceptos.◆ Entrega de una cantidad de dinero en efectivo y al contado.

DESEMPEÑAR: ejercer una determinada actividad o profesión.

DESEMPLEADO CIRCUNSTANCIAL: persona que está un cierto tiempo sin empleo –el necesario hasta encontrar una nueva ocupación– y que reingresa al mercado laboral con sus capacidades intactas. Son personas con una empleabilidad alta *(M. Alles).*

DESEMPLEADO ESTRUCTURAL: categoría en la que se incluye a las "personas que han entrado o no en la clasificación de desocupados de larga duración y que, si no media alguna acción externa que modifique su empleabilidad, tienen muy pocas chances de reingresar al mercado laboral. Son personas con empleabilidad básica" *(M. Alles).*

DESEMPLEO: mano de obra desocupada en forma involuntaria por cuanto no encuentra ocupación laboral a un nivel de salario determinado.◆ En un sentido más amplio, se da idéntica denominación al factor capital, ahorro, tierra y otros factores o recursos productivos que están ociosos o sin aplicación. ◆ Ocio involuntario de una persona que desea trabajo a los tipos de salarios vigentes.◆ Carencia de empleo entre quienes deseen tener un puesto de trabajo.

DESENCARCELAR: conceder la excarcelación.◆ Excarcelar.

DESERCIÓN: término que alude al abandono que alguien hace de la apelación que tenía interpuesta.

DESERTAR: abandonar la causa o apelación.

DESESTIMAR: denegar, no hacer lugar a la pretensión.◆ Rechazar.

DESFALCO: delito consistente en la apropiación indebida, fraudulenta, de bienes o valores que se hayan tenido bajo custodia o en administración.

DESFLORAR: iniciar a una joven en la vida sexual.

DESGLOSAR: quitar algunas hojas de una pieza de autos o algún documento dejando copia o, al menos, nota de su contenido.

DESGRAVACIÓN: método tributario para reducir la carga impositiva en determinado tipo de actividades. Es, indirectamente, un subsidio a la actividad gravada. Esta herramienta impositiva se utiliza para alentar en forma específica ciertas actividades o bien para desarrollar zonas geográficas. ◆ Liberalidad admitida por ley que representa una quita de la materia imponible para llegar a la renta imponible definitiva.

DESGRAVÁMENES: aquellos gastos de tipo personal o familiar y que, dada la justificación, se permite al contribuyente que los reste de su renta antes de calcularse el impuesto.

DESHABITADO: no habitado.

DESHEREDACIÓN: privación que sufre el heredero forzoso de su legítima en virtud de haber incurrido en una de las causales enunciadas taxativamente en la ley.◆ Consiste en la privación de la legítima a los herederos forzosos en virtud de una causa justa, demostrable, taxativamente señalada en la ley y expresada en el testamento *(O. Maffía).*

DESHEREDADO: persona excluida de la sucesión en virtud de haber incurrido en alguna de las causales legales.

DESHEREDAR: privar de la facultad de suceder a una persona en virtud de darse algunas de las causales previstas taxativamente en la ley.

DESHIJADO: voz con la que se designaba a aquellas personas alejadas arbitrariamente de sus hijos.

DESHONESTO: calificación recibida por todo individuo que denota, a través de sus hechos y conductas, una notable carencia de decoro y honestidad. ◆ Acto que reúne dichas características.

DESHONOR: deshonra.

DESHONRA: descrédito.◆ Disminución en la reputación de una persona.

DESIGNACIÓN: acto en virtud del cual una persona es seleccionada por considerársela idónea para el desempeño de un cargo, tarea o responsabilidad determinada.◆ Nombramiento. Elección.

DESISTIMIENTO: acto de renunciar a un derecho de cualquier naturaleza; esta circunstancia se da cuando, una vez puesto en movimiento el ejercicio de éste, se abandona la prosecución de los actos que habrían de hacerlo efectivo.

DESLEALTAD: carencia de lealtad.

DESLIGAR: desvincularse. Independizarse. Liberarse de la obligación contraída.

DESLINDE: acto mediante el cual el poseedor de terrenos pretende, luego de realizar la mensura, que se establezca la línea divisoria entre dos propiedades contiguas por estar confundidos sus límites *(R. Arazi).*◆ Determinación de los límites de una heredad.

DESMANDAR: revocar la manda legada.

DESMEDRO: perjuicio, menoscabo en un derecho.

DESMONETIZACIÓN: ver **Desmonetización de la economía.**

DESMONETIZACIÓN DE LA ECONOMÍA: abandono del metal como elemento componente de la moneda en un sistema monetario.◆ Reducción de los recursos monetarios como porcentajes del PBI.◆ Reducción de dinero y depósitos en poder del público.

DESNACIONALIZACIÓN: privación de la nacionalidad.

DESNACIONALIZAR: privar del carácter nacional a una cuestión, una corporación, una industria, etcétera, por la inclusión de elementos extranjeros.◆ Privatizar.

DESNATURALIZADO: privado del derecho de naturaleza.◆ Alteración de la naturaleza de una cosa.

DESNUTRICIÓN: depauperación del organismo ocasionada por trastorno de la nutrición y falta de proporción en lo que se asimila y lo que elimina por desasimilación.◆ Desmejoramiento o disminución del desarrollo orgánico de las personas que tienen problemas de alimentación.◆ Debilitación del organismo causada por serios trastornos en la alimentación.

DESOBLIGAR: liberar a alguien de una obligación contraída por cualquiera de los modos posibles de extinguir una deuda (por ejemplo: pago, transacción, compensación, etcétera).◆ Desligar.

DESOCUPACIÓN: situación que se caracteriza por la existencia de numerosos individuos en edad económicamente activa que se hallan en estado de desocupación involuntaria.

DESOCUPADO: individuo que se encuentra sin trabajo.◆ Libre de ocupación. ◆ Desempleado.

DESOLLAR: causar un grave daño a alguien, ya sea en su persona o en sus bienes.

DESORDEN: falta o alteración del orden.

DESPACHANTE DE ADUANA: persona que realiza los trámites vinculados con la exportación o la importación de bienes ante la autoridad de Aduanas.◆ Auxiliar de comercio que actúa por sí o por intermedio de apoderado para realizar ante las Aduanas de la República, por cuenta de terceros, tramitaciones y diligencias referidas y relativas a la importación, la exportación y demás trámites y diligencias aduaneras. No es considerado comerciante ya que no realiza actos de comercio por cuenta propia.◆ Agente de Aduana.

DESPACHO: expediente, resolución, determinación.◆ Comunicación transmitida por telégrafo, por teléfono o por cualquier otro medio de comunicación. ◆ Lugar que se utiliza para resolver o tratar un asunto o negocio en una empresa.

DESPACHO A PLAZA: trámite que se efectúa ante la Aduana con el fin de liberar e introducir a la plaza los bienes importados.

DESPACHO DIRECTO: procedimiento en virtud del cual la mercadería puede ser despachada directamente a plaza sin previo sometimiento al régimen de depósito provisorio de importación.

DESPEDIR: separar el empleador de su cargo a un empleado; prescindir de sus servicios.

DESPIDO: uno de los modos de concluir la relación laboral originada por medio de un contrato de trabajo. Resulta cuando el empleador despide al empleado con o sin justa causa. El despido puede ser en virtud de la inobservancia por el trabajador de las obligaciones que le impone el contrato de trabajo. En el caso de despido por justa causa, el empleador deberá comunicar por escrito las razones en que se basa tal resolución. En el supuesto contrario, sin justa causa, el empleador deberá abonar al trabajador una indemnización compensatoria. También se puede producir el despido de modo indirecto, cuando el trabajador hiciere una denuncia fundada en justa causa del contrato, lo que le dará derecho a una indemnización en razón de despido sin justa causa. En el supuesto de despido por causa de fuerza mayor no imputable al empleador y fehacientemente justificada, el trabajador tendrá derecho a percibir una indemnización equivalente a la mitad de la prevista para despidos sin justa causa.

DESPIDO DISCIPLINARIO: derecho del empleador de rescindir el contrato laboral cuando el trabajador ha incurrido en incumplimiento grave de sus obligaciones, ya sea que se refieran al trabajo contratado o al comportamiento que, en general, debe tener en relación con su empleo.

DESPIDO INDIRECTO: ruptura unilateral del vínculo que a diferencia de la renuncia no es un acto libre y voluntario, sino que debe a la conducta arbitraria del empleador, que imposibilita la prosecución de la relación.

DESPIDO JUSTIFICADO: despido disciplinario.

DESPOBLADO: en materia penal, circunstancia agravante de apreciación potestativa, más indicada cuando la soledad se busca o aprovecha de propósito.

DESPOJO: desposesión sufrida por el propietario de una cosa, ya sea mediante abuso de confianza, violencia, hurto, etcétera.

DESPOSAR: casarse.◆ Contraer matrimonio.

DESPOSEER: quitar a alguien aquello que posee.

DESPOSESIÓN: acción de desposeer.

DESPOSORIO: ver **Esponsales.**

DESPOTISMO: ejercicio abusivo de la autoridad por parte de un funcionario, sin que éste encuentre limitación legal.

DESPOTISMO ILUSTRADO: consistió en una forma política benefactora y paternalista preocupada por racionalizar el derecho, la moral, las costumbres y la educación, sin perjuicio del poder absoluto *(P. Verdú).*

DESPRECIO DEL OFENDIDO: circunstancia agraviante motivada por la edad, el sexo o la dignidad de la víctima.

DESREGULACIÓN: eliminación de normas legales vinculadas con la competencia entre empresas.◆ Supresión de una serie de normas que impiden la provisión de bienes y servicios por agentes económicos privados o públicos distintos de quienes hoy detentan el monopolio de hecho, y básicamente la libertad de fijación de tarifas.

DESTAJISTA: trabajador a destajo.

DESTAJO: remuneración acordada en relación con la cantidad de productos producidos.

DESTIERRO: pena que importa la expulsión del reo del territorio de la República, con prohibición de regresar a él durante el término de la condena.◆ Desarraigo.

DESTINACIÓN ADUANERA: consiste en la asignación de un destino determinado a las mercaderías.

DESTINACIÓN DE DEPÓSITO DE ALMACENAMIENTO: aquella en virtud de la cual la mercadería importada puede quedar almacenada bajo control aduanero por un plazo determinado para ser sometida a otra destinación autorizada.

DESTINACIÓN DE EXPORTACIÓN PARA CONSUMO: aquella en virtud de la cual la mercadería exportada puede permanecer por tiempo indeterminado fuera del territorio aduanero.

DESTINACIÓN DE EXPORTACIÓN TEMPORARIA: aquella en virtud de la cual la mercadería exportada puede permanecer con una finalidad y por un plazo determinado fuera del territorio aduanero, quedando sometida, desde el mismo momento de su exportación, a la obligación de reimportarla para consumo con anterioridad al vencimiento del mencionado plazo.

DESTINACIÓN DE IMPORTACIÓN PARA CONSUMO: aquella en virtud de la cual la mercadería importada puede permanecer por tiempo indeterminado dentro del territorio aduanero.

DESTINACIÓN DE IMPORTACIÓN TEMPORARIA: aquella en virtud de la cual la mercadería importada puede permanecer con una finalidad y por un plazo determinado dentro del territorio aduanero, quedando sometida, desde el mismo momento de su libramiento, a la obligación de reexportarla para consumo con anterioridad al vencimiento del mencionado plazo.

DESTINACIÓN DE REMOVIDO: aquella en virtud de la cual la mercadería de libre circulación en el territorio aduanero puede salir de éste para ser transportada a otro lugar del mismo, con intervención de las Aduanas de salida y de destino sin que, durante su trayecto, atraviese o haga escala en un ámbito terrestre no sometido a la soberanía nacional.◆ Transporte de mercadería de libre circulación en el territorio aduanero por ríos nacionales de navegación internacional entre dos puntos de dicho territorio.

DESTINACIÓN DE TRÁNSITO DE EXPORTACIÓN: aquella en virtud de la cual la mercadería de libre circulación en el territorio aduanero que fuere sometida a una destinación de exportación en una Aduana puede ser transportada hasta otra Aduana del mismo territorio aduanero con la finalidad de ser exportada desde esta última.

DESTINACIÓN DE TRÁNSITO DE IMPORTACIÓN: aquella en virtud de la cual la mercadería importada que careciere de libre circulación en el territorio aduanero puede ser transportada dentro del mismo desde la Aduana por la que hubiere arribado hasta otra Aduana para ser sometida a otra destinación aduanera.

DESTINAR: asignar un destino determinado a una persona o cosa.

DESTINATARIO: aquella persona para quien se elabora o a quien se dirije un informe. En el caso del auditor, el informe del auditor debe estar dirigido a quien hubiera contratado sus servicios o a quien el contratante indicara. En el caso de que el destinatario fuera un ente, el informe se debe dirigir a sus propietarios o a las máximas autoridades.

DESTINO: fin asignado a una persona o cosa.◆ Afectación de algo a un fin determinado. ◆ Punto de arribo.

DESTITUCIÓN: separación de su cargo de un funcionario como consecuencia de una medida correctiva o debido a la aplicación de un castigo por la comisión de un hecho o actividad prohibida o por la omisión de una conducta que le era exigible en el ejercicio de sus funciones.

DESTRONAR: deponer el reino a alguien; echarlo del trono.

DESTRUCCIÓN: ruina, pérdida irreparable.

"DESUETUDO": vocablo latino traducido como "desuso, deshabituación". Alude a los efectos jurídicos que el desuso de una costumbre o de una ley produce o deja de producir.◆ Efecto jurídico de la costumbre.◆ El desuso anula una norma creando otra idéntica en su carácter a una ley cuya única función fuese derogar otra disposición legal precedentemente válida *(H. Kelsen).*

DESUSO: proceso de envejecimiento que sufren ciertos bienes por la obsolescencia o cambio de moda.

DESUSO DE LA LEY: *desuetudo* de la ley.

DESVALIJAR: despojar a una persona de sus pertenencias o bienes.◆ Robar el contenido de una caja fuerte.

DESVALORIZACIÓN: pérdida de valor, depreciación.

DETENCIÓN: privación provisional de la libertad ordenada por una autoridad competente.

DETENCIÓN ARBITRARIA: ver **Derecho a la protección contra la detención arbitraria**.

DETENCIÓN ILEGAL: la que tiene lugar cuando se priva de la libertad a una persona sin autorización ni conocimiento de autoridad competente.◆ Ver **Derecho a la protección contra la detención arbitraria.**

DETENTADOR: el que retiene la posesión de lo que no es suyo sin título ni buena fe que pueda cohonestarlo.◆ De acuerdo con otra línea interpretativa, *Escriche* lo define como a aquel que tiene o posee una cosa en nombre de otro, como el comodatario, depositario y otros quienes pueden implorar el oficio del Juez contra los perturbadores de su detentación.

DETENTAR: para la mayor parte de la doctrina, acción consistente en retener alguien lo que manifiestamente no le pertenece.◆ Ver **Detentador**.

DETERIORO: estado en el que se encuentran aquellos bienes que no son susceptibles de ser utilizados para el fin tenido en miras al momento de su creación.◆ Desmejoramiento notorio de una situación o relación en forma provisoria o definitiva.

DETERMINACIÓN DE LA BASE IMPONIBLE: ver **Estimación de la base imponible.**

DETERMINACIÓN DE OFICIO: decisión tomada por el magistrado sin que medie petición de parte interesada.◆ Determinación del tributo correspondiente efectuado sobre base cierta o presunta por los organismos recaudadores pertinentes. Ésta debe ser efectuada por un juez administrativo.◆ Ver **De oficio.**

DEUDA: obligación contraída por la cual uno debe abonar una suma de dinero, entregar un bien o prestar un servicio. Según el plazo que implique la deuda, ésta puede ser a corto plazo, generalmente se la considera así cuando vence dentro de los trescientos sesenta días, o a largo plazo, cuando supera los trescientos sesenta días.◆ Cantidad de dinero o bienes que una persona, empresa o país debe entregar en un plazo determinado para cancelar una obligación.◆ Obligación. ◆ Adeudo.

DEUDA A CORTO PLAZO: aquella cuyo vencimiento opera con anterioridad al año.◆ Pasivo corriente.

DEUDA A LARGO PLAZO: aquella cuyo vencimiento opera con posterioridad al año.◆ Pasivo no corriente.

DEUDA CONSOLIDADA: deuda a largo plazo, documentada y, por lo general, con una garantía real.◆ Forma de pago de una deuda más intereses; se cancela periódicamente.◆ Préstamos perpetuos normalmente tomados por el sector público y que no tienen vencimiento fijo.

DEUDA DE ALIMENTOS: obligación que impone una norma legal entre próximos parientes para que se proporcionen medios de vida cuando concurran determinadas circunstancias *(Puig Brutau).*

DEUDA EXIGIBLE: aquella que ha llegado a su vencimiento, motivo por el cual el acreedor está legitimado para reclamar su pago.

DEUDA EXTERNA: conjunto de deudas privadas y públicas con acreedores del exterior en moneda extranjera.

DEUDA FALLIDA: deuda incobrable.

DEUDA FLOTANTE: aquella que puede aumentar o disminuir diariamente porque se compone de vencimientos a término fijo y de otros documentos aún no definitivamente arreglados.◆ Deuda de corto plazo o que no tiene respaldo y la no consolidada de una autoridad pública.

DEUDA GARANTIZADA: ver **Deudas con garantías.**

DEUDA ILÍQUIDA: aquella cuyo importe aún no se ha fijado y que, por lo tanto, aún no es exigible.◆ Deuda resultante una vez deducidas las bonificaciones o efectuados los ajustes necesarios.

DEUDA INCOBRABLE: aquella no susceptible de ser satisfecha.

DEUDA INTERNA: deudas privadas y públicas con acreedores del país y que, generalmente, se pagan en moneda nacional.

DEUDA JUDICIAL: la que se extingue por medio de un proceso.◆ Obligación que una persona debe cumplir por resolución de un fallo judicial.◆ Deuda originada en virtud de un fallo judicial.

DEUDA LÍQUIDA: la que corresponde a un saldo final, determinado y claro, y por lo tanto exigible.

DEUDA POR FALLO obligación a satisfacer por un fallo judicial.◆ Deuda judicial.

DEUDA PRIVADA EXTERNA: deudas contraídas por los particulares con acreedores en el exterior en moneda extranjera.

DEUDA PRIVADA INTERNA: deudas contraídas por los particulares con acreedores internos, generalmente en moneda de ese país. Son deudas privadas que normalmente se contraen para financiar el consumo o la inversión.

DEUDA PÚBLICA: obligación que asume o contrae un Estado con los prestamistas como consecuencia de un empréstito.◆ La que el Estado reconoce mediante títulos que devengan interés; puede ser amortizable o consolidada.

DEUDA PÚBLICA EXTERNA: obligaciones contraídas por el Estado Nacional con acreedores en el exterior y en divisa extranjera. Los títulos representativos de estas obligaciones son cotizados en los mercados de valores extranjeros; es decir, cuando el capital prestado proviene del exterior.

DEUDA PÚBLICA INTERNA: concepto comprensivo del conjunto de obligaciones contraídas por el Estado Nacional por medio de la colocación de títulos en el país, los cuales devengarán intereses y podrán contener cláusula de ajuste o actualización de valor sobre la base de índices de precios o de la cotización de una moneda extranjera.

DEUDA SIN INTERÉS: aquella que no se ve gravada con accesorios o intereses.

DEUDAS: rubro del pasivo en el que se presentan todas las cuentas que importen obligaciones asumidas por la empresa.

DEUDAS CON GARANTÍA: aquellas cuyo cumplimiento se encuentra reforzado o asegurado, por ejemplo por bienes, terceros fiadores, etcétera.

DEUDAS DE COSAS INDETERMINADAS A ELECCIÓN DEL ACREEDOR: cuando la cosa resulta indeterminada, el deudor debe hacerle intimación judicial para que haga la elección. Si rehusare hacerla, el deudor podrá ser autorizado por el Juez para verificarla. Hecha ésta, el deudor debe hacer la intimación al acreedor para que la reciba, como el caso de la deuda de cuerpo cierto.

DEUDAS DE CUERPOS CIERTOS: las que versan o tienen por objeto una o varias cosas determinadas e individualizadas. Cuando la deuda sea cierta, debe ser entregada en el lugar en que se encuentre, el deudor deberá hacer intimación judicial al acreedor para que la reciba y, desde entonces, la intimación surte todos los efectos de la consignación. Si el acreedor no la recibe, la cosa debida puede ser depositada en otra parte con autorización judicial.

DEUDAS DEL CAUSANTE: obligaciones fundadas en vida del causante que no se hayan extinguido por su muerte.

DEUDAS FINANCIERAS: conjunto de todas aquellas obligaciones contraídas con instituciones financieras o las originadas por préstamos recibidos y sus respectivas cargas financieras.

DEUDAS SIN GARANTÍA: aquellas que no cuentan con ninguna hipoteca, prenda, aval, etcétera que asegure al acreedor indemnidad frente a un eventual incumplimiento.

DEUDOR: sujeto obligado en un contrato en virtud de una obligación de dar, de hacer o de no hacer.◆ En un concepto general, el obligado a dar, hacer o no hacer alguna cosa. En términos más estrictos, aquel que debe cancelar una obligación.

DEUDOR COMÚN: ver **Deudores comunes.**

DEUDOR FALLIDO: aquel declarado en quiebra.

DEUDOR HIPOTECARIO: sujeto que adeuda un crédito garantizado con una hipoteca.

DEUDOR INCOBRABLE: ver **Deudores incobrables.**

DEUDOR INSOLVENTE: quien está en estado de incapacidad financiera para hacer frente a las deudas contraídas.

DEUDOR MOROSO: ver **Deudores morosos.**

DEUDOR PIGNORATICIO: deudor prendario.

DEUDOR PRENDARIO: el obligado a cancelar una deuda garantizada con un bien mueble dado en prenda.

DEUDOR QUIROGRAFARIO: ver **Deudores comunes.**

DEUDORES COMUNES: aquellos cuyas deudas no se encuentran avaladas por ninguna garantía o privilegio que asegure su pago.◆ Deudores quirografarios.

DEUDORES EN GESTIÓN JUDICIAL: aquellos que pasan a gestión judicial para el cobro.◆ Deudores en litigio.

DEUDORES EN LITIGIO: ver **Deudores en gestión judicial.**

DEUDORES INCOBRABLES: aquellos cuyas deudas no se consideran susceptibles de ser canceladas.

DEUDORES MOROSOS: aquellos que llevan una mora considerable en la cancelación de su crédito; es decir, cuando se excedieron en el plazo pactado para cumplir su obligación.

DEUDORES QUIROGRAFARIOS: ver **Deudores comunes.**

DEVALUACIÓN: pérdida de valor de una moneda con respecto a otra utilizada como medida de referencia. La devaluación puede efectuarse en forma automática como consecuencia de los mecanismos del mercado o bien puede ser el resultado de una acción deliberada de la autoridad monetaria. También mediante decisiones de organismos gubernamentales se puede proceder a devaluaciones conocidas como encubiertas, las cuales se efectúan mediante variaciones en los niveles de gravámenes o subsidios aduaneros, cuyo efecto final es el aumento de la tasa de cambio.

DEVALUACIÓN COMPENSADA: devaluación que se acompaña con una baja de aranceles para no encarecer los productos que se importan y con un incremento de retenciones a la exportación.

DEVASTACIÓN: destrucción total de un territorio.

DEVENGAMIENTO: etapa en la que se concreta la efectivización de un gasto. Cuando se produce el reconocimiento de un hecho o acción.

DEVENGAR: adquirir el derecho a alguna percepción o retribución por motivo de trabajo, servicio o préstamo.

DEVIEDO: obligación generada a cargo de un sujeto en virtud de un delito o de su estado de rebelde.

DEVOLUCIÓN: alzada.◆ Repetición.

DEVOLUTIVO: ver **Efecto devolutivo.**

DEVOLVER: volver algo a su antiguo estado o restituirlo a su legítimo poseedor. ◆ Repetir.

DGI: Dirección General Impositiva de la Argentina.◆ Ver **Administración Federal de Ingresos Públicos.**

DÍA, CEDER EL: en el tecnicismo antiguo, mover o empezar a deberse un derecho u obligación.

DÍA CIVIL: tiempo comprendido entre dos medias noches consecutivas.◆ Aquel que transcurre entre una medianoche y la siguiente.

DÍA COLENDO: día festivo.

DÍA COMPLEMENTARIO: antiguamente se designaba así cada uno de los cinco o seis días que se contaban al fin del año calendario republicano francés para completar el número trescientos sesenta y cinco o trescientos sesenta y seis.

DÍA DE DESCANSO: día de asueto.◆ Ver **Descanso**.

DÍA DE FIESTA: día en el cual se celebra una festividad eclesiástica. Utilízase también para las celebraciones de carácter oficial.

DÍA DE GRACIA: tiempo adicional que se concede u otorga para pagar una deuda o cumplir una obligación.◆ El plazo adicional de veinticuatro horas para abonar una obligación.

DÍA DE PAGO: el establecido a modo de vencimiento de la deuda.◆ El que se fija para pagar sueldos, deudas u otros ítems.

DÍA DE TRABAJO: jornada de labor.◆ El ordinario, por contraposición al festivo o feriado.◆ El tiempo dedicado a una actividad por una persona durante un día.

DÍA DE TRIBUNALES: aquel en que se daba audiencia judicial, para lo cual se franqueaban los tribunales y se presentaban en ella los jueces y ministros a cuyo cargo estaba la administración de Justicia.

DÍA DEL NIÑO POR NACER: Argentina fue el primer país del mundo en otorgarle un respaldo legisltivo específico. Luego siguieron otros países de América. El derecho y la protección de la vida son el basamento para alcanzar y lograr una plena igualdad dentro de los derechos humanos. "El verdadero grado de civilización de una nación se mide cómo se protege a los más necesitados (Tabaré Vázquez).

DÍA FERIADO: aquel en el que están cerrados los tribunales y se suspende el curso de los negocios de justicia.◆ Ver **Feriado.**

DÍA FESTIVO: día normalmente laborable pero en el que no se desarrollan tareas laborales por celebraciones religiosas o cívicas.◆ Día no laborable.◆ Día de fiesta.

DÍA HÁBIL: el utilizable para las actuaciones judiciales que es, normalmente, el no feriado, salvo en los sumarios de lo criminal y en casos extraordinarios de lo civil.◆ Día laborable a los efectos jurídicos.

DÍA INHÁBIL: día no hábil.

DÍA INTERCISO: aquel en que por la mañana era fiesta y por la tarde se podía trabajar.

DÍA JURÍDICO: día de tribunales.

DÍA LABORABLE: ver **Día de trabajo**.

DIACONATO: orden sacra inmediata al sacerdocio.

DIALÉCTICA: ciencia filosófica que trata del raciocinio y de sus leyes, formas y modos de expresión. Comenzó en Grecia como el arte del diálogo y pasó a ser un método de demostración de las tesis por una clasificación lógica de los conceptos y su rigurosa distinción, capaz de conducir a las ideas generales o primeros principios.

DIARIO: ver **Libro diario.**

DIARIO DE NAVEGACIÓN: aquel en el cual se asientan los acaecimientos de la navegación y todas las novedades ocurridas a bordo durante el viaje, relativas al buque, tripulación, carga y pasajeros.

DIARIO DE OPERACIONES: el colectivo de las unidades armadas y de los buques de guerra, en el que se registran las operaciones en que toman parte y sus vicisitudes más importantes.

DICHO: manifestación, declaración, deposición efectuada por un testigo.

DICTADURA: forma de Gobierno en que una o varias personas llegan a ejercer el poder político de modo absoluto e irrestricto, sin control ni responsabilidad de ninguna especie *(C. Kaplan).*

DICTAMEN: opinión y juicio que se forma o emite sobre una cosa por parte de una persona idónea en la materia.

DICTAMINAR: dar dictamen.

"DICTOLOGÍA": neologismo utilizado para referirse a los índices numéricos que se aplican a la actividad bursátil. Algunos lo utilizan para referirse a los mercados financieros en general.

DIETA: retribución fijada para los representantes de Cámaras legislativas. ◆ Estipendio que se da a los que ejecutan algunas comisiones o encargos por cada día que se ocupan de ellos o por período que demoran en ejecutarlas.

DIEZMAR: castigar a uno de cada diez delincuentes cuando éstos son muchos o son desconocidos entre muchos. ◆ Pagar el diezmo.◆ Sacar a uno de cada diez.

DIEZMERO: aquel que pagaba y aquel que percibía el diezmo.

DIEZMO: derecho que se abonaba al monarca, consistente en el diez por ciento del valor de las mercaderías que se traficaban y llegaban a los puertos, o entraban y pasaban de un reino a otro donde no estaba establecido el almojarifazgo.

DIFAMACIÓN: acción de comunicar dolosamente a una o más personas la imputación que se hace a otra persona física o persona moral de un hecho que pueda causarle deshonra, descrédito, perjuicio o exponerlo al desprecio de alguien. Siguiendo a *Carrara*, la difamación consta de los siguientes elementos: conducta dolosa, ausencia del injuriado, imputación de un hecho determinado sea criminoso o inmoral, comunicación o divulgación de lo alegado o imputado.

DIFUNTO: fallecido, occiso; aplícase a la persona muerta.

DIGESTO: antiguamente se utilizó esta denominación para designar a toda selección de textos de juristas romanos.

DIGNIDAD DE LA PERSONA: principio en virtud del cual debe tratarse y juzgarse a los hombres de acuerdo con sus voliciones y no en relación con otras propiedades suyas no controlables por ellos *(G. Carrió).*

DILACIÓN: demora. Tardanza.

DILATORIO: aplicable a aquello que es útil para prorrogar un término judicial o la tramitación de un asunto.◆ Que produce una espera o dilación.◆

DILIGENCIA: actitud adoptada respecto del cumplimiento de un deber, obligación, etcétera, la cual se caracteriza por el empleo de los cuidados debidos y la prudencia exigible de acuerdo con la naturaleza de las cosas.◆ Ejecución de un auto, acuerdo o decreto judicial. ◆ Esmero y actividad en hacer algo.◆ Según *O. Smith*, todo trámite que realizan los funcionarios y empleados del Estado dentro de determinado procedimiento administrativo. También incluye toda actuación que realizan el juez, sus auxiliares o comisionados y las partes interesadas dentro de un proceso judicial o con relación a éste.◆ Cuidado.◆ Negocio, solicitud.◆ Ver **Diligencias judiciales.**

DILIGENCIA PARA MEJOR PROVEER: ver **Para mejor proveer.**

DILIGENCIAR: transitar a través de diligencias.

DILIGENCIAS JUDICIALES: actuaciones que realizan, dentro de un determinado proceso judicial, el juez, sus auxiliares o comisionados legales y las partes interesadas o sus representantes *(O. Smith).*

DILIGENCIAS PARA MEJOR PROVEER: medidas discrecionales, de prueba complementaria, dispuestas por el juez luego de la conclusión de la causa.

DILIGENCIAS PRELIMINARES DEL JUICIO: medidas anteriores a la formal presentación de la demanda, solicitadas por un futuro litigante, en función de verificación, integración o individualización de algún elemento imprescindible para el posterior desarrollo del juicio *(Guelperín).*◆ Son aquellas que tienen por objeto procurar a quien ha de ser parte en un futuro juicio, el conocimiento de hechos o informaciones indispensables para poder constituir regularmente el mismo y que no podrían obtenerse sin intervención de los jueces. Sus principales caracteres consisten en que: a) son previas a la constitución del proceso, b) no son introductivas de la instancia principal y no producen estado de litispendencia y c) no fijan la competencia.

DILIGENTE: comportamiento de aquel que actúa con diligencia.

DIMISIÓN: renuncia, abandono de una cosa, cargo o función.

DINÁMICA: es una teoría de las necesidades. ◆ Relativo a la evolución.

DINÁMICA JURÍDICA: parte de la Teoría General del Derecho que estudia los elementos en estado de movimiento. El Derecho se desarrolla y modifica a través de sus mutaciones.

DINERO: elemento difundido y aceptado como medio de cambio y medida de valor para ser entregado en pago de bienes y servicios o como cancelación de deudas y obligaciones. La creación del dinero en la Antigüedad surge como una necesidad para poder realizar intercambio de bienes por cuanto el mecanismo del trueque ofrecía grandes complicaciones, como por ejemplo la necesaria simultaneidad de necesidades de los productos ofertados por ambas o más personas. Por otra parte, este sistema impedía la relación de valor entre las distintas cosas objeto del intercambio. Es así cómo en forma espontánea fue surgiendo un bien aceptable por la gente como medio de cambio y de valor. Con el transcurso del tiempo, el dinero fue cumpliendo las siguientes funciones: a) actuar como *medio de cambio* (la de mayor importancia): ser aceptado en toda clase de intercambio comercial como medio de pago; b) *medida de valor,* a los efectos de establecer comparaciones entre el valor de distintos bienes y servicios con referencia a un valor patrón: actuar como unidad de cuenta; c) *medio de pago:* que permite cancelar deudas y obligaciones sea en el presente o en un futuro; d) *medio de atesoramiento:* debe permitir su almacenamiento manteniendo, en el transcurso del tiempo, tanto su valor de cambio como su condición física, es decir, que no sea deteriorable *(C. Martínez).*

DINERO ACTIVO: desatesoramiento, disminución de saldos ociosos. Reducción en la preferencia por la liquidez; términos keynesianos, para satisfacer el motivo de especulación.

DINERO DE CURSO LEGAL: aquel cuya aceptación como medio de pago entre particulares, y entre éstos con el Estado, está impuesta por ley. A este efecto es necesario reconocer que esta clase de dinero debe tener la característica de representar un valor cierto, respetado y aceptado por la comunidad.

DINERO DE PLENO CONTENIDO: dinero totalmente metálico, sea en oro o plata.

DINERO FIDUCIARIO: todo dinero, excepto el dinero representativo de valor intrínseco, que circula a un valor mayor que aquel que como mercancía tiene el material de que está hecho. En algunos casos, el valor de mercado del material del dinero es insignificante *(L. Chandler).*

DINERO NEGRO: aquel no declarado al Fisco.

DIPLOMA: título otorgado por una universidad, corporación, etcétera, que importa la acreditación de un grado académico, un premio, etcétera.

DIPLOMACIA: servicio de los Estados en sus relaciones internacionales.

DIPUTACIÓN: término utilizado para aludir tanto al ejercicio de las funciones de un diputado como a la duración de éstas.

DIPUTADO: integrante de una de las Cámaras que conforman el Poder Legislativo Nacional –la de diputados–, que tiene a su cargo la representación de los intereses del pueblo.

DIRECCIÓN GENERAL DE RECURSOS DE LA SEGURIDAD SOCIAL: ver **Administración Federal de Ingresos Públicos.**

DIRECCIÓN GENERAL IMPOSITIVA: DGI.◆ En la Argentina, ente descentralizado que depende de la Administración Federal de Ingresos Públicos, encargado de aplicar, percibir y fiscalizar todos los impuestos nacionales de acuerdo con las normas legales vigentes. Además, tiene a su cargo la aplicación, recaudación, fiscalización y ejecución de los recursos de la seguridad social.◆ Ver **Administración Federal de Ingresos Públicos.**

DIRECCIÓN PARTICIPATIVA: aquella que se basa en la unión de los esfuerzos de sus componentes y del comportamiento directivo para alcanzar los fines establecidos o fijados por la organización.

DIRECTIVA: norma, regla o pauta que da un superior a su subordinado para efectuar determinada tarea, función o negocio.◆ Mesa o junta de gobierno de una sociedad o entidad sin fines de lucro.

DIRECTIVOS: categoría de empleados jerárquicos que tienen a cargo la consecución de las metas fijadas por una organización determinada.

DIRECTOR: persona que dirige una administración, establecimiento, sociedad, película, etcétera.

DIRECTOR GENERAL: quien tiene la dirección superior o un ramo de la administración pública.

DIRECTORIO: órgano perteneciente a las sociedades anónimas a quien le compete la administración y la dirección de éstas. El Directorio está compuesto por uno o más directores designados por la asamblea de accionistas o el consejo de vigilancia, en su caso. Los directores pueden no ser accionistas.

DIRECTRIZ: conjunto de instrucciones o normas generales para la ejecución de alguna cosa.◆ Directiva.

DIRIGISMO: tendencia del Gobierno o de cualquier autoridad a controlar una o más actividades.◆ Denominación utilizada para referirse a la economía dirigida. La dirección es central y planificada; la persona y la empresa privada son componentes del plan económico estatal que interviene en los distintos sectores económicos.

DIRIMENTE: ver **Impedimento dirimente.**

DISCERNIMIENTO DE LA TUTELA: acto en virtud del cual, previo al juramento exigido por la ley, el juez pone al tutor en posesión de su cargo *(A. Belluscio).*

DISCIPLINA: observancia de las leyes y ordenamientos de una profesión.◆ Conducta ordenada que deben guardar los empleados en un ente.

DISCORDIA: falta de mayoría para votar sentencia por división de pareceres en un tribunal colegiado, que obliga a repetir la vista o el fallo con mayor número de jueces.◆ Disenso.

DISCRECIONALIDAD: comprende una entidad susceptible de muy diversas medidas, a precisar en cada caso. Es la cualidad de un poder o de un poder-deber; más precisamente, la libertad de ejercicio de ellos.

DISCRIMINACIÓN: brindar un trato de inferioridad a una persona o grupo de personas por cuestiones religiosas, raciales, políticas, sexuales, etcétera.

DISCULPA: causa alegada con el fin de excusar una culpa.◆ Apología.

DISCUSIÓN: sirve para ordenar y resumir los elementos para la decisión de la litis, así como las razones y las pruebas que han surgido de la fase preparatoria de la instrucción *(F. Carnelutti).*

DISENSO: disentimiento.◆ Falta de acuerdo.◆ Ver **Mutuo disenso**.

DISENTIMIENTO: situación en la cual no existe un acuerdo de voluntades o puntos de vista.

DISENTIR: no ajustarse al parecer del otro.◆ Discrepar.

DISFORIA DE GÉNERO: término que designa a una patología asociada a la vivencia de una identidad de género diferente de la asignada al nacer, del que muchas veces personas trans se hacen eco por el alcance institucional propio del discurso médico y por consiguiente como una manera socialmente legitimada de referirse a la problemática (INADI).

DISIDENCIA: desacuerdo. Diferencias de opinión.

DISIDENTE: aplicable a aquel que sustenta una opinión distinta a la de la mayoría.

DISIMULACIÓN: ocultación de aquello que se sabe, se hace o se siente.

DISMINUCIÓN DE LA DEFENSA: en materia criminal, circunstancia agravante de la responsabilidad que consiste en cometer el delito con ocasión de incendio, naufragio, sedición, tumulto o conmoción popular u otra calamidad o desgracia.

DISOLUCIÓN: desvinculación. Relajación de un vínculo.

DISOLUCIÓN DE LA SOCIEDAD CONYUGAL: aquella que se da por la separación judicial de bienes, por declararse nulo el matrimonio, por sentencia de divorcio vincular, por la muerte de alguno de los cónyuges o por su ausencia con presunción de fallecimiento.

DISOLUCIÓN DE SOCIEDADES: situación de cese de la existencia de la sociedad. Como consecuencia de ésta, las transacciones u operaciones de la sociedad se finiquitan y se liquida su patrimonio.

DISOLUCIÓN PARCIAL DE SOCIEDADES: aquella en la que sólo uno o algunos de los socios se desvinculan de la sociedad, que continúa con los socios restantes.◆ Resolución parcial.

DISOLUCIÓN TOTAL DE SOCIEDADES: se configura cuando la sociedad se deshace totalmente y se liquida.

DISPARO A QUEMARROPA: disparo de un arma de fuego efectuado a muy corta distancia.

DISPENSA: convención de las partes de un contrato, la cual tiene por finalidad limitar la responsabilidad de una de ellas o estipular la extinción de una deuda.◆ Privilegio o excepción de lo ordenado por las leyes generales.

DISPONIBILIDAD: poder hacer uso de un derecho o bien sin ningún tipo de traba o limitación para su comercialización. ◆ Capacidad no utilizada.

DISPONIBILIDAD INMEDIATA: se consideran bienes que gozan de esa cualidad: dinero, fondos, cheques o instrumentos asimilables, etcétera.

DISPOSICIÓN: precepto legal o reglamentario, deliberación, orden y mandato de la autoridad.◆ Enajenación.

DISPOSICIONES DE ÚLTIMA VOLUNTAD: actos jurídicos que no deben producir efecto sino después del fallecimiento de aquellos de cuya voluntad emanan, como son los testamentos.

DISPOSICIONES TRANSITORIAS: preceptos legales o reglamentarios;

mandatos no permanentes, de corta vigencia.

DISPOSITIVO DE VERIFICACIÓN DE FIRMA: programa o aparato informático que sirve para aplicar los datos de verificación de firma.◆ Ver **Datos de verificación de firma**.

DISTANASIA: práctica médica que tiende a alejar la muerte a través de medios ordinarios y extraordinarios.

DISTRACTO: acto jurídico multilateral mediante el que las partes dejan sin efecto el contrato celebrado *(Boffi Boggero)*.◆ Disolución del contrato.

DISTRIBUCIÓN DE MERCADERÍAS PELIGROSAS PARA LA SALUD: delito en el que incurre quien tiene a la venta, entrega o distribuye, medicamentos o mercaderías peligrosas para la salud, disimulando su carácter nocivo.◆ Ver **Venta de mercaderías peligrosas para la salud**.

DIVIDENDO: utilidad que se le abona al accionista de una sociedad por acciones o por un fondo común de inversión y que se halla en relación proporcional a la tenencia accionaria que aquél posee de la sociedad.

DIVIDENDO COMPLEMENTARIO: aquel que se abona complementariamente a un dividendo provisional que se encuentra ya abonado.

DIVIDENDO EN ACCIONES: aquel que la asamblea de accionistas resuelve abonar mediante la entrega de acciones conforme a su valor nominal. Se suele utilizar este sistema cuando la sociedad carece de liquidez para abonarlo en efectivo o bien cuando desea capitalizar parte o la totalidad de las utilidades acumuladas. La entrega de las acciones se realiza con una nueva emisión y su distribución se efectúa sobre la base de la tenencia proporcional del capital que cada accionista posee; es decir, el dividendo es abonado a los accionistas mediante acciones de la misma sociedad.

DIVIDENDO EN BONOS: aquel que se abona en bonos de la propia sociedad emisora.

DIVIDENDO EN EFECTIVO: aquel percibido por los accionistas no en especie sino en dinero en efectivo.

DIVIDENDO EXTRAORDINARIO: aquel que se resuelve abonar por encima del dividendo ordinario con que se remuneran regularmente las acciones.

DIVIDENDO ORDINARIO: dividendo regular en efectivo que se le abona al titular de las acciones ordinarias.

DIVIDENDO PARTICIPANTE: aquel abonado a las acciones preferidas, además del pago de una tasa mínima establecida; en virtud de esto, las acciones preferidas participan, en forma preestablecida, en las utilidades a distribuir juntamente con las acciones ordinarias.

DIVIDENDO PREFERENTE: aquel abonado a los titulares de acciones preferentes.

DIVIDENDO PREFERIDO: aquel que devengan las acciones preferidas. En esta clase de dividendo, es usual la aplicación de un dividendo fijo y de una participación adicional.◆ Dividendo preferente.

DIVIDENDOS FICTICIOS: todos aquellos que se originan en la declaración de beneficios que no corresponden a un excedente efectivamente realizado del activo sobre el pasivo *(C. Lodi).*

DIVIDENDOS INTERCALARIOS: aquellos que se reparten en empresas que realizan exportaciones para obtener beneficios de los cuales es preciso dejar transcurrir un largo lapso. En tal caso, entre el momento de la inversión y aquel en que la misma comience a dejar utilidades, no se podrían repartir dividendos, lo que acarrearía inconvenientes para obtener la suscripción de acciones. Para obviar este inconveniente, puede fijarse un dividendo fijo que se liquidará mientras dure la situación anotada *(C. Lodi).*

DIVIDENDOS PROVISORIOS: los que declara y distribuye el directorio al promediar el año comercial, cuando existen ya a ese momento suficientes utilidades líquidas y realizadas y siempre que su pago no afecte el normal desenvolvimiento de los negocios del giro *(C. Lodi).*

DIVISA: moneda extranjera referida a la unidad del país de que se trata.◆ Depósitos o instrumentos de créditos en moneda extranjera.

DIVISIÓN: acción de dividir, separar, repartir.◆ Partición.

DIVISIÓN DE LA COSA COMÚN: ver **Condominio; Partición.**

DIVISIÓN DE LA HERENCIA: ver **Partición de la herencia.**

DIVISIÓN DEL TRABAJO: en ningún sector del esfuerzo humano aparece más evidente que en el arte de la guerra. Desde los más remotos tiempos, los ejércitos han sido divididos en unidades especializadas entre las que figuraban los arqueros, la infantería, la caballería y la intendencia. Estas divisiones militares se mantuvieron sin cambio alguno durante siglos y su efectividad se ponía de manifiesto a través de su empleo coordinado en la estrategia y táctica de un jefe. Los clásicos también se refirieron a la división del trabajo y *Cicerón*, por ejemplo, la llamaba la base de la civilización. Siglos más tarde, *Adam Smith*, en su famoso libro *La riqueza de las naciones* (1776) se ocupó extensamente de esta cuestión y utilizó como ejemplo la fabricación de una aguja. Un producto al parecer tan insignificante requería varias operaciones para quedar elaborado. La división del trabajo tiene dos aspectos a distinguir: por un lado, es la parcelación o distribución de las tareas dentro de una empresa (etapas, partes, etc.) y, por otro lado, la especialización o división del trabajo social que hace que unos sean contadores, otros plomeros, etcétera.

DIVISIÓN INTERNACIONAL DEL TRABAJO: especialización de los países en la selección de los productos para los cuales tienen, teóricamente, mejores aptitudes.

DIVORCIO: ver **Divorcio vincular.**

DIVORCIO ABSOLUTO: ver **Divorcio vincular.**

DIVORCIO "AD VINCULUM": divorcio vincular.

DIVORCIO SANCIÓN: cuando el juez aprecia la existencia de una falta contra los deberes matrimoniales, legalmente tipificada, imputable a uno o a los dos cónyuges. Adoptado en diversos países europeos.

DIVORCIO "THORUM ET MENSAM": ver **Separación personal**.

DIVORCIO VINCULAR: una de las formas de extinción de la sociedad conyugal.◆ Ruptura de un matrimonio válido en vida de los esposos por causas determinadas taxativamente en la ley y mediante resolución judicial.◆ Ver **Disolución de la sociedad conyugal.**

DIVULGACIÓN AGRAVANTE: cuando el hecho hubiere sido cometido de una manera que facilite su divulgación.

DNS: nombre de dominio.

"DO UT DES": fórmula latina con que se designa la primera variedad de los contratos innominados.

DOBLE ENTRADA: partida doble; toda modificación cuantitativa de una cuenta contable genera una variación de la misma magnitud en otra.

DOBLE IMPOSICIÓN: se produce cuando un mismo o semejante impuesto es percibido por varios Estados en virtud de un mismo presupuesto de hecho y para un mismo período.◆ Ver **Doble imposición internacional**.

DOBLE IMPOSICIÓN INTERNACIONAL: existe cada vez que una persona física o jurídica debe soportar superposición de gravámenes de la misma naturaleza y sobre la misma materia provocados por los regímenes impositivos de dos países a la vez *(D. Bertoli)*.

DOBLE VÍNCULO: ver **Hermanos bilaterales.**

DOCTRINA: conjunto de ideas y opiniones religiosas, filosóficas, políticas, económicas, etcétera, sustentadas por una persona o grupo.◆ Opinión que comúnmente profesan los más destacados autores que han escrito sobre una misma noticia.

DOCTRINA "DE FACTO": norma o principio de derecho que, en primer lugar, justifica el reconocimiento de la autoridad de Gobiernos establecidos o mantenidos por personas que han usurpado la autoridad soberana del Estado y se afirman por la fuerza y las armas contra el Gobierno legítimo; en segundo lugar, reconoce la existencia de entes públicos y privados corporativos y los protege de impugnaciones colaterales, entes que si bien organizados irregular e ilegalmente, sin embargo ejercen abiertamente bajo la apariencia de legitimidad los poderes y funciones de entes regularmente creados; en tercer lugar, confiere validez a los actos oficiales de personas que, bajo los antes mencionados Gobiernos o entes, ejercen cargos de existencia legal de cualquier naturaleza en los cuales están interesados el público o terceras personas, siempre que la realización de tales oficios sea en beneficio del público o terceras personas y para su propia ventaja personal *(A. Constantineau)*.

DOCTRINA DE LA LEGALIDAD: ver **Doctrina de Tobar**.

DOCTRINA DE LA REAL MALICIA: su principal virtud consiste en la fijación de pautas objetivas para el juzgamiento de la responsabilidad jurídica originada como consecuencia del ejercicio de la libertad de prensa, diferenciando las distintas connotaciones que pudieran presentarse según la dimensión en la cual dicho derecho se ejerza *(Badeni)*. ◆ Real malicia.

DOCTRINA DEL ESTADO DE NECESIDAD: aquella que admite el recurso a las instituciones de emergencia ante situaciones de gravísima necesidad. Para que la misma sea legítima, debe reunir ciertos requisitos que, según *M. de Ruiz*, son: a) Una situación de necesidad (o sea, un estado de cosas que, sin ninguna duda, haga peligrar la supervivencia del sistema político); b) La inevitable adopción de una medida apta para enfrentar la situación de necesidad; c) Un sujeto necesitado, o sea, alguien que se vea obligado a tomar dicha medida; d) El derecho de necesidad (normas reguladoras de la situación).

DOCTRINA DEL "PER SALTUM": ver **"Per saltum".**

DOCUMENTACIÓN: conjunto de documentos.

DOCUMENTACIÓN DEL BUQUE: todos aquellos libros y papeles que, en forma obligatoria, debe llevar toda embarcación en sus viajes.

DOCUMENTAL: ver **Prueba documental.**

DOCUMENTAR UNA DEUDA: transformar la deuda, de simple en respaldada con algún papel de comercio, pagaré, letra, etcétera.

DOCUMENTO: escrito en que constan datos fidedignos o susceptibles de ser empleados como tales para probar algo.◆ Pagaré.◆ Diploma, carta, relación u otro escrito que ilustra acerca de algún hecho.◆ Toda representación material destinada o idónea para reproducir una determinada manifestación del pensamiento.◆ Ver **Documentos.**

DOCUMENTO A LA ORDEN: aquel que es transmisible por endoso.

DOCUMENTO A LA VISTA: aquel que debe abonarse ante la sola presentación del acreedor.

DOCUMENTO AL PORTADOR: aquel que es transmisible por la simple entrega manual y no requiere endoso o ninguna otra clase de formalidad.

DOCUMENTO AUTÉNTICO: aquel autorizado por un oficial público competente, en cuanto a la naturaleza de los hechos que se hacen constar en él y al lugar de su redacción. Este documento, es decir, el documento instrumental, debe llenar tres condiciones: 1) ser autorizado por un oficial público, 2) ser redactado por un oficial público y 3) reunir las solemnidades requeridas según el documento auténtico de que se trate *(J. Bonnecase)*.

DOCUMENTO DE CRÉDITO: instrumento de crédito.◆ Ver **Documentos de crédito.**

DOCUMENTO DE GARANTÍA: documento firmado por una persona, sea como librador, endosante o aceptante, a favor de otra con el fin de garantizar un crédito que a ésta no le es reconocido.

DOCUMENTO DIGITAL: representación digital de actos, hechos o datos jurídicamente relevantes, con independencia del soporte utilizado para almacenar o archivar esa información.

DOCUMENTO EJECUTIVO: título ejecutivo.

DOCUMENTO ELECTRÓNICO: toda representación de hechos, actos o transacciones jurídicas, producida y conservada electrónicamente *(C. Hess).*

DOCUMENTO ENDOSABLE: transmisible por vía de endoso.

DOCUMENTO EQUIVALENTE: aquel equivalente al remito o a la factura, atendiendo a usos y costumbres propias de ciertas actividades. Deben cumplimentarse los requisitos exigidos a la factura o remito.

DOCUMENTO FUENTE: impreso cuya información debe procesar un computador.

DOCUMENTO INDUBITADO: aquel que no admite dudas respecto de su contenido.

DOCUMENTO NEGOCIABLE: instrumento de crédito o documento comercial cuya cesión o transferencia se puede concretar mediante endoso.

DOCUMENTO PERFECTO: el que no tiene defectos.

DOCUMENTO PRIVADO: escrito autorizado por las partes interesadas o por una de ellas y redactado con o sin testigos, sin escribano o funcionario que dé fe.◆ El que, autorizado por las partes interesadas pero no por funcionario competente, prueba contra quien lo escribe o sus herederos.◆ Documento redactado con intención de comprobar un acto jurídico pero sin la intervención del oficial público. Por tanto, éste se opone al documento auténtico, pues es redactado por personas privadas y firmado sin estar sujetos a ninguna condición de forma, salvo algunas excepciones.

DOCUMENTO PROBATORIO: aquel que sirve para probar una determinada relación jurídica.

DOCUMENTO PÚBLICO: escrito autorizado por un escribano o notario donde constan los hechos y la fecha cierta referidos.◆ El que, autorizado por funcionario competente, acredita los hechos que refiere y su fecha.

DOCUMENTO ÚNICO ADUANERO: impreso obligatorio para los intercambios de mercaderías entre los diversos países.

DOCUMENTOS: todos los comprendidos en la conocida expresión *vox morta*; en este sentido, tan documento es un plano, una fotografía, un dibujo, un recorte de diario, como una escritura pública.

DOCUMENTOS AL COBRO: pagarés o letras depositadas en los Bancos para que éstos efectúen su cobranza, percibiendo por esta actividad una comisión. Si el Banco, en caso de no haberlos cobrado, no posee instrucciones para protestar los documentos, comunicará al cliente tal situación y se los reintegrará. Pero, en caso de haber sido cobrado, acreditará en su cuenta corriente el importe correspondiente, descontando por débito su comisión.

DOCUMENTOS COMERCIALES: tipos negociables de instrumentos de deuda que surgen de las distintas operaciones mercantiles.

DOCUMENTOS DE CRÉDITO: aquellos que se utilizan para instrumentar las operaciones de créditos.

DOCUMENTOS DESATENDIDOS: documentos vencidos e impagos.

DOCUMENTOS PROTESTADOS: aquellos que a su vencimiento no son levantados y se efectúa el protesto.

DOCUMENTOS PRIVADOS CIVILES: todos aquellos que no son documentos públicos civiles.

DOCUMENTOS PÚBLICOS CIVILES: todos aquellos documentos reconocidos como tales por las leyes de cada lugar.

DOCUMENTOS VENCIDOS: los impagos a su vencimiento.◆ Documentos desatendidos.

DOGMÁTICA PENAL: aquella cuyo estudio comprende el Derecho Penal propiamente dicho, el Derecho Procesal y la teoría jurídica de la ejecución penal *(S. Soler)*.

DOGMÁTICO: método de interpretación que surge del simple razonar y efectúa construcciones jurídicas.

DÓLAR: unidad monetaria de los EE.UU., Canadá, Australia, Liberia, Nueva Zelanda, Ecuador, Panamá, El Salvador y otros países del mundo.

DOLARIZACIÓN: masiva tendencia a comprar dólares con el fin de proteger los ingresos particulares de la depreciación de la moneda local. El uso del dólar y no de otra moneda está estrechamente vinculado con el hecho de estar bajo la órbita de los EE.UU. y su dependencia económico-financiera.

DOLO: engaño, fraude, simulación.◆ En los delitos, voluntad deliberada de cometerlos a sabiendas de su carácter delictivo.◆ En los actos jurídicos, voluntad maliciosa de engañar a otro o de incumplir la obligación contraída.◆ Toda aserción de lo que es falso o disimulación de lo verdadero, cualquier artificio o maquinación que se emplee con ese fin.◆ Es el querer un determinado hecho con conocimiento de todas sus circunstancias.

DOLO BUENO: en doctrina, se entiende por tal aquella sagaz precaución con que cada cual debe defender su derecho.

DOLO CONCOMITANTE: cuando la voluntad criminosa acompaña al agente en el desarrollo de todo el proceso causal del cual deriva el hecho antijurídico (A. Reyes Echandía).

DOLO DETERMINADO: el que se encuentra en la intención directa.

DOLO – ENGAÑO: vicio de la voluntad que consiste en toda aserción de lo que es falso o disimulación de lo verdadero, cualquier artificio o maquinación empleado en vistas a influenciar la conducta de otra persona.

DOLO ESPECÍFICO: actitud volitiva dirigida exclusivamente hacia un resultado determinado *(J. Haddad)*.

DOLO EVENTUAL: se presenta en el caso de que la previsión de un resultado antijurídico, ligado sólo eventualmente a otro inequívocamente querido, no detiene al agente en la realización de su propósito inicial.

DOLO INCIDENTE: aquel que no puede ser considerado como la causa eficiente del acto.◆ Es el que recae sobre elementos o circunstancias accesorias, que de ningún modo han tenido gravitación decisiva en la determinación de la voluntad sino que, generalmente, influyen en la estimación del precio o valor pecuniario del acto o tienden a confirmar o facilitar la decisión *(Etcheverry Boneo).*

DOLO INDETERMINADO: el que se encuentra en la intención indirecta positiva. Presupone una intención malvada que tiene directamente por fin lesionar un derecho, acompañada de la previsión de poder lesionar además un derecho más importante y causar de ese modo un daño más considerable, pero sin voluntad positiva de lesionar también este derecho.

DOLO MALO: el que se dirige contra el justo derecho de un tercero.◆ El ejecutado con intención de dañar.

DOLO PERSONAL: el que proviene del sujeto.

DOLO PRINCIPAL: el que reúne en su estructura cuatro elementos: gravedad, determinación del acto, daño de importancia y ausencia de dolo recíproco *(Boffi Boggero).*

DOLO REAL: aquel originado en la cosa.

DOMÉSTICO: perteneciente o relativo a la casa u hogar.◆ Criado que presta servicio en una casa.◆ Ver **Trabajo doméstico; Servicio doméstico; Trabajador doméstico.**

DOMICILIO: asiento jurídico de una persona. Determina la ley aplicable a la competencia judicial.

DOMICILIO ACCIDENTAL: asiento pasajero o morada eventual de una persona *(M. Goldstein).*

DOMICILIO "AD LITEM": aquel constituido a los efectos del proceso.◆ Domicilio procesal.

DOMICILIO CIVIL: aquel en el cual una persona tiene el asiento principal de sus negocios.

DOMICILIO COMERCIAL: sede en la cual un comerciante o sociedad desarrolla su actividad principal.◆ Es el lugar del establecimiento mercantil o la sede principal de la sociedad o de un hombre de negocios, coincida o no con su domicilio o vivienda particular *(G. Cabanellas).*

DOMICILIO CONVENCIONAL EN PARTICULAR: recibe esta denominación el caso más frecuente y trascendente de domicilio especial, el domicilio que alguna o ambas partes establecen en sus relaciones jurídicas.

DOMICILIO CONYUGAL: lugar en donde los cónyuges viven de consuno.◆ Se trata de aquel en el cual tiene su asiento el matrimonio.

DOMICILIO DE DERECHO: domicilio legal.

DOMICILIO DE ELECCIÓN: lugar que las personas eligen para que sean así efectuadas determinadas obligaciones o se cumplan ciertos contratos *(M. Goldstein).*

DOMICILIO DE HECHO: domicilio real.

DOMICILIO DE NACIMIENTO: ver **Domicilio de origen.**

DOMICILIO DE ORIGEN: lugar del domicilio del padre en el día del nacimiento de los hijos.

DOMICILIO ESPECIAL: el elegido para el cumplimiento de una o más relaciones jurídicas determinadas. Desplaza al domicilio general de la persona.◆ Es el que la persona elige para uno o varios actos determinados, ya lo elija espontáneamente, ya suponga su elección para un determinado acto la norma particular; la ley admite varios domicilios especiales, si bien no tolera sino un solo domicilio general *(M. Goldstein).*

DOMICILIO FISCAL: aquel registrado por el contribuyente en sus declaraciones juradas o notas presentadas ante los organismos recaudadores pertinentes; domicilio denunciado ante la DGI.

DOMICILIO GENERAL: el que rige todas las relaciones de una persona.◆ También llamado ordinario.

DOMICILIO LEGAL: aquel impuesto por la ley para determinadas personas.◆ Lugar donde la ley presume, sin admitir prueba en contrario, que reside una persona de manera permanente para el ejercicio de sus derechos y el cumplimiento de sus obligaciones, aunque de hecho no esté presente en ese lugar.

DOMICILIO NECESARIO: domicilio legal.◆ Domicilio obligatorio.

DOMICILIO OBLIGATORIO: domicilio legal.◆ Domicilio necesario.

DOMICILIO ORDINARIO: ver **Domicilio general.**

DOMICILIO PREVALENTE: se entiende por tal, el último domicilio conocido de una persona, respecto de la cual se ignora su actual lugar de residencia o asiento de sus negocios.

DOMICILIO PRIVADO: dominio que tiene un particular sobre una cosa, por el cual está sometida a la acción y su voluntad.

DOMICILIO PROCESAL: domicilio *ad litem.*

DOMICILIO REAL: lugar que la ley instituye como asiento de las personas para la producción de determinados efectos jurídicos *(J. Busso).*◆ Es el domicilio donde la ley presume, sin admitir prueba en contra, que una persona reside de una manera permanente para el ejercicio de sus derechos y cumplimiento de sus obligaciones, aunque de hecho no esté allí presente.

DOMICILIO VERDADERO: domicilio de hecho.◆ Domicilio real.

DOMINACIÓN: poder o influencia que se tiene en un ente con el objeto de imponer decisiones, pautas y deseos.

DOMINICAL: perteneciente al derecho de dominio sobre las cosas.◆ Relativo al día domingo.

DOMINIO: derecho real en virtud del cual una cosa se encuentra sometida a la voluntad y a la acción de una persona. El dominio es exclusivo. Dos personas no pueden tener cada una en el todo el dominio de una cosa mas pueden ser propietarias en común de la misma cosa por la parte que cada una pueda tener.◆ Control.

DOMINIO ABSOLUTO: pleno dominio.

DOMINIO AÉREO: derecho de supremacía y soberanía que los Estados poseen sobre el espacio aéreo *(E. Llanés Torres).*◆ Columna de aire situada encima del territorio del Estado *(P. Vedross).*

DOMINIO DEL ESTADO: derecho que posee el Estado sobre su territorio, considerado como uno de los elementos que participan del carácter institucional del Estado *(J. Singer).*

DOMINIO DESMEMBRADO: aquel que se da cuando su titular ha constituido un derecho real, de disfrute o de garantía, a favor de otro sobre su propia cosa *(M. Mariani de Vidal).*◆ Es el que reserva el dueño perfecto de una cosa, de la que sólo enajena el dominio útil.

DOMINIO DIRECTO: derecho a una parte de los frutos o a un canon, con la facultad de convertirlo en dominio pleno en ciertos casos.

DOMINIO EMINENTE: el que se considera propio del Estado por razón del bien común con respecto a la propiedad privada.

DOMINIO FIDUCIARIO: el que se adquiere en razón de un fideicomiso constituido por contrato o por testamento y está sometido a durar solamente hasta la extinción del fideicomiso, para el efecto de entregar la cosa a quien corresponda según el contrato, el testamento o la ley.◆ Existe cuando el titular, llamado propietario fiduciario, ha recibido un bien, singularmente determinado, de una persona, llamada constituyente del fideicomiso, con el fin de que al término de un cierto plazo o al cumplimiento de determinada condición (resolutoria) lo transmita a su vez a un tercero, denominado fideicomisario *(M. Mariani de Vidal).*

DOMINIO FLUVIAL: todo curso de agua, tanto aquel que nace y muere dentro de los límites del territorio de un Estado como aquel que, atravesándolo, se encuentra bajo su soberanía.

DOMINIO IMPERFECTO: derecho real revocable o fiduciario de una sola persona sobre una cosa propia, mueble o inmueble, o el reservado por el dueño respecto de una cosa que enajena solamente su dominio útil.

DOMINIO INTERNACIONAL: derecho que le pertenece a una Nación de usar, de percibir sus productos, de disponer de sus territorios con exclusión de las otras naciones y de mandar en él como poder soberano independiente de todo poder exterior. Derecho que crea, para los otros Estados, la obligación correlativa de no poner obstáculo al empleo que haga la Nación propietaria de su territorio y de no arrogarse ningún derecho de mando sobre este mismo territorio.

DOMINIO LACUSTRE: jurisdicción que el Estado ejerce sobre los lagos *(E. Llanés Torres).*

DOMINIO MARÍTIMO: aquel que comprende el mar territorial, las aguas interiores y la zona contigua *(E. Llanés Torres).*

DOMINIO NATURAL: legislado en el *Código de Justiniano,* aclara y declara que, aunque los bienes dotales de la mujer pasen al dominio del marido, puede ella en caso necesario reivindicarlos, pero sólo cuando los bienes se hallen en poder del marido; es decir que la mujer no podía reivindicarlos si hubiese pasado a otro poder.

DOMINIO PERFECTO: dominio pleno.

DOMINIO PLENO: el que reúne la totalidad de facultades que las leyes reconocen al propietario de una cosa.

DOMINIO PRIVADO: dominio que tiene un particular sobre una cosa, por el cual está sometida a la acción y su voluntad.

DOMINIO PÚBLICO: son cosas del dominio público del Estado aquellas que están destinadas al uso directo y general de los habitantes o están afectadas a un fin de utilidad o comodidad común y pertenecen en propiedad al ente público *(M. Mariani de Vidal).*

DOMINIO PÚBLICO ARTIFICIAL: el dominio público artificial está constituido por aquellos bienes que la ley declara del dominio público, pero que para su existencia dependen de una "creación" del Estado *(M. Mariani de Vidal).*

DOMINIO PÚBLICO MARÍTIMO: comprende la costa y la playa del mar, incluidos los puertos, dársenas, canales, fosos, ensenadas y radas *(A. Scialoja).*

DOMINIO PÚBLICO NATURAL: el integrado por aquellos bienes a los que la ley declara del dominio público tal como los presenta la naturaleza sin que sea necesario acto alguno de creación por parte del Estado *(M. Mariani de Vidal).*

DOMINIO REVOCABLE: aquel que se tiene (sujeto a una condición o plazo resolutorios). La cosa no pasa a un tercero, como en el fiduciario, sino que vuelve a manos del transmitente *(M. Mariani de Vidal).*

DOMINIO TERRESTRE: aquel compuesto por el suelo y el subsuelo del espacio geográfico determinado por sus fronteras *(E. Llanés Torres).*

DOMINIO ÚTIL: el que comprende todas las facultades sobre una cosa, salvo las necesidades del dominio directo.

DONACIÓN: traspaso del dominio de algún bien en forma gratuita a otra persona.◆ Su origen etimológico sirve para su cualificación, *donis datio,* es decir, dación gratuita o, como decía *Paulo* en el Digesto *"Dicta est a dono, quasi dono, datum gesto"*; expresa lo que la donación es: liberalidad sin contraprestación. ◆ Negocio jurídico por el que una persona, denominado donante, proporciona, a expensas de su patrimonio, una cosa o bien a otra persona, llamada donatario, que la acepta. Existe una intención de liberalidad del donante. ◆ Donadío.◆ Don.

DONACIÓN A TÍTULO SINGULAR: aquella que tiene por objeto uno o más bienes específicos.

DONACIÓN A TÍTULO UNIVERSAL: aquella consistente en una determinada parte del total patrimonial del donante.

DONACIÓN CON CARGO: aquella que impone a su beneficiario la obligación de cumplir determinado deber.

DONACIÓN CON CAUSA ONEROSA: aquella en la que, a través de un contrato oneroso, se persigue una finalidad lucrativa o beneficio para una de las partes.

DONACIÓN CON GRAVAMEN: donación con cargo.

DONACIÓN DE BIENES FUTUROS: aquella que tiene todos o parte de los bienes que el donante dejará a su deceso *(J. M. Farina).*

DONACIÓN DE PADRES A HIJOS: aquella considerada como un anticipo de la legítima; debe ser descontada al momento de la distribución de la masa hereditaria.◆ Colación hereditaria.

DONACIÓN DE SANGRE: acto de disposición voluntaria, solidaria o altruista, mediante el cual una persona acepta su extracción para fines exclusivamente médicos y no está sujeta a remuneración, a comercialización posterior ni a cobro alguno.

DONACIÓN DIRECTA: aquella efectuada a través de un contrato.

DONACIÓN DISPOSITIVA: acto de disposición con eficacia traslativa del dominio de la cosa donada.

DONACIÓN ENTRE VIVOS: aquella efectuada en vida del donante en observancia de las condiciones legales impuestas a fin de que comience a producir plenos efectos a partir del momento de celebración del contrato.

DONACIÓN ESPONSALICIA: aquella que se hace por razón de matrimonio, con anterioridad a su celebración, en favor de uno o de ambos esposos. ◆ Donación por causa de matrimonio.

DONACIÓN INDIRECTA: aquella en la cual, teniendo el donante la intención de beneficiar al donatario, la lleva a cabo a través de un medio distinto con la celebración de un contrato.

DONACIÓN INOFICIOSA: aquella cuyo valor excede la parte de que el donante podría disponer. Ante esta situación, sus herederos forzosos podrán demandar la reducción de aquélla hasta que queden cubiertas sus legítimas.

DONACIÓN "INTER VIVOS": aquella cuyos efectos se cumplen antes de la muerte del donante.◆ Donación entre vivos.

DONACIÓN MODAL: la que obliga al donatario a dar, en todo o en parte, al objeto donado un destino específico por el donante y estar afectado por un gravamen.◆ Donación con gravamen. ◆ Donación con cargo.

DONACIÓN "MORTIS CAUSA": aquella cuya ejecución está fijada al fallecimiento del donante.◆ La que se hace para después del fallecimiento del donante y que se rige por las reglas de las disposiciones testamentarias.

DONACIÓN MUTUA: aquella que dos o más personas se hacen recíprocamente en un solo y mismo acto. No es permitida entre esposos.

DONACIÓN POR CAUSA DE MATRIMONIO: ver **Donación esponsalicia**.

DONACIÓN PROMISORIA: en algunos países, se utiliza cuando el donante se compromete a donar un bien mueble al donatario, constando por escrito el acuerdo y la correspondiente aceptación. Contrato consensual y de pura beneficencia.

DONACIÓN "PROPTER NUPTIAS": donación que hacen los padres a sus hijos en virtud del enlace que van a contraer.

DONACIÓN PURA: aquella que no se encuentra sujeta a ningún tipo de condición.

DONACIÓN REMUNERATORIA: aquella que se hace en recompensa de servicios prestados al donante por el donatario, estimable en dinero, y por los cuales éste podía pedir judicialmente el pago al donante. Si en el instrumento de la donación no constare desigualmente lo que se tiene en miras remunerar, el contrato se juzgará como donación gratuita.

DONACIÓN SUBMODO: donación con cargo.◆ Se trata de aquella en la que el donatario asume el gravamen de una prestación *(J. M. Farina).*

DONACIONES MATRIMONIALES: las que se hacen en consideración a éste y antes de celebrarse en favor de los esposos o de uno de ellos.

DONANTE: persona que traspasa a otra el dominio de un bien en forma gratuita. ◆ El contratante que realiza la donación.

DONATARIO: persona que recibe una donación.◆ El contratante que recibe la donación.

DONATIVO: puede constar de una dádiva, regalo o cesión, especialmente con fines benéficos o humanitarios.

DOTE: caudal que lleva la mujer al matrimonio o que adquiere después de casada.◆ En el Derecho Clásico, se entiende por dote el conjunto de bienes que el marido recibe de la mujer o de otra persona en su nombre para ayudarlo a soportar las cargas del matrimonio *(E. Petit).*

DOTE ADVENTICIA: aquella constituida por la mujer o cualquier otra persona distinta del padre.

DOTE PROFECTICIA: aquella constituida en favor de la mujer por su padre o abuelo.

DOTE RECEPTICIA: aquella en la cual el tercero que la constituía a favor de la mujer conservaba la facultad de exigir la restitución.

DOY FE: fórmula consagrada, aunque no obligatoria, que en los instrumentos notariales precede inmediatamente a la firma del notario y cierra el texto del instrumento *(C. N. Gattari).*

DRACONIANO: referido a las leyes, providencias o medidas sanguinarias o excesivamente severas.◆ Ver **Código draconiano.**

"DRAW BACK": reintegro total o parcial de los gravámenes de importación abonados sobre bienes destinados a la exportación al momento de la misma. Son aquellos que gravaron a estas mercaderías, sea a los productos contenidos en las mercaderías exportadas o a los consumidos durante su producción. ◆ Régimen aduanero en virtud del cual se restituyen total o parcialmente los importes que se hubieran pagado en concepto de tributos, siempre que la mercadería fuere exportada para consumo.

DROGAS: ver **Alcaloides.**

DUDA: cuestión que se propone para ventilarla o resolverla.◆ Suspensión o indeterminación del ánimo entre dos juicios o dos decisiones.

DUELO: combate o pelea entre dos personas a consecuencia de un reto.

DUEÑO: propietario de un bien.◆ El que tiene dominio o señorío sobre persona o cosa.

"DUMPING": práctica comercial, generalmente de aplicación en el comercio internacional, que consiste en vender mercaderías a precios por debajo de un nivel determinado en áreas específicas, percibiendo la diferencia entre el precio recibido y el precio de mercado mediante un subsidio como consecuencia de un tratamiento preferencial, por lo general, en virtud de una protección gubernamental. Por lo común, las ventas en las áreas protegidas remuneran los gastos indirectos de producción y los fijos, y las ventas en las otras áreas son realizadas a *dumping* de modo de recuperar los costos directos.

"DUMPING" SOCIAL: implementación de una serie de condiciones de trabajo inferiores a las que una economía sería capaz de generar con el objetivo de aumentar la competitividad de un determinado sector o de toda la economía en general.

DÚPLICA: escrito por medio del cual el demandado contesta la réplica del autor.

DUPLICADO: copia de otro de igual valor.◆ Copia del original de un documento.

DUPLICADO EXACTO: copia fiel con firma certificada ante el profesional actuante o funcionario competente.

DUPLICAR: contestar el demandado la réplica del autor.

DUPLICATA: factura conformada o segunda factura.◆ Ver **Factura conformada.**

DURACIÓN: tiempo que transcurre entre el comienzo y el fin de un proceso.◆ Tiempo de una jornada laboral.◆ Período de un contrato.

DURACIÓN ILIMITADA: período indeterminado.

DURACIÓN LIMITADA: período determinado.

DUUNVIRATO: régimen político en que el Gobierno estaba encomendado a los duunviros.

DUUNVIRO: en la antigua roma, nombre con el cual se designaba a los distintos magistrados.u también alude a cada uno de los dos presidentes de los decuriones en las colonias y los municipios romanos.

E

EBRIO: quien se encuentra en estado de embriaguez.◆ Ver **Embriaguez; Estado de embriaguez.**

EBRIO HABITUAL: aquella persona que se embriaga periódicamente y en ese estado comete delito o provoca escándalo, lo que lo torna peligroso.◆ Ver **Alcoholista.**

EBY: Ente Binacional Yacyretá.

ECHAZÓN: acto de arrojar al agua mercaderías u otros objetos cargados en un buque cuando es necesario aligerarlo. ◆ Consiste en arrojar al mar algunos efectos o mercaderías cargadas en la nave a fin de aligerarla y darle mayor flotabilidad, en casos de tempestad, varadura peligrosa o para eludir la persecución de corsarios o piratas *(L. Charny).*

ECOLOGÍA: ciencia que estudia la relación entre los seres vivientes y el medio natural en que se encuentran. ◆ Estudio de todas las relaciones de todos los organismos con todos sus medios. No se limita a los animales ni a las plantas. No es una disciplina restringida. En su pura esencia, es amplia *(J. Taylor).*◆ Estudio de la relación de los organismos o de los grupos de organismos con su medio.◆ Ciencia que estudia a los seres vivientes y su entorno; éstos son el suelo, el agua y la atmósfera. Esta última es una masa gaseosa que rodea a algunos astros del universo y, en el caso concreto de nuestro planeta Tierra, es el aire, que está compuesto básicamente por nitrógeno, oxígeno, anhídrido carbónico, gases menores, como xenón, neón, vapor de agua, ozono y algunos minerales inertes pulverulentos (polvo atmosférico) *(S. Semborain).*

ECOLOGISMO: denominación genérica de los movimientos de defensa de la naturaleza que tienen como fin la convivencia pacífica y el aprovechamiento racional de los recursos naturales.

ECONOMÍA: en un sentido amplio, actividad que administra los recursos aplicados a procesos productivos tendientes a obtener bienes y servicios para satisfacer las necesidades humanas.◆ Conjunto de actividades que permiten al hombre adquirir los medios escasos con que satisfacer sus necesidades.◆ Es la ciencia que estudia la forma de satisfacer múltiples necesidades de los hombres que se enfrentan con bienes y servicios cuya disponibilidad no es ilimitada o infinita sino que son escasos. ◆ Es la ciencia que estudia las interrelaciones entre la especie humana y el hábitat natural (planeta Tierra) donde desarrolla sus actividades y del que obtiene los recursos que emplea en forma directa o transformándolos en bienes y servicios con los cuales satisface sus múltiples necesidades *(A. Digier)*.◆ Estudia la evolución de la producción social desde sus formas inferiores a sus formas superiores; la aparición, el desarrollo y la desaparición de los regímenes sociales, fundados sobre la explotación del hombre por el hombre *(Academia de Ciencias de la ex URSS)*.◆ La Economía Política o Economía es el estudio del género humano en los asuntos ordinarios de la vida; examina aquella parte de la actividad individual y social más íntimamente ligada con la consecución y el uso de los factores materiales del bienestar *(A. Marshall)*.

ECONOMÍA POLÍTICA: disciplina que se ocupa del estudio de la asignación de los recursos necesarios para la satisfacción de las necesidades humanas y de los mecanismos de funcionamiento de las estructuras sociales para efectuar la asignación de los bienes y servicios.◆ Es el estudio de las distintas estructuras de retribución entre las que la sociedad puede (y, por lo tanto, debe) elegir. ¿Cómo funcionan dichos mecanismos en un sistema existente o imaginable –los derechos legales, determinados mercados, los impuestos y las subvenciones, los decretos y las obligaciones, etcétera– en la configuración de las oportunidades de los individuos? ¿Y en qué medida tienden a funcionar bien o mal? La Economía Política es el estudio de los efectos de algunos mecanismos y sistemas de mecanismos utilizados (y utilizables) por las sociedades para gestionar su economía social *(E. Phelps)*.

ECONOMÍA PROCESAL: principio rector del proceso en virtud del cual se intenta lograr un pronunciamiento judicial mediante el empleo del menor esfuerzo de las partes e, inclusive, del Estado, con un menor gasto pecuniario.

ECONÓMICO: aplicable a todo aquello perteneciente o relativo a la Economía. ◆ Poco costoso, que exige poco gasto.

ECU: *European Currency Unit*.◆ Unidad Monetaria Europea.◆ Unidad de cuenta de la Unión Europea; ex Comunidad Económica Europea.

EDAD: lapso temporal que media entre el nacimiento de la persona hasta un momento determinado de su vida; no es sólo la medida de duración del vivir sino una cualidad jurídicamente relevante ante el ordenamiento jurídico. ◆ Significa para el Derecho una cualidad de la persona. El cómputo se realiza tomando el día de nacimiento como el primero de los vividos, sea cual fuera la hora de nacimiento.◆ Determina el grado de capacidad a nivel jurídico o legal.◆ Tiempo durante el cual, desde que ha nacido, se desarrolla la vida de un persona. Este concepto determina la capacidad del sujeto *(C. N. Gattari)*.

EDAD LÍMITE: edad máxima o mínima necesaria para poder estar asegurado en determinados seguros. Por ejemplo: para acceder a un seguro de vida la edad mínima puede ser de catorce años y la máxima oscila entre sesenta y sesenta y cinco años.

EDGAR: *Electronic Data Gathering, Analysis and Retrieval.*◆ Sistema electrónico ideado y puesto en funcionamiento por la *Securities and Exchange Commission* (SEC) a fin de facilitar a las empresas el suministro de la información necesaria mediante la transmisión de los documentos requeridos para ser archivados. Este sistema es de reciente implementación y ha adquirido operatividad aproximadamente desde mediados de 1995.

EDICIÓN: impresión o reproducción de una obra.

EDICTO: aviso de notificación de una orden judicial publicado en un órgano de publicidad oficial o privado.◆ Es el mandato o decreto con autoridad del magistrado que pone la observancia de algunas reglas en algún ramo o asunto. Letras que se fijan en los parajes públicos de las ciudades y villas que dan noticias de alguna cosa para que sea notoria a todos *(F. Escriche).*

EDICTO DE MILÁN: edicto promulgado por Constantino y Licinio en Milán, en el año 313, por el que se declaraba equiparada la religión cristiana a la antigua religión practicada en Roma *(F. Bertoli).*

EDICTO DE MONTES: famoso edicto promulgado por Enrique IV en 1598, con el objeto de regularizar la situación de los protestantes, dando así término a las luchas religiosas en Francia *(F. Bertoli).*

EDICTO DE TEODORICO: al principio del siglo VI de nuestra era, Teodorico, rey de los ostrogodos, publicó en Italia el *Edictum Theodorici.* Esta compilación está dividida en ciento cincuenta y cinco capítulos y contiene reglas tomadas de los Códigos *Gregoriano, Hermogeniano* y *Teodosiano*; de algunas Constituciones posteriores a Teodosio y de las *Sentencias* de Paulo. El texto está retocado y muy a menudo apenas puede reconocerse. Limitado al Derecho Penal y al Derecho Público en general, estaba destinado a regir no solamente a la población romana sino también a los ostrogodos. Tal edicto tuvo una duración efímera. Después de la conquista de Italia de Narcés, cedió el lugar, en el año 554, a la legislación de Justiniano *(E. Petit).*

EDICTO PRETORIO: el que publicaba cada pretor al principio del año que le duraba el oficio y que contenía los temas de los negocios sobre los que interponía su autoridad.

EDICTOS JUDICIALES: documentos publicados conforme a lo establecido por la normativa vigente de cada país, en los cuales consta una citación sujeta a un plazo de vencimiento, producido el cual se procede a tomar las medidas correspondientes según el caso.

EDIFICACIÓN: construcción.

EFECTIVIDAD SOCIAL DE LA NORMA: característica de la norma dada por la mayor o menor relación existente entre la regla normativa y el hecho social.

EFECTIVO: numerario, moneda acuñada o dinero.◆ Real y verdadero, en oposición a lo quimérico, nominal o dudoso.◆ Cantidad de dinero disponible. ◆ Empleo o cargo de plantilla en contraposición al interino o supernumerario.

EFECTIVO MÍNIMO: porcentaje de inmovilización de fondos captados que las entidades financieras deben mantener como reserva obligatoria de acuerdo a lo exigido por la autoridad monetaria.◆ Encaje.

EFECTO: artículo de comercio, documento o valor mercantil, sea nominativo, endosable o al portador.◆ Bienes, muebles, enseres.◆ Mercaderías.◆ El que tiene un recurso cuando atribuye a un tribunal superior el reconocimiento del asunto de la resolución impugnada.

EFECTO ARRASTRE: se aplica cuando nos referimos a un índice de precio que toma en cuenta un promedio del lapso comprendido y no los precios al final de éste.

EFECTO "BANDWAGON": concepto que alude al apoyo adicional que recibe un candidato por la tendencia de la gente a acompañar a la masa. Es decir, se afirma que a la percepción de que existe un fuerte apoyo para un partido o candidato, le sigue un mayor apoyo del resto; y viceversa.

EFECTO DE LAS PENAS: consecuencia del pronunciamiento condenatorio del órgano jurisdiccional que se proyecta sobre la libertad, los bienes y el estado jurídico del condenado. Con estos efectos se concreta la actividad represiva y reformadora del Estado *(A. Vargas Gómez).*

EFECTO DECLARATIVO: aquel producido por los actos declarativos.

EFECTO DEVOLUTIVO: cuando por causa de la interposición de un recurso o por mandato legal, se produce la inmediata sumisión, total o parcial, del asunto resuelto por un juez, al conocimiento de otro juez de jerarquía superior *(J. Clariá Olmedo).*◆ Devolución.◆ Alzada.

EFECTO EQUIVALENTE: expresión utilizada en la normativa comunitaria para acompañar, alternativamente, los sustantivos exacciones y medidas en el marco de las reglas aplicables al desarme arancelario.

EFECTO RETROACTIVO: aquel que produce la norma nueva al someter a su juicio los hechos y los actos del pasado.

EFECTO SUSPENSIVO: cuando la ley concede a las partes del proceso o a terceros con interés legítimo la facultad de impugnar una correcta actividad procesal; mientras ella no caduque o se renuncie o mientras se tramita la impugnación formulada, debe suspenderse, por regla general, toda actividad consecuencial del acto impugnado, o sea, los actos que necesariamente debieron cumplirse de no haber mediado la facultad o la actividad impugnativa *(J. Clariá Olmedo).*

EFECTOS CIVILES: derechos y ventajas de los que gozan los regnícolas en virtud de las leyes civiles y políticas del Estado, como el derecho de testar, de suceder, de poseer edificios, etcétera *(Escriche).*

EFECTOS DE COMERCIO: genéricamente, son verdaderos títulos de crédito por tratarse del documento necesario para hacer valer el derecho literal y autónomo contenido en el mismo *(Orione)*.◆ Papeles de comercio.

EFECTOS DE LA APELACIÓN: consecuencias jurídicas que produce su concesión. Puede comprender dos efectos: el devolutivo y el suspensivo. Puede comprender y no siempre comprende, porque puede ocurrir que la apelación se conceda sólo en el efecto devolutivo.

EFECTOS ECONÓMICOS DE LOS IMPUESTOS: en cualquier sistema de impuestos, el punto fundamental es su influencia sobre la actividad económica. Los siguientes son los principales efectos:
a) Percusión: los impuestos son pagados por los sujetos legalmente obligados;
b) Traslación: proceso por el cual el contribuyente de derecho procura transferir al contribuyente de hecho la carga impositiva mediante su incorporación al precio del producto; esta posibilidad de traslación puede ocurrir en tanto el mercado tolere tal incremento sin afectar la demanda;
c) Incidencia: corresponde al hecho de soportar la carga impositiva por parte del contribuyente de hecho, quien la ha recibido por efecto de la traslación y le ha resultado imposible, a su vez, transferirla a otro;
d) Difusión: los efectos ulteriores al efecto de la incidencia y que se ven reflejados en las siguientes actitudes por parte del contribuyente de hecho son:
1. disminuye su consumo,
2. disminuye su ahorro,
3. enajena parte de su patrimonio para abonar el impuesto,
4. aumenta su nivel de empleo para compensar el costo del impuesto;
e) Amortización: en razón de la aplicación de un impuesto sobre la renta de un capital, éste disminuye su valor en el monto correspondiente al aplicarle dicha tasa impositiva;
f) Capitalización: algunos autores consideran exclusivamente este efecto como el aumento de valor de un capital o un bien en virtud de una exención del impuesto, mientras que otros asignan a la capitalización tanto el efecto de incremento como el de disminución.

EFECTOS JURÍDICOS: consecuencias a las que dan origen los hechos previstos como condición por las normas jurídicas *(C. Smith)*.

EFECTOS LIBRES: aquellos en los que la causa que los produjo pudo no haberlos producido.

EFICACIA DEL ORDEN JURÍDICO: hecho de que la conducta real de los hombres corresponda al orden jurídico.

EFTA: *European Free Trade Association.* ◆ Asociación Europea de Libre Comercio. ◆ AELC.

EGOLÓGICA – TEORÍA: escuela que sostenía que el objeto a conocer por el jurista no es la norma jurídica sino la conducta humana en interferencia intersubjetiva. Esta escuela jurídica argentina tuvo en Carlos Cossio a su fundador y principal exponente de esta teoría.

EGRESIÓN: acto o título por el cual se traspasaba a una comunidad o a un particular algún inmueble o derecho perteneciente a la Corona.

EGRESO: gasto.◆ Disminución del patrimonio en virtud de pérdidas, sin que haya necesidad de una salida material. Salida es la disminución de los valores tangibles. Puede haber egreso sin salida.◆ Resultado negativo.◆ Puede ser correlativo a una salida de dinero o no.

EJECUCIÓN: proceso, sujeción a una persona a juicio.◆ Acción y efecto de ejecutar un trabajo.◆ Procedimiento judicial con embargo y posterior venta de los bienes para el pago de las deudas.

EJECUCIÓN COLECTIVA: en el proceso consursal, significa la ejecución de todos los bienes del deudor común, a fin de hacer frente al pago de los créditos de la totalidad de los acreedores.

EJECUCIÓN DE ALQUILERES: proceso tendiente a la materialización del cumplimiento del derecho reconocido en un pronunciamiento judicial, que impone una obligación de dar, de hacer o de no hacer. En este caso, generalmente de dar.

EJECUCIÓN DE LA SENTENCIA: serie de actos que tiene por finalidad efectivizar y llevar a la práctica las disposiciones contenidas en ella.

EJECUCIÓN DE TODOS LOS DERECHOS CIVILES: frase que significa que el sujeto ostenta la plena capacidad de obrar.

EJECUCIÓN FISCAL: aquella que se aplica por el cobro de impuestos, tasas, contribuciones y aportes de la seguridad social. También se utiliza para cualquier deuda que se mantenga con reparticiones públicas.

EJECUCIÓN FORZADA: especie contenciosa de la ejecución procesal o, en otras palabras, proceso ejecutivo contencioso *(F. Carnelutti).*

EJECUCIÓN INMEDIATA: procedimiento sumarísimo de quiebra que se utiliza contra aquellos que emitieron cheques sin fondos.

EJECUTABLE: aplicable al deudor susceptible de ser demandado valiéndose de las ventajas ofrecidas por la vía ejecutiva. También suele utilizarse esta calificación respecto de los créditos reclamables por dicha vía.

EJECUTADO: deudor moroso sobre cuyos bienes se ha trabado embargo para pagar a los acreedores. ◆ Reo condenado a muerte y cuya sentencia se llevó a cabo.

EJECUTANTE: sujeto que ejecuta judicialmente a otro por la paga de un débito.◆ Ejecutor.

EJECUTAR: reclamar una deuda por vía ejecutiva.◆ Cumplir con un programa, plan o instrucción.

EJECUTIVO: persona que forma parte de una comisión ejecutiva o que desempeña un cargo directivo en una empresa. ◆ Persona que toma decisiones y las ejecuta.◆ Ver **Juicio ejecutivo.**

EJECUTOR: ver **Ejecutante**.

EJECUTORIA: hecho de que las resoluciones judiciales adquieran firmeza, es decir, no sean ya susceptibles de ningún recurso y produzcan todos sus efectos, entre los cuales, tratándose de sentencias definitivas, el más importante es que tengan tránsito a cosa juzgada *(M. Morales).*◆ Sentencia que alcanza la firmeza de cosa juzgada y también el despacho que es comprobante de ella.◆ Despacho que se libra por los tribunales de las sentencias que no admiten apelación o pasan en autoridad de cosa juzgada a fin de que puedan llevarse a efecto *(Escriche).*

EJERCER UNA PROFESIÓN: consagrar la propia actividad de una manera principal y habitual al cumplimiento de una determinada labor, con la finalidad de obtener un provecho.

EJERCICIO CONTABLE: período de tiempo, que por lo usual es de un año corrido, calendario o no, en que se divide la actividad económica patrimonial y financiera de un ente. Esta acotación en el tiempo permite el cálculo de los resultados económicos obtenidos en la actividad así como también la determinación de las variaciones patrimoniales producidas en él. En la actualidad, si bien se mantiene la periodicidad anual del ejercicio económico, las citadas comprobaciones se elaboran por términos de tiempo menores, como por ejemplo mes, bimestre, trimestre, semestre.

EJERCICIO DE TODOS LOS DERECHOS CIVILES: ver **Ejecución de todos los derechos civiles.**

EJERCICIO DE UN DERECHO: ejercicio legítimo de una actividad lícita o de la función pública.

EJERCICIO ECONÓMICO FINANCIERO: período existente entre las fechas de dos estados contables consecutivos. Por lo general, las regulaciones sobre contabilidad determinan que la confección de los citados estados sea en forma anual o bien por determinación del estatuto; ello no significa que deba coincidir con el año calendario.◆ Ejercicio contable.◆ Ejercicio económico.

EJERCICIO FISCAL: período de doce meses que suele coincidir con el año calendario, aunque no es necesariamente obligatorio que así sea, en el que está en vigencia el presupuesto fiscal.

EJIDO: una clase de cooperativa existente en México.

ELEMENTOS ACCESORIOS DE UN INMUEBLE: aquellos bienes muebles que resultan necesarios para cumplir funciones específicas en inmuebles de uso especializado y que terminan formando parte de éste.

ELEMENTOS DE JUICIO: aquellos de los que dispone el auditor y sobre los cuales ejerce una serie de acciones que, sistematizadas y dirigidas al cumplimiento de los objetivos propuestos, permiten arribar a las evidencias de auditoría.

ELEMENTOS EN CONDICIÓN DE REZAGO: aquellos bienes cuya utilización resulte imposible o no convenga económicamente.

ELEVACIÓN EN BAJAMAR: extensión natural de tierra rodeada de agua que se encuentra sobre el nivel de ésta en la bajamar pero que queda sumergida en la pleamar.

ELUSIÓN: acción y efecto de eludir.◆ Tratar de tributar lo menos posible dentro del marco legal. Se trata de apelar a formas o estructuras diferentes de las convencionales con tal de dar a un hecho imponible una investidura diferente sin alterar por ello su real naturaleza o sustancia.

EMA: ver **Empresa Multinacional Andina**.

EMANCIPACIÓN: acto jurídico que tiene por efecto característico la aptitud para provocar la cesación de la patria potestad. Ésta puede tener lugar principalmente en virtud de haber llegado el joven a la mayoría de edad, debido a la celebración de su matrimonio y en el caso de los mayores de dieciocho años, sobre la base de la convención entre padre e hijo.◆ En el ámbito internacional, se entiende que tiene lugar en ocasión de producirse la ruptura de la dependencia a la que se encuentra sometido un país o una nación respecto de otro.

EMANCIPAR: otorgar emancipación.◆ Liberarse de cualquier clase de subordinación o dependencia.◆ Adquirir uno el gobierno de su persona y la administración de sus bienes.

EMBAJADA: concepto que comprende tanto la residencia del embajador como el personal de la misión diplomática.

EMBALAJE: caja o cubierta con que se resguardan los objetos que han de transportarse.

EMBALSAMAR: llenar de sustancias balsámicas las cavidades de los cadáveres.

EMBARCACIÓN: todo aparato apto para la circulación marítima o fluvial.◆ Buque.◆ Acción de embarcar personas o de embarcarse.◆ Pequeño barco sin puente, a vela, remo, vapor o motor.◆ Ver **Buque.**

EMBARGADO: deudor o garante real a quien se embarga un bien.

EMBARGANTE: acreedor que practica un embargo.

EMBARGAR: retener, en virtud de un mandamiento judicial, un bien que queda sujeto a las resultas de un procedimiento o juicio.

EMBARGO: orden emanada de juez o autoridad competente por medio de la cual se procede a la retención, traba o secuestro de bienes, con el fin de garantizar el cumplimiento de una obligación por parte del embargado. El embargo puede comprender el secuestro del bien y su posterior venta con el fin de cubrir la obligación, o bien puede significar una acción de tipo preventivo para garantizar el cumplimiento de la obligación.◆ Medida de seguridad que comprende determinados bienes del deudor (a diferencia de la inhibición que los afecta en su totalidad).◆ Forma especial de represalia que consiste "en general" en el secuestro en plena paz de navíos de cargas nacionales de un Estado extranjero, anclados en los puertos o en aguas territoriales del Estado que lanza mano de ese medio coactivo *(E. Llanés Torres).*

EMBARGO DE ALQUILERES: ver **Ejecución de alquileres.**

EMBARGO DE ARRENDAMIENTOS: ver **Ejecución de alquileres.**

EMBARGO EJECUTIVO: el que se traba en un juicio ejecutivo.◆ Es medida cautelar en un proceso de ejecución ya declarado admisible. Las cuestiones sobre verosimilitud del derecho y peligro en la demora están superadas por la existencia del título ejecutivo.

EMBARGO EJECUTORIO: el que decreta directamente o por conversión de alguno de los anteriores o por cumplimiento de la de trance y remate.

EMBARGO PREVENTIVO: aquel que se traba a título provisorio para asegurar el cobro de un crédito u obligación cuya existencia se sustanciará en juicio. Es una medida procesal precautoria de carácter patrimonial que puede decretar un tribunal o un juez para garantizar el cumplimiento de una obligación.◆ Es preventivo toda vez que es decretado sin la existencia de una resolución judicial condenatoria (título ejecutorio) y que tampoco está asentado en un título que traiga aparejada ejecución (título ejecutivo). Es exclusivamente cautelar, con miras a un futuro y eventual proceso de ejecución. Se decreta en los casos autorizados por la ley, aunque el juicio no esté iniciado, sin intimación previa. Requiere contracautela y se extingue en un plazo determinado.

EMBARGOS DE MATRIMONIO: ver **Impedimentos matrimoniales.**

EMBARQUE: depósito de mercancías en algún medio de transporte para su envío.

EMBARQUE DIRECTO A TERCERO: embarque que efectúa el fabricante directamente al cliente del distribuidor sin que pase por este último.

EMBRIAGUEZ: estado del sujeto que se encuentra bajo una fuerte dosis de alcohol.◆ Ver **Ebrio habitual; Estado de embriaguez.**

EMERGENCIA: alude a estadios, históricamente ciertos o simplemente posibles, que se caracterizan por su excepcionalidad o necesidad ante lo inusitado o insólito.

EMERGENCIAS CONSTITUCIONALES: ver **Institutos de emergencia.**

EMISIÓN: títulos o valores, efectos públicos, de comercio o bancarios, que se ponen en circulación de una vez.◆ Acto de emitir dinero el Banco emisor o títulos cuando se trata de una sociedad.

EMISIÓN A LA PAR: se configura cuando la emisión de un título se realiza a su valor nominal.

EMISIÓN AUTORIZADA: número máximo de acciones que una sociedad puede emitir en los términos de sus estatutos. Las acciones representativas del capital autorizado no suscripto permiten aumentar el capital efectivo de una empresa sin necesidad de mayores trámites.

EMISIÓN BAJO LA PAR: cuando la emisión de un título se realiza a un valor inferior al nominal. A la diferencia entre ambos valores se la denomina "descuento de emisión de suscripción".

EMISIÓN CON PRIMA: emisión sobre la par.

EMISIÓN DE ACCIONES: creación de títulos de derecho a la propiedad del capital de una sociedad anónima.

EMISIÓN DE DEUDA PÚBLICA: ver **Empréstito.**

EMISIÓN DE UN VALOR: operación que consiste en crear un valor con el fin de colocarlo entre segmentos más o menos amplios del público.◆ Ver **Emisión; Emisión de Acciones.**

EMISIÓN DEL PENSAMIENTO: ver **Libertad de expresión.**

EMISIÓN FIDUCIARIA: emisión de moneda en billetes cuyo respaldo, al no ser en metales preciosos, como el oro, la plata u otros bienes, es la "fe" de creer en el valor que representa. A estos efectos la idea de "fe" representa esencialmente la creencia que su valor representativo tiene como poder de pago y adquisitivo de cosas en el presente y en el futuro.

EMISIÓN SOBRE LA PAR: cuando la emisión de un título se realiza a un valor superior al nominal. La diferencia entre ambos valores se denomina prima de emisión, prima de suscripción o prima de colocación.◆ Emisión con prima.

EMITIR: tratándose de juicios, dar opiniones.◆ Ver **Emisión.**

EMITIR VALORES: ver **Emisión de un valor.**

EMOCIÓN VIOLENTA: estado en el cual, en el momento de llevar a cabo la conducta punible, el sujeto no hubiera gozado de plena conciencia como consecuencia de un estímulo externo que hubiese motivado su proceder. ◆ En materia de delitos, constituye un elemento subjetivo del tipo; surge como una circunstancia atenuante.

EMOLUMENTO: remuneración adicional que corresponde a un cargo o empleo.

EMPADRONAMIENTO: acto en virtud del cual las personas son inscriptas o asentadas en un registro especial o padrón *(L. Schuster).*

EMPEÑO: obligación en que uno se halla constituido por su honra, por su conciencia o por otro motivo.◆ Acción y efecto de dar o dejar una cosa en prenda para seguridad del pago.

EMPLAZAMIENTO: citación con fecha determinada para el cumplimiento de una obligación.◆ Ver **Notificación.**

EMPLAZAR: citar.◆ Notificar.◆ Dar a alguien un período determinado para la ejecución o el cumplimiento de una cosa.

EMPLEADO: trabajador en relación de dependencia con respecto al empleador, que realiza tareas interviniendo en el despacho de los negocios de un particular o un ente, sea privado o estatal. ◆ Dependiente.

EMPLEADO CONSULAR: todo dependiente que se desempeñe laboralmente en el servicio administrativo o técnico de una oficina consular.

EMPLEADO PÚBLICO: trabajador que realiza tareas en relación de dependencia dentro de la actividad estatal o pública.◆ Es el agente que presta servicios con carácter permanente, exclusivo, mediante remuneración y que se encuentra jerárquicamente dirigido por el funcionario *(J. Picone).*

EMPLEADOR: persona, física o jurídica, que da ocupación o trabajo a una o varias personas, en forma de empleados u obreros, y abona por el trabajo realizado por éstos un salario o sueldo, existiendo relación de dependencia laboral.◆ Toda persona natural o jurídica que utiliza los servicios de uno o más trabajadores, en virtud de un contrato de trabajo *(Código Laboral de Paraguay)*.◆ Patrono. ◆ Patrón.

EMPLEADORES DE TRABAJO A DOMICILIO: quienes proporcionan este género de ocupación, sean comerciantes, industriales o intermediarios.

EMPLEADOS DE CONFIANZA: los que prestan servicios de asesoramiento o administran dinero o bienes de la empresa. Igualmente reciben dicha calificación, pero sujetos a sus respectivas jornadas con todos los efectos, aquellos que realizan tareas de vigilancia e inspección y los que, con motivo del trabajo, se enteran de los secretos del empleador *(Código Laboral de Paraguay)*.

EMPLEADOS JERÁRQUICOS: empleados que por sus funciones se distinguen de los demás. Tienen altas remuneraciones y atribuciones sobre el resto del personal; en cuanto a su poder decisorio, es delegado por el empresario.

EMPLEO: destino, ocupación, oficio.◆ Nivel de ocupación de personas empleadas en actividades de diversa índole.◆ Personas incorporadas para efectuar trabajos asalariados.◆ Uso o utilización.

EMPLEO CASUAL: tarea aislada que no implica una relación durable *(J. R. Hicks)*.

EMPRESA: organización en la cual se coordinan el capital y el trabajo y que, valiéndose del proceso administrativo, produce y comercializa bienes y servicios en un marco de riesgo, en el cual el beneficio es necesario para lograr su supervivencia y su crecimiento.◆ Iniciación en cualquier actividad comercial que genere riesgos.◆ Toda actividad mercantil con fines de lucro, cualquiera sea su forma jurídica.◆ Organización instrumental de medios personales, materiales e inmateriales, ordenados bajo una dirección para el logro de fines económicos o benéficos.◆ Como factor de producción, es un ente inmaterial que representa el esquema e impulso organizativo, directivo y administrativo, destinado a coordinar los demás factores de la producción y a obtener de ellos un máximo rendimiento *(W. Beveraggi Allende)*.

EMPRESA CONCESIONARIA: toda entidad que ejecuta proyectos de infraestructura pública en virtud de una concesión otorgada por las autoridades públicas del país de acogida.

EMPRESA CONTROLADA: ver **Sociedad controlada.**

EMPRESA CONTROLANTE: ver **Sociedad controlante.**

EMPRESA EXTRANJERA: aquella en la que se dan las siguientes circunstancias: a) la propiedad es de una persona física o jurídica que reside en el extranjero y b) el poder de decisión es ejercido por personas físicas o jurídicas residentes en el exterior.◆ Sociedad extranjera.

EMPRESA INDIVIDUAL: aquella de propiedad de una sola persona como dueña absoluta, que dirige y explota el negocio a su gusto y criterio, ejerciendo sobre la empresa un control constante;

percibe, además, la totalidad de los beneficios que, teóricamente, serán mayores a medida que lo sean su actividad, su experiencia y destreza.◆ Empresa unipersonal.

EMPRESA INDUSTRIAL: aquella que se dedica a la producción de bienes.

EMPRESA MERCANTIL: negocio personal o de un grupo de personas con intereses comunes de cualquier tipo, que ejercen una actividad económica de carácter lícito y con propósito de lucro.◆ Organización de elementos materiales e inmateriales para la producción e intercambio de bienes o servicios *(Código de Comercio Boliviano).* ◆ Se utiliza incorrectamente en alguno países pues resulta redundante.

EMPRESA MULTINACIONAL: aquella cuyo capital es propiedad de personas, físicas o jurídicas, residentes o establecidas en varios países y que desarrolla actividades comerciales internacionales. ◆ Sociedad comercial cuyos intereses y actividades se encuentran establecidos en muchos países.◆ Sociedad multinacional.

EMPRESA MULTINACIONAL ANDINA: surgida dentro del ámbito de referencia del Pacto Andino, su característica principal reside en la fijación de su régimen por parte de la Comisión de Acuerdo de Cartagena, constituyendo sus resoluciones leyes internas de los Estados Miembros. En aquellas situaciones no regladas, resulta aplicable en forma supletoria la normativa individual de cada uno de aquéllos.
Con respecto a los fines tenidos en cuenta en la creación de estas entidades, éstos pueden sintetizarse en: a) la propensión al perfeccionamiento del proceso de integración andina, b) el encausamiento del ahorro regional, c) tender a fortalecer la capacidad subregional con respecto a la situación financiera, tecnológica y de competencia en los mercados de Estados no partes en el acuerdo y d) generar fuentes de empleo.
Esta empresa deberá constituirse en la forma de SA, teniendo su sede principal en el territorio de alguno de los Estados firmantes. Pueden abrirse sucursales en estos países.

EMPRESA NACIONAL: aquella cuyo capital es propiedad de personas, físicas o jurídicas, residentes o establecidas en el país.

EMPRESA NO MERCANTIL: denominación que se utiliza erróneamente en algunos países para denominar las entidades sin fines de lucro.

EMPRESA PRIVADA: aquella cuyo capital, administración y dirección pertenecen a particulares que asumen los riesgos inherentes a la actividad mercantil con la finalidad de obtener beneficios.

EMPRESA PÚBLICA: aquella en la que el Estado Nacional es propietario del capital. Se caracteriza por la gestión a cargo del mismo Estado, por no perseguir, generalmente, fines de lucro y por prestar un servicio a la comunidad, por lo que económicamente debe lograr un equilibrio entre ingresos y egresos.

EMPRESA UNIPERSONAL: empresa individual.

EMPRESARIADO: conjunto de los empresarios en función de las empresas que dirigen.

EMPRESARIO: persona que posee y conduce una empresa. En su decisión está lograr los medios para producir los bienes que desea vender y proceder a su venta.◆ Persona capaz de coordinar los factores de producción con el más bajo costo y el mayor rendimiento. ◆ Persona que combina los insumos, recursos materiales, trabajo y capital para producir bienes y servicios con la finalidad de obtener ganancias.◆ Quien dirige una empresa por sí o por medio de otras personas y con el cual se relacionan jurídicamente los trabajadores, cualquiera sea la participación que las leyes asignen a éstos en la gestión y dirección de la empresa.◆ Quien ejerce profesionalmente una actividad económica organizada para el fin de la producción o del intercambio de bienes o servicios. La actividad económica es una actividad creadora de riqueza y por ello de bienes y servicios patrimoniales valorables.

EMPRESARIO - RIESGO: empresario en su carácter de inversor que asume los riesgos derivados de la actividad inversora.

EMPRESAS: sujetos o agentes económicos. En su seno se coordina la actividad de distintos sujetos, trabajadores, capitalistas y empresarios, con el objeto de generar una producción de un bien o un servicio en cuyo consumo no están directamente interesados. ◆ Sector de la economía que comprende: establecimientos comerciales, industriales, mineros, etcétera, ya sean unipersonales, sociedades o empresas del Estado, que lanzan sus productos al mercado cobrando un precio por ellos.◆ Sector empresas.

EMPRESAS DE FÁBRICA: *Guelperín*, siguiendo a *Vivante*, sostiene que eran aquellas organizaciones que empleaban capitales, diversos instrumentos de producción y trabajadores asalariados, y que tenían como objeto la manufactura y la transformación o perfeccionamiento de materias primas o mercaderías semi-elaboradas o elaboradas "a los efectos de apropiarlas a la demanda".

EMPRÉSTITO: préstamo que toma el Estado del mercado interno o externo y que está representado por títulos.◆ Operación crediticia concreta mediante la cual el Estado obtiene un préstamo. Es un contrato de préstamo cuyo mutuario es el Estado. Éste se obliga, como en todo contrato de mutuo (oneroso), a devolver el capital en los plazos y con las modalidades estipuladas y a pagar determinado interés. En la práctica, son operaciones de crédito.

EMPRÉSTITO EXTERNO: el que se contrae con mercados extranjeros.

EMPRÉSTITO FORZOSO: aquel en que el Estado obliga a los particulares a suscribir títulos públicos. Pueden no devengar interés alguno y hasta, en ciertas oportunidades, no proceder al reintegro del capital. Es impuesto obligatorio a los acreedores.

EMPRÉSTITO INTERNO: el que se contrae en el mercado interno.

EMPRÉSTITO PATRIÓTICO: empréstito de carácter forzoso que se emite bajo circunstancias muy especiales con el fin de reconstruir la economía de un país o pagar deudas públicas.

EMPRÉSTITO VOLUNTARIO: el que puede ser aceptado o no por las personas a quienes va dirigido.

EMU: Unión Monetaria Europea.

EN FIRME: ver **Firme.**

EN FRAUDE DE ACREEDORES: actos del deudor, generalmente simulados y rescindibles, que dejan al acreedor sin medio de cobrar lo que se le debe.

EN LIQUIDACIÓN: durante el período de liquidación de una sociedad, el nombre de la misma, junto con su forma jurídica, lleva este aditamento.

EN NAVEGACIÓN: se aplica a un buque que no está fondeado ni amarrado a tierra ni varado.

ENAJENACIÓN: transmisión voluntaria o legal de la propiedad de una cosa o derecho, considerada en relación con la persona que transmite.

ENAJENACIÓN MENTAL: alteración transitoria de las facultades mentales de un sujeto.

ENAJENAR: transmitir la propiedad de una cosa de una persona a otra.

ENCAJE: ver **Efectivo mínimo**.

ENCAJE NO REMUNERADO: aquel que no recibe pago alguno por parte del Banco Central.

ENCAJE REMUNERADO: aquel por el cual el Banco Central paga una cierta suma.

ENCALLAMIENTO: se produce cuando la embarcación se encuentra sujeta a una inmovilización forzosa.

ENCARCELAMIENTO: acto de poner en prisión a alguien.◆ Situación de encierro en la que se halla quien se encuentra cumpliendo una pena privativa de la libertad.

ENCARGADO DE CASA DE RENTA: persona que trabaja en un inmueble desempeñando en forma habitual y exclusiva, por cuenta del propietario y usufructuario, las tareas de cuidado, vigilancia y demás servicios accesorios del mismo, cualquiera fuera la forma de retribución.

ENCARTADO: sujeto a un proceso. Se aplicaba a quien había incurrido en rebeldía, el juez mandaba que no entrase en el lugar o tierra de donde era natural o vecino.

ENCAUSADO: procesado; sometido a proceso.◆ Dirigido, encaminado.

ENCAUSAR: formar un proceso judicial.

ENCLAVE: ámbito sometido a la soberanía de otro Estado en el cual, en virtud de un convenio internacional, se permite la aplicación de la legislación aduanera nacional.

ENCUADERNADOS: requisito de los libros de comercio obligatorios; no deben tener hojas movibles o intercambiables y deben constituir un solo cuerpo.◆ Pliegos o cuadernos unidos y con tapas y/o cubiertas.

ENCUBRIDOR: sujeto que incurre en encubrimiento.◆ Ver **Encubrimiento**.

ENCUBRIMIENTO: participación en las responsabilidades de un delito, con intervención posterior al mismo, por aprovechar los efectos de él, impedir que se descubra, favorecer la ocultación, etcétera.◆ Es el que comete aquel que ayuda a quien ha cometido un delito y sin promesa anterior a eludir las investigaciones de la autoridad o a substraerse a las acciones de ésta por diversos medios *(A. García).*

ENDEUDAMIENTO: conjunto de deudas contraídas.

ENDOCRINOLOGÍA: visión médico biológica de la conducta delictiva que intenta reducir el comportamiento criminal a procesos de disfuncionaes de las glándulas y el sistema neurovegetativo.

ENDOGAMIA: práctica de contraer matrimonio personas de ascendencia común o naturales de una pequeña localidad.

ENDOSABLE: documento susceptible de ser transmitible vía endoso.

ENDOSADO: ver **Endosatario**.

ENDOSANTE: persona que transmite a otra, por medio del endoso, los derechos de un documento comercial negociable.

ENDOSAR: hacer el endoso.◆ Ceder a favor de otro un cheque u otro título de crédito expedido a la orden, haciéndolo constar al dorso.

ENDOSATARIO: persona a quien se transfiere, o sea, quien recibe, mediante endoso, los derechos de un documento comercial negociable.◆ Endosado.

ENDOSO: transferencia de una persona a otra del derecho de un documento comercial negociable por medio de una mención con su firma y nombre en su reverso.◆ Acto por el cual una persona transmite a otra un documento y los derechos que sobre él posee.◆ Forma mercantil de transferencia de los títulos nominativos por sus propietarios, mediante la firma de éstos.

ENDOSO DE GARANTÍA: firma de otra persona con motivo de reforzar una obligación.

ENFERMEDAD DE TRABAJO: la legislación mexicana la define como todo estado patológico derivado de la acción continuada de una causa que tenga su origen o motivo en el trabajo o en el medio en el que el trabajador se vea obligado a prestar sus servicios.

ENFERMEDAD HOLANDESA: período de crecimiento alto pero no sostenible, porque se basa demasiado en recursos naturales que no son renovables.

ENFERMEDADES ACCIDENTES: obedecen a una creación jurisdiccional fruto de la experiencia que mostró la necesidad de ampliar el radio de protección de los trabajadores incapacitados por infortunios laborales. Consisten en toda lesión proveniente de una acción violenta, súbita, de una causa exterior por el hecho o en ocasión del trabajo.

ENFERMEDADES DEL TRABAJADOR: aquellas referidas a los accidentes de trabajo, las enfermedades profesionales, las enfermedades accidentes y las enfermedades inculpables.

ENFERMEDADES INCULPABLES: aquellas sufridas por el trabajador que no tienen vinculaciones con la actividad laboral.

ENFERMEDADES PROFESIONALES: aquellas motivadas por la ocupación en que se emplee el obrero o empleado.

ENFITEUSIS: derecho real por el cual una persona tiene prerrogativa para el uso y goce de un bien inmueble en forma vitalicia o por un plazo extenso a cambio del pago de un canon al propietario; por lo general, es el Estado quien conserva el derecho de propiedad.◆ Es el derecho real de cultivar un fundo y gozar de él de la manera más extensa, en forma perpetua o por muy largo tiempo, mediante el pago de una renta, generalmente anual, que se debe abonar al propietario (canon) *(M. Mariani de Vidal).*

ENGAÑO: acto de aparentar la veracidad de algo que en realidad es falso.

ENGAÑOSO: dícese de aquello susceptible de generar una falsa apariencia.◆ Que dice mentiras.

ENJUICIAMIENTO: conjunto de reglas prefijadas por la ley para el comienzo, la tramitación y la conclusión de distintos asuntos legales.◆ Acción y efecto de instruir una cosa con las diligencias y las pruebas necesarias para que se pueda fallar o resolver.◆ Ver **Proceso; Juicio.**

ENJUICIAR: someter a juicio o proceso.

ENMENDAR: corregir, reformar.

ENMIENDA: rectificación perceptible de errores materiales, la cual debe ser salvada al final.

ENRIQUECIMIENTO: prosperidad notable de una empresa, una persona o un país.◆ Engrandecimiento de una Nación, fábrica, industria, comercio, etcétera.

ENRIQUECIMIENTO ILÍCITO DE FUNCIONARIOS Y EMPLEADOS: el funcionario público que con fines de lucro utiliza para sí o para un tercero informaciones o datos de carácter reservado de los que haya tomado conocimiento en razón de su cargo *(A. García).*

ENRIQUECIMIENTO INJUSTO: acrecentamiento de un patrimonio a expensas del empobrecimiento de otro, independientemente de toda causa jurídica, de toda razón válida.

ENRIQUECIMIENTO SIN CAUSA: modificación operada en la composición y caudal patrimonial de un sujeto sin que ello se halle justificado por una causa jurídica.

ENSAÑAMIENTO: agravante que se da cuando el delincuente haya prolongado deliberadamente los padecimientos de la víctima. El exceso cruel debe estar representado subjetivamente como un fin específico y autónomo (S. Soler). ◆ Ver **Homicidio.**

ENTABLAR UNA RECLAMACIÓN: iniciar o emprender un reclamo verbal o escrito en la actividad comercial o laboral.

ENTE REGULADOR: organismo que debe proteger debidamente los intereses de la comunidad al ocuparse el sector privado de la gestión de los servicios públicos.

ENTE SIN FINES DE LUCRO: institución que desarrolla una actividad de trascendencia en la sociedad y que se financia con fondos aportados voluntariamente o no por ésta. La verdadera razón de ser de estas organizaciones es el bien común. El objetivo del ente no es la ganancia o el lucro. Por ejemplo: mutuales, fundaciones, etcétera.◆ Entidad sin fines de lucro.

ENTENADO: hijastro.

ENTENTE: acuerdo en virtud del cual cada uno de los contratantes defiende sus intereses personales. Únicamente la identidad de las situaciones individuales hace que un contrato semejante revista la apariencia de una defensa de intereses comunes. No hay sociedad sino en el caso de que la entente se vuelva más estrecha, hasta formar un trust.◆ Coalición.

ENTENTES: asociaciones de empresas que se presentan de varias formas.◆ Ver **Entente.**

ENTES AUTÁRQUICOS: personas jurídicas públicas que tienen una amplia capacidad de administración propia y que están sometidas a un contralor más o menos intenso de las autoridades centrales *(Sayagués Laso).*

ENTIDAD: ente o ser.◆ Valor o importancia de una cosa.◆ Sociedad.◆ Empresa.

ENTIDAD SIN FINES DE LUCRO: institución no lucrativa.◆ Ver **Ente sin fines de lucro.**

ENTIDADES FINANCIERAS: personas públicas, privadas o mixtas, que intermedian en forma habitual entre la oferta y la demanda de recursos financieros.

ENTORPECIMIENTO DE LA NAVEGACIÓN: cualquier acto tendiente a poner en peligro la seguridad de una nave o construcción flotante o a detener la navegación.

ENTREGA DE MERCADERÍAS PELIGROSAS PARA LA SALUD: ver **Distribución de mercaderías peligrosas para la salud.**

ENVENENAMIENTO DE AGUAS, ALIMENTOS O MEDICINAS: ver **Contaminación de aguas, alimentos o medicinas.**

ENVENENAR: mezclar veneno o volver tóxica una sustancia mediante la agregación de algún otro elemento de tal manera que resulte peligrosa para su salud *(L. Varela).*

ENVIADO: en el lenguaje diplomático, ministro designado por un soberano o Gobierno para desempeñar una misión ante otros jefes de Estado *(A. Rodriguez Araya).*

ENVIADO CONFIDENCIAL: agente secreto.

ENVICIAR: corromper por un vicio.

ENVILECIMIENTO: descenso del valor de una moneda, producto, acción de Bolsa, etcétera.

ENVÍOS POSTALES: en el Derecho Aduanero, aquellos envíos efectuados con intervención de las administraciones de correos del país remitente y del país receptor, conforme a lo previsto en las convenciones internacionales ratificadas por la Nación y a lo que dispusiere la reglamentación.

EQUIDAD: la "dichosa rectificación" de la justicia rigurosamente legal *(Aristóteles).* Oportunidad de recomponer una situación dada, la cual, de serle aplicada una respuesta legalista, paradójicamente generaría daño *(J. Prado)*. El ejercicio de esta facultad corresponde al Juez de acuerdo con su sana crítica.

EQUILIBRIO: situación de desarrollo compensado y libre de trastornos y, por consiguiente, deseable y ventajosa. Constelación de variables escogidas, ligadas unas a otras y adoptadas entre sí de tal manera que en el modelo que forman no exista tendencia inherente alguna hacia el cambio. De igual sentido: compatibilidad recíproca de un grupo escogido de variables ligadas unas a otras con valores determinados *(F. Machup)*.

EQUILIBRIO DE PODERES: se da en el Derecho Moderno este nombre a una determinada forma de organización del Estado susceptible de excluir o, al menos, de dificultar grandemente toda manifestación de hegemonía o prepotencia de un órgano sobre los demás, cuyo conjunto constituye ese Gobierno *(C. Tagle)*.

EQUIPAJE: efectos nuevos o usados por un viajero que, en consideración de las circunstancias de su viaje, pudiere razonablemente utilizar para su uso o consumo personal o bien para ser obsequiados, siempre que por la cantidad, calidad, variedad y valor no permitieren presumir que se importan o exportan con fines comerciales o industriales.

"EQUITIES": títulos de renta variable.

EQUIVALENCIA DE LA MONEDA DE CAMBIO: equivalente exacto de la unidad de un circulante, en términos del otro, basado en la cantidad de oro puro que contienen las monedas acuñadas.

EQUIVALENTE EN DINERO: valor objetivo de bienes y servicios adquiridos a consecuencia de una operación comercial.◆ Cantidad establecida en dinero en relación con una transacción comercial o con una parte de tal transacción que representa un trueque.

ERARIO: recursos monetarios y de otros valores en poder del Estado para satisfacer sus gastos e inversiones.◆ Tesoro público del Estado en el lugar de su guarda.

"ERGA OMNES": aplícase a toda resolución o determinación judicial o derecho que rige contra todos o respecto de todos.

ERGONOMÍA: estudio de datos biológicos y tecnológicos aplicados a problemas de mutua adaptación entre el hombre y la máquina. Su objetivo es encontrar la eficiencia.◆ Disciplina que estudia las enfermedades provocadas por las computadoras y que diseña equipos de oficina amigables con los usuarios.

EROGACIÓN: dinero en efectivo o bienes entregados en pago de un servicio o de un bien de activo adquirido.◆ Cualquier gasto o costo cuyo beneficio pueda extenderse más tiempo del período contable presente.◆ Distribución de bienes o caudales.◆ Gasto.

ERROR: falta de coincidencia entre la representación de los hechos delictivos o de su significación antijurídica y la realidad *(Sainz Cantero)*.◆ *Giorgi* lo define como una disconformidad entre las ideas de nuestra mente y el orden de las cosas.◆ Para *Savigny* se trata del estado intelectual en el cual la idea de la realidad de las cosas está obscurecida y oculta por un pensamiento falso.

ERROR ACCIDENTAL: en materia penal, tal como sostiene *Fontán Balestra*, aquel en el que, el conocimiento equivocado recae sobre circunstancias que no pertenecen al tipo de delito o que, perteneciendo, el bien jurídico supuesto con error es objeto de idéntica tutela penal que el que ha sido objeto de lesión.

"ERROR COMMUNIS FACIT JUS": cuando uno de nuestros actos se produjo de un error invencible común a muchos, la simple apariencia se convierte en realidad.

ERROR CULPABLE: error vencible.

ERROR DE DERECHO: en principio, no es admisible. La ignorancia de las leyes no sirve de excusa si la excepción no está expresamente autorizada por la ley.◆ La ignorancia de las leyes en ningún caso impedirá los efectos legales de los actos lícitos ni excusará la responsabilidad por los actos ilícitos.

ERROR DE HECHO: error sobre el contenido material del negocio y sobre el hecho concreto, específico. ◆ El que recae sobre los elementos constitutivos del tipo legal.

ERROR DE TIPO: fenómeno que determina la ausencia de dolo cuando, habiendo una tipicidad objetiva, falta o es falso el conocimiento de los elementos requeridos por el tipo objetivo.

ERROR EN EL DELITO: el que se produce cuando una persona, teniendo la intención de dañar a un individuo A, termina dañando a un individuo B.

ERROR EN EL PAGO: enriquecimiento sin causa.◆ Pago sin causa que lo justifique.

ERROR EN LA PERSONA: aquel que recae sobre la identidad o cualidades de la persona, habiendo sido cualquiera o ambas de ellas un factor determinante de la facultad del contratante.

ERROR ESENCIAL: el que recae sobre elementos constitutivos del tipo que el sujeto realiza o sobre la significación antijurídica de la conducta *(J. Sainz Cantero).*◆ Cuando impide al autor comprender la naturaleza criminosa del acto que realiza o cuando le hace creer que se trata de un hecho menos grave *(C. Fontán Balestra).*

ERROR IMPROPIO: el que versa sobre alguno de los elementos esenciales del contrato y que obsta a su plena validez. También llamado error obstativo.

"ERROR IN CORPORE": aquel en el cual la equivocación reside en la cosa objeto del contrato. Recae sobre su identidad o existencia.◆ Error sobre la existencia o identidad de la cosa.

"ERROR IN NEGOTIO": aquel que recae sobre la especie del acto o contrato que se celebra, como si una de las partes entendiese empréstito y la otra, donación.

"ERROR IN OBJECTO": aquel que se da cuando el sujeto dirige su acción contra un objeto distinto de contra quien quería dirigirla; cuando confunde un objeto con otro *(J. Sainz Cantero).*

"ERROR IN PERSONA": aquel en el cual la equivocación recae sobre el objeto. Es, por ejemplo, el caso de alguien que, creyendo matar a un sujeto A, mata a B.

"ERROR IN SUBSTANTIA": error sobre la sustancia.

ERROR INCULPABLE: error invencible.

ERROR INDIFERENTE: aquel que no configura impedimento alguno para la validez del acto.

ERROR INVENCIBLE: aquel que se configura cuando ni siquiera mediante la aplicación de la mayor cautela hubiera deshecho su falsa representación o hubiera conseguido el conocimiento que le ha faltado *(J. Sainz Cantero).*

ERROR JUDICIAL: especialmente, aquel cometido por los jueces en materia penal.

ERROR NO ESENCIAL: error accidental.

"ERROR OBSTÁCULO": ver **"Error obstatio".**

"ERROR OBSTATIO": se particulariza por la circunstancia de no recaer sobre el consentimiento que, desde luego, no existe, sino sobre el objeto, la naturaleza de la convención y, en el Derecho Positivo del tipo franco-italiano, sobre la causa *(M. Goldstein).* ◆ Error obstáculo. ◆ Ver **Error impropio.**

"ERROR OBSTATIVO": ver **"Error obstatio".**

ERROR PROPIO: *Goldstein*, siguiendo a *Savigny*, dice que el error es tal cuando obra solamente sobre el consentimiento y produce de un modo indirecto la nulidad o invalidez del contrato; o bien, abre paso a las acciones redhibitorias y a las de resarcimiento de daños o disminución de precio.

ERROR SOBRE LA EXISTENCIA E IDENTIDAD DE LA COSA: ver **"Error in corpore".**

ERROR SOBRE LA NATURALEZA DEL ACTO: ver **"Error in negotio".**

ERROR SOBRE LA SUSTANCIA: aquel que recae sobre una cualidad de la cosa; toda cualidad que ha tenido influencia determinante sobre el consentimiento. ◆ "Error in substantia".

ERROR SUSTANCIAL: ver **Error sobre la sustancia.**

ERROR VENCIBLE: se configura cuando el sujeto, aplicando la debida diligencia, hubiera podido salir de él *(J. Sainz Cantero).*

ERROR – VICIO: error – nulidad.

ERRORES DE LA SENTENCIA: aquellas equivocaciones o desaciertos comprendidos en una resolución judicial.

ERRORES JUDICIALES: aquellos daños producidos por los miembros del Poder Judicial en ejercicio y en ocasión de sus funciones. ◆ Todas aquellas actuaciones o resoluciones de los Tribunales o Juzgados que han sido dejadas sin efecto por causas legales, es decir, mediante la vía habitual de los recursos ante los órganos que correspondan. Equivocación crasa y palmaria cometida por un juez, Magistrado o Sala de Magistrados en el ejercicio de sus funciones jurisdiccionales, siempre que dicha equivocación haya alcanzado firmeza, no sea debida a la culpa del perjudicado y haya causado daños efectivos, evaluables e individualizados.

ESCALAFÓN: lista del personal de una corporación, clasificado según su grado, antigüedad, méritos, etcétera y que tiene incidencia en el aparato remunerativo.

ESCALAMIENTO: introducción mediante agilidad y por vía distinta de la ordinaria no sólo en edificios cerrados sino también en cualquier lugar abierto, como naves, tiendas subterráneas, etcétera *(L. Magiore)*. Tiene lugar toda vez que se utilice vía indebida para el ingreso *(J. Pena)*.

ESCAPE: filtración u otra forma de pérdidas por fallas en el control interno. Puede tratarse de hurtos, retenciones del personal, descuidos en la cobranza, etcétera.

ESCASEZ: insuficiencia de la oferta de bienes y servicios con relación a la demanda. Condición necesaria para que exista lo económico.

ESCASO: poco, limitado.◆ Falto, corto, no cabal ni entero.◆ Demasiado económico. ◆ Ver **Bienes económicos**.

ESCISIÓN: en materia de Derecho Societario, se considera que hay escisión cuando: a) una sociedad sin disolverse destina parte de su patrimonio para fusionarse con sociedades existentes o para participar con ellas en la creación de una nueva sociedad, b) una sociedad sin disolverse destina parte de su patrimonio para constituir una o varias sociedades nuevas, c) una sociedad se disuelve sin liquidarse para constituir con la totalidad de su patrimonio nuevas sociedades.◆ Reorganización divisoria.

ESCLAVITUD: sujeción excesiva por la cual se ve sometida una persona a otra o a un trabajo u obligación.◆ Es la condición de las personas que están bajo la propiedad de un amo. En vigor en todos los pueblos antiguos, fue en ellos considerada esta institución como de Derecho de Gentes. Era un elemento esencial de las sociedades antiguas y se ve con sorpresa que los más grandes filósofos aceptasen este principio como necesario y natural *(E. Petit)*.

ESCRIBA: término con el que antiguamente se denominaba a una determinada categoría de personas que, en virtud de poseer un alto grado de conocimientos generales, sobresalían en el ámbito de los ciudadanos corrientes y gozaban de ciertos privilegios particulares.

ESCRIBANO: el que por oficio público está autorizado para dar fe de los escritos y demás actos que pasan ante él. Se usa actualmente en la Argentina, Costa Rica, Ecuador, Paraguay y Uruguay.◆ Profesional cuya función consiste en brindar asesoramiento jurídico en la esfera de su competencia y dar fe pública del acto que pasa en su presencia. ◆ Notario.

ESCRIBANO DE REGISTRO: funcionario autorizado para dar fe, conforme a las leyes, de los actos y contratos que ante él se extendieren o pasaren.

ESCRITO: carta, documento, comprobante o cualquier papel impreso, manuscrito o mecanografiado.◆ Ver **Escritos judiciales.**

ESCRITO DE EXPRESIÓN DE AGRAVIOS: documento por el cual la parte que funda la apelación efectúa un análisis razonado de la sentencia y demuestra los motivos que tiene para considerar que es errónea.

ESCRITO JUDICIAL: el que realiza un juez o tribunal.◆ Medio que utiliza quien interviene en un juicio para participar en el pleito y formular peticiones a un juez.

ESCRITOS DIPLOMÁTICOS: conjunto de comunicaciones que se originan en el trato recíproco que mantienen los Estados en su vida de relación en la comunidad internacional *(L. Usinger)*.

ESCRITOS JUDICIALES: representaciones efectuadas en el expediente por las partes, sus auxiliares o los auxiliares externos del órgano judicial mediante las cuales se formulan peticiones o meras manifestaciones dirigidas a éste *(L. Palacio - Alvarado Velloso)*.

ESCRITURA: documento donde consta un acto o contrato.◆ Instrumento público de cuyo contenido da fe un escribano.

ESCRITURA DE CONSTITUCIÓN: instrumento o escrito público realizado por un escribano para la constitución de una sociedad.

ESCRITURA DE FIDEICOMISO: instrumento escrito por el cual se traslada el dominio de la propiedad en favor de un fideicomisario, sujeto a cesión o enajenación en condiciones prescritas. ◆ Instrumento legal en virtud del cual se traspasa el título de un bien raíz a una tercera parte, la cual se constituye en tenedora del aquél hasta que su propietario haya cancelado el monto total de la deuda.

ESCRITURA DE INCORPORACIÓN: contrato de constitución de una sociedad.◆ Contrato social.

ESCRITURA DE VENTA: instrumento en el cual constan los requisitos necesarios a fin de transferir un derecho o una propiedad de una persona a otra.

ESCRITURA MATRIZ: escritura original extendida en el protocolo del escribano *(J. Llambías)*.

ESCRITURA PRIVADA: documento en el cual se deja constancia de un acto o contrato sin intervención de escribano público a los efectos de protocolizarlo y darle la formalidad de la escritura pública.◆ Instrumento privado.

ESCRITURA PÚBLICA: instrumento público en el que consta un acto o contrato efectuado ante escribano público, quien lo realiza en el libro de registro o protocolo, numerado, rubricado y sellado.◆ Instrumento público.◆ Todo instrumento matriz cuyo contenido principal es el acto o negocio jurídico; es autorizado por escribano en ejercicio de sus funciones dentro de los límites de su competencia y con las formalidades de la ley para darle forma, constituirlo y, eventualmente, probarlo. Se menciona el acto o negocio jurídico como contenido principal que lo diferencia del acto, pero también se realizan actos de autenticación, comprobación y fijación de hechos *(C. N. Gattari)*.◆ Todo instrumento matriz, cuyo contenido principal es el acto o negocio jurídico; es autorizado por escribano en ejercicio de sus funciones, dentro de los límites de su competencia y con las finalidades de los límites de su competencia y con las formalidades de ley para darle forma, constituirlo y eventualmente probarlo. Se menciona el acto o negocio jurídico como contenido principal que la diferencia del acto, pero también se realizan actos de autenticación, comprobación y fijación de hechos (C. N. Gattari).

ESCRITURAR: asegurar un contrato mediante escritura pública.

ESCUELA CLÁSICA: movimiento jurídico-penal que adquiere sazón en el siglo XIX; nació como reacción contra la arbitrariedad judicial y la aplicación incontrolada de las penas. Escuela esencialmente jurídica que marca el apogeo de la Filosofía Penal; vio favorecida su consagración por un hecho histórico de trascendencia extraordinaria: la Revolución Francesa de 1789, que también aspira a dignificar la justicia y a garantizar las libertades individuales *(Nocetti Fasolino).*

ESCUELA DEL DERECHO LIBRE: tendencia inicialmente desarrollada en Alemania que procura la emancipación del juez respecto de la norma legal *(J. Llambías).*

ESPACIO AÉREO: ámbito que rodea la Tierra y que se extiende sobre ella, tanto sobre la tierra firme como sobre los espacios acuáticos.

ESPACIO EXTERIOR: todos los inmensos ámbitos del cosmos que se extienden a partir del límite superior del espacio aéreo *(H. Ferrer).*

ESPACIO ULTRATERRESTRE: ver **Espacio exterior.**

ESPECIFICACIÓN: una de las formas aptas y válidas a fin de adquirir el dominio de una cosa, en virtud de la cual alguien por su trabajo hace un objeto nuevo con la materia de otro con la intención de apropiárselo.

ESPECULACIÓN: actividad emprendida en la compra y venta de bienes, títulos, valores, monedas, metales, etcétera, con el fin de obtener un lucro muy por encima del beneficio normal, aprovechando ciertas circunstancias que posibilitan el logro de amplios márgenes de beneficio. En esencia, es comprar barato y vender caro. Se caracteriza por representar operaciones de muy alto riesgo, aunque también es posible que el especulador manipule ciertas condiciones para concretar su maniobra. ◆ Acto de asumir un alto riesgo sin tener en cuenta los ingresos a la preservación del capital, con el objeto de obtener grandes ganancias de capital. Cuanto más corto es el período en el cual se desea obtener dicha ganancia, más especulativa es la inversión.

ESPECULACIÓN BURSÁTIL: conducta consistente en actuar en un mercado con la finalidad de obtener rápidas ganancias en la compraventa de títulos-valores entre distintos momentos o bien con otro mercado.

ESPECULADOR: persona que se dedica a la compra venta de títulos-valores con el objeto de obtener un beneficio sin intención de mantenerlos.◆ Persona que asume un importante riesgo con la posibilidad de obtener ganancias. ◆ Que especula.

ESPECULAR: efectuar operaciones comerciales o financieras con la esperanza de obtener beneficios basados en las variaciones de los precios o de los cambios.◆ Comerciar, traficar.

ESPECULATIVO: apto para especular.

ESPERA: prórroga en el pago.◆ Plazo que acuerda el juez para ejecutar algo.◆ Moratoria que conceden los acreedores a los deudores como prórroga de un plazo en que debió hacerse efectiva la obligación.

ESPIONAJE: hecho de actuar en forma clandestina, con falsos pretextos, para recoger o procurar conseguir documentos e informaciones secretas sobre la situación de un Estado en cualquiera de sus actividades.

ESPIONAJE COMERCIAL: el practicado por la generalidad de las empresas sobre las actividades de la competencia para contrarrestar sus decisiones con otras que permitan adelantárseles y con ello mantener o ampliar el mercado.

ESPÍRITU DE LA LEY: "principio general orientador" para la interpretación de la norma. *Linares Quintana* sostiene que se trata de la "sustancia espiritual y permanente tanto como las cosas humanas pueden serlo, integrado por un conjunto de ideas y de principios históricos, filosóficos, sociológicos, políticos, económicos, jurídicos, etcétera, que hacen a la esencia inmanente e inmutable de la Nación".

ESPONSALES: promesa bilateral mutuamente aceptada que dos personas de distinto sexo se hacen de contraer matrimonio más adelante *(A. Belluscio).*

ESPOSOS: hombre y mujer unidos por un vínculo matrimonial.

ESQUIROLES: empleados no sindicalizados contratados para sustituir a trabajadores sindicalizados en huelga.

ESTABILIDAD: derecho del personal permanente a conservar el empleo y el nivel escalafonario alcanzado, así como también la permanencia en la zona donde desempeñare sus funciones siempre que las necesidades del servicio lo permitan.◆ Permanencia y duración en el tiempo.

ESTABILIDAD DEL TRABAJADOR: dentro de un principio protectorio del Derecho Laboral, concepto que asegura su continuidad en el derecho a la estabilidad del dependiente o trabajador *(J. J. Prado).*

ESTABILIDAD IMPROPIA: aquella que no cercena el derecho del empleador de despedir al trabajador, es decir, de rescindir unilateralmente la relación laboral, sino que, en tal caso, pone a cargo del principal el pago de una indemnización fosfataria, normalmente proporcional a la antigüedad del trabajador en el empleo *(M. A. Ekmedjian).*

ESTABILIDAD PROPIA: derecho del trabajador a no ser despedido a menos que incurra en la comisión de un hecho que la norma prevé como causal de dicha ruptura, que éste sea imputable a él y que su acreditación se efectúe otorgando al imputado el derecho de ser oído, de producir prueba de descargo y de controlar la producción de la de cargo *(M. A. Ekmedjián).*

ESTABILIDAD SINDICAL: garantía de la que gozan ciertos trabajadores de no ser despedidos, trasladados, suspendidos o alteradas sus condiciones de trabajo, sin justa causa previamente admitida por juez competente *(Código Laboral de Paraguay).*

ESTABILIZAR: dar a alguna cosa estabilidad.◆ Fijar y garantizar oficialmente el valor de una moneda circulante en relación con el patrón oro o con otra moneda canjeable por el mismo metal a fin de evitar las oscilaciones del cambio.

ESTABLECIMIENTO: institución, fundación. ◆ Lugar donde habitualmente se ejerce una industria, una empresa o profesión.◆ Unidad técnica o de ejecución destinada al logro de los fines de la empresa mediante una o más explotaciones.

ESTABLECIMIENTO DE COMERCIO: conjunto de fuerzas productivas y de bienes, homogéneos y heterogéneos, relativos a un determinado ejercicio comercial o industrial y que, como organismo económico compacto, en función y existencia independiente de la vida del fundador y sucesores, está llamado a atraer y conservar una clientela *(A. Di Guglielmo).*◆ Fondo de comercio.

ESTADÍA: cada uno de los días que transcurren después del plan estipulado para la carga o descarga de un buque mercante, por los cuales se ha de pagar un tanto por ciento como indemnización. ◆ El almacenaje.

ESTADÍSTICAS: análisis de aquellas conductas o acontecimientos susceptibles de recuento y cotejo.

ESTADÍSTICO: especialista en estadística. ◆ Relativo a la estadística.

ESTADO: conjunto de los órganos de Gobierno de un país soberano.◆ Es la sociedad políticamente organizada.◆ Conjunto de órganos de la sociedad que ejerce el poder político.◆ Sociedad territorial jurídicamente organizada, con poder soberano, que persigue el bienestar general.◆ Es una unidad de asociación de hombres asentados en un territorio, dotado de poder originario de mando. Éste es el concepto sociológico del Estado.◆ Desde el punto de vista jurídico, es una corporación de un pueblo asentado en un territorio, es una corporación territorial dotada de poder originario del mando *(G. Jellinek).*◆ Agrupación de familias sometidas a leyes comunes, bajo un gobierno autónomo y viviendo en un territorio propio e independiente.◆ Conjunto de instituciones y servicios administrativos necesarios al gobierno de un país.◆ El poder político.◆ Presentación de las cuentas contables e importes en una forma convenida, elaborada con el propósito de reflejar la situación financiera, económica, patrimonial o de otra índole.◆ Resumen de las operaciones entre un deudor o acreedor, durante un período contable, con el objeto de reflejar el análisis y el estado de la cifra adeudada. ◆ Es el orden de la conducta humana que llamamos orden jurídico, el orden hacia el cual se orientan ciertas acciones del hombre o la idea a la cual los individuos ciñen su comportamiento *(H. Kelsen).*

ESTADO CIVIL: ver **Estado de familia.**

ESTADO COMPUESTO: aquel formado por dos o más Estados que, sin perder sus características estatales, integran una organización más amplia que la estatal *(P. Verdú).*

ESTADO COMÚN: estado llano.

ESTADO DE ALARMA: el de derecho ante una grave situación de inquietud para el orden público, que implica la suspensión de las garantías constitucionales.

ESTADO DE CESACIÓN DE PAGOS: estado económico susceptible de ser demostrado por cualquier hecho que exteriorice que el deudor se encuentra imposibilitado de cumplir regularmente sus obligaciones, cualquiera sea el carácter de ellas y las causas que lo generan. Pueden ser hechos reveladores del estado de cesación de pagos: a) su reconocimiento judicial o extrajudicial del mismo efectuado por el deudor, b) mora en el cumplimiento de una obligación, c) ocultación o ausencia del deudor o de los administradores de la sociedad, en su caso, sin dejar representante con facultades y medios suficientes para cumplir sus obligaciones, d) clausura de la sede de la administración o del establecimiento donde el deudor desarrolla su actividad, e) revocación judicial de actos realizados en fraude de los acreedores, f) venta a precio vil, ocultación o entrega de bienes de pago, g) cualquier medio ruinoso o fraudulento empleado para obtener recursos.

ESTADO DE CUENTA BURSÁTIL: el preparado por el agente bursátil que actúa en representación de un cliente, enumerando los hechos y los datos relacionados con la transacción en cuestión, como por ejemplo: número y clase de acciones, precios de compra y venta, impuestos, comisiones, etcétera. En algunos países, el estado lo realiza directamente el organismo competente.

ESTADO DE DERECHO: el Estado sometido a la limitación inmanente por el Derecho Positivo o a la limitación trascendente - inmanente por los derechos individuales o a la limitación trascendente por el Derecho Natural. No es el Estado que realiza Derecho porque ello es esencial a todo Estado ni el Estado con una vocación ética de justicia pues esto puede predicarse también de todo Estado en cuanto realiza derecho.

ESTADO DE EMBRIAGUEZ: este estado que produce la ingestión de alcohol da al individuo un bienestar fisiológico y anímico que, aunque efímero, cuando se convierte en hábito ocasiona importantes lesiones orgánicas y trastornos mentales que influyen más o menos intensamente determinando un quebrantamiento del sistema nervioso y de la salud. El alcoholismo plantea también un problema jurídico que afecta el orden consensual. El sujeto de este vicio, cuando está bajo la influencia del tóxico, pierde su lucidez y, con ella, su voluntad reflexiva, o sea, su libertad de consentimiento. Comienza esta situación desde el momento en que contrata la compra de una copa. El comerciante que se la vende no hace un negocio lícito sino que roba a un inconsciente, no dueño de su albedrío *(J. Prieto).*

ESTADO DE EMERGENCIA: ver **Emergencia; Institutos de emergencia.**

ESTADO DE EXCEPCIÓN: según algunas legislaciones, se trata de un instituto de emergencia que requiere presupuestos similares a los exigidos en el estado de alarma.

ESTADO DE GRAVIDEZ: embarazo.

ESTADO DE GUERRA: estado de hostilidad que se sustituye a la buena armonía de Nación a Nación, entre ciudadanos de un mismo país pertenecientes a distintos partidos políticos y que tiene por objeto conquistar por la fuerza de las armas lo que no se ha podido obtener por las vías pacíficas y amistosas *(C. Calvo).*

ESTADO DE GUERRA INTERNO: ver **Estado de emergencia.**

ESTADO DE INCONCIENCIA: inmovilización de la conciencia. ◆ Letargo mental. ◆ Situación de somnolencia.

ESTADO DE LANZAMIENTO: Estado que lanza o promueve el lanzamiento de un objeto espacial o Estado desde cuyo territorio o instalaciones se lanza un objeto espacial *(A. Torres Neuquén).*

ESTADO DE LIQUIDACIÓN: balance que confecciona el liquidador de una sociedad disuelta al finalizar el proceso de liquidación. Extinguido el pasivo social, el liquidador confeccionará el balance final y el proyecto de distribución; así se reembolsarán las partes de capital y el excedente se distribuirá en proporción a la participación de cada socio en las ganancias.◆ Estado de realización y liquidación.

ESTADO DE NECESIDAD: en materia de Derecho Penal, se trata de un eximente de responsabilidad para cuya procedencia es menester que el mal mayor que se hubiere querido evitar fuera inminente y no actual, y no evitable sino lesionando un derecho ajeno.◆ Situación de aquel que, para defender su vida, su integridad física, su libertad, su honra o su patrimonio, ataca alguno de estos derechos de los demás, con tal que el mal causado sea menor que el que tratare de evitar, que éste no haya sido provocado por su conducta y que revista el doble carácter de inminente e inevitable.◆ En Derecho Civil, se trata de la situación en la cual se encuentra inmerso un sujeto quien, en virtud de atravesar necesidades acuciantes, se ve compelido a concluir un contrato en condiciones notablemente desventajosas.

ESTADO DE NECESIDAD PÚBLICA: estado de emergencia pública.

ESTADO DE PAZ: se opone al estado de guerra.◆ En Derecho Internacional, se trata de la situación normal imperante en el orden público internacional, que se caracteriza por las relaciones pacíficas entre los distintos Estados que forman la comunidad internacional, fundadas en el recíproco respeto de los principios y las normas jurídicas del Derecho Internacional Público de la paz *(L. Usinger).*◆ Alude a la situación normal de orden, tanto en el ámbito nacional como en el internacional.

ESTADO DE PELIGRO: consiste en haber celebrado un contrato asumiendo una de las partes condiciones contrarias a la equidad cuyo motivo determinante para dicha parte ha sido el tener que salvarse a sí misma o salvar a un tercero de un grave daño a la persona en virtud de un peligro actual, no evitable de otro modo *(J. Farina).*

ESTADO DE PERTURBACIÓN: estado de sitio.

ESTADO DE RESULTADOS: estado en el que se exponen las cuentas que originan, por un lado, ingresos y ganancias, y por el otro, las de egresos y pérdidas, con el fin de determinar, por diferencias, el resultado final de la actividad durante el ejercicio contable. Es el que suministra información de las causas que generaron el resultado atribuible al período considerado.

ESTADO DE SITIO: aquella "medida que adopta el Poder Ejecutivo en desmedro de las garantías individuales a fin –y a veces, so pretexto– de mantener el orden interior en casos de revuelta dentro de la Nación o de una parte de ella o de agresión exterior" *(M. Os-*

sorio y Florit). Son de dos clases las restricciones inherentes a la facultad de declarar y ejercer el estado de sitio: las de carácter moral, que se derivan de la naturaleza del gobierno y de los principios que lo constituyen, y las expresamente enumeradas en la Constitución. Así, pues, cuando ésta dice que quedan suspensas las garantías constitucionales, debe entenderse las palabras restrictamente, es decir, como comprendiendo:

a) Sólo aquellas garantías o los derechos civiles y políticos de las personas en cuanto concurran a repeler el ataque o suprimir la conmoción interna; la suspensión de ellas se haría efectiva, en cada caso particular, por el ejercicio de las facultades que el estado de sitio concede al Presidente;

b) Sólo a las garantías individuales o a su ejercicio colectivo, y no a los privilegios ni a la existencia de los poderes públicos que tienen su origen directo en la Constitución; no puede, por ejemplo, ser disuelto el Congreso ni una de sus Cámaras, ni puede ser arrestado un miembro de ellas ni violada ninguna de sus prerrogativas, ni suspendido el funcionamiento del Poder Judicial *(J. V. González).*

ESTADO DIPLOMÁTICO: conjunto de obligaciones y derechos inherentes a todo agente diplomatico que se encuentran estatuidos en las leyes y reglamentos dictados por el Estado, según el grado de cada funcionario, su situación de revista y el destino encomendado *(L. Usinger).*

ESTADO FEDERAL: Estado soberano formado por una sociedad de Estados *(G. Jellinek).*◆ Es una unión de Estados de Derecho Político Interno, investido de soberanía y de los derechos de legislación y jurisdicción, formando una unidad política, existiendo un Gobierno central y Gobiernos locales *(C. Fayt).*

ESTADO JURÍDICO DE LAS PERSONAS: ver **Estado de familia.**

ESTADO LLANO: antiguamente, era el estado constituido por el conjunto de vecinos que integraba un pueblo, con exclusión de nobles, eclesiásticos y militares.

ESTADO NACIONAL: el que supone la homogeneidad de la población del Estado *(F. Badía).*

ESTADO PENITENCIARIO: condición creada por el conjunto de derechos y obligaciones establecidos para los Agentes del Servicio Penitenciario.

ESTADO POLICIAL: aquel inspirado en el principio de que el fin justifica los medios y dentro de cuya concepción, la autoridad actúa discrecionalmente y sin traba alguna frente a los individuos *(S. Linares Quintana).*

ESTADO PREDECESOR: Estado que ha sido sustituido por otro a raíz de una sucesión de Estados.

ESTADO SOCIAL: Estado benefactor.

ESTADO SUCESOR: Estado que ha sustituido a otro a raíz de una sucesión de Estados.

ESTADO TAPÓN: ver **Estados neutralizados.**

ESTADO TOTALITARIO: ver **Totalitarismo.**

ESTADOS COMPUESTOS POR COORDINACIÓN: modelo de Estado constituido por la asociación de Estados soberanos o por la asociación de unidades estatales que, en pie de igualdad, conservan apenas una autonomía de orden interno; en cuanto al poder soberano, es investido en un órgano central *(E. Llanés Torres).*

ESTADOS CONTABLES: documentos informativos que se confeccionan para determinados fines de diversa índole mediante una adecuada recopilación y ordenamiento sintético de los datos registrados en la contabilidad. El objetivo de los informes contables es brindar información principalmente cuantitativa sobre el ente emisor, utilizable por los usuarios más comunes para la toma de decisiones económicas y financieras.

ESTADOS CONTABLES BÁSICOS: aquellos que deben presentarse obligatoriamente: a) Estado de situación patrimonial o balance general; b) Estado de resultados (o estado de gastos y recursos en entes sin fines de lucro); c) Estado de evolución del patrimonio neto; d) Estado de variaciones del capital corriente o de origen y aplicación de fondos (obligatorio para determinadas sociedades comerciales).

ESTADOS DEPENDIENTES: Estados semi-soberanos.

ESTADOS INDEPENDIENTES: Estados soberanos.

ESTADOS NEUTRALIZADOS: condición asumida por aquellos Estados que, en virtud de un acuerdo, se comprometen en forma permanente a no intervenir en cualquier guerra que eventualmente pudiera suscitarse.

ESTADOS SEMI-SOBERANOS: aquellos que se encuentran bajo la tutela de otros, debido a la cual ejercen una soberanía parcial o restringida sólo a ciertos aspectos. También denominados "Estados dependientes".

ESTADOS SOBERANOS: aquellos que no se encuentran sometidos a ningún otro que y que ejercen su Gobierno en plenitud dentro del ámbito de su territorio. Llamados también "Estados independientes".

ESTADOS VASALLOS: aquellos que se hallan en completo estado de subordinación con respecto a otro Estado, en cuanto a los negocios externos, y que han perdido también gran parte de su autonomía en el ejercicio de su administración interna *(F. Bertoli).*◆ Para algunos autores, Estados semi-soberanos.

ESTAFA: delito consistente en la apropiación en perjuicio ajeno del dinero, títulos u otros muebles corporales que el agente se ha hecho remitir o entregar usando falsos nombres o calidades, o empleando maniobras fraudulentas para persuadir de la existencia de falsas empresas, o de un poder o crédito imaginario, o para suscitar la esperanza o tenor de un suceso, accidente o cualquier otro acontecimiento. ◆ Delito cometido por quien, mediante la presentación de una empresa aparentemente sólida, consiguió engañar y perjudicar el patrimonio ajeno teniendo aquél pleno conocimiento de la imposibilidad de dar cumplimiento a lo prometido.◆ Acto mediante el cual se utiliza el engaño para producir error en otro, induciéndolo a realizar un acto de disposición en perjuicio propio o ajeno.

ESTAFA DE SEGURO: ver **Defraudación por incendio o destrucción de cosas aseguradas.**

ESTAFA PROCESAL: acto de atribuir a la víctima una obligación inexistente, que engañosamente se invoca ante la Justicia *(Laurence h.).*

ESTAGFLACIÓN: estanflación.◆ Ver **"Stagflation".**

ESTAMENTO: parte del sistema social estratificado orgánicamente cuya función está públicamente definida por el orden político *(F. Badía).*

ESTAMPILLA: sello de correo o fiscal.◆ Especie de sello que contiene un facsímil de la firma y rúbrica de una persona.◆ Signo representativo de valor obligatorio para pagar tributos fiscales.

ESTANCAMIENTO: suspensión, detención en el curso de un negocio o asunto.

ESTANFLACIÓN: ver **"Stagflation".**

ESTAR EN JUICIO: presentarse ante la Justicia como demandante o demandado.

ESTÁTICA JURÍDICA: parte de la Teoría General del Derecho que estudia sus elementos en estado de quietud. Permite la observación de éstos con idénticas características y limitaciones que se aprecian cuando a través de una fotografía percibimos la realidad.

ESTATIFICAR: poner un determinado organismo bajo la administración del Estado.◆ Estatizar.

ESTATISMO: tendencia que exalta la plenitud del poder y la preeminencia del Estado.◆ Forma de la organización política en la que el Estado ejerce directamente una parte o el conjunto de las funciones económicas.◆ Concepción o régimen político en el que el Estado es la suprema realidad y el principio absoluto del Derecho.

ESTATIZAR: ver **Estatificar.**

ESTATUTO: en materia de Derecho Societario, conjunto de pautas que rigen el funcionamiento de las sociedades previstas en las normas jurídicas, a las que deben someterse las personas, físicas o jurídicas, que las conforman, y que comprenden disposiciones sobre la denominación, domicilio, duración, objeto social, capital social, órganos de administración, de fiscalización y sociales, designación de autoridades, plazos, distribución de las utilidades y disolución.◆ Cualquier ordenamiento eficaz para obligar: contrato, disposición testamentaria, etcétera. ◆ Régimen concerniente a las solemnidades de los actos y contratos.

ESTATUTO DE LOS PARTIDOS POLÍTICOS: instrumento a través del cual es reglamentado el funcionamiento y los demás aspectos relativos a los diversos partidos políticos.◆ Ver **Partido político.**

ESTATUTO DEL CORREDOR: haz de derechos, obligaciones y prohibiciones que conforman la regulación de la actividad del corredor bursátil, en la medida en que todos ellos coadyuvan a erigir un conjunto orgánico de disposiciones que, por tanto, da lugar verdaderamente a un estatuto *(E. Holz).*

ESTATUTO DEL TRIBUNAL INTERNACIONAL DE JUSTICIA: ver **Corte Internacional de Justicia.**

ESTATUTO MIXTO: aquel que se ocupa de las distintas situaciones referentes tanto a los individuos como a los bienes.

ESTATUTO PERSONAL: aquel que se interesa fundamentalmente en cuanto a lo que a la persona se refiere y sólo en forma tangencial en lo concerniente a los bienes.

ESTATUTO REAL: aquel que, en contraposición al personal, se ocupa básicamente de los bienes materiales.

ESTATUTO SOCIETARIO: conjunto de normas que regla el funcionamiento, disolución y liquidación de la sociedad, e integra el acto constitutivo en cuanto han debido aprobarse en ese momento, y sólo son escindibles en la sociedad anónima para la cual una vez integrado los aportes, en principio, la personalidad del accionista es indiferente *(Halperín).*

ESTATUTOS: ver **Estatutos profesionales.**

ESTATUTOS AUTÓNOMOS: aquellos emanados de las entidades autárquicas territoriales e inconstitucionales. De acuerdo con la opinión de *Villegas Basabilbaso* y *Bielsa*, este concepto podría ser válidamente sustituido por el de "ordenanzas autárquicas".

ESTATUTOS PROFESIONALES: normas particulares que han sido dictadas exclusivamente para determinados sectores laborales y que constituyen, con respecto a éstos, la fuente formal del contrato y la relación de trabajo.

ESTELIONATO: en el Derecho Civil, delito por el cual el que hubiese contratado sobre cosas ajenas como cosas propias, si no hiciere tradición de ellas, es responsable de todas las pérdidas e intereses. Incurre también en este delito de estelionato y será responsable de todas las pérdidas e intereses quien contratare de mala fe sobre cosas litigiosas, pignoradas, hipotecadas o embargadas, como si estuviesen libres, siempre que la otra parte hubiere aceptado la promesa de buena fe.◆ En términos generales, fraude en los contratos.

ESTIBA: colocación adecuada de la carga en las bodegas de un buque.◆ Almacenamiento de bultos susceptibles de colocarse unos sobre otros como fardos o cajones.

ESTIGMATIZACIÓN: aquello que lleva al condenado a considerarse a sí mismo como un ser desviado, al margen del común de los individuos, en virtud de las definiciones legales y el rechazo social de que es víctima *(C. Elbert).*

ESTIMACIÓN DE LA BASE IMPONIBLE: determinación del monto de la base de aplicación de un impuesto.

ESTIPENDIO: sueldo, salario o remuneración.

ESTIPULACIÓN: condición específica en acuerdo o contrato.◆ Convenio verbal.◆ Contrato en general.◆ Cláusulas de cualquier acto o negocio jurídico.

ESTIPULACIÓN A FAVOR DE TERCEROS: aquella derivada de un contrato celebrado entre dos sujetos (estipulante y promitente) en favor de una tercera persona (beneficiario) frente a la cual el segundo se halla comprometido al cumplimiento de una obligación de dar, hacer o no hacer.

ESTOCÁSTICO: perteneciente o relativo al azar.◆ Hábil en conjeturar.

ESTRADO: lugar de un juzgado de audiencia o del Tribunal Supremo (dentro de las modalidades del foro hispano) donde, para conocimiento general, se colocan edictos de citación, emplazamiento o notificación dirigidos a los litigantes en rebeldía o a los interesados que carecen de representación en las causas. También se designa con este término las salas de los tribunales donde jueces y magistrados celebran sus sesiones, oyen a los litigantes y sentencian *(M. Goldstein).*

ESTRADOS: espacios o roles de los tribunales donde los jueces y magistrados ejecutan sus sesiones, escuchan a los litigantes y ejecutan las sentencias.

ESTRATEGIA: base para el proceso decisorio y como herramienta de trabajo. Elimina la improvisación, pero nunca es definitiva sino que está continuamente en revisión, buscando el equilibrio entre objetivos y recursos.◆ En términos militares implica despliegue. ◆ Se ha adoptado en el mundo económico para designar la aplicación práctica o el desarrollo de métodos que conduzcan a obtener los objetivos fijados por la empresa.

ESTRECHO: paso marítimo cerrado *(Reuter).*

ESTRIBOR: banda o costado derecho de un buque.

ESTRUCTURA: conjunto de relaciones y proporciones que caracterizan una economía dada y rigen su funcionamiento en un período largo. Las variables estructurales condicionan el funcionamiento de las variables de coyuntura o variables de período corto.◆ Diagrama definido de las tareas y de la autoridad formales dentro de una organización.◆ Equivale a ordenar, disponer; significa, por lo tanto, orden, disposición, configuración, es decir, forma de ser o estar. Es distribución y orden de las partes de un cosa.

ESTRUCTURA DE LA OBLIGACIÓN: configuración exterior con la que ésta se presenta. Consiste en una determinada situación en la que se encuentran colocados los sujetos respecto de un determinado objeto, enmarcada dentro de un conjunto de circunstancias, especialmente de tiempo y de lugar.

ESTUDIO: oficina donde trabajan ciertas personas, normalmente profesionales.

ESTUDIO DE TÍTULOS: inspección y verificación realizada en los archivos del registro correspondiente, con el objeto de adquirir certeza respecto no sólo de la coincidencia entre la identidad del vendedor de la propiedad raíz objeto de una operación y el titular de su dominio legal sino también a fin de comprobar que ésta se encuentre libre de cargas y gravámenes de todo tipo.

ESTUPEFACIENTES: a los efectos de su utilización en el Derecho Penal, este término comprende los estupefacientes propiamente dichos, los psicotrópicos y las demás sustancias susceptibles de producir dependencia física o psíquica que se incluyan y actualicen periódicamente por decreto del Poder Ejecutivo Nacional.

ESTUPRO: coito con persona mayor de doce años y menor de dieciocho (según las legislaciones de los distintos países), prevaliéndose de superioridad, originada por cualquier relación o situación; también acceso carnal con persona mayor de doce años y menor de dieciséis, conseguido con engaño.◆ Consiste en el acceso carnal con mujer honesta mayor de determinada edad. La víctima de este delito, a diferencia del delito de violación debe ser una mujer. Por lo tanto, sujeto activo solamente un hombre puede serlo (S. Soler).

ETAPA: período o avance parcial en la ejecución de una obra o hecho.

EURATOM: CEEA.◆ Comunidad Europea de la Energía Atómica.

EURO: moneda única que se creó en algunas naciones europeas para ser utilizada a partir del 1 de enero de 1999. Es un complemento indispensable para el Mercado Único Europeo. El flujo de bienes y mercancías en monedas de distintas denominaciones implica, en la actualidad, enormes gastos y, consecuentemente, pérdidas. Los países de la Zona Euro son sólo doce. Las condiciones para ingresar eran: a) inflación y tasas de interés no superiores a 1,5 a 2 puntos, respectivamente, al promedio de los tres países con índices más bajos; b) déficit y deuda pública no superiores al 3 % y 60 %, respectivamente; c) permanencia durante dos años en el mecanismo que pone piso y techo a las paridades cambiarias entre las distintas monedas. Todos los billetes y monedas tienen un diseño común. El Banco Central Europeo fija una única política monetaria.◆ Ver **Eurolandia; Unión Europea.**

EUROBONDS: ver **Eurobonos.**

EUROBONOS: bonos emitidos en el euromercado.◆ Están denominados en "euromonedas", como "eurodólar", "euromarcos alemanes", "eurofrancos", etcétera. En general, son bonos emitidos en la moneda de un país pero fuera de ese país. Por ejemplo, los bonos emitidos en dólares fuera de los EE.UU.◆ Eurobonds.

"EUROCLEAR": sistema de *clearing* de títulos formados por bancos y *dealers* para la custodia colectiva y registración de la transferencia de títulos, principalmente eurobonos.

"EUROCREDIT": crédito denominado en una euromoneda.

EURODIVISA: divisa o moneda extranjera negociada o invertida en un país europeo.

EURODÓLAR: expresión utilizada, aproximadamente desde 1961, por los banqueros anglosajones para calificar depósitos monetarios en dólares o convertibles en dólares en filiales de bancos americanos, de bancos europeos y extra-europeos.◆ Balances en dólares fuera de los EE.UU. Se utilizan para otorgar créditos a empresas o particulares fuera de los EE.UU.◆ Ver **Mercado de eurodólares**.

EUROLANDIA: denominada también "zona del euro" o "eurozona", consiste en el área compuesta por los Estados Miembros de la Unión Europea que han procedido a adoptar el Euro como moneda. Inicialmente se trató de doce miembros. En la actualidad está compuesto por los siguientes países: Alemania, Austria, Bélgica, Chipre, Eslovaquia, Eslovenia, España, Estonia, Finlandia, Francia, Grecia, Irlanda, Italia, Luxemburgo, Malta, Holanda (Países Bajos) y Portugal. En realidad, Euro es un nombre mitológico, que en la Antigüedad Griega personificaba al viento del sudeste, hijo de Eos (Aurora) y Astro. La Santa Sede, San Marino, Andorra, Mónaco, Liechtenstein, Kosovo y Montenegro. no pertenecen a la Unión Europea pero adoptaron también esta moneda. Con la aparición firme del euro culminó un proceso de unidad europea de casi cincuenta años y la unión política y monetaria consagrada en el Tratado de Maastricht de 1992. Como denominación, el euro fue bautizado en una conferencia realizada en Madrid el 15 y 16 de diciembre de 1995. El nombre de Ecu fue rechazado por Alemania, ya que sonaba parecido a vaca en alemán. El 1 de enero de 1999, el euro se convirtió en la moneda única europea pero sólo a los efectos contables y financieros.◆ Ver **Unión Europea.**

EUROMERCADO: ver **Unión Europea.**

EUTANASIA: conducta consistente en causar la muerte de un enfermo terminal, quien, ante la falta de cura posible para la enfermedad padecida y los sufrimientos que ésta le ocasiona, decide solicitar ayuda a fin de poner término a su vida. ◆ Vocablo introducido en el siglo XVII por el filósofo y canciller de Inglaterra Sir Bacon de Verulamio, en su obra "Novum Organum", etimológicamente significa "buena muerte", muerte dulce o tranquila, la cual, si bien es toda una definición, pero es genérica. ◆ "Stricto sensu", aquella muerte que otro da a una persona que sufre una enfermedad incurable, a su propio requerimiento, para abreviar la agonía demasiado larga o dolorosa (E. Morselli).

EUTANASIA ACTIVA DIRECTA: aquella en la que al enfermo se lo somete a un tratamiento que le produce la muerte; este caso está reprimido por la legislación penal de cualquier Estado y el médico que provoca la muerte del paciente, a un pedido de éste, comete homicidio o el delito de ayuda al suicidio, según el caso *(M. de Ruiz).*

EUTANASIA PASIVA: aquella en la que el propio interesado expresa su deseo de no ser sometido a tratamientos extraordinarios para prolongar la vida. Si el interesado no lo hace, en principio, otros no pueden tomar por él esa resolución. Como excepción, se puede presentar la situación en que el enfermo, en estado vegetativo y sin esperanza de recuperación, no pueda expresar su deseo; en tal caso, cabría la posibilidad de que, previa junta médica e intervención del defensor de incapaces, su representante legal lo solicite *(M. de Ruiz).* ◆ Ver **Ortotanasia.**

EUTANASIA PASIVA INDIRECTA: se presenta en los casos en que al paciente se le proporcionan calmantes que alivian sus penas y dolores pero que, a la vez, le pueden ocasionar la muerte *(M. de Ruiz).*

EVADIR: eludir con arte o astucia una dificultad prevista.

EVASIÓN: acción que implica evitar pagar lo que correspondería en materia tributaria o previsional *(J. Haddad).* ◆ Acción y efecto de evadir.◆ La realizada por todo aquel que, hallándose legalmente detenido, se evadiere por medio de violencia en las personas o fuerza en las cosas *(A. García).*

EVASIÓN DE CAPITAL: transferencia significativa de capitales de un país a otro, normalmente por falta de seguridad jurídica o económica.

EVASIÓN FISCAL: acción de eludir el pago de impuestos. Maniobra que realiza un contribuyente recurriendo a medios ilícitos con el fin de no pagar el impuesto en su justa medida. Por ejemplo: ocultación de mercaderías compradas sin comprobantes y ocultamiento de operaciones.◆ Evasión tributaria. ◆ Ver **Elusión**.

EVASIÓN INVOLUNTARIA: aquella que se produce ante la falta de conocimiento por parte del contribuyente acerca del gravamen cuyo pago debe afrontar.

EVASIÓN LEGAL: aquella que se configura valiéndose de medios no prohibidos según la norma jurídico-positiva, sea con conocimiento, sea con error o ignorancia *(L. Tarantino)*.

EVASIÓN TRIBUTARIA: ver **Evasión fiscal.**

EVENTUALIDAD: principio según el cual –siguiendo a *Hellfron* y *Pick*– el juicio se divide en un cierto número de fases dentro de cada una de las cuales las partes deben presentar todo el material de que han de servirse dentro de ella para no quedar precluidas de hacerlo.

EVICCIÓN: pérdida, menoscabo o perjuicio sufrido por el adquirente de una cosa.◆ Pérdida que sufre el adquirente de un bien o de un derecho real sobre éste, por vicios de derechos anteriores a la adquisición.◆ Existe evicción, en virtud de sentencia o por causa anterior o contemporánea a la adquisición, si el adquirente por título oneroso fue privado en todo o en parte del derecho que adquirió o sufriese una turbación de derecho en la propiedad, goce o posesión de la cosa.

EVIDENCIA: certeza clara, manifiesta y tan perceptible que nadie racionalmente puede dudar de ella.

EVIDENCIA AFIRMATIVA: aquella que permita acreditar una determinada proposición fáctica; es la prueba que acredita que un hecho o acción ha tenido lugar en un determinado momento, guardando estricta relación con un elemento del tipo penal.

EVIDENCIA DE CREDIBILIDAD: aquella que intenta dar sustento a otra prueba, con el específico propósito de presentarla como verosímil frente al tribunal, y por tanto, de protegerla en su valoración, resguardando su relevancia al momento de valorar y tasar el conjunto de las pruebas presentadas (R. B. Suárez).

EVIDENCIA DE REPUTACIÓN: aquella que intenta destruir, desnaturalizar o debilitar las evidencias afirmativas de la contraparte. Este tipo de evidencia es presentada con el objeto de desarmar las proposiciones fácticas que están asentadas en la evidencia afirmativa que las soporta (R. B. Suárez).

EVIDENCIA DIRECTA: aquella que demuestra una proposición fáctica por sí sola, con prescindencia de razonamientos que partan de indicios o inferencias derivadas de otras pruebas (R. B. Suárez).

EVIDENCIA DOCUMENTAL: justificante. ◆ Ver **Prueba documental**.

EVIDENCIA EXPLICATIVA: aquella presentada con el objeto de proveer al tribunal, de antecedentes que permitan entender los hechos y acciones del caso que se trata.

EVIDENCIA INDICIARIA: aquella que expone elementos de estudio y análisis que conjuntamente con otras evidencias e interrelaciones permiten una conclusión determinada.

"EVOCATIO": en Roma se denominó así el llamamiento a juicio, por intermedio del magistrado y dirigido a un reo cuyo domicilio hallábase tan alejado de la sede del magistrado que su comparecencia ante éste requería un viaje *(A. Mehesz).*

"EX AEQUO ET BONO": expresión latina que significa "según su leal saber y entender".◆ Equidad.

EXCUPÓN: expresión bursátil mediante el cual se quiere significar que una acción o título no incluye el valor del cupón próximo a vencer en su cotización.

EXDERECHOS: expresión usada sobre el precio de una acción de capital cuando el derecho que tiene ésta a suscribir nuevas acciones no es considerado en el precio.

EXDIVIDENDO: expresión bursátil que significa que el precio de cotización de una acción en una fecha no incluye un dividendo pagadero en una fecha futura cierta.

"EX JURE": expresión latina que significa ajustado a derecho, legal o justo.◆ *De jure.*

"EX LEGE": expresión latina que significa conforme a la ley.

"EX NUNC": expresion latina que significa desde ahora.

"EX OFFICIO": expresión latina que significa de oficio.

"EX TUNC": expresión latina que significa desde entonces.

EXACCIÓN: facultad de exigir un desembolso mediante aplicación a impuestos, prestaciones, multas, deudas, etcétera.◆ Cobro injusto y violento.

EXACCIONES ILEGALES: aquellas en las que un funcionario público abusando de su cargo exija o haga pagos a entregar indebidamente o por interpuesta persona, una contribución, un derecho o una dádiva o cobrase mayores derechos que los que le corresponden *(A. García).*

EXAMEN: análisis, indagación y estudio que se hace acerca de las cualidades y circunstancias de una cosa o de un hecho.◆ Prueba que se hace de la idoneidad de un sujeto para el ejercicio y la profesión de una facultad, oficio o ministerio, o para comprobar o demostrar el aprovechamiento de los estudios.

EXAMEN DE TESTIGOS: prueba testifical.

EXAMINAR TESTIGOS: tomarles el juramento y las declaraciones, escribiendo lo que deponen al tenor del interrogatorio y de las preguntas, si las hay.

EXCARCELACIÓN: consiste, inicialmente, en liberar a un individuo sujeto a un auto de procesamiento en determinadas condiciones y formas que la ley impone.

EXCEDENCIA: condición en la que se halla un funcionario de la Administración Pública quien, sin dejar de pertenecer a ésta, no presta servicio activo.

EXCEDENTE: diferencia positiva entre lo que ingresa por la venta de un bien económico y lo que se gastó para producirlo o adquirirlo y ponerlo en venta o distribuirlo. Dicha diferencia es para la empresa capitalista su utilidad pecuniaria, provecho, beneficio o lucro.◆ Sobrante.◆ Se entiende por tal, también, el resultado positivo arrojado por una cooperativa.

EXCEDENTE REPARTIBLE: en el cooperativismo sólo aquel que provenga de la diferencia entre el costo y el precio del servicio prestado a los asociados.

EXCEPCIÓN: medio de defensa que procura dilatar la terminación del pleito o criticar su forma.◆ Salvedad en un informe de auditoría, indicando una limitación sobre la extensión del examen de auditoría o sobre la duda que origina una partida de los estados contables auditados.◆ Derecho de una persona a impedir, mediante su oposición, el ejercicio de un derecho que se dirige contra ella. Es un contraderecho que no suprime el derecho contra el que se dirige, pero que lo suspende en virtud de efecto contrario, haciéndolo prácticamente ineficaz.◆ Acto jurídico procesal en virtud del cual se ejercita una contraprestación.

EXCEPCIÓN DE ARRAIGO: defensa otorgada al demandado para oponer a la acción del demandante, paralizándola hasta tanto éste de fianza suficiente para responder a las costas que el pleito pueda irrogar al demandado *(H. Ennis).*

EXCEPCIÓN DE CONTRATO NO CUMPLIDO: ver **"Exceptio non adimpleti contractus".**

EXCEPCIÓN DE FALTA DE ACCIÓN: defensa de carácter sustancial por la que se niega al demandante la cualidad emanada de la ley, necesaria para requerir una sentencia favorable respecto del objeto litigioso.

EXCEPCIÓN DE INCUMPLIMIENTO: "exceptio non adimpleti contractus".

EXCEPCIONES: oposiciones que antepone el demandado frente a la demanda entablada por el actor en su contra. ◆ También se entiende por tal la oposición de hechos que, aun cuando no se dirijan a negar los que sirven de fundamento a la demanda, pretenden impedir la prosecución del juicio, paralizándolo en forma momentánea o extinguiéndola definitivamente. Así se habla de excepciones perentorias o dilatorias, respectivamente.

EXCEPCIONES DILATORIAS: aquellas suspensivas, retardantes, o sea que sólo temporalmente se oponen a la pretensión, o pueden ser eliminadas por el demandante sin la cooperación del demandado. ◆ Ver **Excepciones.**

EXCEPCIONES PERENTORIAS: aquellas definitivas, de efecto destructivo, excluyente, esto es que excluyen para siempre el ejercicio de la pretensión, como, por ejemplo, la excepción de prescripción. ◆ Ver **Excepciones.**

"EXCEPTIO": excepción.

"EXCEPTIO DOLI": antiguamente, se trataba de una excepción opuesta por el demandado a la acción alegando la existencia de dolo en la conducta del actor. Ésta podía tener lugar en cualquier etapa del juicio.

"EXCEPTIO NON ADIMPLETI CONTRACTUS": expresión latina que consiste en el principio en virtud del cual una de las partes se encuentra facultada a incumplir la prestación a la que se hubiere obligado si su contraparte no cumple la suya.◆ Excepción de contrato no cumplido.

EXCESO EN LA LEGÍTIMA DEFENSA: intensificación innecesaria de la acción inicialmente justificada *(S. Soler)*. Este exceso se configura cuando, teniendo en cuenta los hechos y las circunstancias de los mismos, el autor hubiese podido valerse de un medio menos ofensivo e igualmente eficaz.

"EXCHANGE": intercambio, canje.

EXCLAVE: ámbito sometido a la soberanía de una Nación en el cual, en virtud de un acuerdo internacional, se permite la aplicación de la legislación aduanera de otro Estado.

EXCLUSIÓN DE RIESGOS: en materia de seguros, selección de ciertos riesgos que carecerán de cobertura. La aseguradora cubre únicamente los riesgos previstos en el contrato.

EXCLUSIVIDAD: consiste en otorgar derechos a distribuir los productos de una empresa a alguien en un territorio o zona determinada.

EXCUSACIÓN: deber del juez que consiste en declararse inhabilitado para conocer en determinada causa en virtud de darse algunas de las causales establecidas en la ley.◆ Rehusar a hacer una cosa.

EXÉGESIS: consiste en dar una explicación del sentido, en esclarecer, desentrañar el significado de un texto, recurriendo para ello a procedimientos gramaticales, así como también a procedimientos lógicos.

EXENCIÓN: acción y efecto de relevar o exonerar del gravamen a lo que debe estar alcanzado conforme al objeto del impuesto.◆ Franquicia o libertad de que uno goza para eximirse de algún cargo u obligación.◆ Dispensa de la obligación tributaria establecida por ley.◆ Eximición.

EXENTO DE IMPUESTO: prerrogativa consistente en una eximición de carácter impositivo.

EXENTOS: expresión que se utiliza en el IVA para determinar a aquellos que realizan operaciones vinculadas a productos o servicios exentos. También se aplica a otros impuestos.

"EXEQUATUR": latinismo que se emplea para referirse a la autorización que otorga el jefe de un Estado a un cónsul extranjero para que pueda ejercer en dicho Estado las funciones propias de su cargo.◆ Facultad que se arroga el poder civil para examinar las disposiciones de la Santa Sede y, según los resultados de ese examen, permitir o prohibir que se publiquen y obliguen en ellas en el territorio sujeto a aquel poder.◆ También llamado *pace* o *placet*.

EXHIBICIÓN DE DOCUMENTOS: ver **Exhibición documental.**

EXHIBICIÓN DOCUMENTAL: aquella materia o institución procesal que se relaciona con la aportación de documentos al proceso, tanto por las partes como por los terceros, dentro de los supuestos y condiciones que han de determinarse posteriormente *(O. Rillo Canale)*.

EXHIBICIONES DESHONESTAS: exhibiciones obscenas.

EXHIBICIONES OBSCENAS: se trata de aquellos actos que, según el común sentimiento de los individuos, ofenden el pudor y la moralidad imperantes en una sociedad determinada en un momento dado.

EXHIBIR: procesalmente, presentar documentos, cosas u otras pruebas, ya sea espontáneamente, ya a requerimiento de otra parte *(G. Cabanellas).*

EXHORTO: medio de comunicación entre órganos judiciales *(L. Palacio - Alvarado Velloso).*◆ Consiste en la forma mediante la cual se lleva a cabo la comunicación entre los jueces.

EXHUMACIÓN: desentierro de un cadáver.

EXIGIBLE: que puede o debe exigirse.◆ Que puede exigirse legalmente.

EXILIO: destierro.

EXIMBANK: se trata de una agencia estadounidense de financiamiento para las exportaciones. Contribuye a equiparar las condiciones para las empresas exportadoras de los EE.UU., a la financiación brindada por otras administraciones estatales a sus exportadores.

EXIMENTE: aplicable a la cláusula o circunstancia que produce la liberación respecto del cumplimiento de una obligación.

EXIMICIÓN: cláusula establecida en un contrato en virtud de la cual el deudor se libera de cierta responsabilidad u obligación.◆ Ver **Exención.**

EXONERACIÓN: liberación.◆ Ver **Cláusulas de limitación o exoneración de responsabilidad.**

EXPANSIÓN: acción y efecto de extenderse. ◆ Desarrollo de un negocio.

EXPECTATIVA: posibilidad de conseguir un derecho, herencia, empleo u otra cosa al ocurrir un suceso que se prevé.◆ Es la esperanza de un derecho suspensivo condicional adquirida por un justo título jurídico ajeno, es decir, proveniente de la ley o de un tercero en un testamento o contrato *(Martínez Sarmiento).*

EXPEDIDOR: la persona que emite una orden de pago.

EXPEDIENTE: conjunto de todos los papeles y/o documentación correspondientes a un asunto o negocio.◆ Se usa señaladamente hablando de la serie ordenada de actuaciones administrativas y también de las judiciales en los actos de jurisdicción voluntaria. ◆ Despacho, curso en los negocios y causas.◆ Ver **Expedientes.**

EXPEDIENTE PRINCIPAL: aquel constituido por el conjunto de hojas que documentan los actos procesales mediante los cuales se plantean, prueban y deciden las alegaciones en que se fundan la pretensión del actor y la oposición del demandado *(L. Palacio - Alvarado Velloso).*

EXPEDIR: despachar, emitir.◆ Emitir una resolución.

EXPENSAS: gastos, costos.◆ Contribuciones que realizan los propietarios de acuerdo con el régimen de propiedad horizontal, en proporción al valor de sus pisos o departamentos, salvo convención en contrario, en concepto de gastos de administración y reparación de las partes y bienes comunes del edificio, indispensables para mantener en buen estado sus condiciones de seguridad, comodidad y decoro.

EXPOLIACIÓN: despojo violento o injusto.

EXPORTACIÓN: venta de bienes de un país a otro u otros países. Como contrapartida figura el ingreso de divisas.◆ Venta de productos nacionales al extranjero.

EXPORTACIÓN TEMPORAL: régimen aduanero que permite exportar temporalmente mercancías de un país hacia el extranjero para uso o consumo definitivo.

EXPORTACIÓN TEMPORAL PARA PERFECCIONAMIENTO PASIVO: régimen mediante el cual se permite exportar mercaderías temporalmente a objeto de que sean sometidas en el extranjero a transformación, elaboración, reparación o ensamblaje, para luego ser reintroducidas causando los gravámenes correspondientes, según la ubicación arancelaria de los bienes o productos a ingresar, sobre el valor incorporado en el exterior, más el total de los gastos causados hasta el puerto de llegada.

EXPORTADOR: aquel que en su nombre exporta mercadería, ya sea que la llevare consigo o que un tercero llevare la que él hubiere expedido.

EXPOSICIÓN: desprendimiento completo o total y definitivo de todos los deberes y obligaciones que el padre o madre tiene para con sus hijos.

EXPOSICIÓN DE MOTIVOS: preámbulo que precede a determinadas leyes encaminado a explicar el alcance y la significación de la nueva norma o de las razones o fundamentos que la justifican y que pueden ser tanto de orden estrictamente jurídico como de sentido político *(J. Olmos).*

EXPRESIÓN DE AGRAVIOS: "fuerza jurídica mediante la cual la parte que se considera lesionada por la sentencia expone los perjuicios que la misma le causa, en procura de su revocatoria" *(J. Olmos).*◆ La expresión de agravios no es una simple fórmula carente de sentido sino un análisis razonado de la sentencia, punto por punto, y una demostración de los motivos que se tienen para considerar que ella es errónea. El escrito de agravios debe comprender los extremos de la sentencia que considere injustos para el apelante, con la exposición de las razones de derecho que tiendan a justificar las críticas del fallo apelado.

EXPRESIÓN DE LA VOLUNTAD: ver **Declaración de voluntad.**

EXPRESIÓN POSITIVA DE LA VOLUNTAD: declaración expresa de voluntad.

EXPRESIÓN TÁCITA DE LA VOLUNTAD: declaración tácita de voluntad.

EXPROMISIÓN: operación por la cual un tercero sustituye al deudor de una obligación y ocupa su lugar en la relación jurídica desplazando sin mediar el concurso del primitivo obligado.

EXPROPIACIÓN: acto mediante el cual se priva a alguien de la propiedad de un bien con arreglo a la ley. En este aspecto, nadie puede ser privado de su propiedad sino en virtud de sentencia fundada en ley; la expropiación por causa de utilidad pública debe ser calificada por ley y previamente indemnizada.

EXPROPIACIÓN CIVIL: en el ámbito del Derecho Civil, se designan con esta expresión las llamadas enajenaciones forzosas.

EXPROPIACIÓN FORZOSA: aquel acto en el cual el Estado u otro ente público, con fundamento en una causa de utilidad pública, priva a un particular de su propiedad indemnizándolo en forma justa e integral.◆ Expropiación por causa de utilidad pública.

EXPROPIACIÓN POR CAUSA DE UTILIDAD PÚBLICA: ver **Expropiación forzosa.**

EXPULSIÓN: pena impuesta al extranjero que de cualquier forma atentase contra la seguridad nacional, el orden político y social, la tranquilidad o moralidad pública y la economía popular, o cuyo procedimiento lo forme nocivo a la conveniencia y a los intereses nacionales.◆ Consiste en una medida administrativa en virtud de la cual, por razones de seguridad principalmente, uno o un grupo de extranjeros se ven forzados por un Estado a abandonar su territorio estableciendo un plazo a tal efecto.

EXPULSIÓN DE LA PAZ: institución penal primitiva que consiste en la separación de un sujeto del conjunto social al que pertenece, en algo semejante a lo que hoy se llama destierro; cuando el poder colectivo retiraba su protección a un individuo expulsándolo, su situación equivalía a la esclavitud o a la muerte segura *(S. Soler).*

EXTEMPORÁNEO: fuera del momento oportuno. ◆ Fuera de plazo. ◆ Fuera del término legal.

EXTENSIÓN DE LA QUIEBRA: se trata de una forma de efectivizar "la función de garantía que debe cumplir el patrimonio del quebrado hasta sus últimos consecuencias. En definitiva, se aspira a que quien contrató con un sujeto que finalmente quebró pueda ejercer sus bienes directa o indirectamente comprometidos. Se extiende la quiebra a otros sujetos sin importar si están o no en estado de cesaciónd e pagos, pero siempre se requiere que haya quiebra, que la misma esté subsistente y que los acreedores de la quiebra principal no sean satisfechos con la liquidación de los bienes de esa quiebra" *(Baravalle Granados, Erbetta).*

EXTINCIÓN: vencimiento de un plazo para el ejercicio de un derecho y consiguiente pérdida de la posibilidad de hacerlo valer ante la justicia.

EXTINCIÓN DE ESTADOS: implica la desaparición total de un Estado; ésta se alcanza cuando aquél pierde uno de sus elementos fundamentales.

EXTINCIÓN DE LA SOCIEDAD CONYUGAL: ver **Disolución de la sociedad conyugal.**

EXTORNO: parte de prima que el asegurador devuelve al asegurado a consecuencia de alguna modificación de la póliza contratada.

EXTORSIÓN: delito en el que incurre el que, con intimidación o simulando autoridad pública o falsa orden de la misma, obligue a otro a entregar, enviar, depósitos o poner a su disposición o a la de un tercero cosas, dinero o documentos que produzcan efectos jurídicos; o quien, por los mismos medios o con violencia, obligue a otro a suscribir o destruir documentos de obligación o de crédito. Queda configurado también el delito cuando se retuviere u ocultase a una persona para sacar rescate o se sustrajere un cadáver para hacerse pagar su devolución.◆ Cualquier daño o perjuicio.

EXTRACCIÓN: retiro de dinero de una sociedad o empresa que efectúan los socios o dueños.◆ Retiro de fondos que se realiza de una cuenta corriente bancaria o mediante una tarjeta de crédito.

EXTRACTO: resumen de un expediente o de pleito contencioso-administrativo. ◆ Resumen que se hace de un escrito cualquiera expresando en términos precisos lo más sustancial.◆ Resumen de los movimientos o transacciones realizadas en un período.

EXTRADICIÓN: acto mediante el cual un Estado entrega, en virtud de un tratado o ley, un individuo a otro Estado, cuya intención consiste en someterlo a un proceso penal o al cumplimiento de la pena que le hubiere sido impuesta. ◆ Consiste en el proceso mediante el cual un Estado, forzado por su norma jurídica, requiere y es agraciado con la entrega por las autoridades de otro Estado del criminal que se refugió en aquel territorio con la intención y finalidad específica de ser juzgado y sancionado por las autoridades competentes del Estado requirente *(Plácido - Silva).*

EXTRADICIÓN ACTIVA: extradición vista del lado de "quien procede el pedido de extradición" *(E. Llanés Torres).*

EXTRADICIÓN DE HECHO: entrega de un delincuente de un Estado a otro sin que haya un proceso; generalmente, acontece en las zonas fronterizas *(E. Llanés Torres).*

EXTRADICIÓN DE TRÁNSITO: aquella que implica el paso por el territorio de un tercer Estado como consecuencia necesaria del traslado de un Estado a otro.

EXTRADICIÓN EJECUTORIA: la que tiene por finalidad compeler al sujeto al cumplimiento de la pena que le fue impuesta.

EXTRADICIÓN INSTRUCTORIA: aquella requerida por un Estado a fin de procesar al imputado.

EXTRAJUDICIAL: relativo a aquello que se trata o hace fuera de la vía judicial, privadamente.

EXTRANJERO: toda persona que es o viene de país de otra soberanía.◆ Toda Nación que no es la propia.

EXTRAÑAMIENTO: ver **Destierro.**

EXTRATERRITORIALIDAD: ver **Extraterritorialidad de las normas.**

EXTRATERRITORIALIDAD DE LAS NORMAS: pretensión de que la ley rebase los límites nacionales poniendo bajo su imperio tanto a ciudadanos propios como a extranjeros, cuando cumplen ciertos actos jurídicos o asumen determinadas conductas antijurídicas fuera de los límites nacionales *(A. Giraldo).*

F

FAB: Franco A Bordo.◆ Mercadería puesta a bordo.◆ Libre a bordo.◆ *Free on board.*◆ FOB.◆ Ver **Libre a bordo**.

FACCIÓN: parcialidad de gente amotinada o rebelada.◆ Acción de guerra.◆ Acto del servicio militar.◆ Bando, pandilla.

FACCIÓN DEL TESTAMENTO: redacción del testamento.

FACSÍMIL: perfecta imitación o reproducción de una firma, escrito, dibujo, impreso, etcétera.

FÁCTICO: aquello basado en hechos.

FACTOR: entre comerciantes, apoderado con mandato más o menos extenso para traficar en nombre del poderdante o para auxiliarlo en los negocios. Todo factor debe ser constituido por una autorización especial del proponente, o sea, la persona por cuya cuenta se hace el tráfico.◆ Oficial real que en las Indias recaudaba en especie las rentas y rendía los tributos pertenecientes a la corona.◆ Hacedor o capataz.◆ Persona a quien un comerciante encarga la administración de sus negocios o la de un establecimiento particular. Debe tener capacidad legal para ejercer el comercio.◆ Cada una de las cantidades que se multiplican para formar un producto.◆ Ver **"Factoring".**

FACTOREADO: una de las partes del *factoring*. Es quien vende bienes o presta servicios a plazos a terceros. El deudor cedido es el cliente de la empresa.◆ Ver **"Factoring".**

FACTORES DE LA PRODUCCIÓN: una organización económica capitalista se puede dividir en sectores que se diferencian entre sí de acuerdo con la posición que ocupan en el proceso productivo. Cada uno de estos sectores será un factor de producción o factor productivo y tendrá un tipo de remuneración específica distinto del resto *(González y Tomasini).*

Factor	Remuneración
Tierra	Renta
Trabajo	Salario o sueldo
Capital	Interés
Empresario	Beneficio

Para la teoría económica marxista, el único factor productivo es el trabajo.

FACTORES DE PODER: grupos o fuerzas, generalmente reaccionarias, que ejercen gran influencia sobre la administración estatal, especialmente en la definición de planes económico - políticos, sin haber sido elegidos para ello ni someterse al control del pueblo, desde la sombra. Carentes de apoyo político popular, pesan en la vida política nacional por su poderío económico o por su fuerza material. Son sensibles a los dictados del imperialismo, particularmente el yanqui, que los utiliza para controlar el curso de los acontecimientos sociales. Ello llevó a algunos comentaristas a hablar de un sistema político "condicionado", "vigilado" (*Arévalo*).

FACTORÍA: empleo y encargo del factor.◆ Fábrica o establecimiento industrial.◆ Establecimiento comercial ubicado, comúnmente, en un país colonial.◆ Establecimiento de comercio, especialmente situado en país extranjero o alejado de la metrópoli y destinado, en principio, al intercambio de productos y, posteriormente, a la salida de los mismos y otras mercaderías. En sus orígenes, estos establecimientos fueron edificios donde temporal o permanentemente recibían los agentes o representantes de los comerciantes extranjeros, a los que se denominan factores.

"FACTORING": expresión que proviene de *factor*. Operación por la cual una parte (cedente) transfiere a otra (*factor*), que usualmente es una entidad bancaria o financiera, sus créditos comerciales representados por las facturas a cobrar en cartera, recibiendo el cedente un adelanto sobre el monto de los créditos, mientras que la segunda se ocupa de la gestión de cobranza. La entidad bancaria o financiera percibe un interés por el adelanto concedido y un porcentaje sobre los montos de factura como comisión por servicios.◆ Erróneamente conocido como descuento de facturas, no sólo es un negocio financiero sino, además, un servicio de administración de ventas a través del cual las empresas ceden total o parcialmente su facturación y el *factor* les administra las cuentas por cobrar y les gira fondos sobre ellas.◆ "Es un contrato moderno mediante el cual una institución financiera asume las funciones de crédito y cobro de su cliente, y compra sus facturas en el momento en que son extendidas, sin poder beneficiarse de un recurso contra él en caso de impago. Como consecuencia de estas relaciones, la sociedad de *factoring* asume otras obligaciones a favor de sus clientes" *(E. S. Phelps)*.◆ "Es una relación jurídica de duración, en la cual una de las partes (empresa de *factoring*) adquiere todos o una porción o una categoría de créditos que la otra parte tiene frente a sus clientes; adelanta el importe de dichas facturas (*factoring* con financiación), se encarga del cobro de ellas y, si así se pacta, asume el riesgo de la posible insolvencia de los deudores" *(J. M. Farina)*.◆ Factoreo.

"FACTORY": consiste en numerosos locales de venta dentro de un complejo inmobiliario con especiales características para atraer al público masivo. En cada uno de estos locales funciona un negocio diferente, donde varios fabricantes venden las mercaderías producidas por ellos mismos; o sea, en cada local el fabricante vende directamente al público, sin intermediarios, lo cual determina un precio inferior al que resulta en otros lugares de venta. El *factory* presenta la característica de que en él se reúnen los fabricantes de un mismo rubro (por ejemplo, ropa) y dentro de ese mismo complejo ofrecen su producción a precios más económicos. A veces se trata de mercaderías con algún defecto, casi imperceptible, lo que es de conocimiento del comprador *(J. M. Farina).*

FACTURA: documento comercial o comprobante que permite individualizar correctamente una operación de venta de un bien o la prestación de un servicio, de uso habitual en las actividades del sujeto emisor del mismo y fuente de registración, sea por una compra o por una venta. Su impresión debe ser efectuada por imprenta, no en el momento de su utilización, en original y dos copias como mínimo.◆ Documento comercial mediante el cual el vendedor detalla los efectos vendidos y sus condiciones de pago y cuya entrega es fijada como una obligación por la autoridad competente, debiendo contener los datos exigidos por dicho organismo.◆ Factura comercial.

FACTURA COMERCIAL: ver **Factura.**

FACTURA CONFORMADA: título de crédito, duplicado de una simple factura que, ajustándose a los requisitos taxativamente exigidos por las normas legales, puede transmitirse mediante endoso, facilitándole a su tenedor la ejecución por medio de un juicio ejecutivo. Cuando en la compraventa de mercaderías, en la locación de servicios o en la locación de obras se convenga un plazo para el pago de precios, se puede emitir factura conformada. Para ello, la factura comercial debe emitirse en dos ejemplares: factura originaria o primera factura y factura conformada o segunda factura. La factura originaria o primera factura debe contener: a) la denominación "factura originaria"; b) lugar y fecha de emisión: c) fecha de vencimiento de la obligación de pago y lugar de pago; si no se hubiere indicado el lugar de pago, la factura deberá abonarse en el domicilio del vendedor o locador según correspondiere; d) nombre y apellido o denominación y domicilio del comprador o locatario y del vendedor o locador; e) individualización de las mercaderías vendidas, del servicio o de la obra realizada; f) precio total y modalidad de pago; g) en caso de haber anticipo, deberá dejarse constancia del mismo, descontarlo del importe total facturado y establecer el saldo neto, el cual deberá estar expresado en letras y números y será el valor de la factura conformada; h) la firma del vendedor o locador. ◆ Duplicata.

FACTURA CONSULAR: factura de exportación de mercaderías en la cual consta la intervención del consulado del país importador con el fin de obtener informes sobre la operación.

FACTURA DE CONSIGNACIÓN: aquella que el comitente remite al consignatario y en la cual se detallan los bienes, las condiciones y su respectiva comisión.

FACTURA DE CRÉDITO: título de crédito endosable y descontable en el sistema bancario y negociable en el mercado de valores. Instrumento escrito que se emite en original únicamente.◆ Título cambiario con fuerza ejecutiva.

FACTURA DE DESPACHO: aquella que el despachante de Aduana emite al importador o exportador y en la cual se detallan los servicios prestados y otros cargos pertinentes.

FACTURA "PRO FORMA": proyecto de factura que se adelanta a los clientes antes de la operación definitiva con el fin de dejar constancia de todos los detalles de la operación. Generalmente se usa para que el cliente efectúe el pago previamente.

FACTURACIÓN: proceso de emisión de facturas.◆ Suma o conjunto de importes facturados.◆ Sección u oficina de una empresa.◆ Ver **Factura**.

FACTURAR: extender las facturas.◆ Registrar y entregar en las estaciones de ferrocarril, aeropuertos, etcétera, equipajes, bultos o bienes con el objeto de efectuar su envío al destinatario.

FACULTAD: posibilidad de obrar en orden a la consecución de un interés propio del sujeto.◆ Derecho o poder para hacer algo.

FACULTAD PERSECUTORIA: la quc recae sobre el Estado. La represión del delito constituye hoy una necesidad del Estado como medio indispensable para la defensa jurídica de los bienes afectados, de modo que la administración de la justicia penal exige y determina una actividad constante e irrefragable que el Estado cumple mediante órganos predispuestos y de acuerdo con un método legal.

FACULTAR: conceder un derecho o poder a alguien para realizar algo sin el cual no podría.

FAENA: trabajo corporal o mental.◆ Servicio que se hace a una persona.◆ Se utiliza este término para la actividad agrícola-ganadera.◆ Ver **Faenar**.

FAENAR: trabajar.◆ Matar reses, descuartizarlas y prepararlas para el consumo.

FAIDA: entre los germanos, estado de enemistad surgido como consecuencia de un crimen.

FALACIA: engaño, mentira, fraude, falsedad con que se intenta dañar o perjudicar a otro.

FALENCIA: quiebra, insolvencia.◆ Engaño o fraude.◆ Carencia o defecto. ◆ Ver **Estado de cesación de pagos**.

FALLAR: decidir en un proceso, concurso o litigio.◆ Salir fallada una cosa, no responder a lo que se esperaba de ella.

FALLECIMIENTO: muerte.◆ Acción y efecto de estar carente y necesitado de una cosa.

FALLECIMIENTO PRESUNTO: ver **Presunción de fallecimiento.**

FALLIDO: quebrado.◆ Aquel respecto del cual se ha declarado la quiebra.◆ Sin crédito.◆ Cantidad o crédito que se considera incobrable.

FALLO: parte dispositiva de una sentencia, la cual es motivada en las citas, resultandos y considerandos que la preceden *(C. Paz)*.◆ Falta, deficiencia o error.◆ Fallar, decidir un proceso o litigio.

FALLO PLENARIO: emerge cuando las Cámaras Nacionales de Apelaciones de cualquier fero o de Casación Penal reúnen a todos los jueces que integran esa Cámara, para unificar la jurisprudencia de las distintas Salas y así evitar sentencias contradictorias sobre un conflicto de interpretación de la ley.

FALSA DENUNCIA: imputación falsa de un delito punible de oficio efectuada ante el funcionario que debe perseguirlo.

FALSARIO: que falsifica.◆ Aquel que adultera o corrompe, redacta o narra hechos y declaraciones diferentes de los reales.◆ Aquel que adultera o corrompe, redacta o narra hechos y declaraciones diferentes de los reales.

FALSEDAD: consiste en una distorsión, mutación u ocultación de la verdad.

FALSIFICACIÓN: delito caracterizado por la adulteración de documentos, privados o públicos, imprimiendo o acuñando moneda, imprimiendo sellos o valores fiscales.

FALSIFICADO: adulterado, ilegítimo.

FALSIFICADOR: quien falsifica.

FALSO: engañoso.◆ Simulado, fingido.◆ Incierto.◆ Quien falta a la verdad.◆ Moneda que con intención delictiva se hace imitando la legítima.

FALSO RECURSO DE HECHO: procede cuando se concede una apelación que debió denegarse.

FALSO TESTIMONIO: delito en el cual incurre el testigo que, en causa civil o criminal, afirmase lo falso, negase lo verdadero u ocultare en todo o en parte la verdad.

FALTA: quebrantamiento de una obligación.◆ Carencia o privación de alguna cosa.◆ Infracción voluntaria de la ley, ordenanza, reglamento o bando, penada con sanción leve.◆ Defecto de la moneda en cuanto al peso que por la ley debía tener.

FALTA DE ACCIÓN: ver **Excepción de falta de acción.**

FALTA DE DISCIPLINA: toda violación de los deberes militares que la ley o los reglamentos repriman.

FALTA DE INTENCIÓN: circunstancia atenuante determinada por la desproporción entre el propósito delictivo y el mayor daño causado.

FALTA DE LEGITIMACIÓN PARA OBRAR: falta de acción.

FALTA DE "LEGITIMATIO AD CAUSAM": falta de acción.

FALTA DE PAGO: ver **Incumplimiento.**

FALTA DE PERSONERÍA: falta de capacidad legal o civil del litigante con respecto al apoderado, o la falta o insuficiencia del mandato.

FAMA: opinión que la gente tiene de la excelencia de un profesional.◆ Reputación de la que goza una persona.

FAMILIA: conjunto de personas con las cuales existe algún vínculo jurídico de orden familiar *(A. Belluscio).*◆ Es la institución social, permanente y natural, compuesta por un grupo de personas ligadas por vínculos jurídicos emergentes de la relación intersexual y de la filiación *(A. Díaz de Guijarro - F. López del Carril).*

FAS: Cláusula FAS. ◆ "Free Alongside Ship". ◆ Libre al costado del buque. Esto implica que el vendedor se responsabiliza por las mercaderías objeto de la transacción, hasta el momento de la colocación de la misma al costado del buque en el puerto de embarque acordado.

FASE: cada uno de los distintos estados sucesivos de un negocio o fenómeno económico o histórico.

"FAST TRACK": vía rápida. Mecanismo legislativo que autoriza a la administración norteamericana a celebrar acuerdos comerciales con otros países y que no pueden ser modificados por el Parlamento de dicho país. Éste puede aprobarlo íntegramente o rechazarlo.

FAUTOR: quien ayuda a otro.

FAVORECER: apoyar un intento o empresa.◆ Dar o hacer un favor.

FE: seguridad acerca de la certeza de una cosa.◆ Creencia que se da a las cosas por la autoridad del que las dice o por la fama pública.◆ Documento que certifica la verdad de una cosa.

FE DE LIVORES: diligencia testimonial extendida por un escribano o secretario judicial en los procesos por homicidio o lesiones.

FE DE VIDA: testimonio o certificación extendida por la autoridad competente de que alguien vive o vivía en un determinado momento.◆ Acto de presencia o noticia auténtica del que permanecía alejado.

FE PÚBLICA: confianza de la que gozan ciertos funcionarios respecto de la veracidad de los actos y/o contratos en los que intervienen. Cualidad inherente a los documentos e instrumentos emitidos por el Estado o por quienes éste autoriza, que resguardan la necesidad y seguridad de su contenido *(C. N. Gattari).*

FECHA: día, mes y año en el que ocurre algo o se otorga una firma, documento, contrato o registración de una transacción.◆ Cada uno de los días que transcurren a partir de uno determinado.

FECHA CIERTA: fecha determinada a partir de la cual los instrumentos privados tienen efecto en relación con terceros o sucesores singulares de las partes.◆ Fecha que no puede ser cuestionada por terceros.

FECHA DE ADQUISICIÓN: fecha real de compra de un bien o servicio.◆ Aquella en que se adquiere el título de propiedad o se toma posesión del activo.

FECHA DE EMISIÓN: fecha a partir de la cual se crean los títulos y se inicia su colocación en el mercado.

FECHA DE VENCIMIENTO: fecha a partir de la cual una obligación se torna exigible y debe ser cancelada.◆ Fecha de terminación de un contrato.

FECHA DETERMINADA: ver **Fecha cierta**.

FECHA "UT RETRO": aquella expresada anteriormente en un escrito.◆ Fórmula usada para no repetir la fecha.

FECHA "UT SUPRA": la misma del encabezamiento de un escrito. Fórmula usada para no repetir la fecha.

FECHADOR: sello mediante el cual se informa la fecha en un documento o papelería.

FECHAR: poner fecha a un escrito o documento.

FECHORÍA: mala acción.

FEDATARIO: denominación genérica aplicable al notario y a otros funcionarios que dan fe pública.

FEDERACIÓN: asociación de entidades afines. Puede darse a nivel gremial, cultural, profesional, patronal y hasta entre Estados.◆ Sindicato de segundo grado.

"FEDERAL FUNDS": fondos federales. ◆ Reservas de un Banco miembro de la Reserva Federal de los EEUU, que están disponibles para créditos interbancarios de corto plazo. Son utilizados para permitir que otros Bancos puedan mantener el nivel de reservas requerido por las autoridades. ◆ Tasa de préstamos interbancarios.

"FEDERAL RESERVE SYSTEM": sistema de la Reserva Federal. Es el sistema del Banco Central de los EE.UU. Fue establecido por el Acta de la Reserva Federal en 1913 y consta de doce bancos, uno en cada distrito de la Reserva Federal.

FEDERALISMO: ver **Estado Federal.**

FEHACIENTE: que hace fe.

FELONÍA: traición, deslealtad.

FEMINICIDIO: se sugiere no utilizar femicidio. Se refiere al homicidio de las mujeres por cuestiones relativas al género o sexo. Es el homicidio sistemático de mujeres.

FERIA: instalación donde se exponen los productos de un solo ramo industrial o comercial, como libros, juguetes, muebles, etcétera, para su promoción y venta.◆ Paraje público en que están expuestos los animales, géneros o cosas para su venta.

FERIA JUDICIAL: período que se toman los tribunales; dura algunos días en los cuales se interrumpe la labor judicial normal y se atiende sólo asuntos de gravedad o urgencia.

FERIADO: pausa remunerada (normalmente de un día) que no responde a la finalidad higiénica de los descansos en general sino al deseo de otorgar al trabajador la posibilidad de participar en la festividad de que se trate *(M. Pirolo).*

FERROCARRIL: medio de transporte constituido por un conjunto de instalaciones, vehículos y equipos.◆ Medio capaz de trasladar cargas y pasajeros en largas distancias.

FETICIDIO: dar muerte a un feto.◆ Ver **Aborto.**

FETO: embrión desde que se implanta en el útero hasta el momento del parto.

FEUDALISMO: sistema de Gobierno y de organización de la propiedad nacido en la Edad Media, que consistía en la subdivisión de tierras entre varios sectores que poseían dominio sobre ellos y sobre las personas que la habitaban, dependiendo a su vez de otros magnates más poderosos o de un soberano al cual debían rendir homenaje. Abarca el conjunto de los derechos feudales y el abuso que se hacía de tales derechos. Deriva de dos palabras germanas que significan propiedad dada en recompensa.

FEUDO: propiedad o bien exclusivo.◆ Tributo con cuya condición se concede el feudo.

FF: fecha factura.

FÍA: venta efectuada al fiado.

FIABILIDAD: cualidad de fiable.◆ Probabilidad de buen funcionamiento de una cosa.

FIADO: seguro y digno de confianza.

FIADOR: persona que se obliga a pagar en el caso de que otro no lo haga o bien a desempeñar en alguna otra forma una tarea determinada o contractual. El fiador responde solidariamente como el deudor principal pero puede exigir del acreedor que justifique que ha interpelado judicialmente al deudor. Los bienes del fiador garantizan el cumplimiento del compromiso ajeno.

FIADOR CARCELERO: el que responde de que una persona puesta en libertad condicional comparezca ante la Justicia cuando corresponda o se la cite.

FIADOS: total de cuentas a cobrar que tiene una empresa.

FIANZA: la que se constituye cuando una de las partes se hubiere obligado accesoriamente por un tercero y el acreedor de ese tercero aceptase su compromiso. Puede también constituirse la fianza como acto unilateral antes de que sea aceptada por el acreedor. Ésta puede preceder a la obligación principal y ser dada para seguridad de una obligación futura, sin que sea necesario que su importe se limite a una suma fija. Puede referirse al importe de las obligaciones que contrajere el deudor. ◆ Afianzamiento. ◆ Garantía.

FIANZA CARCELERA: la que se da de que un excarcelado se presentará a la autoridad competente en las fechas señaladas.

FIANZA COMERCIAL: ver **Fianza mercantil.**

FIANZA DE ARRAIGO: la que se da hipotecando u obligando bienes raíces.◆ La que se exige de algunos litigantes a fin de que permanezcan en el juicio y respondan a sus resultas.

FIANZA MERCANTIL: aquella que tenga por objeto asegurar el cumplimiento de un acto o contrato de comercio, aunque el fiador no sea comerciante.

FIANZA PIGNORATICIA: aquella en virtud de la cual se somete a ciertos bienes muebles registrables al cumplimiento de una obligación principal.

FIAR: otorgar crédito.◆ Asegurar uno que cumplirá lo que otro promete o que pagará lo que debe, obligándose, en caso de que no lo haga, a satisfacer por él.◆ Vender sin tomar el precio de contado para recibirlo más adelante.

FICHAR: realizar en fichas anotaciones contables, extracontables o informativas. ◆ Marcar en una ficha, por medio de una máquina con reloj, la hora de entrada y salida de un centro de trabajo como justificación personal de asistencia y puntualidad.

FICTICIO: fingido.◆ Convencional, supuesto, aparente.◆ Ficto.

FICTO: ficticio.

FIDA: Fondo Internacional de Desarrollo Agrícola.

FIDEDIGNO: persona o acto merecedor de crédito y fe.

FIDEICOMISARIO: persona a la cual se le encomienda un fideicomiso.◆ Fiduciario.

FIDEICOMISO: mediante el fideicomiso, una persona física o jurídica, llamada fiduciante o fideicomitente, entrega a una administradora fiduciaria la propiedad de uno o más bienes concretos con el objeto de que dicha fiduciaria cumpla una determinada finalidad en

provecho del mismo fiduciante o de quien éste determine; este último se llama beneficiario o fideicomisario (si es quien recibe la propiedad de los bienes al finalizar el plazo de fideicomiso). El fideicomiso es un mecanismo esencialmente elástico, flexible, pues permite realizar todas las finalidades lícitas que las necesidades o la imaginación de los clientes determinen. En el Derecho Comercial, la sociedad que decida emitir debentures debe celebrar con un banco un fideicomiso por el que éste tome a su cargo:
a) La gestión de las suscripciones.
b) El contralor de las integraciones y su depósito, cuando corresponda.
c) La representación necesaria de los futuros debenturistas.
d) La defensa conjunta de sus derechos e intereses durante la vigencia del empréstito hasta su cancelación total, de acuerdo con las disposiciones de esta sección.
◆ Disposición por la cual el testador deja su hacienda –o parte de ella– encomendada a la buena fe de un sujeto para que en tiempo y en forma la transmita a otro o la invierta del modo que se le indica.◆ Cuando una persona (fiduciante) transmite la propiedad fiduciaria de bienes determinados a otra (fiduciario), quien se obliga a ejercerla en beneficio de quien se designe en el contrato (beneficiario) y a transmitirlo al cumplimiento de un plazo o condición al fiduciante, fiduciario y beneficiario.◆ Fiducia.

FIDEICOMISO DE GARANTÍA: aquel en el que una persona adquiere una obligación de cumplimiento futuro y ofrece como garantía (en fideicomiso) sus bienes, con instrucciones al fiduciario para que, en el caso de incumplimiento, proceda a la venta de esos bienes y pague al acreedor con el producto de ella.

FIDEICOMISO DE SEGURO: aquel en el que el asegurado, en carácter de fiduciante, transmite el eventual monto indemnizatorio al fiduciario (normalmente, una entidad financiera) para que éste lo administre en beneficio de un tercero (cónyuge, hijos, etc.), que puede o no existir al momento de la celebración del contrato de fideicomiso.

FIDEICOMISO DE VOTACIÓN: aquel establecido con el fin de concentrar el control de una sociedad anónima en poder de pocos accionistas, denominados fideicomisarios de voto. Para este caso, los accionistas que consienten en participar en esta maniobra transfieren sus acciones a los fideicomisarios con voto y reciben a cambio certificados transferibles de interés de beneficio en el fideicomiso; las acciones, por lo tanto, se registran en los libros de la sociedad anónima a nombre de los fideicomisarios.

FIDEICOMISO EXPRESO: aquel constituido por una provisión determinada, sea en una escritura y/o en cualquier otro tipo de documento.

FIDEICOMISO FIJO: organización para la inversión conjunta de fondos. Por lo común, se crea por medio de un contrato de fideicomiso entre un gerente asociado, un fideicomisario y los inversionistas; de acuerdo con el contrato, se deposita un conjunto de unidades especificadas de inversión con el fideicomisario y contra este conjunto se venden al inversionista uno o más certificados de interés a un precio igual a su interés proporcional al valor de mercado actual de los bienes, más un porcentaje de recargo para cubrir los gastos y la participación del gerente.

FIDEICOMISO FINANCIERO: contrato de fideicomiso en el cual el fiduciario es una entidad financiera o una sociedad especialmente autorizada por la Comisión Nacional de Valores para actuar como fiduciario financiero; beneficiarios son los titulares de certificados de participación en el dominio fiduciario o de títulos representativos de deuda garantizados con los bienes así transmitidos.◆ Contrato mediante el cual una o más personas (fiduciante) transmiten la propiedad fiduciaria de bienes determinados a otra (fiduciario), quien deberá ejercerla en beneficio de titulares de los certificados de participación en la propiedad de los bienes transmitidos o de títulos representativos de deuda garantizados con los bienes así transmitidos (beneficiarios) y transmitirlo al fiduciante, a los beneficiarios o a terceros (fideicomisarios) al cumplimiento de los plazos o condiciones previstas en el contrato.

FIDEICOMISO IMPLÍCITO: aquel en el que la intención de las partes para crearlo se deduce de las acciones o transacciones entre las mismas.

FIDEICOMISO INMOBILIARIO: tipo de fideicomiso que existe cuando el fiduciario recibe del fiduciante un inmueble con el fin de administrarlo o desarrollar un proyecto de construcción y venta de las unidades construidas.

FIDEICOMISO "INTER VIVOS": aquel creado entre personas con vida.

FIDEICOMISO IRREVOCABLE: aquel que no puede ser cancelado por quien lo constituyó.

FIDEICOMISO ORDINARIO PÚBLICO: cuando una persona (fiduciante) transmite la propiedad fiduciaria de bienes determinados a otra (fiduciario), quien se obliga a ejercerla en beneficio de quien se designe en el contrato (beneficiario) y a transmitirlo al fiduciante, al beneficiario o a terceros (fideicomisarios) al cumplimiento de los plazos o las condiciones previstas en el contrato.

FIDEICOMISO REVOCABLE: aquel que puede ser cancelado por quien lo otorgó únicamente y bajo determinados requisitos.

FIDEICOMISO SIMPLE: aquel en el que sus ingresos deben distribuirse durante el curso de las operaciones del ejercicio contable, pero su capital antes de su terminación.

FIDEICOMISO TESTAMENTARIO: aquel constituido mediante testamento.

FIDEICOMISO TRASLATIVO DE DOMINIO: produce la transmisión definitiva del bien en favor del fideicomisario al cumplirse la condición del contrato.

FIDEICOMITENTE: aquel que entrega ciertos bienes para un fin lícito a otra persona llamada fiduciario para que realice el fin al que se destinaron.

FIDELIDAD: lealtad, adhesión en el plano comercial a los principios y fines de una empresa.◆ Exactitud, puntualidad en la ejecución de una cosa.◆ En algunos países, se interpreta contablemente como la exactitud que deben reflejar los estados contables, de acuerdo con los principios contables, con la realidad.◆ Se trata de uno de los deberes exigibles a la persona que ha contraído matrimonio; se extiende durante toda la duración de aquél.

FIDUCIA: en el Derecho Anglosajón, la fiducia encuentra sus orígenes en los llamados *uses* (antecedentes del hoy llamado *trust*). Los *uses* consistían en los "compromisos de conciencia" que adquiría una persona al recibir los bienes que le eran entregados por otra. Estos compromisos de conciencia podían ser en favor del propietario inicial o de un tercero designado por él. Se dice que los *uses* eran muy populares entre las comunidades religiosas que, ante la prohibición legal de poseer bienes inmuebles, los usaban y percibían sus frutos gracias a que eran puestos a su servicio por una persona que los recibía en propiedad con el compromiso de administrarlos en beneficio de la comunidad. El vocablo fiducia, que se utiliza comúnmente como sinónimo de fideicomiso, significa fe, confianza. Históricamente, se les entregaban bienes para administrar a aquellos individuos que inspiraban confianza en sus entornos familiares o sociales. Eran las primeras formas de fideicomiso. ◆ Encargo de confianza.◆ Ver **Fideicomiso.**

FIDUCIANTE: ver **Fideicomiso.**

FIDUCIARIO: representante legal de los debenturistas que tiene todas las facultades y deberes de los mandatarios generales y ciertas de los mandatarios especiales. Puede revisar la documentación y la contabilidad de la sociedad deudora, asistir a las reuniones de directorio y de las asambleas con voz y voto, y pedir la suspensión del directorio. Si la sociedad emisora de debentures con garantía flotante o común fuese declarada en quiebra, el fiduciario será liquidador necesario de la misma.◆ Papel moneda que circula, emitido por Gobiernos o por Bancos autorizados, garantizado con reservas depositadas. ◆ Fideicomisario. ◆ Ver **Fideicomiso.**

FILIACIÓN: relación biológica que une a procreantes y procreadores. Es un hecho natural pero también es una realidad reconocida y regulada por el Derecho que presupone la determinación de la paternidad o la maternidad.

FILIACIÓN ADOPTIVA: ver **Adopción.**

FILIACIÓN NATURAL: lazo que une al hijo con su padre o con su madre, o con ambos, cuando éstos no están casados entre sí en el momento de su nacimiento.

FILIAL: unidad económica subsidiaria con dependencia contable y financiera del establecimiento principal.◆ Sociedad filial.◆ Ver **Sociedad controlada.**

FIN DE LA EXISTENCIA DE LAS PERSONAS: la existencia de las personas finaliza únicamente por su muerte natural. La muerte civil no tendrá lugar en ningún caso, ni por pena ni por profesión en las comunidades religiosas.

FINANCIACIÓN: obtención de capitales con el fin de aplicarlos a la actividad de la empresa, tanto para adquirir nuevos bienes de producción como para compensar un saldo negativo de fondos. En general, comprende todas aquellas actividades que permiten a la empresa acceder al capital necesario para el cumplimiento de sus funciones o para generar y estimular su actividad económica.◆ Financiamiento. ◆ Ver **Fuentes de financiamiento.**

FINANCIACIÓN DE EXPORTACIONES: sistema mediante el cual se establecen plazos de pago al importador extranjero, con baja tasa de interés; en determinados casos son incluidos el flete, el seguro y repuestos *(A. Digier)*.

FINANCIAMIENTO: financiación.◆ Ver **Fuentes de financiamiento.**

FINANCIAMIENTO EXTERNO: recursos obtenidos de fuentes ajenas a la empresa o país.◆ Ver **Fuentes de financiamiento externo.**

FINANCIAMIENTO INTERNO: el proveniente de la reinversión de las ganancias obtenidas por una empresa.◆ Recursos obtenidos por un Estado de los residentes en el país.◆ Ver **Fuentes del financiamiento propio.**

FINANCIAR: aportar el dinero requerido para una empresa.◆ Asumir los gastos ocasionados por una actividad, una obra, etcétera.

FINANCIERO: persona idónea en cuestiones bancarias, bursátiles y mercantiles, en su aspecto tanto teórico como práctico.◆ Relativo a la hacienda pública, a las cuestiones bursátiles, bancarias o a los grandes negocios mercantiles.

FINANZA: obligación que asume una persona para responder a las obligaciones de otra.

FINANZAS: caudales, bienes.◆ Actividad en las operaciones que le permiten a una empresa su desarrollo y crecimiento equilibrado.◆ Arte y ciencia de la administración del dinero que afecta la vida de las personas y de los entes.◆ Obtención de los fondos de operación a un costo mínimo; inversión de los fondos sobrantes en las mejores condiciones, mantenimiento de una buena reputación financiera de la empresa.

FINANZAS PRIVADAS: esta expresión hace referencia a problemas bancarios en general, cambiarios y monetarios.

FINANZAS PÚBLICAS: conjunto de normas técnicas y jurídicas y de recursos fiscales relativo a la actividad económica y financiera del Estado. Tienen por objeto examinar cómo el Estado obtiene sus ingresos y efectúa sus pagos. A veces, se los utiliza como sinónimo de Hacienda Pública. En la consideración de este tema, existen diversas doctrinas, tales como: a) Financiera clásica: tiende a restar importancia al papel del Estado en la actividad económica para poner énfasis en el aspecto individual de las finanzas, concebidas como la actividad económica de los individuos destinada a la satisfacción de una categoría especial de necesidades; b) Financiera alemana de fines del siglo XIX y principios del XX: destaca el papel del Estado como protagonista de la actividad financiera, asignándole el rol de productor de servicios públicos y de redistribuidor de riquezas; c) Keynesiana: considera al Estado como sujeto regulador de la actividad financiera, dejando a un papel secundario la función de productor de bienes y servicios.◆ Ver **Hacienda pública.**

FINIQUITAR: terminar, saldar una cuenta.◆ Rematar, concluir un negocio u operación.

FINIQUITO: documento mediante el cual una persona declara extinguida una obligación que se cumple a su favor.◆ Cancelación de las cuentas o certificación que se otorga para dejar constancia de que éstas se encuentran ajustadas y se ha satisfecho el valor total que resulta de su monto.

FIRMA: nombre y apellido, o título de una persona que, en forma escrita y de mano propia o ajena, rubrica al pie de un documento escrito, sea para darle autenticidad o para comprometerse a cumplir lo que en él se escribió.◆ Forma manuscrita de su nombre y apellido que una persona utiliza para rubricar documentos y comprometerse por ellos.◆ En el caso del informe sobre los estados contables, debe llevar la firma del contador público, con la aclaración de su nombre y apellido completos, título profesional y número de inscripción en la matricula del consejo profesional correspondiente. Cuando se trata de sociedades profesionales inscriptas en los consejos profesionales, se debe colocar su denominación antes de la firma del contador público integrante que suscribe el informe respectivo, debiendo hacerse constar su carácter de socio.◆ Empresa.◆ Razón social.

FIRMA CERTIFICADA: ver **Certificación de firma.**

FIRMA CONJUNTA: cuando se exige que para la validez de un acto deben firmar como mínimo dos representantes del ente.

FIRMA DIGITAL: bloque de caracteres que acompaña a un documento (o fichero) acreditando quién es su autor (autenticación) y que no ha existido ninguna manipulación posterior de los datos (integridad). Para firmar un documento digital, su autor utiliza su propia clave secreta (sistema criptográfico asimétrico) a la que él solo tiene acceso, lo que impide que pueda después negar su autoría (no revocación). De esta forma, el autor queda vinculado al documento de la firma. Por último la validez de dicha firma podrá ser comprobada por cualquier persona que disponga de la clave pública del autor *(F. Ramos Suárez)*

FIRMA ELECTRÓNICA: conjunto de datos, en forma electrónica, anejos a otros datos electrónicos o asociados funcionalmente con ellos, utilizados como medio para identificar formalmente al autor o a los autores del documento que la recoge. Utiliza una técnica de criptografía asimétrica basada en el uso de un par de claves único, asociándose una clave privada y una clave pública relacionadas matemáticamente entre sí, de tal forma que las personas que conocen la clave pública no puedan derivar de ella la clave privada. En caso de ser desconocida la firma electrónica, corresponde a quien la invoca acreditar su validez.

FIRMA ELECTRÓNICA AVANZADA: aquella que permite la identificación del signatario y ha sido creada por medios que éste mantiene bajo su exclusivo control, de manera que está vinculada únicamente al mismo y a los datos a los que se refiere, lo que permite que sea detectable cualquier modificación ulterior de éstos. De acuerdo con la legislación española, la firma electrónica avanzada –siempre que esté basada en un certificado reconocido y que haya sido producida por un dispositivo seguro de creación de firma– posee, respecto de los datos consignados en forma electrónica, el mismo valor jurídico que la firma manuscrita en relación con los consignados en papel y será admisible como prueba en juicio, valorándose ésta según los criterios de apreciación establecidos en las normas procesales.

FIRMA EN BLANCO: cuando sólo se firma un documento confiando a la voluntad de otra persona el completar los otros datos.◆ Cuando se deja un hueco en el papel para que se pueda escribir lo convenido o lo que se quiera y se firma previamente.

FIRMANTE: quien firma un documento, carta o escrito.

FIRMAR: colocar uno su firma. Comercialmente es muy común hacerlo en documentos públicos o privados, títulos, valores, etcétera.

FIRME: operaciones de Bolsa que se hacen o contratan definitivamente o a plazo fijo.◆ Expresa que los precios de las acciones, títulos o de mercado de divisas tienden al alza o se mantienen en un nivel elevado. Por ejemplo: "el mercado accionario está firme".◆ Relativo a la resolución no susceptible de ser recurrida.◆ Ver **En firme.**

FISCAL: que representa y ejerce el Ministerio Público en los tribunales.◆ Ministro encargado de promover los intereses del Fisco.◆ Referente al Fisco.

FISCAL CIVIL: era el magistrado que, representando el interés público, intervenía cuando era necesario en los negocios civiles.

FISCAL CRIMINAL: antiguamente, era un ministro encargado de promover la observancia de las leyes que tratan de los delitos y penas.

FISCAL DE LO CIVIL: fiscal civil.

FISCAL TOGADO: funcionario del cuerpo jurídico militar que representa al Ministerio Público ante los tribunales superiores militares.

FISCALÍA: profesión o empleo que desempeña el Fiscal.◆ Oficina donde actúa el Fiscal.

FISCO: el Estado como liquidador y recaudador de impuestos.◆ Erario.◆ Tesoro público.◆ Patrimonio estatal.◆ Hacienda nacional o tesoro público.

FISIOCRACIA: doctrina económica nacida en el siglo XVI en Francia como reacción al mercantilismo. Estableció como principios básicos: la libre iniciativa individual y el retiro del Estado de la vida económica del pueblo. El *laisser faire, laisser passer* resultó su sentencia básica. La agricultura era el fundamento de la felicidad económica.

FJP: ver **Fondo de Jubilaciones y Pensiones.**

FLAGRANTE: aquello que se está ejecutando actualmente y de lo cual resulta una evidencia tal que no requiere producción de pruebas.

FLETADOR: ver **Fletamento.**

FLETAMENTO: contrato en virtud del cual una persona, denominada fletante, da en arrendamiento a otra, llamada fletador, un buque o una aeronave, ya sea en todo o en parte, para uno o más viajes, o bien para una cantidad determinada de ellos, con el fin de transportar personas o mercaderías. Este contrato se perfecciona por escrito. Existen dos clases de fletamento, a saber: a) a carga general, cuando se reciben mercaderías de todo el que se presenta; en este caso, el documento que instrumenta el contrato se denomina conocimiento de embarque; b) fletamento propiamente dicho, cuando sólo se transportan los efectos de un determinado fletador; siendo la póliza de fletamento el documento que lo perfecciona.

FLETAMENTO A TIEMPO: aquel en el que el armador de un buque determinado (o el exportador de una aeronave), conservando su tenencia y mediante el pago de un flete, se compromete a ponerlo a disposición de otra persona y a realizar los viajes que ésta disponga dentro del término y en las condiciones previstas en el contrato o en las que los usos establezcan. En este contrato el armador se denomina fletante y la otra parte, fletador.

FLETAMENTO PARCIAL: aquel en el que el fletante solamente dispone de uno o más espacios determinados.◆ Ver **Fletamento total.**

FLETAMENTO TOTAL: aquel en el que el fletante se obliga, mediante el pago de un flete, a poner a disposición del fletador, para transportar personas o cosas, todos los espacios útiles o todo el porte que posee un buque determinado, el que puede sustituirse por otro, si así se hubiese pactado.

FLETANTE: ver **Fletamento.**

FLETAR: tomar un medio de transporte o parte del mismo en alquiler para llevar o trasladar cosas o personas.

FLETE: precio que se abona en concepto del transporte de bienes por vía terrestre, férrea, marítima o aérea.◆ Precio satisfecho por el fletador al fletante, por la utilización del buque o transporte de mercaderías.

FLETE DE ENTRADA: aquel abonado por el ingreso de un embarque que *a posteriori* podrá ser reembolsado o descontado de la factura por el vendedor.

FLETE DE SALIDA: aquel abonado por el vendedor sobre un embarque de salida o descontado de la factura.

FLETE FALSO: aquel abonado por un espacio de bodega que no es utilizado. Esta clase de situación se presenta cuando la empresa transportadora vende un mínimo de espacio que resulta ser superior al utilizado por el cargador.

"FLIGHT CAPITAL": expresión inglesa que se utiliza para referirse a la fuga de capitales.◆ Es el capital que se transfiere por su propietario de un país a otro en contravención a las leyes de exportación de capital o a los controles de cambio.◆ *Hot money.*

"FLOORS": pisos, representa modalidades de transacciones *hedging*, es decir, perfeccionados con la finalidad de calzar operaciones reduciendo riesgos *(G. Gotlib).*◆ Ver **Collar.**

FLOTA: conjunto de vehículos de una empresa.◆ Conjunto de buques y aeronaves o buques empleados para un servicio determinado por una empresa o Estado.

FLOTACIÓN: sistema cambiario en el cual no existe intervención de la autoridad monetaria.◆ Libre flotación del tipo de cambio.◆ Régimen de fijación de tipos de cambio en el que éstos se determinan directamente en el mercado. Se llama "limpia" cuando las autoridades monetarias no intervienen para modificar el tipo de cambio y sucia o intervenida en caso contrario.◆ Ver **Flotante.**

FLOTANTE: libre evolución del tipo de cambio o de la tasa de interés según las leyes del mercado, o sea, de la oferta y la demanda. Con respecto al tipo de cambio, aun con tipos flotantes, los países permiten actualmente que sus divisas fluctúen libremente pero dentro de un determinado rango, a partir del cual comienzan a intervenir sus Bancos centrales.

FLUCTUACIÓN: oscilación o modificación de los precios, alzas y bajas, de cantidades, importes y cotizaciones.

FLUJO DE DATOS TRANSFRONTERA: abarca todo tipo de transmisión, circulación, salida o emisión de información a través de las fronteras de los Estados, tratada o destinada a ser tratada por computadoras, almacenada en medios magnéticos o capturada o enviada por satélites, o transportada en cualquier tipo de soporte y destinada a su consulta, procesamiento o almacenamiento.

FLUVIAL: relativo o perteneciente a los ríos.

FMI: ver **Fondo Monetario Internacional.**

FOB: abreviatura de la expresión en inglés *Free On Board*, Libre A Bordo.◆ LAB.◆ Franco a bordo.◆ FAB.◆ Ver **Libre a bordo; Franco a bordo.**

FOJA: hoja de un expediente compuesta de dos páginas. Se enumeran al frente.

FOJA DE SERVICIOS: historial sucinto de un dependiente o funcionario de un ente.

FOLIACIÓN: acción y efecto de foliar.◆ Serie numerada de los folios de un escrito o impreso.

FOLIADOR: persona que se dedica a foliar.

FOLIADOS: hojas numeradas en forma correlativa.◆ Requisito indispensable de los libros de comercio.

FOLIAR: numerar las hojas o páginas de un libro o de un cuaderno.

FOLIO: hoja o página de un libro o de un cuaderno.

FONDEO: inspección ocular que se realiza en un buque para verificar si lleva o no contrabando.◆ Obtención de fondos mediante una operación financiera.

FONDO: caudales, dinero, papel moneda, etcétera, perteneciente al tesoro público o al haber de un negociante.◆ Cualquier monto de dinero o de activos. ◆ Algunos utilizan este término como sinónimo de reserva, aunque no es adecuado.◆ Dinero que se juega en común.◆ En los procesos, la cuestión de derecho sustantivo, por contraposición a las de trámites y excepciones dilatorios.◆ Partida de activo limitada a un uso concreto.◆ Acumulación de recursos con el fin de amortizar una deuda.

FONDO COMÚN DE INVERSIÓN: FCI.◆ Unión de pequeños y medianos capitales destinados a la inversión en activos financieros, excepto en inmuebles. Se conforma una cartera indivisa global que pertenece al conjunto de los participantes, inversores, denominados "cuotapartistas". Cada uno de ellos es copropietario de una parte indivisa del fondo común de inversión, es decir, de la cuotaparte *(Taleva Salvat)*. Es un dominio en común de fondos destinados a la compra y venta de títulos-valores que cotizan en mercados de valores.

Se trata de condominio abierto porque permite la incorporación de nuevos copropietarios y el retiro de los existentes. El capital del fondo común de inversión se divide en cuotapartes. ◆ Patrimonio integrado por: valores mobiliarios con oferta pública, metales preciosos, divisas, derechos y obligaciones derivados de operaciones de futuro y opciones, instrumentos emitidos por entidades financieras autorizadas por el Banco Central de la República Argentina y dinero, pertenecientes a diversas personas a las cuales se les reconocen derechos de copropiedad representados por cuotapartes cartulares o escriturales. El ingreso se concreta mediante la compra de una cierta cantidad de cuotapartes, cuyo costo de ingreso se encuentra entre el 1,5 y 2 % del total de la compra. Normalmente, los FCI tienen un monto mínimo de compra. El retiro del "cuotapartista", o sea, la venta de las cuotapartes no genera ningún costo o gasto adicional luego de un período mínimo de tiempo. ◆ Fondo de propiedad común.

FONDO DE COMERCIO: entidad jurídica compuesta de elementos orgánicos que el comerciante agrupa con vista a constituir una clientela necesaria para la explotación comercial. Estos elementos son, a la vez, de orden material (mercaderías, mobiliario, herramientas) y de orden incorporal (nombre comercial, enseña, derecho de alquiler, patentes, marcas de fábrica, diseños y modelos). Estos elementos, unidos por una aplicación común a la formación de una clientela, considerada como un elemento, proporcionan una base al fondo de comercio, que se convierte en una entidad jurídica diferenciada de los elementos que la componen *(J. Guyenot)*.◆ Hacienda comercial.

FONDO DE DESEMPLEO: importe que se abona a trabajadores desempleados que cumplan determinados requisitos.

FONDO DE GARANTÍA: instrumento que tiene estrecha vinculación con los institutos y programas de seguridad social. Los fondos de garantía han tenido un importante desarrollo en los últimos veinte años en los países europeos, fundamentalmente en los países de la Unión Europea (ex CEE), como instrumento destinado a proteger a los trabajadores frente a la insolvencia de sus empleadores *(M. Ackerman)*.

FONDO DE JUBILACIONES Y PENSIONES: FJP.◆ Fondo perteneciente a los beneficiarios, en el régimen de capitalización previsional, invertido en activos financieros. Es un patrimonio independiente y distinto del patrimonio de la administradora. La administradora no tiene derecho de propiedad alguna sobre él.

FONDO DE PROPIEDAD COMÚN: ver **Fondo Común de Inversión**.

FONDO DE RESERVA: fondo especial obligatorio establecido por reglamento o por asamblea unánime en un consorcio de copropietarios.◆ Fondo compuesto por valores segregados del capital para algún fin específico.

FONDO DE SEGURO: fondo creado por una sociedad o persona que asume sus propios riesgos con el fin de solventar las pérdidas que pudieran ocasionarse.

FONDO EN FIDEICOMISO: fondo que conserva en depósito una persona en beneficio de otra, de acuerdo con las disposiciones de un convenio formal de fideicomiso.

FONDO INTERNACIONAL DE DESARROLLO AGRÍCOLA: organismo especializado cuyo Acuerdo Constitutivo fue aprobado el 13 de junio de 1976 y que entró en vigencia el 30 de noviembre de 1977. La finalidad fundamental del FIDA es movilizar recursos para mejorar la producción alimentaria y la nutrición de los grupos de bajos ingresos de los países en desarrollo. Las operaciones del Fondo son dirigidas por el Consejo de Administración en el que están representados los Estados Miembros.

FONDO MONETARIO INTERNACIONAL: FMI.◆ *International Monetary Fund.*◆ Organismo internacional creado en 1945 para los siguientes fines:
a) Promover una cooperación monetaria internacional que proporcione un mecanismo de consulta y colaboración de problemas monetarios internacionales.
b) Facilitar la expansión y el crecimiento equilibrado del comercio internacional y contribuir de esta manera a que se alcancen y mantengan altos niveles de ocupación y de ingresos reales, así como el desarrollo de todas las fuentes productivas de los miembros, como fin principal de la política económica.
c) Promover la estabilidad cambiaria, mantener entre los Estados Miembros regímenes cambiarios ordenados y evitar depreciaciones competidoras de cambios.
d) Ayudar al establecimiento de un sistema de pagos multilaterales en las transacciones corrientes que realicen los países miembros y la eliminación de las restricciones cambiarias que estorben el crecimiento del comercio mundial.
e) Infundir confianza en los países asociados, poniendo a su disposición los recursos generales del Fondo bajo las garantías adecuadas, dando la oportunidad de que corrijan los desequilibrios de sus balanzas de pago sin necesidad de recurrir a medidas que perjudiquen la prosperidad nacional o internacional.
f) Teniendo en cuenta lo anterior, reducir la duración y la intensidad del desequilibrio de las balanzas de pagos de los países miembros.

FONDO MUTUO: término utilizado en Chile para designar el patrimonio integrado por aportes de personas naturales y jurídicas para su inversión en valores de oferta pública, que admitía una sociedad anónima por cuenta y riesgo de los partícipes o aportantes.◆ Ver **Sociedad de inversión**.

FONDOS: caudal o conjunto de bienes que posee una persona o comunidad.

FONDOS BLOQUEADOS: fondos congelados, inmovilizados por razones de seguridad nacional.

FONDOS FEDERALES: ver **"Federal Funds".**

FONDOS INTERBANCARIOS: son recursos que toman los bancos de otros bancos. El sistema es conocido como *call.*

FONDOS "OFF SHORE": fondos comunes cuyo domicilio está en los llamados centros financieros *off shore.*◆ Paraísos fiscales. ◆ Ver **Plazas financieras "off shore"**.

FONDOS PÚBLICOS: títulos de renta emitidos por el Estado o por sus organismos. ◆ También, recursos del erario o Estado.◆ Títulos públicos en algunos países.

FONDOS RESERVADOS: fondos secretos.

FONDOS SECRETOS: créditos autorizados por el presupuesto para gastos de seguridad interior o exterior del Estado, sin sujeción a los requisitos y justificantes de las leyes de contabilidad. ◆ Fondos reservados.

FONDOS SOCIALES: patrimonio de algunos entes sin fines de lucro.

FOR: abreviatura de la locución inglesa *Free On Railway* (Franco sobre el tren).◆ Ver **"Free on railway".**

FORÁNEO: extraño, forastero.

FORENSE: relativo al foro.

"FORFAIT": locución francesa; precio fijo, no modificable, en un contrato de compraventa.◆ Contrato en el que se fija por anticipado el precio de una o más prestaciones.◆ Multa convenida de antemano para el caso de incumplimiento de un contrato.

"FORFAITING": operación por la que una entidad financia una exportación en divisas corriendo con todos los riesgos a cambio de un descuento sobre el importe de la venta.

FORMA: conjunto de las prescripciones de la ley respecto de las solemnidades que deben observarse al tiempo de la formación del acto.◆ Ver **Derecho formal; Derecho objetivo.**

FORMA DE APRECIACIÓN: aquel proceso por el cual las personas disponen y utilizan el resultado de los procesos de trabajo distribuyendo los bienes existentes en la sociedad *(M. Burkún - A. Spagnolo).*

FORMA DE ESTADO: alude a la distribución y orden de aquél y a las relaciones que se establecen entre el pueblo, el territorio y la soberanía, según que se concentren y acumulen en un ordenamiento estatal único o se distribuyan o descentralicen en los diversos ordenamientos estatales que se constituyan *(A. Groppali).*

FORMA DE GOBIERNO: consiste en el Sistema de Gobierno adoptado por una Nación. Las tres formas clásicas de Gobierno son: monarquía, aristocracia y democracia *(S. Linares Quintana).*

FORMA FEDERAL: ver **Estado federal.**

FORMA POLÍTICA: configuración jurídica del modo del ejercicio y organización del poder político, según una interpretación ideológica, en una estructura social *(P. Verdú).*

FORMA REPRESENTATIVA: ver **Democracia representativa.**

FORMA REPUBLICANA: ver **República.**

FORMACIÓN PROFESIONAL: expresión que alude a la capacitación de los trabajadores. En general, es un requisito básico para cualquier estrategia de crecimiento con equidad social.

FORMAL: perteneciente o relativo a la forma.◆ Expreso, preciso, determinado.

FORMALIDADES: formas a las cuales deben sujetarse ciertos actos o hechos contables o jurídicos de acuerdo con las normas legales.◆ Modo de ejecución con exactitud de un acto público, de fórmulas o ceremonias conducentes a un fin.

FORMALISMO: rigurosa aplicación y observancia del método.◆ Tendencia a concebir las cosas como formas y no como esencias.

FORMATO DIGITAL: información representada mediante dígitos o números, sin hacer referencia a su medio de almacenamiento o soporte.

FÓRMULA: medio práctico propuesto para resolver un asunto controvertido o ejecutar una cosa difícil.

FORMULAR: elaborar documentos o estados contables.◆ Expresar, manifestar. ◆ Reducir a términos precisos un mandato, una proposición o un encargo.

FORMULARIO: libro o escrito en que se contienen fórmulas que se han de observar para la petición, expedición o ejecución de algunas cosas.◆ Forma impresa en la cual se dejan espacios en blanco para llenarlos después.◆ Comprobante de contabilidad.

FORO: en Roma, plaza donde se trataban los negocios públicos y donde el pretor celebraba los juicios.◆ Lugar en que los tribunales oyen y determinan las causas de un hecho.◆ Grupo que realiza un debate abierto sobre un tema o problema específico.◆ *Forum.*

FORTUNA: hacienda, capital, caudal.◆ Acumulación de bienes y dinero o de aquellos elementos representativos con que cuenta una persona.◆ Riqueza.

"FORUM": ver **Foro**.

"FORWARD": ver **"Forward contract"**.

"FORWARD CONTRACT": acuerdo ejecutivo por el cual una de las partes se obliga a comprar (o vender) un activo determinado, a un precio fijado, en un momento dado. Si estos *forward* se encuentran estandarizados y se comercian habitualmente en el mercado, se denominan futuros *(G. Gotlib).*◆ *Forward.*◆ Contrato de *forward.*

FORZADO: retenido u ocupado por la fuerza.◆ Aquello que no surge en forma espontánea.

FORZOSO: de ineludible ejecución o realización.◆ Que no se puede excusar.

FOT: abreviatura del término en inglés *Free On Truck.*◆ Ver **"Free on truck".**

FOTOCOPIA: reproducción de imágenes directamente sobre papel.

FRAGUAR: maquinar un embuste, lío, etcétera.

"FRANCHISING": término inglés que significa "franquicia". Es una forma moderna de distribución comercial. La franquicia comercial implica una relación que se establece entre un inversor, llamado franquiciado, que aporta capital, trabajo y un local, y un franquiciante, que concede la franquicia de un negocio exitoso. La franquicia comercial o *franchising* posee ciertos aspectos o elementos fundamentales:
a) La licencia de marca: es necesario que alguien traiga la titularidad de una marca conocida, confiable y exitosa.
b) La transferencia del *know how*: el estilo debe traducirse en normas concretas que se agrupan en un manual operativo. El *know how* es un conjunto

de métodos, procedimientos y pautas, que pueden ser regulares o no, que se actualizan y perfeccionan en forma constante, que nacen de la experiencia del franquiciante y que estaban fuera del conocimiento del franquiciado.
c) Asistencia técnica: consiste, básicamente, en brindar al favorecido asistencia y colaboración en todo el aspecto metodológico para dirigir el negocio. La elección del local, la selección del personal, el equipamiento, los sistemas de computación, etcétera, son rasgos en los cuales comienza a funcionar la asistencia.
d) Control operativo: otorgada la franquicia, se realiza un seguimiento regular y sistemático sobre la marcha del negocio. La finalidad no sólo es controlar, sino también solucionar problemas que puedan presentarse.
e) Pagos: el pago ofrece distintas variantes, pudiendo consistir en:
1) un pago mensual básico;
2) un porcentaje sobre el monto de ventas;
3) ambos.
Los beneficios del franquiciante son:
a) Poder estructurar la red comercial con un costo reducido, sin arriesgar capital.
b) Poder expandir su actividad por medio de terceros, evitando la apertura de sucursales propias.
c) Percibir una retribución por el uso de la marca y expandir su prestigio mediante los franquiciados.
d) Disminuir el costo financiero de sus inventarios.
e) Reducir sus costos fijos.
Los beneficios del franquiciado son:
a) Incorporarse a un sistema exitoso sin necesidad de tener que imponer un producto en el mercado.
b) Recibir asistencia técnica en forma permanente.
c) Adoptar un sistema estandarizado global.
d) Poseer un único proveedor que le abastece en tiempo y forma de los productos para satisfacer las necesidades del mercado.
e) Poder recibir asistencia financiera para la compra del local y condiciones ventajosas para pagar los productos mediante una tasa de interés reducida.

FRANCMASONERÍA: asociación secreta de personas que profesan principios de fraternidad mutua; usan emblemas y signos especiales, y se agrupan en entidades llamadas logias.

FRANCO: exento de gastos y gravámenes. ◆ Cosas o productos libres de impuestos y contribuciones, y los lugares, puestos, etcétera, en que se goza de esta exención.◆ Unidad monetaria de distintos países.◆ Libre de obligación o trabajo.

FRANCO A BORDO: FAB.◆ "Free on Board". FOB.◆ Ver **Libre a bordo** (LAB).

FRANCO FÁBRICA: cláusula en virtud de la cual el comprador se hace cargo de los gastos de transporte y seguro.

FRANQUEO: utilización de estampillas postales en la correspondencia y demás piezas que se expiden por conducto de las oficinas de correo.

FRANQUICIA: exención, total o parcial, que se concede a una persona para no pagar derechos por las mercaderías que introduce o extrae, o por el aprovechamiento de algún servicio público.◆ Exención que se concede para no pagar derechos de correo o Aduana.◆ Monto que se encuentra a cargo del asegurado en caso de producirse el siniestro.◆ Ver **"Franchising"**.

FRANQUICIA DE SEGURO: porcentaje del valor total del siniestro o una suma determinada hasta la cual el asegurado se convierte en su propio asegurador y la empresa aseguradora queda exenta de responsabilidad.

FRANQUICIADO: ver **"Franchising"**.

FRANQUICIANTE: ver **"Franchising"**.

FRATRICIDA: persona que mata a su hermano.

FRATRICIDIO: acto por el cual una persona mata a su hermano.

FRAUDAR: cometer fraude o engañar.

FRAUDE: acto de simulación con la intención de engañar o perjudicar a otro. Se incurre en fraude cuando intencionalmente se actúa de mala fe con el objeto de eludir una obligación o de obtener una ganancia. Acto tendiente a eludir una disposición legal en perjuicio del Estado o de terceros.◆ Interpretación incorrecta e intencional en la preparación de la información financiera. Involucra falsificación, manipulación o alteración de los documentos o registros, apropiación indebida de activos, omisión o supresión de transacciones, registro de transacciones incorrectas o inexistentes, o inadecuada aplicación de las políticas contables *(C. Slosse)*.

FRAUDE A REGÍMENES DE PROMOCIÓN: el cometido por quien, con el objeto de obtener exenciones o desgravaciones impositivas o reintegros, recuperos, devoluciones de impuestos o subsidios de cualquier naturaleza, simulare la existencia de inversiones o se valiere fraudulentamente de regímenes de promoción.

FRAUDE ELECTORAL: aquel llevado a cabo mediante manipulación, engaño y falsificación con el objeto de alterar los resultados de una elección antes, durante o después del acto electoral.

FRAUDE FISCAL: forma más grave de la evasión fiscal. Configura un delito penal: falsificación de valores fiscales, comprobantes falsos, contrabando, etcétera. La evasión se convierte en fraude cuando supone una violación de la ley. La variedad de fraudes es infinita; el contribuyente despliega en este campo una paciencia, ardor e ingeniosidad a los que, por otra parte, responden la paciencia, el ardor y la ingeniosidad del Fisco para descubrir a los defraudadores. Algunas características son: a) desigualdad ante fraude: la moralidad general no es susceptible de grandes variaciones; así pues, el fraude está esencialmente relacionado con las posibilidades prácticas de defraudar; b) la prevención del fraude: las legislaciones fiscales establecen diversos métodos para prevenir el fraude; hay sistemas de establecimiento del impuesto que no dan posibilidad al fraude, por ejemplo, la valoración de la base imponible con arreglo a signos exteriores; c) represión al fraude: es a la vez un medio de castigar al defraudador y de intimidar a sus imitadores, es decir, la represión puede servir también para la prevención (*M. Duverger)*.

FRAUDE INFORMÁTICO: delito informático que, en sentido amplio, alude a cualquier cambio no autorizado y malicioso de datos o informaciones contenidos en la computadora, en cualquier fase de su procesamiento (entrada, procesamiento o salida), ya sea que medie o no ánimo de lucro o un perjuicio a terceros. En sentido estricto, sólo cuando se dan esos últimos elementos *(C. Hess)*.

FRAUDE PROCESAL: ver **Estafa procesal.**

FRAUDES DE LOS EMPRESARIOS: aquellos cometidos por directores, administradores, gerentes, etcétera, de las empresas. Pueden tener infinitas finalidades y modos de implementación; sin embargo, dentro de los frecuentes –o más comunes– podemos mencionar:

a) Cuando el responsable por deuda propia o ajena mediante doble contabilidad o declaraciones, liquidaciones, registraciones contables o balances engañosos o falsos, o la no emisión de facturas o documentos equivalentes cuando hubiere obligación de hacerlo, o efectuando facturaciones o valuaciones en exceso o en defecto, o valiéndose de cualquier otro ardid o engaño, ocultare, modificare, disimulare o no revelare la real situación económica o patrimonial, con el objeto de dificultar o impedir la fiscalización o la percepción de tributos siempre que pueda importar un perjuicio patrimonial al Fisco.

b) Cuando evadiere total o parcialmente el pago de tributos o aprovechare indebidamente beneficios fiscales y siempre que durante un ejercicio o período fiscal hubiere evadido.

c) Cuando mediante declaraciones juradas engañosas o falsas, registraciones contables o balances inexactos, presentación de liquidaciones que no correspondan a la totalidad del personal que presta servicios en relación de dependencia o que no revelen el verdadero monto de las remuneraciones que efectivamente se pagan, o mediante cualquier otro ardid o engaño evadiere total o parcialmente el pago de los aportes o contribuciones a que estuviere obligado con los organismos nacionales de seguridad social, considerándose incluidos los que corresponden al régimen nacional de previsión social asignaciones familiares, obras sociales o fondos especiales cuyo descuento esté legalmente autorizado, incluidos los convenios de corresponsabilidad gremial.

d) Cuando, con el objeto de obtener exenciones o desgravaciones impositivas o reintegros, recuperos, devoluciones de impuestos o subsidios de cualquier naturaleza, simulare la existencia de inversiones o se valiere fraudulentamente de regímenes de promoción.

e) Cuando no se inscribiese al ente ante los organismos de control pertinentes, estando obligado a hacerlo por las disposiciones vigentes o no presentare las declaraciones juradas correspondientes.

f) Cuando se omitiere actuar como agente de retención o percepción.

g) Cuando se efectuaren facturaciones o valuaciones en exceso o en defecto en materia de importación o exportación, cuyo fin sea percibir beneficios o exenciones tributarias.

FRAUDES DEL PERSONAL: normalmente son aquellos fraudes cometidos con la finalidad de apoderarse ilícitamente de mercaderías, dinero, valores, etcétera, sea en forma individual o con otro u otros, de la misma empresa o ajeno a ella.

"FREE ALONG SIDE SHIP": ver **FAS.**

"FREE CARRIER": cláusula en virtud de la cual el vendedor cumple entregando la mercadería al transportista en el lugar convenido. Mediante esta cláusula del contrato de compraventa, los riesgos del traslado los asume el comprador.

"FREE FLOAT": aquel capital accesorio que no está controlado por los accionistas mayoritarios de las empresas y que cotiza libremente en el mercado. Es decir, constituye el capital flotante o en circulación de una empresa cotizante que se encuentra disponible para su compra a través del mercado por parte de los inversores.

"FREE ON BOARD": FOB.◆ Franco A Bordo (FAB).◆ Ver **Libre A Bordo** (LAB).

"FREE ON RAILWAY": FOR.◆ Cláusula que significa que el exportador se hace cargo de todos los gastos que deban afrontarse hasta el momento de poner la mercadería de exportación sobre el tren, lo cual implica que el importador deberá pagar el gasto de flete y el del seguro, los gastos de descarga y los gravámenes de Aduana.

"FREE ON TRUCK": cláusula quc significa que el exportador se hace cargo de todos los gastos que surjan hasta el momento de poner la mercadería de exportación sobre el camión, debiendo el importador pagar el flete, el seguro, los gastos de descarga y los gravámenes de Aduana.

"FREE RIDER": sujeto que se beneficia de una acción sin incurrir en los costos necesarios para que tal acción se lleve a cabo.

"FREE SHOP": comercio donde se adquieren las mercancías libres de impuestos, como, por ejemplo, los que operan en los puertos y aeropuertos internacionales vendiendo productos a menor precio.◆ Forma abreviada de la expresión *duty free shop*.

"FREIGHT CARRIAGE AND INSURANCE PAID TO": ver **"Freight carriage paid to".**

"FREIGHT CARRIAGE PAID TO": expresión que significa que el flete se encuentra a cargo del vendedor, hasta el punto de destino que se determina.

"FREQUENTLY ASKED QUESTIONS": ver **FAQ**.

FRONTERA: límite que demarca la extensión territorial entre dos Estados.

FRUCTUARIO: usufructuario.◆ Que consiste en frutos.

FRUSTRAR: dejar sin efecto un propósito contra la intención del que procura realizarlo.◆ Malograr un intento.

FRUTOS: en el Derecho Común es rigurosamente unitario y se basa, en primer lugar, en consideraciones económicas. Son los rendimientos económicos que se extraen de una cosa conforme a su destino y sin alterar su esencia, ya inmediatamente (frutos naturales), ya como consecuencia de una relación jurídica dirigida a conseguir estos productos (frutos civiles o jurídicos) *(L. Enneccerus).*

FRUTOS CIVILES: utilidad que producen las cosas mediante el arrendamiento o contratos equivalentes.◆ Ver **Frutos.**

FRUTOS DE LAS COSAS: todo lo que producen los bienes y los demás beneficios que se obtienen conforme al destino de la cosa.◆ Ver **Frutos de una cosa.**

FRUTOS DE UN DERECHO: rendimientos que el Derecho proporciona conforme a su destino, especialmente, tratándose de un derecho a la obtención de productos del suelo, los productos obtenidos.◆ Son los productos que rinde conforme a su destino, sea inmediatamente, sea en virtud de una relación jurídica.

FRUTOS DE UNA COSA: sus productos, los demás beneficios que se obtienen de la cosa conforme a su destino y, finalmente, los réditos que la cosa otorga en virtud de una relación jurídica *(L. Enneccerus).*

FRUTOS INDUSTRIALES: los que producen los medios de cualquier especie en beneficio del cultivo o del trabajo.

FRUTOS NATURALES: producciones espontáneas de la tierra y las crías y demás productos de los animales.◆ Ver **Frutos.**

FRUTOS PENDIENTES: aquellos que, estando más o menos desarrollados, permanecen unidos a la cosa que los produce.

FRUTOS PERCIBIDOS: aquellos que se separaron de la cosa de la que proceden.

FRUTOS POR ALIMENTOS: cuando al tutor o curador se le concede todo el producto de las rentas del pupilo para alimentarlo.

FUENTE DEL DERECHO: conjunto de signos exteriores capaces de ser interpretados por el hombre, mediante los que se manifiesta y revela la norma jurídica.◆ Ver **Fuentes del Derecho.**

FUENTES DE FINANCIAMIENTO: recursos o medios de pago a disposición del ente para hacer frente a los compromisos diversos. Pueden ser propios o externos.◆ Ver **Financiación.**

FUENTES DE FINANCIAMIENTO EXTERNO: recursos aportados por terceros o ajenos al ente por un período determinado y por los cuales, normalmente, el ente debe abonar un interés.◆ Recursos obtenidos por un país en el exterior.◆ Ver **Financiamiento externo.**

FUENTES DE FINANCIAMIENTO PROPIO: recursos pertenecientes a la empresa que le posibilitan hacer frente a sus obligaciones en tiempo y forma convenidos.

FUENTES DEL CONOCIMIENTO DE LA CIENCIA JURÍDICA: aquellas obras de la actividad doctrinal en las que se desarrollan y ordenan sistemáticamente los conceptos jurídicos.

FUENTES DEL DERECHO: causas del nacimiento del Derecho General, o sea, tanto de las instituciones jurídicas como de las reglas jurídicas formadas por abstracción de aquélla *(Savigny).*

FUENTES DEL DERECHO DIRECTAS: las que encierran en sí la norma jurídica, o sea, a las que un ordenamiento jurídico determinado atribuye fuerza de obligar.

FUENTES DEL DERECHO MEDIATAS: aquellas que producen el conocimiento en virtud y a través de un elemento interpuesto entre el cognoscente y el conocido.

FUENTES FORMALES DEL DERECHO: las formas obligadas y predeterminadas que ineludiblemente deben revestir los preceptos de conducta exterior, para imponerse socialmente, en virtud de la potencia coercitiva del Derecho *(J. Bonnecase).*◆ Son todo acto de creación jurídica constatable de modo indubitable en la experiencia histórica del Derecho por medio del cual una intuición o un pensamiento jurídico es transmutado en norma de Derecho, o por el que una cierta realidad vital-social se convierte en realidad jurídica *(Legaz y Lacambra).*

FUENTES MATERIALES DEL DERECHO: ciertos datos o hechos de la vida social (estándares axiológicos, convicciones, movimiento de opinión, declaraciones partidarias, etc.) *(E. Aftalión).*

FUENTES REALES DEL DERECHO: fuentes materiales del Derecho.

FUERO: jurisdicción, poder.◆ Cada uno de los privilegios y exenciones que se conceden a una provincia, ciudad o persona.◆ Competencia a la que legalmente están sometidas las partes y que por Derecho les corresponde.◆ Ley o Código dados para un municipio durante la Edad Media.◆ Jurisdicción, poder.◆ Cada uno de los privilegios y exenciones que se conceden a una provincia, ciudad o persona.

FUERO ACTIVO: aquel del que gozan algunas personas para llevar sus causas a ciertos tribunales por privilegio del cuerpo del que son individuos.

FUERO CASTRENSE: jurisdicción militar.

FUERO CIVIL: jurisdicción civil.◆ Sede civil.

FUERO DE ATRACCIÓN: cuando, por el rango del Tribunal, la calidad del justiciable o la índole del asunto, ha de conocer aquél de cuestiones diferentes aunque conexas respecto de las que estrictamente le competen.

FUERO DE COMERCIO: jurisdicción comercial.

FUERO DE SOBRARBE: consagra algunas libertades que pueden considerarse modelos de principios reconocidos en las Constituciones modernas *(M. de Ruiz).*

FUERO LABORAL: aquel constituido por los tribunales especializados en materia laboral.

FUERO PERSONAL: ver **Fueros personales.**

FUERO REAL: ver **Fueros reales.**

FUERO SINDICAL: conjunto de derechos que la ley confiere al trabajador que desempeña cargos representativos o electivos en los sindicatos.

FUEROS DE ARAGÓN: constituyen un valioso antecedente de la moderna concepción de la supremacía de la Constitución y de la protección jurisdiccional de los derechos individuales. El fuero tenía el valor de una verdadera Ley Suprema, al que debían obediencia los súbditos y el propio rey *(M. de Ruiz).*

FUEROS DE CAUSA: fueros reales. Fueros de materia.

FUEROS DE MATERIA: fueros reales. Fueros de causa.

FUEROS PERSONALES: consistían en el derecho de una persona a ser juzgada según su condición o profesión por sus pares *(M. de Ruiz).*

FUEROS REALES: los que rigen en virtud de una cuestión determinada.

FUERTE: generalmente, calificativo que se le otorga a una empresa que tiene fuerza, potencia, resistencia.◆ Unidad monetaria que no sufre fluctuaciones en los cambios.

FUERZA: acto de obligar a una persona, mediante la violencia, a facilitar o prestar el consentimiento para la ejecución de algún hecho.

FUERZA DE LEY: la que posee la ley para constreñir a los individuos a mantener determinado comportamiento.

FUERZA EN CAMPAÑA: cuando operare en plazas o territorios declarados en Estado de guerra, aunque ostensiblemente no aparezca el enemigo armado, y cuando por razones de gobierno o estado, la autoridad militar dispusiere que las tropas practiquen servicio como tiempo de guerra.

FUERZA EXTRAÑA: aquella ajena al ser humano.

FUERZA LABORAL: suele aludirse con esta expresión a la suma de los individuos empleados y de los desempleados.

FUERZA LIBERATORIA: la que posee el papel moneda para poder cancelar las deudas y obligaciones, cuya cantidad está referida a la moneda acuñada.

FUERZA MAYOR: acontecimiento o circunstancia imprevista que exime o impide del cumplimiento de alguna obligación.

FUERZA PÚBLICA: organización destinada al mantenimiento del orden público.◆ Conjunto de agentes policiales cuya autoridad les permite mantener el orden público.

FUGA DE CAPITALES: salida de capitales pertenecientes a personas físicas o jurídicas que se produce en un país con destino al exterior por razones políticas, económicas, sociales y/o financieras de índole interna.

"FULL TIME": tiempo completo; se usa para definir el trabajo de una persona.

FUNCIÓN JURISDICCIONAL: acto de aplicación de las normas jurídicas para resolver conflictos suscitados entre particulares, entre entes estatales, entre particulares y el Estado, etcétera *(Padilla - Calvo - Marinozzi).*

FUNCIÓN PÚBLICA: toda actividad temporaria o permanente remunerada u honoraria realizada por una persona natural en nombre del Estado o de sus entidades en cualesquiera de sus niveles jerárquicos.

FUNCIONARIO: empleado jerárquico, particularmente el estatal.◆ Persona que ejerce un cargo o desempeña una función retribuida o gratuita, permanente o temporaria, de carácter legislativo, administrativo o judicial en el Estado, en el municipio o en cualquier ente público.

FUNCIONARIO CONSULAR: toda persona, incluido el jefe de oficina consular, encargada con ese carácter del ejercicio de funciones consulares.

FUNCIONARIO "DE FACTO": el que asume una función o poder sin derecho *(C. Fayt).*◆ Quien detenta por un golpe de Estado el Poder Ejecutivo y aun el Legislativo *(C. Sánchez Viamonte).*

FUNCIONARIO PÚBLICO: todo aquel que participa accidental o permanentemente en el ejercicio de funciones públicas, sea por elección popular o por nombramiento de autoridad competente *(J. Haddad).*

"FUND": fondo.◆ Cualquier monto de dinero o de activos.

FUNDACIÓN: persona jurídica de carácter privado que se constituye mediante el aporte patrimonial de una o más personas, cuyo objeto fundamental es el bien común, el interés público y que no tiene propósito de lucro. Las características fundamentales de las fundaciones son: a) deben ser personas jurídicas independientes en forma absoluta de la persona del fundador; b) no deben subsistir exclusivamente de asignaciones del Estado y su funcionamiento requiere la autorización de la IGJ; no requieren pluralidad de personas; c) el fundador no puede ser uno de los favorecidos directos de la fundación porque se destruiría su espíritu y razón de ser; d) tienen carácter de perpetuidad; e) el capital inicial debe posibilitar razonablemente el cumplimiento de los objetivos propuestos; f) es imprescindible un acto constitutivo escrito; g) la denominación social debe contener el tipo societario adoptado por el ente, es decir, la palabra "fundación".

FUNDADOR: persona que promueve e inicia la constitución de una empresa, sociedad, etcétera.◆ Ver **Socios fundadores.**

FUNDAMENTALISMO: movimiento religioso y político de masas que pretende restaurar la pureza islámica mediante la aplicación estricta de la ley coránica a la vida social.

FUNDAMENTO: principio, base o cimiento sobre el que se basa una cosa.◆ Razón general o motivo con que se pretende afianzar y asegurar una cosa.

FUNGIBLE: ver **Bienes fungibles.**

FUSIÓN: unión de dos o más empresas mediante la adquisición por parte de una del patrimonio o de los patrimonios de la otra u otras. Se considera que hay fusión, cuando dos o más sociedades se disuelven, sin liquidarse, para constituir una nueva; o cuando una ya existente incorpora a otra u otras que, sin liquidarse, son disueltas. Como consecuencia de esto, el efecto es que la nueva sociedad o la incorporante adquiere la titularidad de los derechos y obligaciones de las sociedades disueltas, produciéndose la transferencia total de sus respectivos patrimonios al inscribirse en el Registro Público de Comercio el acuerdo definitivo de fusión y el contrato o estatuto de la nueva sociedad o el aumento de capital que hubiere tenido que efectuar la incorporante.

FUSIÓN DESCENDENTE: fusión vertical.

FUSIÓN HORIZONTAL: unión de empresas que realizan similares productos o servicios.

FUSIÓN POR COMBINACIÓN, CREACIÓN O CONSTITUCIÓN: según el profesor mexicano *L. Pedroza Reyes*, ésta se presenta cuando una o más sociedades se unen para formar una distinta, con desaparición de todas las fusionadas.

FUSIÓN VERTICAL: absorción de otra u otras empresas.◆ Integración de empresas que realizan el ciclo completo de producción y/o comercial.◆ Unión de la empresa central con una subsidiaria. ◆ Fusión descendente.

FUTUROS: ver Contrato de futuros.

G

GABELA: impuesto, tasa, gravamen, carga, contribución que en forma coercitiva debe pagarse a un Estado.

GABINETE: ministerio, cuerpo de ministros que lo componen, gobierno del Estado.

GALERÍA COMERCIAL: aquella construcción en la que se agrupan varios locales o negocios con acceso desde la vía pública y áreas de circulación horizontal y/o vertical comunes a ellos.

GANADERÍA: cría y tráfico de ganado. ◆ Conjunto de ganados de un país, región o hacienda.◆ Raza especial de ganado que suele llevar el nombre del ganadero.◆ Abundancia de ganado.

GANANCIA: beneficio, utilidad, lucro, superávit.◆ Es el excedente de los ingresos por sobre los egresos o del ingreso por sobre los costos.

GANANCIA EXENTA: beneficio no sujeto al pago de impuesto. Siempre debe emanar de una norma legal y previamente debió estar gravada.

GANANCIA FICTICIA: beneficios incrementados ficticiamente mediante la sobrevalorización de los ingresos o la subvaluación de los egresos, con el fin de mejorar, en forma aparente, la situación de la empresa.◆ Utilidad falsa como consecuencia de errores cometidos, deliberados o no.

GANANCIA GRAVADA: utilidad sobre la cual se debe pagar impuesto; la que surge del balance impositivo.

GANANCIA INFLADA: ver **Ganancia ficticia.**

GANANCIALES: ver **Bienes gananciales.**

GANAR: adquirir caudal o aumentarlo con cualquier género de comercio, industria o trabajo.◆ Tener derecho a determinados ingresos como consecuencia de servicios prestados o por la colocación de un capital a interés.

GANGA: adquirir una cosa a precio reducido.

GANZÚA: ladrón que roba con maña o saca lo que está muy encerrado o escondido.

GARABATO: rasgos o letras irregulares mal hechos, ilegibles.

GARANTE: sujeto que se compromete a hacerse cargo del pago de una deuda en caso de que el deudor no lo haga.◆ Quien respalda con su firma, o con su firma y bienes, a alguien o a algo.◆ Fiador.

GARANTÍA: compromiso de pago de una deuda por falta de cumplimiento por parte del deudor o por la ejecución de una obligación. Toda seguridad adicional que el propio deudor o un tercero otorga al acreedor para el supuesto de que la obligación no sea total y debidamente cumplida a su vencimiento. ◆ Efecto de afianzar lo estipulado.◆ Fianza.◆ Afianzamiento.

GARANTÍA BANCARIA: aval o aseguramiento de una institución financiera brindado u otorgado a un cliente de la misma.

GARANTÍA COMPRADA: aquella que produce una grave lesión sobre la buena fe con que deben celebrarse e interpretarse los contratos. Los riesgos que asume el locador de un inmueble al aceptar una garantía comprada se agudizan con respecto a los que tiene cualquier garantía. El inmueble que es objeto de este tipo de actividad corre el peligro de estar embargado o hipotecado. Al trabar embargo sobre el inmueble constituido en garantía, las posibilidades de resarcimiento ante el incumplimiento del locatario son escasas, ya que el riesgo de incobrabilidad aumenta notablemente cuando la garantía se vende varias veces. Un vendedor de garantías puede ofrecer un inmueble en varios contratos; por lo tanto, no es descabellado pensar que se trabe sobre el mismo más de un embargo. Sólo el primer embargante tiene la posibilidad de cobrar la totalidad de su crédito; los embargantes posteriores sólo pueden acceder a la repartición del saldo.

GARANTÍA CORRIENTE: papeles entregados como garantía de un préstamo, fácilmente vendibles, como acciones, bonos, etcétera.

GARANTÍA DE ALQUILER: sistema de contratación de alquiler mediante un seguro de garantía. No es un seguro obligatorio y es privativo del propietario exigir la garantía que considere adecuada y necesaria. El costo del sistema normalmente está compuesto por: a) dos meses de alquiler, b) una suma determinada y fija en concepto de gastos administrativos. El monto asegurado está dado por el límite máximo establecido en el contrato y el riesgo que cubre son los alquileres impagos más la multa pactada y los daños derivados por el mal uso del inmueble.

GARANTÍA DE DEPÓSITOS: sistema por el cual el Banco Central, o algún organismo público o mixto, garantiza a los depositantes el cobro de su dinero en caso de quiebra bancaria.

GARANTÍA DE EVICCIÓN: ver **Evicción.**

GARANTÍA DE LICITACIONES: en las licitaciones efectuadas por el Estado, por las provincias, por las municipalidades, etcétera, suele exigirse una garantía que siempre toma la forma de depósito en efectivo o en títulos.

GARANTÍA DE VICIOS REDHIBITORIOS: ver **Vicios redhibitorios.**

GARANTÍA ESPECIAL: la ofrecida por un bien particular.

GARANTÍA FLOTANTE: variante de garantía dentro de la de prenda sobre mercaderías. En ésta, el deudor puede gravar sus inventarios en general, sin especificar sus diversos componentes. En esta situación, el financista obtiene una garantía flotante sobre todos los bienes de cambio del deudor. Esta clase de garantía es muy general y difícil de controlar por parte del acreedor financiero.

GARANTÍA HIPOTECARIA: afectación de un bien inmueble a una garantía mediante la constitución de un gravamen sobre él.

GARANTÍA INSUFICIENTE: aquella, presentada, no alcanza para respaldar el monto de un crédito.

GARANTÍA MONETARIA: respaldo que generalmente debe tener la emisión de moneda de un país. El oro y la plata han sido los tipificantes por excelencia.

GARANTÍA NO CORRIENTE: activos entregados como garantía de un préstamo y de poca liquidez inmediata.

GARANTÍA PERSONAL: aquella otorgada sobre la base del total de los bienes patrimoniales de una persona, sin afectación de un bien específico. También consiste en adicionar al deudor principal un nuevo deudor. Es decir, además del patrimonio del deudor se adiciona el patrimonio de un segundo deudor.

GARANTÍA PRENDARIA: constitución de un gravamen sobre un bien mueble con el fin de garantizar el pago de una deuda.

GARANTÍA REAL: aquella otorgada mediante la constitución de un gravamen hipotecario o prendario. Consiste en gravar un bien del deudor o de un tercero.

GARANTÍA SUFICIENTE: aquella presentada por el cliente, que satisface al acreedor potencial o real.

GARANTÍAS CONSTITUCIONALES: mecanismos o instrumentos especiales que la Constitución crea para amparar y asegurar el ejercicio de todos los derechos en general o bien de ciertos derechos específicos que se encuentran en la cúspide del orden jerárquico de los derechos *(M. A. Ekmedjian).*

GARANTÍAS INSTITUCIONALES: aseguración, por normas constitucionales, no de derechos constitucionales sino de ciertas instituciones *(R. Verdú).*

GARANTÍAS RESPALDATORIAS: todas las deudas, créditos e inversiones con garantía real o con otras garantías, que por su naturaleza impliquen una seguridad adicional en la realización de los derechos; por ejemplo: caución de bonos externos, caución de certificados de depósito a plazo fijo transferible y avales de entidades financieras.

GARANTISMO: Beccaría sentó las bases de esta corriente en un principio fundamental: la pena no podía justificarse en la venganza sino en la utilidad, en la prevención de otros delitos. Esta corriente busca revertir estrategias que refuerzan las asimetrías sociales. ◆ Trata de posicionarse como una corriente reguladora de los poderes, exaltando los principios de la prevención del crimen en el marco de un "derecho penal mínimo" (Baratta). Esta corriente del pensamiento criminológico de sesgo contractualista y utilitaria que aparece en el seno de la Ilustración italiana, proporcionó a Estados modernos, conceptos básicos para transformar el procedimiento judicial y suavizar la ejecución de la pena.

GARANTISMO PENAL: derecho penal legitimado por su capacidad de tutelar valores o derechos fundamentales cuya satisfacción, aun contra los intereses de la mayoría, es el fin justificador del derecho penal: la inmunidad de los ciudadanos contra la arbitrariedad de las prohibiciones y de los castigos.

GARANTIZADO: persona a quien se otorga una garantía.◆ La obligación que comprende la garantía.

GARANTIZAR: otorgar una garantía real a una deuda.◆ Salir fiador.

GARANTIZAR CON COLATERAL: asegurar el cumplimiento de una deuda u obligación, en forma total o parcial, mediante una prenda.

GASTO PÚBLICO: erogaciones para adquirir bienes y factores productivos aplicados a la producción de bienes y servicios para satisfacer necesidades públicas. El nivel de demanda por parte del sector público le otorga al mismo un papel importante en el nivel de empleo y producción en el total de la economía. Esta intervención genera efectos redistributivos de los ingresos entre distintos sectores de la sociedad.◆ Gastos incluidos en el presupuesto general del Estado, las cuentas especiales del Tesoro, los presupuestos anexos y los de las colectividades locales con exclusión de los gastos de seguridad social y organismos similares *(M. Duverger).*

GASTO PÚBLICO IMPRODUCTIVO: el que ocasiona un consumo de recursos, una detracción de bienes o factores del proceso productivo, como por ejemplo, gasto de mantenimiento de una playa pública, sueldo del personal del servicio exterior de la Nación *(B. Cornejo).*

GASTO PÚBLICO PRODUCTIVO: el que contribuye a la formación y el crecimiento del ingreso nacional, como el que le corresponde a la construcción de un camino, de un puerto, etcétera *(B. Cornejo).*

GASTOS ADUANEROS: aquellos ocasionados por las importaciones o exportaciones de productos. En el caso de las importaciones, éstos se cargan al costo de los productos y, en el caso de las exportaciones, se consideran como gastos de comercialización.

GASTOS BANCARIOS: cargos originados por operaciones bancarias y mantenimiento de cuentas corrientes o similares.

GASTOS CAUSÍDICOS: gastos judiciales ocasionados por tasas o erogaciones al iniciar una demanda o juicio. ◆ Gastos legales.◆ Gastos judiciales. ◆ Gastos de justicia.◆ Costas del proceso.

GASTOS DE ESCRITURACIÓN: erogaciones correspondientes a la escrituración de propiedades. Estos gastos se cargan, por lo general, al costo del bien;

por ejemplo: honorarios de escribano, tasas de justicia, impuestos de sellos, servicios. También se aplican a la escritura de hipotecas.

GASTOS DE EXPORTACIÓN: todas las erogaciones en concepto de operaciones de exportación. Por ejemplo: comisiones bancarias, honorarios de despachante de aduanas, tarifas de puertos, seguros, fletes.◆ Ver **Gastos aduaneros.**

GASTOS DE IMPORTACIÓN: aquellas erogaciones efectuadas como consecuencia de la importación de productos. ◆ Ver **Gastos aduaneros**.

GASTOS DE JUSTICIA: ver **Gastos causídicos.**

GASTOS DE MATRÍCULA: la inscripción en el Registro Público de Comercio de comerciantes, martilleros, etcétera, genera gastos que obligan al pago de un sellado fiscal u otros menores.

GASTOS DE REPRESENTACIÓN: asignaciones suplementarias anejas a ciertos cargos del Estado para su más decoroso desempeño o haberes que perciben algunos funcionarios de elevada categoría a quienes no señalan sueldo las leyes.

GASTOS DE RESIDENCIA: suma que se abona sobre el sueldo a un funcionario público por tener que residir en localidades determinadas.

GASTOS DE TRANSFERENCIA: pagos a determinadas personas como consecuencia de una política redistributiva de ingresos. No generan un incremento de la renta nacional. Constituyen los casos más importantes de gastos de transferencia: a) pago de intereses y amortización de la deuda pública, b) pagos en concepto de seguridad social, c) diversos subsidios o subvenciones no incluidos en el sistema de seguridad social, d) pagos de premios por juegos de azar explotados por el Estado.

GASTOS DEL EJERCICIO: en materia de Derecho Público, todos aquellos que se devenguen en el período, se traduzca o no en salidas de dinero efectivo del Tesoro.

GASTOS FISCALES: erogaciones efectuadas en concepto de impuestos, tasas, contribuciones y tributos.

GASTOS PREPAGADOS: en materia hipotecaria, aquellos tales como impuestos, seguro y otras contribuciones que deben ser abonadas previo a su vencimiento. Estos gastos están incluidos en el cierre.

GATT: abreviatura de la frase inglesa General Agreement on Tariffs and Trade, que significa "Acuerdo General sobre Aranceles y Comercio". Surgió en 1947 por decisión de veintitrés naciones reunidas en Bretton Woods (New Hampshire). Su finalidad fue solucionar los graves problemas y la depresión creada en el comercio mundial por el proteccionismo que había empezado a imperar en la década del treinta, por medio de la liberalización del comercio internacional y la creación de un mecanismo de flexibilización de las barreras aduaneras. En síntesis, es un acuerdo comercial entre ciento treinta países, que representan en conjunto más del 90 % del comercio mundial. Es un acuerdo comercial, no es un organismo. El objeto del contrato es eliminar barreras comerciales y proporcionar un ambiente seguro al comercio mundial. Desde su creación ha tenido las rondas o reuniones que se detallan a continuación:

a) 1947, Ronda Ginebra: en esta reunión se llegaron a concretar cuarenta y cinco mil acuerdos y se redujeron aranceles en productos manufacturados y agrícolas.

b) 1948, Ronda Annely: quedaron sentadas las bases para la inclusión de nuevos países.

c) 1951, Ronda Torquay, Inglaterra: se firmaron los pactos tratados en rondas anteriores, se admitieron nuevos miembros y los miembros originales acordaron trecemil reducciones arancelarias más.

d) 1956, Ronda Ginebra: en esta reunión se discutió fundamentalmente la admisión de Japón, que fue objetada por varios países que temían el efecto que los bajos salarios japoneses podían ocasionar. Por esta razón, y sobre la base del artículo XXXV del Tratado, varios países fueron autorizados a no hacer concesiones al Japón, situación que se mantuvo hasta 1960.

e)1960 - 1962, Ronda Dillon: esta reunión tuvo como resultado un 10 % de reducción en los aranceles de las exportaciones norteamericanas y una reducción general de aranceles equivalente a 40 mil millones de dólares.

f) 1963 - 1967, Ronda Kennedy: esta reunión, considerada como una de las más efectivas, concretó reducciones arancelarias para productos no agrícolas de alrededor del 35 %. Asimismo, se acordó una reducción del 20 % para productos de la agricultura.

g) 1973 - 1979 Ronda Tokio: sus resultados fueron mínimos y sólo se hicieron acuerdos sobre procedimientos de negociación.

h) 1986 - 1993 Ronda de Uruguay: se firmó en 1994 y entró en vigencia en 1995. Comenzó con dos grandes objetivos; el primero de ellos fue procurar evitar nuevas presiones proteccionistas que debilitaran el comercio unilateral ante medidas que estaban siendo adoptadas por algunos países afectados sobre todo por la deuda internacional; el segundo objetivo fue lograr una puesta al día con relación a ciertas áreas (cuyo examen debía reverse) que no habían sido consideradas hasta el momento, tales como productos agrícolas, servicios, inversiones internacionales y patentes de propiedad intelectual. Una de las características fundamentales se refiere a la cláusula de la Nación más favorecida; ello significa que si se bajan los aranceles para un país, todas las naciones participantes pasan en forma automática a recibir el mismo tratamiento. A partir de 1995, fue reemplazada por la Organización Mundial del Comercio; sustituyó el Acuerdo General sobre aranceles aduaneros y comercio. Es el único órgano internacional que se ocupa de las normas del comercio entre las naciones. No es un organismo especializado y tiene arreglos y prácticas de cooperación con las Naciones Unidas. Integrada por ciento treinta y cinco países, trabajan allí más de quinientos funcionarios. Los fines son cooperar y ayudar a que el comercio se desarrolle de acuerdo con un sistema uniforme, que se puedan resolver las controversias y mejorar las relaciones comerciales internacionales. Por un lado, es un código de normas y, por otro, un foro de negociación de aranceles y de las cuestiones comerciales. Como finalidad fundamental, el Acuerdo persigue la reducción sustancial de los aranceles aduaneros y la eliminación del trato discriminatorio, basado en el origen de los productos. Es un sistema multilateral de comercio integrado por más de un centenar de países *(A. Fratalochi - G. Zunino)*.

GDR's: *Global Depositary Receipts.*◆ Certificados de depósitos transables en distintos mercados internacionales.

GEMELO: el hijo nacido en el mismo parto que su hermano.

GENERACIÓN: casta, género o especie. ◆ Sucesión de descendientes en línea recta.

"GENERAL AGREEMENT TARIFFS AND TRADE": Acuerdo General sobre Aranceles y Comercio.◆ Ver **GATT**.

GENERALES DE LA LEY: interrogatorio que el magistrado realiza previo a la declaración testimonial de los testigos a fin de cerciorarse de que las circunstancias personales que rodean al deponente no afecten la objetividad y eficacia del testimonio.◆ Preguntas preceptuadas para todos los testigos.

GENERALIDAD: derechos que se adeudan a las aduanas.◆ Relativo a lo que sucede en forma ordinaria y con un cierto grado de habitualidad.

GÉNERO: desde el punto de vista jurídico, un conjunto más o menos amplio de objetos que reúnen unas determinadas características o de los cuales se pueden predicar unas determinadas condiciones comunes.◆ Constitución sexual de los comportamientos, roles, caracteres, vestimenta, costumbres, lenguaje que se corresponderían a determinada asignación de sexo (INADI).

GENÉTICA: disciplina que se ocupa de estudiar y analizar la herencia biológica. Es decir, se refiere a los caracteres fisiológicos y morfológicos que pasa de generación en generación.

GENOCIDIO: exterminio o eliminación sistemática de un grupo social por motivos de raza, de religión o de política.

GENTE DE MAR: todas las personas que, por la naturaleza de la profesión marítima, están sometidas a la disciplina que les impone el Código de la Marina Mercante.

GENUS NON PERIT: locución latina que significa, el género no se agota.

GEOLOGÍA: estudio de la estructura del globo terráqueo desde el punto de vista de su génesis.

GERENTE: mandatario puesto al frente de una empresa o de un determinado establecimiento, dependiente de ella.◆ En una sociedad de responsabilidad limitada, socio a quien la ley, los estatutos o los demás socios encargan la administración de los negocios sociales.

GESTIÓN: acción y efecto de administrar, equivalente a gestionar, que significa asignar recursos, controlar y evaluar su utilización de acuerdo con el cumplimiento de objetivos y siguiendo estrategias y políticas que pueden no estar cuantificadas ni explotadas

GESTIÓN DE NEGOCIOS AJENOS: en sentido propio, consiste en la intervención de una persona en los negocios o intereses de otra sin autorización de ésta, pero con la intención por parte de aquélla de producir un resultado final favorable al dueño del negocio o titular de los intereses gestionados *(Puig Brutau)*.◆ Siempre que una persona toma en su mano espontáneamente y sin obligación ni facultad específica alguna los negocios de otra y realiza para ella los actos que cree útiles *(J. Lacruz Berdejo)*.◆ Actos mediante los cuales una persona efectúa negocios que, directa o indirectamente, se refieren al patrimonio de otro, tenga éste o no conocimiento de tales hechos pero que, eventualmente, lo puedan obligar. La persona que actúe de la manera expresada queda sometida a todas las obligaciones que importan para el mandatario la aceptación de un mandato.

GESTOR: el que sin tener mandato para ello cuida bienes, negocios o intereses ajenos en pro de aquel a quien pertenecen. ◆ Persona cuya profesión es administrar inmuebles de terceros.◆ Componente de una sociedad comercial que participa en la administración de ésta.

GESTORÍA: oficina del gestor.◆ Generalmente recibe esta designación aquella empresa que se dedica profesionalmente a promover y activar en entes públicos o privados asuntos de personas físicas o jurídicas.

GIE: ver **Grupo de Interés Económico.**

GINECOCRACIA: gobierno de las mujeres.

GIRADO: persona a cuyo cargo es emitido un giro o una letra de cambio.◆ Banco sobre el cual es emitido un cheque.

GIRADOR: quien emite un cheque, un giro o una letra de cambio.

GIRAR: enviar dinero por giro postal, telegráfico, etcétera.◆ Expedir libranzas, talones u otras órdenes de pago.◆ Hacer las operaciones mercantiles de una empresa.

GIRO: orden de pago por escrito emitida por el girador –que puede ser cualquier persona– dándole instrucciones u ordenando al girado –que podrá ser un Banco o una oficina de correos– para que transfiera fondos para el pago de una cantidad de dinero determinada a un tercero beneficiario, quien podrá estar ubicado dentro del país o en el exterior.

GIRO A LA VISTA: aquel que deberá ser abonado a requerimiento o presentación del beneficiario.

GIRO A PLAZO: giro a pagarse al transcurrir un término especificado. Ejemplo: páguese a los treinta (30) días de una fecha cierta.

GIRO A TÉRMINO: ver **Giro a plazo.**

GIRO BANCARIO: uno de los contratos más antiguos que realizan las entidades bancarias. Mediante éste un cliente entrega dinero en un determinado lugar geográfico para tenerlo a su disposición, o a la de la persona que indique, en otro punto geográfico naturalmente, la entrega y el posterior retiro de fondos se realiza en establecimientos de la misma entidad crediticia o en los de aquellas con los que se encuentren relacionadas económicamente. Se trata de un contrato de servicios remunerado por una comisión.

GIRO CABLEGRÁFICO: el que se ordena mediante este medio.

GIRO EN DESCUBIERTO: posibilidad de emitir cheques contra un Banco, con previa autorización de éste, en el cual se tiene una cuenta corriente sin fondos. De hecho, este procedimiento tiene el tratamiento de un préstamo bancario que devenga intereses por el lapso en que se hace uso del importe sobregirado. Normalmente, es un monto fijo y permanente.◆ Dinero que se adeuda a una entidad bancaria como consecuencia de un pago no cubierto por el saldo en cuenta corriente.◆ Adelanto en cuenta corriente.

GIRO POSTAL: transferencia ordenada en una oficina postal y pagadera en otra.◆ Ver **Giro.**

GIROS POR TÉLEX: los que se ordenan por este medio.

GLOBALIZACIÓN: la dinámica y creciente interconexión mundial en todos sus campos. Fórmula resumida de calificar una serie de cambios bastante profundos que suceden en la vida cotidiana, que modifican la manera de relacionarse de las personas y las formas de gobernabilidad de éstas, hasta tal extremo que hacen cambiar la concepción de Estado. Desde el punto de vista estrictamente económico, se apoya en un hecho tecnológico que se basa en la informática, en las comunicaciones, etcétera y que permite operar en tiempo real desde cualquier lugar del mundo. Se apoya también en un fenómeno relacionado, que es la adopción de políticas liberales. Ello genera la ampliación de los espacios económicos a nivel mundial y es más rápido en algunos aspectos que en otros; con respecto a las ventajas que ofrece, existe un incremento fuerte de la productividad a nivel internacional. Es decir, se pueden alcanzar ventajas por mayor escala y la economía de escala promete un mayor porcentaje de éxito para los emprendimientos y los inventos. En teoría, conduce a una mayor productividad mundial; las tasas de crecimiento de la economía mundial muestran un desarrollo superior al promedio histórico.

GLOSA: acción de censurar, criticar, interpretar, revisar.

GOBERNABILIDAD: ejercicio efectivo y continuado del poder político.

GOBERNACIÓN: ejercicio del Gobierno.

GOBERNAR: mandar con autoridad o regir una cosa.◆ Guiar y dirigir.

GOBIERNO: acción y efecto de gobernar o gobernarse.◆ Conjunto de los ministros superiores de un Estado.◆ Empleo, ministerio y dignidad del gobernador.◆ Orden de regir o gobernar una Nación, provincia, plaza, etcétera.◆ Sector de la economía que comprende: entes públicos (administración central y entidades descentralizadas, excluyéndose empresas del Estado) nacionales, provinciales y municipales, que prestan servicios a la población y por los cuales no perciben un precio, sino que son financiados a través de tributos.◆ Sector Gobierno.

GOBIERNO ABSOLUTO: aquel en que todos los poderes se hallan reunidos en sólo una persona o cuerpo, sin limitación. Aplícase más comúnmente al caso en que se hallan reunidos en el monarca.

GOBIERNO DE ASAMBLEA: el que se caracteriza por un predominio del Parlamento, que se manifiesta ya por el hecho de que escapa al control de la disolución por parte del gabinete, sea porque controla al jefe del Estado o porque dispone tanto del poder de designación de los miembros del gabinete como de su revocación *(P. Verdú).*

GOBIERNO "DE FACTO": el que se caracteriza por ser el resultado de una substitución de personas en el ejercicio del poder. No existe un desplazamiento del centro de poder ni una ruptura del orden político, jurídico, social o económico. Afecta la totalidad de las funciones ejecutivas y legislativas y, si bien carece de legitimidad, busca justificarse en el consentimiento por lo menos tácito del pueblo obrando dentro del ordenamiento constitucional positivo *(C. Fayt).*◆ Es aquel que, a diferencia del Gobierno *de iure*, accede al poder mediante el uso de la fuerza desconociendo los mecanismos constitucionales previstos a tal efecto.

GOBIERNO "DE IURE": gobierno *de jure.*

GOBIERNO "DE JURE": nombre con el que se designa a aquel Gobierno que accede al poder como consecuencia de la observancia y el cumplimiento de los procedimientos y mecanismos establecidos en la Constitución Nacional.

GOBIERNO DIGITAL: modelo de interacción entre gobernantes y gobernados que se basa en la idea de emplear medios informáticos no sólo para permitir a los segundos una mejor y más intensa comunicación con los primeros a todo nivel sino, además, para permitir la prestación directa de servicios y el sometimiento de toda clase de gestiones a los despachos administrativos, obteniendo por la misma vía la resolución correspondiente *(C. Hess).*◆ Gobierno electrónico.

GOBIERNO DIRECTORIAL: sistema en el cual predomina el Parlamento como consecuencia de la falta de jefe de Estado. El Parlamento designa al directorio que ocupa el puesto del gabinete. Ejerce sobre el directorio un control imperfecto pues no puede revocarlo porque su duración está determinada legalmente *(P. Verdú).*

GOBIERNO ELECTRÓNICO: gobierno digital.

GOBIERNO REPRESENTATIVO: aquel en que, bajo diversas formas, concurre la Nación, por medio de sus representantes, a la formación de las leyes.

GOBIERNO USURPADOR: el que se ha apoderado del poder por la violencia, mediante el cual también se mantiene, sin título o derecho y violando el ordenamiento constitucional *(M. de Ruiz).*◆ Aquel que ejerce el poder contra la voluntad del Gobierno legal, que no tiene ninguna clase de investidura ni puede legitimarse en el derecho de resistencia de la opresión en alguno de sus grados.

GOBIERNO WEIMARIANO: sistema que se caracteriza por mantener el jefe de Estado una posición preeminente merced a la serie de controles secundarios de que dispone. En contrapartida, aquél está sometido a un control primario por parte del Parlamento, que puede revocarlo mediante referéndum, y también a un control secundario por parte del gabinete *(P. Verdú).*

GOLPE DE ESTADO: violación deliberada de las normas constitucionales de un país y sustitución de su Gobierno, generalmente por las fuerzas militares.

GOLPE DE GRACIA: golpe con el que se remata a alguien que ya estaba herido.

"GOODWILL": en inglés, expresión que significa "fondo de comercio".◆ Importe en que el valor total en venta de una empresa sobrepasa el valor de sus activos individuales en venta.

GRACIA: perdón o indulto de pena que concede el jefe del Estado o el poder público competente.◆ Abolición de las consecuencias penales por orden del poder público (F. von Liszt).

GRACIAS AL SACAR: ciertas dispensas que se conceden por el Ministerio de Justicia para actos de jurisdicción voluntaria, como la emancipación o la habilitación de un menor, el cambio del nombre de una persona, etcétera, gravadas con el pago de ciertos derechos.

GRADO: con relación al Derecho de Familia, consiste en el vínculo entre dos individuos formado por la generación. ◆ En Derecho Público, se trata de cada uno de los lugares o posiciones en la línea jerárquica de una institución.◆ En materia procesal, cada una de las diferentes instancias que puede tener un pleito.

GRAN INVALIDEZ: aquella en la que un trabajador, afecto a una incapacidad permanente y por consecuencia de pérdidas anatómicas o funcionales, necesita la asistencia de otra persona para los actos más esenciales de la vida, tales como vestirse, desplazarse, comer, etcétera *(J. L. Roales Nieto).*

GRATIFICACIÓN: remuneración extraordinaria que se abona al personal de una empresa al margen de las remuneraciones normales y regulares, como sueldos y jornales. Generalmente, estas gratificaciones suelen decidirse por diversos motivos, tales como antigüedad de la empresa o del empleado, volumen de ventas, producción o utilidades, concepto, etcétera.

GRATUITO: relativo a aquello dispuesto, realizado o dicho en forma arbitraria o sin fundamento.◆ De balde, gratis.

GRAVAMEN: concepto con el que se designa en forma genérica a toda carga tributaria, aduanera, etcétera. Con el mismo se alude también a los tributos, involucrando, por ende, dentro de sí los impuestos, tasas y contribuciones. ◆ Afectación que se hace de un bien inmueble o mueble a una garantía, tales como la hipoteca o la prenda.

GRAVAR: imponer un gravamen.◆ Cargar o afectar bienes al cumplimiento de una obligación.

GRAVEDAD INSTITUCIONAL: en materia de Derecho Constitucional, se considera que existe cuando lo resuelto en la causa excede el mero interés individual de las partes y atañe a la colectividad.

GREMIAL: perteneciente al gremio, oficio o profesión.◆ Individuo de un gremio.

GREMIALISMO: doctrina que propugna la formación de gremios o su predominio.

GREMIO: conjunto de personas que poseen y ejercen la misma actividad, profesión u oficio.

"GROOMING": acciones deliberadas de adultos con tal de ganarse la confianza por internet mediante comunicaciones electrónicas, telecomunicaciones, o cualquier otra tecnología de transmisión de datos, que contactare a una persona menor de edad, con el propósito de cometer cualquier delito contra la integridad sexual de la misma.

"GROSSING-UP": acrecentamiento que se produce cuando una persona se hace cargo del impuesto respectivo de una renta abonada a otra.

GROUP: expresión en inglés que significa la "afiliación de empresas legalmente independientes en una unidad económica, bajo dirección común de la participación financiera".

GRUPO: pluralidad de seres o cosas que forman un conjunto material o mentalmente considerado.◆ Grupo de acción para concretar un fin específico.

GRUPO ANDINO: el Acuerdo de Integración Subregional Andino fue suscripto en el Palacio de San Carlos, de Bogotá, el 26 de mayo de 1969, por Bolivia, Colombia, Chile, Ecuador y Perú. Venezuela se sumó al grupo en 1973 y Chile se retiró en 1976. Su mayor novedad atañe a los siguientes aspectos: programa de liberación comercial, que utiliza procedimientos de desgravación automática e irreversible; el arancel externo común, que debe elaborarse en un plazo de diez años; la armonización de políticas económicas y planes de desarrollo con miras a llegar a la planificación conjunta del área, y la programación conjunta.

GRUPO CAIRNS: bloque de los países agroexportadores que no aplican subsidios a la producción o al comercio. Integran este grupo: la Argentina, Australia, Bolivia, Costa Rica, Guatemala, Pakistán, Paraguay, Perú, Sudáfrica, Brasil, Canadá, Chile, Colombia, Indonesia, Malasia, Nueva Zelanda, Filipinas, Tailandia y Uruguay.

GRUPO CONSOLIDADO: grupo de compañías afiliadas cuyos estados financieros cumplen con los requisitos de consolidación.

GRUPO DE ACCIÓN: grupo preparado para lograr un fin específico.

GRUPO DE BANCOS: conjunto de entidades bancarias que constituyen un *holding* bancario.

GRUPO DE INTERÉS ECONÓMICO: grupo conformado por dos o más personas, físicas o morales, por una duración determinada, con miras a poner en funcionamiento todos los medios propios para facilitar o para desarrollar la actividad económica de sus miembros, a mejorar o acrecentar los resultados de esta actividad.◆ Contrato entre dos o más personas físicas o jurídicas por el cual se organizan con la finalidad de facilitar o desarrollar la actividad económica de sus miembros o mejorar o acrecer los resultados de esa actividad. El grupo no da lugar por sí mismo a la obtención de distribución de ganancias entre sus asociados –e, incluso, puede constituirse sin capital– y constituye una persona jurídica. Está legislada en algunos países.◆ Es una de las dos asociaciones de empresas no societarias vigentes en la República Oriental del Uruguay. Goza de personalidad jurídica, pero carece de órganos encargados de la adopción de las resoluciones sociales. Podría asimilarse a las sociedades de personas, ya que es regida en forma subsidiaria por la legislación vigente a las sociedades colectivas. Carecen de capital social y cada uno de sus integrantes tiene en principio un solo voto. Con respecto a éstos, no existe ningún tipo de limitación en cuanto a su personalidad y puede tratarse de personas tanto físicas como jurídicas.

GRUPO DE LOS OCHO: ver **Grupo de los Siete.**

GRUPO DE LOS QUINCE: foro internacional, de carácter informal, integrado por países en vías de desarrollo que desde 1989 intenta sin éxito convertirse en un interlocutor del Tercer Mundo frente al Grupo de los Siete, que reúne a las potencias industriales de Occidente. Aunque nació durante la cumbre de presidentes del Movimiento de Países No Alineados de Belgrado, en 1989, no todos sus miembros son no alineados, como es el caso de la Argentina y el Brasil. El Grupo de los Quince está formado por Argelia, la Argentina, el Brasil, Chile, Egipto, la India, Indonesia, Jamaica, Malasia, México, Nigeria, el Perú, Senegal, Venezuela y Zimbabue (ex Rodesia del Sur).

GRUPO DE LOS SIETE: constituido por siete grandes potencias industrializadas: los EE.UU., Japón, Alemania, Francia, Gran Bretaña, Canadá e Italia. En realidad, con la incorporación de Rusia se trataría del grupo de los ocho.◆ Grupo en el cual se concentra el verdadero poderío económico mundial que fija los lineamientos a seguir.

GRUPO DE LOS TRES: grupo conformado por Colombia, México y Venezuela. Negociación colectiva para crear un área de libre comercio.

GRUPO DE PRESIÓN: cualquier formación social, permanente y organizada, que intenta con éxito o sin él obtener de los poderes públicos la adopción, la derogación o simplemente la no adopción de medidas (legislativas, administrativas o judiciales) que favorezcan o, al menos, no perjudiquen sus ideas o intereses, sin que su intento suponga en principio una responsabilidad política del grupo presionante en caso de lograr su pretensión *(P. Verdú).*

GRUPO DE RÍO: se constituyó el 18 de diciembre de 1986. Sus objetivos son: ampliar y sistematizar la cooperación política; examinar las cuestiones internacionales de interés de sus Gobiernos y concertar posiciones comunes en los foros internacionales; promover el mejor funcionamiento y la coordinación de los organismos latinoamericanos de cooperación e integración; impulsar iniciativas para mejorar, mediante el diálogo y la cooperación, los vínculos interamericanos; estimular los procesos de cooperación e integración; explorar los campos de cooperación para el desarrollo. Al Grupo de Río lo integran doce Estados: la Argentina, Bolivia, el Brasil, Chile, Colombia, Ecuador, México, Panamá, el Paraguay, el Perú, Uruguay y Venezuela. Conforme la Declaración de Caracas del 12 de octubre de 1990, asisten como observadores a las reuniones un representante de los países de América Central (Mercado Común Centroamericano, integrado por seis Estados) y otro por parte de la Comunidad del Caribe (Caricom, constituido por trece Estados y dos países observadores), ampliándose así la representatividad y reiterándose la vocación integracionista y el carácter democrático del Grupo de Río. Este grupo ha llevado a cabo siete reuniones cumbres entre 1987 y 1993. La última reunión, en Santiago de Chile, los días 15 y 16 de octubre de 1993, dio lugar a una "declaración" que, entre otras consideraciones, expresa una reafirmación del compromiso de las partes "con la democracia y la vigencia del estado de derecho"; "que la integración en América Latina y el Caribe es plenamente compatible con el proceso de apertura externa" de sus países; y con respecto a la preservación del medio ambiente, "reafirmamos nuestra determinación de promover el desarrollo sostenible...".

GRUPO DE TRABAJO: conjunto de personas que conforman de manera organizada un equipo para realizar determinadas tareas, generalmente con la coordinación o la supervisión de un líder o jefe.

GRUPO DE VISEGRADO: grupo integrado por Polonia, Hungría, la República Checa y la República Eslovaca. Esta integración, realizada en 1993, se efectuó con el objeto de mejorar y ampliar la cooperación entre los mismos estados.

GRUPO ECONÓMICO: asociación conformada por varias empresas de un sector económico determinado.

GRUPO EMPRESARIAL: conjunto de organizaciones que presentan vínculos de tal naturaleza en su propiedad, administración o responsabilidad crediticia, que hacen presumir que la actuación económica y financiera de sus integrantes está guiada por los intereses comunes en los créditos que se les otorgan o en la adquisición de valores que emiten.

GRUPO PRIMARIO: grupo restringido, ordinariamente espontáneo, que se mueve más por motivaciones afectivas que por objetivos utilitarios. Los miembros experimentan un profundo sentimiento de solidaridad y adhieren estrechamente a valores sociales comunes. Por ejemplo, el grupo familiar.

GRUPO SECUNDARIO: toda asociación u organización amplia, organizada y menos espontánea que el grupo primario. Por ejemplo, sociedad comercial.

GRUPO SOCIAL: conjunto de personas que persiguen intereses u objetivos comunes, que pueden ser de distinta naturaleza (familiares, educacionales, sociales, etc.). Es la unidad más pequeña dentro de la cual se produce la acción del hombre de tratar con los demás; cada uno actúa a su manera. Existe en cuanto la gente comparte valores que le son comunes y cuando sus papeles sociales se entrelazan estrechamente.

GRUPO SOCIOECONÓMICO: clasificación que se realiza de un conjunto de consumidores en una investigación de mercado, de acuerdo con determinadas variables o parámetros.

GRUPO URUPABOL: bloque regional integrado por Uruguay, Paraguay y Bolivia, que se institucionalizó el 29 de mayo de 1981. Los tres países conformaron una estrategia compartida; su sede se había establecido en Asunción. Esta organización jurídica internacional había fijado como objetivos:

a) Intensificar el intercambio cultural, científico y artístico entre sus miembros;

b) Coordinar la representación de las partes en el Banco Interamericano de Desarrollo y en otros organismos financieros internacionales;

c) Estudiar proyectos y realizar acciones de interés común;

d) Tender hacia el mejoramiento de las comunicaciones y telecomunicaciones.

GUARDA: toda persona que tiene a su cargo la conservación de una cosa.◆ Tutela.

GUARDA DE PERSONAS: ver **Depósito de menores e incapaces.**

GUARDA DE VISTA: aquella persona que no pierde nunca de vista a aquel a quien guarda.

GUARDA JURADO: aquel designado por la autoridad competente a propuesta de particulares, corporaciones o empresas cuyos intereses vigila.

GUERRA: lucha a mano armada entre dos o varios Estados, que implica aplicación de reglas especiales tanto en lo que se refiere al conjunto de sus relaciones mutuas como a sus relaciones con terceros Estados *(A. Reuter).*

GUÍA: documento expedido por las empresas de transporte en el que se detallan los bienes que se transportan.

GUÍA AÉREA: documento que extienden las compañías aéreas transportadoras de cargas internacionales que, con ligeras variantes, incluyen o requieren los datos similares al conocimiento de embarque.◆ Carta de porte.

GUILDISMO: expresión inglesa de la doctrina del sindicalismo que aboga por la propiedad pública de los medios de producción pero controlados por los gremios laborales.◆ Tendencia política y económica socialista propia de la Edad Media.

GUILLOTINA: aparato que se utilizaba para la ejecución de la pena de muerte mediante decapitación.

H

"HABEAS CORPUS": expresión latina que consiste en el derecho que le asiste al ciudadano detenido o preso a comparecer inmediata y públicamente ante un juez o tribunal para que, oyéndolo, resuelva si su arresto fue o no legal y si debe alzarse o mantenerse. Se trata de un término que encuentra su origen en el Derecho Inglés y su uso se generalizó en la actualidad.◆ Ver **Hábeas corpus reparador.**

"HABEAS CORPUS" POR DESAPARICIÓN FORZADO: ver **Hábeas corpus reparador.**

"HABEAS CORPUS" PREVENTIVO: se aplica cuando el solicitante o peticionante ha recibido una amenaza que hace peligrar su libertad física.

"HABEAS CORPUS" REPARADOR: debe aplicarse en aquellas circunstancias en que se producen detenciones ilegales. Se incluye la desaparición forzada de personas.

"HABEAS CORPUS" RESTRINGIDO: se aplica cuando la libertad física o ambulatoria es reducida en forma ilegítima.

"HABEAS DATA": expresión latina que consiste en un recurso mediante el cual una persona física o jurídica puede consultar los datos que sobre su persona se encuentran en los registros o bancos de datos. Quedan expresamente excluidos, en resguardo de la tarea periodística y de las fuentes de información que la nutren, los medios de comunicación social. El control está a cargo –en la República Argentina– del Defensor del Pueblo y de una comisión bicameral del Congreso constituida al efecto.

"HABEAS DATA" ADITIVO: expresión latina, que procura agregar más datos a los que figuran en el registro respectivo. En él confluyen dos versiones distintas: puede utilizarse tanto para actualizar datos vetustos como para incluir en el registro a quien fue omitido *(O. Puccinelli).*

"HABEAS DATA" CANCELATORIO: *habeas data* exclutorio.

"HABEAS DATA" CORRECTIVO: *habeas data* rectificador.

"HABEAS DATA" EXCLUTORIO: tipo que tiene por misión eliminar la información del registro en el cual se encuentre almacenada cuando por algún motivo no debe mantenerse registrada *(O. Puccinelli).*◆ *Habeas data* cancelatorio.

"HABEAS DATA" INFORMATIVO: aquel que procura solamente recabar información; se subdivide en los subtipos exhibitorio (el conocer qué se registró), finalista (determinar para qué y para quién se realizó el registro) y autoral (cuyo propósito es inquirir acerca de quién obtuvo los datos que obran en el registro) *(O. Puccinelli).*

"HABEAS DATA" RECTIFICADOR: aquel cuya misión es corregir o sanear informaciones falsas; también podría abarcar las inexactas e imprecisas, respecto de las cuales es factible solicitar determinadas precisiones terminológicas, especialmente cuando los datos son registrados de manera ambigua o pueden dar lugar a más de una interpretación *(O. Puccinelli).*◆ *Habeas data* correctivo.

"HABEAS DATA" RESERVADOR: se trata de un tipo cuyo fin es asegurar que un dato que se encuentra legítimamente registrado sea proporcionado sólo a quienes se encuentran legalmente autorizados para ello y en las circunstancias en que ello corresponde *(O. Puccinelli).*

HABEDERO: que se ha de percibir o haber.

HABER: hacienda, caudal, conjunto de bienes y derechos pertenecientes a una persona natural o jurídica.◆ Una de las dos partes en que se dividen las cuentas corrientes, en la cual se anotan las sumas que se acreditan o abonan al titular.◆ Término por el cual se identifica un miembro de la cuenta de contabilidad en donde se registran sus disminuciones, en el caso de una cuenta del activo o de resultado negativo, o sus incrementos, en el supuesto de una cuenta del pasivo, patrimonial o de resultado positivo.

HABER CONFESO: declarar o reputar por confeso a un sujeto, teniendo por reconocida una firma o por contestada afirmativamente una pregunta, por falta de comparecencia a declarar, después de cumplidos los requisitos que la ley preceptúa.

HABER SOCIAL: suma del capital social y de las ganancias que le pertenecen a cada socio.

HABERES: concepto que alude a la remuneración, jornal, comisión u otra forma de retribución que percibe el personal en relación de dependencia.

HABERES PASIVOS: retribución que perciben las clases pasivas.

HÁBIL: apto para desempeñar un trabajo, oficio, profesión, etcétera.◆ Ver **Día hábil**.

HABILITACIÓN: acción y efecto de habilitar.◆ Concesión o reconocimiento de capacidad y atribuciones que se realiza a favor de una persona.◆ Gratificaciones que se otorgan al personal de un negocio o empresa; tiene su base contractual. Normalmente se limita a determinadas jerarquías.

HABILITACIÓN DE BANDERA: concesión que se otorga por medio de tratados a buques extranjeros para que hagan el comercio en aguas y puertos nacionales.

HABILITACIÓN DE DÍAS Y HORAS: la que está dispuesta cuando no fuere posible señalar las audiencias dentro del plazo establecido por la ley o se tratase de diligencias urgentes cuya demora pudiera tornarlas ineficaces u originar perjuicios evidentes a las partes. En estas circunstancias, los jueces o tribunales, de oficio o a petición de parte, deberán habilitar días y horas.

HABILITACIÓN TÁCITA DE DÍAS Y HORAS: cuando corresponda continuar con el trámite de la diligencia iniciada en día y hora hábil, sin necesidad de decretar la habilitación *(J. Migliardi).*

HABILITADO: auxiliar especial de los secretarios judiciales que puede sustituir al titular en la función aun sin vacante ni interinidad.◆ Empleado que goza de habilitación.◆ Trabajador por cuenta ajena que es retribuido total o parcialmente mediante un porcentaje en las utilidades o beneficios de su empresario. ◆ Encargado de los intereses de un cuerpo o sociedad.◆ Persona que ha sido jurídicamente autorizada a realizar determinada tarea.

HABILITADOR: sujeto encargado de otorgar las habilitaciones.◆ Quien habilita a otro para desempeñar su cometido.

HABILITAR: subsanar en las personas la falta de capacidad civil o de representación, y en las cosas, deficiencias de aptitud o de permisión legal.

HABITACIÓN: edificio o parte de él que se destina a vivienda.◆ Servidumbre personal cuyo poseedor tiene facultad para ocupar en casa ajena las piezas necesarias para sí y para su familia sin poder arrendar ni traspasar por ningún título este derecho.◆ Es un derecho real referido a una cosa y a la utilidad de morar en ella.◆ Es el asiento ocasional y esencialmente transitorio de una persona.

HABITANTE: cada una de las personas que constituyen la población de un barrio, ciudad, provincia o Nación.

HÁBITAT: conjunto de condiciones geofísicas que resultan propicias a fin de permitir el desarrollo ya sea de una especie o de una comunidad.

HÁBITOS: costumbres que se adquieren por repetición de actos afines.

HABITUALIDAD: carácter que asume todo aquello que se hace, padece o posee con continuación o por hábito.◆ Característica de la prestación subordinada que tipifica la profesionalidad.◆ Ejercicio constante de profesión o actividad lucrativa.

HACENDADO: relativo a quien tiene hacienda en bienes inmuebles.◆ Propietario de ganados.

HACENDAR: otorgar o entregar el dominio de bienes raíces como lo hacían los antiguos conquistadores.

HACENDISTA: perito en la administración o en doctrina de la hacienda pública.

HACER SALA: consiste en la reunión del número de magistrados suficiente, según ley, para constituir tribunal.

HACER TESTIGOS: poner personas de autoridad para que confirmen la verdad de una cosa.

HACIENDA: coordinación económica de la actividad humana y de los bienes. La existencia de un patrimonio bien determinado, una persona física o jurídica que dispone de él y lo administra, una serie de actos y hechos que constituyen tal administración hacen surgir un ente con caracteres propios.◆ Conjunto de ganados de un dueño.◆ Denominación con la que se identifica a las cuentas del grupo de los bienes de cambio, en las que se registran los movimientos de la hacienda animal con el agregado de la especie, tal como equina, lanar, porcina o vacuna. Esta cuenta se debita por sus compras, por la parición, por la revalorización por engorde y crecimiento y, finalmente, para registrar la utilidad bruta de la explotación; en estos tres últimos casos, contra una cuenta de resultados. Mientras que se la acredita por la venta, por las pérdidas por muerte, sacrificio o uso y para registrar la pérdida bruta de la explotación (en estos casos, contra una cuenta de resultado). ◆ Establecimiento o empresa.◆ Conjunto cuya unidad es funcional o instrumental; su función es precisamente coordinar bienes para la producción y el intercambio de determinados productos *(T. Ascarelli).*

HACIENDA AUTÓNOMA: aquel que reúne en un solo sujeto los órganos volitivo y directivo, siendo aquél propietario y administrador de sus bienes. Ej.: Comerciante.

HACIENDA DE CONSUMO: la que persigue la satisfacción de las necesidades de sus propietarios considerando la riqueza sólo como medio de conseguir aquella finalidad.

HACIENDA DE PRODUCCION: la que persigue el acrecentamiento de la riqueza de sus propietarios.

HACIENDA DE TERCEROS CAPITALIZADA: hacienda que es propiedad de terceros y que, mediante un contrato de capitalización, se encuentra capitalizándose en campo propio.

HACIENDA DEPENDIENTE: aquella en la cual los órganos volitivos y ejecutivos están representados por distintas personas.

HACIENDA PRIVADA: la que establece una persona física o jurídica. Por ejemplo: S.R.L.

HACIENDA PÚBLICA: entidad de Derecho Público.◆ Conjunto de los bienes propiedad del Estado y lo vinculado con su administración. ◆ Conjunto de haberes, bienes, rentas, impuestos, etcétera, correspondientes al Estado para satisfacer las necesidades de la Nación.◆ Ciencia de los medios por los que el Estado procura y utiliza los recursos necesarios para la cobertura de los gastos públicos, mediante el reparto entre los individuos de las cargas resultantes *(M. Duverger).*

HACIENDA SEMI-PÚBLICA: la que combina los intereses públicos y privados. Sociedad de Economía Mixta.

HACIENDA TRANSITORIA: la que tiene fijada una duración por su contrato constitutivo o por su naturaleza, o la que depende de un hecho de cumplimiento inexorable. Por ejemplo: una sociedad comercial.

"HACKER": término utilizado para describir a los programadores experimentados que se introducen ilegalmente en áreas privadas.◆ Pirata informático.

HALLAZGO: encuentro casual de una cosa mueble ajena, mientras no pueda ser considerada un tesoro oculto.

HAMBRE: escasez de alimentos mínimos e imprescindibles que provoca miseria y carestía generalizada; es decir, se transforma en un verdadero problema económico-social. Actualmente, la desnutrición asciende a niveles cercanos a la tercera parte de la población mundial.

HARAGANERÍA: falta de contracción o aplicación al trabajo, ociosidad.

"HEADHUNTING": búsqueda de ejecutivos por grandes empresas, que apunta a la totalidad del mercado y, en particular a los mejores, que normalmente no son los que están buscando una reubicación o los que han quedado desamparados. Todas las búsquedas parten de una profunda interpretación de los requerimientos y de la cultura de la empresa, los planes estratégicos, el plan de carrera y la exacta descripción de funciones, los antecedentes buscados y el perfil de cada posición a cubrir. A partir de estos datos, se hace una investigación a fondo del mercado laboral. El paso siguiente es establecer contacto con los candidatos identificados donde debe indicarse claramente el propósito de la entrevista propuesta. Ésta es una de las normas más estrictas del Código de Ética de los *headhunters*; su práctica hace que las posibilidades de éxito en la convocatoria se den, en la mayoría de los casos, en las consultoras internacionales por la confianza que éstas despiertan.

HEBDOMADARIO: semanal.

HECHA: tributo que se paga por el riego de las tierras.

HECHO: acción u obra consumada.◆ Caso sobre el que se litiga o que da motivo a la causa.◆ Toda acción material de las personas.◆ Sucesos independientes de las personas como, por ejemplo, fenómenos de la naturaleza.

HECHO CONSUMADO: acción que se ha llevado a cabo, adelantándose a cualquier evento que pudiera dificultarla o impedirla.

HECHO DE ARMAS: hazaña o acción señalada en la guerra.

HECHO DE CARGO: hecho dañoso por el titular de un oficio en el ejercicio de sus funciones.

HECHO ILÍCITO: aquel que repugna al ordenamiento jurídico.

HECHO IMPONIBLE: hecho o conjunto de hechos de naturaleza económica, descrito en la norma legal y que sirve para dar origen a la obligación tributaria *(J. M. Martín)*.◆ El hecho generador es, pues, el hecho o conjunto de hechos o el estado de hecho, en el cual el legislador vincula el nacimiento de la obligación jurídica de pagar determinado tributo *(De Araujo Falcao)*. En esta definición se incluyen, como elementos destacados para caracterizar el hecho generador, los siguientes: a) su previsión en la ley; b) la circunstancia de que el hecho generador constituye un hecho jurídico para el derecho tributario; en verdad, un hecho económico de relevancia jurídica; c) la circunstancia de referirse al presupuesto de hecho para el surgimiento o la instauración de la obligación *ex lege* de pagar determinado tributo.◆ También llamado objeto de impuesto, presupuesto de hecho, presupuesto legal. Se lo llama "presupuesto" porque la ley supone *a priori* la probabilidad de que suceda un acontecimiento determinado, de que pueda acontecer ese hecho imponible previsto. Es un presupuesto que puede darse o no. En el primer caso, se produce "la verificación" del hecho imponible. Cuando esto sucede, automáticamente nace la llamada "obligación tributaria", que no es lo mismo que tener que pagar impuesto. ◆ Objeto imponible.

HECHO IMPONIBLE DE EJERCICIO: aquel que la norma legal describe mediante la reunión de un conjunto de sucesos o situaciones de hecho ocurridos en determinado período *(J. M. Martín).*

HECHO IMPONIBLE INSTANTÁNEO: aquel que se produce y perfecciona sólo en determinado momento *(J. M. Martín).*

HECHO INCOERCIBLE: aquel no susceptible de compulsión por medio de una acción judicial *(J. Llambías).*

HECHO JURÍDICO: aquel que tiene importancia o eficacia jurídica o aquel que, por sí o junto con otros, determina un efecto jurídico *(L. Enneccerus).*◆ El que tiene consecuencias jurídicas.◆ Acontecimiento, suceso o hecho natural al que el ordenamiento legal otorga una determinada trascendencia jurídica.◆ Ver **Hechos jurídicos.**

HECHO LÍCITO: aquel que no se opone a las normas.

HECHO NEGATIVO: aquel consistente en una omisión.

HECHO POSITIVO: el consistente en una acción.

HECHO PRINCIPAL: situación de hecho que constituye la base esencial de un litigio, por oposición al hecho accesorio.

HECHO PROBADO: el que como tal se declara en las sentencias por los tribunales de instancia y es base para las apreciaciones jurídicas en casación, especialmente en lo criminal.

HECHOS ADMINISTRATIVOS: comportamientos materiales u operaciones que traducen el ejercicio de una actividad física de los órganos administrativos, a diferencia de los actos administrativos que son siempre producto de una declaración, es decir, de una exteriorización al plano jurídico de un proceso intelectual *(J. C. Cassagne).*

HECHOS CONSTITUTIVOS: que dan vida a una voluntad concreta de ley y a la expectativa de un bien por parte alguno. Por ejemplo: un préstamo, una sucesión. Entran también en esta categoría los hechos constitutivos del interés en obrar (G. Chiovenda).

HECHOS DE LA NATURALEZA: ver **Hechos externos.**

HECHOS EXTERNOS: aquellos cuya causa es extraña al hombre *(J. Llambías).*

HECHOS EXTINTIVOS: que hacen cesar una voluntad concreta de ley y la consecuente expectativa de un bien. Por ejempl: pago, remisión de deuda, pérdida de la cosa debida. Los hechos extintivos pueden ser connaturales al derecho o sucesivos si un derehco se da para un cierto término, el cumplimitsnto del término obra ocmo hecho extintivo connaturalal derecho. Puede, sin embargo, sobrevenir un hecho nuevo y reforzar el hecho constitutivo (interrupción del término) (G. Chiovenda).

HECHOS HUMANOS: aquellos que derivan del accionar del hombre.

HECHOS IMPEDITIVOS: categoría que se contrapone a los hechos constitutivos. ◆ Ver **Hechos constitutivos.**

HECHOS INVOLUNTARIOS: todos aquellos que fueren ejecutados sin discernimiento, intención y libertad; no producen, por sí, obligación alguna.

HECHOS JURÍDICOS: todos los acontecimientos susceptibles de producir alguna adquisición, modificación, transferencia o extinción de los derechos u obligaciones.◆ Se caracterizan por poseer la virtualidad de producir una consecuencia de derecho, aunque aun esa consecuencia no haya ocurrido o pueda resultar frustrada *(J. Llambías)*.◆ Conjunto de circunstancias de hecho que, producido, debe determinar una cierta consecuencia jurídica de acuerdo con la ley *(A. Orgaz)*.

HECHOS VOLUNTARIOS: los hechos humanos son voluntarios o involuntarios. Los hechos se juzgan voluntarios si son ejecutados con discernimiento, intención y libertad.

"HEDGER": quien efectúa una operación de *hedging*.

"HEDGING": acción que se realiza para compensar pérdidas o posiciones en un mercado a plazo en sentido opuesto.◆ Operación a futuro hecha por un comprador o vendedor para proteger su negocio. Se trata de una cobertura de riesgo contra fluctuaciones que pueden alterar las ecuaciones de un negocio no especulativo. Esas alteraciones que se quieren evitar con el *hedging* pueden ser en alza o en baja y no importa si favorecen o perjudican. ◆ Operaciones perfeccionadas con la finalidad de calzar obligaciones, reduciéndose riesgos *(G. Gotlib)*.

HEDONISMO: doctrina ética que estima que la vida humana tiene como único fin el placer. Hipótesis de donde se parte para todos los razonamientos, conclusiones y leyes que se formulan en la Economía Pura.◆ Doctrina social que hace del placer el supremo bien del hombre.

HEREDAD: porción de terreno cultivado perteneciente a un mismo dueño.◆ Hacienda de campo, bienes raíces o posesiones.◆ Finca rural o extensión de terreno que pertenezca a alguien.◆ Herencia.

HEREDADO: hacendado.◆ Que ha heredado.

HEREDAMIENTO: herencia.◆ Hacienda rural.◆ Pacto, comúnmente en ocasión de matrimonio, en el que, según el régimen de algunas regiones, se promete la herencia o una parte de ésta o se dispone, por acto entre vivos, la sucesión.

HEREDAR: suceder por disposición testamentaria o legal en los bienes y acciones que otro tenía al tiempo de su muerte.◆ Darle a cada uno heredades, posesiones o bienes raíces.◆ Instituir a uno u otro por su heredero.◆ Antiguamente, adquirir la propiedad o dominio de un terreno.

HEREDERO: el llamado a recibir una herencia.◆ Quien, por disposición legal, testamentaria o excepcionalmente por contrato, sucede en todo o parte de una herencia.◆ Persona que sucede, por título universal, a otra en la posesión de sus bienes, derechos y obligaciones por causa de muerte.

HEREDERO A PLAZO: cuando el testador instituye heredero con plazo suspensivo, deberá cumplirse primero el término previsto antes de que el designado adquiera los bienes de la herencia.

HEREDERO APARENTE: pariente de grado más remoto que ha entrado en posesión de la herencia por ausencia o inacción de los parientes más próximos, o un pariente del mismo grado que rehúsa reconocerle la calidad de heredero o que pretende ser también llamado a la sucesión en concurrencia con él *(E. Zannoni).*

HEREDERO BENEFICIARIO: el que acepta la herencia bajo beneficio de inventario.

HEREDERO DE SANGRE: pariente legítimo o natural llamado por la ley a recoger la sucesión de una persona muerta *(H. Capitant).*

HEREDERO FORZOSO: el que tiene por ministerio de la ley una parte de la herencia que el testador no le puede quitar ni cercenar sin causa legítima de desheredación.

HEREDERO PURO Y SIMPLE: el que se abstiene de aceptar la herencia bajo beneficio de inventario.

HEREDITARIO: relativo a la herencia o adquirido en virtud de ella.

HERENCIA: transmisión de la propiedad de todos o una parte de los bienes de una persona, realizada en favor de otra en virtud del fallecimiento de la primera. La transmisión hereditaria puede ser por vía testamentaria o por vía legal; en el primer caso, el individuo realiza un testamento en el cual designa los herederos e identifica los bienes que ellos recibirán. Por vía legal, es mediante aplicación de la ley de herencia, la cual presume que el fallecido hubiera deseado dejar sus bienes a sus familiares más próximos.◆ Heredad.

HERENCIA VACANTE: la que queda cuando vence el plazo para reclamar derechos y cuando no se hubieran presentado herederos. Posteriormente, de acuerdo con la legislación argentina, se designa curador al representante del Consejo Nacional de Educación.

HERENCIA YACENTE: aquella en cuya posesión no ha entrado aún el heredero.

HERMAFRODITA: que tiene los dos sexos.

HERMANASTRO: hijo de uno de los dos consortes con respecto al hijo de otro.

HERMANO BASTARDO: el nacido fuera del matrimonio, respecto de los hijos legítimos del mismo padre.

HERMANOS BILATERALES: los que proceden del mismo padre y de la misma madre.

HERMANOS CARNALES: hermanos bilaterales.

HERMANOS CONSANGUÍNEOS: ver **Hermanos paternos.**

HERMANOS DE DOBLE VÍNCULO: ver **Hermanos bilaterales.**

HERMANOS GERMANOS: ver **Hermanos bilaterales.**

HERMANOS MATERNOS: cuando los hermanos unilaterales proceden de la misma madre.

HERMANOS PATERNOS: cuando los hermanos unilaterales proceden de un mismo padre.

HERMANOS UNILATERALES: los que proceden del mismo padre pero de madres diversas o de la misma madre pero de padres diversos.

HERMENÉUTICA: arte de interpretar textos.

HETEROSEXUAL: referente a la relación erótica entre individuos de diferente sexo.◆ Dícese de la persona con inclinación sexual hacia el otro sexo.

HEURÍSTICA: arte de inventar.◆ Búsqueda de documentos o fuentes históricas.◆ Conjunto de investigaciones destinadas a poner al día los documentos del pasado.

HIDROAEROPUERTOS: superficies firmes ubicadas sobre superficies acuáticas para el aterrizaje y el despegue de aeronaves que no tengan la característica de hidroaviones, es decir, que no puedan aterrizar sobre superficies líquidas o despegar desde ellas *(A. Torres Neuquén).*

HIDROAVIÓN: toda aeronave proyectada para maniobrar sobre las aguas.

HIJASTRO: hijo de uno solo de los cónyuges respecto del otro.

HIJO: descendiente en primer grado de una persona. Jurídicamente, la condición de hijo crea una serie de derechos y obligaciones que varían conforme a la edad y las circunstancias en que éste se encuentre.

HIJO ADOPTIVO: hijo por efecto de la adopción.

HIJO ADULTERINO: el concebido como consecuencia del adulterio cometido por sus progenitores.◆ Ver **Adulterio.**

HIJO BASTARDO: hijo ilegítimo.

HIJO DE BENDICIÓN: el nacido de legítimo matrimonio.

HIJO DE FAMILIA: el que está bajo la autoridad paterna o tutelar y, por extensión, el de mayor edad que no ha tomado estado y sigue morando en la casa de sus progenitores.

HIJO DE GANANCIA: hijo natural.

HIJO DE LECHE: aplicable a cualquier persona respecto de su nodriza.

HIJO ESPURIO: hijo bastardo.

HIJO EXTRAMATRIMONIAL: ver **Hijo ilegítimo; Filiación natural.**

HIJO ILEGÍTIMO: el del padre y madre no unidos por matrimonio.

HIJO INCESTUOSO: el que ha nacido de padres que tenían impedimento para contraer matrimonio por parentesco que no era dispensable según los cánones de la Iglesia Católica.

HIJO LEGITIMADO: situación del hijo natural luego del matrimonio de los padres.

HIJO LEGÍTIMO: hijo nacido de legítimo matrimonio.

HIJO MANCILLADO: hijo espurio.

HIJO MATRIMONIAL: ver **Hijo legítimo.**

HIJO NATURAL: el que es habido de mujer soltera y padre libre, que podían casarse al tiempo de tenerlo.◆ Corrientemente, se toma por hijo ilegítimo.

HIJO NOTO: hijo bastardo.

HIJO PÓSTUMO: dícese de aquel cuyo nacimiento tuvo lugar con posterioridad al fallecimiento de su padre.

HIJO RECONOCIDO: hijo natural al que el padre, la madre o ambos a la vez, reconocen en forma legal.

HIJO SACRÍLEGO: el que procede de padre clérigo de órdenes mayores o de personas, padre o madre, ligadas por voto solemne de castidad, en orden religiosa aprobada por la Iglesia Católica.

HIJUELA: documento donde se mencionan los bienes que tocan en una partición a cada uno de los partícipes en el caudal que dejó el difunto.◆ Cosa subordinada a otra principal.

HIPERINFLACIÓN: proceso por el cual los precios de los bienes y servicios suben vertiginosamente a causa de la emisión de dinero sin el correlativo respaldo en reservas, generando una caída en el poder adquisitivo del dinero. A diferencia de la inflación, este proceso registra tasas elevadas de aumento en el nivel de los precios de bienes y servicios que oferta la economía. Se considera que una economía pasa de un proceso inflacionario a uno hiperinflacionario cuando la variación de precios ocurre en una unidad de tiempo cercana al día o la semana.

HIPERMERCADO: centro de expendio que se desarrolla en un solo establecimiento dentro del cual convergen los expendedores de los distintos productos. Son centros de venta al por menor, de grandísimas dimensiones, situados en el radio o extrarradio urbano y destinados a servir al mayor número posible de núcleos de población dentro de un determinado círculo de influencia *(J. Santini).*

HIPOTECA: derecho real constituido en seguridad de un crédito en dinero sobre los bienes inmuebles que continúan en poder del deudor. No puede constituirse hipoteca sino sobre cosas inmuebles, especial y expresamente determinadas, por una suma de dinero también cierta y determinada. Si el crédito es condicional o indeterminado en su valor, si la obligación es eventual, si ella consiste en hacer o no hacer o si tiene por objeto prestaciones en especie, basta con que se declare el valor estimativo en el acto constitutivo de la hipoteca. La hipoteca de un inmueble se extiende a todos los accesorios mientras estén unidos al principal; a todas las mejoras sobrevinientes al inmueble, sean mejoras naturales, accidentales o artificiales, aunque sean por el hecho de un tercero; a las construcciones hechas sobre un terreno vacío; a las ventajas que resulten de la extinción de las cargas o servidumbres que debía el inmueble; a los alquileres o rentas debidas por los arrendatarios y al importe de la indemnización concedida o debida por los aseguradores del inmueble. Pero las adquisiciones hechas por el propietario de inmuebles contiguos para reunirlos al inmueble hipotecado no están sujetas a la hipoteca. Los costos y los gastos, como los daños e intereses, a que el deudor pueda ser condenado por causa de la inejecución de una obligación, participan, como accesorio del crédito principal, de las seguridades hipotecarias constituidas para ese crédito. La hipoteca es indivisible; cada una de las cosas hipotecadas a una deuda, y cada parte de la misma, están obligadas al pago de toda la deuda y de cada parte de ella. Sin embargo, en la ejecución de bienes hipotecados, cuando sea posible la división en lotes, o si la garantía comprende bienes separados, los jueces podrán ordenar la enajenación en lotes, y cancelación parcial de la hipoteca, siempre que de ello no se siga lesión al acreedor. Para constituir una hipoteca es necesario ser propietario del inmueble y tener la capacidad para enajenar esta clase de bienes. No es necesario que la hipoteca sea constituida por el que ha contraído la obligación principal; puede ser dada por un tercero sin obligarse personalmente. A los efectos hipotecarios, en la Argentina, los buques y las aeronaves son considerados como bienes inmuebles.

HIPOTECA A TASA FIJA: hipoteca fija.

HIPOTECA A TASA VARIABLE: crédito hipotecario en el cual la tasa de interés puede aumentar o disminuir en plazos predeterminados, dentro de ciertos límites, tomando como base un margen sobre el valor de un índice.

HIPOTECA AERONÁUTICA: la que se origina cuando la hipoteca pesa sobre una aeronave. Estas pueden ser hipotecadas en todo o en parte y aun cuando estén en construcción. Deberá constituirse por instrumento público o privado debidamente autenticado e inscribirse en el Registro Nacional de Aeronaves.◆ Ver **Hipoteca.**

HIPOTECA COLECTIVA: es aquella hipoteca que alcanza a dos o más propiedades.

HIPOTECA CON TASA VARIABLE: ver **Hipoteca a tasa variable.**

HIPOTECA DE SEGURIDAD: la que garantiza una obligación de existencia todavía dudosa o de cuantía indeterminada, por lo que la fe pública registral sólo cubre la existencia de la garantía real, mientras que la existencia y particularidades del crédito deberán probarse, en momento oportuno, por medios extrarregistrales.

HIPOTECA DE TRÁFICO: hipoteca ordinaria.

HIPOTECA FIJA: aquella que posee una tasa de interés fijo durante toda la duración del plazo del préstamo y que tiene, por ende, el mismo pago mensual hasta la cancelación total del préstamo.

HIPOTECA INVERSA: aquella que goza de una característica particular, ya que se acuerda que el prestador abone al prestatario una suma de dinero mensual, opuesta a una suma total, la cual, una vez abonada, el título de la propiedad es transferido al acreedor hipotecario.

HIPOTECA JUDICIAL: la que resulta de las sentencias o actos judiciales. Resulta de una sentencia condenatoria o de un juicio de reconocimiento o verificación de escritura.

HIPOTECA LEGAL: la establecida por ley con el objeto de proteger los intereses del Fisco.

HIPOTECA NAVAL: gravamen que se constituye sobre un buque de matrícula nacional con un mínimo de toneladas de arqueo total o sobre un buque en construcción de determinado tonelaje.◆ Es un derecho real de garantía que se constituye sobre un buque.◆ Derecho real constituido sobre una nave ajena en garantía de un crédito, en cuya virtud el acreedor, si no se le paga la deuda en el plazo convenido, puede hacer embargar y vender la nave hipotecada.

HIPOTECA ORDINARIA: la que asegura una obligación existente y predeterminada, de modo que la fe pública del registro de la propiedad ampara tanto la existencia del derecho real de garantía como la existencia y cuantía de la obligación asegurada.◆ Hipoteca de tráfico.

HIPOTECA REVERTIDA: préstamo otorgado a personas de edad avanzada que desean tener un ingreso de dinero sin desprenderse de su propiedad. Es una operación de crédito mediante la cual el acreedor o financista ofrece entregas parciales de dinero (o una total) que pueden efectuarse de acuerdo con distintas alternativas contra la afectación hipotecaria de un inmueble que habita el tomador. La deuda contraída deberá ser cancelada al final de un plazo prefijado o al ocurrir hechos que afecten al deudor. En este tipo de hipoteca, el acreedor no puede recurrir contra otros bienes si la realización de la garantía no cubre el valor del préstamo a la fecha del pago. Estos tipos de hipoteca revertida, con más de diez años de antigüedad en los EE.UU., son atractivos para personas que ven disminuir sus entradas por no continuar en sus ocupaciones o por cualquier otro motivo que provoque una baja en su nivel de renta.

HIPOTECA SEGUNDA: ver **Segunda hipoteca.**

HIPOTECAR: gravar bienes inmuebles sujetándolos al cumplimiento de alguna obligación.

HIPOTECARIO: todo aquello que se garantiza mediante una hipoteca.◆ Relativo a la hipoteca.◆ Ver **Acreedor hipotecario; Deudor hipotecario.**

HIPÓTESIS: suposición de una cosa posible o imposible a fin de extraer de ella una conclusión.

HIPÓTESIS DE COMPORTAMIENTO: proposiciones que afirman la existencia de una relación determinada entre las variables.

HOJA DE RECEPCIÓN: comprobante interno en el cual consta la recepción de bienes.◆ Informe de recepción.

HOJA DE RUTA: formulario o planilla que se utiliza en el comercio para confeccionar detalladamente el itinerario, con escalas y domicilios, para realizar el transporte de bienes o mercaderías mediante camiones. ◆ Foja de ruta.

"HOLDOUTS": bonistas que decidieron no aceptar el canje de los valores de la deuda de la Argentina. Su aceptación implicaba una quita de alrededor del 75 % del total.

"HOLDING": empresa cuyo activo principal es la propiedad de las acciones de otras sociedades sobre las cuales ejerce su dirección y efectúa las operaciones financieras. Con el control accionario, este monopolio de carácter financiero puede regir a todas ellas y lograr una acentuada presión sobre el mercado.◆ Su actividad fundamental consiste en el control sobre otros. Es el prototipo de los grupos de sociedades. La sociedad madre es financiera y su objeto es controlar a las filiales. El accionista de la sociedad *holding* tiene, indirectamente, acciones de las sociedades del grupo. Para que se dé el *holding*, es necesario que la sociedad participe mayoritariamente en las filiales. Como sociedad financiera tiene, teóricamente, el objeto social de gestionar una cartera de valores industriales o comerciales; por ello se dice que el *holding* es, en realidad, un depósito de fondos dedicado a controlar otras empresas *(R. Durán).*

HOLÓGRAFO: cualquier documento o disposición testamentaria enteramente escrito y firmado de puño y letra de su autor.◆ Autógrafo.◆ Olágrafo.

HOMBRE: ser animado racional.◆ Varón, criatura racional del sexo masculino.

HOMBRE BUENO: mediador en los actos de conciliación.

HOMBRE DE BIEN: dícese del hombre que cumple puntualmente sus obligaciones.

HOMBRE DE ESTADO: dícese del que posee aptitud reconocida para dirigir los negocios políticos de una nación.

"HOMESTEAD": bien de familia.

HOMICIDA: causante de la muerte de alguien.◆ Persona que comete homicidio.

HOMICIDIO: delito cometido por aquel que, teniendo intención de matar, diere muerte a alguna persona.◆ Hecho de dar muerte a un ser humano.◆ Este tipo de delito consiste en matar a un hombre. Existe si se mata a un ser bien constituido como si la acción se ejecutará contra un sujeto cuya muerte a corto tiempo es segura. El que mata a un agónico o a un condenado a muerte, comete homicidio.

HOMICIDIO O LESIONES EN RIÑA: cuando en riña o agresión en que tomaren parte más de dos personas resultare muerte o lesiones en alguna de ellas *(A. García).*

HOMICIDIO POR IMPRUDENCIA: hecho de dar muerte a una persona por torpeza, falta de atención, negligencia o inobservancia de las normas.

HOMICIDIO PRETERINTENCIONAL: figura que tiene lugar cuando la muerte de la persona se haya producido a través del empleo de un medio que no debía razonablemente producirla.

"HOMINIS": presunción de hecho.

"HOMO": término latino que significa "hombre, ser humano".

"HOMO OECONOMICUS": hombre en cuanto sujeto de la actualidad económica. Consiste en suponer y admitir que el hombre actúa movido exclusivamente por motivos económicos.◆ Modelo o recurso analítico que simplifica el patrón de conducta del individuo y lo transforma, especialmente, en un maximizador de satisfacciones.◆ Hombre económico.◆ Expresión latina con la que se intenta definir al hombre como sujeto de la actividad económica. De acuerdo con lo formulado por los clásicos, las características básicas son: a) actúa siempre guiado por el interés personal; b) no influyen en su comportamiento particularidades estructurales; c) su conducta es en cada instante absolutamente racional y no se deja influir por la intuición; d) participa en un mercado de competencia perfecta, con las complicaciones subsiguientes *(C. G. Valente).*

HOMOLOGACIÓN: aprobación que una autoridad administrativa, judicial o competente otorga a determinados actos o convenios que entre las partes acordaron.

HOMOLOGACIÓN DEL ACUERDO: resolución judicial por la cual se aprueba el acuerdo entre el deudor y sus acreedores quirografarios que votaron de acuerdo con la mayoría exigida por ley.

HOMOLOGAR: confirmar el juez los actos y convenios de las partes para darles más firmeza.

HOMOSEXUAL: persona con inclinación sexual hacia individuos del mismo sexo.◆ Dícese de la relación erótica entre individuos del mismo sexo

HOMOSEXUALIDAD: inclinación sexual experimentada por una persona hacia otra u otras del mismo sexo.

HONOR: estimación que los terceros hacen de nuestros valores morales y sociales, que emergen de la dignidad moral y de los méritos propios.◆ Autovaloración, aprecio de la propia dignidad, como el juicio que cada cual tiene de sí mismo en cuanto sujeto de relaciones ético-sociales. También valoración que otros hacen de la personalidad ético-social de un sujeto.

HONORARIOS: sueldo que se da a uno por su trabajo o arte liberal.◆ Gaje o sueldo de honor.

HORA OFICIAL: hora establecida en un territorio por decisión de la autoridad competente con adelanto o retraso con respecto a la solar.

HORARIO: hora de iniciación y terminación de la jornada laborable, de empleados, obreros y negocios.◆ Cuadro indicador de las horas en que deben ejecutarse determinados actos.◆ Nomenclatura de tiempos en horas de entrada y salida del personal.

HORARIO DE TRABAJO: ver **Horario laboral.**

HORARIO FLEXIBLE: facultad del empresario, previo acuerdo con los representantes sindicales de los trabajadores, de adaptar el horario de trabajo en función de las necesidades operativas.

HORARIO LABORAL: el tiempo durante el cual el trabajador presta sus servicios en períodos horarios fijados por el empleador. ◆ Horario de trabajo.

HORARIO LABORAL PARTIDO: aquel compuesto de dos períodos diarios.

Normalmente, el intervalo es durante el mediodía.

HORRO: libre, exento.

HOSPEDAJE WEB: contrato de servicios telemáticos, cuya prestación esencial consiste en arrendar espacio en disco en un servidor conectado a Internet para la publicación de un sitio web *(C. Hess).*

HOSTIGAMIENTO SEXUAL: de acuerdo con la legislación mexicana, delito en el que incurre aquel que asedie, acose o solicite favores de naturaleza sexual para sí o para un tercero con la amenaza de causar a la víctima un mal relacionado con las expectativas que pueda tener en el ámbito de una relación, bien sea entre superior e inferior jerárquico, entre iguales o en cualquier circunstancia que los relacione en el campo laboral, docente, doméstico o cualquier otro.

HOSTIGO: golpe de palo o de látigo.

HOSTILIDAD: agresión armada de un pueblo, ejército o tropa.

"HOT MONEY": expresión inglesa, alternativa para *flight capital.* Es decir, dinero que transfiere su propietario a otro país violando las restricciones para exportar capital o los controles de cambio, generalmente con el propósito de aprovechar tasas de interés más atractivas en el país de destino.

HUELGA: paro de la actividad laboral dispuesta por los obreros u organizaciones sindicales, en vistas a la obtención de mejoras salariales o de condiciones de trabajo, o bien en virtud de motivos políticos. Se trata de un derecho consagrado en las constituciones de casi todos los países del mundo.◆ Medida adoptada por los trabajadores en defensa de sus intereses; consiste en la suspensión de la prestación de servicios llevada a cabo en forma colectiva y concertada sin concurrencia al lugar de trabajo.◆ Es la cesación concertada y simultánea de la actividad que realizan los trabajadores partícipes respecto de determinado establecimiento, decidida por una asociación profesional, una coalición o un grupo representativo de intereses profesionales o económico-sociales.

HUELGA DE BRAZOS CAÍDOS: la que practican en su puesto habitual de trabajo quienes se abstienen de reanudarlo a la hora reglamentaria.

HUELGA DE HAMBRE: abstinencia voluntaria y total de ingerir alimentos, a fin demostrar la decisión de morirse si no se consigue lo que se pretende.

HUELGA GENERAL: la que se plantea simultáneamente en todos los oficios de una o varias localidades. Cuando se afecta a una sola actividad, se designa con el nombre de ésta: huelga de empleados de comercio, de obreros de la construcción, etcétera.

HUELGA REVOLUCIONARIA: aquella que responde a propósitos de subversión política más que a reivindicaciones de carácter económico o social.

HUELGA SALVAJE: la que se produce bruscamente en el lugar de trabajo sin seguir los trámites reglamentarios.

HUELLA DACTILAR: impresión dactilar.

HUÉRFANO: persona menor de edad a quien se le han muerto uno o ambos padres.

HURTAR: apoderarse de bienes ajenos sin violencia.

HURTO: acción mediante la cual se toman o retienen bienes ajenos contra la voluntad de su dueño, sin intimidación en las personas ni fuerza en las cosas.

HURTO CAMPESTRE: apoderamiento ilegítimo de productos separados del suelo o máquinas o instrumentos de trabajo dejados en el campo *(D. Boo - A. Villar).* ◆ También llamado hurto rural.

HURTO DE USO: sustracción de cosa ajena con intención de utilizarse y posteriormente restituirla.◆ Apoderamiento de cosa mueble ajena seguida de su restitución.

HURTO DESTRUCTIVO DE CERCOS: apoderamiento ilegítimo de alambres u otros elementos de los cercos, total o parcialmente ajenos, causando su destrucción total o parcial *(D. Boo - A. Villar).*

HURTO IMPROPIO: aquel cometido por el dueño de una cosa mueble que la sustrae de quien la tiene legítimamente en su poder, con perjuicio de sí mismo o de un tercero.

HURTO RURAL: hurto campestre.

I

"IBIDEM": adverbio latino que significa "allí mismo" o "en el mismo lugar".

IDEA EGOLÓGICA DEL PLEXO DE LA JUSTICIA: descubrimiento de que el problema de la justicia se proyecta y despliega en un plexo de valores, no puede ser debidamente sopesado en su importancia dogmática y en sus consecuencias prácticas, sino a contraluz de una sistematización de los valores de conducta, constituyendo un problema de la vida moral.

"IDEM": pronombre latino que significa "el mismo" o "lo mismo".

IDENTIDAD: hecho de ser una persona o cosa la misma que se supone o se busca.

IDENTIDAD DE GÉNERO: vivencia interna e individual del género tal como cada persona la siente, la cual puede corresponder o no con el sexo asignado al momento del nacimiento, incluyendo la vivencia personal del cuerpo. Esto puede involucrar la modificación de la apariencia a la función corporal a través de medios farmacológicos, quirúrgicas o de otra índole, siempre que ello sea libremente escogido.◆ Construcción social de los comportamientos, roles, caracteres, vestimenta, costumbres, lenguaje que se corresponderían a determinada asignación de sexo (INADI).

IDENTIFICACIÓN DE DELINCUENTES: diligencia sumarial que tiene por objeto la investigación del inculpado. Todas las personas que dirijan cargo criminal contra otra deberán reconocerla judicialmente, siempre que el juez lo crea preciso, para que no ofrezca duda sobre quién es la persona a la que los inculpantes se refieren.

IDENTIFICAR: reconocer si una persona o cosa es la misma que se supone o se busca.

IDEOLOGÍA: doctrina filosófica que trata del origen y la clasificación de las ideas.◆ Doctrina filosófica que se basa en el estudio del origen de las ideas.◆ Aparece su uso a fines del siglo XVIII en Francia. Es la expresión completa y coherente de lo que debe ser el hombre y la sociedad.◆ Conjunto de ideas fundamentales que caracteriza el pensamiento de una persona, colectividad o época, de un movimiento cultural, religioso o político, etcétera.

IDIOMA: lengua de un pueblo o país.◆ Lengua exigida legalmente para la redacción de documentos, contratos, registros o estados contables.

IDIOMA DEL PAÍS DE DESTINO: despacho redactado en un lenguaje preciso y adecuado utilizando el idioma del país destinatario.

IDIOMA DEL PAÍS DE ORIGEN: despacho redactado en un lenguaje preciso y adecuado utilizando el idioma del país en el cual se origina o bien donde se domicilia el remitente.

IDÓNEO: persona que tiene buena disposición, aptitud, conocimiento o profesionalismo para el desarrollo de una actividad.◆ Adecuado y apropiado para una cosa.◆ Capaz para surtir efectos jurídicos.

IGJ: ver **Inspección General de Justicia**.

IGLESIA: término que designa genéricamente al conjunto del clero y pueblo de un país donde el Cristianismo tiene adeptos.◆ Estado eclesiástico que comprende a todos los ordenados.

IGNORANCIA: ausencia completa de nociones sobre un punto cualquiera *(R. Salvat).*

IGNORANCIA DE HECHO: falta de conocimiento relativa a un hecho, la cual puede ser estimada en las relaciones jurídicas.

IGNORANCIA DEL DERECHO: desconocimiento de la ley, el cual a nadie excusa debido a la presunción de que, promulgada aquélla, han de conocerla todos.

IGNORANCIA INVENCIBLE: falta de conocimiento que posee una persona acerca de un determinado hecho o acontecimiento por no alcanzar el motivo o la razón para desconfiar de ello.

IGNORANCIA SUPREMA: falta de conocimiento derivada de la negligencia en aprender o inquirir aquello que puede y deber saberse.

IGUALDAD: inexistencia de privilegios entre sujetos que se encuentren en análogas condiciones.◆ Ver **Igualdad ante la ley.**

IGUALDAD ANTE LA LEY: garantía concedida por la Constitución a las personas, establecida con la finalidad de asegurarles el mismo tratamiento en igualdad de condiciones y circunstancias. ◆ Garantía que consiste en brindar a uno lo que se da a otros en similitud de circunstancias y condiciones.

IGUALDAD DE LOS ACREEDORES: en idénticas circunstancias, todos los acreedores son iguales en sus derechos frente al patrimonio del comerciante deudor y cobrarán, como lo determine la ley, en el momento oportuno, conforme a los privilegios y proporcionalmente a su crédito.

IGUALDAD DE LOS ESTADOS: no significa igualdad de deberes y derechos, sino más bien de capacidad para adquirirlos. Exige que en las mismas condiciones los Estados tengan iguales derechos y deberes.

IGUALDAD EN EL TRABAJO: en el ámbito laboral, ante circunstancias, funciones, tareas, etcétera, idénticas o similares, los trabajadores poseen los mismos derechos y obligaciones.

ILEGAL: contra la norma legal.◆ Que es contra la ley.

ILEGALIDAD: carencia de legalidad.

ILEGIBLE: que no puede leerse.

ILEGÍTIMO: que no es legítimo.

ILÍCITAMENTE: contra justicia, razón o derecho.

ILÍCITO: no permitido o autorizado moral y/o legalmente.

ILIMITADO: no limitado.

ILIQUIDEZ: situación de falta de fondos para hacer frente a obligaciones.◆ En el caso de una empresa, falta de activos fácilmente realizables. En el mercado, falta de dinero.

ILOTA: quien se halla o se considera desposeído de los goces y derechos de ciudadano.

ILUSIÓN MONETARIA: valorización psicológica que hace un individuo del valor de su dinero, atendiendo al valor monetario de sus ingresos o tenencias y no a su real valor.

IMBECILIDAD: debilidad de espíritu caracterizada por la obliteración de las facultades intelectuales y que torna a una persona incapaz para conducirse y dirigir sus negocios.

IMF: *International Monetary Fund.*◆ Ver **Fondo Monetario Internacional**.

IMPAGABLE: modo con el cual suele aludirse metafóricamente a aquello que posee un valor tal que resultaría imposible pagar.

IMPAGO: falta de pago de una deuda vencida.◆ Persona a quien no se le ha pagado.

IMPEDIMENTO: obstáculo, estorbo para alguna cosa.

IMPEDIMENTO DIRIMENTE: el que impide que se contraiga matrimonio entre ciertas personas y lo anula si se celebra.

IMPEDIMENTO DISPENSABLE: impedimento dirimente.

IMPEDIMENTO IMPEDIENTE: el que no permite el matrimonio entre determinadas personas; lo hace ilícito si se contrae, pero no nulo.◆ Impedimento no dirimente. Impedimento no dispensable

IMPEDIMENTO NO DISPENSABLE: impedimento no dirimente. Impedimento impediente.

IMPEDIMENTOS MATRIMONIALES: hechos o situaciones que importan un obstáculo para la celebración de una matrimonio *(A. Belluscio).*

IMPEDIR: embargar.◆ Estorbar, hacer imposible la realización de una cosa.

IMPENDER: tratándose de dinero, gastarlo, invertirlo, expenderlo.

IMPENSA: gasto efectuado en la cosa poseída.◆ Gastos hechos en un inmueble por la persona obligada a restituirlo *(H. Capitant).*

IMPERIALISMO: en su acepción más amplia, extensión del poder político de un Estado sobre otro.◆ Antiguamente, consistía en una doctrina política que defendía el régimen imperial.

IMPERICIA: falta de pericia.

IMPERIO: organización política de un Estado regido por un emperador.

IMPERIO DE LA LEY: reconocimiento y aplicación del principio de legalidad.

IMPERTINENTE: relativo al cuestionamiento o a la alegación de hechos que no tienen influencia respecto del fondo del asunto.

IMPLANTAR: establecer y poner en ejecución nuevas doctrinas, instituciones, prácticas, costumbres o sistemas.

IMPLEMENTAR: poner en funcionamiento, aplicar métodos, medidas, etcétera, para llevar a cabo algo y alcanzar un objetivo.

IMPONIBLE: gravable con impuesto o tributo.

IMPORTACIÓN: operación de compra de bienes que efectúa alguien ubicado en un país a otro situado en el extranjero. Esta operación comprende tanto trámites de transporte como de introducción al país de destino.◆ Introducción de productos de otra Nación al mercado nacional.

IMPORTACIONES INVISIBLES: egresos de divisas originados en el turismo, pago de intereses, regalías, reembolsos de préstamos, seguros, fletes, etcétera.

IMPORTACIONES VISIBLES: egreso de divisas por la introducción de bienes al país.

IMPORTADOR: persona que se dedica en su nombre a la importación por sí o por terceros.

IMPORTAR: introducir en un país mercaderías o productos extranjeros.◆ Caso de mucha entidad o consecuencia. ◆ Causar, ocasionar.

IMPORTE: cantidad de pesos a que asciende lo enajenado.◆ Cuantificación de una cuenta o partida contable.◆ Cuantía de un precio, crédito, deuda o saldo.

IMPORTE NOMINAL: importe de un documento, expresado en el propio título, sin considerar las acumulaciones por intereses o dividendos.

IMPOSIBILIDAD: falta de posibilidad para existir una cosa o para hacerla.◆ Enfermedad o defecto que estorba o excusa para una función pública.

IMPOSIBILIDAD MORAL: inverosimilitud de que pueda ser o suceder una cosa o contradicción evidente entre aquello de que se trata y las leyes de la moral y de la recta conciencia.

IMPOSICIÓN: carga, impuesto, tributo u obligación impuesta.◆ Monto o importe que se impone de una vez en cuenta corriente, depósitos bancarios, etcétera.◆ Proceso de formación de capital mediante una colocación periódica de elementos monetarios que generan intereses hasta la fecha prevista por la operación, o sea, hasta su vencimiento. ◆ Toda sucesión de capitales financieros cuya valuación se efectúa al finalizar la mencionada sucesión.◆ Calcular el valor de una imposición significa determinar el valor final de una venta.◆ Toda suma de dinero que se deposita a períodos regulares de tiempo con el fin de formar un capital.

IMPOTENCIA: ineptitud de uno de los cónyuges para realizar el acto sexual, lo cual es considerado uno de los fines primordiales del matrimonio. Configura una de las causales de su nulidad.

IMPOTENCIA FUNCIONAL: la que obedece a trastornos nerviosos determinados por causas psíquicas o psicopáticas.

IMPOTENCIA ORGÁNICA: anormalidades de conformación por la carencia e hipertrofia de los órganos sexuales.

IMPREMEDITACIÓN: falta de premeditación.

IMPRESCRIPTIBLE: aplicable a la acción o hecho que no es susceptible de prescribir por el simple transcurso del tiempo.◆ Característica de un derecho o acción no extinguible por prescripción. ◆ Ver **Prescribir**.

IMPRESIÓN DACTILAR: marca que suele dejar la yema del dedo en un objeto al tocarlo o la que se obtiene impregnándola previamente en una materia colorante.

IMPREVISIÓN: aquello que no fue o que no pudo ser.◆ Ver **Teoría de la imprevisión.**

IMPROCEDENCIA: inoportunidad.◆ Falta de fundamento o de derecho.

IMPRORROGABLE: que no se puede prorrogar.

IMPRUDENCIA: conducta caracterizada por la falta de prudencia.

IMPRUDENCIA TEMERARIA: punible e inexcusable negligencia con olvido de las precauciones que la prudencia vulgar aconseja, la cual conduce a ejecutar hechos que, de mediar malicia en el actor, serían delitos.

IMPÚBER: que aún no ha alcanzado la pubertad.◆ Ver **Menores impúberes.**

IMPUESTO: carga exigible por el Estado por medio de un ente de aplicación de leyes tributarias que, usualmente, establece gravámenes sobre los bienes patrimoniales, los ingresos, los consumos o las actividades que posee, percibe o realiza, respectivamente, una persona, sea física o jurídica, con el fin de atender al bien común y al presupuesto estatal. En el impuesto no hay contraprestación directa por parte del Estado sino servicios generales, tales como educación, seguridad y salud pública que el Estado presta.◆ Es el tributo cuya obligación tiene como hecho generador una situación independiente de toda actividad relativa al contribuyente *(Modelo de Código Tributario para América Latina).*◆ Es una prestación pecuniaria obtenida de los particulares autoritariamente, a título definitivo y para la cobertura de las cargas públicas *(G. Jéze).*◆ Los súbditos de cada Estado deben contribuir al sostenimiento del Gobierno lo más cercano posible a sus respectivas capacidades, es decir, en proporción al ingreso del que gozan, bajo la protección del Estado *(A. Smith).*

IMPUESTO ADICIONAL: todo gravamen que se crea posteriormente a la vigencia de otro para aumentarlo, sin suprimir la ley ya existente.

IMPUESTO ADUANERO: gravamen a la importación o exportación de mercaderías o productos.◆ Gastos aduaneros. ◆ Ver **Arancel aduanero.**

IMPUESTO AL AUSENTISMO: recargo que sufren determinados impuestos en algunos países, a aquellos contribuyentes que hubiese fijado su residencia en el extranjero.

IMPUESTO DE CAPITACIÓN: forma impositiva que grava a todos los contribuyentes por igual con independencia de la cuantía o naturaleza de sus rentas o capitales o de cualquier otro criterio.

IMPUESTO DETERMINADO: el que surge de aplicar la alícuota del impuesto sobre la base imponible gravada.

IMPUESTO DIFERIDO: aquel que se da cuando, de acuerdo con las normas legales, se ejerce una facultad del contribuyente de diferir el pago de determinados impuestos. Por ejemplo: régimen de promoción industrial.

IMPUESTO DIRECTO: el que resulta de difícil o imposible traslación por parte de un contribuyente a otro. Comprende también aquellos impuestos que gravan exteriorizaciones de riqueza o patrimonios y los que por la posibilidad de empadronamiento permiten la aplicación de un gravamen en forma directa. No obstante, es necesario destacar que la traslación de un impuesto depende del mercado.

IMPUESTO EXTRAORDINARIO: aquel que se aplica en forma circunstancial o temporaria.

IMPUESTO FIJO: el que grava con un monto o con una cantidad uniforme a todos los contribuyentes.◆ Cuando la suma que debe pagar el contribuyente permanece constante no obstante las variaciones cuantitativas que experimenta la base imponible.

IMPUESTO INDIRECTO: aquella clase de impuesto que el contribuyente traslada al consumidor mediante la incorporación del gravamen al costo de los productos. Por lo general, los impuestos indirectos gravan el consumo de bienes y servicios.

IMPUESTO MÍNIMO: gravamen mínimo.

IMPUESTO ORDINARIO: impuesto de aplicación habitual y permanente.

IMPUESTO PER CÁPITA: impuesto por cabeza; el que es aplicado individualmente.

IMPUESTO PERSONAL: cuando tiene especialmente en cuenta las condiciones personales de los contribuyentes de derecho. Atiende a la capacidad contributiva del sujeto pasivo de la obligación tributaria.

IMPUESTO POR CÉDULA: impuesto a la renta en países europeos; las cédulas comprenden o se asimilan a las categorías.

IMPUESTO PROGRESIVO: tributo que se aplica ya sea por clases, por escalas o por deducciones. Las clases también son llamadas categorías.

IMPUESTO PROPORCIONAL: aquel que se aplica mediante una alícuota constante y proporcional al crecimiento de la riqueza imponible.◆ Cuando la suma a pagar aumenta más que proporcionalmente a los incrementos de la base imponible.

IMPUESTO REAL: gravamen que no tiene en cuenta la situación personal del contribuyente de derecho sino que grava una manifestación cualquiera de capacidad contributiva.

IMPUESTO REGRESIVO: impuesto cuya tasa varía en relación inversa a la variación de la base imponible. La tasa impositiva disminuye a medida que aumenta la base imponible.

IMPUESTO SOBRE ACTIVIDADES ECONÓMICAS: en algunas legislaciones, tributo real que recae sobre el mero ejercicio de actividades empresariales, profesionales o artísticas.

IMPUESTO SOBRE SOCIEDADES: gravamen que se aplica sobre las sociedades, sea sobre las utilidades, sobre sus transacciones o sobre su patrimonio.

IMPUESTOS DE ORDENAMIENTO: los que tienen como finalidad provocar determinadas conductas que se consideran socialmente deseables, o estimular o desestimular determinadas actividades económicas.

IMPUESTOS ESPECIALES: aquellos que alcanzan determinados hechos que traducen los modos en que se manifiesta la capacidad contributiva. Abarcan aquellas manifestaciones de la riqueza en forma parcial. Los que gravan los beneficios de las sociedades de capital, el patrimonio inmobiliario o consumos específicos.◆ Impuestos analíticos.

IMPUESTOS GENERALES: aquellos que alcanzan en forma completa o total algunas de las formas en que se exterioriza la riqueza o capacidad contributiva, es decir, la renta al patrimonio o al consumo. ◆ Los que gravan el consumo en general, el patrimonio y renta global.◆ Impuestos sintéticos.

IMPUESTOS MUNICIPALES: aquellos que recauda cada uno de los municipios que componen cada jurisdicción o provincia.

IMPUESTOS NACIONALES: los que concentran la mayor presión tributaria; normalmente, son los impuestos indirectos, excepto los aduaneros; se aplican en todo el país.

IMPUESTOS PROVINCIALES: aquellos que recaudan las jurisdicciones o las provincias en que se divide el país.

IMPUESTOS SINTÉTICOS: ver **Impuestos generales.**

IMPUGNACIÓN: acción y efecto de interponer un recurso contra una resolución judicial.

IMPUGNACIÓN INCIDENTAL: aquella propuesta por quien es demandado en el juicio de impugnación *(F. Carnelutti).*

IMPUGNACIÓN PRINCIPAL: aquella independiente de otra impugnación de la misma sentencia *(F. Carnelutti).*

IMPUGNAR: interponer un recurso contra una resolución judicial u órgano administrativo.

IMPUNE: que queda sin castigo.

IMPUNIDAD: carencia de castigo o sanción.

IMPUTABILIDAD: posibilidad de considerar a una persona como autora de una infracción, tanto desde el punto de vista material como del moral.◆ Conjunto de condiciones que un sujeto debe reunir para que deba responder penalmente de su acción (S. Soler). ◆ Condición del delincuente que lo hace capaz de actuar culpablemente, vale decir con dolo o con culpa (R. Nuñez). ◆ Capacidad que tienen las personas para realizar acciones, reprimidas por la ley como delitos (Jimenez de Asúa).

IMPUTABILIDAD SOCIAL: acto emanado de la autoridad, por medio del cual está previendo la posibilidad de una acción humana, la declara imputable a su autor como delito, en interés de la seguridad social.

IMPUTACIÓN: hecho de tomar en cuenta un pago o una liberalidad con el fin de deducirlos de la suma o parte a que se tiene derecho.◆ Acción y efecto de atribuir a otro una culpa, delito o acción.

IMPUTACIÓN CIVIL: tiene lugar cuando se declara que una determinada persona es responsable ante la sociedad de un hecho sucedido. Esta imputación pertenece al magistrado.

IMPUTACIÓN DEL PAGO: mecanismo por el cual se lo asigna a una u otra deuda cuando lo que se paga no alcanza para cubrir todas las que existen entre el deudor y el acreedor *(A. Alterini).*

IMPUTACIÓN FUNCIONAL: distribución de funciones que hace el Poder Ejecutivo a órganos administrativos, que se encuentren vinculados a él, a través del "control administrativo" *(J. C. Cassagne).*

IMPUTADOR: que imputa.

"IN ARTICULO MORTIS": ver **Matrimonio "in articulo mortis".**

"IN DUBIO PRO OPERARIO": principio laboral que establece que debe optarse, en caso de duda en un litigio, por la norma más favorable al trabajador.

"IN DUBIO PRO REO": expresión que significa que en caso de duda, se debe fallar a favor del reo.

"IN EXTREMIS": ver **Matrimonio "in extremis".**

"IN FRAGANTI": expresión que admite tres interpretaciones; puede querer decir: a) solamente "en el instante" de cometer el delito; b) la "tentativa"; c) "después de cometido" el delito *(G. Bidart Campos).*◆ Adaptación del latín jurídico *in flagranti crimine*, que significa en el mismo momento en que se está cometiendo el delito o realizando una acción censurable.◆ Ver **Flagrante.**

"IN INTEGRUM": ver **Restitución "in integrum".**

"IN ITINERE": ver **Accidente de trabajo "in itinere"**.

"IN SOLIDUM": por entero, por el todo. Úsase para expresar la facultad y la obligación que, siendo común a dos o más personas, puede ejercerse o debe cumplirse por entero por parte de cada una de ellas.

INAC: Instituto Nacional de Acción Cooperativa.

INACyM: Instituto Nacional de Acción Cooperativa y Mutual.

INADI: en la Argentina, Instituto Nacional Contra la Discriminación, la Xenofobia y el Racismo, organismo descentralizado que se osupa de desarrollar acciones contra la descriminación por su origen étnico o su nacionalidad, por sus operaciones políticas o sus creencias religiosas, por su género o identidad sexual, por tener alguna discapacidad o enfermedad, por su edad o por su aspecto físico. Sus funciones se orientan a garantizar para esas personas los mismos derechos y garantías de los que goza el conjunto de la sociedad, es decir, un trato igualitario (INADI).

INADMISIBILIDAD: defensa tendiente a paralizar el ejercicio de una reclamación administrativa o judicial, sin discutir el fondo del derecho.

INAES: Instituto Nacional de Asociativismo y Economía Social. Organismo que reemplaza al INACyM y cuyas disposiciones rigen para todas las mutuales y cooperativas.

INALIENABLE: carácter de aquello sobre lo cual recae una imposibilidad en cuanto a su enajenabilidad.◆ Que no se puede enajenar.

INAM: Instituto Nacional de Acción Mutual en la Argentina.

INAMOVIBLE: fijo.

INAPELABLE: condición de la sentencia o fallo que no se puede apelar.

INAPLICABILIDAD DE LA LEY: recurso extraordinario que se otorga contra las sentencias definitivas dictadas por una Sala de la Cámara de Apelaciones, que contradiga la doctrina establecida por otra Sala de la misma Cámara, en los diez años anteriores a la fecha del fallo recurrido y por medio del cual el tribunal en pleno establece la doctrina legal aplicable. Por ser un recurso extraordinario, requiere un gravamen especial y específico.◆ Ver **Recurso de inaplicabilidad de ley.**

INASISTENCIA: ausencia.

INASISTENCIA ALIMENTARIA: incumplimiento sin causa de la prestación de alimentos legalmente debidos a descendientes, ascendientes o cualquier otra persona a lo que se debe asistir.

INCAPACES DE HECHO ABSOLUTOS: las personas por nacer, los menores impúberes, los dementes y los sordomudos son totalmente incapaces.

INCAPACES DE HECHO RELATIVOS: son los menores adultos, es decir, los que tienen entre catorce y veintiún años. Sólo tienen capacidad para los actos que las leyes les autorizan otorgar.

INCAPACIDAD: falta de aptitud jurídica para ejercer, gozar o contraer derechos por sí mismo.◆ Carencia de aptitud legal para ejecutar válidamente determinados actos o para ejercer determinados cargos.◆ En general, falta de capacidad tanto física como psíquica.

INCAPACIDAD DE DERECHO: imposibilidad de ser titular de ciertos derechos. ◆ Incapacidad de goce.

INCAPACIDAD DE EJERCICIO: incapacidad de hecho.

INCAPACIDAD DE GOCE: incapacidad de derecho.

INCAPACIDAD DE HECHO: imposibilidad de ejercer los derechos por sí mismo. Cuando los sujetos no pueden, en principio, efectuar actos de realización, transferencia o modificación por sí. Estos actos los realizan sus representantes.◆ También llamada incapacidad de ejercicio.◆ Ver **Incapaces de hecho absolutos; Incapaces de hecho relativos.**

INCAPACITACIÓN: estado civil de la persona física que se declara judicialmente cuando en ella concurren alguna de las causas tipificadas legalmente y que tiene como efecto principal la limitación de su capacidad de obrar y, en consecuencia, la sumisión de tutela *(L. Diez - Picaso).*

INCAPACITADO: aplícase específicamente en el orden civil a los dementes, pródigos, sordomudos, sordomudos iletrados y reos que sufren pena de interdicción.

INCAPACITAR: decretar la falta de capacidad civil de personas mayores de edad.◆ Decretar la carencia, en una persona, de las condiciones legales para un cargo público.

INCAPAZ: falta de capacidad para una cosa.◆ Que no tiene cumplida personalidad para actos civiles o aptitud legal para algo.

INCAUTACIÓN: acción de tomar posesión de tierras o bienes pertenecientes a particulares, por parte de una autoridad competente.

INCAUTARSE: tomar posesión un tribunal u otra autoridad competente de dinero o bienes de otra clase.

INCENTIVO: que mueve o excita a desear o hacer una cosa.◆ Estímulo que se ofrece a una persona, grupo o sector de la economía para elevar la producción.◆ Cualquier medio, por ejemplo dinero, prestigio, etcétera, que motiva el comportamiento de los individuos.

INCESTO: relación carnal entre parientes, dentro de los grados en que está prohibido el matrimonio.

INCIDENCIA: aquello que sobreviene en el curso de un negocio y tiene con él alguna conexión.◆ Número de casos, a veces en tanto por ciento o más. En general, repercusión de ellos en algo.◆ Ver **Efectos económicos de los impuestos.**

INCIDENCIA DEL IMPUESTO: la que trata sobre la forma en que la carga impositiva puede ser trasladada o no entre las personas y las organizaciones económicas. Para analizar la incidencia del impuesto, es necesario estudiar cada clase de impuesto en particular. Estos análisis sólo podrán reflejar las tendencias más que las cantidades precisas de traslación. Los impuestos sobre las ganancias o rentas, con tasas progresivas, pueden producir una disminución en la propensión al trabajo y al ahorro; como también podrán trasladarse, en tanto la demanda del producto que vende el contribuyente sea inelástica. Estos efectos finales pueden ser de carácter relativo, por cuanto mediante otras medidas fiscales pueden compensarse tales traslaciones. Los impuestos sobre los patrimonios presentan mayores dificultades para su traslación por cuanto actúan directamente sobre la demanda.◆ Ver **Efectos económicos de los impuestos.**

INCIDENCIA FINAL: en materia tributaria, aquella que se produce cuando el sujeto intenta infructuosamente todas las posibilidades de traslación en un período de tiempo relativamente corto *(J. Navarro).*

INCIDENTE: toda cuestión accesoria del pleito que requiere un pronunciamiento especial del tribunal, con o sin audiencia de las partes *(D. Benavente).*◆ Ver **Incidentes.**

INCIDENTES: cuestiones que se promueven en un juicio y que tienen relación inmediata con el negocio principal, por lo que aquellos que no guarden esa relación serán desechados de plano. Se sustancian en la misma pieza de autos.◆ Discusiones accesorias que sobrevienen en el curso de un pleito y conciernen a la forma del procedimiento.

INCIERTO: inconstante, no seguro, no fijo, no determinado.◆ Desconocido.◆ Ver **Plazo incierto.**

INCISO: cada una de las partes en que se divide una cláusula o artículo de una norma legal.◆ Parte en que se divide cada anexo de un presupuesto de gastos o de recursos.

INCITAR: estimular a uno para que ejecute una cosa.

INCITATIVA: provisión que despachaba el Tribunal Superior para que los jueces ordinarios hiciesen justicia y no agraviasen a las partes.

INCOAR: comenzar una cosa, llevar a cabo los primeros trámites de un proceso, pleito, expediente o alguna otra actuación oficial.

INCOBRABLE: cuenta de cobranza imposible.◆ Que no se puede cobrar.

INCOMPARECENCIA: no asistencia a prestar declaración.◆ Acción de no asistir a un acto o lugar en que se debe estar presente.

INCOMPATIBILIDAD: impedimento o tacha legal para ejercer una función determinada o para ejercer dos o más cargos a la vez.

INCOMPETENCIA: falta de aptitud para el desempeño de una profesión o función.◆ Falta o carencia de jurisdicción de un juez para entender en un determinado asunto, bien sea por razón de la materia, bien sea por razón del lugar.

INCOMPETENCIA ABSOLUTA: Moreno Hernández la define como aquella que se da en aquel juez que no puede conocer de una causa, bien por razón de la misma pretensión, bien por razón de la persona que ha de ser juzgada, bien por razón del grado del juicio *(M. Moreno Hernández).*

INCOMPETENCIA RELATIVA: aquella por la cual no se da de hecho título alguno de derecho que el juez no pueda conocer de determinada pretensión; por lo que, no de derecho sino de hecho, tal pretensión no se halla sometida a su jurisdicción *(M. Moreno Hernández).*

INCOMUNICADO: relativo al preso cuando no se le permite tratar con nadie de palabra ni por escrito.

INCOMUNICAR: privar de comunicación a una persona. ◆ Aislar.

INCONCUSO: firme, sin duda ni contradicción.

INCONSTITUCIONALIDAD: oposición de un acto o norma legal, gubernamental o administrativa, a lo que prescribe una norma constitucional.

INCOTERMS: conjunto de reglas internacionales, de aceptación voluntaria por las partes, que determinan el alcance de las cláusulas incluidas en el contrato de compraventa internacional. ◆ *International Commerce Terms.* Términos de Comercio Internacional.

INCULPACIÓN: imputación oficial de un crimen o delito a un individuo contra quien se sustancia en consecuencia un procedimiento de instrucción *(H. Capitant).*

INCUMPLIMIENTO: falta de cumplimiento de una obligación establecida en un convenio.◆ Informalidad comercial.

INCUMPLIMIENTO CULPOSO: aquel en el que el deudor no cumple por una falta de diligencia que le es imputable.

INCUMPLIMIENTO DOLOSO: aquel en el que el deudor deja de cumplir su obligación frente al acreedor de manera intencionada o consciente, se produce el dolo obligacional o malicia en el incumplimiento de la obligación.

INDAGATORIA: ver **Declaración indagatoria.**

INDECLINABLE: relativo a la imposibilidad de rehusarse.◆ Relativo a la imposibilidad de declinar la jurisdicción.

INDEFENSIÓN: carente de defensa.

INDEMNE: que se encuentra libre o exento de algún daño.

INDEMNIDAD: seguridad que se da a alguien de que no sufrirá daño o perjuicio.

INDEMNIZACIÓN: reparación dineraria en compensación a un daño o perjuicio ocasionado.◆ Reparación al trabajador despedido. Ejemplo: indemnización que se le abona a un empleado u obrero por el despido injustificado.◆ Contraprestación a cargo del asegurador en caso de producirse el siniestro.

INDEMNIZACIÓN POR ACCIDENTES DE TRABAJO: resarcimiento de perjuicios derivados de la relación laboral que sufra la parte trabajadora por accidentes laborales que son susceptibles de reparación mediante el pago de indemnizaciones.

INDEMNIZACIÓN POR CLIENTELA: aquella que debe percibir un viajante de comercio en la Argentina, cuando por cualquier motivo deje de trabajar para su empleador. La antigüedad para tener derecho a dicha percepción es de un año.

INDEMNIZACIÓN POR DESPIDO: la que refleja el importe estimado del riesgo que tendría que cubrir la empresa en caso de despido de personal sin justa causa.◆ Ver **Despido.**

INDEMNIZACIÓN SUSTITUTIVA: ver **Preaviso.**

INDEPENDENCIA: libertad, autonomía de un profesional, de un Estado con respecto a otro.

INDEX: indicador estadístico.◆ Índice.

INDEXACIÓN: ajuste del valor de un elemento variable en función de un índice determinado que modifica los anteriores valores de aquél.

INDICADOR: nombre de un aparato destinado a realizar algún tipo de medición.◆ Índice que expresa las variaciones experimentadas en el valor de un bien, conjunto de bienes o sector de la economía.◆ Ver **Indicadores económicos.**

INDICADOR SINTÉTICO DE LOS SERVICIOS PÚBLICOS: aquel que en la Argentina permite conocer la evolución global del conjunto de servicios relevados.

INDICADORES ECONÓMICOS: mediciones utilizadas con el objeto de determinar la situación de una economía. ◆ Ciertas magnitudes que reflejan particularmente lo que ha ocurrido, lo que ocurre o lo que va a ocurrir.

ÍNDICE: cifra resultante de dividir dos cantidades con la finalidad de utilizarla como instrumento para examinar comportamientos.◆ Index.◆ Razón.◆ Coeficiente.◆ Ratio.

ÍNDICE BURSÁTIL: el que mide la evolución en las cotizaciones de las acciones negociadas en el mercado bursátil.

ÍNDICE DE AJUSTE: aquel que se utiliza para ajustar el valor nominal de un título - valor en virtud del transcurso del tiempo. El índice es consecuencia de dividir un valor de referencia a una fecha actual sobre el valor de la misma referencia a una fecha anterior; este índice es multiplicado por el valor nominal del instrumento a ajustar y resulta el valor nominal actualizado. Por ejemplo: un instrumento financiero ajustable por índice de costo de la canasta familiar o costo de vida se hará de la siguiente manera:

$$\text{Índice de ajuste} = \frac{\text{índice a enero 2009}}{\text{índice a diciembre 2010}}$$

Luego:

Valor nominal x Índice de ajuste = Valor ajustado

ÍNDICE DE COSTO DE VIDA: para comprender mejor lo que llamamos Costo de Vida e Índice de Precios al Consumidor y la diferencia entre los dos, vamos a considerar un ejemplo sencillo. Pensemos en una persona A, que consume únicamente 9 kilos de carne por mes. Teniendo en cuenta su gusto y el precio de las distintas carnes, él puede elegir carne de vaca y de pollo. Supongamos que cuando el precio de la carne de vaca es de $ 1,10 el kilo y la de pollo, $ 0,70, el señor "A" compra:

6 kg de carne de vaca x $ 1,10 = $ 6,60
3 kg de carne de pollo x $ 0,70 = $ 2,10

9 kg de carne con un gasto de $ 8,70

Para pensar en el cálculo del Índice de Precios al Consumidor, debemos tener en cuenta que este Índice considera únicamente los precios de los bienes y que no toma en cuenta si ante esos cambios se producen variaciones en las cantidades compradas. Así, en el caso del señor A, se pensará que las cantidades de carne de vaca y de pollo son siempre iguales a las del primer mes. Estas cantidades forman la Canasta del Índice que, siguiendo con el ejemplo, estaría formada por:

6 kg de carne de vaca
3 kg de carne de pollo

Si el precio de la carne sube de $ 1,10 a $ 1,20, el valor de esta canasta sería de:

6 kg de carne de vaca x $ 1,20 = $ 7,20
3 kg de carne de pollo x $ 0,70 = $ 2,10

9 kg de carne con un gasto de $ 9,30

Para el cálculo del IPC, se compara el valor actual de esta Canasta con el valor que tenía en el mes anterior, siendo en este caso:

Enero	Febrero
$ 8,70	$ 9,30

El aumento del IPC es del 7 %. Si los precios no cambiaran, el señor A seguiría consumiendo las mismas cantidades de carne de vaca y de pollo; pero, si uno de los precios aumenta, el consumo de este artículo es menos ventajoso que antes al compararlo con el precio del otro. El cambio de precios posiblemente hará que este señor modifique sus compras: comprará menos kilos de la carne que subió de precio y aumentará la cantidad de kilos de la carne que mantuvo su precio. De esta manera, podrá satisfacer su deseo de comer 9 kilos de carne y protegerá sus ingresos, ya que no está dispuesto a seguir comprando 6 kilos de carne de vaca si ésta cuesta $ 1,20 mientras la carne de pollo sigue con un precio de $ 0,70. Entonces, él preferirá aumentar su consumo en carne de pollo, disminuir el de vaca y mantener los kilos totales de carne consumida. Ahora comprará:

5 kg de carne de vaca x $ 1,20 = $ 6,00
4 kg de carne de pollo x $ 0,70 = $ 2,80

9 kg de carne con un gasto de $ 8,80

Con este gasto, él considera que mantiene su mismo nivel de vida. Podría haber reducido su gasto de este mes si comprara los 9 kilos en carne de pollo, en ese caso:

9 kg de carne de pollo x $ 0,70 = $ 6,30

Pero esto iría en contra de su deseo de consumir carne vacuna alguna vez. Por eso se explica la distribución de su compra entre 4 kg de carne de pollo y 5 kg de carne de vaca, ya que trata al mismo tiempo de proteger su presupuesto y sus gustos o nivel de vida.
De acuerdo con su nuevo nivel de gastos, el Costo de Vida para este señor pasó de:

Enero Febrero
$ 8,70 $ 8,80

Dicho en porcentaje, el aumento fue del 1 %. Vemos entonces que el Índice de Precios al Consumidor y el Índice de Costo de Vida reflejan y miden cosas diferentes. Mientras el IPC mide los cambios del precio de las mismas cantidades de los mismos bienes (en el ejemplo: las mismas cantidades de la misma carne), el Índice de Costo de Vida mediría los cambios del costo de mantener un mismo nivel de vida (en el ejemplo: seguir consumiendo 9 kg de carne), aunque haya que adaptar las cantidades, ya sea por cambios en los precios o en los gustos del consumidor. ◆ Ver **Índice de precios al consumidor.**

ÍNDICE DE PRECIOS: resultado de dividir el precio que tiene un producto o la sumatoria de precios de un grupo de ellos en dos momentos distintos con el fin de verificar la magnitud de su variación con relación al tiempo. Se ubica el primer valor en el tiempo en el denominador y el segundo en el numerador; si el resultado es mayor que 1) habrá habido un crecimiento en los precios; si es igual a 1, no habrá habido ninguno, y si finalmente es menor que 1 y mayor que 0, habrá resultado una disminución. De otra forma, para saber si un producto subió mucho o poco, debemos saber el valor inicial. Por ejemplo: si supiéramos que antes del aumento el artículo costaba $ 20, la cuestión sería muy sencilla. Bastaría con dividir el aumento por el valor inicial y tendríamos el porcentaje de aumento:

$$\frac{\text{Valor del aumento}}{\text{Valor inicial}} \times 100 = \frac{4}{20} \times 100 = 20\%$$

El artículo que antes costaba $ 20 ahora cuesta $ 24. Estadísticamente, al valor inicial que tomamos como referencia y con respecto al cual haremos la comparación se lo llama "base". Por otra parte, y para facilitar la comparación de las variaciones de precios entre diversos artículos, se recurre a expresar los valores iniciales y finales en forma de índice. Dicho de otra manera y volviendo al ejemplo anterior en que sólo existe un artículo y dos precios, al valor inicial del artículo o valor base le hacemos corresponder el número 100; y al valor posterior, o sea 24, le haremos corresponder un número índice que se calcula de la siguiente manera:

$$\$\,20 \text{ ———————— } = 100$$

$$\$\,24 \text{ ———— } = \frac{24 \times 100}{20} = 120$$

O sea que el índice correspondiente al valor de un aumento del 20 % será 120. Sin embargo, para el cálculo de un índice de precios de un conjunto de artículos, el problema se complica.

ÍNDICE DE PRECIOS AL CONSUMIDOR: indicador que mide los cambios de precios producidos en un grupo determinado de bienes y servicios que representan el consumo de la población. Para calcularlo, se observan los precios de ese grupo de bienes y servicios en el momento de comenzar el estudio. Los precios de ese momento son considerados como "la base" del índice. A partir de ese momento, se realiza el seguimiento diario de los precios de esos productos durante cada mes. De esa observación y de la comparación de los últimos precios observados con los precios de la base, se obtiene el Índice de Precios al Consumidor.◆ Ver **Índice de costo de vida.**

ÍNDICE DE PRECIOS AL POR MAYOR: índice ponderado que reflejaba en la Argentina la variación de precio de los bienes y servicios considerados para elaborar este índice al momento de venta por parte del productor de los mismos entre dos o más fechas.◆ Ver **Índice de precios internos al por mayor.**

ÍNDICE DE PRECIOS BÁSICOS AL POR MAYOR: similar al Índice de precios internos al por mayor, pero aquí los precios se consideran sin impuestos.

ÍNDICE DE PRECIOS IMPLÍCITO: aquel resultante de dividir en cada período la variación de los precios de una variable "a precios de mercado" por la misma variable a precios de un momento base.

ÍNDICE DEL COSTO DE LA CONSTRUCCIÓN: aquel que expone la variación de los costos de una serie de bienes y servicios vinculados con la construcción inmobiliaria entre dos fechas.

ÍNDICE DOWN JONES: índice bursátil promedio de acciones correspondiente a las cotizaciones de un grupo compuesto por treinta empresas industriales de primera línea de los EE.UU., sobre más de quinientas.◆ Es el indicador accionario más famoso del mundo creado en 1884 por Charles Down. Se reúne el promedio de las treinta empresas industriales que lo integran y que han ido variando con el correr de los años.

ÍNDICE GENERAL DE LA BOLSA DE COMERCIO: aquel que surge de considerar todas las empresas cotizantes.

ÍNDICE MERCAP: aquel que surge de considerar las acciones líderes seleccionadas de conformidad con la metodología vigente para el Índice Merval, computando el capital admitido en la negociación y la cotización diaria de las acciones. El índice se constituye con la participación de las especies que integran el Índice Merval.

ÍNDICE MERVAL: en la Argentina, el que mide la evolución de las acciones de las empresas de mayor presencia bursátil. El indicador preferido para los análisis técnicos se modifica trimestralmente a partir de un criterio de selección que se basa fundamentalmente en la participación diaria de cada una de las sociedades en el volumen de negocios.◆ El llamado Panel MerVal (Mercado de Valores) agrupa a las acciones que concentran el 80 % de las transacciones diarias en el recinto bursátil. De este panel se calcula uno de los indicadores más importantes del comportamiento de la Bolsa: el índice MerVal.

ÍNDICE NIKKEI: índice bursátil japonés, expresado en yenes, compuesto por doscientas veinticinco acciones de empresas líderes.

ÍNDICES: constituyen un gran comodín estadístico; permiten establecer comparaciones entre datos que nos presentan sobre bases heterogéneas y difíciles de relacionar a simple vista.

ÍNDICES - VALORES: indican la magnitud de las variaciones de un período a otro durante el período de vida del índice. Lo que en realidad importa es que se puedan calcular las variaciones relativas con un nivel de precisión adecuado que permita percibir tanto la magnitud como el sentido de los cambios.

INDIGNIDAD: sanción operada por medio de sentencia judicial y a petición de los legitimados activamente, en virtud de la cual se produce la caducidad de la vocación sucesoria y hace que el declarado indigno sea excluido de la sucesión *(O. Maffía).*

INDIGNIDAD DE HEREDAR: la ley priva con efectos retroactivos a determinadas personas de un derecho sucesorio que les había sido deferido en virtud de la ley o de una disposición por causa de muerte con respecto a un determinado causante y lo hace porque dichas personas han cometido delitos graves *(L. Enneccerus)*.◆ Ver **Indignidad.**

INDISCIPLINA: falta de disciplina.

INDIVIDUALIZACIÓN JURÍDICA: ver **Rubricación.**

INDIVIDUO: persona perteneciente a una clase o corporación.

INDIVISIBILIDAD: característica por la cual algo no puede o no admite separación en virtud de su naturaleza o de una norma legal.

INDIVISIBLE: relativo a aquello que no permite su división, sin que ello implique la destrucción, inutilización o detrimento patrimonial de un bien.◆ Que no se puede dividir.

INDIVISIÓN FORZOSA: indivisión de carácter necesario y perpetuo. Se dice principalmente del condominio de cercos medianeros.

INDIVISIÓN POSTCOMUNITARIA: la situación en que se halla la masa de bienes gananciales desde la disolución de la sociedad conyugal hasta la partición *(A. Belluscio)*.

INDIVISO: relativo al bien o masa de bienes que pertenece a varias personas en partes ideales.◆ Que no está dividido en partes.

INDIZACIÓN: acción y efecto de indizar.

INDIZAR: elaborar índices.◆ Registrar ordenadamente datos e informaciones para elaborar un índice.

INDOCUMENTADO: aplicable a todo aquello que carece de prueba fehaciente o testimonio válido.◆ Persona que carece de su documentación personal.

INDUCCIÓN: persuasión para obrar en determinado sentido.

INDULTO: gracia por la cual el superior remite el todo o parte de una pena o la conmuta o exceptúa, o exime a una persona de sus obligaciones para con la ley o de cualquier otra.

INDUSTRIA: sector de la actividad económica compuesto por empresas cuya producción reviste características similares, sea en el producto que fabrican, en los materiales que utilizan o en los procesos productivos que desarrollan.

INDUSTRIA BASE: la que obtiene aquellos bienes que, situados en los primeros escalones del proceso, sirven de materias primas para sucesivas actividades transformadoras (minería, energía, etc.).

INDUSTRIA DE CABECERA: aquella de la cual se obtienen productos que, en proyección divergente, son objeto de utilización de otras industrias diversas (ácido sulfúrico).

INDUSTRIALISMO: predominio de los intereses de la industria.◆ Auge de la actividad industrial en una etapa determinada.

INDUSTRIALIZACIÓN: acción y efecto que permite hacer que una cosa sea objeto de elaboración o industria. ◆ Acción de industrializar. Industria, expresión latina que significa: maña, destreza, artificio, habilidad o bien;

conjunto de operaciones necesarias para obtener y transformar los productos naturales o las materias primarias.

INEMBARGABLE: calidad del bien que en el patrimonio de una persona no puede ser embargado por sus acreedores, sea en virtud de la ley o por una disposición testamentaria.

INENAJENABILIDAD ABSOLUTA: cosas cuya venta o enajenación fuera expresamente prohibida por la ley y las cosas cuya enajenación se hubiere prohibido por actos entre vivos o disposiciones de última voluntad, en cuanto se admitan legalmente tales prohibiciones.

INENAJENABILIDAD RELATIVA: aquella que recae sobre las cosas que requieren una autorización previa para la enajenación.

INFANTICIDIO: muerte dada voluntariamente a un niño, sobre todo si es recién nacido o está próximo a nacer.◆ Muerte dada al recién nacido por la madre o ascendientes maternos para ocultar la deshonra de aquélla.

INFIDELIDAD: carencia de fidelidad con respecto a la empresa en la cual una persona actúa.◆ Ver **Deber de fidelidad.**

INFIDENCIA: violación de la confianza y fe debida a otro.

INFLACIÓN: incremento en el nivel general de precios.◆ Elevación del nivel general de los precios motivada habitualmente por el desajuste entre la demanda y la oferta con depreciación monetaria. Existe un excedente de moneda circulante con relación a su cobertura. El problema principal de la inflación radica en la constancia de su existencia. Teóricamente, al producirse el desequilibrio expuesto entre la oferta de dinero y la de bienes y servicios, con el aumento de los precios en los bienes y servicios, el equilibrio debiera restituirse. Pero tal posibilidad puede verse impedida en virtud de determinadas políticas gubernamentales o de conductas sociales, tales como:
a) Emisión de moneda para compensar un déficit presupuestario e inversiones públicas efectuadas sin la correspondiente contrapartida de ahorro previo.
b) Presiones sociales y sindicales para lograr aumentos reales de sueldos, pero que se transforman en nominales.
c) Expansión del crédito bancario, generando un incremento en los medios de pago.
d) Emisión para compensar un superávit en la balanza de pagos y comercial, aumentando la oferta de dinero y, como consecuencia de las exportaciones, se produce simultáneamente una disminución de la oferta de bienes en el mercado.
e) En situaciones cercanas al pleno empleo, o a un nivel alto de empleo de los factores, el exceso de demanda actuará inevitablemente sobre los precios elevándolos.

INFOLIO: libro en folio.◆ Libro cuyos folios están rubricados frente a frente con el mismo número las dos páginas.

INFORMACIÓN "AD PERPETUAM": información realizada judicialmente y a prevención para que conste en lo sucesivo una cosa.

INFORMACIÓN RESERVADA: ver **"Insider information".**

INFORMACIÓN SUMARIA: investigación efectuada por el juez en forma breve y desprovista de solemnidades.

INFORMAL: quien no guarda las reglas y circunstancias previstas en una organización.◆ Quien no observa la conveniente gravedad y puntualidad.

INFORMAR: enterar, dar noticia de una cosa. Dictaminar un cuerpo consultivo, un funcionario o cualquier persona perita un asunto de su respectiva competencia.

INFORMÁTICA: tratamiento automático de la información a través de elaboradores electrónicos de datos basados en las reglas de la cibernética. ◆ Ciencia que tiene por objeto propio el conocimiento de la información; como método, la teoría de sistemas; como instrumento operativo, la computación; como ámbito de desarrollo, la organización; como objeto, la racionalización para la eficiencia y la eficacia en la acción a partir del proceso de producción y circulación de la información *(F. Flores).*

INFORMÁTICA JURÍDICA: elaboración de datos y realización de gestiones como medio de auxilio y servicio técnico en las diversas actividades con significado para el Derecho *(E. Guastavino).*

INFORMÁTICA JURÍDICA DE AYUDA A LA DECISIÓN: conforman este aspecto los llamados sistemas expertos que, en vías de experimentación, tienen en mira la "Inteligencia Artificial" *(L. M. Gaibrois).*

INFORMÁTICA JURÍDICA DE GESTIÓN: todas las aplicaciones que permiten operar con los procedimientos jurídicos, sean tanto jurisdiccionales (tribunales) como privados (estudios jurídicos), ya sean públicos (por ejemplo el trámite de los proyectos parlamentarios) o administrativos (aduana, Fisco, etc.) *(L. M. Gaibrois).*

INFORMÁTICA JURÍDICA DOCUMENTAL: aquella que recepta las fuentes del Derecho y toda otra documentación jurídica. Se integra con las bases de datos jurídicas, que responden a las tres fuentes tradicionales del derecho, a saber: la ley, la jurisprudencia y la doctrina. Comprende como sub-rama la Informática de Registro Documental Administrativa *(L. M. Gaibrois).*

INFORME: noticia o instrucción que se da de un negocio o suceso o bien acerca de una persona.◆ Acción y efecto de informar o dictaminar.◆ Exposición total que hace el letrado o el fiscal ante el tribunal que ha de fallar el proceso.

INFORME FINAL DEL SÍNDICO: en el Derecho Concursal, aquel que debe presentar el síndico en el supuesto de quiebra diez días después de aprobada la última enajenación. Este informe sindical debe contener:
a) rendición de cuenta de las operaciones efectuadas acompañando los comprobantes.
b) resultado de la realización de los bienes con detalle del producido de cada uno.
c) enumeración de los bienes que no se hayan podido enajenar, de los créditos no cobrados y de los que se encuentran pendientes de demanda judicial con explicación sucinta de sus causas.
d) El proyecto de distribución final.

INFORME GENERAL DEL SÍNDICO: aquel que debe presentar el síndico en procesos concursales después de presentado el informe individual de los créditos. El mismo debe contener:

a) Análisis de las causas del desequilibrio económico del deudor.
b) Composición detallada del activo y del pasivo, debiendo estimarse los valores probables de realización de cada rubro del primero.
c) Enumeración de los libros de contabilidad con dictamen sobre la regularidad, las deficiencias que se hubieren observado y el cumplimiento de los requisitos exigidos legalmente.
d) Referencia sobre las inscripciones del deudor en los registros correspondientes y en caso de sociedades sobre las del contrato social y sus modificaciones, indicando el nombre y el domicilio de los administradores y los socios con responsabilidad ilimitada.
e) La expresión de la época en que se produjo la cesación de pagos, precisando hechos y circunstancias que fundamenten el dictamen.
f) Opinión fundada respecto del agrupamiento y la clasificación que el deudor hubiere efectuado respecto de los acreedores.
g) Valuación patrimonial de la empresa según registros contables.
h) En caso de sociedades, debe informar si los socios realizaron regularmente sus aportes y si existe responsabilidad patrimonial que se les pueda imputar por su actuación en tal carácter.
i) La enumeración concreta de los actos que se consideren susceptibles de ser revocados.

INFORME "IN VOCE": alegación verbal sobre el mérito de la prueba producida *(J. Migliardi).*

INFORME INDIVIDUAL DEL SÍNDICO: el presentado por el síndico concursal una vez vencido el plazo otorgado por la ley para la formulación de observaciones a los créditos por parte del deudor y los acreedores. En el mismo, deberá elaborar un análisis sobre cada solicitud de verificación; en particular, el que deberá ser presentado en el juzgado. Se debe consignar el nombre completo de cada acreedor, su domicilio real y el constituido, el monto y la causa del crédito, el privilegio y garantías invocados; además, debe reseñar la información obtenida, las observaciones que hubieran recibido las solicitudes por parte del deudor y de los acreedores, y expresar respecto de cada crédito opinión fundada sobre la procedencia de la verificación del crédito y el privilegio.

INFORME PERICIAL: opinión científica emitida por uno o más profesionales sobre asuntos de su competencia, dada a requerimiento judicial en pleito contencioso o voluntario, a efectos de tomar una decisión para volver al mismo.◆ Pericia.

INFORMES COMERCIALES: ver **Referencias comerciales.**

INFORMES CONTABLES FALSOS: aquellos en los que el fundador, director, administrador, liquidador o síndico de una sociedad anónima o cooperativa, o de otra persona colectiva que a sabiendas publicare, certificare o autorizare un inventario, un balance, una cuenta de ganancias y pérdidas o los correspondientes informes, actas o memorias, falsos o incompletos, o informare a la asamblea o reunión de socios con falsedad o reticencia sobre hechos importantes para apreciar la situación económica de la empresa, cualquiera que hubiere sido el propósito perseguido al verificarlo.

INFORTUNIO: acaecimiento de todo hecho o acontecimiento desgraciado.

INFRACCIÓN: quebrantamiento de una ley, tratado o norma.

INFRACTOR: sujeto que quebranta una ley o precepto.

INFRAESTRUCTURA: término que alude al conjunto de elementos o servicios que son considerados necesarios para la creación y el funcionamiento de una organización cualquiera.◆ En materia de Derecho Aeronáutico, se trata del conjunto de medios instalados en el suelo a disposición de la circulación aérea *(Le Golf)*.

INFRAESTRUCTURA PÚBLICA: toda obra o infraestructura física que preste servicios esenciales al público en general.

INFRINGIR: quebrantar leyes, órdenes, etcétera.

INFUNDIO: patraña, mentira.

INGRESO: dinero o valor representativo de éste ganado o devengado.◆ Resultado positivo.◆ Es el aumento del patrimonio por ganancia o producto, aun cuando no haya sido percibido en efectivo. Puede existir ingreso sin entrada; por ello no son sinónimos, aunque se los utilice como tales.

INGRESO NACIONAL: ver **Renta nacional.**

INGRESO PER CÁPITA: renta per cápita. ◆ Ver **Per cápita**.

INGRESO PERSONAL: el declarado ante la DGI u organismo competente en la declaración jurada del impuesto a las ganancias (o en otro) por un contribuyente – persona física.

INGRESOS: entradas de dinero en teneduría de libros; total de la recaudación.

INGRESOS NO TRIBUTARIOS: ingresos presupuestarios que no derivan de tributos sino de otros ingresos; por ejemplo, intereses.

INGRESOS PRESUPUESTARIOS: ingresos previstos en el cálculo de recursos; se clasifican en ingresos corrientes e ingresos de capital.

INGRESOS PÚBLICOS: recursos que obtiene el estado.◆ Ver **Recurso público.**

INGRESOS TRIBUTARIOS: aquellos provenientes de impuestos. Éstos se pueden aplicar sobre las ganancias, el patrimonio, las transacciones, sobre el comercio exterior.

INHABILITACIÓN: pena que puede imponerse judicialmente como sanción de un delito y que consiste en la prohibición para desempeñar determinados empleos y funciones o para ejercitar ciertos derechos. Por ejemplo: para ejercer el comercio por ser menor de edad, por conducta fraudulenta, por extender cheques sin fondos o con errores graves, etcétera.

INHABILITAR: declarar a uno inhábil para obtener o desempeñar empleos, cargos, etcétera.

INHIBICIÓN: acción y efecto de inhibirse. ◆ Disposición precautoria adoptada por orden judicial destinada a impedir que el deudor pueda disponer de sus bienes inmuebles.◆ Ver **Medidas cautelares; Inhibición general de bienes.**

INHIBICIÓN GENERAL DE BIENES: embargo sobre la generalidad de los bienes del deudor que sólo puede solicitarse cuando el embargo sobre un bien determinado ha dado resultado negativo. Procede cuando, habiendo lugar a embargo, éste no pudiere hacerse efectivo por no conocerse bienes del deudor o por no cubrir éstos el importe del crédito reclamado. Tiende a impedir la transferencia del dominio de bienes registrables o su afectación por un gravamen *(J. Migliardi).*

INHIBIR: acción consistente en impedir a un juez que siga conociendo una causa.◆ Desentenderse de un asunto.

INHIBITORIA: petición que se hace al juez que no entiende en el proceso y a quien se considera competente para que solicite al que conoce en la causa que se desprenda de la misma.

INHIBITORIO: despacho o decreto que inhibe al juez.

INHUMACIÓN: acción y efecto de enterrar un cadáver.

INICIADOR: emisor de la primera orden de pago en una transferencia de crédito.

INIMPUTABILIDAD: ver **Causal de inimputabilidad.**

INJURIA: delito contra el honor por una expresión proferida o acción ejecutada en deshonra, descrédito o menosprecio de otra persona.◆ Lo que se hace contra Derecho.◆ Deuda o acción con la cual se afecta los derechos de una persona.

INJURIA PÚBLICA: la que se profiere en lugares o reuniones públicos o se expresa mediante uno de los otros modos de publicidad que la ley sanciona como delito correccional.

INJURIAS GRAVES: en materia de Derecho de Familia, concepto que comprende toda especie de actos, intencionales o no, ejecutados de palabra, por escrito o por hechos, que constituyen una ofensa para el esposo, ataquen su honor, su reputación o su dignidad, hiriendo sus justas susceptibilidades.

INJUSTICIA: toda acción contraria a la justicia.◆ Falta de justicia.◆ Ver **Recurso de injusticia notoria.**

INJUSTO PENAL: conducta que presenta los caracteres de ser penalmente típica y antijurídica *(E. Zaffaroni).*

INMEDIACIÓN: conjunto de derechos atribuidos al sucesor inmediato en una vinculación.

INMOVILIZAR: coartar la libre enajenación de bienes.

INMUEBLE: bien raíz, con todo lo edificado y adherido al piso.◆ Ver **Bienes inmuebles.**

INMUEBLES PENDIENTES DE ESCRITURACIÓN: aquellas propiedades adquiridas sobre las cuales se efectuaron los respectivos boletos de compraventa sin concretar la escritura traslativa de dominio.

INMUEBLES POR ACCESIÓN FÍSICA: las cosas muebles que se encuentran realmente inmovilizadas por su adhesión física al suelo; esta adhesión debe tener el carácter de perpetuidad.

INMUEBLES POR ACCESIÓN MORAL: son inmuebles las cosas muebles que se encuentran puestas intencionalmente como accesorias de un inmueble por el propietario de éste.

INMUEBLES POR SU CARÁCTER REPRESENTATIVO: instrumentos públicos en donde constare la adquisición de derechos reales sobre bienes inmuebles con exclusión de los derechos reales de hipoteca y anticresis.

INMUEBLES POR SU NATURALEZA: las cosas que se encuentran por sí mismas inmovilizadas, como el suelo y todas las partes sólidas y fluidas que forman su superficie y profundidad; todo lo que está incorporado al suelo de una manera orgánica y todo lo que se encuentra bajo el suelo sin el hecho del hombre.

INMUNIDAD: relativo a la exención de ciertos oficios, cargos, gravámenes o penas.

INMUNIDAD DIPLOMÁTICA: aquella de la cual gozan los representantes diplomáticos, sus familias y demás personal de las embajadas o legaciones, que no es súbdito del país en que éstas residen.

INMUNIDADES PARLAMENTARIAS: las que tienden a garantizar (a los miembros del Congreso) la libertad de expresión, la libertad ambulatoria y el derecho a no ser perseguido judicialmente *(O. Collautti).*

INNOMINADOS: contratos que no están previstos en el Código ni en ninguna ley.

INNOVACIÓN: creación o modificación de un producto y su introducción en un mercado.

INNOVACIÓN FINANCIERA: toda nueva técnica o constitución financiera que trata de facilitar el intercambio de bienes y servicios, el ajuste de deudas o el aprovisionamiento de los productos de bienes y servicios con los recursos que requieren. No rara vez, ha sido el requisito previo para el éxito de una innovación técnica. Puede ser adoptada por las entidades y clasificarse en: a) los relacionados con la capacidad del Banco para atraer recursos; b) los relacionados con el uso que hacen de los recursos, por ejemplo activos; c) las innovaciones en forma de instituciones financieras.

INOCENTE: libre de culpa y cargo.

INOFICIOSO: que lesiona los derechos de herencia forzosa. Aplícase a los actos de última voluntad y a las dotes y donaciones.

INOPONIBILIDAD DE LA PERSONALIDAD JURÍDICA: ver **Abuso de la personalidad jurídica.**

INQUIETAR: intentar despojar a uno de la quieta y pacífica posesión de una cosa, perturbarlo en ella.

INQUILINATO: alquiler total o parcial de una casa.◆ Sistema de explotación de fincas agrícolas por medio de inquilinos.

INQUILINO: locatario.◆ Arrendatario.◆ Aquel que a cambio del pago de un precio obtiene el derecho de uso y goce de una propiedad inmueble.

INSACULACIÓN: acción de introducir cédulas o papeles con nombres o números en una urna.◆ Sorteo que se realiza en la justicia.

INSALUBRE: dañoso a la salud.

INSCRIPCIÓN: anotación en un registro público de algún acto o contrato, normalmente obligatorio, sin cuyo cumplimiento carece de efecto.◆ Asiento de instrumentos y actos en los registros públicos correspondientes.◆ Documento expedido por autoridad competente que acredita la citada anotación.

INSEMINACIÓN ARTIFICIAL: procedimiento para hacer llegar el semen al óvulo mediante un artificio cualquiera.

INSERCIÓN: se usa regularmente hablando de la inclusión de algún texto o escrito en otro.◆ Colocación de un anuncio comercial en un lugar preciso de un periódico o revista.

"INSIDER": término inglés utilizado en la negociación de títulos para describir a la persona que ocupa una posición dentro de un ente, generalmente un ejecutivo, que posee información importante o relevante de ese ente que no está disponible para el público en general. En algunos países, existen leyes para prevenir o restringir el uso inadecuado de esa información por parte de quienes la poseen. También se utiliza la expresión *inside information* para referirse a esa información reservada.

"INSIDER INFORMATION": información confidencial de la que dispone el *insider* en forma anticipada a su conocimiento público sobre la cual pesa el deber de guardar reserva. En virtud de su importancia, tiene aptitud para afectar la colocación de títulos.◆ Ver **"Insider trading".**

"INSIDER TRADING": delito en el que incurre quien compra o vende títulos de una sociedad basándose en una información confidencial de carácter esencial.◆ Ver **"Tipees".**

"INSIDERS" OCASIONALES: ver **"Tipees".**

INSINUACIÓN: manifestación o presentación de un instrumento público ante juez competente para que éste interponga en él su autoridad y decreto judicial. Se usa especialmente hablando de las donaciones.

INSINUAR: hacer insinuación ante el juez competente.

INSOLUTO: aplicable a la deuda cuyo pago se encuentra aún pendiente.◆ Impago, no pagado.

INSOLVENCIA: estado de incapacidad financiera para hacer frente a las deudas contraídas.◆ Imposibilidad del cumplimiento de una obligación por falta de medios.

INSOLVENTE: que está en estado de insolvencia.

INSPECCIÓN: examen o reconocimiento con atención de un asunto o cosa.◆ Control.◆ Fiscalización.◆ Función de naturaleza técnica legal cuya finalidad es constatar el cumplimiento de las disposiciones y normas vigentes.

INSPECCIÓN FISCAL: examen o control que realiza el organismo competente a un contribuyente con el objeto de verificar el cumplimiento y la forma de las declaraciones juradas pertinentes a uno o varios impuestos y a uno o varios períodos fiscales.

INSPECCIÓN GENERAL DE JUSTICIA: organismo estatal argentino que tiene a su cargo las funciones atribuidas por la legislación pertinente al Registro Público de Comercio y la fiscalización de las sociedades por acciones, excepto las sometidas al control de la Comisión Nacional de Valores, de las constituidas en el extranjero que hagan en el país ejercicio habitual de actos comprendidos en su objeto social, establezcan sucursales, asiento o cualquier otra especie de representación permanente, de las sociedades que realizan operaciones de capitalización y ahorro, de las asociaciones civiles y de las fundaciones. En ejercicio de sus funciones registrales, la Inspección General de Justicia: a) organiza y lleva el Registro Público de Comercio; b) inscribe en la matrícula a los comerciantes y auxiliares de comercio y toma razón de los actos y documentos que correspondan según la legislación comercial; c) inscribe los contratos de sociedad comercial y sus modificaciones, y la disolución y liquidación de ésta; se inscriben en forma automática las modificaciones de los estatutos, disolución y liquidación de sociedades sometidas a la fiscalización de la Comisión Nacional de Valores; d) lleva el Registro Nacional de Sociedades por Acciones; e) lleva el Registro Nacional de Sociedades extranjeras; f) lleva los registros nacionales de asociaciones y de fundaciones.

INSTANCIA: conjunto de actos, plazos y formalidades que tienen por objeto el planteamiento, la prueba y el juzgamiento de un litigio.◆ Ejercicio de la acción ante un mismo juez.

INSTIGACIÓN: determinación dolosa de otro a un acto punible, cometido dolosamente por el inducido, ya sea este acto un crimen, un delito o una contravención (F. von Liszt).

INSTITUCIÓN: cada una de las organizaciones fundamentales de una sociedad, Estado o Nación.◆ Todo ámbito tecnológicamente especializado, caracterizado por orientarse a la satisfacción de necesidades sociales determinadas, según un conjunto de actividades bien definidas, coordinadas y jerarquizadas entre sí, que constituyen papeles a desempeñar por los individuos *(M. López).*

INSTITUCIÓN DE HEREDERO: disposición testamentaria por la cual el causante llama a una persona para sucederlo en la universalidad de los bienes o en una parte de ellos con vocación eventual al todo.

INSTITUCIÓN FINANCIERA: intermediario que se ocupa de encauzar los ahorros de personas, empresas y gobiernos a préstamos o inversiones.

INSTITUCIÓN "IN RE CERTA": expresión que alude al heredero instituido en cosa cierta y determinada.

INSTITUCIÓN JURÍDICA: conjunto de las disposiciones del Derecho relativas a una clase determinada. Estas disposiciones dan, pues, una imagen de lo que es común a todas las relaciones jurídicas de esta clase, una forma fundamental que las determina a todas ellas. Por ello, la institución jurídica puede también ser designada como relación jurídica abstracta. Son relaciones jurídicas, por ejemplo, la propiedad, el matrimonio, la compraventa y el mutuo. Las instituciones jurídicas no existen sin conexión entre sí sino que se encadenan en instituciones jurídicas más generales que, a su vez, se unen con otras y así sucesivamente se van elevando hasta constituir la unidad del sistema jurídico que abarca todo el Derecho *(Enneccerus - Kipp - Wolff).*

INSTITUCIÓN NO LUCRATIVA: entidad sin fines de lucro.◆ Institución no lucrativa.◆ Ver **Ente sin fines de lucro.**

INSTITUCIONES: conjunto de formas o estructuras fundamentales de organización social tal como se encuentran establecidas por la ley o la costumbre de un grupo humano. Las instituciones según su objeto pueden ser políticas, religiosas, económicas, financieras, etcétera *(M. de Ruiz).*

INSTITUCIONES POLÍTICAS: aquellas que se refieren al poder, a su organización, a su ejercicio, a su legitimidad, etcétera *(M. de Ruiz).*

INSTITUIR HEREDERO: nombrar a alguien heredero en el testamento.

"INSTITUTAS": mientras se trabajaba en el *Digesto*, Justiniano hizo redactar una obra elemental destinada a la enseñanza del Derecho. En el año 533, confió esta misión a Triboniano, cuestor del palacio; a Teófilo, profesor de derecho en Constantinopla, y a Doroteo, profesor en Beryto. Esta colección fue publicada bajo el nombre de *Institutas* y fue declarada obligatoria en el mes de noviembre de 533, lo mismo que el *Digesto* en diciembre del mismo año. Las *Institutas* están compuestas de fragmentos tomados de los jurisconsultos clásicos pero sin indicación de fuentes; también de extractos o resúmenes de Constituciones imperiales destinados a señalar los cambios del Derecho en la época de Justiniano. Las fuentes de donde las han extraído los redactores son, principalmente, las *Institutas* y las *Res corridiana* de Gayo; además, algunos tratados del mismo género, las *Institutas* de Florentino, de Ulpiano, de Marciano, las *Reglas* de Ulpiano; en fin, el *Digesto*, donde parece que tomaron –sin recurrir a obras originales–, todos los extractos de otras obras de las *Institutas* y las *Reglas*. Han seguido el mismo plan general de las *Institutas* de Gayo y dividieron la colección en cuatro libros, subdivididos en títulos. El libro I trata de personas; el libro II, el III y los cinco primeros títulos del libro IV se ocupan de las cosas; el final del libro IV está dedicado a las acciones. Cada título lleva una rúbrica y comprende un *principium* y parágrafos numerados. Atribúyese generalmente a Teófilo, uno de los autores de las *Institutas*, una paráfrasis griega de dicho trabajo que contiene informes sumamente útiles para el conocimiento del texto, junto a evidentes errores *(E. Petit).*

INSTITUTO DE INVESTIGACIONES DE LAS NACIONES UNIDAS PARA EL DESARROLLO SOCIAL: UNRIDS.◆ Organización autónoma que se ocupa de investigaciones interdisciplinarias sobre las dimensiones sociales de problemas contemporáneos que afectan al desarrollo. Este instituto con sede en Ginebra depende exclusivamente de las contribuciones voluntarias.

INSTITUTO DE LAS NACIONES UNIDAS PARA FORMACIÓN PROFESIONAL E INVESTIGACIONES: UNITAR. ◆ Instituto creado en 1965 como órgano autónomo en el marco de las

Naciones Unidas. Su objetivo consiste en mejorar, mediante la formación profesional y las investigaciones, la eficacia de las Naciones Unidas para el mantenimiento de la paz y la seguridad internacionales y la promoción del desarrollo económico y social. Cumple dos funciones fundamentales: la formación profesional y las investigaciones.

INSTITUTO NACIONAL CONTRA LA DISCRIMINACIÓN, LA XENOFOBIA Y EL RACISMO: ver **INADI.**

INSTITUTO NACIONAL DE ACCIÓN COOPERATIVA: comúnmente conocido como INAC, en la Argentina, es el organismo que se encarga de todos aquellos aspectos vinculados con las sociedades cooperativas. Sus objetivos son:
a) Centralizar el funcionamiento de las cooperativas en todo el país llevando el Registro Nacional pertinente.
b) Actuar como autoridad de aplicación del régimen legal y reglamentario que regula la materia.
c) Ejercer la fiscalización pública en materia cooperativa.
d) Elaborar y desarrollar políticas de educación y promoción cooperativa.◆ Este organismo fue reemplazado en 1996, por el INACyM, Instituto Nacional de Acción Cooperativa y Mutual.◆ Ver **INAES.**

INSTITUTO NACIONAL DE ACCIÓN COOPERATIVA Y MUTUAL: (INACyM). ◆ Instituto argentino creado en abril de 1996 con la finalidad de promover el surgimiento de nuevas cooperativas y estructuras mutualistas y la eficiencia de ambos sectores para impulsar la reconversión empresarial y el desarrollo de las economías regionales. Reemplaza al Instituto Nacional de Acción Cooperativa (INAC) y al Instituto Nacional de Acción Mutual (INAM). ◆ Ver **INAES.**

INSTITUTO NACIONAL DE ASOCIATIVISMO Y ECONOMÍA SOCIAL: ver **INAES.**

INSTITUTOS DE EMERGENCIA: creaciones del Derecho que tienen por objeto contener o subsanar las emergencias con medidas de prevención, seguridad y remedio. Los principales son: a) el estado de guerra, b) la ley marcial, c) el estado de asamblea, d) el estado de sitio, e) las facultades extraordinarias y f) la suspensión de garantías. Pueden considerarse emergencias constitucionales cuando son causantes de medidas que inciden en el ámbito constitucional, sea para acrecer competencias del poder o para restringir derechos individuales *(M. de Ruiz).*

INSTRUCCIÓN: curso que debe otorgarse a un expediente cuando está en formación. ◆ Conjunto de reglas o advertencias para un fin.◆ Tramitación de un proceso o expediente que se está formando.

INSTRUMENTO: utensilio que sirve en el ejercicio de una actividad, aunque también se lo suele dar como sinónimo de máquina o herramienta que sirve para producir cierto trabajo *(Boo - Villar).*◆ Escritura, papel o documento con que se justifica o prueba alguna cosa.◆ Escrito en que se hace constar algún hecho o acto y que por regla general lleva firma.◆ Todo escrito que da testimonio de un hecho. No es preciso que aparezca firmado por la o las partes o que sea manuscrito.

INSTRUMENTO HÍBRIDO: aquel que reúne rasgos que tradicionalmente caracterizan las acciones y otros que tradicionalmente caracterizan los títulos de deuda *(G. Gotlib).*

INSTRUMENTO PRIVADO: todo escrito que da testimonio de un hecho y que no tiene los caracteres de público *(D. Benavente).*

INSTRUMENTO PÚBLICO: el autorizado con las solemnidades legales por el competente funcionario *(D. Benavente).*

INSTRUMENTOS BURSÁTILES: títulos que documentan emisiones de valores; documentos que prueban la existencia de los valores.

INSTRUMENTOS DE TRABAJO: herramientas y útiles para el trabajo aportados por el trabajador o por el empleador.

INSTRUMENTOS DERIVATIVOS: instrumentos para reducir riesgos con futuros sobre rubros físicos, cambiarios y financieros. En la práctica, sus productos derivados son volátiles y pueden tornarse letales en manos de jóvenes ludópatas. En esencia, alguien supone que algo puede aumentar en determinado lapso y "compra" pagando una prima entre contado y ese "futuro" (o vende si apuesta a la baja). También se toman opciones a comprar o vender en el futuro. Esto genera los derivados más volátiles porque no se compran ni venden activos sino su precio hipotético. El riesgo potencial deriva en coberturas adicionales que multiplican los "dólares electrónicos" en danza y, con ellos, el riesgo mismo.

INSTRUMENTOS FINANCIEROS: títulos o instrumentos representativos patrimoniales.◆ Los instrumentos financieros son evidencias de deuda que se compran y venden en el mercado. Sus características, los derechos y obligaciones que implican, afectan profundamente las cantidades de instrumentos de deuda afectadas y demandadas y las tasas de interés que reciben *(L. Chandler).*

INSTRUMENTOS FINANCIEROS COMPUESTOS: aquellos en los cuales dos o más instrumentos se encuentran insertos en instrumentos indivisibles *(G. Gotlib).*

INSTRUMENTOS PRIVADOS: escritos hechos por particulares sin intervención de escribano u otro funcionario autorizado legalmente para dar fe del contenido del escrito o perpetuar la memoria de un hecho. Es requisito esencial la firma de las partes, la que no puede ser reemplazada por signos ni por las iniciales de los nombres o apellidos.

INSTRUMENTOS PÚBLICOS: aquellos extendidos o autorizados con la firma de notario o de algún otro funcionario con aptitud legal a efectos de darle autenticidad. Normalmente, tienen el carácter de instrumentos públicos los siguientes:
a) Las escrituras públicas hechas por escribanos públicos en sus libros de protocolo, o por otros funcionarios con las mismas atribuciones, y las copias de esos libros sacadas en la forma que prescribe la ley.
b) Cualquier otro instrumento que extendieren los escribanos o funcionarios públicos en la forma que las leyes hubieren determinado.

c) Los asientos en los libros de los corredores en los casos y en la forma que determinen las normas legales.
d) Las actas judiciales, hechas en los expedientes por los respectivos escribanos y firmadas por las partes en los casos y en las formas que determinen las leyes de procedimientos; y las copias que de estas actas se sacasen por orden del juez ante quien pasaron.
e) Las letras aceptadas por el Gobierno o sus delegados, los billetes o cualquier título de crédito emitido por el Tesoro Público, las cuentas sacadas de los libros fiscales autorizadas por el encargado de llevarlas.
f) Las letras particulares dadas en pago de derechos de Aduana con expresión o con la anotación correspondiente de que pertenecen al Tesoro Público.
g) Las inscripciones de la deuda pública, tanto nacionales como provinciales.
h) Las acciones de las compañías autorizadas especialmente, emitidas en conformidad a sus estatutos.
i) Los billetes, las libretas y toda cédula emitida por los Bancos, autorizados para tales emisiones.
j) Los asientos de los matrimonios en los libros parroquiales o en los registros municipales y las copias sacadas de esos libros o registros.

INSTRUMENTOS SERIADOS: conjunto de instrumentos que guardan relación entre sí por corresponder a una misma emisión y que poseen idénticas características en cuanto a su fecha de vencimiento, tasa de interés, tipo de amortización, condiciones de rescate, garantías y tipo de ajuste.

INTEGRACIÓN: acto por el cual el suscriptor entrega su aporte comprometido a la sociedad.◆ Fusión de empresas industriales a los efectos de ejercer un control centralizado. La integración puede obedecer a diferentes motivos:
a) Integrar empresas cuyas actividades comprenden procesos complementarios.
b) Proceder a la expansión de un proceso y de la producción, absorbiendo empresas que elaboran un mismo producto.
c) Finalmente, existe una clase de integración llamada "diagonal", que consiste en anexar empresas que desarrollan actividades o servicios utilizados en la actividad de la empresa principal.

INTEGRACIÓN DE ACCIONES: acto mediante el cual se procede a integrar en forma total o parcial la suscripción de acciones.

INTEGRACIÓN DINERARIA: integración efectiva; la que se hace con dinero.

INTEGRACIÓN EN ESPECIE: integración no dineraria; la que se hace con bienes muebles o inmuebles, fondo de comercio, derechos, acciones, etcétera.

INTEGRACIÓN HORIZONTAL: absorción por una empresa de otras que pertenecen a su mismo sector industrial; el objetivo es alcanzar el monopolio de una etapa determinada del proceso productivo.

INTEGRACIÓN VERTICAL: absorción por una empresa de otras que pertenecen a todas las etapas del proceso productivo, desde la fabricación de materias primas hasta la venta de los productos elaborados.

INTEGRAR: acción de concretar el aporte comprometido en un trámite de suscripción de acciones, de cuotas o partes en que se haya dividido el capital de una sociedad. La integración puede hacerse en efectivo o en especies.

INTEGRIDAD ANATÓMICO: se refiere al hombre tal cual es, no como sería un arquetipo humano. Por lo tanto, hay lesión en la supresión de un miembro o de un quiste o de una verruga, aparte de la cuestión referente a la cuestión médica, que se justifica por motivos independientes de la tipicidad del hecho (S. Soler).

INTENCIÓN: uno de los requisitos indispensables a fin de considerar un hecho como voluntario.◆ Un acto se reputa intencionado cuando alguien lo ha realizado queriendo su realización *(M. Wagner).*

INTENDENCIA: gobierno y administración de una cosa.◆ Oficina del intendente.

INTENDENTE: jefe superior económico. ◆ Título que generalmente se otorga a los jefes de algunas empresas.

INTERCAMBIO: contrato complejo en que dos o más explotadores de aeronaves se ceden recíprocamente el derecho de utilizar sus respectivas máquinas en el cumplimiento de las operaciones fijadas de común acuerdo *(Videla Escalada).*

INTERDICCIÓN: acción y efecto de vedar o prohibir.◆ Situación de una persona a quien, por medio de una instancia judicial, se la priva de determinados derechos. Por ejemplo: los fallidos que no pueden ejercer el comercio hasta no obtener su rehabilitación.

INTERDICTO: juicio posesorio, sumario o sumarísimo.◆ Persona alcanzada por una interdicción.◆ Ver **Interdictos.**

INTERDICTO DE ADQUIRIR: el que tiene como finalidad la adquisición de la posesión o la tenencia de un bien. Para su procedencia se requerirá, en primer lugar, que quien lo intente presente título suficiente para adquirir la posesión o la tenencia con arreglo a derecho. Asimismo, ninguna otra persona debe poseer título de dueño o usufructuario de la cosa que constituye el objeto del interdicto. Por último, no debe existir ningún otro poseedor o tenedor de la misma cosa.

INTERDICTO DE OBRA NUEVA: aquel que persigue la destrucción –y la consiguiente reposición de las cosas a su estado anterior– de una obra comenzada cuando ésta afectare a otro inmueble. Dicha acción será ejercitada por poseedor o tenedor de este último contra el dueño de la obra y, si fuere desconocido, contra el director o encargado de ella. Cabe destacar que dicho interdicto únicamente podría ser interpuesto en los comienzos de la obra y es inadmisible el planteo del mismo si estuviere concluida o próxima a su terminación.

INTERDICTO DE RECOBRAR: aquel que persigue la finalidad de recobrar la posesión o la tenencia de un bien. Para su procedencia, se exige un doble requisito: a) que quien lo intente, o su causante, hubiere tenido la posesión actual o la tenencia de una cosa mueble o inmueble; b) que hubiere sido despojado total o parcialmente de la cosa, con violencia o clandestinidad.

INTERDICTO DE RETENER: aquel mediante cuya interposición se persigue la retención legítima de la tenencia o posesión de un bien. Para su procedencia, se requerirá, en primer lugar, que quien lo intentare se encuentre en la actual posesión tenencia de una cosa, mueble o inmueble, y en segundo lugar, que alguien amenazare perturbarlo o lo perturbase en ellas mediante actos materiales.

INTERDICTOS: en Derecho Romano, son órdenes del pretor encaminadas a una exhibición, restitución o prohibición *(N. Louzán de Solimano).*

INTERÉS: provecho, utilidad, ganancia. ◆ Lucro producido por el capital.◆ Lucro que produce la inversión o el préstamo de un capital y que se halla en relación directa con el tiempo aplicado. ◆ Puede interpretárselo como la tasa de interés aplicada sobre un capital o como el resultado de la relación entre la citada tasa y el capital.◆ Costo o ingreso producido por una financiación. ◆ Suma de dinero que representa un costo para quien lo recibe en préstamo y un beneficio para quien presta el capital.◆ El precio de los precios de una cantidad de dinero.◆ Es la renta de un capital. Suma que se paga al prestamista por el prestatario de una cantidad inmediatamente utilizable en el mercado. El tipo de interés es la relación entre la cantidad de dinero prestado y la cantidad de dinero pagado como interés.◆ Precio del alquiler de una unidad monetaria durante la unidad de tiempo. Por ejemplo $ 2 por $ 50 de capital prestado por un año. La cantidad que recibe el prestamista a título de interés se compone de interés bruto que está formado por interés neto, que es el precio de los servicios de capital monetario prestado y de una prima de riesgo que varía para cada préstamo.

INTERÉS A DEVENGAR: el que acumula las sumas de intereses a cobrar o a pagar que aún no han vencido.

INTERÉS ANUAL: tasa de interés que se expresa por año.◆ Rendimiento de un capital durante un año.

INTERÉS ASEGURABLE: interés económico, legal y substancial de quien desee contratar una póliza a los fines de cubrir un riegos. Es el objeto del contrato.

INTERÉS BANCARIO: el que cobra o paga un Banco por préstamos o depósitos, respectivamente.

INTERÉS CORRIENTE: tasa normal o común en el mercado; tasa de mercado.

INTERÉS DEL CAPITAL: renta que percibe el dueño del capital prestado como contraprestación por la utilización de ese dinero.

INTERÉS DEVENGADO: aquel ganado o perdido por el transcurso del período que lo origina, aunque no sea exigible hasta la fecha de vencimiento.

INTERÉS DIARIO: interés calculado diariamente.

INTERÉS EXPLÍCITO: aquel que se halla discriminado o especificado al realizar una operación o transacción.

INTERÉS FIJO: cláusula que puede incluirse en los estatutos de cualquier sociedad, conforme a la cual los socios deben recibir de ésta determinado interés sobre el monto de sus aportes, aun en ausencia de beneficios.

INTERÉS HIPOTECARIO: aquel devengado o no por un préstamo recibido con garantía hipotecaria o el devengado o no por los créditos dados con garantía hipotecaria.

INTERÉS IMPLÍCITO: cuando el interés que se halla incluido en el precio total no está discriminado.

INTERÉS IMPUTABLE: aquel asignable a determinada operación, movimiento o circunstancia.

INTERÉS MAYORITARIO: participación de una sociedad en el capital de otra en más de un 50 % del capital accionario circulante con derecho a voto.

INTERÉS MINORITARIO: participación de una sociedad en el capital de otra en un porcentaje menor al 50 % del capital accionario circulante con derecho a voto y que, además, no le otorga el dominio de la voluntad societaria, la que se halla en poder de la sociedad controladora.

INTERÉS ORDINARIO: interés simple basado en un año de trescientos sesenta días, en oposición al interés exacto, que considera al año sobre una base de trescientos sesenta y cinco días.

INTERÉS POR MORA: aquel destinado a cubrir el daño ocasionado al acreedor por la falta de cumplimiento de una obligación.◆ El que se abona por el atraso en el cumplimiento de una determinada obligación.

INTERÉS PREPAGADO: aquel abonado previo al vencimiento.

INTERÉS PÚBLICO: principio basado en la utilidad o conveniencia por el cual se debe servir a los más ante los menos, buscando el bien general.◆ Es el resultado de intereses individuales compartidos y coincidentes de un grupo mayoritario de individuos, que se asigna a toda la comunidad como consecuencia de esa mayoría y que encuentra su origen en el querer axiológico de esos individuos, apareciendo con un contenido concreto y determinable, actual, eventual o potencial, personal y directo respecto de ellos, que pueden reconocer en él su propio querer y su propia valoración, prevaleciendo sobre los intereses individuales que se le opongan o lo afecten, a los que desplaza o sustituye, sin aniquilarlos *(Escola).*

INTERÉS PUNITORIO: aquel que se da cuando se establece o impone en una norma legal o convenio una cláusula penal cuyo incumplimiento da lugar al pago de intereses, además de los intereses por mora.

INTERÉS REAL: tasa de interés corregida por la inflación.◆ Interés puro.◆ Interés neto.

INTERÉS RESARCITORIO: aquel que se aplica para compensar un daño o perjuicio.

INTERESES DIFUSOS: ver **Derechos colectivos.**

INTERESES HOMOGÉNEOS: aquellos pertenecientes a un grupo, para la consecución de los cuales se hace indispensable la suma de las acciones individuales de todos sus integrantes.

INTERESES MORATORIOS: forma específica de indemnización por atraso del deudor en el pago de una obligación pecuniaria. ◆ Ver **Interés por mora.**

INTERESES LEGALES: los que, a falta de estipulación previa sobre su cuantía, fija la ley cuando hayan de devengarse o el deudor incurra en mora.

INTERESES PUNITORIOS: ver **Interés punitorio.**

INTERESES SOLIDARIOS: intereses homogéneos.

INTERFECTO: persona muerta violentamente, en especial si ha sido víctima de una acción delictiva.

INTERMEDIARIO: el que media entre dos o más personas, normalmente productor y consumidor de bienes.◆ Persona que compra mercancías con el propósito de efectuar su posterior venta para obtener una ganancia.

INTERMEDIARIO FINANCIERO: agente económico que actúa en un mercado con la finalidad de realizar operaciones financieras obteniendo y prestando fondos.◆ Aquel que actúa como nexo entre la oferta y la demanda de recursos financieros. Tal carácter tiene la entidad financiera, caracterizada por constituirse con dicha finalidad.◆ Institución financiera que crea y emite obligaciones financieras y emplea los fondos obtenidos para adquirir y mantener obligaciones financieras de terceros. Las obligaciones financieras que la propia institución emite se denominan "valores indirectos", que pueden ser tanto acciones de capital como obligaciones de deuda. Las obligaciones que el intermediario adquiere y mantiene generalmente son valores directos, es decir, acciones u obligaciones de deuda *(Lester Chandler)*.

INTERMEDIARIOS: personas que contratan los servicios de otra u otras para ejecutar trabajos en beneficio de un empleador, aun cuando aparezcan como empresarios independientes organizando los servicios de determinados trabajadores para realizar trabajos en los cuales utilicen locales, equipos, materiales u otros elementos de un empleador para beneficio de éste y en actividades ordinarias inherentes o conexas del mismo.

INTERMEDIARIOS DE VALORES: personas naturales o jurídicas que se dedican a las operaciones de corretaje de valores.

INTERPELACIÓN: pedido de explicaciones solicitado al Gobierno por un miembro de la Cámara de Diputados o de la de Senadores, en sesión pública, y que provoca un debate en el cual pueden en principio participar otros parlamentarios *(H. Capitant)*.◆ Se trata de una exigencia indubitada de cumplimiento *(C. Ghersi)*.

INTERPOLACIÓN: acción y efecto de interpolar.

INTERPOLAR: poner una cosa entre otras.◆ Averiguar el valor intermedio de una magnitud en un intervalo cuando se conocen algunos de los valores que toma a uno y otro lado de dicho intervalo.◆ Es colocar algo entre polos. En matemáticas, es situar uno o varios términos entre dos conocidos, de forma que todos formen una ley numérica.

INTERPRETACIÓN: explicación o declaración del sentido de una cosa; principalmente, la de textos faltos de claridad.◆ Conveniente aclaración del texto y espíritu de la ley a fin de conocer el verdadero sentido que el legislador quiso darle.◆ Lo usual es aquella autorizada por la jurisprudencia de los tribunales.

INTERPRETACIÓN AUTÉNTICA: la que realiza el mismo poder que dicta la ley, ya sea en el mismo acto de dictarla, mediante disposiciones que mutuamente se aclaran (interpretación contextual), ya sea mediante una ley posterior *(S. Soler)*.◆ Interpretación legislativa.

INTERPRETACIÓN DE LA NORMA: explicación del contenido de la norma jurídica.

INTERPRETACIÓN DOCTRINAL: la realizada por autores o tratadistas.◆ Llamada también interpretación libre.◆ Interpretación doctrinaria.

INTERPRETACIÓN EXTENSIVA: la que amplía el significado de las palabras de la ley.

INTERPRETACIÓN JUDICIAL: la realizada por los jueces y tribunales al decidir los casos a ellos sometidos en sus sentencias. Es obligatoria para las partes y sus causahabientes o sucesores y puede constituir doctrina obligatoria o probable cuando ha sentado jurisprudencia por ser reiterada en diversas sentencias de la Corte, según lo determinan diversas legislaciones *(Monroy Cabra)*.◆ Cuando la interpretación es realizada por un tribunal.

INTERPRETACIÓN LEGISLATIVA: la que efectúa el legislador mediante una ley interpretativa. Esta interpretación es obligatoria para todos ya que se realiza a través de una ley *(Monroy Cabra)*.◆ También llamada interpretación auténtica.

INTERPRETACIÓN LIBRE: interpretación doctrinal.

INTERPRETACIÓN RESTRICTIVA: cuando la interpretación reduce el significado de las palabras de la ley.

INTERPRETACIÓN TELEOLÓGICA: aquella en la cual el intérprete trata de conocer y realizar los fines que la ley contiene, que son valores objetivos *(S. Soler)*.

INTERROGATORIO: serie de preguntas formuladas por escrito o verbalmente. ◆ Acto de dirigir preguntas a quien las debe contestar.◆ Papel o documento que contiene preguntas.

INTERROGATORIO DIRECTO: interrogatorio en el cual las preguntas están dirigidas a la narración de una historia cronológica.

INTERSEX: persona cuyo cuerpo sexuado (cromosomas, órganos reproductivos y/o genitales) no encuadra dentro de los estándares sexuales que constituyen la diferencia sexual promedio. Tradicionalmente denominado "hermafroditas" (INADI). ◆ Intersexual. ◆ Intersexo.

INTERSEXO: ver **Intersex.**

INTERSEXUAL: ver **Intersex.**

INTERVENCIÓN: institución cambiaria mediante la cual una persona asume la obligación desatendida por el girado *(I. Escutti, h.)*.◆ Institución por la cual un tercer interviniente frente a la inaceptación o el impago de la cambial, por parte del girado, produce su aceptación o pago *(Muguillo).*◆ Medida precautoria que consiste en la designación de una persona por parte del juez para que cumpla funciones de aseguramiento *(Migliardi).*

INTERVENCIÓN ESPONTÁNEA: en derecho cambiario, es aquella en la cual una persona, sin haber sido indicada por alguno de los obligados regresivos, actúa voluntariamente ante la falta de aceptación o de pago del girado *(I. Escutti, h.).*◆ Intervención voluntaria.

INTERVENCIÓN INDICADA: ver **Intervención provocada.**

INTERVENCIÓN JUDICIAL DE SOCIEDADES: instituto que reviste características singulares; constituye, por su especial naturaleza y atendiendo a la finalidad que persigue, una medida cautelar de excepción a la que debe recurrirse una vez agotadas todas las instancias, para conjurar el perjuicio potencial –para la sociedad o asociación– o cierto que se deriva de acciones u omisiones de los administradores, lo que implica un acendrado respeto por el ejercicio normal de los órganos propios, naturales de la entidad societaria. Procede, de acuerdo con el texto legal vigente en la materia, cuando el o lo administradores de la sociedad realicen actos o incurran en omisiones que lo pongan en peligro grave. El peticionante deberá acreditar su condición de socio, la existencia del peligro y su gravedad, que agotó los recursos acordados por el contrato social y se promovió acción de remoción. La intervención puede consistir en la designación de un mero veedor, de uno o varios coadministradores o de uno o varios administradores. El peticionante deberá prestar la contracautela que se fije, de acuerdo con las circunstancias del caso, los perjuicios que la medida pueda causar a la sociedad y a las costas causídicas.

INTERVENCIÓN OBLIGADA: aquella que se da cuando el actor o el demandado solicitan oportunamente la intervención coactiva de un tercero en el juicio, en calidad de parte.

INTERVENCIÓN PROVOCADA: en materia de Derecho Cambiario, aquella en la que se indica en la letra de cambio la persona que debe aceptar o pagar por intervención en defecto del girado *(I. Escutti, h.).*◆ Intervención indicada.

INTERVENCIÓN VOLUNTARIA: podrá intervenir en un juicio pendiente en calidad de parte, en cualquier etapa o instancia quien acredite sumariamente la posibilidad de ver afectado un interés propio o quien hubiese estado legitimado para demandar o ser demandado en el juicio.◆ Intervención espontánea.

INTERVENCIONISMO: intervención estatal mediante regulaciones, participaciones, controles y operaciones directas y posesión de empresas en la actividad económica.

INTERVENTOR: persona que interviene autorizando o fiscalizando determinadas operaciones o situaciones para garantizar su legalidad.

INTERVENTOR INFORMANTE: el designado por el juez de oficio o a petición de parte para dar noticia acerca del estado de los bienes objeto del juicio o de las operaciones o actividades.

INTERVENTOR JUDICIAL: el designado a instancia de sus componentes para interferir en la administración de la sociedad asistiendo a las partes en el negocio intervenido. No tiene facultad de dirección y gobierno, pero sin su presencia y asenso nada puede hacerse porque todo lo debe conocer; tiene concretamente tareas de fiscalización, control y coordinación de los intereses en pugna, y no puede sustituir con su voluntad la de los socios, limitándose al cuidado y guarda de los derechos controvertidos *(J. C. Couso).*

INTERVENTOR RECAUDADOR: el designado a pedido del acreedor y a falta de otra medida cautelar eficaz o como complemento de la dispuesta, si ésta debiere recaer sobre bienes productores de rentas o frutos. Su función se limita exclusivamente a la recaudación de la parte embargada, sin injerencia alguna en la administración.

INTESTADO: que muere sin hacer testamento válido.◆ Caudal sucesorio acerca del cual no existen o no rigen disposiciones testamentarias.

ÍNTIMA CONVICCIÓN: sistema que somete al arbitrio del juez los fundamentos de sus conclusiones.

INTIMACIÓN: declaración o notificación encaminada a hacer saber una cosa, especialmente con autoridad o fuerza de obligar a quien o a quienes va dirigida. ◆ Constitución en mora de los contribuyentes por el agente de recaudación de las contribuciones directas y tasas asimiladas *(H. Capitant).*◆ Acción y efecto de requerir, exigir el cumplimiento de algo especialmente con autoridad o fuerza para obligar a hacerlo.

INTIMATORIO: cartas, despachos o letras con que se intima un decreto u orden.

INTIMIDACIÓN: vicio que afecta al consentimiento contractual cuando la voluntad del declarante ha sido influida por el medio.

INTIMIDAD: amistad íntima.◆ Zona espiritual íntima y reservada de una persona o de un grupo, especialmente de una familia.

INTRANSFERIBLE: que no es transferible o traspasado a otro.

INTRUSO: tenedor precario.

"INTUITU PERSONAE": locución latina que alude al hecho o acto que debe ser realizado a título personal.◆ Cuando se toma en consideración la calidad personal de las partes del contrato.

INUTILIZACIÓN: anulación o destrucción de bienes o documentos.

INVALIDACIÓN: disolución de un contrato por mutuo acuerdo de las partes. ◆ Disolución, por voluntad de uno sólo de los contratantes, de los contratos de tracto sucesivo concertados por plazo indeterminado.

INVALIDEZ: cualidad de inválido.

INVALIDEZ DEL ACTO: situación en que incurre un acto administrativo afectado por vicios que determinan su ineficacia.

INVALIDEZ ESPECÍFICA: aquella en la que la incapacidad se refiere al trabajo habitual desempeñado.

INVALIDEZ FÍSICA: aquella en la que la incapacidad afecta alguna parte del cuerpo del trabajador; no se tiene en cuenta los aspectos económicos ni profesionales.

INVALIDEZ GENÉRICA: aquella referida a la incapacidad de ganancia en el mercado de trabajo, en cualquier actividad al alcance del trabajador inválido.

INVALIDEZ PROFESIONAL: aquella referida al trabajo habitual del trabajador y que se vincula con la lesión o trauma estableciendo una relación de causa a efecto.

INVÁLIDO: persona que adolece de un defecto físico o mental congénito o adquirido que impide o dificulta algunas de sus actividades.

INVENTARIO: el heredero tiene la facultad de presentar una relación del caudal relicto al juzgado correspondiente. Esta relación se denomina "inventario". Su fin es fijar la situación del caudal relicto en su activo y su pasivo.

INVERSIÓN: parte del ingreso utilizado en la adquisición de bienes de capital o destinados al incremento de las existencias.◆ Empleo de capitales en aplicaciones productivas.◆ Aplicación de recursos económicos con el objetivo de obtener ganancias en un determinado período.◆ Parte del producto nacional total que se incorpora al capital.

INVERSIÓN EXTRANJERA: la que efectúa en el país un Gobierno extranjero o ciudadanos extranjeros con domicilio en el exterior. Éstas tienen la forma de inversiones directas, como la instalación de plantas productoras o industrias, o de inversiones indirectas, como la adquisición de títulos de deuda pública o privada a largo plazo, para permitir el financiamiento de inversiones productivas. La inversión pública extranjera, en general, obedece a razones políticas, diplomáticas, humanitarias, militares o a otro tipo de motivos que no se vinculan con el rendimiento económico de la inversión. En cambio, las inversiones privadas normalmente se hacen con el fin de obtener una tasa de rentabilidad superior a la que podría conseguir en su país mediante la adquisición que realizan inversores extranjeros sobre compra de sociedades locales, compra de activos, etcétera.

INVERSIÓN FINANCIERA: la que se realiza mediante la adquisición de títulos de la deuda privada, colocación de fondos, títulos de la deuda pública, valores mobiliarios, bonos, hipotecas, prendas, obligaciones, etcétera. Esta clase de inversión se refiere exclusivamente a la transmisión de títulos financieros entre personas o sociedades.

INVERSIÓN PRIVADA: todas las adquisiciones de bienes de capital efectuadas por los particulares, sean sociedades comerciales o civiles, o personas.

INVERSIÓN PÚBLICA: gastos de inversión en servicios u obras públicas que realizan los organismos estatales. Por ejemplo: planes de vivienda municipales, construcción de escuelas, de caminos, de hospitales, etcétera.

INVERSIONISTA: persona física o jurídica que utiliza sus disponibilidades económicas para adquirir acciones o títulos negociables en el mercado financiero.

INVERSOR: persona que realiza inversiones. ◆ Integrante de un negocio conjunto que no tiene el control individual ni el control conjunto.

INVESTIGACIÓN DE ACCIDENTE LABORAL: secuencia metódica que se observa en el estudio de un accidente laboral desde un período anterior a su acaecimiento hasta el momento en que se hayan determinado exactamente las causas y las circunstancias que contribuyeron a su realización.

INVIOLABILIDAD: privilegio que corresponde a determinadas personas de no poder ser apresadas, perseguidas ni condenadas en determinadas circunstancias o hechos.

INVIOLABILIDAD DE LA CORRESPONDENCIA: ver **Violación de correspondencia.**

INVIOLABILIDAD DE LA PERSONA: principio según el cual no pueden imponerse sacrificios a un individuo sólo en razón de que ellos redunden en beneficio de otros individuos *(G. Carrió).*

INVOLUNTABILIDAD: en Derecho Penal, es la incapacidad física de conducta *(E. Zaffaroni).*

"IPSO FACTO": por el mismo hecho.

"IPSO JURE": por o en el mismo derecho; cuando no es necesaria la declaración del juez.

IRREGULAR: opuesto a una norma o regla o fuera de ella.

IRREGULARIDAD: malversación, desfalco, cohecho, ilícitos u otra inmoralidad en la gestión o administración pública o en la privada.

IRRESPONSABILIDAD: impunidad que resulta de no residenciar a los que no son responsables.

IRRETROACTIVIDAD: principio jurídico que significa que las leyes no pueden tener efecto sobre hechos producidos con anterioridad a la promulgación de la ley, salvo disposición expresa en contrario.

IRREVOCABLE: lo que no se puede modificar o deshacer jurídicamente.◆ Decisión contra la cual no puede oponerse recurso de apelación.

ÍTEM: palabra que proviene del inglés.◆ Aditamento, añadidura.◆ Cada uno de los elementos que forman parte de un dato.◆ Punto, apartado.

"IURA IN RE": derecho sobre una cosa determinada.

"IUS EDICENDI": era la facultad que tenían los magistrados romanos para dirigirse al pueblo. Se trataba de algo propio del *imperium* que poseían. Podían hacerlo por escrito o en forma oral *(N. Louzán de Solimano).*

"IUS GENTIUM": derecho que la razón natural establece entre todos los hombres, aquel que se observa y que existe unánimemente en todos los pueblos *(Gayo).*

"IUS HONORUM": derecho que tenía el ciudadano romano para intervenir en el *cursus honorum*, carrera de las magistraturas *(N. Louzán de Solimano).*

"IUS IN RE": derecho en la cosa o sobre ella.

"IUS NOMINE": derecho al nombre.

"IUS POSTULANDI": expresión latina que consiste en el derecho de solicitar protección jurídica.

J

JACTANCIA: ver **Acción de jactancia.**

JANGUA: embarcación pequeña armada en guerra, muy usada en los mares del Oriente.

JEFATURA: empleo o dignidad de jefe.

JEFE: superior o cabeza de un cuerpo, oficio, sección u organización.◆ Directivo responsable de un área especializada. ◆ Persona de alto nivel en un ente que tiene la responsabilidad directa de ejecutar los pedidos de sus superiores y que posee autoridad para dar órdenes a sus subordinados.

JEFE DE ESTADO: autoridad suprema de la Nación.

JEFE DE GOBIERNO: el responsable político y titular de la administración de un país; responde en el caso de un juicio político no sólo por sus actos sino por el desempeño del jefe de gabinete y de los demás ministros *(M. de Ruiz).*

JEFES Y OFICIALES SUBALTERNOS: jerarquías que comprenden desde el grado de teniente coronel hasta el de subteniente, inclusive, y sus equivalentes en otras Fuerzas.

JENÍZARO: decíase del hijo de padres de diversas naciones.

JERARQUÍA: cada uno de los núcleos o agrupaciones constituidos, en todo escalafón, por personas de saber o condiciones similares.◆ Persona importante dentro de una organización.◆ Ordenamiento dentro de una empresa de acuerdo con los cargos.

JERGA: lenguaje que se utiliza habitualmente en forma familiar y entre los integrantes de un oficio o profesión.

JINETEAR: en México, tardar en pagar un dinero con el fin de sacar ganancias.

JINETEO: acción y efecto de jinetear.

JO: ver **Jubilación ordinaria.**

"JOBBER": en la jerga del mercado financiero, término que define al operador que realiza transacciones de títulos a nivel mayorista. Opera solamente con *brokers* y con otros *jobbers*, no con el público en general. Se lo puede traducir como "especialista".

"JOINT AND SEVERAL GUARANTEE": garantía por la cual el o los garantes se comprometen en conjunto con el deudor principal. Puede ser demandado antes que el deudor principal si hay atraso en los pagos y cuando los reclamos pertinentes fueron infructuosos.

"JOINT CUSTODY": depósito conjunto en el cual cada propietario está capacitado y habilitado para disponer sobre los activos depositados en la cuenta conjunta sin necesidad de que intervengan las otras partes.

"JOINT VENTURE": emprendimiento conjunto de un número de personas o empresas con el propósito de lograr un objetivo empresarial. Puede tomar la forma de un contrato o la de una subsidiaria; algunas instituciones financieras multilaterales como el Banco Mundial utilizan la forma del *joint venture* en el campo de financiamiento de proyectos de desarrollo, por ejemplo, asociándose con países o empresas privadas. Los pasos previos para definir un proyecto son, básicamente: a) necesidad mutua, b) definir la meta común y entender que puede ser muy difícil lograrlo y c) definir los aportes de cada parte.◆ Acuerdo que se celebra entre dos o más empresas que mantienen sus autonomías jurídicas con el fin de realizar un objetivo común mediante la aportación de recursos y la administración compartida de ellos *(J. M. Farina)*.◆ Asociación de dos o más personas, basada en un contrato, que combinan sus recursos para realizar un proyecto particular o empresa, poniéndose de acuerdo generalmente en compartir los beneficios y las pérdidas, manteniéndose un cierto grado de control sobre el riesgo. Es una forma de cooperación en la que dos o más empresas o grupos independientes deciden aunar esfuerzos respecto de un proyecto determinado y asumen de manera compartida los riesgos que esto involucra y los beneficios que esperan obtener.

JORNADA: tiempo que dura el trabajo de los obreros o empleados.◆ Camino recorrido en un día de viaje.◆ Ver **Jornada de trabajo.**

JORNADA DE TRABAJO: tiempo que dura el trabajo diario del personal o de los trabajadores.◆ Tiempo durante el cual el trabajador está a disposición del empleador, en tanto aquél no pueda disponer de su actividad en beneficio propio.

JORNADA DE TRABAJO INSALUBRE: de acuerdo con lo establecido en la legislación argentina, se trata de aquella jornada que no podrá exceder de seis horas diarias o treinta y seis semanales, las que se abonarán al valor de las horas normales.

JORNADA DIURNA DE TRABAJO: jornada que se desarrolla entre las 6 y las 21 del mismo día.

JORNADA INTENSIVA DE TRABAJO: jornada que se realiza en forma continuada.

JORNADA LEGAL: duración máxima, establecida por ley, de la jornada laboral diaria. En la Argentina, rige una jornada "normal", una jornada "insalubre" y una jornada "nocturna".

JORNADA NOCTURNA DE TRABAJO: jornada que se desarrolla entre las 21 de un día y las 6 del día siguiente.

JORNADA NORMAL DE TRABAJO: aquella que no puede exceder de ocho horas diarias o cuarenta y ocho semanales, a condición de que las tareas del sábado terminen a las 13.

JORNADA PARTIDA DE TRABAJO: la que se interrumpe al mediodía.

JORNADA REDUCIDA DE TRABAJO: jornada inferior a la normal.

JORNADAS: reuniones de estudio y trabajo en las que participa un grupo de personas a las que reúne una problemática común.

JORNAL: estipendio que gana el trabajador por cada día de trabajo.◆ Remuneración que se paga al trabajador en relación de dependencia por sus tareas desempeñadas durante el día o conforme a las horas trabajadas *(A. B. Schurk)*.◆ Si la remuneración se computa por hora, la liquidación del dependiente resulta de multiplicar la cantidad de horas trabajadas por la retribución fijada por jornal horario. Cuando se computa por día, la liquidación surge de multiplicar los días trabajados por el jornal diario estipulado.

JORNAL BÁSICO: ver **Salario básico.**

JORNAL REAL: ver **Salario real.**

JORNALERO: persona que trabaja a jornal.

JUBILACIÓN: haber pasivo que disfruta la persona jubilada.◆ En un sentido lato, significa la cesación de una persona en su trabajo, generalmente por razón de edad o de incapacidad para seguir desempeñándose. Pero, en un sentido más restringido, es la pensión que recibe el jubilado por las causas mencionadas anteriormente y siempre que se den en él, las circunstancias legales necesarias para obtener el precitado beneficio o prestación. Las circunstancias legales, normalmente, se refieren a la edad que debe haber cumplido el beneficiario, los años trabajados y los aportes jubilatorios efectivizados durante ese período.◆ Es un derecho reconocido y garantizado por el Estado a una persona en razón de haber prestado un servicio o realizado un trabajo a las órdenes del Estado o de un ente privado, en virtud de un contrato de trabajo o de hallarse en un plano de subordinación jurídica respecto de su empleador, o ser ella misma su empleado, haya o no aportado a un fondo de previsión y sólo por el hecho de haber contribuido, con su esfuerzo, a la explotación de la riqueza, debiendo el beneficio ser proporcional, en su valor económico, a lo percibido en la actividad, a fin de permitir al sujeto o a sus derechohabientes mantener la posición conquistada en la vida y pudiendo ser ejercitado este derecho, por él o ellos, cumplidos, por el uno o los otros, los requisitos legales correspondientes. Ampara el trabajo organizado, metódico, continuo, estabilizado, agrupado por gremios, profesionales o sectores activos *(A. Videla Morón)*.◆ Ver **Cargas sociales.**

JUBILACIÓN ANTICIPADA: los afiliados al régimen de capitalización pueden jubilarse antes de la edad establecida legalmente si reúnen los siguientes requisitos: a) tener derecho a una jubilación igual o mayor al 50 % de la respectiva base jubilatoria y b) tener derecho a una jubilación igual o mayor a dos veces el importe equivalente a la máxima prestación básica universal. El afiliado que opte por jubilarse en forma anticipada no tendrá derecho a las prestaciones previstas en el Régimen de Reparto hasta que cumpla con los respectivos requisitos.

JUBILACIÓN ORDINARIA: aquella que guarda relación directa con la cantidad de años aportados al Régimen de Capitalización de la Argentina.

JUBILACIÓN POR VEJEZ: prestación que reciben los trabajadores que cesan en su actividad al alcanzar la edad y el tiempo de servicio fijados por las normas legales pertinentes.

JUBILACIÓN POSTERGADA: cuando el afiliado al Sistema Integrado de Jubilaciones y Pensiones optare por permanecer en actividad con posterioridad a la fecha en que cumpla la edad establecida para acceder al beneficio de jubilación ordinaria, podrá postergar el inicio de la jubilación pero deberá continuar con su obligación de declaración e ingreso de los aportes y contribuciones que le correspondan.

JUBILAR: eximir del servicio a un empleado o funcionario por motivo de ancianidad, accidente o enfermedad, con derecho a pensión.

JUDICATURA: calidad o condición propia de la investidura del juez y también el conjunto integrante del Poder Judicial.

JUDICIAL: que se refiere a la administración de justicia o que se desarrolla en un juicio.

JUDICIO: juicio.

JUEGOS DE AZAR: todo tipo de juegos por dinero o valores cuyas ganancias o pérdidas dependan en forma exclusiva o preponderante de la suerte.

JUEZ: persona que tiene autoridad y potestad para juzgar y sentenciar.◆ Persona nombrada para resolver una duda.◆ El designado por las partes litigantes y que ha de ser letrado, pero no juez oficial, para fallar el pleito conforme a derecho.

JUEZ "A QUO": juez de quien se apela ante el superior.

JUEZ ACOMPAÑADO: el que se nombraba para que acompañara, en el conocimiento y la determinación de los autos, a aquel a quien recusaba la parte.

JUEZ "AD QUEM": juez ante quien se interpone la apelación de otro inferior.

JUEZ APARTADO: el que por comisión especial conocía antiguamente de una causa, con inhibición de la justicia ordinaria.

JUEZ ARBITRADOR: aquel quien las partes se comprometen para que por vía de equidad ajuste y transija sus diferencias.

JUEZ CORRECCIONAL: aquel sobre el que recaen las funciones de investigación y juzgamiento –en única instancia– de aquellos delitos reprimidos con penas privativas de la libertad de carácter leve o bien con aquellas que no importan tal privación. También entiende en grado de apelación, en las resoluciones sobre faltas o contravenciones policiales y de queja por denegación de este recurso.

JUEZ DE INSTRUCCIÓN: aquel encargado de investigar los delitos de acción pública de competencia criminal.

JUEZ DE MENORES: aquel cuya función consiste en el conocimiento de la investigación y en el juzgamiento –en única instancia– de los delitos y contravenciones cometidos por menores que no hayan alcanzado al tiempo de la comisión del hecho la edad determinada por las leyes, estando tales conductas reprimidas con penas privativas de la libertad de carácter leve o con penas que no acarrean tal privación.

JUEZ DE PAZ: juez de orden especial, encargado de administrar Justicia como juez único en asuntos normalmente de escasa relevancia.

JUEZ DELEGADO: magistrado que por comisión de otro que tiene jurisdicción ordinaria conoce de las causas que se le cometen, según la forma y orden contenidos en la delegación.

JUGAR A LA BAJA: expresión bursátil que significa vender valores cotizables en Bolsa con la intención de volverlos a comprar invirtiendo una menor cantidad de dinero.

JUGAR AL ALZA: expresión bursátil que significa adquirir acciones, títulos, bonos u otro valor cotizable en Bolsa de Valores a un valor determinado, esperando que su cotización aumente, para vender y obtener un beneficio.

JUICIO: opinión, parecer o dictamen.◆ El que se sigue ante el juez sobre derechos o cosas que varias partes contrarias litigan entre sí.◆ Controversia que se entabla entre dos o más partes ante juez competente para que éste resuelva.◆ Criterio de valor.

JUICIO CIVIL: el que se rige por el Código Civil y sus leyes complementarias y en el cual existe una acción civil.

JUICIO COMERCIAL: el que se tramita y resuelve de acuerdo con las normas especiales de la jurisdicción comercial que corresponda.◆ Es aquel que tiene por objeto ventilar y decidir las controversias que se deriven de los actos comerciales. También conocido como "juicio mercantil".

JUICIO CONTENCIOSO: el que se sigue ante un juez y tiene por objeto determinados derechos o bienes que las partes se disputan entre sí.

JUICIO CONTENCIOSO ADMINISTRATIVO: juicio en el que uno de los litigantes es la Administración Pública y el otro es un particular o una autoridad que reclama contra las resoluciones definitivas de aquélla.

JUICIO CONTRADICTORIO: proceso que se instruye a fin de justificar el merecimiento de ciertas recompensas.

JUICIO CONVENIDO: aquel que, estando conformes de antemano acreedor y deudor, sólo buscan la solemnidad de allanamiento y confesión para el reconocimiento de la deuda.

JUICIO DE AMPARO: procedimiento judicial, por lo general expedito y ante un tribunal de jerarquía, con el objeto de hacer efectivo el amparo de garantías esenciales.◆ Es un proceso reservado para aquellas situaciones extremas en las que la carencia de vías legales aptas para zanjarlas pueda afectar derechos constitucionales.◆ Ver **Acción de amparo.**

JUICIO DE APREMIO: juicio sumarísimo que procede casi siempre por vía de excepción cuando el Fisco ejecuta deudas por impuestos debidos, directa o indirectamente.◆ Vía de apremio.

JUICIO DE DESAHUCIO: sumario que tiene por objeto el lanzamiento de quien, como arrendatario, dependiente o precarista, posee bienes ajenos sin otro título que el de arriendo caducado o resuelto.◆ Juicio de desalojo.

JUICIO DE DESALOJO: aquel mediante el cual se persigue la finalidad de obtener la libre disposición de un inmueble propio, accionando contra aquellos que lo ocupan.◆ Proceso judicial que, sustanciándose por el procedimiento establecido en el juicio sumario, tiene por objeto recuperar el uso y goce –la tenencia– de un inmueble que se encuentra ocupado por quien no tiene derecho a permanecer en él y sin pretensiones a la posesión. ◆ Juicio de desahucio.

JUICIO DE DISENSO: actuación judicial que tiene lugar cuando el menor de edad que desea contraer matrimonio no obtiene la autorización de sus padres o de su tutor a tal efecto y solicita la intervención judicial a fin de que ésta llegue a determinar la existencia o no de fundamentos que sustenten aquella oposición *(A. Belluscio).*

JUICIO DE QUIEBRA: juicio universal que se genera en virtud de la acreditación del estado de cesación de pagos en el cual se encuentra un comerciante o una empresa.

JUICIO DECLARATIVO: aquel que versa sobre hechos dudosos y controvertidos que deben ser determinados por el juez mediante una declaración inequívoca al respecto.

JUICIO EJECUTIVO: el que sin dilucidar el fondo del asunto pretende la efectividad de un título con fuerza de ejecutorio.◆ Tiene un carácter especial que deriva del hecho de hallarse sometido a trámites específicos, diferentes de los del proceso ordinario. Se considera sumario por la circunstancia de que el conocimiento judicial debe circunscribirse al examen de un número limitado de defensas. Este juicio no tiene aptitud para examinar y poner solución al problema y la sentencia que en él se dicta solamente produce efecto de cosa juzgada en sentido formal. Es un proceso de ejecución debido a que su objeto no consiste en obtener un pronunciamiento judicial que declare la existencia o inexistencia de un derecho sustancial incierto sino en lograr la satisfacción de un crédito que la ley presume existente en mérito de la original modalidad que reviste el documento que lo comprueba. El efecto consiste en un acto conminatorio (intimación de pago) y en un acto coactivo sobre el patrimonio del deudor (embargo).

JUICIO EN REBELDÍA: modalidad de juicio que se le sigue al litigante rebelde. ◆ Ver **Rebeldía**.

JUICIO ESCRITO: aquel en el cual el procedimiento se instruye y las controversias se ventilan, redactándose sucesiva y separadamente por escritos los diversos actos y actuaciones procesales.

JUICIO LABORAL: juicio en el cual se ventilan cuestiones laborales entre empleadores y dependientes.

JUICIO MERCANTIL: juicio comercial.

JUICIO ORAL: el que se desarrolla, sustancialmente, de viva voz ante los estrados.

JUICIO ORDINARIO: el que se desarrolla por medio de trámites largos y formales, por oposición al juicio sumario. ◆ Se origina cuando existen dos partes en contradicción respecto del cumplimiento de una determinada obligación *(A. García).*

JUICIO PENAL: el que se rige por el Código Penal y leyes complementarias y en el cual existe una acción penal.

JUICIO PLENARIO: juicio posesorio en el que se trata con amplitud el derecho de las partes para declarar la posesión a favor de una de ellas o reconocer el buen derecho que tiene una propiedad.

JUICIO POLÍTICO: facultad del Poder Legislativo que consiste en someter a juicio de responsabilidad a determinados funcionarios públicos. La finalidad de la acusación es separarlos de sus cargos, impidiendo de ese modo que finalicen su mandato *(A. Collautti).*

JUICIO POR DESALOJO: ver **Juicio de desalojo.**

JUICIO POR JURADO: grupo de ciudadanos que da un veredicto con referencia a un hecho determinado, garantizando la neutralidad y la imparcialidad de una orden legal. También llamado de confrontación porque presupone una mayor participación entre acusado y víctima, por medio de los abogados defensores y de los fiscales; hay testigos por ambas partes *(H. Álvarez – A. Sarmiento).*

JUICIO POR JURADO DE HECHO: aquel tipo de jurado que, una vez escuchado los testimonios de la defensa y del Fiscal y luego de evaluar las pruebas presentadas por cada una de las partes, emite el veredicto, se limita a decir pura y exclusivamente si el acusado es culpable o inocente. Depende de los jueces la tipificación del delito y la pena, sobre el veredicto del jurado *(H. Álvarez – A. Sarmiento).*

JUICIO POR JURADO INTÉRPRETE: jurado que, además de evaluar las pruebas, los testimonios, etcétera como en el caso de los jurados de hecho, puede determinar el tipo y el monto de la pena; así se constituye en un intérprete de la legislación vigente, pues evalúa los hechos y dicta sentencia *(H. Álvarez – A. Sarmiento).*

JUICIO POSESORIO: aquel en el cual se controvierte la mera posesión de una cosa.

JUICIO SUCESORIO: proceso de carácter universal en el cual el magistrado interviniente posee competencia a fin de decidir sobre todos los asuntos vinculados con la sucesión, ya sea respecto de los bienes integrantes del acervo sucesorio o respecto de las relaciones entre los herederos entre sí, entre éstos y los legatarios o entre ambos y terceros.

JUICIO SUMARIO: aquel en el que se procede brevemente y se prescinde de algunas formalidades exigidas en el juicio ordinario.

JUICIO SUMARÍSIMO: procedimiento más breve que un juicio sumario. Se aplica en jurisdicción castrense para los casos de flagrante delito militar, castigados con pena de muerte o reclusión perpetua.◆ Es de aplicación cuando se reclama contra un acto u omisión de un particular que, en forma actual o inminente, lesione, restrinja, altere o amenace con arbitrariedad o ilegalidad manifiesta algún derecho o garantía explícita reconocida por la Constitución Nacional, siempre que fuere necesaria la reparación urgente del perjuicio o que la cesación inmediata de los efectos del acto y la cuestión, por su naturaleza, no deba sustanciarse por algún otro proceso establecido *(M. Ossorio).*

JUICIO UNIVERSAL: el que tiene por objeto la liquidación y la partición de una herencia o la del caudal de un concursado o quebrado.◆ Aquel que comprende la totalidad del patrimonio de una persona y que tiene la particularidad de atraer todos los juicios que se hayan seguido contra ella a efectos de concentrarse en un solo juzgado.

"JUNIOR MORTGAGE": hipoteca que tiene un límite de crédito y que es inferior al de las primeras hipotecas. La principal diferencia respecto de la hipoteca tradicional radica en que en aquélla se pacta, usualmente, una tasa de interés mayor.

"JUNK BONDS": bonos o títulos emitidos por empresas con una calificación de riesgo elevada. A partir de 1985, fueron muy utilizados en el mercado norteamericano; los rendimientos de estos valores son mayores que los bonos de bajo riesgo precisamente por esa relación.

JUNTA: reunión de varias personas para tratar un asunto.◆ Personas nombradas para dirigir los negocios de una colectividad.◆ En algunas legislaciones, es utilizada como sinónimo de asamblea.

JUNTA ARBITRAL: en algunos países, tribunal administrativo que entiende en los supuestos de defraudaciones o de faltas de contrabando.

JUNTA DE ACREEDORES: en la legislación concursal de algunos países, reunión de acreedores en donde se trata la propuesta de acuerdo preventivo presentada por el deudor.

JUNTA GENERAL DE ACCIONISTAS: ver **Asamblea de accionistas.**

JURA DE BANDERA: promesa civil de lealtad y servicio a la Nación.

JURADO: tribunal cuyo cargo es analizar y juzgar el hecho; queda a criterio de los magistrados el fallo corres-pondiente. ◆ Aparece en el medioevo como un cuerpo de vecinos convocados por un oficial público para que ellos dieran, bajo juramento, respuesta a ciertas preguntas.

JURADO DE ENJUICIAMIENTO: en la República Argentina, jurado integrado por legisladores, magistrados y abogados de la matrícula federal, que tiene por función principal la remoción de los funcionarios judiciales inferiores de la Nación en el supuesto de verse configurada alguna de las causales taxativamente previstas por la Constitución Nacional. Su fallo tiene carácter irrecurrible y tiene por efecto principal la destitución del acusado; no obstante, éste queda sujeto a acusación, juicio y castigo conforme a las leyes de los tribunales ordinarios.

JURAMENTO: afirmación o negación de una cosa poniendo por testigo a Dios.

JURAMENTO ASERTORIO: aquel con que se afirma la verdad de algo presente o pasado.

JURAMENTO DE CALUMNIA: aquel que una parte le exige a la otra obligándose a pasar por lo que ésta jurare.

JURAMENTO DECISORIO: aquel en el cual una parte exige de la otra, en juicio o fuera de él, que lo manifestado por esta última constituya prueba plena. Juramento deferido.

JURAMENTO DEFERIDO: ver **Juramento decisorio.**

JURAMENTO INDECISORIO: confesión judicial. Sólo se toman como concluyentes aquellas manifestaciones perjudiciales para quien confiesa.

JURAMENTO JUDICIAL: el que el juez toma de oficio o a pedido de parte.

JURÍDICAMENTE: en forma de juicio o de derecho.◆ Por la vía judicial.

JURÍDICO: que atañe al Derecho o se ajusta a él.

JURISCONSULTO: persona que profesa con el debido título la ciencia del Derecho, dedicándose más particularmente a escribir sobre él y a resolver las consultas legales que se le proponen.◆ Antiguamente, intérprete del Derecho Civil cuya respuesta tenía fuerza de ley.◆ Conocedor de la ciencia del derecho; jurisperito.

JURISDICCIÓN: territorio en que un juez ejerce sus facultades de tal.◆ También se refiere a las autoridades judiciales, árbitros o tribunales arbitrales que deben conocer y resolver los litigios y las discrepancias entre las partes.◆ Conjunto de atribuciones que corresponden en una materia y en cierta esfera territorial. ◆ Facultad de administrar Justicia decidiendo el proceso y ejecutando las sentencias.◆ Conjunto de poderes o contribuciones de un órgano del poder público, sea éste Legislativo, Ejecutivo o Judicial.

JURISDICCIÓN ADMINISTRATIVA: conjunto de los tribunales administrativos.

JURISDICCIÓN CONSTITUCIONAL: función jurisdiccional ejercida para tutelar, mantener y controlar la supremacía de la Constitución *(G. Bidart Campos).*

JURISDICCIÓN FEDERAL: facultad conferida al Poder Judicial de la Nación para administrar Justicia en los casos, sobre las personas y los lugares especialmente determinados por la constitución *(H. Alsina).*

JURISDICCIÓN LABORAL: la que se refiere a los pleitos sentados en el ámbito laboral.

JURISPERITO: profesor de jurisprudencia que se distingue del jurisconsulto en que éste, además de saber y de interpretar las leyes, las aplica.◆ Perito en Derecho, quien conoce las leyes y las interpreta.

JURISPRUDENCIA: conjunto de las sentencias emanadas de los tribunales y la doctrina que contienen.◆ Criterio sobre un problema jurídico establecido por una pluralidad de sentencias concordes.◆ Doctrina que emana de los fallos de los tribunales.◆ Criterio constante y uniforme de aplicar el Derecho, mostrado en las sentencias de éste.◆ Conjunto de principios y doctrinas contenidos en las decisiones de los tribunales (E. García Maynez).◆ Para que una fuente formal sea auténticamente tal, debe constituir una norma y estar ensamblada en el ordenamiento jurídico o pirámide jurídica, siendo estudiada, en consecuencia, por la disciplina "Lógica del Derecho". La jurisprudencia no reúne esas condiciones. Ergo, la jurisprudencia no es una fuente formal del Derecho. No es una norma; es un hecho. Esta afirmación es decisiva para concluir que la jurisprudencia no es fuente. 1) La sentencia es una norma individual. La jurisprudencia no lo es, salvo que consideremos como sinónimos a "sentencia" y "jurisprudencia". Lo cual, a todas luces, es falso. No toda sentencia es jurisprudencia. 2) Los jueces y los abogados guardan especial atención por casos similares ya resueltos y que citan como jurisprudencia.

JURISPRUDENCIA DEFORMANTE: la que "deforma" o desvía el sentido de la norma legal para satisfacer lo que estima una necesidad de la vida *(J. Llambías).*

JURISPRUDENCIA DEROGATORIA: la que elabora el régimen a que ha de sujetarse cierta situación, contraviniendo lo dispuesto por la ley *(J. Llambías).*

JURISPRUDENCIA EXTENSIVA: la que amplía el alcance de la norma a situaciones no regladas.

JURISPRUDENCIA RESTRICTIVA: la que excluye a una situación jurídica del ámbito de aplicación de la norma que la regula.

JURISTA: persona que estudia o profesa la ciencia del derecho.

JURY: jurado.◆ Ver **Jurado de enjuiciamiento.**

"JUS VARIANDI" EXCEPCIONAL: facultad de modificar las condiciones en que se presta el trabajo por el surgimiento de un imprevisto estado de emergencia.

"JUS VARIANDI" NORMAL: otorga la posibilidad de introducir pequeñas modificaciones en cualquier momento de la ejecución del contrato.

JUSTA RETRIBUCIÓN: ver **Derecho a una justa retribución.**

JUSTICIA: antiguamente, nombre con el que se designaba en Aragón al magistrado cuya misión consistía en asegurar la supremacía del fuero garantizando a los individuos el pleno goce de sus derechos.◆ Lo que debe hacerse según el Derecho o la razón.◆ Dar a cada uno lo que le corresponde.

JUSTICIA ORDINARIA: jurisdicción común, por contraposición a la de fuero y privilegio.

JUSTICIA POR MANO PROPIA: se produce cuando, con el fin de hacer valer un derecho real o presunto, una persona hiciere justicia por sus medios, ejerciendo violencia sobre las personas o cosas, en los casos en que puede recurrirse a la autoridad. Concurre la violencia en las cosas cuando se daña, se transforma o se cambia su destino.

JUSTICIA RESTAURATIVA: modalidad de resolución alternativa de conflictos que se formula también como una teoría de la justicia, emparentada con el modelo de Braithwite, pero que enfatiza sobre la reparación del daño causado por el comportamiento criminal (C. A. Elbert).

JUSTIFICACIÓN: hecho de asegurar la exactitud basada en las evidencias.◆ Causa, motivo o razón que justifica.◆ Conformidad con lo justo.◆ Prueba convincente de una causa.◆ Hecho de asegurar la razonabilidad basada en las evidencias.◆ Operación mediante la cual se califica un comportamiento como (normalmente) lícito o ilícito mediante la referencia a valores (A. Bobbio). ◆ Ver **Causas de justificación.**

JUSTIFICANTE: comprobante.◆ Evidencia documental.

JUSTIFICANTE DE PAGO: recibo. Comprobante de pago.

JUSTIFICAR: comprobar con documentos un hecho, un gasto, etcétera.

JUSTIFICATIVO: que sirve para justificar una cosa.

JUSTIPRECIAR: apreciar, tasar o valuar una cosa; generalmente, es una acción desarrollada por peritos.

JUSTIPRECIO: valor de una cosa tasada por peritos, tanto judicial como extrajudicialmente.◆ Aprecio o tasación de una cosa.◆ Precio razonable abonado por una mercancía.◆ Indemnización que debe pagarse para compensar la expropiación.

JUSTO: relativo a la conducta ejecutada con arreglo a la razón y a la Justicia.

JUSTO PRECIO: valor real de la cosa.

JUSTO SALARIO: efecto de dar al obrero una remuneración que alcance para su propia sustentación y la de su familia, que sea suficientemente amplia para que pueda atender las necesidades domésticas *(Pío XI).*

JUSTO TÍTULO: uno de los elementos que se requieren para adquirir un bien por prescripción.◆ Es todo título que tiene por objeto transmitir un derecho de propiedad y que está revestido de las solemnidades exigidas para su validez sin consideración de la condición de la persona de quien emana.

JUZGADO: junta de jueces que concurren a dar sentencia.◆ Tribunal de un solo juez.◆ Término o territorio de su jurisdicción.◆ Sitio donde se juzga.

JUZGAR: formar juicio u opinión sobre algo o alguien.◆ Deliberar, quien tiene autoridad para ello, acerca de la culpabilidad de alguno o de la razón que le asiste en un asunto, y sentenciar lo procedente.

K

"KAFFIRS": en los mercados internacionales, término coloquial que se da a las acciones de empresas mineras sudafricanas negociadas en la Bolsa de Londres.

KAKISTOCRACIA: gobierno ejercido por "los peores". Estado de degeneración de las relaciones humanas en que la organización gubernativa está controlada y dirigida por gobernantes que ofrecen toda una gama de personajes, desde ignorantes y matones electoreros hasta bandas y camarillas sagaces pero sin escrúpulos.

KIBUTZ: granjas colectivas de Israel.

"KNOW HOW": precio, conocimiento técnico.◆ Conjunto de métodos, procedimientos y pautas, que pueden ser regulares o no, que se actualizan y perfeccionan en forma constante y que se emplean para fabricar en forma estandarizada un producto. Es uno de los elementos de la franquicia comercial.

"KOLJÓS": producción de la tierra en la ex URSS mediante las granjas colectivas. Es decir, sistema de propiedad de la tierra. Cuando se produjo la abolición de la propiedad privada, se crearon granjas agrícolas de propiedad estatal, denominadas "sovjós" y granjas agrícolas colectivas, con propiedad de los medios de producción en forma cooperativa, es decir, específicamente, los "koljós".

L

LA BAMBERGENSIS: fue la ordenanza criminal para el obispado de Bamberg (1507), preparada por Juan de Schwarzenberg (1463-1528), personalidad de gran prestigio, cuyo propósito principal era acordar certeza al ordenamiento criminal superando el empirismo de la jurisprudencia *(S. Soler).*

LA CAROLINA: ver **Carolina, La.**

LA RELACIÓN: exposición razonada y metódica que el relator debe hacer en el tribunal respecto de los asuntos sometidos a su conocimiento.

LA VISTA DE LA CAUSA: conjunto de actuaciones y trámites necesarios para que el tribunal superior quede habilitado para conocer y fallar el recurso sometido a su decisión.

LAB: Libre A Bordo.◆ FAB: Franco A Bordo.◆ FOB: *Free On Board.*◆ Ver **Libre a bordo.**

LABOR: trabajo.

LABORABLE: que se puede laborar o trabajar.◆ Día destinado al trabajo.

LABORAL: relativo al trabajo.◆ Rama jurídica que se ocupa de la normativa que regula las relaciones contractuales de trabajo.

LABORALISTA: concepto empleado habitualmente para aludir al profesional y/o especialista en Derecho del Trabajo o en Medicina Laboral.

LABORAR: labrar.◆ Gestionar con algún designio.◆ Trabajar.

LABORISMO: movimiento político inglés de carácter obrerista basado en los conceptos fundamentales del sindicalismo y del fabianismo.

LACRAR: sellar o cerrar con lacre.

LACRE: pasta sólida, compuesta con goma laca y trementina con añadidura de bermellón o de otro color. Empléase derretido para cerrar y sellar cartas y para otros usos análogos.◆ Hoy en desuso.

LAGUNAS DE LA LEY: ver **Lagunas del derecho.**

LAGUNAS DEL DERECHO: ver **Lagunas legales.**

LAGUNAS LEGALES: cosas que la ley no ha previsto o acerca de las cuales guarda silencio.◆ Son los casos jurídicos que no tienen una solución establecida en la ley *(Monroy Cabra).*

LAGUNAS TÉCNICAS: cuando el legislador ha omitido pagar una norma indispensable para la aplicación técnica de la ley y tal laguna podría ser llamada por vía de interpretación. Laguna lógica que resulta de una divergencia entr eel derecho positivo y el derecho deseado, o bien, aquella indeterminación que resulta del hecho de que la norma es solamente un marco (H. Kelsen).

"LAISSEZ FAIRE, LAISSEZ PASSER": locución francesa que significa: dejar hacer, dejar pasar. Fue utilizada por primera vez por el francés Gournay, discípulo de Quesnay, pero quien verdaderamente la impuso fue Adam Smith. El *laissez faire* está referido a la libertad de producción y el *laissez passer* a la libertad de comercio.◆ Presupuesto básico por el cual las cosas se acomodan por sí mismas y que implica, muy particularmente, la no interferencia del Gobierno en aspectos económicos.

LÁMINA: parte principal de un instrumento financiero en donde se encuentran impresas las características de su emisión.◆ Plancha de cobre o de otro metal en la cual está grabado un dibujo para estamparlo.

LANZADOR: en un contrato de opción, la parte que otorga el derecho de compraventa.◆ Vendedor.◆ *Option writer.*

LANZAMIENTO: despojo de una posesión o tenencia por fuerza judicial.

LAPSO JUDICIAL: período durante el cual se encuentran en actividad los tribunales judiciales.

LAPSUS: acción de errar, deslizar.◆ Falta o equivocación cometida por descuido.◆ Lapso.

"LAPSUS LINGUAE": expresión latina que se utiliza en español para significar un error o tropiezo de lengua.

LARGO PLAZO: lapso amplio, normalmente más de un año.◆ Lapso durante el cual una empresa puede cambiar, regular o adaptar los factores de producción a sus necesidades y nuevos requerimientos.◆ Período que normalmente excede de un año.

LASTAR: cumplir lo que otra persona debe pagar con el derecho de reintegrarse.

LATIFUNDIO: comprende grandes extensiones de tierra o campo con poco o nada de cultivo pertenecientes a una sola persona o familia.◆ Explotación agrícola que se realiza en forma extensiva donde la tierra es considerada por sus propietarios como un medio para obtener recursos económicos, sin tener en cuenta la función social que puede y debe desarrollar. Generalmente, es una explotación de escasa productividad.

LATIFUNDISTA: propietario de un latifundio. Se lo conoce también como terrateniente.

"LATO SENSU": en sentido lato.

LATROCINIO: hábito de robar, hurtar o defraudar.◆ Homicidio cometido con el fin de apoderarse de la cosa ajena y ejecutado por no haber alcanzado el autor el resultado que se propuso al intentar la sustracción.

LAUDO: sentencia o decisión dictada por los árbitros o amigables componedores. ◆ Recargo por la prestación de un servicio de hotel, restaurante, etcétera, efectuado por el dueño y expresado en las facturas con destino al personal de servicio.◆ Ver **Laudo arbitral.**

LAUDO ARBITRAL: sentencia o decisión dictada por los árbitros o amigables componedores. En Derecho Internacional Público, es final si el tratado de arbitraje no estipula lo contrario y es obligatorio para las partes. Sin embargo, como no existe ninguna autoridad central sobre los Estados para ejecutar el laudo contra el Estado que se niega a someterse, en el caso de que se presente esta negación, la otra parte tiene el derecho de ejecutar el laudo arbitral por los medios coercitivos permitidos por el Derecho Internacional. ◆ En materia comercial, la Cámara Nacional de Comercio de la República Argentina establece que el laudo será dictado con prescindencia de toda forma legal, una vez requeridas a las partes las explicaciones que el tribunal estime necesarias. En el caso en que se tratare de dos o más árbitros, la decisión se adoptará en base a la simple mayoría de votos. Será considerado válido el dictado de laudos parciales en aquellas situaciones en las cuales las partes presten su consentimiento y el estado de la causa objeto del arbitraje lo permita. Contra las decisiones emanadas del Tribunal Arbitral no será procedente ningún tipo de recurso. Por su parte, la Cámara de Comercio Internacional establece expresamente el requisito de fundamentación del laudo, el que será dictado por la mayoría, a falta de la cual dicha tarea compete exclusivamente al presidente del tribunal. Con anterioridad a la firma del laudo, éste deberá someterlo a la Corte Internacional de arbitraje de la mencionada organización, la que podrá ordenar modificaciones de forma y llamar la atención sobre puntos relacionados con la cuestión de fondo controvertida.

LAVAR DINERO: blanquear los lucros obtenidos por un delito, ingresando dichos fondos en el mercado financiero legal. Según Scott, se puede dividir en tres fases: a) quien delinque debe asignar un destino al dinero: puede depositarlo en un Banco o en una institución financiera, formal o no; en los países muy estrictos, los fondos se pueden transferir al exterior o ser utilizados en la compra de productos valiosos, como obras de arte y piedras y metales preciosos, que después son vendidos; b) esta etapa consiste en hacer circular ese dinero en transacciones financieras lo más complejas posible con el objetivo de colocar varias operaciones económicas entre los fondos y su dueño; el dinero es transferido varias veces y se convierte en instrumentos monetarios, como títulos, acciones o cheques de viajero; también puede ser invertido en empresas fantasmas; c) los fondos vuelven a manos de su dueño, pudiendo ser que el dinero sea prestado ficticiamente por una empresa fantasma o recurriendo a técnicas fraudulentas de comercio exterior, con guías de exportación falsas o infladas.

"LEAD MANAGER": banco que en una emisión de bonos o títulos o en un préstamo actúa como representante de los miembros del sindicato en las negociaciones para establecer los términos y las condiciones con la empresa que toma los fondos.◆ Quien conduce la colocación en la emisión de títulos o préstamos.

LEALTAD: cumplimiento de lo que exigen las leyes de la fidelidad y las del honor y hombría de bien.

"LEASE BACK": contrato que tiene por objeto inmuebles previamente adquiridos por el dador al tomador y en los cuales el dador sea una entidad financiera o una sociedad que tenga por objeto la realización de este tipo de contrato.

"LEASING": acuerdo innominado, consensual, conmutativo, de tracto sucesivo, que recae sobre bienes de capital y que tiene por misión esencial transmitir el uso y goce del bien, y no su propiedad, sin perjuicio de que por regla general otorga una opción al tomador para adquirir el bien por un valor residual predeterminado. También se considera que la denominación de *leasing*, especialmente en el mercado financiero y, particularmente, en el de la venta de automotores, se aplica para designar distintas operaciones, que van desde el "alquiler puro y simple" hasta las modalidades más avanzadas en las que aquél se presenta como un alquiler con opción de compra o con la facultad de realquilar el vehículo bajo nuevas condiciones o con otras variantes más sofisticadas *(A. M. Molas)*.◆ Cuando al contrato de locación de cosas se agregue una opción de compra a ejercer por el tomador y se satisfagan los siguientes requisitos: a) que el dador sea una entidad financiera o una sociedad que tenga por objeto la realización de este tipo de contratos; b) que tenga por objeto cosas muebles individualizadas especialmente por el dador a un tercero o inmuebles de propiedad del dador con la finalidad de locarlas al tomador; c) que el canon se fije teniendo en cuenta la amortización del valor de la cosa, conforme a criterios de contabilidad general aceptados, en el plazo de duración del contrato; no rigen en esta materia las disposiciones relativas a plazos máximos y mínimos de la locación de cosas; d) que el tomador tenga la facultad de comprar la cosa mediante el pago de un precio fijado en el contrato que responda al valor residual de aquélla; esta facultad podrá ser ejercida a partir de que el tomador haya pagado la mitad de los períodos de alquiler estipulados, o antes, si así lo convinieren las partes.

"LEASING" FINANCIERO: contrato atípico, financiero y bancario, mediante el cual una entidad financiera, en virtud de los requerimientos de un tercero o usuario, adquiere el bien y se lo alquila a éste con la posibilidad de que se transforme en propietario al final del contrato; mientras, el usuario o tomador abona un alquiler y la financiación pertinente y la entidad financiera sigue con la propiedad o titularidad del bien. "Éste es un auténtico contrato de *leasing*, por el cual la empresa de *leasing* adquiere los bienes a requerimiento del usuario para entregárselos en locación. El usuario recurre a este procedimiento como medio de financiación, con el fin de recibir el uso de un bien que necesita sin que deba invertir inicialmente gruesas sumas de dinero" *(A. M. Molas)*.◆ Contrato mediante el cual un locador da en locación un bien mueble o inmueble (que pudo haber comprado expresamente para el locatario) a un locatario, quien como contraparte abona un alquiler, que suele ser mensual. La característica esencial es que el locatario puede ejercer una opción de compra del bien locado abonando un valor residual previamente estipulado y que tiene en consideración el valor total del bien y los importes abonados en concepto de locación. ◆ Ver "**Leasing**".

"LEASING" INMOBILIARIO: compra hecha por una entidad bancaria de un bien inmueble, seleccionado por un tercero, para construir por cuenta de éste un edificio, el cual una vez terminado será ocupado por el cliente. Vencido el plazo del contrato de *leasing* inmobiliario, el cliente adquiere la propiedad del terreno y lo contenido en él. En realidad, el *leasing* inmobiliario es un instrumento idóneo para acceder a la propiedad. El alquiler inmobiliario puede contribuir a solucionar un grave problema social mediante los sistemas de ahorro y préstamo.◆ Ver "**Leasing**".

"LEASING" OPERATIVO: aquel en que los propios fabricantes de bienes actúan como locadores de éstos, garantizando su calidad. Es decir, lo alquilan directamente. El fabricante asume la obligación de preservar y mantener en buen estado de funcionamiento al bien y se responsabiliza de los gastos de reparación, contrata por su cuenta el seguro y el contrato es revocable en cualquier momento, aunque no en forma arbitraria e intempestiva; requiere un preaviso.◆ Tanto en el *leasing* operativo como en el *renting*, el fin del contrato es el alquiler del bien. No habrá diferencias entre ambos. No hay transferencia de la propiedad. No hay opción de cambios. En ambos, la duración del negocio no responde a la vida útil de los bienes, pues siempre interesa el realquiler sucesivo a otros locatarios. No hay operación financiera. ◆ Es el celebrado directamente por el fabricante de los equipos, maquinarias o vehículos con el usuario, con exclusión de la intermediación financiera. Los gastos de mantenimiento y conservación, así como también los seguros, quedan a cargo del propietario del bien locado. Su característica fundamental consiste en que es una alternativa para los fabricantes en la colocación de sus productos, por lo que no lleva implícita la opción de compra o transferencia de propiedad al locatario; de lo contrario, sería una venta a plazos *(A. M. Molas)*.◆ Convenio por el cual se entrega el bien en locación; el dueño, por lo general, se encarga de la conservación o mantenimiento y existe la facultad de revocar el contrato. La ventaja para el locatario es la posibilidad de usar equipos de alto valor, evitando el riesgo de la obsolescencia y de la inversión de capital *(O. Albert)*.◆ Ver "**Leasing**".

LEGACÍA: cargo o empleo de legado.◆ Negocio o mensaje que se encomienda a un legado.

LEGACIÓN: legacía.◆ Conjunto de empleados que están a las órdenes de un legado.◆ Es toda sede de misión diplomática ordinaria, la residencia de los jefes de misión y los locales habilitados por ellos para habitación de los asilados cuando el número de éstos exceda la capacidad normal de los edificios.

LEGADO: acción y efecto de dejar una cosa o un derecho a una persona a título gratuito, mediante testamento. ◆ Lo que se deja o transmite a los sucesores, sea cosa material o inmaterial.◆ Persona que un Estado soberano envía a otro para tratar cuestiones o negocios que a ambos interesan.

LEGADO CON CARGO: aquel que establece una obligación a cargo del legatario.

LEGADO CONDICIONAL: el subordinado al cumplimiento de una condición suspensiva o resolutoria; es adquirido por el legatario sólo una vez cumplida la misma.

LEGADO DE ALIMENTOS: el que comprende la instrucción correspondiente a la condición del legatario, la comida, el vestido, la habitación, la asistencia en las enfermedades hasta la edad de dieciocho años si no fuese imposibilitado para poder procurarse los alimentos; caso contrario, el legado durará la vida del legatario.

LEGADO DE COSA COMÚN: el que tiene por objeto una cosa que se tiene en comunidad con otra persona. Éste vale sólo por la parte de que es propietario el testador, con excepción del caso en que algún cónyuge legue un bien ganancial cuya administración le esté reservada. La parte del otro cónyuge será salvada en la cuenta de división de la sociedad.

LEGADO DE COSA INDETERMINADA: legado de una cosa cualquiera, pero siempre que estuviera comprendida dentro de algún género o especie.

LEGADO DE CRÉDITO: aquel en que el causante lega al instituido el crédito que tiene contra una persona determinada *(H. Gatti)*. Esta clase de legado incluye, además, todas las garantías –tanto reales como personales– de las que se encuentren munidos los créditos.

LEGADO DE CUOTA: aquel que comprende no una cosa determinada, un crédito o, en general, uno o diversos objetos ciertos e individualizados o inciertos pero individualizables de la herencia, sino una cuotaparte en valor de la herencia *(E. Zannoni)*.

LEGAJO: atado de papeles o conjunto de los que están reunidos por tratar de una misma materia.◆ Antecedentes de una persona física o jurídica.

LEGAL: prescrito por ley y conforme a ella.◆ Verídico, puntual, fiel y recto en el cumplimiento de las funciones a su cargo

"LEGAL RESERVES": en algunos países, reservas que una entidad financiera debe mantener de acuerdo con las especificaciones que establecen las autoridades monetarias.

LEGALES: asesoramiento, preparación de documentos y representación de la empresa en relación con la supervisión estatal y obligaciones estatutarias.

LEGALIDAD: cualidad de legal.◆ Régimen político estatuido por la ley fundamental del Estado.

LEGALISTA: que antepone a toda otra consideración la aplicación literal de las leyes.

LEGALIZACIÓN: acción y efecto de dar validez legal a un documento.◆ Certificado o nota con firma y sello que acredita la autenticidad de un documento o de una firma.

LEGALIZAR: conferir calidad de legal a una situación, un documento, etcétera. ◆ Comprobar y certificar la autenticidad de un documento o de una firma.

LEGALMENTE: dícese de aquel acto llevado a cabo con arreglo a la ley.◆ Con lealtad a uno.

LEGAR: dejar por testamento.◆ Enviar a una persona como legado.

LEGATARIO: persona natural o jurídica favorecida por el testador con una o varias mandas a título singular.

LEGATARIO DE CUOTA: persona favorecida por el testador con un legado de cuota.

"LEGATARIUS": legatario, el que ha recibido un legado establecido por un testador.

LEGISLACIÓN: ordenamiento legal en base al cual se rige una o varias materias o áreas generales o específicas en un Estado determinado.

LEGISLACIÓN COMPARADA: alude al análisis interpretativo del Derecho extranjero respecto de una misma materia y su relación con el Derecho local.

LEGISLACIÓN DELEGADA: conjunto de leyes sancionadas por el Parlamento que deja en manos del Poder Ejecutivo la facultad de dictar normas cuyo contenido excede la mera reglamentación ejecutiva. Esta situación se prohibió en forma expresa en varios países.

LEGISLADOR: diputados y senadores. ◆ Persona o cuerpo encargado de legislar. ◆ Que legisla.

LEGISLAR: dictar o hacer leyes.

LEGISLATURA: recinto que aloja al cuerpo de legisladores para el ejercicio de sus funciones.

LEGISTA: persona experta y versada en leyes o jurisprudencia.◆ También designa a la persona que las estudia.

LEGÍTIMA: parte de la sucesión *ab intestato* de la cual no puede disponer una persona, a título gratuito, en perjuicio de ciertos parientes.

LEGÍTIMA DEFENSA: aquella defensa necesaria para apartar de sí o de otro un ataque actual contrario a derecho, la cual exige como requisito indispensable la razonabilidad proporcional del medio utilizado con aquella finalidad.◆ Para que pueda invocarse como causa de justificación la consecuencia de tres recaudos fundamentales: a) una agresión ilegítima; b) la necesidad racional del medio empleado para invocarla o repelerla, y c) la falta de provocación suficiente por parte del que se defiende (M. Chichizola). ◆ Ver **Causales de justificación.**

LEGÍTIMA DEFENSA DE BUENA FE: legítima defensa putativa.

LEGÍTIMA DEFENSA PUTATIVA: la que se da en aquellos supuestos en los cuales el autor del hecho creyó estar actuando bajo el amparo de esa causal de justificación. Llamada también "subjetiva" o de "buena fe".

LEGÍTIMA DEFENSA SUBJETIVA: legítima defensa putativa.

LEGÍTIMA GLOBAL: en el Derecho Sucesorio español, es el resultado de calcular, según sea la clase de legitimarios concurrentes, el importe total de ésta.

LEGITIMACIÓN: en Derecho de Familia, institución en virtud de la cual se confiere a un hijo los beneficios de la filiación legítima, aun cuando sus padres no hayan sido casados en el momento de la concepción.◆ Es la relación de titularidad que existe entre las partes y el interés sustancial invocado por ellas *(R. Reimundín).*

LEGITIMAR: habilitar a una persona para un empleo o cargo.◆ Probar la legitimidad de una cosa.

LEGITIMARIOS: los titulares del derecho a cobrar la legítima o legitimarios son, en primer término, los hijos y descendientes respecto de sus padres y ascendientes.

LEGÍTIMO: conforme a la ley.◆ Justo, lícito.◆ Ver **Hijo legítimo.**

LEGO: analfabeto, ignorante.

LEGULEYO: término aplicable a quien trata de leyes y lo hace con escasos conocimientos.

LEONINO: contrato que, de acuerdo con lo establecido, favorece injusta y desproporcionadamente a uno de los contratantes.◆ Contrato oneroso en que toda la ventaja o ganancia se atribuye a una de las partes sin equitativa conmutación entre éstas.◆ Pactos o condiciones de carácter despótico.

LESA MAJESTAD: en los países monárquicos, delitos perpetrados contra los reyes y el príncipe heredero de la corona.

LESA PATRIA: delitos que atentan contra la paz y la seguridad de una Nación.

LESBIANISMO: entendimiento sexual por parte de dos personas de sexo femenino.

LESIÓN: detrimento corporal causado por un accidente o enfermedad. Puede ser leve, grave o fatal.◆ Atentado contra la integridad corporal de una persona, proveniente de otra.◆ En el ámbito del Derecho Civil, consiste en el vicio del cual adolece un contrato que otorga a una de las partes vinculadas por él, ventajas notoriamente desproporcionadas a expensas de la otra.◆ La figura genérica de este delito contiene dos conceptos distintos pero equivalentes en el sentido de cualquiera de ellos es suficiente para constituir el delito: éste consiste en un daño en el cuerpo o un daño en la salud (S. Soler).

LESIÓN FATAL: aquella que produce la muerte.

LESIÓN GRAVE: la que produce una incapacidad laboral que hace perder al operario una o más jornadas de trabajo *(Ley General de Trabajo de Bolivia).*

LESIÓN LEVE: aquella en la que, aun requiriendo la aplicación de primeros auxilios o atención médica, no hace que el trabajador pierda una jornada de labor o más *(Ley General de Trabajo de Bolivia).*

LESIONAR: provocar en otra persona un desmedro de tipo físico, económico, jurídico, etcétera.

LETRA DE CAMBIO: título de crédito formal y completo que contiene la promesa incondicional y abstracta de pagar a su vencimiento, al tomador o a su orden, una suma de dinero en un lugar determinado, vinculando solidariamente a todos los que intervienen en su circulación *(H. Cámara).*◆ Un título que, remitido por el librador al beneficiario, confiere a éste o a aquél, a la orden de quien se ha librado, el derecho a que se le pague a una fecha determinada, generalmente fijada por el uso, una cierta suma de dinero por parte del girado *(G. Ripert).*◆ Es una orden emitida por escrito por medio de la cual una parte, denominada emisor o librador, ordena a otra, llamada aceptante, girado o librado, quien puede a su vez instruir a otra parte, el tomador, para abonar una suma determinada en dinero a un beneficiario o tenedor a cuyo favor se emitió la letra.◆ Documento de mucho uso en el comercio internacional en el cual intervienen el importador, que es el emisor de la letra, el Banco local, que es el librado, el Banco del país importador, a quien instruyen el pago (tomador), y el exportador, que es el beneficiario. En esta operatoria, en las instrucciones que se envían al Banco del país exportador, se suele incorporar el cumplimiento de ciertas condiciones para acceder al beneficio del cobro de la letra, tales como proceder al embarque de la mercadería bajo ciertas condiciones de calidad, cantidad, tiempo, presentación de cierta documentación, como factura, documento de embarque, etcétera. La letra de cambio debe contener:

a) La denominación "letra de cambio" inserta en el título y en el idioma en el cual ha sido redactada o, en su defecto, la cláusula "a la orden".
b) La promesa incondicionada de pagar una suma de dinero determinada.
c) El nombre de quien debe hacer el pago, girado.
d) El plazo de pago.
e) El lugar de pago.
f) El nombre de aquel a cuya orden debe hacerse el pago.
g) Indicación del lugar y la fecha en que la letra ha sido creada.
h) Firma del creador de la letra, librador.

En caso de carecer de alguno de los requisitos mencionados, el título no es considerado letra de cambio, salvo que se trate de:

a) Omisión del plazo de pago, en cuyo caso, se la considerará pagadera a la vista.
b) Falta de indicación del lugar de pago, en cuyo caso se habrá de considerar el lugar designado junto al nombre del girado como lugar de pago.
c) No indicación del lugar de la creación, en cuya situación se tiene en cuenta el sitio mencionado al lado del nombre del librador.

Con relación al vencimiento, la letra puede girarse:

a) A la vista, que significa pago contra presentación.
b) A un determinado tiempo vista, que es un plazo de días determinado *a posteriori* de la aceptación por parte del beneficiario, lo más usual es treinta, sesenta, noventa días vista.
c) A un determinado tiempo de la fecha, como por ejemplo treinta, sesenta, ciento ochenta días de la fecha de embarque de una mercadería.
d) A un día fijo.

LETRA DE CAMBIO - ACEPTACIÓN: puede ser presentada por el portador o por un simple tenedor para la aceptación por el girado en el domicilio indicado, hasta el día del vencimiento. En toda letra de cambio, el librador puede disponer que ella deberá ser presentada para su aceptación, fijando o no un término al efecto. Puede, también, prohibir en la letra que ella sea presentada a la aceptación, a menos que se trate de una letra de cambio pagable en el domicilio de un tercero o en un lugar distinto del domicilio del girado o bien que haya sido librada a cierto tiempo vista. Puede igualmente establecerse en la letra que la presentación para su aceptación no se haga antes de un determinado plazo.

LETRA DE CAMBIO - DEL AVAL: el pago de una letra de cambio puede garantizarse total o parcialmente por un aval. Esta garantía puede otorgarla un tercero o cualquier firmante de la letra. Se considera otorgado el aval con la simple firma del avalista puesta en el anverso de la letra de cambio, salvo que esa firma fuese la del girado o la del aceptante. El aval debe indicar por cuál de los obligados se otorga. A falta de esta indicación, se considera otorgado por el librador.

LETRA DE CAMBIO - DEL PAGO: el portador de una letra de cambio pagable a día fijo o a cierto tiempo fecha o vista debe presentarla para el pago el día en el cual la letra debe pagarse o en uno de los dos días hábiles sucesivos. La presentación de la letra de cambio a una Cámara Compensadora equivale a una presentación para el pago. La letra de cambio debe presentarse para el pago en la dirección indicada en el título. Cuando no se indique dirección, deben presentarse para el pago: a) en el domicilio del girado o de la persona designada en la misma letra para efectuar el pago por el girado; b) en el domicilio del aceptante por intervención o de la persona designada en la misma letra para efectuar el pago por éste; c) en el domicilio de la persona indicada al efecto.

LETRA DE PLAZA: aquella que se abona en la misma plaza en la cual ha sido emitida.

LETRA DE TESORERÍA: activo financiero de corto plazo, asimilable a un pagaré emitido por un Estado para satisfacer necesidades transitorias del Tesoro de la Nación.

LETRA FIDUCIARIA: certificado emitido por un valor expresado en una moneda que implica una promesa de cambio por dinero.

LETRA MUERTA: cuando aun sin derogación las leyes, tratados o normas carecen de vigencia; no se cumplen.

LETRADO: abogado, titulado en derecho. ◆ Instruido, sabio.

LETRAS DOLARIZADAS: letras ajustables del Tesoro Nacional de acuerdo con la cotización del dólar, ajustándose su valor nominal, de acuerdo con cada letra, mediante las cláusulas correspondientes. Tienen vigencia en países inestables económicamente.

LETRAS HIPOTECARIAS: títulos-valores con garantía hipotecaria. La emisión de las letras hipotecarias sólo puede corresponder a hipotecas de primer grado y estar consentidas expresamente en el acto de constitución de la hipoteca. Son emitidas por el deudor e intervenidas por el Registro de la Propiedad Inmueble que corresponda a la jurisdicción donde se encuentre el inmueble hipotecado.

LETRAS SIN PROTESTO: el librador, el endosante o el avalista pueden, por medio de la cláusula "retorno sin gastos" o "sin protesto" o cualquiera otra equivalente, dispensar al portador de formalizar el protesto por falta de aceptación o de pago para ejercer la acción regresiva. Cuando la cláusula integre el texto impreso de la letra de cambio, será suficiente la firma de ésta por el librador; cuando se la inserte manuscrita o por otro medio, se requerirá que la cláusula sea especialmente firmada, sin perjuicio de la firma de creación de la letra de cambio.

LEVANTAMIENTO DEL VELO: ver **Teoría del abuso de la personalidad jurídica; Teoría del velo societario; Abuso de la personalidad jurídica.**

LEVANTAR: alzar, dar mayor incremento o precio a alguna cosa.◆ Fabricar, edificar.◆ Hacer cesar prohibiciones o penas.

LEVANTAR UN DOCUMENTO: pagar un documento.

LEVIRATO: institución de la ley mosaica que obliga al hermano del que murió sin hijos a casarse con la viuda.

"LEX": en el Derecho Romano, alude a la ley pública.◆ Es lo que el pueblo romano o la plebe establece para todos, a propuesta de un magistrado *(H. Capitant).*◆ Ley.

"LEX COMMISORIA": *lex privata.*◆ *Lex contractus.*

"LEX CONTRACTUS": ver **"Lex privata".**

"LEX DOMICILII": aplicación del Derecho que corresponde a los individuos intervinientes en el acto.

"LEX FORI": ley correspondiente al tribunal competente para el juzgamiento de una cuestión jurídica determinada.

"LEX LOCI CELEBRATONIS": Derecho vigente en el lugar de celebración de un determinado acto.

"LEX LOCI EXECUTIONIS": locución que alude al Derecho del lugar de la ejecución de un acto jurídico.

"LEX PRIVATA": en Roma, ley fijada por los ciudadanos en virtud de acuerdos celebrados entre ellos.

"LEX REI SITAE": ley que rige en el lugar en el cual la cosa se sitúa.

"LEY": precepto dictado por la suprema autoridad en que se manda o prohíbe algo en consonancia con la justicia y para el bien de los gobernados.◆ Regla y norma constante e invariable de las cosas, nacida de la causa primera o de las cualidades y condiciones de éstas.◆ Estatuto o condición establecida para un acto particular.◆ En el régimen constitucional, disposición votada por el Poder Legislativo y sancionada por el Jefe de Estado.◆ Es la regla social obligatoria establecida de modo permanente por la autoridad pública y sancionada por la fuerza *(M. Planiol).*◆ Orgaz la define como la norma escrita, de precepto general, que emana de los órganos políticos del Estado y que se presume fundada en una necesidad común relativa a la convivencia; para Planiol, se trata de una regla social obligatoria, establecida con carácter permanente por la autoridad pública y sancionada por la fuerza. Aristóteles, por su parte, la consideraba como el común consentimiento de la ciudad.

LEY ADJETIVA: aquella que rige los aspectos procedimentales.◆ Ley procesal.

LEY ANUAL: nombre con el que se alude a la ley de presupuesto, la cual en principio, posee una vigencia limitada al año.

LEY BANCARIA: norma legal que regula las actividades de las entidades bancarias, oficiales o privadas.

LEY BÁSICA: alude a la Constitución.◆ Ver **Ley fundamental.**

LEY CIVIL: ver **Derecho Civil.**

LEY DE BASES: aquella respecto de la cual, el órgano encargado de su dictado establece únicamente sus lineamientos generales a modo de "marco", delegando en el Poder Ejecutivo la atribución de fijar las pautas restantes, a condición de no excederse de aquél.

LEY DE EMERGENCIA: aquella dictada en forma excepcional en aquellos supuestos en los cuales un peligro cierto, grave e inminente lo justifique.

LEY DE EXCEPCIÓN: ley de emergencia.

LEY DE FORMA: ley procesal.

LEY DE LAS XII TABLAS: la primera ley romana.◆ Según la tradición, en el año 461 a. de C., el tribuno Terentilio Arsa, representante de la plebe, había solicitado se designara una comisión de cinco miembros para que se encargara de redactar un proyecto de ley escrita que estableciera definitivamente la situación de los plebeyos, con el objeto de poner término a las arbitrariedades que se venían cometiendo. Transcurrieron diez años antes de que los plebeyos lograran su deseo. En el año 451 a. de C., se suspendieron todas las magistraturas y una comisión formada por diez miembros (decenvirato) cumplió la doble misión de ejercer el gobierno de la ciudad y redactar un cuerpo de leyes que distribuyó en diez tablas. Por considerarlo incompleto, solicitó que al año siguiente se designaran nuevos decenviros; éstos, una vez nombrados, redactaron dos tablas complementarias. Se obtuvo así un total de doce tablas, nombre que se dio a este cuerpo legal *(N. Louzán de Solimano).*

LEY DEL TALIÓN: en la legislación mosaica, ley de reciprocidad en la vindicta, que se expresaba por: "Ojo por ojo, diente por diente". Jesucristo, al prohibir la venganza, sustituyó esta ley por la de la caridad y el perdón.

LEY EN SENTIDO FORMAL: ver **Leyes en sentido formal.**

LEY EN SENTIDO MATERIAL: ver **Leyes en sentido material.**

LEY ESCRITA: aquella cuyo contenido se encuentra plasmado en un texto.

LEY ESPECIAL: aquella que tiene por fin regular un aspecto determinado y específico de una materia dada.

LEY FUNDAMENTAL: la que establece principios por los que deberá regirse la legislación de un país.◆ Ver **Constitución.**

LEY GENERAL: ley material.

LEY HISTORICISTA: ley de evolución.

LEY MARCIAL: instituto de emergencia que la mayoría de las legislaciones aplican tanto en caso de guerra como de conmoción interior. Consiste en extender a los civiles la jurisdicción militar. En la práctica, implica la posibilidad de aplicación de pena de muerte *(M. de Ruiz).*

LEY MONETARIA: proporción de metal fino contenido en una aleación utilizada para acuñar una moneda.

LEY NATURAL: según los clásicos, existencia de un orden natural que se materializa en los mercados a través de una mano invisible.◆ Ver **Mano invisible.**

LEY NO ESCRITA: ver **Uso; Costumbre.**

LEY ÓMNIBUS: ley que contiene aspectos vinculados con distintos institutos o disciplinas jurídicas.

LEY ORGÁNICA: inspirada directamente en la Constitución de un Estado, cuya virtud reside en contribuir a su más perfecta ejecución y observancia.

LEY PARTICULAR: terminología con la cual aluden algunos autores a la ley en sentido formal.

LEY PENAL: norma o conjunto de normas, declaradas de un modo solemne por el órgano en que reside la función legislativa del Estado, que establecen la pena que corresponde a los hechos que en las mismas se definen como delitos o faltas.

LEY PROCESAL: aquella que rige respecto del proceso.

LEY UNIFORME: la que resulta de la unificación del contenido de diversas normas relativas a una misma materia.

LEYES AGRARIAS: aquellas encargadas de la regulación de todas las circunstancias y supuestos relativos al agro.

LEYES "ANTITRUST": aprobación general de la competencia y la ilegalidad de los intentos de limitación en la Ley Sherman, en 1890, en la Ley Clayton y en la Ley de la Comisión Federal, en 1914, todas en los EE.UU. La Ley Sherman sostenía que "todo contrato, combinación o conspiración destinada a restringir el comercio entre los diversos Estados, o con las naciones extranjeras, se declaró por ésta ilegal". La Ley Clayton constituyó una lista específica de las prácticas conducentes a la exclusión de los competidores.

LEYES CAUSALES: aquellas cuya explicación radica en la causa eficiente.

LEYES DE ACTUALIZACIÓN: las que relacionan el capital con el valor actual, o sea que valoran vencimientos futuros.

LEYES DE LA GUERRA: conjunto de normas que los Estados beligerantes se obligan a cumplir en sus relaciones recíprocas y con países neutrales mientras dure la lucha armada *(F. Bertoli).*◆ Son las reglas del Derecho Internacional relativas a la conducta de la guerra. Los orígenes de las leyes actuales de la guerra se encuentran en las prácticas de los beligerantes que surgieron y aumentaron gradualmente durante la última parte de la Edad Media *(L. Oppenheim).*

LEYES DECLARATIVAS: leyes supletorias.

LEYES DERIVADAS: aquellas que están jerárquicamente subordinadas a las fundamentales. ◆ Leyes secundarias.

LEYES DETERMINADAS: aquellas que especifican el plazo o vigencia de las mismas.

LEYES EN SENTIDO FORMAL: normas legales emanadas del Poder Legislativo en cumplimiento de los mecanismos y procedimientos fijados pero que, sin embargo, no poseen el contenido de verdaderas leyes.

LEYES EN SENTIDO MATERIAL: aquellas dictadas por el Poder Legislativo. Se trata de verdaderas leyes en cuanto a su contenido y características esenciales.

LEYES FUNCIONALES: aquellas cuya explicación se manifiesta en una función matemática.

LEYES FUNDAMENTALES: aquellas que se encuentran en el plano más alto del ordenamiento jurídico y su validez no deriva de ninguna norma pero las inferiores deben ser acordes a ella.

LEYES GENERALES: aquellas que rigen en todo el territorio del Estado.

LEYES IMPERATIVAS: aquellas que se imponen al ciudadano de manera absoluta y que no pueden derogarse o modificarse por acuerdo de los particulares. La razón es que ostentan caracteres de orden público *(Monroy Cobra).*

LEYES INDETERMINADAS: aquellas que no especifican el período de vigencia previsto, es decir, tienen validez hasta la derogación.

LEYES LOCALES: aquellas que rigen sólo en una región o territorio determinado.

LEYES PENALES EN BLANCO: aquellas que contienen la sanción a cierta o ciertas conductas tipificadas en otra norma.

LEYES PERMISIVAS: las que no imponen ningún comportamiento o abstención en forma obligatoria; sólo otorgan una facultad para que el individuo ejecute o no determinada acción.

LEYES PROHIBITIVAS: las que ordenan abstenerse de ejecutar determinada acción o conducta.

LEYES SECUNDARIAS: leyes derivadas.

LEYES SUPLETORIAS: aquellas que resultan aplicables en caso de falta de una regulación establecida por las partes. Suplen la voluntad de las partes.

LEYES TELEOLÓGICAS: aquellas cuya explicación reside en el fin o causa final.

"LIABILITIES": obligaciones de una empresa para con sus acreedores, proveedores, clientes, etcétera, diferenciadas de aquéllas con sus propietarios, socios o accionistas. Pueden ser de corto, mediano o largo plazo.◆ Ítems detallados en el lado derecho de una hoja de balance.

LIAR: envolverse con un fin deshonesto dos personas.◆ Atar y asegurar las cargas con cuerdas.◆ Contraer alianza con uno u otros.

LIBELO: escrito donde el actor plasma los hechos y el derecho en los que fundamenta su acción.

LIBERACIÓN: quitanza, recibo.◆ Cancelación o caducidad de uno o más gravámenes que pesan sobre un inmueble.

LIBERAL: partidario del liberalismo.◆ Arte o profesión que ante todo requiere el ejercicio del entendimiento.

LIBERALISMO: conjunto de ideas que defienden la primacía del individuo frente al Estado y la supresión de las trabas a la actividad económica.◆ Ideas que profesan los partidarios del sistema liberal.◆ Doctrinas según las cuales la libertad, libre de toda limitación, es el único medio de progreso, de armonía y de paz social.◆ Doctrina que reduce el papel del Estado a la función puramente negativa de reprimir los atentados contra el orden público.

LIBERTAD: el imperio de sí, que expresa la posibilidad de elección entre los motivos, la determinación propia, la independencia de la voluntad *(L. Freitas).* ◆ Es la determinación propia como facultad de elección entre varias determinaciones.◆ Consiste en poder decidir por uno mismo los propios actos; en otros términos, en la ausencia de toda coacción exterior que presione y obligue a obrar en un sentido o en otro *(Salvat).*◆ Prerrogativa de hacer lo que la ley no prohíbe. Se presupone que la libertad es algo bueno y que sólo debe ser condicionada por el derecho cuando ello es estrictamente necesario.◆ Condición de las personas no obligadas por su estado al cumplimiento de ciertos deberes.

LIBERTAD BAJO CAUCIÓN: libertad provisional.

LIBERTAD BAJO FIANZA: libertad provisional.

LIBERTAD BAJO PALABRA: en España y en otros países, tipo de libertad provisional que se otorga al inculpado cuando se le imputa un delito de baja penalidad (que la pena máxima no exceda de tres años), tiene buenos antecedentes y no ha sido condenado en un juicio penal anterior, con el compromiso de estar a disposición del juez de la causa.

LIBERTAD CONDICIONAL: consiste en autorizar la salida del penado del establecimiento en el que está recluido cumpliendo una pena privativa de libertad, luego del cumplimiento parcial de su condena. Normalmente se deben cumplir requisitos predeterminados.

LIBERTAD DE ASOCIACIÓN: derecho de las personas a asociarse libremente con fines ideológicos, religiosos, políticos, económicos, laborales, sociales, culturales, deportivos o de cualquier otra índole.

LIBERTAD DE CÁTEDRA: se trata de una facultad de la cual gozan los docentes, consistente en la libre manifestación de sus ideas u opiniones durante el ejercicio de sus funciones.

LIBERTAD DE CONCIENCIA: derecho que implica la libertad del individuo de conservar, cambiar o profesar y divulgar su religión y sus creencias, individual o colectivamente, tanto en público como en privado.

LIBERTAD DE CONSUMO: derecho que tienen los seres humanos de utilizar y aprovechar libremente los recursos de que disponen. Presupone la libertad de elección de mercaderías, con lo cual se posibilita en gran manera la especialización y selección de éstas.

LIBERTAD DE CULTOS: ver **Libertad de conciencia.**

LIBERTAD DE ENSEÑANZA: ver **Libertad de cátedra.**

LIBERTAD DE EXPRESIÓN: ver **Libertad de prensa; Libertad de opinión.**

LIBERTAD DE IMPRENTA: ver **Derecho a la información.**

LIBERTAD DE OPINIÓN: derecho que incluye no ser molestado a causa de sus opiniones, investigar y recibir informaciones y opiniones, y difundirlas, sin limitación de fronteras, por cualquier medio de expresión.

LIBERTAD DE PRENSA: ver **Derecho a la información.**

LIBERTAD DE RELIGIÓN: ver **Libertad de conciencia.**

LIBERTAD DE TRABAJO: libertad de elegir la profesión que se desee. Es otro de los elementos que surgen de la libertad individual y que son necesarios para el desarrollo de la actividad económica.

LIBERTAD DE TRÁNSITO: ver **Derecho de locomoción.**

LIBERTAD ECONÓMICA: ningún hombre depende de otro en calidad de esclavo o siervo y puede disponer, por lo tanto, de su persona en tanto y en cuanto emplea estrictamente con las leyes vigentes. Más específicamente, es el derecho de fijar libremente los contratos de venta, alquiler, compra, colocar capitales, cuanto mejor parezca al individuo, así como colocar sus servicios en interés de quien elija, etcétera. No obstante ello, a veces puede quedar restringida por la intervención de monopolios que impiden la libre competencia, sean del Estado o de particulares, sea también por determinadas orientaciones que en política comercial siguen los Estados.

LIBERTAD INDIVIDUAL: ver **Libertad.**

LIBERTAD POR DESVANECIMIENTO DE DATOS: la que se otorga cuando se desvirtúan los elementos probatorios que sirvieron para el auto de formal prisión.

LIBERTAD POR FALTA DE ELEMENTOS: la que se concede cuando no se reúnen los elementos probatorios de la existencia del delito y la responsabilidad de una persona.

LIBERTAD PROVISIONAL: situación o beneficio de que pueden gozar, bajo caución, los procesados no sometiéndolos durante la causa a prisión preventiva.

LIBERTAD SINDICAL: derecho del que gozan los trabajadores y los empleadores, sin distinción de sexo o nacionalidad y sin necesidad de autorización previa, de constituir libremente organizaciones que tengan por objeto el estudio, la defensa, el fomento y la protección de los intereses profesionales, así como el mejoramiento social, económico, cultural y moral de los asociados.

LIBERTAD VIGILADA: medida de seguridad en virtud de la cual se mantiene bajo observación judicial a sujetos determinados que ostentan un marcado perfil delictivo.

LIBERTAR: liberar.

LIBERTICIDA: que atenta contra la libre autonomía de otro u otros.

LIBERTO: en el Derecho Clásico, es liberto el que ha sido liberado de una servidumbre legal, conforme a derecho, y que se cuenta desde entonces entre las personas libres.

LIBERTO CIUDADANO: en el antiguo Derecho Romano, éstos eran los más favorecidos; adquirían a un mismo tiempo la libertad y el derecho de ciudadanía. Sin embargo, están, por varias razones, en una situación inferior a la de los ingenuos. En el Derecho Público no tienen el *jus honorum*, es decir, el acceso a las magistraturas, ni aún a los municipios, de los que tampoco podía formar parte de la curia. La ley Visellia, hecha bajo Tiberio, se los prohibía, bajo penas severísimas. En cuanto al derecho del voto, sólo lo ejercían en los comicios por tribus y ya sabemos cómo los censores los habían repartido en las cuatro tribus urbanas para disminuir su confluencia. En Derecho Privado, tienen, en principio, el *commercium* y el *connubium*; pero el matrimonio entre los ingenuos y libertos quedó por largo tiempo vedado. Bajo Augusto fue limitada esta prohibición a los senadores y a sus hijos. En conclusión, no tienen derecho a llevar el anillo de oro, privilegio de los caballeros *(E. Petit)*.

LIBERTO DEDITICIO: en el antiguo Derecho Romano, eran los libertos menos favorecidos. Asimilados a los peregrinos que se rindieron a discreción, no poseían derechos políticos, ni *connubium* ni *commercium*. Además, les estaba prohibido residir en Roma o en un radio de cien millas alrededor de Roma bajo pena de caer otra vez en esclavitud y de ser vendidos ellos y sus bienes, con la cláusula siguiente: de que no podrían ser nunca más manumitidos. Por último, no tenían medio alguno para mejorar su condición y llegar a la ciudadanía. Este rigor estaba justificado por su conducta anterior y existía presunción de que no podrían ser sino ciudadanos peligrosos *(E. Petit)*.

LIBERTO LATINO JUNIANO: en el antiguo Derecho Romano, su condición era la misma que la de los latinos de las colonias. No tienen derechos políticos. En Derecho Privado, tienen el *commercium*, pero no el *connubium*. La ley *Junia Norbana* los afecta también con ciertas incapacidades especiales. Por tanto no pueden: a) testar; a su muerte, vuelven sus bienes al patrono; b) recoger una sucesión testamentaria o un legado, a menos de devenir ciudadanos a los cien días siguientes a la muerte del testador; c) ser nombrados tutores testamentarios; d) según la ley Atilia, ser nombrados tutores en Roma por el magistrado. Desde el reinado de Augusto y bajo los emperadores que siguieron, les fue dable a los latinos junianos mejorar su condición y adquirir la calidad de ciudadanos *(E. Petit)*.

LIBOR: sigla que significa *London Interbank Offered Rates.*◆ Es la tasa interbancaria londinense, que se utiliza para las operaciones del Euromercado y constituye una referencia para las demás.

LIBRA: peso antiguo de Castilla, dividido en 16 onzas que equivalen a 460 gramos.

LIBRADO: persona a cuyo cargo se emite un giro, letra o pagaré. Es el pagador quien acepta y abona la letra.◆ Girado.

LIBRADOR: persona que suscribe y libra o emite un documento, o asume el compromiso de efectuar un pago. Puede ser un pagaré, letra de cambio o cheque.◆ Emisor, firmante o deudor.

LIBRAMIENTO MERCANTIL: orden que se da por escrito para que el tesorero, pagador, etcétera, pague una cantidad de dinero.◆ Orden de pago.◆ Libranza.

LIBRANCISTA: persona que emite una libranza.

LIBRANZA: orden de pago escrita que se da contra alguien que tiene fondos a disposición de quien la expide.◆ Libramiento mercantil.◆ Orden de pago.◆ Libramiento.

LIBRAR: expedir letras de cambio, libranzas, cheques y otras órdenes de pago a cargo de alguien que tenga fondos a disposición del librador.

LIBRE: que goza de plena autonomía.◆ Ver **Libertad.**

LIBRE A BORDO: LAB.◆ Cláusula mediante la cual el comprador de una mercadería se hace cargo de todos los gastos y riesgos del transporte.◆ Cláusula que significa que el precio de las mercaderías de exportación comprende todos los gastos hasta ponerlas sobre el medio de transporte; son a cargo del importador el flete y el seguro más los gastos de desembarco y los gravámenes aduaneros.◆ También significa Franco Vagón; se utiliza en las factorías con monopsonios instalados en su territorio.◆ FOB: *Free on board.* ◆ FAB: Franco a bordo.

LIBRE ALBEDRÍO: facultad de la que goza un sujeto para comportarse u obrar según su real saber y entender.

LIBRE ASOCIACIÓN: ver **Libertad de asociación.**

LIBRE CAMBIO: ver **Cambio libre.**

LIBRE COMPETENCIA: situación en la que existen varias empresas o individuos, en la cual las acciones de cualquiera de ellos influyen sobre los precios del mercado.◆ Libertad del juego de la oferta y la demanda en el mercado.

LIBRECAMBISMO: corriente que propugna por el librecambio.

LIBRETA CÍVICA: documento de identificación perteneciente a la mujer.

LIBRETA DE CASAMIENTO: libreta de matrimonio.

LIBRETA DE MATRIMONIO: certificado de la celebración de un matrimonio; es, a la vez, utilizada como constancia de la filiación matrimonial de los hijos dada la necesaria inscripción de su nacimiento en ella. También llamada libreta de casamiento.

LIBRETA DE TRABAJO: documento emitido por las autoridades competentes laborales en el cual constan los datos personales del trabajador y todo lo atinente a la relación laboral exigido por la respectiva legislación.

LIBRO DE ACTAS: aquel en el cual constan las actas de asamblea de una sociedad.◆ Ver **Acta de asamblea; Libros de actas.**

LIBRO DE CARGAMENTOS: aquel utilizado en el transporte marítimo, en el que se lleva cuenta de todas las circunstancias y características relacionadas con los bienes objeto del traslado.

LIBRO DE CHEQUES: registro en el cual se anotan las entradas y salidas de cheques, detallando la información pertinente a cada uno de ellos.

LIBRO DE DOCUMENTOS: registro en el cual se anotan las entradas y salidas de documentos, detallando la información pertinente a cada uno de ellos.

LIBRO DE EFECTOS: los barraqueros y administradores de casas de depósitos están obligados a llevar un libro con las formalidades exigidas por el Código de Comercio sin dejar blancos, hacer interlineaciones, raspaduras ni enmiendas; a asentar, numeradamente y por orden cronológico, todos los efectos que recibieren, expresando con claridad su calidad y cantidad, los nombres de las personas que los remitieron y a quién, con las marcas y números que tuvieren, anotando convenientemente su salida.

LIBRO DE INVENTARIOS Y BALANCES: ver **Libro Inventarios y Balances**.

LIBRO DE REGISTRO DE ACCIONES: libro con las formalidades de los libros de comercio que deben llevar las sociedades anónimas, en el que se asentará:
a) Clases de acciones, derechos y obligaciones que comporten.
b) Estado de integración, con indicación del nombre del suscriptor.
c) Si son al portador, los números; si son nominativas, las sucesivas transferencias con detalle de fechas e individualización de los adquirentes.
d) Los derechos reales que gravan las acciones nominativas.
e) La conversión de los títulos con los datos que correspondan a los nuevos.
f) Cualquier otra mención que derive de la situación jurídica de las acciones y de sus modificaciones.
Usualmente llamado "Registro de accionistas".

LIBRO DE REGISTRO DE ARTÍCULOS: el Código de Comercio exige, con respecto a los acreedores, que diariamente se trasladen todos los artículos del cuaderno manual a un registro, copiándolos literalmente sin enmiendas, abreviaturas ni interposiciones; guardando la misma numeración que lleven en el manual. El registro tendrá las mismas formalidades que se prescriben para los libros de los comerciantes, so pena de una multa que será determinada por los reglamentos. El referido registro podrá mandarse exhibir en juicio a instancia de parte interesada para las investigaciones necesarias, y aún de oficio, por orden de los jueces y tribunales de comercio.◆ Ver **Corredor**.

LIBRO DE REGISTRO DE ASISTENCIA A ASAMBLEAS Y DEPÓSITO DE ACCIONES: aquel en el que se registran las asistencias a las asambleas y los respectivos depósitos correspondientes a cada uno de los accionistas que participen en las mismas, quienes firmarán en el libro dejando constancia de sus domicilios, documentos de identidad y número de votos que se correspondan.
◆ Libro de asistencia a asambleas.

LIBRO DE REGISTRO DE DEBENTURES: aquel que debe llevar la sociedad deudora por la emisión de debentures, en el cual se registra la transmisión de los títulos nominativos y la de los derechos reales que los graven.

LIBRO DE SENTENCIA: libro en el cual se registran los autos con sentencia.

LIBRO DE VENCIMIENTO: aquel en el cual se registra en forma cronológica la fecha de cancelación de los documentos.

LIBRO DIARIO: libro de contabilidad, obligatorio, donde se registran las operaciones por orden cronológico y aplicando las cuentas contables que correspondan a las mencionadas transacciones. Se asentarán día por día, y según el orden en que se vayan efectuando, todas las operaciones que haga el comerciante, letras u otros cualesquiera papeles de crédito que diere, recibiere, afianzare o endosare; y, en general, todo cuanto recibiere o entregare por su cuenta o por cuenta ajena, por cualquier título que fuera, de modo que cada partida manifieste quién resulte acreedor y quién deudor en la negociación a que se refiere. Este libro debe ser rubricado, es decir, registrado en el Registro Público de Comercio. Las partidas de gastos domésticos basta asentarlas en forma global en la fecha en que salieron de caja.

LIBRO ESPECIAL DE CONTRATO DE TRABAJO: conforme a los requerimientos del Derecho Laboral, los empleadores deberán llevar un libro especial, registrado y rubricado por el Ministerio de Trabajo y de la Seguridad Social, en las mismas condiciones que se exigen para los libros principales de comercio.

LIBRO ESPECIAL DE VIAJANTES DE COMERCIO: de acuerdo con el régimen legal de viajantes de comercio, los comerciantes industriales llevarán un libro especial, registrado y rubricado en las condiciones de los libros de comercio, en el cual se debe registrar la información reqerida:

LIBRO INVENTARIOS Y BALANCES: libro de carácter obligatorio en el que se registra el detalle valorizado de la totalidad de bienes y derechos a favor del empresario, así como de sus obligaciones. El Libro de Inventarios se abrirá con la descripción exacta del dinero, bienes, muebles y raíces, créditos y cualquier otra especie de valores que formen el capital del comerciante al tiempo de iniciar su giro. Después, todo comerciante, en los tres primeros meses de cada año, confeccionará y transcribirá en el mismo libro el balance general de su giro, comprendiendo en él todos sus bienes, créditos y acciones, así como todas sus deudas y obligaciones pendientes a la fecha del balance, sin reserva ni omisión alguna. Los inventarios y balances generales se firmarán por todos los interesados que se encuentren presentes en el establecimiento al tiempo de su formación. En los inventarios y balances generales de las sociedades, bastará con que se expresen las pertenencias y obligaciones comunes a la masa social, sin extenderse a las peculiares de cada socio. Respecto de los comerciantes por menor, no existe obligación de hacer el balance general sino cada tres años.

LIBROS AUXILIARES: libros indeterminados donde las operaciones se registran detalladamente. Sin perjuicio de ello, el comerciante deberá llevar los libros obligatorios y la documentación contable que corresponda a una adecuada integración de un sistema de contabilidad y los que le exijan la importancia y la naturaleza de sus actividades, de modo que de la contabilidad y documentación resulten con claridad los actos de su gestión y su situación patrimonial. ◆ Aquellos libros de contabilidad donde se registran en forma minuciosa las operaciones que obedecen a un mismo concepto o que corresponden a una misma cuenta.

LIBROS COMPLEMENTARIOS: aquellos que se utilizan con el objeto de regular cierto tipo de información adicional que no tiene una relación directa con la técnica contable. Por ejemplo: Libro de vencimientos.

LIBROS CONTABLES: ver **Libros de contabilidad.**

LIBROS DE ACTAS: libros especiales que deben llevar ciertas sociedades, con las formalidades de los libros de comercio, donde constan, en uno, las actas realizadas en las asambleas de accionistas y, en el otro, las reuniones de directorio. No existe ningún impedimento para que cualquier sociedad lleve un solo libro de actas. Incluso, en lugar de llevarse los dos libros en forma separada, se pueden llevar ambos en uno solo.◆ Libros en los cuales se registran o transcriben los actos de las deliberaciones de los órganos colegiados de una sociedad, con las formalidades de los libros de contabilidad.

LIBROS DE COMERCIO: ver **Libros de contabilidad.**

LIBROS DE COMPRA: registros de compra.

LIBROS DE CONTABILIDAD: aquellos en los cuales se registran los acontecimientos, operaciones, situaciones, momentos, etcétera, que se producen en la empresa, unipersonal o sociedad, durante el desarrollo de sus actividades mercantiles.

LIBROS DE CORRESPONDENCIA: registros no rubricados en los cuales se detallan las cartas recibidas y los datos o informaciones relevantes y formales.

LIBROS ENCUADERNADOS: ver **Encuadernados.**

LIBROS ESPECIALES: libros y registros obligatorios exigidos por las normas legales para determinada actividad. A modo no taxativo sino enunciativo, podemos mencionar los siguientes: Libro de Registro de Acciones, Libro de Asistencia a Asambleas, Libro de Actas, Libro Especial de Viajantes de Comercio, etcétera.

LIBROS FACULTATIVOS: los que un comerciante, sociedad u organización puede llevar, además de los obligatorios.

LIBROS FALSIFICADOS: aquellos en los que se registran operaciones falsas, supuestas o fraudulentas.

LIBROS PRINCIPALES: libros indispensables, es decir, que no pueden dejar de ser llevados, cualesquiera fueren las características de la empresa. Son libros necesarios pero no siempre suficientes. Los comerciantes, además de los que en forma especial impongan las autoridades pertinentes, deben ineludiblemente llevar los siguientes: a) Diario; b) Inventarios y Balances. Sin perjuicio de ello, el comerciante debe llevar los libros registrados y la documentación contable que corresponda a una adecuada integración de un sistema de contabilidad y los que exijan la importancia y la naturaleza de sus actividades, de modo que de la contabilidad y documentación resulten con claridad los actos de su gestión y su situación patrimonial.

LICENCIA: documento mediante el cual se autoriza a una persona en forma expresa a iniciar o desarrollar una actividad.◆ Facultad o permiso para hacer una cosa.◆ Documento en el que consta una licencia.◆ Vacación laboral.

LICENCIA DE MARCAS Y PATENTES: acuerdo mediante el cual una empresa, concesionaria o licenciataria, compra o renta el derecho de uso de la patente, proceso de producción, marca registrada, producto, etcétera, a otra empresa denominada cedente o licenciante.

LICENCIA JUDICIAL: venia judicial; autorización del juez.

LICENCIA MARITAL: ver **Autorización marital.**

LICENCIA MATRIMONIAL: autorización paterna o judicial exigida por la ley a fin de contraer matrimonio en aquellos casos en los cuales uno o ambos contrayentes no alcanzan la edad mínima requerida.◆ También llamada venia judicial.

LICENCIADO: persona que ha obtenido en una facultad el grado que lo habilita para ejercer la profesión.

LICENCIANTE: neologismo relativo a la empresa o persona que concede una licencia.

LICENCIATARIA: neologismo aplicable a la empresa o persona que solicita y recibe una licencia.

LICITACIÓN: acción y efecto de licitar.◆ Competencia de precios que se realiza entre varios comerciantes para comprar a aquel que más convenga.◆ Ofrecimiento de precio por una cosa en subasta o almoneda.

LICITAR: ofrecer precio por una cosa en subasta o almoneda.

LÍCITO: calificativo o condición de lo que es justo, permitido, según justicia y razón.◆ Que es de la ley o calidad de vida.

LICITUD: carácter de aquello que es justo, avalado por la ley.

LÍDER: director, jefe o conductor de un partido político, de un grupo social o de otra colectividad.◆ Individuo que en un momento dado y en un espacio determinado, mediante sus actitudes y comportamiento, modifica, controla y dirige a quienes lo siguen.

LIDERAZGO: situación de superioridad en que se halla una empresa, un producto o un sector económico, dentro de su ámbito.◆ Habilidad de influir en las actitudes de otras personas por medio de un proceso de comunicación para la obtención de una meta.

LIGA: agrupación o concierto de individuos o colectividades humanas con algún designio común.

LIGA DE ACCIÓN DEL CONSUMIDOR: ADELCO.◆ Entidad privada argentina, de carácter independiente, que promueve y desarrolla la acción y la defensa del consumidor.

LIGAMEN: imposibilidad de contraer matrimonio por existir uno anterior subsistente.

"LIMIT DOWN": nivel límite permitido por el mercado para que bajen las acciones en una rueda.

"LIMIT UP": nivel límite permitido por la autoridad competente para que suban las acciones en una rueda. En la Argentina, es el 10 % en primera instancia. Si se paga por encima de eso, el límite último es el 15 %.

LIMITADO: orden para comprar por debajo o vender por encima del precio vigente ciertos títulos en el momento y por un importe determinado. El cliente debe informarle a su agente por cuánto tiempo se mantiene la orden.◆ Acotado, restringido.◆ Fijar la autoridad o facultades de uno.

LÍMITE DE CRÉDITO: monto máximo hasta el cual se puede acceder a una cuenta de crédito.◆ Ver **Línea de crédito.**

LIMÍTROFE: dícese de aquellas regiones, provincias, países, etcétera, que poseen una frontera en común.

LINCHAR: conducta consistente en la decisión arbitraria tomada por una multitud de atentar contra la vida de un sujeto.

LINDAR: limitar con otra heredad, provincia, región, país, etcétera.

LINDE: línea divisoria entre una heredad y otra.◆ Término o fin de algo.

LINDERO: que linda.

LÍNEA: con relación a las relaciones de parentesco, serie no interrumpida de grados. Hay tres líneas: la línea ascendente, la descendente y la colateral.

LÍNEA ASCENDENTE: serie de grados o generaciones que ligan al tronco con su padre, abuelo y otros descendientes.

LÍNEA COLATERAL: ver **Parentesco en línea colateral.**

LÍNEA DE CRÉDITO: convenio acordado con un Banco, escrito o no y por plazo no estipulado, para la concesión en forma automática de un crédito que no exceda de cierto límite y en el momento que el cliente lo requiera. La permanencia de esta línea suele estar supeditada a que el cliente tenga una cuenta corriente en la institución con un saldo cuya importancia debe estar en relación con el préstamo solicitado así como también a la obligación de dar toda la información requerida sobre su estado patrimonial, económico, financiero y sobre los acontecimientos más importantes de sus actividades.◆ Cantidad máxima que puede concederse al solicitante de crédito.

LÍNEA DESCENDENTE: serie de grados o generaciones que unen al tronco común con sus hijos, nietos y demás descendientes.

LÍNEA DIRECTA: línea recta.

LÍNEA FEMENINA: línea materna.

LÍNEA MASCULINA: línea paterna.

LÍNEA MATERNA: aquella que vincula a una persona con los parientes en línea recta de su madre.◆ Línea femenina.

LÍNEA MEDIANTE: aquella ficticiamente creada longitudinalmente dividiendo un río en dos partes equivalentes de las márgenes y, generalmente, utilizada en la demarcación de los ríos navegables *(E. Llanés Torres).*

LÍNEA PATERNA: la que vincula al padre y sus consanguíneos ascendientes o descendientes.◆ Línea masculina.

LÍNEA RECTA: la que existe entre los parientes cuando se trata de generaciones sucesivas.◆ Línea directa.◆ Puede ser ascendente o descendente.

LÍNEA TRANSVERSAL: ver **Línea colateral.**

LIQUIDABLE: que se puede liquidar o es susceptible de liquidar.

LIQUIDACIÓN: venta al por menor, con gran rebaja de precios, que hace una casa de comercio, por cesación, quiebra, reforma o traslado del establecimiento, etcétera.◆ Designa los cálculos o cómputos que se efectúan para abonar impuestos, sueldos, jornales, comisiones, derechos de autor y todo concepto similar.◆ Liquidación de operaciones a futuro realizadas con fechas predeterminadas individualmente. ◆ Desistimiento de un negocio o de un empeño. ◆ Cancelación íntegra de una cuenta.

LIQUIDACIÓN BANCARIA: resumen de alguna operación realizada con el Banco y de la cual la entidad remite la discriminación de los distintos conceptos o movimientos registrados en dicha transacción.

LIQUIDACIÓN DE BIENES: venta total de los bienes por cierre del establecimiento o por cambio de ramo.

LIQUIDACIÓN DE LA SOCIEDAD CONYUGAL: proceso a través del cual se determina la posición de bienes correspondiente a cada uno de los esposos, una vez deducidos los créditos y recompensas respecto de la sociedad conyugal.

LIQUIDACIÓN DE LA SUCESIÓN: proceso de determinación de la real composición del acervo hereditario y la porción correspondiente a cada uno de los herederos.

LIQUIDACIÓN DE SOCIEDADES: realización de todos los bienes y créditos en el pago de las obligaciones y en la distribución del remanente a los socios de la sociedad.◆ Ver **Sociedad en liquidación; Sociedad anónima - Liquidación.**

LIQUIDADOR: que liquida una cuenta, una sociedad o un negocio.◆ Persona encargada de una liquidación.

LIQUIDAR: hacer el ajuste formal de una cuenta.◆ Saldar, pagar enteramente una cuenta.◆ Poner término a una cosa o a un estado de cosas.◆ Vender mercancías en liquidación.◆ Hacer ajuste final de cuentas en una casa de comercio para cesar en ella.◆ Saldar.◆ Determinar un importe.

LIQUIDAR UNA DEUDA: saldar o pagar enteramente una cuenta.◆ Determinar el monto de una deuda.

LIQUIDEZ: capacidad de pago de la economía en un momento determinado. Se compone de la liquidez primaria y de la liquidez secundaria.◆ Propiedad que tienen los bienes como consecuencia de las posibilidades existentes de realización y conversión en dinero.◆ En la clasificación de los rubros del activo, el orden de éstos está vinculado con el mayor grado de liquidez que cada rubro reviste.◆ Capacidad financiera de un ente para enfrentar sus compromisos con recursos propios. ◆ Capacidad de un activo de ser convertido en dinero fácilmente y sin pérdida de su valor en términos monetarios. El dinero es perfectamente líquido; puede usarse de inmediato para pagar deudas o para gastos y se mantiene siempre a un valor constante en términos monetarios *(L. Chandler).*

LIQUIDEZ INTERNACIONAL: provisión mundial de reservas en oro o en monedas que pueden ser de libre uso internacional, tales como dólares o libras esterlinas, más las facilidades para tomarlas a préstamo. Si es adecuada, los países se hallarán en situación de permitir que el comercio internacional se desenvuelva libremente; si hubiera una escasez de liquidez, muchos países se verían precisados de reducir sus importaciones.

LIQUIDEZ PRIMARIA: sumatoria de billetes, monedas y saldos en cuenta corriente (depósitos a la vista).◆ Dinero.

LIQUIDEZ SECUNDARIA: sumatoria de depósitos en caja de ahorro, de depósitos a plazo fijo, de inversiones en títulos de la deuda pública y títulos y valores varios.◆ Cuasi dinero.

LÍQUIDO: alude al importe cierto y determinado.

LÍQUIDO IMPONIBLE: cuantía estimada o fijada oficialmente a la riqueza del contribuyente como base para señalar su cuota tributaria.

LISTA DE COTIZACIONES: lista de precios de las acciones o títulos en las Bolsas de Comercio.

LISTA DE PAGARÉS: nómina de documentos que se presenta ante una entidad financiera con el objeto de realizar una operación de descuento de los mismos.

LISTA ELECTORAL: padrón.

LISTA NEGRA: relación secreta en la que se inscriben los nombres de las personas o entidades consideradas vitandas.

"LITE": ver **Litis.**

LITERAL: interpretación realizada conforme a la letra del texto.

LITERALIDAD: el derecho y sus modalidades dependen estrictamente de lo que se halla consignado en el documento, es decir, del contenido objetivo y literal del documento en lo que configura la extensión y modalidad del derecho.

LITERALIDAD JURÍDICA: ver **Literalidad.**

LITIGANTE: quien pleitea o litiga.

LITIGANTE CONTRARIO: contraparte. Parte contraria en un pleito.

LITIGAR: disputar en pleito una cosa.

LITIGIO: pleito, altercación en juicio.◆ Disputa, contienda.

LITIGIOSO: referente a aquello que es objeto del pleito.

LITIS: litigio judicial, pleito.◆ *Lite.*◆ Es el conflicto actual de intereses. Conflicto (intersubjetivo) de intereses calificado por una pretensión resistida (contradicha). El conflicto de intereses es su elemento material, la pretensión y la resistencia son su elemento formal *(F. Carnelutti).*

LITISCONSORCIO: tiene lugar cuando existen varios codemandantes o codemandados en un mismo proceso.◆

Existirá –sea activo o pasivo– siempre que dos o más personas ejerciten una misma acción u opongan la misma excepción, para lo cual deberán litigar unidas y bajo una misma representación.

LITISCONSORCIO ACTIVO: el que existe cuando hay pluralidad de demandantes.

LITISCONSORCIO FACULTATIVO: aquel en el que varias partes demandan o son demandadas en un mismo proceso, cuando las acciones sean conexas por el título, por el objeto o por ambos elementos a la vez.

LITISCONSORCIO NECESARIO: aquel que tiene lugar cuando la sentencia no pudiere pronunciarse útilmente más que con relación a varias partes.

LITISCONSORCIO PASIVO: el que existe cuando hay pluralidad de demandados.

LITISCONSORTE: persona que litiga por la misma causa o interés que la otra formando con ella una sola parte.

LITISCONTESTACIÓN: trabamiento de la contienda en juicio, por medio de la contestación a la demanda, de que resulta un especial estado jurídico del asunto litigioso y de los litigantes entre sí.◆ Cuando, por decreto del juez, quedan fijados los límites de la controversia, tomados de las peticiones y respuestas de las partes.

"LITISCONTESTATIO": litis contestación.

LITISEXPENSAS: proceso que se sigue por las normas del juicio de alimentos que tiene por objeto demandar a quien los debiere una suma de dinero a los efectos de atender los gastos de un pleito.

LITISPENDENCIA: estado litigioso, ante otro juez o tribunal, del asunto o cuestión que se pone o intenta poner *sub judice*. Es motivo para una de las excepciones dilatorias que admite la ley.◆ Existencia del conocimiento ante otro órgano jurisdiccional de un pretensión, idéntica a la que se interpone en otro nuevo proceso.

LLAMADA: citación.◆ Señal que en impresos o manuscritos sirve para llamar la atención desde un lugar hacia otro donde se pone una cita, nota, corrección o advertencia.◆ Llamamiento.

LLAMAMIENTO: designación legítima de personas o estirpe para una sucesión, una liberalidad testamentaria o un cargo, como el patrono, tutor, etcétera. ◆ Citación.

"LOBBY": camarilla, grupo de presión empresaria.◆ Es la enorme red de influyentes en un país: consultores, editores económicos, abogados, economistas; pero los principales gestores de negocios rehuyen la notoriedad. ◆ Es la presión que se ejerce sobre una red enorme de personas, especialmente en las distintas reuniones del Congreso. ◆ Organizaciones que intentan convencer a los legisladores de que apoyen los intereses de su grupo.

LOCACIÓN: arrendamiento, acción de arrendar una cosa.◆ Existe locación cuando dos partes se obligan recíprocamente, la una a conceder el uso o goce de una cosa, a ejecutar una obra o a prestar un servicio, y la otra, a pagar por este uso o goce, obra o servicio un precio determinado en dinero. El que paga el precio se denomina locatario, arrendatario o inquilino, y el que lo recibe, locador o arrendador. El precio se llama arrendamiento o alquiler. El contrato de locación queda concluido por el mutuo consentimiento de las partes. Los derechos y obligaciones que nacen del contrato de locación pasan a los herederos del locador y del locatario.

LOCACIÓN DE AERONAVES: contrato por el cual una de las partes (locador) se obliga a conceder a la otra (locatario), mediante un precio (alquiler), el uso y goce temporarios de una aeronave específicamente determinada, con o sin tripulación *(J. Lena Paz)*.◆ Ver **Locación de buques.**

LOCACIÓN DE BUQUES: contrato por el cual una parte se obliga, mediante el pago de un precio, a conceder a la otra el uso o goce de un buque por un tiempo determinado, transfiriéndole la tenencia.◆ Resulta igualmente aplicable a la locación de aeronaves.

LOCACIÓN DE COSAS MUEBLES: contrato en virtud del cual dos partes se obligan recíprocamente, una a conceder el uso o goce de una cosa y la otra a abonar en contraprestación un precio determinado en dinero. El locador no puede rescindir el contrato por necesitar la cosa para su uso propio o el de su familia, con anterioridad al vencimiento del plazo fijado contractualmente.

LOCACIÓN DE INMUEBLES: contrato consensual, bilateral y a título oneroso mediante el cual el propietario de un inmueble, locador, lo cede en locación a otra parte llamada locatario, recibiendo aquél una contraprestación en dinero.

LOCACIÓN DE OBRA: contrato consensual por medio del cual una de las partes –locador– asume la obligación de realizar una obra específica a pedido o por encargo de la otra parte –locatario–, que se obliga a abonar un precio determinado. No existe vínculo personal de subordinación por asumir parte del riesgo el ejecutor del trabajo.

LOCACIÓN DE SERVICIOS: contrato consensual, aunque el servicio hubiese de ser realizado en cosas que una de las partes debe entregar. Tiene lugar cuando una de las partes se obliga a prestar un servicio y la otra, a pagarle por éste un precio en dinero. Los efectos de este contrato son similares a los de las obligaciones de hacer.

LOCACIÓN FINANCIERA: operación frecuente en el mercado interempresario mediante la cual el tenedor de una cartera de instrumentos financieros la entrega en alquiler a un tercero cobrando un alquiler por dicha locación.

LOCADOR: en un contrato de locación, aquella parte propietaria de un bien inmueble o mueble que cede su uso y goce a la otra parte.◆ También es una operación frecuente en el mercado financiero o interempresario. ◆ Sinónimo de arrendador.

LOCAL: que es propio de un lugar determinado.

LOCALES CONSULARES: los edificios o las partes de los edificios y el terreno contiguo que, cualquiera que sea su propietario, se utilicen exclusivamente para las finalidades de la oficina consular.

LOCATARIO: en un contrato de locación, la parte a quien el propietario del bien objeto de la operación cede el uso y goce del mismo.◆ Inquilino.◆ El que toma en arriendo, arrendatario.

"LOCK OUT": expresión inglesa que significa impedir la entrada. Se trata de una medida adoptada por el empleador, consistente en el cierre del establecimiento, como medio de protesta o de lucha empresarial.◆ Cierre patronal.

LOCO: ver **Dementes.**

LOCURA: demencia.

"LOMBARD STREET": calle londinense donde se concentraron los banqueros, corredores y otros intermediarios financieros, alrededor del Banco de Inglaterra.

"LONDON INTERBANK OFFERED RATES": ver **Libor**.

LOTEAR: proceder a dividir en lotes; en general, se aplica con respecto a terrenos y masas hereditarias.

LOTEO: acción y efecto de lotear.

LUCIDEZ MENTAL: pleno discernimiento.

LUCHA DE CLASES: situación que se configura como consecuencia de la contraposición de los intereses sostenidos por distintas clases sociales.

LUCRATIVO: relativo a aquello que produce utilidad o ganancia.

LUCRO: beneficio. Finalidad que persiguen los actos de comercio.◆ Ganancia o provecho que se saca de una cosa.◆ Utilidad.

LUCRO CESANTE: lucro o ganancia dejada de percibir como resultado de un daño o perjuicio infringido por otra parte.◆ Ganancia o utilidad que se regula por lo que podría producir el dinero en el tiempo que ha estado dado en empréstito o mutuo.

"LUCRUM": término de origen latino que significa ganancia, lucro, beneficio.

LUGAR: sitio o paraje.◆ Ciudad, villa o aldea.◆ Elemento de mención fundamental en contratos, instrumentos comerciales, financieros, informes contables, etcétera.

LUGAR DE PAGO: sitio, espacio, domicilio, etcétera, que se determina en una obligación.

LUGAR DE TRABAJO: todo aquel sitio donde el trabajador desarrolla sus actividades.◆ Centro de trabajo.

LUGAR Y FECHA: espacio y tiempo determinados en los actos jurídicos.

LUGAR Y FECHA DE EMISIÓN: aplicado a los estados contables, se considera lugar de la emisión aquel en que el contador público firma un informe. La fecha de emisión (día, mes y año) es, generalmente, aquella en que se hubiera concluido el trabajo de auditoría en dependencias de la organización a que corresponden los estados contables examinados. Esta fecha limita la responsabilidad del auditor en cuanto al conocimiento de hechos posteriores a la fecha de los estados contables que pudieran tener influencia significativa en las informaciones que ellos contienen. ◆ Elementos indispensables de determinados instrumentos comerciales, financieros, contractuales, etcétera. ◆ Consiste en la mención de las circunstancias de tiempo y del sitio en el cual se hubiere expedido un documento, escrito, solicitud, etcétera.

M

"MADE IN": hecho o fabricado en; fórmula internacional que sirve para identificar la procedencia industrial de una mercadería cualquiera que sea el país de donde proviene.

MADRASTRA: mujer del padre respecto de los hijos llevados por éste al matrimonio.

MAE: Mercado Abierto Electrónico.◆ Ver **Mercado abierto**.

MAFIA: nombre que tomó una organización secreta siciliana en el siglo XIX.◆ Actualmente, se aplica a toda organización delictiva clandestina.

MAGISTRADO: superior en el orden civil y, más comúnmente, ministro de Justicia, como corregidor, oidor, consejero, etcétera.◆ Dignidad o empleo de juez o ministro superior. ◆ Cualquier consejo o tribunal.

MAGISTRATURA: conjunto de personas peritas en Derecho que integran el Poder Judicial, jueces, camaristas, vocales, etcétera.◆ Conjunto de magistrados.◆ Tiempo que dura el cargo de magistrado. ◆ Ver **Consejo de la Magistratura.**

MAGNATE: persona muy ilustre y principal por su cargo y poder.◆ Denominación bajo la cual se conoce a aquella persona de negocios, rica, que posee poder e influencias.

MAL INMINENTE: daño próximo, prácticamente inevitable, que atenta contra la seguridad física, la vida y la integridad de un sujeto.

MALA FE: intención de engañar o cometer un fraude.◆ Es el procedimiento en que falta la sinceridad y reina la malicia.◆ Malicia o temeridad con que se hace una cosa o se detenta un bien.◆ Doblez, alevosía.

MALA PRAXIS: en un sentido lato, se refiere a la labor profesional por actos efectuados con negligencia o falta de responsabilidad por los actuantes. Pero se utiliza generalmente por una mala gestión de los profesional de la medicina. Puede ser por acción o por omisión.

MALICIA: obstrucción del curso del proceso mediante la violación a los deberes de lealtad, probidad y buena fe *(Migliardi)*.◆ Consiste en la conducta que obstaculiza, retarda, provoca articulaciones manifiestamente improcedentes, mañosas, con el solo propósito de dilatar la tramitación de un proceso.

MALO: deteriorado.◆ Concepto que resulta de aplicación a todo aquello que se opone a la ley o a la razón.◆ Malicioso.

MALOGRAR: no aprovechar un negocio o la ocasión para realizarlo; arruinar un negocio.

MALVERSACIÓN: acción y efecto de malversar.◆ Delito consistente en el hurto de caudales del erario público por parte de un funcionario.◆ Peculado. ◆ Ver **Malversación de caudales públicos.**

MALVERSACIÓN DE CAUDALES PÚBLICOS: delito configurado por todo funcionario público que diere a los caudales o efectos que administre una aplicación diferente de aquella a la que estuvieren destinados *(A. García).*

MALVERSADOR: persona que malversa.

MALVERSAR: invertir ilícitamente los caudales públicos, o equiparados a ellos, en usos distintos de aquellos a que están destinados.

MANCOMÚN - DE: acuerdo de dos o más personas o la unión de ellas.◆ Acción y efecto de obligarse dos o más personas en un mismo asunto de forma que sean apremiadas en el cumplimiento al mismo tiempo.

MANCOMUNADA Y SOLIDARIAMENTE: cada una o todas las personas que contrajeren una obligación son responsables respecto de su cumplimiento y el acreedor puede ejecutarlas judicialmente de manera individual o conjunta. ◆ El conjunto de los firmantes es responsable solidario.

MANCOMUNADAMENTE: de mancomún. ◆ Ver **Mancomún - de.**

MANCOMUNAR: unir personas, fuerzas o caudales para un fin.◆ Obligar a dos o más personas a pagar o ejecutar de mancomún una cosa, entre todas y por partes.◆ Unirse, asociarse, obligarse de mancomún.

MANCOMUNIDAD: acción y efecto de mancomunar.◆ Unión, comunidad.

MANCOMUNIDAD DE INTERESES: unificación de intereses.

MANCUADRA: juramento mutuo que hacían los litigantes de proceder sin engaño y con verdad en un pleito. También llamado "juramento de calumnia".

MANDA: oferta, promesa de dar alguna cosa determinada a una persona.◆ Legado que se realiza en un testamento.

MANDAMIENTO: despacho del juez por escrito ordenando ejecutar un bien.◆ Orden de un superior a un inferior.

MANDAMIENTO DE PAGO: libramiento de pago.

MANDANTE: que manda.◆ Persona que en el contrato consensual, llamado mandato, confía a otra su representación personal o la gestión o desempeño de uno o más negocios.

MANDAR: ordenar el superior al súbdito; imponer un precepto.◆ Legar, dejar a otro una cosa en testamento.◆ Manifestar la voluntad de que se haga una cosa.

MANDATARIO: persona que, en virtud del contrato consensual, llamado mandato, acepta del mandante representarlo personalmente o la gestión o desempeño de uno o más negocios.◆ Persona que ejecuta el mandato por parte del mandante.◆ Representante.

MANDATO: contrato consensual por el que una de las partes confía su representación personal, o la gestión o desempeño de una o más negocios, a la otra, que lo toma a su cargo. En otros términos, el mandato como contrato tiene lugar cuando una parte da a otra el poder, que ésta acepta, para representarla, al efecto de ejecutar a su nombre y de su cuenta un acto jurídico o una serie de actos de esta naturaleza.◆ Orden que un superior da a sus subordinados. ◆ Encargo o representación que por la elección se confiere a los diputados, concejales, etcétera.

MANDATO COMERCIAL: en general, contrato por el cual una persona se obliga a administrar uno o más negocios lícitos de comercio que otra le encomienda. El mandato comercial no se presume gratuito. Por generales que sean sus términos, sólo puede tener por objeto actos de comercio. Nunca se extiende a actos que no sean de comercio si expresamente no se dispusiera otra cosa en el poder.

MANDATO EXPRESO: aquel otorgado por escritura pública o privada, por carta o correspondencia y aun verbalmente.

MANDATO IMPERATIVO: aquel en que los electores, generalmente en tiempos pasados, fijan o fijaban el sentido en que los elegidos habían de emitir su voto.

MANDATO INTERNACIONAL: potestad titular que, conferida e intervenida por la Sociedad de Naciones, ejercía una potencia o Estado sobre pueblos de cultura y capacidad política atrasadas.

MANDATO TÁCITO: el que tiene lugar cuando el dueño del negocio está presente o tiene conocimiento acerca de la gestión que otro hace por él y calla o, al menos, no la contradice.

MANDO: derecho de ordenar al personal para que éste efectúe las tareas encomendadas.

MANEJO: dirección y gobierno de un negocio.

MANEJOS CONTABLES: cambios en el valor del activo o el pasivo efectuados con el pretexto de ajustarse a prácticas contables generalmente aceptadas pero que, en realidad, tienen la intención de aumentar o disminuir artificialmente los beneficios.

MANÍA: especie de locura que se caracteriza por delirio general, agitación y tendencia al furor.

MANÍA PERSECUTORIA: preocupación maniática que posee una persona de ser objeto de la mala voluntad de otra u otras.

MANÍACO: aquel que padece cualquier tipo de manía.

MANICOMIO: hospital para dementes.

MANIFESTACIÓN: prueba, indicio.◆ Declaración sobre un tema, actividad, etcétera.

MANIFESTACIÓN NAVAL: acto de presencia que los buques de guerra de una

Nación suelen hacer, por lo común, con significado conminatorio en tiempo de paz para apoyar reclamaciones o gestiones que siguen a la vía diplomática.

MANIFIESTO - PONER DE: dejar los autos sobre la mesa de Secretaría para que las partes puedan instruirse de ellos.

MANIOBRA: cualquier operación material que se ejecuta con las manos.◆ Artificio y manejo con que uno interviene en un negocio.◆ Se utiliza en un sentido peyorativo.

MANIOBRA FRAUDULENTA: operación ilícita que se efectúa en el desempeño de actividades o en un determinado negocio.

MANIPULAR: intervenir con medios hábiles y, a veces, arteros en la política, en la sociedad, en el mercado, etcétera, con frecuencia para servir los intereses propios o ajenos.◆ Alterar en forma fraudulenta o ilegal por medios artificiosos.

MANO DE OBRA: concepto que comprende el jornal básico más los incentivos y las primas estimadas que pueden alcanzarse en condiciones eficientes de trabajo.

MANO FUERTE: gente armada para hacer cumplir lo que el juez manda; también, lo que el juez secular manda dar al eclesiástico cuando éste implora su auxilio.

MANO INVISIBLE: término mediante el cual *Adam Smith* sostenía que los actos egoístas de los individuos los conducían a un resultado armónico que proporcionaba el mayor beneficio a todo el mundo. De acuerdo con este autor, el hombre debía seguir su propio interés y se vería conducido por una mano invisible hacia el beneficio del resto de la sociedad.◆ *Adam Smith* expresó que ésta guiaba las acciones motivadas por el interés individual de los consumidores y de los empresarios hacia unos resultados que redundaban en interés de la sociedad en general. Se trata de un concepto referido al funcionamiento de la competencia en el sistema de mercados de una sociedad.

MANOS MUERTAS: antiguamente, se trataba de un término que resultaba de aplicación a los poseedores de una finca, en quienes se perpetuaba el dominio por no poder enajenarla. Pueden ser tomados, a modo de ejemplo, los casos de las comunidades y los mayorazgos.

MANTENER: amparar a uno en la posesión o goce de una cosa.◆ No cambiar una norma jurídica o contable.

MANUMISIÓN: acto por el cual el amo confiere la libertad a su esclavo renunciando a la propiedad que ejercía sobre él *(E. Petit)*.

MANUMITIR: dar libertad a un esclavo.◆ Levantar una prohibición.

"MANUS INIECTIO": acción que determina el procedimiento a seguir para que un acreedor se apodere de la persona de su deudor insolvente en los casos permitidos por la ley *(N. Louzán de Solimano)*.

MAÑERÍA: astucia, sagacidad, engaño. ◆ Derecho que tenían los reyes y señores de suceder en los bienes a los que morían sin sucesión legítima.◆ Dícese de la esterilidad de las tierras.

MAQUIAVELISMO: doctrina política de *Maquiavelo,* escritor italiano del siglo XVI, fundada en la preeminencia de la razón de Estado sobre cualquier otra de carácter moral.

MAQUINISMO: empleo predominante de las máquinas en la industria moderna. ◆ Sistema industrial que consiste en la sustitución del hombre por la máquina como fuerza del trabajo.

MAR: parte de la superficie del globo terráqueo cubierta por aguas saladas.

MAR ADYACENTE: mar territorial. Mar litoral.

MAR INTERIOR: vasta extensión de agua salada que penetra en forma profunda en el continente; se denomina mar interior cerrado o enclavado si no tiene comunicación directa o aparente con el océano y mar interior abierto o no cerrado si por intermedio de un estrecho o paso se comunica con el océano u otro mar que tenga aguas libres. A los primeros se los califica como mares interiores en sentido propiamente dicho, y a los segundos, en sentido lato, o sea, mares abiertos. Por eso algunos autores hablan de mares cerrados y mares interiores *(H. Charny).*

MAR INTERIOR ABIERTO: ver **Mar interior.**

MAR INTERIOR CERRADO: ver **Mar interior.**

MAR INTERIOR ENCLAVADO: ver **Mar interior.**

MAR INTERIOR NO CERRADO: ver **Mar interior.**

MAR JURISDICCIONAL: ver **Aguas jurisdiccionales.**

MAR LIBRE: aguas marinas que no se encuentran bajo el dominio de ningún Estado en particular.◆ Alta mar.◆ Pleamar.

MAR LITORAL: mar adyacente. Mar territorial.

MAR TERRITORIAL: zona que, en forma de franja, continúa al territorio terrestre sobre el cual un Estado ejerce soberanía *(Usinger).*◆ Mar jurisdiccional. ◆ Se entiende por tal la zona contigua a la tierra firme o a las aguas nacionales; pertenece también al mar territorial la columna de aire formada encima de este espacio *(E. Llanés Torres).* ◆ Se trata de una faja de mar, de creación artificial, paralela a la costa del Estado ribereño y cuya extensión se mide desde la línea de las más bajas mareas. No existe uniformidad universal en cuanto al ancho que debe tener esa faja *(H. Charny).*◆ Aguas jurisdiccionales.

MARCA: instrumento con que se marca o señala una cosa para diferenciarla de otras o para denotar su calidad, peso o tamaño.◆ Descripción de la identificación del producto con palabras, nombre, símbolo o diseño o una combinación de ellos.◆ Cualquier punto fijo y bien característico de la costa que, por sí sólo o combinado en enfilación con otros, sirve de señal para saber la situación de la nave y dirigir su rumbo del modo conveniente según las circunstancias.

MARCA DE COMERCIO: identificación de una firma para distinguir sus productos o servicios, sobre la base de una o más palabras, dibujos, emblemas, monogramas, grabados, estampados, sellos, imágenes, combinaciones de colores aplicadas en un lugar determinado de los productos o envases, envoltorios, combinaciones de letras y números, frases publicitarias, relieves con capacidad distintiva y cualquier otro signo con tal capacidad.

MARCA DE GANADO: señal efectuada en un animal a fin de facilitar su distinción respecto de otro o para denotar calidad o pertenencia.

MARCA LÍDER: producto considerado como el mejor o de mayor venta.

MARCA REGISTRADA: marca de fábrica o de comercio que, inscripta en el registro competente, goza de protección legal.◆ Palabra o nombre que se utiliza para identificar, en forma exclusiva, el origen de un producto o servicio. ◆ Es un signo distintivo que sirve para identificar los productos y servicios de un ente.

MARCAR: señalar la identidad de una cosa.

MARES INTERIORES: aquellos que se caracterizan por los grandes volúmenes de agua salada localizados en el límite jurisdiccional de uno o más Estados *(E. Llanés Torres).*◆ Ver **Mar interior**.

MARES INTERIORES ABIERTOS: aquellos que tienen salida al mar.◆ Ver **Mar interior.**

MARES INTERIORES CERRADOS: los que no tienen salida al mar.◆ Ver **Mar interior.**

MARES TERRITORIALES: ver **Mar territorial.**

MARGEN: cuantía del beneficio que se puede obtener en un negocio teniendo en cuenta el precio de costo y de venta.◆ Ocasión, oportunidad, espacio para un suceso o acto.◆ Ver **"Margin"**.

MARGEN CONTINENTAL: el que comprende la prolongación sumergida de la masa continental del Estado ribereño y que está constituido por el lecho y el subsuelo de la plataforma, el talud y la emersión continental.

"MARGIN": en inglés, margen.◆ Diferencia entre las tasas activa y pasiva de un Banco.◆ Diferencia entre los precios de compra y venta en operaciones con acciones, metales preciosos y moneda extranjera. ◆ *Spread.*

MARIDAR: casarse.◆ Unirse carnalmente o hacer vida marital.

MARINA: conjunto de los buques de una Nación.◆ Parte de tierra junto al mar.

MARINA MERCANTE: conjunto de los buques que se emplean en el comercio.

MARQUÉS: título de honor o de dignidad de categoría inferior al de duque y superior al de conde.◆ Señor de una tierra que estaba en la marca del reino.

MARTILLERO: persona habilitada y con matrícula correspondiente para: a) efectuar ventas en remate público de cualquier clase de bienes, excepto los limitados por leyes especiales, b) informar sobre el valor venal o de mercado de los bienes para cuyo remate lo faculta la ley, c) recabar directamente de las oficinas públicas y Bancos oficiales y particulares los informes o certificados necesarios para el cumplimiento de las obligaciones exigidas y d) solicitar de las autoridades competentes las medidas necesarias para garantizar el normal desarrollo del acto de remate.◆ Rematador.◆ Agente auxiliar de comercio.

MARTILLO: establecimiento donde se venden cosas en subasta pública. Se da un martillazo para denotar que queda hecha o firme la venta.

MARXISMO: doctrina y movimiento político-social basado en las ideas de *Carlos Marx* y *Friedrich Engels*. Básicamente, comienza con la interpretación materialista de la historia, mediante la cual la orientación política, intelectual y social de cada época resulta de la relación en que se encuentran las fuerzas económicas y la diferenciación social por las cuales nacen las clases sociales. La plusvalía –trabajo no remunerado– es la base de la economía capitalista. La lucha de clases y la apropiación de los medios de producción son conceptos fundamentales en la instauración de una economía socialista.◆ Doctrina del alemán *Carlos Marx* según la cual, las organizaciones políticas y jurídicas, las costumbres y la religión están estrictamente determinadas por las condiciones económicas, por el estado de la industria, del comercio, de la producción y de los cambios. Esta teoría considera que la única fuente de beneficios es la explotación de los obreros por los patrones y que por ello existe un antagonismo radical entre ambas clases. El valor de cambio de toda mercancía está determinado únicamente por la cantidad de trabajo socialmente necesario para producir tal mercancía. La única cualidad común que tienen las mercancías que se intercambian es ser el producto del trabajo humano y por eso la subsistencia del valor es el trabajo. El valor de una mercancía está en relación con el valor de toda otra mercancía, según la cantidad de trabajo necesaria para la producción de la otra y el precio de una mercancía es la expresión del valor de esta mercancía en unidades monetarias *(E. Schop Santos).*

MASA: el todo de una hacienda tomada en grueso.◆ Volumen, conjunto, reunión.◆ Conjunto patrimonial de una quiebra, herencia o bienes de una sociedad.

MASA HEREDITARIA: conjunto de bienes que el causante deja al morir y que pasan a sus herederos.

MASA MONETARIA: existencia de dinero que existe en una economía en un momento dado.

MASÓN: relativo al integrante de la masonería.

MASONERÍA: antiguamente, se trataba de un tipo de asociación de carácter secreto.

MASOQUISMO: perversión sexual que padece aquel que goza viéndose maltratado o humillado por otra persona.

MASOQUISTA: persona que practica el masoquismo.

MÁSTER: en algunos países, se traduce como maestro el grado de *master* en los EE.UU., equivalente al de licenciado por una facultad universitaria. ◆ Maestría.

MASTURBACIÓN: estimulación de los órganos genitales o de zonas erógenas con la mano o por otro medio para proporcionar goce sexual.

MATAR: privar de la vida una persona a otra.◆ Extinguir, aniquilar.

MATASELLO: sello o marca con que se inutilizan en las oficinas de correos los sellos de las cartas.

MATERIA: término con el que suele designarse en forma genérica cualquier negocio de que se trate.◆ Tema.◆ Asunto.◆ Asignatura.

MATERIA PELIGROSA: toda aquella que conlleva un riesgo para el hombre por virtud de su naturaleza, condición o posición.

MATERIAL NUCLEAR: todo material que contiene elementos nucleares en concentraciones utilizables a juicio de la Comisión Nacional de Energía Atómica.

MATERIALISMO: doctrina según la cual la única realidad verdadera es la materia.◆ Doctrina que defiende que toda la realidad de las cosas se reduce a la materia y a sus modificaciones.

MATERIALISMO DIALÉCTICO: pensamiento según el cual se inaugura una nueva práctica en la Filosofía. Su materialismo tiene un carácter dialéctico que deviene, fundamentalmente, del postulado de que todos los procesos objetivos y subjetivos encierran internamente contradicciones cuyo despliegue es la puesta en movimiento y las transformaciones. Las contradicciones objetivas al ser aprehendidos por el pensamiento condicionan el carácter dialéctico del momento de los conceptos. Tiene como temática central: a) la distinción entre el objeto real y el objeto de conocimiento, b) la fundamentación de la prioridad de la realidad objetiva respecto a su conocimiento y c) la elaboración teórica del movimiento dialéctico de ambos elementos y sus relaciones mutuas.

MATERIALISMO HISTÓRICO: pensamiento cuyas premisas básicas proponen que el primer hecho histórico es la producción de los medios indispensables para la satisfacción de las necesidades elementales del hombre (comer, beber, procrearse, etc.). Asegurar su misma existencia material será la condición que hace posible el despliegue de sus capacidades intelectuales, artísticas, éticas, etcétera. Para *Marx*, la clave de la interpretación del proceso histórico estará, justamente, en el desarrollo consecuente de elaborar las grandes respuestas acerca del sentido de la vida, de la historia humana, etcétera. Para poder producir y reproducir su vida material, los hombres no establecen una relación de trabajo individual y directa sobre la naturaleza sino a través de las relaciones sociales de producción que contraen entre sí. Este sistema de relaciones de producción no se crea por un mero acto de voluntad del hombre, y se rige por leyes propias, independientemente del conocimiento o desconocimiento que tengan de ellos los agentes de producción que la constituyen *(O. Landi).*

MATERNIDAD: cualidad de madre.◆ Reciben esta denominación aquellos establecimientos en los que se atiende a las parturientas.

MATONISMO: conducta propia de aquel que pretende imponer su voluntad por la amenaza o el terror.

MATRIARCADO: forma de organización social caracterizada por el ejercicio del poder de mando por parte de las mujeres.

MATRICIDA: término utilizado habitualmente para designar a la persona que mata a su madre.

MATRICIDIO: delito cometido por el matricida.

MATRÍCULA: lista o catálogo de los nombres de las personas o especificación de los bienes raíces que se asientan para un fin determinado por las leyes o reglamentos.◆ Personas que se inscriben en el Registro Público de Comercio para desarrollar sus actividades de acuerdo con las normas legales pertinentes.

MATRÍCULA DE BUQUES: registro que se lleva en las oficinas de las comandancias de marina, en el cual constan los dueños, clases, portes, dimensiones, etcétera, de las embarcaciones mercantes adscritas a cada una de ellas.

MATRÍCULA DE COMERCIANTE: la obtenida por los comerciantes a fin de gozar de la protección de la legislación mercantil. Ésta es obtenida mediante la inscripción pertinente en el Tribunal de Comercio de su domicilio.

MATRÍCULA DE MAR: alistamiento de marineros y demás gente de mar que se hace en las provincias marítimas para el servicio de la marina de guerra y el ejercicio de las profesiones marineras. ◆ Conjunto de gente matriculada.

MATRICULAR: inscribir o hacer inscribir el nombre en algún registro.◆ Hacer inscribir su nombre en una matrícula.◆ Inscribir los buques mercantes nacionales en el registro correspondiente del distrito marítimo a que pertenecen.

MATRIMONIO: distingue *Belluscio* tres significados, de los cuales sólo dos interesan al aspecto jurídico. En un sentido, se trata del acto mismo de celebración; en segundo lugar, entiende, además, por tal el estado que para los contrayentes deriva de ese acto; y, por último, alude a la pareja formada por los esposos.◆ El que se celebra en conformidad con la ley civil y tiene reconocida validez por el Estado.◆ Acto solemne, fundado en el consentimiento de los contratos, pero ajustado a la forma prescripta por la ley, por el que un hombre y una mujer se unen, con igualdad de derechos y deberes, para vivir juntos, guardarse fidelidad, ayudarse mutuamente y actuar en interés de la familia *(Puig Brutau)*.◆ Unión estable de un hombre y una mujer dirigida y ordenada al establecimiento de una plena comunidad de vida.

MATRIMONIO A DISTANCIA: aquel en el cual el contrayente ausente expresa su consentimiento personalmente ante la autoridad competente para autorizar matrimonios del lugar donde se encuentra. Se reputará celebrado en el lugar donde sea prestado el consentimiento que perfecciona el acto.

MATRIMONIO A PRUEBA: sólo existe cuando la pareja que pretende unirse en matrimonio decide iniciar un noviciado conyugal para asegurarse de que la realidad que les aguarda es la que ella espera.

MATRIMONIO A YURAS: matrimonio clandestino.

MATRIMONIO CANÓNICO: el que se caracteriza por ser un Sacramento cuya celebración se ajusta a las normas de la Iglesia y produce al mismo tiempo efectos canónicos y civiles en los Estados que lo admiten. Hasta el Concilio de Trento, bastaba para el matrimonio de los bautizados el intercambio de consentimiento entre los contratantes, pero dicho Concilio fijó definitivamente la doctrina católica sobre la celebración del matrimonio, para lo que se exigía que el comportamiento fuera expresado en forma solemne *(Puig Brutau).*

MATRIMONIO CIVIL: aquel que se contrae de conformidad con los preceptos y formalidades exigidos por la legislación civil, sin intervención del párroco.

MATRIMONIO CIVIL FACULTATIVO: en este caso, los interesados pueden casarse, a su elección, ante un eclesiástico o ante el oficial del registro civil.

MATRIMONIO CIVIL OBLIGATORIO: matrimonio que sólo puede contraerse ante los funcionarios del Estado; la intervención del eclesiástico carece de trascendencia jurídica *(L. Enneccerus).*

MATRIMONIO CLANDESTINO: el que se celebraba sin la presencia del propio párroco y sin testigos.

MATRIMONIO CONSUMADO: cuando celebrado el matrimonio se produce el posterior acto de cópula entre los cónyuges.

MATRIMONIO ENTRE AUSENTES: se trata de aquel celebrado sin que uno o ambos contrayentes presencien el acto.

MATRIMONIO – ESTADO: situación jurídica que para los cónyuges deriva del acto de celebración *(A. Belluscio).*

MATRIMONIO – FUENTE: acto por el cual la unión se contrae *(A. Belluscio).*

MATRIMONIO GAY-LÉSBICO: ver **Matrimonio igualitario.**

MATRIMONIO HOMOSEXUAL: ver **Matrimonio igualitario.**

MATRIMONIO IGUALITARIO: expresión utilizada en la Argentina a los efectos de plasmar el matrimonio entre personas del mismo sexo. Se reconoce legal y socialmente un matrimonio formado por personas del mismo sexo biológico o identidad de género. Se aplica esta legislación a partir del 15 de julio de 2010. ◆ Matrimonio homosexual. ◆ Matrimonio gay-lésbico.

MATRIMONIO ILEGAL: el contraído teniendo conocimiento, uno de los contrayentes, de la existencia de alguno de los impedimentos que obstan a su válida celebración y ocultando dicha circunstancia al otro.

MATRIMONIO "IN ARTICULO MORTIS": ver **Matrimonio "in extremis".**

MATRIMONIO "IN EXTREMIS": el que se otorga cuando uno de los contrayentes está en peligro de muerte o próximo a ella.

MATRIMONIO POR CORRESPONDENCIA: aquel en el cual uno de los interesados otorga su consentimiento para la celebración del acto a través de este medio.

MATRIMONIO POR PODER: una de las modalidades que puede asumir el matrimonio entre ausentes, en el cual el consentimiento es prestado a través de un representante o mandatario.

MATRIMONIO PUTATIVO: aquel afectado de nulidad o de inexistencia pero contraído de buena fe por ambos esposos o sólo por uno de ellos.

MATRIMONIO RATO: aquel celebrado legítima y solemnemente pero que no ha llegado aún a consumarse. ◆ Matrimonio *rato et non consummato.*

MATRIMONIO RELIGIOSO: sacramento propio de legos por el cual el hombre y la mujer se ligan perpetuamente con arreglo a las prescripciones de la Iglesia.

MATRONA: mujer especialmente autorizada para asistir a las parturientas. ◆ Mujer encargada de registrar, en las Aduanas y oficinas semejantes, a las personas de su mismo sexo.

MATUTE: introducción de contrabando. ◆ Mercadería que así se ingresa.◆ Garito.

MAULA: engaño o artificio encubierto.◆ Propina o agasajo que se daba a los criados ajenos.◆ Persona tramposa o mala pagadora.

MÁXIMA: regla, principio o proposición generalmente admitida por todos los que profesan una facultad o ciencia.

MAXIMIZAR LAS UTILIDADES: no significa lograr el mayor precio posible sino acrecentar el volumen de ventas hasta el punto en que el costo de una unidad adicional iguale el ingreso neto que puede obtenerse por ella.◆ Maximizar las ganancias.

MAYORAZGO: poseedor de los bienes vinculados.◆ Institución del Derecho Civil que por las leyes desvinculadoras del siglo XIX quedó circunscrita en España a títulos y derechos honoríficos y que tiene por objeto perpetuar en la familia la propiedad de ciertos bienes con arreglo a las condiciones que se dicten al establecerla o, a falta de ellas, a las prescritas por la ley.

MAYORAZGO ALTERNATIVO: aquel en que el fundador establecía que en la sucesión alternaran las líneas por él designadas.

MAYORAZGO DE AGNACIÓN ARTIFICIAL: aquel en que, llamado el fundador a la sucesión a varones de varones, establecía que si no tenía agnación propia o si se rompía en el transcurso del tiempo, entrara a poseer un cognado o una hembra, o un extraño, y de allí en adelante se sucediera de varón en varón, con exclusión de las hembras y de sus líneas. También, de asignación fingida o artificiosa *(Real Academia Española).*

MAYORAZGO DE AGNACIÓN FINGIDA: mayorazgo de agnación artificial.

MAYORAZGO DE AGNACIÓN RIGUROSA: aquel en que sucedían sólo los varones de varones, por línea masculina.

MAYORAZGO DE FEMINEIDAD: aquel en que solamente sucedían las mujeres o, por lo menos, eran preferidas a los varones.

MAYORAZGO DE MASCULINIDAD: aquel que sólo admitía a los varones, ya fueran descendientes de varón o de mujer.

MAYORAZGO DE SEGUNDOGENITURA: aquel a cuya sucesión eran siempre llamados los segundogénitos.

MAYORAZGO ELECTIVO: aquel en el cual el poseedor tenía facultad para elegir por sucesor a cualquiera de sus hijos y, a falta de éstos, a un pariente descendiente del fundador.

MAYORAZGO INCOMPATIBLE: el que no podía estar juntamente con otro en una misma persona.

MAYORAZGO IRREGULAR: el que se apartaba de las reglas del mayorazgo regular y tenía por ley la voluntad del fundador.

MAYORAZGO REGULAR: en Castilla, aquel en cuya sucesión era preferido el varón a la mujer y el mayor al menor en cada línea.

MAYORAZGO SALTUARIO: aquel que, sin atender a la línea, buscaba para la sucesión al sujeto que tenía las calidades prevenidas en los llamamientos.

MAYORDOMÍA: cargo del mayordomo. ◆ Oficina del mayordomo.◆ Préstamo.

MAYORDOMO: dependiente principal a cuyo cargo está la administración de una hacienda.

MAYORÍA: edad que fija la ley para tener una persona pleno derecho sobre sí mismo y sobre sus bienes; mayor de edad.◆ Mayor número de votos conformes en una votación.

MAYORÍA ABSOLUTA: la que consta de más de la mitad de los votos.

MAYORÍA CALIFICADA: aquella equivalente a los dos tercios del total de votos.

MAYORÍA DE CANTIDAD: aquella en que se computan los votos en razón del interés respectivo que representa cada votante, como en las juntas de acreedores.

MAYORÍA DE EDAD: edad establecida por ley para que una persona pueda gozar plenamente de los derechos civiles. La legislación argentina fija la mayoría de edad a partir del día en que se cumplen los veintiún años.

MAYORÍA RELATIVA: la formada por el mayor número de votos, no con relación al total de éstos sino al número que obtiene cada una de las personas o cuestiones que se votan a la vez.

MAYORIDAD: cualidad de mayor de edad legal.

MAYORITARIO: que constituye mayoría.

MCAC: Mercado Común de América Central. ◆ Ver **Mercado Común Centroamericano.**

MEDIA FIRMA: en los documentos oficiales, aquella en que se omite el nombre de pila.

MEDIACIÓN: constituye una alternativa no adversarial para el manejo y la solución de conflictos. Es una técnica que se caracteriza por la participación de un tercero neutral e imparcial, cuya función es facilitar el proceso, para que las propias partes, con el asesoramiento de sus abogados, encuentren su propia solución al problema que las relaciona. El mediador dirige el proceso de diálogo entre las partes con el propósito de balancear el poder entre éstas, utilizando diferentes técnicas, como la persuasión, la inversión de roles, la confrontación, los cambios de actitudes *(A. Indij)*.◆ Se trata de un proceso confidencial, no adversarial, que da a las partes del conflicto la oportunidad de tomar parte en la resolución y en la formulación del acuerdo entre ambos.◆ Es un proceso para resolver conflictos por el cual un mediador independiente asiste a las partes a fin de que éstas puedan alcanzar el establecimiento de un acuerdo mutuamente satisfactorio.

MEDIACIÓN INTERNACIONAL: procedimiento consistente en el sometimiento de una controversia a uno o más Gobiernos o a uno o más ciudadanos eminentes de cualquier Estado para cooperar con las partes en la solución de un conflicto internacional.

MEDIACIÓN OBLIGATORIA: en la Argentina, consiste en una instancia previa al inicio de una acción judicial. La finalidad de esta exigencia consiste en posibilitar la comunicación directa entre las partes para la solución extrajudicial de la controversia; sin embargo, éstas quedarán exentas del cumplimiento de este trámite si acreditaren que antes del inicio de la causa, existió mediación ante mediadores registrados por el Ministerio de Justicia. El procedimiento de mediación obligatoria no será de aplicación en los siguientes supuestos: a) en causas penales; b) en las acciones de separación personal y divorcio vincular, nulidad de matrimonio, filiación y patria potestad, con excepción de las cuestiones patrimoniales derivadas de éstas (el juez deberá dividir los procesos, derivando la parte patrimonial al mediador); c) en procesos de declaración de incapacidad y rehabilitación; d) en aquellas causas en las que el Estado Nacional o sus entidades descentralizadas sean parte; e) en las acciones de amparo, hábeas corpus e interdictos; f) en las medidas precautorias hasta que se decidan las mismas, en las diligencias preliminares y prueba anticipada, en los juicios sucesorios y voluntarios, en los concursos preventivos y quiebras; por último, quedan excluidas, además, aquellas causas que tramiten ante la Justicia Laboral.

MEDIADOR: persona encargada de hacer coincidir a dos partes contratantes para que lleguen a un acuerdo contractual en el que el mediador no participa ni actúa en forma alguna por cuenta de una de dichas partes. Suelen actuar como tal los comisionistas, los depositarios, etcétera.◆ Ver **Mediación.**

MEDIANERA: ver **Medianería.**

MEDIANERÍA: pared común a dos casas u otras construcciones comunes.◆ Medianera.

MEDIAR: interponerse entre dos o más personas que se encuentran confrontadas, procurando reconciliarlos y unirlos en amistad.◆ Existir o estar una cosa en medio de otra.◆ Tomar un término medio entre dos extremos.

MEDIATIZAR: privar al gobierno de un Estado de la autoridad suprema, que pasa a otro Estado pero conservando aquél la soberanía nominal.

MEDICINA LEGAL: ciencias médicas en su aplicación a ilustrar pericialmente a los tribunales.

MÉDICO FORENSE: médico oficialmente adscrito a un juzgado de instrucción.

MEDIDAS CAUTELARES: aquellas mediante las cuales el poder jurisdiccional satisface el interés particular de asegurar un derecho aún no declarado. Para su viabilidad, deben concurrir los requisitos de verosimilitud del derecho, peligro en la demora y otorgamiento de una adecuada contracautela.

MEDIDAS DE ACCIÓN POSITIVA: programa público o privado diseñado para igualar las oportunidades de admisión para los grupos históricamente en desventaja, tomando en consideración aquellas mismas características que han sido usadas para negarles un tratamiento igualitario *(M. de Ruiz).*

MEDIDAS DE SEGURIDAD: especiales medidas preventivas impuestas por el Estado a determinados grupos de delincuentes para conseguir su adaptación a la vida social o su segregación de la misma o, aun sin aspirar específicamente a estas finalidades, lograr la prevención de nuevos delitos.

MEDIDAS DE SEGURIDAD CURATIVAS: aquellas que tienden a afirmar la peligrosidad actuando terapéuticamente sobre el factor morboso que la determina *(V. Cabello).*

MEDIDAS EN FRONTERA: ocasión transitoria de carácter administrativo respecto de operaciones aduaneras de importación, exportación o tránsito, que contengan mercancías presuntamente infractoras de los derechos de marca o de autor. Se intenta impedir que la mercancía falsificada sea comercializada en el país o fuera de él.

MEDIDAS PRECAUTORIAS: medidas cautelares.

MEDIDAS PREJUDICIALES: aquellas que tienen por objeto preparar la entrada al juicio.

MEDIERO: persona que va a medias en la explotación de tierras, cría de ganados u otras granjerías del campo.◆ Ver **Tambero mediero.**

MEDIO HERMANO: persona que, respecto de otra, sólo tiene en común con ella uno solo de los padres.

MEDIOS: conjunto de políticas, programas, procedimientos y prácticas con los que habrán de alcanzarse determinados objetivos. ◆ Caudal, rentas o hacienda que uno posee o goza.

MEDIOS COERCITIVOS: métodos violentos empleados por los Estados en determinadas controversias que no encuentran solución a través de los medios pacíficos de resolución de conflictos.

MEDIOS DE PAGO: todos aquellos recursos o disponibilidades que posibilitan el pago de transacciones económicas.

MEDIOS DE PAGO DE PARTICULARES: concepto que comprende la sumatoria de billetes y monedas en poder de los particulares y los depósitos en cuenta corriente pertenecientes a los mismos.

MEDIOS DE PRODUCCIÓN: instrumentos de producción o bienes del activo fijo que constituyen una planta.

MEDIOS DE PRUEBA: actuaciones que en un procedimiento judicial sirven para confirmar la verdad o demostrar la falsedad de los hechos aducidos en un juicio.◆ Son los documentos, las constataciones y las declaraciones mediante los cuales el juez determinará la certeza de los hechos afirmados por las partes *(J. Migliardi).*

MEDRAR: mejorar uno de fortuna aumentando sus bienes, reputación, etcétera.◆ Enriquecerse a expensas de otros.

MEGA: significa un millón.◆ Se utiliza para formar nombres de múltiplos de determinadas unidades.◆ Amplificación; grande.◆ Se usa como prefijo para todo aquello que se quiere magnificar; por ejemplo: megamercado.

MEJORAS: actos jurídicos que alteran un bien por parte de su poseedor inmediato (arrendatario, usufructuario, etcétera). Dichas alteraciones mejoras, tienen como finalidad reparar el bien, aumentar su valor o proporcionar mayores comodidades.

MEJORAS DE RECREO: ver **Mejoras suntuarias.**

MEJORAS NECESARIAS: aquellas realizadas con la finalidad de conservar el bien poseído. En resumen, son aquellas que evitan la destrucción del bien, es decir, aquellas que deben efectuarse indefectiblemente a fin de evitar que el bien se destruya irremediablemente.

MEJORAS SUNTUARIAS: aquellas que proporcionan mayores comodidades o persiguen una finalidad estética, tenida en miras por parte de quien las realiza.

MEJORAS ÚTILES: aquellas que, sin ser urgentes, aprovechan al bien aumentando su valor.

MEJORAS VOLUNTARIAS: mejoras de recreo. Ver **Mejoras suntuarias.**

MEMBRETE: nombre o título de una persona particular o empresa puesto al pie del escrito que se dirige a esa misma persona, oficina o empresa.◆ Nombre o título de una empresa que se coloca o que está impreso en la parte superior del papel en que se escribe.◆ Sucinta anotación que se hace de algo para detallarlo luego.

MEMORÁNDUM: comunicación informal entre las distintas secciones o departamentos de un ente.◆ Registro que se lleva de ciertas cosas para ayudar a la memoria.◆ Informe en que se expone algo que debe tenerse en cuenta para una acción o en determinado asunto.◆ En Chile, se trata de un resguardo bancario.

MEMORÁNDUM DE CRÉDITO: notificación efectuada al comprador de que el vendedor ha reducido la cantidad que aquél le debe.

MEMORÁNDUM DE DÉBITO: documento que, a diferencia de la factura, expone los motivos y montos para generar un débito.

MEMORIA: informe anual que deben presentar los administradores y los síndicos societarios sobre el estado de la sociedad en las distintas actividades en que haya operado y su juicio sobre la proyección de las operaciones y otros aspectos que se consideren necesarios para ilustrar sobre la situación presente y futura de la sociedad. Del informe debe resultar: a) las razones de variaciones significativas operadas en las partidas del activo y pasivo; b) una adecuada explicación sobre los gastos y las ganancias extraordinarias y su origen, y de los ajustes por ganancias y gastos de ejercicios anteriores cuando fueren significativos; c) las razones por las cuales se propone la constitución de reservas, explicadas clara y circunstanciadamente; d) las causas, detalladamente expuestas, por las que se propone el pago de dividendos o la distribución de ganancias en otra forma que en efectivo; e) la estimación u orientación sobre perspectivas de las futuras operaciones; f) las relaciones con las sociedades controlantes, controladas o vinculadas y las variaciones operadas en las respectivas participaciones y en los créditos y deudas; g) los rubros y montos no mostrados en el estado de resultados, por formar parte de los mismos, parcial o totalmente, los costos de bienes del activo. Con la memoria se presentan a la Asamblea de Accionistas los estados contables pertinentes.

MEMORIAL AJUSTADO: apuntamiento en que se hacía constar todo el hecho de un pleito o causa.

MENDICIDAD: situación o estado en que se halla quien pide limosna.

MENDICIDAD ABUSIVA: aquella ejercida por el que se dedicare a mendigar públicamente, sin estar inhabilitado para el trabajo por causa de invalidez, enfermedad o vejez, o en lugares donde haya establecimientos destinados a asilar o socorrer a los mendigos.

MENDIGO: persona que vive de limosnas.

MENORES: personas que no tienen la edad suficiente para gozar de los derechos civiles en forma plena, es decir, que no han alcanzado los veintiún años (en el caso de la Argentina). El límite de edad varía según las legislaciones.

MENORES ADULTOS: aquellas personas que son mayores de catorce años y menores de veintiún años a los efectos de la legislación argentina. El límite de edad varía de acuerdo con las leyes de cada país.

MENORES EMANCIPADOS: en la Argentina, personas menores de veintiún años y mayores de catorce años que adquirieron, mediante el matrimonio o por habilitación de edad, capacidad para gozar de derechos civiles.

MENORES IMPÚBERES: aquellas personas que no han alcanzado aún una edad determinada, la cual, si bien depende de la legislación de cada país, coincide con la época de la pubertad. En la Argentina, se consideran tales los que no han cumplido catorce años.

MENSAJE: recado que envía una persona a otra.◆ En informática, cualquier conjunto de datos con una marca de principio y final.◆ Comunicación dentro de una empresa.

MENSAJE DE DATOS: información generada, enviada, recibida, archivada o comunicada por medios electrónicos, ópticos o similares, como pudieran ser, entre otros, el intercambio electrónico de datos (EDI), el correo electrónico, el telegrama, el télex o el telefax.

MENSAJERÍA: servicio de entrega a domicilio de correspondencia o encomiendas. ◆ Sociedad o empresa que tiene establecido este servicio.◆ Buques que periódicamente realizan transportes marítimos entre puertos determinados.◆ Antiguamente, se trataba de un servicio de carruajes empleado para el transporte periódico de viajeros y mercancías.

MENSUAL: que dura un mes.◆ Que sucede con regularidad cada mes.

MENSUALIDAD: sueldo o asignación mensual.

MENSURA: medida.◆ Es la operación técnica que tiene por objeto la ubicación del título sobre el terreno, trazando su forma geométrica en un plano, que es la expresión gráfica de las indicaciones contenidas en dicho título, para comprobar si la superficie que se posee es la que éste indica y determinar, en su caso, la de la porción que falte dentro de las propiedades vecinas *(H. Alsina).*

MERCADEAR: hacer trato o comercio de mercancías.

MERCADER: el que trata o corretea con productos vendibles.

MERCADERÍA: mercancía.◆ En el Derecho Aduanero, todo objeto susceptible de ser importado o exportado.

MERCADERÍAS EN REMATE: aquellas que son ofrecidas en una subasta u oferta pública.

MERCADO: en términos económicos y generales, ámbito donde se encuentran demandantes interesados en adquirir lo que los oferentes desean vender. Cada transacción de un bien o servicio tiene efectos sobre las otras que se realicen sobre el mismo objeto y, a su vez, éstas lo tienen sobre aquélla. Tal concurrencia y la observación de las condiciones y cantidades en que cada parte está dispuesta a negociar determina la fijación del precio. Atendiendo a los bienes y servicios que se comercian, existen mercados de bienes de consumo, de bienes de capital, de fuerza de trabajo, financiero, etcétera.◆ También se denomina mercado a un espacio físico donde se efectúan transacciones de una misma clase de productos. Es la palestra de un intercambio en potencia *(P. Kotler).*◆ Personas con necesidades o deseos; con capacidad de gasto y deseo de gastar. Conjunto de consumidores capaces de comprar un producto o servicio.◆ Es una área dentro de la cual los compradores y los vendedores se encuentran en tan estrecha comunicación que el precio tiende a ser constante en toda su dimensión *(A. Marshall).*

MERCADO A FUTURO: operaciones de compraventa de títulos-valores, documentos financieros, divisas y materias primas que se negocian según contratos tipificados para ser entregados y abonados en una fecha futura pero en base a un precio acordado en el presente. Es usual que en cierta clase de operaciones, como por ejemplo la compraventa de divisas, y en virtud del desconocimiento que el vendedor puede tener del comprador, aquél exija de éste una parte de la operación anticipada como garantía.

MERCADO A LA BAJA: forma con la cual se alude al mercado de valores cuando descienden los precios de las acciones y los títulos.

MERCADO A PLAZO: mercado a término. ◆ Ver **Mercado a futuro.**

MERCADO A TÉRMINO: mercado a plazo.◆ Ver **Mercado a futuro.**

MERCADO ABIERTO: aquel en el que operan los agentes extrabursátiles por autorización expresa otorgada por la Comisión Nacional de Valores, normalmente mediante una comisión o diferencia de precio. Las operaciones efectuadas en este mercado son registradas en tiempo real por el Mercado Abierto Electrónico SA en la Argentina, que reúne toda la información.◆ Mercado libre sin ningún tipo de restricciones. ◆ Mercado extrabursátil.

MERCADO AL ALZA: se da cuando se incrementan los precios de las acciones y títulos en un mercado de valores.

MERCADO AUTÓNOMO: se da cuando los sujetos que intervienen en él pueden llevar a cabo las operaciones en las condiciones que acuerden entre sí libremente.

MERCADO BURSÁTIL: ámbito en donde se negocian los títulos-valores autorizados para tal efecto por las normas bursátiles.◆ Ver **Mercado de Valores.**

MERCADO CAMBIARIO: operaciones de compraventa de divisas.◆ Conjunto de operaciones realizadas con monedas extranjeras en una plaza o país. ◆ Mercado de cambio.

MERCADO COMÚN: pacto de integración económica entre dos o más países mediante el cual se dispone eliminar las barreras o las restricciones aduaneras con el objeto de facilitar el intercambio comercial.

MERCADO COMÚN CENTROAMERICANO: creado en 1958 por un grupo de países subdesarrollados que compiten entre sí en los mercados del café, el tabaco, el azúcar, la banana y otros productos primarios; conformado por Costa Rica, El Salvador, Guatemala, Honduras y Nicaragua. Institucionalizado por el Tratado de Managua el 13 de diciembre de 1960, que fue suscrito por: Guatemala, El Salvador, Honduras y Nicaragua, y entró en vigor el 1 de junio de 1961. Posteriormente, se incorporó Costa Rica. En el Preámbulo del Convenio se establece que el espíritu del Tratado es reafirmar su propósito de unificar las economías de los países mencionados e impulsar en forma conjunta el desarrollo de Centroamérica a fin de mejorar las condiciones de vida de sus habitantes. Los órganos rectores de este agrupamiento regional son: el Consejo Económico Centroamericano, el Consejo Ejecutivo y la Secretaría Permanente. ◆ Mercado Común de Centroamérica.

MERCADO COMÚN DE AMÉRICA CENTRAL: ver **Mercado Común Centroamericano.**

MERCADO COMÚN DE CENTROAMÉRICA: ver **Mercado Común Centroamericano.**

MERCADO COMÚN DEL CARIBE ORIENTAL: M.C.C.O.◆ Organismo que agrupa islas de relativa dimensión y desarrollo. Incluye: Antigua y Barbuda, Bahamas, Belice, Dominica, Grenada, Montserrat, San Cristóbal y Nieves, Anguila, Santa Lucía y San Vicente y Las Granadinas. La sede del organismo se estableció en Antigua y Barbuda.

MERCADO COMÚN EUROPEO: ver **Unión Europea.**

MERCADO DE CAMBIO: ver **Mercado cambiario.**

MERCADO DE DIVISAS: mercado cambiario.◆ Ver **Mercado libre de cambios; Mercado oficial de cambios.**

MERCADO DE EURODÓLARES: el conformado por depósitos en dólares, fuera de los EE.UU., en el cual las regulaciones estatales son casi nulas.

MERCADO DE LIBRE COMPETENCIA: mercado en el cual los oferentes y demandantes actúan sin ningún tipo de restricciones.◆ Mercado perfecto.◆ Mercado de competencia pura.

MERCADO DE OPCIONES: Bolsa especializada en la negociación de opciones. ◆ Ver **Contrato de opción; Opciones.**

MERCADO DE TRABAJO: oferta y demanda laboral que se da en un determinado lugar, ciudad, país o, incluso, a nivel internacional.◆ Mercado laboral. ◆ Conjunto de relaciones entre las personas que buscan un empleo, los que tienen y desean cambiarlo, y los que buscan trabajadores.

MERCADO DE VALORES: mercado en el cual se realiza la negociación de valores mobiliarios con ajuste a las normas legales vigentes. Tiene a su cargo la actividad bursátil y son sociedades anónimas. Los agentes bursátiles son los accionistas del mercado de valores. Garantiza y liquida la totalidad de las operaciones que se realizan entre los operadores que participan en dicho mercado.◆ Se trata de una organización que agrupa a los agentes y sociedades de Bolsa.

MERCADO EXTERNO: conjunto de transacciones comerciales internacionales. ◆ Mercado extranjero.◆ Mercado mundial.

MERCADO EXTRABURSÁTIL: aquel en donde se negocian titulos por medio de agentes extrabursátiles autorizados a operar por la Comisión Nacional de Valores.◆ Mercado abierto.

MERCADO EXTRANJERO: plaza o mercado de otro país.◆ Mercado externo. ◆ Mercado mundial.

MERCADO FINANCIERO: el que proporciona un foro en el que los proveedores de fondos y demandantes de préstamos e inversiones pueden efectuar sus transacciones directamente.◆ Encuentro entre oferentes y demandantes de activos financieros (de nueva creación o preexistentes), del que puede resultar una transacción a un precio determinado.

MERCADO FINANCIERO DIRECTO: aquel en el que el intercambio de los activos financieros se produce entre los demandantes últimos de financiación y los oferentes últimos de ahorro.

MERCADO FINANCIERO INSTITUCIONALIZADO: el que opera sujeto a las normas legales dispuestas por la autoridad monetaria.

MERCADO FINANCIERO INTERMEDIADO: aquel en que uno de los participantes, el comprador o el vendedor es el intermediario financiero, es decir, un tipo especial de empresa que demanda financiación para volverla a prestar; por ejemplo, el caso de los Bancos.

MERCADO FINANCIERO LIBRE: aquel en el que el volumen de activos financieros intercambiados y su precio se fija solamente como consecuencia del libre juego de la oferta y la demanda.

MERCADO FINANCIERO NO INSTITUCIONALIZADO: el que opera sin estar sujeto a las normas legales dispuestas por la autoridad monetaria.

MERCADO FINANCIERO PRIMARIO: aquel en que los activos financieros intercambiados son de nueva creación, es decir que se crea una nueva deuda. Se concede nueva financiación.

MERCADO FINANCIERO REGULADO: aquel en el que el precio o la cantidad de financiación concedida se altera administrativamente. Las formas de intervención son muy variadas.

MERCADO FINANCIERO SECUNDARIO: aquel en que los activos financieros son preexistentes y cambian de poseedores. Se cambia un financiador por otro.

MERCADO ILEGAL: tráfico clandestino de divisas monetarias o mercancías no autorizadas o escasas en el mercado a precios superiores a los legales.◆ Mercado paralelo.◆ Mercado negro.◆ Mercado marginal.

MERCADO INTERBANCARIO: aquel formado entre Bancos demandantes y oferentes de fondos con el fin de cubrir posiciones de encaje por tener excedentes ociosos o, en general, por necesidades financieras. ◆ *Call money*.

MERCADO INTEREMPRESARIO: mercado de oferta y demanda de dinero compuesto, esencialmente, por empresas de gran envergadura con excedentes de fondos prestables que actúan como oferentes y empresas de idéntica característica que lo hacen como demandantes. Es de práctica habitual entregar en garantía de la operación y por el importe del capital más los intereses un cheque o títulos de la deuda pública externa.

MERCADO INTERIOR: mercado local, interno, dentro del propio país.

MERCADO INTERNO: mercado nacional, mercado interior.

MERCADO LABORAL: ver **Mercado de trabajo.**

MERCADO LIBRE DE CAMBIOS: mercado cambiario en el que el precio de las divisas es consecuencia de la libre acción de la oferta y la demanda. Este mercado puede existir en forma concurrente con el denominado Mercado Oficial de Cambios. En este caso, se negociarán al cambio libre aquellas operaciones que no estén comprendidas dentro de la negociación obligatoria con el tipo de cambio oficial.

MERCADO MUNDIAL: mercado extranjero. ◆ Mercado externo.

MERCADO NACIONAL: mercado interno, mercado interior.

MERCADO NEGRO: aquel en donde se efectúan compras y ventas de bienes violando restricciones o prohibiciones gubernamentales al respecto. ◆ Tráfico clandestino de divisas monetarias o mercaderías no autorizadas o escasas en el mercado a precios superiores a los legales.◆ Mercado paralelo.◆ Mercado ilegal.◆ Mercado marginal.

MERCADO OFICIAL DE CAMBIOS: aquel que comprende todas las operaciones de compra y venta de divisas negociadas al tipo de cambio fijado por la autoridad monetaria. En el caso de existir simultáneamente un mercado libre y uno oficial, por medio de éste se negocian todas las operaciones de exportación e importación, así como también todas las transferencias de divisas al exterior autorizadas y en forma obligatoria las procedentes del exterior.

MERCADO PARALELO: mercado negro.◆ Mercado marginal.◆ Ver **Mercado ilegal.**

MERCADO PRIMARIO: aquel donde cotizan los papeles durante el período de emisión por primera vez.◆ Es el conjunto de instituciones y operadores encargados de la colocación de nuevas emisiones de títulos en el mercado. A este mercado recurren las empresas para conseguir el capital que necesitan, sea para la financiación de sus proyectos de expansión o para emplearlos en otras actividades productivas.◆ Cualquier mercado en el que el producto de la venta de valores se entrega al inversor. Este término incluye la colocación inicial de emisiones de valores de empresas, las subastas de valores gubernamentales, las ventas iniciales de contratos de opción y las ventas de contratos a futuro de mercaderías.

MERCADO PRIMARIO FORMAL: se aplica en Chile para referirse a aquel en que los compradores y el emisor participan en la determinación de los precios de los instrumentos ofrecidos al público por primera vez, empleando para ello procedimientos previamente determinados y conocidos e información pública conocida, tendiente a garantizar la transparencia de las transacciones que se efectúan en él.

MERCADO REGIONAL: aquel que abarca distintas localidades integradas mediante una zona geográfica o bien de acuerdo con la actividad económica. Se puede dar en un país o entre dos o más países.

MERCADO REGULADO: se da cuando un mercado se encuentre intervenido o cuando las transacciones efectuadas por los intervinientes se realicen bajo ciertas condiciones; cuando no existe el libre cambio.

MERCADO SECUNDARIO: el que tiene lugar fuera de los mercados de valores organizados.◆ En el que se comercializan los títulos ya emitidos.◆ Conjunto de instituciones y agentes que permiten la transferencia de la propiedad de los títulos ya colocados en el mercado primario. Proporciona liquidez a los títulos emitidos o a los inversionistas de estos títulos.◆ Aquel en el que se realizan operaciones de compra y venta de valores, de haberse completado su distribución primaria y hasta su vencimiento o amortización.

MERCADO SECUNDARIO FORMAL: en Chile, aquel mercado en que los compradores y los vendedores están simultáneamente y públicamente participando en forma directa o a través de un agente de valores o corredor de bolsa en la determinación de los precios de los títulos que se transan en él, siempre que diariamente se publiquen el volumen y el precio de las transacciones efectuadas y cumpla con los requisitos de número de participantes, reglamentación interna y aquellos tendientes a garantizar la transparencia de las transacciones que se efectúan en él.

MERCADO TIPO "BEAR": mercado declinante o en un período de pesimismo, en el cual se anticipan declinaciones.

MERCADO TIPO "BULL": mercado durante un período de optimismo, cuando son anticipados aumentos en los precios.

MERCADOS DE CAPITALES: ámbito al que concurren oferentes, instituciones bancarias y financieras, y demandantes de préstamos de dinero y donde se negocian operaciones de crédito a mediano y largo plazo y compraventa de títulos financieros emitidos a mediano, corto y largo plazo.

MERCADOS EMERGENTES: nuevos mercados de países en los cuales se realizan transformaciones con el objeto de alcanzar estabilidad económica y crecimiento y que son atractivos al inversor. En estos mercados se obtiene una mayor rentabilidad en las inversiones que en los países desarrollados. ◆ Son lugares en donde las instituciones financieras y las compañías multinacionales ven oportunidades rentables para la inversión o la especulación en los que solía llamarse el Tercer Mundo. Teóricamente, estos mercados ofrecen mayores retornos que los mercados modernos del mundo industrializado. Ello es básico porque se espera que estas economías disfruten las tasas más altas de crecimiento económico y porque, como los países crecen, el valor de los mercados bursátiles tiende a subir con mayor rapidez.

MERCANCÍA: bien destinado a la compraventa mercantil, sea un bien de consumo o de capital.◆ Cosa que se hace objeto de trato o venta, especialmente el artículo de comercio.◆ Es un objeto externo, una cosa apta para satisfacer necesidades humanas, de cualquier clase que ellas sean. El carácter de estas necesidades, el que broten por ejemplo del estómago o de la fantasía, no interesa en lo más mínimo para estos efectos *(C. Marx)*.◆ Mercadería.

MERCANCÍA FALSIFICADA: aquella mercancía, incluido su embalaje, que tenga colocada, sin autorización, una marca de fábrica o de comercio idéntica a la marca válidamente registrada para tal mercancía, o que no puede distinguirse en sus aspectos esenciales de esa marca, o sea, confusamente similar, y que de ese modo lesione los derechos del titular de la marca

MERCANCÍAS IDÉNTICAS: aquellos productos iguales en todos sus aspectos.

MERCANCÍAS SIMILARES: aquellos productos que, aun cuando no sean semejantes en todos los aspectos, tienen características y composición semejante, lo que les permite cumplir las mismas funciones y ser comercialmente intercambiables.

MERCANTE: de mercar.◆ Mercader.◆ Mercantil.◆ Buques destinados a transportar mercaderías.◆ Marino que pertenece a dichos buques.

MERCANTIL: perteneciente o relativo al mercader, a la mercancía o al comercio. ◆ Comercial.

MERCANTILISMO: sistema económico que atiende, en primer término, al desarrollo del comercio, principalmente al de exportación, y considera la posesión de metales preciosos como signo característico de riqueza *(Real Academia Española)*.◆ Aun con distintos matices, es la puesta al servicio del Estado y del soberano de todos los recursos del país para incrementar el poderío de aquel último y ayudarlo a sostener unas veces la lucha y, otras veces, la paz armada. La afirmación fundamental consistía en que la abundancia de los metales preciosos era la garantía más segura del poderío del Estado; por ello, la preocupación de los movimientos de la moneda, así como de tenerla en la mayor cantidad posible, junto a la creencia de que ella jugaba un papel primordial en la política y la economía son los hechos que caracterizaron la época mercantilista. *Colbert* sostenía que la abundancia de los metales preciosos es lo que diferencia la grandeza y poderío entre los Estados. El secreto de la riqueza consistía en que la balanza comercial tuviese un saldo positivo. Por ello, el Estado debía intervenir en el intercambio con el extranjero a fin de proteger la economía del país contra la competencia extranjera. Se prohibía la exportación de materias primas con el objeto de que los productos fueran manufacturados en el país. Otro de los riesgos sobresalientes era el dominio de los mares como factor necesario para poseer el dominio comercial. La política mercantilista se estableció en distintos países, como por ejemplo España, Francia, Inglaterra, etcétera, básicamente, entre los siglos XVI y XVIII.

MERCANTILISTA: experto en Derecho Comercial.◆ Partidario del mercantilismo.

MERCAP: ver **Índice Mercap.**

MERCENARIO: persona que percibe un salario por su trabajo o una paga por sus servicios.◆ Quien desempeña por otro un empleo o servicio por el salario que le da.

"MERCHANDÍA": mercancía.

MERCHANTE: quien compra y vende sin tener un local o comercio fijo.

MERCOSUR: Mercado Común del Sur. ◆ Es un tratado aprobado entre la Argentina, Brasil, Paraguay y Uruguay el 26 de marzo de 1991 en la ciudad de Asunción (República del Paraguay) para la constitución de un mercado común integrado por dichas Repúblicas. La conformación de este mercado común implica: a) la libre circulación de bienes, servicios y factores productivos entre los países; la eliminación de los derechos aduaneros y restricciones no arancelarias a la circulación de mercaderías y cualquier otra medida equivalente; b) el establecimiento de un arancel externo común y la adopción de una política comercial unificada con relación a terceros Estados o agrupaciones de Estado, y la coordinación de posiciones en foros económico-comerciales regionales e internacionales; c) la coordinación de políticas macroeconómicas y sectoriales entre los Estados Partes: de comercio exterior agrícola, industrial, fiscal, monetaria, cambiaria, y de capitales, de servicios, de Aduana, de transportes y comunicaciones y otras que se acuerden, a fin de asegurar condiciones adecuadas de competencia entre los Estados Partes; d) el compromiso de los Estados Partes de armonizar sus legislaciones en las áreas pertinentes para lograr el fortalecimiento del proceso de integración. El Mercosur está fundado en la reciprocidad de derechos y obligaciones entre los Estados Partes. La administración y la ejecución del presente Tratado y de los acuerdos específicos, y todas aquellas decisiones que se adopten

en el marco jurídico que el mismo establece durante el período de transición, estarán a cargo de los siguientes órganos: a) Consejo del Mercado Común y b) Grupo del Mercado Común. Chile se incorporó por el Acuerdo de Comple-mentación Económica firmado en Potrero de Funes, en la Argentina, el 25 de junio de 1996. Tras el protocolo firmado en Ouro Preto –Brasil–, la estructura orgánica del bloque regional en análisis ha quedado configurada por los siguientes órganos:
a) El Consejo del Mercado Común (CMC).
b) El Grupo Mercado Común (GMC) y sus subgrupos de trabajo.
c) La Comisión de Comercio del Mercosur (CCM).
d) La Comisión Parlamentaria Conjunta (CPC).
e) El Foro Consultivo Económico-Social (FCES).
f) La Secretaría Administrativa del MERCOSUR (SAM).
Los mencionados órganos han sido estatuidos por el ya mencionado protocolo de Ouro Preto, aunque algunos de ellos –Consejo y Grupo– ya existían desde la entrada en vigencia del Tratado de Asunción; sin embargo, con aquel protocolo se han detallado más específicamente sus funciones. Otros, en cambio –como las comisiones de Comercio, la Parlamentaria Conjunta y el Foro Consultivo Económico-Social– fueron creados en Ouro Preto. Lo esencial de lo antedicho radica en la extrema textura abierta que se ha dado al sistema del Tratado, por la cual pueden crearse los órganos auxiliares que fuesen necesarios para la consecución de los objetivos del proceso de integración en marcha. Posteriormente se incorporaron como estados asociados: Colombia, Perú, Ecuador, Guyana y Surinam. La República Bolivariana de Venezuela y el Estado Plenipotenciario de Bolivia se incorporaron como miembros de la institución.

MERINDAD: territorio correspondiente a la jurisdicción del merino.◆ Oficio de merino.◆ Distrito con una ciudad o villa importante que defendía y dirigía los intereses de los pueblos y caseríos sitos en su demarcación.

MERINO: juez que tenía jurisdicción en un territorio determinado.◆ El que cuida del ganado y de sus pastos y de las divisiones de éstos.

MERINO CHICO: alguacil, oficial menor de justicia.

MERINO MAYOR: aquel nombrado directamente por el rey, con amplia jurisdicción en su territorio.

MERINO MENOR: aquel nombrado por el merino mayor o por el adelantado, con jurisdicción limitada.

MERITORIO: persona que trabaja sin sueldo y sólo por hacer méritos para entrar en una plaza remunerada.

MÉRITOS DEL PROCESO: conjunto de pruebas y razones que resultan de él y sirven al juez para dar su fallo.

MERO IMPERIO: potestad que reside en el soberano y por su disposición, en ciertos magistrados, para imponer penas a los delincuentes con conocimiento de causa.

MERODEAR: vagar por las inmediaciones de algún lugar, generalmente, con malos fines.

MEROLICO: en México, se conoce con este nombre al vendedor callejero, especialmente de remedios medicinales, que atrae a los transeúntes gracias a su verborrea.

MERVAL: ver **Índice Merval.**

MES: cada una de las doce partes en que se divide el año.◆ Número de días consecutivos desde uno señalado hasta otro de igual fecha en el mes siguiente.◆ Mensualidad.

MESA: en las asambleas políticas, colegios electorales y otras corporaciones; conjunto de personas que las dirigen con diferentes cargos, como los de presidente, secretario, etcétera.◆ En las secretarías y oficinas, conjunto de negocios que pertenecen a un oficial.

MESA DE DINERO: denominación que se da a cierta estructura organizativa que funciona de manera irregular y sin cumplir con las reglamentaciones del Banco Central de la República Argentina en la materia y que intermedia en la oferta y la demanda de fondos por medio de la compra y venta de documentos a corto plazo, cheques y títulos públicos.

MESA REDONDA: exposiciones sucesivas de especialistas que tienen diferentes puntos de vista acerca de un mismo tema o problema. Puede o no ser seguida de discusión. Sirve para hacer conocer un problema o un tema desde posiciones divergentes.

MESADA: porción de dinero abonada mensualmente.

MESERO: aquel que, luego de haber sido aprendiz de un oficio, trabaja con su maestro, quien le da de comer y le paga por meses trabajados.

MESOAMÉRICA: región comprendida entre la línea que corre al norte de la capital de la República de México, y otra que corta América Central por Honduras y Nicaragua.

MESOCRACIA: forma de Gobierno que denota una preponderancia de la clase media.◆ Clase social acomodada.

MESTIZO: en principio, persona nacida de la unión de dos personas de razas distintas; suele aludirse, más específicamente, con este concepto al hijo de un hombre de raza blanca y de una mujer de origen indígena o viceversa.

MESTURAR: denunciar, delatar.

METAL: término con el que se designa al dinero metálico. Por lo general, se entiende referida al oro o a la plata.◆ Moneda antigua marroquí.

METÁLICO: dinero en general.◆ Dinero en oro, plata, cobre u otro metal; esto es, en su propia especie, a diferencia del papel moneda.

METALISMO: teoría del dinero que vincula su esencia con el material del que está constituido y que considera únicamente como dinero al que se acuña con metales.

METEDOR: utilizado frecuentemente en México para aludir a aquella persona que mete contrabando.

MÉTODO: modo de decir o hacer con orden una cosa.◆ Procedimiento que se sigue en las ciencias para hallar la verdad y enseñarlas.◆ Complejo de reglas a las cuales debe atenerse el pensamiento en sus procesos cognoscitivos.

MÉTODO DEDUCTIVO: el que parte de los principios universales para descender a sus consecuencias particulares.

MÉTODO INDUCTIVO: el que parte de las verdades particulares para elevarse a las generales.

MÉTODO JURÍDICO: serie ordenada de los medios por los cuales se llega al conocimiento profundo del contenido de las normas jurídicas. ◆ Conjunto de reglas a las que debe atenerse el pensamiento en los procesos para llegar a un profundo conocimiento de las normas jurídicas *(Grispigni).*

MIEDO CERVAL: miedo excesivo.

MIEDO INSUPERABLE: sensación de miedo que, imponiéndose a la voluntad de uno, con amenaza de un mal igual o mayor, lo impulsa a ejecutar un delito. Se trata de una circunstancia eximente de responsabilidad criminal.

MIELGO: mellizo.

MIEMBRO: cualquiera de las extremidades del hombre o de los animales, articuladas a un tronco.◆ Integrante de una comunidad u órgano.

MIGRACIÓN: desplazamiento geográfico de individuos o grupos, por lo general, por causas económicas o sociales.

MIGRAR: cambiar el lugar de residencia.

MIKADO: título de emperador del Japón.

MILICIA: arte de hacer la guerra y de disciplinar a los soldados para ella.◆ Servicio o profesión de militar.

MILITAR: relativo a aquel que profesa la milicia. ◆ Perteneciente a la guerra.◆ Figurar en un partido o en una colectividad.

MILITARISMO: término que denota la preponderancia de los militares, de la política militar o del espíritu militar en una nación.

MILITARIZAR: organizar militarmente una colectividad.◆ Someter a la disciplina militar.

MILLARDO: equivalente a la palabra inglesa *billion.* En inglés *billion* significa mil millones y se expresa con un uno seguido de nueve ceros. En castellano, es un millón de millones y se expresa con un uno seguido de doce ceros.

MINA: excavación que se hace para extraer un mineral.◆ Oficio, empleo o negocio del que con poco trabajo se obtiene mucho interés y ganancia. ◆ Criadero de materiales de útil explotación.

MINA SUBMARINA: artefacto con una fuerte carga de explosivo que estalla debajo del agua *(B. Halaczuk - Moya Domínguez).*

MINAS EN COMPAÑÍA: cuando dos o más personas trabajan en común una o más minas.

MINERAL: sustancia inorgánica que se halla en la superficie o en las diversas capas de la corteza del globo; principalmente, aquella cuya explotación ofrece interés.

MINERAL ABANDONADO: aquel en donde no ha habido trabajos formales durante tres años continuos o trabajos a los que no ha precedido una concesión.

MINERÍA NUCLEAR: todo mineral que contiene elementos nucleares en concentraciones utilizables a juicio de la Comisión Nacional de Energía Atómica.

MINIFUNDIO: finca de reducida extensión: división de la propiedad rural en fincas pequeñas.◆ Ver **Latifundio.**

MINIFUNDISTA: propietario de un minifundio.

MINIJUICIO: procedimiento que tiene por finalidad la resolución alternativa de las controversias suscitadas entre las partes. Se trata de un mecanismo originado en el Derecho estadounidense *(minitrial)*, caracterizado por la realización de un debate en forma discreta y privada, con la sola participación de las partes interesadas (o sus representantes) y un profesional especializado en la materia sobre la cual versa el conflicto. Éste tiene la función, siempre actuando como tercero imparcial, de coordinar y facilitar la etapa del diálogo a fin de que, una vez concluido las partes puedan arribar a un acuerdo apto para lograr la satisfacción de ambos intereses. En caso de no ser posible la celebración de este compromiso, quedará entonces expedita la vía jurisdiccional. ◆ Minitrial.

MINIMALISMO: enfoque conocido también como de "intervención penal mínima". Es una creación que nace principalmente de las concepciones de *Ferrajoli* y *Baratta.* Se basa en la maximización del sistema de garantías legales, colocando los derechos humanos como objeto y límite de la intervención penal. Se buscan medios de reducción cuantitativa de la intervención penal, ampliando al máximo posible el efecto de las garantías disponibles. El objetivo es disminuir la cantidad de conductas típicas procurando penalizar sólo las más dañosas, prescindiendo de las bagatelas y haciendo cumplir rigurosamente las garantías legales, procurando evitar todos los circuitos de justicia extrajudicial por mano propia. Se adopta el principio de subsidiariedad. La mínima intervención significa que el Estado debe intervenir únicamente en los casos más graves protegiendo los bienes jurídicos más importantes; es el Derecho Penal la última o extrema *ratio* cuando ya fracasaron todas las demás alternativas del Derecho *(C. Elbert).*

MINÍMO EXENTO: minímo que se fija para dispensar a una persona del pago de un impuesto, el cual, en caso de ser superado, obliga al contribuyente a tributar sobre la totalidad de la materia imponible.

MINÍMO NO IMPONIBLE: ver **No imponible.**

MINISTERIO: gobierno del Estado considerado en el conjunto de varias personas o departamentos en que se divide.◆ Empleo, cargo u ocupación.◆ Empleo de Ministro.

MINISTERIO PÚBLICO: órgano independiente, con autonomía funcional y autarquía financiera, que tiene por función promover la actuación de la justicia en defensa de la legalidad y de los intereses generales de la sociedad. Ejerce sus funciones con unidad de actuación e independencia, en coordinación con las demás autoridades de la República, pero sin sujeción a instrucciones o directivas emanadas de órganos ajenos a su estructura. El principio de unidad de actuación debe entenderse sin perjuicio de la autonomía que corresponda como consecuencia de la especificidad de las funciones de los fiscales, defensores y tutores o curadores públicos, en razón de los diversos intereses que deben atender como tales. Posee una organización jerárquica, la cual exige que cada miembro del Ministerio Público controle el desempeño de los inferiores y de quienes lo asistan, y fundamenta las facultades y responsabilidades disciplinarias que en esta ley se reconocen a los distintos magistrados o funcionarios que lo integran.

MINISTRO: en algunos países, juez que se emplea en la administración de Justicia.◆ Funcionario empleado en el Gobierno para la resolución de los negocios políticos y económicos.◆ Jefe de cada uno de los departamentos ministeriales en que se divide la gobernación del Estado.◆ En general, cualquier representante o agente diplomático.

MINISTRO PLENIPOTENCIARIO: título de quien ocupa la segunda categoría de los reconocidos por el derecho internacional moderno, detrás del de embajador, legado y nuncio.

MINISTRO RESIDENTE: agente diplomático cuya categoría es inmediatamente inferior a la de ministro plenipotenciario.

"MINITRIAL": minijuicio.

MINORÍA: en las asambleas, juntas, etcétera, conjunto de votos dados en contra de lo que opina la mayoría de los votantes.◆ Menor edad legal de una persona.◆ Condición de las personas desde que nacen hasta que llegan a la mayor edad.

MINORIDAD: tiempo de la menor edad de una persona.◆ Se trata, en general, de un término con el que suele referirse a todo el conjunto de personas que aún no han alcanzado la mayor edad legal.

MINUSVÁLIDO: toda persona incapacitada, ya sea por lesión congénita o adquirida, para ciertos trabajos, movimientos, deportes, etcétera.

MINUTA: extracto que se hace de un documento anotando las partidas principales.◆ Borrador de un oficio, exposición, orden, etcétera, para copiarlo en limpio.◆ Borrador original que en una oficina queda de cada orden o comunicación expedida por ella.◆ Cuenta que de sus honorarios o derechos presentan los abogados o curiales.◆ Apuntación que se hace por escrito de una cosa para tenerla presente.◆ En el plano contractual, es una simple promemoria o mero proyecto redactado sobre la base de las tratativas efectuadas. ◆ Extracto o borrador que se hace de un contrato anotando las cláusulas o partes esenciales para copiarlo después y extenderlo con todas las formalidades necesarias para su perfección.

MINUTAR: hacer el borrador de una consulta o poner en extracto un instrumento o contrato.◆ Confeccionar una minuta.◆ Ver **Minuta.**

MIPYME: microemprendimientos, pequeñas y medianas empresas.

MISIÓN: comisión temporal asignada por un Gobierno a un diplomático o agente especial para determinado fin.◆ Poder, facultad que se da a alguna persona de ir a desempeñar algún cometido.

MISIÓN ESPECIAL: misión temporal, con carácter representativo del Estado, enviada por un Estado ante otro, con el consentimiento de este último para tratar con él asuntos determinados o realizar ante él un cometido determinado.

MISOGINIA: odio a las mujeres.

MITA: tributo que pagaban los indios del Perú.◆ En América, repartimiento que se hacía por sorteo en los pueblos de indios para sacar el número correspondiente de vecinos que debían emplearse en los trabajos públicos.

MITAYO: propio de la mita.◆ Indio que trabajaba y llevaba lo recaudado en la mita.

MITIN: dícese de la reunión en la cual se discuten asuntos políticos y sociales públicamente.

MITOMANÍA: manía consistente en la tendencia a desfigurar la realidad de lo que se dice.

"MIXTI FORTIORI": antiguamente, aplicábase a los delitos de que podían conocer el tribunal eclesiástico y el seglar.

MIXTO IMPERIO: facultad que compete a los jueces para decidir las causas civiles y llevar a efecto sus sentencias.

"MOBBING": actualmente, acoso laboral; es decir, acoso mediante el cual, a través de agresiones verbales, aislamiento, críticas o rumores sobre un trabajador, se implanta un ambiente laboral intimidatorio, hostil o denigrante para él.◆ Término inglés que se refiere al hostigamiento de forma sistemática al que se somete a una persona en el ámbito laboral y que puede provocarle trastornos psíquicos. Debe utilizarse la expresión acoso laboral.

MOCIÓN: proposición que se hace o sugiere en una asamblea o junta que delibera.

MODELO: representación de la realidad. ◆ Representación simplificada de un sistema que comprende únicamente las variables más relevantes para definir su identidad y su funcionamiento. ◆ Esquema teórico, generalmente en forma matemática, de un sistema o de una realidad compleja que se elabora para facilitar su comprensión y el estudio de su comportamiento. ◆ Es un sistema general de ecuaciones con los valores de los parámetros estructurales no específicos exactamente. Si se asignan valores específicos a los parámetros del sistema, se conoce como una estructura.

MÓDEM: dispositivo que puede convertir una corriente digital en bytes, en una señal analógica conveniente para la transmisión por un canal de comunicación analógico (modulación) y puede reconvertir las señales analógicas que entran en señales digitales (demodulación).

MODERADOR: aquel que dirige o preside un debate, una asamblea, etcétera.

MODO: encargo unido a una donación que obliga al adquirente.

MODO DE PRODUCCIÓN: articulación de las fuerzas productivas y de las relaciones de producción.

"MODUS OPERANDI": locución latina que denota una manera especial de actuar o trabajar para alcanzar el fin propuesto.

"MODUS VIVENDI": locución latina que significa modo de vivir, base o regla de conducta, arreglo, ajuste o transacción entre dos partes. Se usa especialmente refiriéndose a pactos internacionales o acuerdos diplomáticos de carácter interino.

"MOHATRA": venta simulada que se hace cuando se vende teniendo prevenido quien compre aquello mismo a menos precio o cuando se da a precio muy alto para volver a comprarlo a precio ínfimo o cuando se da o presta a precio exorbitante.

MONARQUÍA: forma de Gobierno en la que el poder supremo corresponde, con carácter vitalicio, a un príncipe o rey designado –generalmente por orden hereditario y –a veces– por elección.◆ Período durante el cual ha perdurado este régimen político en un país. ◆ Sistema político en el cual el Estado es gobernado por un rey.

MONARQUÍA ABSOLUTA: aquella en la cual el rey posee todos los poderes y los ejerce sin fiscalización.

MONARQUÍA CONSTITUCIONAL: aquella en la cual los poderes del rey están definidos y delimitados por una Constitución.

MONARQUÍA MODERADA: aquella en la cual la autoridad del rey está limitada por otros poderes.

MONEDA: signo representativo del precio de las cosas.◆ Pieza de oro, plata, cobre u otro material, regularmente en figura de disco y acuñada con el busto del soberano o el sello del gobierno que tiene la prerrogativa de fabricarla, y que, bien por su valor efectivo, bien por el que se le atribuye, sirve de medida común para el precio de las cosas.◆ Es un intermediario en los cambios, que puede o no tener valor intrínseco; sirve como denominador común de los valores y como medio de extinción de las obligaciones, en razón de su aceptabilidad general y/o de la norma del Estado, que establece su poder cancelatorio *(W. Beveraggi Allende).*◆ Genéricamente, dinero. ◆ Caudal.

MONEDA AMONEDADA: moneda metálica.

MONEDA BANCARIA: creada por los Bancos al conceder créditos mediante la creación de una cuenta corriente a favor del prestatario sobre la cual puede girar hasta el límite acreditado.

MONEDA BLOQUEADA: aquella cuyo cambio o comercialización, se encuentra prohibido en un país.

MONEDA CONSTANTE: aquella de igual poder adquisitivo.◆ Moneda homogénea.

MONEDA CONVERTIBLE: aquella que se puede cambiar en forma libre sin ningún tipo de restricción para efectuar la respectiva conversión a otra moneda.

MONEDA CORRIENTE: moneda legal y usual; la que circula en todo el país.◆ Moneda efectiva.

MONEDA DE CURSO LEGAL: la que emite el Estado, por medio de sus órganos competentes, con poder de cancelación.

MONEDA DE ORO: aquella acuñada en este metal.◆ A veces, es válida como medio de pago; pero en la práctica, todas las monedas de oro se negocian por su valor de mercado, el cual está sujeto a fluctuaciones.

MONEDA DE PAPEL: dinero de papel.◆ Billete convertible en metal que lo respalda, billete representativo de moneda fiduciaria o moneda de fe.

MONEDA DE VALOR NOMINAL: supone que la moneda es un valor inmutable a lo largo del tiempo.

MONEDA DÉBIL: aquella con valor inestable o en disminución con respecto a su poder adquisitivo en el mercado internacional. Normalmente, es consecuencia de una balanza de pagos con sucesivos e importantes déficits.

MONEDA DIVISIONARIA: aquella que equivale a una fracción exacta de la unidad monetaria legal.

MONEDA EFECTIVA: moneda corriente.

MONEDA FALSA: la que carece de valor y que, por lo tanto, carece de curso legal y de poder cancelatorio.

MONEDA FIDUCIARIA: dinero que no tiene respaldo en metal precioso. Su característica esencial consiste en que su valor de cambio depende de la fe y la confianza que el público le tenga. Carece de valor intrínseco; representa un valor que intrínsecamente no tiene.

MONEDA FUERTE: la que tiene un valor de cambio estable en el comercio internacional. Esta fortaleza, por lo general, se debe a la estabilidad política y social del país y a una favorable y beneficiosa posición comercial y financiera.

MONEDA GIRAL: aquella que nace del otorgamiento o acto de otorgamiento de un crédito por parte del sistema bancario. Dinero contable creado por el sistema bancario. El cheque es la expresión principal de este tipo de dinero, ya que permite disponer a través de su emisión, de los saldos en cuenta corriente. Otros exponentes de esta moneda son los depósitos en Caja de Ahorro y Plazo Fijo y otros de poca movilidad, así como inversiones en títulos de la deuda pública negociables a corto plazo. Estos recursos constituyen la denominada “liquidez secundaria” o cuasi dinero *(O. Naón)*.

MONEDA IMAGINARIA: moneda que no ha existido o no existe ya pero que se usa como unidad de cuenta para algunos contratos y cambios; como por ejemplo, el ducado de plata.

MONEDA LEGAL: signo monetario circulante adoptado por un país y establecido por ley.

MONEDA LEGÍTIMA: moneda de curso legal que tiene poder cancelatorio.

MONEDA METÁLICA: dinero amonedado, para distinguirlo del papel representativo de valor.

MONEDA NACIONAL: moneda propia de un país, la que se usa internamente.

MONEDA OBSIDIONAL: moneda especial que se bate en una plaza sitiada.

MONEDA SIGNO: la que comprende la totalidad de billetes y monedas de circulación legal, emitida por el Estado a través del Banco Central.

MONEDA SOBREVALUADA: aquella cuyo valor de cambio, expresado en valores de otras monedas, se mantiene más alto debido, normalmente, a una intervención gubernamental para sostener su cotización. Esta política puede originarse en tratar de obtener los mayores beneficios del comercio internacional abaratando las importaciones.

MONEDA SUBVALUADA: aquella con un valor de cambio valorizado por debajo del nivel que tendría en un mercado libre. Esta situación favorece la promoción de exportaciones al hacerlas comparativamente baratas.

MONEDA TRABUCANTE: aquella que tiene algo más del peso legal.

MONEDERO: persona que fabrica moneda.

MONEDERO ELECTRÓNICO: circuito de computación (chip) inserto en una tarjeta plástica especial, la cual permite pagar en efectivo, con débitos instantáneos, compras que normalmente valen monedas. El saldo es recargable. Con un aparato lector de microcircuitos que cabe en una mano, cualquiera puede controlar el saldo. Es una tecnología novedosa que comenzó a desarrollarse alrededor de 1995 y que posteriormente fue lanzada masivamente sólo en los EE.UU.. Estas tarjetas apuntan básicamente a los niños cuando deben efectuar gastos menores.

MONEDERO FALSO: aquel que acuña moneda falsa o le da curso a sabiendas.

MONETIZACIÓN DE LA ECONOMÍA: expresa el porcentaje de recursos monetarios en relación con el PBI.◆ Grado de generación de la moneda.

MONETIZAR: dar curso legal como moneda a billetes de banco u otros signos pecuniarios.

MONITOR: barco de guerra, artillado, acorazado y con espolón de acero a proa, que navega casi sumergido para ofrecer menos blanco y vulnerabilidad y cuyo pequeño calado le permite hacer el servicio de exploración por las vías fluviales. Actualmente, se encuentra en desuso.

MONOCOLOR: colectividad formada por personas de una misma tendencia, especialmente la política.

MONOFÁSICO: relativo al impuesto que grava sólo una etapa.

MONOGAMIA: régimen familiar que prohíbe la pluralidad de esposas.

MONOGRAFÍA: en sentido estricto, síntesis subjetiva de conceptos de diverso origen sobre un tema determinado. Deriva del griego *mono* (uno) y *grapho* (escribir). El concepto no se puede entender como referido a una persona o a un equipo de trabajo. Por lo tanto, lo fundamental no es quién escribe sino que el resultado sea coherente y responda a una unidad de criterio. No importa que el texto sea el resultado de la elaboración intelectual de un estudiante en soledad o la culminación de un fructífero intercambio de opiniones *(E. Barbería).*

MONOMANÍA: locura o delirio parcial sobre una sola idea o un solo orden de ideas.

MONOMETALISMO: sistema monetario respaldado en un patrón metálico único –oro o plata– apto para su acuñación.

MONOPOLIO: término económico que significa que en un mercado, un sólo sujeto –vendedor o productor– controla la oferta de un producto, en contraposición a varios demandantes del mismo. El monopolio puede ser natural o legal. Es natural cuando la naturaleza otorga a un solo sujeto la disposición exclusiva de un producto (por ejemplo, minerales y salinas) y es legal cuando, mediante una ley, el Estado brinda tal beneficio a un solo sujeto. En el mercado real, todos los bienes y servicios compiten entre sí. En realidad, el monopolio se refiere al oferente de una mercadería carente de sustitutos. El monopolio total no existe nunca y los monopolios absolutos son escasos, por cuanto cada productor o vendedor posee cierto grado de monopolio, aunque sea pequeño. Existe más bien mucha competencia monopólica o competencia imperfecta.

MONOPOLIO DE HECHO: puede no ser forzosamente resultado de los supuestos económicos básicos de una actividad ni de disposiciones legales sino, simplemente, de la ausencia de competencia atribuible, por ejemplo, a la naturaleza integrada de la empresa de infraestructura y a su capacidad para controlar el soporte físico esencial de la infraestructura con exclusión de otros proveedores.

MONOPOLIO LEGAL: el establecido por ley en sectores o actividades que pueden ser o no ser monopolios naturales. En esa última categoría, el monopolio existe únicamente porque se prohíbe la competencia.◆ Ver **Monopolio.**

MONOPOLIO NATURAL: actividad económica que permite a un solo proveedor abastecer a todo el mercado a un costo inferior al de dos o más proveedores.◆ Ver **Monopolio.**

MONOPSONIO: situación comercial que tiene lugar cuando la demanda está concentrada en un solo sujeto. Esta figura se presenta cuando se reúnen compradores para obtener mejor precio en una negociación colectiva o cuando una sola empresa en una pequeña localidad es la única demandante de un factor productivo. Es un mercado que posee la particularidad de que existe un solo comprador. Al concentrar toda la posibilidad de la compra, tiene un control directo sobre los precios.

MONOTRIBUTO: de actual vigencia en la República Argentina, régimen impositivo simplificado para pequeños contribuyentes, de cuota fija, y establecido por categorías sobre la base de ingresos brutos y magnitudes físicas, con el objeto de mantener o aumentar la recaudación y simplificar las obligaciones tributarias.

MONTANTE: aquello que importe o que tenga determinada cuantía.

MONTEPÍO: depósito de dinero –formado ordinariamente por los descuentos hechos a los individuos de un cuerpo– o de otras contribuciones suyas, para socorrer a sus viudas y huérfanos.

MONTO: importe.◆ Suma de varias partidas.◆ Suma de los intereses al capital que lo ha producido para el cómputo de nuevos intereses.◆ Suma de dinero que percibe el acreedor cuando finaliza la operación realizada. También, valor futuro, porque es una suma de dinero que estará disponible sólo dentro de *n* períodos, los que indican la duración de la inversión.

MONTO MÍNIMO: cantidades que establecen las entidades financieras como límite mínimo para poder acceder a operaciones determinadas. Es un problema de costos operativos que no permiten su recupero.

MOPRE: módulo previsional.◆ En el sistema de seguridad social en la Argentina, unidad de referencia para establecer la movilidad de las prestaciones del Régimen de Reparto y el valor de la renta presunta de los trabajadores autónomos. Su valor es fijado anualmente por la autoridad de aplicación de acuerdo con las posibilidades emergentes del Presupuesto General de la Administración Nacional para cada ejercicio.

MORA: estado en el cual el incumplimiento material se hace jurídicamente relevante. Entonces, se podrá exigir judicialmente el cumplimiento o la acción de daños y perjuicios.◆ Demora, con relación a su vencimiento, en el pago de una obligación.

MORAL: actitud de los empleados hacia las organizaciones que los emplean en general o hacia factores específicos del trabajo, como supervisión, compañeros de trabajo e incentivos financieros *(S. Kossen)*.◆ Ciencia que trata de las acciones humanas en orden a su bondad o malicia. No concierne al orden jurídico sino al fuero de la propia conciencia.

MORATORIA: perdón temporario de la amortización de una deuda a fin de permitir al deudor solucionar una situación de falta de fondos. El pago de los intereses puede continuar o también suspenderse.◆ Para la ciencia tributaria, implica aquel plazo de espera otorgado –bajo un marco legal– al deudor a los efectos de que cumpla con su obligación. Sin embargo, se hace necesario aclarar de qué obligación se habla. El deudor tenía una deuda con el Estado por el pago de sus impuestos; al acogerse a la moratoria y su propuesta no ser impugnada por la autoridad de aplicación, se produce la novación de sus compromisos originales y nacen otros nuevos. Las moratorias, tendientes además a aumentar la recaudación del Fisco, han sido empleadas en los últimos años cada vez con mayor frecuencia en la Argentina. ◆ Es un diferimento otorgado, en forma general y en virtud de una norma gubernamental, del vencimiento de deudas y obligaciones vencidas.

MORFINOMANÍA: uso indebido y persistente de la morfina o del opio.

MOROSIDAD DE SUSCRIPTORES DE ACCIONES: situación en la que se hallan aquellos accionistas que no han efectuado la integración (venta) de la suscripción (compra). El estatuto social podrá disponer que los derechos de suscripción correspondientes a las acciones en mora, sean vendidos, ya sea en remate público o por medio de un agente de Bolsa si se tratare de acciones cotizables. Son por cuenta del suscriptor moroso los gastos de remate y los intereses moratorios, sin perjuicio de su responsabilidad por los daños generados a la sociedad. Aquél podrá, incluso, establecer la caducidad de ciertos derechos del accionista; en este caso, la sanción producirá sus efectos previa intimación a integrar en un plazo no mayor de treinta días (de acuerdo con lo estipulado con la legislación nacional), con pérdida de las sumas abonadas. Sin perjuicio de ello, la sociedad podrá optar por el cumplimiento del contrato de suscripción.

MOROSO: deudor que incurre en mora.◆ Que no paga.◆ Ver **Deudores morosos; Mora.**

MORTALIDAD: tanto por ciento de defunciones que se producen dentro de un período dado –generalmente, doce meses– y en una población determinada. Ello nos brinda el coeficiente de mortalidad.◆ Ver **Tasa de mortalidad.**

MORTALIDAD INFANTIL: deceso de toda persona que no ha alcanzado aún el año de vida. El porcentaje de mortalidad infantil está dado por el número de fallecimientos de niños menores de esa edad por cada mil nacimientos producidos durante un período de doce meses.

MORTINATO: criatura que nace muerta.

"MORTIS CAUSA": aplícase al testamento y a ciertos actos de liberalidad determinados por la muerte y la sucesión del causante.

MOSTRENCO: ver **Bienes mostrencos.**

MOTE: sentencia breve que incluye un secreto o misterio que necesita explicación.◆ Sobrenombre que se da a una persona por una cualidad o condición suya.

MOTÍN: movimiento llevado a cabo por aquellos que, sin rebelarse contra el Gobierno ni desconocer las autoridades locales, se reúnen para exigir de éstas, con violencia, gritos, insultos o amenazas, la deposición de un funcionario público, la soltura de un preso, el castigo de un delincuente u otra cosa semejante.

MOTIVACIÓN: conjunto de fuerzas que activan el comportamiento con orientación a las metas.◆ Impulsos diferentes internos o fuerzas ambientales del entorno que estimulan a los individuos a comportarse en una forma específica *(S. Kossen).*

"MOTU PROPRIO": locución adverbial de origen latino que denota libre y espontánea voluntad.

MÓVIL: relativo a aquello que mueve moral o materialmente a una cosa.

MOVILIDAD LABORAL: cambio de destino de los trabajadores que, por distintas razones, deben realizar sus tareas en zonas diferentes a las de su domicilio.

MOVILIDAD SOCIAL: movimiento de individuos de un grupo social a otro. Dichos cambios en las afiliaciones religiosas, políticas, económicas, etcétera, provocan generalmente ascensos en una pirámide simbólica.

MOVIMIENTO: tratándose de cómputos mercantiles y de algunas estadísticas, alteración numérica en el estado o cuenta durante un tiempo determinado.

MOVIMIENTO DE PAÍSES NO ALINEADOS: el movimiento de no alineación surgió durante la Guerra Fría, oponiendo resistencia a la división del mundo en bloques y a la alineación bloquista. Sin embargo, se trata de una actitud histórico-social de un alcance mucho más amplio; en su conformación, existe un anhelo de los pueblos y de su activa lucha por alcanzar la plena libertad nacional, desarrollar su propio poder de decisión en lo político, en lo social y en lo económico y no ser meros apéndices de las grandes potencias.

MOVIMIENTOS: oscilaciones que se producen en los precios o en las cotizaciones de los títulos-valores.◆ En los cómputos comerciales, alteraciones numéricas en estados o cuentas durante un período.

MOVIMIENTOS ECONÓMICOS CICLÍCOS: aquellos que comprenden una fase de alta y otra de baja; se llaman períodos de prosperidad y de depresión. Las crisis acostumbran a producirse por períodos de siete a diez años y su regularidad cíclica es relativa.

MUELLAJE: también denominado "derechos de muelle", alude a los tributos correspondientes por la utilización de un muelle.

MUERTE: cesación o término de la vida.

MUERTE CIVIL: mutación de estado por la cual la persona en quien acontecía se consideraba como si no existiese para el ejercicio o la ordenación de ciertos derechos. En la actualidad, con efectos más atenuados, se conoce como interdicción civil.

MUERTE NATURAL: aquella que viene por enfermedad y no por lesión traumática.

MUERTE SENIL: aquella que viene por pura vejez, sin accidente o enfermedad que la determine.

MUERTE VIOLENTA: aquella consecutiva a un traumatismo fortuito o la que se ejecuta privando de la vida a uno intencionadamente, cualquiera sea el medio que se emplee.

MUESTRA: objeto representativo de una categoría determinada de mercadería ya producida que estuviere destinado exclusivamente a exhibiciones o demostraciones para concretar operaciones comerciales con dicha mercadería y los objetos que fueren modelos de mercadería cuya producción se proyecta, siempre que en ambos supuestos su cantidad no excediere la que fuere usual para estos fines.

MUESTRA REPRESENTATIVA: muestra al azar seleccionada por observación. ◆ Cantidad dada de partidas que permita inferir que el comportamiento de esa muestra es equivalente al comportamiento del universo, considerando los valores otorgados a elementos tales como el riesgo.◆ Ver **Muestra.**

MUESTRARIO: colección de muestras de mercaderías.

MUESTREO: acción de escoger muestras representativas de la calidad o condiciones medias de un todo. Técnica empleada para esta selección.◆ Selección de una pequeña parte, estadísticamente determinada, utilizada para inferir el valor de una o varias características del conjunto.

MUFTÍ: jurisconsulto musulmán con autoridad pública, cuyas decisiones son consideradas como leyes.

MUJER: persona del sexo femenino.◆ Se considera tal la que ha llegado a la edad de la pubertad.◆ Suele designarse de esta forma, habitualmente, a la mujer casada con relación al marido.

MULATO: individuo que nace como fruto de la unión de un hombre blanco y una mujer de raza negra, o viceversa.

MULTA: pena que consiste en el pago de una suma dineraria como consecuencia del incumplimiento de una obligación contractual o por haber cometido un delito o infringido una norma legal.◆ Pena pecuniaria que se impone por una falta, exceso o delito, o por contravenir a lo que con esta condición se ha pactado.

MULTA AUTOMÁTICA: especie de sanción de tipo pecuniario que se impone sin necesidad de requerimiento previo alguno, frente a un incumplimiento normativo.

MULTINACIONAL: relativo a aquello que involucra o importa una pluralidad de naciones.◆ En la jerga comercial, suele designarse frecuentemente de este modo la empresa multinacional. ◆ Ver **Empresa multinacional.**

MÚLTIPLE IMPOSICIÓN INTERNACIONAL: ver **Doble imposición internacional.**

MULTIPLICADOR: factor por el cual se multiplica el monto de un incremento neto de inversión resultando un incremento en la renta nacional y en el nivel de ocupación. Es un instrumento de uso habitual para la valuación cuantitativa del efecto del gasto público como factor de reactivación económica hasta lograr un nivel de plena ocupación de los factores de producción.◆ Indica la medida en que determinada adición o substracción al gasto incrementará o reducirá el ingreso total que fluye por el sistema económico. El cambio total del ingreso tiende a ser mayor que el cambio de gasto que lo provocó, ya que el dinero gastado por una persona es de nuevo gastado por quien lo recibe, y así sucesivamente.

MUNICIÓN: término que engloba y designa generalmente el conjunto de pertrechos y bastimentos necesarios en un ejército o en una plaza de guerra.◆ Carga que se pone en las armas de fuego.◆ Ver **Municiones de guerra.**

MUNICIONES DE GUERRA: en general, comprende todo género de armas ofensivas y defensivas, pólvora, balas y demás pertrechos.◆ Ver **Munición.**

MUNICIPALIDAD: ver **Municipio**.

MUNICIPALIZAR: convertir en municipal un servicio público que estaba a cargo de una empresa privada.

MUNICIPIO: institución de Derecho Público cuya misión es regir y administrar los intereses de una comunidad humana asentada en un territorio determinado. ◆ Ayuntamiento.◆ Entidad de Derecho Público cuya raíz histórica y vigencia actual se sustenta en el contacto inmediato de los habitantes en la vida vecinal y que para atender sus necesidades ha sido dotado de potestades tributarias, cuyo desconocimiento constituye un trastorno institucional *(Boffi Boggero).*◆ Son entidades descentralizadas. El poder comunal es delegado y limitado.◆ También llamado municipalidad.

MURALLA: muro u obra defensiva que rodea una plaza fuerte o protege un territorio.

MURO MEDIANERO: muro común de los vecinos de las heredades contiguas que lo han hecho construir a su costo en el límite separativo de las dos heredades.

MUTILAR: cortar o cercenar una parte del cuerpo y, más particularmente, del cuerpo viviente.

MUTUALES: entidades de socorros mutuos, asistencia recíproca, previsión social o asociaciones mutuales; son asociaciones constituidas libremente sin fines de lucro por personas inspiradas en la solidaridad, con el objeto de brindarse ayuda recíproca frente a riesgos eventuales o de concurrir a su bienestar material y espiritual mediante una contribución periódica. La palabra mutualidad deriva de la latina *mutuos*; significa que es equivalente a la calidad o condición de mutuo, es decir, a lo que recíprocamente hacen dos o más personas. Desde el punto de vista económico-social, la mutualidad es una asociación con finalidades benéficas en la que impera la reciprocidad en los miembros que la integran, asocia amigablemente a las personas con el objeto de procurarse los beneficios de la combinación del ahorro y la asociación por medio de un compromiso común y una acción recíproca. ◆ Mutualidades.

MUTUALIDAD: calidad de mutual.

MUTUALIDADES: ver **Mutuales.**

MUTUALISMO: conjunto de asociaciones basadas en la mutualidad.◆ Teoría desarrollada por *Proudhon*, contraria a las formas estatales del socialismo y al liberalismo capitalista. Se basaba en la necesidad de colocar la administración de la producción y el consumo en manos de los propios interesados, conformando un nuevo sistema económico en el cual se armonizan los servicios prestados y los recibidos, pasando a un plano secundario el Estado y el dinero.

MUTUANTE: persona que da alguna cosa mediante el contrato de mutuo.

MUTUARIO: persona que recibe alguna cosa mediante el contrato de mutuo.

MUTUAS PETICIONES: aquellas acciones que entabla el demandado contra el actor a fin de neutralizar o aminorar su demanda ante el mismo juez y en el mismo juicio.

MUTUO: existe mutuo o empréstito de consumo cuando una parte entrega a otra una cantidad de cosas que esta última está autorizada a consumir, devolviendo en el tiempo convenido igual cantidad de cosas de la misma especie y calidad. El mutuo es un contrato esencialmente real que sólo se perfecciona con la entrega de la cosa, pudiendo ser gratuito u oneroso. La cosa dada por el mutuante pasa a ser de la propiedad del mutuario; para él perece de cualquier manera que se pierda. El mutuo puede ser contratado verbalmente, pero no podrá probarse sino por instrumento público o por instrumento privado de fecha cierta si el empréstito pasa de un determinado valor. El mutuante es responsable de los perjuicios que sufra el mutuario por la mala calidad o los vicios ocultos de la cosa prestada. No habiendo convención expresa sobre intereses, el mutuo se supone gratuito y el mutuante sólo podrá exigir los intereses moratorios o las pérdidas e intereses de la mora. También préstamo o empréstito de consumo. ◆ Está sujeto a las leyes mercantiles cuando la cosa prestada puede ser considerada género comercial o destinada a uso comercial y tiene lugar entre comerciantes, o teniendo, por lo menos, el deudor esa calidad.

MUTUO DISENSO: conformidad de las partes en disolver o dejar sin efecto el contrato u obligación entre ellas existente.

N

NAB: Nomenclatura Arancelaria de Bruselas.◆ Ver **Nomenclatura del Consejo de Cooperación Aduanera.**

NACIDO: dícese del feto con figura humana desprendido del seno materno y que vive, al menos, veinticuatro horas. ◆ Cualquiera de los seres humanos que han pasado o de los que al presente existen.

NACIMIENTO: acto por el cual el individuo es expulsado del seno materno; es el momento a partir del cual comienza su existencia real.◆ Iniciación de la vida autónoma que produce desde el punto de vista jurídico numerosas consecuencias. Se presenta como regulador de efectos jurídicos a través de la vida.

NACIMIENTO SIMULTÁNEO: el producido cuando de un mismo parto nacieren con vida dos o más hijos.

NACIÓN: entidad jurídica formada por el conjunto de habitantes de un país regido por el mismo Gobierno.◆ Territorio de ese mismo país.◆ Totalidad de los individuos que se sienten ligados en forma indisoluble por la conciencia de la comunidad, de su desarrollo histórico y de las esperanzas y temores que de aquél se desprenden. ◆ Grupo social cuya unidad deriva de la comunidad de origen, de tradiciones y costumbres y, generalmente, de la lengua. ◆ Conjunto de los ciudadanos que forman el Estado.

NACIÓN MÁS FAVORECIDA: un Estado asegura a otro este tratamiento cuando, estipulación contractual mediante, se obliga a extender a la contraparte los beneficios que hubiera concedido o conceda en un futuro a un tercer Estado *(J. Folloni)*.◆ Ver **Cláusula de nación más favorecida.**

NACIONAL: término que resulta de aplicación a todo aquello que se relacione o pertenezca a una Nación.◆ Persona nacida en un país o naturalizada en él.◆ Natural de una Nación, en contraposición a extranjero.

NACIONALIDAD: estado propio de la persona nacida o naturalizada en una Nación.◆ Conjunto de los caracteres que distinguen una Nación de las demás.◆ Dato requerido en formularios, contratos, documentos, etcétera, de una persona.◆ Consiste en el vínculo existente entre un Estado determinado y una persona –ya sea física o jurídica– en virtud del cual corresponden a ésta diversos derechos y deberes respecto de aquél. Su adquisición, ejercicio, pérdida y recuperación dependen de la regulación interna de cada país.◆ Es un vínculo jurídico que tiene en su base o hecho social de unión una solidaridad efectiva de existencia, de intereses y de sentimientos, junto a una reciprocidad de derechos y deberes.◆ Condición de una persona como parte de una nación determinada. Es una relación de estado civil, es un vínculo de derecho privado; es materia del Derecho civil aunque las normas que la rijan sean, como todas las concernientes al estado de las personas, de orden público, por interesar a la organización◆ Condición por la cual un individuo pertenece al orden político de una Nación y se halla en aptitud de ejercer los derechos políticos inherentes a su Constitución.◆ No significa ciudadanía.◆ Ver **Ciudadanía.**

NACIONALISMO: doctrina que exalta en todos los órdenes la personalidad nacional completa o lo que reputan como tal sus partidarios.◆ Sentido de conciencia nacional que privilegia los intereses de un país sobre los de los demás países.

NACIONALISMO ECONÓMICO: movimiento basado en una política de unión económica nacional, de autosuficiencia, con un alto grado de proteccionismo. Se fundamenta en el desarrollo industrial pero debe ir acompañado de un avance constante y en equilibrio de las demás actividades económicas, tales como la agricultura, el comercio, etcétera. Se expandió desde 1920 hasta 1950 y luego comenzó a declinar.

NACIONALIZACIÓN: proceso mediante el cual son transferidos a manos nacionales de un país determinado ciertos bienes o títulos de la deuda del Estado o de empresas particulares que se hallaban en poder de extranjeros.

NACIONALIZACIÓN DE LOS DEPÓSITOS BANCARIOS: el Banco Central del país es el destinatario del depósito, que a su vez queda amparado por la garantía de la Nación por el importe total. Producida la nacionalización, el banquero comercial es un mandatario y el Banco Central, su mandante. Los fondos continúan en la misma cuenta y su titular puede hacer de éstos el uso que estime conveniente. Pero la modificación de la relación jurídica existente entre el Banco Central y los banqueros constituye la cabecera de una política bancaria y monetaria distinta.

NACIONES CULTURALES: aquellas que poseen una cultura común sentida como tal *(J. Meinecke).*

NACIONES - ESTADO: aquellas en que el pueblo, desplegándose como Nación, ha encontrado a la vez su forma política de desarrollarse como Estado *(F. Badía)*

NACIONES UNIDAS: ver **Organización de las Naciones Unidas.**

NAFTA: sigla de *North American Free Trade Agreement*.◆ Ver **Tratado de Libre Comercio de América del Norte.**

NAONATO: persona nacida en un barco durante la navegación.

NARCÓTICOS: sustancias que producen sopor, relajación muscular y embotellamiento de la sensibilidad.

NARCOTRAFICANTE: persona dedicada al tráfico de narcóticos.◆ Que trafica drogas tóxicas.

NATALIDAD: consiste en el número proporcional de nacimientos en población y tiempo determinados.

NATIVO: perteneciente al lugar donde ha nacido uno.◆ Innato, propio, natural y conforme a la naturaleza de cada cosa.◆ Nacional.

NATO: sigla de *North Atlantic Treaty Organization.*◆ Organización del Tratado del Atlántico Norte.◆ OTAN.

NATURAL: aplícase al nativo de un lugar.◆ Perteneciente a la naturaleza o conforme a la cualidad o propiedad de las cosas.

NATURALIZACIÓN: en la legislación argentina, son ciudadanos por naturalización: a) los extranjeros mayores de dieciocho años que residieren en la República dos años continuos y manifiesten ante los jueces federales de sección su voluntad de serlo; b) los extranjeros que acrediten ante dichos jueces haber prestado, cualquiera sea el tiempo de residencia, alguno de los servicio siguientes: haber desempeñado con honradez empleos de la Nación o de las provincias dentro o fuera de la República; haber servido en el ejército o en la escuadra o haber asistido a una función de guerra en defensa de la Nación; haber establecido en el país una nueva industria o invención útil; ser empresario o constructor de ferrocarriles en cualquiera de las provincias; hallarse formando parte de las colonias establecidas o que en adelante se establezcan, ya sea en territorios nacionales o en los de las provincias, con tal que posean en ellas alguna propiedad raíz; habitar o poblar los territorios nacionales en las líneas actuales de frontera o fuera de ellas; haberse casado con una mujer argentina en cualquiera de las provincias; ejercer en ellas el profesorado en cualquiera de los ramos de la educación o de la industria.◆ Es la concesión por el Estado de su nacionalidad a un extranjero cuando éste la requiera *(A. Llanés Torres).*

NATURALIZARSE: ser admitido en un país, como si de él fuera natural, una persona extranjera.◆ Habituarse un extranjero a la vida de un país como si de él fuera natural.◆ Adquirir los derechos y deberes de los naturales de un país.

NAUFRAGIO: el configurado al producirse la fractura del buque o cuando, como consecuencia de su hundimiento, no sea factible su rescate sin la inversión de una suma similar a la alcanzada por la pérdida total de la embarcación.

NAVAL: dícese de aquello relativo a las naves y a la navegación.

NAVE: embarcación en general, barco.

NAVEGABILIDAD: concepto que alude a la aptitud para navegar propia de un buque.

NAVEGACIÓN: término utilizado para aludir en forma genérica a la circulación de embarcaciones, así como también a las cuestiones técnicas vinculadas a aquéllas.

NAVEGACIÓN AÉREA: circulación realizada en el espacio atmosférico mediante vehículos que necesitan el aire como elemento de sustentación y propulsión *(O. Lena Paz)*.◆ Conjunto de aspectos y reglas que hacen posible desenvolver el vuelo de aeronaves en el espacio atmosférico de un Estado y bajo su jurisdicción *(Mercado)*.

NAVEGACIÓN DE ALTA MAR: traslado a bordo de una nave o embarcación a través de aquella parte del mar que no corresponde a la soberanía de ningún Estado.

NAVEGACIÓN DE CABOTAJE: navegación de tráfico costero.◆ Ver **Cabotaje.**

NAVEGACIÓN DE TRÁFICO COSTERO: navegación de cabotaje.

NAVEGACIÓN MARÍTIMA (LÍNEAS DE): son las que prestan los llamados servicios regulares de navegación, o sea, los que se realizan en forma periódica entre puertos preestablecidos *(L. Krom)*.

NAVEGAR: trasladarse por agua en una nave o embarcación.◆ Por analogía, hacer viaje o ir por el aire en globo, avión u otro vehículo.◆ Andar de una parte a otra tratando y comerciando.◆ Conducir las mercaderías por mar de unas partes a otras para comerciar con ellas.

NAVIERO: concerniente a las naves o a la navegación: empresa, acciones navieras.◆ Es la persona física o moral que tiene por objeto explotar una o más embarcaciones de su propiedad o bajo su posesión.◆ Persona encargada de avituallar o representar al buque en el puerto en que se halle. El naviero, ya sea al mismo tiempo propietario o perteneciente a una asociación de propietarios, representa la propiedad del buque y podrá, en nombre propio y con tal carácter, gestionar judicial y extrajudicialmente cuanto interese al comercio.◆ Armador.◆ Empresa naviera.

NAVÍO: barco amplio destinado a viajar por alta mar.

NAVÍO DE CARGA: navío de transporte.

NAVÍO DE TRANSPORTE: barco apto únicamente para el traslado de cosas y mercaderías de un lugar a otro.◆ Es también llamado habitualmente "navío de carga".

NAVÍO MERCANTE: aquel que sirve para conducir mercancías de unos puertos a otros.

NEANIOCRACIA: término que significa "el gobierno de los jóvenes".

NECESARIO: en el Derecho Antiguo, heredero obligado a aceptar la herencia, y especialmente cuando era esclavo o siervo del testador.◆ Ver **Condición necesaria.**

NECESIDAD: deseo de una cosa o bien material o inmaterial a fin de poder satisfacer un requerimiento fisiológico o espiritual, cultural o técnico.

NECESIDAD PÚBLICA: concepto inherente a la existencia misma del Estado ya que éste, como creación humana, precisa proveerse de organismos basados en el trabajo humano y en el acopio de bienes que le permitan su existencia con prescindencia de las tareas a realizar para satisfacer las necesidades propuestas. Son los fines determinados por factores religiosos, étnicos, económicos, sociales, culturales, geográficos, que el Estado persigue en virtud de las decisiones adoptadas por las fuerzas políticas predominantes, las que motivan las necesidades públicas. Atendiendo a estos factores, es posible precisar ciertas necesidades públicas, como: la defensa de la Nación, la seguridad interna, higiene y salud de los habitantes, instrucción, educación, esparcimiento, administración de Justicia, protección social de menores y ancianos, promoción de las ciencias y las artes, liberación del hombre del hambre, las inclemencias y el miedo.

NECESIDAD RACIONAL DEL MEDIO EMPLEADO: ver **Legítima defensa.**

NECESIDADES ESPIRITUALES: ver **Necesidades psíquicas.**

NECESIDADES FÍSICAS: aquellas de origen orgánico.

NECESIDADES HUMANAS: las que sienten los seres humanos para preservar su vida o elevar el nivel de ella; se reconocen de dos tipos: a) las necesidades primarias, vitales o existenciales; b) las secundarias, de perfeccionamiento o culturales *(A. Digier).*

NECESIDADES PRESENTES: las existentes en una época determinada

NECESIDADES PRIMARIAS: aquellas indispensables para la subsistencia o conservación de la vida.◆ Tienen características rígidas en razón de que el ser que no logra satisfacerlas corre grave riesgo de dejar de existir *(A. Digier).*

NECESIDADES PSÍQUICAS: aquellas de carácter intelectual o mentales.

NECESIDADES SECUNDARIAS: aquellas que sirven para mejorar el nivel de vida.◆ Tienen características altamente flexibles, varían en calidad, cantidad e intensidad en cada individuo, en cada grupo social, en cada región y Nación. La primera necesidad cultural, que también sienten las especies animales y que traza una clara línea divisoria con las necesidades primarias, es la comunicación. Los seres humanos iniciaron en tiempos remotos su comunicación interpares con la emisión de sonidos simples guturales, tal como lo hace toda otra especie animal; luego descubre que la complejidad de la naturaleza y los hechos en que va siendo parte le hacen necesario nombrar cada imagen, objeto o acontecimiento de forma diferente y comienza a estructurar diferentes combinaciones de sonidos para distinguirlos (favorecido ello por su estructura craneana, fosa bucal y lengua, y por la mayor inteligencia que descubre poseer); surge al mismo tiempo la necesidad de transferir ese conocimiento a las generaciones siguientes; como la transmisión oral se perdía, gracias a sus manos prensiles pinta, dibuja y escribe símbolos a los que les da determinados significados. Este proceso da origen a los idiomas y dialectos según los códigos de señales orales y escritos; al mismo tiempo aparece la necesidad del proceso de enseñanza y aprendizaje para que ese conocimiento perdure, generando la educación y el entrenamiento en letras, artes, creencias y oficios *(A. Digier).*

NECROCOMIO: sinónimo de morgue.◆ Sitio al cual son derivados aquellos casos de muerte pendientes de autopsia, es decir, a efectos de los cuales deben determinarse los motivos, los medios utilizados y las demás circunstancias relacionadas con el deceso.

NECROFAGIA: acción configurada cuando, la conducta necrofílica deriva posteriormente en actos de antropofagia.

NECROFILIA: perversión sexual, considerada una variedad del sadismo, consistente en la excitación sexual experimentada por un sujeto que se vale de cadáveres con tal finalidad.

NECROFILOMANÍA: ver **Necrofilia.**

NECROPSIA: autopsia o examen de los cadáveres, ya sea con fines científicos o con el objeto de comprobar si el occiso ha fallecido o no en forma natural en aquellos casos en los cuales es viable la sospecha.

NEGACIÓN: en derecho procesal significa defensa en su sentido lato. Es un acto de no confesar un delito o rebatir una imputación.

NEGAR: no confesar alguien el delito de que se le hace cargo. Se usa regularmente hablando de los reos preguntados jurídicamente acerca de este delito.◆ Decir que algo no existe, que no es verdad o que no es como el otro cree o afirma.

NEGATIVO: aplícase al reo o testigo que, preguntado jurídicamente, no confiesa el delito o niega lo que se le pregunta.

NEGLIGENCIA: descuido, omisión.◆ Falta de aplicación.◆ Omisión consciente de la diligencia de los actos jurídicos.◆ Imprudencia.◆ Existe toda vez que una de las partes no haya urgido la producción de su prueba ocasionando una demora perjudicial en el trámite del proceso *(F. Migliardi).*◆ Omisión de la diligencia exigible en el tráfico, mediante cuya aplicación podría haberse evitado un resultado que no ha sido querido, la realización no querida del supuesto de hecho legal *(L. Enneccerus).*

NEGLIGENTE: descuidado.◆ Falto de aplicación.

NEGOCIABLE: característica de un documento o valor que implica que puede ser transferible por endoso y/o entrega simple.◆ Todo lo que se puede tratar como objeto de comercio.◆ Que se puede negociar.◆ Instrumento en cuestión que se puede transferir por su mero endoso.

NEGOCIACIÓN: proceso de influencia que surge ante la circunstancia de tener que satisfacer deseos, necesidades y/o intereses —propios y/o ajenos—, para lo cual se establecen tratos o interacciones con la finalidad de lograr un acuerdo mutuamente satisfactorio y duradero.◆ Regatear, comparar, plantear opciones y llegar a un acuerdo con un proveedor o cliente. Las partes plantean opciones mientras regatean. Se caracteriza por una relación directa entre comprador y vendedor por encima del mostrador o la mesa de trabajo; el principio fundamental es el planteo de opciones entre alternativas.

NEGOCIACIÓN COLECTIVA: Contrato Colectivo de Trabajo.◆ Convención Colectiva de Trabajo.◆ Convenio Colectivo de Trabajo.

NEGOCIACIÓN INTERNACIONAL: aquella que importa el debate y la discusión con respecto a cuestiones inherentes a las relaciones existentes entre los diferentes Estados que integran la comunidad internacional.

NEGOCIACIÓN MERCANTIL: conjunto de bienes y servicios y derechos que se ofrecen al público en forma sistemática y con propósito de lucro.◆ Tratar y comerciar, comprando y vendiendo o cambiando géneros, mercaderías o valores para aumentar el caudal.◆ Tratar asuntos públicos o privados procurando su mejor logro.

NEGOCIACIONES INCOMPATIBLES CON EL EJERCICIO DE FUNCIONES PÚBLICAS: delito en el que incurre el funcionario público que, directamente, por persona interpuesta o por acto simulado, se interese en cualquier contrato u operación en que intervenga por razón de su cargo *(A. García).*

NEGOCIADO: negocio ilegítimo y escandaloso.

NEGOCIADOR: que negocia.◆ Negociante.

NEGOCIANTE: persona que negocia géneros comerciales.◆ Comerciante.

NEGOCIAR: tratar y comerciar, comprando y vendiendo o cambiando mercaderías o valores para incrementar el caudal.◆ Tratar por la vía diplomática de potencia a potencia determinado asunto, como por ejemplo un tratado de comercio.◆ Ver **Negociación.**

NEGOCIO: ejercicio de una actividad comercial que comprende un empleo de capital y la búsqueda del fin de lucro mediante la venta de mercaderías, productos o servicios.◆ Cualquier ocupación, quehacer o trabajo.◆ Local en que se negocia o comercia.◆ Utilidad o interés que se logra en lo que se trata, comercia o pretende.◆ Toda construcción cuyo diseño sea apto para la venta y/o alquiler de distintos productos, así como la prestación de servicios con acceso directo desde la vía pública.

NEGOCIO ABIERTO: transacción no cerrada o terminada.

NEGOCIO CONJUNTO: acuerdo contractual en virtud del cual dos o más partes, a través de una entidad no societaria, desarrollan una actividad económica. Por ejemplo UTE.

NEGOCIO CONTRARIO: aquel que obliga a un acto (o a una omisión) que, según nuestras concepciones, tiene que ser libre.

NEGOCIO DE APLICACIÓN: en algunos países, modalidad del contrato de comisión que aparece como resultado de una coincidencia no infrecuente: el comisionista de más de un comitente, y por contratos de comisión diferentes, recibe de ambos encargos en sentido inverso y coincidente sobre una misma cosa.

NEGOCIO DE AUTORIZACIÓN: legítima intervención de un sujeto en la esfera jurídica privativa de otro en virtud de la facultad de disponer de la misma otorgada por éste en favor del primero.

NEGOCIO DE PRÉSTAMOS: créditos, adelantos, hipotecas y otro tipo de créditos otorgados por un prestamista, UN Banco o una entidad financiera.

NEGOCIO DE ÚNICO PROPIETARIO: empresa comercial cuyo valor pertenece en su totalidad a una sola persona.

NEGOCIO DIFERENCIAL: contrato de Bolsa a plazo celebrado por las partes sin la intención de que sus obligaciones recíprocas sean cumplidas al vencimiento sino para liquidar la diferencia entre el precio convenido al momento de concertarse la operación y el vigente al de su vencimiento.

NEGOCIO FIDUCIARIO: manifestación de voluntad por la cual se atribuye a otros una titularidad de derecho a nombre de los mismos pero en interés de un tercero o del propio transferente. La atribución del derecho al que lo recibe es plena, pero éste asume un vínculo obligatorio en orden al destino o al empleo del patrimonio que recibe *(Grasseti).*◆ Ver **Fiducia.**

NEGOCIO INMORAL: aquel que significa realización o estímulo de lo prohibido por las buenas costumbres u obstaculización de lo mandado por la moral.

NEGOCIO JURÍDICO: actos voluntarios lícitos encaminados a producir consecuencias jurídicas o, también, "una manifestación de voluntad que tiende válidamente a constituir, modificar o extinguir un derecho" *(G. Del Vecchio).* ◆ Acto de una o más voluntades que pretende algún efecto jurídico reconocido por la ley.◆ Es el medio o instrumento social y legalmente admitido para que los particulares satisfagan, dentro de los límites del orden público y las buenas costumbres, los intereses que están dentro de la órbita de la autonomía privada *(A. Giraldo).*

NEGOCIO JURÍDICO NULO: todo negocio al que se le niega definitivamente la consecuencia jurídica a que se dirige.

NEGOCIO NULO: aquel en donde el hecho humano que lo constituye, por defecto de los presupuestos o de las condiciones de importación que la norma exige (también por la clase de negocio a la que pertenece), frustra su determinación vinculante *(J. Negri).*

NEGOCIOS DE BUENA FE: ver **Buena fe, Principio de.**

"NEGOTIORUM GESTO": ver **Gestión de negocios ajenos.**

NEPOTISMO: desmedida preferencia que algunos dan a sus parientes para las concesiones o empleos públicos.

"NETWORK": redes empresariales. Es una estrategia de alianzas entre pequeñas y medianas empresas. No son las fusiones tradicionales. El objetivo final es reunir fuerzas en aquellos puntos que posibiliten un incremento de la efectividad y posibles socios que puedan aportar lo que el mercado demanda, exigencias que evolucionan constantemente.◆ Conjunto de relaciones que, mediante la fuerza de los componentes y la interacción correspondiente entre ellos, logran una influencia notablemente superior que si actuasen individualmente.

NEUROSIS: conjunto de enfermedades cuyos síntomas indican un trastorno del sistema nervioso, sin que el examen anatómico descubra lesiones en dicho sistema.

NEUTRAL: relativo a aquello que no forma parte de uno ni de otro.◆ Aplicable a quien mantiene una posición imparcial respecto de un conflicto al cual resulta ajeno.

NEUTRALIDAD: objetividad, imparcialidad. ◆ Es la situación de un Estado que permanece ajeno a la guerra que tiene lugar en otros Estados *(C. Díaz Cisneros).* ◆ Consiste en la posición adoptada por uno o varios Estados respecto de una guerra, de abastecerse de cualquier forma de participación en ella.◆ Actitud de imparcialidad adoptada por terceros Estados hacia los beligerantes y reconocida por éstos; tal actitud crea derechos y obligaciones entre los Estados imparciales y los beligerantes. Si un Estado adopta o no una actitud de imparcialidad al comienzo de la guerra, no es un problema del Derecho Internacional *(L. Oppenheim).* ◆ Es una actitud de imparcialidad de Estados que crea derechos y obligaciones y que es adoptada deliberadamente por un Estado y consentida por los beligerantes. No puede comenzar antes de que haya llegado a conocerse el comienzo de la guerra.

NEUTRALIDAD PERMANENTE: la que impone al Estado que la posee la obligación de permanecer neutral en presencia de todos los conflictos que puedan surgir.

NEUTRALIZACIÓN: ver **Estados neutralizados**.

"NEW SHARES": acciones nuevas emitidas en ocasión de producirse un aumento de capital que no facultan al poseedor a recibir dividendos por el período anual y que, por lo tanto, se comercializan por separado, hasta que se distribuyen utilidades.

NIETASTRO: respecto de una persona, hijo o hija de su hijastro o de su hijastra.

NIETO: respecto de una persona, hijo o hija de su hijo o de su hija.

NIF: en algunas legislaciones, sigla que significa número de identificación fiscal. En la Argentina, dicho número se denomina Clave Única de Identificación Tributaria y se conoce con la sigla CUIT.

NIHILISMO: actitud política que caracterizó a parte de la juventud intelectual rusa durante la segunda mitad del siglo XIX; era fuertemente polémica y negativa del orden social imperante.

NIÑEZ: lapso comprendido entre el nacimiento de una persona y su pubertad.

NIÑO: de acuerdo con lo establecido en la Convención sobre los Derechos del Niño, se entiende por tal a todo ser humano menor de dieciocho años de edad, salvo que, en virtud de la ley que le sea aplicable, haya alcanzado antes la mayoría de edad.

NIVEL DE ACTIVIDAD ECONÓMICA: indicador general o promedio que engloba múltiples y diversos índices porcentuales cuyo número puede variar y abarcar la parte financiera, comercial y social.

NIVEL DE AUTORIDAD: estratos en la jerarquía de un ente.

NIVEL DE PRECIOS: valorización de una serie de artículos al precio que pueden adquirirse a una fecha dada. Este nivel se lo compara con uno similar a los efectos de verificar variaciones en el poder adquisitivo de la moneda.◆ También, serie de precios de los distintos artículos de una empresa.

NIVEL DE VIDA: grado de bienestar, principalmente material, alcanzado por una persona o grupo en relación con sus ingresos y la capacidad adquisitiva de la moneda.

NO A LA ORDEN: forma de emitir un instrumento nominativo; con el agregado de "No a la orden" impide su transferencia vía endoso. La transferencia sólo puede realizarse bajo la forma de una cesión ordinaria.

NO FUNGIBLE: ver **Bienes no fungibles.**

NO GRAVADO: todo lo que está fuera del ámbito del impuesto y, por lo tanto, excluido de tributación.

NO IMPONIBLE: monto que se establece para no tributar un impuesto.

NO INNOVAR: ver **Innovación.**

NO INTERVENCIÓN: en el ámbito del Derecho Internacional, principio en virtud del cual cada uno de los Estados asumen el compromiso de abstenerse de intervenir en los asuntos internos de los restantes.

NO LLENAR: expresión que figura en algunos formularios; significa que es un lugar que no se debe cubrir por estar reservado para quien lo recibe.

NO NEGOCIABLE: que no se puede negociar o transmitir como objeto de comercio.

NO RESIDENTES: personas físicas o jurídicas tratadas como extranjeras por el Fisco, las autoridades monetarias, etcétera.

NO RESPONSABLE: expresión que se utiliza en el IVA para mencionar a quienes realizan una actividad que no está gravada por este impuesto.

NO SIGNIFICATIVO: situación o circunstancia que no afecta la emisión de los informes profesionales sobre los estados contables.

NO USO: ver **Desuso de la ley.**

NO VIOLENCIA: una de las formas de ejercicio del Derecho de resistencia (A. Bobbio).

NOBLE: quien, por pertenecer a una determinada familia, posee algún título del reino.◆ Aristócrata.

NOCIVO: dañoso, pernicioso, perjudicial.

NOCTURNIDAD: circunstancia que caracteriza a los hechos ejecutados o que se producen durante la noche. En determinados supuestos, esta circunstancia puede ser sumamente trascendente en vistas a la determinación respecto de la validez del hecho o acto jurídico o para su correcta calificación *(Chichizola).*

NÓMADE: relativo al sujeto o grupo de sujetos que no se hallan asentados en forma permanente en un mismo lugar sino que subordinan el lugar de su residencia a diversos factores.

NOMBRAMIENTO: designación para desempeñar un puesto o cargo.◆ Cédula o despacho en que se designa a uno para un cargo u oficio.

NOMBRE: palabra con que son designados los objetos físicos, psíquicos o ideales.◆ Es un atributo de la persona que tiene por fin su individualización, ya sea dentro del ámbito de su núcleo familiar (nombre de pila) como en su carácter de miembro de una comunidad (apellido).

NOMBRE COMERCIAL: aquel con el que se conoce un producto o empresa en el mercado.◆ Denominación distintiva de un establecimiento, registrada como propiedad industrial.

NOMBRE DE DOMINIO*:* etiqueta alfanumérica asociada a una dirección IP que, a su vez, identifica unívocamente a un servidor en Internet. La traducción de una etiqueta (empresa.com) a un número IP (207.44.228.73) y viceversa es efectuada conforme al "sistema de nombres de dominio" (DNS, por sus siglas en inglés) por medio de múltiples servidores de nombres distribuidos en la red. Los nombres de dominio se dividen en *genéricos* o *gTLDs* (*generic top-level domains,* como .com, .org, .net, etc.) y "de código nacional" o ccTLDs (*country-code top-level domain,* como .cr, .fr, .mx) *(C. Hess).*

NOMBRE DE FANTASÍA: designación de una empresa con el nombre de objetos, personas y lugares en una forma particular, con palabras fantásticas, utilizando también títulos reales o imaginarios *(Rinessi).*

NOMBRE DE LA MUJER CASADA: ver **Apellido de la mujer casada.**

NOMBRE DE LA MUJER DIVORCIADA: ver **Apellido de la mujer divorciada.**

NOMBRE DE LA MUJER VIUDA: ver **Apellido de la mujer viuda.**

NOMBRE DE PILA: primer nombre.◆ Pronombre.◆ Nombre que se da a la criatura cuando se bautiza.

NOMBRE SOCIAL: nombre que sirve para caracterizar una sociedad, generalmente es una consecuencia del contrato social.

NOMBRE SUPUESTO: ver **Uso de nombre supuesto.**

NOMENCLADOR: nomenclátor.◆ Nombres.◆ El que tiene la nomenclatura de una ciencia.◆ Ver **Nomenclatura.**

NOMENCLÁTOR: nomenclador.◆ Catálogo de nombres de personas o cosas; nómina.◆ Ver **Nomenclatura.**

NOMENCLATURA: lista de nombres de personas o cosas, nómina.◆ Conjunto de voces técnicas propias de una facultad.◆ Relación de nombres de personas o cosas.

NOMENCLATURA ARANCELARIA DE BRUSELAS: ver **Nomenclatura del Consejo de Cooperación Aduanera.**

NOMENCLATURA DEL CONSEJO DE COOPERACIÓN ADUANERA: nómina de productos producidos y comercializados por todos los países adherentes al Acuerdo General de Precios y Tarifas –GATT– los cuales tienen un número de posición en la lista a los efectos de facilitar su identificación en el comercio internacional.◆ Ver **GATT**.

NÓMINA: lista o catálogo de nombres de cosas o personas.◆ Por lo general, se le da tal denominación a la lista de obreros y empleados de una empresa con sus respectivos cargos y/o funciones.◆ Relación nominal de los individuos que en una oficina pública o particular han de percibir haberes y justificar con su firma haberlos recibido.

NÓMINA DE SALARIOS: lista que exhibe los salarios pagaderos a cada obrero o empleado durante cierto período, así como las deducciones por retenciones correspondientes a impuestos, aportes sindicales, previsionales y sociales.

NOMINACIÓN: nombramiento a un cargo o empleo.

NOMINADOS: contratos previstos especialmente por la ley que regla sus efectos y requisitos.

NOMINAL: a la orden de una persona.◆ Valor que figura inscripto en un documento.

NOMINALISMO: tendencia a negar la existencia objetiva de los universales, considerándolos meras convenciones o nombres.◆ Se opone a realismo y a idealismo.◆ Teoría que considera que el valor del dinero se sustenta en su valor nominal y no en el de la materia, de acuerdo con lo expuesto en la teoría del metalismo. En realidad, esta teoría se basa en el valor de cambio que posee el dinero y no como unidad de cuenta.

NOMINATIVIDAD DE ACCIONES: en la Argentina, rige la obligatoriedad de la nominatividad de las acciones y no son endosables.◆ Ver **Acciones nominativas.**

NOMINATIVO: extensión de un documento a nombre de una determinada persona. Instrumento por el cual se señala expresamente su beneficiario. Puede ser emitido "a la orden" o "no a la orden".

"NOMINEE": en algunos países, empresa formada por bancos para facilitar la negociación de acciones registradas a nombre de quienes están emitidos los certificados. Los papeles registrados a nombre de una *nominee* pueden ser utilizados para crear certificados fácilmente negociables por medio de endosos en blanco.

"NON ADIMPLETI CONTRACTUS": ver **"Exceptio non adimpleti contractus".**

"NON BIS IN IDEM": garantía procesal que asegura que nadie podrá ser perseguido penalmente más de una vez por el mismo hecho.

"NON-VERSE": expresión francesa aplicable a la porción no pagada del valor a la par de una acción. En algunos países europeos, los accionistas deben firmar un documento específico que los obliga a abonar el remanente de precio de las acciones suscriptas en una fecha posterior.

NONATO: no nacido naturalmente sino sacado del claustro materno mediante cesárea.

NORMA: regla que se debe seguir o a la que se deben ajustar las conductas, tareas, actividades, etcétera.◆ Precepto jurídico.◆ Estándar autorizado.◆ No es sinónimo de ley. Cada ley puede contener una o varias normas.

NORMA CONSUETUDINARIA: ver **Derecho consuetudinario.**

NORMA DE ORDEN PÚBLICO: aquella que tiene por finalidad la tutela y garantía del mismo.

NORMA FUNDAMENTAL: aquella que constituye la piedra basal de todo el sistema normativo.

NORMA GENERAL: norma jurídica.

NORMA JURÍDICA: regla o precepto jurídico cuyo cumplimiento u observación es de carácter coactivo.◆ Es un juicio hipotético que debe ser coactivo y tiene como antecedente un acto antijurídico y como consecuente, una sanción.◆ La significación lógica creada según ciertos procedimientos instituidos por una comunidad jurídica y que, como manifestación unificada de la voluntad de ésta, formalmente expresada a través de sus órganos e instancias productoras, regula la conducta humana en un tiempo y un lugar definidos prescribiendo a los individuos, frente a determinadas circunstancias condicionantes, deberes y facultades, y estableciendo una o más sanciones correctivas para el supuesto de que dichos deberes no sean cumplidos.

NORMA PENAL EN BLANCO: ver **Leyes penales en blanco.**

NORMA PROCESAL: norma jurídica destinada a regular la realización de la función jurisdiccional del Estado.

NORMALIZAR: poner en orden aquello que no está normal en un ente.◆ Ajustar, tipificar, estandarizar, a un tipo o modelo las normas y procesos similares.

NORMAS ADMINISTRATIVAS: las que expide el Ejecutivo para dar desarrollo a las normas legales o para cumplir las funciones de su competencia dentro del marco de la Constitución y las leyes. Igualmente lo son las providencias dictadas por los funcionarios de las otras ramas del poder público cuando cumplen funciones administrativas *(Monroy Cabra)*.

NORMATIVA: conjunto de normas relativas a una determinada materia, cuestión o actividad.

"NORTH AMERICAN FREE TRADE AGREEMENT": ver **NAFTA.**

NOTA: cuenta, factura.◆ Cada una de las calificaciones que se otorga anualmente a los empleados u obreros en la administración pública o privada.◆ Marca o señal que se coloca en una cosa para reconocerla o para darla a conocer.◆ Acotación realizada al margen de un escrito.◆ Se denomina de esta forma, además, cierto tipo de resumen, muy escueto, que versa sobre los recursos de cesación civil.◆ Ver **Notas diplomáticas.**

NOTA DE ABONO: ver **Nota de crédito.**

NOTA DE CARGO: documento utilizado internamente en una empresa a efectos de cargar a un determinado departamento los productos remitidos para su comercialización.◆ Ver **Nota de débito.**

NOTA DE COMPRA: orden de compra; la que extiende el comprador.◆ Nota de pedido.◆ Orden de pedido.

NOTA DE CRÉDITO: documento utilizado para documentar un registro en el crédito de una cuenta, que por lo general es a favor de un tercero, como por ejemplo, en la cuenta de un cliente en la que se le acredita una devolución, un descuento, error de facturación, etcétera. Este comprobante se emite en la cantidad de copias necesarias para su envío al tercero interesado y las requeridas por la administración de la empresa. Debe cumplir con todos los requisitos exigidos por la autoridad tributaria.◆ Nota de abono.

NOTA DE CRÉDITO BANCARIA: comprobante mediante el cual se acredita el ingreso de fondos o valores en la cuenta corriente bancaria de la empresa.◆ Documento que la entidad bancaria entrega a su cliente como constancia de depósito efectuado, ya sea en cuenta corriente o en caja de ahorro.◆ Boleta de depósito.

NOTA DE DÉBITO: comprobante en el que se documenta un débito en una cuenta, ya sea por un error, omisión u otros conceptos (fletes, intereses, sellados) a cargo del comprador. Se suele hacer en las cuentas a cobrar. Por ejemplo, cuando se debita a un cliente un ajuste de precio, un cargo por gastos, intereses, etcétera.◆ Documento mercantil que una empresa envía a un cliente, mediante el cual le comunica haber debitado en su cuenta determinado importe por la causa o motivo expresada en el mismo. Debe cumplir con todos los requisitos exigidos por la autoridad tributaria.◆ Nota de cargo.

NOTA DE DÉBITO BANCARIA: el documento que una entidad bancaria entrega a su cliente como constancia de un débito efectuado en cuenta corriente o en caja de ahorro.

NOTA DE DEVOLUCIÓN: comprobante mediante el cual se registran y detallan las mercaderías devueltas por los clientes. A partir de este documento se prepara la nota de crédito correspondiente.

NOTA DE EMPAQUE: documento que se presenta a la empresa transportadora, por lo general en los fletes marítimos, antes de proceder a la carga, para que la mercadería tenga reserva en las bodegas del barco.

NOTA DE ENTREGA: remito.◆ Albarán. ◆ Nota de envío.◆ Nota de remisión.

NOTA DE ENVÍO: remito.◆ Nota de entrega. ◆ Albarán.◆ Nota de remisión.

NOTA DE RECEPCIÓN: informe de recepción.

NOTA DE REMISIÓN: remito.◆ Albarán. ◆ Nota de envío.◆ Nota de entrega.

NOTA DE REPARTO: hoja en la cual se detallan los distintos despachos a realizar de las mercaderías vendidas y pendientes de entrega. Se lleva en la sección expedición.

NOTA DE VENTA: documento que emite el vendedor y en el que se detallan las mercaderías objeto de la transacción al aceptar el pedido formulado por el comprador.◆ En otros términos, es el documento comercial en el cual se registra una posible operación de venta en virtud de un requerimiento de un cliente.

NOTA MARGINAL: notaciones relacionadas con cuestiones referentes a una inscripción realizada en un registro o al instrumento matriz.

NOTA VERBAL: ver **Notas diplomáticas.**

NOTAR: tomar notas, advertencias o reparos a los escritos o libros.◆ Registrar en libros, señalar, marcar.

NOTARÍA: oficina del notario.◆ Oficio de notario.

NOTARIADO: profesión o carrera de notario.◆ Colectividad de notarios.

NOTARIO: el que desempeña la labor de escribano, fedatario.◆ En algunos países, se llama notario público.◆ Funcionario público autorizado para dar fe de los contratos, testamentos y otros actos extrajudiciales, conforme con las leyes.

NOTAS DIPLOMÁTICAS: comunicaciones por escrito, mantenidas entre los funcionarios diplomáticos y sus Gobiernos, en el marco de una negociación internacional. Presentan distintas modalidades atento al objeto sobre el cual versan. Estas comunicaciones pueden realizarse también verbalmente (notas verbales), mediante el intercambio de observaciones entre aquellos, careciendo de todo tipo de solemnidades y, también, de fuerza vinculante para las partes.

NOTAS UNIVERSALES: aquellas que consignan la declaración por la cual un Estado no anula los derechos y prerrogativas anteriores. Registran concesiones recíprocas de los Estados suscriptores *(A. Llanés Torres).*

"NOTES": utilizado internacionalmente en el negocio de préstamos. Es un instrumento de crédito que consiste en una promesa escrita e incondicional de pagar una suma de dinero en una fecha futura especificada, a una persona o al portador.

NOTICIA DE INCUMPLIMIENTO: notificación por escrito a un deudor de que ha incurrido en situación de incumplimiento.

NOTIFICACIÓN: acto o documento en el que consta o se pone en conocimiento de alguien una resolución emanada de autoridad competente o a requerimiento particular. Puede ser personal, por cédula, por edictos, automática o por telegrama.◆ En el ámbito internacional, es el acto por el cual un Estado lleva al conocimiento de otro (u otros) un determinado hecho que puede producir efectos jurídicos. Su finalidad principal es dar una certeza legal de la información *(E. Llanés Torres).* ◆ Acto por el que se intima al reo mediante la célula citatoria.

NOTIFICACIÓN AUTOMÁTICA: es aquella que se verifica determinados días de la semana fijados por la ley o por el juez o tribunal, aun en el supuesto de que, a raíz de la incomparecencia de la parte a la sede del órgano judicial, ésta no haya tomado conocimiento del contenido de la correspondiente resolución. Se trata de una notificación tácita *(L. Palacio - Alvarado Velloso).*

NOTIFICACIÓN PERSONAL: aquella que se practica en la sede del órgano judicial interviniente en el proceso, mediante diligencia extendida en el mismo expediente y que, con indicación de fecha y firma del interesado o de su representante y la del auxiliar designado por la ley o, eventualmente, solo con la de este último y la del secretario, se deja constancia de haberse tomado conocimiento de una o más resoluciones *(L. Palacio - Alvarado Velloso).*

NOTIFICACIÓN POR CÉDULA: aquella que se practica, con intervención de los auxiliares designados por la ley, en el domicilio procesal, real o convencional de las partes o de sus representantes *(L. Palacio - Alvarado Velloso).*◆ La que se realiza por ese documento *(F. Migliardi).*

NOTIFICACIÓN POR CORREO: notificación postal.

NOTIFICACIÓN POR EDICTOS: aquella que procede cuando se trata de personas inciertas o cuyo domicilio se ignora. La publicación de los edictos se hará en el diario de publicaciones legales y en un diario de los de mayor circulación del lugar del último domicilio del citado si fuera conocido o, en su defecto, del lugar del juicio. La resolución se tendrá por notificación al día siguiente de la última publicación.

NOTIFICACIÓN POR MINISTERIO DE LA LEY: ver **Notificación automática**.

NOTIFICACIÓN POR NOTA: notificación automática.

NOTIFICACIÓN POR RADIODIFUSIÓN: se trata de aquella notificación realizada a través de ese medio de comunicación. Se encuentra autorizada en todos los casos en que se autoriza la publicación de edictos. Las transmisiones se realizan por una emisora oficial y por las que determine la reglamentación de superintendencia. La resolución se tendrá por notificada al día siguiente de la última transmisión radiofónica.

NOTIFICACIÓN POSTAL: aquellas notificaciones realizadas por cualquier tipo de carta o medio de similares características.

NOTIFICACIÓN TÁCITA: aquella que opera automáticamente, así como también la resultante del retiro del expediente o de copias de piezas de éste, sea por las partes o por sus auxiliares, de la presentación de cédulas por las personas que la ley habilita para suscribirlas y del cumplimiento del contenido de una resolución judicial *(L. Palacio - Alvarado Velloso).*

NOTIFICAR: dar extrajudicialmente, con propósito cierto, noticia de una cosa.◆ Anoticiar a una persona de una resolución judicial o administrativa con observancia de las exigencias formales fijadas en las normas.

NOTO: ver **Hijo extramatrimonial; Hijo bastardo.**

NOTORIO: se califica tal aquel hecho, acto o circunstancia que ha tomado carácter público, debido a lo cual se encuentra en conocimiento de todos.

NOTORIO INTERÉS INSTITUCIONAL: ver **Gravedad institucional.**

NOVACIÓN: transformación de una obligación en otra; se extingue, por tal razón, la primera.

NOVACIÓN SUBJETIVA: aquella en la cual se produce una modificación en cuanto a los sujetos vinculados con la obligación.

NOVAR: sustituir una obligación por otra otorgada anteriormente, la cual queda anulada en este acto.

NOVELAS: eran así denominadas, en Roma, aquellas leyes nuevas que, dictadas luego de un código o recopilación, se utilizaban de un modo supletorio o a fin de realizar pequeñas modificaciones a los mismos a fin de solucionar derechos controvertidos.

NOVENARIO: espacio comprendido por los nueve días posteriores al fallecimiento de una persona, el cual es empleado para el luto de sus familiares directos.

NOVIO: persona recién casada.◆ La que está próxima a casarse.◆ La que mantiene relaciones amorosas en expectativa de futuro matrimonio.

NOVÍSIMA RECOPILACIÓN DE LAS LEYES DE ESPAÑA: recopilación ordenada de las leyes de España y en la que están incluidas las normas de la Nueva Recopilación; en realidad, este cuerpo de leyes es nada más que una reproducción con distinto método de las mismas leyes contenidas en aquélla, con supresión de algunas y adición de otras, que se habían publicado desde la última edición de aquélla *(J. Vivanco).*

NOXA: dimisión hecha del esclavo o del animal que había causado daño por medio de la cual, según el Derecho Romano, el dueño se eximía de la obligación de indemnizar al damnificado.

NÚBIL: dícese de la persona que está en edad de contraer matrimonio; más propiamente, de la mujer.

NUDA PROPIEDAD: atributos del derecho de propiedad que conserva el propietario de un bien que ha sido dado en usufructo, uso o habitación a otra persona. Para obtener la valuación de la nuda propiedad se procede de la siguiente forma:

$$\text{Nuda propiedad} = \frac{\text{Valor del bien dado en usufr.}}{(1+r)^n}$$

Donde:
r: es la tasa de interés anual;
n: es el tiempo por el cual se otorga la propiedad en usufructo.

NUDO PROPIETARIO: el que tiene la nuda propiedad de una cosa o bien sobre el que otro ejerce el usufructo, el uso o la habitación.

NUEVO ORDEN ECONÓMICO INTERNACIONAL: medidas y reglas adoptadas por los distintos organismos internacionales a fin de adoptar las reglas del juego económico a los imperativos de una mayor justicia económica internacional, que puede mejorar las posibilidades de los países subdesarrollados a nivel mundial. Por ello se han creado mecanismos para facilitar el acceso de las industrias de los países pobres a los mercados de los ricos, el aumento de los flujos de ayuda económica hacia los países pobres, el tratar de estabilizar los precios de los productos primarios, etcétera.

NULIDAD: sanción que recae sobre un determinado acto en virtud de carecer de alguno de los requisitos legales (tanto formales como sustanciales) o la que tiene lugar en aquellos supuestos en los cuales, a pesar de aquellas exigencias, se ven igualmente privados de eficacia, por encontrarse alojado un vicio en el cumplimiento de las mismas.◆ Ineficacia de un acto jurídico proveniente de la ausencia de una de las condiciones de fondo o de forma requeridas para su validez.

NULIDAD ABSOLUTA: nulidad que puede y debe ser declarada por el juez, aun sin petición de parte, cuando aparece manifiesta en el acto. Puede alegarse por todos los que tengan interés en hacerlo, excepto el que ha ejecutado el acto, sabiendo o debiendo saber el vicio que lo invalidaba. Puede también pedirse su declaración por el Ministerio Público, en el interés de la moral o de la ley.◆ La que puede ser demandada por cualquier interesado, por ser de orden público o faltar un elemento esencial del acto jurídico.

NULIDAD COMPLETA Y TOTAL: la que se hace extensiva a todas las consecuencias jurídicas generadas para un acto de las mismas características.

NULIDAD DE LA NOTIFICACIÓN: aquella que se hiciere en contravención a lo dispuesto por las normas procesales, siempre que la irregularidad fuere grave e impidiere al interesado cumplir oportunamente los actos procesales vinculados con la resolución que se notifica.

NULIDAD DE LOS CONTRATOS: la que tiene lugar como consecuencia de la inexistencia o vicio de cualquiera de los elementos indispensables para la válida configuración del sinalagma.

NULIDAD DE LOS TESTAMENTOS: la procedente en aquellos testamentos que carecen de alguno de sus elementos constitutivos indispensables o en los supuestos en los cuales existe un vicio alojado en el elemento formal o no se reúnan las condiciones exigibles en relación con la capacidad de los sujetos.

NULIDAD DEL MATRIMONIO: sanción legal que priva de sus efectos propios a un acto jurídico en virtud de una causa existente en el momento de su celebración.

NULIDAD MANIFIESTA: aquella que se da cuando el acto se reputa nulo –en virtud de lo dispuesto por la ley en forma expresa– o por haberle sido impuesta la pena de nulidad.

NULIDAD PARCIAL: aquella que sólo recae sobre ciertos y determinados efectos de un acto, y no se extiende a los restantes.

NULIDAD PROCESAL: sanción de ineficacia que la ley establece para las actuaciones judiciales que se realizan sin cumplir con las formalidades que exige la ley.

NULIDAD RELATIVA: aquella que no puede ser declarada por el juez sino a pedido de parte, ni puede pedirse su declaración por el Ministerio Público en el solo interés de la ley, ni puede alegarse sino por aquellos en cuyo beneficio lo han establecido las leyes.

"NULLA POENA SINE LEGE": ver **"Nullum crimen, nulla poena sine praevia lege".**

"NULLIUS": dícese de aquello que carece de dueño.◆ Cosas *nullius*.◆ Ver **Bienes *"nullius"*.**

"NULLUM CRIMEN, NULLA POENA SINE PRAEVIA LEGE": locución latina que significa: Ningún crimen (o delito), ni pena sin una ley previa.

NULO: acto sin fuerza para obligar o tener efecto por ser contrario a las leyes o por carecer de las solemnidades que se requieren en la sustancia o en el modo.

NUMERACIÓN: acción y efecto de numerar.

NUMERACIÓN ARÁBIGA: ver **Numeración decimal.**

NUMERACIÓN DE CUENTA: codificación. ◆ Cuenta numerada.

NUMERACIÓN DECIMAL: sistema que puede expresar cualquier cantidad con el valor absoluto y la posición relativa de los diez signos introducidos por los árabes en Europa.

NUMERACIÓN ROMANA: la expresada por números que usaban los romanos, compuesta por siete letras del alfabeto latino: I, V, X, L, C, D y M.

NUMERAR: expresar numéricamente la cantidad.◆ Marcar con números. ◆ Contar por el orden de los números.

NUMERARIO: moneda acuñada o dinero efectivo.◆ Moneda metálica y, por extensión, moneda de curso legal.◆ Persona incorporada con carácter fijo al conjunto de las que componen un cuerpo determinado.

NÚMERO: expresión de la cantidad computada con relación a una unidad.◆ Cantidad de personas o cosas de determinada especie.

NÚMERO CARDINAL: cada uno de los números enteros en abstracto. Por ejemplo: diez.

NÚMERO IMPAR: el que no es exactamente divisible por dos.

NÚMERO ÍNDICE: aquel que, por medio de sus variaciones, expresa las modificaciones producidas en el espacio o en el tiempo. Así, por ejemplo, existe el índice de nivel de precios, que refleja las variaciones en el tiempo en los precios de un producto o de varios conjuntamente; índices de niveles de producción comparativos entre países y períodos.

NÚMERO ORDINAL: el que expresa orden o sucesión. Por ejemplo: segundo.

NÚMERO PAR: el que es exactamente divisible por dos.

NÚMERO ROMANO: el perteneciente a la numeración romana.

NÚMEROS EN ROJO: aplicable a una cuenta corriente en descubierto.◆ Los que señalan las pérdidas de un ente.◆ Suele aplicarse para aludir a una empresa cuyo ejercicio arroja un resultado negativo.

NUMISMÁTICA: ciencia que trata del conocimiento de la colección de monedas y medallas, principalmente de las antiguas.

NUNCIO: persona que cumple con la función de entregar mensajes o anoticiar de algo a las partes. Representante papal que puede ejercer algunas atribuciones pontificias.

NUNCUPATIVO: testamento nuncupativo.

"NUNTIATIO NOVI OPERIS": acción con que se pretende prohibir que otro, construyendo, cambiando o demoliendo un edificio u otra obra, ocasione un daño y lesione un derecho, mientras tanto que no se definan por sentencia los derechos de ambas partes.

NUPCIAS: casamiento.

Ñ

ÑAPA: en algunos países latinoamericanos, propina, yapa.

"ÑOQUI": neologismo utilizado habitualmente para designar al empleado público que, en la Argentina, percibe una remuneración o salario asistiendo solamente a su cobro los días 29 de cada mes. No existe contraprestación laboral y no genera riqueza.◆ Suele sostenerse frecuentemente que se trata de un desempleo encubierto.◆ Desocupación disfrazada.

O

OACI: ver **Organización de Aviación Civil Internacional.**

OAS: *Organization of American States.* ◆ OEA.◆ Ver **Organización de Estados Americanos.**

OBCECACIÓN: ofuscación tenaz y persistente.◆ Ver **Arrebato.**

OBEDIENCIA: cumplimiento de la voluntad de quien manda.

OBEDIENCIA CIEGA: obediencia que se presta sin examinar los motivos o las razones del que manda.

OBEDIENCIA DEBIDA: aquella cuya orden emana de una autoridad competente para darla; el agente tiene obligación de cumplirla. Es una circunstancia eximente de responsabilidad en los delitos.

OBISPADO: territorio o distrito asignado a un obispo para ejercer sus funciones y jurisdicción.

OBISPO: prelado superior de una diócesis a cuyo cargo está la cura espiritual, la dirección y el gobierno eclesiástico de los diocesanos.

OBISPO AUXILIAR: prelado sin jurisdicción propia, con título *in partibus*, que se nombra algunas veces para que ayude en sus funciones a algún obispo o arzobispo.

ÓBITO: muerte de una persona.

OBJECIÓN: razón que se propone o dificultad que se presenta en contra de una opinión o designio, o para impugnar una proposición.

OBJECIÓN DE CONCIENCIA: la negativa de una persona a realizar actos o servicios invocando motivos éticos o religiosos, especialmente en el servicio militar.

OBJETO: materia o asunto de que se ocupa una ciencia.◆ Todo lo que puede ser materia de conocimiento o sensibilidad de parte del sujeto, incluso este mismo.

OBJETO DEL DELITO: para Mezger, es el objeto de la acción. Aquel objeto corporal sobre el que la acción típicamente se realiza. Puede ser una cosa cualquiera siempre que tenga dependencia jurídica, es decir que constituya un ente jurídico o que pertenezca a alguien.

OBJETO ESPACIAL: concepto que designa las astronaves, los satélites, los laboratorios orbitales, las cápsulas y cualesquiera otros artefactos que hayan de moverse en el espacio ultraterrestre y se sostengan en él por medios distintos de la reacción del aire, así como los dispositivos de envío de tales objetos y cualquier parte de éstos.

OBJETO IMPONIBLE: ver **Hecho imponible.**

OBJETO MATERIAL: persona o cosa sobre la que se produce el delito.

OBJETO SOCIAL: conocimiento cierto de las actividades que realiza la sociedad; la descripción debe ser precisa, determinada e incluida en su contrato social o constitutivo. El requisito básico es la producción o intercambio de bienes y servicios. Se admite que el objeto social comprenda distintas actividades específicas. ◆ "Es un acto objetivo de comercio" *(Vivante).* Todos los contratos sociales deben establecer las actividades. ◆ Objeto de la explotación.

OBLIGACIÓN: compromiso asumido por el pago de una deuda o la ejecución de un servicio.◆ Responsabilidad en la ejecución de una prestación en virtud de un convenio celebrado entre partes o de acuerdo con normativa legal.◆ Documento público o privado en que se reconoce una deuda o se promete su pago u otra prestación o entrega.◆ Deuda.◆ Título negociable, nominal o al portador entregado por una sociedad o una colectividad pública a los que le prestan capitales. Para la empresa emisora es una especie de deuda.◆ Consiste en la limitación de poder obrar impuesta por la necesidad de sacrificar un interés del sujeto pasivo en beneficio del despliegue de un interés del sujeto activo; o bien, de soportar las consecuencias de la sanción en caso contrario. Significa una libertad de alternativa en el obligado.

OBLIGACIÓN A LA VISTA: documento pagadero a su presentación.

OBLIGACIÓN ACCESORIA: ver **Obligaciones accesorias; Obligación principal y accesoria.**

OBLIGACIÓN ALIMENTARIA: ver **Alimentos.**

OBLIGACIÓN ALTERNATIVA: la que tiene por objeto una de entre muchas prestaciones independientes y distintas las unas de las otras en el título, de modo que la elección que deba hacerse entre ellas quede desde el principio indeterminada.◆ Ver **Obligaciones alternativas.**

OBLIGACIÓN BAJO CONDICIÓN RESOLUTORIA: aquella en la que el acaecimiento de un hecho futuro e incierto determina la resolución de un derecho adquirido.

OBLIGACIÓN BAJO CONDICIÓN SUSPENSIVA: aquella cuyo surgimiento no se halla supeditado al acaecimiento de un hecho futuro e incierto. Pendiente la condición suspensiva, el acreedor puede proceder a todos los actos conservatorios, necesarios y permitidos por la ley para la garantía de sus intereses y de sus derechos.

OBLIGACIÓN BILATERAL: aquella que vincula a dos partes imponiendo prestaciones a cargo de cada una de ellas y a favor de la contraparte.◆ La que obliga a ambas partes de un contrato.

OBLIGACIÓN CIVIL: aquella que confiere acción a su acreedor para exigir su cumplimiento por vía legal.

OBLIGACIÓN COMPUESTA: aquella cuyo contenido consiste en dos o más prestaciones.

OBLIGACIÓN CON OPCIÓN INCRUSTADA: bono o contrato privado que prevé la devolución de idéntica suma a la prestada, multiplicada por un índice determinado *(G. Gotlib).*

OBLIGACIÓN CONDICIONAL: aquella en la que se subordina la adquisición de un derecho o la resolución de un derecho ya adquirido, a un acontecimiento incierto y futuro que puede o no llegar.

OBLIGACIÓN CONTINGENTE: pasivo contingente, eventual.◆ Ver **Pasivo contingente.**

OBLIGACIÓN CONVERTIBLE: ver **Obligación negociable convertible.**

OBLIGACIÓN DE DAR: aquella que tiene como objeto la entrega de una cosa mueble o inmueble con el fin de constituir sobre ella derechos reales, transferir el uso o la tenencia, o restituirla a su dueño. Éstas pueden clasificarse en obligaciones de: a) dar cosas ciertas, b) dar cosas inciertas, c) dar cantidades de cosas y d) dar sumas de dinero.◆ La que tiene por objeto la constitución y la transmisión de un derecho real *(J. Bonnecase).*

OBLIGACIÓN DE HACER: la que tiene como objeto la ejecución de un acto o hecho.◆ Se reduce al cumplimiento de un acto positivo *(J. Bonnecase).*

OBLIGACIÓN DE NO HACER: la que tiene por objeto la abstención de ejecutar un acto o un hecho determinado.

OBLIGACIÓN DE PROBAR: deber que impone la ley a una de las partes litigantes, generalmente al que afirma, de aportar las pruebas de sus asertos o alegaciones.◆ Carga de la prueba.

OBLIGACIÓN DIVISIBLE: la que admite la posibilidad de realizar cumplimientos parciales, dada la naturaleza y las características de la prestación debida.

OBLIGACIÓN FACULTATIVA: aquella que tiene por objeto más de una prestación y que otorga al deudor la facultad de sustituir una prestación por otra.

OBLIGACIÓN HIPOTECARIA: ver **Hipoteca.**

OBLIGACIÓN INDIVISIBLE: aquella en la cual la prestación debida posee una naturaleza tal que impide su cumplimiento parcial.

OBLIGACIÓN "INTUITU PERSONAE": ver **"Intuitu personae".**

OBLIGACIÓN MANCOMUNADA: aquella que tiene más de un acreedor o más de un deudor y cuyo objeto es una sola prestación, que puede ser o no solidaria.

OBLIGACIÓN MANCOMUNADA SOLIDARIA: aquella en la que la totalidad de su objeto puede, en virtud del título constitutivo o de una disposición de la ley, ser demandada por cualquiera de los acreedores o a cualquiera de los deudores.

OBLIGACIÓN NATURAL: aquella que, fundada sólo en el Derecho Natural y en la equidad, no confiere acción para exigir su cumplimiento pero que, una vez cumplida la prestación por el deudor, autoriza a su acreedor a retener lo que se ha dado por razón de ella.

OBLIGACIÓN NEGOCIABLE: deuda cuyo documento representativo puede ser transferido por sus tenedores. Las obligaciones pueden ser emitidas por las sociedades y ser al portador o nominativas.◆ Ver **Obligaciones negociables.**

OBLIGACIÓN NEGOCIABLE CANJEABLE: aquella susceptible, por voluntad del tenedor o acreedor, de ser canjeada por una suscripción de acciones de una sociedad, excepto de la sociedad deudora, cancelando anticipadamente de esta forma la relación crediticia.

OBLIGACIÓN NEGOCIABLE CONVERTIBLE: aquella susceptible, por voluntad del tenedor o acreedor, de ser canjeada por una suscripción de acciones de la sociedad emisora, cancelando anticipadamente de esta forma la relación crediticia. Una vez convertidas en acciones, el acreedor pierde dicho carácter para transformarse en accionista de la emisora.

OBLIGACIÓN NEGOCIABLE ESCRITURAL: obligación que no se materializa en un título de valor sino que éste es reemplazado por la inscripción en un registro.

OBLIGACIÓN NEGOCIABLE RESCATABLE: aquella susceptible por voluntad del deudor de ser cancelada anticipadamente de acuerdo con las cláusulas de emisión.

OBLIGACIÓN NO AMORTIZABLE: aquella que no indica fecha exacta de amortización.

OBLIGACIÓN NO TRANSMISIBLE: la que no puede ser objeto de cesión.

OBLIGACIÓN NOMINATIVA: aquella que se emite a nombre de una persona determinada.

OBLIGACIÓN PERSONAL: la que compromete y requiere necesariamente la actividad del deudor en sí mismo.◆ Aquella que pone a cargo de una persona determinada el cumplimiento de la prestación.

OBLIGACIÓN PRINCIPAL Y ACCESORIA: de dos obligaciones, una es principal y la otra accesoria cuando una es la razón de la existencia de la otra.

OBLIGACIÓN PURA: aquella cuyo cumplimiento no depende de condición alguna.◆ Obligación pura y simple.

OBLIGACIÓN PURA Y SIMPLE: la que no depende de plazo ni condición para su cumplimiento.◆ Obligación pura.

OBLIGACIÓN PUTATIVA: aquella constituida por error.

OBLIGACIÓN REAL: aquella que incumbe al deudor, no relativamente a su persona sino sólo en su calidad de poseedor de una cosa cierta.

OBLIGACIÓN SIMPLE: aquella que consta de una sola prestación.

OBLIGACIÓN SIMPLEMENTE MANCOMUNADA: ver **Obligación mancomunada.**

OBLIGACIÓN SIN GARANTÍA HIPOTECARIA: supuesto en el cual no se constituye una hipoteca sobre un bien inmueble a fin de afectarlo al cumplimiento de una obligación.

OBLIGACIÓN SOLIDARIA: obligación contractual de varios deudores en la cual cada uno es responsable ante el acreedor por el total de la deuda.◆ Deuda documentada o no, que tiene a más de una persona como obligadas principales y solidarias.◆ Ver **Obligación mancomunada solidaria.**

OBLIGACIÓN SUBSIDIARIA: ver **Obligación accesoria.**

OBLIGACIÓN TRANSMISIBLE: la que puede ser objeto de cesión.◆ Ver **Cesión de créditos.**

OBLIGACIÓN TRIBUTARIA: vínculo jurídico en virtud del cual un sujeto deudor (el contribuyente) debe a otro sujeto acreedor (el Estado, que ejerce la potestad del poder tributario por imperio de la Constitución Nacional y de la ley) sumas de dinero o cosas determinadas por ley que se extingue con el pago del respectivo tributo.◆ Aquella obligación que surge entre el Estado u otros entes públicos y los sujetos pasivos en cuanto se produce el hecho generador previsto en la norma legal.◆ Es el vínculo o nexo jurídico que surge entre el Estado u otro ente (sujeto activo) y los contribuyentes o responsables (sujetos pasivos), en cuanto a estos últimos se les pueda directamente atribuir o hacerlos responsables del hecho previsto en la ley (hecho imponible) y, en consecuencia, exigir una prestación de tipo patrimonial (tributo) *(J. M. Martín).*

OBLIGACIÓN UNILATERAL: la que obliga a una sola de las partes a su cumplimiento; no existe contraprestación alguna.

OBLIGACIONES ACCESORIAS: respecto de su objeto, las que son contraídas para asegurar el cumplimiento de una obligación principal. Son accesorias a las personas obligadas cuando éstas las contrajeran como garantes o fiadores.

OBLIGACIONES AL PORTADOR: aquellas cuya tenencia o propiedad pertenece a su poseedor.

OBLIGACIONES ALTERNATIVAS: cuando han sido previstas diversas prestaciones, entre las cuales, el deudor deberá cumplir sólo una de ellas. Las diversas prestaciones han de ser específicas e individualmente determinadas.

OBLIGACIONES CON PREMIO: las que, además de ser reembolsadas al valor nominal, confieren al tenedor el derecho a participar en el sorteo de ciertos premios, sorteo que tiene lugar cuando se producen las amortizaciones de emisión *(E. Holz).*

OBLIGACIONES DEL CAUDAL RELICTO: aquellas por las que responde el caudal relicto en el caso de responsabilidad limitada del heredero o de separación del caudal relicto y del patrimonio del heredero a instancias de los acreedores.

OBLIGACIONES DERIVADAS DE UN REQUERIMIENTO INJUSTO: todos los ordenamientos jurídicos tratan de impedir que más personas obtengan beneficios a expensas de otras sin causa o razón que lo justifique. Todo el Derecho Patrimonial procura evitar que se consoliden situaciones impuestas. La acción reivindicatoria suprime una ventaja que tiene el poseedor a expensas del propietario; la acción de que dispone un acreedor para cobrar su crédito se dirige a evitar que el deudor se libere de su obligación en perjuicio de aquél; etcétera *(Puig Brutau)*.◆ El enriquecimiento injusto puede considerarse como un principio general de Derecho que informa todo el ordenamiento jurídico (y que es la otra cara del principio que obliga a dar a cada uno lo suyo) y como una acción que a través de la jurisprudencia se ha concretado hasta convertirse en una norma de aplicación inmediata. La acción de enriquecimiento debe configurarse como una acción recuperadora de valor para evitar los desequilibrios económicos que se derivan de adquisiciones patrimoniales que no se corresponden con una válida causa de atribución *(A. Álvarez Caperochipi)*.

OBLIGACIONES ESPECÍFICAS: aquellas que recaen sobre cosas concretas y determinadas. El deudor sólo puede cumplir entregando la única cosa prefijada.

OBLIGACIONES GENÉRICAS: aquellas obligaciones de dar en las cuales la cosa objeto de la prestación se encuentra determinada únicamente por su pertenencia a un género. El deudor puede cumplir entregando uno cualquiera de los objetos o una determinada cantidad de ellos, siempre que pertenezcan al género estipulado.

OBLIGACIONES HIPOTECARIAS: las emergentes de una hipoteca.◆ Deudas cuya garantía es la constitución de una hipoteca.◆ Ver **Hipoteca.**

OBLIGACIONES INHERENTES A LA PERSONA: ver **"Intuitu personae".**

OBLIGACIONES NEGOCIABLES: aquella clase de títulos que pueden emitir las sociedades por acciones, las cooperativas y las asociaciones civiles. Pueden emitirse diversos tipos con derechos diferentes; dentro de cada clase, se otorgarán los mismos derechos. La emisión puede dividirse en series, pero no pueden emitirse nuevas series de la misma clase mientras las anteriores no estén totalmente suscriptas. Además, con respecto a la garantía que las respalda, ésta puede ser flotante, especial o común. La emisión cuyo privilegio no se limite a bienes inmuebles determinados se considerará realizada con garantía flotante. Se considerarán igualmente válidas las garantías concedidas mediante cualquier otro medio.◆ Ver **Obligación negociable.**

OBLIGACIONES NEGOCIABLES FINANCIERAS: aquellas que emiten las entidades financieras.

OBLIGACIONES NEGOCIABLES SIMPLES: aquellas que representan una estricta relación de crédito; para el emisor, constituyen un vehículo de financiamiento de su actividad empresaria a través del mercado de capitales; mientras que para el obligacionista, consisten en una inversión de renta fija (es decir, una inversión en la que se le promete la devolución del capital dado en préstamo en un plazo cierto, con más un interés) *(M. Kenny)*.

OBLIGACIONES PENDIENTES: aquellas a las cuales no se ha dado cumplimiento, a pesar de la exigibilidad de las mismas.

OBLIGACIONISTA: suscriptor o tenedor de obligaciones negociables.

OBLIGADO: aceptante, emisor o fiador de una obligación. ◆ Persona que ha contraído legalmente una obligación a favor de otra.◆ Quien asume una realización forzosa impuesta legal o normalmente.

OBLIGAR: sujetar los bienes al pago de deudas o al cumplimiento de otras prestaciones exigibles.

"OBLIGATIO": obligación de pagar algo a alguien.

OBLIGATORIO: que obliga a su cumplimiento y ejecución.◆ Tenedor de una obligación contraída legalmente a su favor por otra persona.◆ Relativo a aquello que obliga a su cumplimiento o ejecución.

OBRA: edificio en construcción.◆ Reparación o mejora que se realiza en un edificio.◆ Derecho de fábrica.

OBRAR COLECTIVO: aquel en el cual la conducta del individuo está decisivamente influida y determinada por pautas genéricas que dominan en un grupo, en las cuales participan los miembros de ese grupo en su calidad de tales miembros y no como individuos únicos *(L. Recaséns Siches).*

OBRAS LITERARIAS Y ARTÍSTICAS: todas las producciones en el campo literario, científico y artístico, cualquiera sea su modo o forma de expresión.

OBRAS PÓSTUMAS: además de las obras no publicadas en la vida de un autor, las que lo hubieren sido durante ésta, si el mismo autor a su fallecimiento las deja refundidas, adicionadas, anotadas o corregidas de una manera tal que merezcan reputarse como obras nuevas.

OBRAS PUBLICADAS: aquellas que han sido editadas con el consentimiento de sus autores, cualquiera sea el modo de fabricación de los ejemplares, siempre que la cantidad de éstos puesta a disposición del público satisfaga razonablemente sus necesidades estimadas de acuerdo con la índole de la obra.

OBRAS PÚBLICAS: las que efectúan los Estados (nacionales, provinciales o municipales) financiadas con fondos públicos. Se consideran realizadas en interés general y son destinadas a uso público, como por ejemplo: caminos y puertos.

OBRAS SOCIALES: organizaciones que se financian por medio de los afiliados y de los empleadores, cuyos objetivos son la prestación de servicios médicos y asistenciales.

OBREPCIÓN: falsa narración de un hecho, que se hace al superior para sacar o conseguir de él un empleo o dignidad, de modo que oculta el impedimento que haya para su logro.

OBRERO: persona que desarrolla una actividad profesional en la que predomina el esfuerzo físico sobre el intelectual, a diferencia de lo que sucede con el empleado o con quien ejerce una profesión liberal *(M. Ossorio).*◆

Trabajador en relación de dependencia que percibe una remuneración por desempeñar tareas en las cuales predomina el esfuerzo físico.◆ Quien presta servicios de índole material o manual, comprendiéndose en esta categoría, también, al que prepara o vigila el trabajo de otros obreros, tales como capataces.◆ Operario.

OBSCENIDAD: cualquier conducta o actitud impúdica.◆ Cosa obscena.

OBSCENO: impúdico, torpe, ofensivo al pudor.

OBSERVANCIA: en el Derecho Antiguo aragonés, práctica, uso o costumbre recogida y autorizada con fuerza de ley por compilación oficial. ◆ Cumplimiento de lo que se manda ejecutar.

OBSOLESCENCIA: pérdida de productividad en forma comparativa a consecuencia del desarrollo de nuevas tecnologías, productos, cambios en el diseño y otras causas no vinculadas con la condición física del bien. Este proceso puede producirse en forma sistemática o ser repentino.◆ Es una pérdida de valor.

OBSOLETO: fuera de moda.◆ Anticuado. ◆ Poco usado.

OBSTRUCCIÓN: en asambleas políticas u otros cuerpos deliberantes, táctica enderezada a impedir o retardar los acuerdos.

OBTENCIÓN FRAUDULENTA DE BENEFICIOS FISCALES: delito tributario consistente en la actitud de aquel que, mediante declaraciones engañosas, ocultaciones maliciosas o cualquier otro ardid o engaño, obtuviere un reconocimiento, certificación o autorización para gozar de una exención, reducción, reintegro, recupero o devolución tributaria al Fisco Nacional.

OCCISIÓN: muerte violenta *(Diccionario de la Real Academia).*

OCDE: ver **Organización para la Cooperación y el Desarrollo Económico**.

OCÉANO: grande y dilatado mar que cubre la mayor parte de la superficie terrestre.

OCIO: cesación del trabajo, inacción o total omisión de la actividad.◆ Tiempo libre de una persona.

OCIOSO: quien está sin trabajo.◆ Se aplica al bien en una empresa que no tiene uso ni ejercicio en aquello a que se destina.

OCLOCRACIA: Gobierno de la plebe.

OCULTACIÓN: ocultamiento de bienes, derechos; en general, de la verdad con el objeto de causar daño o perjuicio a terceros.

OCUPACIÓN: empleo, oficio.◆ Modo de adquirir la propiedad de ciertas cosas que carecen de dueño.◆ Modo originario de adquirir el dominio sobre una cosa que no pertenece a nadie o respecto de la cual nadie formula una pretensión.◆ Trabajo o cuidado que impide emplear el tiempo en otra cosa.

OCUPACIONES DE CALIFICACIÓN TÉCNICA: las que, por los objetos e instrumentos que se utilizan y por las actividades generalmente múltiples que se realizan, requieren ciertas habilidades y conocimientos teóricos específicos adquiridos por capacitación formal y/o experiencia laboral.

OCUPADOS DE CALIFICACIÓN TÉCNICA: aquellos que están en ocupaciones de calificación técnica.

OCUPANTE: aquel que ocupa.

OCUPAR: tomar posesión de un territorio, lugar, edificio, local, etcétera y también de objetos menores.◆ Habitar una casa.

OCURRENCIA DE ACREEDORES: denominación antigua de alguno de los litigios que hoy se llaman concurso de acreedores o quiebra, y también tercería de mejor derecho.

ODIOSO: dícese de lo que contraría los designios o las presunciones que las leyes favorecen.

OEA: ver **Organización de Estados Americanos.**

OECE: ver **Organización Europea de Cooperación Económica.**

OFENDER: hacer daño a uno físicamente hiriéndolo o maltratándolo.◆ Injuriar de palabra o denostar.◆ Decir o hacer algo que demuestre falta de respeto, consideración o acatamiento.

OFENSA: acción de ofender.◆ Maltrato. ◆ Agravio.

OFERTA: proposición unilateral que una de las partes dirige a la otra para celebrar con ella un contrato.◆ Propuesta contractual.◆ Propuesta de compra que una parte hace a otra.◆ Propuesta para contratar.◆ Cantidad de bienes y servicios disponibles en un mercado a un determinado precio y en ciertas condiciones.◆ Venta de artículos a precios rebajados.

OFERTA MONETARIA: conjunto de medios de pago en poder del público en general, compuesto por billetes y monedas y los depósitos en cuentas corrientes a la vista.◆ Recursos monetarios. ◆ Circulación monetaria.◆ Creación neta de medios de pago.◆ Total de pasivos en poder del sistema en un momento determinado. El dinero es la deuda a la vista del sistema monetario y el activo efectivo del público que lo emplea *(E. Shaw).*

OFERTA PRIVADA: venta de una emisión de títulos-valores que la empresa emisora hace por medio de una entidad financiera inversionista y su ofrecimiento sólo se efectúa a determinados suscriptores en particular.

OFERTA PÚBLICA: venta de títulos-valores por medio de mercados bursátiles u otros intermediarios, cuyo ofrecimiento se hace al público en general.

OFERTA PÚBLICA DE ADQUISICIÓN DEL CONTROL: aquella emanada de una persona interesada en la obtención del control de una sociedad que realiza oferta pública de sus títulos.

OFERTA PÚBLICA DE TÍTULOS-VALORES: invitación que se hace a personas en general o a sectores o grupos determinados para realizar cualquier acto jurídico con títulos-valores, efectuado por los emisores, por organizaciones unipersonales o por sociedades dedicadas en forma exclusiva o parcial al comercio de aquéllos por medio de ofrecimientos personales, publicaciones periodísticas, transmisiones radiotelefónicas o de televisión, proyecciones cinematográficas, colocación de afiches, letreros o carteles, programas circulares y comunicaciones impresas o cualquier otro procedimiento de difusión.

OFERTAR: poner en oferta.◆ Ofrecer en venta un producto o servicio.◆ Dar voluntariamente una cosa.

OFERTAS PÚBLICAS DE ADQUISICIÓN "SIMULTÁNEAMENTE COMPETIDORAS ENTRE SÍ": cuando aquéllas se presenten respecto a los mismos títulos antes de que alguna de ellas haya sido anunciada, en cuyo caso todas ellas deberán ser anunciadas al mismo tiempo. La especialidad del supuesto radica, principalmente, en la supresión de cualquier límite relativo al máximo número de títulos a adquirir que pudieran contener las ofertas, estableciéndose un plazo máximo de quince días (en el Derecho Español) a partir del anuncio de la oferta que lo contenga para que aquél sea suprimido (y, de no hacerlo así, ésta será anulada) *(F. López Antón).*

OFICIAL: auxiliar de los tribunales colegiados, de grado jerárquico inferior al de secretario.◆ Judicialmente, significa la categoría de diversos auxiliares. ◆ Que es de oficio, o sea, que tiene autenticidad y emana de la autoridad derivada del Estado y no de particular o privado.◆ Empleado que, bajo las órdenes de un jefe, estudia y prepara el despacho de los negocios en una oficina.◆ Titular de un oficio.◆ El que tiene capacidad o experiencia especial.

OFICINA: local donde se hace, se ordena o se trabaja una cosa.◆ Departamento donde trabajan los empleados públicos o privados.◆ Ver **Oficinas.**

OFICINA CONSULAR: todo consulado general, vice-consulado o agencia consular.

OFICINA DE MANDAMIENTOS: la que está integrada por funcionarios denominados oficiales de Justicia. Dependen de la Corte Suprema de Justicia de la Nación y tienen como principal función diligenciar los mandamientos expedidos por los tribunales *(R. Arazi).*

OFICINA DE NOTIFICACIONES: la que componen los oficiales notificadores. Al igual que los oficiales de Justicia, dependen de la Corte Suprema y su labor consiste en el diligenciamiento de las cédulas de notificaciones *(R. Arazi).*

OFICIO: comunicación escrita firmada por un juez dirigida a instituciones públicas o privadas.◆ Comunicación escrita, referente a los asuntos del servicio público en las dependencias del Estado; por extensión, la que media entre individuos de varias corporaciones particulares sobre asuntos concernientes a ellas.◆ Se trata de toda ocupación habitual.◆ Profesión de algún arte mecánico.◆ Acción o gestión en beneficio o en daño de alguno.◆ Ver **Oficios.**

OFICIOS: comunicaciones escritas dirigidas a los órganos judiciales, a los funcionarios de otros poderes del Estado, a particulares y a entidades privadas y suscriptas, según los casos, por los jueces, secretarios y letrados patrocinantes de las partes o peticionarios *(L. Palacio - Alvarado Velloso).*

OFICIOSIDAD: atribución del juez de impulsar de oficio el trámite iniciado por el deudor o el acreedor (aspecto procesal) y de recurrir a las instituciones y remedios más aptos aun sin petición *(H. Alegría).*

OFICIOSO: persona hacendosa y solícita en ejecutar lo que está a su cuidado. ◆ Que se entromete en un negocio que no le incumbe.◆ Relativo a aquello que hace o dice un sujeto sin el formal ejercicio de un cargo público.

OFRECIMIENTO PÚBLICO: emisión de obligaciones, bonos o acciones, que una empresa ofrece públicamente a fin de obtener fondos.

OIEA: Organismo Internacional de Energía Atómica.

OÍR: admitir la autoridad las peticiones, los razonamientos o las pruebas producidas por las partes, en forma previa a la adopción de una resolución.

OIT: Organización Internacional del Trabajo.

OLIGARQUÍA: forma de Gobierno en la cual el poder supremo es ejercido por un reducido grupo de personas que pertenecen a una misma clase social.

OLIGOPOLIO: forma de mercado caracterizada por la presencia de un pequeño número de oferentes. El duopolio, de dos oferentes, es una variedad de oligopolio.◆ Aprovechamiento de algún comercio o industria por un reducido número de personas. Se caracteriza por la interdependencia mutua entre las empresas; cada oferente determina su política en vista a las políticas adoptadas por las demás empresas. ◆ Es el resultado de la relación entre las condiciones técnicas de producción y los volúmenes potenciales de ventas.

OLIGOPSONIO: forma de mercado en el cual existe un pequeño número de compradores en un mercado con la característica de que cada uno de ellos tiene influencia directa sobre los precios.

OLÓGRAFO: hológrafo.◆ Autógrafo.◆ Ver **Testamento ológrafo.**

OMA: Organización Mundial de Aduanas. ◆ Institución que cuenta con la participación de 166 Administraciones Miembros que representan el 99% del comercio mundial, siendo constituida en 1952 con competencia exclusiva en el ámbito aduanero, cuya finalidad es alcanzar y profundizar la eficacia y la eficiencia de las aduanas. El Marco Normativo de la OMA consta de cuatro elementos: 1) el Marco armoniza los requisitos relativos a la información electrónica previa sobre los envíos destinados al interior y al exterior o que están en tránsito; 2) cada país que adopte el Marco se compromete a utilizar un enfoque coherente de análisis de riesgos para abordar las cuestiones relacionadas con la seguridad; 3) el Marco estipula que, ante una petición razonable del país de destino basada en una metodología comparable de detección de riesgos, la Administración de Aduanas del país de despacho llevará acabo una inspección de los contenedores y de la carga de alto riesgo destinados al exterior, de preferencia utilizando equipos de detección no invasivos tales como máquinas de rayos X de gran potencia y detectores de radiación; 4) el Marco define las ventajas que obtendrán de las Aduanas los medios comerciales que cumplan las normas mínimas relativas a la seguridad de la cadena logística y que apliquen las mejores prácticas.

ÓMBUDSMAN: figura de origen escandinavo. Constitucionalmente, es un órgano independiente con autonomía funcional dotada de ciertas inmunidades y privilegios. Su función principal consiste en la defensa y la protección de los derechos humanos y demás derechos, garantías e intereses tutelados por la Constitución y por las leyes, frente a la actividad de la administración; también tiene a su cargo el control de las funciones administrativas públicas. ◆ Defensor del Pueblo.

OMC: Organización Mundial del Comercio. ◆ Ver **GATT.**

OMGI: ver **Organismo Multilateral de Garantía de Inversiones.**

OMI: ver **Organización Marítima Internacional.**

OMISIÓN: falta grave en la que se incurre como consecuencia de haber dejado de hacer algo que se consideraba necesario o conveniente en vistas a la ejecución de un hecho o acto determinado.◆ Ver **Delito de omisión.**

OMISIÓN DE ACTUAR COMO AGENTE DE RETENCIÓN: ver **Delito de omisión de actuar como agente de retención.**

OMISIÓN DE AUXILIO: ver **Delito de omisión de auxilio.**

OMISIÓN DE DEBERES: incumplimiento de deberes legales.

OMM: ver **Organización Meteorológica Mundial.**

OMPI: ver **Organización Mundial de la Propiedad Intelectual.**

OMS: ver **Organización Mundial de la Salud.**

"ON LENDING": refinanciamiento de la deuda pública externa mediante el cual se configura un represtamo.

"ON LINE": modo de conexión entre computadoras en tiempo real, es decir, al mismo tiempo en que se desarrollan los acontecimientos.

ONEROSO: relativo a aquello que no es gratuito.◆ Implica entrega de dinero o de otra cosa que tenga algún valor.◆ Acto jurídico que supone algún desembolso o gravamen, por oposición a gratuito.

ONOMÁSTICA: ciencia que trata de la catalogación y el estudio de los nombres propios.◆ Relativo a los nombres, especialmente a los propios.

ONU: ver **Organización de las Naciones Unidas.**

ONUDI: ver **Organización de las Naciones Unidas para el Desarrollo Industrial.**

OPA: ver **Oferta Pública de Adquisición del Control.**

OPCIÓN: facultad que, por ley o voluntad de las partes, se otorga a uno de los intervinientes en un acto jurídico, el que puede elegir una entre dos o más posibilidades que se le plantean *(De Vila Bacarreza).*◆ Derecho de compra o venta de un bien, bajo condiciones preestablecidas, acordado por ley o por convenio entre las partes. Es un contrato mediante el cual una de las partes tiene la facultad de decidir a su favor realizar una operación de instrumentos financieros a un precio y fecha previamente determinados mediante el pago de una prima.◆ Es el derecho de comprar o vender títulos específicos según precios y plazos determinados. El tenedor de la opción tiene el derecho de venderlo y el tenedor de la opción tiene el derecho a comprarlo.◆ En transacciones bursátiles o de *commodities*, el derecho que se compra de recibir o entregar papeles o *commodities* en una cantidad determinada por un precio fijado de antemano y a una fecha futura.◆ En el caso de una emisión de bonos de una empresa, el derecho del tenedor del bono a adquirir acciones a precio y en condiciones predeterminadas.◆ En el caso de una suscripción de acciones, el derecho de los bancos colocadores de la emisión a adquirir una cuota suplementaria hasta una fecha especificada de antemano. ◆ Instrumento financiero por el cual se otorga el derecho, aunque no existe obligación, de comprar (o vender) una cierta cantidad de títulos-valores *(securities)* o mercaderías *(commodities)* a un precio preestablecido (*strike price* o precio de ejercicio) *(G. Gotlib).*◆ *Option.*◆ Ver **Contrato de opción.**

OPCIÓN DE COMPRA: derecho que se otorga mediante contrato a una persona de adquirir una determinada cosa y a un precio preestablecido. En caso de no ejercerse tal derecho, las partes quedan eximidas de cualquier obligación frente a la opción.◆ Permite comprar el bien por el precio establecido en el contrato, llamado valor residual. El aspecto inflacionario se debe prever por medio de un índice correctivo de las prestaciones. Esta figura propicia financiar 100 % de la vivienda a largo plazo; al cabo de éste podría quedar, por ejemplo, un valor residual del 20 % del valor actualizado del inmueble. El tomador no tendría que pagar al contado y, a su vez, tendría una cuota mensual menor.◆ Contrato que otorga al tenedor el derecho de comprar una determinada cantidad de bienes *(G. Gotlib).*◆ *Call option.*

OPCIÓN DE SWAP: ver **"Swaption".**

OPCIÓN DE VENTA: derecho que se otorga mediante un contrato a una persona para la venta de una determinada cosa y a un precio determinado, en cuyo caso la otra parte tiene la obligación de adquirirlo.◆ Contrato que concede el derecho a vender *(G. Gotlib).*◆ *Put option.*

OPCIÓN SISTEMA AMERICANO: opción que se puede ejercer durante un tiempo determinado.◆ Ver **Opción.**

OPCIÓN SISTEMA EUROPEO: opción que se debe ejercer en una oportunidad precisa.◆ Ver **Opción.**

OPCIONES: ver **Contrato de opción.**

OPEP: ver **Organización de Países Exportadores de Petróleo.**

OPERACIÓN: acción y efecto de operar. ◆ Proceso de ejecución de un hecho, acto o conducta determinada.◆ Negociación o contrato sobre valores o mercaderías.◆ Negociación comercial o acto de comercio.

OPERACIÓN A CUBIERTO: operación bursátil realizada con garantía de dinero.

OPERACIÓN A FUTURO: operación a término.◆ Ver **Operación a plazo.**

OPERACIÓN A LA VISTA: operación al contado.◆ Ver **Contado.**

OPERACIÓN A PLAZO: contrato por el cual una parte se compromete a entregar una cantidad determinada de una mercadería en una fecha futura y a un precio dado, y la otra parte se compromete a aceptarla.◆ Desde el punto de vista bursátil, es una modalidad del contrato bursátil y, al revés de lo que ocurre en la operación al contado, los contratantes acuerdan aplazar sus respectivas prestaciones hasta un plazo fijado de común acuerdo; por ello, ni el vendedor entregará los títulos ni el comprador pagará el precio hasta cumplirse el término temporal previsto.◆ Operación a término.◆ Operación a futuro.

OPERACIÓN A TÉRMINO: operación a plazo.◆ Operación a futuro.

OPERACIÓN ACTIVA: transacción que realiza un demandante de fondos ante una entidad financiera o Banco.

OPERACIÓN BANCARIA: distintos tipos de operaciones efectuadas por las entidades bancarias con sus clientes o entre ellas mismas. Pueden clasificarse en dos clases: activas o pasivas.

OPERACIÓN BURSÁTIL: operación de Bolsa.

OPERACIÓN COMERCIAL: toda negociación o contrato cuyo objeto verse sobre valores o mercaderías.

OPERACIÓN DE BOLSA: ver **Operaciones de bolsa.**

OPERACIÓN DE CAMA: aquella en la que un agente de Bolsa u operador de rueda manifieste de viva voz "pongo una cama", describiendo a continuación el tipo de valor, el nombre de la emisora, la serie, la cantidad o el valor nominal y el diferencial entre los precios que se fijan posteriormente. El agente de Bolsa o el operador de rueda que acepte la cama estará obligado a operar a los precios que contengan el diferencial pactado, siendo su opción a vender o comprar *(V. Camargo Martín).*

OPERACIÓN DE CAUCIÓN: aquella por la cual cada una de las partes –demandante de crédito– cumple tal función económica obteniendo la suma requerida en préstamo, el cual se concede con la garantía de ciertos valores que son entregados al acreedor hasta la satisfacción del capital prestado acrecido con los intereses pactados, momento en que los títulos entregados en garantía con reintegrados a su titular. Es decir que la entrega de los títulos en el caso no supone la transmisión de su dominio al acreedor sino que constituye la expresión de una garantía que le es conferida por el crédito otorgado al titular de los valores *(H. Holz).*

OPERACIÓN DE COMPENSACIÓN: expresión utilizada en los negocios de títulos que consiste en el ajuste de las órdenes de compra y venta de los clientes entre los intermediarios al precio establecido por el mercado en el horario de operaciones.

OPERACIÓN DE DOBLE: operación de pase.◆ Reporte.

OPERACIÓN DE PASE: operación financiera mediante la cual, el comprador de valores o instrumentos se compromete a revenderlos a quien se los vendió originalmente y éste se obliga a recomprarlos.◆ Reporte.◆ También llamada "operación de doble".

OPERACIÓN PASIVA: la que se realiza cuando el Banco o entidad financiera recibe capitales de sus depositantes.

OPERACIONES A FUTURO: son una modalidad de las de plazo; se permite a ambos participantes de una transacción revertir su posición *(V. Camargo Martín).*

OPERACIONES A PLAZO DISPONIBLE: operaciones a voluntad.

OPERACIONES A PLAZO FIJO: aquellas en las que "el plazo pactado necesariamente debe haber transcurrido íntegramente para que tenga lugar la ejecución de las obligaciones asumidas por las partes" *(E. Holz).*◆ También llamadas operaciones en firme.

OPERACIONES A VOLUNTAD: operaciones a plazo en las cuales; aún estando vigente dicho plazo, una o ambas partes pueden elegir el momento en que tenga lugar el cumplimiento de las aludidas prestaciones (E. Holz).◆ También llamadas operaciones a plazo disponible.

OPERACIONES DE BOLSA: operaciones realizadas en rueda por los corredores de la Bolsa de Comercio y las que resulten de los boletos definitivos intercambiados entre ellos e inscriptos en el Registro de la Bolsa de Valores.◆ Concepto que comprende todas y cada una de las actividades o transacciones que se realizan en bolsa o mercado bursátil.◆ Operación bursátil.

OPERACIONES DE CRÉDITO: todas aquellas deudas a vencimientos más o menos largos, y aun indeterminados, que tienen una sistematización definitiva en la hacienda pública y cuyo servicio figura en los gastos ordinarios del presupuesto *(A. Flora).*

OPERACIONES EN FIRME: operaciones a plazo fijo.◆ Aquellas que no admiten devoluciones y/o cancelaciones.

OPERACIONES EN PARTICIPACIÓN: ver **Sociedad accidental o en participación.**

OPERACIONES "PARA MAÑANA": ver **Contrato a días.**

OPERADOR: persona física o moral que, sin tener la calidad de naviero o armador, celebra a nombre propio los contratos de transporte por agua para la utilización del espacio de las embarcaciones que él, a su vez, haya contratado. ◆ Persona que se ocupa de negociar, especular, realizar acciones comerciales, de compra, venta, permuta, etcétera.

OPERADOR DE PISO: intermediario bursátil miembro de la Bolsa de Valores que, por cuenta de una Casa de Bolsa, ejecuta en el piso de remates las órdenes de compra o venta recibidas de los clientes de dicha casa.

OPERARIO: obrero.◆ Persona vinculada con el proceso productivo.◆ Trabajador manual.

OPERATIVIDAD: capacidad de requerir coactivamente el respeto de un derecho *(M. A. Ekmedjián).*

OPERATIVIDAD DERIVADA: aquella en la que una norma inferior (ley, decreto o convenio) otorga acción judicial al titular del beneficio reconocido en la cláusula *(M. A. Ekmedjián).*

OPINIÓN: dictamen, juicio o parecer que se forma de un asunto o materia cuestionable.

OPINIÓN PÚBLICA: sentir o estimación en que coincide la generalidad de las personas acerca de determinados asuntos de interés público.

OPOSICIÓN: procedimiento selectivo consistente en una serie de ejercicios en que los aspirantes a un puesto de trabajo muestran su respectiva competencia, juzgada por un tribunal.◆ Contrariedad o repugnancia entre dos cosas.◆ Contradicción o resistencia a lo que otro u otros hacen o dicen.◆ En materia de Derecho Político, se entiende referida a aquellos grupos que no comparten las políticas implementadas por el Gobierno y que por ello se oponen a las mismas.

ORDEN: conjunto de normas.◆ Procedimiento metódico observado en vistas a la consecución de un fin u objetivo. ◆ Relación de una cosa con otra.◆ Mandato que se debe obedecer, observar y ejecutar.

ORDEN DE AUTORIDAD: expresión de voluntad que el titular de un poder superior reconocido por el derecho, dirige al subordinado para exigir un determinado comportamiento.

ORDEN DE BOLSA: aquella dada por un cliente a su Banco o corredor de Bolsa para vender o comprar ciertos papeles a su nombre en un mercado bursátil.◆ Instrucción dada por un cliente a un comisionista para efectuar una compra o venta de valores.◆ Es la disposición que asigna a las cosas iguales y desiguales el lugar que les corresponde.

ORDEN DE COMPRA: comprobante utilizado para formalizar una solicitud de compra de una empresa a otra.◆ Documento comercial que el comprador le envía al vendedor solicitando cierta cantidad de determinadas mercaderías a un precio también determinado. Es usual que contenga la descripción del producto, cantidades, calidades, valores, condiciones de pago y plazo de entrega. Al aceptarla el vendedor se compromete a su cumplimiento.◆ Nota de compra.◆ Nota de pedido.

ORDEN DE DETENCIÓN: procedimiento de privación provisional de la libertad ordenada por una autoridad competente.

ORDEN DE NO INNOVAR: facultad que tiene el tribunal que está conociendo de la apelación para suspender la tramitación de la causa en la instancia inferior, a petición del apelante y por resolución fundada.

ORDEN DE PAGO: comprobante mediante el cual se resuelve la entrega de dinero para efectuar una compra o un gasto o para pagar una deuda.

ORDEN DE PEDIDO: nota de pedido.◆ Orden de compra.

ORDEN DEL DÍA: determinación de lo que en el día debe ser tratado en una reunión o asamblea por un cuerpo colegiado de una sociedad.◆ Consiste en la lista ordenada de temas o asuntos que deben ser considerados en una asamblea de accionistas o reunión de directorio. Se trata de uno de los requisitos indispensables para la válida convocatoria a las asambleas de una sociedad.

ORDEN INDISTINTA: condición de una cuenta corriente bancaria por la cual las partes a la orden de quienes está constituida pueden girar sobre ella en forma indistinta.◆ Orden recíproca.

ORDEN INDIVIDUAL: condición de una cuenta corriente bancaria que se halla a nombre de una sola persona.

ORDEN MINISTERIAL: en España, resolución administrativa de carácter general dictada por un ministro.

ORDEN NATURAL: manera de ser, existir u ocurrir las cosas, según las leyes de la naturaleza.

ORDEN PERMANENTE: instrucciones escritas de un cliente a su Banco para el pago regular de ciertas obligaciones.

ORDEN PÚBLICO: conjunto de principios de orden superior, políticos, económicos, morales y, algunas veces, religiosos, que una sociedad considera estrechamente vinculados con su existencia y con la conservación social establecida.◆ Es el conjunto de los principios fundamentales en que se cimienta la digna subsistencia de la organización social establecida *(F. Trigo Represas).*

ORDEN RECÍPROCA: orden indistinta.

ORDENACIÓN: disposición, prevención. ◆ Mandato, orden, precepto.◆ Regulación.

ORDENADO: relativo al texto legal actualizado y dispuesto a una fecha determinada. Por ejemplo: t. o. (texto ordenado) por una ley o decreto, a una fecha.

ORDENAMIENTO: conjunto de normas vigentes en un determinado país.◆ Breve código de leyes promulgadas al mismo tiempo o colección de disposiciones referentes a determinada materia. ◆ Término derivado de orden.

ORDENANZA: instrumento sancionado por el Poder Legislativo municipal o de la universidad que establece normas en el ámbito correspondiente.◆ Mandato, disposición.◆ Arbitrio y voluntad de una persona.◆ Conjunto de preceptos referentes a una materia.◆ Empleado subalterno que en ciertas oficinas tiene el especial encargo de llevar órdenes.

ÓRDENES A CAMBIO FIJO: órdenes que pueden cumplirse únicamente si la cotización del valor respecto al que se quiere operar llega al nivel indicado por el cliente. Este tipo de órdenes, sin embargo, pueden ser cumplidas a una cotización distinta de la indicada cuando se pueden ejercitar a un cambio aun mejor para el cliente que el establecido por éste *(E. Holz).*

ÓRDENES AL PRIMER CAMBIO: suponen una variedad de las órdenes a cambio limitado. Deben ejecutarse al primer precio que cotice el valor deseado *(E. Holz).*

ÓRDENES DE CAMBIO LIMITADO: órdenes a cambio fijo.

ÓRDENES "STOP": son modalidades de órdenes a cambio limitado. Se utilizan para limitar los riegos de una operación en descubierto, fundamentalmente en las negociaciones a plazo. Implican la orden de ejecutar una operación si la cotización del valor alcanza cierto precio, cambio este que, en general, parece alejado del nivel de cotización del valor al día en que se imparte la orden *stop (E. Holz).*

ORDINARIO: regular, común.◆ Despacho corriente con providencias de tramitación en los negocios.◆ Correo que viene en día fijo.

ORGÁNICO: referente a la constitución de sociedades, entidades colectivas o a sus funciones o ejercicios.◆ Todo sistema de producción sustentable que, mediante el manejo racional de los recursos naturales y sin la utilización de productos de síntesis química, brinde alimentos sanos y abundantes, mantenga e incremente la fertilidad del suelo y la diversidad biológica. Implementar un sistema de este tipo incluye preparación técnica, filosófica y mercantil. Tanto en el país como en el extranjero, existe una gran demanda para la producción orgánica, que habitualmente se comercializa con un sobreprecio en base a sus características diferenciales.

ORGANISMO: conjunto de leyes, usos y costumbres por las que se gobierna un cuerpo o institución social.◆ Conjunto que puede funcionar por sí solo.

ORGANISMO INTERNACIONAL DE ENERGÍA ATÓMICA: OIEA.◆ Es una organización intergubernamental autónoma, bajo la égida de las Naciones Unidas. Su Estatuto se aprobó en 1956 y el organismo empezó a funcionar en Viena en 1957. Los objetivos fundamentales son: a) acelerar y aumentar la contribución de la energía atómica a la paz, la salud y la prosperidad de todo el mundo y b) velar para que la asistencia que facilite no se utilice con fines militares.

ORGANISMO MULTILATERAL DE GARANTÍA DE INVERSIONES: OMGI.◆ Organismo intergubernamental relacionado con las Naciones Unidas y componente del grupo que conforma el Banco Mundial. Creado en 1988, tiene por objetivo reducir la pobreza y mejorar el nivel de vida de los pueblos.

ORGANISMOS ESPECIALIZADOS INTERGUBERNAMENTALES: designación correspondiente a aquellos organismos intergubernamentales establecidos por acuerdos multilaterales que tengan determinadas funciones en materias técnicas de interés común para los Estados.

ORGANIZACIÓN: estructura funcional de un organismo. Comprende los órganos de voluntad –como las asambleas–, los órganos directivos y ejecutivos, los recursos humanos y materiales, las normas de trabajo, de información, administrativas y de control.◆ Sistema social integrado por individuos y grupos que, bajo una determinada estructura y dentro de un contexto que controlan parcialmente, desarrollan actividades aplicando recursos en pos de ciertos valores comunes *(R. Solana - A. Pienovi).*

ORGANIZACIÓN DE AVIACIÓN CIVIL INTERNACIONAL: OACI.◆ Fue creada el 4 de abril de 1947 y tiene por misión principal la consecución de los siguientes fines: a) lograr el crecimiento ordenado y seguro de la aviación civil internacional; b) alentar el diseño y funcionamiento de aeronaves con objetivos pacíficos; c) apoyar el desarrollo de redes aéreas, aeropuertos e instalaciones y servicios de navegación aérea para la aviación civil; d) satisfacer la necesidad del público internacional de contar con sistemas de transporte aéreo seguros, regulares, eficientes y económicos. Con respecto a las autoridades que la gobiernan, la principal es la Asamblea, la cual se encuentra compuesta de delegados de todos sus Estados miembros. También posee un Consejo de Administración, integrado por representantes de treintaitrés países elegidos por aquélla.

ORGANIZACIÓN DE ESTADOS AMERICANOS: OEA.◆ Organismo internacional cuyo objeto es garantizar la paz y la seguridad del continente americano, asegurar la defensa común y promover el desarrollo económico y social de sus miembros. Compuesto por casi todos los países americanos, se creó en 1948.

ORGANIZACIÓN DE ESTADOS CENTROAMERICANOS: organismo creado en 1951 con el propósito de fortalecer los vínculos que unen a los Estados miembros (El Salvador, Honduras, Nicaragua, Guatemala y Costa Rica), ayudarse entre sí y promover el desarrollo económico. Se basa en los principios de la OEA y de la Carta de las Naciones Unidas.

ORGANIZACIÓN DE LA UNIDAD AFRICANA: OUA.◆ Organismo internacional creado en 1963 y compuesto por casi todos los países africanos. Persigue, entre otros objetivos: la lucha contra el colonialismo, la cooperación económica entre sus miembros y el logro de la unidad política.

ORGANIZACIÓN DE LAS NACIONES UNIDAS: ONU.◆ Organización internacional creada en 1945 y conformada por casi todos los países independientes del mundo. Sus objetivos son: promover la cooperación económica, social y cultural entre sus miembros y mantener la paz y la seguridad en el mundo. En la actualidad, los Estados miembros son ciento noventa y tres. Se trata de una organización de naciones soberanas, no de un Gobierno mundial. No legisla, a diferencia de lo que hace un parlamento nacional; sin embargo, los representantes de casi todos los países tienen voz y voto para configurar las políticas de la comunidad internacional. Las Naciones Unidas tienen sus órganos principales situados en la sede de Nueva York, con excepción de la Corte Internacional de Justicia, que está en La Haya. Ellos son: la Asamblea General, el Consejo de Seguridad, el Consejo Económico y Social, el Consejo de Administración Fiduciaria, la Corte Internacional de Justicia y la Secretaría. Todos los países miembros tienen el mismo derecho a voto, cualquiera fuese su tamaño o riqueza. Todos los Estados tienen los mismos derechos y prerrogativas, así como las mismas tareas y obligaciones. El sistema de las Naciones Unidas es financiado por todos los estados. Prácticamente el 65 % proviene de contribuciones voluntarias; el resto, a través de cuotas obligatorias que les corresponde pagar de acuerdo con su real capacidad de pago a los Estados miembros. Dicha capacidad se determina calculando sus ingresos nacionales e introduciendo ajustes en esas sumas de manera tal que se tomen en consideración sus ingresos per cápita.

ORGANIZACIÓN DE LAS NACIONES UNIDAS PARA EL DESARROLLO INDUSTRIAL: ONUDI.◆ Organismo especializado establecido en 1966, con sede en Viena, como órgano encargado de promover y acelerar la industrialización de los países en desarrollo y de coordinar las actividades de las Naciones Unidas en esa esfera. Su función principal es el fomento y la coordinación del sistema de las Naciones Unidas en materia de desarrollo industrial. Alienta y ayuda a los países en desarrollo a promover y acelerar su industrialización y coordina, comienza y continúa las actividades de las Naciones Unidas. Contribuye a la cooperación entre los países industrializados y los países en desarrollo industrial a nivel mundial, presta asistencia técnica para el desarrollo industrial, organiza programas de capacitación, etcétera.

ORGANIZACIÓN DE LAS NACIONES UNIDAS PARA LA AGRICULTURA Y LA ALIMENTACIÓN: *Food and Agriculture Organization* (FAO).◆ Organismo de las Naciones Unidas creado en 1945 y encargado, básicamente, de la alimentación y la agricultura. Se rige por una Conferencia compuesta por un miembro de cada Nación integrante; se reúne cada dos años. Desde 1951 tiene su sede en Roma, Italia. Tiene por objetivos principales resolver o atenuar los problemas de la alimentación en los países menos desarrollados mediante la investigación y la concesión de ayuda directa.

ORGANIZACIÓN DE LAS NACIONES UNIDAS PARA LA EDUCACIÓN, LA CIENCIA Y LA CULTURA: UNESCO. ◆ Organismo dependiente de la ONU, fundado en 1946, con sede en París. Tiene por objeto ayudar al mantenimiento de la paz y la seguridad favoreciendo la cooperación internacional en los planos científico, cultural y educativo. Tiene 195 miembros y ocho asociados.

ORGANIZACIÓN DE PAÍSES EXPORTADORES DE PETRÓLEO: OPEP.◆ Organismo internacional de carácter económico, creado en 1960 en Viena, Austria. Se halla integrado a la fecha por doce países miembros, a saber: Argelia (1969), Indonesia (1962), la República Islámica de Irán (1960), Irak (1960), Kuwait (1960), Libia (1962), Nigeria (1971), Qatar (1961), Arabia Saudita (1960), Emiratos Árabes Unidos (1967), la República de Venezuela (1960) y Angola (a partir de enero de 2007). En el pasado fueron miembros Gabón entre 1975 y 1994 y Ecuador entre 1973 y 1992.

ORGANIZACIÓN DEL TRATADO DEL ATLÁNTICO NORTE: OTAN.◆ Organización de carácter defensivo creada en 1949 por EE.UU. y por sus aliados, para establecer o comprometer el mutuo apoyo militar en caso de agresión de parte de terceros. ◆ Alianza del Atlántico. ◆ Alianza del Atlántico Norte.

ORGANIZACIÓN EUROPEA DE COOPERACIÓN ECONÓMICA: OECE. ◆ Organismo reemplazado por la Organización para la Cooperación y el Desarrollo Económico.

ORGANIZACIÓN FORMAL: organización planeada, resultado de un proceso de planificación.◆ Es la que está planeada y estructurada y que implica líneas oficiales de autoridad y responsabilidad, clasificando en línea descendente desde la mesa de directores y presidente de las instituciones hasta los estamentos menores *(S. Kossen).*

ORGANIZACIÓN INFORMAL: la que surge de relaciones no planeadas que sobrepasan los límites de relaciones planeadas por la organización formal. ◆ Consiste en la organización conformada por cualquier autogrupo natural de individuos acordes en su personalidad y necesidades, ante cualquier planteamiento formal.

ORGANIZACIÓN INTERNACIONAL: asociación voluntaria de sujetos del Derecho Internacional constituida mediante actos internacionales y reglamentada en sus relaciones entre las partes por normas de Derecho Internacional.

ORGANIZACIÓN INTERNACIONAL DEL TRABAJO: OIT.◆ Constituida el 11 de abril de 1919 como consecuencia de una cláusula del Tratado de Versalles. Es una institución de Derecho Internacional Público vinculada desde 1946 con las Naciones Unidas. Su objetivo fundamental consiste en promover entre las naciones, distintos programas que faciliten la conservación del empleo, mejorar el estándar de vida de los trabajadores, lograr una equitativa distribución del ingreso, el reconocimiento efectivo de los contratos colectivos de trabajo, el establecimiento de un salario mínimo; consolidar el sistema de la seguridad social y brindar una amplia protección a la vida de los trabajadores.

ORGANIZACIÓN MARÍTIMA INTERNACIONAL: organismo especializado, en vigor desde el 17 de marzo de 1958 al ser ratificada la convención por veintiún Estados. Proporciona mecanismos de cooperación e intercambio de información entre los Gobiernos sobre aspectos técnicos del transporte marítimo relacionado con el comercio internacional. Asimismo, alienta la adopción de las normas más elevadas posibles en cuestiones relativas a la seguridad marítima, la eficiencia de la navegación, la prevención y el control de contaminación. La Asamblea, compuesta por representantes de los Estados miembros, es el órgano máximo directivo de la OMI.

ORGANIZACIÓN METEOROLÓGICA MUNDIAL: OMM.◆ Establecida por su convención como organización intergubernamental destinada a reemplazar a la Organización Meteorológica Internacional (OMI), organización no gubernamental que había estado en funcionamiento desde 1873. En 1947, la Convención fue aprobada por la duodécima conferencia de Directores y entró en vigencia el 23 de marzo de 1950. Esta organización administra diversos programas que abarcan facetas, como operaciones, investigaciones y desarrollo, aplicaciones de la meteorología, hidrología y recursos hídricos, enseñanza y capacitación, cooperación técnica y aspectos regionales. El Congreso Meteorológico Mundial es la asamblea general de delegados que representan a los miembros.

ORGANIZACIÓN MUNDIAL DE ADUANAS: ver **OMA.**

ORGANIZACIÓN MUNDIAL DE LA PROPIEDAD INTELECTUAL: OMPI.◆ Tuvo su origen en la Convención de París de 1883 para la Protección de la Propiedad Industrial y en la Convención de Berna en 1886 para la Protección de las Obras Literarias y Artísticas. Se trata de un organismo especializado de las Naciones Unidas, vigente desde el 17 de diciembre de 1974. Con respecto a sus fines fundamentales, éstos consisten en el mantenimiento e incremento del respeto por la propiedad intelectual en todo el mundo, con el objeto de fomentar el desarrollo industrial y cultural, estimulando la actividad creadora. Para contribuir a la protección de la propiedad intelectual, la entidad promueve la aceptación más amplia de los tratados vigentes a su revisión, estimula la concreción de nuevos tratados y colabora en la preparación de leyes nacionales.

ORGANIZACIÓN MUNDIAL DE LA SALUD: OMS.◆ Organismo con sede en Ginebra, vinculado a la ONU, creado con el objeto de promover el desarrollo y la colaboración internacionales de la actividad sanitaria. Entró en funcionamiento el 7 de abril de 1948. Su constitución fue ratificada por veintiséis Estados miembros de las Naciones Unidas. Su órgano directivo es la Asamblea Mundial de la Salud, en la cual se encuentran representados los ciento noventa y dos Estados miembros de la Organización. Se reúne anualmente para examinar el trabajo de la Organización y establecer su política, programa y presupuesto. El Consejo Ejecutivo, constituido por treinta y cuatro miembros designados por un número igual de países, actúa como órgano ejecutivo de la Asamblea.

ORGANIZACIÓN MUNDIAL DEL COMERCIO: OMC.◆ Reemplaza al GATT a partir del 1 de enero de 1995.◆ Ver **GATT.**

ORGANIZACIÓN PARA LA COOPERACIÓN Y EL DESARROLLO ECONÓMICO: OCDE.◆ Organismo creado en el año 1961 con sede en París; actualmente agrupa a treinta naciones industrializadas. Su misión principal consiste en la coordinación de las políticas económicas, la expansión del comercio mundial, la ayuda a países subdesarrollados, el desarrollo de recursos técnicos y científicos, etcétera. Recientemente, ha proyectado un plan que tiene por objetivo superar el alto número de personas desocupadas en los países subdesarrollados. Reemplazó a la Organización Europea de Cooperación Económica.

ORGANIZACIÓN SIN FINES DE LUCRO: ente sin fines de lucro.

ORGANIZACIONES INTERNACIONALES: entes jurídicos interestatales, con personalidad propia, creados en bases convencionales de formación, estructura y objetivos determinados *(A. Llanés Torres).*

ÓRGANO: parte de una organización social o económica que cumple una función determinada.

ÓRGANO ASESOR: persona o conjunto de personas que pueden formar parte del plantel permanente de la empresa –o bien pueden ser de carácter transitorio–, a quienes se recurre en determinadas situaciones a fin de obtener asesoramiento acerca de temas relacionados con los aspectos que interesan al órgano volitivo y directivo.

ÓRGANO DE DIRECCIÓN: ver **Órgano directivo.**

ÓRGANO DE EJECUCIÓN: ver **Órgano ejecutivo.**

ÓRGANO DE FISCALIZACIÓN: ver **Órgano fiscalizador**.

ÓRGANO DIRECTIVO: persona o conjunto de personas encargadas de asesorar al órgano volitivo y de dirigir e implementar las políticas y decisiones resueltas por éste. Si el órgano directivo es de carácter individual, es conocido con el nombre de director, administrador, factor o gerente, y si su composición comprende a varias personas, es conocido como directorio, comité directivo o comité de administración. ◆ Órgano de dirección.

ÓRGANO EJECUTIVO: conjunto de personas a quienes se les encomienda la ejecución material de la labor dentro de las pautas decididas por los órganos superiores.◆ Órgano de ejecución.

ÓRGANO FISCALIZADOR: ver **Sindicatura.**

ÓRGANO VOLITIVO: persona o conjunto de personas que ejercen la potestad soberana en la administración para decidir y llevar a cabo las políticas y las decisiones como manifestaciones de su voluntad. Tan es así que en las empresas unipersonales, el órgano volitivo está representado por su propietario, mientras que en las sociedades comerciales se encuentra representado por la asamblea de socios o accionistas.◆ Aquel en el que reside la voluntad de la empresa y que fija las metas y objetivos a alcanzar.

ORIENTACIÓN SEXUAL: capacidad de sentir atracción emocional, afectiva y sexual por otras personas. Según esa atracción se dirige a personas de un género diferente o igual al propio, o a ambos, se habla respectivamente de hétero, homo o bisexualidad (INADI).

ORIGEN: principio, raíz de una cosa.◆ Patria o país donde uno ha nacido también; lugar de procedencia de un producto.

ORIGINAL: obra científica, literaria, artística o de cualquier otro género, producida directamente por su autor sin ser copia, imitación o traducción de otra.◆ Relativo al origen.

ORIGINARIO: que da origen a una cosa.

ORO: metal precioso.◆ Caudal, riquezas. ◆ Ver **Patrón oro**; **Moneda de oro**.

ORTOTANASIA: derecho de morir con dignidad. ◆ Eutanasia pasiva. ◆ Adistanasia.

OTORGAMIENTO: licencia, permiso, consentimiento.◆ Escritura de contrato o de última voluntad.◆ En estilo notarial, significa estipular o contratar.◆ Actos jurídicos que requieran una conformidad de las partes interesadas o una autorización de alguna de ellas.

OTROSÍ: término que significa "además". Por lo común, se utiliza en el lenguaje jurídico.◆ Cada una de las peticiones o pretensiones que se colocan después de la principal *(Diccionario de la Real Academia)*.

OUA: ver **Organización de la Unidad Africana.**

P

PABELLÓN: bandera de un país.

PACIFISMO: movimiento dirigido a la proscripción de guerra como arbitrio para dirimir conflictos internacionales, reemplazándola por la solución pacífica de los mismos, dentro del marco de una comunidad internacional, organizada bajo el signo del Derecho *(Damianovich - Oliveira).*

"PACKING LIST": lista de bultos o especificación de embalaje. Documento con las características de los diferentes bultos que conforman una expedición (número, peso, marca).

PACOTILLA: antiguamente, derecho del cual gozaban capitanes y marineros consistente en la embarcación de mercaderías (por su cuenta), los cuales no se encontraban alcanzados por el flete.

"PACTA SUNT SERVANDA": principio que alude a la obligatoriedad de aquello que las partes han pactado. Significa los pactos son hechos para ser cumplidos.

PACTO: acuerdo de voluntades de dos o más sujetos en virtud del cual se comprometen al cumplimiento de aquello a lo que se han obligado.◆ Contrato.◆ Convención. ◆ En el ámbito del Derecho Internacional, es sinónimo de tratado.◆ Ver **Pactos.**

PACTO ANDINO: ver **Grupo Andino**.

PACTO COLECTIVO DE TRABAJO: Convenio Colectivo de Trabajo.◆ Ver **Contrato colectivo de trabajo.**

PACTO COMISORIO: cláusula en virtud de la cual se estipula que el contrato será resuelto si una de las partes no cumple con sus obligaciones.

PACTO DE CUOTALITIS: acuerdo celebrado entre un abogado y su cliente, el cual versa en la conversión de los honorarios, en una parte de la ganancia del juicio.

PACTO DE EXCLUSIVIDAD: en la contratación mercantil, una de las partes –el concedente– se obliga frente a la otra –el beneficiario, exclusivista o concesionario– a no celebrar una determinada clase de contrato con persona distinta de esta última. El exclusivista obtiene una posición de cierto monopolio puesto que sólo él podrá obtener del concedente unas prestaciones que, de no mediar este tipo de pacto, podrían obtener otras personas.

PACTO DE MEJOR COMPRADOR: pacto en virtud del cual las partes acuerdan dejar sin efecto la compraventa llevada a cabo en el supuesto de aparición de un nuevo comprador con una oferta más conveniente.

PACTO DE NO AGRESIÓN: acuerdo celebrado entre dos o más potencias que se comprometen mutuamente a dirimir pacíficamente diversos conflictos que podrían acontecer.

PACTO DE NO PEDIR: pacto en virtud del cual el acreedor se compromete a no exigir la satisfacción de la obligación a cargo del deudor.◆ Pacto de remisión.

PACTO DE PREFERENCIA: compromiso que tiene por finalidad otorgar al vendedor la posibilidad de recuperar la cosa que ha sido objeto de una operación de compraventa, prefiriéndolo a cualquier otro en el supuesto de tener intención el comprador de venderla.

PACTO DE REMISIÓN: pacto de no pedir.

PACTO DE RESERVA DE DOMINIO: pacto en virtud del cual el vendedor, a fin de asegurarse la percepción íntegra del precio, conserva la propiedad del bien objeto de la compraventa hasta la cancelación total de la operación.

PACTO DE RETROVENTA: acuerdo en virtud del cual se le concede al vendedor la posibilidad de recuperar el bien objeto de la compraventa mediante la devolución al comprador del importe por él desembolsado.

PACTO DE REVENTA: cláusula mediante la cual se faculta al comprador a restituir al vendedor la cosa objeto de la compraventa, a cambio del importe entregado a éste como consecuencia de la mencionada operación.

PACTO DE SOCIEDAD: contrato social.◆ Pacto social.◆ Ver **Sociedad**.

PACTO DE VARSOVIA: tratado de amistad, de cooperación y de mutua asistencia, concluido el 14 de mayo de 1955 en Varsovia entre Albania, Bulgaria, Hungría, Polonia, la ex República Democrática Alemana, Rumania, la ex Checoslovaquia y la ex URSS.

PACTO DE VENTA A SATISFACCIÓN DEL COMPRADOR: aquel que otorga al comprador la posibilidad de dejar la operación sin efecto en caso de no resultar satisfecho con el bien adquirido.

PACTO EN CONTRARIO: reconocimiento del principio de la autonomía de la voluntad de las partes, como consecuencia del cual se concede a éstas la posibilidad de regular un determinado aspecto de su relación jurídica en forma distinta a lo preceptuado por la norma. No obstante, esta autonomía deberá ser ejercida dentro del marco delimitado por el orden público, la moral y las buenas costumbres.

PACTO LABORAL: convenio colectivo. ◆ Acuerdo en las relaciones de trabajo.

PACTO LEONINO: ver **Sociedad leonina.**

PACTO O CONTRATO DE ASOCIACIÓN: contrato social.◆ Contrato de sociedad.

PACTO SOCIAL: contrato social.◆ Contrato de sociedad.

PACTOS: convenios celebrados para aumentar, disminuir o modificar ciertos efectos naturales de un contrato, manifestación de voluntad común *(A. Molina).*

PACTOS DE LIMITACIÓN DE RESPONSABILIDAD: aquellos por los cuales una persona renuncia preventivamente, y en virtud del principio de la autonomía de la voluntad, a un efecto cualquiera de la responsabilidad que la ley dispositiva le atribuye a otro por el incumplimiento de un deber jurídico *(A. Kemelmajer de Carlucci - C. Parellada)*

PACTOS PREEXISTENTES: serie de tratados a los que alude el Preámbulo de la Constitución de la Nación Argentina y que versan sobre diversas cuestiones de índole constitucional. Se los califica como "preexistentes" con relación a la Constitución Argentina de 1853.

PACTOS PROHIBIDOS: aquellos acuerdos de voluntades que infrinjan el ordenamiento jurídico en general.

"PACTUM FIDUCIAE": contrato por el cual aquel que recibe la propiedad de una cosa queda civilmente obligado a restituirla en circunstancias previamente determinadas. Aparece como una de las formas más antiguas del Derecho Romano de obligaciones para asegurar una deuda. El deudor transmitía la propiedad de un objeto como garantía al acreedor con pacto de restituirlo llegado el caso convenido, como por ejemplo la devolución de lo recibido en préstamo. Es una forma evidente y eficaz de garantizar una deuda que el acreedor, si no rescataba la cosa el deudor pagando la deuda a su debido tiempo, tenía el derecho, implícito en el pacto, de retener la cosa para sí o enajenarla.

"PACTUM RESERVAE DOMINII": ver **Pacto de reserva de dominio.**

PADRASTRO: marido de la madre con respecto a los hijos que ésta llevó al matrimonio de otro padre.

PADRINO: persona que acompaña a otra en ocasión de celebrar su bautismo, confirmación, matrimonio, etcétera.

PADRÓN: lista que incluye a todos los individuos que residen en una misma localidad, barrio, pueblo, etcétera.

PAGA: suma de dinero entregada en pago.◆ Con este término suele hacerse referencia, habitualmente, a la remuneración percibida por un trabajador en relación de dependencia. ◆ Acción de pagar o satisfacer una deuda.

PAGADERO: que se ha de pagar y satisfacer a cierto tiempo señalado.◆ Que su pago resulta accesible.◆ Tiempo en que un deudor ha de pagar lo que debe.

PAGADO: aplicable a aquello que ya ha sido abonado.

PAGADOR: que paga.◆ Quien libra o acepta un documento y se obliga a cancelarlo a su vencimiento.

PAGADOR OFICIAL: persona encargada por el Estado, una empresa o un particular, de satisfacer sueldos, pensiones, créditos, etcétera.

PAGANO: expresión relativa a los politeístas y a los idólatras.

PAGAR: dar una persona a otra –o satisfacer– lo que le debe.◆ Satisfacer una obligación.◆ Satisfacer una deuda en dinero.◆ Abonar.

PAGAR POR ANTICIPADO: abonar un bien o servicio con anterioridad a su obtención o prestación.

PAGARÉ: documento por el cual una persona asume el compromiso puro y simple de pagar a un tercero una suma determinada de dinero en una fecha determinada. Con respecto a los requisitos, éste deberá contener indefectiblemente los siguientes: a) cláusula "no a la orden", b) promesa pura y simple de pagar una suma determinada, c) plazo de pago, d) indicación del lugar de pago; e) nombre del beneficiario del pago, f) fecha y lugar en que han sido firmados, g) firma del suscriptor, quien creó el título. El título al cual le falte algunos de los requisitos indicados carece de validez, salvo en los casos en que en el pagaré no se haya indicado el plazo para el pago, lo que significará ser considerado a la vista, y cuando, a falta de indicación especial, el lugar de creación del título será considerado lugar de pago y también domicilio del suscriptor. El pagaré puede ser transferido por vía de endoso aun cuando no estuviese concebido a la orden. El endosante, que es el beneficiario original, firma al dorso del documento o en una hoja de papel debidamente adherida a aquél. El endosatario, que es el portador del título, puede estar designado o no en el endoso. En este último caso, se denomina endoso en blanco. Además, el endoso no debe estar sujeto a condición alguna ni puede ser parcial. El endosante es garante de la aceptación y del pago del pagaré, salvo cláusula en contrario, pudiendo prohibir un nuevo endoso, lo que lo libera de responsabilidad ante las personas a quienes se endosare el documento. El tenedor del título es considerado como portador legítimo si justifica su derecho por una serie ininterrumpida de endosos.

PAGARÉ A LA ORDEN: el que es transmisible por endoso sin nuevo consentimiento del deudor.

PAGARÉ CANCELADO: aquel que fue levantado o abonado y se le devuelve al firmante o al último endosante.

PAGARÉ EN BLANCO: aquel que, en la parte esencial de su texto, se encuentra sin escribir, pero con la firma correspondiente.

PAGARÉ HIPOTECARIO: aquel suscripto por el deudor hipotecario al constituir el gravamen sobre el bien inmueble ofrecido en garantía.

PAGARÉ PRENDARIO: aquel suscripto por el deudor al constituir un gravamen sobre un bien mueble ofrecido en garantía.

PAGARÉ PROTESTADO: el que se presenta para su protesto por falta de pago.

PAGO: erogación que se hace en dinero, por compensación mediante entrega de bienes, o en una ejecución que resulta de utilidad para cancelar una deuda o para adquirir un bien o un derecho.◆ Acto de satisfacer lo que se adeuda.◆ Es el cumplimiento de la prestación que hace al objeto de la obligación, ya se trate de una obligación de hacer, ya de una obligación de dar. El pago actúa el derecho del acreedor y, al mismo tiempo, actúa la obligación del deudor; es decir, que realiza simultáneamente los dos términos de la relación por medio de una actividad del deudor dirigida a la exacta prestación de lo debido *(Giorgini)*.

PAGO A CUENTA: aquel efectuado en forma parcial, con vistas a la cancelación de una suma adeudada.

PAGO A DESTAJO: remuneración abonada al trabajador, cuya liquidación se efectúa sobre la base de la producción de aquél.◆ Ver **A destajo.**

PAGO A PLAZO: pago que se efectúa dentro de un determinado período, con o sin intereses, y en cuenta corriente o con documentos.◆ Pago diferido.

PAGO A PLAZO CON INTERÉS: pago a efectuarse dentro de un plazo que devengará un interés por el citado período. Este interés podrá ser calculado a una tasa de mercado o a una inferior.

PAGO A PLAZO SIN INTERÉS: pago dentro de un período, sin interés alguno. Es de uso habitual efectuar un descuento en caso de abonarse en forma inmediata o en un tiempo considerable antes del vencimiento.

PAGO ADELANTADO: aquel realizado como anticipo de una futura provisión de bienes o servicios.◆ Erogación realizada por compra de bienes o prestación de un servicio.◆ Pago concretado en forma adelantada a la fecha de vencimiento.◆ Pago anticipado.

PAGO ANTICIPADO: ver **Pago adelantado**.

PAGO ANUAL: el efectuado por única vez a lo largo de un año.

PAGO CON BENEFICIO DE COMPETENCIA: el que se concede a ciertos deudores para que no paguen más de lo que pueden, dejándoles lo indispensable para su subsistencia.◆ Ver **Beneficio de competencia.**

PAGO CON SUBROGACIÓN: el realizado por una persona en virtud de haberle sido transmitidos los derechos que correspondían.

PAGO CONTADO ANTICIPADO: aquel efectuado en el momento de convenir la compra de una mercadería que se recibirá enseguida o pocos días después.

PAGO CONTADO INMEDIATO: el efectuado en el mismo acto de recepción de los bienes adquiridos.

PAGO CONTRA ENTREGA: ver **Pago contado inmediato**.

PAGO DE DEUDA TRIBUTARIA: acto jurídico mediante el cual se cumple con la obligación que recae sobre el contribuyente.

PAGO DE LO INDEBIDO: aquel efectuado por error tanto de hecho como de derecho.

PAGO DE VACACIONES: el correspondiente al personal en relación de dependencia por su licencia vacacional.

PAGO DIFERIDO: ver **Pago a plazo**.

PAGO DUPLICADO: el que se realiza en forma errónea por segunda vez.

PAGO EN EFECTIVO: el que se realiza en dinero.

PAGO EN ESPECIE: todo pago que no consiste en la entrega de una suma de dinero. El que no se realiza en dinero.

PAGO ESPONTÁNEO: todo aquel que se realiza sin mediar previa intimación de su ingreso por parte del Estado, en su carácter de acreedor tributario *(J. M. Martín).*

PAGO FICTICIO: aquel fingido o aparente que se realiza con el objeto de simular una determinada situación económica, patrimonial o financiera.

PAGO – IMPOSIBILIDAD DEL: aquel que no puede ser realizado por circunstancias ajenas al deudor; por ejemplo, cuando se trate de un pago en especie, por haberse perdido o destruido la cosa objeto del pago. Debe tratarse de una imposibilidad absoluta que no afecte únicamente a la persona del deudor; deberá recaer sobre cualquier persona que ostente dicho carácter.

PAGO IMPUTADO: imputación del pago.

PAGO INICIAL: primer pago que se realiza por la compra de un bien, generalmente a plazo.

PAGO ÍNTEGRO: ver **Pago total**.

PAGO INTIMADO: aquel que se efectúa con posterioridad a una resolución administrativa del órgano encargado de la recaudación del pertinente tributo, intimando a ingresar éste dentro de un plazo perentorio o como consecuencia de la iniciación del procedimiento denominado "ejecución fiscal" o "juicio de apremio".

PAGO PARCIAL: el que importa la satisfacción de una parte de la suma total debida.◆ Ver **Pago a cuenta.**

PAGO POR COMPENSACIÓN: la compensación de las obligaciones tiene lugar cuando dos personas, por derecho propio, reúnen la calidad de acreedor y deudor recíprocamente, cualesquiera que sean las causas de una y otra deuda. Ello extingue con fuerza de pago las dos deudas, hasta donde alcance la menor, desde el tiempo en que ambas comenzaron a coexistir. Para que se verifique la compensación es preciso que la cosa debida por una de las partes pueda ser dada en pago de lo que es debido por la otra, que ambas deudas sean subsistentes civilmente, que sean líquidas, ambas exigibles, de plazo vencido y que –si fuesen condicionales– se halle cumplida la condición.

PAGO POR CONSIGNACIÓN: aquel que se efectúa mediante depósito judicial de la cantidad adeudada, en virtud de la negativa del acreedor a recibir el pago, cuando éste fuese incapaz al tiempo de efectuarse el pago, cuando estuviese ausente o cuando fuese dudoso el derecho del acreedor.

PAGO POR CUENTA AJENA: pago por deuda ajena.◆ Pago por un tercero.

PAGO POR DEUDA AJENA: ver **Pago por un tercero.**

PAGO POR ENTREGA DE BIENES: cuando el acreedor recibe en forma voluntaria bienes en sustitución de lo que se debía entregar o ejecutar.◆ Ver **Dación en pago.**

PAGO POR INTERVENCIÓN: el que tiende a proteger la circulación del título-valor, desde que a su vencimiento se satisface al portador como si la relación cambiaria hubiera funcionado regularmente; es decir, se beneficia a la persona honrada (el portador) evitándose los gastos y las molestias de los recursos, y a los obligados posteriores exonerados por dicho acto *(Escutti, h.).*

PAGO POR UN TERCERO: cuando no lo realiza el obligado o interesado sino otra persona en reemplazo de aquél.

PAGO RETROACTIVO: aquel realizado en cancelación de deudas originadas por hechos acaecidos o actos celebrados con anterioridad.

PAGO TOTAL: aquel que se realiza por una suma equivalente a la que se adeuda.

PAGO ÚNICO: el realizado íntegramente en una sola oportunidad.

PAGOS PERIÓDICOS: los que se realizan a intervalos fijos y regulares.

PAÍS: Nación, territorio.

PAÍS DE ORIGEN: aquel en el cual se lleva a cabo la fabricación de un producto.

PAÍS DE PROCEDENCIA: en materia de compraventa internacional de mercaderías, es aquel en el cual se produce el embarque de éstas.

PAÍS EJE: aquel alrededor del cual el resto de los países del mundo definen su inserción en la estructura de poder mundial según la relación que establecen con dicho país.

PAÍSES DESARROLLADOS: aquellos cuya renta per cápita supera los 1500 dólares anuales.

PAÍSES EN VÍAS DE DESARROLLO: aquellos cuya renta per cápita supera los 600 dólares pero no supera los 1500 dólares anuales.

PAÍSES PERIFÉRICOS: países satélites.◆ Periferia.

PAÍSES SATÉLITES: aquellos que oscilan o giran alrededor de los países imperialistas o centrales.◆ Países periféricos.◆ Periferia.

PAÍSES SEMI DESARROLLADOS: aquellos en vías de desarrollo.

PALINODIA: retractación de una persona de todo lo declarado oportunamente, en presencia del juez y los testigos.

PANEL: grupo de expertos que dialoga y debate sobre un tema determinado. Facilita la posibilidad de enfrentar distintas formas sobre un tema o problema. ◆ Grupo de personas que discuten algo en público.

PANESLAVISMO: instrumento de política de poder utilizado por el Imperio Ruso con el propósito de imponer su influencia sobre los pueblos eslavos de Europa y procurar, asimismo, el cumplimiento de sus reivindicaciones históricas frente al Imperio Otomano. Es otro orden, el concepto sintetiza también el movimiento desarrollado entre las distintas comunidades eslavas, ubicadas dentro del marco político del Imperio Austro-húngaro y el Imperio Otomano, con el objeto de apoyarse recíprocamente, satisfaciendo sus aspiraciones raciales *(O. Damianovich – C. Oliveira).*

PANGERMANISMO: doctrina que propugna una situación de liderazgo de los pueblos germanos unidos.

PAPEL EN DERECHO: alegación en derecho.

PAPEL MONEDA: el que, por autoridad pública, sustituye al dinero metálico y tiene curso como tal.

PAPELERÍA: conjunto desordenado de papeles.◆ Exceso de papeles.◆ Conjunto de sobres, hojas y tarjetas membretadas que posee una persona.

PAPELES COMERCIALES: papeles de crédito.

PAPELES DE COMERCIO: efectos de comercio.◆ Ver **Papeles de crédito**.

PAPELES DE CRÉDITO: documentos utilizados en la instrumentación de las operaciones de crédito, tales como pagarés, letras de cambio, contratos de prenda, contratos de venta por adhesión, etcétera.◆ Papeles de comercio. ◆ Efectos comerciales.◆ Papeles mercantiles. ◆ Papeles comerciales.◆ Documentos.

PAPELES MERCANTILES: papeles de crédito.◆ Papeles de comercio.◆ Efectos comerciales.◆ Documentos.

PAQUEBOTE: nave que transporta correspondencia, pasajeros y carga de un puerto a otro.

PAQUETE ACCIONARIO: representa la sumatoria de las distintas partes que componen el capital de una sociedad por acciones.◆ Conjunto grande de acciones de una sociedad, perteneciente a un solo titular o a una parte mayoritaria.

PAR: valor nominal o declarado que aparece en el anverso de un título bursátil.◆ Igual o semejante totalmente.

PARA MEJOR PROVEER: fórmula con que se designa la resolución que el juez o tribunal dicta de oficio, terminada la sustanciación del asunto y antes de sentenciarlo, reclamando datos o disponiendo pruebas para fallar con mayor conocimiento de causa.

PARAFERNALES: ver **Bienes parafernales.**

PARAFISCALIDAD: institución intermedia entre la tasa administrativa y el impuesto *(M. Duverger).*◆ Exacción obligatoria, afectada a un fin determinado, instituida de forma autoritaria, generalmente con un objetivo de orden económico, profesional o social, y que escapa total o parcialmente a las reglas de una legislación presupuestaria y fiscal, por lo que respecta a las condiciones de creación del ingreso, de determinación de su base y tipo, del procedimiento de recaudación y del control de su empleo.

PARAFRENIAS: constituyen este grupo un conjunto de delirios de escasa sistematización lógica, que se manifiestan con interpretaciones delirantes y además, en modo especial, con alucinaciones. Su contenido, por lo general, es persecutorio al comienzo y megalómano después *(C. Smith).*

PARAÍSO FISCAL: país o territorio que atribuye a personas físicas o colectivas ventajas fiscales susceptibles de evitar la tributación en su país de origen o de beneficiarse de un régimen fiscal más favorable que el de ese país, sobre todo en materia de impuestos sobre la renta y sobre las sucesiones. Los paraísos fiscales sirven esencialmente para tres fines: funcionan como almacén para inversiones pasivas a través de depósitos de capital, ofrecen una localización donde los rendimientos específicos pueden ser ficticiamente colocados y permiten que los negocios de los contribuyentes, particularmente sus cuentas bancarias, sean puestos fuera de la verificación de las administraciones fiscales. De acuerdo con el informe de la OCDE de 1998, los trazos para identificar un país como paraíso fiscal son: 1) que el país no imponga tributación o lo haga de forma puramente nominal, que sea visto como ofreciendo condiciones para ser usado por los no residentes para evadir el Fisco en el país de su residencia; 2) que existan leyes o prácticas administrativas que impidan el efectivo intercambio de informaciones con otros gobiernos sobre contribuyentes beneficiarios de esa baja tributación; 3) que exista falta de transparencia relativa a su funcionamiento o que permita prácticas ilegales, como el lavado de dinero o evasión fiscal; 4) que no se exija que las actividades económicas desarrolladas en el territorio sean substanciales o que conduzcan a la atracción de inversiones por razones meramente fiscales.◆ Países que imponen bajos o ningún impuesto a las operaciones que ellos realizan, y que mantienen el secreto financiero que protege al inversionista de eventuales investigaciones de fiscos extranjeros y penalidades de orden civil o criminal para con los empleados que violen el secreto (*A. López).*◆ En general, se ha aceptado que el paraíso o refugio fiscal representa a un país o jurisdicción en el que: 1) no hay impuestos, 2) hay impuestos, pero a tasas relativamente bajas, 3) los impuestos se aplican solamente a las bases impositivas internas, pero no se aplican –o se aplican a tasas bajas– a las utilidades de fuente extranjera, 4) se otorgan privilegios tributarios especiales a ciertos tipos de personas o sucesos imponibles. Estos privilegios o incentivos tributarios especiales pueden ser previstos por el sistema tributario interno o pueden derivarse de una combinación de disposiciones internas y de tratados. A las características mencionadas debemos agregar que existen otros factores de elección por parte de un contribuyente para elegir un país como paraíso tributario, tales como: 1) estabilidad política, económica y de gobierno; 2) que no existan controles sobre cambio de moneda; 3) un sistema jurídico estable que otorgue seguridad jurídica y libre ingreso y salida de los capitales; 4) facilidades de comunicación y transporte, así como servicios profesionales, comerciales y bancarios competentes *(Boletín de la AFIP de la Argentina).* ◆ Refugio fiscal.◆ *Tax haven.* ◆ ver **Plazas financieras "off shore"**; **Fondos "off shore".**

PARCELA: cosa inmueble de extensión territorial continua, deslindada por un polígono de límites, perteneciente a un propietario o a varios o poseída por una persona o varias, cuya existencia y elementos esenciales consten en el documento cartográfico de un acto de levantamiento territorial inscripto en el organismo catastral.

PAREJA CRIMINAL: especie dentro del género de los delitos colectivos. Es considerada como la unión entre dos personas con el fin de ejecutar acciones delictivas. En estas parejas, se dan dos situaciones en virtud de las cuales comúnmente se sostiene que pueden obrar por "adición de valores" (caso en el que ambos integrantes son delincuentes) o por "sustracción de valores" (supuesto que se configura cuando un delincuente ejerce influencia notoria sobre el otro integrante, que es gradualmente inducido e incitado a la criminalidad).

PARENTESCO: vínculo jurídico que nace de lazos de sangre, del matrimonio o de la adopción *(G. Borda).*◆ Vínculo existente entre las personas en virtud de la consanguinidad, la afinidad o la adopción *(E. Zannoni).*

PARENTESCO CIVIL: el parentesco originado por la adopción.

PARENTESCO EN LÍNEA COLATERAL: de doble vínculo si ambas personas descienden de un mismo matrimonio y de un solo vínculo si sólo tienen un ascendiente común.

PARENTESCO EN LÍNEA RECTA: el de las personas de las cuales una desciende de la otra *(L. Enneccerus).*

PARENTESCO MEDIO: el parentesco de las personas que tienen en común el padre o la madre.

PARENTESCO PLENO: en la línea colateral, el de las personas que derivan de la misma pareja matrimonial *(L. Enneccerus).*

PARENTESCO POR AFINIDAD: el que se da entre los parientes de un cónyuge y el otro.

PARENTESCO POR COGNACIÓN: ver **Cognación.**

PARENTESCO POR CONSANGUINIDAD: vínculo de parentesco entre una o varias personas que descienden, por generación, de un tronco común. Está originado en el vínculo de sangre.

"PARI PASSU": que no haya disriminación en la prioridad de pago, principios de igualdad y la capacidad de pagar de un país.

PARIDAD: valor asignado a un título por su emisor o por el mercado expresado en forma porcentual sobre la suma de su valor nominal y los rendimientos que tenga incorporados. ◆ Relación de una moneda con el patrón monetario internacional vigente.

PARIDAD CAMBIARIA: tasa porcentual de cambio vigente entre dos monedas.

PARIDAD CAMBIARIA LIBRE: aquella que rige en el mercado libre de cambios.

PARIDAD CAMBIARIA OFICIAL: aquella que rige en el Mercado Oficial de Cambios.

PARIDAD DE CAMBIO: relación existente entre las unidades monetarias de dos países distintos.◆ Paridad cambiaria.

PARIDAD EFECTIVA: cuando se trata de valuaciones en moneda extranjera, se convierten al tipo de cambio de cierre del período aplicable a la transacción o a la liquidación de estas operaciones, de manera que resulte un valor representativo del monto en moneda argentina de la suma disponible a cobrar o pagar. Se atenderá fundamentalmente a la realidad económica de la paridad efectiva para determinar el tipo de cambio aplicable, sin considerar fluctuaciones temporarias.

PARIDAD ORO: coeficiente entre los precios oficiales para un determinado importe de oro en dos países o los valores establecidos para el oro de las unidades monetarias nacionales.

PARITARIO: organismo de carácter social formado por un número igual de representantes de patrones y obreros con los mismos derechos.

PARLAMENTARISMO: sistema que se caracteriza fundamentalmente porque no existe una separación de poderes sino una coordinación de ellos. La norma fundamental es la relación fiduciaria, esto es, que el Gobierno depende del Parlamento para continuar su gestión, o en defecto del apoyo de éste, debe recurrir al pueblo para que éste arbitre. Existe una nítida separación entre las jefaturas de Estado y de Gobierno *(M. A. Ekmedjián)*.◆ Ver **Sistema parlamentario.**

PARO: medida adoptada por el empresario o la patronal, consistente en la realización de un alto en la explotación de la empresa (*lock out*). Se trata de una medida de fuerza que tiene como contrapartida, en el caso de los trabajadores, la huelga.◆ Ver **Huelga.**

PARO COYUNTURAL: aquel causado por condiciones económicas transitorias, como el ciclo de negocios, las recesiones económicas, la caída de los precios de productos exportables, las políticas de austeridad del Estado, calamidades geográficas, etcétera.

PARO DE BRAZOS CAÍDOS: paralización de la actividad laboral en un establecimiento por los trabajadores, los que permanecen en los lugares de trabajo pero no utilizan sus energías para realizar sus tareas.

PARO FORZOSO: desocupación o falta de empleo, independientemente de la voluntad del trabajador y, a veces, también del empleador.

PARO PARCIAL: suspensión de la prestación laboral durante parte de la jornada de trabajo.

PARO PATRONAL: *lock out.*◆ Ver **Paro**; **"Lock out".**

PARO – TASA: índice de desocupación. ◆ Relación entre el nivel de desocupados y la población económicamente activa.

PARQUÉ: conjunto de valores bursátiles.

PARRICIDIO: tipo particular de homicidio individualizado por la relación de parentesco entre el sujeto pasivo y el activo del hecho *(N. Pérez Ferro).*

"PART TIME": tiempo parcial.◆ Tiempo compartido; se usa para definir el tipo de trabajo de una persona.

PARTE: ver **Partes.**

PARTE ACTORA: actora. Parte demandante.◆ Demandante.

PARTE CONTRARIA: litigante contrario. Contraparte.

PARTE DOGMÁTICA DE LA CONSTITUCIÓN: ver **Declaraciones, derechos y garantías.**

PARTE ORGÁNICA DE LA CONSTITUCIÓN: la que contempla todo aquello relativo a la organización del Estado.

PARTE SOCIAL DE LOS SOCIOS: en algunos países, se denomina así a cada una de las porciones en que se considera dividido el capital de una "Sociedad de Responsabilidad Limitada". ◆ En la Argentina, "cuota".

"PARTENARIAT": nueva figura jurídica que se encuentra actualmente en auge en Francia; se trata de una especie de *franchising* que promueve una relación más horizontal entre las partes, con una mayor participación de los franquiciados en la toma de decisiones.

PARTES: participantes, personas o entidades intervinientes en un contrato, transacción o litigio.◆ Piezas.◆ Quienes participan en un proceso amparándose en un derecho o defendiendo un interés, a fin de que se haga lugar y satisfaga su pretensión. ◆ Ver **Pieza**.

PARTES DE FUNDADOR: ver **Acciones de fundador**; **Bonos de participación.**

PARTES TERMINADAS: productos en proceso.◆ Piezas acabadas.

PARTICIÓN: conversión de la parte ideal que le corresponde a cada comunero, en una porción o lote material equivalente a su interés en la cosa *(M. Mariani de Vidal).*

PARTICIÓN AMIGABLE: partición extrajudicial.

PARTICIÓN DE LA HERENCIA: operación que consiste en dividir entre los herederos los bienes dejados por el causante del juicio sucesorio.◆ Es el acto mediante el cual, normalmente, ha de concluir la comunidad hereditaria *(O. Maffía).*

PARTICIÓN DIRECTA: partición en especie.

PARTICIÓN EXTRAJUDICIAL: partición privada.

PARTICIÓN JUDICIAL: aquella que se encuentra a cargo del juez competente. ◆ En la Argentina, es exigida ineludiblemente en tres supuestos: a) cuando haya menores (aunque estén emancipados) o incapaces, interesados o ausentes cuya existencia sea incierta; b) cuando terceros se opongan a que se haga la partición privada, y c) cuando los herederos mayores y presentes no acuerden en hacer la división privadamente.

PARTICIÓN MIXTA: aquella que realizan los comuneros haciéndola constar en instrumento privado y presentándola posteriormente ante el juez competente, a fin de obtener su homologación.◆ Es aquella que, si bien se realiza en forma privada, requiere su posterior aprobación judicial.

PARTICIÓN POR EL JUEZ: ver **Partición judicial.**

PARTICIÓN POR EL TESTADOR: ver **Partición por testamento.**

PARTICIÓN POR HEREDEROS: ver **Partición privada.**

PARTICIÓN POR TESTAMENTO: distribución de los bienes existentes al día del fallecimiento que realiza el padre entre sus hijos *(O. Maffía).*

PARTICIÓN PRIVADA: aquella realizada entre las partes sin necesidad de intervención judicial.◆ Partición extrajudicial. Es viable en aquellas situaciones en las que sea decidida por unanimidad entre los herederos y todos ellos sean capaces. En principio, debe constar en escritura pública.

PARTICIÓN TESTAMENTARIA: partición por testamento.

PARTICIPACIÓN: aviso, noticia o comunicación que se da a otra persona.◆ Ver **Sociedad accidental o en participación**.

PARTICIPACIÓN CRIMINAL: movilización animadamente dirigida a intervenir en un evento que producirá un resultado previsto por la sociedad como delito; se califica de criminal como específica distinción de lo que pueda ser otro tipo de interacción irreprochable, o sea, no punible *(A. Campos).*

PARTICIPACIÓN EN EL DELITO: ver **Participación criminal.**

PARTICIPACIÓN DE ACCIONISTAS MINORITARIOS: aquella que les cabe a los accionistas que no tienen el control de una sociedad.◆ Participación de accionistas no controlantes.

PARTICIPACIÓN DE ACCIONISTAS NO CONTROLANTES: ver **Participación de accionistas minoritarios.**

PARTICIPACIÓN DE TERCEROS SOBRE EL PATRIMONIO DE EMPRESAS CONTROLADAS: representa la participación de terceros extraños al grupo económico consolidante. Debe ser expuesta en el estado de situación patrimonial consolidado como un capítulo adicional entre el pasivo y el patrimonio neto, denominado participación de terceros en sociedades controladas, salvo que se prevea el pago de dividendos en sociedades controladas u otras circunstancias que conviertan a una parte del pasivo corriente. Cuando sea el caso, el resultado de la participación minoritaria deberá exponerse separando la porción ordinaria, la extraordinaria y los ajustes de ejercicios anteriores. En todos los casos, se mostrará como último ítem de los respectivos capítulos del estado de resultados consolidado.

PARTICIPACIÓN EN LAS UTILIDADES: sistema retributivo que se aplica en organizaciones empresariales mediante el cual se otorgan estímulos e incentivos vinculados con las ganancias de éstas al factor humano.◆ Característica de los seguros de vida. Reconoce al asegurado una participación en los beneficios de la entidad aseguradora obtenidos en un determinado período.◆ Participación en los beneficios.

PARTICIPACIÓN EN LOS BENEFICIOS: ver **Participación en las utilidades.**

PARTICIPACIÓN EN REGALÍAS: derecho de percibir un porcentaje sobre las regalías de una explotación.

PARTICIPACIÓN MAYORITARIA: aquella en la que una persona o un grupo económico posee la mayor parte del paquete accionario o del capital.◆ Que se traduce en los votos.

PARTICIPACIÓN MINORITARIA: comprende la participación sobre los resultados del grupo económico atribuible a los accionistas minoritarios ajenos a éste, que es quien consolida su información en virtud de la aplicación de normas contables vigentes.

PARTICIPACIÓN OBRERA: cierto poder de decisión que posee el personal obrero de una empresa en las determinaciones de ésta.◆ Sistema por el cual los obreros de una empresa participan en sus beneficios. Esta clase de participación puede implicar o no la intervención obrera en la administración y dirección de la empresa. Por lo general, el término se refiere exclusivamente a la primera forma. La participación obrera en las utilidades es un medio de incentivar a éstos a mejorar la eficiencia productiva con el fin de reducir los costos y aumentar las utilidades, premiando de tal manera tales contribuciones.

PARTICIPACIÓN POLÍTICA: todas aquellas actividades voluntarias e individuales de los ciudadanos, que se pretende que influyan directa o indirectamente sobre las elecciones políticas en diversos niveles del sistema político *(S. Lerer).*

PARTICIPACIÓN SOBRE REGALÍAS: ver **Participación en regalías**.

PARTICIPACIONES EN EMPRESAS: aquellas que se poseen en otras empresas.

PARTICIPADA: sociedad de la cual se tienen acciones.

PARTICIPANTE: integrante de un negocio conjunto que tiene el control.

PARTÍCIPE: el que hubiera prestado al autor o a los autores una cooperación sin la cual el hecho delictuoso no hubiera podido cometerse.◆ Es aquel que tomase parte en la ejecución de un hecho o prestase al autor –o autores– un auxilio o cooperación.

PARTÍCIPE SECUNDARIO: el que brinda una cooperación que no tiene el carácter de determinante de la ejecución del hecho delictivo y quien preste una ayuda posterior cumpliendo promesas anteriores al mismo.

PARTICULAR: punto o materia de que se trate.◆ Especial, extraordinario.◆ Aplícase a un acto extraoficial o privado que ejecuta la persona que tiene oficio o carácter público.

PARTIDA: cada una de las cantidades parciales que contiene una cuenta contable.◆ Copia certificada de los registros que llevan ciertas oficinas públicas, como partida de nacimiento, de defunción, de matrimonio, etcétera.◆ Cantidad o porción de un género de comercio, como partida de trigo, de lana, etcétera.

PARTIDO JUDICIAL: distrito o territorio que comprende varios pueblos de una provincia, en que, para la administración de Justicia, ejerce jurisdicción un juez de primera instancia.◆ Demarcación del territorio dentro del cual ejercen su jurisdicción los distintos Juzgados y Cámaras.

PARTIDO POLÍTICO: cualquier grupo político identificado por una etiqueta oficial que presenta a las elecciones y que puede presentar en elecciones (libres o no) candidatos a cargos públicos *(G. Sartori).*

PARTIDOR: contador que nombra el juez para liquidar una cuenta.◆ Persona encargada de llevar a cabo una partición.

"PARTNERING": se aplica cuando dos empresas se juntan temporariamente, normalmente para trabajar en algún proyecto, pero, luego de concretado éste, cada una de ellas continúa en forma independiente y vuelven a ser competidoras. No son proveedor y cliente, son verdaderos socios en el negocio.

"PARTNERSHIP": tipo societario vigente en los EE.UU. que significa "sociedad en nombre colectivo". Tiene mucho auge en los EE.UU. Es muy similar a lo que en la Argentina se conoce como sociedad colectiva.

PARTO: ver **Nacimiento**.

PARVIFUNDIO: ver **Minifundio.**

PASAJE AÉREO: obligación contractual por medio de la cual el transportador aéreo se obliga a llevar de un lugar a otro en una aeronave a un pasajero y a su equipaje cobrando un estipendio por ello *(A. Mercado).*

PASAJE – CONTRATO DE: ver **Contrato de pasaje.**

PASAPORTE: licencia o despacho que daba a alguien un soberano para que pudiese pasar libre y seguramente por determinados territorios.◆ Documento del cual es necesario proveerse para viajar al extranjero.

PASE: ver **Exequátur**; **Operación de pase.**

PASE DE DOCUMENTOS PONTIFICIOS: ver **Breves.**

PASIBLE: aplicable a la conducta, hecho o acción capaz de recibir o merecer pena o sanción.

PASIVO: junto con el activo y el patrimonio neto, es uno de los grandes grupos de cuentas del Balance o Estado Patrimonial. Expone todos los rubros y cuentas representativas de deudas a favor de terceros. Incluye las obligaciones de entregar dinero o bienes, o prestar servicios.◆ Conjunto de deudas y cargos que gravan un patrimonio.

PASIVO CONTINGENTE: obligación que puede surgir a consecuencia de que se produzcan ciertos hechos eventuales y que, en caso de cumplirse tales circunstancias, habrán de generar una obligación a favor de terceros. Una de las operaciones más habituales que generan pasivos de esta clase es el descuento de documentos de terceros, ya que en el caso de no abonarlo el librador original, generará por parte del que lo descontó una obligación a favor del tenedor del título. Otra situación que puede generar un pasivo de este tipo son los litigios judiciales, con la consiguiente obligación en el caso de sentencia desfavorable. Es un pasivo probable pero no definitivo.

PASIVO DEVENGADO: deudas que se originan por el transcurso del tiempo pero cuya obligación de pago corresponde a períodos futuros. Ocurre cuando se paga por períodos vencidos.

PASIVO PRIVILEGIADO: pasivo con garantía real o con preferencias en cuanto a la antelación u orden de pago.

PASIVO QUIROGRAFARIO: pasivo de carácter común sin ninguna clase de garantía o preferencia en el orden de pago a los acreedores.

PASIVO VENCIDO: conjunto de deudas vencidas o atrasadas en su pago o cumplimiento.

PASO: derecho de navegar por el mar territorial con el fin de atravesarlo sin penetrar en las aguas interiores ni hacer escala en una rada o una instalación portuaria fuera de las aguas interiores; o de dirigirse hacia las aguas interiores o salir de ellas, o hacer escala en una de esas radas o instalaciones portuarias o salir de ellas.◆ Ver **Servidumbre de paso; Paso inocente.**

PASO INOCENTE: aquel que no sea perjudicial para la paz, el buen orden o la seguridad del Estado ribereño.

PASTOREO: ver **Contrato de pastoreo.**

PATENTAMIENTO DE "SOFTWARE": régimen legal de tutela jurídica del *software* existente en aquellos ordenamientos que no han optado por hacerlo a través del derecho autoral o que lo hacen alternativa o complementariamente. La obtención de una patente respecto de una aplicación informática está sujeta a los mismos tres criterios que tradicionalmente aplican a cualquier otra clase de invención, a saber: uso práctico, novedad y carácter inventivo.

PATENTE: autorización que se tiene para realizar actos prohibidos a los demás.◆ Documento expedido por la hacienda pública que acredita el pago que la ley exige para el ejercicio de algunas profesiones o industrias.◆ Derecho temporario que impide a terceros apropiarse de una invención original, útil y no evidente *(R. Sherwood).*

PATENTE DE INVENCIÓN: título por el cual el Gobierno otorga a toda persona que se pretenda autora de un invento de orden industrial y efectúe el depósito de éste con las formalidades legales, el derecho exclusivo de explotarlo durante un plazo determinado *(H. Capitant).*

"PATER FAMILIAS": en el Derecho Romano, el padre de familia.

PATRIA: la Nación o comunidad a la que pertenecemos con todos sus valores materiales y espirituales; es decir que Patria es la Nación vista subjetivamente *(J. Gómez).*

PATRIA POTESTAD: conjunto de derechos y obligaciones que tienen los padres, otorgado por la ley para que cuiden y gobiernen a sus hijos desde la concepción hasta la mayoría de edad o la emancipación.◆ Institución de Derecho Natural.◆ Poder que corresponde a los progenitores sobre los hijos menores no emancipados, para el cumplimiento de los deberes de alimentación, educación e instrucción. No se trata de un derecho subjetivo de los padres, sino de un complejo de facultades que el ordenamiento jurídico les reconoce como medio para desempeñar una función dirigida al cuidado personal del hijo y a la defensa de sus intereses *(Puig Brutau).*

PATRIMONIO: conjunto de bienes y derechos que le pertenecen a una persona o empresa, menos las obligaciones contraídas.◆ Conjunto abstracto de bienes y de deudas de una persona. ◆ El Derecho Patrimonial se ocupa de las relaciones jurídicas de la persona o de las situaciones jurídicas en que se encuentre, respecto de bienes o cosas, por definición susceptibles de tener un valor apreciable en moneda. Se divide en derechos reales, derechos personales y derechos intelectuales.

PATRIMONIO DEL CAUSANTE: conjunto de sus bienes económicos (dotados de valor pecuniario). Comprende los derechos económicos, pero también las situaciones jurídicas y las expectativas favorables y económicamente valiosas *(L. Enneccerus).*

PATRIMONIO ESTATAL: erario.◆ Tesoro público.◆ Fisco.

PATRIMONIO NETO: junto con el pasivo y el activo, es uno de los grandes grupos de cuentas del Balance o Estados Contables. Registra la diferencia entre aquéllos y representa la participación de los socios en el total del activo de la sociedad.

PATRIMONIO SEPARADO: característica del fideicomiso, en el cual los bienes objeto del mismo forman un patrimonio separado respecto del patrimonio del fiduciante, del fiduciario o de las otras partes (beneficiario y fideicomisario).

PATRIMONIO SOCIAL: conjunto de derechos y obligaciones de valor pecuniario pertenecientes a la persona jurídica social en un momento dado *(J. Farina).* Sostiene este autor que la relación entre la cifra del capital y el valor del patrimonio permite determinar la situación económica de la sociedad pues, a medida que el valor del patrimonio rebase la cifra del capital, ello indicará que la situación es más sólida; mientras que, en el caso contrario, significará que las pérdidas han ido dejando el capital sin el consiguiente respaldo, lo que se traduce expresando que ha habido "pérdida" de capital. ◆ Ver **Capital social**.

PATRIOTISMO: la gratitud hacia los antepasados por los valores morales y las realizaciones materiales que lograron *(J. Gómez).*

PATROCINADOR: persona física o jurídica que patrocina.◆ Quien sufraga una empresa con fines publicitarios, los gastos de un programa de radio o televisión de una competición deportiva o de un concurso.◆ *Sponsor.*

PATROCINIO: representación.

PATRÓN: empleador o patrono. Persona que contrata a otras para realizar tareas en relación de dependencia en su negocio o empresa.◆ Defensor, protector.◆ Persona que emplea obreros en trabajos y oficios.◆ Modelo que sirve de muestra para sacar otra cosa igual.◆ Metal que se toma como tipo para la evaluación de la moneda en un sistema monetario.

PATRÓN CAMBIO MONEDA: el centro de un área "guarda" las reservas de los satélites en el sentido en que sus débitos a corto plazo son los activos de caja de los sistemas monetarios de los satélites. Si estos débitos son convertibles en oro a precios fijos en el país "centro", éste se encuentra ligado al oro y los satélites, al patrón cambios oro. Si los débitos no son convertibles en oro a precios fijos, el centro está en un patrón "inconvertible" y, entonces, se dice que los satélites están en un patrón de cambio moneda *(E. Shaw).*

PATRÓN CAMBIOS ORO: bajo este patrón, la autoridad monetaria puede operar con oro en cierto grado, pero interviene en el mercado de moneda extranjera principalmente operando con ésta. Cotiza un precio de venta y un precio de compra ligeramente inferior para los giros sobre un país de patrón oro y defiende otros precios por ventas o compras ilimitadas. El precio de venta oficial del cambio-oro es el equivalente a un punto de exportación de oro. El precio oficial de compra equivale a un punto de importación de oro *(E. Shaw).*◆ Ver **Patrón oro.**

PATRÓN CANCELACIÓN ORO: se acerca mucho al extremo de la inconvertibilidad. El oro es un activo de caja de la autoridad monetaria. El precio del oro se fija únicamente con el objeto de valorar las reservas de la autoridad. Para la regulación de los tipos de cambio, la autoridad puede modificar el precio nacional del oro. El tope que asegura a los tipos de cambios es un límite flotante bajo la dirección de la autoridad monetaria nacional *(E. Shaw).*

PATRÓN DE COMPORTAMIENTO: conjunto de pautas a través de las cuales los consumidores deciden al considerar su forma óptima de tomar decisiones.

PATRÓN MONETARIO: modelo utilizado para determinar, de acuerdo con las etapas, los países y la coyuntura, el metal precioso o la moneda considerado como un instrumento de medida del precio de los bienes.◆ Instrumento discrecional de control monetario. Algunos sistemas monetarios tienen un patrón de papel inconvertible *(E. Shaw).*◆ Es la estructura legalmente constituida para establecer la cantidad de dinero existente en un país, a una fecha determinada, e incluye el sistema de acuñación de las monedas y la forma en que se efectúa la emisión de los billetes a través del organismo competente.

PATRÓN ORO: se dice que un sistema monetario está basado en el patrón oro cuando la unidad monetaria que le sirve de fundamento se encuentra integrada por ese metal, en cantidad y grado de fineza que determina la ley. La emisión de una moneda está ligada directamente a la compra de oro. Total respaldo de oro para una moneda. Fue utilizado en Gran Bretaña entre los años 1821 y 1914. La ventaja de este sistema es que muestra en forma automática el estado de la inflación, pero tiene como desventaja limitar el comercio mundial de oro. Para que un sistema de patrón oro funcione deben cumplirse varios requisitos, entre ellos la libre convertibilidad de la moneda en oro.◆ Ver **Patrón cambios oro.**

PATRÓN PLATA: ha sido una pieza de museo desde que su último seguidor, China, lo abandonó en 1935. Su principio operativo es idéntico al del patrón oro. Vincula la oferta monetaria con los *stocks* nacionales de plata y vincula el valor en moneda extranjera de la moneda nacional con el coeficiente entre los precios de las nacionales y extranjeras *(E. Shaw).*

PATRONATO: institución del Estado Nacional mediante la cual se provee directamente a la protección de los menores, a su salud, seguridad y educación en caso de que carezcan de representación legal y en los supuestos en los que quienes ejercían la representación la hayan perdido transitoria o definitivamente, de conformidad con las disposiciones del Código Civil sobre pérdida o suspensión de la patria potestad *(O. Cancela).*◆ Derecho, poder o facultad que tienen el patrono o los patronos.

PATRONO: patrón, empleador.◆ Persona natural o jurídica que proporciona trabajo, por cuenta propia o ajena, para la ejecución o la explotación de una obra o empresa. Empleado y obrero es el que trabaja por cuenta ajena.

PBI: Producto Bruto Interno. Define el valor de la producción lograda en un período determinado –un año– para un país, una región o una comunidad, por cada una de las actividades económicas: primaria, industrial, comercial y de servicios *(M. Darré).*

PEAJE: sistema de construcción de obras públicas por el cual el contratista se reembolsa el costo de la obra mediante el cobro de una tarifa por el uso del servicio que brinda la obra construida a los usuarios.◆ Arancel que se paga por el uso de un camino, un puente, un canal, etcétera.

PECULADO: delito que consiste en el hurto de caudales del erario, cometido por aquel a quien le está confiada su administración.◆ Malversación.

PECULIO: dinero particular perteneciente a cada trabajador.

PECUNIA: moneda o dinero.

PECUNIARIAMENTE: en dinero efectivo.

PECUNIARIO: perteneciente al dinero en efectivo.

PEDIMENTO: petición.◆ Escrito presentado a un juez.

PELOTA: acumulación de deudas que, siendo una por una de escasa entidad, juntas resultan graves.

PENA: sanción punitiva que recae sobre las personas que infringen una ley o norma legal.◆ Sufrimiento impuesto por los tribunales de Justicia, al infractor del precepto de la norma penal, en la clase y medida señaladas por dicha norma.

PENA ACCESORIA: la que se impone según ley como inherente, en ciertos casos, a la principal.

PENA CAPITAL: forma mediante la cual se conoce la pena de muerte.

PENA CONVENCIONAL: aquella prestación que el deudor se compromete a satisfacer al acreedor en el caso de incumplimiento o de cumplimiento defectuoso de la obligación. Por ejemplo cuando un contratista debe abonar cantidades crecientes por el retraso en construir una obra.

PENA DEL TALIÓN: aquella que imponía al reo un daño igual al que él había causado.◆ Perjuicio o daño de intereses o moral que sufre el que causó otro semejante.

PENA GRAVE: cualquiera de las penas de mayor severidad señaladas en la ley para castigar los delitos.

PENA LEGÍTIMA: para que sean así deben ser justas y ello se logra si cumplen tres requisitos: 1) proporcionalidad, estos es, la pena debe ser adecuada al daño social causado con la conducta delictiva; 2) necesariedad, significa que las penas deben servir para la convivencia armónica y pacífica de los asociados, en cuanto su existencia realmente entre la comisión de delitos (prevención general) y permita la reincorporación del autor del delito a la sociedad, siendo partícipe del desarrollo económico, político, social y cultural (prevención especial), en las mismas condiciones de los "no delincuentes"; 3) utilidad, o sea "socialmente necesaria".

PENA LEVE: cualquiera de las penas de menor rigor, como represión privada, arresto menor o multa pequeña, que la ley señala como castigo de las faltas.

PENA ORDINARIA: se llamaba así en la legislación antigua la pena capital.

PENA PRIVATIVA DE LA LIBERTAD: ver **Privación de la libertad.**

PENAL: relativo a la pena o al castigo.

PENALIDAD POR PRECANCELACIÓN: importe cobrado al prestatario por el prepago del préstamo.

PENALIZAR: imponer o aplicar una sanción o castigo en caso de incumplimiento de cláusulas u obligaciones siguientes en un contrato. Generalmente, genera una indemnización económica.

PENAS DE CÁMARA: condenaciones pecuniarias que los jueces y tribunales imponían a las partes con aplicación a la Cámara Real o al Fisco.

PENDIENTE: depender, que pende.◆ Inclinado, en un declive.◆ Relativo a aquello que aún no se ha resuelto, finalizado o cumplido.

PENDIENTE DE PAGO: deuda u obligación no cancelada.

PENIQUE: moneda inglesa de cobre que vale la centésima parte de la libra esterlina.

"PENITUS EXTRANEI": locución latina que alude a aquellos terceros que resultan totalmente extraños a una cuestión determinada.

PENOLOGÍA: disciplina que se ocupa de la aplicación y la ejecución de toda clase de penas *(H. Lieber).*

PENSIÓN: monto periódico, temporal o vitalicio, otorgado a la persona que reúne determinados requisitos desde las instituciones de la seguridad social.

PENSIÓN ALIMENTARIA: obligación de carácter civil que pesa sobre ciertas personas, específicamente determinadas por la ley y económicamente capaces, y la cual consiste en suministrar periódicamente a otros de ordinario cónyuge o parientes, una suma de dinero para sufragar las necesidades de subsistencia.

PENSIÓN POR FALLECIMIENTO: la que corresponde a los derechohabientes en caso de fallecimiento del trabajador en actividad o jubilado.◆ Ver **Derechohabientes.**

PENSIONADO: beneficiario de una pensión.

PEÓN: obrero sin tarea fija o específica, o bien asignado a grupos generales para colaborar mediante tareas auxiliares.

PEQUEÑA Y MEDIANA EMPRESA: empresas incluidas dentro de un agrupamiento en función del número de empleados u obreros, montos de ventas, etcétera. ◆ Pyme.

PER CÁPITA: por cabeza, individualmente. ◆ Generalmente, referido al ingreso medio percibido por habitante en un país y en un período determinado.

"PER DIEM": locución latina que significa por día.

"PER SALTUM": institución creada por jurisprudencia de la propia Corte Suprema. Medida de tipo excepcional que se aplica en situaciones en las que la Corte Suprema entiende que existe gravedad institucional. La Corte, puede abocarse al estudio de una causa y la lleva a su seno para resolverla. Es una forma de tomar conocimiento en cuestiones que no le competen constitucionalmente a la Corte Suprema.◆ Doctrina del *per saltum*.

"PER SE": expresión latina que alude a aquellos actos realizados por una persona "por sí misma".

PERCIBIR: recibir una cosa.◆ Comprender una cosa.

PERCUSIÓN DEL IMPUESTO: división fiscal de su carga, su efecto total sobre todos los precios y demás magnitudes económicas. Los incididos por el impuesto (los designados por la ley para pagarlo) acaso logren desplazarlo hacia adelante o hacia atrás.◆ Ver **Efectos económicos de los impuestos.**

PÉRDIDA: resultado que incide en el patrimonio de la empresa disminuyéndolo. ◆ Resultado negativo como consecuencia de operaciones que resultan deficitarias, de la erogación por gastos o en virtud de superar el costo a los ingresos o por hechos incontrolables. ◆ Quebranto.◆ Pérdida del período.

PÉRDIDAS EXTRAORDINARIAS: originadas en operaciones realizadas al margen del objeto específico del ente o sobre aquellas operaciones que la empresa no tiene posibilidad de control.◆ También se denominan así las pérdidas que superan el nivel normal de la empresa.

PÉRDIDAS ORDINARIAS: resultados negativos registrados en uno o más períodos en las actividades normales de un ente.

PERDÓN: remisión de la pena merecida, del agravio recibido o de una deuda u obligación pendiente.◆ Indulgencia.

PERDÓN DE LA DEUDA: condonación de una deuda hecha por el acreedor a favor del deudor.◆ Remisión de la deuda.

PERENCIÓN DE INSTANCIA: caducidad de instancia.

PERENTORIO: ver **Plazo perentorio.**

PERFIDIA: disimulación fraudulenta y falta de lealtad *(B. Halaczuk - Moya Domínguez).*

PERICIA: experiencia o habilidad práctica en una ciencia o arte.◆ Verificación e informe correspondiente que realiza una persona capacitada en la materia que requiere su intervención. ◆ Peritación.◆ Ver **Informe pericial.**

PERIFERIA: término muy utilizado –aunque ambiguo– para designar aquellos países dependientes del centro, de los países industriales poderosos. En algunos países, se usa para referirse a los países del tercer mundo.◆ Países periféricos.◆ Países satélites.

PERIMIR: caducar el procedimiento por haber transcurrido el término fijado por ley sin que lo hayan impulsado las partes.

PERÍODO: ciclo.◆ Cifra o grupo de cifras que se repiten indefinidamente, después del cociente entero, en las divisiones inexactas.◆ Espacio de tiempo que incluye toda la duración de una cosa.

PERÍODO DE GESTACIÓN: embarazo.

PERÍODO DE GRACIA: aquel durante el cual el emisor de un título financiero o el deudor de un préstamo no procederá a la amortización del capital.

PERÍODO DE PRUEBA: espacio de tiempo que incluye la duración laboral de un trabajador en el cual debe satisfacer los requerimientos adecuados a su función y lograr la aprobación del empleador para ser contratado en forma efectiva.

PERÍODO DE SOSPECHA: a los efectos de la legislación concursal argentina, se trata del período que transcurre entre la fecha que se determina como iniciada la cesación de pagos y la sentencia de quiebra.◆ El que representa el acto declarativo de quiebra, durante el cual los actos del fallido son nulos o anulables, porque la norma legal o el juez sospechan que se han celebrado en perjuicio de los acreedores o mediante fraude.

PERÍODO DE SUSCRIPCIÓN: tiempo durante el cual se aceptan suscripciones de nuevos títulos emitidos.

PERÍODO FISCAL: período contable, normalmente de un año.◆ Lapso en el cual se genera la materia imponible y respecto del cual se liquidará e ingresará el respectivo tributo *(J. Martín).*

PERÍODO PRESUPUESTARIO: término de tiempo que cubre un presupuesto. Usualmente, es equivalente a un año.

PERISTA: persona que comercia con objetos robados a sabiendas de que lo son.

PERITACIÓN: trabajo o estudio que hace un perito por encargo de autoridad competente.

PERITO: es la persona ajena a las partes que, por sus conocimientos especiales en alguna ciencia, arte o profesión y, previamente designada en un proceso determinado, percibe, verifica hechos y pone en conocimiento del juez su interpretación fundada sobre ellos a fin de formar la convicción del magistrado *(R. Arazi).*◆ Ver **Peritos.**

PERITO CONTADOR: contador público cuya función es ser un simple veedor y expositor ante el juez para que éste entienda y decida en un proceso laboral.◆ Profesional que realiza pericias.

PERJUICIO: daño del orden material o moral experimentado por una persona. Si es imputable a otra, en razón de su responsabilidad delictual o contractual, ésta se encuentra obligada a repararlo. ◆ Todo menoscabo o detrimento que repercute o afecta a un sujeto tanto en el orden moral como en el patrimonial. ◆ Ver **Daños y perjuicios.**

PERJUICIO FISCAL: falta de ingreso a las arcas del Estado del importe que correspondiere por tributos cuya percepción le estuviere encomendada; ingreso de un importe menor al que correspondiere por tal concepto o pago por el Fisco de un importe que no correspondiere.

PERJURIO: falso testimonio.

PERMISO: autorización otorgada para la válida ejecución de una conducta o celebración de un acto determinado, por parte de una autoridad legitimada al efecto.

PERMISO DE EDIFICACIÓN: autorización del organismo pertinente para efectuar construcciones.

PERMISO DE LACTANCIA: puede consistir en una reducción de la jornada laboral o en la autorización de ausentarse del trabajo por un lapso determinado, motivado por la lactancia, en el caso de madres con hijos en época de amamantamiento.

PERMUTA: acción y efecto de permutar una cosa por otra.◆ Contrato por el que se entrega una cosa en cambio de otra.◆ Contrato que tiene lugar cuando uno de los contratantes se obliga a transferir a otro la propiedad de una cosa, con tal que éste le de la propiedad de otra cosa. En caso de que una de las partes haya recibido la cosa que se le prometió en permuta y tenga justos motivos para creer que no era propia del que la dio, no puede ser obligado a entregar lo que él ofreció y puede pedir la nulidad del contrato aunque no fuese molestado en la posesión de la cosa recibida.◆ Trueque.◆ Canje.◆ Cambio.

PERMUTACIÓN: acción y efecto de permutar.◆ Ver **Permuta**.

PERMUTANTE: denominación aplicable a las partes intervinientes en un contrato de permuta.

PERMUTAR: cambiar una cosa por otra, sin que haya cambio entre dinero, excepto para nivelar el valor de éstas.◆ Cambiar la disposición u orden en que se hallan dos o más cosas.

PERPETUO SILENCIO: fórmula con que se prohíbe al actor que vuelva a deducir una acción o a instar sobre ella.

PERSONA: todo ente susceptible de adquirir derechos y contraer obligaciones. Las personas son de existencia ideal (denominadas personas jurídicas) o de existencia visible (personas físicas).

PERSONA COMPUESTA: aquella formada por una pluralidad de personas individuales, una de las cuales suple deficiencias de capacidad de la otra. Por ejemplo: la persona por nacer, el ausente con presunción de fallecimiento, los menores y los dementes conforman los casos más típicos.

PERSONA DE EXISTENCIA IDEAL: ver **Persona jurídica**.

PERSONA DE EXISTENCIA VISIBLE: todo ente que presentase signos característicos de humanidad, sin distinción de cualidades o accidentes.◆ Persona física.

PERSONA FÍSICA: ver **Persona de existencia visible**.

PERSONA FUTURA: persona por nacer.

"PERSONA IN PERSONAM": término latino que significa de persona a persona.

PERSONA INCAPAZ: ver **Incapaz.**

PERSONA INDIVIDUAL: persona simple.

PERSONA INTERNACIONAL: sujeto de Derecho Internacional.

PERSONA JURÍDICA: todo ente susceptible de adquirir derechos y contraer obligaciones que no sea persona de existencia visible.◆ Persona de existencia ideal.

PERSONA MORAL: persona jurídica o ideal.

PERSONA NATURAL: persona física o de existencia visible.

PERSONA POR NACER: aquella que, no habiendo nacido, está concebida en el seno materno. Son consideradas "personas" los fetos concebidos en el seno materno, ya que pueden adquirir ciertos derechos o beneficios, los cuales se entenderán como irrevocablemente adquiridos si nacen con vida.

PERSONA PRIVADA: persona jurídica de carácter privado.

PERSONA PÚBLICA: persona jurídica de carácter público.

PERSONA SIMPLE: el ser humano.◆ Ente que presenta signos característicos de humanidad, sin distinción de cualidades o accidentes.◆ Persona individual.

PERSONAL: conjunto de personas que trabajan en una misma empresa, ente u organismo.◆ Conjunto de empleados de una empresa.◆ Personas que pertenecen a determinada clase, sociedad o dependencia.◆ Utilizado para referirse a una cuenta de acuerdo con la clasificación por su contenido. Se registra el movimiento crediticio en sus relaciones del ente con terceros (deudas por ventas, acreedores diversos, etc.).

PERSONAL AERONAVEGANTE: personal embarcado y encargado de la función esencial de vuelo *(A. Torres Neuquén).*

PERSONAL DE ALTA DIRECCIÓN: trabajadores que ejercitan poderes inherentes a la titularidad jurídica de la empresa y relativos a los objetivos generales de ésta, con autonomía y plena responsabilidad, sólo limitadas por los criterios e instrucciones directas emanadas de la persona o de los órganos superiores de gobierno y administración de la entidad que respectivamente ocupe aquella titularidad *(J. L. Roales Nieto).*

PERSONAL DE SUPERFICIE DE LA NAVEGACIÓN: personas que desde tierra colaboran con la navegación aérea.◆ También suele denominarse personal no navegante o personal de tierra.◆ Conjunto de individuos que se dedican a ejercer profesión, oficio u ocupación en jurisdicción portuaria o en conexión con la actividad marítima, fluvial o lacustre.

PERSONAL DE TIERRA: personal no navegante.

PERSONAL NO NAVEGANTE: personal de superficie.

PERSONALIDAD: instituto que se ocupa de la persona en sí misma, del comienzo de su existencia, de su desarrollo hasta la adquisición de la plena capacidad civil y del ejercicio de esa capacidad hasta su extinción por la muerte.

PERSONALIDAD REAL: toda agrupación susceptible de tener una voluntad propia o poner de manifiesto una actividad distinta es un sujeto de derecho que posee personalidad, que no se concede sino que es inherente a la existencia del grupo *(G. Ripert).*

PERSONARSE: comparecer en los estrados judiciales.

PERSONERÍA: aptitud legal para intervenir en un negocio o comparecer en juicio.◆ Capacidad y representación legal.

PERSONERÍA GREMIAL: facultad de representar a todos los trabajadores que realizan tareas en un mismo sector o de una misma clase, ante los organismos públicos y patronales, con el objeto de celebrar, renovar o modificar convenios colectivos de trabajo, que luego obligarán, también, a los no afiliados.

PERSONERÍA JURÍDICA: reconocimiento como sujeto de derecho que el Estado otorga a una sociedad, fundación, asociación civil, sobre la base de la aprobación de su estatuto y el sometimiento a su contralor.

PERTENENCIA: extensión del terreno dentro de cuyos límites puede el minero explotar su posesión.◆ Cosa mueble que, sin ser integrante de la cosa principal, está destinada a servir al fin económico de la cosa principal habiendo sido colocada ya en la relación especial correspondiente, a menos que este destino sólo sea transitorio o que, no obstante, los usos de tráfico no la consideren pertenencia *(L. Enneccerus).*

PERTRECHOS: en Derecho de la Navegación todos los elementos accesorios necesarios para la navegación de un buque.

PERTURBACIÓN MENTAL: delito de resultado que consiste en perturbar indebidamente a una persona en el uso de sus facultades psíquicas, mediante el empleo de hipnotismo, sustancias alcohólicas, narcóticos o de cualquier otro medio semejante.

PESO MUERTO: peso de un medio de transporte sin carga.

PESO NETO: peso de las mercaderías exclusivamente; no incluye contenedores o elementos de empaque.

PESO TARA: peso de un contenedor de mercaderías o de los elementos de embalaje.◆ Ver **Tara**.

PETICIÓN: acción de pedir.◆ Cosa que se pide por escrito a una autoridad.◆ Pedimento.◆ Ver **Derecho de petición.**

PETRODÓLARES: fondos procedentes de países productores de petróleo, exceptuados los EE.UU. y Gran Bretaña. Inicialmente convertibles en eurodivisas y depositados en bancos internacionales para su uso en inversiones futuras y para el pago de deudas.

PIE DE IMPRENTA: mención de la fecha, lugar, edición y editor de una obra.

"PIER TO HOUSE": expresión inglesa utilizada en el sistema de alquiler y flete por medio de contenedor que es cargado en el muelle del puerto de origen y descargado y devuelto en el depósito del destinatario.

"PIER TO PIER": expresión inglesa utilizada en el sistema de alquiler y flete por medio de contenedores que se cargan en el muelle del puerto de origen y se descargan y devuelven en el muelle del puerto de destino.

PIEZA: pedazo o parte de una cosa.◆ Moneda de metal.◆ Porción de terreno cultivado perteneciente a un dueño.

PIGNORACIÓN: acción y efecto de pignorar.◆ Es la seguridad real que consiste en afectar una cosa mueble o inmueble, en garantía del acreedor, sea en la forma de la anticresis o de la prenda.

PIGNORAR: dar o dejar en prenda; empeñar.

"PIGNUS": prenda.

PIPONES: en Ecuador, el equivalente de los "ñoquis" en la Argentina.

PIRÁMIDE DE POBLACIÓN: gráfico cartesiano doble que mide en abcisas los porcentajes de población por sexo masculino y femenino, discriminando dentro de ellos la población nativa y la no nativa, y en ordenadas, los estratos de edades.◆ Representación gráfica de la composición de la cantidad de habitantes, por edad y sexo, de un país.

PIRATERÍA: robo o destrucción de la hacienda de otro.◆ Todo acto ilegal de violencia o detención, o todo acto de depredación cometidos con un propósito personal por la tripulación a los pasajeros de un buque privado o de una aeronave privada, y dirigidos contra un buque o aeronave en alta mar o personas o bienes a bordo de ellos o contra un buque o una aeronave, personas o bienes no sometido a la jurisdicción de ningún Estado.◆ Ver **Piratería internacional.**

PIRATERÍA INTERNACIONAL: acto que realizan los que de propia autoridad recorren los mares para cometer actos de depredación despojando a mano armada, ora en tiempo de paz, ora en tiempo de guerra, los navíos de todas las naciones sin más distinción que la que les conviene para asegurar la impunidad de los hecho *(Wharton).*

PISO DE REMATES: área en la Bolsa de Valores donde se realizan transacciones de compra y venta de valores registrados en la Bolsa. En México, títulos registrados tanto en la Bolsa como en el Registro Nacional de Valores e Intermediarios de la Comisión Nacional de Valores.

"PLACET": ver **"Exequatur".**

PLAGIO: defraudación a los derechos de propiedad intelectual consistente en la imitación servil de una obra literaria o artística.

PLAN: descripción de un conjunto complejo de decisiones que actúan unas sobre otras, orientado al cumplimiento del objetivo. Por lo general, está compuesto como mínimo por las siguientes partes: fines, medios, recursos, ejecución y control.

PLAN MARSHALL: el 5 de junio de 1947, el secretario de Estado de los EE.UU., general Marshall, pronunció un discurso en Harvard en el cual ofreció ayuda económica de los EE.UU. a los países europeos que habían quedado gravemente afectados por la guerra y cuya situación amenazaba convertirse en angustiosa y tener consecuencias gravísimas. Este discurso se convirtió en el Plan Marshall, es decir, en una ley de cooperación económica y de ayuda al extranjero. El Gobierno norteamericano había creado tres comités, los cuales presentaron informes referentes al monto de los créditos a otorgar y las incidencias económicas y políticas de los medios de acción a seguir. El 12 de julio de 1947, se llevó a cabo la primera reunión de la Organización Europea de Cooperación Económica y allí se delinearon los requerimientos de los países componentes de la misma. Cada país debía comprometerse, a cambio, a cumplir determinadas obligaciones, las cuales pueden resumirse de la siguiente manera: favorecer el desarrollo de la producción industrial, agropecuaria y minera; cooperar con otros países para disminuir las tarifas aduaneras; estabilizar su moneda; estimular la producción de las materias primas y establecer con otras naciones un plan de cooperación económica.

PLANIFICACIÓN: plan general, científicamente organizado y de gran amplitud, para lograr un objetivo determinado, como el desarrollo económico, la investigación científica, el funcionamiento de una industria o empresa.◆ Proceso mediante el cual se enuncia anticipadamente qué, cómo, cuándo y quién ha de hacerlo.◆ Es la estimación del futuro y constituye un proceso continuo en la vida de las organizaciones. ◆ Decisión y orientación que toma el Estado frente a todos los problemas que presenta el desarrollo de la actividad económica. Según el grado de incidencia estatal en la actividad económica, puede ser indicativa o imperativa.

PLANILLA: lista, nómina.

PLANTILLA: personal de una empresa.

PLATA: metal precioso.◆ Término utilizado habitualmente para aludir al dinero.◆ Riqueza.

PLATAFORMA CONTINENTAL: comprende el lecho y el subsuelo de las áreas submarinas que se extienden más allá del mar territorial de un Estado y a todo lo largo de la prolongación natural de su territorio hasta el borde exterior del margen continental, o bien hasta una distancia de 200 millas marinas contadas desde las líneas de base a partir de las cuales se mide la anchura del mar territorial, en los casos en que el borde exterior del margen continental no llegue a esa distancia.

PLATAFORMA SUBMARINA: ver **Plataforma continental.**

PLATAFORMA TERRITORIAL: ver **Plataforma continental.**

PLAZA: medio geográfico donde se localizan las oportunidades de mercado. Su delimitación estará dada en función de los límites políticos.◆ Población en que se hacen operaciones considerables de comercio.◆ Localidad donde se realizan operaciones mercantiles.◆ Puesto, empleo.

PLAZAS FINANCIERAS "OFF SHORE": originariamente, expresión utilizada para los mercados emergentes del Caribe. En la actualidad, se utiliza para referirse a los centros financieros internacionales que ofrecen transacciones financieras con ventajas para quienes las realizan debido, fundamentalmente, a la legislación fiscal vigente en los mismos y a la libertad de entrada y salida.◆ Paraísos fiscales.◆ Fondos *off shore*.

PLAZO: cada parte de una cantidad pagadera en dos o más veces.◆ Período.◆ Lapso establecido por norma legal, judicial o convención entre partes, con relación al cumplimiento de ciertos actos o hechos jurídicos. Por ejemplo: plazo de prescripción de una acción.◆ Tiempo señalado para una cosa.◆ Época en que vence una obligación según las estipulaciones pactadas entre las partes.

PLAZO CIERTO: aquel fijado para concluir en un designado día, mes y año, o cuando fuese comenzado desde la fecha de la obligación o de otra fecha cierta. Por ejemplo: sesenta días a partir del 2 de enero de 2006.◆ Ver **Plazos convencionales.**

PLAZO COMÚN: aquel que se computa conjuntamente para todos los litigantes *(F. Migliardi).*

PLAZO CONVENCIONAL: ver **Plazos convencionales.**

PLAZO DE ENTREGA: lapso que media entre la recepción de un pedido en firme y la efectiva fecha de entrega del producto.

PLAZO DE FAVOR: plazo de gracia.

PLAZO DE GRACIA: plazo moderado que, en atención a la situación del deudor, pueden otorgar los jueces para el pago de una obligación actualmente exigible.◆ Período durante el cual están en vigor las coberturas de la póliza, aunque no se hayan pagado las primas correspondientes; por lo general, es de un mes a partir de la fecha de vencimiento de pago de la prima. También llamado "plazo de favor".◆ Ver **Período de gracia.**

PLAZO DE PREAVISO: ver **Preaviso**.

PLAZO DE SUSCRIPCIÓN: aquel estipulado por una sociedad para que el accionista ejerza su derecho de suscripción preferente, de una nueva emisión.

PLAZO FATAL: aquel que no es susceptible de ser prorrogado.

PLAZO FIJO: depósito a plazo fijo.◆ Plazo determinado y cierto.

PLAZO IMPRORROGABLE: plazo fatal.

PLAZO INCIERTO: el fijado en relación con un hecho futuro necesario para determinar el día en que ese hecho necesario se realice.

PLAZO INDIVIDUAL: el que corre independientemente para cada una de las partes *(F. Migliardi).*

PLAZO JUDICIAL: ver **Plazos judiciales.**

PLAZO LEGAL: el estipulado por la norma.

PLAZO NO PERENTORIO: cuando la parte ejecuta su derecho después de vencido el plazo, siempre que no haya acuse de negligencia de la otra parte *(F. Migliardi).*

PLAZO PERENTORIO: aquel a cuyo vencimiento se opera en forma automática la pérdida de la facultad procesal para cuyo ejercicio se concedió *(F. Migliardi).*

PLAZO PRORROGABLE: el susceptible de ser aplazado.

PLAZO TESTAMENTARIO: día o tiempo señalados por el testador en sus disposiciones, en el cual deben comenzar a cesar los efectos de la institución de heredero o del legado.

PLAZOS: conjunto de lapsos destinados al cumplimiento de cada acto procesal en particular *(L. Palacio - Alvarado Velloso).*

PLAZOS CONVENCIONALES: aquellos que las partes pueden fijar de común acuerdo *(L. Palacio - Alvarado Velloso).*

PLAZOS DE PAGO: lapsos estipulados para las operaciones o transacciones en cuenta corriente. Los plazos de pago en cuenta corriente, de acuerdo con las normas usuales de comercio, se estipulan mediante diversas cláusulas: a) a tantos días fecha de factura, b) a tantos días fin de mes o tantos días y mes de compra, c) a tantos días y día de pago.◆ Vigencia de una transacción.

PLAZOS FATALES: aquellos determinados por la ley para la persecución de los derechos; no pueden prorrogarse ni pueden válidamente abreviarse si no es a petición de las partes.

PLAZOS JUDICIALES: aquellos fijados por el juez o tribunal.

PLAZOS LEGALES: aquellos estipulados por la norma legal.

PLEAMAR: mar libre.

PLEBE: en la antigua Roma, clase social que carecía de los privilegios de los patricios.◆ Clase social más baja.

PLEBEYO: relativo a la plebe.

PLEBISCITO: consulta que los poderes públicos someten al voto popular directo para que apruebe o rechace una determinada propuesta sobre soberanía, ciudadanía, poderes excepcionales, etcétera.◆ En el Derecho Romano, era "la deliberación de la plebe en su asamblea" *(N. Louzán de Solimano).*

PLEITO: contienda.◆ Disputa de carácter judicial entre partes.◆ Ver **Juicio.**

PLENARIO: ver **Acuerdo plenario.**

PLENO CONTENIDO: ver **Dinero de pleno contenido.**

PLICA: sobre cerrado y sellado en el que se conserva algún documento o noticia que no debe publicarse hasta una fecha u ocasión determinada. ◆ En España, consiste en la transacción que envuelve a una tercera parte (agente de plica) en donde una propiedad (escritura, título, etc.) es conservada hasta tanto todas las condiciones del contrato sean cumplidas. Al cierre de plica, la propiedad es traspasada y las sumas, desembolsadas.

PLIEGO: papel en que se expresan cláusulas de un contrato, subasta, etcétera. ◆ Carta o documento que se envía cerrada.◆ Conjunto de papeles dentro de un mismo sobre.

PLIEGO DE CONDICIONES: bases por cuyo fundamento se rige la contratación de servicios y obras a cargo de organismos públicos.

PLIEGO DE POSICIONES: ver **Posiciones; Absolución de posiciones.**

PLURIEMPLEO: situación social caracterizada por el desempeño de varios empleos, puestos, cargos, etcétera por la misma persona.

PLURIFÁSICO: impuesto que grava más de una fase del proceso económico.

PLUS: complemento salarial, gratificación o sobresueldo que se otorga.

"PLUS PETITIO": pluspetición.

PLUSPETICIÓN: acto de pedir de más en orden a la cuantía *(F. Migliardi).*

PLUSVALÍA: mayor valor.◆ Acrecentamiento del valor de una cosa por causas extrínsecas a ella.◆ Diferencia entre el valor de cambio de la mano de obra y el valor de la masa de mercancías producida por aquélla.◆ Ver **Teoría de la plusvalía.**

PLUSVALÍA MERCANTIL: llave de negocio.

PLUTOCRACIA: régimen en que el poder pertenece de hecho a los ricos o a los representantes de las grandes sociedades comerciales o bancarias.

POBLACIÓN: universo.◆ Conjunto de partidas de donde se extrae una muestra.◆ Número de personas que componen un país, una provincia, etcétera.

POBLACIÓN ACTIVA: ver **Población en edad activa.**

POBLACIÓN DESOCUPADA: conjunto de personas que, no teniendo ocupación, buscan trabajo activamente. Corresponde a la desocupación abierta; por lo tanto, no incluye otras formas de precariedad laboral, tales como las personas que realizan trabajos transitorios mientras buscan activamente una ocupación, los que involuntariamente trabajan jornadas por debajo de lo normal, los que han suspendido la búsqueda de trabajo por falta de oportunidades visibles de empleo, las ocupadas en puestos por debajo de su calificación o de la remuneración vital mínima, etcétera.

POBLACIÓN ECONÓMICAMENTE ACTIVA: aquella compuesta por personas que tienen ocupación o la están buscando activamente. Está conformada por la población ocupada más la desocupada.◆ Todos aquellos que en el momento censal estaban ocupados o buscaban trabajo.

POBLACIÓN EN EDAD ACTIVA: población comprendida entre quince y sesenta y cinco años, ambos inclusive. Es una categoría internacional aunque, a veces, algunos países utilicen otros límites.

POBLACIÓN OCUPADA: conjunto de la población activa que no se halla en estado de desempleo.

POBLACIÓN PASIVA: toda aquella población que no es activa.

POBLACIÓN SUBOCUPADA DEMANDANTE: aquella compuesta por ocupados que trabajan menos de treinta y cinco horas semanales por causas involuntarias, que desean trabajar más horas y buscan activamente otra ocupación. ◆ Se refiere a la población subocupada que, además, busca activamente otra ocupación.

POBLACIÓN SUBOCUPADA NO DEMANDANTE: aquella compuesta por subocupados que trabajan menos de treinta y cinco horas semanales por causas involuntarias, desean trabajar más horas y no buscan activamente otra ocupación. ◆ Se refiere a la población subocupada que no está en la búsqueda activa de otra ocupación.

POBLACIÓN SUBOCUPADA VISIBLE: se refiere a los ocupados que trabajan menos de treinta y cinco horas semanales por causas involuntarias y desean trabajar más horas. Comprende a todos los ocupados en empleos de tiempo reducido; incluye, entre otros, a agentes de la Administración Pública Provincial o Municipal, cuyo horario de trabajo ha sido disminuido y que están dispuestos a trabajar más horas.

POBREZA: situación en que el nivel de vida de una persona, grupo familiar o grupo de cualquier naturaleza, se ubica debajo del tipo de vida de la comunidad que se tome como parámetro.◆ Carencia de bienes y servicios que produce miseria por la falta de ingresos para satisfacer las necesidades mínimas de subsistencia.

POBREZA ABSOLUTA: estado en que se encuentran inmersas aquellas porciones de población que viven con menos de un dólar diario.

POBREZA INSULAR: consiste en admitir que no puede ser remediada la depresión crónica con una mejora de los ingresos y su distribución. *John Galbraith* expresó: la pobreza insular no se reduce directamente debido a que el progreso no elimina necesariamente los defectos concretos del medio a que están sujetos los habitantes de esta isla. Añade el reconocido autor norteamericano: el primero y más estratégico paso por la lucha contra la pobreza reside en procurar que no se perpetúe a sí misma; la educación y la consiguiente inversión en las personas produce el efecto de permitirles luchar con mayor eficacia contra el medio que los rodea.

PODER: acto o instrumento en que consta la facultad que una persona confiere a otra para que, en lugar suyo y representándola, pueda ejercer un derecho o ejecutar alguna cosa.◆ Tener expedita la facultad o potencia de hacer una cosa.◆ Posesión del control, autoridad o influencia sobre otros.

PODER ABIERTO: aquel que se da cuando en el proceso decisorio se ofrece oportunidad de participación y colaboración activas a una sociedad pluralista que se expresa a través de hombres, grupos y asociaciones y fuerzas diversas, cuyos puntos de vista gravitan en la formación de la voluntad estatal desde "fuera" del circuito oficial del poder *(G. Bidart Campos).*

PODER ADQUISITIVO: capacidad de adquisición.◆ A través de índices que cuantifican esta capacidad, se comparan niveles de poder adquisitivo en períodos distintos o de grupo de bienes distintos.◆ Depende de la eficiencia del Gobierno. Es un efecto político que compromete la autoridad del Estado.◆ Poder de compra.

PODER CERRADO: aquel que, en el proceso de las decisiones políticas, clausura y recluye la participación y la colaboración activas en el circuito del poder oficial y en el de las fuerzas adictas a él, eliminando la concurrencia posible de actores sociales independientes, de forma que la voluntad estatal se forma y expresa exclusivamente "dentro" de aquel perímetro oficial *(G. Bidart Campos).*

PODER CONSTITUYENTE: voluntad política con fuerza o autoridad para adoptar la decisión de conjunto sobre el modo y la forma de la propia existencia política *(Schmitt).*◆ Es la facultad inherente a toda comunidad soberana a darse su ordenamiento jurídico-político fundamental originario por medio de una Constitución y a reformar ésta total o parcialmente cuando sea necesario. En el primer caso, es originario y en el segundo, es constituido, instituido o derivado *(S. Linares Quintana)*.◆ Es la voluntad política cuya fuerza o autoridad es capaz de adoptar la concreta decisión de un conjunto sobre el modo y la forma de la propia existencia política, determinando así la existencia de la unidad política como un todo.

PODER DE DISPOSICIÓN: poder jurídico de disponer sobre un derecho; junto con la capacidad, es un requisito del negocio de disposición.

PODER DE IMPOSICIÓN: ver **Poder tributario**.

PODER DE MONOPOLIO: aquel que existe cuando en un mercado un solo vendedor o comprador, o un grupo de ellos, puede ejercer influencia en el precio del mercado.◆ Poder de un vendedor individual, haya o no otros vendedores, para mantener alto el precio de mercado, generalmente reduciendo la cantidad ofrecida en él.

PODER DE POLICÍA: potestad jurídica en cuya virtud el Estado, con el fin de asegurar la libertad, la convivencia armónica, la seguridad, el orden público, la moralidad, la salud y el bienestar de los habitantes, impone por medio de la ley y de acuerdo con los principios constitucionales, limitaciones razonables al ejercicio de los derechos individuales, a los que no puede destruir ni alterar.◆ Es el que permite al Estado restringir los derechos humanos a fin de hacerlos compatibles con los requerimientos del bien común concreto e histórico *(J. Oyhanarte)*.◆ Consiste en una facultad privativa del Congreso Nacional, el cual tiene a su cargo la reglamentación de los derechos individuales.

PODER ECONÓMICO: dominio, imperio o facultad que posee una persona, física o jurídica, mediante recursos económicos, bienes y servicios, que se da en los distintos niveles.

PODER EJECUTIVO: sistema republicano; es el poder que tiene a su cargo, básicamente, la administración general del país, mediante la puesta en ejecución de las normas dictadas por el Legislativo. Se encuentra a cargo del presidente de la Nación de que se trate, el cual podrá ser reemplazado –temporaria o definitivamente– por el vicepresidente en aquellos supuestos expresamente contemplados en la legislación. En cuanto a la duración en su cargo, ésta depende del ordenamiento jurídico en cuestión. (En el caso de la República Argentina, se trata de un mandato de cuatro años y se encuentra prevista su reelección por igual período). El Poder Ejecutivo, además, se encuentra facultado para expedir reglamentos, participar en la formación de las leyes, nombrar a los magistrados de la Corte Suprema de Justicia, declarar la guerra, etcétera.

PODER ESPECIAL: aquel otorgado para la realización de determinados negocios jurídicos.

PODER GENERAL: aquel que comprende todos los negocios jurídicos que puede realizar el mandante dentro de los límites de su administración.

PODER IDEOLÓGICO: el que se basa sobre la influencia que las ideas formuladas de cierta manera, emitidas en ciertas circunstancias, por una persona investida con una cierta autoridad, difundidas con ciertos procedimientos, tienen sobre la conducta de la sociedad *(N. Bobbio).*

PODER JUDICIAL: órgano que, en una Nación en la cual se encuentre vigente la forma republicana de gobierno, tiene a su cargo la administración de Justicia. En la República Argentina, se halla formado por la Corte Suprema de Justicia y por los demás tribunales inferiores.

PODER JURÍDICO: posibilidad idónea para producir una modificación en la situación de las personas o de las cosas en orden a los intereses del sujeto agente.

PODER LEGISLATIVO: órgano que, en una república, tiene a su cargo el dictado de las leyes que habrán de regir una Nación. En la República Argentina, es bicameral, es decir, se halla compuesto por dos Cámaras: una de Diputados –representando al pueblo en su conjunto– y otra de Senadores –en representación de cada una de las provincias–. Entre sus funciones principales se hallan: imponer contribuciones, establecer y modificar las asignaciones de los recursos coparticipables, contraer empréstitos sobre el crédito de la Nación, fijar el presupuesto anual de gastos y recursos, dictar la legislación de fondo, reglar el comercio con las naciones extranjeras, etcétera.

PODER TRIBUTARIO: facultad inherente al Estado para exigir tributos, dentro de los límites establecidos por la Constitución, y que solo puede manifestarse por medio de normas legales. ◆ Poder de imposición.◆ Ver **Potestad tributaria**.

PODERDANTE: persona que otorga un poder o facultades a otra para que la represente, ya sea durante el trámite de un juicio o fuera de él.

PODERHABIENTE: persona que tiene poder o facultad otorgada por otra para representarla o administrar un negocio o bien, o para ejecutar un acto determinado.

POLICÍA AERONÁUTICA NACIONAL: fuerza de seguridad militarizada que ejerce funciones de poder de policía en el aeroespacio y el poder de policía de seguridad y judicial en la jurisdicción territorial *(A. Torres Neuquén).*

POLICITACIÓN: promesa que todavía no ha sido aceptada por aquel a quien se hace.

POLIGAMIA: régimen familiar en que se permite al varón tener pluralidad de esposas.

POLIPÁTRIDA: individuo con pluralidad de nacionalidades.

POLÍTICA: posición o criterio adoptado respecto de todo aquello vinculado con el área gubernamental de un país determinado.◆ Término derivado del adjetivo de polis (*politikós*), que significa todo lo que se refiere a la ciudad *(N. Bobbio).*

POLÍTICA CRIMINAL: organización racional, en un momento dado y en un determinado Estado, de la reacción social contra el crimen *(L. Arcel).*◆ Doctrina que estudia la actividad que debe ser desarrollada por el Estado a los fines de la prevención y la represión de delitos *(C. Grispigni).*

POLÍTICA DE RENTAS: medidas para acordar la distribución de la renta nacional entre salarios y beneficios, y también entre los diferentes sectores de forma diferente a la que efectuarían los mecanismos impersonales de mercado y la competencia.

POLÍTICA DISTRIBUTIVA DE INGRESOS: toda intervención en el proceso de formación de ingresos cuyo objetivo general sea un cambio en su distribución.

POLÍTICA FINANCIERA: tanto en el orden gubernamental como en el empresarial, comprende las decisiones orientadas a la aplicación de los recursos y los fondos en inversiones que redituen el mayor beneficio posible.

POLÍTICA FISCAL: decisiones gubernamentales destinadas a la obtención de recursos para sufragar los gastos. Aplicación de los diversos tipos de tributos para maximizar los ingresos respetando los principios de tributación y observando la eficiencia administrativa y recaudadora.

POLÍTICA MONETARIA: conjunto de medidas que pueden adoptarse en el orden de la moneda y el crédito a fin de obtener determinados resultados en la economía nacional.◆ Programa trazado por un Gobierno para controlar la cantidad de dinero en la economía. Los cambios en la oferta de dinero afectan tanto el nivel de actividad económica como la tasa de inflación. El aumento o disminución del monto de dinero en circulación determinado por la autoridad monetaria afecta las tasas de interés. A su vez, éstos afectan las decisiones de gasto o inversión de los consumidores y las empresas.

POLÍTICAS DE CERTIFICACIÓN: reglas en las que se establecen los criterios de emisión y utilización de los certificados digitales.

PÓLIZA: documento en el que se hacen constar las diversas condiciones de un contrato de seguros.◆ Escritura o documento del contrato de seguro.◆ Ver **Póliza de seguro**.

PÓLIZA DE CARGA A BORDO: documento que confirma que las mercaderías despachadas se hallan a bordo del transporte.

PÓLIZA DE FLETAMENTO: documento mediante el cual se prueba el fletamento total o parcial.

PÓLIZA DE SEGURO: documento que representa el contrato de seguro entre la compañía aseguradora y el asegurado. En ella constan las condiciones que, en forma general y/o especial, regulan las relaciones entre las partes, asegurador y asegurado. En ella, se señalan los principios generales del seguro, los riesgos que se cubren y los que se excluyen, las obligaciones y los derechos de las partes, la forma y el lugar del pago de las primas, etcétera. *De Vila Bacarreza*, por su parte, señala que la póliza puede ser nominativa o al portador, excepto en seguros de vida, en los que debe ser necesariamente nominativa.

PÓLIZA DOTAL: documento en el cual se establecen las condiciones en las cuales se va a efectuar el dote.

PONDERACIÓN: asignación de coeficientes a distintas variables con el objeto de cuantificar su preponderancia. ◆ Acción de pesar una cosa.

"POOL": palabra inglesa que se utiliza en los países anglosajones; significa el acuerdo entre empresas para establecer cuotas de producción y precios de los bienes y servicios que producen o ejecutan.◆ Cartel de orden superior. Es un cartel con un organismo central que rige las relaciones internas de los asociados.◆ Pileta o pozo común en que se depositan los fondos obtenidos en la renta de un producto y que se reparten en proporciones fijadas con anterioridad por sus miembros. Al igual que en el *corner*, las empresas participantes mantienen una cierta autonomía y el acuerdo se refiere a restricciones en cantidades, precios o ventas en común.

POR CIENTO: fracción decimal multiplicada por cien.

POR MIL: fracción decimal multiplicada por mil.

PORCENTAJE: cantidad de rendimiento útil que deriva de una centena de unidades de alguna cosa en su estado normal.

PORTADOR: modo de emitir un documento financiero, por el cual su tenedor, que es el portador, puede ejercer los derechos inherentes a su tenencia. Estos documentos son emitidos sin indicación alguna de destinatario y su transmisión es por simple entrega.◆ Que lleva o trae alguna cosa de un lugar a otro.◆ Ver **Al portador.**

PORTAFOLIO: conjunto de instrumentos financieros administrados por un agente financiero o, simplemente, por un inversor.◆ Quien maneja los fondos de particulares y orienta o decide sobre dónde invertir.◆ *Portfolio.*◆ Cartera de valores.◆ Cartera de títulos.

PORTE: precio del transporte o flete.◆ Ver **Carta de porte.**

PORTEADOR: acarreador.◆ Transportador.

"PORTFOLIO": cartera de títulos a cobrar manejada por un banco en representación de un cliente.◆ También es el *mix* de acciones y bonos que un Banco tiene en una cuenta en depósito por orden de un cliente.◆ Total de papeles y otros activos que posee una persona o una empresa.◆ Portafolio.

"PORTFOLIO MANAGER": quien maneja los fondos de particulares y orienta o decide sobre dónde invertir.

POSDATA: frase que se agrega a una carta después de terminada y firmada.

POSDATAR: indicar una fecha posterior a aquella en la que un documento es emitido. Es de práctica habitual posdatar cheques para ser depositados en fecha posterior a su emisión.

POSEEDOR: quien tiene la posesión de una cosa.

POSEEDOR DE BUENA FE: se reputa como tal al que ignora que en su título o modo de adquirir existe alojado un vicio que lo invalida. Se reputa poseedor de mala fe si se halla en el caso contrario.

POSESIÓN: acto de poseer o tener una cosa corporal con ánimo de conservarla para sí o para otro y, por extensión, se dice también de las cosas incorpóreas, las cuales, en rigor, no se poseen. ◆ Existe posesión de las cosas cuando alguna persona, por sí o por otro, tenga una cosa bajo su poder, con intención de someterla al ejercicio de un derecho de propiedad.

POSESIÓN CIVIL: tenencia o disfrute de una cosa o bien considerándola como propia.

POSESIÓN DE ESTADO: goce de heredero de determinado estado de familia, con título o sin él *(A. Belluscio)*.◆ Complejo de circunstancias que, atribuidas en su conjunto a un sujeto, presentan a éste ante la sociedad como titular de un determinado *status*.

POSESIÓN HEREDITARIA: el reconocimiento de la calidad de heredero. El título en cuya virtud se pueden ejercer todos los derechos inherentes a la calidad de heredero *(M. Mariani de Vidal)*.

POSESIÓN MEDIATA: la que se tiene por mediación de la posesión de otro *(Puig Brutau)*.

POSESIÓN NATURAL: la tenencia de una cosa o el disfrute de un derecho por una persona *(Puig Brutau)*.

POSICIÓN: postura, actitud o modo en que una persona se halla.◆ Acción de poner.◆ Categoría o conducción social de cada persona respecto de las demás.◆ Compromiso de un cliente en operaciones de moneda extranjera o transacciones bursátiles.

POSICIONAMIENTO: posición que ocupa un producto que posee las características de interesar, convocar y atraer a los consumidores.◆ Acción y efecto de tomar posición.

POSICIONES: proposiciones afirmativas juramentadas que dirige la parte que las propone (ponente) a su contraria (absolvente) a fin de que ésta se expida en forma afirmativa o negativa en cuanto a la existencia o inexistencia de los hechos desfavorables contenidos en aquélla, y que se refieren a la actuación personal de la segunda o al conocimiento que ella pudiera eventualmente tener acerca de los mismos *(A. Kielmanovich)*.

POSTILIMINIO: término originario del Derecho Romano, según el cual las relaciones de Roma con un Estado extranjero dependían de si existía o no un tratado de amistad. Si tal tratado no estaba en vigor, los romanos que penetraran en el Estado extranjero podían ser esclavizados y los bienes romanos capturados allí podían ser apropiados. ◆ Denota el hecho de que el territorio, los individuos y la propiedad, después de haber estado en tiempo de guerra bajo la autoridad del enemigo, puedan retornar durante la guerra o a su final al dominio de su soberano originario.

POTENCIAL BÉLICO: máxima producción militar que los recursos disponibles de un país permitirían una vez, claro está, que los recursos hubieran quedado totalmente adaptados al propósito de seguir adelante con la contienda.

POTESTAD: superioridad o preeminencia de una parte respecto de otra, en tanto estén vinculadas por una relación jurídica. Permite imponer un orden vinculante para la otra.

POTESTAD MARITAL: potestad que actualmente se considera en desuso en la mayoría de las legislaciones. Consistía en la autoridad y superioridad que tenía el marido respecto de la esposa, derivada de la incapacidad que recaía sobre ella.

POTESTAD PATERNA: patria potestad.

POTESTAD TRIBUTARIA: facultad que tiene el Estado de crear unilateralmente tributos, cuyo pago será exigido a las personas sometidas a su competencia especial.◆ Poder tributario.

POTESTAD TUITIVA: facultad inherente al poder real, aplicada al amparo de los súbditos a quienes hacían agravio los jueces eclesiásticos.

PRÁCTICO: en navegación, consejero de ruta y maniobra del capitán. En ejercicio de sus funciones a bordo del buque extranjero, es delegado de la autoridad marítima.

PREÁMBULO: introducción al texto constitucional en la cual se proclaman los grandes principios, propósitos y fines de la Ley Fundamental *(M. de Ruiz).*

PREAVISO: aviso previo al retiro o al despido que las partes firmantes de un contrato de trabajo deben darle a la otra, en el momento de denunciar el contrato mencionado, por incumplimiento de las obligaciones. En los casos de despido dispuesto por el empleador, con o sin justa causa, y no habiendo dado el preaviso dispuesto por ley, éste deberá abonar una indemnización compensatoria de esta falta, equivalente –en la Argentina– a la remuneración mensual del trabajador despedido, si tuviese una antigüedad no mayor de cinco años, o equivalente a dos meses de remuneración, si fuese superior.

PREBENDA: oficio o empleo lucrativo y de poco trabajo.

PRECANCELACIÓN: ver **Prepago.**

PRECARIO: condición de aquello que ha sido obtenido por título revocable a voluntad del concedente.◆ Contrato laboral inestable o revocable, generalmente de corto plazo, adoptado por una política laboral flexible.

PRECEPTO: orden que el superior hace observar al subalterno.◆ Cualquiera de las instrucciones que se dan para el conocimiento de un arte o facultad.

PRECINTO ADUANERO: ligadura utilizada para garantizar la inviolabilidad de la carga contenida en camiones, contenedores, etcétera, con el fin de que los mismos no sean abiertos sino cuando y por quien corresponda legalmente, a efectos de evitar potenciales atentados que pudieren sufrir de los productos contenidos en aquéllos.

PRECIO: valor de un bien, servicio o derecho expresado en dinero.◆ Cantidad de dinero o bienes que es necesario entregar a fin de proporcionarse otros bienes de distinta naturaleza.◆ Valor expresado en signos monetarios. ◆ Relación de cambio de los bienes expresada en dinero.◆ Prestación en numerario o en valores de realización fácil o inmediata que un contratante da o promete, por conmutación de una cosa, servicio o derecho que adquiere. ◆ Entrega del valor que se establece en un contrato.◆ Expresión de un valor de cambio en moneda.◆ Es una cantidad de dinero que se paga por una cantidad y una calidad determinadas de un bien o servicio en el mercado principal *(L.*

Reynolds).◆ Es la expresión en dinero del valor.

PRECIO A PLAZO: aquel acordado por las partes en una obligación de este tipo.

PRECIO AL POR MAYOR: aquel con el cual opera el comerciante mayorista. Por lo general, se aplica en operaciones comerciales basadas en grandes volúmenes de venta.◆ Precio mayorista.

PRECIO AL POR MENOR: aquel al cual vende el comerciante minorista, por lo general, al público consumidor o al menudeo.◆ Precios que tienen los bienes que se venden al consumidor por los intermediarios.◆ Precio minorista. ◆ Precio al menudeo.

PRECIO BÁSICO DE UN VALOR NEGOCIADO A PLAZO: el último precio de las transacciones de contado registradas en bolsa el día en que se celebre la operación o el último día en que se hubieren celebrado operaciones con ese mismo valor *(J. Camargo Martín).*

PRECIO CONTROLADO: aquel fijo establecido normalmente por el organismo de control.◆ Política de control de precios.◆ Precio computado.

PRECIO DE APERTURA: aquel pagado por un papel al inicio de las operaciones bursátiles del día.

PRECIO DE CIERRE: último precio cotizado para un título o acción en una sesión de operaciones bursátiles.

PRECIO DE CONTADO: aquel que se fija cuando el pago es contra entrega de la mercadería.

PRECIO DE FACTURA: aquel que debe abonarse según factura, descontadas las bonificaciones por cantidad, pero sin considerar los descuentos por pronto pago.

PRECIO DE FRONTERA: variedad de precio de un bien comercializado en la frontera de un país. En el caso de las exportaciones es el precio FOB; para las importaciones es el precio FIB.

PRECIO DE FUTUROS: precio a que se efectúan las operaciones del día para entrega futura de mercaderías. Este precio se determina por la relación entre el precio de contado para entrega inmediata y los cálculos estimativos del comprador y del vendedor sobre las condiciones del mercado en la fecha de la entrega futura.

PRECIO DE LIQUIDACIÓN: ver **Precio de remate**.

PRECIO DE MERCADO: valor de venta o de compra de un bien, el cual es formado como consecuencia de la concurrencia de demandantes y oferentes del mismo bien en el mercado.◆ Último valor de cotización de una acción o título.

PRECIO DE MERCADO DE UN VALOR NEGOCIADO A PLAZO: el que se registra en operaciones a plazo por cuenta propia o de sus clientes *(V. Camargo Martín).*

PRECIO DE PLAZA: forma de aludir al precio de mercado en condiciones normales.

PRECIO DE REMATE: precio rebajado, reducido o disminuido de un producto. ◆ Precio de liquidación.

PRECIO DE SOSTÉN: el que opera manteniendo los precios en un nivel determinado. Esquema que apunta a lograr un mejor resultado que el mercado no controlado.

PRECIO DE VENTA: aquel que se percibe por la venta de un bien o servicio. Es pasible de presentar fluctuaciones, teniendo en consideración la oferta y la demanda del bien objeto de la operación. En condiciones de intensa demanda y oferta estable, el precio tenderá a subir, mientras que en el supuesto de oferta abundante y demanda estable, el precio tenderá a la baja.

PRECIO DE VIGENCIA: precio en el que un tenedor de una opción puede comprar una cantidad específica de acciones en cualquier momento antes de la fecha de vencimiento de la opción.

PRECIO EN FIRME: aquel que, una vez fijado, no se espera sea susceptible de modificación por negociación o ajuste con posterioridad.

PRECIO ESCALONADO: cantidad por la que puede ajustarse el precio de un contrato cuando ocurren contingencias especificadas o cuando se incrementa progresivamente.

PRECIO MÁXIMO: el que se fija cuando existe control de precios por un organismo competente.◆ Precio tope.

PRECIO MÍNIMO: aquel establecido de acuerdo con disposiciones legales dictadas por autoridad competente, con el fin de asegurar a ciertos sectores productivos ingresos mínimos en la venta de sus productos. ◆ Precio sostén.

PRECIO SOSTÉN: ver **Precio de sostén.**

PRECIO SUGERIDO: aquel que el productor aconseja o sugiere como precio de venta al público.

PRECIO TOPE: precio máximo.

PRECIOS DE GARANTÍA: aquellos que tratan de estabilizar los ingresos de los agricultores, estableciéndose unos mínimos a los que pueden vender sus productos o entidades oficiales creadas al efecto.

PRECIOS POLÍTICOS: aquellos establecidos y fijados por el Estado sin tener en cuenta el verdadero costo del producto o servicio que se preste.

PRECLUSIÓN: ver **Principio de preclusión.**

PRECONTRATO: contrato preparativo. ◆ Contrato preliminar.◆ Antecontrato.

PREDICCIÓN: toda exposición o manifestación que se realiza hacia el futuro sobre efectos vinculados con el mundo empresarial-económico basado en criterios técnico-científicos o conjeturales.

PREDIO: hacienda, heredad, tierra o propiedad inmueble. Puede ser urbano o rural.

PREDIO DOMINANTE: aquel a cuyo beneficio se han constituido derechos reales.◆ Ver **Servidumbre.**

PREDIO SIRVIENTE: aquel sobre el cual se han constituido servidumbres personales y reales.◆ Ver **Servidumbre.**

PREFERENCIA: ver **Derecho de preferencia.**

PREFINANCIACIÓN DE EXPORTACIONES: crédito a tasa reducida que se brinda al exportador que realiza ventas de determinados productos con la finalidad de incentivar las exportaciones.

PREGONAR: anunciar la intención de comprar o vender títulos suscritos por el operador representante de la Bolsa en el recinto de negociaciones bursátiles.

PREGONERO: persona encargada de transmitir las ofertas y demandas de títulos de viva voz durante la rueda en la Bolsa de Comercio.

PREGUNTA SUGESTIVA: aquella que sugiere al testigo la respuesta deseada por la parte que lo interroga *(P. J. Duarte Canaán).*

PREGUNTAS GENERALES DE LA LEY: ver **Generales de la ley.**

PREJUDICIAL: relativo a la cuestión o asunto que requiere una decisión anterior al dictado de la resolución principal.◆ Ver **Cuestión prejudicial.**

PREJUICIO: elaboración de una opinión o parecer, generalmente basada en datos insuficientes o en la falta total de información.◆ Juicio anticipado de las cosas.

PRELACIÓN: preferencia con que una cosa deber ser atendida respecto de otra con la cual se compara.

PRELACIÓN DE CRÉDITOS: orden de preferencia de unos créditos sobre otros para su pago en virtud de los privilegios que contienen.

PRELEGADO: en el Derecho Romano, legado hecho a favor del heredero y a cargo de la herencia *(O. Maffía).*

PREMEDITACIÓN: actividad psíquica compleja por la cual, al propósito de cometer el delito sigue una coordinación de idear y una elección de medios, que da lugar a un proyecto de ejecución *(V. Manzini).*◆ Cuando el culpable, después de haber resuelto cometer un delito, mantiene fríamente dicha resolución, durante cierto tiempo, hasta que ejecuta el hecho punible *(C. Camargo Hernández).* ◆ Resolución criminal, que, apoyada en un motivo singularmente perverso, desemboca en la actuación, después de haberse prolongado tenazmente tensa y siempre idéntica e irrevocable *(M. Angioni).*◆ Una de las circunstancias que agravan la responsabilidad criminal de los delincuentes.

PREMORIENCIA: fallecimiento de una persona que se produce anteriormente al de otra.

PRENDA: contrato mediante el cual el deudor afecta un bien mueble como garantía de pago o de ejecución de una obligación, por medio de la constitución de un gravamen sobre el bien citado. Puede o no procederse a la entrega del bien mueble al acreedor. La falta de documento escrito en la constitución de la prenda no resulta oponible por el deudor cuando ha mediado entrega de la cosa, pero sí lo es por sus acreedores. ◆ Prenda comercial.◆ Derecho real de realización del valor de una cosa mueble, que sirve para garantizar un crédito.◆ Derecho real de garantía sobre una cosa mueble que se constituye con la entrega de ésta al acreedor o a un tercero y que faculta al primero, para enajenarla, en caso de incumplimiento de la obligación, para extinguir el crédito con el precio obtenido.

PRENDA AGRARIA: aquella que puede recaer sobre los bienes de producción agropecuarios, así como también sobre los frutos del campo, los animales de cualquier especie y sus productos.

PRENDA COMERCIAL: ver **Prenda**.

PRENDA CON DESPLAZAMIENTO: ver **Contrato de prenda sin registro**.

PRENDA CON REGISTRO: prenda sin desplazamiento, o sea que el bien permanece en poder del propietario y con inscripción de la misma en un registro creado al respecto.

PRENDA FIJA: aquella en la que hay una relación directa e inmediata entre la cosa y el crédito. Afecta a cosas perfectamente individualizadas que las inmoviliza desde la constitución. Pueden prendarse todos los bienes muebles o semovientes y los frutos o productos, aunque estén pendientes o se encuentren en pie. Las cosas inmuebles, por su destino incorporadas a una finca hipotecada, sólo pueden prendarse con la conformidad del acreedor hipotecario.

PRENDA FLOTANTE: cuando la prenda se constituye sobre el conjunto de bienes muebles, sin individualización alguna de los bienes, tiene un contenido variable. Se realiza sobre mercaderías y materias primas en general pertenecientes a un establecimiento comercial o industrial para asegurar el pago de obligaciones. Este tipo de prenda afecta las cosas originariamente prendadas y las que resulten de su transformación, tanto como las que se adquieran para reemplazarlas y no restringe la disponibilidad de todas ellas a los efectos de la garantía.

PRENDA SIN DESPLAZAMIENTO: ver **Prenda con registro**.

PRENDA SIN REGISTRO: Ver **Contrato de prenda sin registro.**

PRENDAR: celebrar un contrato de prenda.◆ Afectar un bien mueble como garantía del cumplimiento de una obligación.

PREPAGO: pago parcial o total por adelantado del principal antes de la fecha contratada de vencimiento. ◆ Precancelación.

PRESA: modo de adquisición de la propiedad naval. Es el derecho que tiene el buque de guerra de ocupar y destruir el buque mercante de nacionalidad enemiga *(A. Scialoja).*◆ Apoderamiento de un buque mercante por un navío de guerra *(C. Díaz Cisneros).*

PRESCRIBIR: adquirir un derecho real o extinguirse un derecho o acción de cualquier clase por el simple transcurso del tiempo de acuerdo con las condiciones previstas en la ley.◆ Concluir o extinguirse una carga, obligación o deuda por el transcurso del tiempo.

PRESCRIPCIÓN: acción y efecto de prescribir.◆ Medio de adquirir un derecho o de liberarse de una obligación por el transcurso del tiempo.◆ Ver **Prescripción adquisitiva**; **Prescripción liberatoria.**

PRESCRIPCIÓN ADQUISITIVA: derecho en virtud del cual el poseedor de una cosa, mueble o inmueble, como consecuencia de haber ejercido su posesión en forma continua y por un lapso equivalente al exigido por la norma, adquiere su propiedad. El plazo fijado para los supuestos de prescripción de cosas inmuebles varía según cada legislación. En la Argentina, es de diez años de posesión continua cuando el poseedor lo es de buena fe y posee justo título y de veinte años cuando el poseedor tiene ánimo de poseer la cosa para sí. Se admite la prescripción de cosas muebles robadas o perdidas en favor de quien durante tres años las ha poseído de buena fe. Si se trata de cosas muebles cuya transferencia exija la inscripción en un registro, el plazo se reduce a dos años. En el caso de cosas muebles no robadas o perdidas, la posesión de buena fe vale título y habiendo tal condición no existe necesidad de recurrir a la prescripción.◆ Usucapión.

PRESCRIPCIÓN LIBERATORIA: la producida ante la inacción o el silencio del acreedor prolongados durante el tiempo establecido por las normas legales; tiene por efecto la exoneración del deudor de toda obligación, prescindiendo de la existencia de buena fe y justo título.

PRESENTACIÓN: acto de concurrir ante un tribunal o autoridad competente en forma personal o por escrito.◆ Acción de ponerse a las órdenes de una persona para un fin determinado.

PRESERVACIÓN DE LA SALUD: ver **Derecho a la preservación de la salud.**

PRESIDENCIALISMO: sistema que se caracteriza por la concentración en el Presidente de las dos jefaturas que el parlamentarismo divide: la jefatura del Estado y la jefatura del Gobierno. El Presidente ejerce el Poder Ejecutivo y asocia en unidad de órgano (órgano unipersonal o monocrático) aquellas dos jefaturas no necesita la confianza del Parlamento *(G. Bidart Campos).*

PRESIÓN FISCAL: ver **Presión tributaria.**

PRESIÓN TRIBUTARIA: porción de la renta total que se destina a los tributos. Se mide de la siguiente forma:

$$\text{Presión tributaria} = \frac{\text{Tributos recaudados}}{\text{Renta nacional}}$$

Es la relación existente entre la exacción fiscal soportada por una persona física, un grupo de personas o una colectividad territorial, y la renta de la que dispone esa persona, grupo o colectividad. Las aplicaciones de este concepto son a niveles macroeconómicos; es decir, ofrecer una información sobre la carga de los tributos sobre la renta nacional y a partir de ahí resolver posibles reducciones en virtud de comparaciones con niveles de otros países o aumentos a fin de obtener recursos extras para sufragar gastos de idéntico carácter o mantenerlos simplemente en el mismo nivel.◆ Presión fiscal.

PRESIONES: gravitaciones o influencias que, en el despliegue de las fuerzas políticas, recaen sobre el poder en la persona de sus portadores *(G. Bidart Campos).*

PRESTACIÓN: obligación de dar, de hacer o de no hacer.◆ Consiste en aquello que una de las partes se obliga a entregar o efectuar a la otra.◆ Renta, tributo o servicio pagadero a un propietario o entidad.◆ Beneficio de jubilación o pensión al que tienen derecho los afiliados al sistema jubilatorio y sus derechohabientes.◆ Es un medio de satisfacción del interés del acreedor. Siempre resulta un comportamiento o una conducta del deudor. Este último compromete su cooperación y empeña su comportamiento para que el acreedor obtenga la satisfacción de un interés, que suele ser de tipo económico, pero que puede ser también de orden espiritual, ideal o afectivo.◆ Aquello que una persona debe dar o hacer en favor de otra.

PRESTACIÓN ADICIONAL POR PERMANENCIA (PAP): prestación que cobra el afiliado que se encuentra incluido en el Régimen Público de Reparto del sistema previsional argentino. ◆ Ver **Sistema Integrado de Jubilaciones y Pensiones.**

PRESTACIÓN ANUAL COMPLEMENTARIA: prestación equivalente al 50 % de las prestaciones otorgadas por el régimen previsional público del SIJP argentino. Es equivalente a la figura del Sueldo Anual Complementario para los trabajadores en relación de dependencia en actividad. Se abona en dos cuotas en los meses de junio y diciembre de cada año.

PRESTACIÓN DE CAUCIÓN: aseguramiento, mediante negocio jurídico, de la realización de una pretensión actual o futura.

PRESTADOR: institución financiera autorizada a tales efectos, que aporta los fondos para la transacción del préstamo.

PRESTADOR DE SERVICIOS DE CERTIFICACIÓN: persona que expide certificados y que puede prestar otros servicios relacionados con las firmas electrónicas.

PRESTAMISTA: aquel que da dinero a otro u otros en calidad de préstamo.

PRESTAMISTA DE ÚLTIMA INSTANCIA: figura de los sistemas bancarios tradicionales que habilita el Banco Central a conceder crédito a entidades con problemas de liquidez.

PRÉSTAMO: operación por la cual el prestamista entrega dinero al prestatario con el fin de uso por parte de éste y con el compromiso de su posterior devolución, al cabo de cierto tiempo, juntamente con los intereses convenidos.

PRÉSTAMO A INTERÉS: contrato por el cual una persona recibe a título de préstamo una suma de dinero y añade, a su obligación principal de reembolsar, una obligación accesoria consistente en el pago periódico al prestamista de un tanto por ciento del valor puesto a su disposición.

PRÉSTAMO A LA GRUESA: préstamo a interés relacionado con cosas expuestas a riesgos marítimos y otorgado bajo condición de que si éstas sufren algún siniestro, el prestatario quedará dispensado de reembolsar al prestamista todo o parte de la suma prestada.

PRÉSTAMO "BACK TO BACK": operación por la cual dos empresas con sedes centrales en países diferentes acuerdan prestarse mutuamente montos equivalentes, según el tipo de cambio aplicable, de sus respectivas divisas. Cada parte recibe intereses de su contraparte como pago del préstamo realizado en base a los intereses vigentes para cada divisa. Los principales son intercambiados al principio y al vencimiento del préstamo al tipo de cambio vigente al comienzo de éste *(Gómez Miguelañez).*

PRÉSTAMO DE VALORES: contrato por el cual un agente o sociedad de Bolsa (el "colocador") transfiere temporalmente la propiedad de ciertos valores a otro agente o sociedad de Bolsa (el "tomador"), quien a su vez se obliga al vencimiento del plazo establecido, a restituir al primero valores de las mismas características, con los derechos patrimoniales que hubieran generado éstos durante la vigencia del contrato y la contraprestación convenida *(M. Kenny).*

PRÉSTAMO HIPOTECARIO: aquel en virtud del cual un bien raíz se ofrece como garantía de pago en caso de incumplimiento.

PRÉSTAMO MERCANTIL: acto en virtud del cual un comerciante recibe una cantidad de dinero o mercancías para destinarla a las operaciones de su tráfico obligándose a devolver otro tanto de su misma especie.◆ Se reputa mercantil el préstamo cuando se contrae en el concepto y con expresión de que las cosas prestadas se destinen a actos de comercio y no para necesidades ajenas de éste. Se presume mercantil el préstamo que se contrae entre comerciantes.

PRÉSTAMOS PERSONALES: aquellos que generalmente están dirigidos al consumo de bienes y servicios de parte de personas físicas. Habitualmente, las cuotas a pagar no superan una determinada proporción del ingreso.◆ Avance.

PRÉSTAMOS PIGNORATICIOS: créditos respaldados por prendas que quedan en poder de la entidad. De no cumplirse con la obligación a su vencimiento, el Banco realiza los bienes en custodia.

PRESTAR: entregar algo a alguien para que lo utilice durante algún tiempo y después lo restituya o devuelva, sin perder el titular su derecho a la propiedad.

PRESTAR FE: dar asenso a lo que otro dice.

PRESTATARIO: persona que toma dinero a préstamo.◆ Sujeto que solicita y recibe un préstamo, y que, por ende, se obliga a abonarlo dentro de ciertos términos y condiciones.

PRESUNCIÓN: consecuencia que la ley o el juez deducen de un hecho conocido para averiguar la verdad de otro desconocido; la primera se llama legal y la segunda, humana.◆ Lo que por ordenamiento legal se reputa verdadero en tanto que no existe prueba en contrario.◆ Existirá cuando de un hecho (demostrado o a demostrar) que se tiene como precedente y básico se puede inferir con razonamiento lógico, directo y preciso la existencia de una determinada consecuencia jurídica, y otro hecho (el presumido) *(A. Alferillo).*

PRESUNCIÓN DE DERECHO: aquella en que la expresión de voluntad resulta de la ley en los casos en que ésta expresamente lo disponga.

PRESUNCIÓN DE FALLECIMIENTO: aquella que se origina cuando se produce la ausencia de una persona del lugar de su domicilio o residencia en la República, haya o no representantes, sin que de ella se tenga noticia por el término de seis años. Éstos deben ser contados desde el día de la ausencia si nunca se tuvo noticias del ausente o desde la fecha de la última noticia que se tuvo de él.

PRESUNCIÓN DE HECHO: cuando la expresión de la voluntad no resulta de la ley sino del juez o intérprete. Ésta sería más bien una forma de voluntad tácita.

PRESUNCIÓN DE INOCENCIA: garantía procesal de la cual goza todo imputado que impide que sea tenido por culpable mientras una sentencia firme no desvirtúe esta presunción.

PRESUNCIÓN HUMANA: existe cuando de un hecho debidamente probado se deduce otro que es consecuencia ordinaria de aquél.◆ Ver **Presunción.**

PRESUNCIÓN JUDICIAL: la que hace un juez fundándose en los hechos que aparecen acreditados en el proceso.

PRESUNCIÓN "JURIS ET DE JURE": presunción legal que es de derecho y por derecho. Es aquella que no admite prueba en contrario.

PRESUNCIÓN "JURIS TANTUM": presunción legal que es de sólo derecho y sí admite prueba en contrario.

PRESUNCIÓN LEGAL: aquello que establece la ley. ◆ Presunción de derecho. ◆ Ver **Presunción.**

PRESUNTO CULPABLE: persona respecto de quien existen suficientes elementos de prueba para determinar, *prima facie,* que ha cometido o participado de uno o más delitos.

PRESUPONER: suponer de antemano, dar por cierta una cosa para pasar a otra.◆ Hacer cálculo previo o presupuesto de gastos e ingresos.◆ Presupuestar.

PRESUPUESTAR: presuponer.◆ Tornar el cómputo de gastos o ingresos, o de unos y otros, que necesaria o probablemente han de resultar de un negocio.◆ Incluir una partida en el presupuesto.

PRESUPUESTO: cantidad de dinero calculada previamente para hacer frente a los gastos de cualquier empresa o actividad.◆ Es la interpretación en términos financieros estimativos, y a través de un programa sistemático, de los planes sobre operaciones futuras de organizaciones, tanto públicas como privadas. El ámbito que abarca el presupuesto será según sea el organismo que lo confeccione. En el caso de un organismo público, podrá vincularse a la actividad que desarrolla o podrá referirse exclusivamente a la intensión de realizar futuras obras públicas. Mientras que en una empresa comercial, habrá de estar relacionado con toda la actividad de la empresa.◆ Es la planificación de la actividad financiera del Estado, aprobado por ley, y que abarca un período generalmente anual *(M. Rodríguez Usé).*

PRESUPUESTO ASCENDENTE: cuando las primeras estimaciones parten de niveles medios o inferiores de la empresa. Suele denominarse presupuesto por áreas de responsabilidad.

PRESUPUESTO BASE CERO: procedimiento con el cual los gastos de todas las actividades se revisan en términos de su justificación, como si la empresa u organización que se está analizando partiera de cero. Se trata de un proceso de operación, planeamiento y presupuestación que obliga a cada gerente a justificar por entero su requerimiento presupuestario, detallándolo a partir de lo más elemental, y transfiriéndole el cargo de la prueba en que formula su derecho al uso de los fondos.

PRESUPUESTO CONTINUO: proyección móvil de las operaciones financieras correspondientes a una serie de semanas, meses o trimestres, en un futuro inmediato. Al finalizar cada período de esta índole, se elimina la parte realizada de la proyección y se agrega a la serie una nueva proyección para un período de duración similar.

PRESUPUESTO DEL ESTADO: ver **Presupuesto estatal**.

PRESUPUESTO EN MONEDA CONSTANTE: valoriza las unidades físicas a precios del momento en que se presupuesta.

PRESUPUESTO EN MONEDA CORRIENTE: aquel cuya elaboración consiste en valorizar los rubros del presupuesto en moneda constante, a precios futuros con relación al momento en que se efectúen las operaciones. Estos valores surgen de aplicar a las cifras del presupuesto en moneda constante las variaciones que se estima producirá la inflación prevista.

PRESUPUESTO ESTATAL: plan de la economía del sector público. Es un plan detallado de erogaciones tendiente a lograr determinados fines con la indicación de los recursos correspondientes. Su cumplimiento es de carácter obligatorio para todos los poderes públicos comprendidos en el plan. Las funciones que cumple el presupuesto son las siguientes: a) exponer en cifras y por un período de tiempo la futura actividad del Estado para la obtención de objetivos deseados; b) poner en conocimiento del público y del Poder Legislativo la actividad financiera del Gobierno, con el fin de facilitar el control; c) permitir la correspondencia de los gastos y los recursos a través de la exposición del cálculo económico de la actividad financiera del Estado; d) coordinar el plan económico estatal con el plan económico general. ◆ Presupuesto del Estado.

PRESUPUESTO POR ÁREAS DE RESPONSABILIDAD: presupuesto ascendente.

PRETENSIÓN: exigencia de subordinación de un interés ajeno a un interés propio *(F. Carnelutti)*.◆ Es el derecho a exigir de otra persona un acto o una omisión.◆ Este derecho puede nacer del poder dimanante de un derecho absoluto o de uno relativo. Se dirige a una acción u omisión. A una acción por ejemplo, a una declaración de voluntad; a una omisión, por ejemplo, a que no edifique una casa en la finca vecina o a que no explote una taberna *(L. Enneccerus)*. ◆ Toda petición de una actuación procesal dirigida al órgano jurisdiccional. ◆ Para algunos juristas, sinónimo de objeto del derecho.

PRETERICIÓN: ver **Preterición de legitimarios.**

PRETERICIÓN DE LEGITIMARIOS: omisión en que incurre el testador que, teniendo herederos legitimarios, no los menciona en su testamento y motiva la anulación de la institución de herederos que hubiere efectuado con olvido de los derechos de aquellos otros.◆ Es la omisión en que incurre el testador que, teniendo herederos forzosos, se abstiene de instituirlos, sin desheredarlos expresamente *(A. Belluscio).*◆ Tiene lugar cuando el testador, al otorgar sus disposiciones, omite a un heredero forzoso que existe al momento de manifestarlas, o que nace con anterioridad *(O. Maffía).* Ésta no invalida la institución hereditaria; salvada que sea la legítima y pagadas las mandas, el resto debe entregarse al hereditario instituido.

PRETERINTENCIONALIDAD: se da cuando el resultado producido supera la voluntad criminal del sujeto *(J. Sainz Cantero).*

PRETERINTENCIONALIDAD HETEROGÉNEA: se presenta cuando el resultado que el sujeto tenía intención de producir y el que ha producido son constitutivos de delitos distintos, y los bienes jurídicos que se conculcan son dispares, aunque ambos se encuentran en la misma línea de ataque. El sujeto quiere causar lesiones y produce la muerte de la víctima *(J. Sainz Cantero).*

PRETERINTENCIONALIDAD HOMOGÉNEA: se da cuando el resultado que el sujeto tenía intención de producir y el que ha producido son constitutivos de delitos del mismo género, los bienes jurídicos contra los que atenta son los mismos y, por supuesto, se hallan en la misma línea de ataque *(J. Sainz Cantero).*

PREVARICATO: acción de todo funcionario público que falta a las obligaciones de su cargo y que comete delitos en el ejercicio de sus funciones.◆ Incurre en prevaricato el juez que dictare resoluciones contrarias a la ley expresa invocada por las partes o por él mismo o citare, para fundarlas, hechos o resoluciones falsas *(A. García).*◆ Incumplimiento malicioso o por ignorancia culpable de las funciones públicas que se desempeñan.◆ Injusticia dolosa o culposa cometida por un juez o magistrado.

PREVENCIÓN LABORAL: acción de comunicar, planificar, probar y trabajar de manera tal que se eliminen las oportunidades de que se produzcan errores, defectos o problemas. Comprende todo aquello que se realice anticipadamente para eliminar de raíz cualquier error que pueda producir algún daño o peligro; evitará que luego se deba gastar energía y esfuerzos en situaciones que generan indeseables costos humanos y materiales.

PREVISIÓN OBLIGATORIA: la que impone el Estado, como ocurre con las jubilaciones, que constituyen la base fundamental del sistema previsional.

PRIMA: precio que se abona por el contrato de seguro.◆ Es la suma que el asegurado debe pagar al asegurador y por la que éste, a su vez, le garantiza la reparación de los posibles daños que sufra sobre su persona o sus bienes.◆ Diferencia en exceso sobre el valor nominal de un título que se emite y se coloca.◆ Precio o remuneración que reciben los dependientes o empleados en algunas actividades. ◆ Valor excedente.◆ Contraprestación que recibe en contrato de opción quien concede el derecho.◆ Premio.◆ *Premium.*

PRIMA DE EMISIÓN: valor en exceso sobre el valor nominal de un título cuya emisión se ha resuelto.◆ Es una reserva de capital o patrimonial emergente de la emisión de acciones sobre su valor nominal. Se registran las primas de emisión percibidas, con cargo a la cuenta Accionistas. Su saldo puede ser destinado contra el crédito de una cuenta de ganancias o de una cuenta de reserva si se considera que forma parte del capital. Es un aporte no capitalizado.◆ Prima de colocación.◆ Prima de suscripción.

PRIMA DE RIESGO: en los seguros de vida, es aquella parte de la prima que está destinada a cubrir exclusivamente la posibilidad de muerte del asegurado.◆ También llamada “prima pura”.

PRIMA DE SEGUROS: costo o precio del contrato de seguro.◆ Ver **Prima**.

PRIMA DE SUSCRIPCIÓN: ver **Prima de emisión**.

“PRIMA FACIE”: expresión latina que significa “a primera vista”, ello no implica prejuzgar y menos aún juzgar.◆ Se utiliza en las ciencias económicas para analizar las causas y consecuencias de hechos y/o problemas fundamentalmente a nivel teórico.

PRIMA NATURAL: aquella calculada en seguros de vida para cubrir el riesgo de muerte en un año y teniendo en cuenta en dicho momento, la edad del asegurado.

PRIMA PURA: también llamada “de riesgo”. Es la expresión matemática del valor de riesgo.◆ Costo real del riesgo asumido sin incluir gastos de gestión externa ni interna.

PRIMA TOTAL: prima comercial más los impuestos y tasas que la gravan. Es el monto realmente pagado por el asegurador.

PRIMACÍA DE LA REALIDAD: principio propio del Derecho del Trabajo que, siguiendo a *Zuretti*, consiste en la primacía de los hechos sobre las formas, las formalidades o apariencia.

“PRIME RATE”: tasa de interés cobrada por los bancos a sus clientes principales en el mercado financiero estadounidense. Es una tasa de interés activa preferencial. Las transacciones financieras internacionales, en general, se efectúan concertando tasas de interés que las toman como referencia. Así, un préstamo puede concertarse a tantos puntos por sobre o por debajo de la misma.

PRIMERA INSTANCIA: primer grado jurisdiccional.

PRINCIPAL: suma o capital sobre el cual se acumulan intereses.◆ Dueño de una cosa comercial, industrial, etcétera. ◆ Esencial o fundamental, por oposición a accesorio.◆ Monto de un préstamo.

PRINCIPIO: ver **Principios.**

PRINCIPIO DE CONGRUENCIA: la sentencia dictada por el juez del proceso no puede apartarse de las pretensiones articuladas por las partes, que interactuan en dicha materia y/o en el objeto del proceso.

PRINCIPIO DE DISPOSICIÓN DE LAS PARTES: es regla en el procedimiento civil, donde rige el principio *nemo iudex sine actore,* esto es,donde la intervención del Estado para la satisfacción de la tutela de los intereses privados se hace depender enteramente de la voluntad del particular. Este principio que vale para la tutela de los intereses materiales, vale también para la de los intereses procesales, que son intereses puramente secundarios, que tienen a los primeros por contenido sustancial. La tutela de los intereses procesales de las partes depende, pues, únicamente de su voluntad; su acuerdo elimina toda incertidumbre sobre la relación procesal, que se establece así como es determinada por el acuerdo.

PRINCIPIO DE ECONOMÍA PROCESAL: ver **Economía procesal.**

PRINCIPIO DE EXTRATERRITORIALIDAD DE LAS NORMAS: ver **Extraterritorialidad de las normas**.

PRINCIPIO DE INSIGNIFICANCIA: principio de derecho penal formulado por Claus Roxin y al que Klaus Tiederman bautizó como "principio de bagatela", referido a la atipicidad de los hechos en los que media insignificancia del bien jurídico tutelado. Este principio se aplica en aquellos supuestos en que, si bien los hechos encuadrarían en las conductas punibles establecidas, su nula o escasa afectación al bien jurídico tutelado por la ley aconseja la exoneración de la sanción.

PRINCIPIO DE LA "PERPETUATIO JURISDICTIONIS": situación de hecho existente en el momento de interponerse la demanda determinante de la competencia para todo el curso del juicio, sin que las modificaciones posteriores puedan afectarla. No es otra cosa que el reflejo de los efectos procesales de la demanda en la jurisdicción de la competencia del juez, para evitar que las modificaciones que durante el juicio se produzcan en las circunstancias determinantes de la competencia sustraigan el asunto del conocimiento del fuero en que fue instaurada la demanda *(L. Alvarez Juliá y otros).*

PRINCIPIO DE LEGALIDAD: aquel según el cual nadie puede ser condenado por acciones u omisiones que en el momento de cometerse no fueran delictivas según el derecho aplicable. Tampoco puede imponerse una pena más grave que la aplicable en el momento de la comisión del delito. Si con posterioridad a la misma, la ley dispusiese la imposición de una pena más leve, el delincuente se beneficiará con ello.

PRINCIPIO DE OPORTUNIDAD: herramienta esencialmente procesal para que el titular de la acción pública pueda evaluar si se justifica la intervención de la Justicia en casos de insignificancia, perdón de la víctima, casos en que el autor también se haya perjudicado con su hecho, por ejemplo en accidentes culposos, etcétera *(C. A. Elbert).*

PRINCIPIO DE PRECLUSIÓN: principio procesal según el cual el juicio se divide en etapas, cada una de las cuales supone la clausura de la anterior, sin posibilidad de renovarla *(Couture).*

PRINCIPIO DE TERRITORIALIDAD DE LAS NORMAS: ver **Territorialidad de las normas.**

PRINCIPIOS: en el ámbito del derecho del trabajo, *Zuretti* explica que se trata de enunciados básicos que comprenden, contemplan, una serie indefinida de situaciones, resultando más generales que las normas ya que, precisamente, sirven para inspirarlas, entenderlas y reemplazarlas. Constituyen los cimientos de toda la estructura jurídico-normativa laboral.

PRINCIPIOS DE LA IMPOSICIÓN: aquellos postulados considerados

como limitadores u orientadores de las decisiones estatales en cuanto a la adopción de determinados impuestos y su configuración. A este fin, se consideran como tales:
a) Principio de legalidad: es un principio cuyo motivo de origen se remonta a las luchas políticas de los pueblos contra el Estado absoluto. A consecuencia de esto, se entiende como el consentimiento que le otorga la población a un impuesto que ha sido proclamado por el poder que tiene a su cargo la tarea de legislar y que, en la mayoría de los países, es el Poder Legislativo (Parlamento, Congreso, Asamblea, etc.).
b) Principio de igualdad: existe una marcada tendencia a vincular el principio de igualdad con el de capacidad contributiva, entendiendo este último como una valoración de la riqueza o capacidad contributiva del contribuyente; esta valoración significa darle al impuesto un contenido en razón de las concepciones ideológicas del Gobierno. La evolución en el tratamiento de este precepto lo ha llevado a ser incorporado en las Constituciones de diversos países.
c) Principio de economía: significa que los impuestos tratan de imponer al contribuyente la menor carga posible por encima del monto de impuesto pagado al Fisco. Se trata de reducir o eliminar la carga administrativa del contribuyente para la determinación y pago, así como también las alteraciones que provoque en la oferta, demanda y precios del mercado.
d) Principio de neutralidad: consiste en dejar sin alteración posible todas las condiciones del mercado o no provocar distorsiones de la oferta, demanda y precios, no sólo en las transacciones de bienes gravados sino de todos los bienes y servicios.
e) Principio de la comodidad en el pago: el impuesto ha de ser recaudado en el tiempo y en el modo en que con mayor probabilidad sea conveniente para el contribuyente pagarlo.
f) Principio de evitar la aplicación del impuesto sobre actividades que se inician: principio que explica la conveniencia de evitar aplicar impuestos a actividades que comienzan a desarrollarse. Funciona con un criterio incentivador en tales circunstancias.
g) Principio de productividad: tiene en cuenta como finalidad impedir que el impuesto actúe desalentando la actividad productiva ejercida por los particulares.
h) Principio de discriminación entre rentas ganadas y no ganadas: el tratamiento impositivo debe discriminar entre ingresos provenientes del trabajo personal de aquellos originados de rendimientos del capital con la finalidad de atenuar la incidencia impositiva en los primeros con relación a los segundos.

PRINCIPIOS GENERALES DEL DERECHO: para la doctrina positivista, los principios generales son aquellos que históricamente y en forma contingente han inspirado u orientado una legislación determinada. Para la posición iusnaturalista, la expresión se refiere a los principios universales y eternos de Justicia *(Monroy Cabra)*.◆ Norma no legal supletoria de ella y constituida por doctrina o aforismos que gozan de general y constante aceptación de jurisconsultos y tribunales.◆ Principios superiores de justicia radicados fuera del Derecho Positivo y a los cuales éste trata de darles encarnación en una circunstancia histórica concreta determinada *(J. Llambías)*.◆ Ideas fundamentales sobre la organización jurídica de una comunidad, emanadas de la conciencia social, que cumplen funciones fundamentadora, interpretativa y supletoria de su total ordenamiento jurídico *(Arce y Florez – Valdés).*◆ Son los principios del Derecho Natural y, por lo tanto, son inmutables y tienen un valor absoluto *(Del Vecchio).*

PRINCIPIOS GENERALES DEL PRESUPUESTO ESTATAL: principios generales a considerar en la confección del plan presupuestario, cuya validez estará en relación con la relevancia que tengan para el cumplimiento de dichas funciones. A saber:
a) Publicidad: el conocimiento general y detallado del presupuesto es necesario para ejercer el control de la acción del Estado por la opinión pública y para que el sector privado ajuste sus propias actividades en función de la economía del sector público.
b) Claridad: está vinculado con la exposición de las distintas partidas que componen el presupuesto.
c) Universalidad: el presupuesto debe comprender todos los gastos y todos los recursos.
d) Exactitud: tanto las partidas de gastos como las de recursos deben ser lo más exactas posibles.
e) Unidad: explica la necesidad de que tanto los gastos como todos los recursos estén comprendidos en un solo presupuesto, por la razón que la separación en dos o más presupuestos impide una presentación clara y un juicio valorativo apropiado y dificulta la adecuación de la actividad financiera a un cálculo económico.
f) Anticipación: como su nombre lo indica, el presupuesto comprende una presunción de conductas económicas en un futuro.
g) Especificación: el tratamiento detallado de cada partida presupuestaria abarca aspectos cualitativos, cuantitativos y temporales. El primer aspecto corresponde a la especificación detallada de las distintas partidas componentes del plan. El segundo exige que se comprometan recursos o gastos hasta los límites previstos en la confección presupuestaria. Finalmente, el temporal obliga a que los conceptos presupuestarios sean aplicados para el período que comprende el presupuesto.
h) Anualidad: normalmente, el presupuesto abarca el término de un año y puede o no coincidir con el año calendario.
i) Equilibrio: estructuralmente el presupuesto implica una igualdad entre los gastos y los recursos. Pero bien puede recurrir el Estado a medios ajenos a la obtención de recursos genuinos a través de impuestos, como por ejemplo la emisión de moneda o la deuda pública.
◆ Ver **Presupuesto estatal**.

PRINCIPIOS TRIBUTARIOS DE LA CONSTITUCIÓN: serie de principios que debe respetar el sistema tributario; éstos son:
a) Principio de igualdad: deben pagar igual impuesto aquellos contribuyentes que estén en igualdad de condiciones.
b) Principio de equidad: el tributo debe ser equitativo en cuanto al monto del impuesto en sí y en cuanto a la oportunidad en que se lo aplique.
c) Principio de la proporcionalidad: el impuesto debe estar en función de la riqueza y del capital de los contribuyentes.
d) Principio de legalidad: sólo el Congreso Nacional puede imponer contribuciones.

e) Principio de no confiscatoriedad: está consagrado por el principio de inviolabilidad de la propiedad privada.
f) Principio de retroactividad: la jurisprudencia ha admitido el principio de retroactividad de las leyes fiscales, si bien se ha limitado a no extenderlo más allá del período fiscal en curso.

PRISIÓN: cárcel o sitio donde se encierra y asegura a los presos.◆ Pena de privación de libertad, inferior a la reclusión y superior a la de arresto.

PRISIÓN DE ESTADO: cárcel en que se encierra a los reos del Estado.

PRISIÓN PERPETUA: ver **Cadena perpetua.**

PRISIÓN PREVENTIVA: privación de la libertad que sufre el procesado durante la sustanciación del juicio.

PRISIONERO: militar u otra persona que en campaña cae en poder del enemigo. ◆ Persona que está presa, generalmente, por causas que no son delito.

PRISIONEROS DE GUERRA: náufragos, heridos o enfermos que caigan en poder del adversario *(C. Díaz Cisneros).* ◆ El que se entrega al vencedor procediendo capitulación.

PRIVACIDAD: ver **Derecho a la privacidad.**

PRIVACIÓN DE JUSTICIA: ver **Denegación de Justicia.**

PRIVACIÓN DE LA LIBERTAD: pena que tiene por objeto la readaptación social del condenado; para lo cual, el régimen penitenciario debe utilizar los medios de prevención y de tratamiento curativo, educativo y asistencial y de cualquier otro carácter de que pueda disponerse.

PRIVATISTA: persona que profesa el Derecho Privado.

PRIVATIZACIÓN: proceso mediante el cual se transfieren a manos privadas empresas de propiedad estatal.

PRIVILEGIO: derecho dado por la ley a un acreedor para ser pagado con preferencia a otro.

PRIVILEGIO CONVENCIONAL: el concedido mediante convenio con el privilegiado.

PRIVILEGIO DE INTRODUCCIÓN: derecho de goce exclusivo durante plazo fijo de un procedimiento industrial o de una fabricación que se implanta de nuevo en un país.

PRIVILEGIO DE INVENCIÓN: derecho de aprovechar exclusivamente, por tiempo determinado, una producción o un procedimiento industrial hasta entonces no conocido o no usado.

PRIVILEGIO GRACIOSO: el que se da o concede sin atención a los méritos del privilegiado sino sólo por gracia, beneficencia o parcialidad del superior.

PRIVILEGIO REAL: el que se encuentra unido a la posesión de una cosa.

PRIVILEGIO REMUNERATORIO: aquel concedido en virtud de una acción meritoria.

PRO FORMA: forma de emitir un estado contable, una cuenta o un documento considerando el alcance, los cifras totales o parciales, los hechos supuestos, las descripciones y otras características del documento, estado o informe emitido.

PRO INDIVISO: relativo a la masa o al bien perteneciente a varias personas, correspondiendo a cada una de ellas una porción ideal.◆ Caudales o cosas que están en comunidad, sin dividir.

PROBADO: aquello acreditado como verdad en los autos.

PROBANZA: justificación del derecho de cada parte en juicio *(Ramírez Gronda).*

PROBAR: examinar si una cosa se halla adaptada a la medida, muestra o proporción de otra a la que se debe ajustar.◆ Justificar y hacer patente la certeza de un hecho o a la verdad de alguna cosa presentando razones o testigos.

PROCEDENTE: arreglado a la prudencia o al fin que se persigue.◆ Dícese de aquello conforme a derecho, mandato, práctica o conveniencia.

PROCEDIMIENTO: secuencia de acciones que se dirigen a una sola meta, comúnmente de corto plazo, y que se siguen repetidamente.◆ Método de realizar alguna cosa.◆ Norma aplicable a la tramitación de las actuaciones judiciales, cualquiera sea su contenido.

PROCEDIMIENTO CONTRADICTORIO: el que permite impugnar lo que en él se pretende.

PROCEDIMIENTO ESCRITO: aquel en el que las actuaciones judiciales se desarrollan en esa forma.

PROCEDIMIENTO ORAL: aquel en el que las actuaciones se realizan verbalmente ante la autoridad judicial.

PROCEDIMIENTOS DECLARATIVOS: aquellos que tienen por objeto obtener el reconocimiento a la declaración de un derecho que ha sido desconocido o del cual se ha privado a su titular.

PROCEDIMIENTOS EJECUTIVOS: aquellos que tienen por objeto obtener el cumplimiento de un derecho que ha sido reconocido o declarado en una sentencia anterior, o que consta de un título al que la ley le da el mismo valor que a una sentencia pasada en autoridad de cosa juzgada.

PROCESADO: sujeto contra el cual se ha dictado un auto de procesamiento, por concurrir una serie de indicios fundados respecto de su intervención en la perpetración de un hecho ilícito.

PROCESAR: formar autos y procesos.◆ Declarar y tratar a una persona como presunto autor de un delito.◆ Someter datos o materiales a una serie de operaciones programadas.

PROCESO: fases sucesivas de un fenómeno.◆ Juicio, causa o pleito.◆ Sucesión de momentos en que se realiza un acto jurídico.◆ Actuaciones que constituyen un procedimiento. ◆ Conjunto de las actividades del Estado y de los particulares con las que se realizan los derechos de éstos y de las entidades públicas que han quedado insatisfechas por la falta de actuación de la norma de la que derivan *(Rocco).* ◆ Conjunto de actividades del órgano jurisdiccional y de las partes necesarias para la declaración o la realización coactiva de los tutelados por la norma jurídica, en caso de incertidumbre o de inobservancia de la misma norma *(Rocco)*.◆ Conjunto de actos dirigidos a la formación o a la actuación de mandatos jurídicos cuya característica consiste en la colaboración para este fin de las personas interesadas (partes) con una o más personas desinteresadas (jueces, órganos judiciales) *(F. Carnelutti)*.◆ La actividad de las partes y del tribunal, regulada por el Derecho Procesal e iniciada por la parte de ellas se llama demandante, para obtener la sentencia (cosa juzgada) o acto por el cual el Tribunal cumple su misión de defensa del orden jurídico que le está encomendada por el Estado y tutela el derecho de la parte que en el curso de él haya demostrado poseerlo *(Prieto Castro)*.

PROCESO CAUTELAR: aquel que, en vez de ser autónomo, sirve para garantizar el buen fin de otro proceso *(F. Carnelutti)*.

PROCESO CIVIL: serie de hechos o, mejor, de actos humanos en la que unos hombres, que se llaman partes y defensores, piden algo a otros que se llaman jueces; para hacer lo que se les pide los jueces escuchan, observan, razonan, administran y mandan. El proceso civil es, por lo tanto, un sector no sólo de la realidad sino también de la actividad, entendida como realidad determinada por una voluntad *(F. Carnellutti)*.◆ Ver **Juicio civil**.

PROCESO COLECTIVO: aquel que sirve a la composición, preventiva o represiva, de la litis colectiva *(F. Carnelutti)*.

PROCESO CONTENCIOSO: ver **Juicio contencioso**.

PROCESO CONTENCIOSO ADMINISTRATIVO: ver **Juicio contencioso administrativo.**

PROCESO DE CONDENA: aquel en el que la relación declarada, en vez de ser una obligación, es una responsabilidad *(F. Carnelutti)*.

PROCESO DE QUIEBRA: ver **Juicio de quiebra.**

PROCESO DE TERCERÍA DE DOMINIO: el que tiene por objeto la protección de un derecho real invocado por su titular, siempre que la integridad de ese derecho se encuentre afectada como consecuencia de un embargo.◆ Ver **Tercería de dominio.**

PROCESO DE TERCERÍA DE MEJOR DERECHO: ver **Tercería de mejor derecho.**

PROCESO DE TRABAJO: aquel por medio del cual el hombre crea y confecciona los objetos y los bienes que le permiten satisfacer sus necesidades y deseos *(M. Burkún – A. Spagnolo)*.

PROCESO DE VERIFICACIÓN: aquel mediante el cual los acreedores, por causa o título anterior a la presentación del deudor a concurso preventivo, deben verificar el crédito a su favor, indicando por escrito el monto, la causa y los privilegios, adjuntando además los títulos justificativos.

PROCESO DEFINITIVO: aquel que sirve inmediatamente para la composición de la litis o para el descubrimiento del negocio; en otras palabras, cuando su efecto sobre la litis o sobre el negocio se produce sin que medie otro proceso *(F. Carnelutti)*.

PROCESO EJECUTIVO: ver **Juicio ejecutivo.**

PROCESO INTERSINDICAL: el que opera en orden a la composición de una litis entre dos sindicatos de categoría *(F. Carnelutti).*

PROCESO MONITORIO: tipo de proceso intermedio entre el proceso jurisdiccional y el proceso ejecutivo.

PROCESO ORDINARIO: ver **Juicio ordinario.**

PROCESO POR DESALOJO: ver **Juicio de desalojo.**

PROCESO SUMARIO: ver **Juicio sumario.**

PROCESO SUMARÍSIMO: ver **Juicio sumarísimo.**

PROCESO UNIVERSAL: ver **Juicio universal.**

PROCESOS COMUNES: aquellos tramitados ante la Justicia ordinaria.

PROCESOS ESPECIALES: aquellos que se atribuyen por circunstancias cambiantes a órganos especiales de jurisdicción *(M. Moreno Hernández).*

PROCLAMA: notificación pública.◆ Alocución política o militar, de viva voz o por escrito.

PROCLAMACIÓN: publicación de un decreto, bando o ley que se hace solemnemente para que llegue a noticia de todos.

PROCURADOR: persona que, con el correspondiente título habilitante, recibe un poder mandato de otra para representarla en juicio.◆ El que, en virtud del poder de otro, ejecuta algo.

PRODIGALIDAD: conducta consistente en el derroche o consumo desmedido de la propia hacienda.

PRÓDIGO: persona que ejecuta en forma habitual actos de prodigalidad.

PRODUCCIÓN: actividad aplicada a la creación de bienes y a la prestación de servicios para ser ofrecidos a los consumidores a fin de satisfacer sus necesidades.◆ Acción de producir, fabricar, elaborar cosas útiles.◆ Rentar, redituar interés, utilidad o beneficio anual de una cosa.

PRODUCIR: exhibir, presentar, manifestar uno la vista y examen de aquellas razones o motivos, o de las pruebas que pueden apoyar su justicia o el derecho que tiene para su pretensión.

PRODUCTIVIDAD: rendimiento logrado en cualquier proceso o actividad productiva, en función de los factores que concurren a su producción. Su cálculo se realiza sobre la base de índices que representan la razón entre el producto y la estructura y/o los factores productivos, expresados en cantidades físicas o unidades de producción o capacidades productivas.

PRODUCTO: el bien obtenido o derivado, directa o indirectamente, de la comisión de un delito.◆ Se trata de aquellos objetos que una vez separados de la cosa, no vuelven a producirse. También consiste en un objeto cuya separación no puede efectuarse sin provocar un detrimento sustancial de la cosa.

PRODUCTO PIRATA: cualquier copia hecha sin el consentimiento del titular del derecho de autor o derechos conexos o de una persona debidamente autorizada por él en el país de producción y que se realicen directa o indirectamente a partir de una obra o producción, protegida cuando la realización de esa copia sea una infracción de derecho de autor o de un derecho conexo.

PRODUCTOR: persona que produce.◆ En la organización laboral, cada una de las personas que participan en la producción.◆ Quien tiene los medios de producción.

PRODUCTOR AGROPECUARIO: persona física o jurídica que en calidad de propietaria, arrendataria, contratista accidental u ocupante, ejerce el control técnico y económico de una explotación agropecuaria, adoptando las decisiones fundamentales acerca del empleo de los recursos disponibles y asumiendo los riesgos de la actividad empresarial.

PRODUCTOR ASESOR DE SEGUROS: persona habilitada por la Superintendencia de Seguros que realiza la intermediación entre quien quiere comprar una póliza de seguros y la entidad aseguradora. Es la que ejerce la actividad de intermediación promoviendo la concertación de contratos de seguros asesorando a asegurados y a asegurables.

PRODUCTOR ASESOR DIRECTO: persona física que realiza la actividad de intermediación promoviendo la concertación de contratos de seguros, asesorando a asegurados y asegurables.

PRODUCTOR ASESOR ORGANIZADOR: persona física que se dedica a instruir, dirigir o asesorar a los productores asesores directos que forman parte de una organización.

PRODUCTOS SEPARADOS DEL SUELO: productos que son creados por el propio suelo, que la tierra da; pero no aquellas cosas que están en la tierra, dado que la anexión de ellas al suelo ha terminado por obra exclusiva del hombre (por ejemplo, el producto de las cosechas) *(Boo - Villar).*

PROFANO: que carece de conocimiento y autoridad en una materia.

PROFESIÓN: toda actividad o desempeño que una persona lleva a cabo generando, como contrapartida, una retribución.

PROFESIÓN LIBERAL: aquella en la que se ejercitan las facultades intelectuales y hace uso de ellas para el desempeño del oficio.

PROFESIONAL: persona que ejerce su profesión con relevante capacidad y aplicación.◆ Persona que hace profesión de una cosa.◆ Quien practica en forma habitual una actividad.◆ Ver **Aficionado**.

PROFESIONALISMO: utilización o cultivo de ciertas disciplinas con ánimo de lucro.

PROFETA: procede directamente del griego *profetes* que puede traducirse como "el que anuncia por adelantado", "el mensajero", "el portavoz"; naturalmente, siempre referido a Dios. El profetismo más allá de la religión se aparece como una conducta de unos hombres comprometidos, que denuncian constantemente como pecados la esclavitud, la usura, la opresión de los pobres, la injusta distribución de la riqueza, etcétera.

PRÓFUGO: persona que se halla huyendo, principalmente de la justicia o de otra autoridad legítima.

PROFUSIÓN: prodigalidad.

PROGENITOR: forma en que suele aludirse en forma indistinta tanto al padre como a la madre.◆ Pariente en línea recta ascendente con respecto a una persona.

PROHIBICIÓN DE CONTRATAR: medida cautelar que tiende a impedir la actividad jurídica de la persona afectada sobre bienes determinados. Puede surgir de la ley, del contrato o cuando se proponga asegurar la ejecución forzada de los bienes objeto del juicio *(F. Migliardi).*

PROHIBICIÓN DE INNOVAR: medida cautelar genérica que implica una orden judicial de no realizar actos físicos o jurídicos que alteren la situación de hecho o de derecho existente al momento de iniciarse el juicio *(F. Migliardi).*

PROHIBICIÓN DE LA CONFESIÓN COERCITIVA: garantía individual consagrada en la Constitución Nacional, traducida en la facultad que posee toda persona de abstenerse a declarar contra sí mismo.

PROLETARIADO: clase social que constituyen los proletarios, que carece de bienes.◆ En Roma, conjunto de los proletarios.◆ Clase social compuesta de obreros asalariados que deben encontrar en el alquiler constante de su fuerza-trabajo la única fuente –o la más esencial, al menos– de los ingresos necesarios para su manutención.

PROLETARIO: persona que carece de propiedad y que, por lo tanto, depende para su subsistencia de su salario a cambio de trabajo.◆ Quien carece de cualquier clase de bienes y no figura en las listas vecinales del pueblo en que vive sino por su persona y familia.◆ Plebeyo.

PROMESA: manifestación expresa de la voluntad de dar una cosa o hacer algo por una o varias personas determinadas sobre un contrato especial, con todos los antecedentes constitutivos de los contratos.◆ Ofrecimiento de carácter solemne equivalente al juramento, de cumplir los deberes de un cargo o función que va a ejercerse.◆ Contrato preparatorio de otro más solemne o detallado al cual precede.

PROMESA DE PAGO: acuerdo entre dos partes, una deudora y otra acreedora, mediante el cual la deudora se compromete a abonar en determinada fecha, en dinero, una suma o cantidad establecida con el consentimiento del acreedor.

PROMISCUO: término que se le aplica a la persona que acostumbra mantener relaciones sexuales con otras varias.

"PROMISSORY NOTES": pagarés emitidos por el país y entregados a los bancos acreedores por sus deudas. No pueden ser transferibles a no residentes. ◆ Pagarés.

PROMOTOR: que promueve una cosa haciendo las diligencias conducentes para su logro. ◆ Se denomina de este modo a aquellos que inician y tratan de fundar una sociedad, desarrollan el programa y realizan todos los trámites necesarios para concretar la constitución definitiva de la sociedad. Los promotores pueden ser suscriptores y deben entregar al directorio la documentación relativa a la constitución de la sociedad y demás actos celebrados durante su formación.

PROMOVER: tomar la iniciativa para la realización o el logro de algo.◆ Levantar o elevar a una persona a una dignidad o empleo superior al que tenía.

PROMOVER EL BIENESTAR GENERAL: compromiso asumido por el Estado de implementar las políticas adecuadas a fin de garantizar a los habitantes la consecución del bien común, entendiéndose por tal la realización y el desarrollo personal del individuo, la satisfacción plena de sus necesidades, etcétera.

PROMULGACIÓN: acto mediante el cual la autoridad hace divulgar y publicar formalmente una ley o disposición a fin de que sea cumplida y hecha cumplir como obligatoria.◆ Acto por el cual el jefe de Estado certifica al cuerpo social la existencia de una ley, ordenando al mismo tiempo su cumplimiento.

PROMULGAR: publicar formalmente una ley u otra disposición de la autoridad a fin de que sea cumplida y hecha cumplir como obligatoria.◆ Ver **Promulgación.**

PRONUNCIAR: publicar la sentencia o auto.

PROPIEDAD: derecho o facultad de disponer libremente de una cosa y reclamarla si se halla en poder de otra.◆ Facultad legítima de gozar y disponer de una cosa con exclusión del ajeno arbitrio y de reclamar su devolución cuando se encuentra indebidamente en poder de otro.◆ Facultad que un sujeto tiene para disponer, con exclusión de otros, de tales bienes. Es lo que la naturaleza racional del hombre impone como el medio mejor proporcionado al justo uso de dichos bienes, tomando en cuenta la necesidad de ese uso y las condiciones propias de quien debe usarlos. Es distinto de la mera posesión de bienes materiales. Un sujeto puede poseer algo sin ser propietario o tener propiedad sobre algo que no posee.◆ Es la posesión munida de título.◆ Ver **Posesión.**

PROPIEDAD CONJUNTA: ver **Condominio**.

PROPIEDAD HORIZONTAL: lo que resulta de la venta de uno o varios pisos, viviendas o locales de un edificio, adquiridos separadamente por diversos propietarios y con determinados derechos y obligaciones comunes.◆ Es el derecho real de propiedad de dos o más personas sobre un inmueble edificado, por el cual cada uno tiene un derecho exclusivo sobre determinados sectores independientes y un derecho común, establecido al solo efecto de hacer posible el primero, sobre las restantes *(M. Mariani de Vidal).*◆ El consorcio propietario es conformado por los copropietarios; estos propietarios se reúnen periódicamente en asambleas, que son un órgano del consorcio, siempre y cuando estas decisiones cumplan con las normas legales, reglamentarias, etcétera. Las actividades que desarrollan tienen que tender a cumplir con los objetivos del consorcio; todas estas actividades deben ser llevadas a la práctica en forma personal o bien delegando alguna de ellas por parte del administrador del consorcio *(N. Wilinsky)*.◆ Ver **Consorcio de propiedad horizontal**.

PROPIEDAD INDIVISA: aquella cuyos titulares o propietarios sólo pueden disponer de los activos únicamente cuando existe decisión unánime en virtud de tener cada uno derechos sobre la propiedad indivisa.

PROPIEDAD INDUSTRIAL: derecho reconocido al autor de una invención o descubrimiento susceptible de aplicación industrial y también el que se reconoce a quien ha creado signos especiales para distinguir los productos de su trabajo de otros similares.

PROPIEDAD LITERARIA: ver **Derecho de autor**; **"Copyright"**.

PROPIEDAD PRIVADA: derecho o facultad de gozar y disponer de una cosa con exclusión del arbitrio ajeno y de reclamar la devolución de ella si está en poder de otro. Puede ejercitarse sobre los bienes de consumo y sobre los bienes de producción y, en este último caso, obtiene un ingreso, sea por el interés si es un capital monetario, sea por el beneficio si es una empresa, sea por una renta si es un campo.◆ Se trata de una institución básica del sistema capitalista.

PROPIEDAD RAÍZ: bienes inmuebles.

PROPIETARIO: el que tiene el derecho de propiedad sobre una cosa y, especialmente, sobre bienes inmuebles.

PROPINA: forma de gratificación entregada en forma adicional al pago del precio por la prestación de un servicio, en señal de reconocimiento.

PROPOSIÓN FÁCTICA: afirmación de hecho, respecto de un caso concreto, que si el juez le cree, tiende a satisfacer un elemento de la teoría jurídica *(P. Duarte Canaán)*.

PROPÓSITO DE LUCRO: ánimo o intención de obtener beneficios, aunque luego se pierda.

"PROPTER NUPTIAS": ver **Donación "propter nuptias"**.

PROPUESTA DE SEGURO: solicitud de seguro.

PRÓRROGA: continuación de una cosa por un tiempo determinado.◆ Plazo por el cual se continúa una cosa.◆ Aplazamiento.

PROSAPIA: ascendencia, linaje o generación de una persona.

PROSTITUCIÓN: estado de corrupción de la sexualidad caracterizado por la entrega habitual del propio cuerpo a personas indeterminadas y con finalidad de lucro.◆ Actividad consistente en entregarse habitualmente a tratos sexuales con personas más o menos determinadas, que eventualmente lo requieren *(S. Soler)*.◆ El oficio de comercio sexual público con fines de lucro *(Cousino)*.

PROSTITUTA: mujer que ejerce la prostitución; ofrece su actividad sexual corporal por precio o tarifa sin discriminación de quienes la solicitan *(Romo Pizarro)*.

PROTECCIÓN CONTRA LA DETENCIÓN ARBITRARIA: ver **Derecho a la protección contra la detención arbitraria.**

PROTECCIÓN DE LA HONRA: ver **Derecho a la protección de la honra.**

PROTECCIONISMO: antítesis del libre cambio que trata de la imposición de tarifas y aranceles aduaneros a los productos importados. Sus orígenes se remontan al período mercantilista, cuando se creía que un país era afortunado si exportaba más bienes de los que importaba. Se utiliza cuando se protege el desarrollo de una industria incipiente o el desarrollo de una joven economía.

PROTECTORADOS: son Estados que, reconociendo su incapacidad para desempeñarlos, voluntariamente y en forma contractual, han cedido a potencias mayores el ejercicio de algunos de sus derechos de soberanía interna y de soberanía exterior. El Estado protector se obliga, en cambio, a asumir la defensa del protegido en los casos en que sea atacado y a velar por el normal desarrollo de sus instituciones y respecto de sus derechos. Estas últimas funciones las ejerce por intermedio de un funcionario acreditado ante el Estado protegido *(F. Bertoli).*

PROTESTO: aviso formal por escrito de que el emisor de un pagaré se ha rehusado a abonarlo por cualquier causa que fuere.◆ Acto que tiene por objeto la comprobación fehaciente de la falta de pago, a su vencimiento, de una letra de cambio o pagaré.◆ En Derecho Cambiario, el protesto se puede referir a la falta de aceptación o a la falta de pago.◆ Debe ser presentado al escribano o notario dentro de las veinticuatro horas del día del vencimiento, siendo formalizado en el día inmediato no feriado. Si el obligado a la aceptación o al pago no lo hiciere en el acto del protesto, el escribano retendrá los documentos en su poder hasta una hora determinada del mismo día; y si el deudor de la aceptación o del pago no concurriese a cumplir su obligación, los documentos se entregarán al acreedor con un testimonio del acta de protesto, con lo cual podrán iniciarse las acciones respectivas.

PROTOCOLIZAR: incorporar al protocolo una escritura matriz u otro documento que requiera esa formalidad.

PROTOCOLO: libro en que los escribanos o notarios copian y guardan por su orden los registros de los instrumentos que legalizan.

PROVECHOS: frutos de una cosa o de un derecho y ventajas que ofrece el uso de la cosa o del derecho (ventajas de uso); por ejemplo: las ventajas de la habitación, de la utilización de un lugar o de un edificio para fines industriales *(L. Enneccerus).*

PROVEER A LA DEFENSA COMÚN objetivo elemental de todo Estado en la obligación que pesa sobre el mismo de adoptar las medidas necesarias para repeler agresiones exteriores y custodiar la seguridad colectiva *(M. de Ruiz).*

PROVIDENCIAR: dictar una resolución para resolver asuntos de trámites sencillos.

PROVIDENCIAS SIMPLES: las que tienden, sin sustanciación, al desarrollo del proceso u ordenan actos de mera ejecución. No requieren otras formalidades que su expresión por escrito, indicación de fecha y lugar, y la firma del juez o presidente del tribunal o del secretario, en su caso.

PROVINCIA: cada una de las divisiones de un Estado o territorio sujetas generalmente a una autoridad administrativa.

PROVISOR: juez diocesano nombrado por el obispo, con quien constituye un mismo tribunal y que tiene potestad ordinaria para ocuparse de causas eclesiásticas.

PROVOCACIÓN DE HOSTILIDADES: ver **Delito de provocación de hostilidades.**

PROXENETA: persona que, con móviles de lucro, interviene para favorecer relaciones sexuales ilícitas.

PROXENETISMO: delito de conducta libre que consiste en inducir al comercio carnal o a la prostitución a una persona honesta, con ánimo de lucro y para satisfacer los deseos libidinosos de otro.

PROXENETISMO FAMILIAR: delito de conducta alternativa que consiste en patrocinar o tolerar la prostitución de la hija, esposa, hermana o madre, con fines lucrativos.

PRUEBA: serie de actos llevados a cabo a los efectos de evidenciar la veracidad o la falsedad de los dichos expresados por cada uno de los litigantes en ocasión de deducir sus respectivas pretensiones.◆ Ensayo que se hace de una cosa.◆ Conjunto de los procedimientos por medio de los cuales se demuestra la exactitud de un hecho o acto jurídico discutido del cual depende la existencia de un derecho. Por tanto, el objeto de la prueba se reduce a demostrar la existencia de los hechos que originan relaciones de derecho y situaciones jurídicas *(J. Bonnecase).*◆ Establecimiento por los medios legales, en el proceso, del hecho o hechos que sirven de fundamento al derecho que se reclama.

PRUEBA ANTICIPADA: pruebas ofrecidas con anterioridad al inicio del proceso y con motivo del mismo, a fin de asegurar la producción de la misma.

PRUEBA CONFESIONAL: se entiende por confesión, en el sentido jurídico del término, el reconocimiento que hace una persona del hecho jurídico que se le imputa. La presunción es, sobre todo, un acto jurídico unilateral que requiere la capacidad necesaria para poder disponer del objeto discutido *(J. Bonnecase).*

PRUEBA DE ABSOLUCIÓN DE POSICIONES: ver **Prueba de confesión.**

PRUEBA DE CONFESIÓN: medio de prueba consistente en pedir bajo juramento a una de las partes en juicio que diga la verdad afirmando o negando los hechos presentados por la otra parte *(G. Fernández de León).*◆ Prueba de absolución de posiciones.

PRUEBA DE INFORMES: aquella obtenida en virtud de la solicitud de informes a entidades públicas, escribanos con registro y entidades privadas. Éstos deberán versar sobre hechos concretos, claramente individualizados, controvertidos en el proceso.

PRUEBA DIRECTA: aquella que se produce cuando se prueban los hechos mismos del pleito.

PRUEBA DOCUMENTAL: aquella basada en documentos considerados como esenciales para la solución de un litigio.◆ La que se aplica a los actos jurídicos, en oposición a los hechos jurídicos propiamente dichos. La prueba por escrito es, a veces, un documento auténtico y otras, privado *(J. Bonnecase).*◆Ver **Documento.**

PRUEBA INDICIARIA: la que se obtiene a partir de los indicios más o menos vehementes relacionados con un hecho, generalmente criminal, que se pretende esclarecer.

PRUEBA INDIRECTA: cuando se prueban otros hechos de los cuales se deducen los que dieran origen al pleito.

PRUEBA INFORMÁTICA: ilustraciones científicas requeridas a entidades públicas o privadas, acerca de enfermedad o tratamiento, técnica quirúrgica, test, reacciones, eficacia de análisis, etc.

PRUEBA MATERIAL: la utilizada con fines estrictamente demostrativos, esdecir, que toda evidencia demostrativa se divide en real e ilustrativa.

PRUEBA MATERIAL ILUSTRATIVA: la que se ofrece a los efectos de acompañar elementos u objetos que se interpretan como aclaraciones.

PRUEBA MATERIAL REAL: lo que se ofrece con la finalidad de presentar el elemento a la prueba pertinente. La evidencia real puede ser, un ser humano que se exhibe o presenta en corte como parte de la evidencia *(M. Duce).*

PRUEBA PERICIAL: aquella que se efectúa a través de peritos.◆ Es el medio por el cual personas ajenas a las partes, que tengan conocimientos especiales en alguna ciencia, arte o profesión y que han sido previamente designadas en un proceso determinado, perciben, verifican hechos y los ponen en conocimiento del juez, y dan su opinión fundada sobre la interpretación y apreciación de éstos a fin de formar la convicción del magistrado siempre que para ello se requieran esos conocimientos *(R. Arazi).*

PRUEBA PLENA: aquella que no deja lugar a dudas.

PRUEBA POR JURAMENTO: tradicionalmente, se define el juramento como el hecho de invocar como testigo a la divinidad sobre la verdad de un hecho que se afirma. Actualmente, se considera el juramento como la afirmación solemne de un hecho.

PRUEBA PRECONSTITUIDA: la que existe con anterioridad al juicio y prueba producida en juicio.◆ Prueba anticipada.

PRUEBA SEMIPLENA: aquella que deja algunos puntos dudosos.

PRUEBA TASADA: antiguo sistema de enjuiciamiento, y en parte aún subsistente, en que la ley, sin dejar la apreciación al criterio del juzgador, mide la fuerza y la suficiencia de las pruebas.

PRUEBA TESTIFICAL: ver **Prueba testimonial.**

PRUEBA TESTIMONIAL: la que se adquiere por declaración de las personas físicas que reúnen las condiciones que la ley establece para que puedan ser testigos. Es uno de los medios de prueba. El testigo es la persona que declara *(L. Álvarez Juliá).*◆ Declaración que hacen personas extrañas al juicio, siempre que reúnan las condiciones exigidas por la ley y depongan en la forma que señala la norma legal.

PRUEBA TESTIMONIAL EXTEMPORÁNEA: aquella presentada fuera de la oportunidad debida se considera inadmisible.

PRUEBA TESTIMONIAL INIDÓNEO: aquella prueba presentada en asunto que la excluye, se considera inadmisible.

PSEUDOLOGÍA: trastorno mental que consiste en creer sucesos fantásticos como realmente sucedidos.

PSICOFÁRMACO: medicamento que actúa sobre la actividad mental.

PSICOLOGÍA CRIMINAL: disciplina que estudia los determinantes sociales y causas psicosociales, clases y modalidades de la conducta derivada. Analiza las desviaciones sociales de la delincuencia.

PSICOLOGÍA FORENSE: disciplina que se ocupa de determinar la capacidad civil o la peligrosidad de los sujetos, así como la responsabilidad o imputabilidad de los delitos a los acusados y la condición mental de los convictos de infracciones criminales.

PSICOPATÍAS: término que comprende el grupo de enfermedades mentales que se manifiestan en una predisposición de la personalidad, para derivar, ya sea por la influencia de factores endógenos o exógenos, en una determinada neurosis o en una franca psicosis *(Smith).*

PSIQUIATRÍA FORENSE: ciencia que se ocupa del enfermo mental y su relación con la ley.

PUBERTAD: edad en que se presume o supone que una persona adquiere la aptitud o fisiología para procrear. Esta edad varía de acuerdo con los distintos países, legislaciones, etcétera. En la Argentina, se consideran menores impúberes a los que no tuvieran la edad de catorce años cumplidos.

PUBLICACIÓN: registro de cumplimiento obligatorio e indispensable para la entrada en vigencia de una norma legal.

PUBLICACIÓN DE UNA OBRA: reproducción de la obra en forma tangible y puesta a disposición del público ejemplares de la obra que permitan leerla o conocerla visualmente.

PUBLICACIÓN REPARATORIA: institución tradicional en materia de ofensas contra el honor por medio de la cual trátase de borrar el mal causado por la difusión de la ofensa, o de disminuir en la máxima medida sus efectos (S. Soler).

PUBLICAR: hacer público un mensaje sobre algo o alguien.

PUBLICIDAD: acción de comunicación mediante los medios de comunicación de masas; básicamente, televisión, radio, cine y otros soportes especiales. Es una acción unilateral, empresa-mercado, con objetivos de información, persuasión o imagen. Métodos mediante los cuales se procura obtener la atención hacia el producto o servicio que un oferente ofrece a los demandantes existentes o potenciales clientes. A medida que se fue desarrollando la industrialización, originando mercados libres en donde los vendedores competían por acaparar la atención de los consumidores, la publicidad se fue desarrollando paralelamente con el fin de hacer resaltar los méritos y las cualidades en comparación con los de otros productos competitivos o con el fin de crear la necesidad y una demanda.

PUBLICIDAD COMPARATIVA: campaña publicitaria que se vale de la comparación específica entre la marca promocionada en dicha campaña con otra marca utilizada en el mercado para la comercialización del mismo producto.

PUBLICIDAD INFORMATIVA: acción promocional que brinda al consumidor datos y precisiones respecto de la calidad y bondades del producto publicitado.

PUERTO: lugar natural o construido en la costa o en las orillas de un río, defendido de los vientos y dispuesto para detenerse las embarcaciones y para realizar las operaciones de carga y descarga de mercaderías, embarque y desembarque de pasajeros, etcétera. ◆ Ámbito espacial que comprende por el agua: diques, dársenas, muelles, radas, fondeadores, escolleras y canales de acceso y derivación; y por tierra: el conjunto de instalaciones, edificios, terrenos y vías de comunicación indispensables para la normal actividad y desarrollo de la navegación.

PUNTUALIZAR: concretar los derechos y deberes de los contratantes con anterioridad a la celebración de las partes.

PUÑO Y LETRA: de mano propia. Contablemente, se refiere a los medios manuales propiamente dichos que se hacen en escritura corriente.

PUPILO: menor en estado de orfandad, respecto de su tutor.

PURGA: expulsión o eliminación de funcionarios, empleados, miembros de una organización, etcétera, que se decreta por motivos políticos y que puede ir seguida de sanciones más graves.

PURGACIÓN: refutación de notas o indicios inculpadores contra una persona.

PURGACIÓN CANÓNICA: prueba que los cánones establecían para el caso en que alguien fuese acusado de un delito que no se podía plenamente probar, reducida a que se purgase la nota o infamia del acusado por su juramento y el de los compurgadores.

PURGACIÓN VULGAR: prueba judicial de la inocencia o culpa del reo mediante ordalías o juicio de Dios.

PURGAR: desvanecer los indicios, sospecha o nota que hay contra una persona.

PURGAR LA INFAMIA: deciáse del reo cómplice de un delito que, habiendo declarado contra su compañero y no siendo considerado testigo idóneo, ratificaba su declaración en el tormento, para validarla.

"PUT OPTION": derecho a vender valores a un precio estipulado dentro de un plazo determinado en la operatoria de opciones. El comprador de la opción adquiere el derecho a vender un activo a un determinado precio, apostando a la caída de las cotizaciones.◆ *Put.*◆ Ver **Opciones.**

PYME: ver **Pequeña y mediana empresa.**

Q

QUANTUM: monto. Suma. Cantidad.

QUEBRADO: que ha generado bancarrota o quiebra.◆ Deudor que ha sido declarado en quiebra o bancarrota por la autoridad competente.◆ Fallido.

QUEBRADO CULPABLE: comerciante que hubiere causado su propia quiebra y perjudicado a sus acreedores, por sus gastos excesivos con relación al capital y al número de personas de su familia, especulaciones ruinosas, juego, abandono de sus negocios o cualquier otro acto de negligencia o imprudencia manifiesta.

QUEBRADO FRAUDULENTO: comerciante declarado en quiebra que, en fraude de sus acreedores, hubiere simulado deudas, enajenaciones, gastos o pérdidas, concedido ventajas indebidas a cualquier acreedor o hubiere sustraído u ocultado alguna cosa que correspondiese a la masa.

QUEBRANTAMIENTO: omisión o violación de garantías sustanciales en el procedimiento.

QUEBRANTAMIENTO DE CONDENA: delito consistente en la evasión de la penalidad impuesta.

QUEBRANTAR: anular, revocar un testamento.◆ Traspasar, violar una ley, una palabra o una obligación.

QUEBRANTO: acción y efecto de quebrantar o quebrantarse.◆ Pérdida originada por motivos, ajenos o no, a la actividad principal de la explotación. Por ejemplo: siniestros, pérdidas por operaciones.◆ Pérdida.

QUEBRANTO DE MONEDA: indemnización o gratificación concedida a los habilitados, cajeros o pagadores de las oficinas.

QUEBRANTO IMPOSITIVO: pérdida impositiva producida en un período fiscal.◆ Cuando los egresos impositivos superan a los ingresos impositivos.

QUEBRAR: traspasar, violar una ley o una obligación.◆ Arruinarse una empresa o negocio.◆ Interrumpirse alguna cosa o dejar de tener aplicación.

QUEDA: ver **Toque de queda**.

QUEJA: disconformidad.◆ Acusación ante un juez o tribunal competente con que se ejecuta en forma solemne y como parte en el proceso la acción penal contra los responsables de un delito.◆ Reclamo hecho por los herederos forzosos al juez con el fin de obtener la invalidación de un testamento por inoficioso. ◆ Ver **Recurso de queja.**

QUEMARROPA: ver **Disparo a quemarropa**.

"QUERABLE": deuda cuyo lugar de cumplimiento es el domicilio del deudor.

QUERELLA: acusación ante juez o tribunal competente con que se ejecuta en forma solemne y como parte en el proceso la acción penal contra los responsables de un delito.◆ Acusación judicial de un delito cuyo castigo pide el agraviado.◆ Consiste en el reclamo realizado por los herederos forzosos ante el juez, pidiendo la invalidación de un testamento por inoficioso.

QUERELLADO: persona contra la cual se presenta una querella; es la parte acusada.

QUERELLANTE: persona que presenta una querella contra alguien; es la parte acusadora.

"QUID": la clave o el porqué de una cosa.

"QUID PRO QUO": expresión latina que ha pasado a nuestro idioma y con la cual se da a entender que una cosa se sustituye con otra equivalente.◆ Error que consiste en tomar a una persona o cosa por otra.

QUIEBRA: estado de insolvencia del deudor en virtud del cual no puede hacer frente a sus obligaciones. ◆ Juicio universal para liquidar y calificar la situación del comerciante quebrado.

QUIEBRA A PEDIDO DEL ACREEDOR: aquella solicitada por el acreedor.◆ Todo acreedor cuyo crédito sea exigible, cualquiera sea su naturaleza y privilegio, puede pedir la quiebra.◆ Quiebra necesaria.

QUIEBRA A PEDIDO DEL DEUDOR: aquella solicitada por el deudor.◆ La solicitud del deudor de su propia quiebra prevalece sobre el pedido de los acreedores, cualquiera sea su estado, mientras no haya sido declarada.◆ Quiebra voluntaria.

QUIEBRA EXTRANACIONAL: la que afecta a un sujeto que posee un patrimonio internacionalmente disperso *(Kaller de Orchansky).*

QUIEBRA FRAUDULENTA: modalidad de defraudación que requiere que el culpable sea un quebrado declarado en insolvencia fraudulenta.

QUIEBRA NECESARIA: quiebra a pedido del acreedor.

QUIEBRA VIRTUAL: la que adjudica a la quiebra económica la posibilidad de producir efectos jurídicos aun sin una declaración judicial de falencia. No existe en la legislación argentina.

QUIEBRA VOLUNTARIA: quiebra a pedido del deudor.

QUIEBRAS - PROCEDIMIENTOS: el procedimiento de la quiebra tiende a la liquidación de los bienes desapoderados del deudor y a distribuir su producido entre los acreedores. Tiene aspectos de un proceso de ejecución, de un proceso cautelar, con normas de derecho sustancial; es de instrucción oficiosa, inquisitiva, universal y, por lo tanto, única.

QUILATE: unidad de peso para las perlas y piedras preciosas que equivale a un ciento cuarentavo de onza, o sea, 205 miligramos.◆ Menudamente, en pequeñísimas cantidades o porciones. ◆ Cada una de las veinticuatroavas partes en peso de oro puro que contiene cualquier aleación de este metal y que, a su vez, se divide en cuatro gramos.

QUINCENA: período o espacio de quince días.◆ Detención gubernativa durante quince días.◆ Es la paga que se recibe cada quince días.

QUINDENIO: período o espacio de quince años.◆ Cantidad que se pagaba en Roma de las rentas eclesiásticas, agregadas por el pontífice a comunidades o manos muertas.

QUINQUENAL: que dura un quinquenio. ◆ Que sucede cada quinquenio.

QUINQUENIO: período de cinco años.◆ Aumento de una remuneración al cumplirse cinco años de antigüedad en un puesto de trabajo.

QUIROGRAFARIO: relativo al quirógrafo o en esta forma acreditado. ◆ Crédito o deuda común, sin privilegio ni garantía.◆ Ver **Deudor quirografario**; **Acreedor quirografario**.

QUIRÓGRAFO: relativo al documento concerniente a la obligación contractual que no está autorizada por notario ni lleva otro signo oficial o público.

QUITA: reducción parcial de una deuda mediante convenio judicial o privado. Liberación parcial hecha por el acreedor de una deuda en favor del deudor.

QUITA Y ESPERA: beneficio que conceden algunas legislaciones al deudor de varios acreedores cuando no puede afrontar las obligaciones por falta de liquidez. No existe insolvencia sino un problema exclusivamente financiero. Se rebaja el importe adeudado (beneficio de la quita) y se otorga un aplazamiento para efectuar el pago (espera).

QUITANZA: documento o recibo que se le entrega a quien pagó.◆ Finiquito, liberación o carta de pago que se da al deudor cuando paga.

QUÓRUM: indica el número mínimo requerido de integrantes necesarios para que pueda deliberar válidamente y tomar decisiones cualquier organismo colegiado.◆ Proporción de votos favorables para que haya acuerdo.

R

RÁBULA: abogado que carece de conocimientos y que es considerado en el medio como poco serio.

RACIÓN: porción o parte de comestibles asignada tanto a seres humanos como a animales.◆ Cantidad de dinero o bienes entregada diariamente en concepto de alimentos.

RACIONISTA: individuo a quien se le hace entrega de la ración.

"RAIDER": persona que hace una oferta pública hostil a los accionistas; generalmente, por motivos financieros.

RAMA: con relación al parentesco, se considera tal la línea que se desprende del tronco por relación a su origen.◆ Ver **Tronco.**

RAMERA: mujer que por oficio tiene relación carnal con hombres.

RAMO: objeto de la empresa o negocio. ◆ Cada una de las partes en que se divide la actividad económica en general. ◆ Modalidad o conjunto de modalidades de seguros relativas a riesgos de características o naturaleza semejante.

RANGO: categoría o posición que ocupa una persona dentro de una empresa. ◆ Relación en que un derecho se encuentra respecto de otros derechos; más concretamente, es la relación que se establece entre derechos reales compatibles, por lo cual se crea un orden o preferencia entre ellos. Hay que relacionarlo con otros derechos para que surja la preferencia o inferioridad. En sí, no es un derecho autónomo ya que su existencia depende de otro derecho, pero tiene un valor económico *(M. Adrogué y otros).*

RAPTAR: sustraer o retener a una mujer por medio de la fuerza, intimidación o fraude con miras deshonestas *(A. García).*

RAPTO: conducta tipificada en la legislación penal consistente en la acción de aquel que, valiéndose de embustes y maquinaciones engañosas o, incluso, haciendo uso de la fuerza, consigue alejar a una mujer de su lugar de residencia habitual, reteniéndola con fines deshonestos.◆ Delito contra la honestidad de una persona ejecutado contra su voluntad. ◆ Secuestro de una persona con el objeto de obtener una cantidad de dinero y/u otra concesión al mantenerla como rehén.

RAPTO IMPROPIO: cuando no existe fuerza o coacción o error, representa la figura opuesta al rapto propio. Es consensual (S. Soler).

RAPTO PROPIO: consiste en el hecho de sustraer o retener mediante violencia, intimidación o fraude a la víctima. El delito se integra por el simple propósito, como mera forma psíquica que acompaña o impulsa el acto de sustraer o de retener a la víctima. Es contra la voluntad del raptado (S. Soler)

RAPTOR: sujeto responsable de haber cometido el delito de rapto.

RASPADURA: rayadura hecha ligeramente a una cosa quitándole alguna parte.◆ Prohibida en los libros de comercio.◆ Ver **Libros de contabilidad**.

RATERÍA: hurto de cosas de poco valor.◆ Bajeza en los tratos o negocios.

RATERO: persona que acostumbra a hurtar sutilmente y con disimulo efectos de escasa implicancia económica.

"RATES FOR ADVANCES AGAINST COLLATERAL": tasa que se aplica sobre adelantos contra garantías.◆ Intereses cobrados por la autoridad monetaria a los bancos comerciales por créditos otorgados contra garantías, consistentes en papeles que pueden ser descontados por extensión; es la tasa que aplican en los mismos términos de las autoridades financieras a sus clientes.

RATIFICACIÓN: confirmación.◆ Acto final de la fase interna de concertación de los tratados internacionales.◆ Confirmación que, para validar un acto, se requiere de un órgano cuya actividad e intereses pone en juego aquél.

RATIFICACIÓN OFICIAL: acto de soberanía; es una ratificación de la autoridad.

RATIFICAR: confirmar actos, escritos, pedidos, etcétera, dándolos por ciertos y válidos.

RATIHABICIÓN: acto en virtud del cual una persona otorga validez y asume la responsabilidad derivada de la celebración de un acto por un tercero, en su nombre.

RATIO: ver **Índlce.**

"RATIO PECCANDI": violación externa de una ley que obliga en conciencia *(C. Cappelo).*

RAZIA: batida, redada.

RAZÓN: discernimiento.

RAZÓN - DAR: informar, dar cuenta.

RAZÓN DE ESTADO: es la máxima del obrar político; ley motora del Estado *(J. Meinecke).*◆ Concepto con el que suele justificarse una posible actuación del Estado que resulte contraria a las normas, basada en una cuestión de interés público.

RAZÓN SOCIAL: denominación de aquellas sociedades con responsabilidad solidaria de los socios, generalmente formada por el nombre de uno o más de ellos, con el aditamento "y compañía" o bien cualquier otro que indique la naturaleza societaria del ente.

RAZONABLE: calificación que recibe un acto o conducta cuando en su ejecución existe una adecuación entre los fines perseguidos y los medios utilizados para la consecución de los mismos.

REAL MALICIA: conocimiento de la falsedad o desinterés temerario por averiguar si la información publicada por un medio es o no falsa.◆ Doctrina de la real malicia.

REALENGO: dícese de aquello relativo a la realeza.

REALISMO JURÍDICO: se trata de una serie de enfoques, de análisis y de tesis que intentan barrer muchos convencionalismos falsos que habían venido perpetuándose en algunos sectores de la tradición jurídica y que se proponen acercarse al Derecho, sin perjuicio alguno, para describir su auténtica realidad, sobre todos los modos como efectivamente opera *(L. Recasens Siches).*

REASEGURO: sistema por el cual un asegurador limita su responsabilidad en la aceptación de un seguro cuando éste sobrepasa su capacidad de soportarlo por cuenta propia cediendo una parte del monto asegurado y en la misma proporción la prima cobrada a otra empresa de seguros, la que se convierte de esta manera en reaseguradora; ésta puede, a su vez, reasegurar con otras, dando lugar a la figura de la retrocesión.◆ Es un contrato independiente del contrato de seguro. No libera al asegurador de las obligaciones adquiridas con el asegurado si confiere a éste acción directa contra el reasegurador. El vínculo jurídico del seguro es entre asegurado y asegurador, y el de reaseguro es entre asegurador y reasegurador *(De Vila Bacarreza).*◆ Ver **Retrocesión**.

REBELDE: la parte que, en el proceso, incurre en rebeldía.

REBELDÍA: estado que queda configurado cuando la parte con domicilio conocido y debidamente citada no compareciere durante el plazo de la citación o abandonare el juicio después de haber comparecido.

REBELIÓN: delito contra el orden constitucional. Consiste en alzarse en armas para cambiar la Constitución, deponer alguno de los poderes públicos del Gobierno Nacional, arrancarle medidas o concesiones o impedir, aun temporariamente, el libre ejercicio de sus facultades constitucionales o su formación o renovación en los términos y formas legales, hecho que se agrava cuando se trata de cambiar en forma permanente el sistema democrático, suprimir la organización federal, eliminar la división de poderes, abrogar los derechos fundamentales de la persona humana o suprimir o menoscabar la independencia económica de la Nación; se califica aun más gravemente cuando los hechos son perpetrados por personas que tuvieren estado, empleo o asimilación militar *(M. Goldstein).*

REBELIÓN MILITAR: producida por aquellos integrantes de las Fuerzas Armadas que promuevan, ayuden o sostengan cualquier movimiento armado para alterar el orden constituido o para impedir o dificultar el ejercicio del gobierno en cualquiera de sus poderes.

RECADO: sinónimo de mensaje.

RECALADA: aproximación de las embarcaciones a las costas o riberas, para reconocerlas o rectificar su posición y luego proseguir el viaje.

"RECALL": facultad reservada a una fracción del cuerpo electoral para someter a la votación de éste la destitución de un funcionario electivo o para decidir la anulación de una ley o bien una sentencia judicial relativa a la inconstitucionalidad de una norma jurídica *(S. Linares Quintana).*

RECAPITULACIÓN: acción mediante la cual se recuerda sumaria y ordenadamente lo que por escrito o de palabra, se ha manifestado con extensión.

RECARGO: nuevo cargo que se hace a uno.◆ Cantidad o tanto por ciento que se adiciona, por lo general, a causa del retraso en un pago.◆ En la actividad aseguradora, aumento de la prima que se cobra al asegurado para poder asumir riesgos mayores de lo normal.

RECARGO DE EQUIVALENCIA: régimen especial del valor agregado, vigente en algunas legislaciones y aplicable a los pequeños comerciantes.

RECARGO POR MORA EN LA PRESENTACIÓN DE UNA DECLARACIÓN: cuando se produce una presentación o pago de un tributo fuera de término, normalmente se deben abonar intereses por dicho atraso.

RECAUDACIÓN: cobranza de caudales. ◆ Cantidad recaudada.

RECAUDACIÓN FISCAL: total recaudado en virtud de la aplicación de los tributos por el Estado en un período fiscal que, por lo general, es anual. Dentro de este concepto no se incluyen los valores percibidos por el Estado en razón de la cobranza de precios por los servicios y bienes que el Estado ofrece. Pero sí es posible incluir la diferencia entre el beneficio total obtenido y el normal obtenible en una situación de competencia perfecta, por cuanto sería asimilable a un impuesto al consumo.

RECAUDACIÓN TRIBUTARIA: ver **Recaudación fiscal.**

RECAUDADOR: encargado de cobranza de caudales y, especialmente, de los públicos.

RECEPCIÓN: admisión en un cargo, oficio o sociedad.◆ Dichos de testigos; examen judicial que se hace de ellos para averiguar la verdad.

RECESO: vacación, suspensión temporal de actividades en los cuerpos colegiados, asambleas, etcétera.◆ Tiempo que dura esta suspensión de actividades.◆ Baja producida en actividad industrial y comercial no tan drástica como en la recesión.◆ Ver **Accionistas disidentes; Cuarto intermedio; Derecho de receso.**

RECHAZO: falta de pago de un documento –o equivalente– por la negativa del deudor o por no tener éste la cantidad de fondos necesarios en su cuenta corriente bancaria.

RECIBÍ: fórmula que, situada delante de la firma en ciertos documentos, expresa que se ha recibido lo que en ellos se indica.

RECIBIR: percibir.◆ Tomar uno el título conveniente para ejercer una profesión. ◆ Admitir, aceptar, aprobar una cosa.

RECIBO: comprobante que se emite para dejar constancia de la recepción de una suma de dinero –sea en efectivo o en cheques–, bienes o documentos comerciales. Se extiende en dos o más copias. Los recibos emitidos por cobro de dinero, sea en efectivo o en cheque, deben incluir los datos requeridos por los organismos pertinentes *(DGI)*.◆ Constancia escrita mediante la cual el firmante declara haber recibido de otra persona dinero u otro valor, sea como pago a cuenta por el saldo total o por cualquier otro concepto también determinado.

RECIBO VIRTUAL: especie de recibo implícito, aun no existiendo el recibo material. Por ejemplo, entrega de un cheque nominativo sin posibilidad de endoso.

RECLAMACIÓN: oposición a una cosa de palabra o por escrito.◆ Acción de pedir o exigir con derecho o con instancia una cosa.◆ Ver **Reclamaciones.**

RECLAMACIONES: articulaciones que pueden tener o no contenido jurídico, que presenta el administrado en ejercicio del derecho de peticionar ante las autoridades administrativas tendientes a obtener el dictado de un acto favorable o provocar el ejercicio de la potestad revocatoria *ex oficio* que, en algunos supuestos, puede ejercer la Administración, aun cuando no hubiera un recurso administrativo formalmente planteado *(J. C. Cassagne).*

RECLAMO: reclamación.◆ Artificio para obtener y retener la atención en una dirección prevista.◆ Técnica básica publicitaria..

RECLUSIÓN: condena de una larga pena privada de libertad con tal denominación, la más larga y severa en su clase (A. Ossorio).

RECLUSIÓN PERPETUA: ver **Cadena perpetua.**

RECOBRAR: volver a tomar o adquirir lo que antes se tenía o poseía.

RECOMENDACIÓN: pedido que efectúa la autoridad competente (consejo, asociación, colegio, etc.) que nuclea a los profesionales de una determinada actividad para que se apliquen determinadas normas, reglas, pautas, etcétera.

RECOMPENSA: forma de compensar el daño inferido a otro.◆ Paga, remuneración o retribución de un servicio.◆ Premio por un mérito o favor realizado.◆ Ver **Recompensas.**

RECOMPENSAS: los créditos entre uno de los cónyuges y la sociedad conyugal que surgen con motivo de la gestión patrimonial de los bienes propios y gananciales durante la sociedad conyugal, y que deben ser determinados después de su disolución para establecer con exactitud la masa que ha de entrar en la partición *(A. Belluscio).*

RECOMPRA: posibilidad de devolución del dinero si el producto vendido no resulta satisfactorio para el cliente.◆ En algunos países, se utiliza cuando existe una toma de control de una empresa por otra, generalmente conformada por personal de ésta. Se puede referir a la totalidad o a alguna parte de la misma.

RECONCILIACIÓN: restitución del estado normal del matrimonio cuando dicho estado se ha roto en virtud de la desavenencia resultante de existir causales de separación personal o divorcio, o cuando la separación ha sido decretada *(A. Belluscio).*

RECONDUCCIÓN: prórroga tácita o expresa de un arrendamiento.◆ Renovación de un contrato de locación vencido, resultante de que el locatario se mantenga en el bien alquilado sin que el propietario se oponga *(H. Capitant).* ◆ También se aplica en el Derecho Laboral para referirse a la prórroga de un contrato de empleo vencido o a la necesidad de realización de un nuevo contrato.

RECONDUCIR: prorrogar tácita o expresamente un contrato de cualquier tipo.

RECONOCER: examinar con cuidado a una persona o cosa para interesarse en su identidad, naturaleza y circunstancias. ◆ Dar uno por suya, confesar que es legítima una obligación en que suena su nombre; con firma, conocimiento, pagaré, etcétera.

RECONOCIMIENTO: acto en que un sujeto de Derecho acepta una determinada situación de hecho o de derecho y declara considerarla legítima.◆ Medio legal de determinación de la filiación en base a la manifestación del hecho de la paternidad o maternidad biológica realizada por el progenitor, con el efecto del establecimiento del estado civil correspondiente, cumplidos los requisitos que la ley exige en cada caso. Es un acto irrevocable.

RECONOCIMIENTO DE DEUDAS: confesión de que es legítima una obligación en que suena su nombre; con firma, conocimiento, pagaré, etcétera.◆ Acto por el cual una persona reconoce ser deudora de otra.

RECONOCIMIENTO DE ESTADOS: el Estado que otorga tal reconocimiento acepta la personalidad del nuevo Estado, con todos los derechos y deberes que para uno y otro determina el Derecho Internacional.

RECONOCIMIENTO DE GOBIERNO: acto por el cual un Estado declara su intención de mantener en adelante relaciones con el Gobierno emergente de un golpe de Estado o revolución.

RECONOCIMIENTO DE HIJO: acto por el cual una persona confiesa ser el padre o la madre de un hijo natural.

RECONOCIMIENTO DE UNA OBLIGACIÓN: resulta de todo hecho que implique la confesión del derecho que asiste al acreedor.◆ Declaración por la cual una persona admite estar sometida a una obligación respecto de otra persona.

RECONOCIMIENTO EXPRESO: acto formal e indubitable mediante el cual un sujeto acepta una determinada situación de hecho.

RECONOCIMIENTO JUDICIAL: percepción sensorial, realizada por el juez, de hechos que deben ser objeto de la prueba *(R. Arazi).*

RECONOCIMIENTO TÁCITO: admisión tácita.

RECONTRATACIÓN: acto de contratar nuevamente a un ex empleado de un ente.

RECONVENCIÓN: demanda que, al contestar, entabla el demandado contra quien promovió el juicio.◆ Contrademanda. ◆ Constituye una demanda que el accionado deduce contra el actor y esta acción es tan autónoma como lo es la demanda *(F. Migliardi)*.◆ Demanda independiente intercalada en el proceso original con el fin de neutralizar sus posibles efectos.

RECONVENIR EN SU FUERO: citar a uno para que comparezca en juicio ante el juez o tribunal competente.

RECOPILACIÓN DE LEYES: inserción en un solo cuerpo de todas las disposiciones existentes o de las que se refieren a una parte del Derecho *(J. Llambías)*.

RECORDATORIO DE VENCIMIENTO: aviso, advertencia, comunicación u otro medio que se utiliza para hacer recordar un vencimiento.

RECURRENTE: persona que entabla o tiene entablado un recurso.

RECURRIBLE: todo acto, sentencia o resolución administrativa respecto de la cual procede la interposición de un recurso.

RECURSO: memorial, solicitud, petición por escrito.◆ Acción que concede la ley al interesado en un juicio o en otro procedimiento para reclamar contra las resoluciones, ora ante la autoridad que las dictó, ora ante alguna otra.◆ Conjunto de elementos disponibles para resolver una necesidad o llevar a cabo una empresa.◆ Medios con que cuenta un ente, ya sean financieros, patrimoniales y económicos, tanto potenciales como reales, para cumplir con su objeto.

RECURSO ADMINISTRATIVO: recurso planteado ante una autoridad de la administración activa *(H. Capitant)*.

RECURSO CONTENCIOSO ADMINISTRATIVO: el que se interpone contra las resoluciones de la administración activa que reúnen determinadas condiciones establecidas por las leyes.

RECURSO DE ACLARACIÓN: ver **Recurso de aclaratoria.**

RECURSO DE ACLARATORIA: recurso mediante el cual se tiende a lograr que el juez, en la misma instancia y sin alterar lo sustancial de su decisión, la enmiende, la aclare o la complete.

RECURSO DE AGRAVIOS: ver **Expresión de agravios.**

RECURSO DE ALZADA: recurso de apelación.

RECURSO DE AMPARO: recurso estatuido por algunas constituciones modernas, europeas y americanas, para ser tramitado ante un alto tribunal de Justicia cuando los derechos asegurados por la Ley Fundamental no fueren respetados por otros tribunales o autoridades.◆ Recurso contra resoluciones sindicales por causa de lesión económica a un afiliado sindical.

RECURSO DE APELACIÓN: el que se realiza a fin de que una resolución sea revocada total o parcialmente por un tribunal o autoridad superior al que lo dictó.◆ Es el que se da para obtener una nueva apreciación de los hechos o una segunda interpretación subjetiva de los hechos y de la ley.◆ Recurso de Alzada.

RECURSO DE CASACIÓN: el que se interpone ante el Tribunal Supremo contra fallos definitivos o laudos, en los cuales se suponen vulneradas leyes o doctrina legal, o quebranto de alguna garantía fundamental del procedimiento.

RECURSO DE CASACIÓN EN LA FORMA: medio que la ley concede a las partes para obtener la invalidación de una sentencia que ha sido dictada con infracción a los requisitos legales o en un proceso que no se ha ajustado a las formas esenciales del procedimiento.

RECURSO DE FUERZA: aquel que se interpone ante un tribunal secular reclamando la protección real contra agravios que se reputan inferidos por un tribunal eclesiástico.◆ Se entiende por tal el remedio procesal por cuya virtud puede acudirse al tribunal civil para que éste corrija las presuntas extralimitaciones de la jurisdicción eclesiástica. Se trata, pues, de una manifestación más del regalismo, ahora en el ámbito jurisdiccional *(A. Gardella).*

RECURSO DE HECHO: recurso procesal que tiene por objeto obtener del tribunal superior que enmiende los agravios causados por el tribunal inferior al pronunciarse sobre la concesión del recurso de apelación.

RECURSO DE HECHO LEGÍTIMO: existe cuando se deniega la apelación que se debió conceder.

RECURSO DE INAPLICABILIDAD DE LEY: aquel mediante el cual se intenta corregir el desconocimiento del significado de la ley o su falsa aplicación.

RECURSO DE INJUSTICIA NOTORIA: aquel que, según el viejo procedimiento, se interponía contra sentencias de los tribunales superiores ante el Tribunal Supremo de Justicia.

RECURSO DE NULIDAD: medio de impugnación por el cual se pueden invalidar las providencias judiciales que no cumplen con los requisitos formales enunciados por la ley *(R. Arazi).*◆ Tiene por objeto corregir violaciones de forma.

RECURSO DE QUEJA: recurso interpuesto por los tribunales contra la invasión de atribuciones por autoridades administrativas y, en general, el que los interesados promueven ante un tribunal o autoridad superior contra la resistencia de un inferior a admitir una apelación u otro recurso.

RECURSO DE RECONSIDERACIÓN: el que se presenta ante el mismo órgano que dictó un acto para que lo revoque, sustituya o modifique por el contrario imperio *(A. Gordillo).*◆ Recurso que se deduce ante la propia autoridad que ha dictado el acto administrativo o reglamento a fin de que lo revoque, derogue o modifique, según sea el caso *(J. C. Cassagne).*◆ Recurso que se interpone y sustancia en el ámbito administrativo, tendiente a que a instancias del contribuyente o responsable el organismo recaudador efectúe una revisión del acto específico.

RECURSO DE REFORMA: el que se interpone para pedir a los jueces que reformen sus resoluciones cuando éstas no son sentencias.

RECURSO DE REPOSICIÓN: ver **Recurso de revocatoria**; **Revocatoria.**

RECURSO DE RESCISIÓN: medio concedido a la parte que ha sido condenada en rebeldía y que no compareció al proceso por razones no imputables a ella, para obtener su anulación y, consecuentemente, la de la sentencia, aun cuando esté firme *(R. Arazi).*

RECURSO DE REVISIÓN: aquel que se interpone para obtener la revocación de sentencia firme en casos extraordinarios determinados por las leyes.

RECURSO DE REVOCATORIA: aquel que tiene por finalidad que el mismo órgano que dictó la resolución que se impugna reconsidere su contenido y lo sustituya, total o parcialmente, por otro diferente *(R. Arazi).*

RECURSO EXTRAORDINARIO: aquel por el cual las sentencias definitivas de los tribunales de cualquier fuero, federales o locales, que de algún modo contraríen o admitan la contradicción de lo establecido por la Constitución Nacional, pueden ser llevadas ante la Corte Suprema para que, en función de último intérprete, las examine y revise en la medida en que la preservación del texto constitucional lo exija.◆ Se trata, pues, de un recurso con el que sustancialmente se persigue un control de constitucionalidad de las normas y actos de los gobernantes *(H. Negri).*

RECURSO FINANCIERO: medio representativo de la liquidez de un ente privado o estatal.

RECURSO JERÁRQUICO: todo medio jurídico para impugnar un acto administrativo ante un superior jerárquico del órgano que dictó el acto *(A. Gordillo).*

RECURSO NATURAL: factor productivo utilizado en la producción de bienes que la naturaleza ofrece directamente sin necesidad de proceso productivo previo para su utilización. Por ejemplo: la tierra utilizada en la producción agrícola y los minerales.

RECURSO PATRIMONIAL: el obtenido por el Estado mediante el aprovechamiento económico de su patrimonio. Se incluyen en este concepto el producido por las tierras de propiedad estatal, sea por explotación directa o dadas en arrendamiento; la venta de tierras públicas; el producto de empresas estatales o mixtas y organismos autárquicos; la explotación de juegos de azar; el producto de la explotación del patrimonio artístico y turístico; el precio que el Estado cobra por la prestación de servicios en el mercado, etcétera.

RECURSO PÚBLICO: medio con el cual el Estado hace frente a las erogaciones originadas por el gasto público. La sumatoria de los distintos ingresos en la Tesorería del Estado, cualquiera sea su naturaleza económica o jurídica, constituye la fuente para enfrentar los gastos. Esta clase de medios son de una variada gama, tales como: a) venta de bienes y servicios por parte del Estado en el mercado; b) distintos tipos de tributos; c) crédito interno; d) emisión de moneda; e) venta de bienes confiscados, empréstitos forzosos, etcétera. ◆ Ver **Recurso tributario**.

RECURSO TRIBUTARIO: ingreso que percibe el Estado a través de impuestos, contribuciones, tasas, venta de servicios y derechos aduaneros, con el fin de hacer frente a las erogaciones que, como tal, debe realizar. Dentro de estos recursos se encuentran: a) tasas por prestación de servicios públicos individualizados para el sujeto receptor del servicio; b) contribuciones especiales como pagos en concepto de un beneficio obtenido por los sujetos en virtud de una obra o servicio prestado por el Estado; c) impuestos, tributos o cargas que se fijan sobre los sujetos en virtud de la valorización política de una manifestación de la riqueza objetiva o subjetiva; d) recurso parafiscal en el cual la administración y la recaudación están a cargo de organismos públicos diferentes de la administración fiscal; e) empréstitos forzosos, creados por fuerza de ley que obliga a los habitantes a suscribirlos; f) regalías, que son pagos por derechos de explotación en determinadas áreas productivas, como la extracción de minerales.

RECURSOS: fuentes de financiamiento legítimo de que puede disponer el Gobierno federal para obtener el flujo de dinero necesario a fin de hacer frente a los gastos o erogaciones derivadas de su funcionamiento y del cumplimiento de los objetivos de bien común que le fija la propia Constitución *(M. Ekmekdjián)*.◆ Medios de impugnación que la ley concede a quien se considera perjudicado por una resolución judicial, para requerir –dentro de un plazo determinado– que en el mismo proceso, el órgano que lo dictó u otro distinto la modifique o la deje sin efecto.

RECURSOS ADMINISTRATIVOS: aquellos que permiten impugnar los actos y las decisiones de la administración pública.

RECURSOS AGOTABLES: aquellos que, si se procede a una explotación demasiado intensa, pueden acabarse.

RECURSOS DEL EJERCICIO: a los efectos del cálculo del presupuesto anual, son todos aquellos recursos que se prevé recaudar durante el período en cualquier organismo, oficina o agencia autorizada a percibirlos en nombre de la administración central, el financiamiento proveniente de donaciones y operaciones de crédito público, representen o no entradas de dinero efectivo al tesoro y los excedentes de ejercicios anteriores que se estime existentes a la fecha de cierre del ejercicio anterior al que se presupuesta *(J. M. Martín)*.

RECURSOS DEL ESTADO: ingresos patrimoniales provenientes de bienes de su propiedad e ingresos tributarios provenientes de la potestad que el Estado tiene de exigir coercitivamente tributo en dinero o en especie o cosas sometidas a su jurisdicción. ◆ Ver **Recurso tributario**; **Recurso patrimonial**; **Recurso público.**

RECURSOS DIVERSOS: aquellos recursos ordinarios de un ente sin fines de lucro que no se clasifican en recursos para fines generales ni en recursos para fines específicos; se debe brindar información complementaria de acuerdo con su significación. Ejemplo de ello son los ingresos por venta de bienes en desuso (cuando no deban considerarse extraordinarios), los ingresos destinados al recupero de ciertos gastos, los aportes publicitarios recibidos, los subsidios y las donaciones efectuados por terceros, etcétera.

RECURSOS EXCEPCIONALES: se trata de medios de impugnación. Se entienden como tales los recursos de rescisión y de revisión.

RECURSOS EXTRAORDINARIOS: aquellos mediante los cuales un Estado, ya sea nacional, provincial o municipal, financia gastos extraordinarios.◆ Aquellos a los cuales sólo excepcionalmente debe recurrir el Gobierno Federal para hacer frente a situaciones de emergencia *(M. Ekmekdjián).*◆ Jurídicamente, recursos destinados a subsanar ciertos y determinados supuestos. Son el extraordinario ante la Corte Suprema y el de inaplicabilidad de la ley.

RECURSOS MONETARIOS: suma de los saldos de la circulación monetaria y de los depósitos de entidades financieras y, además, el multiplicador monetario.◆ Oferta monetaria.

RECURSOS NATURALES: productos que son insumos útiles en su estado natural.◆ Factores productivos materiales que se obtienen en la naturaleza y que, por lo tanto, no son producidos por el hombre; como ejemplo de éstos cabe citar el petróleo, los bosques, etcétera.

RECURSOS NATURALES NO RENOVABLES: los que se conformaron durante milenios en la evolución del Planeta Tierra, que la especie humana no logra reproducir y que con su explotación tienen la característica de agotarse *(A. Digier).*◆ Recurso que no está sujeto a crecimiento ni a reproducción natural.◆ Recursos que, una vez utilizados o consumidos, no se reproducen por proceso natural. Por ejemplo: mineral, petróleo.

RECURSOS NATURALES RENOVABLES: aquellos que provee la naturaleza, que pueden reproducirse autónomamente y que, con la intervención humana que "racionaliza" su explotación, resulta en incrementar la cantidad y mejorar la calidad. El elemento esencial que debe estar presente para que naturalmente existan en abundancia es el "agua dulce" *(A. Digier).*◆ Recurso que, por sus características biológicas, crece y se reproduce.

RECURSOS NO RENOVABLES: ver **Recursos naturales no renovables.**

RECURSOS ORDINARIOS: recursos de un ente sin fines de lucro para fines generales, para fines específicos y para fines diversos.◆ Recursos mediante los cuales un Estado –Nacional, provincial o municipal– (generalmente a través de impuestos) financia los gastos ordinarios.◆ Son los corrientes, los que percibe regularmente el Estado y sirven para atender sus erogaciones ordinarias y normales *(M. Ekmekdjián).* ◆ Jurídicamente, el objeto de estos recursos es reparar una extensa gama de defectos. Son el de aclaratoria, el de reposición, el de apelación, el de nulidad y el de queja.

RECURSOS PARA FINES ESPECÍFICOS: aportes recibidos por una entidad sin fines de lucro y destinados para objetivos determinados, tales como aranceles o derechos particulares para determinadas actividades.

RECURSOS PARA FINES GENERALES: aquellos destinados a cumplir con los objetivos de un ente sin fines de lucro. Incluyen las cuotas sociales o afiliaciones, las que se traducen en aportes periódicos que efectúan los asociados o afiliados al ente. También incluyen los aportes efectuados por única vez, tales como las cuotas de ingreso; en este último caso, se las deberá clasificar como un recurso ordinario o extraordinario en función de la habitualidad o no de las campañas de captación de nuevos asociados.

RECURSOS POSITIVOS: aquellos en los cuales el juez del recurso modifica, reforma o amplía la decisión recurrida. Por ejemplo el de apelación.

RECURSOS RENOVABLES: aquellos que, mediante procesos naturales, renuevan su oferta por parte de la naturaleza. Por ejemplo: el agua, las plantaciones, los cereales.

RECUSACIÓN: acción y efecto de poner tacha legítima al juez, al oficial, al perito que con carácter público interviene en un procedimiento o juicio para que no actúe en él.

REDARGÜIR: contradecir, impugnar una cosa por algún vicio que contiene.

REDENCIÓN: retiro que hace el emisor de acciones o bonos, mediante su readquisición.◆ Importa librar el inmueble de un gravamen y perfeccionar el dominio a favor de quien lo haya realizado.

REDESCUENTO: créditos del Banco Central a las entidades financieras, destinados exclusivamente a hacer frente a situaciones de iliquidez. Son de dos tipos: transitorios, que implican préstamos de muy corto plazo, y los de largo plazo, que tienen un período de amortización mayor y pueden alcanzar montos superiores.◆ Literalmente, volver a descontar.◆ Consiste en vender o descontar un instrumento negociable que ya ha sido descontado una vez.

REDHIBICIÓN: acción de nulidad de un contrato de compraventa por vicios ocultos de la cosa.

REDIMIR: liberar de un valor a un título de un gravamen.◆ Retirar un valor por pago del principal de acuerdo con el contrato de comisión.

RÉDITO: beneficio, rendimiento, renta, ganancia, interés, utilidad de un capital.

RÉDITO IMPONIBLE: ganancia sujeta a la imposición del impuesto a la renta o ganancias. El mecanismo consiste en deducir del rédito bruto los gastos que se hayan efectuado para la obtención de la renta citada y otros gastos que la legislación impositiva permita.

REDUCCIÓN: rebaja, disminución.

REDUCCIÓN DE CAPITAL: disminución de la cifra del capital nominal que figura en los estatutos en virtud de una resolución de asamblea extraordinaria *(J. Farina)*.◆ Cuando los socios o accionistas de un ente, por unanimidad o no, y de acuerdo con el tipo societario y la legislación vigente aplicable al mismo, deciden reducir el capital social.

REDUCCIÓN DE IMPUESTO: decremento.◆ Impositivamente opera como una disminución, generalmente por porcentaje, del impuesto a ingresar.

REDUCCIÓN DE LAS LIBERALIDADES: decremento o supresión total de las liberalidades hechas por el causante, que se efectúa a pedido de los herederos reservatorios cuando ellos exceden la cuota disponible.

REDUCCIÓN OBLIGATORIA DEL CAPITAL: la exigida por la ley en aquellas circunstancias en las cuales las pérdidas son de tal magnitud que llegan a insumir una proporción considerable de las reservas y del capital social.

REDUCCIÓN VOLUNTARIA DEL CAPITAL: aquella efectuada en virtud de la decisión de la mayoría necesaria de los accionistas reunidos en asamblea ordinaria.

REEMBARQUE: acción de embarcar de nuevo.

REEMBOLSO: devolución de una suma de dinero recibida con anterioridad.◆ Ver **Reembolso fiscal**.

REEMBOLSO DE CAPITAL: restituición de aportes a los propietarios.

REEMBOLSO DE EXPORTACIÓN: ver **Reembolso fiscal**.

REEMBOLSO FISCAL: sistema de incentivos que otorga el Gobierno Nacional a los exportadores por aquellos productos, generalmente manufacturados, llamados promocionales, y que tiene como fin promoverlos al exterior. También, a veces, se fija una serie de estímulos representados por una tabla progresiva de reembolsos, con un mayor porcentaje, de acuerdo con los productos o los mercados no tradicionales. ◆ Reembolso de exportación.

REEMBOLSOS: régimen en virtud del cual se restituyen, total o parcialmente, los importes que se hubieran pagado en concepto de tributos interiores, así como los que se hubieren podido pagar en concepto de tributos por la previa importación para consumo de toda o parte de la mercadería que se exportare para consumo a título oneroso o bien por los servicios que se hubieren prestado con relación a las mencionadas mercaderías *(J. Bibiloni)*.

REEMPLAZO: sustitución que se hace de una persona o cosa por otra. Normalmente, se utiliza para mencionar la sustitución de un bien de uso por otro o de una partida por otra.

REESTRUCTURACIÓN: modificación de la estructura de un ente, organización o proyecto.

REESTRUCTURACIÓN ACCIONARIA: canje de una nueva acción por varias de anteriores emisiones.

REEXPORTACIÓN: acción de exportar lo que se había importado por un ente.◆ Acto de exportar productos extranjeros que han sido nacionalizados.

REEXTRADICIÓN: se da cuando un individuo es extraditado para un Estado y éste otorga una nueva extradición para otro Estado; para existir fundamento jurídico en esta situación, es imprescindible que el primer Estado, de donde el individuo procede, otorgue su consentimiento y previa anuencia *(A. Llanés Torres)*.

REFACCIONARIO: relativo a los créditos que proceden del dinero invertido.◆ Los créditos que proceden de dinero invertido en fabricar o reparar una cosa, con provecho, no solamente para el sujeto a quien pertenece sino también para otros acreedores o interesados en ella.

REFERENCIA: indicación en un escrito del lugar del mismo o de otro al que se remite el lector.◆ Informe acerca de la probidad, la solvencia u otras cualidades de terceros que da una parte a otra.◆ Suele utilizarse, generalmente, en el ejercicio comercial.

REFERENCIA DE FOLIO: número de página o de póliza, u otro número en un libro o documento de asiento de entrada original o final que es referido a la disposición o a la procedencia de un asiento o pase.

REFERENCIAR: asignar una determinada referencia codificada a cada uno de los bienes o componentes patrimoniales de un ente.

REFERENCIAS BANCARIAS: opiniones que una entidad bancaria emite, con respecto al comportamiento, la conducta y la solvencia de un cliente de dicha entidad.

REFERENCIAS COMERCIALES: opiniones calificadas emitidas por parte de empresas acerca del comportamiento, la conducta, el nivel de solvencia o el concepto de un cliente.

REFERÉNDUM: acto de someter al voto popular, las leyes o los actos administrativos a fin de que el pueblo los ratifique.

REFINANCIACIÓN: ampliación de los plazos de pago y fijación de los intereses correspondientes.

REFORMATORIO: establecimiento en el cual, por medios educativos severos, se trata de corregir la conducta delictiva de los menores que ingresan allí.

REFRENDACIÓN: ver **Refrendo.**

REFRENDAR: autorizar un despacho u otro documento por medio de la firma de persona hábil para ello.◆ Corroborar una cosa afirmándola.

REFRENDO: autorización de un documento o comprobante en un ente por la persona habilitada mediante su firma.◆ Acción y efecto de refrendar.◆ Refrendación.

REFUGIADOS: aquellas personas que gozan de asilo externo.

REGALÍA: gajes o provechos que, además de su sueldo, perciben los empleados de algunas empresas.◆ Participación en los ingresos o cantidad fija que se paga al propietario de un derecho a cambio del permiso para ejercerlo.◆ Especie de tributo que pagaban los dueños de casas en la corte por la exención del alojamiento que antes daban a la servidumbre de la casa real y a las tropas.◆ Canon.◆ Pago efectuado por un privilegio o exención concedida.◆ Derecho de utilizar una patente, un procedimiento o una fórmula de carácter secreto, una marca de fábrica o cualquier derecho análogo.◆ Es la expresión usada generalmente para designar los pagos hechos al propietario, locador o sublocador de recursos naturales, por el derecho de extraer o disponer de esos productos y otras veces para referirse a pagos hechos al propietario o beneficiario de una patente, derecho de reproducción, marca de comercio u otro activo intangible, por el derecho de fabricación o venta con la protección de tal actividad intangible *(R. Montgomery)*.◆ Ver **"Royalty"**.

REGALO: obsequio o premio a que se hacen acreedores determinados concursantes en programas radiales, televisivos o en periódicos efectuados por las empresas.

RÉGIMEN: conjunto de normas que rigen una actividad o profesión.◆ Sistema político mediante el cual se rige una nación.

RÉGIMEN DE CAPITALIZACIÓN INDIVIDUAL: en la Argentina, régimen previsional, mixto y obligatorio, basado en la capitalización individual. El trabajador aporta y acumula sus recursos en un Fondo de Jubilaciones y Pensiones.

RÉGIMEN DE COPARTICIPACIÓN: consiste en facultar a la Nación para aplicar y recaudar una serie de tributos tanto directos como indirectos, cuyo producto es luego repartido o distribuido entre aquélla y el conjunto de las provincias *(J. Martín)*.

RÉGIMEN DE LA INSINUACIÓN: en el antiguo Derecho Romano, consistía en la necesidad de transcribir en registros públicos el escrito que comprobaba una donación superior a doscientos sólidos, aun si era hecha entre personas exceptuadas por la Ley Cincia. Así, a las condiciones necesarias para la perfección de las donaciones vino a juntarse la obligación de hacerlas insinuar si pasaban de la tasa; si no, la donación era nula en todo lo que excedía la tasa *(E. Petit)*.

RÉGIMEN DE REPARTO: en la Argentina, sistema previsional público, fundamentado en el otorgamiento de prestaciones por parte del Estado que se financian a través de un sistema de reparto. El afiliado acumula derechos futuros a prestaciones jubilatorias sin acumular recursos.◆ Régimen previsional público.

RÉGIMEN DE SEPARACIÓN DE BIENES: ver **Separación de bienes.**

RÉGIMEN DE UNIÓN DE BIENES: ver **Régimen matrimonial de unión de bienes.**

RÉGIMEN ECONÓMICO: situación de la economía de un país en relación con los intercambios con el exterior.◆ Conjunto de reglas legales que, en el seno de un sistema económico dado, rigen las actividades económicas de los hombres, es decir, sus hechos y acciones en materia de producción y de cambio. Estas reglas pueden tener un doble objeto: a) las relaciones de los hombres con los bienes: el régimen de los bienes plantea el problema de la propiedad; b) las relaciones de los hombres entre sí: el régimen de las personas plantea el problema de la libertad económica.

RÉGIMEN MATRIMONIAL: institución jurídica, complemento ineludible del matrimonio, susceptible de revestir diversas formas, ya sea que éstas hayan sido organizadas por la misma ley o bien que deriven de la voluntad de las partes, dentro de los límites establecidos por la ley y cuyas normas tienen por objeto fijar la condición jurídica de los bienes de los esposos, tanto en sus relaciones entre sí como con respecto a terceros, y esto, en principio, de una manera inmutable, ya sea durante el matrimonio o en la época de su disolución.◆ Es el conjunto de reglas relativas a los intereses pecuniarios de los esposos durante el matrimonio *(Ripert - Boulanger).*

RÉGIMEN MATRIMONIAL DE UNIDAD DE BIENES: régimen matrimonial en el cual se produce la transferencia del patrimonio de la mujer al marido al contraer matrimonio; pero a su disolución, el marido o sus herederos deben hacer entrega a la mujer –o a los herederos de ésta– del valor de los bienes recibidos *(A. Belluscio).*

RÉGIMEN MATRIMONIAL DE UNIÓN DE BIENES: régimen matrimonial en el cual no se transfiere al marido la propiedad de los bienes de la mujer, pero sí su administración y usufructo. Ella conserva su nuda propiedad y los bienes le deben ser restituidos a la disolución del matrimonio. Los frutos devengados durante la unión benefician únicamente al marido *(A. Belluscio).*

RÉGIMEN PENITENCIARIO: conjunto de normas dictadas por el Poder Legislativo con el objeto de organizar el cumplimiento de las penas restrictivas o privativas de la libertad y la implementación de las medidas de seguridad *(H. Capitant).*

RÉGIMEN PREVISIONAL PÚBLICO: régimen de reparto.

RÉGIMEN REPRESENTATIVO: aquel en virtud del cual los ciudadanos de una Nación eligen a un pequeño grupo de representantes, participando a través de ellos en el gobierno del país.

REGIÓN: extensión de terreno homogéneo en determinado aspecto.◆ Unidad de superficie subestatal. Subdivisión de una economía nacional.

REGIÓN DE LA GUERRA: aquella parte de la superficie de la tierra en la cual los beligerantes pueden preparar y ejecutar las hostilidades entre sí. Debe distinguirse de "teatro de la guerra".

REGISTRAR: anotar, señalar.◆ Inscribir con fines jurídicos o comerciales la firma de determinadas personas o una marca comercial.◆ Contabilizar, enumerar los casos reiterados de alguna situación o suceso.◆ Inscribir en un disco, cilindro o cinta, etcétera, las diferentes fases de un fenómeno.◆ Asiento que queda de lo que se registra.◆ Lugar y oficina en donde se registra.

REGISTRO: anotación individual contable de una operación.◆ Asiento que queda de lo que se registra.◆ Libro auxiliar contable.◆ Lugar y oficina donde se registra.◆ Soporte físico destinado a anotar en forma sistemática las operaciones del ente.

REGISTRO CIVIL: registro en que se hacen constar por autoridades competentes los nacimientos, matrimonios, defunciones y demás hechos relativos al estado civil de las personas.

REGISTRO DE ACCIONES: ver **Libro de registro de acciones**.

REGISTRO DE ACCIONISTAS: ver **Libro de registro de acciones**.

REGISTRO DE ACTOS DE ÚLTIMA VOLUNTAD: aquel que existe en el Ministerio de Justicia para hacer constar los otorgamientos *mortis causa.*

REGISTRO DE ASISTENCIA A ASAMBLEAS Y DEPÓSITO DE ACCIONES: ver **Libro de registro de asistencia a asambleas y depósito de acciones**.

REGISTRO DE BONOS: libro en el cual se registran todos los bonos en circulación y el pago de cada uno de los cupones sucesivos.

REGISTRO DE CHEQUES: libro en el cual se anota el movimiento de cheques, tanto los recibidos como los emitidos.

REGISTRO DE DOCUMENTOS: libro en el cual se anotan los documentos por cobrar o por pagar en forma cronológica a medida que se reciben o se expiden. Detallan fecha de expedición y vencimiento, número, librador, endosante, razón de la adquisición o de la cesión, importe, fechas e importes de los intereses cobrados o pagados.

REGISTRO DE LA PROPIEDAD: organismo destinado a inscribir la titularidad y las condiciones del dominio de bienes inmuebles determinados y los derechos reales que recaigan sobre éstos.

REGISTRO DE LA PROPIEDAD INTELECTUAL: aquel que tiene por objeto inscribir y amparar los derechos de autores, traductores o editores de obras científicas, literarias o artísticas.

REGISTRO DE MARCAS Y PATENTES: padrón en el cual se registran las patentes de invención o marcas, con el objeto de obtener amparo legal.

REGISTRO DE NÓMINA: registro relacionado con la autorización, el cálculo, la distribución y el pago de jornales y sueldos. Incluye las boletas o tarjetas de tiempo, las autorizaciones de retenciones, los cheques de nómina cancelados o los recibos de jornales pagados.

REGISTRO DE PLIEGOS: nota que se ponía al final del libro indicando las signaturas que para el encuadernador se marcan al principio de cada pliego.

REGISTRO DE PRENDA: organismo que funciona en las oficinas nacionales, provinciales o municipales y en el cual se inscriben los contratos; expide certificados y proporciona informaciones, a requerimiento judicial, de escribanos públicos, etcétera.

REGISTRO DE SEGUROS: libro en el cual se anotan los datos esenciales relacionados con los seguros que se tienen contratados, los cuales incluyen el importe de las primas y los períodos que abarcan.

REGISTRO DE SOCIOS: el que se utiliza en algunos países para registrar el nombre, domicilio, aportaciones y transmisión de las partes sociales de los socios de una sociedad de responsabilidad limitada.

REGISTRO DEL ESTADO CIVIL Y CAPACIDAD DE LAS PERSONAS: aquel en el cual se asientan todos los actos y hechos que den origen, alteren o modifiquen el estado civil y la capacidad de las personas. Este registro será organizado por los gobiernos locales y estará a cargo de un director general.

REGISTRO MERCANTIL: institución que tiene por finalidad la publicidad material y formal de las personas y de los actos de la vida mercantil, con los efectos jurídicos establecidos en las normas legales del país correspondiente.

REGISTRO NACIONAL DE ARMAS: organismo dependiente del Ministerio de Defensa que, utilizando un sistema informático de registración, incluye la totalidad de los legítimos usuarios y de todo tipo de armas, municiones y demás elementos cuyo funcionamiento esté basado en electricidad o sustancias químicas y que, además, sean susceptibles de producir un daño en la salud, debiendo supervisar el estricto cumplimiento de lo normado mediante el diseño, la instrumentación y la emisión de credenciales únicas y uniformes.

REGISTRO PÚBLICO DE COMERCIO: en la Argentina, organismo en el cual se inscriben prácticamente casi todos los documentos vinculados con la actividad comercial. En cada tribunal de comercio ordinario habrá un registro público de comercio a cargo del respectivo secretario, que será responsable de la exactitud y la legalidad de sus asientos.

REGLA: estatuto, constitución o modo de ejecutar una cosa.◆ Precepto, principio o máxima en las ciencias o artes.◆ Norma de conducta o procedimiento.

REGLADO: aquello que se encuentra sujeto a precepto, ordenación o regla.◆ Comúnmente suele emplearse para aludir al ejercicio de autoridad pública, cuando las disposiciones vigentes no lo han dejado al discrecional arbitrio de ésta.

REGLAMENTAR: sujetar a reglamento un instituto o una materia determinada. ◆ Establecer un ordenamiento de normas cuyo objetivo es definir, precisar, dar certeza jurídica a un principio, a una institución, a una situación jurídica, política y, a veces, económica *(R. Bielsa).*

REGLAMENTO: colección ordenada de reglas o preceptos que, por autoridad competente, se da para la ejecución de una ley o para el régimen de una corporación, una dependencia o un servicio.

REGLAMENTO ADMINISTRATIVO: acto administrativo de contenido general. En un sentido estricto, es el que emana sólo del poder ejecutivo *(G. Bidart Campos).*◆ Es el acto unilateral que emite un órgano de la Administración Pública, creador de normas jurídicas generales y obligatorias, que regula, por lo tanto, situaciones objetivas e impersonales *(J. C. Cassagne).*

REGLAMENTOS AUTÓNOMOS: aquellos que versan sobre materias no reguladas por la ley y reservadas a la administración. Recaen sobre materias propias de la "zona de reserva" de la administración, que no pueden regularse por una ley *(G. Bidart Campos).*

REGLAMENTOS DE NECESIDAD Y URGENCIA: los que se dictan sobre materias propias de la competencia legislativa, cuando una urgencia súbita exige emitir normas que el Congreso no ha dictado o suplirlo lisa y llanamente *(G. Bidart Campos).*

REGLAMENTOS DELEGADOS: normas generales dictadas por la Administración sobre la base de una autorización o habilitación del Poder Legislativo, regulando materias de competencia del legislador *(J. C. Cassagne).*

REGLAMENTOS EJECUTIVOS: los que dicta el Poder Ejecutivo en ejercicio de facultades normativas propias para asegurar o facilitar la ejecución de las leyes, llevando o regulando detalles necesarios para un mejor cumplimiento de las leyes y de las finalidades que se propuso el legislador *(J. C. Cassagne).*

REGLAS DE ORIGEN: en el Mercosur, normas que determinan la nacionalidad de los productos intercambiados, aceptándose un porcentaje de insumos importados.

REGLAS DE RESPONSABILIDAD: obligación de compensar económicamente al perjudicado por parte de aquel a quien se considera responsable.

REGRESAR: volver a entrar, con sujeción a las leyes canónicas, en posesión del beneficio que se había cedido o permutado.

REGULACIÓN DE HONORARIOS: acción de fijar o ajustar los honorarios de los profesionales actuantes por las autoridades competentes.

REGULACIÓN EN EL SISTEMA FINANCIERO: intervención de forma variada que se produce en la actividad bancaria o financiera a través de la autoridad monetaria. Por ejemplo: apertura de sucursales, manejo de las tasas, etc.

REGULAR: normar.

REGULARIZAR: reglar, ajustar.

REHABILITACIÓN: acción de poner a una persona en la posesión de lo que le había sido desposeído.◆ Reintegración legal del crédito, honra y capacidad para el ejercicio de los cargos, derechos, dignidades, etcétera, de que alguien fue privado.◆ Para el seguro de vida, es el derecho del asegurado a poner de nuevo en vigor una póliza que caducó por falta de pago.

REHÉN: persona retenida por alguien como garantía para obligar a un tercero a cumplir determinadas condiciones.

REIMPORTAR: importar en un país lo que se había exportado de él.

REINADO: espacio de tiempo en que gobierna un rey o reina.

REINCIDENCIA: infracción que comete una persona que ha sido ya condenada por sentencia firme en otro delito de la misma o de distinta naturaleza.◆ Repetición de un mismo error, defecto o culpa.◆ Se entiende por tal el acto de cometer un delito punible con pena privativa de la libertad habiendo cumplido previamente, en forma total o parcial, una pena de la misma clase impuesta por un tribunal del país. La condena sufrida en el extranjero se tendrá en cuenta para la reincidencia si ha sido pronunciada por razón de un delito que pueda, según la ley argentina, dar lugar a extradición.◆ Es el hecho de que un individuo, luego de haber sufrido condena definitiva por una infracción, cometa otra de la misma (reincidencia especial) o distinta naturaleza (reincidencia general) *(H. Capitant).*

REINCORPORACIÓN: acción de volver a incorporar a una persona a un empleo o servicio.

REINO: territorio o Estado con sus habitantes sujetos a un rey.◆ Cualquiera de las provincias de un Estado que antiguamente tuvieron su rey propio y privativo.

REINTEGRACIÓN DE LA LÍNEA: tránsito que hacen los mayorazgos cuando vuelve la sucesión a aquella línea que por cualquier motivo quedó privada o excluida.

REINTEGRO: pago de un dinero o especie que se debe.◆ Acción de restitución de una cosa.

REINTEGRO DE DERECHOS DE ADUANA: descuento total o parcial de los derechos aduaneros sobre mercaderías importadas para su procesamiento y posterior exportación.

REINTEGRO FISCAL: derecho que se otorga a los exportadores a que le sean devueltos los impuestos nacionales, provinciales o municipales, directos o indirectos, que soportan las mercaderías producidas en el país, sin uso, que se exporten.◆ Régimen en virtud del cual se restituyen –total o parcialmente– los importes que se hubieran pagado en concepto de tributos interiores por la mercadería que se exporte para consumo a título oneroso, o por los recursos que se hubieran prestado en relación con dichas mercaderías.

REINVERSIÓN: operación jurídica en virtud de la cual un bien adquirido en ciertas condiciones se considera como la representación de otros bienes cuya condición jurídica adquiere.

REINVERSIÓN DOTAL: reemplazo de un bien por otro que adquiere carácter dotal. Efectúa una transformación de la dote *(G. Ripert - Boulanger).*

REITERACIÓN: circunstancia que puede ser agravante, derivada de anteriores condenas del reo, por delitos de índole diversa del que se juzga. En esto se diferencia de la reincidencia.◆ Ver **Reincidencia.**

REIVINDICACIÓN: ver **Acción de reivindicación**.

REIVINDICAR: reclamar o recuperar uno lo que por razón de dominio, cuasidominio o por otro motivo le pertenece. ◆ Reclamar para sí la autoría de una acción.

RELACIÓN DE TRABAJO: vinculación fáctica entre el empleador y el dependiente, con prestación de trabajo, que tiene vigencia aun cuando no se haya producido el pago inmediato de la retribución.◆ Relación laboral.

RELACIÓN DE VALUTA: en un contrato es la explicación del interés del estipulante en el negocio. Es la relación base por la cual el estipulante realiza el negocio. En esta base está el interés del estipulante, de manera que éste no representa el interés del tercero sino que está realizando una gestión en su interés.

RELACIÓN FIJA: relación constante, no sujeta a fluctuaciones, de dos divisas, una respecto de la otra.

RELACIÓN JURÍDICA: vinculación entre personas autorizadas por el Derecho, que les impone un cierto comportamiento de variables características *(J. Llambías).*◆ Relación de la vida ordenada por el Derecho Objetivo y que consiste en una dirección jurídicamente eficaz de una persona hacia otras personas o hacia ciertos objetos, cosas o derechos *(Enneccerus - Kipp- Wolff).*

RELACIÓN LABORAL: ver **Relación de trabajo**.

RELACIÓN OBLIGATORIA: conjunto de relaciones jurídicas entre las partes. Es un organismo del que no sólo pueden nacer las más diversas pretensiones sino también otros derechos, por ejemplo, de denuncia y de resolución *(Siber).*

RELACIÓN TRIBUTARIA: relación fiscal.◆ Existen dos sujetos: el activo, que es el Estado, y el pasivo, que es el contribuyente.

RELACIONES HUMANAS: forma en que los individuos interactúan entre sí y en que los componentes de una empresa u organización tienen desempeños más eficaces.◆ Sistema que desarrolla los procedimientos mejores para el trato de las personas en las organizaciones, teniendo en cuenta que el trabajo es una actividad de grupo, que los deseos de reconocimiento personal o de seguridad y participación son más importantes para el desempeño que las condiciones físicas o formales de la empresa u organización y que la adaptación al cambio exige una atención permanente.

RELACIONES INTERORGÁNICAS: vínculos jurídicos entre los órganos de una misma persona jurídica pública estatal *(J. Cassagne).*

RELACIONES PÚBLICAS: actividad profesional cuyo fin es, mediante gestiones personales o con el empleo de las técnicas de difusión y comunicación, informar sobre personas, empresas, instituciones, etcétera, tratando de prestigiarlas y de captar voluntades a su favor.◆ Función directiva, de carácter permanente y organizada, por medio de la cual una empresa, organismo público o privado, trata de obtener y mantener la comprensión, la simpatía y el concurso de aquellos con quienes tiene o pueda tener vinculaciones *(International Public Relations Association).*

RELEVAR: exonerar de un impuesto, cargo o empleo.◆ Sustituir a una persona por otra en un empleo.

RELICTO: término con el que se alude a los bienes dejados por una persona o que quedaron de ella a su fallecimiento.

REMATADOR: martillero.◆ Persona que se dedica habitual y profesionalmente a la realización de subastas.

REMATE: adjudicación que se hace de los bienes que se venden en subasta al comprador de mejor puja o condición.

REMESA: transferencia de fondos por medio de un cheque, envío de dinero en efectivo, giro, orden de pago.◆ Suma de dinero entregada por una persona o entidad a otra (en dinero o bienes negociables) en pago de una factura por mercaderías o servicios prestados.

REMISIÓN: acción y efecto de remitir o remitirse a una persona o entidad a otra.◆ En materia penal, importa la extinción del delito, tratándose de las infracciones que no pueden perseguirse sino mediante denuncia del particular ofendido o a querella de la parte.

REMISIÓN DE LA DEUDA: perdón que realiza el acreedor de la deuda que con él mantenía el deudor.

REMISIÓN EXPRESA: aquella que se da cuando el acreedor declara que perdona la deuda o pacta con el deudor que nunca la reclamará.

REMISIÓN TÁCITA: remisión que se produce cuando el acreedor ejecuta algún acto que haga presumir la intención de remitir la deuda.◆ En materia penal, es aquella que se configura cuando el ofendido o el querellante hubieran realizado actos incompatibles con el mantenimiento de la querella o la perduración del agravio.

REMITENTE: relativo a lo que remite a otra cosa.◆ Persona cuyo nombre consta en el remite de un sobre o paquete.

REMITIR: enviar una cosa a determinada persona a otro lugar.◆ Perdonar, alzar la pena, eximir o liberar de una obligación. ◆ Dejar, diferir o suspender. ◆ Ceder o perder una cosa parte de su intensidad.

REMITO: comprobante que documenta el envío o la entrega de bienes. Acompaña a las mercaderías a los efectos de corroborar su efectiva entrega. Permite al comprador controlar las mercaderías recibidas y que son las pedidas por él. Debe contener los requisitos exigidos por la autoridad competente; en la Argentina, la AFIP.◆ Albarán.◆ Nota de remisión.◆ Nota de envío.◆ Nota de entrega.

REMOCIÓN: acción de apartar a uno de su cargo o empleo.

REMOLQUE: en la navegación marítima, es la operación consistente en el desplazamiento de un buque o, más ampliamente, de un cuerpo flotante, mediante la tracción ejercida por otro buque. Con esta actividad se trata, pues, de atender a la necesidad de desplazamiento de buques o aparatos flotantes que bien no están en condiciones de utilizar su fuerza motriz, bien es insuficiente para la velocidad que se pretende alcanzar, bien carecen de ella.

REMOVER: deponer o apartar a uno de su empleo o destino.◆ Investigar un asunto para sacar a la luz cosas que estaban ocultas.

REMUNERACIÓN: todo ingreso que percibiese el trabajador en dinero o en especie susceptible de apreciación pecuniaria, en retribución o compensación o con motivo de su actividad personal, en concepto de sueldo, sueldo anual complementario, salario, honorarios, comisiones, participación en las ganancias, habilitaciones, gratificaciones y suplementos adicionales que tengan el carácter de habituales y regulares, viáticos y gastos de representación, excepto en la parte efectivamente gastada y acreditada por medio de comprobantes, y toda otra retribución cualquiera fuese la denominación que se le asigne, percibida por servicios ordinarios o extraordinarios prestados en relación de dependencia *(Sistema Integrado de Jubilaciones y Pensiones).* ◆ Retribución.◆ Salario que percibe el empleado o el trabajador en dinero, en pago de su trabajo, incluyéndose en esta denominación las comisiones y participaciones en los beneficios cuando éstos invistan carácter permanente

(Ley General del Trabajo Boliviano).◆ Estipendio.◆ Paga.

REMUNERACIÓN A DESTAJO: ver **Salario por pieza; A destajo; Salario por unidad producida.**

REMUNERACIÓN BÁSICA: aquella que no incluye retribuciones accesorias.

REMUNERACIÓN MENSUAL: sueldo.

REMUNERACIÓN POR TIEMPO: ver **Salario por tiempo.**

RENAR: Registro Nacional de Armas.

RENDICIÓN DE CUENTAS: presentación que efectúa el responsable de una gestión o negocio, normalmente económica y cuantificada con los respectivos comprobantes.◆ Se trata de una obligación que contrae quien ha administrado bienes o quien ha gestionado negocios ajenos. Consiste en presentarle al dueño de los bienes o intereses administrados o gestionados una exposición detallada y documentada del trabajo realizado. Ésta puede ser judicial o extrajudicial.

RENDIMIENTO DE UN VALOR: relación porcentual entre la venta o ganancia periódica de un valor, y su precio de mercado.

RENDIMIENTO REAL: rendimiento porcentual sobre el precio inicial o monto de una inversión.

RENTA: remuneración del factor tierra. Capacidad para la producción de recursos naturales renovables.◆ Cualquier beneficio en sentido general.◆ Rédito.◆ Ganancia.◆ Beneficio.◆ Compensación recibida por el uso de un bien mueble o inmueble por parte de otro.◆ Sumatoria del consumo y del ahorro.◆ Pago o ingresos de los distintos factores de la producción.◆ Pagos periódicos a un fondo de anualidad o los provenientes de él.◆ Utilidad o beneficio que rinde periódicamente un bien.◆ Toda sucesión de capitales financieros.◆ Sucesión de pagos o depósitos a períodos regulares de tiempo con el fin de constituir un capital o saldar una deuda.

RENTA DE LA TIERRA: la tierra existe en una cantidad limitada que no puede ser aumentada ni disminuida, salvo en casos excepcionales y en relación relativamente pequeña; mientras que, por el contrario, siempre será posible mientras no falten los elementos al reunir los capitales nuevos en la cantidad que los empresarios los juzguen útiles. Conjunto de capitales de producción.◆ Rendimiento que genera la utilización de la tierra disponible a su poseedor.

RENTA DE PROPIEDADES: rendimiento de los alquileres.

RENTA FIJA: aquella generada por un título a lo largo de toda su vigencia, definida al momento de su emisión, sin posibilidad de modificación.◆ Se aplica a los valores mobiliarios que den derecho al cobro de una cantidad fija por período. Por ejemplo: cupón.◆ Obligaciones crediticias entre un emisor y un poseedor de un título. En este tipo de inversiones, el factor de riesgo con respecto a la rentabilidad es mínimo puesto que la tasa de interés o descuento es pactada desde el momento en que el título se suscribe y se mantiene hasta el vencimiento *(E. Medinacelli)*.

RENTA MÍNIMA NO IMPONIBLE: mínimo no imponible.

RENTA MUNDIAL: principio de aplicación impositiva. Es la combinación de dos principios: el de residencia para los residentes y el de fuente para los no residentes.

RENTA NACIONAL: indica el volumen de ingresos de la población. Sin embargo, no es el monto de dinero del que los agentes económicos pueden disponer. Deberán primero pagar los impuestos directos que gravan su ingreso. Además del ingreso que se recibe de las empresas por el uso de los factores de producción, pueden recibir pensiones, seguros de desempleo, prestaciones sociales, subsidios, etcétera *(R. Baltar)*

RENTA NOMINAL: rendimiento que devenga un título, instrumento o capital de acuerdo con el valor nominal o escrito.

RENTA REAL: ingreso nominal monetario ajustado por un índice de nivel de precios; de esta manera refleja el poder adquisitivo real de la renta. Considerando los ingresos monetarios nominales de varios años para hacer posible la comparación entre éstos, es necesario que sean ajustados con el fin de exponer los poderes adquisitivos que tenían en sus respectivos períodos.

RENTA VARIABLE: rendimiento de un título durante su vigencia que no se haya determinado al momento de la emisión.◆ Valores mobiliarios que dan derecho a cobrar una cantidad que no es fija sino que depende de los beneficios obtenidos por la sociedad emisora. ◆ Básicamente, acciones o títulos-valores que representan los derechos de su tenedor en la empresa que los emite; tienen mayor riesgo o incertidumbre que las transacciones de renta fija debido a varios factores.

RENTA VITALICIA: ver **Contrato de renta vitalicia.**

RENTA VITALICIA PREVISIONAL: en la Argentina, aquella modalidad de jubilación o retiro definitivo por invalidez que contrata un afiliado con una compañía de seguros de retiro. Cuando una persona alcanza los requisitos para jubilarse en el régimen de capitalización, toma todos los fondos que acumuló en su cuenta individual y compra una renta vitalicia en una compañía de seguros de retiro. Obtendrá un monto constante de por vida para él y su cónyuge.

RENTABLE: que produce renta suficiente o remuneradora.

RENTAR: producir o rendir beneficio una utilidad o cosa.

"RENTING": su naturaleza jurídica es la de un contrato de locación de cosas muebles. Pero, a diferencia de aquél, éste posee las siguientes características distintivas: a) las cosas muebles son de alta tecnología, normalmente fabricadas por un solo proveedor; b) crea un estado de dependencia del locatario con respecto al locador; c) condiciones apropiadas para la instalación del producto en locación y utilización del mismo, de acuerdo con las instrucciones del locador; d) el locador es el responsable de los vicios que afectan a la cosa.◆ Son operaciones de locación de bienes muebles a corto plazo efectuadas por un locador que tiene una existencia de bienes destinados a una actividad comercial o industrial específica. El arrendador suele prestar servicios de reparación de los bienes, conservación y asistencia técnica. No existe opción de compra. Un comerciante que dispone de una cantidad de bienes en existencia los cede en alquiler a un locatario, por un plazo, para su uso y goce. No existe financiación alguna.

RENTISTA: persona que vive de ingresos provenientes de la remuneración del capital, tales como la locación de propiedades inmuebles, dividendos de acciones, intereses de préstamos.

RENUNCIA: dimisión de algo que se posee o del derecho a ello.◆ Nota o documento que contiene la renuncia.

RENUNCIA A LA HERENCIA: aquella por la cual el interesado hace abandono de los derechos y se excluye de las obligaciones ínsitas a la calidad hereditaria *(O. Maffía).*

RENUNCIA DE DERECHO: acto por el cual una persona abandona su derecho sobre un bien o conjunto de derechos.

REO: acusado, culpable.◆ El demandado en un juicio civil o criminal, a distinción del actor.

REO DE HOMICIDIO: consiste en matar simplemente a otro, sin que esa muerte vaya circunstanciada en modo alguno. Por eso se trata de un tipo residual al que acudir para encajar la conducta homicida que no se vea aompañada de otros factores de especialización.

REORGANIZACIÓN: proceso de modificación sobre la estructura jurídica, administrativa, fabril, comercial, contable, financiera, de una organización empresaria con la finalidad de mejorar su situación patrimonial, financiera, económica y productiva. Incluye: a) fusión de empresas preexistentes; b) escisión o división de una empresa en otras; c) ventas y transferencias de una entidad a otra que, siendo independientes jurídicamente, constituyen un mismo conjunto económico. Cabe destacar que el concepto de reorganización no se limita a algún tipo societario en particular; debe considerarse como fecha de reorganización la correspondiente al comienzo de la actividad de la o las empresas continuadoras que desarrollaba la o las antecesora/s.

REPARACIÓN: acción y efecto de reparar cosas materiales mal hechas o estropeadas.◆ Consiste en la compensación de un mal por haberse lesionado bienes no susceptibles de mensura económica. Se realiza con un bien de distinta naturaleza de aquel que ha sido lesionado. Un ejemplo es la indemnización para el caso de actos ilícitos que provoquen la muerte o lesiones; otro es la reparación del agravio moral.

REPARACIÓN DEL DAÑO: indemnización de un perjuicio por la persona responsable de él. La reparación se efectúa en especie o, por lo común, bajo la forma de daños e intereses.

REPARTICIÓN: cualquiera de las ramas en que se divide la administración pública de una Nación.

REPARTO DE RIESGOS: distribución de los riesgos de quebranto o reducción de ingresos (emergentes de créditos otorgados o inversiones de capital) en una serie de objetos de inversión y deudores. La idea es equilibrar los riesgos inherentes de una inversión distribuyéndolos en varios países, regiones, monedas, sectores productivos y empresas.

REPATRIACIÓN DE CAPITALES: recuperación de activos invertidos en otro país.

REPERCUSIÓN: se da cuando el que paga el impuesto no es el que en realidad soporta la carga. El ejemplo más simple es el del comerciante que paga el impuesto al perceptor y lo incorpora al precio de venta, haciéndolo recaer así sobre sus clientes *(M. Duverger).*◆ Ver **Efectos económicos de los impuestos.**

REPETICIÓN: acción del que ha sido desposeído, obligado o condenado, contra tercera persona que se halla obligado a reintegrarle o responderle.

RÉPLICA: ver **Derecho de réplica.**

REPORTE: reporto.

REPORTE - PRÓRROGA: contrato por el cual el comprador a plazo de títulos de crédito que en el momento del vencimiento no se halla en estado de hacer frente a la obligación del pago del precio, por no disponer de la suma debida, simula dar a reporte (o sea, vender a pronto contado) al vendedor mismo aquellos títulos que debería recibir contra pago de su precio; y entretanto le satisface efectivamente la diferencia entre el precio pactado en la compra-venta de los títulos a plazo y el precio (llamado de compensación) por el cual el vendedor conserva los mismos títulos a reporte *(F. Messineo).*

REPORTO: contrato mediante el cual una de las partes, el reportador, compra por una cantidad determinada de dinero la propiedad de valores crediticios y se obliga a transferir al reportado la propiedad de otros tantos títulos de la misma especie y por la misma cantidad, con igual número de cupones, más un premio. Es decir, el beneficio del reportador es el premio.◆ Reporte.

REPOSICIÓN: reemplazo de un bien por otro de iguales características, con el objeto de colocarlo en lugar del que está finalizando su vida útil *(O. Chilkowsky).*◆ Acción de recobrar la hacienda.◆ Vuelta de una persona al empleo o lugar que tenía antes.

REPREGUNTA: segunda pregunta que se realiza al deponente por parte del litigante contrario a la parte que lo ofreció, a fin de completar el interrogatorio o con el objeto de poner a prueba su veracidad.◆ Segunda pregunta que hace el testigo el litigante contrario al que lo presenta, para contrastar o apurar su veracidad, o bien para completar la indagación. ◆ Réplica.

REPRESALIAS: actos nocivos ilegales de un Estado contra otro, permitidos excepcionalmente, con el objeto de forzar al último a admitir un arreglo satisfactorio de una controversia creada por su propio delito internacional.

REPRESENTACIÓN: conjunto de personas que representan a una sociedad, entidad o colectividad.◆ Es una institución jurídica en virtud de la cual –fundada en elementos de hecho convencionales o legales– una persona tiene el poder de realizar directamente, por cuenta de otra, operaciones materiales y jurídicas.◆ Ver **Derecho de representación.**

REPRESENTACIÓN HEREDITARIA: derecho de una persona a ocupar, para la sucesión en una herencia o mayorazgo, el lugar de otra persona difunta.

REPRESENTACIÓN LEGAL: el hecho de cumplir un acto jurídico en nombre o por cuenta de otra persona, en mérito de un poder legal o convencional y estableciendo para la persona representada un derecho u obligación.

REPRESENTACIÓN PROCESAL: existe cuando la acción en el proceso de una persona distinta de la parte en sentido material se debe a un acto de ella *(F. Carnelutti).*

REPRESENTANTE: que representa.◆ Persona que representa a un ausente, un cuerpo o una comunidad.

REPRESENTANTE DE EMPRESA: persona que representa a una empresa en forma expresa.

REPRESENTATIVIDAD: calidad de representativo.

REPRESENTATIVIDAD FORMAL: aquella ligada a la participación electoral y consecuente elección de representantes formales (diputados, senadores) *(S. Lerer).*

REPRESENTATIVIDAD REAL: la que implica la adopción de sistemas de consulta pública para canalizar las inquietudes de los ciudadanos de manera directa *(S. Lerer).*

REPRESENTATIVO: que representa a una persona, un grupo o un Gobierno.◆ Condición de modelo.

REPRESIÓN: acto o conjunto de actos, ordinariamente desde el poder, para contener, detener o castigar con violencia actuaciones políticas o sociales.

REPRÉSTAMO: redescuento del Banco Central que se canaliza mediante bancos que son acreedores externos de nuestro país.

REPRODUCCIONES ILÍCITAS: apropiaciones indirectas no autorizadas de una obra literaria o artística y que se designan con nombres diversos, como adaptaciones, arreglos, etcétera y que no son más que reproducciones de aquélla y no presentan el carácter de obra original.

REPÚBLICA: vocablo que deriva del latín *res publica*, cosa del pueblo, cosa pública. Forma de Gobierno en la cual los magistrados son selectivos y temporarios.

REPUDIAR LA HERENCIA: no aceptar o renunciar a la herencia.

REQUERIMIENTO: acto judicial por el que se intima que se haga o se deje de ejecutar una cosa.◆ Aviso, manifestación o pregunta que se hace, generalmente bajo fe notarial, a alguna persona exigiendo o interesando de ella que exprese y declare su actitud o respuesta.

REQUISA: nombre de la petición de suministros de todas las clases de artículos necesarios para un ejército, tales como las provisiones de hombres, vestimenta, etcétera.

REQUISICIÓN: procedimiento que permite a la administración constreñir, mediante indemnización, a los particulares a concederle sus servicios, la propiedad de cosas muebles, en las hipótesis enumeradas por las leyes, pero cuyo número va cada día en aumento.

REQUISITORIO: despacho en que un juez requiere a otro para que ejecute un mandamiento del requirente. Exposición oral que de los argumentos de la acusación hace en la audiencia el representante del Ministerio Público.

REQUISITOS: conjunto de condiciones consideradas como indispensables para la válida celebración de un acto jurídico, para la configuración de un hecho, etcétera.

"RES": en latín, cosa.

"RES PRIVATAE": cosas que componen el patrimonio de los particulares, los cuales pueden adquirirlas y transferir a otros la propiedad.

"RES PUBLICAE": cosas públicas. En el antiguo Derecho Romano, eran aquellas de uso igualmente común a todos, pero que, al contrario de lo que ocurre con las cosas comunes, se las considera como propiedad del pueblo romano, con exclusión de las demás naciones. Éstas son las vías pretorianas o consulares, los puertos y las corrientes de agua, que nunca se agotan –*flumina perennia*–; las que se secan en verano –*torrentia*– son del dominio de los particulares *(E. Petit).*

RESACA: letra de cambio que el tenedor de otra que ha sido protestada gira a cargo del librador o de uno de los endosantes para reembolsarse de su importe y de los gastos de protesto y recambio.◆ Letra protestada más los gastos de protesto, confeccionándose un sólo documento por el total.

RESARCIMIENTO: reparación o indemnización de daños y perjuicios. ◆ Restitución de un bien distinto del que fue objeto del interés del ofensor que guarde con éste una relación de equivalencia. Por ejemplo, la indemnización por daños y perjuicios emanada de actos ilícitos o de contratos incumplidos, que tiene contenido económico *(Montejano Noacco).*

RESARCIR: indemnizar, reparar, compensar un daño, perjuicio o agravio.

RESCATAR: cambiar oro u otros objetos preciosos por mercaderías de poco valor.◆ En México significa revender.

RESCATE: retiro de la circulación, por parte del ente emisor, de acciones o títulos. En el supuesto de las acciones, la sociedad emisora las puede adquirir únicamente, previa resolución de una asamblea extraordinaria, bajo las siguientes condiciones: a) para cancelarlas y previo acuerdo de reducción de capital; b) excepcionalmente, con ganancias realizadas y líquidas o reservas libres cuando estuvieren completamente integradas y para evitar un daño grave, lo que será justificado en la siguiente asamblea ordinaria; c) por integrar el haber de un establecimiento que se adquiere o de una sociedad que incorpore. En los casos b) y c), deberán ser enajenadas dentro del término de un año. Con relación a los títulos, éstos se rescatan con la finalidad de cancelar las deudas que representan.

RESCATE DE ACCIONES: ver **Rescate**.

RESCINDIR: dejar sin efecto un contrato, una obligación, etcétera.◆ Anular o dejar sin efecto lo pactado o convenido con anterioridad.

RESCISIÓN: una de las formas en que se extinguen los contratos. Se produce por disolución del vínculo por mutuo consentimiento de las partes o por iniciativa de una de las partes en contratos de tracto sucesivo o de ejecución continuada sin plazo fijo.◆ Acción de dejar sin efecto un acto jurídico.◆ Recurso que significa el remedio concedido a la parte que ha sido condenada en rebeldía y que no compareció al proceso por razones no imputables a ella, para obtener su anulación y, consecuentemente, la de la sentencia, aun cuando esté firme.◆ Finalización del contrato en una fecha distinta a la prevista en el mismo.

RESERVA: parte de las utilidades que, realizadas y retenidas, son aplicadas a un fin, que podrá ser específico, legal, coyuntural, permanente o contable.

RESERVA ESTATUTARIA: aquella cuya constitución obedece a normas contenidas en el estatuto. Puede prever un determinado porcentaje de las ganancias realizadas y líquidas que arroja el estado de resultados. Es de constitución obligatoria si así lo determina el estatuto.

RESERVA FACULTATIVA: aquella cuya constitución carece de obligatoriedad, en virtud de la inexistencia de normas legales o estatutarias que la impongan. Son los órganos sociales los que, considerando la situación, deciden su constitución. Por lo general, se crean cuando existen resultados acumulados importantes con el fin de aplicaciones en un futuro o para cubrir ciertos sucesos. Puede ser para un fin determinado y normalmente se constituye para afirmar o mejorar la situación financiera, económica y patrimonial de la empresa. Se considera típicamente como voluntaria.

RESERVA FEDERAL: Banco Central de los EE.UU.◆ Constituida por el Estado y por banqueros particulares. La creación del Sistema de la Reserva Federal se aprobó por ley en 1913, la cual dividió en doce distritos de reserva federal y cada uno tiene su Banco de Reserva Federal. Los Bancos de la Reserva Federal sirven a sus bancos miembros en forma exactamente igual a como éstos sirven al público.

RESERVA LEGAL: reserva de carácter obligatorio, cuya creación y mantenimiento por destino a ésta de parte de las utilidades está dispuesta por ley. De acuerdo con la legislación argentina, las sociedades de responsabilidad limitada y las sociedades por acciones deben efectuar una reserva no menor del cinco por ciento de las ganancias realizadas y líquidas que arroje el estado de resultados del ejercicio hasta alcanzar el 20 % del capital social. Cuando esta reserva quede disminuida por cualquier razón, no pueden distribuirse ganancias hasta su reintegro.

RESERVA LIBRE: reserva de disposición libre o limitada a la finalidad de su constitución.

RESERVA OBLIGATORIA: aquella que, en virtud de las normas legales o estatutarias, debe constituirse indefectiblemente.

RESERVA PARA ACCIDENTES DE TRABAJO: utilidades retenidas para posibles accidentes futuros. Su monto será fijado en relación con las cantidades estimadas que habrán de pagarse por accidentes que ya han ocurrido. Entre los motivos existentes que justifiquen la creación de estas reservas están: a) siniestros importantes; b) daños a personas y bienes ajenos; c) para compensar pérdidas futuras o posibles fluctuaciones de precios en las materias primas, divisas, títulos, mercaderías y productos; d) hacer frente a situaciones litigiosas.

RESERVA PARA PENSIONES: en algunos países, reserva creada para hacer frente a obligaciones futuras para pagar pensiones o similares a los empleados u obreros. Si la reserva se creó con cargo a gastos, dicha reserva representa ordinariamente un pasivo.

RESERVA PARA RIESGOS EN CURSO: se trata de una reserva muy utilizada en seguros; se constituye con una parte de las primas percibidas en los seguros o reaseguros. La compañía paga los siniestros que ocurran en el año de la emisión de la póliza con las primas cobradas. Pero hay siniestros que se producen en el ejercicio siguiente y para hacer frente a su pago, es necesario reservar un porcentaje de las primas cobradas en cada año.

RESERVA PARA RIESGOS PENDIENTES: muy utilizada en seguros, a esta reserva se acredita el importe de siniestros denunciados y no abonados.

RESERVA VOLUNTARIA: aquella que proviene de la voluntad de los accionistas y que es votada en la asamblea.

RESERVAS: aquellos beneficios retenidos en la sociedad conforme a resolución de asamblea general o por disposición legal o estatutaria. También se incluyen ciertos importes incorporados al patrimonio de la sociedad por los que no se ha emitido capital social, tales como las primas de emisión, o los que puedan resultar de revaluaciones determinadas por ley o resueltas por asamblea general con aprobación de la autoridad estatal de control. Constituyen una extensión del capital.◆ Provisión constituida por las entidades aseguradoras para atender las obligaciones contraídas con sus asegurados.

RESERVAS BANCARIAS: las entidades financieras ejercitan parte de su capacidad de liquidez conformando reservas. Las cantidades de éstas dependen del marco jurídico, de las facultades y de los recursos ociosos. Las magnitudes dependen de diversas variables.

RESERVAS DE ORO: existencia física de oro que posee un país. Estas reservas pueden o no estar complementadas con divisas.

RESERVAS EXTERNAS: las que un país tiene en monedas extranjeras o divisas, en oro, en moneda propia, depositadas en el exterior, en organismos de carácter público o privado, internacionales o no, o en el país. Se utilizan para el comercio de importación, para el pago de obligaciones internacionales y de servicios. El volumen de reservas refleja la posición económica y financiera internacional.

RESERVAS INTERNACIONALES: medios de pago utilizados y aceptados entre los distintos países.◆ Ver **Reservas monetarias internacionales; Reservas externas**.

RESERVAS LIBRES: las constituidas por la asamblea general ordinaria que decide no distribuir todos los beneficios del ejercicio. Se trata de una deducción que se efectúa sobre los beneficios netos *(G. Ripert).*

RESERVAS MONETARIAS INTERNACIONALES: las reservas de una Nación están conformadas por:
a) Oro; son las barras, lingotes o amonedados con fines monetarios.
b) Monedas convertibles, tenencia de monedas (billetes) o divisas (asientos contables con saldos acreedores).
c) Derechos de girar sobre el Fondo Monetario Internacional que dispone el país.
Cumplen una doble función: a) respaldo de la oferta monetaria interna y b) mantenimiento de la paridad cambiaria *(A. Digier).*◆ Reservas Internacionales.

RESERVAS TÉCNICAS: en las compañías de seguro, son las reservas que deben constituirse en la medida en que sean necesarias para atender el cumplimiento de sus obligaciones con los asegurados. No se forman con utilidades líquidas y realizadas. En cuanto al aspecto contable, deben registrarse obligatoriamente y representan un pasivo.

RESGUARDO: seguridad que por escrito se hace en las deudas o contratos.◆ Documento acreditativo de haber realizado determinada gestión, pago o entrega.◆ Control eficiente de dinero, títulos o valores para evitar fraudes.

RESGUARDO A LA LIBERTAD AMBULATORIA: nadie puede ser arrestado sino en virtud de orden escrita de autoridad competente.

RESIDENCIA: edificio donde tiene su domicilio una autoridad o empresa, o donde ejerce sus funciones.◆ Asiento de hecho de una persona.◆ Es el lugar donde habitualmente se encuentra una persona.

RESIDENTES: personas físicas o jurídicas tratadas como tales por las autoridades fiscales, monetarias y cambiarias.

RESIDUO: lo que queda de la destrucción de una cosa o de un todo.◆ Material inutilizado *a posteriori* de la realización de un trabajo.◆ Parte o porción que queda de un todo.◆ Es todo objeto, energía o sustancia sólida, líquida o gaseosa, que resulta de la utilización, descomposición, transformación, tratamiento o destrucción de una materia y/o energía, que carece de utilidad o valor para su dueño y cuyo destino natural debería ser su eliminación, salvo que pudiere ser utilizado como insumo para un proceso industrial *(G. Jacobo - C. Rougés).*

RESIDUOS INERTES: aquellos que no reaccionan con la naturaleza. La cal, la arena, etcétera, que quedan después de una demolición constituyen ejemplos de este tipo de residuos *(J. Martínez Prieto).*

RESIDUOS NO DEGRADABLES: como la naturaleza no los destruye, se acumulan y contaminan por su presencia. Por ejemplo, un vasito de telgopor en la playa quedará por toda la eternidad porque no existe una bacteria que lo degrade *(J. Martínez Prieto).*

RESIDUOS PELIGROSOS: aquellos que, tras ser abandonados en el medio ambiente, empiezan a transformarse;

es factible que en algún momento de dicha transformación, pueda producirse una combinación química de mucho riesgo que sería más dañino que el precursor original *(J. Martínez Prieto).*

RESIDUOS TÓXICOS: los que tienen toxicidad en sí mismos. Por ejemplo, el cloruro de sodio arrojado al medio ambiente puede matar a los seres humanos *(J. Martínez Prieto).*

RESIGNACIÓN: dimisión a un puesto de trabajo que realiza un empleado con fecha cierta.

RESILACIÓN: supresión para el futuro de un contrato sucesivo, a causa de la inejecución por una de las partes de las obligaciones que le incumben.

RESISTENCIA: no conformidad con la subordinación de un interés propio al interés del otro *(F. Carnelutti).*

RESISTENCIA A LA OPRESIÓN: ver **Derecho de resistencia a la opresión.**

RESOLUCIÓN: modo de extinción de contrato por voluntad de la parte que, siendo perjudicada por la falta de cumplimiento de la obligación a cargo de la otra parte, pudo exigir su cumplimiento o extinguir la relación.◆ Sentencia. ◆ Decreto, providencia, auto o fallo de autoridad gubernativa o judicial.

RESOLUTORIA: que denota o motiva resolución.

RESPALDAR: sentar, notar o apuntar algo en el respaldo de un escrito.◆ Proteger, apoyar, garantizar.

RESPONSABILIDAD: elemento agregado al solo efecto de garantizar el cumplimiento del deber.◆ Calidad de responsable.◆ Obligación que los miembros organizacionales tienen para realizar el trabajo asignado o asegurarse que alguien más lo ejecute en la forma prescrita.◆ Consiste en la aptitud de alguien para ser pasible de una sanción *(J. Llambías).*

RESPONSABILIDAD CIVIL: consiste en el deber de resarcir a la víctima de una conducta indebida, con motivo y en la medida de los daños sufridos por aquélla.◆ Reparar el daño causado *(Kemelmajer de Carlucci - Parellado).*

RESPONSABILIDAD COLECTIVA: aquella que se produce cuando la sanción se dirige contra los individuos miembros de la misma comunidad jurídica de que forma parte el sujeto que, como órgano de tal comunidad, cometió el acto antijurídico, si la relación entre el infractor y los responsables está constituida por el hecho de que aquél y éstos pertenecen a dicha comunidad jurídica *(H. Kelsen).*

RESPONSABILIDAD COMPARTIDA: responsabilidad solidaria.

RESPONSABILIDAD CONTRACTUAL: la emergente de un acuerdo o convenio entre partes por el quebrantamiento de alguna cláusula.◆ La que se origina en el cumplimiento de un contrato válido o de lo estipulado penalmente por las partes contratantes.

RESPONSABILIDAD CRIMINAL: responsabilidad en que incurre una persona por todo daño que cause a otra por su culpa, negligencia o imprudencia.

RESPONSABILIDAD DE LAS PERSONAS JURÍDICAS: aquella originada por los daños que causen quienes las dirijan o administren, en ejercicio o con ocasión de sus funciones.

RESPONSABILIDAD EXTRACONTRACTUAL: la que se deriva del hecho de haberse producido un daño con o sin dolo, pero sin que los hechos configuren un delito o una falta penalmente sancionable.

RESPONSABILIDAD ILIMITADA: responsabilidad extendida no sólo a los aportes de capital de los socios sino también a los bienes patrimoniales que éstos posean.

RESPONSABILIDAD INDIRECTA: la de una persona que garantiza una operación o la del endosante de un documento. ◆ Es la que surge cuando concurren las siguientes condiciones: a) que el culpable del hecho causante del daño sea una persona que estaba bajo la dependencia del tercero; b) que en caso de sumisión voluntaria –por oposición a la dependencia legal– el hecho dañoso haya sido realizado por el dependiente en la función o con motivo de la que estuviera encargado. ◆ Responsabilidad refleja. ◆ Ver **Responsabilidad por el hecho de otro.**

RESPONSABILIDAD INDIVIDUAL: aquella en que la sanción se dirige exclusivamente contra el infractor.

RESPONSABILIDAD "INTRA VIRES": responsabilidad limitada.

RESPONSABILIDAD LIMITADA: cuando la responsabilidad de los socios, accionistas y socios comanditarios está limitada exclusivamente a los capitales aportados o que se hayan comprometido a aportar a las sociedades.

RESPONSABILIDAD MANCOMUNADA Y SOLIDARIA: ver **Mancomunada y solidariamente.**

RESPONSABILIDAD PENAL: la originada como consecuencia de la causación material del resultado, de la injusticia del acto (valoración objetiva), del reproche de culpabilidad (valoración subjetiva) y de la punibilidad de la acción u omisión especialmente descripta en la ley.

RESPONSABILIDAD POR DAÑOS CAUSADOS CON INTERVENCIÓN DE COSAS: aquella que se origina como consecuencia de la generación de un daño a otro, valiéndose para ello el victimario de una cosa que hacía las veces de instrumento.

RESPONSABILIDAD POR DAÑOS CAUSADOS POR LAS COSAS: la originada por aquellos daños producidos por la cosa en sí, resultando ajena al hecho la acción del hombre.

RESPONSABILIDAD POR EL HECHO DE OTRO: la que recae sobre un sujeto distinto del autor del daño en virtud de la vinculación existente entre ambos; por ejemplo, la obligación que pesa sobre el principal respecto de los hechos de sus dependientes.

RESPONSABILIDAD POR EL HECHO PROPIO: aquella que recae sobre todo aquel que ejecuta un acto que por su culpa o negligencia ocasiona un daño a otro; se encuentra por ello obligado a la reparación del perjuicio.

RESPONSABILIDAD POR ENDOSO: responsabilidad contingente ocasionada por el endoso o aval de una obligación que debe otra persona y que continúa vigente en potencia hasta que se determine si el deudor original ha pagado o ha dejado de cumplir con la obligación; en este último caso, la obligación se convierte en una obligación directa del endosante o avalista.

RESPONSABILIDAD PROFESIONAL: segmento de la responsabilidad de una persona que mide ese nivel de obligación y compromiso con su actividad profesional.

RESPONSABILIDAD REFLEJA: responsabilidad indirecta.◆ Ver **Responsabilidad por el hecho de otro.**

RESPONSABILIDAD SOLIDARIA: obligación de cuya cancelación se hacen responsables en forma solidaria, indistinta y sobre el total de los bienes patrimoniales varias personas.◆ Ver **Obligación solidaria.**

RESPONSABILIDAD "ULTRA VIRES": responsabilidad ilimltada.

RESPONSABLE: persona que tiene a cargo la dirección o vigilancia del trabajo en establecimientos, fábricas u oficinas.◆ Quien está obligado a responder por alguna cosa o persona.◆ Desde el punto de vista tributario, es aquella persona que sin tener el carácter de contribuyente está obligado, por disposición expresa de la norma legal, a dar estricto cumplimiento a las obligaciones atribuibles a aquél.◆ Garante. ◆ Culpable.◆ Ver **Sujeto pasivo de la obligación tributaria**.

RESPONSABLE POR DEUDA AJENA: el agente de retención que actúa bajo responsabilidad solidaria.◆ Aquella persona que, sin tener el carácter de contribuyente, debe, por expresa disposición legal, cumplir con las obligaciones atribuibles a estos últimos: a) el cónyuge que percibe y dispone de todos los réditos propios del otro; b) los padres, tutores o curadores de los incapaces; c) los síndicos y liquidadores de las quiebras, los representantes de las sociedades en liquidación, los administradores legales y judiciales de las sucesiones y, a falta de éstos, el cónyuge supérstite y los herederos; d) los directores, gerentes y demás representantes de las personas jurídicas, sociedades, asociaciones y entidades; e) los administradores de patrimonios, empresas o bienes que en ejercicio de sus funciones puedan determinar íntegramente la materia imponible que gravan las respectivas leyes tributarias con relación a los titulares de aquéllos y pagar el gravamen correspondiente y, en las mismas condiciones, los mandatarios con facultad de percibir dinero; f) los agentes de recepción y percepción de impuestos *(L. M. Llaneza).*

RESPONSABLE POR DEUDA PROPIA: ver **Contribuyente.**

RESPONSABLE TRIBUTARIO: aquella persona que, sin tener la calidad de contribuyente, debe cumplir, por expresa disposición legal, con las obligaciones atribuibles a éste *(J. Martín).*

RESPONSABLES INSCRIPTOS: en la Argentina, expresión que se utiliza en el IVA para encuadrar a aquellos sujetos que realizan actividades gravadas y están obligados a registrarse como tales.

RESTITUCIÓN: obligación que judicialmente se impone a una persona de devolver a otra con mejor derecho los bienes o documentos que indebidamente obran en poder del restituyente. ◆ Cuando el castigo restituye económicamente la situación anterior al entuerto que dio lugar a su aplicación. En sentido estricto, se produce cuando se restituye al ofendido el mismo bien de que había sido privado por el ofensor o, en otros términos, se recupera el interés desarrollado por el ofensor en el acto ilícito. Casos típicos son: la nulidad de los actos y las consecuentes restituciones a que da lugar, la restitución de los objetos adquiridos por medio de delitos contra la propiedad, etcétera.

RESTITUCIÓN "IN INTEGRUM": reintegración de un menor o de otra persona privilegiada en todas sus acciones o derechos.

RESTRICTIVO: limitado o acortado.

RESUMEN DE CUENTA: estado periódico que se remite a cada cliente con los movimientos correspondientes a dicho lapso (saldo anterior, compras, pagos, en general débitos y créditos, saldo final, etc.).◆ Es un estado de cuenta de cada cliente.

RESUMEN DE CUENTA BANCARIA: documento que el banco envía periódicamente al titular de la cuenta conteniendo toda la información a una determinada fecha de los distintos movimientos realizados más gastos diversos e intereses si correspondieren. ◆ Extracto de cuenta.◆ Estado del Banco.

RETENCIÓN: importe que retiene el agente de retención al beneficiario al abonar ciertas clases de retribuciones o pagos, como sueldos, honorarios, alquileres o comisiones, cuya deducción al total obedece a motivos tributarios, fiscales y previsionales. También se utiliza en el comercio exterior. Se aplica mediante una tasa o impuesto.

RETENCIÓN A LAS EXPORTACIONES: retención que se realiza al efectuar una exportación.◆ Ver **Derecho de exportación**.

RETENER: suspender en todo o en parte el pago de sueldo, salario u otro haber que uno ha devengado, hasta que satisfaga lo que debe, por disposición judicial, gubernativa o administrativa. ◆ Descontar de un pago o de un cobro una cantidad como impuesto o carga fiscal o previsional.

RETIRO: bienes excluidos del activo, por desuso, obsolescencia o cualquier otra causa que lo justifique.◆ Extracción de una cuenta corriente bancaria o mediante la utilización de una tarjeta de crédito.◆ Medio, retribución o pensión que perciben los retirados de algún ente estatal o privado.

RETIRO FRACCIONADO: modalidad de jubilación o retiro definitivo por invalidez que acuerda el afiliado con la AFJP. Esta prestación es para aquellos trabajadores que no pudieron acumular suficientes fondos en su cuenta de capitalización.

RETIRO POR INVALIDEZ: prestación que corresponde a aquellas personas que no hayan alcanzado la edad jubilatoria y que sufran una discapacidad física y/o intelectual y no puedan seguir desempeñando sus actividades.

RETIRO PROGRAMADO: modalidad parecida a la Renta Vitalicia Previsional; pero, en este caso, es una jubilación o retiro definitivo por invalidez que acuerda el afiliado con la Administradora de Fondos de Jubilaciones y Pensiones (AFJP).

RETORNOS: excedentes distribuibles en una sociedad cooperativa luego de cumplir con las asignaciones estipuladas por ley o estatuto que se reparten entre los asociados de acuerdo con distintos criterios.

RETORSIÓN: término técnico para la represalia por actos descorteses o poco amables o de mala fe e injustos, a causa de actos de la misma o semejante categoría. El acto que requiere represalia no es un acto ilegal; por el contrario, es un acto que está dentro de la competencia de su autor *(L. Oppenheim).*◆ Acción a adoptar para reparar perjuicios legales.

RETRACTACIÓN: hecho de revocar un acto que se había cumplido voluntariamente con la finalidad de destruir sus efectos.

RETRACTO: derecho que la ley concede para que una persona se subrogue, con las mismas condiciones estipuladas en el contrato, en lugar del que adquiere una cosa por compra o dación en pago.

RETRACTO LEGAL: derecho de adquisición preferente de origen legal.

RETRACTO SUCESORIO: el que tiene por objeto excluir de la herencia a los extraños, retirándoles la parte de la misma que hayan adquirido a título oneroso.

RETRIBUCIÓN: suma entregada en concepto de recompensa o pago por algún motivo.

RETROACCIÓN: retroactividad.

RETROACTIVIDAD: se aplica cuando una norma legal nueva tiene efectos sobre hechos y actos del pasado.

RETROACTIVIDAD DEL ACTO ADMINISTRATIVO: aquella que procede cuando el acto se dictare en sustitución de otro revocado o cuando favoreciere al administrado siempre y cuando no se lesionaren derechos adquiridos. ◆ Ver **Retroactividad.**

RETROCESIÓN: acción y efecto de ceder a uno el derecho o la cosa que él había cedido antes.◆ Acto por el cual un reasegurador cede a otro parte de un riesgo que ha recibido en reaseguro. ◆ Acto de transferencia de una parte de la comisión recibida por un banco a otra entidad financiera o agente intermediario que participó en la transacción. ◆ Es el reintegro del bien expropiado a su titular cuando no se ha cumplido con la finalidad de utilidad pública que fundara la medida expropiatoria. ◆ Es el acto por el cual el expropiado readquiere sus derechos sobre el bien del cual fue desapoderado, a causa de la no afectación o desafectación del bien expropiado al objeto de utilidad pública específico *(M. A. Ekmedjián).*

RETROCESO: disminución o baja de precios de acciones, títulos, bonos o divisas en un mercado.

RETROTRAER: fingir que una cosa sucedió en un tiempo anterior a aquel en que realmente ocurrió, ficción que se admite en ciertos casos para efectos legales.

REVALORIZACIÓN: acción y efecto de revalorizar.

REVALORIZAR: incrementar el valor de un bien.◆ Devolver a un bien el valor que había tenido.

REVELACIÓN DE SECRETOS: delito cometido por aquel funcionario público que, con abuso de sus funciones, revelare hechos, publicare o difundiere documentos por él conocidos o poseídos en razón de su empleo actual o anterior, que deben permanecer secretos o que facilitare su conocimiento.

REVERSIÓN: restitución de una cosa a su estado anterior.

REVERSIÓN DE LAS DONACIONES: el donante puede reservarse la reversión de las cosas donadas en caso de muerte del donatario o del donatario y sus herederos.

REVISAR: en auditoría, sintetizar el conjunto de procedimientos aplicable a un rubro o tarea.

REVOCACIÓN: forma de extinguir un contrato, que consiste en la anulación por quien se había obligado en forma unilateral.◆ Anulación, sustitución o enmienda de orden o fallo por autoridad distinta de la que se había resuelto.◆ Acto jurídico que deja sin efecto otro anterior por la voluntad del otorgante.

REVOCAR: dejar sin efecto una concesión, un mandato, una resolución.◆ Volver a llamar.◆ Apartar, retraer, disuadir a uno de un designio.

REVOCATORIA: recurso que tiene por finalidad que el mismo órgano que dictó la resolución que se impugna reconsidere su contenido sustituyéndolo total o parcialmente, por otro diferente.◆ Reposición. ◆ Ver **Recurso de revocatoria.**

REVOCATORIA POPULAR: facultad de que disponen los ciudadanos de proponer la derogación de determinadas normas *(C. Collautti).*

REVOLUCIÓN: transición de una situación política, jurídica o social a otra, de un nuevo sistema de reparto y distribución del poder político o del poder social, según los casos *(C. Fayt).*

RIBERA EXTERNA: ver **Margen continental.**

RIESGO SOCIAL: fenómeno jurídico-social constituido por la posibilidad de un "acontecimiento" a ocurrir a una persona, capaz de producir como efecto una "nueva situación de vida" en el sujeto actuante o en sus derechohabientes y tener por su intensidad "repercusión colectiva" *(Videla Morón).*

RIESGOS ASEGURABLES: aquellos incluidos dentro de la cobertura general por parte de las aseguradoras.

RIESGOS NO ASEGURABLES: aquellos que quedan fuera de la cobertura general por parte de las aseguradoras por ser opuestos a la ley.

RIGIDEZ CONSTITUCIONAL: sistema formal propio de las constituciones escritas que establece, reflexivamente, un modo distinto del seguido por la legislación ordinaria para producir, modificar y derogar las normas constitucionales, lo cual se traduce en la existencia de determinados obstáculos técnicos que evitan que los preceptos constitucionales se reformen fácilmente consiguiendo de este modo su continuidad *(L. Verdú).*

"RING": asociación de empresas, de carácter transitorio, que se realiza con el objeto de acaparar un objeto o mercado en forma temporaria.◆ Córner.

RIÑA: súbito acometimiento, recíproco y tumultuoso, de más de dos personas. No puede llamarse de esa forma al acometimiento de varios contra uno, ya que es necesaria la reciprocidad de las acciones.

RÍO: corriente de agua continua y más o menos caudalosa que va a desembocar en otra, en un lago o en el mar.◆ Es el curso del agua con caudal abundante o considerable y perenne *(M. Mariani de Vidal).*

RIQUEZA: abundancia de bienes y cosas preciosas.◆ Abundancia relativa de cualquier cosa.◆ Conjunto de bienes y derechos menos las obligaciones de una persona, empresa o país en un momento determinado y que tienen un valor económico.◆ Es la capacidad para satisfacer múltiples deseos aun cuando resulta relativa, pues nadie es absolutamente rico ni puede tener todo lo que desea, dado que siempre hay escasez de recursos. Una persona, una empresa o un país, cuantos más recursos posean, más ricos serán y disfrutarán de más bienes que otros que disponen de menos recursos *(F. López - A. Martínez).*

RIQUEZA NACIONAL: suma de las riquezas de todas las familias y empresas que componen una Nación, es decir, riqueza de los residentes de un país. El núcleo principal lo constituyen los bienes físicos (edificios, bosques, tierras, etc.), el oro, las monedas extranjeras y, además, las deudas de extranjeros con el país.

RIQUEZA PRIVADA: patrimonio perteneciente a personas individuales o sociedades.

RIQUEZA PÚBLICA: patrimonio de una comunidad o sociedad, por ejemplo, carretas, escuelas, hospitales, etcétera. ◆ Riqueza social.

RIQUEZA SOCIAL: riqueza pública.

ROBO: apoderación en forma ilegítima de una cosa mueble total o parcialmente ajena, ejerciendo fuerza en las cosas o violencia física en las personas, ya sea que ésta tenga lugar antes, durante o después de cometido el acto ilícito.◆ Sustracción fraudulenta de lo ajeno.

ROBO DE URNAS: práctica antidemocrática usualmente ejercitada cuando se detecta que la votación es adversa a un determinado candidato; tiene por finalidad la obtención de la anulación de un acto eleccionario.

RODA: tributo u obsequio al finalizar algunas tareas.

"ROGATIO": término utilizado en el antiguo Derecho Romano para designar al núcleo fundamental de los textos legales.

ROL: conjunto de normas o reglas que prescriben cómo debe o no comportarse la persona que ocupa un *status* determinado. Los hombres representan o desempeñan roles sociales.

ROL DEL MEDIADOR: el mediador es un tercero en la negociación y no posee interés particular alguno en su resultado. Asimismo, sin perjuicio de la proposición de alternativas tendientes al acercamiento de las partes y de la ayuda a la visualización de los puntos de acuerdo existentes, no le está permitido al mediador la recomendación de soluciones ni, mucho menos, la coacción hacia las partes respecto de la concertación de un acuerdo.

ROYALTY: pago efectuado al propietario, que podrá ser el creador o no de una obra original por el derecho a su uso. Es una manera de participar en los ingresos que recibe aquel que tiene el derecho al uso de la creación por parte del propietario de ésta.◆ Regalía.

RÚBRICA: procedimiento por el cual se sellan las hojas de los libros de contabilidad –o sociales– foliados; en él se indica el nombre del comerciante, denominación del libro, cantidad de hojas, fecha y orden de rubricación. Se realiza a través de los escribanos de registro.◆ Rasgo de diversa figura que suele ponerse después de la firma.

RUBRICACIÓN: acto mediante el cual se realiza la rúbrica de los libros contables, societarios o similares.◆ Individualización jurídica.

RUBRICAR: identificar o señalar las hojas de un libro de comercio de acuerdo con lo estipulado en las disposiciones correspondientes. ◆ Firmar, poner la rúbrica.

RUBRO: título de una cuenta, partida o grupo de partidas o cuentas, en el cual se divide el activo, pasivo y patrimonio neto.

RUEDA: suele aplicarse este término al espacio físico de la Bolsa de Comercio en el cual se desarrollan las transacciones de títulos-valores.◆ Sesión en la que los agentes de Bolsa realizan las operaciones bursátiles, anunciando a viva voz sus ofertas o demandas de títulos-valores. ◆ Reunión que se celebra en el recinto de la Bolsa de Valores, lugar donde se efectúan las transacciones bursátiles *(V. Camargo Martín).*

RUEDA DE PRESOS: ronda que se hace con muchos presos poniendo entre ellos a quien se imputa un delito para que la parte o algún testigo lo reconozca.

RUFIÁN: el que hace el infame tráfico de mujeres públicas.

RUTINARIO: que se ejercita regularmente, por rutina.◆ Persona que sigue una rutina.◆ El que obra por mera rutina.

RVP: ver **Renta vitalicia previsional.**

S

SA: sociedad anónima.

SÁBADO INGLÉS: ver **Semana inglesa**.

SABOTAJE: daño o deterioro que en las instalaciones, productos, etcétera, se hace como procedimiento de lucha contra las empresas privadas o estatales, por conflictos sociales, políticos o económicos. ◆ Oposición u obstrucción disimulada contra proyectos, órdenes, decisiones, ideas, etcétera.

SABOTAJE INFORMÁTICO: introducción de programas de computación con aptitud para destruir datos informáticos.

SAC: ver **Secretaría de Acción Cooperativa**.

SAC: ver **Sueldo Anual Complementario**.

SACAMANTECAS: criminal que despanzurra a sus víctimas.

SACIF: sociedad anónima, comercial, industrial y financiera.

SADISMO: perversión sexual y/o crueldad refinada que otorga placer a quien la ejecuta.

SAFJP: ver **Superintendencia de Administradoras de Fondos de Jubilaciones y Pensiones**.

SALA: espacio físico donde se constituye un tribunal de justicia para celebrar audiencia y despachar los asuntos a él sometidos.◆ Conjunto de magistrados o jueces que, dentro del tribunal colegiado del que forman parte, tiene atribuida jurisdicción privativa sobre determinadas materias.

SALA DE APELACIÓN: en la antigüedad, se trataba de la junta que se formaba de dos alcaldes de corte, nombrados por meses, para decidir y ejecutoriar los pleitos que no excedían de 10.000 maraverdíes, de quienes habían sido sentenciados por el juzgado de alguno de los dos alcaldes o de los tenientes de la villa.

SALA DE AUDIENCIAS: ambiente físico en el cual se llevan a cabo las audiencias.

SALA DE DIRECTORIO: lugar de reunión dentro de la empresa, de sus máximos directivos y funcionarios.◆ Sala de junta.

SALA DE GOBIERNO: en algunos países, sala formada en los tribunales colegiados para entender en asuntos disciplinarios o gubernativos que la ley le atribuye.

SALA DE JUNTA: ver **Sala de directorio**.

SALA DE JUSTICIA: aquella que entiende en los pleitos y causas.

SALA DEL CRIMEN: antiguamente, se utilizaba este término para designar a una junta formada por los alcaldes del crimen en las audiencias, para conocer en las causas criminales.

SALARIADO: organización del pago del trabajo del obrero por medio del salario exclusivamente.

SALARIO: forma en que se remunera la mano de obra en relación de dependencia, la que puede ser retribuida por día (jornal) o por mes (sueldo).◆ Remuneración del factor trabajo.◆ Medida de valor que es determinada por la capacidad, la destreza o las habilidades alcanzadas por el individuo.◆ Remuneración, sea cual fuere su denominación o método de cálculo que pueda evaluarse en efectivo, debida por un empleador a un trabajador en virtud de los servicios u obras que éste haya efectuado o debe efectuar.

SALARIO A DESTAJO: salario por pieza.◆ Salario por unidad producida. ◆ Ver **A destajo.**

SALARIO ANUAL: retribución total de un trabajador durante el año calendario.◆ Retribución mínima asegurada del trabajador durante el año calendario.

SALARIO BÁSICO: remuneración mínima de un dependiente de acuerdo con la convención colectiva o contrato colectivo de trabajo, correspondiente a cada actividad laboral y a la categorización pertinente.◆ Jornal básico.

SALARIO DE BOLSILLO: suma neta de dinero que recibe el trabajador en concepto de salario.

SALARIO DIRECTO: aquel recibido exclusivamente como contrapartida del servicio en el cargo ocupado.

SALARIO EN ESPECIE: aquel abonado mediante entrega de productos. Conforma un sistema de pago de salarios utilizado en economías no desarrolladas y en donde el uso de la moneda no tiene plena difusión. Este sistema fue utilizado hasta principios del siglo XX. Con posterioridad, se comenzó a abandonar en la mayoría de los países por cuanto pudo comprobarse, económicamente, una disminución de los salarios reales y el desarrollo de prácticas laborales inescrupulosas por parte de los patrones, que motivaron las reacciones de los sindicatos.

SALARIO FAMILIAR: ver **Asignaciones familiares**.

SALARIO IMPAGO: sumas adeudadas por el empleador al trabajador en concepto de salarios.

SALARIO INDIRECTO: aquel salario resultante de cláusulas de la convención colectiva de trabajo y del plan de servicios y beneficios sociales ofrecidos por la organización.

SALARIO MÍNIMO: retribución mínima, generalmente estipulada por la ley, que debe pagarse a todo trabajador independientemente del trabajo realizado. ◆ Es aquel suficiente para satisfacer las necesidades normales de la vida del trabajador, consistentes en: alimentación, habitación, vestuario, transporte, previsión, cultura y recreaciones.

SALARIO MÍNIMO, VITAL Y MÓVIL: la menor remuneración que debe recibir en efectivo el trabajador sin cargas de familia en su jornada legal de trabajo, de manera que le asegure alimentación adecuada, vivienda digna, educación, vestimenta, asistencia sanitaria, transporte, esparcimiento, vacaciones y previsión.

SALARIO NOMINAL: aquel cuyo importe se halla expresado en unidades monetarias, prescindiendo de la capacidad adquisitiva que éstas tengan. En períodos inflacionarios, los salarios se ajustan en dinero por períodos cuya extensión será tanto menor cuanto mayor sea la tasa de inflación.

SALARIO POR PIEZA: remuneración que se abona por pieza o unidad producida. Este sistema de remuneración se aplica en aquellas empresas en las que su producción puede ser medida por pieza o por otra unidad, como metro, kilo, etcétera. Su utilidad consiste en incentivar una mayor producción por obrero, ya que a mayor producción, mayor remuneración.◆ Salario por unidad producida.◆ Salario a destajo.

SALARIO POR TIEMPO: remuneración que se abona en función del tiempo, sin considerar el volumen de producción física. Por lo general, la unidad por tiempo se basa en la hora, día, semana, quincena o mes. Este sistema es utilizado en las empresas en que la imputación del salario a la producción física es de difícil asignación.

SALARIO POR UNIDAD PRODUCIDA: salario por pieza.◆ Salario a destajo.

SALARIO REAL: representativo de la capacidad de compra. Expresa la cantidad de bienes y servicios que pueden ser comprados con el salario nominal.◆ Refleja el poder adquisitivo del salario.◆ Índice de salario expresado en función del valor del dinero y de la cantidad de bienes y servicios que con éste se pueden adquirir.◆ Jornal real.

SALARIOS CAÍDOS: remuneración correspondiente a los días efectivamente trabajados y no pagados.

SALDAR: extinguir una deuda u obligación. ◆ Dejar una cuenta con saldo cero.◆ Liquidar una deuda, asunto, etcétera.

SALDISTA: persona que compra y vende géneros procedente de saldos y de quiebras mercantiles.◆ Persona que salda una mercancía.

SALDO: diferencia resultante entre los débitos y créditos totales de una cuenta; cuando los primeros superan a los segundos, el saldo es deudor y, a la inversa, acreedor.◆ Diferencia neta de una cuenta.◆ Diferencia entre la suma registrada en el debe y la registrada en el haber.◆ Liquidación de una obligación o deuda.

SALDO A COBRAR: el que resta percibir.

SALDO A FAVOR: importe existente a favor de una persona en una cuenta.

SALDO ACREEDOR: saldo arrojado en los supuestos en los que el importe contenido en la columna del Haber de una cuenta resulta superior al que muestra la columna del Debe.

SALDO ANTERIOR: saldo previo a una registración contable.

SALDO BANCARIO: saldo a una fecha dada de una cuenta corriente bancaria, el cual puede diferir con el saldo en la cuenta contable.

SALDO DEUDOR: saldo arrojado como consecuencia de superar el importe del Debe, el monto reflejado en el Haber de una cuenta.

SALDO EN EL BANCO: saldo disponible o en descubierto de una cuenta corriente bancaria.

SALDOS FICTICIOS: aquellos que figuran en los balances falsos.

SALDOS IMPAGOS: los registrados en cuentas cuyos plazos de pago se encuentran vencidos.◆ Saldos insolutos.

SALDOS INSOLUTOS: ver **Saldos impagos**.

SALIDA: egreso.◆ Erogación.◆ Desembolso. ◆ Resultado de la actividad del proceso de datos cuando se presenta en el exterior del sistema o proceso de presentación exterior de estos datos.

SALTEADOR: persona dedicada a robar en despoblados y caminos.

SALVAGUARDIA: señal colocada, en tiempos de guerra y por orden de los comandantes militares, a la entrada de los pueblos o en las puertas de las viviendas para que los soldados no les hagan daño a sus habitantes.

SALVAMENTO: todo acto o actividad emprendido para auxiliar o asistir a una embarcación o aeronave, o para salvaguardar otros bienes que se encuentren en peligro.◆ Bienes salvados de un siniestro o del desecho de una partida de activo.◆ Este modo de adquisición de la propiedad naval procede en los casos en que la ley admite que los salvadores se conviertan en propietarios del buque de los objetos salvados o cuando establece que el buque salvado o abandonado sea devuelto al Estado *(A. Scialoja)*.◆ Nota por la cual se salva una enmienda en un documento.

SALVAR: pequeña mención realizada por parte de quien suscribe un instrumento o un escrito, colocada en la parte final de éste, con el objeto de ratificar lo testado entre líneas o anular lo escrito en el documento.

SALVO ERROR U OMISIÓN: SEUO.◆ Expresión que se coloca algunas veces al pie de una factura con el fin de reservar al que elabora los citados documentos el derecho de enmendarlos.

SALVOCONDUCTO: documento expedido por una autoridad para que el que lo lleva pueda transitar sin riesgo por donde aquélla es reconocida *(Diccionario de la Real Academia)*.◆ Libertad para hacer algo sin temor de sanciones.

SANCIÓN: consecuencia prevista por el ordenamiento jurídico con relación a la conducta normada, dirigida a lograr la inviolabilidad y la eficacia del precepto. La sanción cumple un papel preventivo a través de la coerción que actúa en el individuo tanto frente a la consideración de un premio cuanto a la de un castigo *(B. Montejano h.).*◆ Acto mediante el cual el Poder Legislativo aprueba un proyecto de ley.◆ Pena que la ley establece para quien la infringe.◆ Privación de un bien, como la vida, la libertad o la propiedad, en forma coactiva.

SANCIÓN DISCIPLINARIA: aquella que el empleador se encuentra facultado a aplicar en virtud del poder disciplinario que detenta en aquellos supuestos en los que corresponda y con observancia de la normativa vigente. Este tipo de sanción puede consistir en una amonestación, una suspensión, etcétera.

SANCIÓN ECONÓMICA: pena pecuniaria que se aplica en contratos por el incumplimiento de alguna o algunas de sus cláusulas.◆ Presión económica que se ejerce sobre alguna empresa o país.◆ Pena que se puede aplicar en concepto de multa por algún incumplimiento o infracción.

SANCIONAR: otorgar fuerza de ley a una disposición.◆ Aprobar o autorizar un acto, uso o costumbre.◆ Aplicar un castigo.

SANCIONES CONMINATORIAS: las impuestas por el juez y tribunales a fin de que las partes cumplan sus mandatos; el monto de éstas corresponde al litigante perjudicado por el incumplimiento.

SANEAMIENTO: indemnización que corresponde al comprador por la evicción o por el vicio oculto de la cosa vendida.◆ En ocasiones, suele utilizarse para significar el arreglo de las finanzas de un ente.

SANEAMIENTO DEL ACTIVO: depuración o sinceramiento de los elementos activos. Por ejemplo: obsolescencia de bienes y créditos problemáticos.

SANEAMIENTO FORESTAL: conjunto de acciones para combatir y controlar plagas y enfermedades forestales, incluyendo, en su caso, el derribo y el tratamiento de arbolado afectado.

SANEAR: garantizar la reparación de un posible daño sobreviniente.◆ En materia de compraventa, indemnizar al comprador como consecuencia de la evicción o vicio oculto que tuviere la cosa objeto de la transacción.

SANGRÍA: hurto de una cosa por pequeñas partes, especialmente en el caudal.

SANGUINARIO: que goza en derramar sangre. Feroz, vengativo.

SANIDAD: conjunto de servicios gubernativos destinados a la preservación de la salud del común de los habitantes de la Nación, de una provincia o un municipio.

SANIDAD EXTERIOR: sanidad gubernativa que tiene establecidos sus servicios y los presta en el exterior.

SANIDAD INTERIOR: sanidad ejercida dentro del Estado.

SANIDAD MARÍTIMA: parte de la sanidad exterior que radica en puertos y que atañe a la navegación.

SANIDAD MILITAR: cuerpo de profesores médicos, farmacéuticos y veterinarios y de tropas especiales en los ejércitos de agua, aire y tierra.

SANSIMONISMO: doctrina socialista de Saint-Simón, de acuerdo con la cual cada uno debe ser clasificado según su capacidad y remunerado según sus obras.

SAQUEADOR: que saquea.

SAQUEAR: apoderarse de todo o la mayor parte de aquello que hay o se guarda en algún lugar.

SAS: ver **Sociedad Anónima Simplificada**.

SATÉLITE: término que acostumbra a emplearse con frecuencia para designar despectivamente a un Estado dominado política y económicamente por otro Estado vecino más poderoso.◆ Oficial menor de justicia.◆ Ver **Satélite artificial.**

SATÉLITE ARTIFICIAL: vehículo tripulado o no que se coloca en órbita alrededor de la Tierra o de otro astro y que lleva aparatos apropiados para recoger información y transmitirla.

SATISDACIÓN: fianza, garantía.◆ Obligación que alguien se impone para responder del cumplimiento que otro debe hacer.

SATISFACER: pagar enteramente lo que se debe.◆ Solucionar una deuda.◆ Cumplir ciertos requisitos o exigencias.

SAYÓN: ministro de justicia de la época medieval, que tenía por principal oficio hacer las citaciones y ejecutar los embargos.◆ También se designaba de este modo al verdugo que ejecutaba las penas a las que eran condenados los reos.

SCA: ver **Sociedad en Comandita por Acciones**.

SCRIP: expresión de origen estadounidense que se coloca en un certificado para indicar que el portador tiene algún derecho o privilegio que aún no ha hecho efectivo.

SCS: ver **Sociedad en Comandita Simple**.

SECESIÓN: acto de una parte de la población nacional que se separa, pacífica o violentamente, del conjunto de la colectividad estatal, sea para unirse a otro Estado, o sea para formar un Estado distinto *(H. Capitant).*

SECRETARÍA DEL TESORO DE LOS EEUU: expresión equivalente a Ministerio de Economía.

SECRETARÍA Y LEGALES: área de actividad referida al cumplimiento directo o por terceros de los deberes establecidos en los estatutos o reglamentos de la sociedad, y apreciación y consejo a la empresa, sobre todas las tareas de sus operaciones y relaciones desde un punto de vista legal.

SECRETARIO: principal colaborador del juez. Su designación depende de la Cámara de Apelaciones del fuero correspondiente y se efectúa por medio de un concurso. En la primera instancia sus funciones se relacionan con la organización de expedientes y su mantenimiento. Los secretarios de Cámara deben concurrir a los acuerdos de los jueces de la Sala y dejar constancia de ellos en los libros respectivos; formular los proyectos de sentencia que se tratan en los acuerdos; dar cuenta, sin demora, de los escritos, peticiones, oficios y demás despachos al presidente de la Sala; autorizar las actuaciones, providencias y sentencias que ante ellos pasen; custodiar los expedientes y documentos que tuvieren a su cargo, siendo directamente responsables de su pérdida o deterioro; llevar en buen orden los libros que prevengan las leyes y disposiciones reglamentarias; conservar el sello de las Cámaras *(R. Arazi).*◆ Escribiente o amanuense.

SECRETARIO ADMINISTRATIVO: anteriormente se denominaban oficiales primeros. Entre sus funciones podemos destacar las siguientes: poner cargo a los escritos (fecha y hora en que son presentados), firmar las providencias simples y relativas al agregado de documentación y las que dispongan la remisión de las actuaciones al Ministerio Público, representantes del fisco, etcétera y devolver escritos presentados sin copias *(R. Arazi).*

SECRETO BANCARIO: obligación que pesa sobre una entidad bancaria consistente en guardar estricta reserva sobre los movimientos, relaciones y operaciones efectuados por los clientes. Se encuentra legislado en varios países y, a veces, se aplica parcialmente dentro de la más absoluta reserva. ◆ Es la propia esencia de la relación "cliente-banco" y del bien jurídico tutelado por el legislador; guarda una relación directa con el hecho de que el secreto refuerza la confianza que debe existir en el público con respecto a las entidades financieras. Para los especialistas, también debe ser vista en esta protección una raíz constitucional, como es la garantía de inviolabilidad de la correspondencia epistolar y de los papeles privados.

SECRETO DE ESTADO: secreto que no puede revelar el funcionario público sin incurrir en delito.◆ También comprende cualquier asunto político o diplomático no divulgado todavía.

SECRETO PROFESIONAL: obligación que tienen los componentes de ciertas profesiones de no manifestar a terceros los hechos acerca de los cuales hayan tenido conocimiento en virtud del ejercicio de su profesión. Constituye una cuestión no sólo legal sino ética. La relación de los profesionales con sus clientes debe desarrollarse confidencialmente.

SECTOR: suma de todas las unidades que actúan en la economía y tienen una conducta homogénea entre sí.

SECTOR ECONÓMICO: conjunto de sujetos o agentes que, por tener análoga naturaleza económica, efectúan el mismo tipo de transacciones y tienen, por lo tanto, un comportamiento económico similar.◆ Conjunto homogéneo de sujetos económicos que realizan habitualmente el mismo tipo de actividad o desarrollan la misma función.

SECTOR EMPRESAS: sector de la economía que abarca todas las empresas de un país: agropecuarias, industriales, comerciales, ya sean individuales, sociedades o empresas del Estado.◆ Ver **Empresas.**

SECTOR ESTADO: sector compuesto por todas las reparticiones centralizadas y descentralizadas del Gobierno Nacional y de los provinciales y municipales.

SECTOR EXTERNO: sector de la economía que refleja el movimiento de entradas y salidas de mercaderías y servicios y las transferencias de ingresos por remuneraciones de factores que ocurren entre el país y el resto del mundo.

SECTOR PERSONAS: sector que representa el conjunto de los individuos que reciben un ingreso por su actuación en el proceso productivo y lo dedican al consumo o al ahorro.

SECTOR PRIVADO: conjunto de la economía compuesto por los entes no estatales y las familias.

SECTOR PÚBLICO: conjunto de la economía compuesto por todos los entes estatales o públicos.

SECUESTRO: delito consistente en la privación de la libertad de una persona para obtener de ella o de un tercero, como precio de su liberación, un provecho injusto en beneficio propio o ajeno, consiguiere o no el secuestrador su objeto.◆ Es la medida cautelar mediante la cual se provoca el desapoderamiento material de un bien cuando el embargo no sea suficiente por sí solo para resguardar los derechos del peticionante. Procederá toda vez que esté munido de documentos de donde surja la verosimilitud de la pretensión que se quiere garantizar o cuando, dadas las características del bien, se requiera su guarda o conservación con el fin de que el resultado obtenido en el pronunciamiento definitivo no sea inocuo *(L. Álvarez Juliá)*.◆ Medida cautelar que consiste en desapoderar a alguien provisionalmente de un mueble o semoviente, cuya tenencia pasa a otra persona en calidad de depósito sin que se altere la titularidad del dominio *(F. Migliardi)*.

SECUESTRO DE BIENES: depósito judicial por embargo de bienes o como medida de aseguramiento en cuanto a los litigiosos.◆ Ver **Secuestro.**

SECUESTRO DE PERSONAS: aquella situación en la que uno o varios delincuentes, unidos o no en banda, mantienen cautiva a una o más personas, contra su voluntad, o a fin de negociar con sus familiares o empresas vinculadas a la víctima, una recompensa en dinero, a cambio de la liberación. de la víctima. Ésta permanece oculta por el tiempo que dure la negociación, que se realiza a través de métodos que pretenden evadir la acción policial y que apunta a concluir con la entrega de dinero (H. L. y Rimia). ◆ Ver **Secuestro.**

SECUESTRO EXTORSIVO: aquel que se realiza con el objeto de causar un daño, usurpación o arrebatamiento mediante la fuerza.◆ Ver **Secuestro.**

SECUESTRO JUDICIAL: secuestro ordenado por la Justicia.

SECUESTRO VIRTUAL: falso secuestro, por lo tanto, es un delito en el que nada es real. Las características son: el delincuente es un preso, el arma es un teléfono público, el supuesto secuestrado está libre e ileso. El miedo a sufrir un secuestro, hace caer en la trampa a quien atiende el teléfono.

SECULAR: que sucede o se repite cada siglo.◆ Que dura un siglo o desde hace siglos.

"SECURITIES": papeles, títulos.◆ Títulos-valores.◆ Documentos que otorgan la propiedad de algún bien o derecho a dividendo de una empresa.◆ Papeles que se negocian en una Bolsa de comercio o mercados secundarios.◆ En general, se utiliza este término como sinónimo de *stocks* y *shares* (acciones). La principal característica de un *security* es la posibilidad de ser objeto de negociación.◆ Papel negociable en el mercado de renta fija mínima.

SECURITIZACIÓN: reunión de créditos con ciertas características de homogeneidad en un paquete o conjunto, que se destina a respaldar la emisión de títulos-valores en el mercado de capitales.◆ Proceso de afectación de una cartera de créditos a un vehículo, el cual es securitizado y colocado entre los inversores. Básicamente, consiste en emitir títulos respaldados por activos financieros, por ejemplo, hipotecas. ◆ Reunión de una serie de créditos de cierta homogeneidad (sobre los cuales se pueda construir un flujo de capitales e intereses), que son transferidos por el acreedor llamado "originante" a un tercero llamado "vehículo", el que puede recurrir al mercado de capitales mediante la emisión de títulos (acciones, obligaciones negociables o cuota-partes).

SECURITIZACIÓN DEL CRÉDITO: transformación de los mecanismos tradicionales de crédito por medio de tasa activa y pasiva hacia la emisión de títulos por parte del que quiere el préstamo. La esencia es que el riesgo no lo toma solamente el banco que presta sino que se distribuye entre los compradores de los títulos o *securities*.

SEDE: asiento o trono de un prelado que ejerce jurisdicción.◆ Lugar donde tiene su domicilio o ejerce sus actividades una empresa.

SEDE IMPEDIDA: sede episcopal en la que por cautiverio, relegación, destierro o incapacidad, el Obispo diocesano se encuentra totalmente imposibilitado para ejercer su función pastoral en la diócesis.

SEDE SOCIAL: domicilio de una sociedad, asociación o agrupación.

SEDE VACANTE: aquella sede episcopal que por fallecimiento del Obispo, renuncia aceptada por el Romano Pontífice, traslado o privación intimada al Obispo, queda vacante.

SEDICIÓN: se da cuando, sin rebelarse contra el Gobierno Nacional, se arme una provincia contra otras, se alce en armas para cambiar la Constitución local, deponer alguno de los poderes públicos de una provincia o territorio federal; se arranque alguna medida o concesión o se impida, aunque sea temporalmente, el libre ejercicio de sus facultades legales o su formación o renovación en los términos y formas establecidos en la ley *(A. García).*

SEGUIR EL RASTRO: hacer el seguimiento de una determinada operación o movimiento con el objeto de comprobar el cumplimiento de las indicaciones establecidas.

SEGUNDA HIPOTECA: hipoteca sobre bienes inmuebles ya gravados con una primera hipoteca.

SEGUNDOGÉNITO: hijo nacido después del primogénito.

SEGURIDAD: cualidad de los activos que no pierden valor por carencia de pago. Normalmente se estima que el activo financiero más seguro es la deuda pública.◆ Fianza u obligación de indemnidad a favor de uno, regularmente en materia de intereses.

SEGURIDAD E HIGIENE: conjunto de normas técnicas y medidas sanitarias obligatorias que se aplican en el ámbito laboral con el objeto de reducir o eliminar los riesgos que se producen en el trabajo.

SEGURIDAD INDUSTRIAL: conjunto de procedimientos y normas de naturaleza técnica, legal y administrativa, orientado a la protección del trabajador, de los riesgos contra su integridad física y sus consecuencias, así como a mantener la continuidad del proceso productivo y la intangibilidad patrimonial del centro de trabajo.◆ Seguridad ocupacional.

SEGURIDAD INTERIOR: situación de hecho basada en el Derecho, en la cual se encuentran resguardadas la libertad, la vida y el patrimonio de los habitantes, así como sus derechos y garantías.

SEGURIDAD JURÍDICA: confiabilidad que genera la aplicación de los mecanismos que aseguran el funcionamiento de la Justicia imperante en un Estado nacional, provincial, municipal, etcétera; además, prevé posibles fallas o vinculación de las normas legales vigentes.

SEGURIDAD OCUPACIONAL: seguridad industrial.

SEGURIDAD PERSONAL: aquella basada en el otorgamiento de una fianza o en que otras personas se obliguen solidariamente con el deudor.

SEGURIDAD SOCIAL: cobertura de los principales riesgos (enfermedad, vejez, desempleo, retiro) y de otros menores (subsidios a los huérfanos, maternidad, defunciones, etc.), que generalmente son riesgos que deberá cubrir el Estado.◆ Previsión social pública destinada al amparo o a garantizar a las personas que por razones laborales, de enfermedad, falta de ocupación, etcétera, que le faciliten diversas coberturas. ◆ Ver **Derecho a la seguridad social.**

SEGURO: aquello que goza de certeza, que es indudable y, en alguna forma, infalible.◆ Salvoconducto, licencia o permiso que se concede para ejecutar lo que sin él no se podría.◆ Ver **Contrato de seguro**.

SEGURO ABIERTO: clase de seguro que cubre cualquier clase de propiedades.

SEGURO AÉREO: el que garantiza los daños y perjuicios que afecten a una aeronave y también los ocasionados a terceros por accidente del avión.

SEGURO COLECTIVO: tipo de seguro contratado cuando una empresa asegura a un número determinado de dependientes; puede incluir hasta a sus familiares.◆ Contrato que reúne a un grupo de personas unidas por un vínculo o interés común previo a la adhesión del seguro, pero diferente a la motivación de contratar el seguro, que cumple las condiciones de asegurabilidad y cuya cobertura se realiza mediante contrato único entre el asegurador y el contratante.

SEGURO CON CLÁUSULAS ADICIONALES: además del seguro de muerte, vida o mixto, pueden existir ciertas cláusulas adicionales. Ellas pueden consistir en: exención del pago de prima por incapacidad, renta por incapacidad, doble indemnización por muerte e indemnización adicional por invalidez producida por accidente.

SEGURO CONTRA INCENDIO: ver **Seguro de incendio.**

SEGURO CONTRA INTERRUPCIONES EN EL NEGOCIO: aquel que cubre los gastos, la nómina de salarios y la pérdida comercial después de una interrupción total o parcial en los negocios ocasionada por un siniestro.

SEGURO CONTRA INUNDACIONES: usualmente, no se encuentra alcanzado por el seguro estándar sobre bienes en peligro. El seguro contra inundaciones indemniza los daños físicos que pudiera sufrir una propiedad como consecuencia de inundaciones.

SEGURO CONTRA ROBO: ver **Seguro de robo y hurto.**

SEGURO DE ACCIDENTE INDIVIDUAL: aquel que comprende los daños corporales derivados de un accidente que sufra el asegurado.

SEGURO DE ACCIDENTES: generalmente, aquel que contrata una empresa con el objeto de cubrir los daños y perjuicios que puede sufrir un dependiente durante el horario laboral.

SEGURO DE ALQUILER: aquel que garantiza el pago del arrendamiento de un inmueble ante la insolvencia del inquilino o locatario.◆ Ver **Garantía de alquiler**.

SEGURO DE ANIMALES: el contratado cuando quiere asegurarse cualquier riesgo que afecte la vida o la salud de cualquier especie de animales. En el caso de mortalidad de éstos, el asegurador indemnizará el daño causado por la muerte del animal o animales asegurados, o por su incapacidad total o permanente si así se conviene.◆ Seguro de ganado.

SEGURO DE AUTOMOTORES: comprende al automotor asegurado por su propietario. Cubre los daños que afecten a aquél como consecuencia de la circulación, aunque se encuentre estacionado o en un garaje, y a bienes de terceros o a terceras personas.

SEGURO DE CAMBIO: mecanismo por el cual un deudor o acreedor de una obligación en divisa extranjera compra o vende, respectivamente, a futuro esa moneda, con el fin de evitar el riesgo de aumento o disminución en la tasa de cambio.◆ Póliza de seguro en la cual se acuerda entre el tomador y la compañía de seguro un tipo de cambio de una moneda extranjera determinada y en un momento preciso, abonando por esto una prima de seguro. Al producirse una variación del tipo de cambio por encima del tipo asegurado, esto no perjudica al tomador del seguro por cuanto se halla a cubierto con el seguro contratado. En cambio, si la cotización de la divisa extranjera se ubica por debajo del valor asegurado, el tomador se habrá perjudicado con el pago de la prima.

SEGURO DE CARGA: el que cubre los daños y perjuicios ocasionados a las mercaderías transportadas, sea por robo, por accidente, etcétera.

SEGURO DE CAUCIÓN: aquel a través del cual se garantiza al acreedor de una obligación no financiera el cumplimiento en tiempo y forma de lo convenido. Se aplica en aquellos casos en que se deba garantizar la ejecución de una obra o el cumplimiento de un suministro o servicio.

SEGURO DE CONFIANZA: el que cubre los daños económicos reales que sufra el asegurado por infidelidad del dependiente, derivados de hurto, el robo, la falsificación de documentos, etcétera.

SEGURO DE CRÉDITO: aquel que garantiza a un acreedor –ante la potencial insolvencia o cesación de pagos de su deudor– la percepción del crédito que no satisfaga éste. En algunos países, se encuentra prohibido asegurar operaciones financieras.◆ Consiste en un contrato en virtud del cual el asegurador se obliga a pagar al acreedor una indemnización por las pérdidas netas definitivas que sufra como consecuencia de la insolvencia de sus deudores.

SEGURO DE CRÉDITO A LA EXPORTACIÓN: seguro que toma el exportador en operaciones de exportación financiadas a plazo para cubrirse del riesgo de incobrabilidad por motivos comerciales, políticos u otros.

SEGURO DE DESEMPLEO: generalmente, es cubierto por el Estado Nacional, provincial o municipal bajo determinadas condiciones. El asegurado recibe una suma mensual, en caso de perder su trabajo, por razones ajenas a su voluntad y que no transgredan las normas legales.◆ Ver **Seguro social**.

SEGURO DE INCENDIO: aquel mediante el cual se garantizan los bienes del asegurado contra daños por efectos de incendio producido sin intervención voluntaria propia de familiares o dependientes. A menudo, se complementa con el seguro de lucro cesante.

SEGURO DE INDEMNIZACIÓN OBJETIVA: aquel en el cual el monto correspondiente a la indemnización es determinado *a posteriori* del siniestro.

SEGURO DE INDEMNIZACIÓN SUBJETIVA: seguro en el cual la suma indemnizatoria es fijada sobre la base de un daño futuro y al tiempo de celebrarse el contrato; es decir, *a priori* del siniestro.

SEGURO DE LUCRO CESANTE: aquel que cubre la pérdida de rentabilidad que padece el asegurado ante la inactividad de su empresa como consecuencia de un siniestro que lo imposibilita de ejercer sus tareas.

SEGURO DE PERSONAS: el que se celebra sobre la vida del contratante o de un tercero.

SEGURO DE RESPONSABILIDAD CIVIL: obligatorio en varios países, garantiza al asegurado por todas las pérdidas o daños y perjuicios ocasionados a terceros como consecuencia de un accidente (normalmente, automotor). El asegurador se obliga a mantener indemne al asegurado por cuanto deba a un tercero en razón de la responsabilidad prevista en el contrato, a consecuencia de un hecho acaecido en el plazo convenido.

SEGURO DE RESPONSABILIDAD PROFESIONAL: cubre los daños y perjuicios como consecuencia de la actuación profesional de los asegurados contra terceras personas por el incorrecto ejercicio de su profesión. Este seguro tiene vigencia en los países desarrollados.

SEGURO DE RETIRO: toda cobertura sobre la vida que establezca, para el caso de supervivencia de las personas a partir de la fecha de retiro, el pago periódico de una renta vitalicia; y para el caso de muerte del asegurado anterior a dicha fecha, el pago total del fondo de las primas a los beneficiarios indicados en la póliza o a sus derechohabientes.

SEGURO DE RIESGOS FLUVIALES: aquel que garantiza los daños y perjuicios que afecten, durante la navegación o durante la permanencia en puertos, las mercaderías transportadas por buque.

SEGURO DE ROBO: ver **Seguro de robo y hurto**.

SEGURO DE ROBO Y HURTO: cobertura por el perjuicio patrimonial ocasionado como consecuencia de un robo o hurto.

SEGURO DE TRANSPORTE: contrato a través del cual el asegurador puede asumir cualquier riesgo a que estén expuestos los vehículos de transporte, las mercaderías o la responsabilidad del transportador.

SEGURO DE TRANSPORTE DE VALORES: el que protege los riesgos que pudieran amenazar los efectos mercantiles o industriales, valores públicos, billetes de lotería o Banco u otros documentos análogos.

SEGURO DE TRANSPORTE TERRESTRE: seguro que cubre los riesgos que amenacen los intereses de los asegurados tanto durante la locomoción terrestre como en su fase preparatoria e, incluso, en los momentos de quietud que en dependencia directa de ella la precedan, interrumpan o subsigan. Salvo pacto expreso en contrario, cubre desde que se entregan las mercancías al porteador hasta que se entregan al destinatario en el punto de destino.

SEGURO DE VAGONES EN TRÁFICO: aquel que protege contra la destrucción, averías o daños directos del material asegurado, en viaje, en estaciones férreas, apartaderos, cocheras y recintos de talleres de separación.

SEGURO DE VARIAS CABEZAS: aquel que cubre a más de un asegurado que se establece por la misma aseguradora; se abonará en caso de que fallezca el primero o el último del grupo de asegurados. Se ofrece para matrimonios y para socios de una empresa.

SEGURO DE VIAJE: aquel que cubre el accidente que afecte al asegurado durante un viaje. La cobertura es contra muerte o invalidez total o parcial.

SEGURO DE VIDA DE RIESGO PURO: aquel que cubre exclusivamente el riesgo de muerte. Son habitualmente coberturas temporarias porque se acuerda con la compañía el tiempo en que estarán vigentes. La prestación sólo tiene lugar si el asegurado falleciera durante la vigencia del contrato. La prima es fija durante el contrato, al igual que el capital asegurado.

SEGURO DE VIDA DOTAL: aquel que complementa la cobertura de muerte con el pago al asegurador, de un importe equivalente al capital asegurado si llega con vida a una fecha prefijada del contrato. ◆ Ver **Seguro dotal.**

SEGURO DE VIDA ENTERA: no tiene fecha de finalización de la cobertura. La prestación siempre se hará efectiva. La prima es fija pero parte de ella se destina a constituir un fondo de ahorro.

SEGURO DE VIDA UNIVERSAL: aquel que comprende una cobertura de muerte por un beneficio definido y un monto de ahorro también preestablecido. Es muy flexible en cuanto a las condiciones pactadas. Está orientado al ahorro. En general, se comercializa proponiendo al asegurable disponer de un ahorro a la edad de jubilación, pero también para otros fines específicos.

SEGURO DOTAL: aquel seguro que prevé el pago del capital asegurado a los beneficiarios en caso de fallecimiento dentro del período cubierto por la póliza. En caso de que el asegurado alcance con vida el fin del período de cobertura, se abona un capital asegurado que será menor o igual al estipulado en caso de muerte.

SEGURO EN CASO DE MUERTE: seguro en el cual, al fallecer el asegurado, el asegurador paga al beneficiario o a sus herederos.

SEGURO EN CASO DE VIDA: contrato en virtud del cual el asegurador se compromete a pagar al asegurado o a sus beneficiarios un determinado capital o una renta, en caso de cumplimiento de los plazos pactados o al fallecimiento del asegurado, o en ambos casos, a cambio de una prima pagadera durante períodos establecidos en la póliza o hasta que sobrevenga la muerte del asegurado, de acuerdo con el plan que se acuerde entre las partes *(De Vila Bacarreza).*

SEGURO HIPOTECARIO: aquel que protege al prestador en caso de incumplimiento de las obligaciones derivadas de un préstamo.

SEGURO INDIVIDUAL: aquel que garantiza únicamente al asegurado o a algún bien.

SEGURO INSUFICIENTE: aquel que garantiza solamente una parte de un riesgo; no alcanza la cobertura al total del precio del bien.

SEGURO INTEGRAL: aquel que garantiza la cobertura de distintos riesgos.

SEGURO MIXTO: combinación entre el seguro de vida y de muerte; se paga a los beneficiarios si el asegurado fallece antes de vencer el contrato y se paga al asegurado si al vencimiento vive.

SEGURO OBLIGATORIO: seguro exigido e impuesto por el Estado o por autoridad competente. Por ejemplo: automotores, de vida obligatorio, etcétera.

SEGURO – PÓLIZA DE: ver **Póliza de seguro**.

SEGURO POR CUENTA AJENA: aquel en el cual el asegurador no es el tomador, sino un tercero determinado o indeterminado que adquiere los derechos derivados del contrato.

SEGURO PRIVADO: ver **Seguro propio**.

SEGURO PROPIO: cobertura, con dinero propio, que hace una persona para cubrirse de ciertos riesgos sobre determinados bienes. Consiste en una práctica habitual en situaciones de encarecimiento de los servicios de seguro.◆ Seguro privado.

SEGURO SOBRE BIENES EN PELIGRO: en España, seguro cuya cobertura alcanza a reparar los daños que pudieren ocasionarse a una propiedad como consecuencia del accionar del fuego, tormentas de viento, y otros peligros comunes.

SEGURO SOCIAL: cobertura económica de ciertas situaciones o riesgos ciertos sociales mediante el mantenimiento de un fondo a través de la contribución de los trabajadores, empresarios y Estado. Los mencionados riesgos ciertos son la enfermedad, el desempleo, la vejez, el retiro. Con el uso de este fondo se proveen ingresos a los desempleados, servicios sociales y sanitarios, y jubilaciones y pensiones. En términos económicos, consiste en incorporar y mantener socialmente en el mercado a las personas que por motivos de salud, falta de oferta laboral o vejez se deben alejar del mercado laboral y de los ingresos. Tiene por objeto amparar a la clase trabajadora contra determinados riesgos, como accidentes de trabajo, enfermedades, desocupación, muerte, etcétera. El pago de la prima está a cargo de empleadores y empleados. En caso de muerte, se paga el importe del seguro al beneficiario designado por el asegurado o a sus herederos. Estos seguros son, generalmente, obligatorios en algunos países.◆ El objeto es acudir en auxilio del trabajador, siempre que por una causa de accidente, enfermedad, paro, vejez, etcétera, le falte el ingreso procedente del trabajo *(Jordana de Pozas)*.◆ Es el que garantiza contra las consecuencias económicas de los riesgos que pueden disminuir o extinguir la capacidad del hombre para el trabajo *(García Oviedo)*.◆ Aquella institución jurídico-social cuyo objeto está referido a la prevención, eliminación o cobertura de las posibles situaciones nuevas de la vida de las personas, cuando aquéllas deriven de los "riesgos sociales", reconociéndoles un derecho, garantizado por el Estado, en defensa de interés individual y del colectivo *(Videla Morón)*.

SEGURO SUBSIDIARIO: seguro que cubre el riesgo de que otro asegurador falte al pago de la indemnización que, por virtud del contrato hecho con anterioridad, le sea exigible.

SEGURO TEMPORARIO: aquel que se contrata por un tiempo limitado, reducido por un hecho o evento circunstancial. El capital de este seguro es pagadero inmediatamente después de la muerte del asegurado si esto ocurre antes de terminar el plazo convenido para la duración del seguro.

SELA: ver **Sistema Económico Latinoamericano**.

SELECCIÓN DE PERSONAL: elección que se realiza entre los aspirantes a un determinado empleo en una empresa.

SELLO: timbre oficial que se usa en el franqueo de cartas, paquetes postales, etcétera.◆ En Colombia, Chile y Perú, significa cruz o reverso de la moneda.◆ Identificación con una marca reconocida.

SEMANA INGLESA: régimen semanal de trabajo que terminaba al mediodía del sábado.

SEMANA LABORAL: cantidad de días y horas laborables durante la semana.

SEMANA LABORAL REDUCIDA: horario de trabajo inferior al normal.

SEMEJANTE: similar. Suele emplearse con sentido de comparación o ponderación.

SEMESTRAL: relativo a aquello que acontece cada seis meses o que dura dicho espacio de tiempo.◆ Ver **Semestre**.

SEMESTRE: renta, sueldo, pensión, etcétera, que se cobra o que se paga cada seis meses.◆ Espacio de seis meses.◆ Semestral.

SEMINARIO: grupo reducido que estudia un tema intensivamente en varias reuniones en las que todos participan aportando sus indagaciones.

SEMOVIENTES: ver **Bienes semovientes.**

SENADO: lugar en que los senadores realizan sus sesiones.◆ Nombre que en los sistemas bicamerales recibe la Cámara Alta que, junto a la Cámara de Diputados, constituye el cuerpo legislativo de una Nación. El Senado está representado por todas las provincias que lo componen.◆ Cuerpo legislativo formado por personas cualificadas, elegidas o designadas por razón de su cargo, posición, título, etcétera.

SENADOCONSULTO: decreto o determinación del antiguo senado romano.

SENDA PEATONAL: sector de la calzada destinado al cruce de ella por peatones y demás usuarios de la acera. Si no está delimitada, es la prolongación longitudinal de ésta.

SENSOR: dispositivo que detecta una determinada acción externa y transmite dicha señal adecuadamente.◆ Reglas o pautas que se toman como base en el inicio de una auditoría.

SENTENCIA: acto procesal y documento en el que se registra la declaración y dictamen del magistrado en una causa.◆ Es una decisión judicial mediante la cual se pone fin a un pleito.◆ Pieza escrita que contiene el tenor de la decisión, los nombres de los magistrados que lo han dictado y el del representante del Ministerio Público que ha asistido a los debates *(H. Capitant).*

SENTENCIA A PEDIDO: la que se decide, en algunos países, en materia voluntaria en los casos en que la ley autoriza a una de las partes para que provoque mediante una petición la intervención del tribunal, sin que se cite al adversario.

SENTENCIA ARBITRARIA: aquella dictada con arbitrariedad, sin basamento legal suficiente.◆ Sentencia dictada sin base legal suficiente. ◆ Ver **Arbitrariedad.**

SENTENCIA CONMINATORIA: aquella que ordena a una de las partes en juicio que haga una cosa, bajo apercibimiento de sanción.

SENTENCIA DE PARTICIÓN: aquella que ordena la partición de una herencia o de una masa o bien indiviso.

SENTENCIA DE PRIMERA INSTANCIA: aquella que puede someterse a la jurisdicción superior por medio de apelación.

SENTENCIA DE QUIEBRA: aquella que declara la certeza del estado de insolvencia y constituye un estado jurídico inexistente antes, a fin de realizar de mejor modo la tutela de los acreedores *(Bonfanti - Garrone).*

SENTENCIA DE ÚLTIMA INSTANCIA: sentencia no apelable.

SENTENCIA DEFINITIVA: aquella mediante la cual termina el pleito o hace imposible su continuación.

SENTENCIA FIRME: aquella sentencia que, por estar confirmada, por no ser apelable o por haber sido consentida por las partes, causa ejecutoria.

SENTENCIA PENAL: acto mediante el cual el juzgador declara su voluntad acerca del problema de fondo controvertido en el proceso y de los de forma relacionados con el mismo. No es la sentencia un acto sacramental, pero estando destinada a fijar definitivamente la situación del imputado y a definir las distintas relaciones o situaciones del proceso, sus formas resultan impuestas por altos principios de orden social.

SENTENCIAR: pronunciar sentencia.◆ En materia penal, condenar por sentencia. ◆ Expresar el parecer, juicio o dictamen que decide a favor de una de las partes contendientes lo que se disputa o controvierte.

SENTENCIAS CONSTITUTIVAS: aquellas que, además de declarar un derecho, modifican un estado jurídico preexistente constituyendo uno nuevo *(F. Migliardi).*

SENTENCIAS DECLARATIVAS: aquellas que tienen por objeto la mera declaración de la existencia de un derecho *(F. Migliardi).*

SENTENCIAS INTERLOCUTORIAS: las que resuelven cuestiones que requieren sustanciación, planteadas durante el curso del proceso.

SEÑA: pago efectuado a modo de anticipo y a cuenta del valor final de la operación con el fin de asegurar su adquisición. Contablemente, hasta que se liquide la operación, es un crédito a favor del comprador y una deuda por parte del vendedor.◆ Señal.◆ Ver **Arras.**

SEÑAL: marca o nota que se pone o que hay en las cosas para darlas a conocer o distinguirlas de otras.◆ Dación o entrega de una cosa mueble, que puede o no ser dinero, que una de las partes contratantes realiza a favor de otra u otros.◆ Pacto real que se realiza al celebrarse un contrato o al prometerse su celebración, para asegurarlo, consistente en una prestación de dar, que puede o no ser de la misma naturaleza de las prestaciones del contrato.◆ Arras.◆ Seña.

SEÑALAMIENTO: designación de día para un juicio oral o una vista.◆ Asunto que se ha de tratar en el día designado *(Diccionario de la Real Academia).*

SEÑALAR PLAZO: remitir un efecto jurídico a un momento futuro.

SEÑORÍO: dominio o mando que se tiene o ejerce sobre una cosa.

SEPARACIÓN CONYUGAL: interrupción de la vida conyugal por conformidad de las partes o fallo judicial, sin que se extinga el vínculo matrimonial.

SEPARACIÓN DE BIENES: régimen en el cual cada cónyuge conserva la propiedad, administración y goce de los bienes que lleva al matrimonio o adquiere después, y responde exclusivamente por sus deudas. Existe completa independencia patrimonial entre los esposos, como si no estuvieran casados *(A. Belluscio)*.◆ Es una de las causales de extinción de la sociedad conyugal.

SEPARACIÓN DE CUERPOS: separación personal.

SEPARACIÓN DE HECHO: interrupción por parte de los cónyuges del deber de cohabitación.◆ Cese efectivo de la convivencia conyugal.

SEPARACIÓN DE PATRIMONIOS: en materia de sucesiones, procedimiento mediante el cual puede impedirse la confusión de bienes del causante con los personales del heredero *(O. Maffia)*.

SEPARACIÓN MATRIMONIAL: cese del deber de convivencia, sea por acuerdo de los mismos cónyuges, por decisión, por decisión de uno consentida por el otro o por resolución judicial.

SEPARACIÓN PERSONAL: interrupción de la vida matrimonial por mutuo acuerdo o por fallo judicial, sin extinción del vínculo conyugal.

SEPARAR: privar de un empleo, cargo o condición al que lo servía u ostentaba.

SERVICIO: organización y personal destinados a cuidar intereses o a satisfacer necesidades del público o de alguna entidad oficial o privada.

SERVICIO DE COBRO: método o procedimiento que se utiliza para cobrar a los deudores en mora.

SERVICIO DE INTELIGENCIA: organización secreta en un Estado, la cual es creada para dirigir y organizar el espionaje.

SERVICIO DE LA DEUDA: pago del interés sobre el capital y la parte de éste que se encuentre vencida.◆ Es un pago hecho por un prestatario a un prestamista. Puede incluir uno o todos los siguientes: a) pago por intereses, b) reembolso del principal y c) comisión por compromiso.◆ Designa el conjunto de pagos al exterior que un país debe hacer como consecuencia de la deuda exterior que tiene contraída, incluyendo los intereses y la amortización o devolución de la deuda.

SERVICIO DE PILOTAJE: consiste en conducir una embarcación mediante la utilización, por parte de los capitanes de los buques, de un piloto de puerto para efectuar las maniobras de entrada, salida, fondeo, enmienda, atraque o desatraque en los puertos; tiene como fin garantizar y preservar la seguridad de la embarcación.

SERVICIO DE TRANSPORTE: el traslado de personas o cosas realizado con un fin económico directo (producción, guarda o comercialización) o mediando contrato de transporte.

SERVICIO DISCRECIONAL: aquel que una empresa, autorizada para prestar un determinado servicio público, realiza en función de sus propios intereses y de los usuarios.

SERVICIO DOMÉSTICO: el relativo a los sirvientes de una casa y a la prestación que realizan.◆ El estado de las personas a sueldo, al servicio de otras personas o familias, con el objeto de consagrarles su trabajo y cuidado, sin que puedan ser dedicados a fines de lucro directo, comercio e industria.

SERVICIO PARA EMPLEADOS: mantenimiento del bienestar general de los empleados en sus tareas y asistencia en los problemas relacionados con su seguridad y bienestar personal.

SERVICIO PENITENCIARIO: fuerza de seguridad de la Nación destinada a la custodia y guarda de los procesados, y a la ejecución de las sanciones penales privativas de libertad, de acuerdo con las normas vigentes.

SERVICIO PORTUARIO DE REMOLQUE MANIOBRA: aquel que se presta para auxiliar a una embarcación en las maniobras de fondeo, entrada, salida, atraque, desatraque y enmienda, dentro de los límites del puerto, para garantizar la seguridad de la navegación interior del puerto y sus instalaciones.

SERVICIO SECRETO: cuerpo de agentes que, a las órdenes de un Gobierno y procurando pasar inadvertidos, se dedican a recoger datos e informes reservados, tanto en el propio país como en el extranjero.

SERVICIOS: conjunto de actividades, beneficios o satisfacciones que se ofrecen en venta. Por ejemplo: reparaciones, cortes de cabello, etcétera.◆ Son artículos intangibles, cosas que no pueden ser prendidas, tocadas o vistas antes de ser adquiridas.

SERVICIOS ECONÓMICOS: aquellos prestados por empresas públicas o privadas y por organismos públicos con el fin de satisfacer necesidades de la población. Dentro de éstos, se encuentran los servicios públicos como por ejemplo la seguridad, la administración de Justicia, la sanidad, la educación, los servicios prestados por empresas privadas, tales como transporte, seguros, bancos, comercio, etcétera.

SERVICIOS FINANCIEROS: área de las finanzas que se ocupa de proporcionar asesoría y productos financieros a las personas, empresas y Gobiernos *(L. Gitman).*

SERVICIOS PÚBLICOS: servicio prestado a toda la comunidad para satisfacer una necesidad colectiva por parte de una organización estatal o privada. Son así considerados los bienes inmateriales provistos por el Estado para la satisfacción de necesidades públicas. Estos servicios pueden ser prestados tanto por el mismo Estado como por los particulares, en virtud de concesiones. En general, la doctrina sostiene que son las actividades que el Estado realiza en procura de la satisfacción de las necesidades públicas. Hay servicios que simultáneamente satisfacen necesidades públicas y particulares, de tal forma que los demandantes pueden obtener tales servicios y aceptar el precio que el Estado exige a cambio. Estos servicios se denominan divisibles. La divisibilidad es una característica del servicio al satisfacer una necesidad pública y una individual conjuntamente. Existe, en contraposición a la anterior, otra clase de servicios indivisibles, que son prestados por el Estado en razón de sus propios fines y que no pueden ser susceptibles de demanda individual.

SERVICIOS PÚBLICOS ESENCIALES: aquellos inherentes a la soberanía del Estado puesto que sólo pueden ser prestados por él, en forma exclusiva e indelegable *(J. Villegas).* Por ejemplo: servicio de seguridad, judicial, etc.

SERVICIOS PÚBLICOS NO ESENCIALES: aquellos que tienden a satisfacer necesidades públicas vinculadas con el progreso y bienestar social; no se consideran inherentes a la soberanía *(J. Villegas).* Por ejemplo: servicios de transporte, etcétera.

SERVICIOS SANITARIOS: toda organización municipal, provincial, nacional, etcétera, destinada a vigilar y proteger la salud pública.

SERVIDUMBRE: gravamen impuesto sobre un inmueble en beneficio de otro perteneciente a distinto dueño. El inmueble a cuyo favor está constituida la servidumbre se llama predio dominante; el que la sufre, predio sirviente.◆ Derecho del propietario de un terreno para hacer uso de un camino, línea de energía eléctrica, de una corriente de agua u otros beneficios, sobre una tierra adyacente.

SERVIDUMBRE DE ABREVADERO: derecho real que grava un predio al cual van los ganados de otro a beber.

SERVIDUMBRE DE ACUEDUCTO: en caso de duda, se reputa constituida como servidumbre real.◆ Ver **Acueducto.**

SERVIDUMBRE DE LUCES: la que limita la construcción o altura de un edificio para dejar libre paso de la luz a otra finca inmediata, sin permitir la vista de ésta.

SERVIDUMBRE DE PASO: la que da derecho a atravesar una finca ajena en beneficio de otra propia *(Diccionario de la Real Academia Española).*

SERVIDUMBRE DE VISTAS: la que da al predio dominante el derecho de tener ventanas u otros huecos en su casa desde donde pueda mirar al predio sirviente, con la consiguiente obligación de éste de no impedirlo con nuevas construcciones y plantaciones.

SERVIDUMBRE FORZOSA: aquella al otorgamiento de la cual puede ser legítimamente compelido el dueño del predio sirviente.

SERVIDUMBRE LEGAL: derecho real que por ministerio de la ley grava los inmuebles sin expreso otorgamiento de título para constituirla.

SERVIDUMBRE PERSONAL: la que se constituye en utilidad de alguna persona determinada, sin dependencia de la posesión de un inmueble y que acaba con ella.

SERVIDUMBRE PÚBLICA: la constituida para el uso general o de una colectividad determinada.

SERVIDUMBRE REAL: derecho real establecido al poseedor de una heredad sobre otra heredad ajena para utilidad de la primera.

SERVIDUMBRES APARENTES: aquellas que se anuncian por signos exteriores, como una puerta o una ventana.

SERVIDUMBRES CONTINUAS: aquellas cuyo uso es o puede ser continuo, sin un hecho actual del hombre, como la servidumbre de vista. No dejan de ser continuas aunque su ejercicio se interrumpa por intervalos más o menos largos a causa de obstáculos cuya remoción exige el hecho actual del hombre.

SERVIDUMBRES DISCONTINUAS: aquellas que tienen necesidad del hecho actual del hombre para ser ejercidas, como la servidumbre de paso.

SERVIDUMBRES NO APARENTES: las que no se manifiestan por ningún signo, como la prohibición de elevar un edificio a una altura determinada.

SERVIDUMBRES PREDIALES: una finca puede ser gravada en beneficio de quien, en cada momento, sea propietario de otra finca, de forma que éste pueda aprovechar la finca en ciertos aspectos o de forma que no puedan ser realizados en la finca determinados actos o esté excluido el ejercicio de un derecho que se derive de la propiedad de la finca gravada frente a la otra finca.

SERVIR: conceder en forma voluntaria al Gobierno una porción de dinero para las urgencias del Estado o del público.

SESIÓN: junta o reunión de una sociedad.

SESIONAR: asistir a una sesión participando en sus debates.

SESIONES EXTRAORDINARIAS: aquellas convocadas en forma extraordinaria en caso de suscitarse un supuesto de grave interés de orden o progreso.

SESIONES ORDINARIAS: aquellas cuya duración se encuentra fijada en la Constitución, tanto en su fecha de inicio como en la de finalización.

SESIONES PREPARATORIAS: las previas al inicio de las sesiones ordinarias y durante las cuales se procede al análisis de los diplomas de los legisladores electos y su posterior incorporación a la Cámara correspondiente así como la designación de sus autoridades y los horarios de sesiones.

SEUDÓNIMO: designación que una persona voluntariamente se da a sí misma, sea con el objeto de ocultar su identidad o de darle realce en una actividad y puede formarse con un nombre y apellido o con una designación de fantasía. ◆ Nombre falso (I. García Netto).

SEUO: ver **Salvo Error u Omisión**.

SEVICIA: malos tratos físicos ejercidos sobre alguien. Entre cónyuges, constituye una de las faltas que eventualmente justifican el divorcio.

SEXISMO: trato discriminatorio hacia individuos de un sexo, al cual se considera inferior al otro.

SEXMERO: encargado de los negocios de un sexmo.

SEXMO: división territorial que comprende cierto número de pueblos asociados para la administración de bienes comunes.

SEXO: clasificación cultural binaria entre hombre y mujer, macho-hembra de las personas y otros seres vivos según criterios genéticos biológicos, físicos y fisiológicos. Es importante tener en cuenta que los aspectos que constituyen el sexo de un ser vivo (cromosomas, hormonas, gónadas, estructuras sexuales internas y genitales) existen de un modo diverso y no tan uniforme como se cree, lo cual relativiza esta tajante clasificación en dos sexos (INADI).

SEXTO: libro en que están compiladas algunas constituciones y decretos canónicos.

SGR: ver **Sociedad de Garantía Recíproca**.

"SHOPPING CENTER": centro comercial o paseo de compras. Se trata de un complejo integrado por numerosos locales de venta que constituyen entre sí unidades independientes. Poseen una estructura similar a la de un hipermercado.

"SHORT": estar vendido en una posición, sea título o acción.◆ Posición de un operador que vende una acción sin tenerla con la certeza de comprarla después a un precio inferior para cubrir la venta.

SIAMÉS: cada uno de los hermanos gemelos que nacen unidos por alguna parte de sus cuerpos.

SICALIPSIS: malicia sexual.

SICARIO: asesino asalariado y profesional si es reincidente o habitual.◆ Secuaz.◆ Mercenario.

SIERVO: esclavo de un señor.

SIERVO DE LA GLEBA: esclavo afecto a una heredad y que no se desligaba de ella al cambiar de dueño.

SIETE PARTIDAS - LAS: compendio legislativo cuya redacción empezó en 1256 y terminó siete años después. Esta legislación tuvo su origen en época de Alfonso X y se le dio fuerza legal durante el reinado de Alfonso XI (1312-1350). Su contenido, según *Hernández Peñalosa*, fue el siguiente: la primera partida trata de fuentes del Derecho, del eclesiástico (disciplina) y aun de dogma; la segunda, de Derecho Público en aspectos político-administrativos; la tercera contiene procedimiento general y Derecho Civil y Mercantil; la cuarta, derecho civil; la quinta, obligaciones y contratos; la sexta trata sobre disposiciones de Derecho Hereditario y guardas; y la séptima, sobre disposiciones de Derecho Penal *(Monroy Cabra).*

SIFÓN: práctica genealógica por la que se enlaza al solicitante de la sucesión o rehabilitación de un título nobiliario con el último poseedor, ascendiendo por la línea paterna o materna de éste hasta una generación anterior al primer titular, para descender luego por la línea colateral o de simple afinidad.

SIGEN: ver **Sindicatura General de la Nación**.

SIGEP: ver **Sindicatura General de Empresas Públicas**.

SIGILAR: callar u ocultar una cosa.

SIGILO PROFESIONAL: secreto profesional.

SIGILOGRAFÍA: estudio de los sellos empleados para autorizar documentos, cerrar pliegos, etcétera.

SIJP: ver **Sistema Integrado de Jubilaciones y Pensiones**.

SILENCIO: desestimación tácita de una petición o recurso por el mero vencimiento del plazo que la administración pública tiene para resolver.

SILENCIO DE LA LEY: lagunas de la ley. ◆ Ver **Lagunas legales.**

SILLA ELÉCTRICA: silla dispuesta para electrocutar a los condenados a la pena de ejecución.

SIMPOSIO: exposiciones orales de un grupo de individuos sobre diferentes aspectos de un mismo tema o problema. Las distintas exposiciones son complementarias.

SIMULACIÓN: maniobra que tiene por finalidad ocultar la verdadera naturaleza de ciertas conductas o actos bajo una falsa apariencia o bajo un acto inexistente.◆ Ver **Acción de simulación.**

SIMULACIÓN DOLOSA DE PAGO: delito fiscal consistente en la simulación, mediante registraciones o comprobantes falsos o cualquier otro ardid, del pago total o parcial de obligaciones tributarias o de recursos de la seguridad social nacional o derivadas de la aplicación de sanciones pecuniarias, sean obligaciones propias o de terceros.

SIMULACRO: acción de guerra fingida.◆ Ficción, imitación, falsificación.

SIN ÁNIMO DE LUCRO: carente de propósito de utilidad económica.

SIN FONDOS SUFICIENTES: expresión habitualmente utilizada cuando una entidad bancaria rechaza un cheque por no tener el librador depositados los fondos suficientes o bien cuando la autorización para girar en descubierto ha sido superada.

SIN INTERESES: expresión utilizada para significar que se excluyen los intereses o que no tiene.

SINALAGMA: nexo que existe entre las obligaciones recíprocas, a cargo de ambas partes.

SINALAGMA FUNCIONAL: aquel en el que ambos deberes, funcionalmente enlazados, deben cumplirse simultáneamente; la regla de la prestación simultánea aparece así como una consecuencia inmediata de la interdependencia funcional.

SINALAGMA GENÉTICO: significa que en la génesis de la relación obligatoria, cada deber de prestación constituye para la otra parte la causa por la cual se obliga a realizar su propia prestación. La inicial inexistencia o la subsiguiente desaparición de uno de los deberes de prestación lleva aparejado como consecuencia el que el otro deber de prestación aislado carezca de sentido.

SINALAGMÁTICO: relativo al contrato bilateral.

SINDICACIÓN: retención de un monto de dinero, de valores o mercancías afectados a compromisos especiales para comercializarlos.◆ Grupo de entidades bancarias reunidas con el objetivo de alcanzar una capacidad suficiente a fin de emitir valores comunes o garantizar operaciones de importancia.

SINDICACIÓN DE ACCIONES: puede consistir en la restricción a la libre circulación de las acciones como consecuencia de un acto de libre voluntad de los accionistas o por causa de una modificación estatutaria con unanimidad en el acuerdo. Existen motivos de orden práctico para mantener en vigor las cláusulas restrictivas que forman lo sustantivo de esta práctica. En las sociedades anónimas familiares para impedir el ingreso a las SA de elementos extraños y, por otro lado, para impedir en sociedades que explotan procedimientos secretos la divulgación de éstos; por último, para evitar la entrada de competidores empeñados en alcanzar la mayoría societaria. El interés de mantener unido al capital accionario en beneficio de la misma empresa o en interés de los fundadores –en especial, de las sociedades anónimas de tipo familiar– hizo concebir la posibilidad de agrupar las acciones en una organización formada por los accionistas unidos por un pacto obligatorio mientras persistiera la voluntad unánime de mantenerlo en vigor. Es un pacto obligatorio.◆ Bloqueo de libre negociabilidad de las acciones. ◆ Ver **Sindicato de accionistas.**

SINDICALISMO: en un sentido amplio, sistema de organización obrera por medio del sindicato. Consiste en un término francés, equivalente a gremio; gremialismo. Es el sistema de organización de los trabajadores por medio de los sindicatos de los oficios correspondientes. El tránsito del artesanado a la producción mecánica fue un proceso de desarrollo inevitable, en el que el oficio especializado dejó de ocupar un puesto de privilegio; pero fue un proceso que consumió generaciones de obreros en largas jornadas de trabajo y con salarios mínimos.

SINDICATO: asociación libre y democrática de trabajadores, cuyas principales finalidades son la defensa y la promoción de sus intereses económicos y sociales, el mejoramiento de sus condiciones de trabajo y el pleno desarrollo de su dignidad y nivel de vida.◆ Se emplea especialmente hablando de las asociaciones obreras organizadas bajo estrecha obediencia y compromisos rigurosos.◆ Representación de los trabajadores ante la negociación en las convenciones colectivas de trabajo.◆ Asociación sindical.◆ Asociación profesional. ◆ Ver **Consorcio.**

SINDICATO AMARILLO: organización sindical que tiene por objeto minar la acción representativa de los sindicatos obreros.

SINDICATO DE ACCIONISTAS: convenciones que constituyen contratos plurilaterales, mediante las cuales los accionistas se obligan recíprocamente a votar en un mismo sentido o se comprometen a entregar todas las acciones propias a un gerente de confianza común con mandato irrevocable, para que éste lleve a cabo la actuación que se acuerda por la mayoría de los accionistas sindicados *(T. Ascarelli).*

SINDICATO DE ACTIVIDAD: el que toma en cuenta el sector de la producción o de la actividad económica a que pertenecen las empresas o empleadores de sus asociados. No tiene importancia la diferente calificación profesional, categoría u oficio de los trabajadores comprendidos; por ejemplo: Unión Obrera Metalúrgica.

SINDICATO DE DEFENSA: aquel que tiene por finalidad la salvaguarda de los derechos de los accionistas minoritarios, frente al poder administrador.

SINDICATO DE EMPRESA: el que efectúa la agrupación por establecimiento o empresa. Por ejemplo: Sindicato de Trabajadores de Metrogas.

SINDICATO DE INDUSTRIA: el organizado por trabajadores que prestan servicios en varias empresas de una misma rama industrial.

SINDICATO DE MANDO: aquel que tiene por objetivo la imposición de una conducción de la sociedad que concuerde con el programa delineado por el sindicato, para lo que resulta necesario el logro de una mayoría estable.

SINDICATO DE OFICIO O PROFESIÓN: toma en cuenta la labor desarrollada en forma específica por cada trabajador. Por ejemplo: Viajantes de Comercio.

SINDICATO DE PRIMER GRADO: el que tiene por afiliados a trabajadores en forma individual.◆ Sindicato que tiene un carácter federativo. Por ejemplo: UOM.

SINDICATO DE SEGUNDO GRADO: el que abarca a los sindicatos de primer grado; se llama Federación. Por ejemplo: Federación de Empleados de Comercio y Servicios.

SINDICATO DE TERCER GRADO: el que agrupa a los sindicatos de primer y segundo grado. Por ejemplo: CGT.

SINDICATO VERTICAL: corporación de Derecho Público que se constituye por la integración en un organismo unitario de todos los elementos que consagran sus actividades al cumplimiento del proceso económico, dentro de un determinado servicio o rama de la producción, ordenado jerárquicamente bajo la dirección del Estado.

SINDICATOS POR EMPRESA: los que están formados por trabajadores de varias profesiones, oficios, ocupaciones o especialidades que prestan servicios en un establecimiento o institución determinados.

SINDICATURA: órgano permanente de la sociedad desempeñado por uno o varios síndicos elegidos por los accionistas en asamblea, con atribuciones legales inderogables e indelegables para la fiscalización de la administración de la sociedad *(J. Farina)*.◆ Ver **Síndico**.

SINDICATURA GENERAL DE EMPRESAS PÚBLICAS: SIGEP.◆ En la Argentina, organismo reemplazado por la Sindicatura General de la Nación.

SINDICATURA GENERAL DE LA NACIÓN: SIGEN.◆ En la Argentina, organismo cuya finalidad básica son los controles internos del sector público. Reemplaza a la Sindicatura General de Empresas Públicas. Entidad con personería jurídica propia y autarquía administrativa y financiera, dependiente del Presidente de la Nación. Es materia de su competencia el control interno de las jurisdicciones que componen el Poder Ejecutivo Nacional y los organismos descentralizados y empresas y sociedades del Estado que dependan del mismo, sus métodos y procedimientos de trabajo, normas orientativas y estructura orgánica.

SÍNDICO: representante de los accionistas ante el Directorio. La sindicatura puede ser colegiada o individual. En caso de ser individual, se designan dos síndicos, uno titular y otro suplente. Para ser síndico se requiere: a) ser abogado o contador público con título habilitante, o sociedad civil con responsabilidad solidaria constituida exclusivamente por estos profesionales; b) tener domicilio real en el país.

No pueden ser síndicos: a) quienes se hallen inhabilitados para ser directores; b) los directores, gerentes y empleados de la misma sociedad o de otra controlada o controlante; c) los cónyuges, los parientes por consanguinidad en línea recta, los colaterales hasta el cuarto grado, inclusive, y los afines dentro del segundo grado de los directores y gerentes generales.

SÍNDROME DE ABSTINENCIA: alteraciones que se presentan en un sujeto adicto a los estupefacientes cuando deja bruscamente de hacer uso de ellos.

"SINE DIE": locución latina que tiene el significado de "sin fecha determinada".

"SINE QUA NON": locución latina que significa imprescindible, indispensable. Sin lo cual no.

SINECURA: empleo o cargo remunerado que ocasiona poco o ningún trabajo.

SINIESTRO: desgracia o infortunio motivado particularmente por fuerzas naturales (incendio, naufragio, hundimiento, etc.).◆ Corrientemente, se da este nombre a los daños que pueden ser indemnizados por una compañía aseguradora.◆ Es el fallecimiento o la declaración de invalidez de un afiliado o el vencimiento del plazo estipulado para el dictamen de la Comisión Médica, que genere alguna de las obligaciones previstas en la ley, ya sea por retiros transitorios por invalidez o por la integración del capital de recomposición o del capital complementario.

SÍNODO: concilio de los obispos.◆ Conjunto de ministros protestantes encargados de decidir sobre asuntos eclesiásticos.

SIONISMO: aspiración de los judíos a recuperar Palestina como patria.◆ Movimiento internacional de los judíos cuyo objetivo es recuperar Palestina.

SISTEMA: conjunto de reglas o principios sobre una materia, racionalmente enlazados entre sí.◆ Conjunto de cosas que, ordenadamente relacionadas entre sí, contribuyen a determinado objeto.

SISTEMA ACUSATORIO: ordenamiento procesal que veda al juzgador exceder la acusación en la condena o le exige para hacerlo oír previamente a las partes.

SISTEMA BANCARIO: forma de organización del complejo bancario que apunta fundamentalmente al orden estructural e institucional.

SISTEMA BICAMERAL: tiene su origen en Inglaterra y su Parlamento está compuesto por la Cámara de los Lores y la Cámara de los Comunes. En los EE.UU. adoptó ese sistema y la Constitución Argentina lo tomó de la estadounidense. En los estados federales, el sistema bicameral permite armonizar con las voluntades locales, ya que, generalmente, una de las cámaras representa a la Nación, y la otra a las provincias como Estados miembros de la Nación. La existencia de dos Cámaras permite que una revea lo sancionado por la otra y también que durante el intervalo la opinión pública apoye o se oponga al proyecto *(J. Gómez).*

SISTEMA BURSÁTIL: organización y funcionamiento de las instituciones bursátiles, de los mercados de títulos-valores, de los agentes y demás personas dedicadas al comercio de títulos-valores.

SISTEMA CAPITALISTA: sistema económico esencialmente caracterizado por el predominio del capital *(J. Sombart)*.

SISTEMA COMPOSICIONAL: consiste en compensar las ofensas delictivas mediante un sistema de pago.◆ La opción por el procedimiento composicional estaba, al principio, deferida a los perjudicados *(S. Soler)*.

SISTEMA CONSTITUCIONAL PERSONALISTA: el hombre en este sistema es un fin concordante y coordinado en la vida cultural.

SISTEMA CONSTITUCIONAL TRANSPERSONALISTA: el hombre es un instrumento con sustentación de valores en cuanto sirva a la consecución de objetivos o fines valiosos.

SISTEMA DE CASTAS: sistema que divide toda la sociedad en un gran número de grupos hereditarios, distintos unos de otros, y unidos por tres características: reparación en cuestiones de matrimonio y contacto, sea directo o indirecto (alimento); división del trabajo: cada grupo tiene, en teoría y por tradición, una profesión de la que sus miembros sólo pueden apartarse hasta cierto límite; y, por fin, jerarquía, que ordena los grupos como superiores o inferiores entre sí.

SISTEMA DE CONTABILIDAD GUBERNAMENTAL: conjunto de principios, órganos, normas y procedimientos técnicos utilizados para recopilar, valuar, procesar y exponer los hechos económicos que afecten o puedan llegar a afectar el patrimonio de las entidades públicas.

SISTEMA DE ELECCIÓN POR CATEGORÍA: modo de designación de los órganos de la sociedad, consistente en la elección de uno o más miembros de un órgano por cada una de las distintas clases de acciones que puedan existir en la sociedad.

SISTEMA DE ELECCIÓN POR VOTO ACUMULATIVO: procedimiento de designación de los miembros de los órganos sociales originado en los EE.UU. Este sistema tiene por finalidad asegurar la participación de las minorías en dicha selección. En la Argentina, su implementación es la siguiente: los accionistas tienen derecho a elegir hasta un tercio de las vacantes a llenar dentro del órgano (Directorio o Sindicatura). Cada accionista que vote acumulativamente dispondrá de tantos votos como resulte de la multiplicación de aquellos que normalmente le hubiesen correspondido, por la cantidad de cargos a ocupar. Podrá distribuirlos o acumularlos en un número de candidatos que no exceda del tercio de las vacantes. No está permitido a los accionistas la votación acumulativa y en parte ordinaria, dividiendo al efecto sus acciones. Finalmente, resultan electos aquellos candidatos que obtengan mayor número de votos, superando a los elegidos por el sistema ordinario, hasta completar la tercera parte de las vacantes a cubrir.

SISTEMA DE INTERCONEXIÓN BURSÁTIL: en la legislación española, consiste en un sistema integrado a través de una red informática en el que se negociarán aquellos valores que acuerde la Comisión Nacional del Mercado de Valores, de entre los que estén previamente admitidos a negociación en, al menos, dos Bolsas de Valores, a solicitud de la entidad emisora y previo informe favorable de la sociedad de Bolsas.

SISTEMA DE LA RESERVA FEDERAL: sistema bancario central de los EE.UU. que acuña e imprime monedas y controla su monto en circulación. Está compuesto por doce Bancos distristales, localizados cada uno de ellos en una ciudad importante del país.

SISTEMA DE NEGOCIACIÓN ASISTIDA POR COMPUTADOR: (SINAC).◆ Opera con ofertas de compra y venta de valores, ingresadas a través de estaciones de trabajo instaladas en el recinto y en las oficinas de los agentes o sociedades de Bolsa, o Bancos vinculados con estas últimas que hubieran recibido autorización del Mercado de Valores para operar con el sistema, y decide sobre qué especies se pueden operar a través de él, operándose actualmente con valores de renta fija *(M. Kenny).*

SISTEMA DE PROTECCIÓN INTEGRAL DE LOS DISCAPACITADOS: en la República Argentina, sistema tendiente a asegurar a los discapacitados su atención médica, su educación y su seguridad social, así como concederles las franquicias y estímulos que permitan en lo posible neutralizar la desventaja que la discapacidad les provoca y les den oportunidad, mediante su esfuerzo, de desempeñar en la comunidad un rol equivalente al que ejercen las personas sin esta dificultad.

SISTEMA DE TESORERÍA: conjunto de órganos, normas y procedimientos que intervienen en la recaudación de los ingresos y en los pagos que configuran el flujo de fondos del sector público nacional, así como en la custodia de las disponibilidades que se generen.

SISTEMA DE VOCEO: mercado tradicional o "rueda". En este sistema las operaciones son concertadas en un recinto, al ofertar de viva voz indicativas de especie, cantidad y precio. Quienquiera que acepte la oferta se adjudicará la operación y deberá cumplirla. Son registradas inmediatamente después de su concertación y dadas a publicidad a través del Sistema Informático Bursátil (SIB). Se publican también en el *Boletín Diario de la Bolsa (M. Kenny).*

SISTEMA ECONÓMICO: conjunto coherente de instituciones jurídicas y sociales en el seno de las cuales son puestos en práctica, para asegurar la realización del equilibrio económico, ciertos medios técnicos, organizados en función de ciertos móviles dominantes *(J. Lajugie).*◆ Conjunto o combinación de estructuras diversas, ligadas por relaciones relativamente estables; complejo coherente de estructuras *(A. Marchal).* ◆ Conjunto coherente que puede ser explicado en su funcionamiento de una manera simple y homogénea, ya se trate de una organización limitada o de la sociedad económica en su totalidad *(Garrigon - Larrange).*◆ Sistema que dirige de nuevo a la producción la mayor parte de su excedente o en el que las actividades y fuerzas económicas están liberadas de controles no económicos y son independientes, o un sistema que se está ampliando *(E. Heimann).*

SISTEMA ECONÓMICO LATINOAMERICANO: SELA.◆ Organismo que

agrupa a veintisiete países de América Latina y el Caribe. Creado en 1975, con sede en Caracas, tiene como finalidad la cooperación económica regional.

SISTEMA FINANCIERO: conjunto de flujos financieros existentes en un país determinado; comprende los activos, intermediarios y mercados financieros.

SISTEMA FISCAL: ver **Sistema tributario**.

SISTEMA INQUISITIVO: el que, a diferencia del acusatorio, permite al juzgador exceder la acusación y aun condenar sin ella.

SISTEMA INTEGRADO DE JUBILACIONES Y PENSIONES: SIJP.◆ Único cuerpo normativo argentino que abarca a los trabajadores en relación de dependencia y a los autónomos.◆ Sistema previsional constituido por un régimen de reparto, a cargo del Estado, y cuyos fondos son comunes e indivisos al conjunto de los aportantes; y un régimen de capitalización individual, que está a cargo de las Administradoras de Fondos de Jubilaciones y Pensiones, cuyos fondos pertenecen a cada afiliado, es decir, los aportes de cada uno figuran en una cuenta individual y a su nombre.

SISTEMA INTERNACIONAL: conjunto de relaciones entre unos actores situados en un medio específico y sometidos a un modo de regulación *(M. Merle).*

SISTEMA MONETARIO: conjunto orgánico de normas legales e institucionales, mediante las cuales circula la corriente monetaria o dineraria en la moderna economía. En su concepto más restringido, son los diversos tipos de regulaciones legales del dinero.

SISTEMA PARLAMENTARIO: aquel sistema en el cual el Poder Legislativo tiene una intervención completa en la administración *(A. Giadone).*◆ Ver **Parlamentarismo.**

SISTEMA POLÍTICO: expresión que se refiere a cualquier conjunto de instituciones, de grupos y de procesos políticos caracterizados por un cierto grado de interdependencia recíproca.

SISTEMA SOCIALISTA: sistema económico que tiene como finalidad atribuir a la sociedad, y no a los individuos, la propiedad y administración de todos los bienes naturales o hechos por el hombre, para lograr que un ingreso nacional siempre creciente pueda ser distribuido con mayor igualdad, sin disminuir excesivamente la situación económica de los individuos ni su libertad de elegir su consumo y su ocupación *(A. Francia y otros).* En este sistema existen dos tipos de propiedad: a) propiedad social, que es administrada por el Estado en representación de la comunidad y representada por todos los recursos del país y los bienes de producción; b) propiedad privada, que incluye los ingresos de los trabajadores, sus ahorros procedentes del trabajo, sus viviendas y los bienes de consumo destinados al uso y satisfacción personal.

SISTEMA TALIONAL: supone la existencia de un poder moderador y, en consecuencia, envuelve ya un desarrollo considerable. Por él, la venganza se limita en una cantidad exactamente equivalente al daño sufrido por el ofendido: ojo por ojo, diente por diente, según la enunciación de la ley mosaica *(S. Soler).*◆ Ver **Ley del Talión.**

SISTEMA TRIBUTARIO: conjunto de tributos (impuestos, tasas, contribuciones especiales, gravámenes, etc.) que tienen como fin la obtención de recursos a favor del Estado para que éste pueda concretar sus actividades y también pueda instrumentar políticas de distribución de ingresos sobre la economía en general, mediante la utilización del gasto público. En términos generales, está constituido por el conjunto de tributos vigentes en un país en determinada época. A través de un sistema tributario, la política fiscal del Estado puede propender a diversos fines, como lograr la estabilidad económica, incentivar ciertas áreas o actividades, impedir el desarrollo de ciertas áreas o actividades, intervenir en la distribución del ingreso total entre los sectores, encarar situaciones coyunturales.◆ Es el conjunto de tributos vigentes en un país en determinada época *(G. Villegas).* ◆ Sistema fiscal.

SISTEMA UNICAMERAL: ver **Unicameral.**

SISTEMAS DE CONTROL: comprende las estructuras de control interno y externo del sector público nacional y el régimen de responsabilidad que estipula; está asentado en la obligación de los funcionarios de rendir cuentas de su gestión.

SISTEMAS ELECTORALES: modo de distribuir y adjudicar los cargos electivos en función de los resultados electorales *(M. de Ruiz).*

SITIAR: cercar una plaza o fortaleza para combatirla y apoderarse de ella.

SITUACIÓN ACTIVA: situación del funcionario que está prestando de hecho, real y positivamente algún servicio al Estado.

SITUACIÓN DE CRISIS CON TOMA DE REHENES: cuando uno o más sospechosos-delincuentes, retienen a una o más personas en contra de su voluntad, con el fin de garantizar la intervención inmediata de las fuerzas del orden, las que deben arribar a la escena con la capacidad de disposición efectiva necesaria, para iniciar una negociación y/o hacer un eventual uso de la fuerza para recuperar a los rehenes, cuya entrega es negada por los captores (H. L. Yrimia). ◆ Este concepto es distinto del "secuestro de personas".

SITUACIÓN JURÍDICA: concepto que abarca las relaciones de intereses entre dos o más sujetos, respecto de un objeto y la relación jurídica que vincula a los sujetos entre sí.

SLIP: en negocios bursátiles, confirmación adjunta a un papel que documenta una característica adicional del valor en cuestión.

SOBERANÍA: autoridad suprema del poder político.

SOBERANÍA NACIONAL: aquella que reside en el pueblo y es ejercida por medio de sus órganos constitucionales representativos.

SOBORDO: en algunos países, libro en el cual el capitán del barco anota todos los efectos o mercancías que constituyen el cargamento.◆ Remuneración adicional que, en tiempo de guerra, se paga a cada uno de los tripulantes y equivale a un porcentaje del valor de los fletes.◆ Confrontación de la carga de un buque con la documentación.

SOBORNAR: corromper a alguien con dádivas para conseguir de él una cosa.

SOBORNO DE TESTIGOS: infracción consistente en decidir a un testigo para que deponga con falsedad ante la Justicia.

SOBRE LA PAR: expresión que significa que el valor efectivo de un documento comercial, divisa o título-valor, excede su valor nominal o de paridad.

SOBRECARTA: antiguamente, segunda provisión o despacho que daban los tribunales acerca de una misma cosa, cuando por algún motivo no había tenido cumplimiento la primera.

SOBRECARTAR: dar sobrecarta.

SOBREFACTURACIÓN DE IMPORTACIONES: queda configurada cuando se recibe de un proveedor extranjero dos facturas por una misma compra: una con los precios reales y otra falsa con precios inflados. De esta forma, se puede enviar dólares a una cuenta del exterior por la diferencia. Se realiza cuando existe un sistema de control de cambio o similar. Esta simulación es de práctica habitual en las operaciones de importación cuando el tipo de cambio libre de la moneda extranjera empleada excede en forma significativa el tipo de cambio oficial. De esta manera, el importador obtiene un excedente de divisas, las cuales, al ser vendidas al cambio libre, permiten obtener un beneficio sobre el cambio oficial que redunda en una disminución del costo de importación del producto. Supuesto:
a) Una importación de un bien a valor real de U$S 1.000: el importador en la factura comercial declara que el costo del producto es de U$S 1.300.- en lugar de U$S 1.000, como es en realidad.
b) Que las cotizaciones del dólar, que es la moneda extranjera utilizada en la operación, son de:
- mercado oficial $ 10 por unidad,
- mercado libre $ 15 por unidad.

Por lo tanto:
1) El importador debe comprar para cancelar el valor de la factura declarado U$S 1.300 a $ 10, de lo que resulta un total de $13.000.
2) Le abona al exportador los U$S 1.000 que es el precio del bien, quedándole otros U$S 300.
3) Vende en el mercado libre esta diferencia de U$S 300 a $15, lo que le reporta un total de $ 4.500.
4) Finalmente, el costo del bien es el siguiente:
Precio real U$S 1.000 a $10= $10.000
Beneficio por venta de excedente
de dólares declarados ($ 4.500)
Costo final $ 5.500.

SOBREFACTURAR: declarar, en la factura comercial y en moneda extranjera, un valor mayor del bien que el valor real pagado o a pagar.

SOBREGIRO: maniobra consistente en el libramiento de cheques sin tener fondos suficientes en la cuenta corriente. Suele contarse con el consentimiento de la institución bancaria para tal fin.

SOBREPRECIO: plus que se exige sobre el precio normal y conocido, con el objeto de entregar ciertos productos. Ello ocurre en períodos de escasez de los mismos.

SOBREPRIMA: en materia de seguros, consiste en un recargo que sufre la prima cuando se trata de riesgos agravados.

SOBREPRODUCCIÓN: cuando se produce por sobre la cantidad demandada y las mercaderías no pueden ser vendidas a los precios establecidos.◆ Exceso de producción.◆ Superproducción.

SOBRESEER: cesar en una instrucción sumarial.◆ Cesar en el cumplimiento de una obligación.

SOBRESEIMIENTO LIBRE: aquel que, por ser evidente la inexistencia de delito o la irresponsabilidad del inculpado, pone término al proceso con efectos análogos a los de la sentencia absolutoria.

SOBRESEIMIENTO PROVISIONAL: aquel que procede en virtud de no existir pruebas suficientes.

SOBRESELLO: segundo sello que se coloca para dar mayor firmeza o más autoridad.

SOBRESTANTE: capataz, persona que dirige a una cantidad de obreros en determinadas obras, bajo la dirección de un técnico.

SOBRESUELDO: pagos o servicios que proporciona el empresario por encima o aparte de la retribución normal. Muchos de esos servicios o pagos, que anteriormente eran considerados como tales, en la actualidad se encuentran incorporados a la remuneración normal; por ejemplo, las vacaciones. Hoy en día tales remuneraciones se aprecian en los altos niveles ejecutivos, entre las cuales se incluyen entrega de auto, vivienda, gastos en educación de los hijos, servicios sociales sofisticados, etcétera. Suele ocurrir que a veces, como consecuencia de la presión sindical o con el fin de conservar a los trabajadores, los empresarios conceden beneficios de carácter extraordinario, tales como subvención de actividades deportivas y sociales, mayores vacaciones pagas, mejores servicios sanitarios, etcétera.

SOBREVALUAR: otorgar a un bien determinado un valor superior al correspondiente.◆ Valuar de más un bien del activo.

SOBRINO: respecto de una persona, hijo de su hermano o de su primo. Los primeros se llaman carnales; los otros, segundo, tercero, etcétera, según el grado de parentesco del primo.

SOCIALISMO: sistema de organización social y económica basado en la propiedad y administración colectiva o estatal de los medios de producción y en la regulación por el Estado de las actividades económicas y sociales, y la distribución de los bienes.◆ Conjunto de teorías económicas, sociales y políticas que predican una transformación del régimen de la producción y de la propiedad privada a fin de realizar mejor la justicia entre los hombres.◆ Ver **Sistema socialista.**

SOCIALISMO DE ESTADO: teoría que atribuye al Estado la propiedad o la fiscalización directa de las grandes empresas de interés público, de las grandes industrias y de las organizaciones de crédito y seguros.

SOCIALISMO REFORMISTA: teoría que pretende regular las modalidades de la propiedad privada de tal modo que, por una parte, impida la formación de muy grandes fortunas mediante la suspensión de la herencia, al menos en línea colateral, y la estricta limitación de la herencia en línea directa, mediante los impuestos progresivos sobre la fortuna adquirida, etcétera, de tal manera que se extienda a todos el beneficio de la propiedad privada, fundada únicamente sobre el trabajo.

SOCIALIZACIÓN: transferencia realizada a favor del Estado u otro órgano colectivo, de las propiedades, industrias, etcétera, particulares.

SOCIALIZAR: transferir al Estado u otro organismo de carácter colectivo las propiedades, empresas o industrias pertenecientes a particulares.

SOCIEDAD: reunión de dos o más personas que aportan sus bienes o trabajo a la vez para alcanzar un fin común y determinado.◆ Agrupación natural o pactada de personas que constituyen una unidad distinta de cada uno de sus individuos con el fin de cumplir, mediante la mutua cooperación, todos o algunos de los fines de la vida.

SOCIEDAD ABIERTA: sociedad por acciones que está autorizada –en la República Argentina por la Comisión Nacional de Valores– para efectuar oferta pública de sus valores mobiliarios. ◆ Sociedad con cotización pública de sus acciones.◆ Sociedad anónima abierta.

SOCIEDAD ACCIDENTAL O EN PARTICIPACIÓN: sociedad comercial cuyo objeto es la realización de una o más operaciones determinadas y transitorias, a cumplirse mediante aportaciones comunes y a nombre personal del socio gestor. No es sujeto de derecho y carece de denominación social; no está sometida a requisitos de forma ni se inscribe en el Registro Público de Comercio. Su prueba se rige por las normas de los contratos. Los terceros adquieren derechos y asumen obligaciones sólo respecto del socio gestor. La responsabilidad de éste es ilimitada. Si actúa más de un gestor, ellos son solidariamente responsables. El socio que no actúe con los terceros no tiene acción contra éstos. Cuando el socio gestor hace conocer los nombres de los socios con su consentimiento, éstos quedan obligados ilimitada y solidariamente hacia los terceros. Si el contrato no determina el contralor de la administración por los socios, se aplicarán las normas establecidas para los socios comanditarios. En cualquier caso, el socio tiene derecho a la rendición de cuentas de la gestión.

SOCIEDAD ANÓNIMA: simple asociación de capitales para formar una empresa o realizar un trabajo cualquiera. Interesa el capital que aportan y no las personas: las condiciones personales de los socios resultan irrelevantes. Con respecto a su denominación social, puede incluir el nombre de una o más personas de existencia visible y debe contener la expresión "sociedad anónima", su abreviatura o la sigla SA. La omisión de esta mención hará responsable ilimitada y solidariamente a los representantes de la sociedad juntamente con ésta, por los actos que se celebren en esas condiciones. No se conformarán actos constitutivos de entidades con denominación igual o similar a otras ya existentes o que puedan confundirse con instituciones, dependencias o empresas del Estado

o inducir a error, sobre la naturaleza y características de la entidad. Se admite la adopción de denominación que, respetando el principio de la inconfundibilidad de la persona jurídica, contenga elementos comunes con otras ya registradas, mediando conformidad de estas últimas para la utilización de tales elementos, la que se acreditará fehacientemente previo a la conformidad. Las características esenciales de la SA son:
a) El capital está formado por una determinada cantidad de acciones, es decir, dividido en acciones.
b) Los accionistas sólo responden por las obligaciones de la sociedad hasta el monto de las acciones por ellos suscritas. Limitan su responsabilidad a la integración de las acciones suscritas.
c) Tiene personalidad jurídica.
d) Existen órganos diferenciados que tienen las funciones de gobierno, administración y fiscalización (asamblea de accionistas, directorio y órgano fiscalizador).
e) Carece de razón social, pero sí tiene denominación.

SOCIEDAD ANÓNIMA ABIERTA: aquella cuyas acciones cotizan en Bolsa y cuya suscripción se realiza en forma pública; no existen restricciones para su transacción.◆ Sociedad abierta.

SOCIEDAD ANÓNIMA CERRADA: aquella cuyas acciones se transmiten dentro de un determinado grupo de personas: son las típicas sociedades de familia.◆ Sociedad anónima de familia.

SOCIEDAD ANÓNIMA CON PARTICIPACIÓN ESTATAL MAYORITARIA: sociedades anónimas que se constituyen cuando el Estado Nacional, los Estados provinciales, los municipios, los organismos estatales legalmente autorizados al efecto o las sociedades anónimas sujetas a este régimen, sean propietarios en forma individual o conjunta de acciones que representen por lo menos el 51 % del capital social y que sean suficientes para prevalecer en las asambleas ordinarias y extraordinarias. Quedan comprendidas las sociedades anónimas en las que se reúnan con posterioridad al contrato de constitución los requisitos mencionados, siempre que una asamblea especialmente convocada al efecto así lo determine y que no mediare en la misma oposición expresa de algún accionista.

SOCIEDAD ANÓNIMA - CONSTITUCIÓN: el acto constitutivo de todas estas sociedades y sus modificaciones debe realizarse por escritura pública, ya sea por acto único o por suscripción pública. Si se constituye por acto único, el instrumento de constitución contendrá los siguientes requisitos:
a) Nombre, edad, estado civil, nacionalidad, profesión, domicilio y número de documento de identidad de los socios.
b) Denominación y domicilio de la sociedad. Si en el contrato constare solamente el domicilio, la dirección de su sede deberá inscribirse mediante petición por separado suscrita por el órgano de administración. Se tendrán por válidas y vinculantes para la sociedad todas las notificaciones efectuadas en la sede inscrita.
c) La designación de su objeto, que debe ser preciso y determinado.
d) El capital social, que deberá ser expresado en moneda argentina, y la mención del aporte de cada socio.
e) El plazo de duración, que debe ser determinado.

f) La organización de la administración, de su fiscalización, y de las reuniones de los socios.
g) Las reglas para distribuir las utilidades y soportar las pérdidas. En caso de silencio, será en proporción de los aportes. Si se prevé sólo la forma de distribución de utilidades, se aplicará para soportar las pérdidas y viceversa.
h) Las cláusulas necesarias para que puedan establecerse con precisión los derechos y obligaciones de los socios entre sí y con respecto a terceros.
i) Las cláusulas atinentes al funcionamiento, disolución y liquidación de la sociedad.
j) La naturaleza, clases, modalidades de emisión y demás características de las acciones y, en su caso, su régimen de aumento.
k) La suscripción del capital, el monto y forma de integración y, si corresponde, el plazo para el pago del saldo adeudado, el que no puede exceder de dos años.
l) La elección de los integrantes de los órganos de administración y de fiscalización, directores y síndicos, fijándose el término de duración en los cargos.

SOCIEDAD ANÓNIMA DE FAMILIA: sociedad anónima cerrada.

SOCIEDAD ANÓNIMA - DISOLUCIÓN: la disolución es total e implica generalmente el paso previo a la liquidación. Las causas de disolución de las sociedades son:
a) Por decisión de los socios.
b) Por expiración del término por el cual se constituyó.
c) Por cumplimiento de la condición a la que se subordinó su existencia.
d) Por consecución del objeto para el cual se formó o por la imposibilidad sobreviniente de lograrlo.
e) Por pérdida del capital social.
f) Por declaración de quiebra; la disolución quedará sin efecto si se celebrare avenimiento resolutorio.
g) Por su fusión, es decir, cuando dos o más sociedades se disuelven sin liquidarse, para constituir una nueva, o cuando una ya existente incorpora a otra u otras que, sin liquidarse, son disueltas.
h) Por reducción a uno del número de socios, siempre que no se incorporen nuevos socios en el término de tres meses; en ese lapso, el socio único será responsable ilimitada y solidariamente por las obligaciones sociales contraídas;
i) Por sanción firme de cancelación de oferta pública o de la cotización de sus acciones.
j) Por resolución firme de retiro de la autorización para funcionar cuando leyes especiales la impusieren en razón de su objeto.
k) Por resolución judicial, la sentencia tendrá efecto retroactivo al día que tuvo lugar la causa generadora.

SOCIEDAD ANÓNIMA - LIQUIDACIÓN: consecuencia de la disolución social es la asignación de sus bienes a quienes corresponda, previa cancelación de las deudas sociales para con los terceros. La sociedad en liquidación conserva su personalidad a ese efecto y su denominación debe contener la expresión “en liquidación”. Está a cargo del órgano de administración, salvo casos especiales o estipulación en contrario. En su defecto, el liquidador o liquidadores serán nombrados por mayoría de votos dentro de los treinta días de haber entrado la sociedad en estado de liquidación. No designados los liquidadores o si éstos no desempeñaren el cargo, cualquier socio puede solicitar al juez el nombramiento omitido o nueva elección. El nombramiento del liquidador debe inscribirse en el Registro Público de Comercio. Los liquidadores pueden ser removidos por las mismas mayorías requeridas para designarlos. Cualquier socio, o el síndico en su caso, puede demandar la remoción judicial por justa causa. Los liquidadores están obligados a confeccionar, dentro de los treinta días de asumido el cargo, un inventario y balance del patrimonio social que pondrán a disposición de los socios. Éstos podrán, por mayoría, extender el plazo hasta ciento veinte días. El incumplimiento de esta obligación es causal de remoción y los hace perder el derecho de remuneración, así como los responsabiliza por los daños y perjuicios ocasionados.

SOCIEDAD ANÓNIMA MIXTA: ver **Sociedad de economía mixta**.

SOCIEDAD ANÓNIMA SIMPLIFICADA: nueva modalidad de sociedad anónima –o cuasisociedad anónima, tal como la llama *P. Le Cannu*–, originada muy recientemente en el Derecho francés (1994). Persigue el objetivo de convertirse en un medio que posibilite la colaboración entre dos o más empresas a través del establecimiento de filiales en forma conjunta. Consiste básicamente en un tipo societario en el cual, a diferencia de la sociedad anónima, adquiere una gran preponderancia el principio de la autonomía de la voluntad en virtud del cual sus integrantes son libres de establecer estatutariamente disposiciones tales como aquellas que tengan por objeto restringir la transmisibilidad de las acciones o requerir la autorización de la sociedad en caso de su posible cesión. Otras de las notas tipificantes que la diferencian del régimen vigente en general para las SA, se basan en características relacionadas con la personalidad de los socios y en el carácter *intuitu personae* de la misma. La SAS puede ser integrada únicamente por personas jurídicas; éstas pueden estar a cargo de los órganos sociales. Por otra parte, en ella adquiere fundamental relevancia la persona del socio, lo que no acontece en las sociedades por acciones.◆ SAS.

SOCIEDAD CAPITALISTA: en el Derecho Comercial, a veces, se utiliza para designar a los socios que aportan dinero.◆ Desde el punto de vista político, sirve para denotar a un régimen o estructura social que representa al capitalismo.

SOCIEDAD CERRADA: aquella que posee, las siguientes características:
a) Número reducido de socios.
b) Conocimiento recíproco de los socios, de forma que la identidad de cada uno de ellos sea de importancia para los demás; en otros términos, carácter *intuitu personae* de las participaciones societarias.
c) Participación activa de la mayoría de los socios en los asuntos societarios.
d) Restricciones al ingreso de nuevos socios y a la transferencia de las participaciones societarias *(G. Cabanellas de las Cuevas)*.
En contraposición, existe sociedad abierta cuando no concurren las características expuestas.◆ Ver **Sociedad anónima cerrada**.

SOCIEDAD CIVIL: la que existe cuando dos o más personas se hubiesen mutuamente obligado, cada una con una prestación, con el fin de obtener alguna utilidad apreciable en dinero, que dividirán entre sí, del empleo que hicieren de lo que cada uno hubiere aportado. Las prestaciones que deben aportar los socios consistirán en obligaciones de dar o en obligaciones de hacer. Rige el principio de autonomía de la voluntad, en virtud del cual los integrantes pueden elegir libremente la forma estructural; no existe tipificación. La forma de constitución debe realizarse por escritura pública exclusivamente. ◆ Ver **"Affectio societatis"**.

SOCIEDAD COLECTIVA: forma societaria en la que los socios contraen responsabilidad subsidiaria, ilimitada y solidaria por las obligaciones sociales. La denominación social se integra con las palabras "sociedad colectiva" o su abreviatura. Si actúa bajo una razón social, ésta se formará con el nombre de alguno, algunos o todos los socios. Contendrá las palabras "y compañía" o su abreviatura si en ella no figuren los nombres de todos los socios.◆ En algunos países se la denomina sociedad en nombre colectivo; básicamente, contiene las mismas características.

SOCIEDAD COMANDITARIA: en algunos países, se utiliza en lugar de Sociedad en Comandita.

SOCIEDAD COMANDITARIA POR ACCIONES: en algunos países, Sociedad en Comandita por Acciones.

SOCIEDAD COMANDITARIA SIMPLE: en algunos países, sociedad en Comandita Simple.

SOCIEDAD COMERCIAL: aquellas en las que dos o más personas, en forma organizada y de acuerdo con las normas legales vigentes, se obligan a realizar aportes para aplicarlos a la producción o intercambio de bienes o servicios, con el propósito de repartir las utilidades o compartir los quebrantos.◆ Habrá sociedad comercial cuando dos o más personas físicas o jurídicas se obliguen a realizar aportes para aplicarlos al ejercicio de una actividad comercial organizada, con el fin de participar en las ganancias y soportar las pérdidas que ella produzca. Es decir, son cuatro los elementos fundamentales: a) pluralidad de personas físicas o jurídicas para la formación de la sociedad comercial, condición que descarta la posibilidad de que una persona física o jurídica por sí misma pueda conformar una entidad social, como único socio o accionista de aquélla; b) realización de una actividad mercantil como objeto de la sociedad comercial, actividad que tendría que desarrollarse en forma organizada; c) realización de aportes por parte de esas personas físicas o jurídicas para conformar el capital de la sociedad; d) el objetivo perseguido por los socios en la participación en las ganancias y la asunción de las pérdidas que se produzcan *(Legislación comercial uruguaya)*. ◆ Sociedad de comercio.◆ Sociedad mercantil. ◆ Ver **"Affectio societatis"**.

SOCIEDAD COMERCIAL FAMILIAR: sociedad de personas dedicadas a la actividad comercial cuyos miembros pertenecen a una sola familia.◆ Sociedad mercantil familiar.

SOCIEDAD COMUNITARIA: aquella que funcione de conformidad con una legislación común adoptada por los diferentes Estados que componen una región en proceso de integración o ya integrada y que permita a tales sociedades operar sin trabas e indistintamente en los territorios de todos ellos, aprovechando los beneficios del mercado ampliado.

SOCIEDAD CONSTITUIDA EN EL EXTRANJERO: se rige en cuanto a su existencia y forma por las leyes del lugar de constitución. Para el ejercicio habitual de actos comprendidos en su objeto social, establecer sucursal, asiento o cualquier otra especie de representación permanente, debe: a) acreditar la existencia de la sociedad con arreglo a las leyes de su país; b) fijar un domicilio en la República, cumpliendo con la publicación e inscripción exigidas por esta ley para las sociedades que se constituyan en la República; c) justificar la decisión de crear dicha representación y designar la persona a cuyo cargo ella estará. Si se trata de una sucursal, se determina además el capital que se le asigne cuando corresponda por leyes especiales. Es obligatorio para dicha sociedad llevar en el país contabilidad separada y someterse al contralor que corresponda al tipo de sociedad.♦ Empresa extranjera.

SOCIEDAD CONTROLADA: aquella en la que otra sociedad, en forma directa o por intermedio de otra a su vez controlada: a) posea participación, por cualquier título, que otorgue los votos necesarios para formar la voluntad social en las reuniones sociales o asambleas ordinarias; b) ejerza una influencia dominante como consecuencia de acciones, cuotas o partes de interés poseídas, o por los especiales vínculos existentes entre las sociedades.

SOCIEDAD CONTROLANTE: una sociedad es controlante de otra cuando posea participación por cualquier título que otorgue los votos necesarios para formar la voluntad social en las reuniones sociales o asambleas ordinarias. Para formar la voluntad social se debe poseer más del 50 % de los votos posibles, en forma directa o indirecta, a la fecha de cierre del ejercicio de la sociedad controlante.

SOCIEDAD CONYUGAL: se trata de una copropiedad peculiar de carácter asociativo e indivisible, afectada primordialmente al mantenimiento del hogar, cuya administración ha sido conferida por la ley a uno u otro de los cónyuges, según el origen de los bienes.

SOCIEDAD COOPERATIVA: asociación que no tiene fines de lucro y cuya causa es la solidaridad. El *Diccionario de la Lengua Española*, la define como "la que se constituye entre productores, vendedores o consumidores para la utilidad común de los socios". A su vez, la Alianza Cooperativa Internacional, cualquiera sea su constitución legal, incluye a toda asociación de personas que tiene por fin el mejoramiento económico y social de sus miembros por la explotación de una empresa, sobre la base de una ayuda recíproca, basada en los siguientes principios: a) la adhesión a una cooperativa debe ser abierta y voluntaria; no debe haber restricciones artificiales ni discriminaciones sociales, religiosas o políticas; b) son organizaciones democráticas; los socios de las cooperativas primarias deben gozar de los mismos derechos de voto; es decir, un socio, un voto; y participación en las decisiones que afectan a sus organizaciones; en las cooperativas no primarias, la administración debe conducirse sobre bases democráticas según un método adecuado; las operaciones de una cooperativa deben ser administradas por personas elegidas o designadas por medio de un procedimiento acordado

por sus socios y su responsable ante éstos; 3) el capital accionario, en el caso de recibir interés, debe serlo a una tasa estrictamente limitada; 4) los excedentes producidos por las operaciones de una cooperativa, si los hay, pertenecen a los asociados y deben distribuirse de tal manera que se evite que uno de ellos obtenga ganancias a expensas de los otros. *Lambert,* a su vez, la define como una empresa constituida y dirigida por una asociación de usuarios que aplican en su seno la regla de la democracia y que tiende directamente al servicio tanto de sus miembros como del conjunto de la comunidad. En la doctrina nacional (argentina), *Leyerson* enuncia los siguientes rasgos típicos: es una asociación de personas basada sobre el acuerdo de voluntades libremente manifestadas, para la común explotación de la empresa; variabilidad del personal de socios y del capital; el fin inmediato y subjetivo consiste en la satisfacción de las necesidades por la acción común; la distribución de los beneficios se realiza a prorrata del importe de las operaciones hechas con cada asociado con las cooperativas.
Las cooperativas pueden ser, de acuerdo con su objeto: ganaderas, tamberas, agrícolas, vitivinícolas, mineras, de consumo, de crédito, de provisión de servicios, de servicios médicos, de enseñanza, de servicios telefónicos, pesqueras, hortícolas, agropecuarias, agrícolas, de exportación, frutihortícolas, asistenciales, etcétera.

SOCIEDAD DE CAPITAL: la que se realiza cuando cada socio hace un aporte por el que recibe una acción que es negociable y no es responsable más que hasta la concurrencia del mismo; en el mercado público de valores mobiliarios, que es la Bolsa, los títulos se venden y pasan de mano en mano. El tipo más definido de estas sociedades es la anónima, en la que la personalidad de los socios es indiferente *(G. Ripert).*

SOCIEDAD DE CAPITAL E INDUSTRIA: tipo de sociedad comercial en la que el o los socios capitalistas responden de los resultados de las obligaciones sociales como los socios de la sociedad colectiva; quienes aportan exclusivamente su industria y responden hasta la concurrencia de las ganancias no percibidas. La denominación social se integra con las palabras "sociedad de capital e industria" o su abreviatura. Si actúa bajo una razón social, no podrá figurar en ella el nombre del socio industrial.

SOCIEDAD DE CAPITAL VARIABLE: aquella cuyos estatutos estipulan que el capital social es susceptible de frecuentes y libres variaciones. Éstas pueden provenir ya sea de un aumento del capital a raíz de nuevos pagos efectuados por los socios a la caja social o de la admisión de nuevos socios que hacen aportes a la sociedad, ya sea de una disminución del capital por reembolso de una parte del monto de los aportes de los socios o por retiro de algunos de ellos con recuperación de sus aportes. Las variaciones que sufre el capital son libres y no están sujetas a autorización *(J. Guyenot).*

SOCIEDAD DE CAPITALIZACIÓN: aquella que se conforma a través de una aportación de capital o pagos periódicos de determinada suma de dinero, a entregar por cada uno de sus miembros o socios un capital, sea al cabo del tiempo establecido o con arreglo a circunstancias aleatorias.

SOCIEDAD DE COMERCIO: sociedad comercial.◆ Sociedad mercantil.

SOCIEDAD DE COMPONENTES: compleja estructura legal empresaria revestida del orden legal societario. No es una sociedad; se trata de una forma asociativa que reviste ciertas particularidades. Por ejemplo: empresa de transporte automotor en la que cada miembro de la sociedad es propietario de un colectivo o de una parte, el cual maneja y explota por sí o mediante terceros, haciéndose cargo de la reparación en caso de fallas mecánicas *(R. Etcheverry)*.

SOCIEDAD DE CONSUMO: tipo de realidad que se da bajo la forma más desarrollada del sistema capitalista en los países occidentales. La creación de falsas necesidades y el adormecimiento de la conciencia crítica a través de las necesidades económicas aparecen como los mecanismos principales que oscurecen a sus miembros. ◆ Movimiento social que centra el objetivo vital del individuo en el uso o consumo cada vez mayor de bienes y servicios.

SOCIEDAD DE COPARTICIPACIÓN NAVAL: aquella que se da en la navegación cuando los copropietarios de un buque, sin adoptar la forma de una de las sociedades de Derecho Común, asumen las funciones de armador. Los copartícipes pueden regular convencionalmente sus obligaciones y derechos recíprocos, pero el contrato no tiene efectos contra terceros si el respectivo documento no estuviere inscripto en el Registro Nacional de Buques.

SOCIEDAD DE CRÉDITO: aquella cuyo objeto es facilitar a sus socios o componentes recursos económicos para el desarrollo profesional, para adquirir inmuebles, etcétera, a través de un interés reducido y con una amplia financiación.

SOCIEDAD DE ECONOMÍA MIXTA: la que forman el Estado Nacional, los estados provinciales, las municipalidades o las entidades administrativas autárquicas dentro de sus facultades legales, por una parte, y los capitales privados, por la otra, para la explotación de empresas que tengan por finalidad la satisfacción de necesidades de orden colectivo o la implantación, fomento o desarrollo de actividades económicas. Esta clase de sociedad puede ser una persona de Derecho Público o Privado, según sea la finalidad que se propone.

SOCIEDAD DE GARANTÍA RECÍPROCA: aquella que tiene carácter de sociedad anónima con la finalidad de facilitar a las pequeñas y medianas empresas el acceso al crédito. Su objeto principal es el otorgamiento de garantías a sus socios partícipes mediante la celebración del contrato social. Puede brindar asesoramiento técnico, económico y financiero a sus socios, en forma directa o a través de terceros contratados a tal fin. La denominación social debe contener la indicación "Sociedad de Garantía Recíproca", su abreviatura o SGR. Está constituida por socios partícipes y socios protectores. Son socios partícipes únicamente las pequeñas y medianas empresas, sean éstas personas físicas o jurídicas. Se llaman socios protectores a las personas físicas o jurídicas, nacionales o extranjeras, que realicen aportes al capital social y al fondo de riesgo.

SOCIEDAD DE GESTIÓN: ver **Sociedad de inversión**.

SOCIEDAD DE HECHO: persona jurídica de existencia ideal. Su carácter de sociedad de hecho la priva de ciertos beneficios que tienen las sociedades regulares, como, por ejemplo, la presentación en concurso preventivo, pero nada más *(E. Radresa)*.◆ Aquella cuyo contrato constitutivo no consta por escrito o se encuentra apartado de las tipificaciones admitidas por la ley, pero que tiene un objeto comercial. Carece de instrumentación. Es una mera situación de hecho no documentada.◆ Aquella que simplemente existe como tal, pero carece absolutamente de instrumentación *(J. Romero)*.

SOCIEDAD DE INVERSIÓN: aquella que tiene como único objeto la gestión de una cartera de valores mobiliarios. Presenta la ventaja de permitir la constitución de una cartera de valores numerosos y variados. Defiende los intereses de sus accionistas mejor de lo que los tenedores de títulos pudieran hacerlo por sí mismos. Tiene como ventaja la duración de división de riesgos. ◆ Sociedad de gestión.

SOCIEDAD DE PERSONAS: aquella en la cual la personalidad de cada socio, sus condiciones económicas, morales y habilidad para los negocios determinan su constitución y funcionamiento, lo cual no tiene tanta relevancia en las sociedades de capital. Los socios se conocen, contratan en consideración de la persona, se obligan personal y solidariamente y no pueden ceder sus participaciones sin el consentimiento de todos *(G. Ripert)*.

SOCIEDAD DE RESPONSABILIDAD LIMITADA: SRL.◆ La elaboración de una definición se dificulta dadas las distintas concepciones existentes acerca de la naturaleza jurídica de este tipo de sociedad, ya que algunos tratadistas la consideran como una sociedad de personas; otros, como una sociedad de capital, y algunos, hasta como sociedad de economía mixta. No obstante ello, se puede caracterizar este tipo de sociedad a través de las siguientes pautas: a) el capital se divide en cuotas de igual valor; b) el número de socios no puede ser mayor de cincuenta (varía de acuerdo con cada legislación); c) los socios limitan su responsabilidad a la integración de las cuotas que suscriban o adquieran; d) las cuotas son libremente transmisibles, salvo disposición contraria del contrato, que puede limitar la transmisibilidad pero no prohibirla. La denominación social puede incluir el nombre de uno o más socios y debe contener la indicación "Sociedad de Responsabilidad Limitada", su abreviatura o SRL. Su omisión hará responsable ilimitada y solidariamente a los gerentes por los actos que sean celebrados en esas condiciones. En el caso de retiro de un socio cuyo nombre figure en la denominación social, "debe modificarse esa denominación y por ende el contrato" *(Halperín)*. El capital social representa el valor de los bienes o dinero que los socios se han comprometido a aportar a la sociedad, a efectos de cumplir su objeto. Cada cuota sólo da derecho a un voto. En cuanto a la transmisión de éstas, tendrá efecto frente a la sociedad desde que el cedente o el adquirente entreguen a la gerencia un ejemplar o copia del título de la cesión o transferencia con autenticación de las firmas, si obra en instrumento privado. Esta transmisión es oponible a los terceros desde su inscripción en el Registro Público de Comercio, la que puede ser requerida por la sociedad;

también podrán peticionarla el cedente o el adquirente exhibiendo el título de la transferencia y constancia fehaciente de su comunicación a la gerencia.◆ En algunos países, "Sociedad Limitada".

SOCIEDAD DEL ESTADO: aquella que, con exclusión de toda participación de capitales privados, constituyan el Estado Nacional, los Estados provinciales, los municipios, los organismos estatales legalmente autorizados al efecto o las sociedades que se constituyan en orden a la ley, para desarrollar actividades de carácter industrial y comercial o explotar servicios públicos.

SOCIEDAD DEPOSITARIA: sociedad anónima habilitada para recibir efectivo o títulos valores.◆ Es un fondo común de inversión que se encarga de la custodia de dinero, títulos-valores, etcétera.◆ Sociedad depositaria de Fondos Comunes de Inversión.

SOCIEDAD DEPOSITARIA DE FONDOS COMUNES DE INVERSIÓN: ver **Sociedad depositaria**.

SOCIEDAD EN COMANDITA: tipo societario en el cual existen dos tipos de socios: los comanditados y los comanditarios. Es decir, representan el capital comanditado y el comanditario respectivamente.◆ Ver **Sociedad en comandita simple**; **Sociedad en comandita por acciones.**

SOCIEDAD EN COMANDITA POR ACCIONES: SCA.◆ En este tipo social, el o los socios comanditados responden por las obligaciones sociales como los socios de la sociedad colectiva; es decir, ilimitada y solidariamente. Sólo los aportes de los comanditarios se representan en acciones, respondiendo éstos en forma limitada al capital suscripto. La denominación social se integra con las palabras "Sociedad en Comandita por Acciones", su abreviatura o SCA. Si actúa bajo una razón social, ésta se formará con el nombre de alguno, algunos o todos los socios, contendrá las palabras "y compañía" o su abreviatura (y Cía.) si en ella no figuraren los nombres de todos los socios. La administración puede ser unipersonal y será ejercida por uno o varios socios comanditados o terceros, quienes durarán en su cargo el tiempo que fije el estatuto.

SOCIEDAD EN COMANDITA SIMPLE: SCS.◆ Se caracteriza porque el o los socios comanditados responden por las obligaciones sociales como los socios de la sociedad colectiva y el o los socios comanditarios, sólo con el capital que se obliguen a aportar. En la denominación social se incluyen las palabras "Sociedad en Comandita Simple" o su abreviatura. Es una sociedad *intuitu personae* en la cual, al menos uno de los socios, responde ilimitadamente y, al menos, otro responde en forma limitada.

SOCIEDAD EN FORMACIÓN: aquella que todavía no ha sido legalmente autorizada a funcionar como tal de acuerdo con la tipificación societaria correspondiente o que se encuentra en su período constitutivo.

SOCIEDAD EN LIQUIDACIÓN: conserva su personalidad a ese efecto y se rige por las normas legales correspondientes de acuerdo con cada tipo societario. ◆ Ente civil o comercial, que por voluntad de sus afiliados o socios, o por disposición legal o contractual, ha finiquitado su actividad e ingresa en el período de disolución y liquidación. La liquidación de la sociedad se encuentra a cargo del órgano de administración, salvo casos especiales o estipulación en contrario. En su defecto, el liquidador o liquidadores serán nombrados por mayoría de votos dentro de los treinta días de haber entrado la sociedad en estado de liquidación. Si no hubiesen sido designados los liquidadores o si éstos no desempeñaren el cargo, cualquier socio puede solicitar al juez el nombramiento omitido o una nueva elección. El nombramiento del liquidador debe inscribirse en el Registro Público de Comercio. Los liquidadores pueden ser removidos por las mismas mayorías requeridas para designarlos. Cualquier socio, o el síndico en su caso, puede demandar la remoción judicial por justa causa.

SOCIEDAD EN NOMBRE COLECTIVO: en algunos países suele llamarse de esta forma a la sociedad colectiva.

SOCIEDAD EN PARTICIPACIÓN: ver **Sociedad accidental o en participación**.

SOCIEDAD ENTRE ESPOSOS: la legislación argentina dispone que los esposos pueden, únicamente, integrar sociedades por acciones y de responsabilidad limitada. Cuando uno de los cónyuges adquiera, por cualquier título, la calidad de socio del otro en sociedades de distinto tipo a las mencionadas, la sociedad deberá transformarse en el plazo de seis meses o cualquiera de los esposos deberá ceder su parte a otro socio o a un tercero en el mismo plazo.

SOCIEDAD EXTRANJERA: sociedad constituida en el extranjero.◆ Ver **Empresa extranjera**.

SOCIEDAD FICTICIA: aquella en la que el consentimiento no es más que aparente si la sociedad ha sido creada para disimular una empresa personal. Hay interés en hacerlo solamente cuando se crea una sociedad que supone una responsabilidad limitada. La simulación consiste en la celebración de un contrato ficticio, el cual no tiene ningún valor y los terceros pueden, como las partes, pedir su nulidad.

SOCIEDAD FIDUCIARIA: tipo de sociedad que funciona en algunos países latinoamericanos. Es aquella autorizada legalmente para realizar operaciones de fideicomiso e intervenir en la emisión de toda clase de valores que emitan instituciones públicas o privadas.

SOCIEDAD FILIAL: ver **Filial; Sociedad controlada**.

SOCIEDAD FINANCIERA: aquella que otorga préstamos a personas físicas o jurídicas. No es una entidad bancaria.

SOCIEDAD GERENTE: sociedad anónima habilitada para dirigir y administrar un fondo común de inversión.◆ Sociedad Gerente de Fondos Comunes de Inversión.

SOCIEDAD GERENTE DE FONDOS COMUNES DE INVERSIÓN: ver **Sociedad gerente.**

SOCIEDAD INTERNACIONAL: aquella constituida por acuerdos entre Estados u otros entes de Derecho Internacional Público.◆ Aquella en que las operaciones internacionales se consolidan en una oficina de inversiones nacionales que forma parte de la jerarquía a nivel de la decisión y que en materia política está dispuesta a tomar en cuenta todas las estrategias posibles para la penetración en los mercados extranjeros *(J. Robinson)*.◆ Aquella que se caracteriza por la existencia en un número relativamente restringido de países de filiales o sucursales, con objetivos limitados: concurrencia con las industrias locales, toma de contacto con la competencia y realización de operaciones de comercialización *(R. Du Page - P. Turot)*.

SOCIEDAD IRREGULAR: aquella sociedad que, perteneciendo a alguno de los tipos previstos en la legislación correspondiente, tiene un vicio de forma. Es decir, la que se ha creado de acuerdo con alguno de los tipos societarios legalmente admitidos pero que no ha cumplido íntegramente con el proceso formal o lo ha hecho en forma irregular.

SOCIEDAD LABORAL: tipo societario vigente actualmente en la legislación española, el cual se caracteriza, principalmente, por pertenecer su capital social a los trabajadores que prestan en la sociedad servicios retribuidos en forma personal y directa, cuya relación laboral lo sea por tiempo indefinido. Pueden ser socios de las Sociedades Laborales tanto las personas físicas como las jurídicas, públicas o privadas. Ninguno de aquéllos podrá poseer acciones o participaciones sociales que representen más de la tercera parte del capital social. Las acciones y participaciones de estas sociedades se dividirán en dos clases: las que sean de propiedad de los trabajadores cuya relación laboral lo sea por tiempo indefinido y las restantes. La primera clase se denomina "clase laboral" y la segunda "clase general". En el caso de las Sociedades Anónimas Laborales, las acciones estarán representadas necesariamente por medio de títulos, individuales o múltiples, numerados correlativamente, en los que, además de las menciones exigidas con carácter general, se indicará la clase a la que pertenecen.

SOCIEDAD LEONINA: la legislación argentina considera como tal a la sociedad cuando: a) alguno o algunos de los socios reciban todos los beneficios o se los excluya de ellos, o sean liberados de contribuir a las pérdidas; b) al socio o socios capitalistas se les sustituyan los aportes con un premio asignado o con sus frutos, o con una cantidad adicional, haya o no haya ganancias; c) aseguren al socio su capital o las ganancias eventuales; d) la totalidad de las ganancias y aun de las prestaciones a la sociedad pertenezcan al socio o socios sobrevivientes; e) permitan la determinación de un precio para la adquisición de la parte de un socio por otro, que se aparte notablemente de su valor real al tiempo de hacerla efectiva.

SOCIEDAD LIMITADA: en algunos países, sociedad de responsabilidad limitada.

SOCIEDAD MERCANTIL: sociedad de comercio.◆ Ver **Sociedad comercial**.

SOCIEDAD MERCANTIL FAMILIAR: ver **Sociedad comercial familiar**.

SOCIEDAD MULTINACIONAL: aquella que actúa en varios países simultáneamente. ◆ Aquella en la que cualquiera que sean su estructura y su política de operaciones en el extranjero, son iguales que las operaciones nacionales, y cuya dirección nacional está pronta a repartir los recursos de la sociedad sin tener en cuenta las fronteras para atender a los objetivos sociales. Las decisiones se someten a influencias nacionales porque la propiedad y las directrices centrales son uninacionales *(J. Robinson).*◆ Aquella cuyo capital está repartido entre accionistas de diferentes nacionalidades, del sector público, semipúblico o privado, sin importar que la multinacionalidad esté o no muy extendida y que esté impuesta o sólo deseada por el país de recepción *(P. Du Page - P. Turot).*◆ Ver **Empresa multinacional**.

SOCIEDAD NAVAL: aquella que existe cuando los copropietarios de un buque organizan voluntariamente una empresa común, con los requisitos propios de una y otra clase de sociedad comercial, o bien cuando explotan el tráfico naval en común distribuyéndose las utilidades. *(A. Scialoja).*

SOCIEDAD POR ACCIONES: sociedad cuyo capital social está dividido en acciones.

SOCIEDAD POR CUOTAS: ver **Sociedad de responsabilidad limitada**.

SOCIEDAD POR INTERÉS: aquella que ofrece el carácter común de estar dominada por el contrato que la ha creado. La persona moral no se ha desligado de la ley del contrato y queda siempre señalada por su origen. En este contrato, la consideración de la persona desempeña un papel esencial. Cada socio tiene una parte social denominada interés, la cual no es cedible ni transmisible, pues la persona de un socio no puede cambiarse sin afectar con ello el contrato *(G. Ripert).*

SOCIEDAD REGULAR: la que se conforma de acuerdo con las normas legales correspondientes y cumple con todos los recursos exigidos.

SOCIEDAD SUPRANACIONAL: empresa transnacional jurídicamente desnacionalizada por el hecho de que se le permite registrarse exclusivamente al amparo de un organismo internacional creado por una convención internacional que la controla *(J. Robinson).* ◆ Sociedad internacional que se ha constituido con el fin de supervisar, administrar o explotar bienes o servicios que interesen a diversos Estados; están dotadas de autoridad suficiente para dictar con carácter obligatorio las normas jurídicas precisas para sus fines específicos.

SOCIEDADES AUTORALES: entes que funcionan en la mayoría de los países del mundo, destinados a la recaudación de los derechos autorales y vinculados con las artes del espectáculo *(M. Goldstein).*

SOCIEDADES DE AHORRO Y PRÉSTAMO PARA LA VIVIENDA U OTROS INMUEBLES: éstas pueden: a) recibir depósitos en los cuales el ahorro sea la condición previa para el otorgamiento de un préstamo, previa aprobación de los planes por parte del Banco Central; b) recibir depósitos a plazo; c) conceder créditos para la adquisición, construcción, ampliación, reforma, refección y conservación de viviendas u otros inmuebles, y la sustitución de gravámenes hipotecarios constituidos con igual destino; d) participar en entidades públicas y privadas reconocidas por el Banco Central que tengan por objeto prestar apoyo financiero a las sociedades de ahorro y préstamo; e) otorgar avales, fianzas u otras garantías vinculadas con operaciones en que intervinieren; f) efectuar inversiones de carácter transitorio en colocaciones fácilmente liquidables, y g) cumplir mandatos y comisiones conexos con sus operaciones.

SOCIEDADES - DISOLUCIÓN: la disolución no supone la extinción de la sociedad sino la necesidad de su tránsito a la liquidación, salvo en el caso de fusión, que constituye un supuesto de disolución sin liquidación. La disolución debe ser total. Se produce por el acaecimiento del acto o hecho jurídico que prevé la ley o el contrato respectivo.

SOCIEDADES TRANSNACIONALES: aquellas que extiendan sus actividades a territorios de Estados distintos al de su constitución, cualquiera que sea su nacionalidad y la forma que adopten para ello.◆ Es una sociedad multinacional poseída y dirigida por personas de distintas nacionalidades cuyas decisiones escapan a la óptica nacional *(J. Robinson).*

SOCIEDADES VINCULADAS: aquellas en las que una participa en más del 10 % del capital de otra. La sociedad que participe en más del 25 % del capital de otra deberá comunicárselo a esta última a fin de que su próxima asamblea ordinaria tome conocimiento del hecho.

SOCIETARISMO: en España, movimiento de las sociedades obreras.◆ Ver **Sindicalismo.**

SOCIO: persona que es miembro de una sociedad. En forma jurídica y comercial, se refiere a aquella persona de existencia legal o física que forma parte de una sociedad comercial en virtud de haber aportado capital a la misma.

SOCIO APARENTE: el que prestare su nombre como socio; no será reputado como tal respecto de los verdaderos socios, tenga o no parte en las ganancias de la sociedad. Pero, en relación con terceros, será considerado con las obligaciones y responsabilidades de un socio, salvo su acción contra los socios para ser indemnizado de lo que pagare.

SOCIO CAPITALISTA: persona jurídica o física que en una sociedad bajo la forma de capital e industria, aporta el capital.

SOCIO COLECTIVO: socio integrante de una sociedad colectiva, el cual responde en forma solidaria e ilimitada por las obligaciones sociales.

SOCIO COMANDITADO: en las sociedades en comandita, es aquel responsable ilimitada y solidariamente de los resultados de todas las operaciones, por cuanto tiene el manejo o dirección de la compañía o está incluido en el nombre o razón social.

SOCIO COMANDITARIO: aquella persona –jurídica o física– cuya responsabilidad en la sociedad en comandita está limitada hasta el límite del capital aportado.

SOCIO DEL SOCIO: tercero participante en la participación social de un socio. Carece de la calidad de tal y, por ende, de toda acción social.

SOCIO EMPLEADO: socio mercantil que se obliga, además, a prestar ciertos servicios a la sociedad, como podría o tendría que hacer un extraño al contrato social; y por lo que percibe una remuneración. Esta figura puede tener la finalidad de encubrir una relación laboral, con el fin de evitar el cumplimiento de obligaciones inherentes al contrato laboral.

SOCIO GESTOR: ver **Sociedad accidental o en participación**.

SOCIO INDUSTRIAL: el que aporta a las sociedades de capital e industria su actividad profesional.

SOCIO NO GESTOR: ver **Sociedad accidental o en participación**.

SOCIO OCULTO: aquel que no figura en la razón social, cuya vinculación no es conocida por terceros a pesar de que realmente sea socio y que tiene en ella el interés económico correspondiente.

SOCIOLOGÍA: ciencia de la sociedad; se entiende por sociedad el campo de las relaciones intersubjetivas. El término fue creado por *A. Comte* en 1838 para indicar la ciencia de observación de los fenómenos sociales; actualmente se emplea para designar todo tipo o especie de análisis empírico o de teoría que concierne a los hechos sociales, o sea, las efectivas relaciones intersubjetivas, en oposición a las "filosofías" o "metafísicas" de la sociedad que pretenden ilustrar, independientemente de los hechos la naturaleza de la sociedad como un todo *(N. Abbagnano)*.

SOCIOLOGÍA CRIMINAL: estudio del medio en donde el sujeto actúa y donde el delito se produce *(Jiménez de Asúa)*.◆ Es un capítulo de la sociología que estudia los fenómenos sociales relacionados con la delincuencia, la responsabilidad, la ilicitud, la represión, etcétera *(S. Soler)*.

SOCIOLOGÍA DEL DERECHO: ciencia cuyo objeto es la conducta humana que el individuo actuante ha orientado hacia un orden que considera como "válido"; dicho de otro modo: el individuo cuya conducta constituye el objeto de la Sociología del Derecho considera ese orden en la misma forma en que la jurisprudencia normativa considera al Derecho *(H. Kelsen)*.

SOCIOS FUNDADORES: todos los firmantes del instrumento constitutivo en la constitución por acto único de una sociedad anónima.

SOCIOS PARTÍCIPES: tipos de socios de una sociedad de garantía recíproca. ◆ Ver **Sociedad de garantía recíproca**.

SOCIOS PROMOTORES: todos los firmantes del instrumento constitutivo en el caso de la constitución de una sociedad anónima por suscripción.

SOCIOS PROTECTORES: tipo de socios de una sociedad de garantía recíproca.◆ Ver **Sociedad de garantía recíproca**.

SOCORRO AERONÁUTICO: conjunto de obligaciones que el Derecho Aeronáutico impone a diversos sujetos en beneficio de quienes, con motivo de un accidente sufrido durante el desarrollo de una actividad aeronáutica, se encuentran en precarias condiciones de vida o expuestos a experimentar graves daños en sus personas o bienes, así como también en la determinación de las recompensas que deben pagarse por las ayudas prestadas en esas circunstancias *(R. Videla Escalada)*.

SODOMÍA: concúbito entre varones o contra el orden natural.◆ Ayuntamiento sexual entre hombres.◆ Homosexualidad.

SOLEMNE: formal, válido, relativo a aquello acompañado de todos los requisitos necesarios.◆ Carácter que otorga el cumplimiento de todas las formalidades exigidas en los actos judiciales.

SOLICITUD: diligencia o instancia cuidadosa.◆ Memorial en el que se solicita algo.

SOLICITUD DE COTIZACIÓN: formulario o nota por medio de la cual una persona pide cotización por determinado producto o servicio.

SOLICITUD DE CRÉDITO: formulario mediante el cual una persona solicita un crédito.

SOLICITUD DE EMPLEO: formulario o nota de presentación por el cual potenciales trabajadores demandan empleo.

SOLICITUD DE SEGURO: documento donde se determina la naturaleza del riesgo a asegurar, sus características, el importe que se desea asegurar, etcétera. A través de éste, el asegurador aceptará o rechazará el riesgo, tras un estudio de dicha propuesta.◆ Propuesta de seguro.

SOLIDARIDAD: consiste, esencialmente, en que una obligación se deba totalmente a cualquiera de varios acreedores o sea debida por cualquiera de varios deudores.

SOLIDARIDAD ACTIVA: se da cuando una obligación se deba totalmente a cualquiera de los acreedores. En la práctica está en desuso.

SOLIDARIDAD PASIVA: se da cuando una obligación se deba totalmente por cualquiera de los varios deudores. Están obligados a una misma cosa, de manera que cada uno de ellos pueda ser requerido por la totalidad y que el pago hecho por uno libere a los otros respecto del acreedor.

SOLIDARIO: obligaciones contraídas *in solidum*; personas que las contraen.

SOLIDARISMO: doctrina que entiende una dependencia mutua entre todas las partes de un cuerpo económico, del mismo modo que existen en la naturaleza, donde el reino vegetal depende del reino animal y el reino animal del reino vegetal. Los solidaristas consideran que deben corregirse, en nombre de la Justicia, los efectos del desequilibrio económico y que la solidaridad genera obligaciones de las clases ricas hacia las pobres, ya que aquéllas han logrado su riqueza a raíz de coyunturas favorables, y así tienen una deuda hacia las segundas, que el Estado hará pagar por medio del impuesto progresivo, a fin de dar a las clases desheredadas recursos suficientes, enseñanza gratuita, un mínimo de existencia y seguridad contra los riesgos de la vida *(E. Schop Santos).*

SOLTURA: liberalidad acordada por el juez para un preso.

SOLVENCIA: acción y efecto de solver o resolver.◆ Capacidad económica para hacer frente a las deudas. Esta capacidad, en una empresa comercial, es una consecuencia directa de la relación existente entre los activos de rápida y fácil realización, y los pasivos por obligaciones exigibles en un muy corto plazo.◆ Responsabilidad patrimonial. ◆ Capacidad de pago.

SOLVENTAR: arreglar cuentas, pagando la deuda a que se refieren.

SOLVENTE: suele aplicarse a la persona capaz de satisfacer las deudas.

SORDOMUDOS: aquellas personas que no saben darse a entender por escrito, no porque carezcan de capacidad sino por la dificultad que tendrían para comunicarse y comunicar sus decisiones.

SOSPECHAR: desconfiar, dudar, recelar de una persona.

SOSPECHOSO: relativo a la persona cuya conducta o antecedentes inspiran sospecha o desconfianza.

"SPONSOR": término inglés que significa patrocinador, fiador, garante, aval, auspicio, padrino; se utiliza generalmente para referirse al auspicio económico y publicitario realizado a un deportista, etcétera.

"SPREAD": margen entre el tipo comprador y el vendedor de un instrumento financiero, así como la diferencia entre la tasa activa y la pasiva.◆ Diferencia entre lo que el Banco cobra por los préstamos que otorga y lo que paga por los depósitos que recibe.◆ Está compuesta por más de una variable, como por ejemplo efectivo mínimo, gastos bajos, margen de utilidad, etcétera. ◆ *Margin.* ◆ Margen.

SRL: ver **Sociedad de Responsabilidad Limitada**.

SSN: ver **Superintendencia de Seguros de la Nación**.

"STAGFLATION": estagflación.◆ Fase del proceso económico caracterizada por una marcada recesión (estancamiento), acompañada de una alta tasa de inflación, contrariamente a la teoría que indica que crecimiento e inflación van juntos.◆ Estanflación.

"STAND BY": tipo de convenio acordado entre el Fondo Monetario Internacional y un país miembro de éste, en que el primero le otorga un préstamo por un cierto plazo en forma inmediata sin el requisito de estudio previo y sin el cumplimiento de ciertas pautas. Línea crediticia otorgada contra el pago de una compensación por un tiempo especificado. También es un crédito-puente extendido a un país o autoridad monetaria en caso de dificultades en la balanza de pagos de esa nación, con las facilidades *Stand By* concedidas por el FMI.◆ Acuerdo *stand by*.

"STATU QUO": es ablativo.◆ Estado de cosas que se mantiene sin cambio en el momento en que se trata.

"STATUS" JURÍDICO: estado como atributo de la personalidad. Conjunto de situaciones jurídicas que se constituyen, modifican o extinguen cuando se produce un hecho jurídico del cual todas ellas dependen.

"STOCK BROKER": corredor de Bolsa. Profesional encargado de comprar o vender acciones o bonos en un mercado bursátil a nombre de sus clientes.

"STOCK CERTIFICATE": en los EE.UU., certificado de acciones. Confirmación de que un determinado número de acciones se encuentra depositado en un Banco. Se utiliza para facilitar las transacciones en valores.◆ Instrumento que comprende un número de acciones cuando una empresa tiene sólo unos pocos accionistas y no se emiten papeles individuales.

"STOCK EXCHANGE": mercado en el que compran y venden acciones, bonos, derechos, opciones y valores en general.

"STOP-LOSS ORDER": término de origen estadounidense referido a la orden de Bolsa dada por un cliente a su banco o corredor de Bolsa para vender un papel si su precio cae por debajo de un límite determinado.

"STOPPING LIST": lista de oposiciones que se realiza sobre la base de las acciones o títulos-valores que se han robado o extraviado y han sido denunciados oportunamente.

"STRADDLE": operación de opciones combinadas en la que el comprador obtiene el derecho –contra el pago de una prima– de adquirir acciones durante un determinado período por un precio estipulado y venderlas, o cancelar cualquiera de estas dos operaciones contra la pérdida de dicha prima.◆ Consiste en la compra simultánea de un *call* y un *put* o bien en la venta simultánea de un *call* y un *put*, sobre la misma acción, al mismo precio de ejercicio y con la misma fecha de expiración *(G. Gotlib).*

"STRANGLE": figura que se da cuando un inversor adquiere un *call* y un *put*, sobre el mismo título, con idéntica fecha de ejercicio pero con diferente precio de ejercicio *(G. Gotlib).*

"STRAP": figura que consiste en la combinación de dos *call* y un *put.*

"STRIP": figura que consiste en la combinación de dos *puts* y un *call* sobre el mismo título, el mismo precio de ejercicio y fecha de expiración *(G. Gotlib).*

"SUB JUDICE": locución latina con que se denota que una cuestión está pendiente de resolución.◆ Dícese de toda cuestión opinable.

SUBARRENDADOR: persona que da en subarriendo.

SUBARRENDAMIENTO: subarriendo.

SUBARRENDAR: dar o tomar en arriendo una cosa, no de su dueño ni de su administrador sino de otro arrendatario de la misma.

SUBARRENDATARIO: persona que toma en subarriendo alguna cosa.

SUBARRIENDO: acción y efecto de subarrendar.◆ Precio en que se subarrienda.◆ Subarrendamiento.

SUBASTA: venta pública en la que compiten, elevando su oferta de pago por el bien subastado, los potenciales compradores, hasta que uno de ellos oferta un monto que los demás deciden no superar y entonces se queda con el bien. Es, en general, la venta pública de bienes y alhajas al mejor postor, por mandato y con intervención de la Justicia *(G. Cabanellas).*◆ Consiste en la venta al público, de viva voz y al mejor postor, con base o sin ella (precio mínimo), de bienes determinados, proponiendo la enajenación, indicando sus condiciones, recibiendo las ofertas de precio; mediante un golpe de martillo, se adjudican las cosas perfeccionando la compraventa *(R. Fernández - O. Gómez Leo).*

SUBCONTRATACIÓN: tiene lugar cuando una persona o empresa deriva el trabajo o tarea para la cual se contrató a otra persona o empresa.

SUBEMPLEO: situación de las personas que llevan a cabo trabajos durante pocas horas a la semana o durante un número reducido de días al año.

SUBFACTURAR: maniobra de práctica habitual en las operaciones de exportación que consiste en declarar a las autoridades aduaneras un menor valor del bien exportado en la factura comercial y en moneda extranjera, que el valor en realidad cobrado. Es necesaria, para que se produzca tal simulación, la existencia de una cotización oficial y una libre, con una diferencia significativa de la divisa por sobre la primera. De esta forma, el excedente de moneda extranjera se vende en el mercado libre, obteniéndose un beneficio adicional.

SUBLEVACIÓN: alzamiento.

SUBLOCACIÓN: contrato entre el locatario principal y otra persona, denominada sublocatario, para conferirle a éste un derecho de goce sobre todo o parte del bien dado en locación por el propietario al locatario principal.

SUBMARCA: creación de una marca distinta para un producto que se encuentra en el mercado o similar distribuido a un precio reducido e, incluso, inferior al precio de costo. Se utiliza para evitar bajar el precio de una marca reconocida en el mercado; en realidad, es una práctica de exclusión.

SUBMÚLTIPLO: número o cantidad que otro u otra contiene exactamente dos o más veces.

SUBPARTICIPACIÓN: en EEUU, participación que tiene un cliente en un crédito que un Banco otorga a un tercero; esta participación es a tasa fija y con un determinado vencimiento.

SUBPRIME: ver **Crédito subprime**.

SUBREPTICIO: relativo a aquello que se hace o toma ocultamente y a escondidas.

SUBROGACIÓN: acción consistente en reemplazar a una persona o cosa por otra. Por ejemplo: supongamos que una persona "A" le debe a la persona "B" $ 100 y ésta, a una persona "C" $ 50, y ni la primera le cancela a la segunda ni ésta a la última. Por lo tanto, la persona "C" puede subrogarse a la persona "B" y exigirle a la persona "A" que le pague los $ 50 que le debe la persona "B".

SUBROGACIÓN PERSONAL: aquella que tiene lugar cuando el acreedor recibe el pago de un tercero, y se transmite expresamente todos sus derechos respecto de la deuda. En tal caso, la subrogación será regida por las disposiciones sobre la cesión de derechos. Puede hacerse también por el deudor, cuando paga la deuda de una suma de dinero, con otra cantidad que ha tomado prestada, y subroga al prestamista en los derechos y acciones del acreedor primitivo.◆ Se refiere a un cambio de personas en una obligación.

SUBROGACIÓN REAL: institución jurídica, esencialmente relativa a un patrimonio considerado en un momento dado de su existencia, en sus elementos concretos e individualizados. Su función consiste, para el caso de enajenación o pérdida de uno de estos elementos, en trasladar de pleno derecho o por la voluntad de las partes, sobre el bien individualizado adquirido en sustitución del bien que salió del patrimonio, los derechos de que éste era objeto.

SUBSIDIARIA: relativo a la empresa controlada por otra tenedora o matriz, control que ejercita por medio de la propiedad de las acciones con derecho a voto.◆ Filial.

SUBSIDIARIAMENTE: supletoriamente.

SUBSIDIARIO: acción o responsabilidad que sustituye o robustece a otra principal.

SUBSIDIO: préstamo otorgado de reembolso voluntario. Socorro, ayuda o auxilio extraordinario de carácter económico. ◆ Consiste en transferencias efectuadas a favor de empresas, con el objeto de reducir el precio de venta de sus productos.◆ Subvención.

SUBSIDIO POR DESEMPLEO: beneficio otorgado a trabajadores desempleados durante un período determinado luego de la pérdida de sus empleos.

SUBVENCIÓN: donativo efectuado a una institución de bien público.◆ Transferencia que el Estado hace a un sector económico con fines de promoción. ◆ Subsidio.

SUCESIÓN: transmisión del patrimonio de una persona a otra en virtud del fallecimiento de la primera.◆ Es la transmisión de los derechos activos y pasivos que componen la herencia de una persona muerta a la persona que sobrevive, a la cual la ley o el testador llama para recibirla. El llamado a recibir la sucesión se llama heredero.

SUCESIÓN A TÍTULO SINGULAR: la que tiene por objeto cosas determinadas.

SUCESIÓN A TÍTULO UNIVERSAL: la que tiene por objeto un todo ideal, sin consideración de su contenido especial ni de los objetos de esos derechos.

SUCESIÓN ANÓMALA: aquella relativa a determinados bienes que se adjudican a una persona dada en razón del origen de ellos.

SUCESIÓN BENEFICIARIA: aquella aceptada por el heredero bajo beneficio de inventario.

SUCESIÓN DE ESTADOS: sustitución de un Estado por otro en la responsabilidad de las relaciones internacionales de un territorio.◆ El territorio de un Estado puede llegar a ser parte del territorio de otro u otros cuando, por medio de un tratado internacional, se funde voluntariamente con otro u otros Estados; o cuando, contra la voluntad de un Estado, la totalidad de su territorio es anexada por otro u otros *(H. Kelsen).*

SUCESIÓN - DEFERIRSE LA: ver **Deferirse la sucesión**.

SUCESIÓN EN LA LEGÍTIMA: ver **Sucesión legitimaria.**

SUCESIÓN EN LA PERSONA: sistema sucesorio de origen romano en el cual, el heredero continúa la persona del causante con todos sus derechos activo y pasivos.

SUCESIÓN EN LOS BIENES: sistema sucesorio de origen germano en el cual el patrimonio transmitido no se confunde con los bienes personales del heredero y, por tanto, él no está obligado personalmente por el pasivo hereditario: su responsabilidad se reduce a responder exclusivamente con lo que ha recibido *(J. Maffía).* No se da la continuación de la persona del causante.

SUCESIÓN LEGÍTIMA: ver **Legítima.**

SUCESIÓN LEGITIMARIA: sucesión de los legitimarios.

SUCESIÓN PROCESAL: aquella que se produce cuando se transmiten los derechos en litigio de conformidad con la ley sustancia *(P. Buteler).*

SUCESIÓN TESTAMENTARIA: la que resulta de la voluntad del causante manifestada en testamento válido.

SUCESIÓN VACANTE: ver **Herencia vacante.**

SUCESOR: persona que sucede o se sigue.

SUCESORES: personas a las cuales se transmiten los derechos de otras personas, de tal manera que en adelante puedan ejercerlos en su propio nombre.

SUCURSAL: establecimiento de ventas ubicado en un sitio distinto de donde se encuentra la sede de la empresa que es propietaria de aquél. La finalidad de las sucursales es aumentar los centros de ventas dentro del país o fuera de él para incrementar el volumen de ventas. Si bien pueden tener un cierto margen de independencia, las sucursales dependen directamente de la casa matriz, que les impone directivas en los diferentes aspectos de la organización, como administrativas, comerciales y de instalación.

SUEGRA: madre del marido respecto de la mujer o de la mujer respecto del marido.

SUEGRO: padre del marido respecto de la mujer o de la mujer respecto del marido.

SUELDO: remuneración que se paga al trabajador en relación de dependencia por las tareas realizadas durante el mes de trabajo. Suma fijada independientemente de la duración del mes (28, 29, 30 o 31 días) o de la cantidad de días laborables que tenga éste.

SUELDO ANUAL COMPLEMENTARIO: sueldo adicional a los percibidos normalmente por jornales o por mes, que se paga al personal en relación de dependencia y que resulta ser la doceava parte del total de las remuneraciones percibidas por el trabajador en el respectivo año calendario. Por lo general, esta retribución se abona hacia mitad y a fin de año, es decir, un 50 % en cada fecha. Para su determinación se toman en cuenta todos los pagos recibidos por el dependiente que revistan el carácter de remuneración.◆ Aguinaldo.◆ SAC.

SUELO: toda la superficie geográfica integrada por tierras –ya sean llanuras, cuchillas, colinas, sierras o montañas– que están sometidas al poder de un Estado con expresa exclusión de aguas marítimas o fluviales y del espacio aéreo sobre los cuales ejerce también poder político dicho Estado *(Usinger).*

SUFRAGAR: costear, ayudar.◆ Votar.

SUFRAGIO: medio por el cual el pueblo elige a las personas que han de desempeñar las funciones del gobierno o adoptar decisiones sobre asuntos de carácter político *(J. Gómez).*

SUFRAGIO FAMILIAR: modalidad del sufragio plural en virtud del cual se atribuye un voto suplementario a los padres de familia o bien un número variable de votos conforme al número de integrantes de la familia *(S. Linares Quintana).*

SUFRAGIO RESTRINGIDO: aquel en el que se condiciona la posibilidad de votar a requisitos o exigencias de orden económico, intelectual o social *(S. Linares Quintana).*

SUFRAGIO UNIVERSAL: aquel en que tienen derecho a participar todos los ciudadanos, salvo determinadas excepciones.

SUICIDA: persona que comete suicidio.

SUICIDIO: acto que comete quien se quita voluntariamente la vida.◆ Acción o conducta que perjudica o puede perjudicar a la persona que lo realiza *(Diccionario de la Real Academia Española).*

SUJECIÓN: impotencia de determinar por uno mismo la propia conducta. Es el concepto correlativo al de potestad.

SUJETO ACTIVO DE LA OBLIGACIÓN TRIBUTARIA: ente acreedor del crédito emergente de la obligación tributaria, es decir, ente con derecho a percibir el tributo *(J. M. Martín).*

SUJETO CONCURSABLE: ver **Sujetos del concurso.**

SUJETO DE DERECHO: titular de un derecho.

SUJETO DE DERECHO INTERNACIONAL: se trata de todo ente que cuenta con la capacidad de ser titular de derechos y deberes en el ámbito internacional.

SUJETO DE LITIGIO: aquel respecto del cual se hace el proceso y que, por lo tanto, sufre sus consecuencias *(F. Carnelutti).*

SUJETO PASIVO DE LA OBLIGACIÓN TRIBUTARIA: persona que expresa o implícitamente ha sido designada por la norma legal para dar cumplimiento a una obligación tributaria. Tal designación puede ser a título propio o de un tercero; en el primer caso, el sujeto pasivo se conoce bajo la denominación de contribuyente; mientras que en el segundo con la de responsable *(J. M. Martín).*

SUJETOS DEL CONCURSO: personas que son susceptibles de ser declaradas en concurso, es decir, las que pueden quedar sometidas a los procesos de liquidación colectiva de sus bienes.

No existe quiebra sin sujeto.◆ Sujeto concursable.

SUJETOS ECONÓMICOS: personas o agrupaciones de éstas que conforman una sociedad, jurídicamente reconocida o no, con capacidad para hacer planes y tomar decisiones sobre determinados bienes o servicios.◆ Conjunto de unidades de decisión individuales (las económicas, domésticas y las empresas) donde cada uno de ellos es en potencia productor, consumidor y comerciante de dos o más objetos intercambiables (mercancías, servicios, préstamos) llamados bienes. ◆ Agentes económicos.

SUJETOS PÚBLICOS: agentes económicos que, cuando actúan como tales, lo hacen a través de la coacción legal. En términos generales, se puede denominar Estado.

SUMA DEL PODER PÚBLICO: acumulación de todas las atribuciones del Gobierno en un solo órgano estatal, habitualmente el Poder Ejecutivo, sin limitación ni responsabilidad alguna *(J. Gómez).*

SUMARIO: conjunto de actuaciones encaminadas a preparar el juicio criminal, haciendo constar la perpetración de los delitos con las circunstancias que puedan influir en su calificación, determinar la culpabilidad y prevenir el castigo de los delincuentes.◆ En el proceso criminal militar, sumario de actuaciones para preparar un juicio.◆ Juicio en el cual se procede en forma rápida y breve, prescindiendo de algunas formalidades procesales.◆ Ver **Juicio sumario.**

SUMARÍSIMO: dícese de cierta clase de juicios, tanto civiles como criminales, a los que, por la urgencia o sencillez del caso en litigio, por la gravedad o flagrancia del hecho criminal, señala la ley una tramitación brevísima.◆ Ver **Juicio sumarísimo.**

SUMISIÓN: acto por el cual uno se somete a otra jurisdicción renunciando o perdiendo su domicilio y fuero.◆ Sometimiento.

SUPERÁVIT: ganancia como resultado de superar los ingresos a los egresos. ◆ Es el beneficio de la empresa por su actividad económica al cabo de un ejercicio contable.◆ En la Administración Pública, exceso de los ingresos sobre los gastos.◆ En algunos países, diferencia positiva entre el patrimonio menos el capital social.◆ Ganancia; básicamente, se utiliza para los entes sin fines de lucro.

SUPERESTRUCTURA: estudia los fenómenos sociales que se producen por encima de las relaciones de producción y consta de un componente objetivo (las instituciones) y uno subjetivo (las ideologías).

SUPERFICIE: extensión de tierra.◆ Extensión en la que sólo se consideran dos dimensiones: longitud y latitud.◆ Derecho real enajenable y transmisible a los herederos, que atribuye el pleno goce de un edificio o de una parte de él.◆ Una finca puede ser gravada de forma que aquel en cuyo beneficio se establece el gravamen corresponda el derecho enajenable y heredable de tener una construcción sobre o bajo la superficie de la finca (derecho de superficie).

SUPERFICIE DE DESPEJES DE OBSTÁCULOS: áreas imaginarias, oblicuas y horizontales, que se extienden sobre cada aeródromo y sus inmediaciones, tendientes a limitar la altura de los obstáculos a la circulación aérea.

SUPERINTENDENCIA: administración suprema o máxima en un ramo.◆ Empleo, cargo o jurisdicción del superintendente.

SUPERINTENDENCIA DE ADMINISTRADORAS DE FONDOS DE JUBILACIONES Y PENSIONES: SAFJP.◆ En la República Argentina, organismo dependiente del Ministerio de Trabajo y Seguridad Social, que dicta las instrucciones que deben cumplir las Administradoras de Fondos de Jubilaciones y Pensiones.

SUPERINTENDENCIA DE SEGUROS DE LA NACIÓN: SSN.◆ En la Argentina, organismo de control de todos los entes aseguradores y de operación de seguros. Entidad autárquica con autonomía funcional y financiera, en jurisdicción del Ministerio de Economía.

SUPERIOR: militar que tenga respecto de otro un grado más elevado o autoridad en virtud del cargo que desempeña como titular o por sucesión de mando.

SUPERMERCADO: establecimiento comercial de venta al por menor en el que se expenden todo tipo de productos alimenticios, de limpieza, etcétera, y en el cual el cliente se sirve a sí mismo y paga a la salida.

SUPERNUMERARIO: empleado que trabaja en una oficina pública sin figurar en la planilla.◆ Puesto o empleo además del número señalado.

SUPERPLENO EMPLEO: empleo que se da cuando la tasa de creación de empleos es superior a la tasa de demanda, voluntaria o involuntaria, en el mercado laboral.

SUPERPRODUCCIÓN: ver **Sobreproducción.**

SUPÉRSTITE: relativo a quien sobrevive.

SUPERVISIÓN: ejercicio de inspección superior en trabajos realizados por otros.◆ Es una función técnica administrativa cuya finalidad está orientada a la correcta aplicación de las disposiciones, normas y procedimientos.

SUPLETORIO: relativo a aquello que suple una carencia.

SÚPLICA: cláusula final de un escrito dirigido a la autoridad administrativa o judicial en solicitud de una resolución.

SUPLICACIÓN: apelación de la sentencia de vista en los tribunales superiores que se interponía ante ellos mismos.

SUPLICAR: recurrir contra el auto de vista del tribunal superior ante el mismo.

SUPLICATORIA: carta u oficio que pasa un tribunal o juez a otro superior.

SUPLICATORIO: instancia que un juez o tribunal eleva a un cuerpo legislativo pidiendo permiso para proceder en Justicia contra algún miembro de ese cuerpo.

SUPOSICIÓN DEL ESTADO CIVIL: la que tiene lugar cuando, por un acto cualquiera, una persona suprimiere, hiciere incierto o adulterare el estado civil.

SUPRESIÓN DEL ESTADO CIVIL: suposición del estado civil.

SURTIR EL FUERO: estar o quedar uno sujeto al fuero de un juez determinado.

SUSCRIBIR: convenir con el dictamen de uno, acceder a él. Obligarse uno a contribuir como otros al pago de una cantidad para cualquier obra o empresa.◆ Firmar un escrito.◆ Asumir un compromiso de suscripción

SUSCRIPCIÓN: acto por el cual una persona se compromete a integrar una parte del capital de una sociedad.◆ Compromiso que se asume con el fin de abonar una o más acciones, debentures o títulos de la deuda pública. *A posteriori*, con la integración o pago de los citados títulos, se perfecciona el acto de suscripción.◆ Cuando las sociedades pueden aumentar su capital emitiendo nuevas acciones y ofreciéndolas al público.◆ Ver **Suscripción de acciones.**

SUSCRIPCIÓN BAJO LA PAR: ver **Suscripción con descuento**.

SUSCRIPCIÓN CON DESCUENTO: compromiso de integración de acciones o títulos a un precio o valor real inferior a su valor normal.◆ Suscripción bajo la par.

SUSCRIPCIÓN CON PRIMA: emisión de acciones o títulos sobre la par.

SUSCRIPCIÓN DE ACCIONES: emisión de acciones realizada por una sociedad accionaria para captar fondos del mercado bursátil.

SUSCRIPCIÓN EN EXCESO: cuando la suscripción exceda del monto previsto, la asamblea constitutiva decidirá su reducción a prorrata o aumentará el capital hasta el monto de las suscripciones.

SUSCRIPCIÓN PREFERENTE: derecho que le asiste a un accionista poseedor de acciones de una clase a suscribir nuevas acciones de esa misma clase en proporción de las que posea. Suele completarse con el derecho de acrecer, en proporción a las acciones que haya suscripto en cada oportunidad.◆ Ver **Derecho de suscripción preferente.**

SUSCRIPCIÓN TOTAL: aquella que tiene lugar cuando el capital debe suscribirse totalmente al tiempo de la celebración del contrato constitutivo.◆ Suscripción única.

SUSCRIPCIÓN ÚNICA: ver **Suscripción total**.

SUSCRIPTORES DE DEBENTURES: quienes asumen el compromiso de suscripción.

SUSPENSIÓN: impositivamente, no aplicación del tributo por un tiempo determinado.◆ Detención o diferimiento por algún tiempo una acción u obra.

SUSPENSIÓN DE COTIZACIÓN: aquella que tiene lugar cuando el organismo competente –en la Argentina, la Comisión Nacional de Valores– excluye temporalmente a una sociedad de la sesión o rueda bursátil.

SUSPENSIÓN DE PAGOS: situación en que se coloca un comerciante o empresa cuyo activo no es inferior al pasivo, pero que no puede temporalmente atender al pago puntual de sus obligaciones.

SUSPENSIÓN DE UNA CUENTA: cancelación temporaria de una cuenta hasta su regularización.

SUSPENSIÓN DEL PROCEDIMIENTO: temporal detención del curso del procedimiento, que debe reanudarse inmediatamente que cese la causa o haya vencido el plazo para ello *(F. Carnelutti).*

SUSPENSIÓN DISCIPLINARIA: medida disciplinaria o penalización aplicada a un trabajador por el incumplimiento de las normas legales o por negligencia en el desempeño de sus tareas.◆ Ver **Sanción disciplinaria.**

SUSPENSIÓN EN EL EJERCICIO DE LA PROFESIÓN: corrección disciplinaria que puede aplicar el Consejo Profesional o Colegio de Graduados Inscriptos en la matrícula.

SUSPENSIVO: que tiene virtud o fuerza de suspender.

SUSTANCIACIÓN: acción y efecto de sustanciar un juicio.

SUSTANCIAR: conducir un asunto o juicio por la vía procesal adecuada hasta ponerla en estado de sentencia.

SUSTITUCIÓN: nombramiento de heredero o legatario que se hace en reemplazo de otro nombramiento de la misma índole.◆ Disposición de última voluntad por la que alguien es llamado a heredar en defecto de una primera llamada o después de ella *(Puig Brutau).*

SUSTITUCIÓN FIDEICOMISARIA: disposición por la cual una persona, al gratificar a otra, le encarga la conservación, durante su vida, de los bienes objeto de esa liberalidad para transmitirlos obligatoriamente, a su muerte, a una segunda persona designada por el autor de tal liberalidad.

SUSTITUCIÓN PROCESAL: aquella que se da cuando la acción en el proceso de una persona distinta de la parte se debe, no a la iniciativa de ésta sino al estímulo de un interés conexo con el interés inmediatamente comprometido en la litis o en el negocio *(F. Carnelutti).*

SUSTITUCIÓN PUPILAR: según el antiguo Derecho Romano, es la disposición testamentaria por la cual el jefe de familia designa un heredero al hijo impúber colocado directamente bajo su potestad para el caso en que, después de su muerte, este hijo muriese asimismo *sui juris* e impúber, es decir, pupilo, sin haber podido testar, garantizándole de esta manera evitar el peligro de morir sin heredero. Le daba uno de su elección, que le inspiraba más confianza que el heredero *ab intestato.* Esta substitución procede de la costumbre y su origen parece ser muy antiguo. Es un uso que deroga los principios naturales de la sucesión testamentaria, porque autoriza a una persona a substituir su voluntad a la de la otra y a disponer de una herencia que no es la suya. Lo que justifica esta práctica es que, primitivamente, el jefe de familia debía instituir al hijo del cual hacía la substitución pupilar, y en esta substitución sólo podía disponer de los bienes que le dejaba. En resumen, lo que reglaba era la devolución del propio patrimonio. Pero pronto se amplió la institución, y por efecto de la potestad paterna, tomó un carácter absoluto. El jefe de familia, quien sólo tenía derecho de hacer la substitución pupilar a los hijos impúberes, colocados directamente bajo su potestad, pudo disponer bajo el Imperio de todo el patrimonio que el hijo dejase a su fallecimiento, de bienes habidos fuera de la sucesión paterna. Podía aun hacer la substitución para el hijo que había desheredado *(E. Petit).*

SUSTITUCIÓN VULGAR: nombramiento de un segundo, tercero y aun ulteriores herederos o legatarios, en lugar del primero instituido, para el caso en que éste falte o no efectúe la sucesión. ◆ Disposición mediante la cual el testador subroga a alguno al heredero nombrado en el testamento para cuando este heredero no quiera o no pueda aceptar la herencia. En el Derecho argentino, sólo esta clase de sustitución es permitida en los testamentos.

SUSTRACCIÓN: resta.◆ Acción y efecto de hurtar, robar.

SUSTRACCIÓN DE AGUAS: ver **Delito de sustracción de aguas.**

SUSTRACCIÓN DE DOCUMENTOS: delito consistente en sustraer un documento agregado a un juicio.

"SWAP": transacción financiera entre, al menos dos partes, en la cual los contratantes se comprometen a intercambiar, en el futuro y a intervalos especificados, una serie de flujos de pagos respecto de una cantidad de dinero estipulada que se fija al comienzo. ◆ Acuerdo firmado entre dos sujetos en virtud del cual intercambian flujos de caja en el futuro de acuerdo con una fórmula determinada *(G. Gotlib).*◆ Las operaciones de pase (*swaps*) sirven para tomar posiciones en moneda extranjera y también como instrumentos para la política de liquidez de una autoridad monetaria cuando se trata de créditos para sostener el tipo de cambio.◆ Contrato de canje.◆ Transacción financiera en la que dos parte contractuales acuerdan cambiar flujos monetarios en el tiempo, cuyo objetivo consiste generalmente en mitigar las consecuencias derivadas de las oscilaciones de las presiones de las divisas y las tasas de interés *(J. Paolantonio).* ◆ Este autor sostiene que básicamente involucran el intercambio de exposiciones a divisas o tasas de interés, o una combinación de ambas, por parte de dos o más tomadores de fondos, aunque no necesariamente comprenden la permuta legal de deudas reales sino un acuerdo para cumplir con determinados flujos de fondos contractuales. Con respecto a su naturaleza jurídica, se ha caracterizado como una permuta financiera. La doctrina, en general, tiende a coincidir en asignarle a este contrato un carácter atípico, bilateral, consensual y oneroso; también ha sido calificado por una corriente como comercial, bancario o de duración continuada. Surgen, en cambio, opiniones encontradas con respecto a su carácter conmutativo o aleatorio. Si bien cierta doctrina se inclina por el primero, *Paolantonio*, reforzando la tesis de la aleatoriedad, hace hincapié en la incertidumbre acerca de la existencia y entidad de las prestaciones a cargo de las partes al momento de conclusión del sinalagma, las que –según afirma dicho autor– dependen de la verificación de un evento incierto y no influenciable por las partes.

"SWAP" DE DIVISAS: acuerdo entre dos partes mediante el cual una entrega a otra una cantidad en una moneda a cambio de la cantidad equivalente en otra moneda, a la cotización al contado de la fecha. En cada período de pago, cada una de las partes paga a otra una cantidad en concepto de interés sobre la cantidad de dinero recibida en el inicio. En el vencimiento, las partes se devuelven las cantidades recibidas en el inicio del contrato, utilizando los tipos de cambios contados desde la fecha de firma del contrato *(G. Gotlib).*

"SWAP" DE ÍNDICE DE RENDIMIENTO DE ACCIONES: igual al *Swap* de tasas de interés, pero en lugar del rendimiento de una acción se considera el rendimiento de un índice de acciones; por ejemplo: Dow Jones *(G. Gotlib).*

"SWAP" DE RENDIMIENTO DE ACCIONES: igual al *Swap* de tasas de interés, pero las cantidades equivalentes se estiman para una (lo más habitual) o dos partes en virtud del rendimiento de una acción *(G. Gotlib).*

"SWAP" DE TASAS DE INTERÉS: acuerdo entre dos partes en virtud del cual cada una de ellas se compromete a pagar a la otra cantidades equivalentes al interés devengado en relación con una cantidad principal. Las partes contratantes no intercambian ninguna parte de la deuda principal, no entregan recíprocamente esta suma principal para su utilización económica, sino que esta cantidad constituye una mera referencia para determinar los futuros pagos *(G. Gotlib).*

"SWAPOPTION": *swaption.*

"SWAPS": ver **"Swap"**.

"SWAPS" AMORTIZABLES: modalidad que corresponde a los *swaps* de tasas; el principal o capital de cálculo va disminuyendo en determinadas fechas a lo largo de la vida del contrato *(J. Paolantonio).*

"SWAPS" DE "COMMODITIES": swap de mercaderías.

"SWAPS" DE MERCADERÍAS: aquellos en los que una de las partes realiza pagos periódicos a la otra a un precio unitario fijo por una cierta cantidad de algún *commodity*. Como contrapartida, ésta le paga a la primera un precio flotante (usualmente, un promedio de precios contado o *spot*) por una cierta cantidad de algún *commodity (J. Paolantonio).*

"SWAPTION": opción sobre un *swap* en la que una de las partes recibirá una prima por estar de acuerdo en realizar un *swap* a pedido del comprador.

T

TACHA: motivo legal para desestimar en un pleito la declaración de un testigo.

TACHA DE TESTIGOS: ver **Tachar.**

TACHAR: aducir contra un testigo alguna causa legal para que no se de crédito a su declaración.◆ Poner faltas o tachas en una cosa.◆ Borrar lo escrito.

TÁCITA RECONDUCCIÓN: prórroga automática de un contrato.

TÁCTICA: conjunto de reglas a que se ajustan en su ejecución las operaciones necesarias para concretar un objetivo.

"TAKE OVER": toma del control de una sociedad que cotiza en una Bolsa de comercio. Su finalidad es retirarla de la cotización y obtener beneficios económicos mediante: a) una fusión con la adquirente, que permita el aprovechamiento de los quebrantos impositivos que tiene la adquirida; b) la venta por separado de los activos de la adquirida, con lo que se pretende lograr un monto superior al invertido para tomar el control; o c) la venta tan solo de las divisiones menos productivas de la adquirida, para reducir las deudas contraídas por el *take over*, y mantener aquellas divisiones que producen las mayorías ganancias, las que suelen ser fusionadas con la adquirente *(C. J. Postiglione).*

TALASOCRACIA: dominio sobre los mares y sistema político cuya potencia reside en éste.

TALIÓN: ver **Ley del Talión.**

TALLER FAMILIAR: formado por los trabajadores a domicilio integrados por miembros de una familia, siempre que residan en la misma casa *(Código Laboral de Paraguay).*

TALONARIO: documento que se corta de un libro, quedando en él una parte de cada hoja para acreditar con ella su legitimidad o recuento.

"TALWEG": utilizado en la demarcación de los ríos navegables, es la línea idealizada que sigue el canal principal o la parte profunda del río *(A. Llanés Torres).*

TAMBERO MEDIERO: trabajador a cargo de la explotación del tambo en participación.

TANATOLOGÍA: estudio del cadáver y sus fenómenos evolutivos (de restos biológicos humanos).

TANDA: turno o alternativa.◆ Avío que se da a los jornaleros para su comida.

TANORIA: servicio doméstico que los indígenas de Filipinas tuvieron obligación de prestar gratuitamente a los españoles.

TANQUE: automóvil de guerra blindado y articulado que, moviéndose sobre una llanta flexible o cadena sin fin, puede atravesar terrenos escabrosos.

TANTEAR: calcular por aproximación o al tanteo.◆ Dar por una cosa, en virtud de cierto derecho, el precio en que se remató a otro en pública subasta, como en el de condominio.◆ Pagar la misma cantidad en que una renta o alhaja está arrendada o se ha rematado en venta o puja.

TANTEO Y RETRACTO: en el Derecho español, derechos reales de adquisición preferente encadenados en forma sucesiva; constituyen dos mecanismos que se complementan cuando la ley otorga a alguien la adquisición preferente de un bien inmueble y para el caso en que el propietario decida enajenarlo.

TANTEOS Y RETRACTOS LEGALES: limitaciones a modo de cargas de Derecho Público; aunque puedan redundar en provecho de particulares, están motivadas por el interés general y no constituyen desmembraciones del dominio sobre el cual actúan.

TANTO: cantidad, número o porción de una cosa indeterminada o indefinida.◆ Cantidad determinada de una cosa.

TANTO DE CULPA: testimonio que se libra de una parte de un pleito o expediente cuando resultan pruebas o indicios respecto de la responsabilidad penal de una persona, para que acerca de ella se instruya proceso.

TANTO POR CIENTO: de cada ciento. Se construye precedido de un número que indica el tanto por ciento. Se representa con el signo %.◆ En los porcentajes, se recomienda no usar el apócope cien: "El cuarenta por ciento" (no por cien). A pesar de ello se utiliza la expresión "cien por cien" fuera de un contexto estrictamente numeral o contable, con el significado de total o absolutamente.

TANTO POR MIL: de cada mil.◆ Se construye precedido de un número que indica el tanto por mil. Se representa con el signo ‰.

TAPÓN FISCAL: ver **Bloqueo fiscal**.

TARA: peso incluido en el peso bruto de un bien pero que no corresponde al peso propio del bien; por ejemplo, el peso correspondiente a los envases o al del camión con mercaderías. Es decir, peso que se rebaja en las mercaderías en razón del envoltorio que las contiene. Deducida la tara del peso bruto, da el peso neto.◆ Peso del embalaje.

TARIFA: precio de una unidad de servicio en una unidad de tiempo. Por ejemplo: valor de un servicio de mano de obra por hora.◆ Tabla de precios.◆ Gravámenes aplicados sobre los productos en la importación y exportación.

TARIFA ADUANERA: se trata de la tabla contenedora de las alicuotas de los tributos aduaneros.

TARIFAS "AD VALOREM": aquellas que toman como base el precio de mercaderías, independientemente de sus calidades particulares. Se emplea en los impuestos aduaneros.◆ Ver **"Ad valorem"**.

TARIFAS ESPECÍFICAS: aquellas que gravan las mercaderías según la calidad, peso, medida, etcétera, aplicando un porcentaje o suma fija por cada unidad de medida. Se emplea en los impuestos aduaneros.

TARJETA DE ASISTENCIA: ficha mediante la cual, a través de máquinas, relojes o equipos, se registra el ingreso y egreso del trabajador a los efectos de constatar la asistencia, puntualidad, libros adicionales o extras, etcétera.

TARJETA DE COMPRA: documento nominativo mediante cuya presentación se pueden efectuar compras en los comercios adheridos a la organización que administra el sistema. La persona miembro del sistema cancelará al cabo de cierto plazo, que suele ser un mes, todos los cargos insumidos. En algunos casos, se otorga la posibilidad de financiamiento.

TARJETA DE CRÉDITO: documento nominativo legítimamente intransferible, cuya finalidad es permitir al usuario beneficiarse con las facilidades de pago pactadas con el emisor y las resultantes del contrato celebrado entre éste y el proveedor del bien o servicio requerido por aquél. La tarjeta de crédito es emitida a favor del usuario y es el documento indispensable para ejecutar el haz de derechos que surgen de la relación trilateral conformada sobre la base de la celebración de dos contratos: a) entre la emisora con la persona a quien se le entrega la tarjeta de crédito y b) entre la emisora y el comerciante *(J. Farina).*

TARJETA DE DÉBITO: documento en virtud del cual los importes de las compras efectuadas se van descontando automáticamente de la cuenta del usuario (puede ser una cuenta corriente o una caja de ahorro).

TARJETA DE FIRMA: documento depositado en el Banco con la firma del depositante o tenedor de cuenta junto con las de sus agentes.

TARJETA DIARIA DE TRABAJO: ficha que se utiliza con la finalidad de imputar adecuadamente la mano de obra al proceso productivo. En cada ficha se registran las tareas desarrolladas por un operario y el tiempo insumido. Es el parte diario de mano de obra: el operario debe marcar tarjeta por los lotes en los que va trabajando y el tiempo que trabajó para cada uno, a efectos de que se pueda hacer la imputación a la hoja de costos.

TASA: concepto que comprende los tributos que aportan al Estado, tanto personas físicas como jurídicas, por prestaciones de servicios públicos específicos. Por ejemplo: alumbrado, barrido y limpieza; permisos de edificación, etcétera.◆ De acuerdo con el Modelo Tributario para América Latina, es el tributo cuya obligación tiene como hecho generador la prestación efectiva o potencial de un servicio público individualizado en el contribuyente. ◆ Relación de la diferencia entre dos cifras con respecto a una de ellas, tanto por ciento o tanto por mil fijado sobre un todo.

TASA ACTIVA: tasa de interés cobrada por los que intermedian entre la oferta y demanda de dinero a los tomadores de fondos.◆ Tasa de interés activa.

TASA DE ACTIVIDAD: aquella que se calcula como porcentaje de la población económicamente activa con relación a la población total.

TASA DE CONSTITUCIÓN: aquella que percibe el organismo de control para iniciar el trámite de inscripción de sociedades.

TASA DE CORTE: tasa de interés efectiva incluida en forma de descuento en el valor nominal de una emisión de títulos, cuya absorción el emisor está dispuesto a reconocer.

TASA DE DESCUENTO: aquella que le cobra un Banco a un sujeto que presenta un documento para su descuento, es decir, para recibir a cambio un adelanto de dinero. Por ejemplo: el Banco XX cobra una tasa de descuento del 15 % anual; esto significa que para obtener un adelanto o un préstamo a un año debe presentar a cambio un documento comercial, supongamos de $ 1.000, por lo tanto, el Banco descuenta de este importe los $ 150 correspondientes a los intereses por un año y le presta $ 850 a reintegrar al año.◆ Descuento sobre un valor nominal de $ 1, en un período.◆ Deducción que se hace sobre la unidad de capital en la unidad de tiempo.

TASA DE DESEMPLEO: aquella que representa el porcentaje de la población económicamente activa que no encuentra empleo.◆ Se calcula como porcentaje de la población desocupada con relación a la población económicamente activa.◆ Suele denominarse también tasa de desocupación.

TASA DE ESTADÍSTICA: la que aplica la Aduana sobre las mercaderías que grava con una tasa determinada, cuya base imponible es el valor que fija dicho organismo de acuerdo con el producto de que se trate. La tasa que se aplica puede ser modificada por el Poder Ejecutivo.◆ Tasa *ad valorem* que se aplica por la prestación de un servicio estadístico; puede gravar la exportación o la importación.

TASA DE INFLACIÓN: porcentual que indica la magnitud del incremento en el nivel general de precios en una economía.◆ Ver **Inflación.**

TASA DE INTERÉS: remuneración del capital. En el caso de recibir un préstamo, será el precio a abonar por la utilización de ese capital. En la situación de efectuarse una inversión de fondos, será el rendimiento que esa inversión obtenga.◆ Interés que gana $ 1 en la unidad de tiempo.

TASA DE INTERÉS ACTIVA: ver **Tasa activa**.

TASA DE INTERÉS PASIVA: ver **Tasa pasiva**.

TASA DE INTERÉS REAL: tasa de interés comparada con la tasa de inflación. ◆ Tasa de interés que permite medir el verdadero rendimiento de una inversión de capital cuando existe inflación.

TASA DE JUSTICIA: aquella que grava las actuaciones judiciales.◆ Tasa judicial.◆ Ver **Gastos causídicos.**

TASA DE MORTALIDAD: porcentaje de defunciones producidas, generalmente en el plazo de un año, con relación a una población determinada.

TASA DE PARO: porcentaje de trabajadores que está buscando empleo, y que no se ha encontrado ninguno.

TASA DE PARTICIPACIÓN: porcentaje de la población activa sobre la población en edad activa.

TASA DE REDESCUENTO: tasa que le cobra el Banco Central a los bancos comerciales por el descuento de documentos. Se denomina redescuento por ser el segundo descuento que se realiza sobre el mismo título. Por ejemplo:
a) El Banco XX le presta dinero a una persona a cambio de la presentación de un documento comercial, pagaré, cobrándole el 15 % anual; es decir que sobre un pagaré de $ 1.000 el banco XX le adelanta, previo descuento del interés de $ 150, $ 850 a devolver a un año.
b) Luego, el Banco XX presenta el mismo documento al Banco Central para que éste le adelante o preste un monto que será el resultado de descontar al importe del documento la tasa de redescuento, que podrá ser, por ejemplo, del 10 %. Por lo tanto, del capital de $ 1.000 el Banco Central deduce los $ 100 de intereses y le presta al Banco XX $ 900.
c) A la primera tasa que figura en a), 15 %, se la denomina "tasa de descuento"; a la segunda, 10 %, "tasa de redescuento".

TASA INTERBANCARIA: tasa de interés que se aplica en las operaciones de crédito entre instituciones bancarias. En el euromercado, se utiliza la Libor, que son las siglas de *London Interbank Offered Rate* o la tasa interbancaria del mercado de Londres. Se la calcula diariamente y sirve como guía para las tasas de interés que se emplean en muchas operaciones crediticias en euromonedas. Otro ejemplo de tasa interbancaria es la de los *Federal Funds*, que son los fondos de un Banco prestados a otro por un breve período en los EEUU.◆ Ver **"Call money"**.

TASA JUDICIAL: ver **Tasa de justicia**.

TASA PASIVA: tasa de interés abonada por los intermediarios financieros a los colocadores de fondos o inversionistas. ◆ Tasa de interés pasiva.

TASA REAL: proporción de los ingresos periódicos con el valor de mercado de un capital invertido.◆ Porcentual; expresada en tanto por uno, permite medir el verdadero rendimiento de una inversión de capital cuando existe inflación. ◆ Ver **Tasa de interés real**.

TASA REGULADA: tasa de interés determinada por la autoridad monetaria central, por ejemplo el Banco Central de la República Argentina, para remunerar las colocaciones de dinero. Comprende la fijación tanto de la tasa pasiva como de la activa en las intermediaciones financieras.

TASA TESTIGO: aquella que se utiliza para definir la tasa promedio para depósitos calculada por el Banco Central para distintos plazos. Generalmente, es el resultado de una encuesta realizada entre una muestra de instituciones que se consideran representativas del sistema.

TASACIÓN: acción y efecto de dar valor a un bien, de acuerdo con el mercado. ◆ Justiprecio, avalúo.◆ Valuación. Estimación del valor en dinero de un bien mueble o inmueble.

TASACIÓN DE LAS COSTAS: procedimiento mediante el cual se determina la cantidad de las costas procesales.

TASADOR: persona que ejerce el oficio de tasar.

TASAR: fijar la autoridad competente el precio de una mercancía o establecer un límite entre un precio máximo y un precio mínimo.◆ Estimar la remuneración debida por un trabajo.

TASAS PARAFISCALES: las percibidas con un interés económico o social en beneficio de una persona moral de Derecho Público o Privado distinta al Estado, las colectividades territoriales y sus establecimientos públicos administrativos.

TATARABUELO: tercer abuelo.

TATARADEUDO: pariente muy antiguo, antepasado.

TATARANIETO: tercer nieto, el cual tiene el cuarto grado de consanguinidad en línea recta descendente.

TEATRO DE LA GUERRA: porciones de tierra, mar o aire en o sobre las que tienen lugar efectivamente las hostilidades. Legalmente, ningún lugar que no sea la región de la guerra puede ser teatro de ésta; pero no toda parte de la región total de la guerra es necesariamente teatro de la misma.

TELEGRAMA: despacho telegráfico.◆ Si la finalidad perseguida con su envío consiste en la renuncia a un empleo –telegrama de renuncia–, éste debe ser dirigido al empleador.

TELEGRAMA DE RENUNCIA: ver **Telegrama.**

TELEOLOGÍA: doctrina de las causas finales.

TELETRABAJO: modalidad de la relación laboral, en virtud de la que los servicios del empleado son prestados esencialmente de manera remota, haciendo uso de herramientas telemáticas. Todos los elementos usuales de un contrato de trabajo (subordinación, remuneración, etc.) se encuentran presentes en la relación, excepto el de la supervisión presencial por parte del empleador. Se le conoce en la jerga angloparlante como *telecommuting (C. Hess).*

TÉLEX: servicio transmisor de mensaje mecanografiados mediante teletipos.◆ Mensaje transmitido por este servicio.

TEMERIDAD: ver **Temeridad procesal.**

TEMERIDAD PROCESAL: conducta de aquel que sabe o debe saber que carece de motivos para litigar y, no obstante, lo hace abusando de la jurisdicción. ◆ Es la conducta procesal carente de fundamento, razón o motivo *(F. Migliardi).*◆ Cuando la parte sabe a ciencia cierta que no está asistida de razón y a pesar de ello, abusando de la jurisdicción, compone un proceso del que se ha de generar daño a la contraparte.

TEMPORADA: espacio de tiempo de cierta duración.◆ Tiempo en el que se realiza habitualmente una cosa.◆ Ver **Contrato de trabajo por temporada.**

TENDERETE: puerto de ventas al por menor, instalado al aire libre.

TENEDOR: aquel que tiene la posesión en forma legítima de un documento de crédito.◆ Persona a quien se le ha transferido un documento y que debe cobrarlo.◆ Beneficiario.

TENEDOR DE LIBROS: persona que realiza la teneduría de libros.

TENEDORA: empresa que posee total o parcialmente las acciones de otra.

TENEDURÍA DE LIBROS: trata los aspectos mecánicos del procesamiento contable.◆ Es un sistema compuesto por normas técnicas por medio del cual se registran todas las operaciones llevadas a cabo por la empresa, se obtiene información sobre las partidas contables en forma individualizada y permite elaborar informes y cuadros con el fin de conocer la situación patrimonial, económica y financiera de la empresa.◆ Mecanismos de procesamiento de la información contable *(F. Casals).*

TENENCIA: ocupación y posesión actual y corporal de una cosa.◆ Hacienda o haberes.◆ Ver **Guarda.**

TENENCIA DE ARMAS: acción de disponer de la cosa físicamente sean por mantenerla corporalmente en poder del autor, cualquiera sea el origen, o la razón o la finalidad; el hecho se consuma con la sola intención de tener el objeto sin autorización, aun cuando no se emplee. En síntesis, la tenencia implica que el arma se encuentra dentro del ámbito de custodia del causante, pudiendo ejercer sobre la misma un poder de hecho tal que le permita por sola voluntad y sin necesidad de intervención de terceros disponer físicamente de ella *(RENAR).*

TENENCIA DE LOS HIJOS: ver **Guarda.**

TENIENTE: oficial cuyo empleo es el inmediatamente inferior al de capitán.◆ Aplícase al poseedor de una cosa.

TENOR: contenido literal de un escrito.

TENTACIÓN: instigación o estímulo que induce o persuade a una cosa mala.

TENTATIVA: principio de ejecución de un delito por actos externos que no llegan a ser los suficientes para que se realice el hecho, sin que haya mediado desistimiento voluntario del culpable. ◆ Acción cometida por quien, con el fin de cometer un delito determinado, comienza su ejecución pero no lo consuma por circunstancias ajenas a su voluntad.

TENTATIVA DE CONTRABANDO: aquella en la que incurre el que, con el fin de cometer el delito de contrabando, comienza su ejecución pero no lo consuma por circunstancias ajenas a su voluntad.

TENTATIVA INIDÓNEA: aquella en la que los medios empleados por el autor son notoriamente inidóneos para causar el resultado *(E. Zaffaroni).*

TENUTA: posesión de los frutos, rentas y preeminencias de algún mayorazgo, que se gozaba hasta la decisión de la pertenencia de su propiedad, entre dos o más litigantes.

TEOCRACIA: régimen político en que el poder civil no se distingue del poder religioso y se ejerce por los que tienen este último en su mano.

TEORÍA: hipótesis cuyas consecuencias se aplican a parte importante de una ciencia o a toda.

TEORÍA DE LA HERMENÉUTICA: conjunto de principios que debe tomar en cuenta el intérprete para una adecuada interpretación de la norma *(J. Llambías).*

TEORÍA DE LA IMPREVISIÓN: doctrina jurídica según la cual sería posible la revisión de los contratos a largo plazo en virtud de transformaciones de hecho que se producen, de modo tal que la prestación de una de las partes se torna de imposible cumplimiento para ésta. Usualmente, se recurre a esta teoría en los períodos inflacionarios o cuando se utiliza una moneda extranjera para valorizar los contratos, y ésta eleva de una manera imprevisible su cotización.

TEORÍA DE LA INSTITUCIÓN: al no querer ver en la sociedad un contrato, una teoría moderna la considera como una institución. La institución aquí se opone al contrato; implica una subordinación de derechos y de instrumentos privados a los fines que se trata de realizar *(G. Ripert).*

TEORÍA DE LA PENETRACIÓN: ver **Teoría del abuso de la personalidad jurídica.**

TEORÍA DE LA PLUSVALÍA: teoría según la cual, el empresario compra a su justo valor la fuerza de trabajo obrera; este valor, como el de todas las mercancías, está determinado por el trabajo necesario para producir la fuerza de trabajo, es decir, los medios de subsistencia necesarios para el mantenimiento del obrero que representa esta fuerza.◆ Ver **Plusvalía.**

TEORÍA DEL ABUSO DE LA PERSONALIDAD JURÍDICA: indagación acerca de la realidad subyacente detrás de la actuación de la sociedad.◆ Ver **Abuso de la personalidad jurídica.**

TEORÍA DEL DINERO Y DEL CRÉDITO: comprende las leyes que manifiestan las funciones del dinero y el crédito en el sistema económico y los factores que determinan el valor de la moneda.

TEORÍA DEL VELO SOCIETARIO: ver **Teoría del abuso de la personalidad jurídica.**

TEORÍA EGOLÓGICA DEL DERECHO: ver **Egológica - Teoría.**

TERCERÍA: derecho que deduce un tercero entre los otros litigantes.◆ Es la pretensión de que se vale una persona distinta de las que como parte actora o demandada intervienen en un determinado proceso, a fin de reclamar el levantamiento de un embargo decretado en él sobre un bien de su propiedad o el pago preferencial de un crédito con el producto de la venta del bien embargado.◆ Ver **Proceso de tercería de dominio; Tercería de dominio; Tercería de mejor derecho.**

TERCERÍA DE DOMINIO: acción que pretende el dominio del bien embargado como pertenencia del deudor *(F. Migliardi).*

TERCERÍA DE MEJOR DERECHO: acción que tiene por objeto que un crédito del que es titular su promoviente sea pagado con preferencia al ejecutante una vez realizados los bienes embargados. Como requisitos esenciales para la viabilidad de esta acción, el tercerista debe justificar la existencia y el privilegio del crédito que invoca.◆ Se pretende un derecho preferente para cobrarse de los fondos resultantes del embargo *(F. Migliardi).*

TERCERÍA PROCESAL: ver **Tercería.**

TERCERISTA: parte facultada a oponerse al ejecutante y al ejecutado cuando una medida decretada en el proceso de ejecución afecta a una cosa de su dominio o alega un mejor derecho al cobro que el aducido por el ejecutante *(F. Migliardi).*

TERCERO: quien media entre dos o más personas.◆ Concepto que comprende a todos aquellos que, teniendo legitimación para ser tenidos por parte en el procedimiento administrativo, no intervienen ni participan en el mismo en tal carácter *(J. C. Cassagne).* ◆ Es aquel que no es parte o sujeto de la litis, aunque lo sea fundamental y aun formalmente de la acción *(Moreno Hernández).* ◆ Ver **"Penitus extranei".**

TERCERO COADYUVANTE: el que tiene un interés jurídico propio en un conflicto ajeno, en condiciones tales que la defensa de su interés propio lo conduce al litigio a defender un interés ajeno *(González Arzac).*

TÉRMINO: acontecimiento futuro, pero cierto, al cual está subordinada la exigibilidad o extinción de un derecho. El plazo está constituido por un acontecimiento no realizado aún pero que según las actuales previsiones humanas, fatalmente debe realizarse *(J. Bonnecase).*◆ Concepto que, si bien usualmente es empleado en forma errónea como equivalente a "plazo", alude al vencimiento de este último.

TÉRMINO CONVENCIONAL: el fijado de común acuerdo por las partes.

TÉRMINO EXTINTIVO: término por el cual las partes han querido limitar la duración de la obligación.

TÉRMINO EXTRAORDINARIO: se trata del término de prueba cuando ésta haya de practicarse en país extranjero o en territorio nacional muy distante y separado por el mar.

TÉRMINO FATAL: término improrrogable cuyo transcurso extingue o cancela la facultad o derecho que durante él no se ejercitó.

TÉRMINO FINAL: ver **Término resolutorio.**

TÉRMINO INICIAL: existe cuando el testador dispone que la institución de heredero o el ordenamiento de legado sólo tenga eficacia a partir de cierto día.◆ Término suspensivo.

TÉRMINO JUDICIAL: término establecido por el juez.

TÉRMINO LEGAL: término impuesto por la ley.

TÉRMINO MUNICIPAL: concepto relativo a la porción de territorio que se encuentra sometido a la autoridad de un ayuntamiento.

TÉRMINO PERENTORIO: ver **Término fatal**.

TÉRMINO PROBATORIO: plazo establecido por el juez, con arreglo a la ley, para proponer y producir la prueba. ◆ Espacio de tiempo que se señala en el juicio ordinario para la producción de la prueba y, particularmente, para la recepción de la prueba testimonial, que sólo puede rendirse dentro de dicho término.

TÉRMINO PRORROGABLE: aquel susceptible de ser extendido en virtud de la posibilidad concedida por la norma a fin de dar cumplimiento a un acto determinado.

TÉRMINO RESOLUTORIO: existe cuando el testador instituye heredero o bien ordena un legado para que su disposición sólo tenga eficacia hasta cierto día.◆ Término final.

TÉRMINO SUSPENSIVO: ver **Término inicial.**

TÉRMINO ULTRAMARINO: antiguamente, término concedido para practicar prueba en ultramar.

TERMINOLOGÍA JURÍDICA: expresión con la cual se designa el conjunto de vocablos propios de la ciencia jurídica.

TERRATENIENTE: propietario o poseedor de tierra o hacienda, especialmente el que es dueño de grandes extensiones agrícolas.◆ Latifundista.

TERRITORIALIDAD: ficción jurídica por la cual los buques y los domicilios de los agentes diplomáticos se consideran, dondequiera que estén, como si formasen parte del territorio de su propia Nación.◆ Principio de territorialidad. ◆ Ver **Territorialidad de las normas.**

TERRITORIALIDAD DE LAS NORMAS: determina que las leyes son obligatorias para todos los individuos que se encuentren en el territorio del respectivo Estado, así sea de tránsito, ya se trate de nacionales o extranjeros. Es el ejercicio de la soberanía de la Nación dentro de los límites geográficos que demarcan su territorio *(A. Giraldo).*

TERRITORIO: porción de la superficie terrestre perteneciente a una Nación, región, provincia, etcétera.◆ Circuito o término que comprende una jurisdicción, un cometido oficial u otra función análoga.

TERRITORIO ADUANERO: parte del ámbito terrestre, acuático y aéreo sometidos a la soberanía de un país en el cual se aplica un mismo sistema arancelario y de prohibiciones de carácter económico a las importaciones y a las exportaciones *(J. Bibiloni).*

TERRITORIO ADUANERO ESPECIAL: territorio en el cual es aplicable un sistema especial arancelario y de prohibiciones de carácter económico a las importaciones y a las exportaciones.

TERRITORIO ADUANERO GENERAL: aquel en el cual es aplicable el sistema general arancelario y de prohibiciones de carácter económico a las importaciones y exportaciones.

TERRITORIO FLOTANTE: el constituido por naves de bandera nacional *(S. Soler).*

TERRITORIO NACIONAL: aquel que, a diferencia de las provincias, depende administrativa y jurídicamente de la nación.

TERRORISMO: la tipificación de este delito polimorfo trae su origen inmediato de los delitos cometidos con ocasión del ejercicio de los derechos de la persona reconocidos por las leyes y, dentro de este grupo genérico, de los delitos cometidos por los particulares con ocasión del mencionado ejercicio de derechos *(Ribó Durán).*

TESORERÍA GENERAL DE LA NACIÓN: en la República Argentina, órgano rector del sistema de tesorería que posee la misión de coordinar el funcionamiento de todas las unidades o servicios de tesorería que operen en el sector público nacional dictando las normas y procedimientos conducentes a ello.

TESORO: dinero, valores u objetos preciosos, acumulados.◆ Erario.◆ Dinero o capital que se tiene guardado.◆ Se entiende por tesoro todo objeto que no tiene dueño conocido y que está oculto o enterrado en un inmueble, sea de creación antigua o reciente, con excepción de los objetos que se encuentren en los sepulcros o en los lugares públicos destinados a la sepultura de los muertos *(M. Mariani de Vidal).*

TESORO PÚBLICO: recursos monetarios, metálicos y de cualquier otra clase que sean propiedad del Estado.

TESTADO: tachadura que debe ser sobretestada en los libros de comercio llevados en forma legal.◆ Persona que ha muerto habiendo hecho testamento.

TESTADOR: autor del testamento.

TESTAFERRO: quien presta su nombre en un contrato o negocio que, en realidad, es de otra persona.

TESTAMENTARÍA: ejecución de lo dispuesto en el testamento.◆ Bienes que constituyen una herencia, considerados desde que muere el testador hasta que quedan definitivamente en poder de los herederos.

TESTAMENTARIO: persona encargada por el testador para el cumplimiento de su última voluntad.

TESTAMENTIFACCIÓN: facultad de disponer por acto de última voluntad o de recibir herencia o legado.

TESTAMENTO: documento mediante el cual declara uno su última voluntad y dispone de sus bienes para después de la muerte.◆ Es un acto escrito, celebrado con las solemnidades de la ley, por el cual una persona dispone del todo o una parte de sus bienes para después de su muerte.

TESTAMENTO ABIERTO: el que se otorga de palabra o por minuta que ha de leerse ante notario y testigos o sólo ante testigos, en el número y condiciones determinados por la ley civil, el cual se protocoliza como escritura pública. ◆ Testamento por acto público.

TESTAMENTO "AD CAUTELAM": aquel en el que el testador expresa su voluntad determinando que no será válido ningún otro testamento suyo posterior sino constan en él ciertas cláusulas o señales *(G. Cabanellas).*

TESTAMENTO ADVERADO: el que, según el Derecho Foral, se otorga ante el párroco y dos testigos, se certifica o confirma con formalidades establecidas por el fuero y se eleva después a escritura pública.

TESTAMENTO CERRADO: el que se otorga escribiendo o haciendo escribir el testador su voluntad bajo cubierta sellada que no puede abrirse sin romperla y cuyo sobrescrito autorizan el notario y los testigos en la forma prescrita por la ley civil.◆ Es el que el testador presenta al escribano, en pliego cerrado, en presencia de testigos, manifestando que éste contiene su testamento, redactándose en su cubierta un acto que hace constar esa expresión *(O. Maffía)*.◆ Testamento místico.

TESTAMENTO CONJUNTO: aquel otorgado por dos o más personas en forma simultánea en un mismo acto; puede contener disposiciones recíprocas o designar a un tercero ajeno al acto como beneficiario del mismo. Este tipo de testamento es admitido únicamente por unas pocas legislaciones europeas.

TESTAMENTO CONSULAR: aquel hecho en país extranjero ante un ministro plenipotenciario del Gobierno de la República, un encargado de negocios o un cónsul y dos testigos domiciliados en el lugar donde se otorgue el mismo, teniendo el instrumento el sello de la legación o el consulado.

TESTAMENTO MARÍTIMO: el otorgado con menores solemnidades que el ordinario por la persona que se halla a bordo de una nave en viaje.◆ Testamento especial otorgado por cualquiera de las personas que vayan a bordo de un buque.

TESTAMENTO MARÍTIMO EXTRAORDINARIO: el otorgado en peligro de naufragio, de palabra y ante dos testigos.

TESTAMENTO MARÍTIMO ORDINARIO: el otorgado en circunstancias normales de viaje por mar; puede ser abierto o cerrado.

TESTAMENTO MILITAR: el otorgado con menores solemnidades que el ordinario por la persona que forma parte de un ejército en campaña.

TESTAMENTO MÍSTICO: testamento cerrado.

TESTAMENTO NUNCUPATIVO: testamento verbal.

TESTAMENTO OLÓGRAFO: aquel escrito, fechado y firmado por el puño y letra del testador y que no está sujeto a ninguna otra formalidad.

TESTAMENTO ORAL: testamento verbal.

TESTAMENTO POR ACTO PÚBLICO: aquel otorgado ante notario frente a dos testigos.◆ Conocido también, en el Derecho comparado, como testamento abierto.

TESTAMENTO POR COMISARIO: el que, según el Derecho antiguo, otorgaba una persona especialmente apoderada para ello por el testador. Aún subsiste en algunas legislaciones forales.

TESTAMENTO PRIVILEGIADO: aquel cuyas formalidades han sido simplificadas en razón de las circunstancias.

TESTAMENTO VERBAL: el que no consta por escrito sino que ha sido expresado tan sólo verbalmente.◆ Testamento oral.

TESTAR: hacer testamento.◆ Embargar o pedir judicialmente el embargo de una cosa.◆ Tachar.

TESTIFICAR: declarar como testigo. Afirmar que ha ocurrido un hecho por haberlo presenciado.◆ Atestiguar.

TESTIFICATA: testimonio o instrumento legalizado de escribano, en que da fe de una cosa.

TESTIGO: persona que atestigua una cosa.◆ Prueba, testimonio de un hecho.

TESTIGO ABONADO: aquel que no tiene tacha legal.

TESTIGO DE CARGO: aquel que declara en contra del procesado.

TESTIGO DE CONOCIMIENTO: aquel que, conocido a su vez por el notario, asegura a éste sobre la identidad del otorgante.

TESTIGO DE DESCARGO: aquel que atestigua a favor del procesado.

TESTIGO DE OÍDAS: aquel que depone de un caso por haber oído a otros *(Diccionario de la Real Academia Española)*. ◆ Ver **Testigos de oídas.**

TESTIGO DE VISTA: aquel que ha presenciado los hechos o circunstancias objeto de su declaración.

TESTIGO INSTRUMENTAL: aquel que afirma ante el notario el hecho y el contenido del otorgamiento, haciéndolo constar en documentos notariales.

TESTIGO MAYOR DE TODA EXCEPCIÓN: el que no tiene tacha ni excepción legal.

TESTIGO SINGULAR: aquel que es único en lo que atestigua.

TESTIGOS CONTESTES: aquellos que están perfectamente de acuerdo con el hecho y con sus circunstancias.

TESTIGOS DE OÍDAS: aquellos que declaran acerca de lo que no han visto pero sí oído.

TESTIGOS INSTRUMENTALES: aquellos que han estado presentes al momento de otorgarse un instrumento.

TESTIGOS PRESENCIALES: aquellos que declaran acerca de hechos en cuya realización o verificación han estado presentes.

TESTIGOS SINGULARES: aquellos que están de acuerdo en los hechos fundamentales pero difieren en las circunstancias.

TESTIGUAR: declarar o afirmar como testigo, atestiguar.

TESTIMONIO: copia de un documento original, cuya autenticidad está legalizada bajo la fe del funcionario o escribano autorizado.◆ Ver **Prueba testimonial.**

TIAR: ver **Tratado Interamericano de Asistencia Recíproca**.

"TICKET": comprobante que se utiliza para distintos fines. Se emite a veces como constancia de venta de un producto o servicio, como vale o entrada de un espectáculo, etcétera.◆ Comprobante que se entrega a un comprador, confeccionado en una caja registradora informada ante la AFIP - DGI, que posee cinta de auditoría o testigo que sirve como constancia de la transacción y que debe contener todos los requisitos exigidos por la DGI.◆ Boleto, pasaje.◆ Bono, vale, cédula, factura.

TIEMPO COMPARTIDO: contrato atípico, innominado, oneroso y consensual, mediante el cual una de las partes coloca a disposición de la otra un inmueble para que ésta lo habite durante un lapso determinado en forma fija durante el año. Es el régimen al que se afecta un bien inmueble o mueble con la finalidad de brindar servicios turísticos o no y que, una vez habilitado, se ofrece en venta al público en cuotas partes de uso, goce y disfrute. Se originó en la Florida (EEUU) en la década del '70.

TIEMPO DE COLOCACIÓN: normalmente se lo llama número de períodos, y es el lapso durante el cual el capital prestado gana intereses.

TIEMPO DE COMPENSACIÓN: tiempo libre concedido a un obrero en compensación por las horas extras trabajadas.

TIEMPO INMEMORIAL: expresión referida a un tiempo antiguo no fijado por documentos fehacientes ni por los testigos más ancianos.

TIEMPO OCIOSO: aquel no trabajado por parte de hombre o de las máquinas, a causa de falta de actividad comercial, por falta de materiales, por avería en un equipo o por otras causas. El tratamiento de este concepto en los costos de producción es muy importante por cuanto un elevado índice de tiempo ocioso hará encarecer el producto por encima de valores normales de producción.

TIERRA: factor o elemento de producción en las actividades agrícolas, ganaderas, mineras y forestales. La retribución percibida por este factor es denominada renta de la tierra.◆ Factor de producción que comprende no únicamente la tierra propiamente dicha sino, además, toda la materia inerte y la materia viva que la naturaleza ha puesto a disposición del hombre. Este factor Tierra o Naturaleza a manera de ejemplo engloba: el suelo, la atmósfera, los minerales, la flora, la fauna y las fuerzas naturales.

TIERRAS FISCALES: aquellas que carecen de dueño y que están ubicadas dentro de los límites territoriales del país.

TIMBRE: sello que en el papel donde se extienden algunos documentos públicos estampa el Estado indicando la cantidad que debe pagarse al Fisco en concepto de derechos.◆ Sello.

"TIPEES": personas que, por relación temporaria o accidental con los directores, administradores y personal jerárquico de la empresa, puedan haber tenido acceso a información reservada de ésta, pero no pueden ser considerados *insiders*.◆ *Insiders* ocasionales. ◆ Ver **"Insider"** e **"Insider trading"**.

TIPO DE CAMBIO: relación entre dos monedas.◆ Precio al que una divisa es cambiada por otra.◆ Precio de una moneda expresado en términos de otra.◆ Cantidad de una moneda de una clase que se cambia por cada unidad de otra.◆ Tasa de cambio.

TIPO DE INTERÉS: rédito de un valor ideal, una obligación a muy largo plazo en la que no existe ningún riesgo de dejar de percibir tanto el valor como los intereses *(Lloyds Reynolds).*◆ Precio que equilibra el deseo de poseer riqueza en forma de efectivo con la cantidad disponible del mismo *(J. M. Keynes).* ◆ Uno de los factores que determina el volumen de la inversión; depende de la situación de la preferencia de liquidez y de la cantidad de dinero.◆ Cantidad porcentual que cobran los prestamistas por unidad monetaria y año.

TIPO DE PARO: porcentaje de trabajadores que están buscando empleo y que todavía no han encontrado ninguno.

TIPO PENAL: descripción de un comportamiento que en concepto del legislador, amenaza o lesiona bienes jurídicos que genera un mandato o prohibición.

TIPOLOGÍA: visión que se vale de los datos que suministran la embriología y la fisiología del desarrollo, para elaborar el tipo físico y mental con rasgos específicos, a los efectos de explicar una conducta delictiva desde el punto de vista médico biológico (C. A. Elbert).

TITULAR: quien posee el derecho de una operación en opciones.◆ Quien ejerce cargo, oficio o profesión con cometido especial y propio.◆ Obtener una persona un título académico.

TITULARIZACIÓN: ver **Securitización**.

TÍTULO: derecho de propiedad, de un bien o un crédito, en su totalidad o en parte, ejercido a través de un instrumento impreso. Por lo común, se consideran de tal característica las escrituras públicas sobre bienes inmuebles, la propiedad de parte o del total del capital de sociedades de capital, representada por acciones, papeles-láminas que representan la titularidad de un crédito, tales como bonos privados o públicos y debentures.◆ Derechos sobre ciertos activos o rentas. Sus propietarios reciben determinados pagos de los entes que emitieron títulos.◆ Palabra o frase con que se da a conocer el nombre o asunto de una obra o de cada una de las partes o divisiones de un escrito.◆ Causa, motivo, razón o pretexto.◆ Testimonio o instrumento dado para ejercer un empleo, dignidad o profesión.◆ Dignidad nobiliaria.

TÍTULO AL PORTADOR: título pagadero a la persona que lo exhiba.

TÍTULO CIRCULATORIO: ver **Título de crédito**.

TÍTULO COLOCADO: aquel que tiene apariencia de justicia o de buena fe, pero que no es suficiente para transferir por sí solo la propiedad. ◆ En Derecho Canónico, se designa con este nombre al título que tiene apariencia de válido pero adolece de un vicio oculto que lo hace nulo.

TÍTULO DE CRÉDITO: documento típicamente destinado a la circulación, que importa una promesa (una verificación) unilateral, escrita y suscrita en beneficio de quien sea su portador (o el legítimo endosatario o titular sobre el título); se ve, entonces, en el título un documento constitutivo del derecho y con cuya disposición se dispone del derecho mismo. Las consecuencias que derivan de un título-valor son independientes del contenido de la declaración de voluntad; se refiere a los efectos de la documentación, es decir, del documento en sí. Protege la literalidad y le proporciona autonomía porque ha habido voluntad de documentar en la forma concreta del título-valor en cuestión. En casi todas las aportaciones realizadas sobre los títulos valores siempre encontramos muchos rasgos comunes: necesidad (del documento), literalidad y autonomía. Necesidad: es la legitimación por la posesión; es evidente que la posesión del título es condición necesaria y *sine qua non* para el ejercicio del derecho o crédito documentado. Literalidad: el derecho y sus modalidades dependen estrictamente de lo que se haya consignado en el documento. Autonomía: el derecho que queda documentado en el título no deriva de otro anterior y adquiere su validez por el acto de ser "formalmente documentado".◆ También denominados títulos cambiarios, poseen caracteres específicos. Formalidad: la norma legal determina los requisitos formales. Abstracción: existe una separación, una desvinculación entre la circulación del título y la causa de su emisión o transmisión. Completividad: el título en sí mismo es autosuficiente, no admite remisión.

TÍTULO DE DEUDA: documento o título escritural en el cual consta una deuda de su emisor, su importe y fecha de cancelación.

TÍTULO DE ESTADO DE FAMILIA: en un sentido material, es el emplazamiento de un determinado estado de familia. En un sentido formal, es el instrumento público o el conjunto de instrumentos públicos de los cuales resulta el estado de familia de una persona y que conforman la prueba legalmente establecida para acreditar ese estado *(A. Belluscio).*

TÍTULO DE LA DEUDA PÚBLICA: títulos representativos de los préstamos tomados por el Estado Nacional, que éste entrega a los prestamistas o colocadores de fondos a mediano y largo plazo.

TÍTULO DE PRESENTACIÓN: aquel cuya exhibición resulta necesaria a fin de exigir el cumplimiento de la obligación que representa.

TÍTULO EJECUTIVO: todo instrumento que puede originar una acción ejecutiva. Confiere fuerza ejecutiva y puede ser creado legalmente o por los particulares.

TÍTULO GRATUITO: aquel en el que no hay que dar una contraprestación en dinero.

TÍTULO LUCRATIVO: aquel que proviene de un acto de liberalidad, sin conmutación recíproca.

TÍTULO ONEROSO: todos los actos de comercio comprenden un propósito de lucro, por lo que existe una contraprestación en dinero.◆ Contrario a gratuito, lo cual quiere decir que la compra debe ser abonada o que debe existir la promesa de pago del precio en un futuro.

TÍTULO PRIVADO: aquel emitido por entes privados.

TÍTULO PÚBLICO: ver **Títulos públicos**.

TÍTULO SUBYACENTE: ver **Acción subyacente.**

TÍTULO SUFICIENTE: acto jurídico munido de las condiciones de fondo y de forma que en cada caso resulte exigible y dotado por la ley de aptitud para transferir derechos reales *(M. Mariani de Vidal).*

TÍTULO - VALOR: en el mercado financiero, instrumento representativo de obligaciones, bonos, pagarés, acciones, documentos negociables, letras y certificados.◆ Documento necesario para legitimar el ejercicio del derecho literal y autónomo consagrado en el mismo *(Código de Comercio Boliviano).* ◆ Valor mobiliario.

TÍTULOS AL PORTADOR: documentos transmisibles por la simple entrega de una a otra persona.

TÍTULOS AMORTIZABLES: aquellos emitidos por un Estado o empresa con el objeto de hacerse de fondos y con el compromiso de restituir el monto en uno o más períodos prefijados. El titular de los títulos recibirá también los intereses correspondientes.

TÍTULOS CAMBIARIOS: aquellos que incorporan un derecho de crédito, cheque, vale, etcétera. *(E. Holz).*

TÍTULOS DE PARTICIPACIÓN: los que confieren el derecho a participar en una organización societaria adquiriendo con su tenencia todo el haz de derechos y obligaciones que componen el estatuto social *(E. Holz).*

TÍTULOS DE RENTA: aquellos que generalmente otorgan beneficios.

TÍTULOS DE RENTA FIJA: valores por los que se reconoce la existencia de una deuda por parte del emisor y que genera en favor del tenedor o titular el pago de un interés fijo sobre el valor nominal que otorga seguridad en cuanto a su valor y rentabilidad.

TÍTULOS DE RENTA VARIABLE: valores por los que se reconoce la existencia de una deuda por parte del emisor y que genera en favor del tenedor un rendimiento variable, sujeto a los resultados.

TÍTULOS NEGOCIABLES: valores que se comercializan en la Bolsa de Valores.

TÍTULOS NO AMORTIZABLES: títulos públicos que un Estado nunca reembolsa. Sólo paga un interés a perpetuidad.

TÍTULOS PRIVADOS: aquellos emitidos por personas jurídicas de Derecho Privado.

TÍTULOS PÚBLICOS: los emitidos por el Estado Nacional, provincial o municipal con el objeto de obtener fondos. Puede recurrir al mercado de capitales interno o externo. En realidad, es un préstamo a los Gobiernos representados por títulos a corto, mediano o largo plazo. Son certificados de crédito contra el Estado, que garantizan su pago en cierto término a una determinada renta y, en algunos casos, el ajuste del crédito y/o de la renta sobre la base de índices predeterminados, con lo cual se tiende a preservar el ahorro invertido contra los efectos de la inflación. En períodos prefijados y mediante la presentación de un cupón de los que llevan adheridos los títulos, el poseedor cobra la renta y, dado el caso, la amortización o devolución parcial (cuota) del capital.

TÍTULOS REPRESENTATIVOS DE MERCADERÍAS: los que incorporan el derecho de disponibilidad de ciertos bienes detallados en el documento *(E. Holz).*

TOGA: traje exterior y de ceremonia que visten los magistrados, letrados, catedráticos, etcétera, sobre del ordinario.

TOLERANCIA DE CULTOS: derecho reconocido por la ley para celebrar actos de culto que no son los de la religión del Estado.◆ Ver **Libertad de conciencia**.

TOMA DE GANANCIAS: situación que se produce cuando un inversor vende sus títulos - valores en el mercado a un precio mayor que el pagado en el momento de la compra; también en el caso de ventas a corto plazo, la recompra de un papel a un precio menor que el obtenido en el momento de la venta.

TOMADOR: en los giros y letras de cambio, persona que actúa como compradora del documento.◆ Sujeto en cuyo beneficio es librada una letra, es decir, sin primer propietario. Puede estar dirigida contra el girador para solicitarle la aceptación o pago y, en caso de incumplimiento de éste, se vuelve contra el librador.

TONELAJE: cabida de una embarcación, arqueo.

TOQUE DE QUEDA: medida emanada del Gobierno de un país que, en circunstancias excepcionales, prohíbe el tránsito o permanencia en las calles de una ciudad durante determinadas horas, generalmente nocturnas.

TORMENTOS: práctica utilizada antiguamente para obtener la confesión o declaración del reo a través del dolor corporal. Este procedimiento se encuentra abolido prácticamente en casi todas las legislaciones del mundo.

TORNAGUÍA: recibo de la guía de despacho de una mercadería que sirve como comprobante de haber llegado a destino lo despachado.

TORRENTE: curso de agua con caudal vario producido casi siempre por lluvias y deshielos y que, en consecuencia, generalmente está seco *(M. Mariani de Vidal)*.

TORTURA: todo acto por el cual se inflija intencionadamente a una persona dolores o sufrimientos graves, ya sea físicos o mentales, con el fin de obtener de ella o de un tercero una información o una confesión, de castigarla por un acto que haya cometido o que se sospeche que ha cometido, de intimidar o coaccionar a esa persona o a otras, o por cualquier razón basada en cualquier tipo de discriminación, cuando dichos dolores o sufrimientos sean inflingidos por un funcionario público u otra persona en el ejercicio de funciones públicas, a instigación suya o con su consentimiento o aquiescencia.

TRABA: acción de trabar ejecución o embargar muebles o inmuebles.◆ Ver **Embargo**; **Trabar ejecución.**

TRABAJADOR: jornalero, obrero.◆ Quien desarrolla un esfuerzo físico o mental en una determinada actividad. ◆ Toda persona que presta servicios a un empleador por el sueldo, salario y otra remuneración, incluyendo cualquier aprendiz o discípulo mediante retribución o sin ella *(Ley General de Trabajo de Bolivia)*.

TRABAJADOR AUTÓNOMO: aquel que realiza una actividad sin estar en relación de dependencia. No existe una prestación subordinada sino que por el contrario, es en forma absolutamente independiente.

TRABAJADOR CALIFICADO: aquel que, para desarrollar sus tareas, ha requerido de un cierto período o proceso de aprendizaje previo.

TRABAJADOR CLANDESTINO: aquel que no firma recibos oficiales al percibir el salario, no recibe los correspondientes duplicados de los recibos, no se encuentra inscripto en el Sistema Único de Registración Laboral, ni en el registro de personal que debe llevar el empleador; el empleador no efectúa las retenciones ni las contribuciones sobre el sueldo del trabajador correspondientes a aportes jubilatorios, obra social y demás contribuciones al sistema de la seguridad social.◆ Trabajador en negro.

TRABAJADOR DEPENDIENTE: ver **Trabajador en relación de dependencia**.

TRABAJADOR DOMÉSTICO: quien se compromete a ejecutar, mediante remuneración, trabajos de carácter esencialmente domésticos en el domicilio del empleador.◆ Ver **Trabajo doméstico**; **Trabajadores domésticos.**

TRABAJADOR EN NEGRO: ver **Trabajador clandestino**.

TRABAJADOR EN RELACIÓN DE DEPENDENCIA: persona física que, mediante una relación de trabajo o contrato laboral, se obliga a prestar sus servicios subordinado a un empleador y que recibe una contraprestación denominada sueldo o remuneración.

TRABAJADOR INDEPENDIENTE: ver **Trabajador autónomo**.

TRABAJADORES DOMÉSTICOS: personas de uno u otro sexo que desempeñan en forma habitual las labores de aseo, asistencia y demás del servicio interior de una casa u otro lugar de residencia o habitación particular *(Código Laboral de Paraguay).*

TRABAJO: factor de la producción, representado por la actividad humana aplicada a la producción de bienes y servicios, cuya retribución se denomina salario.◆ Toda actividad lícita que se preste en favor de quien tiene la facultad de dirigirla mediante una remuneración.◆ Sustancia social común a todas las mercancías.◆ Acciones físicas e intelectuales encaminadas a transformar los recursos que brinda la naturaleza, adaptándolos a las necesidades humanas.◆ Son los recursos humanos: la capacidad física y mental de los participantes en la economía. Algunos bienes no requieren la participación humana en su producción, por ejemplo, puesta de sol, etcétera, pero son excepciones.◆ Es el aporte humano, libre y consciente, al proceso de producción; combina en proporciones variables el esfuerzo físico e intelectual a los efectos de su prestación *(W. Beveraggi Allende).*◆ Sustancia social común a todas las mercancías.◆ Intervención física y mental del hombre en la producción de los bienes que satisfacen sus necesidades.

TRABAJO A DESGANO: disminución de la intensidad en la ampliación y continuidad del empleo.

TRABAJO A DOMICILIO: toda labor por cuenta ajena ejecutada a jornal, por tarea o a destajo, en taller de familia, en el domicilio del trabajador o en otro lugar elegido por él, sin vigilancia o dirección inmediata del empleador o su representante *(Código Laboral de Paraguay).*◆ Trabajo que se realiza por cuenta ajena y con remuneración determinada, en el lugar de residencia del trabajador, en el taller doméstico o en el domicilio del patrono.

TRABAJO AÉREO: el código aeronáutico argentino lo define por exclusión estableciendo que comprende toda actividad comercial aérea con excepción del transporte.

TRABAJO DE INVENCIÓN: trabajo estrictamente intelectual que permite la creación de nuevas técnicas y el impulso constante para el progreso.

TRABAJO DOMÉSTICO: el que se presta en forma continua y a un solo patrono en menesteres propios del servicio de un hogar. Puede contratarse verbalmente o por escrito; esta última forma es obligatoria si el plazo excediere de un plazo determinado *(Ley General de Trabajo Boliviana)*.◆ Es el realizado por personas a sueldo, al servicio de otras personas o familias, con el objeto de consagrarles su trabajo y cuidado, sin que puedan ser dedicados a fines de lucro directo, comercio o industria.

TRABAJO MANUAL: aquel que cumplimenta el esfuerzo inicial que exige cualquier tipo de transformación, necesitado por un recurso, para convertirse en un bien económico.◆ Trabajo de ejecución.

TRABAJO POR TEMPORADA: ver **Contrato de trabajo por temporada.**

TRABAJO RURAL: relaciones de trabajo de todas las personas, de uno u otro sexo, que ejecuten labores propias o habituales de un establecimiento agrícola, ganadero, forestal, tambos o explotaciones similares, y sus respectivos empleadores.

TRABAR EJECUCIÓN: hacer, en virtud de mandamiento judicial, las diligencias de embargo para asegurar el pago de una deuda, sus intereses y costas.

TRABAR UN EMBARGO: impedir la libre disponibilidad de un bien o de un patrimonio para asegurar el cobro de un crédito.◆ Ver **Embargo; Medidas precautorias.**

TRACTO: lapso de tiempo.

"TRADE MARK": ver **Marca de comercio**.

"TRADE UNION": organización sindical obrera británica.

TRADICIÓN: acto por el cual se entrega una cosa poniéndola en poder de otro.◆ Forma de adquirir el derecho real de la cosa.◆ Entrega de la posesión de una cosa o bien, con ánimo de transmitir su propiedad.

TRADICIONALISMO: sistema político consistente en mantener o restablecer las instituciones antiguas en el régimen de la Nación y en la organización estatal.

TRAER APAREJADA EJECUCIÓN: tener un título de crédito los requisitos legales para sustentar el mandamiento de embargo de bienes sin audiencia previa del poseedor de éstos.

TRAFICANTE: quien trafica o comercia.

TRÁFICO: comunicación, tránsito y transporte, en vehículos adecuados y por vía terrestre, marítima o aérea, de personas, equipajes o mercaderías.

TRÁFICO DE DROGAS: delito contra la salud pública en el que incurren los que promovieren, favorecieren o facilitaren el consumo ilegal de drogas tóxicas, estupefacientes y sustancias psicotrópicas mediante acto de cultivo, prohibición o tráfico, o las poseyeran con este último fin.

TRÁFICO DE INFLUENCIAS: delito de conducta alternativa que consiste en recibir, hacer dar o prometer para sí o para un tercero, dinero u otro provecho indebido con el fin de obtener cualquier favor de un testigo, perito intérprete o autoridad que éste conociendo de algún asunto civil, penal, administrativo o eclesiástico, invocando al efecto influencias reales o simuladas que ante ellas pueda desarrollar.

TRAICIÓN: delito en el que incurre toda persona que, debiendo obediencia a la Nación por razón de su empleo o función pública, tomare las armas contra ésta, se uniere a sus enemigos o les prestare cualquier ayuda o socorro *(A. García).*

TRAMITAR: diligenciar, gestionar ante los tribunales u organismos públicos de acuerdo con las normas reglamentarias.

TRÁMITE JUDICIAL: diligencia que debe practicarse en la sustanciación de un pleito.

TRAMPA: contravención disimulada a una ley, convenio o regla, o manera de eludirla, con miras al propio provecho.

TRAMPA LEGAL: acto ilícito cubierto con apariencia de legalidad.

TRANCE: apremio judicial contra los bienes del deudor, a los efectos de satisfacer a los acreedores.

TRANS: término genérico que abarca a las personas travestis, transexuales y transgéneros (INADI).

TRANSACCIÓN: trato, comercio, negocio. Operación.◆ Institución que dirime controversias actuales, bien se hayan llevado ya al conocimiento de los órganos judiciales, bien quede un terreno extrajudicial. Requiere una cuestión anterior que le de vida, ya sea judicial o extrajudicial, que hace dudosa la relación jurídica. El dato estructural, característico de esta institución, lo constituyen las recíprocas concesiones que significan sacrificio de pretensiones en la controversia. En algunas legislaciones se encuentra tipificado. Es un contrato bilateral y oneroso porque ambas partes hacen concesiones y porque cada una de éstas tiene su equivalente o contraprestación en la concesión de la contraria.

TRANSATLÁNTICO: comercio y medio de locomoción que atraviesa el Atlántico.◆ Buque de gran tamaño.

TRANSBORDAR: trasladar personas o carga de una nave o vehículo a otra.◆ Ver **Transbordo.**

TRANSBORDO: operación de traslado de mercaderías de importación o de exportación de un medio de transporte a otro, permisible siempre que se encontrare incluida en la declaración de la carga y no hubiere sido aún descargada y sujeta al control aduanero, al igual que las demás, por razones de seguridad fiscal *(Fernández Lalanne).* ◆ También resulta de aplicación al transporte de pasajeros.

TRANSEXUAL: palabra con la cual se designa a la persona que, mediante un tratamiento a base de hormonas y una intervención quirúrgica, adquiere los caracteres sexuales del sexo opuesto.◆ Persona que para la constitución corporal de su identidad de género requiere tratamientos hormonales y/o quirúrgicos, incluyendo intervenciones de reconstrucción genital (INADI).

TRANSFERENCIA: particularmente, operación por la que se transfiere una cantidad de una cuenta bancaria a otra.◆ Traslado.◆ Entrega.◆ Cesión de un bien por entrega del mismo o del título que acredita su propiedad.◆ Aquella que, según la ley y sin aumentar el gasto total del presupuesto, varía la dotación de los distintos servicios. ◆ Traspaso.◆ Movimiento de personal dentro de un mismo ente, de una sección o departamento a otra u otro, etcétera. ◆ Ver **Transferencia de acciones; Transferencia de cuotas sociales**; **Transferencia de fondos.**

TRANSFERENCIA BANCARIA: contrato bancario que tiene por objeto el pago de una deuda que tiene un cliente de una entidad de crédito frente a un tercero, cliente de esta misma.

TRANSFERENCIA DE ACCIONES: se configura con la simple entrega de los títulos, con anotación en el Registro de Acciones, de ser nominativos.

TRANSFERENCIA DE CRÉDITO: serie de operaciones que comienza con la orden de pago de un iniciador hechas con el propósito de poner fondos a disposición de un beneficiario. Este término comprende toda orden de pago emitida por el Banco del iniciador o por cualquier Banco intermediario destinada a cumplir la orden de pago del iniciador. Se considera que la orden de pago emitida con el propósito de efectuar el pago de esa orden forma parte de una transferencia de crédito diferente.

TRANSFERENCIA DE CUOTAS SOCIALES: las cuotas son libremente transmisibles, salvo disposición contraria estipulada contractualmente. La transmisión de la cuota tiene efecto frente a la sociedad desde que el cedente o el adquirente entregan a la gerencia un ejemplar o copia del título de la cesión o transferencia, con autenticación de las firmas si obra en instrumento privado.

TRANSFERENCIA DE FONDO DE COMERCIO: toda trasmisión por venta o cualquier otro título oneroso o gratuito de un establecimiento comercial o industrial, bien se trate de enajenación directa y privada o en público remate, sólo podrá efectuarse válidamente con relación a terceros; previo anuncio durante cinco días en el *Boletín Oficial* de la Capital Federal o provincia respectiva y en uno o más diarios o periódicos del lugar en que funcione el establecimiento; debe indicarse la clase y la ubicación del negocio, el nombre y domicilio del vendedor y del comprador, y, en caso que interviniesen, el del rematador y el del escribano con cuya actuación se realiza el acto. El enajenante entregará en todos los casos al presunto adquirente una nota firmada, enunciativa de los créditos adeudados, con nombres y domicilios de los acreedores, monto de los créditos y fechas de vencimientos, si los hay. Se consideran elementos constitutivos de un establecimiento comercial o fondo de comercio, a los efectos de su trasmisión por cualquier título: las instalaciones, las existencias de mercaderías, el nombre y la enseña comercial, la clientela, el derecho al local, las patentes de invención, las marcas de fábrica, los dibujos y modelos industriales, las distinciones honoríficas y todos los demás derechos derivados de la propiedad comercial e industrial o artística.◆ Ver **Fondo de comercio**.

TRANSFERENCIA DE FONDOS: ejecución del pago de una deuda en dinero. Las transferencias de fondos sin efectivo se llevan a cabo por medio de imputaciones en cuentas bancarias.

TRANSFERENCIA DE INGRESOS A FISCOS EXTRANJEROS: la transferencia de ingresos a Fiscos extranjeros se produce cuando para un mismo contribuyente existen obligaciones impositivas en distintos países motivados por la misma venta y cuando el monto ha estado total o parcialmente exento o desgravado en uno de ellos. Es decir que las exenciones o desgravaciones otorgadas a un país que pudieran producir transferencia a fiscos extranjeros dejan de tener efecto en la Nación que las concede y la obligación resurge y debe pagarse el gravamen.

TRANSFERENCIAS: erogaciones presupuestarias no reintegrables, que no representan una compensación. Se destinan tanto al sector público como al sector privado.◆ Ver **Transferencia.**

TRANSFERIR: ceder o renunciar en favor de otro el derecho o dominio que se tiene sobre una cosa haciéndolo dueño de ella.◆ Ver **Transferencia.**

TRANSFORMACIÓN DE SOCIEDADES: hay transformación cuando una sociedad adopta otro de los tipos previstos. No se disuelve la sociedad ni se alteran sus derechos y obligaciones. La transformación exige el cumplimiento de los siguientes requisitos:
a) Acuerdo unánime de los socios, salvo pacto en contrario o lo dispuesto para algunos tipos societarios. En la sociedad de responsabilidad limitada se requiere, como mínimo, una mayoría superior al 50 % del capital social; en caso de no estar establecido en el contrato social, es necesario el voto de las tres cuartas partes del capital social.
b) Confección de un balance especial, cerrado a una fecha que no exceda de un mes a la del acuerdo de transformación y puesto a disposición de los socios en la sede social con no menos de quince días de anticipación a dicho acuerdo. Se requieren las mismas mayorías establecidas para la aprobación de los balances de ejercicio.
c) Otorgamiento del acto que instrumente la transformación por los órganos competentes de la sociedad que se transforma y la concurrencia de los nuevos otorgantes con constancias de los socios que se retiren, capital que representan y cumplimiento de las formalidades del nuevo tipo societario adoptado.
d) Publicación por un día en el diario de publicaciones legales que corresponda a la sede social y sus sucursales.
e) La inscripción del instrumento con copia del balance firmando en el Registro Público de Comercio y demás registros que correspondan por el tipo de sociedad, por la naturaleza de los bienes que integran el patrimonio y sus gravámenes. Estas inscripciones deben ser ordenadas y ejecutadas por la autoridad competente.

TRANSGÉNERO: designa a personas que se identifican, sienten y/o expresan un género que no necesariamente se corresponde al que les ha sido asignado desde su nacimiento. En ciertos casos. su identidad no se corresponde con los géneros masculino y femenino en términos convencionales (INADI).

TRANSGRESIÓN: acción y efecto de quebrantar, violar un precepto, ley o estatuto.◆ Infracción de un precepto obligatorio.

TRÁNSITO: paso de un empleo a otro.◆ Circulación por calles, rutas, caminos, etcétera.

TRANSITORIO: relativo a aquello que posee un carácter inestable en el tiempo.◆ Trabajador que no tiene una función estable.

TRANSMISIÓN: acción y efecto de transmitir.◆ Ver **Transferencia**.

TRANSPARENCIA FISCAL: sistema de técnica tributaria que se aplica para evitar la doble imposición que resulta de gravar los beneficios que reparten las sociedades a sus socios, mediante el impuesto sobre sociedades y la renta de las personas físicas perceptoras de tales beneficios que se integran como un elemento más de sus respectivas rentas.

TRANSPORTADOR: persona que contrata con el cargador el transporte de mercaderías, sea propietario, armador o fletador o quien tenga la disponibilidad del buque. No comprende al agente marítimo o intermediario. La expresión cargador se refiere a quien debe suministrar la carga para el transporte, sea o no fletador. Por mercadería se entiende todo objeto o efecto cargado a bordo. Por consignatario o destinatario se entiende la persona facultada a obtener la entrega de la mercadería en destino.◆ Acarreador.◆ Porteador.

TRANSPORTE: acción y efecto de trasladar una cosa de un lugar a otro.◆ Contrato de transporte es aquel por el cual una persona se obliga a transportar algo de un lugar a otro por un precio previamente estipulado, independientemente del medio de transporte a utilizar.◆ A la vuelta.◆ Es la actividad que consiste en trasladar de un lugar a otro cosas o personas, a través de diversos ambientes (mar, tierra, aire, ríos, etc.), con utilización de los medios adecuados a cada caso.

TRANSPORTE MULTIMODAL: aquel que se lleva a cabo combinando distintos medios o modos de traslación *(A. Torres Neuquén).*

TRANSPORTE POLIMODAL: ver **Transporte multimodal.**

TRANSPORTES: instrumentos que sirven para la circulación de los seres humanos y de las mercancías. Forman parte importantísima de las economías modernas. La civilización se distribuye a través de la tierra por medio del transporte.

TRANSPORTISTA: persona que en el contrato de transporte se compromete a efectuar el transporte por ferrocarril, carretera, mar, aire, vías de navegación interior o por una combinación de estos modos. Si se utilizan transportistas sucesivos para el transporte a destino convenido, el riesgo se transmite cuando la mercancía ha sido entregada al primer transportista.

TRASABUELO: tatarabuelo.

TRASBORDO: operación de traslado de mercaderías de importación o de exportación de un medio de transporte a otro, permisible siempre que se encontrase incluida en la declaración de la carga y no hubiere sido aún descargada y sujeta al control aduanero, al igual que las demás, por razones de seguridad fiscal *(Fernández Lalanne).*

TRASCENDENCIA INTERNACIONAL: ver **Gravedad institucional.**

TRASLACIÓN DEL IMPUESTO: efecto por el cual el contribuyente de derecho o percudido procura transferir hacia otro el peso del gravamen, como pueda y a quien pueda.

TRASLADO: copia de un escrito. Comunicación que se da a alguna de las partes que litigan, de las pretensiones o alegatos de otra u otras.◆ Importa comunicar a una de las partes las pretensiones de la otra *(F. Migliardi)*

TRASLAPO: encubrimiento de ingreso de dinero que se utiliza cuando difiere la contabilización de un ingreso de fondos, que se retiene y se va cubriendo y registrando en cadena, en forma sucesiva.

TRASLINEAR: pasar un vínculo de una línea a otra.

TRASPASAR: ceder a otro el dominio o derecho sobre algo.

TRASPASO: precio de la cesión de mercaderías o del local donde se ejerce una actividad.◆ Cesión de dominio de una cosa a otra persona.◆ Renuncia o cesión de aquello que se tiene o posee, dando y entregando a otro el dominio.◆ Se dice generalmente de lo que se tiene alquilado o rendado.◆ Suma y sigue.◆ Subtotal que se traslada a la página siguiente.

TRASPLANTE: inserción en un cuerpo humano o de animal, de un órgano sano o parte de él, procedente de un individuo de la misma o distinta especie, para sustituir un órgano enfermo.

TRATA DE BLANCAS: delito consistente en el tráfico de mujeres, atrayéndolas a los centros de prostitución con la finalidad de especular con ellas.◆ Trata de personas.

TRATA DE MUJERES: delito de conducta alternativa que consiste en promover o facilitar la entrada o salida del país de mujer o de persona menor de edad para que ejerzan la prostitución.

TRATA DE PERSONAS: trata de blancas.

TRATA DE SERES HUMANOS: se refiere a la contratación, el transporte, el traslado, el alojamiento o la acogida de personas mediante rapto, fraude, engaño, abuso de autoridad o de una situación de vulnerabilidad o mediante la oferta o la aceptación de pagos o ventajas para obtener el consentimiento de una persona que tenga autoridad sobre otra con fines de explotación.

TRATADO: convenio o ajuste de un negocio, especialmente, entre dos o más Gobiernos.

TRATADO AMERICANO DE SOLUCIONES PACÍFICAS: tratado firmado en Bogotá el 30 de abril de 1948, en la Novena Conferencia Internacional Americana, en el cual las partes contratantes convienen en abstenerse de la amenaza, del uso de la fuerza o de cualquier otro medio de coacción para el arreglo de sus controversias, reconociendo la obligación de resolver las controversias internacionales por los procedimientos pacíficos regionales antes de llevarlas al Consejo de Seguridad de las Naciones Unidas.

TRATADO DE LA CUENCA DEL PLATA: fue suscripto el 20 de abril de 1969, en Brasilia, entre la Argentina, Bolivia, Brasil, Paraguay y Uruguay. Las partes contratantes se comprometieron a realizar esfuerzos con el objeto de promover el desarrollo económico y la integración física de las áreas geográficas ocupadas por el Río de la Plata y sus afluentes principales, los ríos Uruguay, Paraná y Paraguay.

El tratado entró en vigencia el 14 de agosto de 1970.

TRATADO DE LIBRE COMERCIO DE AMÉRICA DEL NORTE: este tratado rige a partir del 1 de enero de 1994 y está constituido por EE.UU., Canadá y México. Tiene por finalidad suprimir, en un plazo de quince años, toda clase de aranceles y demás barreras comerciales. La intención tenida en miras con su celebración ha sido facilitar el comercio, los servicios y las inversiones en un mercado de trecientos sesenta millones de consumidores con un producto de seis billones de dólares. Impulsado por EE.UU. tiende a expandirse hacia el Pacífico y América del Sur.◆ NAFTA.

TRATADO INTERAMERICANO DE ASISTENCIA RECÍPROCA: fue suscripto el 2 de septiembre de 1947 en Río de Janeiro, en la Conferencia Interamericana para el Mantenimiento de la Paz y la Seguridad en el Continente. Sus objetivos consisten, principalmente, en asegurar la paz por todos los medios posibles, proveer ayuda recíproca efectiva para hacer frente a los ataques armados contra cualquier Estado americano y conjurar las amenazas de agresión contra cualquiera de ellos.

TRATO DE CUERDA: en la Antigüedad, tormento que se daba atando las manos por detrás al reo o al acusado y colgándolo por ellas de una cuerda que pasaba por una garrucha, con la cual lo levantaban en alto y después lo dejaban caer de golpe, sin que llegase al suelo.

TRAUMATOLOGÍA FORENSE: rama de la Medicina Forense que se encarga del estudio de las acciones u omisiones que impliquen violencia y su resultado al ser ejercidas sobre el individuo, resultando un daño al cuerpo o la salud *(L. Alarcón Flores).*

"TRAVELLER CHECK": ver **Cheque de viajero**.

TRAVESTI: aquellas personas a las cuales al nacer se les asignó el género masculino pero que construyen su identidad de género a través de expresiones de feminidad que pueden incluir modificaciones corporales a través de prótesis, siliconas, hormonas, pero en general sin readecuación genital (INADI).

TREGUA: armisticio.

TREPA: castigo dado con azotes, patadas, etcétera.

TRESABUELO: tatarabuelo.

TRIBUNAL: local o lugar donde se administra Justicia.◆ Sitio donde los jueces administran la Justicia.◆ Conjunto de jueces ante el cual se realizan exámenes, concursos, etcétera.◆ Ministro o ministros que entienden en los asuntos de justicia.

TRIBUNAL "A QUO": expresión que alude al tribunal cuyo fallo es recurrible.

TRIBUNAL "AD QUEM": en los recursos o apelaciones, aquel ante quien se acude contra el fallo de otro inferior.

TRIBUNAL ADMINISTRATIVO: aquel que pertenece a la jurisdicción administrativa.

TRIBUNAL DE COMERCIO: tribunal especial que funciona en localidades o ciudades que poseen gran importancia mercantil o industrial.

TRIBUNAL DE CUENTAS: aquel que tiene como finalidad el control de la ejecución del presupuesto del Estado. ◆ Organismo que tiene por función el estudio de las rendiciones de cuentas de los responsables en la Administración Pública.

TRIBUNAL DE DISCIPLINA: aquel encargado de juzgar la conducta de los profesionales por los actos u omisiones en que incurran los graduados por violación de los deberes inherentes al ejercicio profesional, de acuerdo con las disposiciones del Código de Ética.

TRIBUNAL DE HONOR: aquel autorizado para juzgar la conducta deshonrosa, aunque no delictiva, de alguno de los miembros de un grupo o colectividad.

TRIBUNAL DE MENORES: aquel a quien compete juzgar en única instancia los delitos cometidos por aquellos menores que no hayan alcanzado al tiempo de cometer el hecho la edad establecida por las leyes penales vigentes y que estén reprimidos con pena privativa de la libertad.

TRIBUNAL DE TRABAJO: el que ejerce su jurisdicción en materia laboral.

TRIBUNAL DEL SERVICIO DOMÉSTICO: aquel que funciona como primera instancia en los conflictos suscitados entre el empleador y su trabajador doméstico. Su competencia depende de la jurisdicción en la cual se presente el servicio doméstico o aquella en la cual se haya firmado contrato.

TRIBUNAL ECLESIÁSTICO: en Derecho Canónico, tribunal significa impropiamente el lugar donde se celebran los juicios; pero, con propiedad, quiere significar el juez que conoce de la causa y también el juez, sea unipersonal, o colegiado, con los restantes ministros o funcionarios que el Derecho le asigna para que lo ayuden en el más perfecto cumplimiento de su misión *(Moreno Hernández).*

TRIBUNAL ESPECIAL: el que extiende sus atribuciones no a la generalidad de los asuntos del orden civil, penal y contencioso-administrativo, sino a los que singularmente les están asignados por grupos de asuntos o de personas, para conocer un determinado tiempo o por particulares circunstancias de lugar, pudiendo estos criterios presentarse separada o acumulativamente.

TRIBUNAL FISCAL DE LA NACIÓN: tribunal administrativo dependiente del Poder Ejecutivo cuya función es ser tribunal revisor de determinados actos emanados de la AFIP.

TRIBUNAL TUTELAR DE MENORES: el que tiene a su cargo la resolución de cuestiones relativas a la delincuencia de los menores de edad y la protección de la infancia desamparada.

TRIBUTACIÓN: entrega de los súbditos al Estado, para las cargas y atenciones públicas, de cierta cantidad en dinero o en especie.

TRIBUTACIÓN POTENCIAL: proporción del producto nacional bruto que puede ser dirigido hacia fines de interés público, sin por eso poner en marcha intolerables presiones sociales y políticas. Depende en gran medida de: a) la renta real per cápita; b) el grado de desigualdad en la distribución de la renta; c) la distribución sectorial de la renta nacional y d) la competencia administrativa de los órganos recaudatorios *(N. Kaldor).*

TRIBUTAR: pagar un tributo.

TRIBUTO: prestación en dinero que el Estado exige en virtud de su poder de imperio para satisfacer los gastos que le demande el cumplimiento de sus fines.◆ Gravamen. Prestación pecuniaria coercible. El tributo nace de la ley y únicamente de ella. No hay tributo sin ley.

TRIBUTOS NO VINCULADOS: aquellos en los que no existe conexión del obligado con actividad estatal alguna, que se singularice a su respecto o que lo beneficie.◆ Impuestos

TRIBUTOS VINCULADOS: aquellos en los que el hecho imponible está estructurado en forma tal que consiste en una actividad o gasto a cargo del Estado que de alguna forma se particulariza en el obligado o es referente de su patrimonio.

TRIENIO: tiempo o espacio de tres años.

TRÍPLICA: se trata de la respuesta a la dúplica.◆ Ver **Dúplica.**

TRIPULACIÓN: en navegación, conjunto de personas embarcadas conforme a las respectivas libretas de embarco, destinadas a atender todos los servicios del buque.◆ Compuesta por el capitán o patrón, los oficiales, los marineros, los mozos y operarios mencionados en el rol de la tripulación, además los maquinistas, foguistas y todas las demás personas que, con cualquier denominación, estén al servicio de las máquinas en los buques a vapor.

TRONCALIDAD: principio jurídico de tradición española según el cual los bienes deben pasar en la herencia, por ley, de una persona, a favor de la línea de parientes de que aquellos procedían *(Diccionario de la Real Academia Española).*

TRUEQUE: permuta o cambio directo de bienes y servicios entre dos o más partes sin utilización de dinero como medio de cambio. Este mecanismo comercial fue de uso habitual en las sociedades primitivas en las cuales el uso de moneda carecía de difusión y aceptación. Sucede lo mismo aún en economías monetarias bajo procesos de alta o hiperinflación en los cuales la moneda pierde de modo vertiginoso capacidad adquisitiva por lo que la gente tiende a desprenderse de ella a cambio de bienes; por ello, el intercambio directo de bienes y servicios se presenta como un recurso sucedáneo. La desventaja de este medio de comercio es que no siempre existe concurrencia en la necesidad de las partes sobre los productos de que disponen para trocar. Internacionalmente, es de mucha aplicación entre naciones que formalizan acuerdos comerciales bilaterales.

TRUEQUE MUDO: práctica común en los pueblos primitivos de cambiar mercancías por otros productos sin la asistencia física de los que intervienen en el trueque.

"TRUST": suma de dinero mantenida y administrada por una institución financiera en nombre de una persona, grupo u organización. También se aplica a un importante consorcio de empresas. ◆ Se utiliza como sinónimo de Fondo Común.◆ Fusión amplia generalmente de varias empresas que pierden su independencia y cuya dirección económica está unificada. No es sólo una organización comercial sino también una organización de producción. ◆ Separación de dos relaciones de propiedad en una propiedad particular o conjunto de propiedades, conocido como el *trust corpus.*◆ Antigua institución fiduciaria del Derecho Anglosajón; desconocida por el Derecho Romano, consiste en la encomienda a una determinada persona (*trustee*) por parte del testador o donador de la administración y no de la propiedad de los bienes en interés del destinatario. Durante el siglo pasado su campo de aplicación originario se fue ampliando poco a poco en América y en Inglaterra. Esta institución permitía a los empresarios realizar esas coaliciones restrictivas de la concurrencia, que la ley prohibía constituir contractualmente.

Es una categoría histórica. Es inconveniente designar con el nombre de *trust* las coaliciones de empresas que alcanzan tan estrecho grado de adhesión, que desembocan en una empresa única; en tal caso, estamos ante la fusión de empresas y, por ello, fuera del campo de las alianzas de empresarios. Presupuesto indispensable de éstos es la preexistencia de pluralidad de sujetos económicos, entre los cuales se pretende limitar la concurrencia o bien establecer de algún modo normas de conducta *(F. Vito).*

"TRUST RECEIPT": operación de financiamiento a través de la obtención de un préstamo con entrega de una garantía sobre bienes muebles. En el caso del *trust receipt,* el deudor conserva los bienes y procede a venderlos por cuenta de su acreedor. Este tipo de financiamiento ha sido muy utilizado por los concesionarios de automóviles, quienes reciben de la fábrica los autos y los abonan con un préstamo de una entidad financiera. El concesionario vende los autos pero debe remitir el producto de la venta al financista para cancelar el préstamo. Los bienes sujetos a *trust receipt* deben estar perfectamente individualizados.

TUICIÓN: guarda. Custodia.

TUTELA: autoridad conferida por la ley para cuidar la fortuna de un menor.◆ Cargo de tutor.◆ Institución según la cual la Justicia se encarga de velar por las personas que no están en condiciones de cuidar de sí mismas y de sus bienes.

TUTELA DATIVA: aquella que dan los jueces al menor que no la tenga asignada por sus padres y cuando no existen los parientes llamados a ejercer la tutela legal o cuando, existiendo, no sean capaces o idóneos o hayan hecho dimisión de la tutela o hubieran sido removidos de ella.

TUTELA EJEMPLAR: la que se constituye para cuidar de la persona y los bienes de los incapacitados mentalmente.

TUTELA FIDUCIARIA: en la época clásica, se manifiesta en los dos casos siguientes: a) a la muerte del padre emancipador, tutor legítimo del emancipado, sus hijos agnados quedan tutores fiduciarios de su hermano impúber; es la diferencia que hay con los hijos del patrono, que son tutores legítimos como su padre; pero la tutela del padre emancipador no es, en realidad, más que una tutela fiduciaria que él se ha reservado contracta fiducia; se lo llama tutor legítimo en consideración a su título de padre y tal razón no existe para sus hijos; b) en caso de emancipación de un impúber, el *manumissor extraneus* que lo ha liberado representa el papel de patrono y se le concede la tutela; es un tutor fiduciario porque existe entre él y el jefe de la familia un pacto de fiducia para obligarlo a manumitir al hijo después de la tercera mancipación. Bajo Justiniano, este caso de tutela fiduciaria desapareció con las formas antiguas de la emancipación *(E. Petit).*

TUTELA LEGAL: aquella que tiene lugar cuando los padres no han nombrado tutor a sus hijos o cuando los nombrados no entran o ejercen la tutela o dejan de ser tutores. Esta tutela corresponde únicamente a los abuelos, tíos, hermanos o medio hermanos del menor, sin distinción de sexo.

TUTELA TESTAMENTARIA: la que se defiere por virtud de llamamiento hecho en el testamento de una persona facultada para ello.

TUTOR: persona que ejerce tutela.◆ Toda persona que se encuentre en el pleno ejercicio de sus derechos civiles y en quien no concurra alguna de las causas previstas en las normas legales.

TUTOR LEGÍTIMO: aquel designado por la ley civil a falta de uno testamentario.

TUTOR TESTAMENTARIO: aquel designado en testamento por aquel que tiene facultad para ello.

U

UE: Unión Europea.

UIT: Unión Internacional de Telecomunicaciones.

UJIER: encargado de hacer las notificaciones ordenadas por el juez.◆ Empleado subalterno que en algunos tribunales y cuerpos del Estado, tiene a su cargo la práctica de ciertas diligencias en la tramitación de los asuntos y algunas veces, cuida el orden y el mantenimiento de los estrados.◆ Usier.

ÚLTIMA VOLUNTAD: deseo expresado en el testamento.

ULTIMÁTUM: en el lenguaje diplomático, resolución definitiva comunicada por escrito; es una resolución terminante.

"ULTRA PETITA": en latín, voz que significa "más allá de lo pedido". Utilízase cuando el juez excede lo peticionado por el actor.

"ULTRA VIRES HEREDITATIS": se trata de la obligación vinculada con una de las especies de la sucesión *mortis causa*, que es la sucesión hereditaria, y, dentro de ésta, con una de sus subespecies: la sucesión de que es titular el heredero que acepta "pura y simplemente" la herencia. Cuando la hace bajo beneficio de inventario, la obligación que asume es *intra vires*. La obligación *ultra vires* se desprende inexcusablemente de la continuación de la persona del causante. El heredero que acepta la herencia pura y simplemente ocupa el lugar de aquél y es propietario, acreedor o deudor, de todo lo que el difunto era propietario, acreedor o deudor *(Boffi Boggero)*.

ULTRAJE: injuria, desprecio.◆ Consiste en ofender por medio de hechos, gestos, actitudes que envuelven o signifiquen menosprecio.

ULTRAJE AL PUDOR: el cometido por aquel que, en lugar público o expuesto al público, ejecutare actos obscenos o pronunciare discursos de análogo carácter.

ULTRAMAR: país o sitio que está de la otra parte del mar, considerado desde el punto en que se habla.

UNÁNIME: dícese del conjunto de las personas que convienen en un mismo parecer, dictamen, voluntad o sentimiento.

UNANIMIDAD: opinión o decisión a la que se arriba sin discrepancia ni desacuerdos; es decir, en forma unánime.

UNASUR: Unión de Naciones Suramericanas. ◆ Organismo constituido por 12 países de Suramérica. Su sede se encuentra en Quito, Ecuador. Los países integrantes son: Brasil, Argentina, Colombia, Venezuela, Perú, Chile, Uruguay, Bolivia, Paraguay, Suriname, Ecuador y Guyana. Fue creada en el 2008 con la finalidad de impulsar la integración regional en materia de energía, educación, salud, ambiente, infraestructura, seguridad y democracia.

UNCIA: entre romanistas, duodécima parte de la masa hereditaria.

UNCTAD: Conferencia de las Naciones Unidas sobre Comercio y Desarrollo.

"UNDERWRITER": integrante de un conjunto de bancos encargados de colocar en el mercado una emisión de acciones por orden de la empresa que las pone en circulación. El departamento "Títulos" de una entidad financiera es el encargado de la colocación y la emisión de acciones y bonos, aumentos de capital; de llevar el listado de los valores que cotizan en Bolsa y las operaciones relacionadas. Los consorcios de emisión constituyen puntos de recolección y distribución de inversiones.

"UNDERWRITING": operación por la cual una entidad financiera prefinancia a una empresa la emisión de acciones y obligaciones, a la vez que se encarga de la colocación de éstas en el mercado. El Banco o entidad financiera adelanta los fondos en calidad de préstamo, encargándose de la colocación y la venta de las acciones, devolviendo a su término las no vendidas; también compra en firme sobre la base de un contrato de suscripción con el compromiso de venderlas en un plazo breve. Por el servicio de venta cobra una comisión.◆ En un sentido lato es la compra de una emisión de títulos valores, a un precio garantizado con el propósito de venderla luego al público.

"UNDERWRITING SYNDICATE": consorcio de entidades financieras, de carácter temporario, que asumen la emisión de colocar nuevas acciones de una empresa en el mercado por orden de ésta. Los agentes emisores se comprometen a adquirir el total de la emisión en una fecha determinada y a un precio fijado de antemano, con miras a su distribución pública.

UNESCO: ver **Organización de las Naciones Unidas para la Educación, la Ciencia y la Cultura** *(United Nations Educational Scientific and Cultural Organization).*

UNICAMERAL: que consta de una sola Cámara. Se aplica al Poder Legislativo formado por una sola cámara de representantes.

UNIDAD: cantidad que se toma por medida o término de comparación de las demás en su especie.◆ Singularidad en número o calidad.◆ Estándar de medición.

UNIDAD DE BIENES: ver **Régimen matrimonial de unidad de bienes.**

UNIDAD DE PRODUCCIÓN: empresa o unidad empresaria dedicada a la producción de bienes y servicios en donde se combinan los factores de la producción, tierra, trabajo y capital para el logro del fin.

UNIDAD DE TRABAJO: unidad de medida para determinar el costo promedio, tiempo o eficiencia, siendo posible así la comparación de una operación con otra o con la misma en un período precedente y las estimaciones de operaciones futuras.◆ La menor subdivisión de una tarea.

UNIDAD ECONÓMICA: persona o grupo de ellas con un nombre y un propósito en común, que efectúa operaciones con el público. Grupo de empresas comerciales que operan bajo un control común, especialmente cuando se efectúan numerosas operaciones entre los miembros del grupo.

UNIDAD FAMILIAR: en algunas legislaciones fiscales, concurrencia de dos o más titulares en el hecho imponible. Se incluyen los cónyuges y los hijos menores, con excepción de los que vivan independientemente con el consentimiento de aquéllos; el cónyuge y los hijos menores confiados a su cuidado en los casos de nulidad, disolución o separación; cualquiera de los padres solteros y los hijos menores confiados a su cuidado; y los hermanos sometidos a una misma tutela y que residan todos juntos en el país.

UNIDAD MONETARIA: medio representativo de dinero, cuya finalidad es su uso como medio de cambio, creado por un Estado soberano.◆ Las relaciones comerciales entre dos o más Estados genera una vinculación entre sus monedas. Un país que tenga un comercio y transferencia de capitales y de servicios superavitarios con relación a otros estimulará un aumento del valor de su moneda y, como contrapartida, una desvalorización de las de los países deficitarios.

UNIDADES DE CONSUMO: individuos, familias, agrupaciones deportivas o culturales, asociaciones benéficas o religiosas, etcétera.◆ Consumidores o economías domésticas.

UNIGÉNITO: aplícase al hijo único.

UNILATERAL: acto o contrato para cuya conclusión se requiere únicamente el consentimiento de una sola persona.◆ Lo que se refiere a una sola parte.

UNIÓN ADUANERA: acuerdo entre dos o más Estados que suprimen o eliminan restricciones comerciales (pago y percepción de derechos aduaneros), para desarrollar una política comercial coherente y uniforme hacia otros pa-íses.

UNIÓN DE BIENES: ver **Régimen de unión de bienes**; **Régimen matrimonial de unión de bienes.**

UNIÓN DE NACIONES SURAMERICANAS: ver **UNASUR.**

UNIÓN DE SOCIEDADES: concentración de empresas que se instrumenta utilizando los mecanismos idóneos para unir sociedades, generalmente anónimas.◆ La unión puede tener diversos grados de intensidad. El grado mínimo de unión se manifiesta en los convenios interempresariales, mediante los que dos o más sociedades armonizan sus respectivos intereses regulando su comportamiento en el tráfico mercantil y en las áreas donde podrían confligir sus intereses; en todo caso, conservan la autonomía económica y jurídica.

UNIÓN ECONÓMICA: combina la supresión de restricciones al movimiento de mercancías y factores, con un cierto grado de armonización de las políticas económicas nacionales, con el objeto de eliminar la discriminación resultante de las disparidades de dichas políticas.◆ Nivel máximo de integración. Se establece una moneda única y políticas macroeconómicas sectoriales y sociales comunes.◆ Organización económica de varios países que consiste en armonizar sus políticas económicas para tratar de eliminar todo obstáculo a la libre circulación de mercaderías o bienes y de los factores de producción entre los países que constituyen la unión, y para establecer los aranceles hacia terceros y, eventualmente, para los participantes. Sus características fundamentales son: la eliminación total de los aranceles de importación de las restricciones cuantitativas entre los países miembros; la fijación de un arancel externo común para la exportación de bienes y servicios; el libre movimiento de los factores productivos y la coordinación de las políticas fiscales, monetarias y socioeconómicas.

UNIÓN EUROPEA: a partir del 1 de noviembre de 1993 reemplazó a la Comunidad Económica Europea. El Tratado de Unidad Europea firmado en Maastricht estableció básicamente una nueva Unión Europea compuesta por 15 países: Gran Bretaña, Austria, Suecia, Finlandia, Alemania, Bélgica, Dinamarca, España, Portugal, Francia, Grecia, Irlanda, Italia, Holanda y Luxemburgo. El 1 de mayo de 2004 se incorporaron diez nuevos miembros: Letonia, Lituania, Estonia, Polonia, República Checa, Eslovaquia, Hungría, Eslovenia, Chipre y Malta. Los objetivos fundamentales son: a) extender a todos los países miembros la libre circulación de bienes, personas, servicios y capitales; b) lograr una unión más estrecha entre los pueblos de Europa; c) el Parlamento Europeo tendrá un poder de veto más amplio sobre la legislación continental; d) confección del cronograma y los criterios para la unidad económica y monetaria, la creación de una sola moneda entre los países listos para ello el 1 de enero de 1999. Gran Bretaña y Dinamarca podrán no adherir a esta etapa final; e) el desarrollo de una política común en cuanto a Relaciones Exteriores y Seguridad (CFSP), mediante el establecimiento de reglas para una acción conjunta por parte de países de la CE; f) creación de una futura política común europea en materia de defensa que sea combatible con la OTAN y que Unión Europea Occidental (UEO) constituya el brazo armado embrionario de la Unión; g) cooperación en materia policial y judicial sobre temas que van desde inmigración y política de asilo hasta la lucha contra la delincuencia organizada y el tráfico de drogas; h) creación de la Europol, embrión de un organismo policial europeo. El 1 de enero de 2007 se incorporaron Rumania y Bulgaria y en el 2013 Croacia.

UNIÓN FEDERAL: la unión permanente de dos o más Estados en la cual cada uno de ellos conserva apenas su autonomía interna; la soberanía externa es ejercida por un órgano central, esto es, por el Gobierno federal, plenamente soberano en sus atribuciones *(A. Llanés Torres).*

UNIÓN INTERNACIONAL DE TELECOMUNICACIONES: UIT.◆ Organismo fundado en París en 1865, con el nombre de Unión Internacional de Telégrafos. Su denominación fue reemplazada por la actual en 1934. Recién a partir de 1947, con la misma denominación y mediante un acuerdo entre las Naciones Unidas y los plenipotenciarios de la Unión, pasó a ser un organismo especializado por las Naciones Unidas. Los objetivos de este organismo son: a) mantener y ampliar la cooperación internacional para el mejoramiento y la utilización racional de las telecomunicaciones de toda clase; b) fomentar el desarrollo de los servicios técnicos; c) lograr un funcionamiento más activo con miras a mejorar la eficiencia de los servicios de telecomunicaciones, aumentando su utilidad y poniéndolos al alcance del público en general y armonizar las medidas que deben adoptar las naciones para la consecución de esos objetivos.

UNIÓN INTERNACIONAL PARA LA CONSERVASIÓN DE LA NATURALEZA: una de las primeras asociaciones mundiales creadas para salvaguardar la vida. Es una asociación mundial de organismos públicos y organizaciones no gubernamentales. Nació en 1948 durante el transcurso de una conferencia convocada por la UNESCO y celebrada en Fontainebleau, Francia. Desde su creación, la sociedad aportó fondos para proyectos científicos, desarrolló programas como el rescate de tierras amenazadas por las sequías en África y lanzó campañas de educación explicando que de la conservación de la naturaleza depende la supervivencia del ser humano.

UNIÓN LIBRE: suele ser así designado el concubinato.

UNIÓN MARITAL DE HECHO: la formada por una pareja, que sin estar casados, hacen una comunidad de vida permanente y singular.

UNIÓN MONETARIA EUROPEA: ver **EURO.**

UNIÓN PERSONAL: forma de agrupación de Estados hoy superada. Consistía, en esencia, en dos o más Estados que, por razones preferentemente dinásticas, tenían un Jefe de Estado único *(Diez de Velazco).*

UNIÓN POSTAL UNIVERSAL: se estableció el 9 de octubre de 1874 en virtud del Tratado de Berna, que fue aprobado por veintidós naciones en Berna (Suiza) y entró en vigor el 1 de julio de 1875. Este organismo integrante de la Organización de las Naciones Unidas conforma un solo territorio postal de países para el intercambio de correspondencia. Sus objetivos son afianzar la organización y el mejoramiento de los servicios postales, participar en la asistencia técnica postal que soliciten los países miembros de la Unión y fomentar la colaboración internacional en materia postal. Fija las tarifas, los límites máximos y mínimos de peso y de tamaño y las condiciones de aceptación de la correspondencia, que incluye cartas y aerogramas, tarjetas postales, impresos, literatura en relieve para no videntes y paquetes pequeños. El Congreso Postal Universal es la autoridad suprema del organismo y está compuesto por representantes de todos los países miembros.

UNIÓN REAL: reunión bajo el mismo monarca o jefe de Estado de dos o más Estados soberanos que conservan su plena autoridad interna, pero que por mutuo acuerdo delegan a un órgano los poderes de representación externa y generalmente funden todos los intereses comunes en lo tocante a las relaciones exteriores *(A. Llanés Torres).*

UNIÓN TRANSITORIA DE EMPRESAS: UTE.◆ Contrato mediante el cual una pluralidad de empresas acuerdan juntamente una obra, suministro o servicio, compartiendo las pérdidas o las ganancias producidas por la actividad desarrollada en forma conjunta. De su ejecución depende la duración del contrato. No constituye un contrato de sociedad comercial.

UNIONES DE CRÉDITO: organizaciones auxiliares de entidades crediticias que tienen por objeto facilitar el uso de crédito a sus componentes.

UNIPERSONAL: relativo a todo aquello que corresponde o pertenece a una sola persona.

UNITAR: ver **Instituto de las Naciones Unidas para Formación Profesional e Investigaciones.**

UNIVERSALIDAD: comprensión en la herencia de todos los bienes, derechos, acciones, obligaciones o responsabilidades del difunto.◆ Cualidad de universal.

UNIVERSALIDAD DEL CONCURSO: principio del Derecho Concursal en virtud del cual la totalidad de los reclamos o juicios contra el deudor deben realizarse ante un único tribunal.

UNIVERSALIDAD DEL PASIVO: conjunto de deudas que forman un todo jurídico.

UNIVERSALISMO: doctrina filosófica en oposición al individualismo. Desde el punto de vista teológico, sostiene que la gracia es otorgada a toda la humanidad y en ese aspecto se contrapone al pluralismo y al atomismo. *Othmar Spann* ha difundido un universalismo sociológico y uno de sus discípulos, *Heinrich*, ha creado un esquema de organización de la sociedad basado en una jerarquía espiritual.

UNIVERSITARIO: persona que asiste a una casa de altos estudios.

UNRISD: ver **Instituto de Investigaciones de las Naciones Unidas para el Desarrollo Social**.

UPEB: ver **Unión de Países Exportadores de Banano**.

UPU: ver **Unión Postal Universal**.

URANISMO: ver **Homosexualidad.**

URBANO: relativo a la ciudad.

URBE: ciudad de gran población.

URGENCIA: necesidad o falta apremiante de lo que es menester para algún negocio.◆ Hablando de las leyes o preceptos, actual obligación de cumplirlos.

URGENTE: que urge.

URNA: arquita de hechura varia que sirve para depositar las cédulas, los números o papeletas en los sorteos y en las votaciones secretas.

USANZA: ejercicio o práctica de una cosa.

USÍA: síncope de usiría, vuestra señoría.

USIER: ver **Ujier**.

USO: ejercicio o práctica de una cosa.◆ Derecho no transmisible a percibir, de los frutos de la cosa ajena los que basten a las necesidades del usuario y de su familia.◆ Forma del Derecho Consuetudinario inicial de la costumbre, menos solemne que ésta y que suele convivir como supletorio de algunas leyes escritas.◆ El derecho de uso es un derecho real que consiste en la facultad de servirse de la cosa de otro, independientemente de la posesión con cargo de conservar la sustancia de ella; o de tomar sobre los frutos de un feudo ajeno lo que sea necesario para las necesidades del usuario y de su familia.

USO DE NOMBRE SUPUESTO: una de las modalidades que asume el delito de estafa.

USO - DERECHO DE: el que uno tiene de usar o servirse de la cosa ajena según sus necesidades.◆ Ver **Uso**; **Uso y habitación.**

USO Y HABITACIÓN: el derecho de uso es un derecho real que consiste en la facultad de servirse de la cosa de otro, independiente de la posesión de heredad alguna, con el cargo de conservar la sustancia de ella o de tomar sobre los frutos de un fundo ajeno los que sea preciso para las necesidades del usuario y de su familia. Si se refiere a una casa y a la utilidad de morar en ella, se llama derecho de habitación.

USUARIO: que usa ordinariamente una cosa.◆ Quien tiene derecho de usar la cosa ajena con cierta limitación.◆ Quien utiliza o recibe un servicio público.

USUCAPIÓN: modo de adquirir el dominio de una cosa y demás derechos reales por prescripción, es decir, por el mero transcurso del tiempo. Es imprescindible el transcurso del tiempo que establecen las normas legales para que opere la prescripción.◆ Prescripción adquisitiva.◆ Adquisición de la propiedad por una posesión suficientemente prolongada y reuniendo determinadas condiciones: el justo título y la buena fe.

USUCAPIÓN "CONTRA TABULAS": la que se cumple contra el titular inscripto.

USUCAPIÓN "SECUNDUM TABULAS": la que se cumple a favor de quien se halla inscripto como propietario del vehículo en el registro pero que, a raíz de haberlo adquirido de un no propietario, necesita bonificar su título *(M. Mariani de Vidal).*

USUFRUCTO: derecho que otorga el propietario de una cosa a otro sujeto sobre el uso y goce de la misma y con derecho sobre los frutos, sin deteriorarla, a cambio de una contraprestación en dinero.◆ Es el derecho real de usar y gozar de una cosa cuya propiedad pertenece a otro, con tal que no se altere su sustancia (Acepción civilista).

USUFRUCTO DE ACCIONES: derecho real que recae sobre estos títulos en virtud del cual la calidad de socio continúa correspondiendo al nudo propietario, quien goza del ejercicio de todos los derechos inherentes a la calidad de tal, con exclusión del derecho al dividendo, que, en principio, pertenece al usufructuario.

USUFRUCTO DE ANIMALES DETERMINADOS: si el usufructo fuese de animales individualmente considerados, el usufructuario tiene derecho para servirse de ellos y obtener los productos que dieren. No puede alquilarlos, a no ser que éste sea el destino de los animales. Si se perdieren o murieren, no tiene obligación de sustituirlos con las crías y respecto de ellos quedará terminado el usufructo.

USUFRUCTO DE COSAS CONSUMIBLES: el usufructuario de cosas que se consumen con el primer uso puede usar y gozar libremente de ellas con el cargo de restituir otro tanto de la misma especie o calidad o el valor estimativo que se le haya dado en el inventario.

USUFRUCTO DE COSAS DETERIORABLES: el usufructuario tiene derecho a servirse de las cosas que se gastan y deterioran lentamente en los usos a que están destinados y sólo está obligado a devolverlas al extinguirse el usufructo en el estado en que se hallen, salvo si se deterioran o consumen por su culpa.

USUFRUCTO DE COSAS NO CONSUMIBLES: el que recae sobre ese tipo de bienes.♦ Ver **Bienes no consumibles.**

USUFRUCTO DE CRÉDITOS: cuando el usufructo sea de créditos, el usufructuario, después de cobrados, estén o no representados por instrumentos, queda obligado, como en el usufructo de cosas semejantes, a los que fuesen cobrados.

USUFRUCTO DE GANADO: aquel en el que el usufructuario está obligado a reemplazar con las crías que nacieren los animales que mueren ordinariamente o que falten por cualquier causa. Si el rebaño o piara de animales perece del todo sin culpa del usufructuario, éste cumple con entregar al dueño los despojos que se hayan salvado. Si el rebaño o piara perece en parte sin culpa del usufructuario, tendrá la opción de continuar en el usufructo, reemplazando los animales que faltan, o cesar en él, entregando los que no hayan perecido.

USUFRUCTO DE LOS DERECHOS DE SOCIO: aquel en el que se concede derechos de uso y disfrute de las participaciones en una empresa; el usufructo de acciones de sociedad anónima es la forma más habitual de manifestarse esta modalidad del derecho real cuestionado.♦ Ver **Usufructo de acciones.**

USUFRUCTO DE MERCADERÍAS: es un puro y simple usufructo, y el usufructuario puede enajenarlas. Los derechos respectivos se fijarán por el valor que se les hubiere dado, o por el inventario que determine su calidad y cantidad.

USUFRUCTO DE MONTES: el usufructuario de un monte disfruta de todos los provechos que pueda producir según su naturaleza.

USUFRUCTO DE PARTES INDIVISAS: aquel que puede establecerse por el condómino de un fondo poseído en común con otros, de su parte indivisa.

USUFRUCTO GRATUITO: aquel en el que el donante no enajena sino la nuda propiedad de la cosa reservándose su goce, cuando no da más que el usufructo o cuando cede a uno el derecho de propiedad y a otro el de goce de la cosa.

USUFRUCTO IMPERFECTO: el de las cosas que serían inútiles al usufructuario si no la consumiese o si cambiase su sustancia, como los granos, el dinero, etcétera.◆ Ver **Cuasi usufructo.**

USUFRUCTO LEGAL: el establecido por la ley en los bienes de los hijos menores a favor de sus padres y también en los bienes sujetos a reserva por el cónyuge bínubo.

USUFRUCTO MÚLTIPLE: aquel que se conforma a favor de varios titulares usufructuarios.

USUFRUCTO NORMAL: usufructo de cosas no consumibles.

USUFRUCTO ONEROSO: cuando es el objeto directo de una venta, de un cambio, de una partición, de una transacción, etcétera, o cuando el vendedor enajena solamente la nuda propiedad de un fundo reservándose su goce.

USUFRUCTO PARTICULAR: aquel que comprende uno o muchos objetos ciertos y determinados.

USUFRUCTO PERFECTO: el de las cosas que el usufructuario puede gozar sin cambiar su sustancia, aunque pueden deteriorarse por el tiempo o por el uso que se haga. No da al usufructuario la propiedad de las cosas sujetas a este usufructo; debe conservarlas para devolverlas al propietario, acabado el usufructo.

USUFRUCTO POR TESTAMENTO: el establecido por testamento cuando el testador lega solamente el goce de la cosa reservando la nuda propiedad a su heredero, cuando lega a alguno la nuda propiedad y a otro el goce de la cosa o cuando no da expresamente al legatario sino la nuda propiedad.

USUFRUCTO SIMPLE: aquel que se conforma a favor de un solo titular usufructuario.

USUFRUCTO SOBRE BIENES PÚBLICOS: aquel que no puede establecerse sobre los bienes del Estado, de los Estados provinciales o de las municipalidades, sin una ley especial que lo autorice.

USUFRUCTO SOBRE COSAS SUNTUARIAS: aquel que puede constituirse sobre cosas de mero placer, como un lugar destinado a un paseo, estatuas o cuadros, aunque no produzcan ninguna utilidad.

USUFRUCTO TESTAMENTARIO: ver **Usufructo por testamento.**

USUFRUCTO UNIVERSAL: aquel que comprende una universalidad de bienes o una parte alícuota de la universalidad.

USUFRUCTUAR: disfrutar o gozar del derecho a una cosa.

USUFRUCTUARIO: el que aprovecha de una cosa disfrutando de su uso sin ser precisamente el titular o propietario. ◆ Titular de un derecho de usufructo.

USURA: interés excesivo que se cobra o paga por un préstamo en comparación con el determinado por el mercado de oferta y demanda de dinero o con el fijado por ley.◆ Ganancia, fruto, utilidad o aumento que se saca de una cosa, especialmente cuando es excesivo. ◆ Delito cometido por quien aprovechando la necesidad, la ligereza o la inexperiencia de una persona, le hiciere dar o prometer en cualquier forma, para sí o para otro, intereses u otras ventajas pecuniarias evidentemente desproporcionadas con su prestación, u otorgar recaudos o garantías de carácter extorsivo.◆ Explotación de la situación de necesidad, de la ligereza o de la inexperiencia de otro, haciéndole prometer o conceder, para el estipulante o para un tercero y a cambio de una prestación, ventajas patrimoniales que exceden de tal modo del valor de la prestación que, dadas las circunstancias, se hallan con ésta en una desproporción extraordinaria.

USURARIO: contrato de préstamo de dinero que se realiza a una tasa superior a la admitida legalmente. ◆ Cuando por el uso de dinero se percibe o se paga una tasa de interés alta en relación con los usos de mercado.

USURERO: persona que presta con usura o interés muy elevado, excesivo.◆ Persona que en los contratos obtiene una ganancia excesiva.

USURPACIÓN: delito que se comete apoderándose con violencia o intimidación de inmueble o derecho real ajeno.◆ Acción y efecto de apoderarse de una propiedad o de un derecho que legalmente pertenece a otro, normalmente mediante la violencia.

USURPACIÓN DE ATRIBUCIONES: modalidad de los delitos cometidos por los funcionarios públicos en el ejercicio de sus cargos, que tiene lugar cuando un funcionario se arroga la competencia de cuestiones concernientes a otro.

USURPACIÓN DE AUTORIDAD, TÍTULOS U HONORES: delito que se configura cuando se asumen o ejercen funciones públicas sin título o nombramiento por autoridad competente *(A. García)*.

USURPACIÓN DE FUNCIONES: delito en el que incurre el que, indebidamente, asumiere o ejercitare funciones públicas.

USURPACIÓN DE INMUEBLES: delito que comete aquella persona que ocupa ilegalmente un inmueble o vivienda que pertenece a otra persona.

"UT RETRO": ver **Fecha ut retro.**

"UT SUPRA": expresión latina que se utiliza en los escritos. Significa "como arriba" o "más arriba".◆ Ver **Fecha "Ut supra".**

UTE: ver **Unión Transitoria de Empresas**.

ÚTIL: aplícase al tiempo o días hábiles de un término señalado por la ley o la costumbre; no se cuentan aquellos en que no se puede actuar.

UTILIDAD: beneficio, ganancia.

UTILIDAD PÚBLICA: el provecho, la comodidad y el progreso de la comunidad, aquello que satisface una necesidad generalmente sentida o las conveniencias del mayor número *(E. Costa)*.◆

Concepto relativo, variable, sujeto a las condiciones económicas, políticas y sociales. El legislador debe determinar la utilidad mediante el examen de una compleja situación circunstancial *(R. Bielsa).*

UTILITARISMO: doctrina filosófica moderna que considera la utilidad como principio de la moral.

UTOPÍA: plan, proyecto, doctrina o sistema optimista que aparece como irrealizable en el momento de su formulación.

UXORICIDA: marido que mata a su mujer.

UXORICIDIO: muerte causada a la mujer por su esposo.

V

VACACIONES: número determinado de jornadas consecutivas fuera de los días festivos, días de enfermedad y convalecencia, durante los cuales, cada año, llenando el trabajador ciertas condiciones de servicio, interrumpe su trabajo y continúa percibiendo su remuneración. ◆ Descanso temporal de una actividad habitual, principalmente del trabajo remunerado o de los estudios.

VACACIONES ACUMULADAS: aquellos días de vacaciones no gozados en el año o años anteriores y que se adicionan a los días de tal carácter correspondientes al año en curso.

VACACIONES JUDICIALES: ver **Feria judicial.**

VACANTE: cargo, empleo o dignidad aún no provisto o asignado.

VACANTES: ver **Bienes vacantes.**

VACIAMIENTO DE BIENES: expresión referida normalmente a una empresa cuando se desea provocar su insolvencia o cesación de pagos solicitando algún tipo de acuerdo o concurso, o, lisa y llanamente, una estafa.◆ Ver **Vaciamiento de empresa.**

VACIAMIENTO DE EMPRESA: se configura cuando, con ánimo de lucro o maliciosamente con riesgo para el normal desenvolvimiento de un establecimiento o explotación comercial, industrial, agropecuaria, minera y destinada a la prestación de servicios, se enajenase indebidamente, destruyere, dañase, hiciere desaparecer, ocultare o fraudulentamente disminuyere el valor de las materias primas, productos de cualquier naturaleza, máquinas, equipos u otros bienes de capital, o comprometiere injustificadamente su patrimonio.

VADE RETRO: locución latina que significa literalmente ve atrás, retrocede. Expresión interjectiva para instar a alguien a alejarse o para manifestar rechazo.

VAGABUNDO: holgazán que va de un lugar a otro y que no tiene domicilio determinado, oficio ni beneficio.

VAGANCIA: delito consistente en no tener domicilio cierto ni medios de subsistencia y en no ejercer habitualmente oficio ni profesión algunos *(H. Capitant).*

VAGO: sujeto que carece de una profesión o un empleo y que, por otra parte, tampoco persigue la obtención de los mismos.◆ Persona que no tiene oficio o profesión conocida.

VALE: documento mercantil que firma una persona comprometiéndose a pagar a otra determinada una suma cierta de dinero en un día fijo. En el vale nominativo figura el nombre del beneficiario. En el caso de extenderse "a la orden", produce los mismos efectos que el pagaré. Debe contener: a) la cláusula "a la orden" o la denominación del título inserto en su texto y expresada en el idioma empleado para su redacción; b) la promesa pura y simple de pagar una suma determinada; c) el plazo de pago; d) la indicación del lugar de pago; e) el nombre de aquel, a cuya orden debe efectuarse el pago; f) la indicación del lugar y de la fecha en que el vale o el pagaré han sido firmados; g) la firma del que ha creado el título (suscriptor).◆ Bonos o tarjetas que sirven para adquirir comestibles u otros artículos.

VALE CIEGO: actualmente en desuso, valor que se firma sin expresar la persona determinada que debe cobrarlo, limitándose a indicar que el firmante pagará la suma fijada y en la fecha prevista a quien le presente dicho documento.

VALE DE DESCUENTO: comprobante que permite obtener un descuento determinado en el pago de un servicio o por la compra de bienes.

VALE OBSEQUIO: comprobante que tiene un valor pecuniario y que puede utilizarse en determinadas casas de comercio para efectuar compras de productos o abonar algún servicio a menor precio.

VALIDEZ: calidad de válido.◆ Existencia específica de las normas. Decir que una norma es válida equivale a declarar su existencia o, lo que es lo mismo, a reconocer que tiene "fuerza obligatoria" frente a aquellos cuya conducta regula.

VALIDEZ DE LA FIRMA DIGITAL: una firma digital es válida si cumple con los siguientes requisitos: a) haber sido creada durante el período de vigencia del certificado digital válido del firmante, b) ser debidamente verificada por la referencia a los datos de verificación de firma digital indicados en dicho certificado según el procedimiento de verificación correspondiente, c) que dicho certificado haya sido emitido o reconocido por un certificador licenciado.

VALOR: cualidad de las cosas en virtud de la cual, a fin de adquirir su posesión, se entrega cierta suma de dinero o su equivalente.◆ Título representativo de participación en haberes de sociedades, de cantidades pecuniarias de mercaderías, de fondos pecuniarios o de servicios que son materias de operaciones mercantiles.◆ Consiste en la cantidad de dinero, valor monetario, o bienes necesarios para obtener a cambio otro bien.

VALOR A LA PAR: ver **A la par.**

VALOR ACTUAL: valor corriente.

VALOR ASEGURABLE: valor de un bien sobre el cual se calcula un seguro. Es usual a este fin considerar como tal el valor de reposición del bien, si lo hubiere, menos la amortización que correspondiere por el tiempo transcurrido.

VALOR ASEGURADO: valor por el cual se contrató el seguro.

VALOR BAJO LA PAR: ver **Bajo la par.**

VALOR CARTULAR: valor facial.

VALOR CATASTRAL: valor fiscal asignado por un municipio a un bien raíz.

VALOR CORRIENTE: valor de un bien a una fecha dada, es decir, se refiere concretamente a una medición contable a determinada fecha. La selección del valor corriente adecuado se hace, fundamentalmente, sobre la base del grado de avance del proceso de generación de resultados en cada caso, procurando que el valor corriente aplicado sea verdaderamente representativo de la riqueza poseída.◆ Habitualmente, se lo llama también valor actual, valor presente o valor del día.◆ Es el que resulta de promediar estadísticamente los precios de los bienes y servicios que están en el comercio, de los que surgen los índices que miden el costo de vida en general o específico por regiones, actividades o comercios. Se trata de un procedimiento de escasa confiabilidad porque depende de factores imponderables cuya característica es la constante variación de la modalidad cuantitativa de expresarse *(C. Martínez).*

VALOR DE CAMBIO: cantidad de un bien necesaria para adquirir otros bienes.◆ Valor de un bien que confiere la posibilidad de comprar otros.◆ Valor neto de realización.◆ El que se puede obtener por un bien mediante su enajenación.◆ Indica la cantidad de bienes que pueden intercambiarse por otro u otros, es decir, la estimación que hacemos de un bien en término de otro bien.

VALOR DE EMISIÓN: valor facial.

VALOR DE LIQUIDACIÓN: valor estimativo de los bienes y derechos de una empresa en liquidación.◆ Valor de un bien que debe enajenarse rápidamente. ◆ Valor de una venta forzosa o de remate.

VALOR DECLARADO: aquel asignado al capital social de una empresa a los fines impositivos, fiscales o legales.◆ Valor que se fija cuando los bienes se entregan a un transportista. ◆ Valor asignado ante una Aduana en una operación.◆ Ver **Valores declarados.**

VALOR DEL DÍA: valor corriente.

VALOR DEL SALVAMENTO: valor de los bienes recuperados en un siniestro.

VALOR DESCONTADO: valor actual de un ingreso o egreso futuro de fondos.

VALOR EN ADUANA: el que se determina para aquella mercadería declarada en Aduana aunque estuviese exenta de derechos.

VALOR EN CUENTA: el que el librador de una letra de cambio, o de otro título a la orden, cubre con asiento de igual cuantía a cargo del tomador en la cuenta abierta entre ambos.

VALOR EN SÍ MISMO: fórmula empleada en las letras o pagarés para significar que el librador gira a su propia orden y que tiene en su poder el importe del libramiento.

VALOR ENTENDIDO: valor de las letras o pagarés cuyo librador se reserva asentárselo en cuenta al tomador, cuando median razones que impiden a uno y a otro explicar con claridad la verdadera causa del deber.

VALOR EQUITATIVO: aquel que se le asigna a un activo entre el oferente y el demandante o entre el comprador y el vendedor, en forma libre y que normalmente es cercano o concuerda con el valor de mercado.◆ Valor razonable. ◆ Valor venal.

VALOR FACIAL: el impreso en el anverso de un documento financiero.◆ Denominado también valor caratular o valor de emisión.

VALOR FISCAL: aquel que un organismo público le fija a una propiedad a los fines de la contribución fiscal o a otros efectos. Suelen utilizarse como sinónimos los términos de valor catastral, avalúo fiscal o valuación fiscal.

VALOR IMPONIBLE: base imponible para el pago de un tributo.

VALOR IMPOSITIVO: valor de los bienes de acuerdo con las normas impositivas. Éstas pueden fijar pautas de valuación para cada uno de los impuestos.

VALOR INTRÍNSECO: ver **Dinero de valor intrínseco.**

VALOR LOCATIVO DE LOS INMUEBLES: aquel que en forma estimada se atribuye o asigna a un bien inmueble de propiedad de la empresa; es decir, cuánto debería abonar la empresa por su locación a un tercero.

VALOR MONETARIO: aquel expresado en dinero.

VALOR NOMINAL: aquel expresado o que representa un título. Puede o no coincidir con su valor de mercado. Por ejemplo: una acción de una sociedad anónima de valor nominal $ 100 puede estar cotizando a un precio que difiera de éste, por encima o por debajo. ◆ Valor expresado en un contrato.◆ Valor otorgado a los billetes o monedas y no siempre coincidente con el valor real.

VALOR PAR: el equivalente al valor nominal de un bien financiero.

VALOR PRESENTE: valor corriente.

VALOR RECIBIDO: fórmula que significa que el librador da por satisfecho el importe de una letra o pagaré.

VALOR RESERVADO EN SÍ MISMO: valor en sí mismo.

VALOR SOBRE LA PAR: ver **Sobre la par.**

VALOR VENAL: valor de las cosas en el supuesto de venta.◆ Valor razonable. ◆ Valor equitativo.

VALORACIÓN: acción de valores.

VALORAR: señalar precio a una cosa.◆ Reconocer, estimar o apreciar el valor o mérito de una persona o cosa.◆ Aumentar el valor de una cosa.

VALORES DECLARADOS: dinero que se envía por correo, bajo sobre cerrado, cuyo valor se declara en la administración de salida y de cuya entrega responde el servicio de correos.◆ Ver **Valor declarado.**

VALORES FIDUCIARIOS: aquellos que representan una cantidad de dinero y contienen la garantía de monetización. ◆ Los emitidos en representación de numerario bajo promesa de cambiarlos por éste.

VALORES NEGOCIABLES: instrumentos a corto plazo sobre los que pueden obtenerse intereses; se los emplea a fin de percibir rendimientos sobre fondos temporalmente ociosos.

VALUACIÓN FISCAL: avalúo fiscal.◆ Ver **Valor fiscal**.

VALUACIONES TÉCNICAS: aquellas preparadas por profesionales independientes o por equipos interdisciplinarios de profesionales independientes; en ambos casos, con la correspondiente habilitación profesional y reconocida idoneidad en este tipo de avalúos. Será necesaria, en la totalidad de los supuestos, la participación (con dictamen apropiado) de un contador público. Normalmente se aplican para la valuación de bienes de uso y similares.

VALUADOR: persona que valúa bienes.◆ Tasador.

VALUAR: fijar el costo o valor por medio de procedimientos sistemáticos, los que incluyen un examen físico, fijación de precios y posibles estimaciones de ingeniería.◆ Asignar precio a una cosa.◆ Tasar.

VARADO: concepto que habitualmente resulta aplicable a la persona que no tiene recursos económicos.

VARÓN: hombre que ha llegado a la edad civil.

VÁSTAGO: persona descendiente de otra.

VECINDAD: conjunto de personas que viven en una población o en una parte de ella; vecindario.◆ La legislación argentina entiende que la vecindad de una provincia se adquirirá para los efectos del fuero por la residencia continua de dos años, o por tener en ella bienes raíces o un establecimiento de industria o de comercio, o por hallarse establecido de modo que aparezca el ánimo de permanecer. Este concepto se considera extendido a los vecinos de la ciudad de Buenos Aires.

VECINDARIO: conjunto de los vecinos de un barrio, un municipio, una población o de parte de ella.◆ Lista de los vecinos de un lugar.

VEDA: acción y efecto de vedar.◆ Espacio de tiempo en que está vedado cazar o pescar.

VEDAR: prohibido por ley, estatuto o mandato.◆ Impedir, dificultar o estorbar. ◆ Suspender o privar de oficio o del ejercicio de él.

VEEDOR: visitador, inspector, observador.

VEHÍCULO: en forma genérica; todo medio de transporte, ya sea de personas o cosas.◆ En la securitización, se refiere a una sociedad de objeto especial, es decir, una sociedad constituida especialmente para recibir los créditos y emitir los títulos; un fondo común cerrado de crédito, que puede emitir cuotas partes y un fideicomiso que puede emitir certificados de participación o títulos representativos de deuda garantizados con los créditos o bienes transmitidos.◆ Ver **Securitización**.

VEHÍCULO DETENIDO: el que para la marcha por circunstancias de la circulación o para ascenso o descenso de pasajeros o carga, sin que deje el conductor su puesto.

VEHÍCULO ESTACIONADO: el que permanece detenido por más tiempo del necesario para el ascenso o descenso de pasajeros o carga, o del impuesto por circunstancias de la circulación o cuando tenga al conductor fuera de su puesto.

VEJACIÓN: acción consistente en vejar a otro.

VEJAR: maltratar, molestar, perseguir a uno, perjudicarlo o hacerlo padecer.

VELO SOCIETARIO: ver **Abuso de la personalidad jurídica**; **Teoría del abuso de la personalidad jurídica.**

VENAL: relativo a aquello que es vendible o que se encuentra expuesto a la venta.◆ Calidad de aquel a quien se soborna con dádivas.

VENALIDAD: cualidad de venal.

VENCIMIENTO: fecha a partir de la cual, una determinada obligación o un deber jurídico se convierte en exigible.

VENCIMIENTO A CORTO PLAZO: el correspondiente a una obligación –o parte de ella– que vence durante los siguientes doce meses a partir de la fecha en la cual fue asumida, clasificada en el balance como pasivo corriente o circulante.

VENCIMIENTO A LARGO PLAZO: el correspondiente a una obligación –o parte de ella– que vence después de un año de la fecha de asumida, clasificada como pasivo no corriente.

VENCIMIENTO COMÚN: aquel en el que se unifican los diversos vencimientos de distintas obligaciones para establecer una única fecha de pago.

VENDER AL DESCUBIERTO: término bursátil que designa la venta que se hace de un papel que no se tiene con la intención de adquirirlo a un precio más bajo para cubrir la venta. Hasta que se efectúa la adquisición necesaria para cubrir la transacción, se dice que el operador está *short*. Los operadores que aprovechan la baja de las cotizaciones son conocidos como *bears* (osos).

VENGANZA: satisfacción que se toma del agravio o los daños recibidos.

VENIA: licencia que se otorgaba a un menor, a consulta del tribunal competente, para administrar por sí su hacienda.◆ Autorización o permiso solicitado para ejecutar una cosa o celebrar un acto.

VENIAL: que se opone levemente a la ley o precepto.

VENTA: transacción comercial por la cual se entrega un bien o un derecho, o se ejecuta un servicio, a cambio de una contraprestación en dinero o en bienes.◆ Transferencia de la titularidad de un bien o compromiso de realizar un servicio a cambio de una contraprestación o pago. No se consideran mercantiles: a) las compras de bienes raíces y muebles accesorios. Sin embargo, serán comerciales las compras de cosas accesorias al comercio, para prepararlo o facilitarlo, aunque sean accesorias a un bien raíz; b) las de objetos destinados al consumo del comprador o de la persona por cuyo encargo se haga la adquisición; c) las ventas que hacen los labradores y hacendados de los frutos de sus cosechas y ganados; d) las que hacen los propietarios y cualquier clase de persona, de los frutos y efectos que perciban por razón de renta, dotación, salario, emolumento u otro cualquier título remuneratorio o gratuito; e) la reventa que hace cualquier persona del resto de los acopios que hizo para su consumo particular; sin embargo, si fuese mayor la cantidad que se vende que la que se hubiese consumido, se presume que se obró en la compra con ánimo de vender y se reputan mercantiles la compra y la venta.◆ Ver **Compraventa mercantil.**

VENTA A CRÉDITO: venta de un bien, derecho o servicio, efectuada contra cobro en una fecha futura o en sucesivas cuotas o plazos periódicos continuos. Contablemente se registra con crédito a la cuenta Ventas y con débito a la cuenta Deudores por Ventas. ◆ Venta en abonos.

VENTA AL CONTADO: aquella efectuada contra cobro inmediato y en efectivo, en forma simultánea.

VENTA CON CLÁUSULA DE ARREPENTIMIENTO: aquella efectuada con cláusula de poder arrepentirse –tanto el comprador como el vendedor–; se reputa hecha bajo una condición resolutoria, aunque el vendedor no hubiese hecho tradición de la cosa al comprador. Habiendo habido tradición o habiéndose pagado el precio de la cosa vendida, la cláusula de arrepentimiento tendrá los efectos de la venta bajo pacto de retroventa, si fuese estipulada a favor del vendedor; o tendrá los efectos del pacto de reventa, si fuese estipulada en favor del comprador.

VENTA CON PACTO COMISORIO: ver **Pacto comisorio.**

VENTA CON PACTO DE MEJOR COMPRADOR: ver **Pacto de mejor comprador.**

VENTA CON PACTO DE PREFERENCIA: ver **Pacto de preferencia.**

VENTA CON PACTO DE RETROVENTA: ver **Pacto de retroventa.**

VENTA CON PACTO DE REVENTA: ver **Pacto de reventa.**

VENTA CONDICIONAL: aquella que se encuentra sujeta al cumplimiento de una determinada condición. Esta clase de venta queda en firme una vez que se ha prestado la conformidad sobre el cumplimiento de la condición.

VENTA DE CAPA: modalidad de la fusión impropia de sociedades. Una de las formas habituales consiste en la compra, por una sociedad, de todas las acciones de otra. Esta última subsiste, aunque todo el accionariado esté concentrado en la sociedad adquirente; por ello no existe fusión propiamente dicha.

VENTA DOMICILIARIA: aquella propuesta de venta –de una cosa o prestación de un servicio– efectuada al consumidor en el lugar donde reside, en forma permanente o transitoria o, incluso, en su lugar de trabajo.

VENTA FICTICIA: venta falsa, simulada.

VENTA JUDICIAL: aquella efectuada por determinación judicial de bienes de una persona a través de un organismo o tribunal.

VENTA MARÍTIMA: la compraventa que tiene por objeto la mercadería que debe ser transportada de un punto a otro por vía marítima.◆ Venta de plaza a plaza en que el buque es el medio previsto para la ejecución del contrato. Se singulariza por el riesgo y por la inmovilización de la cosa vendida.

VENTA PÚBLICA: almoneda.

VENTAJA MATRIMONIAL: enriquecimiento derivado directa o indirectamente, expresa o implícitamente, en favor de uno de los esposos y a cargo del otro, de la sola estructura y funcionamiento del régimen matrimonial adoptado *(J. Bonnecase).*

"VENTURER": forma de designar al componente de un *joint venture.*

"VENTURES CAPITAL": herramienta financiera del mercado internacional de capitales cuya principal característica radica en que el capital de riesgo no sólo financia el emprendimiento productivo sino que también participa de su *management.* Además del aporte de capital de riesgo en el negocio de un tercero, existe un desarrollo de un seguimiento de capitales a través de especialistas. Normalmente, estos negocios se efectúan por intermedio de fondos de *venture capital,* que son administrados por una empresa que se ocupa del seguimiento del proyecto.

VER: asistir los jueces a la discusión oral de un pleito en el que tienen que dar un fallo.

VERDAD A MEDIAS: aquella declaración que incluye algún contenido o elemento verdadero, pero en realidad no explicita o esconde la totalidad de los hechos o situaciones.

VERDUGO: antiguamente, se trataba de un ministro de Justicia encargado de las ejecuciones de las penas de muerte y de otras penas consistentes en castigos corporales.

VEREDICTO: fallo pronunciado por un jurado.◆ Parecer, dictamen o juicio emitido reflexiva y autorizadamente.◆ Decisión sobre la culpabilidad o inocencia del reo dictada por el jurado que lo juzga. Se refiere a una decisión que gira básicamente sobre los hechos que constituyen el objeto del proceso quedando librado al juez técnico el pronunciamiento de la posterior sentencia; se resolverán los problemas jurídicos planteados y se fijarán concretamente los alcances de la decisión adoptada.

VEREDICTO DE INCULPABILIDAD: aquel pronunciado por el juez o tribunal en el cual se libera al acusado de las imputaciones que recaían sobre él.

VERGÜENZA RESTAURATIVA: propuesta desarrollada por J. Braithwaite, mediante la cual se trata de explicitar la justicia penal para no ser estigmatizante, la vergüenza reintegradora es la reprobación por el hecho, pero simultáneamente, la aceptación del individuo que lo ha cometido, basándose en la vieja premisa de que las sanciones impuestas por parientes o amigos o la colectividad próxima son más eficaces que las que impaga una lejana autoridad (C. A. Elbert).

VERGUETA: término actualmente en desuso con el que se designaba antiguamente al oficial inferior de Justicia.

VERIFICACIÓN: procedimiento que suele aplicarse a fin de obtener la certeza acerca de la validez de un documento o acto.◆ Proceso tendiente a corroborar, por medio de procedimientos de auditoría, que un estado, cuenta o partidas están expresados en forma exacta y se encuentran adecuadamente expuestos.

VERIFICACIÓN DE CRÉDITOS: en un proceso de quiebra y liquidación judicial, control que efectúa el síndico de la existencia, validez y monto de los créditos reclamados al fallido *(H. Capitant).*

VERTIENTE: lugar por donde el agua subterránea aflora a la superficie *(M. Mariani de Vidal).*

VERTIMIENTO: evacuación deliberada de desechos u otras materias desde buques, aeronaves, plataformas u otras construcciones en el mar.

VESTIGIO: indicio –o señal– con aptitud para la válida conducción a la verdad de una cuestión determinada o que facilita la averiguación de las causas de un hecho.

VETAR: poner el veto a una proposición, acuerdo o medida.

VETO: derecho que tiene una persona o corporación para vedar o impedir una cosa.◆ En materia de Derecho Constitucional, suele utilizarse fundamentalmente para significar el atribuido según las constituciones al jefe de Estado o al Congreso respecto de las leyes votadas por la elección popular.

VÍA: ordenamiento procesal.◆ Conducto. ◆ Riel.◆ Camino.◆ Carril.◆ Arbitrio o conducta para hacer o conseguir una cosa.

VÍA CONTENCIOSA: procedimiento judicial instado ante la jurisdicción que corresponda entender en el caso, en oposición al administrativo.

VÍA DE AGUA: rotura por donde entra el agua en una embarcación.

VÍA DE APREMIO: ver **Juicio de apremio**.

VÍA EJECUTIVA: procedimiento para hacer un pago judicialmente, procurando antes convertir en dinero los bienes de otra índole pertenecientes al obligado, con el embargo de los cuales suele comenzarse o prevenirse esta tramitación.

VÍA ORDINARIA: ver **Juicio ordinario; Proceso ordinario.**

VÍA PÚBLICA: calle, plaza, camino u otro sitio por donde transita o circula el público.

VÍA RESERVADA: curso extraordinario que se daba a ciertos negocios que despachaba el rey por sí mismo o por sus secretarios, sin consulta de tribunal ni de otra autoridad.

VÍA SUMARIA: forma abreviada de enjuiciar en asuntos de urgencia o de carácter meramente posesorio.

VIAJANTE: dependiente comercial que hace viajes para negociar ventas por cuenta de su empleador.◆ Viajante de comercio.

VIAJANTE DE COMERCIO: persona que recorre lugares fuera del establecimiento, va en busca de clientes, ofrece productos, escucha las inquietudes y necesidades de los clientes. Es dependiente que integra el personal de la empresa y cumple sus tareas fuera del establecimiento principal.

VIAJANTES - LIBRO DE: ver **Libro especial de viajantes de comercio**.

VÍAS DE HECHO: todos aquellos comportamientos materiales que, sin alcanzar a configurar una declaración, impliquen una grosera o grave violación del ordenamiento jurídico *(J. C. Cassagne).*

VÍAS MULTICARRILES: aquellas que disponen de dos o más carriles por manos.

VIÁTICOS: importe que el empleador le reintegra al dependiente con motivo de la prestación de sus tareas y en cumplimiento de las mismas por gastos incurridos, tales como alojamiento, comida, transporte, etcétera.◆ Modalidad de la remuneración del trabajador según la tarea a desempeñar; constituye una retribución, tanto desde el punto de vista teórico y práctico como fiscal. Generalmente, entrega que hace el empleador destinada específicamente a cubrir en forma parcial o total los gastos de los subordinados o dependientes fuera del ámbito del establecimiento.

VICECANCILLER: sujeto que hace el oficio de canciller, a falta de éste, en orden al sello de los despachos.

VICECÓNSUL: funcionario de la carrera consular, de la categoría inmediata inferior al cónsul.

VICEGOBERNADOR: persona que hace o está facultada para hacer las veces de gobernador.

VICENAL: que sucede o se repite cada veinte años.◆ Período de veinte años.

VICIAR: acción consistente en dañar o corromper física o moralmente.◆ Falsificar un escrito introduciendo, quitando o alterando alguna palabra, frase o cláusula.

VICIO: imperfección o daño físico en las cosas.◆ Carencia de rectitud en las acciones.◆ Hábito de obrar mal.

VICIO DE FONDO: aquel referido a la sustancia o contenido del acto.

VICIO DE FORMA: defecto que presenta un acto jurídico o instrumental, al cual falta alguna de las formalidades exteriores exigidas por la ley para su validez o confección *(H. Capitant).*

VICIO DE TÍTULO: defecto de un título de propiedad.

VICIO DEL CONSENTIMIENTO: defecto que afecta la conformidad de voluntades.

VICIOS REDHIBITORIOS: defectos ocultos de la cosa vendida que, al disminuir notablemente el uso para el cual se la destina a causa de tornarla impropia para éste, permite al comprador no sólo ejercer la acción de garantía contra el vendedor sino también demandarlo por rescisión de la venta.

VÍCTIMA: sujeto pasivo de un delito; es la persona sobre la cual recaen los perjuicios derivados del hecho delictuoso causado, ya sea dolosa o culposamente. ◆ Quien padece un daño, tanto el causado por otro como el producido por caso fortuito.

VICTIMAR: asesinar, matar.

VICTIMARIO: sirviente de los antiguos sacerdotes gentiles que ayudaba en los sacrificios.◆ Persona que comete homicidio.

VICTIMOLOGÍA: hipótesis de trabajo en la que se adopta una actitud reflexiva desde el punto de vista de quien ha padecido el crimen. Enfoque interdisciplinario de un problema sin importar la autonomía propia de los niveles de conocimientos en juego.

VIDA: estado de actividad de los seres orgánicos.◆ Es el período de tiempo transcurrido desde el nacimiento hasta la muerte de una persona.◆ Duración de las cosas.◆ Término con el que antiguamente se designaba un espacio de diez años.◆ Ver **Derecho a la vida.**

VIGENCIA: cualidad de vigente.

VIGENCIA DEL SEGURO: plazo durante el cual el contrato está en rigor y el asegurado se encuentra cubierto.

VIGENCIA DEL CERTIFICADO DIGITAL: el certificado digital es válido únicamente dentro del período de vigencia, que comienza en la fecha de inicio y finaliza en su fecha de vencimiento; ambas deben ser indicadas en el certificado digital, o su revocación si fuere revocado.
La fecha de vencimiento del certificado digital referido en ningún caso puede ser posterior a la del vencimiento del certificado digital del certificador licenciado que lo emitió.
La Autoridad de Aplicación podrá establecer mayores exigencias respecto de la determinación exacta del momento de emisión, revocación y vencimiento de los certificados digitales.

VIGENTE: término aplicable a las leyes, ordenanzas, estilos y costumbres que están en vigor y observancia en una época o en un momento dado.

VIGILANCIA: cuidado y atención exacta desarrollados con suma responsabilidad en las cosas que están a cargo de uno.◆ Servicio dispuesto y ordenado para vigilar.

VIGOR: fuerza de obligar en las leyes u ordenanzas, o duración de las costumbres o estilos.

VILLANO: designación utilizada para aludir al sujeto ruin, indigno o indecoroso.

VINCULACIÓN: sujeción a un bien raíz o de varios bienes a la propiedad de una determinada familia o de determinados sucesores en forma perpetua *(M. Mariani de Vidal).*

VINCULACIÓN ECONÓMICA: se entiende por entes (personas, entidades o grupos de entidades) económicamente vinculados aquellos que, a pesar de ser jurídicamente independientes, reúnen algunas de las siguientes condiciones: tienen vinculación significativa de capitales, tienen, en general, los mismos directores, socios o accionistas o se trata de entes que por sus especiales vínculos, debieran ser considerados como una organización económica única.

VINCULADA: ver **Sociedades vinculadas**.

VINCULANTE: relativo a aquello con aptitud para obligar.

VINCULAR: sujetar o gravar los bienes a vínculo, para perpetuarlos en empleo o familia determinados por el fundador.◆ Sujetar a una obligación.

VÍNCULO: sujeción de los bienes, con prohibición de enajenarlos, a que sucedan en ellos los parientes por el orden que señala el fundador.

VINDICAR: recuperar lo que a uno le pertenece. Reivindicar.◆ Defender al que se halla injuriado o calumniado.

VINDICTA: venganza.

VINDICTA PÚBLICA: satisfacción de los delitos, que se debe dar por la sola razón de Justicia, para ejemplo del público.

VIOLACIÓN: relativo a aquello realizado quebrantando el ordenamiento vigente.◆ En materia criminal, es el acceso carnal realizado con fuerza o intimidación para vencer la oposición del sujeto pasivo, con una persona imposibilitada para expresar su resistencia o que no tiene capacidad para consentir la relación sexual. Para su configuración, la ley penal no requiere amenazas sino intimidación; se da prioridad al efecto psicológico de aquéllas, las que deben valorarse en cada caso por su efecto intimidatorio. ◆ Consiste en el acceso carnal con persona de uno u otro sexo ejecutado. La violencia (real o presunta) muestra, dentro de los delitos contra la honestidad, la característica específica de esta figura como atentado a la libertad sexual. Esta figura tiene grandes diferencias con el estupro (S. Soler).

VIOLACIÓN DE CORRESPONDENCIA: delito ocasionado por la interceptación y apertura de cartas, telegramas, etcétera; o modificación del destinatario.

VIOLACIÓN DE DOMICILIO: aquella que se configura en caso de que se entrare en morada o casa de negocio ajena, en sus dependencias o en el recinto habitado por otro, contra la voluntad expresa o presunta de quien tenga derecho a excluirlo *(A. García)*.◆ Delito que comete una persona, mediante amenazas o por violencia, cuando se introduce en una vivienda en la cual habita otra persona.

VIOLACIÓN DE LA LEY: quebrantamiento de la norma legal.◆ Vulneración de una disposición legal o reglamentaria, cometida por un juez.

VIOLACIÓN DE LOS DEBERES DE LOS FUNCIONARIOS PÚBLICOS: ver **Abuso de autoridad**; **Violación de los deberes de funcionarios públicos.**

VIOLACIÓN DE SECRETOS: aquella que se configura cuando se abriere indebidamente una carta, un pliego cerrado o un despacho telegráfico, telefónico o de otra naturaleza que no esté dirigido a uno, aun cuando no estuviese cerrado, o suprimiere o desviare de su destino una correspondencia que no le esté dirigida *(A. García)*.

VIOLACIÓN DE SELLOS: delito consistente en la violación, de cualquier manera, de los sellos puestos por las disposiciones de la ley o por orden legítima de la autoridad, para asegurar la conservación de una cosa.

VIOLARIO: pensión anual que el poseedor de los bienes paternos acostumbra dar a la persona que entra en religión.◆ Renta vitalicia.

VIOLENCIA: coerción ejercida sobre una persona para obligarla a ejecutar un acto que no quería realizar *(T. Salvat)*.◆ Empleo de la fuerza física para obtener el consentimiento de contratar.

VIOLENCIA CARNAL: delito de conducta alternativa y de resultado que consiste en someter a otra persona al acceso carnal normal o anormal, sin su consentimiento y mediante el empleo de la violencia física moral.

VIOLENCIA DE GÉNERO: violencia ejercida de un sexo a otro. Normalmente es del hombre hacia a mujer. ◆ Violencia de pareja. ◆ Violencia doméstica.

VIOLENCIA ECONÓMICA Y/O PATRIMONIAL: la que se ejerce con el objeto de perturbar la tenencia de bienes, incluye dinero, valores, derechos patrimoniales o ejercitar la aplicación de amenazas de tipo económico y/o financiero.

VIOLENCIA FÍSICA: aquella en la que se emplean medios materiales de coerción, por ejemplo golpes; es decir que, en general es una fuerza irresistible.

VIOLENCIA MORAL: coerción ejercida por medio de amenazas que se designa como intimidación.

VIOLENCIA SEXUAL: cualquier tipo de acción, con o sin acceso genital, del derecho de la mujer de decidir y acceder voluntariamente a una relación sexual y rechazar las amenazas, coacción, intimidación dentro o fuera del matrimonio o cualquier otro tipo de relación cualquiera fuera la relación.

VIOLENCIA SIMBÓLICA: la que se aplica mediante mensajes, símbolos y/o valores que se aplican en las actividades sociales y/o culturales.

VIOLENTO: quien ejerce violencia.

VIRREY: título con que se designaba a quien se encargaba de representar en uno de los territorios de la corona, la persona del rey.

VIRTUAL: implícito, tácito.◆ Que tiene virtud para producir un efecto, aunque no lo produce de presente *(Diccionario de la Real Academia Española)*.

VIRTUD: poder o potestad de obrar.

VIRUS INFORMÁTICOS: programas de computación capacitados para multiplicarse por sí mismos y aguardar latentes en las computadoras el momento de "despertar". Cuando lo hacen, generalmente, destruyen la información o provocan todo tipo de males en el sistema.

VISA: visado.

VISACIÓN: examen de un documento, colocando en él el visto bueno.◆ Poner el visto bueno a un documento o certificación.

VISACIÓN DIPLOMÁTICA: acto o formalidad cumplida por el cónsul o representante diplomático del país al que desea viajar la persona que solicita la autorización correspondiente.

VISADO: acción y efecto de visar un documento la autoridad.

VISAR: reconocer o examinar un instrumento, certificación, etcétera, poniéndole el visto bueno.◆ Dar validez, la autoridad competente, a un pasaporte u otro documento para determinado uso.

VISITA DE CÁRCEL: inspección que un juez hace a las cárceles en días determinados para enterarse del estado de los presos y recibir sus reclamos.

VISITA DE SANIDAD: la que se hace oficialmente en los puertos para enterarse del estado de salubridad de los buques que arriban y de la salud de sus tripulantes o pasajeros.

VISITA DOMICILIARIA: aquella efectuada por el juez u otra autoridad competente en casas consideradas sospechosas.

VISITAR: informarse el juez superior u otra autoridad del proceder de los ministros inferiores o empleados y del estado de las causas y asuntos del servicio en los distritos de su jurisdicción. ◆ Examinar los oficios públicos y en ellos, los instrumentos que tocan a cada uno, para ver si están fieles con la ley.◆ Reconocer en las cárceles los presos y las prisiones en orden a su seguridad.◆ Ver **Visita de cárcel.**

VISITAS: se llaman así, las comprobaciones técnicas e inspecciones referentes a la idoneidad para la navegación.

VISITAS INTERMEDIAS: aquellas que pueden ser dispuestas con el objeto de comprobar la solidez y estado de los medios de salvamento, de las puertas de los compartimientos estancos, de los medios de gobierno o de cualquier otro órgano de seguridad de los buques *(A. Scialoja).*

VISITAS OCASIONALES: aquellas que se efectúan al margen de la validez de los documentos comprobantes de la idoneidad para la navegación, en cualquier circunstancia en que proceda comprobar las buenas condiciones del buque de alguna de sus partes o de la tripulación; se limitan a las comprobaciones que las hayan determinado *(A. Scialoja).*

VISITAS PERIÓDICAS: aquellas que proveen a la renovación del certificado de clase o bien de navegabilidad, de los otros certificados para los que esté dispuesta renovación en períodos de tiempo determinados, así como las comprobaciones periódicas establecidas por el reglamento *(A. Scialoja).*

VISTA: registro que se realiza de las mercaderías en los puntos o Aduanas para el pago de derechos o para constatar si es comercio lícito.◆ Empleado de Aduana que está a cargo del control de ingresos de mercaderías.◆ Actuación en que se relaciona ante el tribunal, con citación de las partes, un juicio o incidente para dictar el fallo oyendo a los defensores o interesados que a ella concurran.

VISTA DE OJOS: diligencia judicial o extrajudicial de ver personalmente una cosa para informarse con seguridad de ella.

VISTO: fórmula mediante la cual la autoridad pertinente de un tribunal u organismo anuncia la finalización de una causa y el pronunciamiento respectivo. ◆ Parte de la sentencia, resolución o informe que procede generalmente a los considerandos y en que se citan los preceptos a normas aplicables para la decisión.

VISTO BUENO: fórmula que se pone al pie de algunas certificaciones y de otros documentos; con el que firma debajo da a entender de hallarse ajustados a los preceptos legales y estar expedidos por la persona autorizada al efecto.

VISTO DE LA APELACIÓN: en el Derecho Español, fase propiamente impugnatoria en el proceso de apelación en juicio de mayor cuantía.

VITALICIO: término que resulta aplicable a aquello que dura desde que se obtiene hasta el fin de la vida.

VIUDEZ: estado civil en que se encuentra la persona cuyo cónyuge ha fallecido.

VOCACIÓN HEREDITARIA: la que atribuye la titularidad de la herencia a quienes, ya en virtud de la ley, ya en virtud del testamento, gozan de la atribución que confiere el derecho de opción para adquirir la propiedad de la herencia *(E. Zannoni).*

VOCAL: persona que tiene voz en un consejo, una congregación o junta, llamada por derecho, por elección o por nombramiento.

VOLUNTAD: libre albedrío o libre determinación.◆ Elección efectuada en virtud de una decisión propia, para la cual se prescinde de la elección hecha por el propio dictamen o gusto, sin atención a otro aspecto o reparo.◆ Intención, ánimo o resolución de hacer una cosa.◆ Consentimiento, asentimiento.

VOLUNTARIADO: alistamiento voluntario para el servicio militar.◆ Conjunto de las personas que se ofrecen voluntariamente para efectuar algo.◆ Conjunto de soldados voluntarios.

VOTACIÓN: acción y efecto de dar uno su voto o decir su dictamen en una reunión o cuerpo deliberante o en una elección de personas.◆ Conjunto de votos emitidos.

VOTACIÓN NOMINAL: en los parlamentos, aquella en la cual cada votante debe hacer mención de su nombre.

VOTACIÓN ORDINARIA: aquella que se efectúa al ponerse unos votantes de pie y permanecer otros sentados, o alzando o dejando de alzar la mano.

VOTACIÓN SECRETA: la que tiene lugar mediante papeletas sin firmar o bolas de distinto color.

VOTAR: emitir uno su dictamen o voto en una reunión o cuerpo deliberante, o en una elección de personas.◆ Emitir el voto.

VOTO: dictamen o parecer dado sobre una materia.◆ Facultad de votar que tiene el individuo de una sociedad.

VOTO ACTIVO: facultad de votar que tiene el individuo integrante de un ente.

VOTO ACUMULATIVO: ver **Sistema de elección por voto acumulativo.**

VOTO CONSULTIVO: dictamen que dan algunas corporaciones o personas autorizadas a los que han de decidir un negocio.

VOTO DE CENSURA: en un sistema parlamentario, aquél emanado de las Cámaras negando su confianza al Gobierno.

VOTO DE CONFIANZA: aprobación que las Cámaras dan a la actuación de un Gobierno en determinado asunto o autorización para que actúe libremente en tal caso.

VOTO DECISIVO: el que los ministros de algunos tribunales tenían para resolver por sí y sin consultar al superior.

VOTO NULO: aquel en el que no es posible siquiera suponer cuál fue la intención del votante, es decir, si intentó manifestar algo (voluntario) o si sólo fue resultado de un simple descuido o producto aun de su ignorancia (involuntaria). En algún supuesto, puede suponerse que el voto nulo persigue un sentido de protesta.

VOTO PARTICULAR: dictamen que una o varias personas componentes de una comisión presentan distinto del de la mayoría.

VOTO PLURAL: el que se concede por privilegio a algunos ciudadanos, además del voto igualatorio de otros, en función de la riqueza, la cultura, el cargo o la edad.◆ Ver **Acciones de voto plural.**

VOTO RESTRINGIDO: aquel que se utiliza para facilitar la representación de minorías; el elector vota menos representantes de los que hayan de elegirse.

VOTO SIMPLE: ver **Acciones de voto simple**.

VULNERAR: transgredir una ley o un precepto.

VULNERARIO: término aplicable al clérigo que ha provocado en una persona una herida o la muerte.

W

"WALL STREET": calle sur de la isla de Manhattan (EE.UU.) sobre la cual (y en sus inmediaciones) se concentran muchas de las más importantes instituciones financieras del país, incluyendo la Bolsa de Comercio de Nueva York, la Bolsa de Comercio de los EE.UU., los diversos mercados de *commodities* y una multitud de bancos, empresas, corredores de Bolsa, etcétera. Es el mundo de las altas finanzas de Nueva York.

"WAREHOUSES": enormes depósitos en los supermercados con grandes existencias de los productos de venta más frecuente.◆ Depósitos aduaneros.

"WARRANT": título de crédito mobiliario; una garantía que mediante la inmovilización de un *stock* permite a una empresa obtener fondos. En este proceso, existen dos documentos: el certificado de depósito y su correspondiente copia, el *warrant*. El certificado de depósito es un título de propiedad de las mercaderías dadas en *warrant*. Los *warrants* se pueden emitir sobre los frutos o productos agrícolas, ganaderos, forestales, mineros o de manufacturas nacionales. Deberá contener: a) la fecha en que se expida y el nombre y domicilio del depositante de las mercaderías; b) la designación del depósito en que estuviesen; c) la clase de las mercaderías, su peso, cantidad, así como los números y marcas de los bultos y cualquier otra indicación propia para hacer conocer su valor; d) la fecha desde la cual se adeuda por ellas almacenaje; e) si se adeudan o no derechos; f) la firma del administrador de la Aduana, así como la del alcaide y la del vista que hubiera examinado las mercaderías.
El *warrant* endosado por el endosante le confiere al endosatario un derecho de prenda sobre las mercaderías depositadas. Endosado sin el certificado, constituye un derecho prendario sobre las mercaderías depositadas. El *warrant* será siempre nominativo. El primer endoso del certificado de depósito o, en su caso, del *warrant*, se extenderá al dorso del respectivo documento; debe, para su validez, ser registrado en los libros de la empresa emisora dentro del término de seis días. Los endosos subsiguientes, cuyo registro no es obligatorio, podrán hacerse en blanco o a

continuación del primero. El efecto del endoso, tratándose de un certificado de depósito, es la transmisión de la propiedad de las cosas a que se refiere, con los gravámenes que tuvieren en caso de existir *warrant* negociado y, tratándose del *warrant*, de sus derechos creditorios. El endoso deberá contener fecha, nombre, domicilio y firma del endosante y endosatario, cantidad prestada, fecha del vencimiento y lugar convenido para el pago. Todos los que firmen un certificado de depósito o *warrant* son solidariamente responsables. El pago hecho al prestamista del importe del crédito extingue, junto con éste, su responsabilidad y queda desligado de toda obligación en caso de negociarse nuevamente el *warrant* con un tercero. Negociado el *warrant*, se anotará al dorso del certificado de depósito respectivo el monto del crédito, nombre y domicilio del prestamista, fecha de vencimiento y lugar de pago; estos mismos datos deben consignarse en el Libro de Registro de la empresa emisora al anotarse la primera transferencia del *warrant*. Todo adquirente de un certificado de depósito o tenedor de un *warrant* tendrá derecho a examinar los efectos depositados y detallados en dichos documentos; pueden retirar muestras de los mismos si se prestan a ello por su naturaleza, en la proporción y forma que determine el decreto reglamentario (*S. Rivero*).◆ Título de crédito que se emite sobre mercaderías en depósito. Sirve para que los productores puedan amortiguar las bajas estacionales de precios cuando hay exceso de oferta, ya que les permite conseguir financiamiento a partir de un capital que, de otra manera, queda atesorado sin brindar ningún tipo de beneficio. El proceso para obtener un crédito es similar a cualquier trámite de financiación, pero tiene características especiales que lo definen. Los postulantes deben tomar en cuenta lo siguiente: a) la empresa "warrantera" contacta al productor que solicita el préstamo y le pide una relación completa sobre la mercadería que posee; también pasarán por la lupa de los investigadores las deudas y ventas actualizadas, los dos últimos balances, la acreditación de la propiedad y el seguro del inmueble, según sea el caso; b) una vez que la entidad financiera da el visto bueno a la operación, su director de zona inspecciona el depósito a utilizar, se recibe la mercadería y se toman muestras para su valuación; c) la almacenadora emite un certificado de depósito y se le entrega el warrant al acreedor que indique el cliente; d) cuando cancela el préstamo obtenido a través del *warrant*, el cliente o el Banco devuelven el certificado de depósito y el *warrant* a la compañía emisora, que libera la mercadería *(S. Campanario)*.

"WARRANT ISSUE": emisión por opción. ◆ Bonos que se colocan con el derecho de adquirir acciones o certificados de participación en la empresa emisora a un precio estipulado y durante un período determinado. A diferencia de una emisión convertible, estos derechos o garantías son un cuerpo separado del bono, el que continúa siendo válido una vez que el derecho de opción ha sido ejercido.

"WORLD BANK": Banco Mundial.◆ Ver **Banco Internacional de Reconstrucción y Fomento**.

"WORLD WIDE WEB": ver **WWW**.

"WRIT OF CERTIORARY": facultad reconocida a la Corte Suprema de

Justicia para rechazar el recurso extraordinario ante la falta de agravio federal suficiente o ante la carencia de trascendencia de las cuestiones que se plantean.

"WRITER": persona que se dedica a la venta de contratos de opción.

X

X: signo con que suele representarse la incógnita en las ecuaciones.

XENOFOBIA: hostilidad u odio hacia los extranjeros.

XEROCOPIA: copia fotográfica obtenida por medio de la xerografía.

XEROGRAFÍA: procedimiento electrostático que utiliza conjuntamente la fotoconductibilidad y la atracción eléctrica para concentrar polvo colorante en las zonas negras o grises de una imagen registrada por la cámara oscura en una placa especial. La imagen con el polvo colorante adherido pasa a un papel donde se fija mediante la acción del color o de ciertos vapores.◆ Fotocopia obtenida por este procedimiento.

X

Y

YACENTE: ver **Herencia yacente.**

YANACONAZGO: forma de servidumbre personal a la cual eran sometidos los indios en América en la época colonial. Los yanaconas eran indios que se distribuían entre los colonos españoles a fin de servir en sus chacras, casas o posesiones.

YANTAR: antiguamente, consistía en un tributo que pagaban, generalmente en especie, los habitantes de los pueblos y de los distritos rurales para el mantenimiento del soberano y del señor cuando transitaban por ellos. En ocasiones, se conmutaba por dinero.◆ Prestación enfitéutica que antiguamente se pagaba en especie y hoy, en dinero, al poseedor del dominio directo de una finca; consistía, por lo común, en medio pan y una escudilla de habas o lentejas.

YAPA: aquello que se da en forma gratuita, sin razón que lo justifique.◆ Por añadidura, de propina.

YUAN: moneda de China.

YUGO: ley o dominio superior que sujeta y obliga a obedecer.◆ Cualquier carga pesada, prisión o atadura.

Z

ZAFAR: desembarazar, libertar, quitar los estorbos de una cosa.◆ Excusarse de hacer una cosa.

ZALAGARDA: astucia maliciosa con que uno procura engañar a otro afectando obsequio y cortesía.◆ Alboroto repentino de gente ruin para espantar a los que están descuidados.

ZALMEDINA: antiguamente, se trataba de un magistrado existente en Aragón, el cual tenía jurisdicción tanto civil como criminal.

ZAMACUCO: persona tonta, torpe y abrutada. ◆ Persona que, callándose o simulando torpeza, hace su voluntad o lo que le conviene.◆ Embriaguez.

ZAMARRAZO: todo castigo dado con palo o correa.

ZAMBO: ver **Zambaigo.**

ZAMPALIMOSNAS: persona pobre o mal vestida que pide dinero y/o comida.

ZAPADOR: militar perteneciente o encuadrado en unidades básicas del arma de ingenieros.

ZARPA: consiste en el apoderamiento de algo, valiéndose de violencia, engaño o sorpresa.

ZARPAR: acción consistente en desprender el ancla del fondeadero. ◆ Salir el barco o conjunto de ellos del lugar en que estaban fondeados o atrancados.

ZASCANDIL: hombre despreciable, ligero y enredador.◆ Golpe repentino o acción pronta e impensada que sobreviene, comparable a un candilazo.

ZOANTROPÍA: especie de monomanía en la cual el enfermo se cree convertido en un animal.

ZOCO: acción de salir de un negocio peligroso y entrar en otro de mayor peligro.◆ En Marruecos, mercado, lugar en que se desarrolla.

ZOLLVEREIN: unión aduanera alemana proyectada por Prusia en 1818 en la que participaron los distintos Estados alemanes, excepto Austria. Esta asociación facilitó el desarrollo industrial y comercial de Alemania.

ZONA: extensión considerable de terreno que tiene forma de banda y cuyos límites están determinados por razones administrativas, políticas, comerciales, etcétera.◆ En Derecho Marítimo, ésta es comprensiva de los fondos marinos y oceánicos y su subsuelo, fuera de los límites de la jurisdicción nacional.

ZONA COMERCIAL: territorio que circunda a un centro comercial del que depende de manera inmediata y del que irradia su comercio rural. Es una zona imprecisa y hasta cierto punto proporcionada en dimensiones al volumen del centro comercial.

ZONA CONTIGUA: región contigua al mar territorial. De acuerdo con lo preceptuado por la legislación argentina, ésta no podrá extenderse más allá de veinticuatro millas marinas, contadas desde las líneas de base a partir de las cuales se mide la anchura del mar territorial.

ZONA DE ENSANCHE: la que en la cercanía a las poblaciones y con régimen legal diferente, está destinada para que se extiendan la edificación y los servicios urbanos.

ZONA DE FRONTERA : ver **Zona fronteriza.**

ZONA DE INFLUENCIA: porción de un país débil, aunque no sometido a protectorado oficial, respecto de la que varios países hegemónicos aceptan la preponderante expansión cultural o económica de algunas de aquellas *(Diccionario de la Real Academia Española).*

ZONA DE LIBRE COMERCIO: área formada por dos o más países que, en forma gradual, suprimen los aranceles aduaneros pero mantienen su sistema propio frente a terceros países. No se fija una tarifa exterior uniforme con relación a las demás.◆ Área de librecambio.

ZONA DE PRUEBA: selección de una extensión de terreno, municipio, localidad, etcétera, sobre la cual una empresa desarrolla las tareas inherentes al lanzamiento de uno o más productos con la finalidad de efectuar una especie de prueba piloto.

ZONA DE RESERVA: en materia de Derecho Público, margen de competencias propias y exclusivas de cada poder, que no pueden ser interferidas por otro *(G. Bidart Campos).*

ZONA FISCAL: demarcación más o menos próxima a las fronteras o Aduanas, sometida a prohibiciones de fabricación y a vigilancia especial como garantías contra la defraudación.

ZONA FRANCA: área establecida en algunos países, de propiedad pública o privada, cercada y aislada eficientemente, con el fin de desarrollar en ella, con exenciones tributarias, toda clase de actividades industriales, comerciales o de servicios (comercialización, almacenamiento, desarmado, manipulación, mezcla de mercancías o materias primas de procedencia nacional o extranjera, etc.). La legislación colombiana establece que "las zonas francas constituyen instrumentos de política económica para promover y facilitar la exportación de bienes y servicios, generar empleos, estimular la industria, vincular a ella la inversión extranjera, introducir nuevas tecnologías, contribuir a la sustitución y flujo de importaciones y, en general, fomentar el desarrollo económico y social de la región donde se establezcan. La legislación de Costa Rica las define como: "áreas controladas sin población residente, dedicadas a la manipulación, procesamiento, manufactura y producción de artículos destinados a la exportación o reexportación a terceros mercados". De acuerdo con la legislación de El Salvador, son: áreas del territorio nacional extraduanal previamente calificadas, en donde podrían establecerse y funcionar empresas nacionales o extranjeras que exportan en forma directa la totalidad de su producción, las de comercialización internacional, las que se dediquen al ensamble o maquila para exportación y las que efectúen actividades conexas o complementarias. ◆ Área franca.

ZONA FRONTERIZA: área que se halla ubicada en la proximidad de la línea demarcatoria del territorio de dos Estados.

ZONA INDUSTRIAL: aquella destinada especialmente para instalaciones industriales.

ZONA MARÍTIMA ADUANERA: de acuerdo con la legislación nacional, la franja del mar territorial argentino y de la parte de los ríos internacionales sometida a la soberanía, comprendidos sus espacios aéreos, que se encuentra sujeta a disposiciones especiales de control y que se extiende entre la costa, medida desde la línea de las más bajas mareas, y una línea externa paralela a ella, trazada a una distancia que se determinará reglamentariamente.

ZONA POLÉMICA: espacio en que, para la defensa de una plaza, se establecen excepciones legales o gubernamentales.

ZONA PRIMARIA ADUANERA: parte del territorio aduanero habilitada para la ejecución de operaciones aduaneras o afectadas al control de éstas, en la que rigen normas especiales para la circulación de personas y el movimiento y disposición de la mercadería.

ZONA PROHIBIDA: franja territorial de cien kilómetros a lo largo de las fronteras y de cincuenta en las playas en la cual, por ningún motivo, los extranjeros –tanto personas físicas como jurídicas de ningún tipo– podrán adquirir el dominio directo.

ZONA VERDE: porción de tierra que, en el caso de una ciudad o de sus inmediaciones, se destina en forma parcial o total a parques o a arboleda.

ZOOFILIA: amor a los animales.◆ Se trata de una forma de perversión sexual consistente en mantener relaciones con animales.◆ Bestialismo.

ZOZOBRA: estado del mar o del viento que constituye una amenaza para la navegación.◆ Miedo, temor, pánico, angustia por alguna circunstancia o hecho.

ZURRA: castigo que se da a uno, especialmente de azotes o golpes.◆ Contienda o disputa, en que algunos suelen quedar maltratados.

ZURRIAGO: látigo con que se castiga, el cual, por lo común, suele ser de cuero, cordel o cosa semejante.

ZURUPETO: corredor de Bolsa no matriculado.◆ Intruso en la profesión notarial.

Made in United States
Orlando, FL
04 November 2026

90200178R00449